행시 최종합격생 7인이 쓴 기출로 풀어보는

# 7급 PSAT

## 전과목 모의고사

SD에듀
(주)시대고시기획

# 머리말

합격자 출신 연구진의 Talk! Talk!

이미 시행되고 있는 PSAT의 기출문제를 통해

7급 PSAT의 핵심 Key 찾기!

---

2004년 외무고등고시에 처음 도입된 PSAT는 이후 2005년 행정고등고시와 입법고등고시, 그리고 2011년 민간경력자 시험에 도입되어 그야말로 공무원 시험의 핵심요소로 자리 잡았습니다. 이제 PSAT는 그 적용 범위를 더 확대해 2021년부터는 7급 공무원 채용시험에도 도입되는 등 대대적인 변화를 앞두고 있습니다.

이에 본서는 7급 PSAT 1차 필기시험에 대비하기 위해 언어논리·자료해석·상황판단의 영역별 필수 유형을 정리하고 이를 토대로 기존의 기출문제를 통해 실력을 쌓은 후 마지막으로 기출동형모의고사를 통해 정리할 수 있게끔 구성하였습니다.

본서에 수록된 문제들은 과거 시행된 5급 공채 14개년, 국립외교원선발시험, 민간경력자 시험에서 출제된 문제들 중 7급 PSAT에 적합하다고 판단되는 문제를 엄선한 것입니다. 따라서 기출문제가 축적되어 있지 않은 현시점에서 투입 대비 산출의 효과를 극대화한 PSAT 시험대비가 가능할 것입니다.

PSAT의 효율적인 학습을 위해서는 기출문제를 무작정 풀어보는 것이 아니라, 과목별 기출유형을 꼼꼼히 파악하고 정리해 두는 습관이 필요합니다. 또 유형에 맞는 접근법을 생각해보고, 신속한 문제해결을 위해 자신만의 풀이법을 찾는 과정이 필요합니다.

본서는 이러한 점에 주안점을 두고 가장 효과적인 기출정리와 응용력 향상을 위해 빠른 해법의 모범을 보이고자 노력했습니다. 자신이 생각하고 있는 접근법과 해설에 기재되어 있는 접근법이 일치하는지를 확인하고 만약 일치하지 않는다면 어떤 방법이 더 신속하고 본인에게 맞는 방법인지를 정리하는 학습을 하시기를 바랍니다.

SD에듀의 SD PSAT연구소는 수험생 여러분의 지치지 않는 노력을 응원하며 합격에 도달하는 가장 빠르고 정확한 길을 제시하고자 힘쓰고 있습니다. 수험생 여러분이 합격의 결승선에 도달하는 그날까지 언제나 함께 응원하겠습니다.

# 공직적격성평가 PSAT

## 도입 배경

21세기 지식기반사회가 필요로 하는 공직자는 정치·경제·사회·문화 등 각 분야에서 일어나는 급속한 변화에 신속히 적응하고 새롭게 발생하는 문제들에 대처할 수 있어야 합니다. 이러한 시대적 요구에 부응하기 위해 단순히 암기된 지식이 아닌 잠재적 학습능력과 문제해결능력을 측정하기 위한 PSAT 시험을 도입, 공직자로서 갖추어야 할 소양과 자질을 평가하고 있습니다.

## 평가 영역

공직적격성평가(Public Service Aptitude Test)는 공직자에게 필요한 소양과 자질을 측정하는 시험으로, 논리적·비판적 사고능력, 자료의 분석 및 추론능력, 판단 및 의사 결정능력 등 종합적 사고력을 평가합니다.

❶ PSAT의 평가영역은 언어논리·자료해석·상황판단 세 영역으로 구성됩니다.

| 언어논리 | 글의 이해, 표현, 추론, 비판과 논리적 사고 등의 능력을 평가 |
|---|---|
| 자료해석 | 수치 자료의 정리와 이해, 처리와 응용계산, 분석과 정보 추출 등의 능력을 평가 |
| 상황판단 | 상황의 이해, 추론 및 분석, 문제 해결, 판단과 의사 결정 등의 능력을 평가 |

❷ PSAT는 특정한 지식의 정도를 측정하는 것이 아니라 능력을 측정하는 시험이기 때문에 대학입시 수학능력시험과 유사한 측면이 있습니다. 그러나 수학능력시험은 학습능력을 측정하고 있는 데 반해, PSAT는 새로운 상황에서 적응하는 능력과 문제해결, 판단능력을 주로 측정하고 있기 때문에 학습능력보다는 공직자로서 당면하게 될 업무와 문제들에 대한 해결능력과 종합적이고 심도 있는 사고력을 요하는 문제가 중점적으로 출제됩니다.

## PSAT 실시 시험 개관

| 구분 | 시행 형태 | | |
|---|---|---|---|
| | 1차시험 | 2차시험 | 3차시험 |
| 5급 공개경쟁채용시험 | PSAT · 헌법 | 직렬별 필수/선택과목 (논문형) | 면접 |
| 입법고시 | | | |
| 외교관후보자 선발시험 | | 전공평가/통합논술 (논문형) | |
| 지역인재 7급 수습직원 선발시험 | | 서류전형 | |
| 7급 공개경쟁채용시험 | PSAT | 전문과목(선택형) | |
| 5 · 7급 민간경력자 선발시험 | | 서류전형 | |

# 시험경향분석 2022년 7급 PSAT

## 언어논리 총평

전체적으로 무난한 문제들이 출제되었습니다. 때문에 언어논리에서 시간을 어느 정도 벌어놓았다면 크게 어렵지 않았던 상황판단에서도 고득점이 가능했을 것이라고 생각됩니다.

구체적으로 일치부합형 문제들은 전체적으로 낮은 난도로 출제되었으며 공공재 문제는 사전지식의 도움을 받는다면 아주 빠르게 풀이가 가능하기도 했습니다. 논지찾기형 · 빈칸 채우기형 · 내용 수정형은 기존에 출제되던 틀을 벗어나지 않았으며 논리적인 내용과 결합되지 않아 체감 난도를 더 떨어뜨렸습니다.

추론형 문제들은 제시문의 길이가 길지 않고 다소 복잡할 수 있었던 내용이 표로 정리되어 어렵지 않게 풀이가 가능했으나, ISBN 문제는 함정들이 숨어 있었기에 주의가 필요했습니다. 일반적으로 체감난도를 높이는 주범인 강화–약화형과 논증 분석형 문제들은 기본적인 삼단논법과 제시문의 이해만으로도 풀이가 가능했습니다. 다만, 증거와 가설에 대한 문제는 내용 자체는 어렵지 않았으나 제시문이 논리학적인 내용을 담고 있어 이에 대한 심리적 허들을 넘을 수 있었는지가 관건이었습니다.

논리퀴즈형은 주어진 전제에서 나타나지 않은 제3의 존재를 찾아내는 것이 중요했습니다. 주어진 조건 안에서 풀이하는 것에 익숙했던 수험생이라면 다소 고전했을 것으로 판단됩니다. 심리적으로 가장 까다롭게 느껴지는 과학지문 문제들은 제시문에 등장하는 항목이 많았고, 또 그 항목간의 관계들을 잘 설정할 수 있었는지가 관건이었기에 후반부에 복병으로 작용했을 것으로 생각됩니다. 마지막으로 공직실무에 관한 문제들은 대화체, 빈칸 채우기, 법조문형 문제 등으로 골고루 출제되었는데 특히, 보조금 문제는 신청절차를 순서대로 작성할 수 있었는지를 묻는 유형이었으며 이 유형은 추후에도 출제가 가능할 것으로 판단됩니다.

## 자료해석 총평

### '시간이 조금만 더 있었더라면...'

이번 자료해석 과목에 대해서 수험생들이 대체적으로 보인 반응입니다. 전체적으로 생소한 유형의 문제는 없었으나 복잡한 계산을 필요로 하는 것들이 많았고, 몇몇 문제들은 문제에 대한 접근법을 곧바로 찾지 못했다면 아까운 시간을 허비할 수도 있었기 때문입니다.

단순자료형 문제들은 산수문제나 다름없던 1번 문제를 필두로 모두 쉽게 풀이가 가능했으며, 보고서형 문제들은 보고서 자체의 길이가 짧은 데다가 계산이 거의 필요 없는 선택지가 대부분이었기에 쉽게 접근이 가능했습니다. 다만, 이 유형들에서는 함정이 다소 숨어있었기에 주의가 필요했습니다. 매칭형 문제는 주어진 조건을 통해 항목을 명확하게 제거 할 수 있었기에 쉽게 풀이가 가능했으며 2개의 자료를 결합하여 계산해야 하는 복합형도 계산의 난도가 높지 않았습니다. 다만, 증가율과 분수를 비교해야 하는 유형들은 이번에도 제시된 수치들이 복잡하여 시간 소모가 많았을 것이며 최적대안을 찾는 유형의 문제들은 시간 소모가 많을 뿐만 아니라 접근방법을 찾는 것 자체가 어렵기도 했습니다. 특히, 공유킥보드 문제는 이번 시험에서 가장 까다로웠던 문제였으며 이 문제를 잘 해결했는지 여부가 자료해석 전체의 점수를 좌우했을 것입니다.

각주의 산식을 결합해 제3의 결괏값을 판단하는 문제들은 의외로 간단하게 출제되었습니다. 올해는 표와 그래프를 결합하여 해당되는 항목들을 판단하는 형태로 출제되었는데 계산이 거의 필요 없는 수준으로 출제되어 체감난도를 낮췄습니다. 하지만 빈칸을 모두 채워야했던 철인 3종 경기 문제, 방위산업과 관련된 세트 문제들은 계산이 다소 복잡해 시간 소모가 컸을 것으로 생각됩니다. 특히, 이산화탄소 배출량 문제 등과 같은 슬림형 문제는 이번 시험에서도 복잡한 계산을 요구하여 과감한 어림산이 요구되었습니다.

## 상황판단 총평

전체적으로 크게 까다롭지 않았으나 언어논리에서 얼마나 시간을 확보할 수 있었는지에 따라 상대적인 체감난이도가 다르게 느껴졌을 것으로 생각됩니다. 단골로 출제되는 법조문 유형은 예외항목만 잘 체크하면 쉽게 풀이가 가능하게끔 출제되었고, 곡식의 재배를 다룬 설명문 유형 문제 역시 제시문이 어렵지 않고 등장하는 항목도 많지 않았습니다. 항상 과도한 시간소모를 유발하는 계산형 문제는 증원요청 인원문제를 제외하고는 까다롭지 않게 풀이가 가능했으며, 규정과 실제 대상들의 데이터를 판단하는 대상선정 유형 역시 규정들이 짧게 제시되어 무난하게 출제되었습니다. 항상 변수가 되는 세트문제는 예상과 다르게 제시문의 이해와 간단한 계산만으로 2문제 모두 쉽게 풀이가 가능했습니다.

특히, 증가율이 25%라는 매우 쉬운 수치로 제시되어 관련된 수치들을 큰 고민 없이 이끌어 낼 수 있었습니다. 상황판단의 꽃인 퍼즐형은 수험생에 따라 편차가 심했을 것이라 생각됩니다. 신입사원 선발시험 문제는 문제의 구조가 매우 참신했던 반면 난도는 높지 않았고 3점 숏 문제는 문제 자체는 어렵지 않았으나 가능한 경우를 바로 떠올리지 못했다면 멈칫했을 가능성이 높습니다. 반면, 생년월일 문제는 복잡하게 논리적인 틀을 만들려고 했던 수험생의 경우 매우 고전했을 가능성이 높지만, 반대로 직관적으로 접근했다면 의외로 매우 쉽게 풀이가 가능했을 것입니다.

마지막으로 두 명이 복도에서 마주치는 상황이 주어진 문제는 간단하게 생각하면 매우 쉽지만 극도의 긴장감 속에서 치러지는 시험장에서 특히나 종료시간이 임박한 후반부 문제로 출제되었다는 점에서 빠른 접근법을 찾아내기가 쉽지 않았을 것으로 생각됩니다.

# 구성과 특징

## 최신기출문제 수록

### 7급 PSAT 기출문제

2022 ~ 2021년에 시행된 7급 PSAT 시험의 기출문제와 해설을 수록했습니다.

### 7급 PSAT 모의평가

2020년에 시행된 7급 PSAT 모의평가와 해설을 수록했습니다.

## 문제편

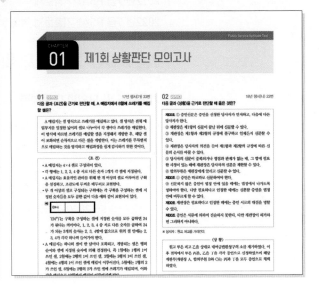

### 기출문제 및 기출동형모의고사

7급 PSAT 대비를 위해 2019~2007년 5급 공채, 민간경력자 PSAT 기출문제를 유형별 · 난도별로 선별하여 수록하였습니다.
합격자 출신 연구진이 정부 예시문제를 분석하여 구성한 기출문제를 경험해 보세요.

## 해설편

### 상세한 해설

정답에 그치지 않고 출제자의 출제의도까지 파악하여 해설을 구성하였습니다.
합격자 출신 연구진의 노하우가 담긴 깔끔한 해설을 통해 PSAT 풀이 실력을 향상시켜 보세요.

# 목차

# 2022년 7급 PSAT 기출문제편

# CHAPTER 01 2022년 7급 PSAT 기출문제 언어논리

## 01 ○△✕

**다음 글의 내용과 부합하는 것은?**

979년 송 태종은 거란을 공격하러 가는 길에 고려에 원병을 요청했다. 거란은 고려가 참전할 수도 있다는 염려에서 크게 동요했다. 하지만 고려는 송 태종의 요청에 응하지 않았다. 이후 거란은 송에 보복할 기회를 엿보는 한편, 송과 다시 싸우기 전에 고려를 압박해 앞으로도 송을 군사적으로 돕지 않겠다는 약속을 받아내고자 했다.

당시 거란과 고려 사이에는 압록강이 있었는데, 그 하류 유역에는 여진족이 살고 있었다. 이 여진족은 발해의 지배를 받았었지만, 발해가 거란에 의해 멸망한 후에는 어느 나라에도 속하지 않은 채 독자적 세력을 이루고 있었다. 거란은 이 여진족이 사는 땅을 여러 차례 침범해 대군을 고려로 보내는 데 적합한 길을 확보했다. 이후 993년에 거란 장수 소손녕은 군사를 이끌고 고려에 들어와 몇 개의 성을 공격했다. 이때 소손녕은 "고구려 옛 땅은 거란의 것인데 고려가 감히 그 영역을 차지하고 있으니 군사를 일으켜 그 땅을 찾아가고자 한다."라는 내용의 서신을 보냈다. 이 서신이 오자 고려 국왕 성종과 대다수 대신은 "옛 고구려의 영토에 해당하는 땅을 모두 내놓아야 군대를 거두겠다는 뜻이 아니냐?"라며 놀랐다. 하지만 서희는 소손녕이 보낸 서신의 내용은 핑계일 뿐이라고 주장했다. 그는 고려가 병력을 동원해 거란을 치는 일이 없도록 하겠다는 언질을 주면 소손녕이 철군할 것이라고 말했다. 이렇게 논의가 이어지고 있을 때 안융진에 있는 고려군이 소손녕과 싸워 이겼다는 보고가 들어왔다.

패배한 소손녕은 진군을 멈추고 협상을 원한다는 서신을 보내왔다. 이 서신을 받은 성종은 서희를 보내 협상하게 했다. 소손녕은 서희가 오자 "실은 고려가 송과 친하고 우리와는 소원하게 지내고 있어 침입하게 되었다."라고 했다. 이에 서희는 압록강 하류의 여진족 땅을 고려가 지배할 수 있게 묵인해 준다면, 거란과 국교를 맺을 뿐 아니라 거란과 송이 싸울 때 송을 군사적으로 돕지 않겠다는 뜻을 내비쳤다. 이 말을 들은 소손녕은 서희의 요구를 수용하기로 하고 퇴각했다. 이후 고려는 북쪽 국경 너머로 병력을 보내 압록강 하류의 여진족 땅까지 밀고 들어가 영토를 넓혔으며, 그 지역에 강동 6주를 두었다.

① 거란은 압록강 유역에 살던 여진족이 고려의 백성이라고 주장하였다.
② 여진족은 발해의 지배에서 벗어나기 위해 거란과 함께 고려를 공격하였다.
③ 소손녕은 압록강 유역의 여진족 땅을 빼앗아 강동 6주를 둔 후 그곳을 고려에 넘겼다.
④ 고려는 압록강 하류 유역에 있는 여진족의 땅으로 세력을 확대한 거란을 공격하고자 송 태종과 군사동맹을 맺었다.
⑤ 서희는 고려가 거란에 군사적 적대 행위를 하지 않겠다고 약속하면 소손녕이 군대를 이끌고 돌아갈 것이라고 보았다.

## 02 ○△✕

**다음 글에서 알 수 있는 것은?**

세종이 즉위한 이듬해 5월에 대마도의 왜구가 충청도 해안에 와서 노략질하는 일이 벌어졌다. 이 왜구는 황해도 해주 앞바다에도 나타나 조선군과 교전을 벌인 후 명의 땅인 요동반도 방향으로 북상했다. 세종에게 왕위를 물려주고 상왕으로 있던 태종은 이종무에게 "북상한 왜구가 본거지로 되돌아가기 전에 대마도를 정벌하라!"라고 명했다. 이에 따라 이종무는 군사를 모아 대마도 정벌에 나섰다.

남북으로 긴 대마도에는 섬을 남과 북의 두 부분으로 나누는 중간에 아소만이라는 곳이 있는데, 이 만의 초입에 두지포라는 요충지가 있었다. 이종무는 이곳을 공격한 후 귀순을 요구하면 대마도주가 응할 것이라 보았다. 그는 6월 20일 두지포에 상륙해 왜인 마을을 불사른 후 계획대로 대마도주에게 서신을 보내 귀순을 요구했다. 하지만 대마도주는 이에 반응을 보이지 않았다. 분노한 이종무는 대마도주를 사로잡아 항복을 받아내기로 하고, 니로라는 곳에 병력을 상륙시켰다. 하지만 그곳에서 조선군은 매복한 적의 공격으로 크게 패했다. 이에 이종무는 군사를 거두어 거제도 견내량으로 돌아왔다.

이종무가 견내량으로 돌아온 다음 날, 태종은 요동반도로 북상했던 대마도의 왜구가 그곳으로부터 남하하던 도중 충청도에서 조운선을 공격했다는 보고를 받았다. 이 사건이 일어난 지 며칠 지나지 않았음을 알게 된 태종은 왜구가 대마도에 당도하기 전에 바다에서 격파해야 한다고 생각하고, 이종무에게 그들을 공격하라고 명했다. 그런데 이 명이 내려진 후에 새로운 보고가 들어왔다. 대마도의 왜구가 요동반도에 상륙했다가 크게 패배하는 바람에 살아남은 자가 겨우 300여 명에 불과하다는 것이었다. 이 보고를 접한 태종은 대마도주가 거느린 병사가 많이 죽어 그 세력이 꺾였으니 그에게 다시금 귀순을 요구하면 응할 것으로 판단했다. 이에 그는 이종무에게 내린 출진 명령을 취소하고, 측근 중 적임자를 골라 대마도주에게 귀순을 요구하는 사신으로 보냈다. 이 사신을 만난 대마도주는 고심 끝에 조선에 귀순하기로 했다.

① 해주 앞바다에 나타나 조선군과 싸운 대마도의 왜구가 요동반도를 향해 북상한 뒤 이종무의 군대가 대마도로 건너갔다.
② 조선이 왜구의 본거지인 대마도를 공격하기로 하자 명의 군대도 대마도까지 가서 정벌에 참여하였다.
③ 이종무는 세종이 대마도에 보내는 사절단에 포함되어 대마도를 여러 차례 방문하였다.
④ 태종은 대마도 정벌을 준비하였지만, 세종의 반대로 뜻을 이루지 못하였다.
⑤ 조선군이 대마도주를 사로잡기 위해 상륙하였다가 패배한 곳은 견내량이다.

## 03 ○△×

다음 글에서 알 수 없는 것은?

인간에 대한 혐오의 감정을 긍정적으로 바라보는 인식을 바탕으로, 이를 사회 안정의 도구로 활용해야 한다거나 법적 판단의 근거로 삼아야 한다는 주장은 영미법의 오래된 역사에서 그리 낯설지 않다. 그러나 혐오의 감정이 특정 개인과 집단을 배척하기 위한 강력한 무기로 이용되었다는 사실을 고려하면 이러한 주장이 얼마나 그릇된 것인지 이해할 수 있다.

일반적으로 우리는 분비물이나 배설물, 악취 등에 대해 그리고 시체와 같이 부패하고 퇴화하는 것들에 대해 혐오의 감정을 갖는다. 인간은 타자를 공격하는 데 이러한 오염물의 이미지를 사용한다. 이때 혐오는 특정 집단을 오염물인 것처럼 취급하고 자신은 오염되지 않은 쪽에 속함으로써 얻게 되는 심리적인 우월감 및 만족감과 연결되어 있다. 역사적으로 볼 때 이런 과정을 거쳐 오염물로 취급된 집단 중 하나가 유대인이다.

중세 이후 반유대주의 세력이 유대인에게 부여한 부정적 이미지는 점액성, 악취, 부패, 불결함과 같은 혐오스러운 것들과 결부되어 있다. 히틀러는 유대인을 깨끗하고 건강한 독일 민족의 몸속에 숨겨진, 썩어 가는 시체 속의 구더기라고 표현했다. 혐오스러운 적대자를 설정함으로써 자신의 야욕을 달성하려 했던 것이다. 불행하게도 대다수의 독일인은 이러한 야만적인 정치적 선동에 동의를 표했다. 심지어 유대인을 암세포, 종양, 세균 등으로 묘사하면서 이들을 비인간적 존재로 전락시키는 의학적 담론이 유행하기도 했다. 비인간적으로 묘사되는 유대인의 이미지는 나치가 만든 허상이었음에도 불구하고, 유대인과 연관된 혐오의 이미지는 아이들이 보는 당대의 동화 속에 담겨 있을 정도로 널리 퍼져 있었다.

① 혐오는 정치적 선동의 도구로 이용되지 않았다.
② 개인뿐만 아니라 집단도 혐오의 대상이 될 수 있다.
③ 혐오의 대상이 되는 집단은 비인간적으로 묘사되기도 한다.
④ 혐오의 감정을 법적 판단의 근거로 삼아야 한다는 입장이 있었다.
⑤ 인간에 대한 혐오의 감정은 타자를 혐오함으로써 주체가 얻을 수 있는 심리적인 만족감과 연관되어 있다.

## 04 ○△×

다음 글에서 알 수 없는 것은?

'계획적 진부화'는 의도적으로 수명이 짧은 제품이나 서비스를 생산함으로써 소비자들이 새로운 제품을 구매하도록 유도하는 마케팅 전략 중 하나이다. 여기에는 단순히 부품만 교체하는 것이 가능함에도 불구하고 새로운 제품을 구매하도록 유도하는 것도 포함된다.

계획적 진부화의 이유는 무엇일까? 첫째, 기업이 기존 제품의 가격을 인상하기 곤란한 경우, 신제품을 출시한 뒤 여기에 인상된 가격을 매길 수 있기 때문이다. 특히 제품의 기능은 거의 변함없이 디자인만 약간 개선한 신제품을 내놓고 가격을 인상하는 경우도 쉽게 볼 수 있다. 둘째, 중고품 시장에서 거래되는 기존 제품과의 경쟁을 피할 수 있기 때문이다. 자동차처럼 사용 기간이 긴 제품의 경우, 기업은 동일 유형의 제품을 팔고 있는 중고품 판매 업체와 경쟁해야만 한다. 그러나 기업이 새로운 제품을 출시하면, 중고품 시장에서 판매되는 기존 제품은 진부화되고 그 경쟁력도 하락한다. 셋째, 소비자들의 취향이 급속히 변화하는 상황에서 계획적 진부화로 소비자들의 만족도를 높일 수 있기 때문이다. 전통적으로 제품의 사용 기간을 결정짓는 요인은 기능적 특성이나 노후화 · 손상 등 물리적 특성이 주를 이루었지만, 최근에는 심리적 특성에도 많은 영향을 받고 있다. 이처럼 소비자들의 요구가 다양해지고 그 변화 속도도 빨라지고 있어, 기업들은 이에 대응하기 위해 계획적 진부화를 수행하기도 한다.

기업들은 계획적 진부화를 통해 매출을 확대하고 이익을 늘릴 수 있다. 기존 제품이 사용 가능한 상황에서도 신제품에 대한 소비자들의 수요를 자극하면 구매 의사가 커지기 때문이다. 반면, 기존 제품을 사용하는 소비자 입장에서는 크게 다를 것 없는 신제품 구입으로 불필요한 지출과 실질적인 손실이 발생할 수 있다는 점에서 계획적 진부화는 부정적으로 인식된다. 또한 환경이나 생태를 고려하는 거시적 관점에서도, 계획적 진부화는 소비자들에게 제공하는 가치에 비해 에너지나 자원의 낭비가 심하다는 비판을 받고 있다.

① 계획적 진부화로 소비자들은 불필요한 지출을 할 수 있다.
② 계획적 진부화는 기존 제품과 동일한 중고품의 경쟁력을 높인다.
③ 계획적 진부화는 소비자들의 요구에 대응하기 위하여 수행되기도 한다.
④ 계획적 진부화를 통해 기업은 기존 제품보다 비싼 신제품을 출시할 수 있다.
⑤ 계획적 진부화로 인하여 제품의 실제 사용 기간은 물리적으로 사용 가능한 수명보다 짧아질 수 있다.

## 05 ◯△✕

다음 글에서 알 수 없는 것은?

재화나 용역 중에는 비경합적이고 비배제적인 방식으로 소비되는 것들이 있다. 먼저 재화나 용역이 비경합적으로 소비된다는 말은, 그것에 대한 누군가의 소비가 다른 사람의 소비 가능성을 줄어들게 하지 않는다는 것을 뜻한다. 예컨대 10개의 사탕이 있는데 내가 8개를 먹어 버리면 다른 사람이 그 사탕을 소비할 가능성은 그만큼 줄어들게 된다. 반면에 라디오 방송 서비스 같은 경우는 내가 그것을 이용한다고 해서 다른 사람의 소비 가능성이 줄어들게 되지 않는다는 점에서 비경합적이다.

재화나 용역이 비배제적으로 소비된다는 말은, 그것이 공급되었을 때 누군가 그 대가를 지불하지 않았다고 해서 그 사람이 그 재화나 용역을 소비하지 못하도록 배제할 수 없다는 것을 뜻한다. 이러한 의미에서 국방 서비스는 비배제적으로 소비된다. 정부가 국방 서비스를 제공받는 모든 국민에게 그 비용을 지불하도록 하는 정책을 채택했다고 하자. 이때 어떤 국민이 이런 정책에 불만을 표하며 비용 지불을 거부한다고 해도 정부는 그를 국방 서비스의 수혜에서 배제하기 어렵다. 설령 그를 구속하여 감옥에 가두더라도 그는 국방 서비스의 수혜자 범위에서 제외되지 않는다.

비경합적이고 비배제적인 방식으로 소비되는 재화와 용역의 생산과 배분이 시장에서 제대로 이루어질 수 있을까? 국방의 예를 이어나가 보자. 대부분의 국민은 자신의 생명과 재산을 보호받고자 하는 욕구가 있고 국방 서비스에 대한 수요도 있기 마련이다. 그러나 만약 국방 서비스를 시장에서 생산하여 판매한다면, 경제적으로 합리적인 국민은 국방 서비스를 구매하지 않을 것이다. 왜냐하면 다른 이가 구매하는 국방 서비스에 자신도 무임승차할 수 있기 때문이다. 결과적으로 국방 서비스는 과소 생산되는 문제가 발생하고, 그 피해는 모든 국민에게 돌아가게 될 것이다. 따라서 이와 같은 유형의 재화나 용역을 사회적으로 필요한 만큼 생산하기 위해서는 국가가 개입해야 하기에 이런 재화나 용역에는 공공재라는 이름을 붙이는 것이다.

① 유료 공연에서 일정한 돈을 지불하지 않은 사람의 공연장 입장을 차단한다면, 그 공연은 배제적으로 소비될 수 있다.
② 국방 서비스를 소비하는 모든 국민에게 그 비용을 지불하도록 한다면, 그 서비스는 비경합적으로 소비될 수 없다.
③ 이용할 수 있는 수가 한정된 여객기 좌석은 경합적으로 소비될 수 있다.
④ 무임승차를 쉽게 방지할 수 없는 재화나 용역은 과소 생산될 수 있다.
⑤ 라디오 방송 서비스는 여러 사람이 비경합적으로 소비할 수 있다.

## 06 ◯△✕

다음 글의 핵심 논지로 가장 적절한 것은?

독일 통일을 지칭하는 '흡수 통일'이라는 용어는 동독이 일방적으로 서독에 흡수되었다는 인상을 준다. 그러나 통일 과정에서 동독 주민들이 보여준 행동을 고려하면 흡수 통일은 오해의 여지를 주는 용어일 수 있다.

1989년에 동독에서는 지방선거 부정 의혹을 둘러싼 내부 혼란이 발생했다. 그 과정에서 체제에 환멸을 느낀 많은 동독 주민들이 서독으로 탈출했고, 동독 곳곳에서 개혁과 개방을 주장하는 시위의 물결이 일어나기 시작했다. 초기 시위에서 동독 주민들은 여행·신앙·언론의 자유를 중심에 둔 내부 개혁을 주장했지만 이후 "우리는 하나의 민족이다!"라는 구호와 함께 동독과 서독의 통일을 요구하기 시작했다. 그렇게 변화하는 사회적 분위기 속에서 1990년 3월 18일에 동독 최초이자 최후의 자유총선거가 실시되었다.

동독 자유총선거를 위한 선거운동 과정에서 서독과 협력하는 동독 정당들이 생겨났고, 이들 정당의 선거운동에 서독 정당과 정치인들이 적극적으로 유세 지원을 하기도 했다. 초반에는 서독 사민당의 지원을 받으며 점진적 통일을 주장하던 동독 사민당이 우세했지만, 실제 선거에서는 서독 기민당의 지원을 받으며 급속한 통일을 주장하던 독일동맹이 승리하게 되었다. 동독 주민들이 자유총선거에서 독일동맹을 선택한 것은 그들 스스로 급속한 통일을 지지한 것이라고 할 수 있다. 이후 동독은 서독과 1990년 5월 18일에 「통화·경제·사회보장동맹의 창설에 관한 조약」을, 1990년 8월 31일에 「통일조약」을 체결했고, 마침내 1990년 10월 3일에 동서독 통일을 이루게 되었다.

이처럼 독일 통일의 과정에서 동독 주민들의 주체적인 참여를 확인할 수 있다. 독일 통일을 단순히 흡수 통일이라고 부른다면, 통일 과정에서 중요한 역할을 담당했던 동독 주민들을 배제한다는 오해를 불러일으킬 수 있다. 독일 통일의 과정을 온전히 이해하기 위해서는 동독 주민들의 활동에도 주목할 필요가 있다.

① 자유총선거에서 동독 주민들은 점진적 통일보다 급속한 통일을 지지하는 모습을 보여주었다.
② 독일 통일은 동독이 일방적으로 서독에 흡수되었다는 점에서 흔히 흡수 통일이라고 부른다.
③ 독일 통일은 분단국가가 합의된 절차를 거쳐 통일을 이루었다는 점에서 의의가 있다.
④ 독일 통일 전부터 서독의 정당은 물론 개인도 동독의 선거에 개입할 수 있었다.
⑤ 독일 통일의 과정에서 동독 주민들의 주체적 참여가 큰 역할을 하였다.

## 07 ○△✕

**다음 글의 (가)와 (나)에 들어갈 말을 적절하게 나열한 것은?**

서양 사람들은 옛날부터 신이 자연 속에 진리를 감추어 놓았다고 믿고 그 진리를 찾기 위해 노력했다. 그들은 숨겨진 진리가 바로 수학이며 자연물 속에 비례의 형태로 숨어 있다고 생각했다. 또한 신이 자연물에 숨겨 놓은 수많은 진리 중에서도 인체 비례야말로 가장 아름다운 진리의 정수로 여겼다. 그래서 서양 사람들은 예로부터 이러한 신의 진리를 드러내기 위해서 완벽한 인체를 구현하는 데 몰두했다. 레오나르도 다빈치의 「인체 비례도」를 보면, 원과 정사각형을 배치하여 사람의 몸을 표현하고 있다. 가장 기본적인 기하 도형이 인체 비례와 관련있다는 점에 착안하였던 것이다. 르네상스 시대 건축가들은 이러한 기본 기하 도형으로 건축물을 디자인하면 __(가)__ 위대한 건물을 지을 수 있다고 생각했다.

건축에서 미적 표준으로 인체 비례를 활용하는 조형적 안목은 서양뿐 아니라 동양에서도 찾을 수 있다. 고대부터 중국이나 우리나라에서도 인체 비례를 건축물 축조에 활용하였다. 불국사의 청운교와 백운교는 3 : 4 : 5 비례의 직각삼각형으로 이루어져 있다. 이와 같은 비례로 건축하는 것을 '구고현(勾股弦)법'이라 한다. 뒤꿈치를 바닥에 대고 무릎을 직각으로 구부린 채 누우면 바닥과 다리 사이에 삼각형이 이루어지는데, 이것이 구고현법의 삼각형이다. 짧은 변인 구(勾)는 넓적다리에, 긴 변인 고(股)는 장딴지에 대응하고, 빗변인 현(弦)은 바닥의 선에 대응한다. 이 삼각형은 고대 서양에서 신성불가침의 삼각형이라 불렸던 것과 동일한 비례를 가지고 있다. 동일한 비례를 아름다움의 기준으로 삼았다는 점에서 __(나)__ 는 것을 알 수 있다.

① (가): 인체 비례에 숨겨진 신의 진리를 구현한
　(나): 조형미에 대한 동서양의 안목이 유사하였다

② (가): 신의 진리를 넘어서는 인간의 진리를 구현한
　(나): 인체 실측에 대한 동서양의 계산법이 동일하였다

③ (가): 인체 비례에 숨겨진 신의 진리를 구현한
　(나): 건축물에 대한 동서양의 공간 활용법이 유사하였다

④ (가): 신의 진리를 넘어서는 인간의 진리를 구현한
　(나): 조형미에 대한 동서양의 안목이 유사하였다

⑤ (가): 인체 비례에 숨겨진 신의 진리를 구현한
　(나): 인체 실측에 대한 동서양의 계산법이 동일하였다

## 08 ○△✕

**다음 글의 ㉠~㉤에서 문맥에 맞지 않는 곳을 찾아 적절하게 수정한 것은?**

반세기 동안 지속되던 냉전 체제가 1991년을 기점으로 붕괴되면서 동유럽 체제가 재편되었다. 동유럽에서는 연방에서 벗어나 많은 국가들이 독립하였다. 이 국가들은 자연스럽게 자본주의 시장경제를 받아들였는데, 이후 몇 년 동안 공통적으로 극심한 경제 위기를 경험하게 되었다. 급기야 IMF(국제통화기금)의 자금 지원을 받게 되는데, 이는 ㉠ 갑작스럽게 외부로부터 도입한 자본주의 시스템에 적응하는 일이 결코 쉽지 않다는 점을 보여준다.

이 과정에서 해당 국가 국민의 평균 수명이 급격하게 줄어들었는데, 이는 같은 시기 미국, 서유럽 국가들의 평균 수명이 꾸준히 늘었다는 것과 대조적이다. 이러한 현상에 대해 ㉡ 자본주의 시스템 도입을 적극적으로 지지했던 일부 경제학자들은 오래전부터 이어진 ㉢ 동유럽 지역 남성들의 과도한 음주와 흡연, 폭력과 살인 같은 비경제적 요소를 주된 원인으로 꼽았다. 즉 경제 체제의 변화와는 관련이 없다는 것이다.

이러한 주장에 의문을 품은 영국의 한 연구자는 해당 국가들의 건강 지표가 IMF의 자금 지원 전후로 어떻게 달라졌는지를 살펴보았다. 여러 사회적 상황을 고려하여 통계 모형을 만들고, ㉣ IMF의 자금 지원을 받은 국가와 다른 기관에서 자금 지원을 받은 국가를 비교하였다. 같은 시기 독립한 동유럽 국가 중 슬로베니아만 유일하게 IMF가 아닌 다른 기관에서 돈을 빌렸다. 이때 두 곳의 차이는, IMF는 자금을 지원받은 국가에게 경제와 관련된 구조조정 프로그램을 실시하게 한 반면, 슬로베니아를 지원한 곳은 그렇게 하지 않았다는 점이다. IMF 구조조정 프로그램을 실시한 국가들은 ㉤ 실시 이전부터 결핵 발생률이 크게 증가했던 것으로 나타났다. 그러나 슬로베니아는 같은 기간에 오히려 결핵 사망률이 감소했다. IMF 구조조정 프로그램의 실시 여부는 국가별 결핵 사망률과 일정한 상관관계가 있었던 것이다.

① ㉠을 "자본주의 시스템을 갖추지 않고 지원을 받는 일"로 수정한다.

② ㉡을 "자본주의 시스템 도입을 적극적으로 반대했던"으로 수정한다.

③ ㉢을 "수출입과 같은 국제 경제적 요소"로 수정한다.

④ ㉣을 "IMF의 자금 지원 직후 경제 성장률이 상승한 국가와 하락한 국가"로 수정한다.

⑤ ㉤을 "실시 이후부터 결핵 사망률이 크게 증가했던 것"으로 수정한다.

## 09 ○△✕

**다음 글에서 추론할 수 없는 것은?**

감염병 우려로 인해 △△시험 관리본부가 마련한 대책은 다음과 같다. 먼저 모든 수험생을 확진, 자가격리, 일반 수험생의 세 유형으로 구분한다. 그리고 수험생 유형별로 시험 장소를 안내하고 마스크 착용 규정을 준수하도록 한다.

**〈표〉 수험생 유형과 증상에 따른 시험장의 구분**

| 수험생 | 시험장 | 증상 | 세부 시험장 |
| --- | --- | --- | --- |
| 확진 수험생 | 생활치료센터 | 유 · 무 모두 | 센터장이 지정한 센터 내 장소 |
| 자가격리 수험생 | 특별 방역 시험장 | 유 | 외부 차단 1인용 부스 |
| | | 무 | 회의실 |
| 일반 수험생 | 최초 공지한 시험장 | 유 | 소형 강의실 |
| | | 무 | 중대형 강의실 |

모든 시험장에 공통적으로 적용되는 마스크 착용 규정은 다음과 같다. 첫째, 모든 수험생은 입실부터 퇴실 시점까지 의무적으로 마스크를 착용해야 한다. 둘째, 마스크는 KF99, KF94, KF80의 3개 등급만 허용한다. 마스크 등급을 표시하는 숫자가 클수록 방역 효과가 크다. 셋째, 마스크 착용 규정에서 특정 등급의 마스크 의무 착용을 명시한 경우, 해당 등급보다 높은 등급의 마스크 착용은 가능하지만 낮은 등급의 마스크 착용은 허용되지 않는다.

시험장에 따라 달리 적용되는 마스크 착용 규정은 다음과 같다. 첫째, 생활치료센터에서는 각 센터장이 내린 지침을 의무적으로 따라야 한다. 둘째, 특별 방역 시험장에서는 KF99 마스크를 의무적으로 착용해야 한다. 셋째, 소형 강의실과 중대형 강의실에서는 각각 KF99와 KF94 마스크 착용을 권장하지만 의무 사항은 아니다.

① 일반 수험생 중 유증상자는 KF80 마스크를 착용하고 시험을 치를 수 없다.

② 일반 수험생 중 무증상자는 KF80 마스크를 착용하고 시험을 치를 수 있다.

③ 자가격리 수험생 중 유증상자는 KF99 마스크를 착용하고 시험을 치를 수 있다.

④ 자가격리 수험생 중 무증상자는 KF94 마스크를 착용하고 시험을 치를 수 없다.

⑤ 확진 수험생은 생활치료센터장이 허용하는 경우 KF80 마스크를 착용하고 시험을 치를 수 있다.

## 10 ○△✕

**다음 글의 〈표〉를 수정한 것으로 적절한 것만을 〈보기〉에서 모두 고르면?**

○○부는 철새로 인한 국내 야생 조류 및 가금류 조류인플루엔자(Avian Influenza, AI) 바이러스 감염 확산 여부를 추적 조사하고 있다. AI 바이러스는 병원성 정도에 따라 고병원성과 저병원성 AI 바이러스로 구분한다. 발표 자료에 따르면, 2020년 10월 25일 충남 천안시에서는 야생 조류 분변에서 고병원성 AI 바이러스가 검출되었으며 이는 2018년 2월 1일 충남 아산시에서 검출된 이래 2년 8개월 만의 검출 사례였다.

최근 야생 조류 고병원성 AI 바이러스 검출 사례는 2020년 10월 25일부터 11월 21일까지 경기도에서 3건, 충남에서 2건이 발표되었고, 가금류 고병원성 AI 바이러스 검출 사례는 전국에서 총 3건이 발표되었다. 같은 기간에 야생 조류 저병원성 AI 바이러스 검출 후 발표된 사례는 전국에 총 8건이다. 또한 채집된 의심 야생 조류의 분변 검사 결과, 고병원성 · 저병원성 AI 바이러스 모두에 해당하지 않아 바이러스 미분리로 분류된 사례는 총 7건이다. 야생 조류 AI 바이러스 검출 현황은 고병원성 AI, 저병원성 AI, 검사 중으로 분류하고 바이러스 미분리는 야생 조류 AI 바이러스 검출 현황에 포함하지 않는다. 야생 조류 AI 바이러스가 검출되고 나서 고병원성 여부를 확인하기 위해 정밀 검사를 하는 데 상당한 기간이 소요되므로, 아직 검사 중인 것이 9건이다. 그중 하나인 제주도 하도리의 경우 11월 22일 고병원성 AI 바이러스 검출 여부를 발표할 예정이다.

○○부 주무관 갑은 2020년 10월 25일부터 11월 21일까지 발표된 야생 조류 AI 바이러스 검출 현황을 아래와 같이 〈표〉로 작성하였으나 검출 현황을 적절히 반영하지 않아 수정이 필요하다.

**〈표〉 야생 조류 AI 바이러스 검출 현황**
**(기간: 2020년 10월 25일~2020년 11월 21일)**

| 고병원성 AI | 저병원성 AI | 검사 중 | 바이러스 미분리 |
| --- | --- | --- | --- |
| 8건 | 8건 | 9건 | 7건 |

─────── 〈보 기〉 ───────

ㄱ. 고병원성 AI 항목의 "8건"을 "5건"으로 수정한다.

ㄴ. 검사 중 항목의 "9건"을 "8건"으로 수정한다.

ㄷ. "바이러스 미분리" 항목을 삭제한다.

① ㄱ

② ㄴ

③ ㄱ, ㄷ

④ ㄴ, ㄷ

⑤ ㄱ, ㄴ, ㄷ

## 11 ○△×

**다음 글의 A~C에 대한 평가로 적절한 것만을 〈보기〉에서 모두 고르면?**

인간 존엄성은 모든 인간이 단지 인간이기 때문에 갖는 것으로서, 인간의 숭고한 도덕적 지위나 인간에 대한 윤리적 대우의 근거로 여겨진다. 다음은 인간 존엄성 개념에 대한 A~C의 비판이다.

A: 인간 존엄성은 그 의미가 무엇인지에 대해 사람마다 생각이 달라서 불명료할 뿐 아니라 무용한 개념이다. 가령 존엄성은 존엄사를 옹호하거나 반대하는 논증 모두에서 각각의 주장을 정당화하는 데 사용된다. 어떤 이는 존엄성이란 말을 '자율성의 존중'이라는 뜻으로, 어떤 이는 '생명의 신성함'이라는 뜻으로 사용한다. 결국 쟁점은 존엄성이 아니라 자율성의 존중이나 생명의 가치에 관한 문제이며, 존엄성이란 개념 자체는 그 논의에서 실질적으로 중요한 기여를 하지 않는다.

B: 인간의 권리에 대한 문서에서 존엄성이 광범위하게 사용되는 것은 기독교 신학과 같이 인간 존엄성을 언급하는 많은 종교적 문헌의 영향으로 보인다. 이러한 종교적 뿌리는 어떤 이에게는 가치 있는 것이지만, 다른 이에겐 그런 존엄성 개념을 의심할 근거가 되기도 한다. 특히 존엄성을 신이 인간에게 부여한 독특한 지위로 생각함으로써 인간이 스스로를 지나치게 높게 보도록 했다는 점은 비판을 받아 마땅하다. 이는 인간으로 하여금 인간이 아닌 종과 환경에 대해 인간 자신들이 원하는 것을 마음대로 해도 된다는 오만을 낳았다.

C: 인간 존엄성은 인간이 이성적 존재임을 들어 동물이나 세계에 대해 인간 중심적인 견해를 옹호해 온 근대 휴머니즘의 유산이다. 존엄성은 인간종이 그 자체로 다른 종이나 심지어 환경 자체보다 더 큰 가치가 있다고 생각하는 종족주의의 한 표현에 불과하다. 인간 존엄성은 우리가 서로를 가치 있게 여기도록 만들기도 하지만, 인간 외의 다른 존재에 대해서는 그 대상이 인간이라면 결코 용납하지 않았을 폭력적 처사를 정당화하는 근거로 활용된다.

〈보 기〉

ㄱ. 많은 논란에도 불구하고 존엄사를 인정한 연명의료결정법의 시행은 A의 주장을 약화시키는 사례이다.

ㄴ. C의 주장은 화장품의 안전성 검사를 위한 동물실험의 금지를 촉구하는 캠페인의 근거로 활용될 수 있다.

ㄷ. B와 C는 인간에게 특권적 지위를 부여하는 인간 중심적인 생각을 비판한다는 점에서 공통적이다.

① ㄱ
② ㄷ
③ ㄱ, ㄴ
④ ㄴ, ㄷ
⑤ ㄱ, ㄴ, ㄷ

## 12 ○△×

**다음 글의 〈논증〉에 대한 분석으로 적절한 것만을 〈보기〉에서 모두 고르면?**

우리는 죽음이 나쁜 것이라고 믿는다. 죽고 나면 우리가 존재하지 않기 때문이다. 루크레티우스는 우리가 존재하지 않기 때문에 죽음이 나쁜 것이라면 우리가 태어나기 이전의 비존재도 나쁘다고 말해야 한다고 생각했다. 그러나 우리는 태어나기 이전에 우리가 존재하지 않았다는 사실에 대해서 애석해 하지 않는다. 따라서 루크레티우스는 죽음 이후의 비존재에 대해서도 애석해 할 필요가 없다고 주장했다. 다음은 이러한 루크레티우스의 주장을 반박하는 논증이다.

〈논 증〉

우리는 죽음의 시기가 뒤로 미루어짐으로써 더 오래 사는 상황을 상상해 볼 수 있다. 예를 들어, 50살에 교통사고로 세상을 떠난 누군가를 생각해 보자. 그 사고가 아니었다면 그는 70살이나 80살까지 더 살수도 있었을 것이다. 그렇다면 50살에 그가 죽은 것은 그의 인생에 일어날 수 있는 여러 가능성 중에 하나였다. 그런데 ㉠ 내가 더 일찍 태어나는 것은 상상할 수 없다. 물론, 조산이나 제왕절개로 내가 조금 더 일찍 세상에 태어날 수도 있었을 것이다. 하지만 여기서 고려해야 할 것은 나의 존재의 시작이다. 나를 있게 하는 것은 특정한 정자와 난자의 결합이다. 누군가는 내 부모님이 10년 앞서 임신할 수 있었다고 주장할 수도 있다. 그러나 그랬다면 내가 아니라 나의 형제가 태어났을 것이다. 그렇기 때문에 '더 일찍 태어났더라면'이라고 말해도 그것이 실제로 내가 더 일찍 태어났을 가능성을 상상한 것은 아니다. 나의 존재는 내가 수정된 바로 그 특정 정자와 난자의 결합에 기초한다. 그러므로 ㉡ 내가 더 일찍 태어나는 일은 불가능하다. 나의 사망 시점은 달라질 수 있지만, 나의 출생 시점은 그렇지 않다. 그런 의미에서 출생은 내 인생 전체를 놓고 볼 때 하나의 필연적인 사건이다. 결국 죽음의 시기를 뒤로 미뤄 더 오래 사는 것은 가능하지만, 출생의 시기를 앞당겨 더 오래 사는 것은 불가능하다. 따라서 내가 더 일찍 태어나지 않은 것은 나쁜 일이 될 수 없다. 즉 죽음 이후와는 달리 ㉢ 태어나기 이전의 비존재는 나쁘다고 말할 수 없다.

〈보 기〉

ㄱ. 냉동 보관된 정자와 난자가 수정되어 태어난 사람의 경우를 고려하면, ㉠은 거짓이다.

ㄴ. ㉠에 "어떤 사건이 가능하면, 그것의 발생을 상상할 수 있다."라는 전제를 추가하면, ㉡을 이끌어 낼 수 있다.

ㄷ. ㉢에 "태어나기 이전의 비존재가 나쁘다면, 내가 더 일찍 태어나는 것이 가능하다."라는 전제를 추가하면, ㉡의 부정을 이끌어 낼 수 있다.

① ㄱ
② ㄷ
③ ㄱ, ㄴ
④ ㄴ, ㄷ
⑤ ㄱ, ㄴ, ㄷ

※ 다음 글을 읽고 물음에 답하시오. [13~14]

　　인간은 지구상의 생명이 대량 멸종하는 사태를 맞이하고 있지만, 다른 한편으로는 실험실에서 인공적으로 새로운 생명체를 창조하고 있다. 이런 상황에서, 자연적으로 존재하는 종을 멸종으로부터 보존해야 한다는 생물 다양성의 보존 문제를 어떤 시각으로 바라보아야 할까? A는 생물 다양성을 보존해야 한다고 주장한다. 이를 위해 A는 다음과 같은 도구적 정당화를 제시한다. 우리는 의학적, 농업적, 경제적, 과학적 측면에서 이익을 얻기를 원한다. '생물 다양성 보존'은 이를 위한 하나의 수단으로 간주될 수 있다. 바로 그 수단이 우리가 원하는 이익을 얻는 최선의 수단이라는 것이 A의 첫 번째 전제이다. 그리고 　(가)　는 것이 A의 두 번째 전제이다. 이 전제들로부터 우리에게는 생물 다양성을 보존할 의무와 필요성이 있다는 결론이 나온다.

　　이에 대해 B는 생물 다양성 보존이 우리가 원하는 이익을 얻는 최선의 수단이 아님을 지적한다. 특히 합성 생물학은 자연에 존재하는 DNA, 유전자, 세포 등을 인공적으로 합성하고 재구성해 새로운 생명체를 창조하는 것을 목표로 한다. B는 우리가 원하는 이익을 얻고자 한다면, 자연적으로 존재하는 생명체들을 대상으로 보존에 애쓰는 것보다는 합성 생물학을 통해 원하는 목표를 더 합리적이고 체계적으로 성취할 수 있을 것이라고 주장한다. 인공적인 생명체의 창조가 우리가 원하는 이익을 얻는 더 좋은 수단이므로, 생물 다양성 보존을 지지하는 도구적 정당화는 설득력을 잃는다는 것이다. 그래서 B는 A가 제시하는 도구적 정당화에 근거하여 생물 다양성을 보존하자고 주장하는 것은 옹호될 수 없다고 말한다.

　　한편 C는 모든 종은 보존되어야 한다고 주장하면서 생물 다양성 보존을 옹호한다. C는 대상의 가치를 평가할 때 그 대상이 갖는 도구적 가치와 내재적 가치를 구별한다. 대상의 도구적 가치란 그것이 특정 목적을 달성하는 데 얼마나 쓸모가 있느냐에 따라 인정되는 가치이며, 대상의 내재적 가치란 그 대상이 그 자체로 본래부터 갖고 있다고 인정되는 고유한 가치를 말한다. C에 따르면 생명체는 단지 도구적 가치만을 갖는 것이 아니다. 생명체를 오로지 도구적 가치로만 평가하는 것은 생명체를 그저 인간의 목적을 위해 이용되는 수단으로 보는 인간 중심적 태도이지만, C는 그런 태도는 받아들일 수 없다고 본다. 생명체의 내재적 가치 또한 인정해야 한다는 것이다. 그 생명체들이 속한 종 또한 그 쓸모에 따라서만 가치가 있는 것이 아니다. 그리고 내재적 가치를 지니는 것은 모두 보존되어야 한다. 이로부터 모든 종은 보존되어야 한다는 결론에 다다른다. 왜냐하면 　(나)　 때문이다.

## 13 ◯△✕

위 글의 (가)와 (나)에 들어갈 내용을 적절하게 나열한 것은?

① (가): 어떤 것이 우리가 원하는 이익을 얻는 최선의 수단이라면 우리에게는 그것을 실행할 의무와 필요성이 있다

　 (나): 생명체의 내재적 가치는 종의 다양성으로부터 비롯되기

② (가): 어떤 것이 우리가 원하는 이익을 얻는 최선의 수단이 아니라면 우리에게는 그것을 실행할 의무와 필요성이 없다

　 (나): 생명체의 내재적 가치는 종의 다양성으로부터 비롯되기

③ (가): 어떤 것이 우리가 원하는 이익을 얻는 최선의 수단이라면 우리에게는 그것을 실행할 의무와 필요성이 있다

　 (나): 모든 종은 그 자체가 본래부터 고유의 가치를 지니기

④ (가): 어떤 것이 우리가 원하는 이익을 얻는 최선의 수단이 아니라면 우리에게는 그것을 실행할 의무와 필요성이 없다

　 (나): 모든 종은 그 자체가 본래부터 고유의 가치를 지니기

⑤ (가): 우리에게 이익을 제공하는 수단 가운데 생물 다양성의 보존보다 더 나은 수단은 없다

　 (나): 모든 종은 그 자체가 본래부터 고유의 가치를 지니기

## 14 ◯△✕

위 글에 대한 분석으로 적절한 것만을 〈보기〉에서 모두 고르면?

〈 보 기 〉

ㄱ. A는 생물 다양성을 보존해야 한다고 주장하지만, B는 보존하지 않아도 된다고 주장한다.

ㄴ. B는 A의 두 전제가 참이더라도 A의 결론이 반드시 참이 되지는 않는다고 비판한다.

ㄷ. 자연적으로 존재하는 생명체가 도구적 가치를 가지느냐에 대한 A와 C의 평가는 양립할 수 있다.

① ㄱ

② ㄷ

③ ㄱ, ㄴ

④ ㄴ, ㄷ

⑤ ㄱ, ㄴ, ㄷ

**15** ⊙△✕

다음 논쟁에 대한 분석으로 적절한 것만을 〈보기〉에서 모두 고르면?

> 갑: 입증은 증거와 가설 사이의 관계에 대한 것이다. 내가 받아들이는 입증에 대한 입장은 다음과 같다. 증거 발견 후 가설의 확률 증가분이 있다면, 증거가 가설을 입증한다. 즉 증거 발견 후 가설이 참일 확률에서 증거 발견 전 가설이 참일 확률을 뺀 값이 0보다 크다면, 증거가 가설을 입증한다. 예를 들어보자. 사건 현장에서 용의자 X의 것과 유사한 발자국이 발견되었다. 그럼 발자국이 발견되기 전보다 X가 해당 사건의 범인일 확률은 높아질 것이다. 그렇다면 발자국 증거는 X가 범인이라는 가설을 입증한다. 그리고 증거 발견 후 가설의 확률 증가분이 클수록, 증거가 가설을 입증하는 정도가 더 커진다.
>
> 을: 증거가 가설이 참일 확률을 높인다고 하더라도, 그 증거가 해당 가설을 입증하지 못할 수 있다. 가령, X에게 강력한 알리바이가 있다고 해보자. 사건이 일어난 시간에 사건 현장과 멀리 떨어져 있는 X의 모습이 CCTV에 포착된 것이다. 그러면 발자국 증거가 X가 범인일 확률을 높인다고 하더라도, 그가 범인일 확률은 여전히 높지 않을 것이다. 그럼에도 불구하고 갑의 입장은 이러한 상황에서 발자국 증거가 X가 범인이라는 가설을 입증한다고 보게 만드는 문제가 있다. 이 문제는 내가 받아들이는 입증에 대한 다음 입장을 통해 해결될 수 있다. 증거 발견 후 가설의 확률 증가분이 있고 증거 발견 후 가설이 참일 확률이 1/2보다 크다면, 그리고 그런 경우에만 증거가 가설을 입증한다. 가령, 발자국 증거가 X가 범인일 확률을 높이더라도 증거 획득 후 확률이 1/2보다 작다면 발자국 증거는 X가 범인이라는 가설을 입증하지 못한다.

〈보 기〉

> ㄱ. 갑의 입장에서, 증거 발견 후 가설의 확률 증가분이 없다면 그 증거가 해당 가설을 입증하지 못한다.
> ㄴ. 을의 입장에서, 어떤 증거가 주어진 가설을 입증할 경우 그 증거 획득 이전 해당 가설이 참일 확률은 1/2보다 크다.
> ㄷ. 갑의 입장에서 어떤 증거가 주어진 가설을 입증하는 정도가 작더라도, 을의 입장에서 그 증거가 해당 가설을 입증할 수 있다.

① ㄴ
② ㄷ
③ ㄱ, ㄴ
④ ㄱ, ㄷ
⑤ ㄱ, ㄴ, ㄷ

**16** ⊙△✕

다음 글에서 추론할 수 있는 것은?

> 국제표준도서번호(ISBN)는 전세계에서 출판되는 각종 도서에 부여하는 고유한 식별 번호이다. 2007년부터는 13자리의 숫자로 구성된 ISBN인 ISBN-13이 부여되고 있지만, 2006년까지 출판된 도서에는 10자리의 숫자로 구성된 ISBN인 ISBN-10이 부여되었다.
>
> ISBN-10은 네 부분으로 되어 있다. 첫 번째 부분은 책이 출판된 국가 또는 언어 권역을 나타내며 1~5자리를 가질 수 있다. 예를 들면, 대한민국은 89, 영어권은 0, 프랑스어권은 2, 중국은 7 그리고 부탄은 99936을 쓴다. 두 번째 부분은 국가별 ISBN 기관에서 그 국가에 있는 각 출판사에 할당한 번호를 나타낸다. 세 번째 부분은 출판사에서 그 책에 임의로 붙인 번호를 나타낸다. 마지막 네 번째 부분은 확인 숫자이다. 이 숫자는 0에서 10까지의 숫자 중 하나가 되는데, 10을 써야 할 때는 로마 숫자인 X를 사용한다. 부여된 ISBN-10이 유효한 것이라면 이 ISBN-10의 열 개 숫자에 각각 순서대로 10, 9, …, 2, 1의 가중치를 곱해서 각 곱셈의 값을 모두 더한 값이 반드시 11로 나누어 떨어져야 한다. 예를 들어, 어떤 책에 부여된 ISBN-10인 '89 – 89422 – 42 – 6'이 유효한 것인지 검사해 보자. $(8 \times 10)+(9 \times 9)+(8 \times 8)+(9 \times 7)+(4 \times 6)+(2 \times 5)+(2 \times 4)+(4 \times 3)+(2 \times 2)+(6 \times 1)=352$이고, 이 값은 11로 나누어 떨어지기 때문에 이 ISBN-10은 유효한 번호이다. 만약 어떤 ISBN-10의 숫자 중 어느 하나를 잘못 입력했다면 서점에 있는 컴퓨터는 즉시 오류 메시지를 화면에 보여줄 것이다.

① ISBN-10의 첫 번째 부분에 있는 숫자가 같으면 같은 나라에서 출판된 책이다.
② 임의의 책의 ISBN-10에 숫자 3자리를 추가하면 그 책의 ISBN-13을 얻는다.
③ ISBN-10이 '0 – 285 – 00424 – 7'인 책은 해당 출판사에서 424번째로 출판한 책이다.
④ ISBN-10의 두 번째 부분에 있는 숫자가 같은 서로 다른 두 권의 책은 동일한 출판사에서 출판된 책이다.
⑤ 확인 숫자 앞의 아홉 개의 숫자에 정해진 가중치를 곱하여 합한 값이 11의 배수인 ISBN-10이 유효하다면 그 확인 숫자는 반드시 0이어야 한다.

**17** ⊙△✕

다음 글의 내용이 참일 때, 갑이 반드시 수강해야 할 과목은?

> 갑은 A~E 과목에 대해 수강신청을 준비하고 있다. 갑이 수강하기 위해 충족해야 하는 조건은 다음과 같다.
> • A를 수강하면 B를 수강하지 않고, B를 수강하지 않으면 C를 수강하지 않는다.
> • D를 수강하지 않으면 C를 수강하고, A를 수강하지 않으면 E를 수강하지 않는다.
> • E를 수강하지 않으면 C를 수강하지 않는다.

① A
② B
③ C
④ D
⑤ E

**18** ☐△✕

다음 글의 내용이 참일 때, 반드시 참인 것만을 〈보기〉에서 모두 고르면?

> △△처에서는 채용 후보자들을 대상으로 A, B, C, D 네 종류의 자격증 소지 여부를 조사하였다. 그 결과 다음과 같은 사실이 밝혀졌다.
> • A와 D를 둘 다 가진 후보자가 있다.
> • B와 D를 둘 다 가진 후보자는 없다.
> • A나 B를 가진 후보자는 모두 C는 가지고 있지 않다.
> • A를 가진 후보자는 모두 B는 가지고 있지 않다는 것은 사실이 아니다.

─── 〈보 기〉 ───
ㄱ. 네 종류 중 세 종류의 자격증을 가지고 있는 후보자는 없다.
ㄴ. 어떤 후보자는 B를 가지고 있지 않고, 또 다른 후보자는 D를 가지고 있지 않다.
ㄷ. D를 가지고 있지 않은 후보자는 누구나 C를 가지고 있지 않다면, 네 종류 중 한 종류의 자격증만 가지고 있는 후보자가 있다.

① ㄱ
② ㄷ
③ ㄱ, ㄴ
④ ㄴ, ㄷ
⑤ ㄱ, ㄴ, ㄷ

**19** ☐△✕

다음 글의 내용이 참일 때, 반드시 참인 것만을 〈보기〉에서 모두 고르면?

> 신입사원을 대상으로 민원, 홍보, 인사, 기획 업무에 대한 선호를 조사하였다. 조사 결과 민원 업무를 선호하는 신입사원은 모두 홍보 업무를 선호하였지만, 그 역은 성립하지 않았다. 모든 업무 중 인사 업무만을 선호하는 신입사원은 있었지만, 민원 업무와 인사 업무를 모두 선호하는 신입사원은 없었다. 그리고 넷 중 세 개 이상의 업무를 선호하는 신입사원도 없었다. 신입사원 갑이 선호하는 업무에는 기획 업무가 포함되어 있었으며, 신입사원 을이 선호하는 업무에는 민원 업무가 포함되어 있었다.

─── 〈보 기〉 ───
ㄱ. 어떤 업무는 갑도 을도 선호하지 않는다.
ㄴ. 적어도 두 명 이상의 신입사원이 홍보 업무를 선호한다.
ㄷ. 조사 대상이 된 업무 중에, 어떤 신입사원도 선호하지 않는 업무는 없다.

① ㄱ
② ㄷ
③ ㄱ, ㄴ
④ ㄴ, ㄷ
⑤ ㄱ, ㄴ, ㄷ

**20** ☐△✕

다음 글에서 추론할 수 있는 것만을 〈보기〉에서 모두 고르면?

> 식물의 잎에 있는 기공은 대기로부터 광합성에 필요한 이산화탄소를 흡수하는 통로이다. 기공은 잎에 있는 세포 중 하나인 공변세포의 부피가 커지면 열리고 부피가 작아지면 닫힌다.
> 그렇다면 무엇이 공변세포의 부피에 변화를 일으킬까? 햇빛이 있는 낮에, 햇빛 속에 있는 청색광이 공변세포에 있는 양성자 펌프를 작동시킨다. 양성자 펌프의 작동은 공변세포 밖에 있는 칼륨이온과 염소이온이 공변세포 안으로 들어오게 한다. 공변세포 안에 이 이온들의 양이 많아짐에 따라 물이 공변세포 안으로 들어오고, 그 결과로 공변세포의 부피가 커져서 기공이 열린다. 햇빛이 없는 밤이 되면, 공변세포에 있는 양성자 펌프가 작동하지 않고 공변세포 안에 있던 칼륨이온과 염소이온은 밖으로 빠져나간다. 이에 따라 공변세포 안에 있던 물이 밖으로 나가면서 세포의 부피가 작아져서 기공이 닫힌다.
> 공변세포의 부피는 식물이 겪는 수분스트레스 반응에 의해 조절될 수도 있다. 식물 안의 수분량이 줄어듦으로써 식물이 수분스트레스를 받는다. 수분스트레스를 받은 식물은 호르몬 A를 분비한다. 호르몬 A는 공변세포에 있는 수용체에 결합하여 공변세포 안에 있던 칼륨이온과 염소이온이 밖으로 빠져나가게 한다. 이에 따라 공변세포 안에 있던 물이 밖으로 나가면서 세포의 부피가 작아진다. 결국 식물이 수분스트레스를 받으면 햇빛이 있더라도 기공이 열리지 않는다.
> 또한 기공의 여닫힘은 미생물에 의해 조절되기도 한다. 예를 들면, 식물을 감염시킨 병원균는 공변세포의 양성자 펌프를 작동시키는 독소 B를 만든다. 이 독소 B는 공변세포의 부피를 늘려 기공이 닫혀 있어야 하는 때에도 열리게 하고, 결국 식물은 물을 잃어 시들게 된다.

─── 〈보 기〉 ───
ㄱ. 한 식물의 동일한 공변세포 안에 있는 칼륨이온의 양은, 햇빛이 있는 낮에 햇빛의 청색광만 차단하는 필름으로 식물을 덮은 경우가 덮지 않은 경우보다 적다.
ㄴ. 수분스트레스를 받은 식물에 양성자 펌프의 작동을 못하게 하면 햇빛이 있는 낮에 기공이 열린다.
ㄷ. 호르몬 A를 분비하는 식물이 햇빛이 있는 낮에 보이는 기공 개폐 상태와 병원균에 감염된 식물이 햇빛이 없는 밤에 보이는 기공 개폐 상태는 다르다.

① ㄱ
② ㄴ
③ ㄱ, ㄷ
④ ㄴ, ㄷ
⑤ ㄱ, ㄴ, ㄷ

## 21 ○△✕

**다음 글의 ㉠과 ㉡에 대한 평가로 적절한 것만을 〈보기〉에서 모두 고르면?**

진화론에 따르면 개체는 배우자 선택에 있어서 생존과 번식에 유리한 개체를 선호할 것으로 예측된다. 그런데 생존과 번식에 유리한 능력은 한 가지가 아니므로 합리적 선택은 단순하지 않다. 예를 들어 배우자 후보 $\alpha$와 $\beta$가 있는데, 사냥 능력은 $\alpha$가 우수한 반면, 위험 회피 능력은 가 우수하다고 하자. 이 경우 개체는 더 중요하다고 판단하는 능력에 기초하여 배우자를 선택하는 것이 합리적이다. 이를테면 사냥 능력에 가중치를 둔다면 $\alpha$를 선택하는 것이 합리적이라는 것이다. 그런데 $\alpha$와 $\beta$보다 사냥 능력은 떨어지나 위험 회피 능력은 $\beta$와 $\alpha$의 중간쯤 되는 새로운 배우자 후보 $\gamma$가 나타난 경우를 생각해 보자. 이때 개체는 애초의 판단 기준을 유지할 수도 있고 변경할 수도 있다. 즉 애초의 판단 기준에 따르면 선택이 바뀔 이유가 없음에도 불구하고, 새로운 후보의 출현에 의해 판단 기준이 바뀌어 위험 회피 능력이 우수한 를 선택할 수 있다.

한 과학자는 동물의 배우자 선택에 있어 새로운 배우자 후보가 출현하는 경우, ㉠ 애초의 판단 기준을 유지한다는 가설과 ㉡ 판단 기준에 변화가 발생한다는 가설을 검증하기 위해 다음과 같은 실험을 수행하였다.

〈실 험〉

X 개구리의 경우, 암컷은 두 가지 기준으로 수컷을 고르는데, 수컷의 울음소리 톤이 일정할수록 선호하고 울음소리 빈도가 높을수록 선호한다. 세 마리의 수컷 A~C는 각각 다른 소리를 내는데, 울음소리 톤은 C가 가장 일정하고 B가 가장 일정하지 않다. 울음소리 빈도는 A가 가장 높고 C가 가장 낮다. 과학자는 A~C의 울음소리를 발정기의 암컷으로부터 동일한 거리에 있는 서로 다른 위치에서 들려주었다. 상황 1에서는 수컷 두 마리의 울음소리만을 들려주었으며, 상황 2에서는 수컷 세 마리의 울음소리를 모두 들려주고 각 상황에서 암컷이 어느 쪽으로 이동하는지 비교하였다. 암컷은 들려준 울음소리 중 가장 선호하는 쪽으로 이동한다.

〈보 기〉

ㄱ. 상황 1에서 암컷에게 들려준 소리가 A, B인 경우 암컷이 A로, 상황 2에서는 C로 이동했다면, ㉠은 강화되지 않지만 ㉡은 강화된다.

ㄴ. 상황 1에서 암컷에게 들려준 소리가 B, C인 경우 암컷이 B로, 상황 2에서는 A로 이동했다면, ㉠은 강화되지만 ㉡은 강화되지 않는다.

ㄷ. 상황 1에서 암컷에게 들려준 소리가 A, C인 경우 암컷이 C로, 상황 2에서는 A로 이동했다면, ㉠은 강화되지 않지만 ㉡은 강화된다.

① ㄱ
② ㄷ
③ ㄱ, ㄴ
④ ㄴ, ㄷ
⑤ ㄱ, ㄴ, ㄷ

## 22 ○△✕

**다음 글의 ㉠과 ㉡에 대한 평가로 적절한 것만을 〈보기〉에서 모두 고르면?**

18세기에는 빛의 본성에 관한 두 이론이 경쟁하고 있었다. ㉠ 입자이론은 빛이 빠르게 운동하고 있는 아주 작은 입자들의 흐름으로 구성되어 있다고 설명한다. 이에 따르면, 물속에서 빛이 굴절하는 것은 물이 빛을 끌어당기기 때문이며, 공기 중에서는 이런 현상이 발생하지 않기 때문에 결과적으로 물속에서의 빛의 속도가 공기 중에서보다 더 빠르다. 한편 ㉡ 파동이론은 빛이 매질을 통하여 파동처럼 퍼져 나간다는 가설에 기초한다. 이에 따르면, 물속에서 빛이 굴절하는 것은 파동이 전파되는 매질의 밀도가 달라지기 때문이며, 밀도가 높아질수록 파동의 속도는 느려지므로 결과적으로 물속에서의 빛의 속도가 공기 중에서보다 더 느리다.

또한 파동이론에 따르면 빛의 색깔은 파장에 따라 달라진다. 공기 중에서는 파장에 따라 파동의 속도가 달라지지 않지만, 물속에서는 파장에 따라 파동의 속도가 달라진다. 반면 입자이론에 따르면 공기 중에서건 물속에서건 빛의 속도는 색깔에 따라 달라지지 않는다.

두 이론을 검증하기 위해 다음과 같은 실험이 고안되었다. 두 빛이 같은 시점에 발진하여 경로 1 또는 경로 2를 통과한 뒤 빠른 속도로 회전하는 평면거울에 도달한다. 두 개의 경로에서 빛이 진행하는 거리는 같으나, 경로 1에서는 물속을 통과하고, 경로 2에서는 공기만을 통과한다. 평면거울에서 반사된 빛은 반사된 빛이 향하는 방향에 설치된 스크린에 맺힌다. 평면거울에 도달한 빛 중 속도가 빠른 빛은 먼저 도달하고 속도가 느린 빛은 나중에 도달하게 되는데, 평면거울이 빠르게 회전하고 있으므로 먼저 도달한 빛과 늦게 도달한 빛은 반사 각도에 차이가 생기게 된다. 따라서 두 빛이 서로 다른 속도를 가진다면 반사된 두 빛이 도착하는 지점이 서로 달라지며, 더 빨리 평면거울에 도달한 빛일수록 스크린의 오른쪽에, 더 늦게 도달한 빛일수록 스크린의 왼쪽에 맺히게 된다.

〈보 기〉

ㄱ. 색깔이 같은 두 빛이 각각 경로 1과 2를 통과했을 때, 경로 1을 통과한 빛이 경로 2를 통과한 빛보다 스크린의 오른쪽에 맺힌다면 ㉠은 강화되고 ㉡은 약화된다.

ㄴ. 색깔이 다른 두 빛 중 하나는 경로 1을, 다른 하나는 경로 2를 통과했을 때, 경로 1을 통과한 빛이 경로 2를 통과한 빛보다 스크린의 왼쪽에 맺힌다면 ㉠은 약화되고 ㉡은 강화된다.

ㄷ. 색깔이 다른 두 빛이 모두 경로 1을 통과했을 때, 두 빛이 스크린에 맺힌 위치가 다르다면 ㉠은 약화되고 ㉡은 강화된다.

① ㄱ
② ㄴ
③ ㄱ, ㄷ
④ ㄴ, ㄷ
⑤ ㄱ, ㄴ, ㄷ

## 23 ○△✕

다음 대화의 빈칸에 들어갈 내용으로 가장 적절한 것은?

> 갑: 2022년에 A 보조금이 B 보조금으로 개편되었다고 들었습니다. 2021년에 A 보조금을 수령한 민원인이 B 보조금의 신청과 관련하여 문의하였습니다. 민원인이 중앙부처로 바로 연락하였다는데 B 보조금 신청 자격을 알 수 있을까요?
>
> 을: B 보조금 신청 자격은 A 보조금과 같습니다. 해당 지자체에 농업 경영정보를 등록한 농업인이어야 하고 지급 대상 토지도 해당 지자체에 등록된 농지 또는 초지여야 합니다.
>
> 갑: 네. 민원인의 자격 요건에 변동 사항은 없다는 것을 확인했습니다. 그 외에 다른 제한 사항은 없을까요?
>
> 을: 대상자 및 토지 요건을 모두 충족하더라도 전년도에 A 보조금을 부정한 방법으로 수령했다고 판정된 경우에는 B 보조금을 신청할 수가 없어요. 다만 부정한 방법으로 수령했다고 해당 지자체에서 판정하더라도 수령인은 일정 기간 동안 중앙부처에 이의를 제기할 수 있습니다. 이의 제기 심의 기간에는 수령인이 부정한 방법으로 수령하지 않은 것으로 봅니다.
>
> 갑: 우리 중앙부처의 2021년 A 보조금 부정 수령 판정 현황이 어떻게 되죠?
>
> 을: 2021년 A 보조금 부정 수령 판정 이의 제기 신청 기간은 만료되었습니다. 부정 수령 판정이 총 15건이 있었는데, 그중 11건에 대한 이의 제기 신청이 들어왔고 1건은 심의 후 이의 제기가 받아들여져 인용되었습니다. 9건은 이의 제기가 받아들여지지 않아 기각되었고 나머지 1건은 아직 이의 제기 심의 절차가 진행 중입니다.
>
> 갑: 그렇다면 제가 추가로 ▢▢▢▢▢만 확인하고 나면 다른 사유를 확인하지 않고서도 민원인이 현재 B 보조금 신청 자격이 되는지를 바로 알 수 있겠네요.

① 민원인의 부정 수령 판정 여부, 민원인의 이의 제기 여부, 이의 제기 심의 절차 진행 중인 건이 민원인이 제기한 건인지 여부

② 민원인의 부정 수령 판정 여부, 민원인의 이의 제기 여부, 이의 제기 기각 건에 민원인이 제기한 건이 포함되었는지 여부

③ 민원인의 농업인 및 농지 등록 여부, 민원인의 이의 제기 여부, 이의 제기 심의 절차 진행 중인 건의 심의 완료 여부

④ 민원인의 부정 수령 판정 여부, 민원인의 이의 제기 여부, 이의 제기 인용 건이 민원인이 제기한 건인지 여부

⑤ 민원인의 농업인 및 농지 등록 여부, 민원인의 부정 수령 판정 여부, 민원인의 이의 제기 여부

## 24 ○△✕

다음 대화의 빈칸에 들어갈 내용으로 가장 적절한 것은?

> 갑: 안녕하십니까? 저는 공립학교인 A 고등학교 교감입니다. 우리 학교의 교육 방침을 명확히 밝히는 조항을 학교 규칙(이하 '학칙')에 새로 추가하려고 합니다. 이때 준수해야 할 것이 무엇입니까?
>
> 을: 네. 학교에서 학칙을 제정하고자 할 때에는 「초·중등교육법」(이하 '교육법')에 어긋나지 않는 범위에서 제정이 이루어져야 합니다.
>
> 갑: 그렇군요. 그래서 교육법 제8조제1항의 학교의 장은 '법령'의 범위에서 학칙을 제정할 수 있다는 규정에 근거해서 학칙을 만들고 있습니다. 그런데 최근 우리 도(道) 의회에서 제정한 「학생인권조례」의 내용을 보니, 우리 학교에서 만들고 있는 학칙과 어긋나는 것이 있습니다. 이러한 경우에 법적 판단은 어떻게 됩니까?
>
> 을: ▢▢▢▢▢▢▢▢▢▢▢▢▢▢▢▢▢▢▢▢▢▢▢.
>
> 갑: 교육법 제8조제1항에서는 '법령'이라는 용어를 사용하고, 제10조제2항에서는 '조례'라는 용어를 사용하고 있으니 교육법에서는 법령과 조례를 구분하는 것으로 보입니다.
>
> 을: 그것은 다른 문제입니다. 교육법 제10조제2항의 조례는 법령의 위임을 받아 제정되는 위임 입법입니다. 제8조제1항에서의 법령에는 조례가 포함된다고 해석하고 있으며, 이 경우에 제10조제2항의 조례와는 그 성격이 다르다고 할 수 있습니다.
>
> 갑: 교육법 제8조제1항은 초·중등학교 운영의 자율과 책임을 위한 것인데 이러한 조례로 인해서 오히려 학교 교육과 운영이 침해당하는 것 아닙니까?
>
> 을: 교육법 제8조제1항의 목적은 학교의 자율과 책임을 당연히 존중하는 것입니다. 다만 학칙을 제정할 때에도 국가나 지자체에서 반드시 지킬 것을 요구하는 최소한의 한계를 법령의 범위라는 말로 표현한 것입니다. 더욱이 학생들의 학습권, 개성을 실현할 권리 등은 헌법에서 보장된 기본권에서 나오고 교육법 제18조의4에서도 학생의 인권을 보장하도록 규정하고 있습니다. 최근 「학생인권조례」도 이러한 취지에서 제정되었습니다.

① 학칙의 제정을 통하여 학교 운영의 자율과 책임뿐 아니라 학생들의 학습권과 개성을 실현할 권리가 제한될 수 있습니다

② 법령에 조례가 포함된다고 해석할 여지는 없지만 교육법의 체계상 「학생인권조례」를 따라야 합니다

③ 교육법 제10조제2항에 따라 조례는 입법 목적이나 취지와 관계없이 법령에 포함됩니다

④ 「학생인권조례」에는 교육법에 어긋나는 규정이 있지만 학칙은 이 조례를 따라야 합니다

⑤ 법령의 범위에 있는 「학생인권조례」의 내용에 반하는 학칙은 교육법에 저촉됩니다

## 25 ○△×

다음 글의 〈논쟁〉에 대한 분석으로 적절한 것만을 〈보기〉에서 모두 고르면?

갑과 을은 △△국 「주거법」 제○○조의 해석에 대해 논쟁하고 있다. 그 조문은 다음과 같다.

제○○조(비거주자의 구분) ① 다음 각 호에 해당하는 △△국 국민은 비거주자로 본다.
　1. 외국에서 영업활동에 종사하고 있는 사람
　2. 2년 이상 외국에 체재하고 있는 사람. 이 경우 일시 귀국하여 3개월 이내의 기간 동안 체재한 경우 그 기간은 외국에 체재한 기간에 포함되는 것으로 본다.
　3. 외국인과 혼인하여 배우자의 국적국에 6개월 이상 체재하는 사람
② 국내에서 영업활동에 종사하였거나 6개월 이상 체재하였던 외국인으로서 출국하여 외국에서 3개월 이상 체재 중인 사람의 경우에도 비거주자로 본다.

〈논 쟁〉

쟁점 1: △△국 국민인 A는 일본에서 2년 1개월째 학교에 다니고 있다. A는 매년 여름방학과 겨울방학 기간에 일시 귀국하여 2개월씩 체재하였다. 이에 대해, 갑은 A가 △△국 비거주자로 구분된다고 주장하는 반면, 을은 그렇지 않다고 주장한다.

쟁점 2: △△국과 미국 국적을 모두 보유한 복수 국적자 B는 △△국 C 법인에서 임원으로 근무하였다. B는 올해 C 법인의 미국 사무소로 발령받아 1개월째 영업활동에 종사 중이다. 이에 대해, 갑은 B가 △△국 비거주자로 구분된다고 주장하는 반면, 을은 그렇지 않다고 주장한다.

쟁점 3: △△국 국민인 D는 독일 국적의 E와 결혼하여 독일에서 체재 시작 직후부터 5개월째 길거리 음악 연주를 하고 있다. 이에 대해, 갑은 D가 △△국 비거주자로 구분된다고 주장하는 반면, 을은 그렇지 않다고 주장한다.

〈보 기〉

ㄱ. 쟁점 1과 관련하여, 일시 귀국하여 체재한 '3개월 이내의 기간'이 귀국할 때마다 체재한 기간의 합으로 확정된다면, 갑의 주장은 옳고 을의 주장은 그르다.

ㄴ. 쟁점 2와 관련하여, 갑은 B를 △△국 국민이라고 생각하지만 을은 외국인이라고 생각하기 때문이라고 하면, 갑과 을 사이의 주장 불일치를 설명할 수 있다.

ㄷ. 쟁점 3과 관련하여, D의 길거리 음악 연주가 영업활동이 아닌 것으로 확정된다면, 갑의 주장은 그르고 을의 주장은 옳다.

① ㄱ
② ㄷ
③ ㄱ, ㄴ
④ ㄴ, ㄷ
⑤ ㄱ, ㄴ, ㄷ

# CHAPTER 02

# 2022년 7급 PSAT 기출문제 자료해석

## 01 ○△×

다음 〈그림〉은 2021년 7월 '갑'지역의 15세 이상 인구를 대상으로 한 경제활동인구조사 결과를 정리한 자료이다. 〈그림〉의 A, B에 해당하는 값을 바르게 나열한 것은?

〈그림〉 2021년 7월 경제활동인구조사 결과

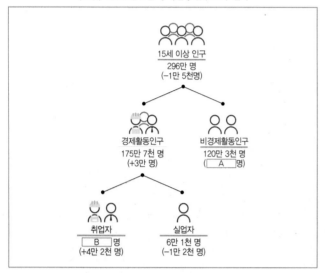

※ (　　)는 2020년 7월 대비 증감 인구수임.

| | A | B |
|---|---|---|
| ① | −4만 5천 | 169만 6천 |
| ② | −4만 5천 | 165만 4천 |
| ③ | −1만 2천 | 172만 7천 |
| ④ | −1만 2천 | 169만 6천 |
| ⑤ | +4만 2천 | 172만 7천 |

## 02 ○△×

다음 〈표〉는 2017~2021년 '갑'국의 청구인과 피청구인에 따른 특허심판 청구건수에 관한 자료이다. 이에 대한 〈보기〉의 설명 중 옳은 것만을 모두 고르면?

〈표〉 청구인과 피청구인에 따른 특허심판 청구건수

(단위: 건)

| 연도 \ 청구인 피청구인 | 내국인 | | 외국인 | |
|---|---|---|---|---|
| | 내국인 | 외국인 | 내국인 | 외국인 |
| 2017 | 765 | 270 | 204 | 172 |
| 2018 | 889 | 1,970 | 156 | 119 |
| 2019 | 795 | 359 | 191 | 72 |
| 2020 | 771 | 401 | 93 | 230 |
| 2021 | 741 | 213 | 152 | 46 |

〈보 기〉

ㄱ. 2019년 청구인이 내국인인 특허심판 청구건수의 전년 대비 감소율은 50 % 이상이다.

ㄴ. 2021년 피청구인이 내국인인 특허심판 청구건수는 피청구인이 외국인인 특허심판 청구건수의 3배 이상이다.

ㄷ. 2017년 내국인이 외국인에게 청구한 특허심판 청구건수는 2020년 외국인이 외국인에게 청구한 특허심판 청구건수보다 많다.

① ㄱ
② ㄷ
③ ㄱ, ㄴ
④ ㄴ, ㄷ
⑤ ㄱ, ㄴ, ㄷ

## 03 ⊙△×

다음 〈보고서〉는 2018~2021년 '갑'국의 생활밀접업종 현황에 대한 자료이다. 〈보고서〉의 내용과 부합하지 않는 자료는?

─〈보고서〉─

생활밀접업종은 소매, 음식, 숙박, 서비스 등과 같이 일상생활과 밀접하게 관련된 재화 또는 용역을 공급하는 업종이다. 생활밀접업종 사업자 수는 2021년 현재 2,215천 명으로 2018년 대비 10 % 이상 증가하였다. 2018년 대비 2021년 생활밀접업종 중 73개 업종에서 사업자 수가 증가하였는데, 이 중 스포츠시설운영업이 가장 높은 증가율을 기록하였고 펜션·게스트하우스, 애완용품점이 그 뒤를 이었다.

그러나 혼인건수와 출생아 수가 줄어드는 사회적 현상은 관련 업종에도 직접 영향을 미친 것으로 나타났다. 산부인과 병·의원 사업자 수는 2018년 이후 매년 감소하였다. 또한, 2018년 이후 예식장과 결혼상담소의 사업자 수도 각각 매년 감소하는 것으로 나타났다.

한편 복잡한 현대사회에서 전문직에 대한 수요는 꾸준히 증가하고 있다. 생활밀접업종을 소매, 음식, 숙박, 병·의원, 전문직, 교육, 서비스의 7개 그룹으로 분류했을 때 전문직 그룹의 2018년 대비 2021년 사업자 수 증가율이 17.6 %로 가장 높았다.

① 생활밀접업종 사업자 수

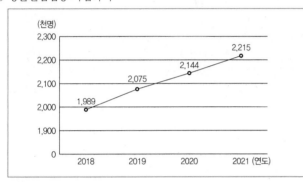

② 2018년 대비 2021년 생활밀접업종 사업자 수 증가율 상위 10개 업종

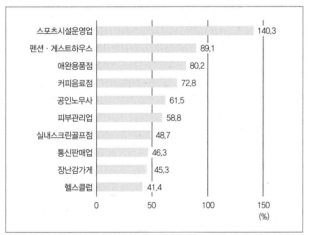

③ 주요 진료과목별 병·의원 사업자 수

(단위: 명)

| 진료과목＼연도 | 2018 | 2019 | 2020 | 2021 |
|---|---|---|---|---|
| 신경정신과 | 1,270 | 1,317 | 1,392 | 1,488 |
| 가정의학과 | 2,699 | 2,812 | 2,952 | 3,057 |
| 피부과·비뇨의학과 | 3,267 | 3,393 | 3,521 | 3,639 |
| 이비인후과 | 2,259 | 2,305 | 2,380 | 2,461 |
| 안과 | 1,485 | 1,519 | 1,573 | 1,603 |
| 치과 | 16,424 | 16,879 | 17,217 | 17,621 |
| 일반외과 | 4,282 | 4,369 | 4,474 | 4,566 |
| 성형외과 | 1,332 | 1,349 | 1,372 | 1,414 |
| 내과·소아과 | 10,677 | 10,861 | 10,975 | 11,130 |
| 산부인과 | 1,726 | 1,713 | 1,686 | 1,663 |

④ 예식장 및 결혼상담소 사업자 수

⑤ 2018년 대비 2021년 생활밀접업종의 7개 그룹별 사업자 수 증가율

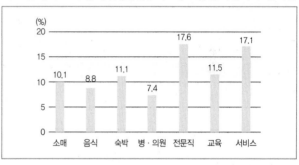

**04** ○△✕

다음 〈표〉는 '갑'국 A 위원회의 24~26차 회의 심의결과에 관한 자료이다. 이에 대한 〈보기〉의 설명 중 옳은 것만을 모두 고르면?

〈표〉 A 위원회의 24~26차 회의 심의결과

| 위원 \ 회차 · 동의 여부 | 24 동의 | 24 부동의 | 25 동의 | 25 부동의 | 26 동의 | 26 부동의 |
|---|---|---|---|---|---|---|
| 기획재정부장관 | ○ | | ○ | | ○ | |
| 교육부장관 | ○ | | | ○ | ○ | |
| 과학기술정보통신부장관 | ○ | | ○ | | | ○ |
| 행정안전부장관 | ○ | | | ○ | ○ | |
| 문화체육관광부장관 | ○ | | | ○ | ○ | |
| 농림축산식품부장관 | | ○ | ○ | | ○ | |
| 산업통상자원부장관 | ○ | | | ○ | | ○ |
| 보건복지부장관 | ○ | | ○ | | ○ | |
| 환경부장관 | | ○ | ○ | | | ○ |
| 고용노동부장관 | | ○ | | ○ | ○ | |
| 여성가족부장관 | ○ | | ○ | | ○ | |
| 국토교통부장관 | ○ | | ○ | | ○ | |
| 해양수산부장관 | ○ | | ○ | | ○ | |
| 중소벤처기업부장관 | | ○ | ○ | | | ○ |
| 문화재청장 | ○ | | ○ | | ○ | |
| 산림청장 | ○ | | ○ | | ○ | |

※ 1) A 위원회는 〈표〉에 제시된 16명의 위원으로만 구성됨.
   2) A 위원회는 매 회차 개최 시 1건의 안건만을 심의함.

〈보 기〉

ㄱ. 24~26차 회의의 심의안건에 모두 동의한 위원은 6명이다.

ㄴ. 심의안건에 부동의한 위원 수는 매 회차 증가하였다.

ㄷ. 전체 위원의 $\frac{2}{3}$ 이상이 동의해야 심의안건이 의결된다면, 24~26차 회의의 심의안건은 모두 의결되었다.

① ㄱ
② ㄴ
③ ㄱ, ㄷ
④ ㄴ, ㄷ
⑤ ㄱ, ㄴ, ㄷ

**05** ○△✕

다음 〈표〉는 1990년대 이후 A~E 도시의 시기별 및 자본금액별 창업 건수에 관한 자료이고, 〈보고서〉는 A~E 중 한 도시의 창업 건수에 관한 설명이다. 이를 근거로 판단할 때, 〈보고서〉의 내용에 부합하는 도시는?

〈표〉 A~E 도시의 시기별 및 자본금액별 창업 건수

(단위: 건)

| 도시 \ 시기 · 자본금액 | 1990년대 1천만 원 미만 | 1990년대 1천만 원 이상 | 2000년대 1천만 원 미만 | 2000년대 1천만 원 이상 | 2010년대 1천만 원 미만 | 2010년대 1천만 원 이상 | 2020년 이후 1천만 원 미만 | 2020년 이후 1천만 원 이상 |
|---|---|---|---|---|---|---|---|---|
| A | 198 | 11 | 206 | 32 | 461 | 26 | 788 | 101 |
| B | 46 | 0 | 101 | 5 | 233 | 4 | 458 | 16 |
| C | 12 | 2 | 19 | 17 | 16 | 17 | 76 | 14 |
| D | 27 | 3 | 73 | 34 | 101 | 24 | 225 | 27 |
| E | 4 | 0 | 25 | 0 | 53 | 3 | 246 | 7 |

〈보고서〉

이 도시의 시기별 및 자본금액별 창업 건수는 다음과 같은 특징이 있다. 첫째, 1990년대 이후 모든 시기에서 자본금액 1천만 원 미만 창업 건수가 자본금액 1천만 원 이상 창업 건수보다 많다. 둘째, 자본금액 1천만 원 미만 창업 건수와 1천만 원 이상 창업 건수의 차이는 2010년대가 2000년대의 2배 이상이다. 셋째, 2020년 이후 전체 창업 건수는 1990년대 전체 창업 건수의 10배 이상이다. 넷째, 2020년 이후 전체 창업 건수 중 자본금액 1천만 원 이상 창업 건수의 비중은 3% 이상이다.

① A
② B
③ C
④ D
⑤ E

## 06 ○△×

다음 〈표〉는 '갑'국의 원료곡종별 및 등급별 가공단가와 A~C 지역의 가공량에 관한 자료이다. 이에 대한 〈보기〉의 설명 중 옳은 것만을 모두 고르면?

〈표 1〉 원료곡종별 및 등급별 가공단가

(단위: 천 원/톤)

| 원료곡종 \ 등급 | 1등급 | 2등급 | 3등급 |
|---|---|---|---|
| 쌀 | 118 | 109 | 100 |
| 현미 | 105 | 97 | 89 |
| 보리 | 65 | 60 | 55 |

〈표 2〉 A~C 지역의 원료곡종별 및 등급별 가공량

(단위: 톤)

| 지역 | 원료곡종 | 1등급 | 2등급 | 3등급 | 합계 |
|---|---|---|---|---|---|
| A | 쌀 | 27 | 35 | 25 | 87 |
| | 현미 | 43 | 20 | 10 | 73 |
| | 보리 | 5 | 3 | 7 | 15 |
| B | 쌀 | 23 | 25 | 55 | 103 |
| | 현미 | 33 | 25 | 21 | 79 |
| | 보리 | 9 | 9 | 5 | 23 |
| C | 쌀 | 30 | 35 | 20 | 85 |
| | 현미 | 30 | 37 | 25 | 92 |
| | 보리 | 8 | 30 | 2 | 40 |
| 전체 | 쌀 | 80 | 95 | 100 | 275 |
| | 현미 | 106 | 82 | 56 | 244 |
| | 보리 | 22 | 42 | 14 | 78 |

※ 가공비용 = 가공단가 × 가공량

─── 〈보 기〉 ───

ㄱ. A 지역의 3등급 쌀 가공비용은 B 지역의 2등급 현미 가공비용보다 크다.

ㄴ. 1등급 현미 전체의 가공비용은 2등급 현미 전체 가공비용의 2배 이상이다.

ㄷ. 3등급 쌀과 3등급 보리의 가공단가가 각각 90천 원/톤, 50천 원/톤으로 변경될 경우, 지역별 가공비용 총액 감소폭이 가장 작은 지역은 A이다.

① ㄱ
② ㄷ
③ ㄱ, ㄴ
④ ㄱ, ㄷ
⑤ ㄴ, ㄷ

## 07 ○△×

다음 〈표〉는 재해위험지구 '갑', '을', '병'지역을 대상으로 정비사업 투자의 우선순위를 결정하기 위한 자료이다. '편익', '피해액', '재해발생위험도' 3개 평가 항목 점수의 합이 큰 지역일수록 우선순위가 높다. 이에 대한 〈보기〉의 설명 중 옳은 것만을 모두 고르면?

〈표 1〉 '갑'~'병'지역의 평가 항목별 등급

| 지역 \ 평가 항목 | 편익 | 피해액 | 재해발생위험도 |
|---|---|---|---|
| 갑 | C | A | B |
| 을 | B | D | A |
| 병 | A | B | C |

〈표 2〉 평가 항목의 등급별 배점

(단위: 점)

| 등급 \ 평가 항목 | 편익 | 피해액 | 재해발생위험도 |
|---|---|---|---|
| A | 10 | 15 | 25 |
| B | 8 | 12 | 17 |
| C | 6 | 9 | 10 |
| D | 4 | 6 | 0 |

─── 〈보 기〉 ───

ㄱ. '재해발생위험도' 점수가 높은 지역일수록 우선순위가 높다.

ㄴ. 우선순위가 가장 높은 지역과 가장 낮은 지역의 '피해액' 점수 차이는 '재해발생위험도' 점수 차이보다 크다.

ㄷ. '피해액' 점수와 '재해발생위험도' 점수의 합이 가장 큰 지역은 '갑'이다.

ㄹ. '갑'지역의 '편익' 등급이 B로 변경되면, 우선순위가 가장 높은 지역은 '갑'이다.

① ㄱ, ㄴ
② ㄱ, ㄷ
③ ㄴ, ㄹ
④ ㄱ, ㄷ, ㄹ
⑤ ㄴ, ㄷ, ㄹ

## 08 ○△✕

다음 〈그림〉은 2017~2021년 '갑'국의 반려동물 사료 유형별 특허 출원건수에 관한 자료이다. 이에 대한 〈보기〉의 설명 중 옳은 것만을 모두 고르면?

〈그림〉 반려동물 사료 유형별 특허 출원건수

※ 반려동물 사료 유형은 식물기원, 동물기원, 미생물효소로만 구분함.

〈보기〉
ㄱ. 2017~2021년 동안의 특허 출원건수 합이 가장 작은 사료 유형은 '미생물효소'이다.
ㄴ. 연도별 전체 특허 출원건수 대비 각 사료 유형의 특허 출원건수 비율은 '식물기원'이 매년 가장 높다.
ㄷ. 2021년 특허 출원건수의 전년 대비 증가율이 가장 높은 사료 유형은 '식물기원'이다.

① ㄱ
② ㄷ
③ ㄱ, ㄴ
④ ㄱ, ㄷ
⑤ ㄴ, ㄷ

## 09 ○△✕

다음 〈표〉는 2019년과 2020년 지역별 전체주택 및 빈집 현황에 관한 자료이다. 이를 바탕으로 작성한 〈보고서〉의 A~C에 해당하는 내용을 바르게 나열한 것은?

〈표〉 2019년과 2020년 지역별 전체주택 및 빈집 현황

(단위: 호, %)

| 연도 | 2019 | | | 2020 | | |
|---|---|---|---|---|---|---|
| 구분 지역 | 전체주택 | 빈집 | 빈집 비율 | 전체주택 | 빈집 | 빈집 비율 |
| 서울특별시 | 2,953,964 | 93,402 | 3.2 | 3,015,371 | 96,629 | 3.2 |
| 부산광역시 | 1,249,757 | 109,651 | 8.8 | 1,275,859 | 113,410 | 8.9 |
| 대구광역시 | 800,340 | 40,721 | 5.1 | 809,802 | 39,069 | 4.8 |
| 인천광역시 | 1,019,365 | 66,695 | 6.5 | 1,032,774 | 65,861 | 6.4 |
| 광주광역시 | 526,161 | 39,625 | 7.5 | 538,275 | 41,585 | 7.7 |
| 대전광역시 | 492,797 | 29,640 | 6.0 | 496,875 | 26,983 | 5.4 |
| 울산광역시 | 391,596 | 33,114 | 8.5 | 394,634 | 30,241 | 7.7 |
| 세종특별자치시 | 132,257 | 16,437 | 12.4 | 136,887 | 14,385 | 10.5 |
| 경기도 | 4,354,776 | 278,815 | 6.4 | 4,495,115 | 272,358 | 6.1 |
| 강원도 | 627,376 | 84,382 | 13.4 | 644,023 | 84,106 | 13.1 |
| 충청북도 | 625,957 | 77,520 | 12.4 | 640,256 | 76,877 | 12.0 |
| 충청남도 | 850,525 | 107,609 | 12.7 | 865,008 | 106,430 | 12.3 |
| 전라북도 | 724,524 | 91,138 | 12.6 | 741,221 | 95,412 | 12.9 |
| 전라남도 | 787,816 | 121,767 | 15.5 | 802,043 | 122,103 | 15.2 |
| 경상북도 | 1,081,216 | 143,560 | 13.3 | 1,094,306 | 139,770 | 12.8 |
| 경상남도 | 1,266,739 | 147,173 | 11.6 | 1,296,944 | 150,982 | 11.6 |
| 제주특별자치도 | 241,788 | 36,566 | 15.1 | 246,451 | 35,105 | 14.2 |
| 전국 | 18,126,954 | 1,517,815 | 8.4 | 18,525,844 | 1,511,306 | 8.2 |

※ 빈집비율(%) = $\frac{빈집}{전체주택} \times 100$

〈보고서〉
　2020년 우리나라 전체주택 수는 전년 대비 39만 호 이상 증가하였으나 빈집 수는 6천 호 이상 감소하여 빈집비율은 전년 대비 감소하였다. 특히 세종특별자치시의 빈집비율이 가장 큰 폭으로 감소하였다.
　하지만 2020년에는 　A　개 지역에서 빈집 수가 전년 대비 증가하였고, 전년 대비 빈집비율이 가장 큰 폭으로 증가한 지역은 　B　였다. 빈집비율이 가장 높은 지역과 가장 낮은 지역의 빈집비율 차이는 2019년에 비해 2020년이 　C　하였다.

| | A | B | C |
|---|---|---|---|
| ① | 5 | 광주광역시 | 감소 |
| ② | 5 | 전라북도 | 증가 |
| ③ | 6 | 광주광역시 | 증가 |
| ④ | 6 | 전라북도 | 증가 |
| ⑤ | 6 | 전라북도 | 감소 |

## 10

다음 〈표〉와 〈보고서〉는 2021년 '갑'국의 초등돌봄교실에 관한 자료이다. 제시된 〈표〉 이외에 〈보고서〉를 작성하기 위해 추가로 필요한 자료만을 〈보기〉에서 모두 고르면?

〈표 1〉 2021년 초등돌봄교실 이용학생 현황

(단위: 명, %)

| 구분 | 학년 | 1 | 2 | 3 | 4 | 5 | 6 | 합 |
|---|---|---|---|---|---|---|---|---|
| 오후돌봄교실 | 학생 수 | 124,000 | 91,166 | 16,421 | 7,708 | 3,399 | 2,609 | 245,303 |
| | 비율 | 50.5 | 37.2 | 6.7 | 3.1 | 1.4 | 1.1 | 100.0 |
| 저녁돌봄교실 | 학생 수 | 5,215 | 3,355 | 772 | 471 | 223 | 202 | 10,238 |
| | 비율 | 50.9 | 32.8 | 7.5 | 4.6 | 2.2 | 2.0 | 100.0 |

〈표 2〉 2021년 지원대상 유형별 오후돌봄교실 이용학생 현황

(단위: 명, %)

| 구분 | 지원대상 유형 | 우선지원대상 | | | | | 일반 지원 대상 | 합 |
|---|---|---|---|---|---|---|---|---|
| | | 저소득층 | 한부모 | 맞벌이 | 기타 | 소계 | | |
| 오후돌봄교실 | 학생수 | 23,066 | 6,855 | 174,297 | 17,298 | 221,516 | 23,787 | 245,303 |
| | 비율 | 9.4 | 2.8 | 71.1 | 7.1 | 90.3 | 9.7 | 100.0 |

〈보고서〉

2021년 '갑'국의 초등돌봄교실 이용학생은 오후돌봄교실 245,303명, 저녁돌봄교실 10,238명이다. 오후돌봄교실의 경우 2021년 기준 전체 초등학교의 98.9 %가 참여하고 있다.

오후돌봄교실의 우선지원대상은 저소득층 가정, 한부모 가정, 맞벌이 가정, 기타로 구분되며, 맞벌이 가정이 전체 오후돌봄교실 이용학생의 71.1 %로 가장 많고 다음으로 저소득층 가정이 9.4 %로 많다.

저녁돌봄교실의 경우 17시부터 22시까지 운영하고 있으나, 19시를 넘는 늦은 시간까지 이용하는 학생 비중은 11.2 %에 불과하다. 2021년 현재 저녁돌봄교실 이용학생은 1~2학년이 8,570명으로 전체 저녁돌봄교실 이용학생의 83.7 %를 차지한다.

초등돌봄교실 담당인력은 돌봄전담사, 현직교사, 민간위탁업체로 다양하다. 담당인력 구성은 돌봄전담사가 10,237명으로 가장 많고, 다음으로 현직교사 1,480명, 민간위탁업체 565명 순이다. 그중 돌봄전담사는 무기계약직이 6,830명이고 기간제가 3,407명이다.

〈보 기〉

ㄱ. 연도별 오후돌봄교실 참여 초등학교 수 및 참여율

(단위: 개, %)

| 구분 | 연도 | 2016 | 2017 | 2018 | 2019 | 2020 | 2021 |
|---|---|---|---|---|---|---|---|
| 학교 수 | | 5,652 | 5,784 | 5,938 | 5,972 | 5,998 | 6,054 |
| 참여율 | | 96.0 | 97.3 | 97.3 | 96.9 | 97.0 | 98.9 |

ㄴ. 2021년 저녁돌봄교실 이용학생의 이용시간별 분포

(단위: 명, %)

| 구분 | 이용시간 | 17 ~18시 | 17 ~19시 | 17 ~20시 | 17 ~21시 | 17 ~22시 | 합 |
|---|---|---|---|---|---|---|---|
| 이용학생 수 | | 6,446 | 2,644 | 1,005 | 143 | 0 | 10,238 |
| 비율 | | 63.0 | 25.8 | 9.8 | 1.4 | 0.0 | 100.0 |

ㄷ. 2021년 저녁돌봄교실 이용학생의 학년별 분포

(단위: 명, %)

| 구분 | 학년 | 1~2 | 3~4 | 5~6 | 합 |
|---|---|---|---|---|---|
| 이용학생 수 | | 8,570 | 1,243 | 425 | 10,238 |
| 비율 | | 83.7 | 12.1 | 4.2 | 100.0 |

ㄹ. 2021년 초등돌봄교실 담당인력 현황

(단위: 명, %)

| 구분 | 돌봄전담사 | | | 현직 교사 | 민간 위탁 업체 | 합 |
|---|---|---|---|---|---|---|
| | 무기 계약직 | 기간제 | 소계 | | | |
| 인력 | 6,830 | 3,407 | 10,237 | 1,480 | 565 | 12,282 |
| 비율 | 55.6 | 27.7 | 83.3 | 12.1 | 4.6 | 100.0 |

① ㄱ, ㄴ
② ㄱ, ㄷ
③ ㄷ, ㄹ
④ ㄱ, ㄴ, ㄹ
⑤ ㄴ, ㄷ, ㄹ

## 11

다음 〈표〉는 2016~2020년 '갑'국의 해양사고 심판현황이다. 이에 대한 〈보기〉의 설명 중 옳은 것만을 모두 고르면?

〈표〉 2016~2020년 해양사고 심판현황

(단위: 건)

| 구분 | 연도 | 2016 | 2017 | 2018 | 2019 | 2020 |
|---|---|---|---|---|---|---|
| 전년 이월 | | 96 | 100 | ( ) | 71 | 89 |
| 해당 연도 접수 | | 226 | 223 | 168 | 204 | 252 |
| 심판대상 | | 322 | ( ) | 258 | 275 | 341 |
| 재결 | | 222 | 233 | 187 | 186 | 210 |

※ '심판대상' 중 '재결'되지 않은 건은 다음 연도로 이월함.

〈보 기〉

ㄱ. '심판대상' 중 '전년 이월'의 비중은 2018년이 2016년보다 높다.
ㄴ. 다음 연도로 이월되는 건수가 가장 많은 연도는 2016년이다.
ㄷ. 2017년 이후 '해당 연도 접수' 건수의 전년 대비 증가율이 가장 높은 연도는 2020년이다.
ㄹ. '재결' 건수가 가장 적은 연도에는 '해당 연도 접수' 건수도 가장 적다.

① ㄱ, ㄴ
② ㄱ, ㄷ
③ ㄴ, ㄷ
④ ㄴ, ㄹ
⑤ ㄷ, ㄹ

## 12 ○△✕

다음 〈표〉는 '갑'주무관이 해양포유류 416종을 4가지 부류(A~D)로 나눈 후 2022년 기준 국제자연보전연맹(IUCN) 적색 목록 지표에 따라 분류한 자료이다. 이를 근거로 작성한 〈보고서〉의 A, B에 해당하는 해양포유류 부류를 바르게 연결한 것은?

〈표〉 해양포유류의 IUCN 적색 목록 지표별 분류 현황

(단위: 종)

| 지표 ＼ 해양포유류 부류 | A | B | C | D | 합 |
|---|---|---|---|---|---|
| 절멸종(EX) | 3 | – | 2 | 8 | 13 |
| 야생절멸종(EW) | – | – | – | 2 | 2 |
| 심각한위기종(CR) | – | – | – | 15 | 15 |
| 멸종위기종(EN) | 11 | 1 | – | 48 | 60 |
| 취약종(VU) | 7 | 2 | 8 | 57 | 74 |
| 위기근접종(NT) | 2 | – | – | 38 | 40 |
| 관심필요종(LC) | 42 | 2 | 1 | 141 | 186 |
| 자료부족종(DD) | 2 | – | – | 24 | 26 |
| 미평가종(NE) | – | – | – | – | 0 |
| 계 | 67 | 5 | 11 | 333 | 416 |

─── 〈보고서〉 ───

국제자연보전연맹(IUCN)의 적색 목록(Red List)은 지구 동식물종의 보전 상태를 나타내며, 각 동식물종의 보전 상태는 9개의 지표 중 1개로만 분류된다. 이 중 심각한위기종(CR), 멸종위기종(EN), 취약종(VU) 3개 지표 중 하나로 분류되는 동식물종을 멸종우려종(threatened species)이라 한다.

조사대상 416종의 해양포유류를 '고래류', '기각류', '해달류 및 북극곰', '해우류' 4가지 부류로 나눈 후, IUCN의 적색 목록 지표에 따라 분류해 보면 전체 조사대상의 약 36 %가 멸종우려종에 속하고 있다. 특히, 멸종우려종 중 '고래류'가 차지하는 비중은 80 % 이상이다. 또한 '해달류 및 북극곰'은 9개의 지표 중 멸종우려종 또는 관심필요종(LC)으로만 분류된 것으로 나타났다.

한편 해양포유류에 대한 과학적인 이해가 부족하여 26종은 자료부족종(DD)으로 분류되고 있다. 다만 '해달류 및 북극곰'과 '해우류'는 자료부족종(DD)으로 분류된 종이 없다.

| | A | B |
|---|---|---|
| ① | 고래류 | 기각류 |
| ② | 고래류 | 해우류 |
| ③ | 기각류 | 해달류 및 북극곰 |
| ④ | 기각류 | 해우류 |
| ⑤ | 해우류 | 해달류 및 북극곰 |

## 13 ○△✕

다음 〈표〉와 〈조건〉은 공유킥보드 운영사 A~D의 2022년 1월 기준 대여요금제와 대여방식이고 〈보고서〉는 공유킥보드 대여요금제 변경 이력에 관한 자료이다. 〈보고서〉에서 (다)에 해당하는 값은?

〈표〉 공유킥보드 운영사 A~D의 2022년 1월 기준 대여요금제

(단위: 원)

| 구분 ＼ 운영사 | A | B | C | D |
|---|---|---|---|---|
| 잠금해제료 | 0 | 250 | 750 | 1,600 |
| 분당대여료 | 200 | 150 | 120 | 60 |

─── 〈조건〉 ───

- 대여요금＝잠금해제료＋분당대여료×대여시간
- 공유킥보드 이용자는 공유킥보드 대여시간을 분단위로 미리 결정하고 운영사 A~D의 대여요금을 산정한다.
- 공유킥보드 이용자는 산정된 대여요금이 가장 낮은 운영사의 공유킥보드를 대여한다.

─── 〈보고서〉 ───

2022년 1월 기준 대여요금제에 따르면 운영사 (가) 는 이용자의 대여시간이 몇 분이더라도 해당 대여시간에 대해 운영사 A~D 중 가장 낮은 대여요금을 제공하지 못하는 것으로 나타났다. 자사 공유킥보드가 1대도 대여되지 않고 있음을 확인한 운영사 (가) 는 2월부터 잠금해제 이후 처음 5분간 분당대여료를 면제하는 것으로 대여요금제를 변경하였다.

운영사 (나) 가 2월 기준 대여요금제로 운영사 A~D의 대여요금을 재산정한 결과, 이용자의 대여시간이 몇 분이더라도 해당 대여시간에 대해 운영사 A~D 중 가장 낮은 대여요금을 제공하지 못하는 것을 파악하였다. 이에 운영사 (나) 는 3월부터 분당대여료를 50원 인하하는 것으로 대여요금제를 변경하였다.

그 결과 대여시간이 20분일 때, 3월 기준 대여요금제로 산정된 운영사 (가) 와 (나) 의 공유킥보드 대여요금 차이는 (다) 원이다.

① 200
② 250
③ 300
④ 350
⑤ 400

**14** ⃞⃝△✕

다음 〈보고서〉는 2021년 '갑'국 사교육비 조사결과에 대한 자료이다. 〈보고서〉의 내용과 부합하지 않는 자료는?

〈보고서〉

2021년 전체 학생 수는 532만 명으로 전년보다 감소하였지만, 사교육비 총액은 23조 4천억 원으로 전년 대비 20 % 이상 증가하였다. 또한, 사교육의 참여율과 주당 참여시간도 전년 대비 증가한 것으로 나타났다.

2021년 전체 학생의 1인당 월평균 사교육비는 전년 대비 20 % 이상 증가하였고, 사교육 참여학생의 1인당 월평균 사교육비 또한 전년 대비 6 % 이상 증가하였다. 2021년 전체 학생 중 월평균 사교육비를 20만 원 미만 지출한 학생의 비중은 전년 대비 감소하였으나, 60만 원 이상 지출한 학생의 비중은 전년 대비 증가한 것으로 나타났다.

한편, 2021년 방과후학교 지출 총액은 4,434억 원으로 2019년 대비 50 % 이상 감소하였으며, 방과후학교 참여율 또한 28.9 %로 2019년 대비 15.0 %p 이상 감소하였다.

① 전체 학생 수와 사교육비 총액

(단위: 만 명, 조 원)

| 구분＼연도 | 2020 | 2021 |
|---|---|---|
| 전체 학생 수 | 535 | 532 |
| 사교육비 총액 | 19.4 | 23.4 |

② 사교육의 참여율과 주당 참여시간

(단위: %, 시간)

| 구분＼연도 | 2020 | 2021 |
|---|---|---|
| 참여율 | 67.1 | 75.5 |
| 주당 참여시간 | 5.3 | 6.7 |

③ 학생 1인당 월평균 사교육비

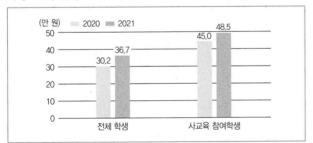

④ 전체 학생의 월평균 사교육비 지출 수준에 따른 분포

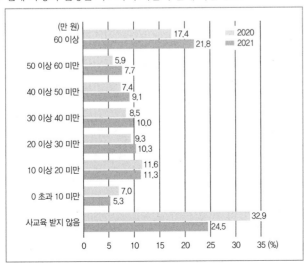

⑤ 방과후학교의 지출 총액과 참여율

(단위: 억 원, %)

| 구분＼연도 | 2019 | 2021 |
|---|---|---|
| 지출 총액 | 8,250 | 4,434 |
| 참여율 | 48.4 | 28.9 |

**15** ⃞⃝△✕

다음 〈표〉는 '갑'국의 학교급별 여성 교장 수와 비율을 1980년부터 5년마다 조사한 자료이다. 이에 대한 설명으로 옳은 것은?

〈표〉 학교급별 여성 교장 수와 비율

(단위: 명, %)

| 조사연도 \ 학교급 | 초등학교 여성 교장 수 | 비율 | 중학교 여성 교장 수 | 비율 | 고등학교 여성 교장 수 | 비율 |
|---|---|---|---|---|---|---|
| 1980 | 117 | 1.8 | 66 | 3.6 | 47 | 3.4 |
| 1985 | 122 | 1.9 | 98 | 4.9 | 60 | 4.0 |
| 1990 | 159 | 2.5 | 136 | 6.3 | 64 | 4.0 |
| 1995 | 222 | 3.8 | 181 | 7.6 | 66 | 3.8 |
| 2000 | 490 | 8.7 | 255 | 9.9 | 132 | 6.5 |
| 2005 | 832 | 14.3 | 330 | 12.0 | 139 | 6.4 |
| 2010 | 1,701 | 28.7 | 680 | 23.2 | 218 | 9.5 |
| 2015 | 2,058 | 34.5 | 713 | 24.3 | 229 | 9.9 |
| 2020 | 2,418 | 40.3 | 747 | 25.4 | 242 | 10.4 |

※ 1) 학교급별 여성 교장 비율(%)= $\frac{\text{학교급별 여성 교장 수}}{\text{학교급별 전체 교장 수}} \times 100$

2) 교장이 없는 학교는 없으며, 각 학교의 교장은 1명임.

① 2000년 이후 중학교 여성 교장 비율은 매년 증가한다.

② 초등학교 수는 2020년이 1980년보다 많다.

③ 고등학교 남성 교장 수는 1985년이 1990년보다 많다.

④ 1995년 초등학교 수는 같은 해 중학교 수와 고등학교 수의 합보다 많다.

⑤ 초등학교 여성 교장 수는 2020년이 2000년의 5배 이상이다.

## 16 〈ㅇ△×〉

다음 〈표〉는 도지사 선거 후보자 A와 B의 TV 토론회 전후 '가'~'마'지역 유권자의 지지율에 대한 자료이고, 〈보고서〉는 이 중 한 지역의 지지율 변화를 분석한 자료이다. 〈보고서〉의 내용에 해당하는 지역을 '가'~'마' 중에서 고르면?

〈표〉 도지사 선거 후보자 TV 토론회 전후 지지율

(단위: %)

| 시기<br>지역＼후보자 | TV 토론회 전 | | TV 토론회 후 | |
|---|---|---|---|---|
| | A | B | A | B |
| 가 | 38 | 52 | 50 | 46 |
| 나 | 28 | 40 | 39 | 41 |
| 다 | 31 | 59 | 37 | 36 |
| 라 | 35 | 49 | 31 | 57 |
| 마 | 29 | 36 | 43 | 41 |

※ 1) 도지사 선거 후보자는 A와 B뿐임.
2) 응답자는 '후보자 A 지지', '후보자 B 지지', '지지 후보자 없음' 중 하나만 응답하고, 무응답은 없음.

―――― 〈보고서〉 ――――

도지사 선거 후보자 TV 토론회를 진행하기 전과 후에 실시한 이 지역의 여론조사 결과, 도지사 후보자 지지율 변화는 다음과 같다. TV 토론회 전에는 B 후보자에 대한 지지율이 A 후보자보다 10 %p 이상 높게 집계되어 B 후보자가 선거에 유리한 것으로 보였으나, TV 토론회 후에는 지지율 양상에 변화가 있는 것으로 분석된다.

TV 토론회 후 '지지 후보자 없음'으로 응답한 비율이 줄어 TV 토론회가 그동안 어떤 후보자에 투표할지 고민하던 유권자의 선택에 영향을 미친 것으로 판단된다. 또한, A 후보자에 대한 지지율 증가폭이 B 후보자보다 큰 것으로 나타나 TV 토론회를 통해 A 후보자의 강점이 더 잘 드러났던 것으로 분석된다. 그러나 TV 토론회 후 두 후보자간 지지율 차이가 3 %p 이내에 불과하여 이 지역에서 선거의 결과는 예측하기 어렵다.

① 가
② 나
③ 다
④ 라
⑤ 마

## 17 〈ㅇ△×〉

다음 〈그림〉은 '갑'공업단지 내 8개 업종 업체 수와 업종별 스마트시스템 도입률 및 고도화율에 관한 자료이다. 이에 대한 〈보기〉의 설명 중 옳은 것만을 모두 고르면?

〈그림 1〉 업종별 업체 수

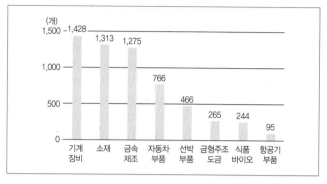

〈그림 2〉 업종별 스마트시스템 도입률 및 고도화율

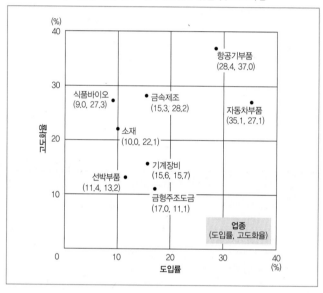

※ 1) 도입률(%) = 업종별 스마트시스템 도입 업체 수 / 업종별 업체 수 × 100
2) 고도화율(%) = 업종별 스마트시스템 고도화 업체 수 / 업종별 스마트시스템 도입 업체 수 × 100

―――― 〈보 기〉 ――――

ㄱ. 스마트시스템 도입 업체 수가 가장 많은 업종은 '자동차부품'이다.
ㄴ. 고도화율이 가장 높은 업종은 스마트시스템 고도화 업체 수도 가장 많다.
ㄷ. 업체 수 대비 스마트시스템 고도화 업체 수가 가장 높은 업종은 '항공기부품'이다.
ㄹ. 도입률이 가장 낮은 업종은 고도화율도 가장 낮다.

① ㄱ, ㄴ
② ㄱ, ㄷ
③ ㄱ, ㄹ
④ ㄴ, ㄷ
⑤ ㄴ, ㄹ

## 18 ☐△✕

다음 〈표〉는 운전자 A~E의 정지시거 산정을 위해 '갑'시험장에서 측정한 자료이다. 〈표〉와 〈정보〉에 근거하여 맑은 날과 비 오는 날의 운전자별 정지시거를 바르게 연결한 것은?

〈표〉 운전자 A~E의 정지시거 산정을 위한 자료

(단위: m/초, 초, m)

| 구분 운전자 | 자동차 | 운행속력 | 반응시간 | 반응거리 | 마찰계수 맑은 날 | 비 오는 날 |
|---|---|---|---|---|---|---|
| A | 가 | 20 | 2.0 | 40 | 0.4 | 0.1 |
| B | 나 | 20 | 2.0 | ( ) | 0.4 | 0.2 |
| C | 다 | 20 | 1.6 | ( ) | 0.8 | 0.4 |
| D | 나 | 20 | 2.4 | ( ) | 0.4 | 0.2 |
| E | 나 | 20 | 1.4 | ( ) | 0.4 | 0.2 |

─── 〈정 보〉 ───

• 정지시거＝반응거리＋제동거리
• 반응거리＝운행속력×반응시간
• 제동거리＝$\dfrac{(운행속력)^2}{2 \times 마찰계수 \times g}$ (단, g는 중력가속도이며 10 m/초²으로 가정함)

| | 운전자 | 맑은 날 정지시거[m] | 비 오는 날 정지시거[m] |
|---|---|---|---|
| ① | A | 120 | 240 |
| ② | B | 90 | 160 |
| ③ | C | 72 | 82 |
| ④ | D | 98 | 158 |
| ⑤ | E | 78 | 128 |

## 19 ☐△✕

다음 〈표〉와 〈그림〉은 '갑'국 8개 어종의 2020년 어획량에 관한 자료이다. 이에 대한 〈보기〉의 설명 중 옳은 것만을 모두 고르면?

〈표〉 8개 어종의 2020년 어획량

(단위: 톤)

| 어종 | 갈치 | 고등어 | 광어 | 멸치 | 오징어 | 전갱이 | 조기 | 참다랑어 |
|---|---|---|---|---|---|---|---|---|
| 어획량 | 20,666 | 64,609 | 5,453 | 26,473 | 23,703 | 19,769 | 23,696 | 482 |

〈그림〉 8개 어종 2020년 어획량의 전년비 및 평년비

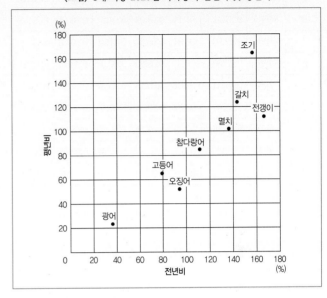

※ 1) 전년비(%)＝$\dfrac{2020년 어획량}{2019년 어획량} \times 100$

2) 평년비(%)＝$\dfrac{2020년 어획량}{2011\sim2020년 연도별 어획량의 평균} \times 100$

─── 〈보 기〉 ───

ㄱ. 8개 어종 중 2019년 어획량이 가장 많은 어종은 고등어이다.
ㄴ. 8개 어종 각각의 2019년 어획량은 해당 어종의 2011~2020년 연도별 어획량의 평균보다 적다.
ㄷ. 2021년 갈치 어획량이 2020년과 동일하다면, 갈치의 2011~2021년 연도별 어획량의 평균은 2011~2020년 연도별 어획량의 평균보다 크다.

① ㄱ
② ㄴ
③ ㄱ, ㄷ
④ ㄴ, ㄷ
⑤ ㄱ, ㄴ, ㄷ

## 20 ○△✕

다음 〈표〉는 2021년 A 시에서 개최된 철인3종경기 기록이다. 이에 대한 〈보기〉의 설명 중 옳은 것만을 모두 고르면?

〈표〉 A 시 개최 철인3종경기 기록

(단위: 시간)

| 종합기록순위 | 국적 | 종합 | 수영 | T1 | 자전거 | T2 | 달리기 |
|---|---|---|---|---|---|---|---|
| 1 | 러시아 | 9:22:28 | 0:48:18 | 0:02:43 | 5:04:50 | 0:02:47 | 3:23:50 |
| 2 | 브라질 | 9:34:36 | 0:57:44 | 0:02:27 | 5:02:30 | 0:01:48 | 3:30:07 |
| 3 | 대한민국 | 9:37:41 | 1:04:14 | 0:04:08 | 5:04:21 | 0:03:05 | 3:21:53 |
| 4 | 대한민국 | 9:42:03 | 1:06:34 | 0:03:33 | 5:11:01 | 0:03:33 | 3:17:22 |
| 5 | 대한민국 | 9:43:50 | ( ) | 0:03:20 | 5:00:33 | 0:02:14 | 3:17:24 |
| 6 | 일본 | 9:44:34 | 0:52:01 | 0:03:28 | 5:25:59 | 0:02:56 | 3:20:10 |
| 7 | 러시아 | 9:45:06 | 1:08:32 | 0:03:55 | 5:07:46 | 0:03:02 | 3:21:51 |
| 8 | 독일 | 9:46:48 | 1:03:49 | 0:03:53 | 4:59:20 | 0:03:00 | ( ) |
| 9 | 영국 | ( ) | 1:07:01 | 0:03:37 | 5:07:07 | 0:03:55 | 3:26:27 |
| 10 | 중국 | 9:48:18 | 1:02:28 | 0:03:29 | 5:16:09 | 0:03:47 | 3:22:25 |

※ 1) 기록 '1:01:01'은 1시간 1분 1초를 의미함.
2) 'T1', 'T2'는 각각 '수영'에서 '자전거', '자전거'에서 '달리기'로 전환하는 데 걸리는 시간임.
3) 경기 참가 선수는 10명뿐이고, 기록이 짧을수록 순위가 높음.

─── 〈보 기〉 ───
ㄱ. '수영'기록이 한 시간 이하인 선수는 'T2'기록이 모두 3분 미만이다.
ㄴ. 종합기록 순위 2~10위인 선수 중, 종합기록 순위가 한 단계 더 높은 선수와의 '종합'기록 차이가 1분 미만인 선수는 3명뿐이다.
ㄷ. '달리기'기록 상위 3명의 국적은 모두 대한민국이다.
ㄹ. 종합기록 순위 10위인 선수의 '수영'기록 순위는 '수영'기록과 'T1' 기록의 합산 기록 순위와 다르다.

① ㄱ, ㄴ
② ㄱ, ㄷ
③ ㄷ, ㄹ
④ ㄱ, ㄴ, ㄹ
⑤ ㄴ, ㄷ, ㄹ

## 21 ○△✕

다음 〈표〉는 제품 A~E의 제조원가에 관한 자료이다. 제품 A~E 중 매출액이 가장 작은 제품은?

〈표〉 제품 A~E의 고정원가, 변동원가율, 제조원가율

(단위: 원, %)

| 구분 / 제품 | 고정원가 | 변동원가율 | 제조원가율 |
|---|---|---|---|
| A | 60,000 | 40 | 25 |
| B | 36,000 | 60 | 30 |
| C | 33,000 | 40 | 30 |
| D | 50,000 | 20 | 10 |
| E | 10,000 | 50 | 10 |

※ 1) 제조원가＝고정원가＋변동원가

2) 고정원가율(%)＝$\frac{고정원가}{제조원가} \times 100$

3) 변동원가율(%)＝$\frac{변동원가}{제조원가} \times 100$

4) 제조원가율(%)＝$\frac{제조원가}{매출액} \times 100$

① A
② B
③ C
④ D
⑤ E

※ 다음 〈표〉는 2018~2020년 '갑'국 방위산업의 매출액 및 종사자 수에 관한 자료이다. 다음 물음에 답하시오. [22~23]

〈표 1〉 2018~2020년 '갑'국 방위산업의 국내외 매출액

(단위: 억 원)

| 구분＼연도 | 2018 | 2019 | 2020 |
|---|---|---|---|
| 총매출액 | 136,493 | 144,521 | 153,867 |
| 국내 매출액 | 116,502 | ( ) | ( ) |
| 국외 매출액 | 19,991 | 21,048 | 17,624 |

〈표 2〉 2020년 '갑'국 방위산업의 기업유형별 매출액 및 종사자 수

(단위: 억 원, 명)

| 구분＼기업유형 | 총매출액 | 국내 매출액 | 국외 매출액 | 종사자 수 |
|---|---|---|---|---|
| 대기업 | 136,198 | 119,586 | 16,612 | 27,249 |
| 중소기업 | 17,669 | 16,657 | 1,012 | 5,855 |
| 전체 | 153,867 | ( ) | 17,624 | 33,104 |

〈표 3〉 2018~2020년 '갑'국 방위산업의 분야별 매출액

(단위: 억 원)

| 분야＼연도 | 2018 | 2019 | 2020 |
|---|---|---|---|
| 항공유도 | 41,984 | 45,412 | 49,024 |
| 탄약 | 24,742 | 21,243 | 25,351 |
| 화력 | 20,140 | 20,191 | 21,031 |
| 함정 | 18,862 | 25,679 | 20,619 |
| 기동 | 14,027 | 14,877 | 18,270 |
| 통신전자 | 14,898 | 15,055 | 16,892 |
| 화생방 | 726 | 517 | 749 |
| 기타 | 1,114 | 1,547 | 1,931 |
| 전체 | 136,493 | 144,521 | 153,867 |

〈표 4〉 2018~2020년 '갑'국 방위산업의 분야별 종사자 수

(단위: 명)

| 분야＼연도 | 2018 | 2019 | 2020 |
|---|---|---|---|
| A | 9,651 | 10,133 | 10,108 |
| B | 6,969 | 6,948 | 6,680 |
| C | 3,996 | 4,537 | 4,523 |
| D | 3,781 | 3,852 | 4,053 |
| E | 3,988 | 4,016 | 3,543 |
| 화력 | 3,312 | 3,228 | 3,295 |
| 화생방 | 329 | 282 | 228 |
| 기타 | 583 | 726 | 674 |
| 전체 | 32,609 | 33,722 | 33,104 |

※ '갑'국 방위산업 분야는 기타를 제외하고 항공유도, 탄약, 화력, 함정, 기동, 통신전자, 화생방으로만 구분함.

**22** ○△×

위 〈표〉에 근거한 〈보기〉의 설명 중 옳은 것만을 모두 고르면?

― 〈보 기〉 ―

ㄱ. 방위산업의 국내 매출액이 가장 큰 연도에 방위산업 총매출액 중 국외 매출액 비중이 가장 작다.

ㄴ. '기타'를 제외하고, 2018년 대비 2020년 매출액 증가율이 가장 낮은 방위산업 분야는 '탄약'이다.

ㄷ. 2020년 방위산업의 기업유형별 종사자당 국외 매출액은 대기업이 중소기업의 4배 이상이다.

ㄹ. 2020년 '항공유도' 분야 대기업 국내 매출액은 14,500억 원 이상이다.

① ㄱ, ㄴ
② ㄱ, ㄷ
③ ㄴ, ㄹ
④ ㄷ, ㄹ
⑤ ㄱ, ㄴ, ㄹ

**23** ○△×

위 〈표〉와 다음 〈보고서〉를 근거로 '항공유도'에 해당하는 방위산업 분야를 〈표 4〉의 A~E 중에서 고르면?

― 〈보고서〉 ―

2018년 대비 2020년 '갑'국 방위산업의 총매출액은 약 12.7 % 증가하였으나 방위산업 전체 종사자 수는 약 1.5 % 증가하는 데 그쳤다. '기타'를 제외한 7개 분야에 대해 이를 구체적으로 분석하면 다음과 같다.

2018년 대비 2020년 방위산업 분야별 매출액은 모두 증가하였으나 종사자 수는 '통신전자', '함정', '항공유도' 분야만 증가하고 나머지 분야는 감소한 것으로 나타났다. 2018~2020년 동안 매출액과 종사자 수 모두 매년 증가한 방위산업 분야는 '통신전자'뿐이고, '탄약'과 '화생방' 분야는 종사자 수가 매년 감소하였다. 특히, '기동' 분야는 2018년 대비 2020년 매출액 증가율이 방위산업 분야 중 가장 높았지만 종사자 수는 가장 많이 감소하였다. 2018년 대비 2020년 '함정' 분야 매출액 증가율은 방위산업 전체 매출액 증가율보다 낮았으나 종사자 수는 방위산업 분야 중 가장 많이 증가하였다. 이에 따라 방위산업의 분야별 종사자당 매출액 순위에도 변동이 있었다. 2018년에는 '화력' 분야의 종사자당 매출액이 가장 컸고, 다음으로 '함정', '항공유도' 순으로 컸다. 한편, 2020년에는 '화력' 분야의 종사자당 매출액이 가장 컸고, 다음으로 '기동', '항공유도' 순으로 컸다.

① A
② B
③ C
④ D
⑤ E

**24** ⃞○△✕

다음 〈표〉는 2021년 국가 A~D의 국내총생산, 1인당 국내총생산, 1인당 이산화탄소 배출량에 관한 자료이다. 이를 근거로 국가 A~D를 이산화탄소 총배출량이 가장 적은 국가부터 순서대로 바르게 나열한 것은?

〈표〉 국가별 국내총생산, 1인당 국내총생산, 1인당 이산화탄소 배출량

(단위: 달러, 톤CO2eq.)

| 구분 \ 국가 | 국내총생산 | 1인당 국내총생산 | 1인당 이산화탄소 배출량 |
|---|---|---|---|
| A | 20조 4,941억 | 62,795 | 16.6 |
| B | 4조 9,709억 | 39,290 | 9.1 |
| C | 1조 6,194억 | 31,363 | 12.4 |
| D | 13조 6,082억 | 9,771 | 7.0 |

※ 1) 1인당 국내총생산 $= \dfrac{\text{국내총생산}}{\text{총인구}}$

2) 1인당 이산화탄소 배출량 $= \dfrac{\text{이산화탄소 총배출량}}{\text{총인구}}$

① A, C, B, D
② A, D, C, B
③ C, A, D, B
④ C, B, A, D
⑤ D, B, C, A

**25** ⃞○△✕

다음 〈표〉는 2019~2021년 '갑'국의 장소별 전기차 급속충전기 수에 관한 자료이다. 이에 대한 〈보기〉의 설명 중 옳은 것만을 모두 고르면?

〈표〉 장소별 전기차 급속충전기 수

(단위: 대)

| 구분 | 연도 \ 장소 | 2019 | 2020 | 2021 |
|---|---|---|---|---|
| 다중이용시설 | 쇼핑몰 | 807 | 1,701 | 2,701 |
| | 주유소 | 125 | 496 | ( ) |
| | 휴게소 | ( ) | ( ) | 2,099 |
| | 문화시설 | 757 | 1,152 | 1,646 |
| | 체육시설 | 272 | 498 | 604 |
| | 숙박시설 | 79 | 146 | 227 |
| | 여객시설 | 64 | 198 | 378 |
| | 병원 | 27 | 98 | 152 |
| | 소계 | 2,606 | 5,438 | 8,858 |
| 일반시설 | 공공시설 | 1,595 | ( ) | ( ) |
| | 주차전용시설 | 565 | 898 | 1,275 |
| | 자동차정비소 | 119 | 303 | 375 |
| | 공동주택 | ( ) | 102 | 221 |
| | 기타 | 476 | 499 | 522 |
| | 소계 | 2,784 | 4,550 | 6,145 |
| 전체 | | 5,390 | 9,988 | 15,003 |

─── 〈보 기〉 ───

ㄱ. 전체 급속충전기 수 대비 '다중이용시설' 급속충전기 수의 비율은 매년 증가한다.
ㄴ. '공공시설' 급속충전기 수는 '주차전용시설'과 '쇼핑몰' 급속충전기 수의 합보다 매년 많다.
ㄷ. '기타'를 제외하고, 2019년 대비 2021년 급속충전기 수의 증가율이 가장 큰 장소는 '주유소'이다.
ㄹ. 급속충전기 수는 '휴게소'가 '문화시설'보다 매년 많다.

① ㄱ, ㄴ
② ㄱ, ㄷ
③ ㄱ, ㄹ
④ ㄴ, ㄷ
⑤ ㄴ, ㄹ

## 01 ◯△✕

다음 글을 근거로 판단할 때 옳은 것은?

제00조 재해경감 우수기업(이하 '우수기업'이라 한다)이란 재난으로부터 피해를 최소화하기 위한 재해경감활동으로 우수기업 인증을 받은 기업을 말한다.

제00조 ① 우수기업으로 인증받고자 하는 기업은 A부 장관에게 신청하여야 한다.

② A부 장관은 제1항에 따라 신청한 기업의 재해경감활동에 대하여 다음 각 호의 기준에 따라 평가를 실시하고 우수기업으로 인증할 수 있다.

  1. 재난관리 전담조직을 갖출 것
  2. 매년 1회 이상 종사자에게 재난관리 교육을 실시할 것
  3. 재해경감활동 비용으로 총 예산의 5 % 이상 할애할 것
  4. 방재관련 인력을 총 인원의 2 % 이상 갖출 것

③ 제2항 각 호의 충족 여부는 매년 1월 말을 기준으로 평가하며, 모든 요건을 갖춘 경우 우수기업으로 인증한다. 다만 제3호의 경우 최초 평가에 한하여 해당 기준을 3개월 내에 충족할 것을 조건으로 인증할 수 있다.

④ 제3항에서 정하는 평가 및 인증에 소요되는 비용은 신청하는 자가 부담한다.

제00조 A부 장관은 인증받은 우수기업을 6개월마다 재평가하여 다음 각 호의 어느 하나에 해당하는 때에는 인증을 취소할 수 있다. 다만 제1호의 경우에는 인증을 취소하여야 한다.

  1. 거짓이나 그 밖의 부정한 방법으로 인증을 받은 경우
  2. 인증 평가기준에 미달되는 경우
  3. 양도 · 양수 · 합병 등에 의하여 인증받은 요건이 변경된 경우

① 처음 우수기업 인증을 받고자 하는 甲기업이 총 예산의 4 %를 재해경감활동 비용으로 할애하였다면, 다른 모든 기준을 충족하였더라도 우수기업으로 인증받을 여지가 없다.

② A부 장관이 乙기업을 평가하여 2022. 2. 25. 우수기업으로 인증한 경우, A부 장관은 2022. 6. 25.까지 재평가를 해야 한다.

③ 丙기업이 우수기업 인증을 신청하는 경우, 인증에 소요되는 비용은 A부 장관이 부담한다.

④ 丁기업이 재난관리 전담조직을 갖춘 것처럼 거짓으로 신청서를 작성하여 우수기업으로 인증을 받은 경우라도, A부 장관은 인증을 취소하지 않을 수 있다.

⑤ 우수기업인 戊기업이 己기업을 흡수합병하면서 재평가 당시 일시적으로 방재관련 인력이 총 인원의 1.5 %가 되었더라도, A부 장관은 戊기업의 인증을 취소하지 않을 수 있다.

## 02 ◯△✕

다음 글과 〈상황〉을 근거로 판단할 때, 김가을의 가족관계등록부에 기록해야 하는 내용이 아닌 것은?

제○○조 ① 가족관계등록부는 전산정보처리조직에 의하여 입력 · 처리된 가족관계 등록사항에 관한 전산정보자료를 제□□조의 등록기준지에 따라 개인별로 구분하여 작성한다.

② 가족관계등록부에는 다음 사항을 기록하여야 한다.

  1. 등록기준지
  2. 성명 · 본 · 성별 · 출생연월일 및 주민등록번호
  3. 출생 · 혼인 · 사망 등 가족관계의 발생 및 변동에 관한 사항

제□□조 출생을 사유로 처음 등록을 하는 경우에는 등록기준지를 자녀가 따르는 성과 본을 가진 부 또는 모의 등록기준지로 한다.

─── 〈상 황〉 ───

경기도 과천시 ☆☆로 1-11에 거주하는 김여름(金海 김씨)과 박겨울(密陽 박씨) 부부 사이에 2021년 10월 10일 경기도 수원시 영통구 소재 병원에서 남자아이가 태어났다. 이 부부는 태어난 아이의 이름을 김가을로 하고 과천시 ▽▽주민센터에 출생신고를 하였다. 김여름의 등록기준지는 부산광역시 남구 ◇◇로 2-22이며, 박겨울은 서울특별시 마포구 △△로 3-33이다.

① 서울특별시 마포구 △△로 3-33
② 부산광역시 남구 ◇◇로 2-22
③ 2021년 10월 10일
④ 金海
⑤ 남

## 03 ○△✕

다음 글을 근거로 판단할 때 옳은 것은?

제00조 정비사업이란 도시기능을 회복하기 위하여 정비구역에서 정비사업시설을 정비하거나 주택 등 건축물을 개량 또는 건설하는 주거환경개선사업, 재개발사업, 재건축사업 등을 말한다.

제00조 특별자치시장·특별자치도지사·시장·군수·구청장(이하 '시장 등'이라 한다)은 노후불량건축물이 밀집하는 구역에 대하여 정비계획에 따라 정비구역을 지정할 수 있다.

제00조 시장 등이 아닌 자가 정비사업을 시행하려는 경우에는 토지 등 소유자로 구성된 조합을 설립해야 한다.

제00조 ① 시장 등이 아닌 사업시행자가 정비사업 공사를 완료한 때에는 시장 등의 준공인가를 받아야 한다.

② 제1항에 따라 준공인가신청을 받은 시장 등은 지체 없이 준공검사를 실시해야 한다.

③ 시장 등은 제2항에 따른 준공검사를 실시한 결과 정비사업이 인가받은 사업시행 계획대로 완료되었다고 인정되는 때에는 준공인가를 하고 공사의 완료를 해당 지방자치단체의 공보에 고시해야 한다.

④ 시장 등은 직접 시행하는 정비사업에 관한 공사가 완료된 때에는 그 완료를 해당 지방자치단체의 공보에 고시해야 한다.

제00조 ① 정비구역의 지정은 공사완료의 고시가 있는 날의 다음 날에 해제된 것으로 본다.

② 제1항에 따른 정비구역의 해제는 조합의 존속에 영향을 주지 않는다.

① 甲특별자치시장이 직접 정비사업을 시행하려는 경우에는 토지 등 소유자로 구성된 조합을 설립해야 한다.

② A도 乙군수가 직접 시행하는 정비사업에 관한 공사가 완료된 때에는 A도지사에게 준공인가신청을 해야 한다.

③ 丙시장이 사업시행자 B의 정비사업에 관해 준공인가를 하면, 토지 등 소유자로 구성된 조합은 해산된다.

④ 丁시장이 사업시행자 C의 정비사업에 관해 공사완료를 고시하면, 정비구역의 지정은 고시한 날 해제된다.

⑤ 戊시장이 직접 시행하는 정비사업에 관한 공사가 완료된 때에는 그 완료를 戊시의 공보에 고시해야 한다.

## 04 ○△✕

다음 글을 근거로 판단할 때 옳은 것은?

제00조 ① 선박이란 수상 또는 수중에서 항행용으로 사용하거나 사용할 수 있는 배 종류를 말하며 그 구분은 다음 각 호와 같다.

　1. 기선: 기관(機關)을 사용하여 추진하는 선박과 수면비행선박(표면효과 작용을 이용하여 수면에 근접하여 비행하는 선박)

　2. 범선: 돛을 사용하여 추진하는 선박

　3. 부선: 자력(自力) 항행능력이 없어 다른 선박에 의하여 끌리거나 밀려서 항행되는 선박

② 소형선박이란 다음 각 호의 어느 하나에 해당하는 선박을 말한다.

　1. 총톤수 20톤 미만인 기선 및 범선

　2. 총톤수 100톤 미만인 부선

제00조 ① 매매계약에 의한 선박 소유권의 이전은 계약당사자 사이의 양도합의만으로 효력이 생긴다. 다만 소형선박 소유권의 이전은 계약당사자 사이의 양도합의와 선박의 등록으로 효력이 생긴다.

② 선박의 소유자(제1항 단서의 경우에는 선박의 매수인)는 선박을 취득(제1항 단서의 경우에는 매수)한 날부터 60일 이내에 선적항을 관할하는 지방해양수산청장에게 선박의 등록을 신청하여야 한다. 이 경우 총톤수 20톤 이상인 기선과 범선 및 총톤수 100톤 이상인 부선은 선박의 등기를 한 후에 선박의 등록을 신청하여야 한다.

③ 지방해양수산청장은 제2항의 등록신청을 받으면 이를 선박원부(船舶原簿)에 등록하고 신청인에게 선박국적증서를 발급하여야 한다.

제00조 선박의 등기는 등기할 선박의 선적항을 관할하는 지방법원, 그 지원 또는 등기소를 관할 등기소로 한다.

① 총톤수 80톤인 부선의 매수인 甲이 선박의 소유권을 취득하기 위해서는 매도인과 양도합의를 하고 선박을 등록해야 한다.

② 총톤수 100톤인 기선의 소유자 乙이 선박의 등기를 하기 위해서는 먼저 관할 지방해양수산청장에게 선박의 등록을 신청해야 한다.

③ 총톤수 60톤인 기선의 소유자 丙은 선박을 매수한 날부터 60일 이내에 해양수산부장관에게 선박의 등록을 신청해야 한다.

④ 총톤수 200톤인 부선의 소유자 丁이 선적항을 관할하는 등기소에 선박의 등기를 신청하면, 등기소는 丁에게 선박국적증서를 발급해야 한다.

⑤ 총톤수 20톤 미만인 범선의 매수인 戊가 선박의 등록을 신청하면, 관할 법원은 이를 선박원부에 등록하고 戊에게 선박국적증서를 발급해야 한다.

## 05 ○△×

다음 글을 근거로 판단할 때 옳은 것은?

조선 시대 쌀의 종류에는 가을철 논에서 수확한 벼를 가공한 흰색 쌀 외에 밭에서 자란 곡식을 가공함으로써 얻게 되는 회색 쌀과 노란색 쌀이 있었다. 회색 쌀은 보리의 껍질을 벗긴 보리쌀이었고, 노란색 쌀은 조의 껍질을 벗긴 좁쌀이었다.

남부 지역에서는 보리가 특히 중요시되었다. 가을 곡식이 바닥을 보이기 시작하는 봄철, 농민들의 희망은 들판에 넘실거리는 보리뿐이었다. 보리가 익을 때까지는 주린 배를 움켜쥐고 생활할 수밖에 없었고, 이를 보릿고개라 하였다. 그것은 보리를 수확하는 하지, 즉 낮이 가장 길고 밤이 가장 짧은 시기까지 지속되다가 사라지는 고개였다. 보리 수확기는 여름이었지만 파종 시기는 보리 종류에 따라 달랐다. 가을철에 파종하여 이듬해 수확하는 보리는 가을보리, 봄에 파종하여 그해 수확하는 보리는 봄보리라고 불렀다.

적지 않은 농부들은 보리를 수확하고 그 자리에 다시 콩을 심기도 했다. 이처럼 같은 밭에서 1년 동안 보리와 콩을 교대로 경작하는 방식을 그루갈이라고 한다. 그렇지만 모든 콩이 그루갈이로 재배된 것은 아니었다. 콩 수확기는 가을이었으나, 어떤 콩은 봄철에 파종해야만 제대로 자랄 수 있었고 어떤 콩은 여름에 심을 수도 있었다. 한편 조는 보리, 콩과 달리 모두 봄에 심었다. 그래서 봄철 밭에서는 보리, 콩, 조가 함께 자라는 것을 볼 수 있었다.

① 흰색 쌀과 여름에 심는 콩은 서로 다른 계절에 수확했다.
② 봄보리의 재배 기간은 가을보리의 재배 기간보다 짧았다.
③ 흰색 쌀과 회색 쌀은 논에서 수확된 곡식을 가공한 것이었다.
④ 남부 지역의 보릿고개는 가을 곡식이 바닥을 보이는 하지가 지나면서 더 심해졌다.
⑤ 보리와 콩이 함께 자라는 것은 볼 수 있었지만, 조가 이들과 함께 자라는 것은 볼 수 없었다.

## 06 ○△×

다음 글을 근거로 판단할 때, 〈보기〉에서 옳은 것만을 모두 고르면?

甲의 자동차에 장착된 내비게이션 시스템은 목적지까지 운행하는 도중 대안경로를 제안하는 경우가 있다. 이때 이 시스템은 기존경로와 비교하여 남은 거리와 시간이 어떻게 달라지는지 알려준다. 즉 목적지까지의 잔여거리(A)가 몇 km 증가·감소하는지, 잔여시간(B)이 몇 분 증가·감소하는지 알려준다. 甲은 기존경로와 대안경로 중 출발지부터 목적지까지의 평균속력이 더 높을 것으로 예상되는 경로를 항상 선택한다.

〈보 기〉

ㄱ. A가 증가하고 B가 감소하면 甲은 항상 대안경로를 선택한다.
ㄴ. A와 B가 모두 증가하면 甲은 항상 대안경로를 선택한다.
ㄷ. A와 B가 모두 감소할 때 甲이 대안경로를 선택하는 경우가 있다.
ㄹ. A가 감소하고 B가 증가할 때 甲이 대안경로를 선택하는 경우가 있다.

① ㄱ, ㄴ
② ㄱ, ㄷ
③ ㄴ, ㄷ
④ ㄴ, ㄹ
⑤ ㄷ, ㄹ

## 07 ○△×

다음 글을 근거로 판단할 때 옳은 것은?

甲은 정기모임의 간식을 준비하기 위해 과일 가게에 들렀다. 甲이 산 과일의 가격과 수량은 아래 표와 같다. 과일 가게 사장이 준 영수증을 보니, 총 228,000원이어야 할 결제 금액이 총 237,300원이었다.

| 구분 | 사과 | 귤 | 복숭아 | 딸기 |
|---|---|---|---|---|
| 1상자 가격(원) | 30,700 | 25,500 | 14,300 | 23,600 |
| 구입 수량(상자) | 2 | 3 | 3 | 2 |

① 한 과일이 2상자 더 계산되었다.
② 두 과일이 각각 1상자 더 계산되었다.
③ 한 과일이 1상자 더 계산되고, 다른 한 과일이 1상자 덜 계산되었다.
④ 한 과일이 1상자 더 계산되고, 다른 두 과일이 각각 1상자 덜 계산되었다.
⑤ 두 과일이 각각 1상자 더 계산되고, 다른 두 과일이 각각 1상자 덜 계산되었다.

## 08 ○△×

다음 글과 〈상황〉을 근거로 판단할 때, 甲~戊 중 휴가지원사업에 참여할 수 있는 사람만을 모두 고르면?

〈2023년 휴가지원사업 모집 공고〉

□ 사업 목적
  • 직장 내 자유로운 휴가문화 조성 및 국내 여행 활성화
□ 참여 대상
  • 중소기업 · 비영리민간단체 · 사회복지법인 · 의료법인 근로자.
    단, 아래 근로자는 참여 제외
    - 병 · 의원 소속 의사
    - 회계법인 및 세무법인 소속 회계사 · 세무사 · 노무사
    - 법무법인 소속 변호사 · 변리사
  • 대표 및 임원은 참여 대상에서 제외하나, 아래의 경우는 참여 가능
    - 중소기업 및 비영리민간단체의 임원
    - 사회복지법인의 대표 및 임원

─── 〈상 황〉 ───

甲~戊의 재직정보는 아래와 같다.

| 구분 | 직장명 | 직장 유형 | 비고 |
|---|---|---|---|
| 간호사 甲 | A병원 | 의료법인 | 근로자 |
| 노무사 乙 | B회계법인 | 중소기업 | 근로자 |
| 사회복지사 丙 | C복지센터 | 사회복지법인 | 대표 |
| 회사원 丁 | D물산 | 대기업 | 근로자 |
| 의사 戊 | E재단 | 비영리민간단체 | 임원 |

① 甲, 丙
② 甲, 戊
③ 乙, 丁
④ 甲, 丙, 戊
⑤ 乙, 丙, 丁

※ 다음 글을 읽고 물음에 답하시오. [9~10]

'국민참여예산제도'는 국가 예산사업의 제안, 심사, 우선순위 결정과정에 국민을 참여케 함으로써 예산에 대한 국민의 관심도를 높이고 정부 재정운영의 투명성을 제고하기 위한 제도이다. 이 제도는 정부의 예산편성권과 국회의 예산심의 · 의결권 틀 내에서 운영된다.

국민참여예산제도는 기존 제도인 국민제안제도나 주민참여예산제도와 차이점을 지닌다. 먼저 '국민제안제도'가 국민들이 제안한 사항에 대해 관계부처가 채택 여부를 결정하는 방식이라면, 국민참여예산제도는 국민의 제안 이후 사업심사와 우선순위 결정과정에도 국민의 참여를 가능하게 함으로써 국민의 역할을 확대하는 방식이다. 또한 '주민참여예산제도'가 지방자치단체의 사무를 대상으로 하는 반면, 국민참여예산제도는 중앙정부가 재정을 지원하는 예산사업을 대상으로 한다.

국민참여예산제도에서는 3~4월에 국민사업제안과 제안사업 적격성 검사를 실시하고, 이후 5월까지 각 부처에 예산안을 요구한다. 6월에는 예산국민참여단을 발족하여 참여예산 후보사업을 압축한다. 7월에는 일반국민 설문조사와 더불어 예산국민참여단 투표를 통해 사업선호도 조사를 한다. 이러한 과정을 통해 선호순위가 높은 후보사업은 국민참여예산사업으로 결정되며, 8월에 재정정책자문회의의 논의를 거쳐 국무회의에서 정부예산안에 반영된다. 정부예산안은 국회에 제출되며, 국회는 심의 · 의결을 거쳐 12월까지 예산안을 확정한다.

예산국민참여단은 일반국민을 대상으로 전화를 통해 참여의사를 타진하여 구성한다. 무작위로 표본을 추출하되 성 · 연령 · 지역별 대표성을 확보하는 통계적 구성방법이 사용된다. 예산국민참여단원은 예산학교를 통해 국가재정에 대한 교육을 이수한 후, 참여예산 후보사업을 압축하는 역할을 맡는다. 예산국민참여단이 압축한 후보사업에 대한 일반국민의 선호도는 통계적 대표성이 확보된 표본을 대상으로 한 설문을 통해, 예산국민참여단의 사업선호도는 오프라인 투표를 통해 조사한다.

정부는 2017년에 2018년도 예산을 편성하면서 국민참여예산제도를 시범 도입하였는데, 그 결과 6개의 국민참여예산사업이 선정되었다. 2019년도 예산에는 총 39개 국민참여예산사업에 대해 800억 원이 반영되었다.

## 09 ○△×

윗글을 근거로 판단할 때 옳은 것은?

① 국민제안제도에서는 중앙정부가 재정을 지원하는 예산사업의 우선순위를 국민이 정할 수 있다.
② 국민참여예산사업은 국회 심의 · 의결 전에 국무회의에서 정부예산안에 반영된다.
③ 국민참여예산제도는 정부의 예산편성권 범위 밖에서 운영된다.
④ 참여예산 후보사업은 재정정책자문회의의 논의를 거쳐 제안된다.
⑤ 예산국민참여단의 사업선호도 조사는 전화설문을 통해 이루어진다.

## 10 ☐△✕

윗글과 〈상황〉을 근거로 판단할 때, 甲이 보고할 수치를 옳게 짝지은 것은?

─── 〈상 황〉 ───

2019년도 국민참여예산사업 예산 가운데 688억 원이 생활밀착형사업 예산이고 나머지는 취약계층지원사업 예산이었다. 2020년도 국민참여예산사업 예산 규모는 2019년도에 비해 25 % 증가했는데, 이 중 870억 원이 생활밀착형사업 예산이고 나머지는 취약계층지원사업 예산이었다. 국민참여예산제도에 관한 정부부처 담당자 甲은 2019년도와 2020년도 각각에 대해 국민참여예산사업 예산에서 취약계층지원사업 예산이 차지한 비율을 보고하려고 한다.

|  | 2019년도 | 2020년도 |
|---|---|---|
| ① | 13 % | 12 % |
| ② | 13 % | 13 % |
| ③ | 14 % | 13 % |
| ④ | 14 % | 14 % |
| ⑤ | 15 % | 14 % |

## 11 ☐△✕

다음 글을 근거로 판단할 때, 네 번째로 보고되는 개정안은?

△△처에서 소관 법규 개정안 보고회를 개최하고자 한다. 보고회는 아래와 같은 기준에 따라 진행한다.
- 법규 체계 순위에 따라 법 – 시행령 – 시행규칙의 순서로 보고한다. 법규 체계 순위가 같은 개정안이 여러 개 있는 경우 소관 부서명의 가나다순으로 보고한다.
- 한 부서에서 보고해야 하는 개정안이 여럿인 경우, 해당 부서의 첫 번째 보고 이후 위 기준에도 불구하고 그 부서의 나머지 소관 개정안을 법규 체계 순위에 따라 연달아 보고한다.
- 이상의 모든 기준과 무관하게 보고자가 국장인 경우 가장 먼저 보고한다.

보고 예정인 개정안은 다음과 같다.

| 개정안명 | 소관 부서 | 보고자 |
|---|---|---|
| A법 개정안 | 예산담당관 | 甲사무관 |
| B법 개정안 | 기획담당관 | 乙과장 |
| C법 시행령 개정안 | 기획담당관 | 乙과장 |
| D법 시행령 개정안 | 국제화담당관 | 丙국장 |
| E법 시행규칙 개정안 | 예산담당관 | 甲사무관 |

① A법 개정안
② B법 개정안
③ C법 시행령 개정안
④ D법 시행령 개정안
⑤ E법 시행규칙 개정안

## 12 ☐△✕

다음 글과 〈상황〉을 근거로 판단할 때, 甲이 선택할 사업과 받을 수 있는 지원금을 옳게 짝지은 것은?

○○군은 집수리지원사업인 A와 B를 운영하고 있다. 신청자는 하나의 사업을 선택하여 지원받을 수 있다. 수리 항목은 외부(방수, 지붕, 담장, 쉼터)와 내부(단열, 설비, 창호)로 나누어진다.

〈사업 A의 지원기준〉
- 외부는 본인부담 10 %를 제외한 나머지 소요비용을 1,250만 원 한도 내에서 전액 지원
- 내부는 지원하지 않음

〈사업 B의 지원기준〉
- 담장과 쉼터는 둘 중 하나의 항목만 지원하며, 각각 300만 원과 50만 원 한도 내에서 소요비용 전액 지원
- 담장과 쉼터를 제외한 나머지 항목은 내·외부와 관계없이 본인부담 50 %를 제외한 나머지 소요비용을 1,200만 원 한도 내에서 전액 지원

─── 〈상 황〉 ───

甲은 본인 집의 창호와 쉼터를 수리하고자 한다. 소요비용은 각각 500만 원과 900만 원이다. 甲은 사업 A와 B 중 지원금이 더 많은 사업을 선택하여 신청하려고 한다.

|  | 사업 | 지원금 |
|---|---|---|
| ① | A | 1,250만 원 |
| ② | A | 810만 원 |
| ③ | B | 1,250만 원 |
| ④ | B | 810만 원 |
| ⑤ | B | 300만 원 |

## 13 ○△✕

다음 글을 근거로 판단할 때, 〈보기〉에서 옳은 것만을 모두 고르면?

이번 주 甲의 요일별 기본업무량은 다음과 같다.

| 요일 | 월 | 화 | 수 | 목 | 금 |
|---|---|---|---|---|---|
| 기본업무량 | 60 | 50 | 60 | 50 | 60 |

甲은 기본업무량을 초과하여 업무를 처리한 날에 '칭찬'을, 기본업무량 미만으로 업무를 처리한 날에 '꾸중'을 듣는다. 정확히 기본업무량만큼 업무를 처리한 날에는 칭찬도 꾸중도 듣지 않는다.

이번 주 甲은 방식1~방식3 중 하나를 선택하여 업무를 처리한다.

방식1: 월요일에 100의 업무량을 처리하고, 그다음 날부터는 매일 전날 대비 20 적은 업무량을 처리한다.

방식2: 월요일에 0의 업무량을 처리하고, 그다음 날부터는 매일 전날 대비 30 많은 업무량을 처리한다.

방식3: 매일 60의 업무량을 처리한다.

〈보 기〉

ㄱ. 방식1을 선택할 경우 화요일에 꾸중을 듣는다.

ㄴ. 어느 방식을 선택하더라도 수요일에는 칭찬도 꾸중도 듣지 않는다.

ㄷ. 어느 방식을 선택하더라도 칭찬을 듣는 날수는 동일하다.

ㄹ. 칭찬을 듣는 날수에서 꾸중을 듣는 날수를 뺀 값을 최대로 하려면 방식2를 선택하여야 한다.

① ㄱ, ㄷ

② ㄱ, ㄹ

③ ㄴ, ㄷ

④ ㄴ, ㄹ

⑤ ㄴ, ㄷ, ㄹ

## 14 ○△✕

다음 글을 근거로 판단할 때, 〈보기〉에서 옳은 것만을 모두 고르면?

○○부의 甲국장은 직원 연수 프로그램을 마련하기 위하여 乙주무관에게 직원 1,000명 전원을 대상으로 연수 희망 여부와 희망 지역에 대한 의견을 수렴할 것을 요청하였다. 이에 따라 乙은 설문조사를 실시하였고, 甲과 乙은 그 결과에 대해 대화를 나누고 있다.

甲: 설문조사는 잘 시행되었나요?

乙: 예. 직원 1,000명 모두 연수 희망 여부에 대해 응답하였습니다. 연수를 희망하는 응답자는 43 %였으며, 남자직원의 40 %와 여자직원의 50 %가 연수를 희망하는 것으로 나타났습니다.

甲: 연수 희망자 전원이 희망 지역에 대해 응답했나요?

乙: 예. A지역과 B지역 두 곳 중에서 희망하는 지역을 선택하라고 했더니 B지역을 희망하는 비율이 약간 더 높았습니다. 그리고 연수를 희망하는 여자직원 중 B지역 희망 비율은 연수를 희망하는 남자직원 중 B지역 희망 비율의 2배인 80 %였습니다.

〈보 기〉

ㄱ. 전체 직원 중 남자직원의 비율은 50 %를 넘는다.

ㄴ. 연수 희망자 중 여자직원의 비율은 40 %를 넘는다.

ㄷ. A지역 연수를 희망하는 직원은 200명을 넘지 않는다.

ㄹ. B지역 연수를 희망하는 남자직원은 100명을 넘는다.

① ㄱ, ㄷ

② ㄴ, ㄷ

③ ㄴ, ㄹ

④ ㄱ, ㄴ, ㄹ

⑤ ㄱ, ㄷ, ㄹ

## 15 ○△✕

다음 글을 근거로 판단할 때, 〈보기〉에서 甲이 지원금을 받는 경우만을 모두 고르면?

- 정부는 자영업자를 지원하기 위하여 2020년 대비 2021년의 이익이 감소한 경우 이익 감소액의 10 %를 자영업자에게 지원금으로 지급하기로 하였다.
- 이익은 매출액에서 변동원가와 고정원가를 뺀 금액으로, 자영업자 甲의 2020년 이익은 아래와 같이 계산된다.

| 구분 | 금액 | 비고 |
|------|------|------|
| 매출액 | 8억 원 | 판매량(400,000단위)×<br>판매가격(2,000원) |
| 변동원가 | 6.4억 원 | 판매량(400,000단위)×<br>단위당 변동원가(1,600원) |
| 고정원가 | 1억 원 | 판매량과 관계없이 일정함 |
| 이익 | 0.6억 원 | 8억 원 − 6.4억 원 − 1억 원 |

〈보 기〉

ㄱ. 2021년의 판매량, 판매가격, 단위당 변동원가, 고정원가는 모두 2020년과 같았다.

ㄴ. 2020년에 비해 2021년에 판매가격을 5 % 인하하였고, 판매량, 단위당 변동원가, 고정원가는 2020년과 같았다.

ㄷ. 2020년에 비해 2021년에 판매량은 10 % 증가하고 고정원가는 5 % 감소하였으나, 판매가격과 단위당 변동원가는 2020년과 같았다.

ㄹ. 2020년에 비해 2021년에 판매가격을 5 % 인상했음에도 불구하고 판매량이 25 % 증가하였고, 단위당 변동원가와 고정원가는 2020년과 같았다.

① ㄴ
② ㄹ
③ ㄱ, ㄴ
④ ㄴ, ㄷ
⑤ ㄷ, ㄹ

## 16 ○△✕

다음 글과 〈상황〉을 근거로 판단할 때 옳지 않은 것은?

- □□시는 부서 성과 및 개인 성과에 따라 등급을 매겨 직원들에게 성과급을 지급하고 있다.
- 부서 등급과 개인 등급은 각각 S, A, B, C로 나뉘고, 등급별 성과급 산정비율은 다음과 같다.

| 성과 등급 | S | A | B | C |
|----------|---|---|---|---|
| 성과급 산정비율(%) | 40 | 20 | 10 | 0 |

- 작년까지 부서 등급과 개인 등급에 따른 성과급 산정비율의 산술평균을 연봉에 곱해 직원의 성과급을 산정해왔다.

성과급=연봉×{(부서 산정비율+개인 산정비율) / 2}

- 올해부터 부서 등급과 개인 등급에 따른 성과급 산정비율 중 더 큰 값을 연봉에 곱해 성과급을 산정하도록 개편하였다.

성과급=연봉×max{부서 산정비율, 개인 산정비율}

※ max{a, b}=a와 b 중 더 큰 값

〈상 황〉

작년과 올해 □□시 소속 직원 甲~丙의 연봉과 성과 등급은 다음과 같다.

| 구분 | 작년 연봉<br>(만 원) | 작년 성과 등급 부서 | 작년 성과 등급 개인 | 올해 연봉<br>(만 원) | 올해 성과 등급 부서 | 올해 성과 등급 개인 |
|------|------|------|------|------|------|------|
| 甲 | 3,500 | S | A | 4,000 | A | S |
| 乙 | 4,000 | B | S | 4,000 | S | A |
| 丙 | 3,000 | B | A | 3,500 | C | B |

① 甲의 작년 성과급은 1,050만 원이다.
② 甲과 乙의 올해 성과급은 동일하다.
③ 甲~丙 모두 작년 대비 올해 성과급이 증가한다.
④ 올해 연봉과 성과급의 합이 가장 작은 사람은 丙이다.
⑤ 작년 대비 올해 성과급 상승률이 가장 큰 사람은 乙이다.

## 17 ○△×

다음 글을 근거로 판단할 때 옳은 것은?

> 甲부처 신입직원 선발시험은 전공, 영어, 적성 3개 과목으로 이루어 진다. 3개 과목 합계 점수가 높은 사람순으로 정원까지 합격한다. 응시자는 7명(A~G)이며, 7명의 각 과목 성적에 대해서는 다음과 같은 사실이 알려졌다.
> • 전공시험 점수: A는 B보다 높고, B는 E보다 높고, C는 D보다 높다.
> • 영어시험 점수: E는 F보다 높고, F는 G보다 높다.
> • 적성시험 점수: G는 B보다도 높고 C보다도 높다.
>   합격자 선발 결과, 전공시험 점수가 일정 점수 이상인 응시자는 모두 합격한 반면 그 점수에 달하지 않은 응시자는 모두 불합격한 것으로 밝혀졌고, 이는 영어시험과 적성시험에서도 마찬가지였다.

① A가 합격하였다면, B도 합격하였다.
② G가 합격하였다면, C도 합격하였다.
③ A와 B가 합격하였다면, C와 D도 합격하였다.
④ B와 E가 합격하였다면, F와 G도 합격하였다.
⑤ B가 합격하였다면, B를 포함하여 적어도 6명이 합격하였다.

## 18 ○△×

다음 글을 근거로 판단할 때, 〈보기〉에서 옳은 것만을 모두 고르면?

> • 甲과 乙이 아래와 같은 방식으로 농구공 던지기 놀이를 하였다.
>   – 甲과 乙은 각 5회씩 도전하고, 합계 점수가 더 높은 사람이 승리한다.
>   – 2점 숏과 3점 숏을 자유롭게 선택하여 도전할 수 있으며, 성공하면 해당 점수를 획득한다.
>   – 5회의 도전 중 4점 숏 도전이 1번 가능한데, '4점 도전'이라고 외친 후 뒤돌아서서 숏을 하여 성공하면 4점을 획득하고, 실패하면 1점을 잃는다.
> • 甲과 乙의 던지기 결과는 다음과 같았다.
>
> (성공: ○, 실패: ×)

| 구분 | 1회 | 2회 | 3회 | 4회 | 5회 |
|------|-----|-----|-----|-----|-----|
| 甲 | ○ | × | ○ | ○ | ○ |
| 乙 | ○ | ○ | × | × | ○ |

―――――〈보 기〉―――――
ㄱ. 甲의 합계 점수는 8점 이상이었다.
ㄴ. 甲이 3점 숏에 2번 도전하였고 乙이 승리하였다면, 乙은 4점 숏에 도전하였을 것이다.
ㄷ. 4점 숏뿐만 아니라 2점 숏, 3점 숏에 대해서도 실패 시 1점을 차감하였다면, 甲이 승리하였을 것이다.

① ㄱ
② ㄴ
③ ㄱ, ㄴ
④ ㄱ, ㄷ
⑤ ㄴ, ㄷ

## 19 ○△×

다음 글을 근거로 판단할 때, A군 양봉농가의 최대 수는?

> • A군청은 양봉농가가 안정적으로 꿀을 생산할 수 있도록 양봉농가 간 거리가 12 km 이상인 경우에만 양봉을 허가하고 있다.
> • A군은 반지름이 12 km인 원 모양의 평지이며 군 경계를 포함한다.
> • A군의 외부에는 양봉농가가 존재하지 않는다.

※ 양봉농가의 면적은 고려하지 않음

① 5개
② 6개
③ 7개
④ 8개
⑤ 9개

## 20 ○△×

다음 글을 근거로 판단할 때, ㉠에 해당하는 수는?

> 甲: 그저께 나는 만 21살이었는데, 올해 안에 만 23살이 될 거야.
> 乙: 올해가 몇 년이지?
> 甲: 올해는 2022년이야.
> 乙: 그러면 네 주민등록번호 앞 6자리의 각 숫자를 모두 곱하면 ㉠ 이구나.
> 甲: 그래, 맞아!

① 0
② 81
③ 486
④ 648
⑤ 2,916

## 21 ○△✕

다음 글과 〈상황〉을 근거로 판단할 때, 올해 말 A검사국이 인사부서에 증원을 요청할 인원은?

> 농식품 품질 검사를 수행하는 A검사국은 매년 말 다음과 같은 기준에 따라 인사부서에 인력 증원을 요청한다.
> • 다음 해 A검사국의 예상 검사 건수를 모두 검사하는 데 필요한 최소 직원 수에서 올해 직원 수를 뺀 인원을 증원 요청한다.
> • 직원별로 한 해 동안 수행할 수 있는 최대 검사 건수는 매년 정해지는 '기준 검사 건수'에서 아래와 같이 차감하여 정해진다.
>   – 국장은 '기준 검사 건수'의 100 %를 차감한다.
>   – 사무 처리 직원은 '기준 검사 건수'의 100 %를 차감한다.
>   – 국장 및 사무 처리 직원을 제외한 모든 직원은 매년 근무시간 중에 품질 검사 교육을 이수해야 하므로, '기준 검사 건수'의 10 %를 차감한다.
>   – 과장은 '기준 검사 건수'의 50 %를 추가 차감한다.

---
〈상 황〉
> • 올해 A검사국에는 국장 1명, 과장 9명, 사무 처리 직원 10명을 포함하여 총 100명의 직원이 있다.
> • 내년에도 국장, 과장, 사무 처리 직원의 수는 올해와 동일하다.
> • 올해 '기준 검사 건수'는 100건이나, 내년부터는 검사 품질 향상을 위해 90건으로 하향 조정한다.
> • A검사국의 올해 검사 건수는 현 직원 모두가 한 해 동안 수행할 수 있는 최대 검사 건수와 같다.
> • 내년 A검사국의 예상 검사 건수는 올해 검사 건수의 120 %이다.

① 10명
② 14명
③ 18명
④ 21명
⑤ 28명

## 22 ○△✕

다음 글을 근거로 판단할 때, 〈보기〉에서 옳은 것만을 모두 고르면?

> • 甲, 乙, 丙 세 사람은 25개 문제(1~25번)로 구성된 문제집을 푼다.
> • 1회차에는 세 사람 모두 1번 문제를 풀고, 2회차부터는 직전 회차 풀이 결과에 따라 풀 문제가 다음과 같이 정해진다.
>   – 직전 회차가 정답인 경우: 직전 회차의 문제 번호에 2를 곱한 후 1을 더한 번호의 문제
>   – 직전 회차가 오답인 경우: 직전 회차의 문제 번호를 2로 나누어 소수점 이하를 버린 후 1을 더한 번호의 문제
> • 풀 문제의 번호가 25번을 넘어갈 경우, 25번 문제를 풀고 더 이상 문제를 풀지 않는다.
> • 7회차까지 문제를 푼 결과, 세 사람이 맞힌 정답의 개수는 같았고 한 사람이 같은 번호의 문제를 두 번 이상 푼 경우는 없었다.
> • 4, 5회차를 제외한 회차별 풀이 결과는 아래와 같다.

(정답: ○, 오답: ×)

| 구분 | 1 | 2 | 3 | 4 | 5 | 6 | 7 |
|------|---|---|---|---|---|---|---|
| 甲 | ○ | ○ | × |  |  | ○ | × |
| 乙 | ○ | ○ | ○ |  |  | × | ○ |
| 丙 | ○ | × | ○ |  |  | ○ | × |

---
〈보 기〉
> ㄱ. 甲과 丙이 4회차에 푼 문제 번호는 같다.
> ㄴ. 4회차에 정답을 맞힌 사람은 2명이다.
> ㄷ. 5회차에 정답을 맞힌 사람은 없다.
> ㄹ. 乙은 7회차에 9번 문제를 풀었다.

① ㄱ, ㄴ
② ㄱ, ㄷ
③ ㄴ, ㄷ
④ ㄴ, ㄹ
⑤ ㄷ, ㄹ

## 23 ⃝△✕

**다음 글을 근거로 판단할 때 옳지 않은 것은?**

> △△팀원 7명(A~G)은 새로 부임한 팀장 甲과 함께 하는 환영식사를 계획하고 있다. 모든 팀원은 아래 조건을 전부 만족시키며 甲과 한 번씩만 식사하려 한다.
> - 함께 식사하는 총 인원은 4명 이하여야 한다.
> - 단둘이 식사하지 않는다.
> - 부팀장은 A, B뿐이며, 이 둘은 함께 식사하지 않는다.
> - 같은 학교 출신인 C, D는 함께 식사하지 않는다.
> - 입사 동기인 E, F는 함께 식사한다.
> - 신입사원 G는 부팀장과 함께 식사한다.

① A는 E와 함께 환영식사에 참석할 수 있다.
② B는 C와 함께 환영식사에 참석할 수 있다.
③ C는 G와 함께 환영식사에 참석할 수 있다.
④ D가 E와 함께 환영식사에 참석하는 경우, C는 부팀장과 함께 환영식사에 참석하게 된다.
⑤ G를 포함하여 총 4명이 함께 환영식사에 참석하는 경우, F가 참석하는 환영식사의 인원은 총 3명이다.

## 24 ⃝△✕

**다음 글을 근거로 판단할 때, ㉠에 해당하는 수는?**

> 甲과 乙은 같은 층의 서로 다른 사무실에서 근무하고 있다. 각 사무실은 일직선 복도의 양쪽 끝에 위치하고 있으며, 두 사람은 복도에서 항상 자신만의 일정한 속력으로 걷는다.
> 甲은 약속한 시각에 乙에게 서류를 직접 전달하기 위해 자신의 사무실을 나섰다. 甲은 乙의 사무실에 도착하여 서류를 전달하고 곧바로 자신의 사무실로 돌아올 계획이었다.
> 한편 甲을 기다리고 있던 乙에게 甲의 사무실 쪽으로 가야 할 일이 생겼다. 그래서 乙은 甲이 도착하기로 약속한 시각보다 ㉠ 분 일찍 자신의 사무실을 나섰다. 乙은 출발한 지 4분 뒤 복도에서 甲을 만나 서류를 받았다. 서류 전달 후 곧바로 사무실로 돌아온 甲은 원래 예상했던 시각보다 2분 일찍 사무실로 복귀한 사실을 알게 되었다.

① 2
② 3
③ 4
④ 5
⑤ 6

## 25 ⃝△✕

**다음 글과 〈상황〉을 근거로 판단할 때 옳은 것은?**

> 제00조 ① 재외공관에 근무하는 공무원(이하 '재외공무원'이라 한다)이 공무로 일시귀국하고자 하는 경우에는 장관의 허가를 받아야 한다.
> ② 공관장이 아닌 재외공무원이 공무 외의 목적으로 일시귀국하려는 경우에는 공관장의 허가를, 공관장이 공무 외의 목적으로 일시귀국하려는 경우에는 장관의 허가를 받아야 한다. 다만 재외공무원 또는 그 배우자의 직계존·비속이 사망하거나 위독한 경우에는 공관장이 아닌 재외공무원은 공관장에게, 공관장은 장관에게 각각 신고하고 일시귀국할 수 있다.
> ③ 재외공무원이 공무 외의 목적으로 일시귀국할 수 있는 기간은 연 1회 20일 이내로 한다. 다만 다음 각 호의 어느 하나에 해당하는 경우에는 이를 일시귀국의 횟수 및 기간에 산입하지 아니한다.
>   1. 재외공무원의 직계존·비속이 사망하거나 위독하여 일시귀국하는 경우
>   2. 재외공무원 또는 그 동반가족의 치료를 위하여 일시귀국하는 경우
> ④ 제2항에도 불구하고 다음 각 호의 어느 하나에 해당하는 경우에는 장관의 허가를 받아야 한다.
>   1. 재외공무원이 연 1회 또는 20일을 초과하여 공무 외의 목적으로 일시귀국하려는 경우
>   2. 재외공무원이 일시귀국 후 국내 체류기간을 연장하는 경우

> ──────── 〈상 황〉 ────────
> A국 소재 대사관에는 공관장 甲을 포함하여 총 3명의 재외공무원(甲~丙)이 근무하고 있다. 아래는 올해 1월부터 7월 현재까지 甲~丙의 일시귀국 현황이다.
> - 甲: 공무상 회의 참석을 위해 총 2회(총 25일)
> - 乙: 동반자녀의 관절 치료를 위해 총 1회(치료가 더 필요하여 국내 체류기간 1회 연장, 총 17일)
> - 丙: 직계존속의 회갑으로 총 1회(총 3일)

① 甲은 일시귀국 시 장관에게 신고하였을 것이다.
② 甲은 배우자의 직계존속이 위독하여 올해 추가로 일시귀국하기 위해서는 장관의 허가를 받아야 한다.
③ 乙이 직계존속의 회갑으로 인해 올해 3일간 추가로 일시귀국하기 위해서는 장관의 허가를 받아야 한다.
④ 乙이 공관장의 허가를 받아 일시귀국하였더라도 국내 체류기간을 연장하였을 때에는 장관의 허가를 받았을 것이다.
⑤ 丙이 자신의 혼인으로 인해 올해 추가로 일시귀국하기 위해서는 공관장의 허가를 받아야 한다.

# CHAPTER 04

## 2022년 7급 PSAT 기출문제 정답 및 해설

**제1과목** 언어논리

| 01 | 02 | 03 | 04 | 05 | 06 | 07 | 08 | 09 | 10 |
|----|----|----|----|----|----|----|----|----|----|
| ⑤ | ① | ① | ② | ② | ⑤ | ① | ⑤ | ① | ③ |
| 11 | 12 | 13 | 14 | 15 | 16 | 17 | 18 | 19 | 20 |
| ④ | ⑤ | ③ | ② | ② | ⑤ | ④ | ③ | ④ | ③ |
| 21 | 22 | 23 | 24 | 25 | | | | | |
| ④ | ⑤ | ② | ⑤ | ④ | | | | | |

## 01
**정답 ⑤**

**난도** 하

**정답해설**

⑤ 서희는 고려가 병력을 동원해 거란을 치지 않겠다고 한다면 소손녕이 철군할 것이라고 말했으므로 옳은 내용이다.

**오답해설**

① 거란이 여진족이 사는 땅을 침범했다고 했을 뿐, 거란이 여진족이 고려의 백성이라고 주장했다는 내용은 찾을 수 없다.

② 여진족은 발해가 거란에 의해 멸망한 후에는 독자적 세력을 이루고 있었다고 했을 뿐, 여진족이 거란과 함께 고려를 공격했다는 내용은 찾을 수 없다.

③ 강동 6주는 고려가 압록강 하류의 여진족 땅까지 밀고 들어가 설치한 것이다.

④ 고려는 송 태종의 원병 요청을 거부하였으므로 옳지 않은 내용이다.

## 02
**정답 ①**

**난도** 하

**정답해설**

① 해주 앞바다에 나타난 왜구가 조선군과 교전을 벌인 후 요동반도 방향으로 북상하자 태종의 명령으로 이종무가 대마도 정벌에 나섰다고 하였으므로 옳은 내용이다.

**오답해설**

② 명의 군대가 대마도 정벌에 나섰다는 내용은 찾을 수 없다.

③ 세종은 이종무에게 내린 출진 명령을 취소하고, 측근 중 적임자를 골라 대마도주에게 귀순을 요구하는 사신으로 보냈다고 하였으므로 옳지 않은 내용이다.

④ 태종은 이종무를 통해 실제 대마도 정벌을 실행하였으며, 더 나아가 세종이 이를 반대하였다는 내용은 본문에서 찾을 수 없다.

⑤ 대마도주를 사로잡아 항복을 받아내기로 했던 곳은 니로이며, 여기서 패배한 군사들이 돌아온 곳이 견내량이다.

## 03
**정답 ①**

**난도** 하

**정답해설**

① 히틀러가 유대인을 혐오스러운 적대자로 설정했던 사례는 혐오가 정치적 선동의 도구로 이용된 사례이다.

**오답해설**

② 혐오의 감정이 특정 개인과 집단을 배척하기 위한 무기로 이용되었다고 하였다.

③ 유대인을 암세포, 종양, 세균 등으로 묘사하면서 이들을 비인간적 존재로 전락시켰다고 하였다.

④ 혐오의 감정을 사회 안정의 도구 내지는 법적 판단의 근거로 삼아야 한다는 주장이 있어왔다고 하였다.

⑤ 혐오는 특정 집단을 오염물인 것으로 취급하고 자신은 그렇지 않은 쪽에 위치시켜 얻게 되는 심리적인 우월감 및 만족감과 연결되어 있다고 하였다.

## 04
**정답 ②**

**난도** 하

**정답해설**

② 계획적 진부화를 통해 신제품을 출시하면, 중고품 시장에서 판매되는 기존 제품이 진부화되고 경쟁력도 하락한다.

**오답해설**

① 기존 제품을 사용하는 소비자 입장에서는 크게 다를 것 없는 신제품 구입으로 불필요한 지출을 할 수 있다.

③ 소비자들의 취향이 급속히 변화하는 상황에서 계획적 진부화를 통해 소비자들의 만족도를 높일 수 있다.

④ 기존 제품의 가격을 인상하기 곤란한 경우 신제품을 출시해 인상된 가격을 매길 수 있다.

⑤ 계획적 진부화는 기존 제품이 사용 가능한 상황에서 소비자들의 수요를 자극하는 것이므로 물리적으로 사용 가능한 수명보다 실제 사용 기간이 짧아지게 된다.

## 05
**정답 ②**

**난도** 하

**정답해설**

② 국방 서비스에 대한 비용을 지불하지 않았더라도 누군가의 소비가 다른 사람의 소비 가능성을 줄어들게 하지 않으므로 비경합적으로 소비될 수 있다.

**오답해설**

① 배제적이라는 것은 재화나 용역의 이용 가능여부를 대가의 지불 여부에 따라 달리하는 것이다.

③ 여객기 좌석 수가 한정되어있다면 원하는 모든 사람들이 그 여객기를 이용할 수 없으므로 경합적으로 소비될 수 있다.

④ 국방 서비스의 사례를 통해 무임승차가 가능한 재화 또는 용역이 과소 생산되는 문제가 발생함을 알 수 있다.

⑤ 라디오 방송 서비스는 누군가의 소비가 다른 사람의 소비 가능성을 줄어들게 하지 않으므로 비경합적으로 소비할 수 있다.

## 06 정답 ⑤

난도 하

**정답해설**

⑤ 제시문은 독일의 통일이 단순히 서독에 의한 흡수 통일이 아닌 동독 주민들의 주체적인 참여를 통해 이뤄진 것임을 설명하고 있다. 나머지 선택지는 이 논지를 이끌어내기 위한 근거들이다.

## 07 정답 ①

난도 하

**정답해설**

(가) 첫 번째 단락에서는 신이 자연 속에 진리를 감추어놓았고 이것이 자연물 속에 비례의 형태로 숨어 있다고 하였다. 그리고 그 진리 중에서도 인체 비례가 가장 아름다운 진리라고 하였으므로 빈칸에 들어갈 내용으로는 '인체 비례에 숨겨진 신의 진리를 구현한'이 가장 적절하다.

(나) 두 번째 단락에서는 인체 비례를 통한 동양 건축의 사례를 들면서 이것이 고대 서양에서의 비례와 동일하다고 하였으므로 빈칸에 들어갈 내용으로는 '조형미에 대한 동서양의 안목이 유사하였다'가 가장 적절하다.

## 08 정답 ⑤

난도 하

**정답해설**

⑤ IMF의 자금 지원 전후로 결핵 발생률이 다르게 나타난다는 결과가 나와야 하므로 '실시 이전'부터를 '실시 이후'로 수정해야 한다.

## 09 정답 ①

난도 하

**정답해설**

① 일반 수험생 중 유증상자는 소형 강의실에서 시험을 치르게 되며, 이곳에서는 KF99와 KF94 마스크 착용이 권장될 뿐, 의무 사항은 아니므로 KF80 마스크를 착용하고 시험을 치를 수 있다.

**오답해설**

② 일반 수험생 중 무증상자는 중대형 강의실에서 시험을 치르게 되며, 이곳에서는 마스크 착용규정이 의무적으로 적용되지 않으므로 KF80 마스크를 착용하고 시험을 치를 수 있다.

③·④ 자가격리 수험생은 모두 특별 방역 시험장에서 시험을 치르게 되며, 이곳에서는 KF99 마스크를 의무적으로 착용해야 한다.

⑤ 확진 수험생은 생활치료센터장에서 시험을 치르게 되며, 이곳에서는 센터장이 내린 지침을 따르면 되므로 센터장이 KF80 마스크 착용을 허용하는 경우 이를 착용하고 시험을 치를 수 있다.

## 10 정답 ③

난도 하

**정답해설**

ㄱ. 고병원성 AI 바이러스는 경기도에서 3건, 충남에서 2건이 발표되어 총 5건이 검출되었으므로 수정해야 한다.

ㄷ. 바이러스 미분리는 야생 조류 AI 바이러스 검출 현황에 포함하지 않는다고 하였으므로 〈표〉에서 삭제해야 한다.

**오답해설**

ㄴ. 제시문에서 검사 중인 사례가 9건이라고 하였으므로 수정할 필요가 없다.

## 11 정답 ④

난도 중

**정답해설**

ㄴ. C는 인간 존엄성이 인간 중심적인 견해이며, 인간 외의 다른 존재에 대해서 폭력적 처사를 정당화하는 근거로 활용된다고 하였다. 따라서 C의 주장은 동물실험의 금지를 촉구하는 캠페인의 근거로 활용 가능하다.

ㄷ. B는 인간 존엄성이 신이 인간에게 부여한 독특한 지위로 보면서 이를 비판하고 있으며 C는 위에서 설명한 바와 같다.

**오답해설**

ㄱ. 선택지의 내용이 A의 주장을 약화시키는 것이 되기 위해서는 A가 존엄사를 인정하지 않는다는 주장을 펼쳤어야 한다. 하지만 그와는 무관한 주장을 하고 있으므로 A의 주장을 약화시키지 않는다.

## 12 정답 ⑤

난도 상

**정답해설**

ㄱ. 나를 있게 하는 것의 핵심은 '특정한 정자와 난자의 결합'이다. ㉠과 같이 주장하는 이유는 그 결합 시점을 인위적으로 조절할 수 없기 때문인데, 그 특정한 정자와 난자가 냉동되어 수정 시험이 조절 가능하다면 내가 더 일찍 태어나는 것도 가능하게 된다.

ㄴ. ㉠ : A는 상상할 수 없다.

선택지의 대우명제 : A를 상상할 수 없다면 A가 불가능하다.

결론 : 따라서 A는 불가능하다.

A에 '내가 더 일찍 태어나는 것'을 대입하면 ㉡을 이끌어낼 수 있다.

ㄷ. ㉢ : 태어나기 이전의 비존재는 나쁘다.

선택지의 명제 : 태어나기 이전의 비존재가 나쁘다면, 내가 더 일찍 태어나는 것이 가능하다.

결론 : 내가 더 일찍 태어나는 것이 가능하다.

결론의 명제는 ㉡의 부정과 같다.

## 13
정답 ③

난도 하

**정답해설**

(가) 첫 번째 전제 : 어떤 수단이 우리가 원하는 이익을 얻는 최선의 수단이다.

두 번째 전제 : (어떤 수단이 우리가 원하는 이익을 얻는 최선의 수단이라면
우리에게는 그것을 실행할 의무와 필요성이 있다.)

결론 : 우리에게 어떤 수단(생물 다양성 보존)을 보존할 의무와 필요성이
있다.

(나) 첫 번째 전제 : 내재적 가치를 지니는 것은 모두 보존되어야 한다.

두 번째 전제 : (모든 종은 내재적 가치를 지닌다.)

결론 : 모든 종은 보존되어야 한다.

## 14
정답 ②

난도 상

**정답해설**

ㄷ. A는 생명체가 도구적 가치를 가진다고 하였고, C는 생명체가 도구적 가치에
더해 내재적 가치도 가진다고 하였다. 따라서 A, C 모두 생명체가 도구적 가
치를 가진다는 점에서는 일치된 견해를 가지고 있다.

**오답해설**

ㄱ. A는 우리에게 생물 다양성을 보존해야 할 의무와 필요성이 있다고 하였다.
그리고 B는 생물 다양성 보존이 최선의 수단은 아니라고는 하였을 뿐 보존
의 필요성 자체를 부정한 것은 아니다.

ㄴ. B는 A의 두 전제 중 첫 번째 전제가 참이 아니기 때문에 생물 다양성을 보존
하는 것이 필연적이 아니라고 하였다.

## 15
정답 ②

난도 상

**정답해설**

ㄷ. 을의 입장에서는 어떤 증거가 주어진 가설을 입증하는 정도가 작더라도, 증
거 발견 후 가설이 참일 확률이 1/2보다 크기만 하면 그 증거가 해당 가설을
입증할 수 있다.

**오답해설**

ㄱ. 갑은 '증거 발견 후 가설의 확률 증가분이 있다면, 증거가 가설을 입증한다'
고 하였고, 선택지의 진술은 이명제에 해당한다. 그런데 원명제와 이명제는
서로 동치가 아니므로 ㄱ은 옳지 않다.

ㄴ. 'A인 경우에만 B 이다'는 B → A로 나타낼 수 있다. 을에 따르면 '증거가 가
설을 입증한다' → '증거발견 이후 가설이 참일 확률이 1/2보다 크다'가 되므
로 ㄴ은 옳지 않다.

## 16
정답 ⑤

난도 중

**정답해설**

⑤ 아홉자리까지 계산한 값이 11의 배수인 상태에서 추가로 0과 9사이의 어떤
수를 더해 여전히 11의 배수로 만들기 위해서는 확인 숫자가 0인 경우 이외
에는 존재하지 않는다.

**오답해설**

① 첫 번째 부분은 책이 출판된 국가 뿐만 아니라 언어 권역도 나타낸다.

② ISBN-13을 어떻게 부여하는지는 제시문을 통해 알 수 없다.

③ 세 번째 부분은 출판사에서 임의로 붙인 번호일뿐 출판 순서를 나타내는 것
이 아니다.

④ 첫 번째 부분이 다르다면 다른 나라 또는 다른 언어권의 출판사에서 출판한
책이 된다.

## 17
정답 ④

난도 하

**정답해설**

주어진 조건을 정리하면 다음과 같다.

ⅰ) A → ~B → ~C

ⅱ) ~D → C

ⅲ) ~A → ~E → ~C

ⅳ) ~A → ~E → ~C → D(ⅱ)의 대우와 ⅲ)의 결합)

ⅰ)과 ⅳ)에 의하면 A를 수강하든 안하든 D는 무조건 수강하게 되어있다.

## 18
정답 ③

난도 상

**정답해설**

ㄱ. 만약 세 종류의 자격증을 가진 후보자가 존재한다면 그 후보자는 A와 D를
모두 가지고 있어야 한다. 그런데 두 번째 조건에 의해 이 후보자는 B를 가
지고 있지 않으므로 만약 이 후보자가 세 종류의 자격증을 가지기 위해서는
C도 가지고 있어야 한다. 그런데 세 번째 조건에 의해 이는 참이 될 수 없으
므로 세 종류의 자격증을 가진 후보자는 존재할 수 없다.

ㄴ. 확정된 조건이 없으므로 가능한 경우를 따져보면 다음과 같다.(갑은 ㄱ을 통
해 확정할 수 있다.)

| | A | B | C | D |
|---|---|---|---|---|
| 갑 | ○ | × | × | ○ |
| 을 | ○ | ○ | × | × |

네 번째 조건을 통해서 A와 B를 모두 가지고 있는 후보자가 존재한다는 것
을 확인할 수 있으며, 두 번째 조건을 통해서 이 후보자가 D를 가지고 있지
않음을, 세 번째 조건을 통해서 C를 가지고 있지 않음을 확정할 수 있다.
이에 따르면 갑은 B를 가지고 있지 않으며, 을은 D를 가지고 있지 않다.

ㄷ. 조건을 정리하면 ~D → ~C으로 나타낼 수 있으며, 이의 대우명제는 C → D 이다. 따라서 C를 가지고 있다면 D역시 가지고 있어야 하므로 C만 가지고 있 는 후보자는 존재하지 않는다. 그런데 이는 어디까지나 조건에 불과할 뿐이 어서 여전히 우리가 알 수 있는 것은 ㄴ의 갑과 을이 존재한다는 것 뿐이다.

**합격생 가이드**

이 문제와 같이 확정된 조건이 없는 경우에는 제시된 조건에서 끌어낼 수 있는 사례들을 따져보아야 한다. 중요한 점은 여기서 끌어낸 사례들 말고도 다른 것들이 존재할 수 있다는 것이다. 단지 주어진 조건만으로는 더 이상 추론할 수 없을 뿐이다. 최근에는 이런 유형의 문제들이 자주 출제되고 있으니 주의가 필요하다.

## 19
정답 ④

**난도** 상

**정답해설**

먼저 갑은 기획 업무를 선호하는데, 만약 민원 업무를 선호한다면 홍보 업무도 선호하게 되어 최소 세 개 이상의 업무를 선호하게 된다. 따라서 갑은 기획 업무만을 선호해야 한다. 다음으로 을은 민원 업무를 선호하므로 홍보 업무도 같이 선호함을 알 수 있는데, 세 개 이상의 업무를 선호하는 사원이 없다고 하였으므로 을은 민원 업무와 홍보 업무만을 선호해야 한다.

또한 인사 업무만을 선호하는 사원이 있다고 하였으며(편의상 병), 홍보 업무를 선호하는 사원 모두가 민원 업무를 선호하는 것은 아니라고 하였으므로 이를 통해 홍보 업무를 선호하지만 민원 업무는 선호하지 않는 사원이 존재함을 알 수 있다(편의상 정). 이제 이를 정리하면 다음과 같다.

| | 민원 | 홍보 | 인사 | 기획 |
|---|---|---|---|---|
| 갑 | × | × | | ○ |
| 을 | ○ | ○ | × | × |
| 병 | × | × | ○ | × |
| 정 | × | ○ | | |

ㄴ. 을과 정을 통해 최소 2명은 홍보 업무를 선호함을 알 수 있다.
ㄷ. 위 표에서 알 수 있듯이 모든 업무에 최소 1명 이상의 신입 사원이 할당되어 있음을 알 수 있다.

**오답해설**

ㄱ. 민원, 홍보, 기획 업무는 갑과 을이 한명씩은 선호하고 있으며, 인사 업무는 갑의 선호 여부를 알 수 없다.

**합격생 가이드**

'민원 업무를 선호하는 신입사원은 모두 홍보 업무를 선호하였지만 그 역은 성립하지 않았다'의 의미는 무엇일까? 단지 '홍보 업무를 선호하는 신입사원 모두가 민원 업무를 선호하는 것은 아니다'에서 그쳐서는 안된다. 여기서 중요한 것은 홍보 업무를 선호하는 신입사원 중 민원 업무를 선호하지 않는 경우가 존재한다는 것이다.

## 20
정답 ③

**난도** 하

**정답해설**

ㄱ. 일반적인 햇빛이 있는 낮이라면 청색광이 양성자 펌프를 작동시켜 밖에 있는 칼륨이온이 공변세포 안으로 들어오게 되지만 청색광을 차단할 경우에는 그렇지 않아 밖에 있는 칼륨이온이 들어오지 않는다.
ㄷ. 호르몬 A를 분비할 경우 햇빛 여부와 무관하게 기공이 열리지 않으며, 병원균 α는 독소 B를 통해 기공을 열리게 한다.

**오답해설**

ㄴ. 식물이 수분스트레스를 겪을 경우 기공이 열리지 않으며, 양성자 펌프의 작동을 못하게 하는 경우에도 기공이 열리지 않는다. 따라서 햇빛 여부와 무관하게 기공은 늘 닫혀있게 된다.

## 21
정답 ④

**난도** 상

**정답해설**

실험의 조건에 따라 선호도를 정리하면 다음과 같다.
톤 : C > A > B
빈도 : A > B > C

ㄴ. B, C 중 B를 선택했다면 암컷이 빈도를 기준으로 삼고 있는 것이며, A, B, C 중 A를 선택했다는 것 역시 빈도를 기준으로 삼고 있다는 것이다. 따라서 이 실험결과는 ㉠을 강화하고, ㉡은 강화하지 않는다.
ㄷ. A, C 중 C를 선택했다면 암컷이 톤을 기준으로 삼고 있는 것이며, A, B, C 중 A를 선택했다는 것은 기준을 빈도로 변경했다는 것이다. 따라서 이 실험결과는 ㉠을 강화하지 않고 ㉡을 강화한다.

**오답해설**

ㄱ. A, B 중 A를 선택했다면 이를 통해서는 암컷이 톤과 빈도 중 어느 기준을 가지고 있는지 알 수 없다. 그런데 A, B, C 중 C를 선택했다면 암컷은 톤을 기준으로 삼고 있음을 알 수 있다. 따라서 이 실험결과가 ㉠과 ㉡을 강화, 약화하는지 여부를 판단할 수 없다.

## 22
정답 ⑤

**난도** 상

**정답해설**

ㄱ. 경로 1(물)을 통과한 빛이 경로 2(공기)를 통과한 빛보다 오른쪽에 맺힌다면 경로 1을 통과한 빛의 속도가 빠르게 되어 입자이론이 타당하게 되므로 ㉠을 강화하고 ㉡을 약화한다.
ㄴ. 경로 1(물)을 통과한 빛이 경로 2(공기)를 통과한 빛보다 왼쪽에 맺힌다면 경로 1을 통과한 빛의 속도가 느리다는 것이므로 파동이론이 타당하게 되므로 ㉠을 약화하고 ㉡을 강화한다. 색깔에 따른 파장의 차이는 같은 경로를 통과했을 때에 의미가 있으므로 여기서는 판단의 대상이 되지 않는다.
ㄷ. 같은 경로를 통과했을 때에 색깔(파장)이 다른 두 빛이 스크린에 맺힌 위치가 다르다면 파동이론이 타당하게 되므로 ㉠은 약화되고 ㉡은 강화된다.

## 23

난도 중

**정답해설**

2021년과 2022년의 신청 자격이 동일하다고 하였는데, 민원인이 두 해 모두 신청을 하였으므로 농업인과 토지조건은 모두 충족시키고 있음을 확인할 수 있다. 따라서 남은 것은 부정 수령과 관련된 사항인데 이를 정리하면 다음과 같다.

ⅰ) 2021년 부정 수령 판정여부 : No(신청가능), Yes(ⅱ)

ⅱ) 이의 제기 여부 : No(신청불가), Yes(ⅲ)

ⅲ) 이의 제기 기각(신청불가), 인용 or 심의 절차 진행중(신청가능)

따라서 2021년 부정 수령 판정 여부, 이의 제기 여부, 이의 제기 기각 여부만 알면 신청 자격이 있는지 확인 가능하다.

## 24
정답 ⑤

난도 중

**정답해설**

⑤ 갑은 '법령'과 '조례'가 서로 다른 것이므로 '법령'에 위배되지 않는다면 문제가 없다는 생각이지만 을은 '조례'가 '법령'의 범위 내에 있으므로 서로 충돌되는 것이 아니라는 입장이다. 이에 따르면 '조례'에 반하는 학칙은 교육법에 저촉되는 것이 된다.

**오답해설**

① · ③ '조례'와 '학칙'간의 충돌이 있을 경우에 대한 법적 판단을 묻고 있는데 선택지는 이와는 무관한 내용이다.

② 을은 '제8조 제1항에서의 법령에는 조례가 포함된다고 해석하고 있으며'라고 말하고 있으므로 선택지는 이와 반대된다.

④ 을은 전체적으로 '법령'과 '조례'가 서로 충돌되는 것이 아니라 하나의 체계 속에서 교육에 관한 내용을 규율하고 있다고 보고 있다.

## 25
정답 ④

난도 중

**정답해설**

ㄴ. 복수 국적자 B를 △△국 국민으로 본다면 제1항의 적용을 받게 된다. 그런데 제1호에 따라 외국에서 영업활동에 종사하는 경우는 비거주자로 본다고 하였으므로 갑은 B를 비거주자로 주장하게 된다. 반면 B를 외국인으로 본다면 제2항의 적용을 받게 되는데 미국에서 영업활동을 한 기간이 1개월에 불과하므로 을은 B를 비거주자에 해당하지 않는다고 주장하게 된다.

ㄷ. D의 체재 기간이 5개월이므로 음악연주가 영업활동에 해당하는지에 따라 판단이 달라지게 된다. 만약 영업활동에 해당하지 않는다면 D는 제1항의 적용을 받지 않게 되어 비거주자에 해당하지 않는다.

**오답해설**

ㄱ. 매년 방학때마다 귀국하였으므로 그 기간을 모두 합치면 3개월을 넘기게 된다. 따라서 그 기간은 외국에 체재하는 기간에 포함되지 않으므로 A는 거주자로 구분된다.

| 01 | 02 | 03 | 04 | 05 | 06 | 07 | 08 | 09 | 10 |
|----|----|----|----|----|----|----|----|----|----|
| ① | ⑤ | ④ | ① | ② | ① | ④ | ① | ⑤ | ④ |
| 11 | 12 | 13 | 14 | 15 | 16 | 17 | 18 | 19 | 20 |
| ② | ③ | ③ | ⑤ | ④ | ② | ② | ⑤ | ③ | ① |
| 21 | 22 | 23 | 24 | 25 | | | | | |
| ③ | ⑤ | ① | ④ | ② | | | | | |

**합격생 가이드**

선택지를 판단할 때 전체 위원 수를 직접 헤아려본 수험생이 있을 것이다. 이는 각주를 꼼꼼하게 읽지 않았기 때문에 생기는 일이다. 각주 1)번에서 전체 위원의 수가 16명으로 명시되어 있다.

## 01
정답 ①

**난도** 하

**정답해설**

① 2020년 7월 대비 15세 이상 인구가 1만 5천 명 감소하였는데, 경제활동인구는 3만 명 증가하였으므로 또 다른 구성요소인 비경제활동인구는 4만 5천명 감소하였을 것이다. 그리고 2021년 7월의 경제활동인구가 175만 7천 명인데, 실업자 수가 6만 1천 명이므로 또 다른 구성요소인 취업자는 169만 6천명일 것이다.

## 02
정답 ⑤

**난도** 하

**정답해설**

ㄱ. 2019년 청구인이 내국인인 특허심판 청구건수는 어림해 보더라도 1,200건에 미치지 못하는데, 2018년은 이의 2배인 2,400을 훌쩍 넘는다.

ㄴ. 직접 계산해보지 않더라도 청구인이 내국인이면서 피청구인이 내국인인 건수가 외국인인 건수의 3배를 넘으며, 청구인이 외국인인 경우도 같으므로 전체 합은 3배 이상이 될 것이다.

ㄷ. 전자는 270건이고 후자는 230건이므로 전자가 더 크다.

## 03
정답 ④

**난도** 하

**정답해설**

④ 예식장의 경우 2019년의 사업자 수가 2018년에 비해 증가하였으므로 부합하지 않는다.

## 04
정답 ①

**난도** 하

**정답해설**

ㄱ. 기획재정부장관, 보건복지부장관, 여성가족부장관, 국토교통부장관, 해양수산부장관, 문화재청장 총 6명이 모두 동의하였다.

**오답해설**

ㄴ. 25회차에서는 6명이 부동의하였으나 26회차에서는 4명이 부동의하였다.

ㄷ. 전체 위원의 $\frac{2}{3}$ 이상이 동의하기 위해서는 11명 이상이 동의해야 하는데 25회차에서는 10명이 동의하였다.

## 05
정답 ②

**난도** 하

**정답해설**

- 첫 번째 조건 : C는 2010년대에 1천만 원 이상의 창업 건수가 더 많으므로 제외

- 두 번째 조건 : D는 2010년대에 77건, 2000년대에 39건이므로 2배에 미치지 못하므로 제외

- 세 번째 조건 : A는 1990년대에 200건을 넘는데 2020년 이후에는 2,000건에 훨씬 미치지 못하므로 제외

- 네 번째 조건 : E는 전체 창업건수가 253건인데 이의 3%는 7을 넘으므로 제외

따라서 모든 조건을 충족하는 B가 보고서의 내용에 부합하는 도시이다.

## 06
정답 ①

**난도** 하

**정답해설**

ㄱ. A지역의 3등급 쌀 가공비용은 25×100천 원인데 B지역의 2등급 현미 가공비용은 25×97천 원이므로 계산해 볼 필요 없이 전자가 더 크다.

**오답해설**

ㄴ. 1등급 현미 전체의 가공비용은 106×105천 원인데 2등급 현미 전체 가공비용은 82×97천 원이므로 곱해지는 값들의 차이가 그리 크지 않은 상황이다. 따라서 직접 계산해볼 필요 없이 2배에는 미치지 못할 것이다.

ㄷ. 감소폭을 구하면 되는 것이므로 전체 총액을 구하지 말고 곧바로 감소액을 계산해보자.

A지역 : (25×10)+(7×5)

B지역 : (55×10)+(5×5)

C지역 : (20×10)+(2×5)

B지역은 쌀의 가공비용이 다른 지역에 비해 압도적으로 많으므로 제외되며, A지역은 곱해지는 가공량이 모두 C지역에 비해 크다. 따라서 C지역의 감소폭이 가장 작다.

## 07
정답 ④

**난도** 하

**정답해설**

주어진 자료를 정리하면 다음과 같다

| | 편익 | 피해액 | 재해발생위험도 | 합계(우선순위) |
|---|------|--------|--------------|---------------|
| 갑 | 6 | 15 | 17 | 38(2) |
| 을 | 8 | 6 | 25 | 39(1) |
| 병 | 10 | 12 | 10 | 32(3) |

ㄱ. 재해발생위험도는 을, 갑, 병의 순으로 높은데, 우선순위도 이와 순서가 같다.

ㄷ. 피해액 점수와 재해발생위험도 점수의 합이 갑이 32, 을이 31, 병이 220이므로 갑이 가장 크다.

ㄹ. 갑지역의 합계점수가 40으로 변경되므로 갑지역의 우선순위가 가장 높아진다.

**오답해설**

ㄴ. 우선순위가 가장 높은 지역(을)과 가장 낮은 지역(병)의 피해액 점수 차이는 6점인데, 재해발생위험도 점수 차이는 15점이므로 후자가 전자보다 크다.

---

## 08 정답 ①

**난도** 하

**정답해설**

ㄱ. 해당 기간동안의 특허 출원건수 합은 식물기원이 58, 동물기원이 42, 미생물효소가 400이므로 미생물효소가 가장 작다.

**오답해설**

ㄴ. 각 연도별로는 분모가 되는 전체 특허 출원건수가 동일하므로 유형별 특허 출원건수의 대소만 비교해보면 된다. 이에 따르면 2019년은 동물기원이 가장 높다.

ㄷ. 식물기원과 미생물효소가 전년대비 2배 이상 증가하였으므로 이 둘만 비교해보면 된다. 그런데 두 유형 모두 2021년의 출원건수가 2020년의 2배보다 1만큼 더 많은 상황이다. 그렇다면 2020년의 출원건수가 더 작은 미생물효소의 증가율이 더 높을 것임을 계산을 하지 않고도 알 수 있다.

---

## 09 정답 ⑤

**난도** 하

**정답해설**

• A : 서울특별시, 부산광역시, 광주광역시, 전라북도, 전라남도, 경상남도 총·6개 지역이 이에 해당한다.

• B : 전라북도의 경우 전년 대비 증가폭이 0.3%p로 가장 크다.

• C : 2019년 빈집비율이 가장 높은 지역은 전라남도(15.5%)이고, 가장 낮은 지역은 서울특별시(3.2%)인데, 2020년 역시·전자가 전라남도(15.2%), 후자가 서울특별시(3.2%)이다. 그런데 서울특별시의 빈집비율이 두 해 모두 동일하므로 전라남도의 빈집비율이 더 큰 2019년의 차이가 더 크다는 것을 알 수 있다. 따라서 빈집비율의 차이는 2019년에 비해 2020년이 감소하였다.

---

## 10 정답 ④

**난도** 중

**정답해설**

ㄱ. 첫 번째 단락의 두 번째 문장을 작성하기 위해 필요한 자료이다.

ㄴ. 세 번째 단락의 첫 번째 문장을 작성하기 위해 필요한 자료이다.

ㄹ. 마지막 단락을 작성하기 위해 필요한 자료이다.

**오답해설**

ㄷ. 표 1을 통해 알 수 있으므로 추가로 필요한 자료가 아니다.

---

---

## 11 정답 ②

**난도** 상

**정답해설**

ㄱ. 2016년의 비중은 $\frac{96}{322}$, 2018년은 $\frac{90}{258}$인데 분자의 경우 2016년이 2018년에 비해 10%에 미치지 못하게 크지만, 분모는 10%를 훨씬 넘게 크다. 따라서 2018년의 비중이 더 높다.

ㄷ. 2017년과 2018년은 전년에 비해 접수 건수가 감소하였으니 제외하고 2019년과 2020년을 비교해보자. 2019년의 전년 대비 증가율은 $\frac{36}{168}$이고, 2020년은 $\frac{48}{204}$인데, 2020년의 분자는 $\frac{1}{3}$만큼 2019년에 비해 크지만 2020년의 분모는 $\frac{1}{3}$보다 작게 크다. 따라서 증가율은 2020년이 더 크다.

**오답해설**

ㄴ. 2018년의 전년 이월 건수가 90건이고 2019년이 71건이므로 2018년이 답이 될 것으로 착각하기 쉬우나 마지막 2020년의 차년도 이월 건수가 131건임을 놓쳐서는 안 된다.

ㄹ. 재결 건수가 가장 적은 연도는 2019년인데 해당 연도 접수 건수가 가장 적은 것은 2018년이다.

---

## 12 정답 ③

**난도** 하

**정답해설**

③ 멸종우려종 중 고래류가 80% 이상이라고 하였는데 이는 표에서 D에 해당함을 쉽게 알 수 있다. 다음으로 9개의 지표 중 멸종우려종 또는 관심필요종으로만 분류된 것은 B이므로 해달류 및 북극곰이 이에 해당한다. 마지막으로 A와 C중 자료부족종으로 분류된 종이 없는 것은 C이므로 해우류가 이에 해당하게 되며 남은 A는 기각류임을 알 수 있다.

---

## 13 정답 ③

**난도** 상

**정답해설**

먼저, 이 자료에서 잠금해제료는 일종의 기본요금 성격을 가진다고 볼 수 있다. 따라서 잠금해제료가 없는 A의 대여요금이 대여 직후부터 일정 시점까지는 4곳 중 가장 낮지만 어느 시점부터는 분당대여료가 A보다 낮은 나머지 3곳의 요금이 작아질 것이다. 그럼 어느 시점에서 이런 일이 일어날까? 이를 알기 위해서 4곳의 요금식을 구해보자.

A : 200x

B : 250+150x

C : 750+120x

D : 1,600+60x

(x : 대여시간)

먼저 A와 B가 교차하는 시점을 알기 위해 둘을 같다고 놓고 풀어보면 5가 나오게 되는데, 이것은 5시간 이전까지는 A가 B보다 요금이 작지만 5시간을 기점으로 순서가 뒤바뀌게 된다는 것을 의미한다(이는 그래프를 그려보면 더 직관적으로 이해가능한데, A는 원점을 지나는 직선인 반면 나머지는 모두 Y절편이 양수이면서 기울기가 A보다 작은 직선이기 때문이다).

같은 방식으로 계산해보면 C는 10, D는 12가 되므로 B가 가장 먼저 A보다 낮은 요금이 된다는 것을 확인할 수 있다(이때, 실제 C의 값은 9.x가 되는데 요금은 분단위로 부과되므로 10분부터 실제 요금이 달라지게 될 것이다. D도 같다.) 이제 세 번째로 낮은 요금이 되는 것을 찾기 위해 B와 C, B와 D의 요금식을 풀어보면 C는 17, D는 15가 된다. 따라서 15분부터는 D의 요금이 가장 작게 된다. 그럼 남은 C가 마지막으로 낮은 요금이 되는 것일까? 만약 C가 마지막으로 낮은 요금이 된다면 이는 어느 시점부터는 계속 C가 가장 낮은 요금이 되어야 하는데, 이는 기하학적으로 불가능하다. 왜냐하면 D는 C보다 기울기가 작기 때문에 이 둘이 교차한 이후부터는 D가 C의 아래쪽에 위치하기 때문이다. 따라서 C는 마지막으로 낮은 요금이 될 수 없다. 그렇다면 C는 어떤 경우에도 가장 낮은 요금이 되지 못하므로 (가)에는 C가 들어가게 된다.

다음으로 (나)를 판단해보자. (나)는 C가 요금을 바꾼 이후에 가장 낮은 요금이 되지 못한다고 하였는데 잠금해제료 자체가 없는 A는 대여직후부터 일정 시점까지는 가장 낮은 요금이 될 수 밖에 없으므로 (나)는 A가 될 수 없다. 또한 C도 될 수 없다. 왜냐하면 C가 요금을 바꾼 이유가 자신들의 요금이 최저요금이 되지 못하기 때문이었는데, 바꾼 다음에도 여전히 최저요금이 되지 못한다는 것은 말이 되지 않기 때문이다(만약 그렇다면 처음부터 분당대여료를 50원 인하했으면 될 것이다). 그렇다면 남은 것은 B와 D인데 D도 (나)가 될 수 없다. D는 4곳 중에서 기울기가 가장 작기 때문에 그래프 상에서 어느 순간부터는 가장 아래에 위치할 수밖에 없기 때문이다. 그렇다면 남은 B가 (나)에 해당한다.

마지막으로 (다)를 구하기 위해 C와 B의 요금을 계산해보면 C는 2,550원(=750+(120×15)), B는 2,250원(=250+(100×20))이 된다. 따라서 둘의 차이인 300이 (다)에 들어가게 된다.

### 합격생 가이드

(나)를 판단할 때 C가 최저 요금이 될 수 없는 과정을 따로 계산하지 않았다. 물론 (가)를 구할 때와 마찬가지로 각각의 요금식을 구해서 판단할 수도 있지만 그러기에는 불필요하게 아까운 시간이 소모된다. 때로는 이와 같이 풀이 이외의 센스가 필요한 경우가 있다는 것을 알아두자.

## 14
정답 ⑤

난도 하

**정답해설**

⑤ 2019년의 지출 총액은 8,250억 원인데 이의 50%는 4,125억 원으로 2021년보다 작다. 따라서 감소율은 50%에 미치지 못한다.

## 15
정답 ④

난도 상

**정답해설**

④ 각급 학교의 수는 교장의 수와 같으므로 $\dfrac{여성\ 교장\ 수}{비율}$ 을 구하면 전체 학교의 수를 구할 수 있다. 그런데 중학교의 비율을 2로 나누면 나머지 학교들과 같은 3.8이 되므로 모두 분모가 같게 만들 수 있다. 분모가 같다면 굳이 분수식을 계산할 필요없이 분자의 수치만으로 판단하면 되는데, 이에 따르면 초등학교는 222, 중학교는 90.5, 고등학교는 660이 되어 중학교와 고등학교의 합보다 초등학교가 더 크게 된다.

**오답해설**

① 제시된 표는 5년마다 조사한 자료이므로 매년 증가했는지 여부는 알 수 없다.

② 각 학교의 교장은 1명이므로 교장 수를 구하면 곧바로 학교의 수를 알 수 있다. 2020년의 여성 교장 수 비율이 40.3%이므로 전체 교장 수는 대략 6,000으로 판단할 수 있는데, 6,000의 1.8%는 108에 불과하므로 1980년의 여성 교장수에 미치지 못한다. 따라서 1980년의 전체 교장 수는 6,000보다는 클 것이라는 것을 알 수 있다.

③ 두 해 모두 여성 교장의 비율이 같은 반면 여성 교장 수는 1990년이 더 많으므로 전체 교장 수도 1990년이 더 많다. 그런데 여성 교장의 비율이 같다면 남성 교장의 비율도 같을 것이므로 이 비율에 더 많은 전체 교장의 수가 곱해진 1990년의 남성 교장 수가 더 많을 것이다.

⑤ 2000년의 초등학교 여성 교장 수는 490명이고 이의 5배는 2,4500이므로 이는 2020년에 비해 크다. 따라서 5배에 미치지 못한다.

## 16
정답 ②

난도 하

**정답해설**

보고서의 순서대로 지역을 판단해보면 다음과 같다.

ⅰ) TV 토론회 전에 B후보자에 대한 지지율이 A후보자보다 10%p 이상 높음 : 마 제외

ⅱ) TV 토론회 후에 지지율 양상에 변화 : 라 제외

ⅲ) TV 토론회 후 '지지 후보자 없음' 비율 감소 : 다 제외

ⅳ) TV 토론회 후 두 후보자간 지지율 차이가 3%p 이내 : 가 제외

## 17
정답 ②

난도 하

**정답해설**

ㄱ. 각주 1)의 식에 의하면 업종별 업체 수는 도입률에 업종별 스마트시스템 도입 업체 수를 곱해서 구할 수 있다. 그런데 표 1에서 자동차부품보다 업체 수가 많은 업종들의 업체 수는 자동차부품에 비해 2배를 넘지 않는 반면, 이들의 도입률은 모두 절반에 미치지 못한다. 또한 자동차부품보다 업체 수가 적은 업종들은 모두 업체 수도 작고 도입률도 작다. 따라서 이 둘을 곱한 수치가 가장 큰 것은 자동차부품이다.

ㄷ. 도입률과 고도화율을 곱한 값을 비교하면 되는데, 외견상 확연히 1, 2위가 될 것으로 보이는 항공기부품과 자동차부품을 비교해보면 항공기부품은 28.4×37.0, 자동차부품은 27.1×35.1이므로 곱해지는 모든 값이 더 큰 항공기부품이 더 크다.

**오답해설**

ㄴ. 고도화율이 가장 높은 업종이 항공기부품인 것은 그래프에서 바로 확인 가능하다. 다음으로 스마트시스템 고도화 업체 수는 각주의 산식을 통해 '도입률×고도화율×업종별 업체 수'임을 알 수 있는데, 자동차부품의 경우 '도입률×고도화율'은 항공기부품과 비슷한 데 반해 업종별 업체 수는 7배 이상 크다. 따라서 항공기부품의 스마트시스템 고도화 업체 수가 가장 많은 것은 아니다.

ㄹ. 도입률이 가장 낮은 업종은 식품바이오인데, 고도화율이 가장 낮은 업종은 금형주조도금 이므로 서로 다르다.

## 18
정답 ⑤

난도 중

정답해설

직접 계산해보는 것 이외에는 마땅한 방법이 없는 문제이므로 주어진 산식에 맞추어 각 운전자별 정지시거를 계산해보자.

| 반응<br>거리 | 맑은 날 | | 비 오는 날 | |
|---|---|---|---|---|
| | 제동거리 | 정지시거 | 제동거리 | 정지시거 |
| A | 40 | $\frac{20^2}{2\times0.4\times10}=50$ | 90 | $\frac{20^2}{2\times0.1\times10}=200$ | 240 |
| B | 40 | $\frac{20^2}{2\times0.4\times10}=50$ | 90 | $\frac{20^2}{2\times0.2\times10}=100$ | 140 |
| C | 32 | $\frac{20^2}{2\times0.8\times10}=25$ | 57 | $\frac{20^2}{2\times0.4\times10}=50$ | 82 |
| D | 48 | $\frac{20^2}{2\times0.4\times10}=50$ | 98 | $\frac{20^2}{2\times0.2\times10}=100$ | 148 |
| E | 28 | $\frac{20^2}{2\times0.4\times10}=50$ | 78 | $\frac{20^2}{2\times0.4\times10}=100$ | 128 |

## 19
정답 ③

난도 중

정답해설

ㄱ. 2020년 어획량이 가장 많은 어종은 고등어인데, 이것은 전년에 비해 감소한 수치이므로 2019년에는 더 많았을 것이다. 반면, 그림에서 오징어를 제외한 고등어의 오른쪽에 위치한 어종들은 전년에 비해 어획량이 증가하였음에도 여전히 고등어에 비해 작은 상태이므로 2019년에도 고등어의 어획량에 미치지 못했을 것이다. 마지막으로 광어는 전년에 비해 어획량이 감소하기는 했으나 2020년의 어획량 자체가 고등어에 비해 턱없이 작다. 따라서 광어의 2019년 어획량도 고등어에 미치지 못한다.

ㄷ. 갈치의 평년비가 100%를 넘는다는 것은 갈치의 2011~2020년 연도별 어획량의 평균(A)보다 2020년의 어획량(B)이 더 많다는 것을 의미한다. 그런데 여전히 A보다 큰 2021년의 어획량이 더해진다면 이것이 포함된 2011~2021년 연도별 어획량의 평균은 당연히 A보다 커질 것이다.

오답해설

ㄴ. 선택지의 문장이 옳다면 $\frac{전년비(\%)}{평년비(\%)}$ 의 값이 1보다 커야 한다. 이는 그림에서 원점에서 해당 어종에 해당하는 점을 연결한 직선의 기울기가 1보다 작아야 함을 의미하는데 조기가 이에 해당하지 않는다.

## 20
정답 ①

난도 상

정답해설

해설의 편의를 위해 선수명은 종합기록 순위로 나타낸다.

ㄱ. 5위의 수영기록을 계산해보면 약 1시간 20분 정도로 계산되므로 수영기록이 한 시간 이하인 선수는 1위, 2위, 6위이며, 이들의 T2기록은 모두 3분 미만이다.

ㄴ. 먼저 9위의 종합기록을 계산해보면 9:48:07이며, 이 선수까지 포함해서 판단해보면 6위, 7위, 10위 선수가 이에 해당한다.

오답해설

ㄷ. 6위 선수의 달리기기록이 3위 선수보다 빠르므로 대한민국 선수 3명이 1~3위를 모두 차지할 수는 없다. 8위 선수의 달리기 기록은 문제의 정오를 판단하는데 영향을 주지 않으므로 계산하지 않는다.

ㄹ. 5위 선수를 제외하고 순위를 매겨보면 수영, T1 모두 4위를 기록하고 있다. 그런데 ㄱ에서 5위의 수영기록은 1시간 20분 정도라는 것을 이미 구해놓았으며 이 선수의 수영과 T1의 합산 기록은 10위 선수에 한참 뒤처진다. 따라서 10위 선수의 수영과 합산기록 모두 4위로 동일하다.

## 21
정답 ③

난도 중

정답해설

고정원가율과 변동원가율(= 1-고정원가율)을 통해 각 제품별 제조원가를 구하고, 구해진 제조원가와 제조원가율을 통해 매출액을 구하면 다음과 같다(대소비교만 하면 되므로 천단위 이하는 소수점으로 처리하였다).

| | 고정원가율 | 제조원가 | 매출액 |
|---|---|---|---|
| A | 60 | 100 | 400 |
| B | 40 | 90 | 300 |
| C | 60 | 55 | 약 180 |
| D | 80 | 62.5 | 625 |
| E | 50 | 20 | 200 |

따라서 C의 매출액이 가장 작다.

## 22
정답 ⑤

난도 중

정답해설

ㄱ. 2019년의 국내 매출액은 약 123억 원이고, 2020년은 약 136억 원이므로 국내 매출액이 가장 큰 연도는 2020년이다. 그런데 분모가 되는 2020년의 총매출액은 3개 연도 중 가장 크고, 분자가 되는 국외 매출액은 가장 작으므로 총매출액 중 국외 매출액 비중은 2020년이 가장 작다.

ㄴ. 탄약의 매출액 증가액은 약 600억 원이므로 매출액 증가율은 2~3%인데 나머지 분야는 모두 이에 미치지 못한다.

ㄹ. '적어도' 유형의 문제이다. 2020년 대기업의 국내 매출액은 119,586억 원이고 항공유도 분야의 매출액은 49,024억 원이다. 이 둘을 더하면 168,610억 원이 되는데 전체 총매출액은 153,867억 원이므로 이 둘의 차이인 14,743억 원은 항공유도분야이면서 대기업 모두에 해당함을 알 수 있다.

오답해설

ㄷ. 선택지의 문장이 옳게 되기 위해서는 $\frac{16,612}{27,249}$ 가 1,012에 4를 곱해 구한 $\frac{4,048}{5,855}$ 보다 더 커야 한다. 이를 간단하게 비교하기 위해 앞 두자리 유효숫자로 변환하면 $\frac{16}{27}$ 과 $\frac{40}{58}$ 이 되는데 분자의 경우 후자가 전자의 2배보다 훨씬 큰 반면, 분모는 2배를 겨우 넘는 수준이다. 따라서 후자가 더 크다.

합격생 가이드

증가율, 대소비교 등 일반적인 경우에는 유효숫자를 활용해 계산을 간단하게 하는 것이 필요하지만 '적어도' 유형의 경우는 이 문제와 같이 엄밀한 계산이 필요한 경우가 자주 있다. 어차피 덧셈 한번과 뺄셈 한번만 하면 되는 것이니 '적어도' 유형을 만나게 되면 정확하게 계산하도록 하자.

## 23
정답 ①

난도 중

정답해설

보고서의 내용을 토대로 해당하는 분야를 판단하면 다음과 같다.

ⅰ) 종사자 수는 통신전자, 함정, 항공유도 분야만 증가 : A, C, D가 이에 해당

ⅱ) 2018~2020년 동안 매출액과 종사자 수가 매년 증가한 분야는 통신전자 : D

ⅲ) 함정과 항공유도가 A, C에 해당하므로 이후에는 이 둘만 판단

ⅳ) 함정분야 종사자 수는 전체에서 가장 많이 증가 : A, C 둘만 비교하면 되며 C가 이에 해당

따라서 남은 A가 항공유도에 해당한다.

합격생 가이드

보고서의 내용을 보면 위에 언급한 내용 이외에도 기동에 대한 내용과 함정 분야의 매출액 증가율에 관한 내용도 포함되어 있다. 하지만 이미 A와 C로 범위가 좁혀져 있고 보고서에서 함정에 대한 것이 직접적으로 제시되어 있는 만큼 이와 연관이 없는 것, 복잡한 것은 거들떠 볼 필요도 없다.

## 24
정답 ④

난도 중

정답해설

④ 각주의 산식을 조합하여 풀이할 수도 있으나 그럴 경우 1인당 국내총생산이 분모에 위치하는 등 숫자의 구성이 매우 복잡하다. 따라서 정석대로 첫 번째 각주를 통해 총인구를 구하고, 이를 이용해 이산화탄소 총배출량을 구해보자 (계산의 편의를 위해 국내총생산의 억단위는 무시한다).

첫 번째 각주를 통해 총인구를 어림하여 구해보면 A는 3.x, B는 약 1.2, C는 약 0.5, D는 약 14로 계산된다. 그리고 두 번째 각주를 통해 역시 이산화탄소 총배출량을 계산해보면 A는 약 50, B는 약 10, C는 약 6, D는 약 100으로 계산된다.

합격생 가이드

'1인당' 유형의 문제는 가급적이면 첫 번째 턴에서는 넘기고 시간이 남는 경우에 푸는 것이 현실적으로 안전하다. 물론 위의 해설은 매우 간단해보이지만 필자 역시 실제 이러한 과정을 통해 풀이하면서도 상당한 시간이 소요되었다.

## 25
정답 ②

난도 중

정답해설

ㄱ. 2020년의 다중이용시설 급속충전기 수는 2019년에 비해 2배 이상 증가하였으나 일반시설은 2배에 미치지 못하므로 2020년의 비율이 2019년에 비해 크다. 또한 2021년의 다중이용시설 급속충전기 수는 2020년에 비해 50%보다 훨씬 많이 증가한 반면, 일반시설은 50%에 한참 미치지 못한다. 따라서 2021년의 비율도 2020년에 비해 크다.

ㄷ. 2019년과 2021년의 빈칸들을 어느정도 어림해서 구해야 판단이 가능하다. 먼저 2019년의 휴게소의 급속충전기 수는 약 500대 정도 되며, 공동주택은 약 30대로 계산할 수 있다. 그리고 2021년의 주유소는 약 1,000대로 계산되므로 2019년에 비해 8배 증가하였다. 하지만 나머지 장소들의 증가율은 이에 미치지 못한다.

오답해설

ㄴ. 2021년의 공공시설 급속충전기 수는 약 3,700대 인데, 쇼핑몰과 주차전용 시설의 급속충전기 수의 합은 이보다 더 크다.

ㄹ. ㄷ의 해설에서 2019년의 휴게소 급속충전기 수가 약 500대라는 것을 계산했는데 이는 문화시설에 비해 적다.

| 01 | 02 | 03 | 04 | 05 | 06 | 07 | 08 | 09 | 10 |
|----|----|----|----|----|----|----|----|----|----|
| ⑤ | ① | ⑤ | ① | ② | ② | ③ | ④ | ② | ③ |
| 11 | 12 | 13 | 14 | 15 | 16 | 17 | 18 | 19 | 20 |
| ① | ② | ③ | ⑤ | ① | ③ | ④ | ② | ③ | ③ |
| 21 | 22 | 23 | 24 | 25 |  |  |  |  |  |
| ⑤ | ④ | ① | ④ | ④ |  |  |  |  |  |

## 01　정답 ⑤

난도 ) 하

정답해설

⑤ 합병 등에 의하여 인증받은 요건이 변경된 경우에는 인증을 취소할 수 있을 뿐 반드시 취소해야 하는 것은 아니다.

오답해설

① 재해경감활동 비용 조건은 최초 평가에 한하여 3개월 내에 충족할 것을 조건으로 인증할 수 있다.

② 우수기업에 대한 재평가는 의무적으로 실시해야 하는 것이 아니다.

③ 평가 및 인증에 소요되는 비용은 신청하는 자가 부담한다.

④ 거짓으로 인증을 받은 경우 A부 장관은 인증을 취소하여야 한다.

## 02　정답 ①

난도 ) 하

정답해설

① 가족관계등록부에는 등록기준지가 기록되어야 한다. 그런데 김가을은 김여름의 성과 본을 따르므로 김여름의 등록기준지인 '부산광역시 남구 ◇◇로 2–22'가 기록되어야 한다.

오답해설

② ①의 해설과 같다.

③·④·⑤ 가족관계등록부에는 출생연월일, 본, 성별이 기록되어야 한다.

## 03　정답 ⑤

난도 ) 하

정답해설

⑤ 시장 등은 직접 시행하는 정비사업에 관한 공사가 완료된 때에는 그 완료를 해당 지방자치단체의 공보에 고시해야 한다.

오답해설

① 토지 등 소유자로 구성된 조합을 설립하는 경우는 시장 등이 아닌자가 정비사업을 시행하려는 경우이다.

② 준공인가신청이 필요한 경우는 시장 등이 아닌자가 정비사업 공사를 완료한 때이다.

③·④ 준공인가 후 공사완료의 고시가 있는 날의 다음 날에 정비구역이 해제되지만 이는 조합의 존속에 영향을 주지 않는다.

## 04　정답 ①

난도 ) 하

정답해설

① 총톤수 100톤 미만인 부선은 소형선박에 해당하며, 소형선박 소유권의 이전은 계약당사자 사이의 양도합의와 선박의 등록으로 효력이 생긴다.

오답해설

② 총톤수 20톤 이상인 기선은 선박의 등기를 한 후에 선박의 등록을 신청하여야 한다.

③ 선박의 신청은 선적항을 관할하는 지방해양수산청장에게 한다.

④ 선박국적증서는 등기가 아니라 등록신청을 한 후에 지방해양수산청장이 발급하는 것이다.

⑤ 등록 신청을 받은 후 이를 선박원부에 등록하는 것은 지방해양수산청장이다.

## 05　정답 ②

난도 ) 하

정답해설

② 봄보리는 봄에 파종하여 그해 여름에 수확하며, 가을보리는 가을에 파종하여 이듬해 여름에 수확하므로 봄보리의 재배기간이 더 짧다.

오답해설

① 흰색 쌀은 가을, 여름에 심는 콩은 가을에 수확한다.

③ 흰색 쌀은 논에서 수확한 벼를 가공한 것이며, 회색 쌀은 밭에서 자란 보리를 가공한 것이다.

④ 보릿고개는 하지까지이므로 그 이후에는 보릿고개가 완화된다.

⑤ 봄철 밭에서는 보리, 콩, 조가 함께 자라는 것을 볼 수 있었다고 하였다.

## 06　정답 ②

난도 ) 하

정답해설

출발지부터 대안경로의 시점까지의 평균속력은 모든 경우에서 동일하므로 대안경로에서의 평균속력($\frac{거리(A)}{시간(B)}$)으로 판단해보자.

ㄱ. 분자가 커지고 분모가 작아지므로 전체 값은 커진다. 따라서 대안경로를 선택한다.

ㄷ. 분자와 분모가 모두 작아지는 경우 분모의 감소율이 분자의 감소율보다 더 클 경우 전체 값은 증가한다. 이 경우에 해당한다면 대안경로를 선택한다.

오답해설

ㄴ. 분자와 분모가 모두 커진다면 전체 값의 방향을 알 수 없다. 따라서 대안경로를 선택할 지의 여부를 알 수 없다.

ㄹ. 분자가 작아지고 분모가 커진다면 전체 값은 작아진다. 따라서 대안경로를 선택하지 않는다.

## 07 정답 ③

난도 하

**정답해설**

③ 총액의 차이가 9,300원이므로 이를 만족하는 경우를 찾으면 된다. 딸기 한 상자가 더 계산되고, 복숭아 한 상자가 덜 계산된 경우가 이에 해당한다.

## 08 정답 ④

난도 하

**정답해설**

- 甲 : 의료법인 근로자에 해당하므로 참여 가능하다.
- 乙 : 회계법인 소속 노무사에 해당하므로 참여 불가능하다.
- 丙 : 대표는 참여 대상에서 제외되지만 사회복지법인의 대표이므로 참여 가능하다.
- 丁 : 대기업 근로자에 해당하므로 참여 불가능하다.
- 戊 : 임원은 참여 대상에서 제외되지만 비영리민간단체의 임원이므로 참여 가능하다.

## 09 정답 ②

난도 하

**정답해설**

② 국민참여예산사업은 국무회의에서 정부예산안에 반영된 후 국회에 제출된다.

**오답해설**

① 국민제안제도에서는 국민들이 제안을 할 수 있을 뿐이며 우선순위 결정과정에는 참여하지 못한다.
③ 국민참여예산제도는 정부의 예산편성권 내에서 운영된다.
④ 결정된 참여예산 후보사업이 재정정책자문회의의 논의를 거쳐 국무회의에서 정부예산안에 반영되므로 순서가 반대로 되었다.
⑤ 예산국민참여단의 사업선호도는 오프라인 투표를 통해 조사한다.

## 10 정답 ③

난도 하

**정답해설**

제시된 자료를 토대로 자료를 정리하면 다음과 같다.

| | 2019년도 | | | 2020년도 | | |
|---|---|---|---|---|---|---|
| | 생활밀착형 사업 | 취약계층 지원사업 | 계 | 생활밀착형 사업 | 취약계층 지원사업 | 계 |
| | 688억 원 | 112억 원 | 800억 원 | 870억 원 | 130억 원 | 1,000억 원 |

따라서 2019년도와 2020년도 각각에서 국민참여예산사업에서 취약계층지원사업이 차지한 비율은 14%($=\frac{112}{800}$), 13%($=\frac{130}{1,000}$)이다.

## 11 정답 ①

난도 하

**정답해설**

① 보고자가 국장인 경우에는 가장 먼저 보고하므로 D법 시행령 개정안이 가장 먼저 보고되며, 법규 체계 순위에 따라 법이 다음으로 보고되어야 한다. 그런데 법에는 A법과 B법 두 개가 존재하므로 소관부서명의 가나다 순에 따라 B법 개정안이 두 번째로 보고된다. 세번째로는 소관부서가 기획담당관으로 같은 C법 시행령 개정안이 보고되어야 하며, 네 번째로는 다시 법규 체계 순위에 따라 A법 개정안이 보고되어야 한다.

## 12 정답 ②

난도 하

**정답해설**

- A사업 : 창호(내부)는 지원하지 않으므로 쉼터 수리비용만 해당된다. 따라서 본인부담 10%를 제외한 810만 원을 지원받을 수 있다
- B사업 : 쉼터 수리비용은 50만 원 한도내에 지원 가능하므로 한도액인 50만 원을 지원받을 수 있으며, 창호 수리비용은 본인부담 50%를 제외한 250만 원을 지원받을 수 있다. 따라서 총 300만 원을 지원받을 수 있다.

甲은 둘 중 지원금이 더 많은 사업을 선택하여 신청한다고 하였으므로 A사업을 신청하게 되며, 이때 지원받게 되는 금액은 810만 원이다.

## 13 정답 ③

난도 하

**정답해설**

방식 1~방식 3을 정리하면 다음과 같다.

1) 방식 1

| | 월 | 화 | 수 | 목 | 금 |
|---|---|---|---|---|---|
| 기본업무량 | 60 | 50 | 60 | 50 | 60 |
| 처리업무량 | 100 | 80 | 60 | 40 | 20 |
| 칭찬/꾸중 | 칭찬 | 칭찬 | – | 꾸중 | 꾸중 |

2) 방식 2

| | 월 | 화 | 수 | 목 | 금 |
|---|---|---|---|---|---|
| 기본업무량 | 60 | 50 | 60 | 50 | 60 |
| 처리업무량 | 0 | 30 | 60 | 90 | 120 |
| 칭찬/꾸중 | 꾸중 | 꾸중 | – | 칭찬 | 칭찬 |

3) 방식 3

| | 월 | 화 | 수 | 목 | 금 |
|---|---|---|---|---|---|
| 기본업무량 | 60 | 50 | 60 | 50 | 60 |
| 처리업무량 | 60 | 60 | 60 | 60 | 60 |
| 칭찬/꾸중 | – | 칭찬 | – | 칭찬 | – |

ㄴ. 위 표에 의하면 수요일에는 어느 방식을 선택하더라도 칭찬도 꾸중도 듣지 않는다.
ㄷ. 위 표에 의하면 어떤 방식을 선택하더라도 칭찬을 듣는 날수는 2일이다.

**오답해설**

ㄱ. 위 표에 의하면 화요일에는 칭찬을 듣는다.
ㄹ. 방식 1은 0, 방식 2는 0, 방식 3은 2이므로 방식 3을 선택하여야 한다.

## 14

난도 중

정답해설

제시된 자료를 정리하면 다음과 같다.(비희망 인원은 문제풀이에 필요 없음)

| 남자 700명 | | 여자 300명 | |
|---|---|---|---|
| 희망 280명 | | 희망 150명 | |
| A지역 | B지역 | A지역 | B지역 |
| 168명(60%) | 112명(40%) | 30명(20%) | 120명(80%) |

ㄱ. 전체 직원 중 남자직원의 비율은 70%이다.
ㄷ. A지역 연수를 희망하는 직원은 198명이다.
ㄹ. B지역 연수를 희망하는 남자직원은 112명이다.

오답해설

ㄴ. 전체 연수 희망인원은 430명이므로 이의 40%는 172명인데, 여자 희망인원은 150명에 불과하므로 40%를 넘지 않는다.

## 15

난도 중

정답해설

ㄴ. 판매가격을 5% 인하했다면 매출액이 0.4억 원만큼 감소하며, 나머지 항목이 같으므로 이익 역시 0.4억원 감소한다.

오답해설

ㄱ. 모든 항목이 같다면 2021년의 이익과 2020년의 이익은 같다.
ㄷ. 판매량이 10% 증가했다면 매출액에서 변동원가를 뺀 수치가 10% 즉, 0.16억 원 증가하였으나 고정원가는 0.05억 원 감소하는데 그치므로 전체 이익은 증가한다.
ㄹ. 판매가격과 판매량이 모두 증가했다면 매출액에서 변동원가를 뺀 수치는 증가하게 되는데 고정원가가 불변이므로 전체 이익은 증가한다.

## 16

난도 하

정답해설

甲~丙의 작년과 올해 성과급을 구하면 다음과 같다.

| | 작년 | 올해 |
|---|---|---|
| 甲 | 1,050만 원(＝3,500만 원×30%) | 1,600만 원(＝4,000만 원×40%) |
| 乙 | 1,000만 원(＝4,000만 원×25%) | 1,600만 원(＝4,000만 원×40%) |
| 丙 | 450만 원(＝3,000만 원×15%) | 350만 원(＝3,500만 원×10%) |

③ 丙은 작년에 비해 올해 성과급이 감소한다.

오답해설

① 甲의 작년 성과급은 1,050만 원이다.
② 甲과 乙의 올해 성과급은 1,600만 원으로 모두 같다.
④ 丙의 올해 연봉과 성과급의 합은 800만 원으로 셋 중 가장 작다.
⑤ 丙은 성과급이 감소하였으므로 제외하고 甲과 乙을 비교해보면 올해의 성과급은 같은 반면 작년의 성과급은 乙이 작다. 따라서 상승률은 乙이 더 크다.

## 17

난도 중

정답해설

④ 제시된 조건을 정리하면 다음과 같다.
전공시험 점수 : A > B > E, C > D
영어시험 점수 : E > F > G
적성시험 점수 : G > B, G > C
B와 E가 합격하였다면 전공시험 점수가 높은 A가 합격하였을 것이고, 적성시험 점수가 높은 G도 합격하였을 것이다. G가 합격하였다면 영어시험 점수가 높은 F도 합격하였을 것이다.

오답해설

① A의 합격여부만을 가지고 B의 합격여부를 판단할 수는 없다.
② G가 합격하였다면 영어시험 점수가 더 높은 E와 F도 합격하였을 것이고 E가 합격하였다면 전공시험 점수가 더 높은 A와 B도 합격하였을 것이다. 또한 B가 합격하였다면 적성시험 점수가 높은 G도 합격하였을 것이다. 하지만 C는 합격여부를 판단할 수 없다.
③ A와 B가 합격하였다면 적성시험 점수가 높은 G가 합격하였을 것이고, G가 합격하였다면 영어시험 점수가 높은 E와 F도 합격하였을 것이다. 또한 E가 합격하였다면 전공시험 점수가 높은 A와 B도 합격하였을 것이다. 하지만 C와 D는 합격여부를 판단할 수 없다.
⑤ B가 합격하였다면 전공시험 점수가 높은 A와 적성시험 점수가 높은 G가 합격하였을 것이다. G가 합격하였다면 영어시험 점수가 높은 E와 F도 합격하였을 것이므로 적어도 5명이 합격하였을 것이다.

## 18

난도 중

정답해설

ㄴ. 만약 乙이 4점 슛에 도전하지 않은 상태라면 이 때 얻을 수 있는 최대 득점은 1, 2, 5회차에 모두 3점 슛을 성공시킨 9점이다. 甲이 3점 슛에 2번 도전하였을 경우의 최소 득점은 3점 슛을 1번 성공하고 2점 슛을 3번 성공시킨 9점이다. 따라서 乙이 4점 슛에 도전하지 않은 상태라면 甲에게 승리할 수 없으므로 만약 乙이 甲에게 승리하였다면 반드시 4점 슛에 도전했을 것이다.

오답해설

ㄱ. 甲이 2회차에 4점 슛을 실패하고 나머지 회차에 2점 슛을 성공시키는 경우가 합계 점수가 최소가 되는 경우인데 이때의 득점은 7점이다.
ㄷ. 선택지의 조건을 적용했을 때 乙의 최댓값보다 甲의 최솟값이 더 크다면 甲은 항상 승리하게 된다. ㄱ에서 甲의 최솟값은 7점임을 알 수 있었으며, 乙의 최댓값은 4점 슛 1번, 3점 슛 2번을 성공한 8점이다. 따라서 항상 甲이 승리하는 것은 아니다.

## 19

난도 상

정답해설

③ 양봉농가 간 거리가 12km 이상인 경우라고 하였으므로 양봉농가를 최대한 배치하기 위해서는 아래의 그림과 같은 경우가 되어야 한다. 따라서 최대 7개가 가능하다.

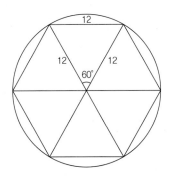

## 20 정답 ③

난도 상

**정답해설**

만약 대화 중인 날이 7월 3일이라고 해보자. 그렇다면 어제는 7월 2일이고 그저께는 7월 1일이 되는데, 7월 1일의 만 나이가 21살이고, 같은 해의 어느 날의 만 나이가 23살이 되는 것은 불가능하다. 이는 대화 중인 날이 7월 3일 이후 어느 날이 되었든 마찬가지이므로 이번에는 앞으로 날짜를 당겨보자.

대화 중인 날이 1월 2일이라고 해보자(1월 3일은 7월 3일과 같은 현상이 발생하므로 제외한다). 그렇다면 어제는 1월 1일이고, 그저께는 12월 31일이 되는데, 1월 1일과 1월 2일, 그리고 같은 해의 어느 날의 만나이가 모두 다르게 되는 것은 불가능하다.

이번에는 대화 중인 날이 1월 1일이라고 해보자. 그렇다면 어제는 12월 31일이고 그저께는 12월 30일이 되는데 만약 12월 31일이 생일이라면 대화의 조건을 모두 충족한다.

따라서 甲의 생일은 12월 31일이며, 만 나이를 고려한 출생연도는 1999년이다. 그렇다면 甲의 주민등록번호 앞 6자리는 9912310 되어 각 숫자를 모두 곱하면 486이 된다.

**합격생 가이드**

이와 같이 두뇌 테스트 같은 문제들이 종종 출제되곤 한다. 이런 문제를 만나게 되면 논리적으로 풀기보다는 이 문제의 해설과 같이 직관적인 수치를 직접 대입해서 판단하는 것이 훨씬 빠르고 정확하다. 실전에서 사용할 수도 없는 논리적인 틀을 굳이 찾아내려고 하지 말자.

## 21 정답 ⑤

난도 상

**정답해설**

주어진 상황을 토대로 자료를 정리하면 다음과 같다.
1) 올해 최대 검사 건수 : (9×100×40%)+(80×100×90%)=360+7,200=7,560건
2) 내년 예상 검사 건수 : 7,560×120%=9,072건
3) 내년 최대 검사 건수(현재 인원으로 검사 가정) : (9×90×40%)+(80×90×90%)=324+6,480=6,804건
4) 내년 부족 건수 : 9,070−6,804=2,268건
5) 증원 요청 인원 : 2,268÷81=28명
여기서 81로 나누는 이유는 필요한 최소 직원 수에서 올해 직원 수를 뺀 인원을 증원 요청한다고 했기 때문이다. 즉, 최대 검사 건수가 가장 많은 직원들로 충원한다고 가정해야 이것이 가능한데, 이에 해당하는 직원 그룹은 국장, 사무처리 직원, 과장을 제외한 나머지 직원들이다. 이들의 내년도 기준 검사건수는 90건이지만 품질 검사 교육 이수로 인해 10%를 차감한 81건으로 나누게 되는 것이다.

## 22 정답 ④

난도 중

**정답해설**

주어진 조건을 토대로 4, 5회차를 제외한 세 사람의 문제 풀이 결과를 정리하면 다음과 같다.

| 구분 | 1 | 2 | 3 | 4 | 5 | 6 | 7 |
|------|---|---|---|---|---|---|---|
| 甲 | 1 ○ | 3 ○ | 7 × | 4 | | ○ | × |
| 乙 | 1 ○ | 3 ○ | 7 ○ | 15 | | × | ○ |
| 丙 | 1 ○ | 3 × | 2 ○ | 5 | | ○ | × |

• 甲이 4회차에 4번 문제를 틀렸다면 5회차에 3번을 풀어야 하는데, 이는 같은 문제를 두 번 풀지 않는다는 조건에 위배된다. 따라서 甲은 4번을 맞추었다.
• 乙이 4회차에 15번 문제를 맞추었다면 5회차에 25번을 풀고 그 이후로는 문제를 풀지 않아야 한다는 조건에 위배된다. 따라서 乙은 15번을 틀렸다.
• 丙이 4회차에 5번 문제를 틀렸다면 5회차에 3번을 풀어야 하는데, 이는 같은 문제를 두 번 풀지 않는다는 조건에 위배된다. 따라서 丙은 5번을 맞추었다.
여기까지의 결과를 정리하면 다음과 같다.

| 구분 | 1 | 2 | 3 | 4 | 5 | 6 | 7 |
|------|---|---|---|---|---|---|---|
| 甲 | 1 ○ | 3 ○ | 7 × | 4 ○ | 9 | ○ | × |
| 乙 | 1 ○ | 3 ○ | 7 ○ | 15 × | 8 | × | ○ |
| 丙 | 1 ○ | 3 × | 2 ○ | 5 ○ | 11 | ○ | × |

乙이 5회차에 8번 문제를 틀렸다면 6회차에 5번, 7회차에 3번을 풀어야 하는데, 이는 같은 문제를 두 번 풀지 않는다는 조건에 위배된다. 따라서 乙은 8번을 맞추었다. 그런데 7회차까지 세 사람이 맞힌 정답의 개수가 같다고 하였으므로 甲과 丙 역시 해당되는 문제를 맞추었음을 알 수 있다.
이제 위의 결과를 최종적으로 정리하면 다음과 같다.

| 구분 | 1 | 2 | 3 | 4 | 5 | 6 | 7 |
|------|---|---|---|---|---|---|---|
| 甲 | 1 ○ | 3 ○ | 7 × | 4 ○ | 9 ○ | ○ | × |
| 乙 | 1 ○ | 3 ○ | 7 ○ | 15 × | 8 ○ | × | ○ |
| 丙 | 1 ○ | 3 × | 2 ○ | 5 ○ | 11 ○ | ○ | × |

ㄴ. 4회차에는 甲과 丙 두 명이 정답을 맞췄다.
ㄹ. 위 표를 토대로 판단해보면 乙은 6회차에 17번, 7회차에 9번을 풀었다.

**오답해설**

ㄱ. 4회차에 甲은 4번, 丙은 5번을 풀었다.
ㄷ. 5회차에는 세 명 모두 정답을 맞췄다.

## 23 정답 ①

난도 상

**정답해설**

① A가 E와 함께 참석한다면, F도 같이 참석해야 한다. 그런데 식사인원은 최대 4명이므로 (갑, A, E, F)를 한 조로 묶을 수 있다. 다음으로 C와 D는 함께 식사하지 않는다고 하였으므로 C가 들어간 조와 D가 들어간 조로 나누어 생각해보자. 남은 사람은 B와 G인데 G는 부팀장과 함께 식사한다고 하였으므로 B와 G는 하나의 세트로 묶을 수 있다. 그렇다면, 갑, B, G가 고정된 상태에서 C 혹은 D를 추가로 묶어 한 조가 됨을 알 수 있다. 그런데 이렇게 될 경우 C 혹은 D 중 한명은 갑과 단 둘이 식사를 해야 하는 상황이 되고 만다. 이를 표시하면 아래와 같다.

| 갑 | A | B | C | D | E | F | G |
|----|---|---|---|---|---|---|---|
| ○ | ○ | × | × | × | ○ | ○ | × |
| ○ | × | ○ | ○/× | ×/○ | × | × | ○ |
| ○ | × | × | ×/○ | ○/× | × | × | × |

**오답해설**

② 가능한 경우를 판단해보면 (갑, B, C), (갑, E, F), (갑, A, D, G)가 가능하다.

③ 가능한 경우를 판단해보면 (갑, A, C, G), (갑, B, D), (갑, E, F)가 가능하다.

④ D와 E가 함께 참석한다면 F도 함께 참석해야 하므로 (갑, D, E, F)를 한 조로 묶을 수 있다. 그런데 부팀장 A와 B는 함께 식사할 수 없으므로 A와 B는 각각 다른 조에 편성이 되어야 한다. 전체 인원으로 인해 남은 조는 2개 뿐이므로 C는 부팀장인 A 또는 B와 같은 조에 편성될 수 밖에 없다.

⑤ G는 부팀장 A 또는 B와 함께 식사해야 하므로 갑, 부팀장1, G의 3명을 일단 묶을 수 있는데 E와 F는 같이 식사해야 하므로 이들은 이 조에 편성될 수 없다. 그렇다면 남은 것은 부팀장2, C, D인데 부팀장2는 같이 식사를 할 수 없으므로 이 조가 4명이 되기 위해서는 C 혹은 D중 한명이 이 조에 편성되어야 한다. 다음으로 갑과 E, F가 묶여진 조를 생각해볼 수 있는데 이 조에는 더 이상 다른 인원이 들어갈 수 없다. 왜냐하면 남은 사람은 B와 D뿐인데 이들이 나뉘게 될 경우 (갑, E, F)조에 들어가지 않은 사람 갑과 단 둘이 식사를 해야 하기 때문이다. 따라서 (갑, E, F)가 하나의 조로 묶이게 되며, 이를 표시하면 아래와 같다.

| 갑 | A | B | C | D | E | F | G |
|----|---|---|---|---|---|---|---|
| ○ | ○ | × | ○ | × | × | × | ○ |
| ○ | × | × | × | × | ○ | ○ | × |
| ○ | × | ○ | × | ○ | × | × | × |

## 24
정답 ④

**난도** 상

**정답해설**

복잡하게 생각하면 머릿 속에서 정리가 쉽게 되지 않지만, 단순하게 생각하면 이보다 간단할 수 없는 문제이다.

먼저 두 사람은 자신만의 일정한 속력으로 걷는다고 하였으므로 동일한 거리를 왕복하는데 걸리는 시간은 동일하다는 것을 알 수 있다. 따라서 甲이 예상했던 시각보다 2분 일찍 사무실로 복귀했다는 것은 가는데 1분, 오는데 1분의 시간만큼 예상보다 빨랐다는 것을 의미한다.

다음으로 문제와는 다르게 만약 甲이 예상했던 시각에 맞추어 사무실로 복귀했다고 해보자. 그렇다면 실제 소요시간과 예상 소요시간이 같으므로 甲은 4분 일찍 자신의 사무실을 떠났을 것이다(예상 소요시간이 4분이므로 4분 전에 나가야 함은 너무나 당연하다). 그런데 문제에서는 2분 일찍(편도로는 1분) 일찍 도착하였으므로 甲은 원래 5분이 걸릴 것을 예상했는데 실제로는 4분밖에 걸리지 않았다는 결론이 나오게 된다.

## 25
정답 ④

**난도** 하

**정답해설**

④ 재외공무원이 일시귀국 후 국내 체류기간을 연장하는 경우에는 장관의 허가를 받아야 한다.

**오답해설**

① 재외공무원이 공무로 일시귀국하고자 하는 경우에는 장관의 허가를 받아야 한다.

② 공관장이 공무 외의 목적으로 일시귀국하려는 경우에는 장관의 허가를 받아야 하나, 배우자의 직계존속이 위독한 경우에는 장관에게 신고하고 일시귀국할 수 있다.

③ 재외공무원이 연 1회를 초과하여 공무 외의 목적으로 일시귀국하려는 경우에는 장관의 허가를 받아야 하나, 동반가족의 치료를 위하여 일시귀국하는 경우에는 일시귀국의 횟수에 산입하지 않는다.

⑤ 재외공무원이 연 1회를 초과하여 공무 외의 목적으로 일시귀국하기 위해서는 장관의 허가를 받아야 한다.

MEMO

# 7급 PSAT 기출문제 및 모의평가편

2021년 7급 PSAT 기출문제 및 모의평가 문제편

2021년 7급 PSAT 기출문제 및 모의평가 해설편

# PSAT

Public Service Aptitude Test

# 기출문제 및 모의평가 문제편

# CHAPTER 01

# 2021년 7급 PSAT 기출문제 언어논리

## 01 ○△×

**다음 글에서 알 수 있는 것은?**

우리나라 국기인 태극기에는 태극 문양과 4괘가 그려져 있는데, 중앙에 있는 태극 문양은 만물이 음양 조화로 생장한다는 것을 상징한다. 또 태극 문양의 좌측 하단에 있는 이괘는 불, 우측 상단에 있는 감괘는 물, 좌측 상단에 있는 건괘는 하늘, 우측 하단에 있는 곤괘는 땅을 각각 상징한다. 4괘가 상징하는 바는 그것이 처음 만들어질 때부터 오늘날까지 변함이 없다.

태극 문양을 그린 기는 개항 이전에도 조선 수군이 사용한 깃발 등 여러 개가 있는데, 태극 문양과 4괘만 사용한 기는 개항 후에 처음 나타났다. 1882년 5월 조미수호조규 체결을 위한 전권대신으로 임명된 이응준은 회담 장소에 내걸 국기가 없어 곤란해 하다가 회담 직전 태극 문양을 활용해 기를 만들고 그것을 회담장에 걸어두었다. 그 기에 어떤 문양이 담겼는지는 오랫동안 알려지지 않았다. 그런데 2004년 1월 미국 어느 고서점에서 미국 해군부가 조미수호조규 체결 한 달 후에 만든 『해상 국가들의 깃발들』이라는 책이 발견되었다. 이 책에는 이응준이 그린 것으로 짐작되는 '조선의 기'라는 이름의 기가 실려 있다. 그 기의 중앙에는 태극 문양이 있으며 네 모서리에 괘가 하나씩 있는데, 좌측 상단에 감괘, 우측 상단에 건괘, 좌측 하단에 곤괘, 우측 하단에 이괘가 있다.

조선이 국기를 공식적으로 처음 정한 것은 1883년의 일이다. 1882년 9월에 고종은 박영효를 수신사로 삼아 일본에 보내면서, 그에게 조선을 상징하는 기를 만들어 사용해본 다음 귀국하는 즉시 제출하게 했다. 이에 박영효는 태극 문양이 가운데 있고 4개의 모서리에 각각 하나씩 괘가 있는 기를 만들어 사용한 후 그것을 고종에게 바쳤다. 고종은 이를 조선 국기로 채택하고 통리교섭사무아문으로 하여금 각국 공사관에 배포하게 했다. 이 기는 일본에 의해 강제 병합되기까지 국기로 사용되었는데, 언뜻 보기에 『해상 국가들의 깃발들』에 실린 '조선의 기'와 비슷하다. 하지만 자세히 보면 두 기는 서로 다르다. 조선 국기 좌측 상단에 있는 괘가 '조선의 기'에는 우측 상단에 있고, '조선의 기'의 좌측 상단에 있는 괘는 조선 국기의 우측 상단에 있다. 또 조선 국기의 좌측 하단에 있는 괘는 '조선의 기'의 우측 하단에 있고, '조선의 기'의 좌측 하단에 있는 괘는 조선 국기의 우측 하단에 있다.

① 미국 해군부는 통리교섭사무아문이 각국 공사관에 배포한 국기를 『해상 국가들의 깃발들』에 수록하였다.

② 조미수호조규 체결을 위한 회담 장소에서 사용하고자 이응준이 만든 기는 태극 문양이 담긴 최초의 기다.

③ 통리교섭사무아문이 배포한 기의 우측 상단에 있는 괘와 '조선의 기'의 좌측 하단에 있는 괘가 상징하는 것은 같다.

④ 오늘날 태극기의 우측 하단에 있는 괘와 고종이 조선 국기로 채택한 기의 우측 하단에 있는 괘는 모두 땅을 상징한다.

⑤ 박영효가 그린 기의 좌측 상단에 있는 괘는 물을 상징하고 이응준이 그린 기의 좌측 상단에 있는 괘는 불을 상징한다.

## 02 ○△×

**다음 대화의 빈칸에 들어갈 내용으로 가장 적절한 것은?**

갑 : 국회에서 법률들을 제정하거나 개정할 때, 법률에서 조례를 제정하여 시행하도록 위임하는 경우가 있습니다. 그리고 이런 위임에 따라 지방자치단체에서는 조례를 새로 제정하게 됩니다. 각 지방자치단체가 법률의 위임에 따라 몇 개의 조례를 제정했는지 집계하여 '조례 제정 비율'을 계산하는데, 이 지표는 작년에 이어 올해도 지방자치단체의 업무 평가 기준에 포함되었습니다.

을 : 그렇군요. 그 평가 방식이 구체적으로 어떻게 되고, A 시의 작년 평가 결과는 어땠는지 말씀해 주세요.

갑 : 먼저 그 해 1월 1일부터 12월 31일까지 법률에서 조례를 제정하도록 위임한 사항이 몇 건인지 확인한 뒤, 그 중 12월 31일까지 몇 건이나 조례로 제정되었는지로 평가합니다. 작년에는 법률에서 조례를 제정하도록 위임한 사항이 15건이었는데, 그 중 A 시에서 제정한 조례는 9건으로 그 비율은 60%였습니다.

을 : 그러면 올해는 조례 제정 상황이 어떻습니까?

갑 : 1월 1일부터 7월 10일 현재까지 법률에서 조례를 제정하도록 위임한 사항은 10건인데, A 시는 이 중 7건을 조례로 제정하였으며 조례로 제정하기 위하여 입법 예고 중인 것은 2건입니다. 현재 시의회에서 조례로 제정되기를 기다리며 계류 중인 것은 없습니다.

을 : 모든 조례는 입법 예고를 거친 뒤 시의회에서 제정되므로, 현재 입법 예고 중인 2건은 입법 예고 기간이 끝나야만 제정될 수 있겠네요. 이 2건의 제정 가능성은 예상할 수 있나요?

갑 : 어떤 조례는 신속히 제정되기도 합니다. 그러나 때로는 시의회가 계속 파행하기도 하고 의원들의 입장에 차이가 커 공전될 수도 있기 때문에 현재 시점에서 조례 제정 가능성을 단정하기는 어렵습니다.

을 : 그러면 A 시의 조례 제정 비율과 관련하여 알 수 있는 것은 무엇이 있을까요?

갑 : A 시는 _____

① 현재 조례로 제정하기 위하여 입법 예고가 필요한 것이 1건입니다.

② 올 한 해의 조례 제정 비율이 작년보다 높아집니다.

③ 올 한 해 총 9건의 조례를 제정하게 됩니다.

④ 현재 시점을 기준으로 평가를 받으면 조례 제정 비율이 90%입니다.

⑤ 올 한 해 법률에서 조례를 제정하도록 위임 받은 사항이 작년보다 줄어듭니다.

## 03 ○△×

다음 글의 A~C에 대한 판단으로 가장 적절한 것은?

정책 네트워크는 다원주의 사회에서 정책 영역에 따라 실질적인 정책 결정권을 공유하고 있는 집합체이다. 정책 네트워크는 구성원 간의 상호 의존성, 외부로부터 다른 사회 구성원들의 참여 가능성, 의사결정의 합의 효율성, 지속성의 특징을 고려할 때 다음 세 가지 모형으로 분류될 수 있다.

| 특징<br>모형 | 상호<br>의존성 | 외부 참여<br>가능성 | 합의<br>효율성 | 지속성 |
|---|---|---|---|---|
| A | 높음 | 낮음 | 높음 | 높음 |
| B | 보통 | 보통 | 보통 | 보통 |
| C | 낮음 | 높음 | 낮음 | 낮음 |

A는 의회의 상임위원회, 행정 부처, 이익집단이 형성하는 정책 네트워크로서 안정성이 높아 마치 소정부와 같다. 행정부 수반의 영향력이 작은 정책 분야에서 집중적으로 나타나는 형태이다. A에서는 참여자 간의 결속과 폐쇄적 경계를 강조하며, 배타성이 매우 강해 다른 이익집단의 참여를 철저하게 배제하는 것이 특징이다.

B는 특정 정책과 관련해 이해관계를 같이하는 참여자들로 구성된다. B가 특정 이슈에 대해 유기적인 연계 속에서 기능하면, 전통적인 관료제나 A의 방식보다 더 효과적으로 정책 목표를 달성할 수 있다. B의 주요 참여자는 정치인, 관료, 조직화된 이익집단, 전문가 집단이며, 정책 결정은 주요 참여자 간의 합의와 협력에 의해 일어난다.

C는 특정 이슈를 중심으로 이해관계나 전문성을 가진 이익집단, 개인, 조직으로 구성되고, 참여자는 매우 자율적이고 주도적인 행위자이며 수시로 변경된다. 배타성이 강한 A만으로 정책을 모색하면 정책 결정에 영향을 미칠 수 있는 C와 같은 개방적 참여자들의 네트워크를 놓치기 쉽다. C는 관료제의 영향력이 작고 통제가 약한 분야에서 주로 작동하는데, 참여자가 많아 합의가 어려워 결국 정부가 위원회나 청문회를 활용하여 의견을 조정하려는 경우가 종종 발생한다.

① 외부 참여 가능성이 높은 모형은 관료제의 영향력이 작고 통제가 약한 분야에서 나타나기 쉽다.

② 상호 의존성이 보통인 모형에서는 배타성이 강해 다른 이익집단의 참여를 철저하게 배제한다.

③ 합의 효율성이 높은 모형이 가장 효과적으로 정책 목표를 달성할 수 있다.

④ A에 참여하는 이익집단의 정책 결정 영향력이 B에 참여하는 이익집단의 정책 결정 영향력보다 크다.

⑤ C에서는 참여자의 수가 많아질수록 네트워크의 지속성이 높아진다.

## 04 ○△×

다음 글에서 추론할 수 있는 것만을 〈보기〉에서 모두 고르면?

두 입자만으로 이루어지고 이들이 세 가지의 양자 상태 1, 2, 3 중 하나에만 있을 수 있는 계(system)가 있다고 하자. 여기서 양자 상태란 입자가 있을 수 있는 구별 가능한 어떤 상태를 지시하며, 입자는 세 가지 양자 상태 중 하나에 반드시 있어야 한다. 이때 그 계에서 입자들이 어떻게 분포할 수 있는지 경우의 수를 세는 문제는, 각 양자 상태에 대응하는 세 개의 상자 ①②③ 에 두 입자가 있는 경우의 수를 세는 것과 같다. 경우의 수는 입자들끼리 서로 구별 가능한지와 여러 개의 입자가 하나의 양자 상태에 동시에 있을 수 있는지에 따라 달라진다.

두 입자가 구별 가능하고, 하나의 양자 상태에 여러 개의 입자가 있을 수 있다고 가정하자. 이것을 'MB 방식'이라고 부르며, 두 입자는 각각 a, b로 표시할 수 있다. a가 1의 양자 상태에 있는 경우는 ab│ │, │a│b│, │a│ │b의 세 가지이고, a가 2의 양자 상태에 있는 경우와 a가 3의 양자 상태에 있는 경우도 각각 세 가지이다. 그러므로 MB 방식에서 경우의 수는 9이다.

두 입자가 구별되지 않고, 하나의 양자 상태에 여러 개의 입자가 있을 수 있다고 가정하자. 이것을 'BE 방식'이라고 부른다. 이때에는 두 입자 모두 a로 표시하게 되므로 aa│ │, │aa│ │, │ │aa, │a│a│ │, │a│ │a, │ │a│a가 가능하다. 그러므로 BE 방식에서 경우의 수는 6이다.

두 입자가 구별되지 않고, 하나의 양자 상태에 하나의 입자만 있을 수 있다고 가정하자. 이것을 'FD 방식'이라고 부른다. 여기에서는 BE 방식과 달리 하나의 양자 상태에 두 개의 입자가 동시에 있는 경우는 허용되지 않으므로 │a│a│ │, │a│ │a, │ │a│a만 가능하다. 그러므로 FD 방식에서 경우의 수는 3이다.

양자 상태의 가짓수가 다를 때에도 MB, BE, FD 방식 모두 위에서 설명한 대로 입자들이 놓이게 되고, 이때 경우의 수는 달라질 수 있다.

〈보 기〉

ㄱ. 두 개의 입자에 대해, 양자 상태가 두 가지이면 BE 방식에서 경우의 수는 2이다.

ㄴ. 두 개의 입자에 대해, 양자 상태의 가짓수가 많아지면 FD 방식에서 두 입자가 서로 다른 양자 상태에 각각 있는 경우의 수는 커진다.

ㄷ. 두 개의 입자에 대해, 양자 상태가 두 가지 이상이면 경우의 수는 BE 방식에서보다 MB 방식에서 언제나 크다.

① ㄱ

② ㄷ

③ ㄱ, ㄴ

④ ㄴ, ㄷ

⑤ ㄱ, ㄴ, ㄷ

## 05 ○△✕

**다음 글에서 추론할 수 있는 것은?**

생쥐가 새로운 소리 자극을 받으면 이 자극 신호는 뇌의 시상에 있는 청각시상으로 전달된다. 청각시상으로 전달된 자극 신호는 뇌의 편도에 있는 측핵으로 전달된다. 측핵에 전달된 신호는 편도의 중핵으로 전달되고, 중핵은 신체의 여러 기관에 전달할 신호를 만들어서 반응이 일어나게 한다.

연구자 K는 '공포' 또는 '안정'을 학습시켰을 때 나타나는 신경생물학적 특징을 탐구하기 위해 두 개의 실험을 수행했다.

첫 번째 실험에서 공포를 학습시켰다. 이를 위해 K는 생쥐에게 소리 자극을 준 뒤에 언제나 공포를 일으킬 만한 충격을 가하여, 생쥐에게 이 소리가 충격을 예고한다는 것을 학습시켰다. 이렇게 학습된 생쥐는 해당 소리 자극을 받으면 방어적인 행동을 취했다. 이 생쥐의 경우, 청각시상으로 전달된 소리 자극 신호는 학습을 수행하기 전 상태에서 전달되는 것보다 훨씬 센 강도의 신호로 증폭되어 측핵으로 전달된다. 이 증폭된 강도의 신호는 중핵을 거쳐 신체의 여러 기관에 전달되고 이는 학습된 공포 반응을 일으킨다.

두 번째 실험에서는 안정을 학습시켰다. 이를 위해 K는 다른 생쥐에게 소리 자극을 준 뒤에 항상 어떤 충격도 주지 않아서, 생쥐에게 이 소리가 안정을 예고한다는 것을 학습시켰다. 이렇게 학습된 생쥐는 이 소리를 들어도 방어적인 행동을 전혀 취하지 않았다. 이 경우 소리 자극 신호를 받은 청각시상에서 만들어진 신호가 측핵으로 전달되는 것이 억제되기 때문에 측핵에 전달된 신호는 매우 미약해진다. 대신 청각시상은 뇌의 선조체에서 반응을 일으킬 수 있는 자극 신호를 만들어서 선조체에 전달한다. 선조체는 안정 상태와 같은 긍정적이고 좋은 느낌을 느낄 수 있게 하는 것에 관여하는 뇌 영역인데, 선조체에서 반응이 세게 나타나면 안정감을 느끼게 되어 학습된 안정 반응을 일으킨다.

① 중핵에서 만들어진 신호의 세기가 강한 경우에는 학습된 안정 반응이 나타난다.

② 학습된 공포 반응을 일으키지 않는 소리 자극은 선조체에서 약한 반응이 일어나게 한다.

③ 학습된 공포 반응을 일으키는 소리 자극은 청각시상에서 선조체로 전달되는 자극 신호를 억제한다.

④ 학습된 안정 반응을 일으키는 청각시상에서 받는 소리 자극 신호는 학습된 공포 반응을 일으키는 청각시상에서 받는 소리 자극 신호보다 약하다.

⑤ 학습된 안정 반응을 일으키는 경우와 학습된 공포 반응을 일으키는 경우 모두, 청각시상에서 측핵으로 전달되는 신호의 세기가 학습하기 전과 달라진다.

## 06 ○△✕

**다음 글의 빈칸에 들어갈 내용으로 가장 적절한 것은?**

민간 문화 교류 증진을 목적으로 열리는 국제 예술 공연의 개최가 확정되었다. 이번 공연이 민간 문화 교류 증진을 목적으로 열린다면, 공연 예술단의 수석대표는 정부 관료가 맡아서는 안 된다. 만일 공연이 민간 문화 교류 증진을 목적으로 열리고 공연 예술단의 수석대표는 정부 관료가 맡아서는 안 된다면, 공연 예술단의 수석대표는 고전음악 지휘자나 대중음악 제작자가 맡아야 한다. 현재 정부 관료 가운데 고전음악 지휘자나 대중음악 제작자는 없다. 예술단에 수석대표는 반드시 있어야 하며 두 사람 이상이 공동으로 맡을 수도 있다. 전체 세대를 아우를 수 있는 사람이 아니라면 수석대표를 맡아서는 안 된다. 전체 세대를 아우를 수 있는 사람이 극히 드물기에, 위에 나열된 조건을 다 갖춘 사람은 모두 수석대표를 맡는다.

누가 공연 예술단의 수석대표를 맡을 것인가와 더불어, 참가하는 예술인이 누구인가도 많은 관심의 대상이다. 그런데 아이돌 그룹 A가 공연 예술단에 참가하는 것은 분명하다. 왜냐하면 만일 갑이나 을이 수석대표를 맡는다면 A가 공연 예술단에 참가하는데, ☐☐☐☐☐ 때문이다.

① 갑은 고전음악 지휘자이며 전체 세대를 아우를 수 있기

② 갑이나 을은 대중음악 제작자 또는 고전음악 지휘자이기

③ 갑과 을은 둘 다 정부 관료가 아니며 전체 세대를 아우를 수 있기

④ 을이 대중음악 제작자가 아니라면 전체 세대를 아우를 수 없을 것이기

⑤ 대중음악 제작자나 고전음악 지휘자라면 누구나 전체 세대를 아우를 수 있기

## 07 ○△✕

**다음 글의 내용이 참일 때, 반드시 참인 것만을 〈보기〉에서 모두 고르면?**

A기술원 해수자원화기술 연구센터는 2014년 세계 최초로 해수전지 원천 기술을 개발한 바 있다. 연구센터는 해수전지 상용화를 위한 학술대회를 열었는데 학술대회로 연구원들이 자리를 비운 사이 누군가 해수전지 상용화를 위한 핵심 기술이 들어 있는 기밀 자료를 훔쳐 갔다. 경찰은 수사 끝에 바다, 다은, 은경, 경아를 용의자로 지목해 학술대회 당일의 상황을 물으며 이들을 심문했는데 이들의 답변은 아래와 같았다.

바다 : 학술대회에서 발표된 상용화 아이디어 중 적어도 하나는 학술대회에 참석한 모든 사람들의 관심을 받았어요. 다은은 범인이 아니에요.

다은 : 학술대회에 참석한 사람들은 누구나 학술대회에서 발표된 하나 이상의 상용화 아이디어에 관심을 가졌어요. 범인은 은경이거나 경아예요.

은경 : 학술대회에 참석한 몇몇 사람은 학술대회에서 발표된 상용화 아이디어 중 적어도 하나에 관심이 있었어요. 경아는 범인이 아니에요.

경아 : 학술대회에 참석한 모든 사람들이 어떤 상용화 아이디어에도 관심이 없었어요. 범인은 바다예요.

수사 결과 이들은 각각 참만을 말하거나 거짓만을 말한 것으로 드러났다. 그리고 네 명 중 한 명만 범인이었다는 것이 밝혀졌다.

〈보 기〉

ㄱ. 바다와 은경의 말이 모두 참일 수 있다.
ㄴ. 다은과 은경의 말이 모두 참인 것은 가능하지 않다.
ㄷ. 용의자 중 거짓말한 사람이 단 한 명이면, 은경이 범인이다.

① ㄱ
② ㄴ
③ ㄱ, ㄷ
④ ㄴ, ㄷ
⑤ ㄱ, ㄴ, ㄷ

## 08 ○△✕

**다음 글의 내용이 참일 때, 반드시 참인 것만을 〈보기〉에서 모두 고르면?**

최근 두 주 동안 직원들은 다음 주에 있을 연례 정책 브리핑을 준비해 왔다. 브리핑의 내용과 진행에 관해 알려진 바는 다음과 같다. 개인건강정보 관리 방식 변경에 관한 가안이 정책제안에 포함된다면, 보건정보의 공적 관리에 관한 가안도 정책제안에 포함될 것이다. 그리고 정책제안을 위해 구성되었던 국민건강 2025팀이 재편된다면, 앞에서 언급한 두 개의 가안이 모두 정책제안에 포함될 것이다. 개인건강정보 관리 방식 변경에 관한 가안이 정책제안에 포함되고 국민건강 2025팀 리더인 최팀장이 다음 주 정책 브리핑을 총괄한다면, 프레젠테이션은 국민건강 2025팀의 팀원인 손공정씨가 맡게 될 것이다. 그런데 보건정보의 공적 관리에 관한 가안이 정책제안에 포함될 경우, 국민건강 2025팀이 재편되거나 다음 주 정책 브리핑을 위해 준비한 보도자료가 대폭 수정될 것이다. 한편, 직원들 사이에서는, 최팀장이 다음 주 정책 브리핑을 총괄하면 팀원 손공정씨가 프레젠테이션을 담당한다는 말이 돌았는데 그 말은 틀린 것으로 밝혀졌다.

〈보 기〉

ㄱ. 개인건강정보 관리 방식 변경에 관한 가안과 보건정보의 공적 관리에 관한 가안 중 어느 것도 정책제안에 포함되지 않는다.
ㄴ. 국민건강 2025팀은 재편되지 않고, 이 팀의 최팀장이 다음 주 정책 브리핑을 총괄한다.
ㄷ. 보건정보의 공적 관리에 관한 가안이 정책제안에 포함된다면, 다음 주 정책 브리핑을 위해 준비한 보도자료가 대폭 수정될 것이다.

① ㄱ
② ㄴ
③ ㄱ, ㄷ
④ ㄴ, ㄷ
⑤ ㄱ, ㄴ, ㄷ

## 09 ○△✕

**다음 글의 내용이 참일 때, 반드시 참인 것은?**

> A, B, C, D를 포함해 총 8명이 학회에 참석했다. 이들에 관해서 알려진 정보는 다음과 같다.
>
> - 아인슈타인 해석, 많은 세계 해석, 코펜하겐 해석, 보른 해석 말고도 다른 해석들이 있고, 학회에 참석한 이들은 각각 하나의 해석만을 받아들인다.
> - 상태 오그라듦 가설을 받아들이는 이들은 모두 5명이고, 나머지는 이 가설을 받아들이지 않는다.
> - 상태 오그라듦 가설을 받아들이는 이들은 코펜하겐 해석이나 보른 해석을 받아들인다.
> - 코펜하겐 해석이나 보른 해석을 받아들이는 이들은 상태 오그라듦 가설을 받아들인다.
> - B는 코펜하겐 해석을 받아들이고, C는 보른 해석을 받아들인다.
> - A와 D는 상태 오그라듦 가설을 받아들인다.
> - 아인슈타인 해석을 받아들이는 이가 있다.

① 적어도 한 명은 많은 세계 해석을 받아들인다.
② 만일 보른 해석을 받아들이는 이가 두 명이면, A와 D가 받아들이는 해석은 다르다.
③ 만일 A와 D가 받아들이는 해석이 다르다면, 적어도 두 명은 코펜하겐 해석을 받아들인다.
④ 만일 오직 한 명만이 많은 세계 해석을 받아들인다면, 아인슈타인 해석을 받아들이는 이는 두 명이다.
⑤ 만일 코펜하겐 해석을 받아들이는 이가 세 명이면, A와 D 가운데 적어도 한 명은 보른 해석을 받아들인다.

## 10 ○△✕

**다음 글의 〈실험 결과〉에서 추론할 수 있는 것은?**

> 연구자 K는 동물의 뇌 구조 변화가 일어나는 방식을 규명하기 위해 다음의 실험을 수행했다. 실험용 쥐를 총 세 개의 실험군으로 나누었다. 실험군1의 쥐에게는 운동은 최소화하면서 학습을 시키는 '학습 위주 경험'을 하도록 훈련시켰다. 실험군2의 쥐에게는 특별한 기술을 학습할 필요 없이 수행할 수 있는 쳇바퀴 돌리기를 통해 '운동 위주 경험'을 하도록 훈련시켰다. 실험군3의 쥐에게는 어떠한 학습이나 운동도 시키지 않았다.
>
> **〈실험 결과〉**
> - 뇌 신경세포 한 개당 시냅스의 수는 실험군1의 쥐에서 크게 증가했고 실험군2와 3의 쥐에서는 거의 변하지 않았다.
> - 뇌 신경세포 한 개당 모세혈관의 수는 실험군2의 쥐에서 크게 증가했고 실험군1과 3의 쥐에서는 거의 변하지 않았다.
> - 실험군1의 쥐에서는 대뇌 피질의 지각 영역에서 구조 변화가 나타났고, 실험군2의 쥐에서는 대뇌 피질의 운동 영역과 더불어 운동 활동을 조절하는 소뇌에서 구조 변화가 나타났다. 실험군3의 쥐에서는 뇌 구조 변화가 거의 나타나지 않았다.

① 대뇌 피질의 구조 변화는 학습 위주 경험보다 운동 위주 경험에 더 큰 영향을 받는다.
② 학습 위주 경험은 뇌의 신경세포당 시냅스의 수에, 운동 위주 경험은 뇌의 신경세포당 모세혈관의 수에 영향을 미친다.
③ 학습 위주 경험과 운동 위주 경험은 뇌의 특정 부위에 있는 신경세포의 수를 늘려 그 부위의 뇌 구조를 변하게 한다.
④ 특정 형태의 경험으로 인해 뇌의 특정 영역에 발생한 구조 변화가 뇌의 신경세포당 모세혈관 또는 시냅스의 수를 변화시킨다.
⑤ 뇌가 영역별로 특별한 구조를 갖는 것이 그 영역에서 신경세포당 모세혈관 또는 시냅스의 수를 변화시켜 특정 형태의 경험을 더 잘 수행할 수 있게 한다.

## 11 ○△✕

다음 글의 〈실험 결과〉에 대한 판단으로 적절한 것만을 〈보기〉에서 모두 고르면?

박쥐 X가 잡아먹을 수컷 개구리의 위치를 찾기 위해 사용하는 방법에는 두 가지가 있다. 하나는 수컷 개구리의 울음소리를 듣고 위치를 찾아내는 '음탐지' 방법이다. 다른 하나는 X가 초음파를 사용하여, 울음소리를 낼 때 커졌다 작아졌다 하는 울음주머니의 움직임을 포착하여 위치를 찾아내는 '초음파탐지' 방법이다. 울음주머니의 움직임이 없으면 이 방법으로 수컷 개구리의 위치를 찾을 수 없다.

〈실 험〉

한 과학자가 수컷 개구리를 모방한 두 종류의 로봇개구리를 제작했다. 로봇개구리 A는 수컷 개구리의 울음소리를 내고, 커졌다 작아졌다 하는 울음주머니도 가지고 있다. 로봇개구리 B는 수컷 개구리의 울음소리만 내고, 커졌다 작아졌다 하는 울음주머니는 없다. 같은 수의 A 또는 B를 크기는 같지만 서로 다른 환경의 세 방 안에 같은 위치에 두었다. 세 방의 환경은 다음과 같다.

• 방1 : 로봇개구리 소리만 들리는 환경
• 방2 : 로봇개구리 소리뿐만 아니라, 로봇개구리가 있는 곳과 다른 위치에서 로봇개구리 소리와 같은 소리가 추가로 들리는 환경
• 방3 : 로봇개구리 소리뿐만 아니라, 로봇개구리가 있는 곳과 다른 위치에서 로봇개구리 소리와 전혀 다른 소리가 추가로 들리는 환경

각 방에 같은 수의 X를 넣고 실제로 로봇개구리를 잡아먹기 위해 공격하는 데 걸리는 평균 시간을 측정했다. X가 로봇개구리의 위치를 빨리 알아낼수록 공격하는 데 걸리는 시간은 짧다.

〈실험 결과〉

• 방1 : A를 넣은 경우는 3.4초였고 B를 넣은 경우는 3.3초로 둘 사이에 유의미한 차이는 없었다.
• 방2 : A를 넣은 경우는 8.2초였고 B를 넣은 경우는 공격하지 않았다.
• 방3 : A를 넣은 경우는 3.4초였고 B를 넣은 경우는 3.3초로 둘 사이에 유의미한 차이는 없었다.

〈보 기〉

ㄱ. 방1과 2의 〈실험 결과〉는, X가 음탐지 방법이 방해를 받는 환경에서는 초음파탐지 방법을 사용한다는 가설을 강화한다.
ㄴ. 방2와 3의 〈실험 결과〉는, X가 소리의 종류를 구별할 수 있다는 가설을 강화한다.
ㄷ. 방1과 3의 〈실험 결과〉는, 수컷 개구리의 울음소리와 전혀 다른 소리가 들리는 환경에서는 X가 초음파탐지 방법을 사용한다는 가설을 강화한다.

① ㄱ
② ㄷ
③ ㄱ, ㄴ
④ ㄴ, ㄷ
⑤ ㄱ, ㄴ, ㄷ

## 12 ○△✕

다음 글에 대한 분석으로 적절한 것만을 〈보기〉에서 모두 고르면?

'자연화'란 자연과학의 방법론에 따라 자연과학이 수용하는 존재론을 토대 삼아 연구를 수행한다는 의미이다. 심리학을 자연과학의 하나라고 생각하는 철학자 A는, 인식론의 자연화를 주장하기 위해 다음의 〈논증〉을 제시하였다.

〈논 증〉

(1) 전통적 인식론은 적어도 다음의 두 가지 목표를 가진다. 첫째, 세계에 관한 믿음을 정당화하는 것이고, 둘째, 세계에 관한 믿음을 나타내는 문장을 감각 경험을 나타내는 문장으로 번역하는 것이다.
(2) 전통적 인식론은 첫째 목표도 달성할 수 없고 둘째 목표도 달성할 수 없다.
(3) 만약 전통적 인식론이 이 두 가지 목표 중 어느 하나라도 달성할 수가 없다면, 전통적 인식론은 폐기되어야 한다.
(4) 전통적 인식론은 폐기되어야 한다.
(5) 만약 전통적 인식론이 폐기되어야 한다면, 인식론자는 전통적 인식론 대신 심리학을 연구해야 한다.
(6) 인식론자는 전통적 인식론 대신 심리학을 연구해야 한다.

〈보 기〉

ㄱ. 전통적 인식론의 목표에 (1)의 '두 가지 목표' 외에 "세계에 관한 믿음이 형성되는 과정을 규명하는 것"이 추가된다면, 위 논증에서 (6)은 도출되지 않는다.
ㄴ. (2)를 "전통적 인식론은 첫째 목표를 달성할 수 없거나 둘째 목표를 달성할 수 없다."로 바꾸어도 위 논증에서 (6)이 도출된다.
ㄷ. (4)는 논증 안의 어떤 진술들로부터 나오는 결론일 뿐만 아니라 논증 안의 다른 진술의 전제이기도 하다.

① ㄱ
② ㄷ
③ ㄱ, ㄴ
④ ㄴ, ㄷ
⑤ ㄱ, ㄴ, ㄷ

## 13 ○△✕

**다음 글에 대한 분석으로 적절한 것만을 〈보기〉에서 모두 고르면?**

어떤 사람이 당신에게 다음과 같이 제안했다고 하자. 당신은 호화 여행을 즐기게 된다. 다만 먼저 10만 원을 내야 한다. 여기에 하나의 추가 조건이 있다. 그것은 제안자의 말인 아래의 (1)이 참이면 그는 10만 원을 돌려주지 않고 약속대로 호화 여행은 제공하는 반면, (1)이 거짓이면 그는 10만 원을 돌려주고 약속대로 호화 여행도 제공한다는 것이다.

(1) 나는 당신에게 10만 원을 돌려주거나 ⓐ 당신은 나에게 10억 원을 지불한다.

당신은 이 제안을 받아들였고 10만 원을 그에게 주었다.

이때 어떤 결과가 따를지 검토해 보자. (1)이 참이거나 거짓일 것이다. (1)이 거짓이라고 가정해 보자. 그러면 추가 조건에 따라 그는 당신에게 10만 원을 돌려준다. 또한 가정상 (1)이 거짓이므로, ㉠ 그는 당신에게 10만 원을 돌려주지 않는다. 결국 (1)이 거짓이라고 가정하면 그는 당신에게 10만 원을 돌려준다는 것과 돌려주지 않는다는 것이 모두 성립한다. 이는 가능하지 않다. 따라서 ㉡ (1)은 참일 수밖에 없다. 그런데 (1)이 참이라면 추가 조건에 따라 그는 당신에게 10만 원을 돌려주지 않는다. 따라서 ⓐ가 반드시 참이어야 한다. 즉, ㉢ 당신은 그에게 10억 원을 지불한다.

─── 〈보 기〉 ───
ㄱ. ㉠을 추론하는 데는 'A이거나 B'의 형식을 가진 문장이 거짓이면 A도 B도 모두 반드시 거짓이라는 원리가 사용되었다.
ㄴ. ㉡을 추론하는 데는 어떤 가정 하에서 같은 문장의 긍정과 부정이 모두 성립하는 경우 그 가정의 부정은 반드시 참이라는 원리가 사용되었다.
ㄷ. ㉢을 추론하는 데는 'A이거나 B'라는 형식의 참인 문장에서 A가 거짓인 경우 B는 반드시 참이라는 원리가 사용되었다.

① ㄱ
② ㄷ
③ ㄱ, ㄴ
④ ㄴ, ㄷ
⑤ ㄱ, ㄴ, ㄷ

## 14 ○△✕

**다음 글의 ㉠과 ㉡에 대한 평가로 적절한 것만을 〈보기〉에서 모두 고르면?**

연역과 귀납, 이 두 종류의 방법은 지적 작업에서 사용될 수 있는 모든 추론을 포괄한다. 철학과 과학을 비롯한 모든 지적 작업에 연역적 방법이 필수적이라는 것을 부정하는 사람은 아무도 없다. 귀납적 방법의 경우 사정은 크게 다르다. 귀납적 방법이 철학적 작업에 들어설 여지가 없다고 믿는 사람이 있는가 하면, 한 걸음 더 나아가 어떠한 지적 작업에도 귀납적 방법이 불필요하다고 주장하는 사람들도 있다.

㉠ 귀납적 방법이 철학이라는 지적 작업에서 불필요하다는 견해는 독단적인 철학관에 근거한다. 이런 견해에 따르면 철학적 주장의 정당성은 선험적인 것으로, 경험적 지식을 확장하기 위해 사용되는 귀납적 방법에 의존할 수 없다. 그러나 이런 견해는 철학적 주장이 경험적 가설에 의존해서는 안 된다는 부당하게 편협한 철학관과 '귀납적 방법'의 모호성을 딛고 서 있다. 실제로 철학사에 나타나는 목적론적 신 존재 증명이나 외부 세계의 존재에 관한 형이상학적 논증 가운데는 귀납적 방법인 유비 논증과 귀추법을 교묘히 적용하고 있는 것도 있다.

㉡ 모든 지적 작업에서 귀납적 방법의 필요성을 부정하는 견해는 중요한 철학적 성과를 낳기도 하였다. 포퍼의 철학이 그런 사례 가운데 하나이다. 포퍼는 귀납적 방법의 정당화 가능성에 관한 회의적 결론을 받아들이고, 과학의 탐구가 귀납적 방법으로 진행된다는 견해는 근거가 없음을 보인다. 그에 따르면, 과학의 탐구 과정은 연역 논리 법칙에 따라 전개되는 추측과 반박의 작업으로 이루어진다. 이런 포퍼의 이론은 귀납적 방법의 필요성에 대한 전면적인 부정이 낳을 수 있는 흥미로운 결과 가운데 하나라고 할 수 있다.

─── 〈보 기〉 ───
ㄱ. 과학의 탐구가 귀납적 방법에 의해 진행된다는 주장은 ㉠을 반박한다.
ㄴ. 철학의 일부 논증에서 귀추법의 사용이 불가피하다는 주장은 ㉡을 반박한다.
ㄷ. 연역 논리와 경험적 가설 모두에 의존하는 지적 작업이 있다는 주장은 ㉠과 ㉡을 모두 반박한다.

① ㄱ
② ㄴ
③ ㄱ, ㄷ
④ ㄴ, ㄷ
⑤ ㄱ, ㄴ, ㄷ

## 15 ⃞ⓞ△✕

**다음 글의 갑~병에 대한 판단으로 적절한 것만을 〈보기〉에서 모두 고르면?**

다음 두 삼단논법을 보자.
(1) 모든 춘천시민은 강원도민이다.
　 모든 강원도민은 한국인이다.
　 따라서 모든 춘천시민은 한국인이다.
(2) 모든 수학 고득점자는 우등생이다.
　 모든 과학 고득점자는 우등생이다.
　 따라서 모든 수학 고득점자는 과학 고득점자이다.

　(1)은 타당한 삼단논법이지만 (2)는 부당한 삼단논법이다. 하지만 어떤 사람들은 (2)도 타당한 논증이라고 잘못 판단한다. 왜 이런 오류가 발생하는지 설명하기 위해 세 가지 입장이 제시되었다.

갑 : 사람들은 '모든 A는 B이다'를 '모든 B는 A이다'로 잘못 바꾸는 경향이 있다. '어떤 A도 B가 아니다'나 '어떤 A는 B이다'라는 형태에서는 A와 B의 자리를 바꾸더라도 아무런 문제가 없다. 하지만 '모든 A는 B이다'라는 형태에서는 A와 B의 자리를 바꾸면 논리적 오류가 생겨난다.

을 : 사람들은 '모든 A는 B이다'를 약한 의미로 이해해야 하는데도 강한 의미로 이해하는 잘못을 저지르는 경향이 있다. 여기서 약한 의미란 그것을 'A는 B에 포함된다'로 이해하는 것이고, 강한 의미란 그것을 'A는 B에 포함되고 또한 B는 A에 포함된다'는 뜻에서 'A와 B가 동일하다'로 이해하는 것이다.

병 : 사람들은 전제가 모두 '모든 A는 B이다'라는 형태의 명제로 이루어진 것일 경우에는 결론도 그런 형태이기만 하면 타당하다고 생각하고, 전제 가운데 하나가 '어떤 A는 B이다'라는 형태의 명제로 이루어진 것일 경우에는 결론도 그런 형태이기만 하면 타당하다고 생각하는 경향이 있다.

〈보 기〉

ㄱ. 대다수의 사람이 "어떤 과학자는 운동선수이다. 어떤 철학자도 과학자가 아니다."라는 전제로부터 "어떤 철학자도 운동선수가 아니다."를 타당하게 도출할 수 있는 결론이라고 응답했다는 심리 실험 결과는 갑에 의해 설명된다.
ㄴ. 대다수의 사람이 "모든 적색 블록은 구멍이 난 블록이다. 모든 적색 블록은 삼각 블록이다."라는 전제로부터 "모든 구멍이 난 블록은 삼각 블록이다."를 타당하게 도출할 수 있는 결론이라고 응답했다는 심리 실험 결과는 을에 의해 설명된다.
ㄷ. 대다수의 사람이 "모든 물리학자는 과학자이다. 어떤 컴퓨터 프로그래머는 과학자이다."라는 전제로부터 "어떤 컴퓨터 프로그래머는 물리학자이다."를 타당하게 도출할 수 있는 결론이라고 응답했다는 심리 실험 결과는 병에 의해 설명된다.

① ㄱ
② ㄷ
③ ㄱ, ㄴ
④ ㄴ, ㄷ
⑤ ㄱ, ㄴ, ㄷ

## 16 ⃞ⓞ△✕

**다음 대화의 ㉠에 따라 〈계획안〉을 수정한 것으로 적절하지 않은 것은?**

갑 : 나눠드린 'A 시 공공 건축 교육 과정' 계획안을 다 보셨죠? 이제 계획안을 어떻게 수정하면 좋을지 각자의 의견을 자유롭게 말씀해 주십시오.

을 : 코로나19 상황을 고려해 대면 교육보다 온라인 교육이 좋겠습니다. 그리고 방역 활동에 모범을 보이는 차원에서 온라인 강의로 진행한다는 점을 강조하는 것이 좋겠습니다. 온라인 강의는 편안한 시간에 접속하여 수강하게 하고, 수강 가능한 기간을 명시해야 합니다. 게다가 온라인으로 진행하면 교육 대상을 A시 시민만이 아닌 모든 희망자로 확대하는 장점이 있습니다.

병 : 좋은 의견입니다. 여기에 덧붙여 교육 대상을 공공 건축 업무 관련 공무원과 일반 시민으로 구분하는 것이 좋겠습니다. 관련 공무원과 일반 시민은 기반 지식에서 차이가 커 같은 내용으로 교육하기에 적합하지 않습니다. 업무와 관련된 직무 교육 과정과 일반 시민 수준의 교양 교육 과정으로 따로 운영하는 것이 좋겠습니다.

을 : 교육 과정 분리는 좋습니다만, 공무원의 직무 교육은 참고할 자료가 많아 온라인 교육이 비효율적입니다. 직무 교육 과정은 다음에 논의하고, 이번에는 시민 대상 교양 과정으로만 진행하는 것이 좋겠습니다. 그리고 A시의 유명 공공 건축물을 활용해서 A시를 홍보하고 관심을 끌 수 있는 주제의 강의가 있으면 좋겠습니다.

병 : 그게 좋겠네요. 마지막으로 덧붙이면 신청 방법이 너무 예전 방식입니다. 시 홈페이지에서 신청 게시판을 찾아가는 방법을 안내할 필요는 있지만, 요즘 같은 모바일 시대에 이것만으로는 부족합니다. A시 공식 어플리케이션에서 바로 신청서를 작성하고 제출할 수 있도록 하면 좋겠습니다.

갑 : ㉠ 오늘 회의에서 나온 의견을 반영하여 계획안을 수정하도록 하겠습니다. 감사합니다.

〈계획안〉

**A 시 공공 건축 교육 과정**
• 강의 주제 : 공공 건축의 미래 / A시의 조경
• 일시 : 7. 12.(월) 19:00~21:00 / 7. 14.(수) 19:00~21:00
• 장소 : A시 청사 본관 5층 대회의실
• 대상 : A시 공공 건축에 관심 있는 A 시 시민 누구나
• 신청 방법 : A시 홈페이지 → '시민참여' → '교육' → '공공 건축 교육 신청 게시판'에서 신청서 작성

① 강의 주제에 "건축가협회 선정 A시의 유명 공공 건축물 TOP3"를 추가한다.
② 일시 항목을 "• 기간: 7. 12.(월) 06:00~7. 16.(금) 24:00"으로 바꾼다.
③ 장소 항목을 "• 교육방식 : 코로나19 확산 방지를 위해 온라인 교육으로 진행"으로 바꾼다.
④ 대상을 "A시 공공 건축에 관심 있는 사람 누구나"로 바꾼다.
⑤ 신청 방법을 "A시 공식 어플리케이션을 통한 A시 공공 건축 교육 과정 간편 신청"으로 바꾼다.

## 17 ○△✕

**다음 글의 ㉠~㉲에 들어갈 내용에 대한 설명으로 가장 적절한 것은?**

○○도는 2022년부터 '공공 기관 통합 채용' 시스템을 운영하여 공공 기관의 채용에 대한 체계적 관리와 비리 발생 예방을 도모할 계획이다. 기존에는 ○○도 산하 공공 기관들이 채용 전(全) 과정을 각기 주관하여 시행하였으나, 2022년부터는 ○○도가 채용 과정에 참여하기로 하였다. ○○도와 산하 공공 기관들이 '따로, 또 같이'하는 통합 채용을 통해 채용 과정의 투명성을 확보하고 기관별 특성에 맞는 인재 선발을 용이하게 하려는 것이다.

○○도는 채용 공고와 원서 접수를 하고 필기시험을 주관한다. 나머지 절차는 ○○도 산하 공공 기관이 주관하여 서류 심사 후 면접시험을 거쳐 합격자를 발표한다. 기존 채용 절차에서 서류 심사에 이어 필기시험을 치르던 순서를 맞바꾸었는데, 이는 지원자에게 응시 기회를 확대 제공하기 위해서이다. 절차 변화에 대한 지원자의 혼란을 줄이기 위해 기존의 나머지 채용 절차는 그대로 유지하였다. 또 ○○도는 기존의 필기시험 과목인 영어 · 한국사 · 일반상식을 국가직무능력표준 기반 평가로 바꾸어 기존과 달리 실무 능력을 평가해서 인재를 선발할 수 있도록 제도를 보완하였다. ○○도는 이런 통합 채용 절차를 알기 쉽게 기존 채용 절차와 개선 채용 절차를 비교해서 도표로 나타내었다.

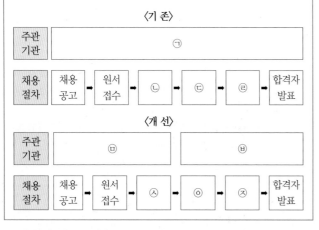

① 개선 이후 ㉠에 해당하는 기관이 주관하는 채용 업무의 양은 이전과 동일할 것이다.

② ㉠과 같은 주관 기관이 들어가는 것은 ㉡이 아니라 ㉭이다.

③ ㉡과 ㉘에는 같은 채용 절차가 들어간다.

④ ㉢과 ㉅에서 지원자들이 평가받는 능력은 같다.

⑤ ㉣을 주관하는 기관과 ㉆을 주관하는 기관은 다르다.

## 18 ○△✕

**다음 글의 〈표〉에 대한 판단으로 적절한 것만을 〈보기〉에서 모두 고르면?**

법제처 주무관 갑은 지방자치단체를 대상으로 조례 입안을 지원하고 있다. 갑은 지방자치단체가 조례 입안 지원 신청을 하는 경우, 두 가지 기준에 따라 나누어 신청 안들을 정리하고 있다. 해당 조례안의 입법 예고를 완료하였는지 여부를 기준으로 '완료'와 '미완료'로 나누고, 과거에 입안을 지원하였던 조례안 중에 최근에 접수된 조례안과 내용이 유사한 사례가 있는지를 판단하여 유사 사례 '있음'과 '없음'으로 나눈다. 유사 사례가 존재하지 않는 경우에만 갑은 팀장인 을에게 그 접수된 조례안의 주요 내용을 보고해야 한다.

최근 접수된 조례안 (가)는 지난 분기에 지원하였던 조례안과 많은 부분 유사한 내용을 담고 있다. 입법 예고는 현재 진행 중이다. 조례안 (나)의 경우는 입법 예고가 완료된 후에 접수되었고, 그 주요 내용이 지난해에 지원한 조례안의 주요 내용과 유사하다. 조례안 (다)는 주요 내용이 기존에 지원하였던 조례안과 유사성이 전혀 없는 새로운 내용을 규정하고 있으며, 입법 예고가 진행되지 않았다.

이상의 내용을 다음과 같은 형식으로 나타낼 수 있다.

**〈표〉 입안 지원 신청 조례안별 분류**

| 기준 \ 조례안 | (가) | (나) | (다) |
|---|---|---|---|
| A | ㉠ | ㉡ | ㉢ |
| B | ㉣ | ㉤ | ㉥ |

─── 〈보 기〉 ───

ㄱ. A에 유사 사례의 유무를 따지는 기준이 들어가면, ㉣과 ㉥이 같다.

ㄴ. B에 따라 을에 대한 갑의 보고 여부가 결정된다면, ㉠과 ㉢은 같다.

ㄷ. ㉣과 ㉤이 같으면, ㉠과 ㉡이 같다.

① ㄱ

② ㄷ

③ ㄱ, ㄴ

④ ㄴ, ㄷ

⑤ ㄱ, ㄴ, ㄷ

## 19 ⃝△✕

**다음 대화의 ㉠으로 적절한 것만을 〈보기〉에서 모두 고르면?**

갑 : 우리 지역 장애인의 체육 활동을 지원하기 위한 '장애인 스포츠강좌 지원사업'의 집행 실적이 저조하다고 합니다. 지원 바우처를 제대로 사용하지 못하고 있다는 의미인데요. 비장애인을 대상으로 하는 '일반 스포츠강좌 지원사업'은 인기가 많아 예산이 금방 소진된다고 합니다. 과연 어디에 문제점이 있는 것일까요?

을 : 바우처를 수월하게 사용하려면 사용 가능한 가맹 시설이 많이 있어야 합니다. 우리 지역의 '장애인 스포츠강좌 지원사업' 가맹 시설은 10개소이며 '일반 스포츠강좌 지원사업' 가맹 시설은 300개소입니다. 그런데 장애인들은 비장애인들에 비해 바우처를 사용하기 훨씬 어렵습니다. 혹시 장애인의 수에 비해 장애인 대상 가맹 시설의 수가 비장애인의 경우보다 턱없이 적어서 그런 것 아닐까요?

병 : 글쎄요, 제 생각은 조금 다릅니다. 바우처 지원액이 너무 적은 것은 아닐까요? 장애인을 대상으로 하는 스포츠강좌는 보조인력 비용 등 추가 비용으로 인해, 비장애인 대상 강좌보다 수강료가 높을 수 있습니다. 바우처를 사용한다 해도 자기 부담금이 여전히 크다면 장애인들은 스포츠강좌를 이용하기 어려울 것입니다.

정 : 하지만 제가 보기엔 장애인들의 주요 연령대가 사업에서 제외된 것 같습니다. 현재 본 사업의 대상 연령은 만 12세에서 만 49세까지인데, 장애인 인구의 고령자 인구 비율이 비장애인 인구에 비해 높다는 사실을 고려하면, 대상 연령의 상한을 적어도 만 64세까지 높여야 한다고 생각합니다.

갑 : 모두들 좋은 의견 감사합니다. 오늘 회의에서 논의된 내용을 확인하기 위해 ㉠ 필요한 자료를 조사해 주세요.

── 〈보 기〉 ──

ㄱ. 장애인 및 비장애인 각각의 인구 대비 '스포츠강좌 지원사업' 가맹 시설 수

ㄴ. 장애인과 비장애인 각각 '스포츠강좌 지원사업'에 참여하기 위해 본인이 부담해야 하는 금액

ㄷ. 만 50세에서 만 64세까지의 장애인 중 스포츠강좌 수강을 희망하는 인구와 만 50세에서 만 64세까지의 비장애인 중 스포츠강좌 수강을 희망하는 인구

① ㄴ
② ㄷ
③ ㄱ, ㄴ
④ ㄱ, ㄷ
⑤ ㄱ, ㄴ, ㄷ

## 20 ⃝△✕

**다음 글에서 추론할 수 있는 것만을 〈보기〉에서 모두 고르면?**

갑 : 조(粗)출생률은 인구 1천 명당 출생아 수를 의미합니다. 조출생률은 인구 규모가 상이한 지역이나 시점 간의 출산 수준을 간편하게 비교할 때 유용한 지표입니다. 예를 들어, 2016년에 세종시보다 인구 규모가 훨씬 큰 경기도의 출생아 수는 10만 5천 명으로 세종시의 3천 명보다 많지만, 조출생률은 경기도가 8.4명이고 세종시는 14.6명입니다. 출산 수준은 세종시가 더 높다는 의미입니다.

을 : 그렇군요. 그럼 합계 출산율은 무엇인가요?

갑 : 합계 출산율은 여성 한 명이 평생 동안 낳을 것으로 예상되는 출생아 수를 의미합니다. 여성이 실제 평생 동안 낳은 아이 수를 측정하는 것은 가임 기간 35년이 지나야 산출할 수 있다는 문제가 있습니다. 이에 비해 합계 출산율은 여성 1명이 출산 가능한 시기를 15세부터 49세까지로 가정하고 그 사이의 각 연령대 출산율을 모두 합해서 얻습니다. 15~19세 연령대 출산율은 한 해 동안 15~19세 여성에게서 태어난 출생아 수를 15~19세 여성의 수로 나눈 수치인데, 15~19세부터 45~49세까지 7개 구간 각각의 연령대 출산율을 모두 합한 것이 합계 출산율입니다. 합계 출산율은 한 여성이 가임 기간 내내 특정 시기의 연령대 출산율 패턴을 그대로 따른다는 가정을 전제로 산출하므로 실제 출산 현실과 차이가 있을 수 있습니다.

을 : 그렇다면 조출생률과 합계 출산율을 구별하는 이유가 뭐죠?

갑 : 조출생률과 달리 합계 출산율은 성비 및 연령 구조에 따른 출산 수준의 차이를 표준화할 수 있는 장점이 있습니다. 예를 들어, 이스라엘의 합계 출산율은 3.0인 반면 남아프리카공화국은 2.5 가량입니다. 하지만 조출생률은 거의 비슷하지요. 이것은 남아프리카공화국의 경우 전체 인구 대비 젊은 여성의 비율이 이스라엘보다 높기 때문입니다.

── 〈보 기〉 ──

ㄱ. 조출생률을 계산할 때는 전체 인구 대비 여성의 비율은 고려하지 않는다.

ㄴ. 두 나라가 인구수와 조출생률에 차이가 없다면 각 나라의 합계 출산율에는 차이가 없다.

ㄷ. 합계 출산율은 한 명의 여성이 일생 동안 출산한 출생아의 수를 집계한 자료를 바탕으로 산출한다.

① ㄱ
② ㄴ
③ ㄱ, ㄷ
④ ㄴ, ㄷ
⑤ ㄱ, ㄴ, ㄷ

※ 다음 글을 읽고 물음에 답하시오. [21~22]

미국의 일부 주에서 판사는 형량을 결정하거나 가석방을 허가하는 판단의 보조 자료로 양형 보조 프로그램 X를 활용한다. X는 유죄가 선고된 범죄자를 대상으로 그 사람의 재범 확률을 추정하여 그 결과를 최저 위험군을 뜻하는 1에서 최고 위험군을 뜻하는 10까지의 위험 지수로 평가한다.

2016년 A는 X를 활용하는 플로리다 주 법정에서 선고받았던 7천여 명의 초범들을 대상으로 X의 예측 결과와 석방 후 2년간의 실제 재범 여부를 조사했다. 이 조사 결과를 토대로 한 ㉠ A의 주장은 X가 흑인과 백인을 차별한다는 것이다. 첫째 근거는 백인의 경우 위험 지수 1로 평가된 사람이 가장 많고 10까지 그 비율이 차츰 감소한 데 비하여 흑인의 위험 지수는 1부터 10까지 고르게 분포되었다는 관찰 결과이다. 즉 고위험군으로 분류된 사람의 비율이 백인보다 흑인이 더 크다는 것이었다. 둘째 근거는 예측의 오류와 관련된 것이다. 2년 이내 재범을 [ (가) ] 사람 중에서 [ (나) ]으로 잘못 분류되었던 사람의 비율은 흑인의 경우 45 %인 반면 백인은 23 %에 불과했고, 2년 이내 재범을 [ (다) ] 사람 중에서 [ (라) ]으로 잘못 분류되었던 사람의 비율은 흑인의 경우 28 %인 반면 백인은 48 %로 훨씬 컸다. 종합하자면, 재범을 저지른 사람이든 그렇지 않은 사람이든, 흑인은 편파적으로 고위험군으로 분류된 반면 백인은 편파적으로 저위험군으로 분류된 것이다.

X를 개발한 B는 A의 주장을 반박하는 논문을 발표하였다. B는 X의 목적이 재범 가능성에 대한 예측의 정확성을 높이는 것이며, 그 정확성에는 인종 간에 차이가 나타나지 않는다고 주장했다. B에 따르면, 예측의 정확성을 판단하는 데 있어 중요한 것은 고위험군으로 분류된 사람 중 2년 이내 재범을 저지른 사람의 비율과 저위험군으로 분류된 사람 중 2년 이내 재범을 저지르지 않은 사람의 비율이다. B는 전자의 비율이 백인 59 %, 흑인 63 %, 후자의 비율이 백인 71 %, 흑인 65 %라고 분석하고, 이 비율들은 인종 간에 유의미한 차이를 드러내지 않는다고 주장했다. 또 B는 X에 의해서 고위험군 혹은 저위험군으로 분류되기 이전의 흑인과 백인의 재범률, 즉 흑인의 기저재범률과 백인의 기저재범률 간에는 이미 상당한 차이가 있었으며, 이런 애초의 차이가 A가 언급한 예측의 오류 차이를 만들어 냈다고 설명한다. 결국 ㉡ B의 주장은 X가 편파적으로 흑인과 백인의 위험 지수를 평가하지 않는다는 것이다.

하지만 기저재범률의 차이로 인종 간 위험 지수의 차이를 설명하여, X가 인종차별적이라는 주장을 반박하는 것은 잘못이다. 기저재범률에는 미국 사회의 오래된 인종차별적 특징, 즉 흑인이 백인보다 범죄자가 되기 쉬운 사회 환경이 반영되어 있기 때문이다. 처음 범죄를 저질러서 재판을 받아야 하는 흑인을 생각해 보자. 그의 위험 지수를 판정할 때 사용되는 기저재범률은 그와 전혀 상관없는 다른 흑인들이 만들어 낸 것이다. 그런 기저재범률이 전혀 상관없는 사람의 형량이나 가석방 여부에 영향을 주는 것은 잘못이다. 더 나아가 이런 식으로 위험 지수를 평가받아 형량이 정해진 흑인들은 더 오랜 기간 교도소에 있게 될 것이며, 향후 재판받을 흑인들의 위험 지수를 더욱 높이는 결과를 가져오게 될 것이다. 따라서 ㉢ X의 지속적인 사용은 미국 사회의 인종차별을 고착화한다.

**21** ◯△✕

위 글의 (가)~(라)에 들어갈 말을 적절하게 나열한 것은?

| | (가) | (나) | (다) | (라) |
|---|---|---|---|---|
| ① | 저지르지 않은 | 고위험군 | 저지른 | 저위험군 |
| ② | 저지르지 않은 | 고위험군 | 저지른 | 고위험군 |
| ③ | 저지르지 않은 | 저위험군 | 저지른 | 저위험군 |
| ④ | 저지른 | 고위험군 | 저지르지 않은 | 저위험군 |
| ⑤ | 저지른 | 저위험군 | 저지르지 않은 | 고위험군 |

**22** ◯△✕

위 글의 ㉠~㉢에 대한 평가로 적절한 것만을 〈보기〉에서 모두 고르면?

― 〈보 기〉 ―
ㄱ. 강력 범죄자 중 위험지수가 10으로 평가된 사람의 비율이 흑인과 백인 사이에 차이가 없다면, ㉠은 강화된다.
ㄴ. 흑인의 기저재범률이 높을수록 흑인에 대한 X의 재범 가능성 예측이 더 정확해진다면, ㉡은 약화된다.
ㄷ. X가 특정 범죄자의 재범률을 평가할 때 사용하는 기저재범률이 동종 범죄를 저지른 사람들로부터 얻은 것이라면, ㉢은 강화되지 않는다.

① ㄱ
② ㄷ
③ ㄱ, ㄴ
④ ㄴ, ㄷ
⑤ ㄱ, ㄴ, ㄷ

## 23 ○△✕

**다음 글의 빈칸에 들어갈 내용으로 가장 적절한 것은?**

> 갑 : 안녕하십니까. 저는 시청 토목정책과에 근무합니다. 부정 청탁을 받은 때는 신고해야 한다고 들었습니다.
>
> 을 : 예, 「부정청탁 및 금품등 수수의 금지에 관한 법률」(이하 '청탁금지법')에서는, 공직자가 부정 청탁을 받았을 때는 명확히 거절 의사를 표현해야 하고, 그랬는데도 상대방이 이후에 다시 동일한 부정 청탁을 해 온다면 소속 기관의 장에게 신고해야 한다고 규정합니다.
>
> 갑 : '금품등'에는 접대와 같은 향응도 포함되지요?
>
> 을 : 물론이지요. 청탁금지법에 따르면, 공직자는 동일인으로부터 명목에 상관없이 1회 100만 원 혹은 매 회계연도에 300만 원을 초과하는 금품이나 접대를 받을 수 없습니다. 직무 관련성이 있는 경우에는 100만 원 이하라도 대가성 여부와 관계없이 처벌을 받습니다.
>
> 갑 : '동일인'이라 하셨는데, 여러 사람이 청탁을 하는 경우는 어떻게 되나요?
>
> 을 : 받는 사람을 기준으로 하여 따지게 됩니다. 한 공직자에게 여러 사람이 동일한 부정 청탁을 하며 금품을 제공하려 하였을 때에도 이들의 출처가 같다고 볼 수 있다면 '동일인'으로 해석됩니다. 또한 여러 행위가 계속성 또는 시간적·공간적 근접성이 있다고 판단되면, 합쳐서 1회로 간주될 수 있습니다.
>
> 갑 : 실은, 연초에 있었던 지역 축제 때 저를 포함한 우리 시청 직원 90명은 행사에 참여한다는 차원으로 장터에 들러 1인당 8천 원씩을 지불하고 식사를 했는데, 이후에 그 식사는 X 회사 사장인 A의 축제 후원금이 1인당 1만 2천 원씩 들어간 것이라는 사실을 알게 되었습니다. 이에 대하여는 결국 대가성 있는 접대도 아니고 직무 관련성도 없는 것으로 확정되었으며, 추가된 식사비도 축제 주최 측에 돌려주었습니다. 그리고 이달 초에는 Y 회사의 임원인 B가 관급 공사 입찰을 도와달라고 청탁하면서 100만 원을 건네려 하길래 거절한 적이 있습니다. 그런데 어제는 고교 동창인 C가 찾아와 X 회사 공장 부지의 용도 변경에 힘써 달라며 200만 원을 주려고 해서 단호히 거절하였습니다.
>
> 을 : 그러셨군요. 말씀하신 것을 바탕으로 설명드리겠습니다.
>
> _____

① X 회사로부터 받은 접대는 시간적·공간적 근접성으로 보아 청탁금지법을 위반한 향응을 받은 것이 됩니다.

② Y 회사로부터 받은 제안의 내용은 청탁금지법상의 금품이라고는 할 수 없지만 향응에는 포함될 수 있습니다.

③ 청탁금지법상 A와 C는 동일인으로서 부정 청탁을 한 것이 됩니다.

④ 직무 관련성이 없다면 B와 C가 제시한 금액은 청탁금지법상의 허용 한도를 벗어나지 않습니다.

⑤ 현재는 청탁금지법상 C의 청탁을 신고할 의무가 생기지 않지만, C가 같은 청탁을 다시 한다면 신고해야 합니다.

## 24 ○△✕

**다음 글의 ㉠에 해당하는 내용으로 가장 적절한 것은?**

> A 시에 거주하면서 1세, 2세, 4세의 세 자녀를 기르는 갑은 육아를 위해 집에서 15 km 떨어진 키즈 카페인 B 카페에 자주 방문한다. B 카페는 지역 유일의 키즈 카페라서 언제나 50여 구획의 주차장이 꽉 찰 정도로 성업 중이다. 최근 자동차를 교체하게 된 갑은 친환경 추세에 부응하여 전기차로 구매하였는데, B 카페는 전기차 충전 시설이 없었다. 세 자녀를 돌보느라 거주지에서의 자동차 충전 시기를 놓치는 때가 많은 갑은 이러한 불편함을 호소하며 B 카페에 전기차 충전 시설 설치를 요청하였다. 하지만 B 카페는, 충전 시설을 설치하고 싶지만 비용이 문제라서 A 시의 「환경 친화적 자동차의 보급 및 이용 활성화를 위한 조례」(이하 '조례')에 따른 지원금이라도 받아야 간신히 설치할 수 있는 상황인데, 아래의 조문에서 보듯이 B 카페는 그에 해당하지 않는다고 설명하였다.

> **「환경 친화적 자동차의 보급 및 이용 활성화를 위한 조례」**
> 제9조(충전시설 설치대상) ① 주차단위구획 100개 이상을 갖춘 다음 각호의 시설은 전기자동차 충전시설을 설치하여야 한다.
> 1. 판매·운수·숙박·운동·위락·관광·휴게·문화시설
> 2. 500세대 이상의 아파트, 근린생활시설, 기숙사
> ② 시장은 제1항의 설치대상에 대하여는 설치비용의 반액을 지원하여야 한다.
> ③ 시장은 제1항의 설치대상에 해당하지 않는 사업장에 대하여도 전기자동차 충전시설의 설치를 권고할 수 있다.

> 갑은 영유아와 같이 보호가 필요한 이들이 많이 이용하는 키즈 카페 등과 같은 사업장에도 전기차 충전 시설의 설치를 지원해 줄 수 있는 근거를 조례에 마련해 달라는 민원을 제기하였다. 갑의 민원을 검토한 A 시 의회는 관련 규정의 보완이 필요하다고 인정하여, ㉠ 조례 제9조를 개정하였고, B 카페는 이에 근거한 지원금을 받아 전기차 충전 시설을 설치하게 되었다.

① 제1항 제3호로 "다중이용시설(극장, 음식점, 카페, 주점 등 불특정다수인이 이용하는 시설을 말한다)"을 신설

② 제1항 제3호로 "교통약자(장애인·고령자·임산부·영유아를 동반한 사람, 어린이 등 일상생활에서 이동에 불편을 느끼는 사람을 말한다)를 위한 시설"을 신설

③ 제4항으로 "시장은 제2항에 따른 지원을 할 때 교통약자(장애인·고령자·임산부·영유아를 동반한 사람, 어린이 등 일상생활에서 이동에 불편을 느끼는 사람을 말한다)를 위한 시설을 우선적으로 지원하여야 한다."를 신설

④ 제4항으로 "시장은 제3항의 권고를 받아들이는 사업장에 대하여는 설치비용의 60퍼센트를 지원하여야 한다."를 신설

⑤ 제4항으로 "시장은 전기자동차 충전시설의 의무 설치대상으로서 조기 설치를 희망하는 사업장에는 설치 비용의 전액을 지원할 수 있다."를 신설

## 25 ⃞⃞⃞

**다음 글의 〈논쟁〉에 대한 분석으로 적절한 것만을 〈보기〉에서 모두 고르면?**

갑과 을은 「위원회의 운영에 관한 규정」 제8조에 대한 해석을 놓고 논쟁하고 있다. 그 조문은 다음과 같다.

> 제8조(위원장 및 위원) ① 위원장은 위촉된 위원들 중에서 투표로 선출한다.
> ② 위원장과 위원은 한 차례만 연임할 수 있다.
> ③ 위원장의 사임 등으로 보선된 위원장의 임기는 전임 위원장 임기의 남은 기간으로 한다.

### 〈논 쟁〉

쟁점 1 : A는 위원을 한 차례 연임하던 중 그 임기의 마지막 해에 위원장으로 선출되어, 2년에 걸쳐 위원장으로 활동하고 있다. 이에 대해, 갑은 A가 규정을 어기고 있다고 주장하지만, 을은 그렇지 않다고 주장한다.

쟁점 2 : B가 위원장을 한 차례 연임하여 활동하던 중에 연임될 때의 투표 절차가 적법하지 않다는 이유로 위원장의 직위가 해제되었는데, 이후의 보선에 B가 출마하였다. 이에 대해, 갑은 B가 선출되면 규정을 어기게 된다고 주장하지만, 을은 그렇지 않다고 주장한다.

쟁점 3 : C는 위원장을 한 차례 연임하였고, 다음 위원장으로 선출된 D는 임기 만료 직전에 사퇴하였는데, 이후의 보선에 C가 출마하였다. 이에 대해, 갑은 C가 선출되면 규정을 어기게 된다고 주장하지만, 을은 그렇지 않다고 주장한다.

### 〈보 기〉

ㄱ. 쟁점 1과 관련하여, 갑은 위원으로서의 임기가 종료되면 위원장으로서의 자격도 없는 것으로 생각하지만, 을은 위원장이 되는 경우에는 그 임기나 연임 제한이 새롭게 산정된다고 생각하기 때문이라고 하면, 갑과 을 사이의 주장 불일치를 설명할 수 있다.

ㄴ. 쟁점 2와 관련하여, 갑은 위원장이 부적법한 절차로 당선되었더라도 그것이 연임 횟수에 포함된다고 생각하지만, 을은 그렇지 않다고 생각하기 때문이라고 하면, 갑과 을 사이의 주장 불일치를 설명할 수 있다.

ㄷ. 쟁점 3과 관련하여, 위원장 연임 제한의 의미가 '단절되는 일 없이 세 차례 연속하여 위원장이 되는 것만을 막는다'는 것으로 확정된다면, 갑의 주장은 옳고, 을의 주장은 그르다.

① ㄱ
② ㄷ
③ ㄱ, ㄴ
④ ㄴ, ㄷ
⑤ ㄱ, ㄴ, ㄷ

## 01 ☐△✕

다음 〈표〉와 〈보고서〉는 2019년 전국 안전체험관과 생활안전에 관한 자료이다. 제시된 〈표〉 이외에 〈보고서〉를 작성하기 위해 추가로 이용한 자료만을 〈보기〉에서 모두 고르면?

〈표〉 2019년 전국 안전체험관 규모별 현황

(단위 : 개소)

| 전체 | 대형 | | 중형 | | 소형 |
|---|---|---|---|---|---|
| | 일반 | 특성화 | 일반 | 특성화 | |
| 473 | 25 | 7 | 5 | 2 | 434 |

〈보고서〉

2019년 생활안전 통계에 따르면 전국 473개소의 안전체험관이 운영 중인 것으로 확인되었다. 전국 안전체험관을 규모별로 살펴보면, 대형이 32개소, 중형이 7개소, 소형이 434개소였다. 이 중 대형 안전체험관은 서울이 가장 많고 경북, 충남이 그 뒤를 이었다.

전국 안전사고 사망자 수는 2015년 이후 매년 감소하다가 2018년에는 증가하였다. 교통사고 사망자 수는 2015년 이후 매년 줄어들었고, 특히 2018년에 전년 대비 11.2% 감소하였다.

2019년 분야별 지역안전지수 1등급 지역을 살펴보면 교통사고 분야는 서울, 경기, 화재 분야는 광주, 생활안전 분야는 경기, 부산으로 나타났다.

〈보 기〉

ㄱ. 연도별 전국 교통사고 사망자 수

(단위 : 명)

| 연도 | 2015 | 2016 | 2017 | 2018 |
|---|---|---|---|---|
| 사망자 수 | 4,380 | 4,019 | 3,973 | 3,529 |

ㄴ. 분야별 지역안전지수 4년 연속(2015~2018년) 1등급, 5등급 지역 (시ㆍ도)

| 분야 / 등급 | 교통사고 | 화재 | 범죄 | 생활안전 | 자살 |
|---|---|---|---|---|---|
| 1등급 | 서울, 경기 | – | 세종 | 경기 | 경기 |
| 5등급 | 전남 | 세종 | 제주 | 제주 | 부산 |

ㄷ. 연도별 전국 안전사고 사망자 수

(단위 : 명)

| 연도 | 2015 | 2016 | 2017 | 2018 |
|---|---|---|---|---|
| 사망자 수 | 31,582 | 30,944 | 29,545 | 31,111 |

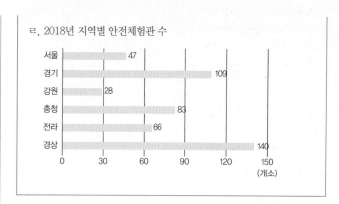

ㄹ. 2018년 지역별 안전체험관 수

① ㄱ, ㄴ
② ㄱ, ㄷ
③ ㄴ, ㄹ
④ ㄱ, ㄷ, ㄹ
⑤ ㄴ, ㄷ, ㄹ

## 02 ◻△✕

다음 〈표〉는 아프리카연합이 주도한 임무단의 평화유지활동에 관한 자료이다. 이를 바탕으로 작성한 〈보고서〉의 설명 중 옳지 <u>않은</u> 것은?

〈표〉 임무단의 평화유지활동(2021년 5월 기준)

(단위 : 명)

| 임무단 | 파견지 | 활동기간 | 주요 임무 | 파견규모 |
|---|---|---|---|---|
| 부룬디 임무단 | 부룬디 | 2003. 4.~2004. 6. | 평화협정 이행 지원 | 3,128 |
| 수단 임무단 | 수단 | 2004. 10.~ 2007. 12. | 다르푸르 지역 정전 감시 | 300 |
| 코모로 선거감시 지원 임무단 | 코모로 | 2006. 3.~2006. 6. | 코모로 대통령 선거 감시 | 462 |
| 소말리아 임무단 | 소말리아 | 2007. 1.~현재 | 구호 활동 지원 | 6,000 |
| 코모로 치안 지원 임무단 | 코모로 | 2007. 5.~2008. 10. | 앙주앙 섬 치안 지원 | 350 |
| 다르푸르 지역 임무단 | 수단 | 2007. 7.~현재 | 민간인 보호 | 6,000 |
| 우간다 임무단 | 우간다 | 2012. 3.~현재 | 반군 소탕작전 | 3,350 |
| 말리 임무단 | 말리 | 2012. 12.~ 2013. 7. | 정부 지원 | 1,450 |
| 중앙아프리카 공화국 임무단 | 중앙 아프리카 공화국 | 2013. 12.~2014. 9. | 안정 유지 | 5,961 |

── 〈보고서〉 ──

　아프리카연합은 아프리카 지역 분쟁 해결 및 평화 구축을 위하여 2021년 5월 현재까지 9개의 임무단을 구성하고 평화유지활동을 주도하였다. ㉠ 평화유지활동 중 가장 오랜 기간 동안 활동한 임무단은 '소말리아 임무단'이다. 이 임무는 소말리아 과도 연방정부가 아프리카연합에 평화유지군을 요청한 것을 계기로 시작되어 현재에 이르고 있다. 한편, ㉡ '코모로 선거감시 지원 임무단'은 가장 짧은 기간 동안 활동하였다. 2006년 코모로는 대통령 선거를 앞두고 아프리카연합에 지원을 요청하였고 같은 해 3월 시작된 평화유지활동은 선거가 끝난 6월에 임무가 종료되었다.

　㉢ 아프리카연합이 현재까지 평화유지활동을 위해 파견한 임무단의 총규모는 25,000명 이상이며, 현재 활동 중인 임무단의 규모는 소말리아 6,000명, 수단 6,000명, 우간다 3,350명으로 총 15,000여 명이다.

　아프리카연합은 아프리카 내의 문제를 자체적으로 해결하기 위해 다양한 임무단 활동을 활발히 수행하였다. 특히 ㉣ 수단과 코모로에서는 각각 2개의 임무단이 활동하였다.

　현재 평화유지활동을 수행 중인 임무단은 3개이지만 ㉤ 2007년 10월 기준 평화유지활동을 수행 중이었던 임무단은 5개였다.

① ㄱ
② ㄴ
③ ㄷ
④ ㄹ
⑤ ㅁ

## 03 ◻△✕

다음 〈그림〉은 2014~2020년 연말 기준 '갑'국의 국가채무 및 GDP에 관한 자료이다. 이에 대한 〈보기〉의 설명 중 옳은 것만을 모두 고르면?

〈그림 1〉 GDP 대비 국가채무 및 적자성채무 비율 추이

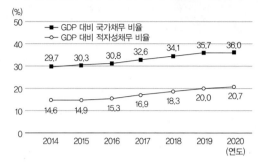

※ 국가채무 = 적자성채무 + 금융성채무

〈그림 2〉 GDP 추이

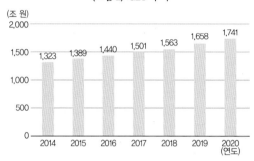

── 〈보 기〉 ──

ㄱ. 2020년 국가채무는 2014년의 1.5배 이상이다.

ㄴ. GDP 대비 금융성채무 비율은 매년 증가한다.

ㄷ. 적자성채무는 2019년부터 300조 원 이상이다.

ㄹ. 금융성채무는 매년 국가채무의 50% 이상이다.

① ㄱ, ㄴ
② ㄱ, ㄷ
③ ㄴ, ㄹ
④ ㄱ, ㄷ, ㄹ
⑤ ㄴ, ㄷ, ㄹ

## 04 ⃞ ⃞ ⃞

다음 〈표〉는 최근 이사한 100가구의 이사 전후 주택규모에 관한 조사 결과이다. 이에 대한 〈보기〉의 설명 중 옳은 것만을 모두 고르면?

〈표〉 이사 전후 주택규모 조사 결과

(단위 : 가구)

| 이사 후 \ 이사 전 | 소형 | 중형 | 대형 | 합 |
|---|---|---|---|---|
| 소형 | 15 | 10 | ( ) | 30 |
| 중형 | ( ) | 30 | 10 | ( ) |
| 대형 | 5 | 10 | 15 | ( ) |
| 계 | ( ) | ( ) | ( ) | 100 |

※ 주택규모는 '소형', '중형', '대형'으로만 구분하며, 동일한 주택규모는 크기도 같음

─── 〈보 기〉 ───

ㄱ. 주택규모가 이사 전 '소형'에서 이사 후 '중형'으로 달라진 가구는 없다.

ㄴ. 이사 전후 주택규모가 달라진 가구 수는 전체 가구 수의 50% 이하이다.

ㄷ. 주택규모가 '대형'인 가구 수는 이사 전이 이사 후보다 적다.

ㄹ. 이사 후 주택규모가 커진 가구 수는 이사 후 주택규모가 작아진 가구 수보다 많다.

① ㄱ, ㄴ

② ㄱ, ㄷ

③ ㄴ, ㄹ

④ ㄷ, ㄹ

⑤ ㄱ, ㄴ, ㄷ

## 05 ⃞ ⃞ ⃞

다음 〈그림〉은 A사 플라스틱 제품의 제조공정도이다. 1,000kg의 재료가 '혼합' 공정에 투입되는 경우, '폐기처리' 공정에 전달되어 투입되는 재료의 총량은 몇 kg인가?

〈그림〉 A사 플라스틱 제품의 제조공정도

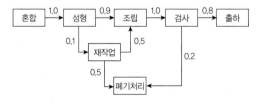

※ 제조공정도 내 수치는 직진율(= 다음 공정에 전달되는 재료의 양 / 해당 공정에 투입되는 재료의 양)을 의미함. 예를 들어,

[가]—0.2—[나] 는 해당 공정 '가'에 100kg의 재료가 투입되면 이 중 20kg(= 100kg×0.2)의 재료가 다음 공정 '나'에 전달되어 투입됨을 의미함

① 50

② 190

③ 230

④ 240

⑤ 280

## 06 ⃞ ⃞ ⃞

다음 〈그림〉은 12개 국가의 수자원 현황에 관한 자료이며, A~H는 각각 특정 국가를 나타낸다. 〈그림〉과 〈조건〉을 근거로 판단할 때, 국가명을 알 수 없는 것은?

〈그림〉 12개 국가의 수자원 현황

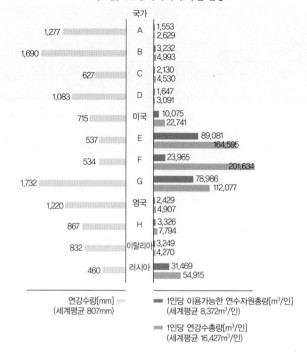

| 국가 | 연강수량 | 1인당 이용가능한 연수자원총량 | 1인당 연강수총량 |
|---|---|---|---|
| A | 1,277 | 1,553 | 2,629 |
| B | 1,690 | 3,232 | 4,993 |
| C | 627 | 2,130 | 4,530 |
| D | 1,083 | 1,647 | 3,091 |
| 미국 | 715 | 10,075 | 22,741 |
| E | 537 | 89,081 | 164,595 |
| F | 534 | 23,965 | 201,634 |
| G | 1,732 | 78,986 | 112,077 |
| 영국 | 1,220 | 2,429 | 4,907 |
| H | 867 | 3,326 | 7,794 |
| 이탈리아 | 832 | 3,249 | 4,270 |
| 러시아 | 460 | 31,469 | 54,915 |

연강수량[mm] (세계평균 807mm)
■ 1인당 이용가능한 연수자원총량[m³/인] (세계평균 8,372m³/인)
1인당 연강수총량[m³/인] (세계평균 16,427m³/인)

─── 〈조 건〉 ───

• '연강수량'이 세계평균의 2배 이상인 국가는 일본과 뉴질랜드이다.

• '연강수량'이 세계평균보다 많은 국가 중 '1인당 이용가능한 연수자원총량'이 가장 적은 국가는 대한민국이다.

• '1인당 연강수총량'이 세계평균의 5배 이상인 국가를 '연강수량'이 많은 국가부터 나열하면 뉴질랜드, 캐나다, 호주이다.

• '1인당 이용가능한 연수자원총량'이 영국보다 적은 국가 중 '1인당 연강수총량'이 세계평균의 25% 이상인 국가는 중국이다.

• '1인당 이용가능한 연수자원총량'이 6번째로 많은 국가는 프랑스이다.

① B

② C

③ D

④ E

⑤ F

## 07 ☐○△✕

다음 〈표〉는 학생 '갑'~'무'의 중간고사 3개 과목 점수에 관한 자료이다. 이에 대한 〈보기〉의 설명 중 옳은 것만을 모두 고르면?

〈표〉'갑'~'무'의 중간고사 3개 과목 점수

(단위 : 점)

| 과목 \ 학생 성별 | 갑 남 | 을 여 | 병 ( ) | 정 여 | 무 남 |
|---|---|---|---|---|---|
| 국어 | 90 | 85 | 60 | 95 | 75 |
| 영어 | 90 | 85 | 100 | 65 | 100 |
| 수학 | 75 | 70 | 85 | 100 | 100 |

─── 〈보 기〉 ───

ㄱ. 국어 평균 점수는 80점 이상이다.

ㄴ. 3개 과목 평균 점수가 가장 높은 학생과 가장 낮은 학생의 평균 점수 차이는 10점 이하이다.

ㄷ. 국어, 영어, 수학 점수에 각각 0.4, 0.2, 0.4의 가중치를 곱한 점수의 합이 가장 큰 학생은 '정'이다.

ㄹ. '갑'~'무'의 성별 수학 평균 점수는 남학생이 여학생보다 높다.

① ㄱ, ㄷ

② ㄱ, ㄹ

③ ㄴ, ㄷ

④ ㄱ, ㄷ, ㄹ

⑤ ㄴ, ㄷ, ㄹ

## 08 ☐○△✕

다음 〈표〉는 2021~2027년 시스템반도체 중 인공지능반도체의 세계 시장규모 전망이다. 이에 대한 〈보기〉의 설명 중 옳은 것만을 모두 고르면?

〈표〉 시스템반도체 중 인공지능반도체의 세계 시장규모 전망

(단위 : 억 달러, %)

| 구분 \ 연도 | 2021 | 2022 | 2023 | 2024 | 2025 | 2026 | 2027 |
|---|---|---|---|---|---|---|---|
| 시스템반도체 | 2,500 | 2,310 | 2,686 | 2,832 | ( ) | 3,525 | ( ) |
| 인공지능반도체 | 70 | 185 | 325 | 439 | 657 | 927 | 1,179 |
| 비중 | 2.8 | 8.0 | ( ) | 15.5 | 19.9 | 26.3 | 31.3 |

─── 〈보 기〉 ───

ㄱ. 인공지능반도체 비중은 매년 증가한다.

ㄴ. 2027년 시스템반도체 시장규모는 2021년보다 1,000억 달러 이상 증가한다.

ㄷ. 2022년 대비 2025년의 시장규모 증가율은 인공지능반도체가 시스템반도체의 5배 이상이다.

① ㄷ

② ㄱ, ㄴ

③ ㄱ, ㄷ

④ ㄴ, ㄷ

⑤ ㄱ, ㄴ, ㄷ

## 09 ☐○△✕

다음 〈표〉는 A~H 지역의 화물 이동 현황에 관한 자료이다. 이에 대한 〈보기〉의 설명 중 옳은 것만을 모두 고르면?

〈표〉 화물의 지역 내, 지역 간 이동 현황

(단위 : 개)

| 도착 지역 \ 출발 지역 | A | B | C | D | E | F | G | H | 합 |
|---|---|---|---|---|---|---|---|---|---|
| A | 65 | 121 | 54 | 52 | 172 | 198 | 226 | 89 | 977 |
| B | 56 | 152 | 61 | 55 | 172 | 164 | 214 | 70 | 944 |
| C | 29 | 47 | 30 | 22 | 62 | 61 | 85 | 30 | 366 |
| D | 24 | 61 | 30 | 37 | 82 | 80 | 113 | 45 | 472 |
| E | 61 | 112 | 54 | 47 | 187 | 150 | 202 | 72 | 885 |
| F | 50 | 87 | 38 | 41 | 120 | 188 | 150 | 55 | 729 |
| G | 78 | 151 | 83 | 73 | 227 | 208 | 359 | 115 | 1,294 |
| H | 27 | 66 | 31 | 28 | 94 | 81 | 116 | 46 | 489 |
| 계 | 390 | 797 | 381 | 355 | 1,116 | 1,130 | 1,465 | 522 | 6,156 |

※ 출발 지역과 도착 지역이 동일한 경우는 해당 지역 내에서 화물이 이동한 것임

─── 〈보 기〉 ───

ㄱ. 도착 화물보다 출발 화물이 많은 지역은 3개이다.

ㄴ. 지역 내 이동 화물이 가장 적은 지역은 도착 화물도 가장 적다.

ㄷ. 지역 내 이동 화물을 제외할 때, 출발 화물과 도착 화물의 합이 가장 작은 지역은 출발 화물과 도착 화물의 차이도 가장 작다.

ㄹ. 도착 화물이 가장 많은 지역은 출발 화물 중 지역 내 이동 화물의 비중도 가장 크다.

① ㄱ, ㄴ

② ㄱ, ㄷ

③ ㄴ, ㄷ

④ ㄴ, ㄹ

⑤ ㄱ, ㄷ, ㄹ

**10** ⃞△✕

다음 〈표〉와 〈대화〉는 4월 4일 기준 지자체별 자가격리자 및 모니터링 요원에 관한 자료이다. 〈표〉와 〈대화〉를 근거로 C와 D에 해당하는 지자체를 바르게 나열한 것은?

〈표〉 지자체별 자가격리자 및 모니터링 요원 현황(4월 4일 기준)

(단위 : 명)

| 구분 | 지자체 | A | B | C | D |
|---|---|---|---|---|---|
| 내국인 | 자가격리자 | 9,778 | 1,287 | 1,147 | 9,263 |
| | 신규 인원 | 900 | 70 | 20 | 839 |
| | 해제 인원 | 560 | 195 | 7 | 704 |
| 외국인 | 자가격리자 | 7,796 | 508 | 141 | 7,626 |
| | 신규 인원 | 646 | 52 | 15 | 741 |
| | 해제 인원 | 600 | 33 | 5 | 666 |
| 모니터링 요원 | | 10,142 | 710 | 196 | 8,898 |

※ 해당일 기준 자가격리자=전일 기준 자가격리자+신규 인원−해제 인원

〈대 화〉

갑 : 감염병 확산에 대응하기 위한 회의를 시작합시다. 오늘은 대전, 세종, 충북, 충남의 4월 4일 기준 자가격리자 및 모니터링 요원 현황을 보기로 했는데, 각 지자체의 상황이 어떤가요?

을 : 4개 지자체 중 세종을 제외한 3개 지자체에서 4월 4일 기준 자가격리자가 전일 기준 자가격리자보다 늘어났습니다.

갑 : 모니터링 요원의 업무 부담과 관련된 통계 자료도 있나요?

을 : 4월 4일 기준으로 대전, 세종, 충북은 모니터링 요원 대비 자가격리자의 비율이 1.8 이상입니다.

갑 : 지자체에 모니터링 요원을 추가로 배치해야 할 것 같습니다. 자가격리자 중 외국인이 차지하는 비중이 4개 지자체 가운데 대전이 가장 높으니, 외국어 구사가 가능한 모니터링 요원을 대전에 우선 배치하는 방향으로 검토해 봅시다.

　　C　　　　D
① 충북　　　충남
② 충북　　　대전
③ 충남　　　충북
④ 세종　　　대전
⑤ 대전　　　충북

**11** ⃞△✕

다음 〈그림〉과 〈조건〉은 직장인 '갑'~'병'이 마일리지 혜택이 있는 알뜰교통카드를 사용하여 출근하는 방법 및 교통비에 관한 자료이다. 이에 근거하여 월간 출근 교통비를 많이 지출하는 직장인부터 순서대로 나열하면?

〈그림〉 직장인 '갑'~'병'의 출근 방법 및 교통비 관련 정보

집　도보·자전거로 이동　대중교통 이용　도보·자전거로 이동　회사

| 직장인 | 이동거리 A [m] | 출근 1회당 대중교통요금[원] | 이동거리 B [m] | 월간 출근 횟수[회] | 저소득층 여부 |
|---|---|---|---|---|---|
| 갑 | 600 | 3,200 | 200 | 15 | ○ |
| 을 | 500 | 2,300 | 500 | 22 | ✕ |
| 병 | 400 | 1,800 | 200 | 22 | ○ |

〈조 건〉

• 월간 출근 교통비={출근 1회당 대중교통요금−(기본 마일리지+추가 마일리지)×($\frac{\text{마일리지 적용거리}}{800}$)}×월간 출근 횟수

• 기본 마일리지는 출근 1회당 대중교통요금에 따라 다음과 같이 지급함

| 출근 1회당 대중교통요금 | 2천 원 이하 | 2천 원 초과 3천 원 이하 | 3천 원 초과 |
|---|---|---|---|
| 기본 마일리지 (원) | 250 | 350 | 450 |

• 추가 마일리지는 저소득층에만 다음과 같이 지급함.

| 출근 1회당 대중교통요금 | 2천 원 이하 | 2천 원 초과 3천 원 이하 | 3천 원 초과 |
|---|---|---|---|
| 기본 마일리지 (원) | 100 | 150 | 200 |

• 마일리지 적용거리(m)는 출근 1회당 도보·자전거로 이동한 거리의 합이며 최대 800m까지만 인정함

① 갑, 을, 병
② 갑, 병, 을
③ 을, 갑, 병
④ 을, 병, 갑
⑤ 병, 을, 갑

## 12 ⊡△✕

다음 〈그림〉은 개발원조위원회 29개 회원국 중 공적개발원조액 상위 15개 국과 국민총소득 대비 공적개발원조액 비율 상위 15개국 자료이다. 이에 대한 〈보기〉의 설명 중 옳은 것만을 모두 고르면?

〈그림 1〉 공적개발원조액 상위 15개 회원국

〈그림 2〉 국민총소득 대비 공적개발원조액 비율 상위 15개 회원국

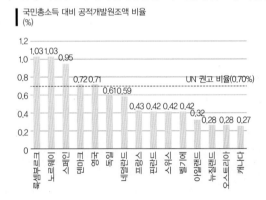

〈보 기〉

ㄱ. 국민총소득 대비 공적개발원조액 비율이 UN 권고 비율보다 큰 국가의 공적개발원조액 합은 250억 달러 이상이다.

ㄴ. 공적개발원조액 상위 5개국의 공적개발원조액 합은 개발원조위원회 29개 회원국 공적개발원조액 합의 50% 이상이다.

ㄷ. 독일이 공적개발원조액만 30억 달러 증액하면 독일의 국민총소득 대비 공적개발원조액 비율은 UN권고 비율 이상이 된다.

① ㄱ
② ㄷ
③ ㄱ, ㄴ
④ ㄴ, ㄷ
⑤ ㄱ, ㄴ, ㄷ

## 13 ⊡△✕

다음 〈표〉는 '갑'국의 2020년 농업 생산액 현황 및 2021~2023년의 전년 대비 생산액 변화율 전망치에 관한 자료이다. 이에 대한 〈보기〉의 설명 중 옳은 것만을 모두 고르면?

〈표〉 농업 생산액 현황 및 변화율 전망치

(단위 : 십억 원, %)

| 구분 | 2020년 생산액 | 전년 대비 생산액 변화율 전망치 | | |
|---|---|---|---|---|
| | | 2021년 | 2022년 | 2023년 |
| 농업 | 50,052 | 0.77 | 0.02 | 1.38 |
| 재배업 | 30,270 | 1.50 | −0.42 | 0.60 |
| 축산업 | 19,782 | −0.34 | 0.70 | 2.57 |
| 소 | 5,668 | 3.11 | 0.53 | 3.51 |
| 돼지 | 7,119 | −3.91 | 0.20 | 1.79 |
| 닭 | 2,259 | 1.20 | −2.10 | 2.82 |
| 달걀 | 1,278 | 5.48 | 3.78 | 3.93 |
| 우유 | 2,131 | 0.52 | 1.12 | 0.88 |
| 오리 | 1,327 | −5.58 | 5.27 | 3.34 |

※ 축산업은 소, 돼지, 닭, 달걀, 우유, 오리의 6개 세부항목으로만 구성됨

〈보 기〉

ㄱ. 2021년 '오리' 생산액 전망치는 1.2조 원 이상이다.

ㄴ. 2021년 '돼지' 생산액 전망치는 같은 해 '농업' 생산액 전망치의 15% 이상이다.

ㄷ. '축산업' 중 전년 대비 생산액 변화율 전망치가 2022년보다 2023년이 낮은 세부항목은 2개이다.

ㄹ. 2020년 생산액 대비 2022년 생산액 전망치의 증감폭은 '재배업'이 '축산업'보다 크다.

① ㄱ, ㄴ
② ㄱ, ㄷ
③ ㄴ, ㄹ
④ ㄱ, ㄷ, ㄹ
⑤ ㄴ, ㄷ, ㄹ

## 14 ◯△✕

다음 〈그림〉은 2020년 기준 A공제회 현황에 관한 자료이다. 이에 대한 설명으로 옳지 <u>않은</u> 것은?

〈그림〉 2020년 기준 A공제회 현황

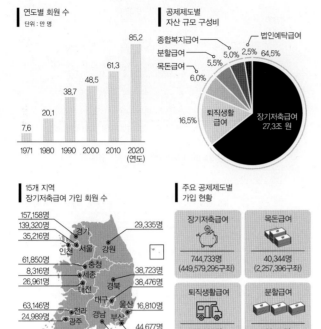

※ 1) 공제제도는 장기저축급여, 퇴직생활급여, 목돈급여, 분할급여, 종합복지급여, 법인예탁급여로만 구성됨
2) 모든 회원은 1개 또는 2개의 공제제도에 가입함

① 장기저축급여 가입 회원 수는 전체 회원의 85% 이하이다.
② 공제제도의 총자산 규모는 40조 원 이상이다.
③ 자산 규모 상위 4개 공제제도 중 2개의 공제제도에 가입한 회원은 2만 명 이상이다.
④ 충청의 장기저축급여 가입 회원 수는 15개 지역 평균 장기저축급여 가입 회원 수보다 많다.
⑤ 공제제도별 1인당 구좌 수는 장기저축급여가 분할급여의 5배 이상이다.

## 15 ◯△✕

다음은 국내 광고산업에 관한 문화체육관광부의 보도자료이다. 이에 부합하지 <u>않는</u> 자료는?

| 🌀 문화체육관광부 | | 보도자료 | | 사람이 있는 문화 |
|---|---|---|---|---|
| 보도일시 | 배포 즉시 보도해 주시기 바랍니다. | | | |
| 배포일시 | 2020.2.XX. | | 담당부서 | ▢▢▢▢국 |
| 담당과장 | ○○○ (044-203-○○○○) | | 담당자 | 사무관 △△△ (044-203-○○○○) |

### 2018년 국내 광고산업 성장세 지속

• 문화체육관광부는 국내 광고사업체의 현황과 동향을 조사한 '2019년 광고산업조사(2018년 기준)' 결과를 발표했다.
• 이번 조사 결과에 따르면 2018년 기준 광고산업 규모는 17조 2,119억 원(광고사업체 취급액* 기준)으로, 전년 대비 4.5% 이상 증가했고, 광고사업체당 취급액 역시 증가했다.
* 광고사업체 취급액은 광고주가 매체(방송국, 신문사 등)와 매체 외 서비스에 지불하는 비용 전체(수수료 포함)임.

– 업종별로 살펴보면 광고대행업이 6조 6,239억 원으로 전체 취급액의 38% 이상을 차지했으나, 취급액의 전년 대비 증가율은 온라인광고대행업이 16% 이상으로 가장 높다.
• 2018년 기준 광고사업체의 매체 광고비* 규모는 11조 362억 원(64.1%), 매체 외 서비스 취급액은 6조 1,757억 원(35.9%)으로 조사됐다.
* 매체 광고비는 방송매체, 인터넷매체, 옥외광고매체, 인쇄매체 취급액의 합임.

– 매체 광고비 중 방송매체 취급액은 4조 266억 원으로 가장 큰 비중을 차지하고 있으며, 그 다음으로 인터넷매체, 옥외광고매체, 인쇄매체 순으로 나타났다.
– 인터넷매체 취급액은 3조 8,804억 원으로 전년 대비 6% 이상 증가했다. 특히, 모바일 취급액은 전년 대비 20% 이상 증가하여 인터넷 광고 시장의 성장세를 이끌었다.
– 한편, 간접광고(PPL) 취급액은 전년 대비 14% 이상 증가하여 1,270억 원으로 나타났으며, 그 중 지상파TV와 케이블TV 간 비중의 격차는 5%p 이하로 조사됐다.

① 광고사업체 취급액 현황(2018년 기준)

② 인터넷매체(PC, 모바일) 취급액 현황

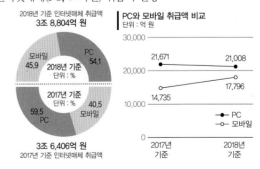

③ 간접광고(PPL) 취급액 현황

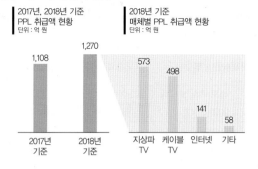

④ 업종별 광고사업체 취급액 현황

(단위 : 개소, 억 원)

| 구분<br>업종 | 2018년 조사(2017년 기준) | | 2019년 조사(2018년 기준) | |
|---|---|---|---|---|
| | 사업체 수 | 취급액 | 사업체 수 | 취급액 |
| 전체 | 7,234 | 164,133 | 7,256 | 172,119 |
| 광고대행업 | 1,910 | 64,050 | 1,887 | 66,239 |
| 광고제작업 | 1,374 | 20,102 | 1,388 | 20,434 |
| 광고전문<br>서비스업 | 1,558 | 31,535 | 1,553 | 33,267 |
| 인쇄업 | 921 | 7,374 | 921 | 8,057 |
| 온라인광고<br>대행업 | 780 | 27,335 | 900 | 31,953 |
| 옥외광고업 | 691 | 13,737 | 607 | 12,169 |

⑤ 매체별 광고사업체 취급액 현황(2018년 기준)

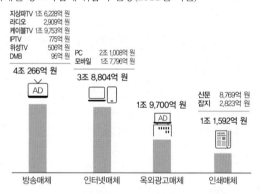

**16** ○△✕

다음 〈그림〉은 2020년 '갑'시의 교통사고에 관한 자료이다. 이에 대한 〈보기〉의 설명 중 옳은 것만을 모두 고르면?

〈그림 1〉 2020년 월별 교통사고 사상자

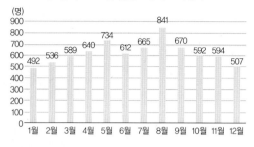

〈그림 2〉 2020년 월별 교통사고 건수

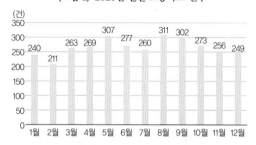

〈그림 3〉 2020년 교통사고 건수의 사고원인별 구성비

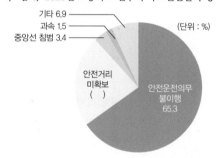

─── 〈보 기〉 ───

ㄱ. 월별 교통사고 사상자는 가장 적은 달이 가장 많은 달의 60% 이하이다.

ㄴ. 2020년 교통사고 건당 사상자는 1.9명 이상이다.

ㄷ. '안전거리 미확보'가 사고원인인 교통사고 건수는 '중앙선 침범'이 사고원인인 교통사고 건수의 7배 이상이다.

ㄹ. 사고원인이 '안전운전의무 불이행'인 교통사고 건수는 2,000건 이하이다.

① ㄱ, ㄴ

② ㄱ, ㄷ

③ ㄴ, ㄷ

④ ㄷ, ㄹ

⑤ ㄱ, ㄴ, ㄹ

## 17 ○△✕

다음 〈표〉와 〈정보〉는 A~J 지역의 지역발전 지표에 관한 자료이다. 이를 근거로 '가'~'라'에 들어갈 수 있는 값으로만 나열한 것은?

〈표〉 A~J 지역의 지역발전 지표

(단위 : %, 개)

| 지표\지역 | 재정자립도 | 시가화 면적 비율 | 10만 명 당 문화 시설수 | 10만 명 당 체육 시설수 | 주택 노후화 율 | 주택 보급률 | 도로 포장률 |
|---|---|---|---|---|---|---|---|
| A | 83.8 | 61.2 | 4.1 | 111.1 | 17.6 | 105.9 | 92.0 |
| B | 58.5 | 24.8 | 3.1 | (다) | 22.8 | 93.6 | 98.3 |
| C | 65.7 | 35.7 | 3.5 | 103.4 | 13.5 | 91.2 | 97.4 |
| D | 48.3 | 25.3 | 4.3 | 128.0 | 15.8 | 96.6 | 100.0 |
| E | (가) | 20.7 | 3.7 | 133.8 | 12.2 | 100.3 | 99.0 |
| F | 69.5 | 22.6 | 4.1 | 114.0 | 8.5 | 91.0 | 98.1 |
| G | 37.1 | 22.9 | 7.7 | 110.2 | 20.5 | 103.8 | 91.7 |
| H | 38.7 | 28.8 | 7.8 | 102.5 | 19.9 | (라) | 92.5 |
| I | 26.1 | (나) | 6.9 | 119.2 | 33.7 | 102.5 | 89.6 |
| J | 32.6 | 21.3 | 7.5 | 113.0 | 26.9 | 106.1 | 87.9 |

〈정보〉

• 재정자립도가 E보다 높은 지역은 A, C, F임
• 시가화 면적 비율이 가장 낮은 지역은 주택노후화율이 가장 높은 지역임
• 10만 명당 문화시설수가 가장 적은 지역은 10만 명당 체육시설수가 네 번째로 많은 지역임
• 주택보급률이 도로포장률보다 낮은 지역은 B, C, D, F임

|  | 가 | 나 | 다 | 라 |
|---|---|---|---|---|
| ① | 58.6 | 20.9 | 100.9 | 92.9 |
| ② | 60.8 | 19.8 | 102.4 | 92.5 |
| ③ | 63.5 | 20.1 | 115.7 | 92.0 |
| ④ | 65.2 | 20.3 | 117.1 | 92.6 |
| ⑤ | 65.8 | 20.6 | 118.7 | 93.7 |

## 18 ○△✕

다음 〈표〉는 '갑'국 대학 기숙사 수용 및 기숙사비 납부 방식에 관한 자료이다. 이에 대한 〈보고서〉의 설명 중 옳은 것만을 모두 고르면?

〈표 1〉 2019년과 2020년 대학 기숙사 수용 현황

(단위 : 명, %)

| 대학유형\연도 |  | 2020 | | | 2019 | | |
|---|---|---|---|---|---|---|---|
| | 구분 | 수용가능 인원 | 재학생 수 | 수용률 | 수용가능 인원 | 재학생 수 | 수용률 |
| 전체(196개교) | | 354,749 | 1,583,677 | 22.4 | 354,167 | 1,595,436 | 22.2 |
| 설립 주체 | 국공립 (40개교) | 102,025 | 381,309 | 26.8 | 102,906 | 385,245 | 26.7 |
| | 사립 (156개교) | ( ) | 1,202,368 | 21.0 | 251,261 | 1,210,191 | 20.8 |
| 소재 지 | 수도권 (73개교) | 122,099 | 672,055 | 18.2 | 119,940 | 676,479 | ( ) |
| | 비수도권 (123개교) | 232,650 | 911,622 | 25.5 | 234,227 | 918,957 | 25.5 |

※ 수용률(%)= $\frac{수용가능\ 인원}{재학생\ 수}$ ×100

〈표 2〉 2020년 대학 기숙사비 납부 방식 현황

(단위 : 개교)

| 대학유형\납부 방식 |  | 카드납부 가능 | | | | 현금분할납부 가능 | | | |
|---|---|---|---|---|---|---|---|---|---|
| | 기숙사 유형 | 직영 | 민자 | 공공 | 합계 | 직영 | 민자 | 공공 | 합계 |
| 전체(196개교) | | 27 | 20 | 0 | 47 | 43 | 25 | 9 | 77 |
| 설립 주체 | 국공립 (40개교) | 20 | 17 | 0 | 37 | 18 | 16 | 0 | 34 |
| | 사립 (156개교) | 7 | 3 | 0 | 10 | 25 | 9 | 9 | 43 |
| 소재 지 | 수도권 (73개교) | 3 | 2 | 0 | 5 | 16 | 8 | 4 | 28 |
| | 비수도권 (123개교) | 24 | 18 | 0 | 42 | 27 | 17 | 5 | 49 |

※ 각 대학은 한 가지 유형의 기숙사만 운영함

〈보고서〉

2020년 대학 기숙사 수용률은 22.4%로, 2019년의 22.2%에 비해 증가하였지만 여전히 20%대 초반에 그쳤다. 대학유형별 기숙사 수용률은 사립대학보다는 국공립대학이 높고, 수도권 대학보다는 비수도권 대학이 높았다. 한편, ㉠ 2019년 대비 2020년 대학유형별 기숙사 수용률은 국공립대학보다 사립대학이, 비수도권대학보다 수도권대학이 더 큰 폭으로 증가하였다.

2020년 대학 기숙사 수용가능 인원의 변화를 설립주체별로 살펴보면, ㉡ 국공립대학은 전년 대비 800명 이상 증가하였으나, 사립대학은 전년 대비 1,400명 이상 감소하였다. 소재지별로 살펴보면 수도권 대학의 기숙사 수용가능 인원은 2019년 119,940명에서 2020년 122,099명으로 2,100명 이상 증가하였으나, 비수도권 대학은 2019년 234,227명에서 2020년 232,650명으로 1,500명 이상 감소하였다.

2020년 대학 기숙사비 납부 방식을 살펴보면, ㉢ 전체 대학 중 기숙사비 카드납부가 가능한 대학은 37.9%에 불과하였다. 이를 기숙사 유형별로 자세히 보면, ㉣ 카드납부가 가능한 공공기숙사는 없었고, 현금분할납부가 가능한 공공기숙사도 사립대학 9개교뿐이었다.

① ㄱ
② ㄱ, ㄴ
③ ㄱ, ㄹ
④ ㄷ, ㄹ
⑤ ㄴ, ㄷ, ㄹ

## 19 ○△✕

다음 〈조건〉과 〈표〉는 2018~2020년 '가'부서 전체 직원 성과급에 관한 자료이다. 이를 근거로 판단할 때, '가'부서 전체 직원의 2020년 기본 연봉의 합은?

─── 〈조 건〉 ───

• 매년 각 직원의 기본 연봉은 변동 없음
• 성과급은 전체 직원에게 각 직원의 성과등급에 따라 매년 1회 지급함
• 성과급=기본 연봉 × 지급비율
• 성과등급별 지급비율 및 인원 수

| 구분 \ 성과등급 | S | A | B |
|---|---|---|---|
| 지급비율 | 20% | 10% | 5% |
| 인원 수 | 1명 | 2명 | 3명 |

〈표〉 2018~2020년 '가'부서 전체 직원 성과급

(단위 : 백만 원)

| 직원 \ 연도 | 2018 | 2019 | 2020 |
|---|---|---|---|
| 갑 | 12.0 | 6.0 | 3.0 |
| 을 | 5.0 | 20.0 | 5.0 |
| 병 | 6.0 | 3.0 | 6.0 |
| 정 | 6.0 | 6.0 | 12.0 |
| 무 | 4.5 | 4.5 | 4.5 |
| 기 | 6.0 | 6.0 | 12.0 |

① 430백만 원
② 460백만 원
③ 490백만 원
④ 520백만 원
⑤ 550백만 원

## 20 ○△✕

다음 〈표〉는 '갑'국 하수처리장의 1일 하수처리용량 및 지역등급별 방류수 기준이고, 〈그림〉은 지역등급 및 36개 하수처리장 분포이다. 이에 근거한 〈보기〉의 설명 중 옳은 것만을 모두 고르면?

〈표〉 하수처리장 1일 하수처리용량 및 지역등급별 방류수 기준

(단위 : mg/L)

| 1일 하수처리 용량 \ 항목 \ 지역등급 | 생물학적 산소 요구량 | 화학적 산소 요구량 | 총질소 | 총인 |
|---|---|---|---|---|
| 500m³ 이상 — I | 5 이하 | 20 이하 | 20 이하 | 0.2 이하 |
| 500m³ 이상 — II | 5 이하 | 20 이하 | 20 이하 | 0.3 이하 |
| 500m³ 이상 — III | 10 이하 | 40 이하 | 20 이하 | 0.5 이하 |
| 500m³ 이상 — IV | 10 이하 | 40 이하 | 20 이하 | 2.0 이하 |
| 50m³ 이상 500m³ 미만 — I~IV | 10 이하 | 40 이하 | 20 이하 | 2.0 이하 |
| 50m³ 미만 — I~IV | 10 이하 | 40 이하 | 40 이하 | 4.0 이하 |

〈그림〉 지역등급 및 하수처리장 분포

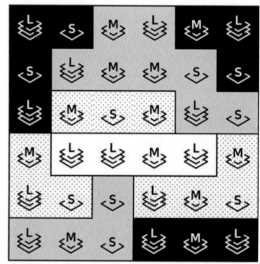

| 지역 등급 | | 하수처리장 1일 하수처리용량 | |
|---|---|---|---|
| □ | I | (L 아이콘) | 500m³ 이상 |
| (점무늬) | II | (M 아이콘) | 50m³ 이상 500m³ 미만 |
| (회색) | III | (S 아이콘) | 50m³ 미만 |
| ■ | IV | | |

─── 〈보 기〉 ───

ㄱ. 방류수의 생물학적 산소요구량 기준이 '5mg/L 이하'인 하수처리장 수는 5개이다.

ㄴ. 1일 하수처리용량 500m³ 이상인 하수처리장 수는 1일 하수처리용량 50m³ 미만인 하수처리장 수의 1.5배 이상이다.

ㄷ. II등급 지역에서 방류수의 총인 기준이 '0.3mg/L 이하'인 하수처리장의 1일 하수처리용량 합은 최소 1,000m³이다.

ㄹ. 방류수의 총질소 기준이 '20mg/L 이하'인 하수처리장 수는 방류수의 화학적 산소요구량 기준이 '20mg/L 이하'인 하수처리장 수의 5배 이상이다.

① ㄱ, ㄴ
② ㄱ, ㄷ
③ ㄴ, ㄹ
④ ㄱ, ㄷ, ㄹ
⑤ ㄴ, ㄷ, ㄹ

## 21 ⊙△✕

다음 〈표〉는 직원 '갑'~'무'에 대한 평가자 A~E의 직무평가 점수이다. 이에 대한 〈보기〉의 설명 중 옳은 것만을 모두 고르면?

〈표〉 직원 '갑'~'무'에 대한 평가자 A~E의 직무평가 점수

(단위 : 점)

| 평가자<br>직원 | A | B | C | D | E | 종합<br>점수 |
|---|---|---|---|---|---|---|
| 갑 | 91 | 87 | ( ) | 89 | 95 | 89.0 |
| 을 | 89 | 86 | 90 | 88 | ( ) | 89.0 |
| 병 | 68 | 76 | ( ) | 74 | 78 | ( ) |
| 정 | 71 | 72 | 85 | 74 | ( ) | 77.0 |
| 무 | 71 | 72 | 79 | 85 | ( ) | 78.0 |

※ 1) 직원별 종합점수는 해당 직원이 평가자 A~E로부터 부여받은 점수 중 최댓값과 최솟값을 제외한 점수의 평균임
2) 각 직원은 평가자 A~E로부터 각각 다른 점수를 부여받음
3) 모든 평가자는 1~100점 중 1점 단위로 점수를 부여하였음

〈보 기〉

ㄱ. '을'에 대한 직무평가 점수는 평가자 E가 가장 높다.

ㄴ. '병'의 종합점수로 가능한 최댓값과 최솟값의 차이는 5점 이상이다.

ㄷ. 평가자 C의 '갑'에 대한 직무평가 점수는 '갑'의 종합점수보다 높다.

ㄹ. '갑'~'무'의 종합점수 산출시, 부여한 직무평가 점수가 한 번도 제외되지 않은 평가자는 없다.

① ㄱ
② ㄱ, ㄹ
③ ㄴ, ㄷ
④ ㄱ, ㄴ, ㄹ
⑤ ㄴ, ㄷ, ㄹ

※ 다음 〈표 1〉과 〈표 2〉는 '갑'국 A~E 5개 도시의 지난 30년 월평균 지상 10m 기온과 월평균 지표면 온도이고, 〈표 3〉과 〈표 4〉는 도시별 설계적설하중과 설계기본풍속이다. 다음 물음에 답하시오. [22~23]

〈표 1〉 도시별 월평균 지상 10m 기온

(단위 : ℃)

| 도시<br>월 | A | B | C | D | E |
|---|---|---|---|---|---|
| 1 | −2.5 | 1.6 | −2.4 | −4.5 | −2.3 |
| 2 | −0.3 | 3.2 | −0.5 | −1.8 | −0.1 |
| 3 | 5.2 | 7.4 | 4.5 | 4.2 | 5.1 |
| 4 | 12.1 | 13.1 | 10.7 | 11.4 | 12.2 |
| 5 | 17.4 | 17.6 | 15.9 | 16.8 | 17.2 |
| 6 | 21.9 | 21.1 | 20.4 | 21.5 | 21.3 |
| 7 | 25.9 | 25.0 | 24.0 | 24.5 | 24.4 |
| 8 | 25.4 | 25.7 | 24.9 | 24.3 | 25.0 |
| 9 | 20.8 | 21.2 | 20.7 | 18.9 | 19.7 |
| 10 | 14.4 | 15.9 | 14.5 | 12.1 | 13.0 |
| 11 | 6.9 | 9.6 | 7.2 | 4.8 | 6.1 |
| 12 | −0.2 | 4.0 | 0.6 | −1.7 | −0.1 |

〈표 2〉 도시별 월평균 지표면 온도

(단위 : ℃)

| 도시<br>월 | A | B | C | D | E |
|---|---|---|---|---|---|
| 1 | −2.4 | 2.7 | −1.2 | −2.7 | 0.3 |
| 2 | −0.3 | 4.8 | 0.8 | −0.7 | 2.8 |
| 3 | 5.6 | 9.3 | 6.3 | 4.8 | 8.7 |
| 4 | 13.4 | 15.7 | 13.4 | 12.6 | 16.3 |
| 5 | 19.7 | 20.8 | 19.4 | 19.1 | 22.0 |
| 6 | 24.8 | 24.2 | 24.5 | 24.4 | 25.9 |
| 7 | 26.8 | 27.7 | 26.8 | 26.9 | 28.4 |
| 8 | 27.4 | 28.5 | 27.5 | 27.0 | 29.0 |
| 9 | 22.5 | 19.6 | 22.8 | 21.4 | 23.5 |
| 10 | 14.8 | 17.9 | 15.8 | 13.5 | 16.9 |
| 11 | 6.2 | 10.8 | 7.5 | 5.3 | 8.6 |
| 12 | −0.1 | 4.7 | 1.1 | −0.7 | 2.1 |

〈표 3〉 도시별 설계적설하중

(단위 : kN/m²)

| 도시 | A | B | C | D | E |
|---|---|---|---|---|---|
| 설계적설하중 | 0.5 | 0.5 | 0.7 | 0.8 | 2.0 |

〈표 4〉 도시별 설계기본풍속

(단위 : m/s)

| 도시 | A | B | C | D | E |
|---|---|---|---|---|---|
| 설계기본풍속 | 30 | 45 | 35 | 30 | 40 |

## 22 ◯△✕

위 〈표〉를 근거로 〈보기〉의 설명 중 옳은 것만을 모두 고르면?

───── 〈보 기〉 ─────

ㄱ. '월평균 지상 10m 기온'이 가장 높은 달과 '월평균 지표면 온도'가 가장 높은 달이 다른 도시는 A뿐이다.

ㄴ. 2월의 '월평균 지상 10m 기온'은 영하이지만 '월평균 지표면 온도'가 영상인 도시는 C와 E이다.

ㄷ. 1월의 '월평균 지표면 온도'가 A~E 도시 중 가장 낮은 도시의 설계적설하중은 5개 도시 평균 설계적설하중보다 작다.

ㄹ. 설계기본풍속이 두 번째로 큰 도시는 8월의 '월평균 지상 10m 기온'도 A~E 도시 중 두 번째로 높다.

① ㄱ, ㄴ
② ㄴ, ㄷ
③ ㄴ, ㄹ
④ ㄷ, ㄹ
⑤ ㄱ, ㄷ, ㄹ

## 23 ◯△✕

폭설피해 예방대책으로 위 〈표 3〉에 제시된 도시별 설계적설하중을 수정하고자 한다. 〈규칙〉에 따라 수정하였을 때, A~E 도시 중 설계적설하중 증가폭이 두 번째로 큰 도시와 가장 작은 도시를 바르게 연결한 것은?

───── 〈규 칙〉 ─────

단계 1 : 각 도시의 설계적설하중을 50% 증가시킨다.

단계 2 : '월평균 지상 10m 기온'이 영하인 달이 3개 이상인 도시만 단계 1에 의해 산출된 값을 40% 증가시킨다.

단계 3 : 설계기본풍속이 40m/s 이상인 도시만 단계 1~2를 거쳐 산출된 값을 20% 감소시킨다.

단계 4 : 단계 1~3을 거쳐 산출된 값을 수정된 설계적설하중으로 한다. 단, 1.0kN/m² 미만인 경우 1.0kN/m²으로 한다.

| | 두 번째로 큰 도시 | 가장 작은 도시 |
|---|---|---|
| ① | A | B |
| ② | A | C |
| ③ | B | D |
| ④ | D | B |
| ⑤ | D | C |

## 24 ◯△✕

다음 〈표〉는 2017년과 2018년 '갑'국에 운항하는 항공사의 운송실적 및 피해구제 현황에 관한 자료이다. 〈표〉를 이용하여 작성한 그래프로 옳지 않은 것은?

〈표 1〉 2017년과 2018년 국적항공사의 노선별 운송실적

(단위 : 천 명)

| 국적항공사 | 노선<br>연도 | 국내선 | | 국제선 | |
|---|---|---|---|---|---|
| | | 2017 | 2018 | 2017 | 2018 |
| 대형<br>항공사 | 태양항공 | 7,989 | 6,957 | 18,925 | 20,052 |
| | 무지개항공 | 5,991 | 6,129 | 13,344 | 13,727 |
| 저비용<br>항공사 | 알파항공 | 4,106 | 4,457 | 3,004 | 3,610 |
| | 에어세종 | 0 | 0 | 821 | 1,717 |
| | 청렴항공 | 3,006 | 3,033 | 2,515 | 2,871 |
| | 독도항공 | 4,642 | 4,676 | 5,825 | 7,266 |
| | 참에어 | 3,738 | 3,475 | 4,859 | 5,415 |
| | 동해항공 | 2,935 | 2,873 | 3,278 | 4,128 |
| 합계 | | 32,407 | 31,600 | 52,571 | 58,786 |

〈표 2〉 2017년 피해유형별 항공사의 피해구제 접수 건수 비율

(단위 : %)

| 피해유형<br>항공사 | 취소환불<br>위약금 | 지연<br>결항 | 정보제공<br>미흡 | 수하물<br>지연<br>파손 | 초과<br>판매 | 기타 | 합계 |
|---|---|---|---|---|---|---|---|
| 국적항공사 | 57.14 | 22.76 | 5.32 | 6.81 | 0.33 | 7.64 | 100.00 |
| 외국적<br>항공사 | 49.06 | 27.77 | 6.89 | 6.68 | 1.88 | 7.72 | 100.00 |

〈표 3〉 2018년 피해유형별 항공사의 피해구제 접수 건수

(단위 : 건)

| | 피해유형<br>항공사 | 취소<br>환불<br>위약금 | 지연<br>결항 | 정보<br>제공<br>미흡 | 수하물<br>지연<br>파손 | 초과<br>판매 | 기타 | 합계 | 전년<br>대비<br>증가 |
|---|---|---|---|---|---|---|---|---|---|
| 대형<br>항공사 | 태양항공 | 31 | 96 | 0 | 7 | 0 | 19 | 153 | 13 |
| | 무지개<br>항공 | 20 | 66 | 0 | 5 | 0 | 15 | 106 | -2 |
| 저비용<br>항공사 | 알파항공 | 9 | 9 | 0 | 1 | 0 | 4 | 23 | -6 |
| | 에어세종 | 19 | 10 | 2 | 1 | 0 | 12 | 44 | 7 |
| | 청렴항공 | 12 | 33 | 3 | 4 | 0 | 5 | 57 | 16 |
| | 독도항공 | 34 | 25 | 3 | 9 | 0 | 27 | 98 | -35 |
| | 참에어 | 33 | 38 | 0 | 6 | 0 | 8 | 85 | 34 |
| | 동해항공 | 19 | 32 | 1 | 10 | 0 | 10 | 72 | 9 |
| 국적항공사 | | 177 | 309 | 9 | 43 | 0 | 100 | 638 | 36 |
| 외국적항공사 | | 161 | 201 | 11 | 35 | 0 | 78 | 486 | 7 |

① 2017년 피해유형별 외국적항공사의 피해구제 접수 건수 대비 국적항공사의 피해구제 접수 건수 비

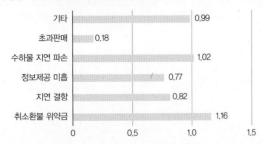

⑤ 대형 국적항공사의 전체 노선 운송실적 대비 피해구제 접수 건수 비

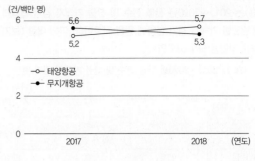

② 2017년 국적항공사별 피해구제 접수 건수 비중

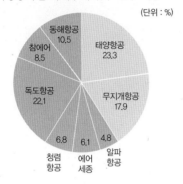

③ 2017년 피해유형별 국적항공사의 피해구제 접수 건수

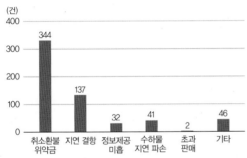

④ 2017년 대비 2018년 저비용 국적항공사의 전체 노선 운송실적 증가율

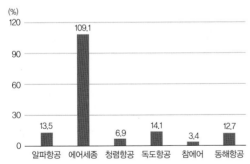

## 25 ○△×

다음 〈표〉는 2011~2020년 산불 건수 및 산불 가해자 검거 현황과 2020년 산불 원인별 가해자 검거 현황에 관한 자료이다. 이에 대한 〈보기〉의 설명 중 옳은 것만을 모두 고르면?

〈표 1〉 2011~2020년 산불 건수 및 산불 가해자 검거 현황

(단위 : 건, %)

| 연도 | 산불 건수 | 가해자 검거 건수 | 검거율 |
|---|---|---|---|
| 2011 | 277 | 131 | 47.3 |
| 2012 | 197 | 73 | ( ) |
| 2013 | 296 | 137 | 46.3 |
| 2014 | 492 | 167 | 33.9 |
| 2015 | 623 | 240 | 38.5 |
| 2016 | 391 | ( ) | ( ) |
| 2017 | 692 | 305 | ( ) |
| 2018 | 496 | 231 | 46.6 |
| 2019 | 653 | 239 | 36.6 |
| 2020 | 620 | 246 | 39.7 |
| 계 | ( ) | 1,973 | ( ) |

〈표 2〉 2020년 산불 원인별 산불 건수 및 가해자 검거 현황

(단위 : 건, %)

| 산불 원인 | 산불 건수 | 가해자 검거 건수 | 검거율 |
|---|---|---|---|
| 입산자 실화 | ( ) | 32 | ( ) |
| 논밭두렁 소각 | 49 | 45 | ( ) |
| 쓰레기 소각 | 65 | ( ) | ( ) |
| 담뱃불 실화 | 75 | 17 | 22.7 |
| 성묘객 실화 | 9 | 6 | ( ) |
| 어린이 불장난 | 1 | 1 | 100.0 |
| 건축물 실화 | 54 | 33 | 61.1 |
| 기타 | 150 | 52 | 34.7 |
| 전체 | ( ) | 246 | 39.7 |

※ 1) 산불 1건은 1개의 산불 원인으로만 분류함

2) 가해자 검거 건수는 해당 산불 발생 연도를 기준으로 집계함

3) 검거율(%) = $\dfrac{\text{가해자 검거 건수}}{\text{산불 건수}} \times 100$

〈보 기〉

ㄱ. 2011~2020년 연평균 산불 건수는 500건 이하이다.

ㄴ. 산불 건수가 가장 많은 연도의 검거율은 산불 건수가 가장 적은 연도의 검거율보다 높다.

ㄷ. 2020년에는 기타를 제외하고 산불 건수가 적은 산불 원인일수록 검거율이 높다.

ㄹ. 2020년 전체 산불 건수 중 입산자 실화가 원인인 산불 건수의 비율은 35%이다.

① ㄱ, ㄴ

② ㄴ, ㄹ

③ ㄷ, ㄹ

④ ㄱ, ㄴ, ㄷ

⑤ ㄱ, ㄴ, ㄹ

## 01 ○△✕

**다음 글과 〈상황〉을 근거로 판단할 때 옳은 것은?**

제00조 ① 다음 각 호의 어느 하나에 해당하는 사람은 주민등록지의 시장(특별시장·광역시장은 제외하고 특별자치도지사는 포함한다. 이하 같다)·군수 또는 구청장에게 주민등록번호(이하 '번호'라 한다)의 변경을 신청할 수 있다.

1. 유출된 번호로 인하여 생명·신체에 위해를 입거나 입을 우려가 있다고 인정되는 사람
2. 유출된 번호로 인하여 재산에 피해를 입거나 입을 우려가 있다고 인정되는 사람
3. 성폭력피해자, 성매매피해자, 가정폭력피해자로서 유출된 번호로 인하여 피해를 입거나 입을 우려가 있다고 인정되는 사람

② 제1항의 신청 또는 제5항의 이의신청을 받은 주민등록지의 시장·군수·구청장(이하 '시장 등'이라 한다)은 ○○부의 주민등록번호변경위원회(이하 '변경위원회'라 한다)에 번호변경 여부에 관한 결정을 청구해야 한다.

③ 주민등록지의 시장 등은 변경위원회로부터 번호변경 인용결정을 통보받은 경우에는 신청인의 번호를 다음 각 호의 기준에 따라 지체 없이 변경하고 이를 신청인에게 통지해야 한다.

1. 번호의 앞 6자리(생년월일) 및 뒤 7자리 중 첫째 자리는 변경할 수 없음
2. 제1호 이외의 나머지 6자리는 임의의 숫자로 변경함

④ 제3항의 번호변경 통지를 받은 신청인은 주민등록증, 운전면허증, 여권, 장애인등록증 등에 기재된 번호의 변경을 위해서는 그 번호의 변경을 신청해야 한다.

⑤ 주민등록지의 시장 등은 변경위원회로부터 번호변경 기각결정을 통보받은 경우에는 그 사실을 신청인에게 통지해야 하며, 신청인은 통지를 받은 날부터 30일 이내에 그 시장 등에게 이의신청을 할 수 있다.

〈상황〉

甲은 주민등록번호 유출로 인해 재산상 피해를 입게 되자 주민등록번호 변경신청을 하였다. 甲의 주민등록지는 A광역시 B구이고, 주민등록번호는 980101−23456□□이다.

① A광역시장이 주민등록번호변경위원회에 甲의 주민등록번호 변경 여부에 관한 결정을 청구해야 한다.
② 주민등록번호변경위원회는 번호변경 인용결정을 하면서 甲의 주민등록번호를 다른 번호로 변경할 수 있다.
③ 주민등록번호변경위원회의 번호변경 인용결정이 있는 경우, 甲의 주민등록번호는 980101−45678□□으로 변경될 수 있다.
④ 甲의 주민등록번호가 변경된 경우, 甲이 운전면허증에 기재된 주민등록번호를 변경하기 위해서는 변경신청을 해야 한다.
⑤ 甲은 번호변경 기각결정을 통지받은 날부터 30일 이내에 주민등록번호변경위원회에 이의신청을 할 수 있다.

## 02 ○△✕

**다음 글을 근거로 판단할 때 옳은 것은?**

제00조 ① 각 중앙관서의 장은 그 소관 물품관리에 관한 사무를 소속 공무원에게 위임할 수 있고, 필요하면 다른 중앙관서의 소속 공무원에게 위임할 수 있다.

② 제1항에 따라 각 중앙관서의 장으로부터 물품관리에 관한 사무를 위임받은 공무원을 물품관리관이라 한다.

제00조 ① 물품관리관은 물품수급관리계획에 정하여진 물품에 대하여는 그 계획의 범위에서, 그 밖의 물품에 대하여는 필요할 때마다 계약담당공무원에게 물품의 취득에 관한 필요한 조치를 할 것을 청구하여야 한다.

② 계약담당공무원은 제1항에 따른 청구가 있으면 예산의 범위에서 해당 물품을 취득하기 위한 필요한 조치를 하여야 한다.

제00조 물품은 국가의 시설에 보관하여야 한다. 다만 물품관리관이 국가의 시설에 보관하는 것이 물품의 사용이나 처분에 부적당하다고 인정하거나 그 밖에 특별한 사유가 있으면 국가 외의 자의 시설에 보관할 수 있다.

제00조 ① 물품관리관은 물품을 출납하게 하려면 물품출납공무원에게 출납하여야 할 물품의 분류를 명백히 하여 그 출납을 명하여야 한다.

② 물품출납공무원은 제1항에 따른 명령이 없으면 물품을 출납할 수 없다.

제00조 ① 물품출납공무원은 보관 중인 물품 중 사용할 수 없거나 수선 또는 개조가 필요한 물품이 있다고 인정하면 그 사실을 물품관리관에게 보고하여야 한다.

② 물품관리관은 제1항에 따른 보고에 의하여 수선이나 개조가 필요한 물품이 있다고 인정하면 계약담당공무원이나 그 밖의 관계 공무원에게 그 수선이나 개조를 위한 필요한 조치를 할 것을 청구하여야 한다.

① 물품출납공무원은 물품관리관의 명령이 없으면 자신의 재량으로 물품을 출납할 수 없다.
② A중앙관서의 장이 그 소관 물품관리에 관한 사무를 위임하고자 할 경우, B중앙관서의 소속 공무원에게는 위임할 수 없다.
③ 계약담당공무원은 물품을 국가의 시설에 보관하는 것이 그 사용이나 처분에 부적당하다고 인정하는 경우, 그 물품을 국가 외의 자의 시설에 보관할 수 있다.
④ 물품수급관리계획에 정해진 물품 이외의 물품이 필요한 경우, 물품관리관은 필요할 때마다 물품출납공무원에게 물품의 취득에 관한 필요한 조치를 할 것을 청구해야 한다.
⑤ 물품출납공무원은 보관 중인 물품 중 수선이 필요한 물품이 있다고 인정하는 경우, 계약담당공무원에게 수선에 필요한 조치를 할 것을 청구해야 한다.

## 03 ○△✕

다음 글을 근거로 판단할 때 옳은 것은?

제○○조 ① 누구든지 법률에 의하지 아니하고는 우편물의 검열·전기통신의 감청 또는 통신사실확인자료의 제공을 하거나 공개되지 아니한 타인 상호간의 대화를 녹음 또는 청취하지 못한다.
② 다음 각 호의 어느 하나에 해당하는 자는 1년 이상 10년 이하의 징역과 5년 이하의 자격정지에 처한다.
1. 제1항에 위반하여 우편물의 검열 또는 전기통신의 감청을 하거나 공개되지 아니한 타인 상호간의 대화를 녹음 또는 청취한 자
2. 제1호에 따라 알게 된 통신 또는 대화의 내용을 공개하거나 누설한 자
③ 누구든지 단말기기 고유번호를 제공하거나 제공받아서는 안 된다. 다만 이동전화단말기 제조업체 또는 이동통신사업자가 단말기의 개통처리 및 수리 등 정당한 업무의 이행을 위하여 제공하거나 제공받는 경우에는 그러하지 아니하다.
④ 제3항을 위반하여 단말기기 고유번호를 제공하거나 제공받은 자는 3년 이하의 징역 또는 1천만 원 이하의 벌금에 처한다.
제□□조 제○○조의 규정에 위반하여, 불법검열에 의하여 취득한 우편물이나 그 내용, 불법감청에 의하여 지득(知得) 또는 채록(採錄)된 전기통신의 내용, 공개되지 아니한 타인 상호간의 대화를 녹음 또는 청취한 내용은 재판 또는 징계절차에서 증거로 사용할 수 없다.

① 甲이 불법검열에 의하여 취득한 乙의 우편물은 징계절차에서 증거로 사용할 수 있다.
② 甲이 乙과 정책용역을 수행하면서 乙과의 대화를 녹음한 내용은 재판에서 증거로 사용할 수 없다.
③ 甲이 乙과 丙 사이의 공개되지 않은 대화를 녹음하여 공개한 경우, 1천만 원의 벌금에 처해질 수 있다.
④ 이동통신사업자 甲이 乙의 단말기를 개통하기 위하여 단말기기 고유번호를 제공받은 경우, 1년의 징역에 처해질 수 있다.
⑤ 甲이 乙과 丙 사이의 우편물을 불법으로 검열한 경우, 2년의 징역과 3년의 자격정지에 처해질 수 있다.

## 04 ○△✕

다음 글과 〈지원대상 후보 현황〉을 근거로 판단할 때, 기업 F가 받는 지원금은?

□□부는 2021년도 중소기업 광고비 지원사업 예산 6억 원을 기업에 지원하려 하며, 지원대상 선정 및 지원금 산정 방법은 다음과 같다.
• 2020년도 총매출이 500억 원 미만인 기업만 지원하며, 우선 지원대상 사업분야는 백신, 비대면, 인공지능이다.
• 우선 지원대상 사업분야 내 또는 우선 지원대상이 아닌 사업분야 내에서는 '소요 광고비×2020년도 총매출'이 작은 기업부터 먼저 선정한다.
• 지원금 상한액은 1억 2,000만 원이나, 해당 기업의 2020년도 총매출이 100억 원 이하인 경우 상한액의 2배까지 지원할 수 있다. 단, 지원금은 소요 광고비의 2분의 1을 초과할 수 없다.
• 위의 지원금 산정 방법에 따라 예산 범위 내에서 지급 가능한 최대 금액을 예산이 소진될 때까지 지원대상 기업에 순차로 배정한다.

〈지원대상 후보 현황〉

| 기업 | 2020년도 총매출(억 원) | 소요 광고비 (억 원) | 사업분야 |
|---|---|---|---|
| A | 600 | 1 | 백신 |
| B | 500 | 2 | 비대면 |
| C | 400 | 3 | 농산물 |
| D | 300 | 4 | 인공지능 |
| E | 200 | 5 | 비대면 |
| F | 100 | 6 | 의류 |
| G | 30 | 4 | 백신 |

① 없음
② 8,000만 원
③ 1억 2,000만 원
④ 1억 6,000만 원
⑤ 2억 4,000만 원

## 05 ○△✕

다음 글의 ㉠과 ㉡에 해당하는 수를 옳게 짝지은 것은?

甲담당관 : 우리 부서 전 직원 57명으로 구성되는 혁신조직을 출범시켰으면 합니다.
乙주무관 : 조직은 어떻게 구성할까요?
甲담당관 : 5~7명으로 구성된 10개의 소조직을 만들되, 5명, 6명, 7명 소조직이 각각 하나 이상 있었으면 합니다. 단, 각 직원은 하나의 소조직에만 소속되어야 합니다.
乙주무관 : 그렇게 할 경우 5명으로 구성되는 소조직은 최소 ( ㉠ )개, 최대 ( ㉡ )개가 가능합니다.

| | ㉠ | ㉡ |
|---|---|---|
| ① | 1 | 5 |
| ② | 3 | 5 |
| ③ | 3 | 6 |
| ④ | 4 | 6 |
| ⑤ | 4 | 7 |

## 06 ○△×

다음 글을 근거로 판단할 때, 甲이 통합력에 투입해야 하는 노력의 최솟값은?

- 업무역량은 기획력, 창의력, 추진력, 통합력의 4가지 부문으로 나뉜다.
- 부문별 업무역량 값을 수식으로 나타내면 다음과 같다.

| 부문별 업무역량 값 |
| --- |
| = (해당 업무역량 재능×4)+(해당 업무역량 노력×3) |
| ※ 재능과 노력의 값은 음이 아닌 정수이다. |

- 甲의 부문별 업무역량의 재능은 다음과 같다.

| 기획력 | 창의력 | 추진력 | 통합력 |
| --- | --- | --- | --- |
| 90 | 100 | 110 | 60 |

- 甲은 통합력의 업무역량 값을 다른 어떤 부문의 값보다 크게 만들고자 한다. 단, 甲이 투입 가능한 노력은 총 100이며 甲은 가능한 노력을 남김없이 투입한다.

① 67
② 68
③ 69
④ 70
⑤ 71

## 07 ○△×

다음 글을 근거로 판단할 때, 마지막에 송편을 먹었다면 그 직전에 먹은 떡은?

원 쟁반의 둘레를 따라 쑥떡, 인절미, 송편, 무지개떡, 팥떡, 호박떡이 순서대로 한 개씩 시계방향으로 놓여 있다. 이 떡을 먹는 순서는 다음과 같은 규칙에 따른다. 특정한 떡을 시작점(첫 번째)으로 하여 시계방향으로 떡을 세다가 여섯 번째에 해당하는 떡을 먹는다. 떡을 먹고 나면 시계방향으로 이어지는 바로 다음 떡이 새로운 시작점이 된다. 이 과정을 반복하여 떡이 한 개 남게 되면 마지막으로 그 떡을 먹는다.

① 무지개떡
② 쑥떡
③ 인절미
④ 팥떡
⑤ 호박떡

## 08 ○△×

다음 글을 근거로 판단할 때, 甲이 구매하려는 두 상품의 무게로 옳은 것은?

○○마트에서는 쌀 상품 A~D를 판매하고 있다. 상품 무게는 A가 가장 무겁고, B, C, D 순서대로 무게가 가볍다. 무게 측정을 위해 서로 다른 두 상품을 저울에 올린 결과, 각각 35kg, 39kg, 44kg, 45kg, 50kg, 54kg으로 측정되었다. 甲은 가장 무거운 상품과 가장 가벼운 상품을 제외하고 두 상품을 구매하기로 하였다.

※ 상품 무게(kg)의 값은 정수이다.

① 19kg, 25kg
② 19kg, 26kg
③ 20kg, 24kg
④ 21kg, 25kg
⑤ 22kg, 26kg

## 09 ○△×

다음 글을 근거로 판단할 때, A 괘종시계가 11시 정각을 알리기 위한 마지막 종을 치는 시각은?

A 괘종시계는 매시 정각을 알리기 위해 매시 정각부터 일정한 시간 간격으로 해당 시의 수만큼 종을 친다. 예를 들어 7시 정각을 알리기 위해서는 7시 정각에 첫 종을 치기 시작하여 일정한 시간 간격으로 총 7번의 종을 치는 것이다. 이 괘종시계가 정각을 알리기 위해 2번 이상 종을 칠 때, 종을 치는 시간 간격은 몇 시 정각을 알리기 위한 것이든 동일하다. A 괘종시계가 6시 정각을 알리기 위한 마지막 6번째 종을 치는 시각은 6시 6초이다.

① 11시 11초
② 11시 12초
③ 11시 13초
④ 11시 14초
⑤ 11시 15초

## 10 ○△×

다음 글을 근거로 판단할 때, 현재 시점에서 두 번째로 많은 양의 일을 한 사람은?

> A부서 주무관 5명(甲~戊)은 오늘 해야 하는 일의 양이 같다. 오늘 업무 개시 후 현재까지 한 일을 비교해 보면 다음과 같다.
>
> 甲은 丙이 아직 하지 못한 일의 절반에 해당하는 양의 일을 했다. 乙은 丁이 남겨 놓고 있는 일의 2배에 해당하는 양의 일을 했다. 丙은 자신이 현재까지 했던 일의 절반에 해당하는 일을 남겨 놓고 있다. 丁은 甲이 남겨 놓고 있는 일과 동일한 양의 일을 했다. 戊는 乙이 남겨 놓은 일의 절반에 해당하는 양의 일을 했다.

① 甲
② 乙
③ 丙
④ 丁
⑤ 戊

## 11 ○△×

다음 글과 〈대화〉를 근거로 판단할 때, 丙이 받을 수 있는 최대 성과점수는?

> • A과는 과장 1명과 주무관 4명(甲~丁)으로 구성되어 있으며, 주무관의 직급은 甲이 가장 높고, 乙, 丙, 丁 순으로 낮아진다.
> • A과는 프로젝트를 성공적으로 마친 보상으로 성과점수 30점을 부여받았다. 과장은 A과에 부여된 30점을 자신을 제외한 주무관들에게 분배할 계획을 세우고 있다.
> • 과장은 주무관들의 요구를 모두 반영하여 성과점수를 분배하려 한다.
> • 주무관들이 받는 성과점수는 모두 다른 자연수이다.

> ――――――― 〈대 화〉 ―――――――
>
> 甲 : 과장님이 주시는 대로 받아야죠. 아! 그렇지만 丁보다는 제가 높아야 합니다.
> 乙 : 이번 프로젝트 성공에는 제가 가장 큰 기여를 했으니, 제가 가장 높은 성과점수를 받아야 합니다.
> 丙 : 기여도를 고려했을 때, 제 경우에는 상급자보다는 낮게 받고 하급자보다는 높게 받아야 합니다.
> 丁 : 저는 내년 승진에 필요한 최소 성과점수인 4점만 받겠습니다.

① 6
② 7
③ 8
④ 9
⑤ 10

## 12 ○△×

다음 글을 근거로 판단할 때, 아기 돼지 삼형제와 각각의 집을 옳게 짝지은 것은?

> • 아기 돼지 삼형제는 엄마 돼지로부터 독립하여 벽돌집, 나무집, 지푸라기집 중 각각 다른 한 채씩을 선택하여 짓는다.
> • 벽돌집을 지을 때에는 벽돌만 필요하지만, 나무집은 나무와 지지대가, 지푸라기집은 지푸라기와 지지대가 재료로 필요하다. 지지대에 소요되는 비용은 집의 면적과 상관없이 나무집의 경우 20만 원, 지푸라기집의 경우 5만 원이다.
> • 재료의 1개당 가격 및 집의 면적 1m$^2$당 필요 개수는 아래와 같다.
>
> | 구 분 | 벽돌 | 나무 | 지푸라기 |
> |---|---|---|---|
> | 1개당 가격(원) | 6,000 | 3,000 | 1,000 |
> | 1m$^2$당 필요 개수 | 15 | 20 | 30 |
>
> • 첫째 돼지 집의 면적은 둘째 돼지 집의 2배이고, 셋째 돼지 집의 3배이다. 삼형제 집의 면적의 총합은 11m$^2$이다.
> • 모두 집을 짓고 나니, 둘째 돼지 집을 짓는 재료 비용이 가장 많이 들었다.

| | 첫째 | 둘째 | 셋째 |
|---|---|---|---|
| ① | 벽돌집 | 나무집 | 지푸라기집 |
| ② | 벽돌집 | 지푸라기집 | 나무집 |
| ③ | 나무집 | 벽돌집 | 지푸라기집 |
| ④ | 지푸라기집 | 벽돌집 | 나무집 |
| ⑤ | 지푸라기집 | 나무집 | 벽돌집 |

## 13 ⊙△☓

다음 〈A기관 특허대리인 보수 지급 기준〉과 〈상황〉을 근거로 판단할 때, 甲과 乙이 지급받는 보수의 차이는?

─────── 〈A기관 특허대리인 보수 지급 기준〉 ───────

- A기관은 특허출원을 특허대리인(이하 '대리인')에게 의뢰하고, 이에 따라 특허출원 건을 수임한 대리인에게 보수를 지급한다.
- 보수는 착수금과 사례금의 합이다.
- 착수금은 대리인이 작성한 출원서의 내용에 따라 〈착수금 산정 기준〉의 세부항목을 합산하여 산정한다. 단, 세부항목을 합산한 금액이 140만 원을 초과할 경우 착수금은 140만 원으로 한다.

〈착수금 산정 기준〉

| 세부항목 | 금액(원) |
|---|---|
| 기본료 | 1,200,000 |
| 독립항 1개 초과분(1개당) | 100,000 |
| 종속항(1개당) | 35,000 |
| 명세서 20면 초과분(1면당) | 9,000 |
| 도면(1도당) | 15,000 |

※ 독립항 1개 또는 명세서 20면 이하는 해당 항목에 대한 착수금을 산정하지 않는다.

- 사례금은 출원한 특허가 '등록결정'된 경우 착수금과 동일한 금액으로 지급하고, '거절결정'된 경우 0원으로 한다.

─────── 〈상 황〉 ───────

- 특허대리인 甲과 乙은 A기관이 의뢰한 특허출원을 각각 1건씩 수임하였다.
- 甲은 독립항 1개, 종속항 2개, 명세서 14면, 도면 3도로 출원서를 작성하여 특허를 출원하였고, '등록결정'되었다.
- 乙은 독립항 5개, 종속항 16개, 명세서 50면, 도면 12도로 출원서를 작성하여 특허를 출원하였고, '거절결정'되었다.

① 2만 원
② 8만 5천 원
③ 123만 원
④ 129만 5천 원
⑤ 259만 원

## 14 ⊙△☓

다음 글과 〈상황〉을 근거로 판단할 때, 〈보기〉에서 옳은 것만을 모두 고르면?

─────────────────────────────

□□부서는 매년 △△사업에 대해 사업자 자격 요건 재허가 심사를 실시한다.

- 기본심사 점수에서 감점 점수를 뺀 최종심사 점수가 70점 이상이면 '재허가', 60점 이상 70점 미만이면 '허가 정지', 60점 미만이면 '허가 취소'로 판정한다.
  - 기본심사 점수 : 100점 만점으로, ㉮~㉱의 4가지 항목(각 25점 만점) 점수의 합으로 한다. 단, 점수는 자연수이다.
  - 감점 점수 : 과태료 부과의 경우 1회당 2점, 제재 조치의 경우 경고 1회당 3점, 주의 1회당 1.5점, 권고 1회당 0.5점으로 한다.

─────── 〈상 황〉 ───────

2020년 사업자 A~C의 기본심사 점수 및 감점 사항은 아래와 같다.

| 사업자 | 기본심사 항목별 점수 | | | |
|---|---|---|---|---|
| | ㉮ | ㉯ | ㉰ | ㉱ |
| A | 20 | 23 | 17 | ? |
| B | 18 | 21 | 18 | ? |
| C | 23 | 18 | 21 | 16 |

| 사업자 | 과태료 부과횟수 | 제재 조치 횟수 | | |
|---|---|---|---|---|
| | | 경고 | 주의 | 권고 |
| A | 3 | – | – | 6 |
| B | 5 | – | 3 | 2 |
| C | 4 | 1 | 2 | – |

─────── 〈보 기〉 ───────

ㄱ. A의 ㉱ 항목 점수가 15점이라면 A는 재허가를 받을 수 있다.
ㄴ. B의 허가가 취소되지 않으려면 B의 ㉱ 항목 점수가 19점 이상이어야 한다.
ㄷ. C가 2020년에 과태료를 부과받은 적이 없다면 판정 결과가 달라진다.
ㄹ. 기본심사 점수와 최종심사 점수 간의 차이가 가장 큰 사업자는 C이다.

① ㄱ
② ㄴ
③ ㄱ, ㄴ
④ ㄴ, ㄷ
⑤ ㄷ, ㄹ

## 15 ○△✕

다음 글과 〈상황〉을 근거로 판단할 때, 수질검사빈도와 수질기준을 둘 다 충족한 검사지점만을 모두 고르면?

□□법 제00조(수질검사빈도와 수질기준) ① 기초자치단체의 장인 시장·군수·구청장은 다음 각 호의 구분에 따라 지방상수도의 수질검사를 실시하여야 한다.
1. 정수장에서의 검사
　가. 냄새, 맛, 색도, 탁도(濁度), 잔류염소에 관한 검사 : 매일 1회 이상
　나. 일반세균, 대장균, 암모니아성 질소, 질산성 질소, 과망간산칼륨 소비량 및 증발잔류물에 관한 검사 : 매주 1회 이상
　　단, 일반세균, 대장균을 제외한 항목 중 지난 1년간 검사를 실시한 결과, 수질기준의 10퍼센트를 초과한 적이 없는 항목에 대하여는 매월 1회 이상
2. 수도꼭지에서의 검사
　가. 일반세균, 대장균, 잔류염소에 관한 검사 : 매월 1회 이상
　나. 정수장별 수도관 노후지역에 대한 일반세균, 대장균, 암모니아성 질소, 동, 아연, 철, 망간, 잔류염소에 관한 검사 : 매월 1회 이상
3. 수돗물 급수과정별 시설(배수지 등)에서의 검사
　일반세균, 대장균, 암모니아성 질소, 동, 수소이온 농도, 아연, 철, 잔류염소에 관한 검사 : 매 분기 1회 이상
② 수질기준은 아래와 같다.

| 항목 | 기준 | 항목 | 기준 |
|---|---|---|---|
| 대장균 | 불검출/100mL | 일반세균 | 100CFU/mL 이하 |
| 잔류염소 | 4mg/L 이하 | 질산성 질소 | 10mg/L 이하 |

―――――― 〈상 황〉 ――――――

甲시장은 □□법 제00조에 따라 수질검사를 실시하고 있다. 甲시 관할의 검사지점(A~E)은 이전 검사에서 매번 수질기준을 충족하였고, 이번 수질검사에서 아래와 같은 결과를 보였다.

| 검사지점 | 검사대상 | 검사결과 | 검사빈도 |
|---|---|---|---|
| 정수장 A | 잔류염소 | 2mg/L | 매일 1회 |
| 정수장 B | 질산성 질소 | 11mg/L | 매일 1회 |
| 정수장 C | 일반세균 | 70CFU/mL | 매월 1회 |
| 수도꼭지 D | 대장균 | 불검출/100mL | 매주 1회 |
| 배수지 E | 잔류염소 | 2mg/L | 매주 1회 |

※ 제시된 검사대상 외의 수질검사빈도와 수질기준은 모두 충족한 것으로 본다.

① A, D
② B, D
③ A, D, E
④ A, B, C, E
⑤ A, C, D, E

## 16 ○△✕

다음 글과 〈상황〉을 근거로 판단할 때 옳은 것은?

• 민원의 종류
　법정민원(인가·허가 등을 신청하거나 사실·법률관계에 관한 확인 또는 증명을 신청하는 민원), 질의민원(법령·제도 등에 관하여 행정기관의 설명·해석을 요구하는 민원), 건의민원(행정제도의 개선을 요구하는 민원), 기타민원(그 외 상담·설명 요구, 불편 해결을 요구하는 민원)으로 구분함
• 민원의 신청
　문서(전자문서를 포함, 이하 같음)로 해야 하나, 기타민원은 구술 또는 전화로 가능함
• 민원의 접수
　민원실에서 접수하고, 접수증을 교부하여야 함(단, 기타민원, 우편 및 전자문서로 신청한 민원은 접수증 교부를 생략할 수 있음)
• 민원의 이송
　접수한 민원이 다른 행정기관의 소관인 경우, 접수된 민원문서를 지체 없이 소관 기관에 이송하여야 함
• 처리결과의 통지
　접수된 민원에 대한 처리결과를 민원인에게 문서로 통지하여야 함(단, 기타민원의 경우와 통지에 신속을 요하거나 민원인이 요청하는 경우, 구술 또는 전화로 통지할 수 있음)
• 반복 및 중복 민원의 처리
　민원인이 동일한 내용의 민원(법정민원 제외)을 정당한 사유 없이 3회 이상 반복하여 제출한 경우, 2회 이상 그 처리결과를 통지하였다면 그 후 접수되는 민원에 대하여는 바로 종결 처리할 수 있음

―――――― 〈상 황〉 ――――――

• 甲은 인근 공사장 소음으로 인한 불편 해결을 요구하는 민원을 A시에 제기하려고 한다.
• 乙은 자신의 영업허가를 신청하는 민원을 A시에 제기하려고 한다.

① 甲은 구술 또는 전화로 민원을 신청할 수 없다.
② 乙은 전자문서로 민원을 신청할 수 없다.
③ 甲이 신청한 민원이 다른 행정기관 소관 사항인 경우라도, A시는 해당 민원을 이송 없이 처리할 수 있다.
④ A시는 甲이 신청한 민원에 대한 처리결과를 전화로 통지할 수 있다.
⑤ 乙이 동일한 내용의 민원을 이미 2번 제출하여 처리결과를 통지받았으나 정당한 사유 없이 다시 신청한 경우, A시는 해당 민원을 바로 종결 처리할 수 있다.

## 17 ○△×

**다음 글과 〈상황〉을 근거로 판단할 때 옳지 않은 것은?**

제00조 ① 건축물을 건축하거나 대수선하려는 자는 특별자치시장·특별자치도지사 또는 시장·군수·구청장의 허가를 받아야 한다. 다만 21층 이상의 건축물이나 연면적 합계 10만 제곱미터 이상인 건축물을 특별시나 광역시에 건축하려면 특별시장이나 광역시장의 허가를 받아야 한다.

② 허가권자는 제1항에 따른 허가를 받은 자가 다음 각 호의 어느 하나에 해당하면 허가를 취소하여야 한다. 다만 제1호에 해당하는 경우로서 정당한 사유가 있다고 인정되면 1년의 범위에서 공사의 착수기간을 연장할 수 있다.

1. 허가를 받은 날부터 2년 이내에 공사에 착수하지 아니한 경우

2. 제1호의 기간 이내에 공사에 착수하였으나 공사의 완료가 불가능하다고 인정되는 경우

제00조 ① ○○부 장관은 국토관리를 위하여 특히 필요하다고 인정하거나 주무부장관이 국방, 문화재보존, 환경보전 또는 국민경제를 위하여 특히 필요하다고 인정하여 요청하면 허가권자의 건축허가나 허가를 받은 건축물의 착공을 제한할 수 있다.

② 특별시장·광역시장·도지사(이하 '시·도지사'라 한다)는 지역계획이나 도시·군계획에 특히 필요하다고 인정하면 시장·군수·구청장의 건축허가나 허가를 받은 건축물의 착공을 제한할 수 있다.

③ ○○부 장관이나 시·도지사는 제1항이나 제2항에 따라 건축허가나 건축허가를 받은 건축물의 착공을 제한하려는 경우에는 주민의견을 청취한 후 건축위원회의 심의를 거쳐야 한다.

④ 제1항이나 제2항에 따라 건축허가나 건축물의 착공을 제한하는 경우 제한기간은 2년 이내로 한다. 다만 1회에 한하여 1년 이내의 범위에서 제한기간을 연장할 수 있다.

〈상 황〉

甲은 20층의 연면적 합계 5만 제곱미터인 건축물을, 乙은 연면적 합계 15만 제곱미터인 건축물을 각각 A광역시 B구에 신축하려고 한다.

① 甲은 B구청장에게 건축허가를 받아야 한다.

② 甲이 건축허가를 받은 경우에도 A광역시장은 지역계획에 특히 필요하다고 인정하면 일정한 절차를 거쳐 甲의 건축물 착공을 제한할 수 있다.

③ B구청장은 주민의견을 청취한 후 건축위원회의 심의를 거쳐 건축허가를 받은 乙의 건축물 착공을 제한할 수 있다.

④ 乙이 건축허가를 받은 날로부터 2년 이내에 정당한 사유 없이 공사에 착수하지 않은 경우, A광역시장은 건축허가를 취소하여야 한다.

⑤ 주무부장관이 문화재보존을 위하여 특히 필요하다고 인정하여 요청하는 경우, ○○부 장관은 건축허가를 받은 乙의 건축물에 대해 최대 3년간 착공을 제한할 수 있다.

## 18 ○△×

**다음 글을 근거로 판단할 때 옳지 않은 것은?**

제00조 ① 정보공개심의회(이하 '심의회'라 한다)는 다음 각 호의 구분에 따라 10인 이내의 위원으로 구성한다.

1. 내부 위원 : 위원장 1인(○○실장)과 각 부서의 정보공개담당관 중 지명된 3인

2. 외부 위원 : 관련분야 전문가 중에서 총 위원수의 3분의 1 이상 위촉

② 위원은 특정 성별이 다른 성별의 2분의 1 이하가 되지 않도록 한다.

③ 위원장을 비롯한 내부 위원의 임기는 그 직위에 재직하는 기간으로 하며, 외부 위원의 임기는 2년으로 하되 2회에 한하여 연임할 수 있다.

④ 심의회는 위원장이 소집하고, 회의는 위원장을 포함한 재적위원 3분의 2 이상의 출석으로 개의하고 출석위원 3분의 2 이상의 찬성으로 의결한다.

⑤ 위원은 부득이한 이유로 참석할 수 없는 경우에는 서면으로 의견을 제출할 수 있다. 이 경우 해당 위원은 심의회에 출석한 것으로 본다.

① 외부 위원의 최대 임기는 6년이다.

② 정보공개심의회는 최소 6명의 위원으로 구성된다.

③ 정보공개심의회 내부 위원이 모두 여성일 경우, 정보공개심의회는 7명의 위원으로 구성될 수 있다.

④ 정보공개심의회가 8명의 위원으로 구성되면, 위원 3명의 찬성으로 의결되는 경우가 있다.

⑤ 위원장을 포함한 위원 5명이 직접 출석하여 이들 모두 안건에 찬성하고, 위원 2명이 부득이한 이유로 서면으로 의견을 제출한 경우, 제출된 서면 의견에 상관없이 해당 안건은 찬성으로 의결된다.

## 19 ○△✕

다음 글을 근거로 판단할 때, 〈보기〉에서 옳은 것만을 모두 고르면?

> 2021년에 적용되는 ○○인재개발원의 분반 허용 기준은 아래와 같다.
>
> • 분반 허용 기준
> - 일반강의 : 직전 2년 수강인원의 평균이 100명 이상이거나, 그 2년 중 1년의 수강인원이 120명 이상
> - 토론강의 : 직전 2년 수강인원의 평균이 60명 이상이거나, 그 2년 중 1년의 수강인원이 80명 이상
> - 영어강의 : 직전 2년 수강인원의 평균이 30명 이상이거나, 그 2년 중 1년의 수강인원이 50명 이상
> - 실습강의 : 직전 2년 수강인원의 평균이 20명 이상
> • 이상의 기준에도 불구하고 직전년도 강의만족도 평가점수가 90점 이상이었던 강의는 위에서 기준으로 제시한 수강인원의 90% 이상이면 분반을 허용한다.

───── 〈보 기〉 ─────

ㄱ. 2019년과 2020년의 수강인원이 각각 100명과 80명이고 2020년 강의만족도 평가점수가 85점인 일반강의 A는 분반이 허용된다.

ㄴ. 2019년과 2020년의 수강인원이 각각 10명과 45명인 영어강의 B의 분반이 허용되지 않는다면, 2020년 강의만족도 평가점수는 90점 미만이었을 것이다.

ㄷ. 2019년 수강인원이 20명이고 2020년 강의만족도 평가점수가 92점인 실습강의 C의 분반이 허용되지 않는다면, 2020년 강의의 수강인원은 15명을 넘지 않았을 것이다.

① ㄴ
② ㄷ
③ ㄱ, ㄴ
④ ㄱ, ㄷ
⑤ ㄴ, ㄷ

## 20 ○△✕

다음 글과 〈상황〉을 근거로 판단할 때, 〈사업 공모 지침 수정안〉의 밑줄 친 ㉮~㉲ 중 '관계부처 협의 결과'에 부합한 것만을 모두 고르면?

> • '대학 캠퍼스 혁신파크 사업'을 담당하는 A주무관은 신청 조건과 평가지표 및 배점을 포함한 〈사업 공모 지침 수정안〉을 작성하였다. 평가지표는 I~IV의 지표와 그 하위 지표로 구성되어 있다.

〈사업 공모 지침 수정안〉

㉮ □ 신청 조건

최소 1만m² 이상의 사업부지 확보. 단, 사업부지에는 건축물이 없어야 함

□ 평가지표 및 배점

| 평가지표 | 배점 | |
| --- | --- | --- |
| | 현행 | 수정 |
| ㉯ I. 개발 타당성 | 20 | 25 |
| - 개발계획의 합리성 | 10 | 10 |
| - 관련 정부사업과의 연계가능성 | 5 | 10 |
| - 학습여건 보호 가능성 | 5 | 5 |
| ㉰ II. 대학의 사업 추진 역량과 의지 | 10 | 15 |
| - 혁신파크 입주기업 지원 방안 | 5 | 5 |
| - 사업 전담조직 및 지원체계 | 5 | 5 |
| - 대학 내 주체 간 합의 정도 | - | 5 |
| ㉱ III. 기업 유치 가능성 | 10 | 10 |
| - 기업의 참여 가능성 | 7 | 3 |
| - 참여 기업의 재무건전성 | 3 | 7 |
| ㉲ IV. 시범사업 조기 활성화 가능성 | 10 | 삭제 |
| - 대학 내 주체 간 합의 정도 | 5 | 이동 |
| - 부지 조기 확보 가능성 | 5 | 삭제 |
| 합계 | 50 | 50 |

───── 〈상 황〉 ─────

A주무관은 〈사업 공모 지침 수정안〉을 작성한 후 뒤늦게 '관계부처 협의 결과'를 전달받았다. 그 내용은 다음과 같다.

• 대학이 부지를 확보하는 것이 쉽지 않으므로 신청 사업부지 안에 건축물이 포함되어 있어도 신청 허용

• 도시재생뉴딜사업, 창업선도대학 등 '관련 정부사업과의 연계가능성' 평가비중 확대

• 시범사업 기간이 종료되었으므로 시범사업 조기 활성화와 관련된 평가지표를 삭제하되 '대학 내 주체 간 합의 정도'는 타 지표로 이동하여 계속 평가

• 논의된 내용 이외의 하위 지표의 항목과 배점은 사업의 안정성을 위해 현행 유지

① ㉮, ㉯
② ㉮, ㉱
③ ㉯, ㉰
④ ㉰, ㉲
⑤ ㉯, ㉰, ㉲

**21** ☐△✕

다음 글과 〈대화〉를 근거로 판단할 때, ⊙에 들어갈 丙의 대화내용으로 옳은 것은?

---

주무관 丁은 다음과 같은 사실을 알고 있다.
- 이번 주 개업한 A식당은 평일 '점심(12시)'과 '저녁(18시)'으로만 구분해 운영되며, 해당 시각 이전에 예약할 수 있다.
- 주무관 甲~丙은 A식당에 이번 주 월요일부터 수요일까지 서로 겹치지 않게 예약하고 각자 한 번씩 다녀왔다.

---

〈대 화〉

甲 : 나는 이번 주 乙의 방문후기를 보고 예약했어. 음식이 정말 훌륭하더라!

乙 : 그렇지? 나도 나중에 들었는데 丙은 점심 할인도 받았대. 나도 다음에는 점심에 가야겠어.

丙 : 월요일은 개업일이라 사람이 많을 것 같아서 피했어. ⊙

丁 : 너희 모두의 말을 다 들어보니, 각자 식당에 언제 갔는지를 정확하게 알겠다!

---

① 乙이 다녀온 바로 다음날 점심을 먹었지.
② 甲이 먼저 점심 할인을 받고 나에게 알려준 거야.
③ 甲이 우리 중 가장 늦게 갔었구나.
④ 월요일에 갔던 사람은 아무도 없구나.
⑤ 같이 가려고 했더니 이미 다들 먼저 다녀왔더군.

**22** ☐△✕

다음 글과 〈상황〉을 근거로 판단할 때, 날씨 예보 앱을 설치한 잠재 사용자의 총수는?

---

내일 비가 오는지를 예측하는 날씨 예보시스템을 개발한 A청은 다음과 같은 날씨 예보 앱의 '사전테스트전략'을 수립하였다.
- 같은 날씨 변화를 경험하는 잠재 사용자의 전화번호를 개인의 동의를 얻어 확보한다.
- 첫째 날에는 잠재 사용자를 같은 수의 두 그룹으로 나누어, 한쪽은 "비가 온다"로 다른 한쪽에는 "비가 오지 않는다"로 메시지를 보낸다.
- 둘째 날에는 직전일에 보낸 메시지와 날씨가 일치한 그룹을 다시 같은 수의 두 그룹으로 나누어, 한쪽은 "비가 온다"로 다른 한쪽에는 "비가 오지 않는다"로 메시지를 보낸다.
- 이후 날에도 같은 작업을 계속 반복한다.
- 보낸 메시지와 날씨가 일치하지 않은 잠재 사용자를 대상으로도 같은 작업을 반복한다. 즉, 직전일에 보낸 메시지와 날씨가 일치하지 않은 잠재 사용자를 같은 수의 두 그룹으로 나누어, 한쪽은 "비가 온다"로 다른 한쪽에는 "비가 오지 않는다"로 메시지를 보낸다.

---

〈상 황〉

A청은 사전테스트전략대로 200,000명의 잠재 사용자에게 월요일부터 금요일까지 5일간 메시지를 보냈다. 받은 메시지와 날씨가 3일 연속 일치한 경우, 해당 잠재 사용자는 날씨 예보 앱을 그날 설치한 후 제거하지 않았다.

---

① 12,500명
② 25,000명
③ 37,500명
④ 43,750명
⑤ 50,000명

## ※ 다음 글을 읽고 물음에 답하시오. [23~24]

- 국가는 지방자치단체인 시·군·구의 인구, 지리적 여건, 생활권·경제권, 발전가능성 등을 고려하여 통합이 필요한 지역에 대하여는 지방자치단체 간 통합을 지원해야 한다.
- △△위원회(이하 '위원회')는 통합대상 지방자치단체를 발굴하고 통합방안을 마련한다. 지방자치단체의 장, 지방의회 또는 주민은 인근 지방자치단체와의 통합을 위원회에 건의할 수 있다. 단, 주민이 건의하는 경우에는 해당 지방자치단체의 주민투표권자 총수의 50분의 1 이상의 연서(連書)가 있어야 한다. 지방자치단체의 장, 지방의회 또는 주민은 위원회에 통합을 건의할 때 통합대상 지방자치단체를 관할하는 특별시장·광역시장 또는 도지사(이하 '시·도지사')를 경유해야 한다. 이 경우 시·도지사는 접수받은 통합건의서에 의견을 첨부하여 지체 없이 위원회에 제출해야 한다. 위원회는 위의 건의를 참고하여 시·군·구 통합방안을 마련해야 한다.
- ㅁㅁ부 장관은 위원회가 마련한 시·군·구 통합방안에 따라 지방자치단체 간 통합을 해당 지방자치단체의 장에게 권고할 수 있다. ㅁㅁ부 장관은 지방자치단체 간 통합권고안에 관하여 해당 지방의회의 의견을 들어야 한다. 그러나 ㅁㅁ부 장관이 필요하다고 인정하여 해당 지방자치단체의 장에게 주민투표를 요구하여 실시한 경우에는 그렇지 않다. 지방자치단체의 장은 시·군·구 통합과 관련하여 주민투표의 실시 요구를 받은 때에는 지체 없이 이를 공표하고 주민투표를 실시해야 한다.
- 지방의회 의견청취 또는 주민투표를 통하여 지방자치단체의 통합의사가 확인되면 '관계지방자치단체(통합대상 지방자치단체 및 이를 관할하는 특별시·광역시 또는 도)'의 장은 명칭, 청사 소재지, 지방자치단체의 사무 등 통합에 관한 세부사항을 심의하기 위하여 공동으로 '통합추진공동위원회'를 설치해야 한다.
- 통합추진공동위원회의 위원은 관계지방자치단체의 장 및 그 지방의회가 추천하는 자로 한다. 통합추진공동위원회를 구성하는 각각의 관계지방자치단체 위원 수는 다음에 따라 산정한다. 단, 그 결과값이 자연수가 아닌 경우에는 소수점 이하의 수를 올림한 값을 관계지방자치단체 위원 수로 한다.

> 관계지방자치단체 위원 수=[(통합대상 지방자치단체 수)×6+(통합대상 지방자치단체를 관할하는 특별시·광역시 또는 도의 수)×2+1]÷(관계지방자치단체 수)

- 통합추진공동위원회의 전체 위원 수는 위에 따라 산출된 관계지방자치단체 위원 수에 관계지방자치단체 수를 곱한 값이다.

## 23 ○△✕

**윗글을 근거로 판단할 때 옳은 것은?**

① ㅁㅁ부 장관이 요구하여 지방자치단체의 통합과 관련한 주민투표가 실시된 경우에는 통합권고안에 대해 지방의회의 의견을 청취하지 않아도 된다.

② 지방의회가 의결을 통해 다른 지방자치단체와의 통합을 추진하고자 한다면 통합건의서는 시·도지사를 경유하지 않고 △△위원회에 직접 제출해야 한다.

③ 주민투표권자 총수가 10만 명인 지방자치단체의 주민들이 다른 인근 지방자치단체와의 통합을 △△위원회에 건의하고자 할 때, 주민 200명의 연서가 있으면 가능하다.

④ 통합추진공동위원회의 위원은 ㅁㅁ부 장관과 관계지방자치단체의 장이 추천하는 자로 한다.

⑤ 지방자치단체의 장은 해당 지방자치단체의 통합을 △△위원회에 건의할 때, 지방의회의 의결을 거쳐야 한다.

## 24 ○△✕

**윗글과 〈상황〉을 근거로 판단할 때, '통합추진공동위원회'의 전체 위원 수는?**

> ─ 〈상황〉 ─
>
> 甲도가 관할하는 지방자치단체인 A군과 B군, 乙도가 관할하는 지방자치단체인 C군, 그리고 丙도가 관할하는 지방자치단체인 D군은 관련 절차를 거쳐 하나의 지방자치단체로 통합을 추진하고 있다. 현재 관계지방자치단체장은 공동으로 '통합추진공동위원회'를 설치하고자 한다.

① 42명

② 35명

③ 32명

④ 31명

⑤ 28명

## 25 ○△×

다음 글과 〈상황〉을 근거로 판단할 때, 괄호 안의 ㉠과 ㉡에 해당하는 것을 옳게 짝지은 것은?

- 행정구역분류코드는 다섯 자리 숫자로 구성되어 있다.
- 행정구역분류코드의 '처음 두 자리'는 광역자치단체인 시·도를 의미하는 고유한 값이다.
- '그 다음 두 자리'는 광역자치단체인 시·도에 속하는 기초자치단체인 시·군·구를 의미하는 고유한 값이다. 단, 광역자치단체인 시에 속하는 기초자치단체는 군·구이다.
- '마지막 자리'에는 해당 시·군·구가 기초자치단체인 경우 0, 자치단체가 아닌 경우 0이 아닌 임의의 숫자를 부여한다.
- 광역자치단체인 시에 속하는 구는 기초자치단체이며, 기초자치단체인 시에 속하는 구는 자치단체가 아니다.

〈상 황〉

○○시의 A구와 B구 중 B구의 행정구역분류코드의 첫 네 자리는 1003이며, 다섯 번째 자리는 알 수 없다.

甲은 ○○시가 광역자치단체인지 기초자치단체인지 모르는 상황에서, A구의 행정구역분류코드는 ○○시가 광역자치단체라면 ( ㉠ ), 기초자치단체라면 ( ㉡ )이/가 가능하다고 판단하였다.

|  | ㉠ | ㉡ |
|---|---|---|
| ① | 10020 | 10021 |
| ② | 10020 | 10033 |
| ③ | 10033 | 10034 |
| ④ | 10050 | 10027 |
| ⑤ | 20030 | 10035 |

# CHAPTER 04

# 2020년 7급 PSAT 모의평가 언어논리

## 01 ○△×

**다음 글에서 알 수 있는 것은?**

3·1운동 직후 상하이에 모여든 독립운동가들은 임시정부를 만들기 위한 첫걸음으로 조소앙이 기초한 대한민국임시헌장을 채택했다. 대한민국임시헌장을 기초할 때 조소앙은 국호를 '대한민국'으로 하고 정부 명칭도 '대한민국 임시정부'로 하자고 했다. 그 제안이 받아들여졌기 때문에 대한민국임시헌장 제1조에 "대한민국은 민주공화제로 함."이라는 문구가 담기게 된 것이다.

'대한민국'이란 한국인들이 만든 '민국'이라는 뜻이다. 여기서 '민국'이란 국민이 주인인 나라라는 의미가 담긴 용어다. 조소앙은 3·1운동이 일어나기 전, 대한제국 황제가 국민의 동의 없이 마음대로 국권을 일제에 넘겼다고 말하면서 국민은 국권을 포기한 적이 없다고 밝힌 대동단결선언을 발표한 적이 있다. 이 선언에는 "구한국 마지막 날은 신한국 최초의 날"이라는 문구가 담겨 있다. '신한국'이란 말 그대로 '새로운 한국'을 의미한다. 조소앙은 대한제국을 대신할 '새로운 한국'이란 다름 아닌 한국 국민이 주인인 나라라고 말했다.

조소앙의 주장은 대한민국 임시정부에 참여한 독립 운동가들로부터 열렬한 지지를 받았다. 독립운동가들은 황제나 일본 제국주의자들이 지배하는 나라가 아니라 국민이 주권을 가진 나라를 만들어야 한다는 데 뜻을 모았다. 1941년에 대한민국 임시정부는 이러한 의지를 보다 선명하게 드러낸 건국강령을 발표하기도 했다. 1948년에 소집된 제헌국회도 대한민국임시헌장에 담긴 정신을 계승했다. 잘 알려진 것처럼 제헌국회는 제헌헌법을 만들었는데, 이 헌법에 우리나라의 명칭을 '대한민국'이라고 한 내용이 있다.

① 대한민국 임시정부는 건국강령을 통해 대한민국임시헌장을 공포했다.

② 조소앙은 대한민국 임시정부의 요청을 받아들여 대동단결선언을 만들었다.

③ 대한민국임시헌장이 공포되기 전에는 '한국'이라는 명칭을 사용한 독립운동가가 없었다.

④ 제헌국회는 대한제국의 정치 제도를 계승하기 위해 '대한민국'이라는 국호를 사용했다.

⑤ 대한민국 임시정부를 만드는 데 참여한 독립운동가들은 민주공화제를 받아들이는 데 합의했다.

## 02 ○△×

**다음 글에서 알 수 있는 것은?**

인조가 남한산성에서 청군에 포위되어 있을 때, 신하들은 척화론과 주화론으로 나뉘어 서로 대립했다. 척화론을 주장한 김상헌은 청에 항복하는 것은 있을 수 없는 일이라며 끝까지 저항하자고 했다. 그는 중화인 명을 버리고 오랑캐와 화의를 맺는 일은 군신의 의리를 버리는 것이라고 말했다. 그와 달리 주화론을 주장한 최명길은 "나아가 싸워 이길 수도 없고 물러나 지킬 수도 없으면 타협하는 수밖에 없다."라고 했다. 그는 명을 섬겨야 한다는 김상헌의 주장에는 동의하지만, 그보다 나라를 보존하는 것이 우선이라고 말했다. 나라가 없어지면 명을 섬기는 것도 불가능하므로 일단 항복한 후 후일을 기약하자는 것이었다.

주화론과 척화론 사이에서 고심하던 인조는 결국 최명길의 입장을 받아들여 청에 항복하는 길을 선택했다. 청군이 물러난 후에 척화론자들은 국왕이 항복의 수모를 당한 것이 모두 주화론자들 탓이라며 비난했다. 그들은 주화론자들을 배신자라고 공격하는 한편 김상헌을 절개 있는 인물이라고 추켜세웠다.

인조 때에는 척화론을 주장했던 사람들이 정국을 주도하지 못했기 때문에 주화론을 내세웠던 사람들이 정계에서 쫓겨나가는 일은 벌어지지 않았다. 그러나 인조의 뒤를 이은 효종이 청에 복수하겠다는 북벌론을 내세우고, 예전에 척화론을 주장했던 자들을 중용하면서 최명길의 편에 섰던 사람들의 입지가 좁아졌다. 효종에 의해 등용되어 정계에 진출할 수 있었던 송시열은 인조가 남한산성에 피신해 있을 때 주화론을 주장했던 사람들과 그 후손들을 정계에서 배제해야 한다고 했다. 송시열 사후에 나타난 노론 세력은 최명길의 주장에 동조했던 사람들의 후손이 요직에 오르지 못하게 막았다. 이는 송시열의 뜻에 따른 것이었다. 이로써 김상헌의 가문인 안동 김씨들은 정계의 요직을 차지할 수 있었다.

① 최명길은 중화 중심의 세계관에서 벗어나야 한다는 생각에서 주화론을 주장했다.

② 효종은 송시열의 주장에 따라 청군의 항복 요구를 받아들이지 않기로 결정했다.

③ 김상헌은 명에 대한 군신의 의리를 지켜야 한다고 주장하면서 주화론에 맞섰다.

④ 인조는 청에 항복한 후 척화론을 받아들여 주화론자들을 정계에서 내쫓았다.

⑤ 노론 세력은 주화론을 받아들여야 한다고 인조를 설득했으나 뜻을 이루지 못했다.

## 03 ○△✕
다음 글의 논지로 가장 적절한 것은?

사람들은 보통 질병이라고 하면 병균이나 바이러스를 떠올리고, 병에 걸리는 것은 개인적 요인 때문이라고 생각하곤 한다. 어떤 사람이 바이러스에 노출되었다면 그 사람이 평소에 위생 관리를 철저히 하지 않았기 때문이라고 여기는 것이다. 이는 발병 책임을 전적으로 질병에 걸린 사람에게 묻는 생각이다. 꾸준히 건강을 관리하지 않은 사람이나 비만, 허약 체질인 사람이 더 쉽게 병균에 노출된다고 생각하는 경향도 강하다. 그러나 발병한 사람들 전체를 고려하면, 성별, 계층, 직업 등의 사회적 요인에 따라 건강 상태나 질병 종류 및 그 심각성 등이 다르게 나타난다. 따라서 어떤 질병의 성격을 파악할 때 질병의 발생이 개인적 요인뿐만 아니라 계층이나 직업 등의 요인과도 관련될 수 있음을 고려해야 한다.

질병에 대처할 때도 사회적 요인을 고려해야 한다. 물론 어떤 사람들에게는 질병으로 인한 고통과 치료에 대한 부담이 가장 심각한 문제일 수 있다. 그러나 또 다른 사람들에게는 질병에 대한 사회적 편견과 낙인이 오히려 더 심각한 문제일 수 있다. 그들에게는 그러한 편견과 낙인이 더 큰 고통을 안겨 주기 때문이다. 질병이 나타나는 몸은 개인적 영역이면서 동시에 가족이나 직장과도 연결된 사회적인 것이다. 질병의 치료 역시 개인의 문제만으로 그치지 않고 가족과 사회의 문제로 확대되곤 한다. 나의 질병은 내 삶의 위기이자 가족의 근심거리가 되며 나아가 회사와 지역사회에도 긴장을 조성하기 때문이다. 요컨대 질병의 치료가 개인적 영역을 넘어서서 사회적 영역과 관련될 수밖에 없다는 것은 질병의 대처 과정에서 사회적 요인을 반드시 고려해야 한다는 점을 잘 보여준다.

① 병균이나 바이러스로 인한 신체적 이상 증상은 가정이나 지역사회에 위기를 야기할 수 있기에 중요한 사회적 문제이다.

② 한 사람의 몸은 개인적 영역인 동시에 사회적 영역이기에 발병의 책임을 질병에 걸린 사람에게만 묻는 것은 옳지 않다.

③ 질병으로 인한 신체적 고통보다 질병에 대한 사회적 편견으로 인한 고통이 더 크므로 이에 대한 사회적 대책이 필요하다.

④ 질병의 성격을 파악하고 질병에 대처하기 위해서는 사회적인 측면을 고려해야 한다.

⑤ 질병의 치료를 위해서는 개인적 차원보다 사회적 차원의 노력이 더 중요하다.

## 04 ○△✕
다음 글의 빈칸에 들어갈 내용으로 가장 적절한 것은?

어떤 사람이 오존층을 파괴하는 냉각제를 사용하는 경우를 고려해 보자. 오존층 파괴로 인해 무수히 많은 사람이 해악을 입었다고 하더라도, 이 한 사람의 행위가 어떤 특정 개인에게 미친 해악은 매우 미미하다고 말할 수 있을 것이다. 이때 그 사람은 그다지 죄책감을 느끼지 않을 수 있고, 따라서 자신에게 도덕적 책임이 있다는 것을 쉽게 인정하지 않을 수 있다. 이는 다음과 같은 사례를 통해 잘 설명된다.

〈사 례〉

가난한 마을에 갑훈을 포함한 산적 100명이 들이닥쳐 약탈을 저질렀다. 을훈을 포함한 주민 100명에게는 각각 콩 100알씩이 있었는데 산적들은 각자 주민 한 명을 맡아 그 사람의 콩을 몽땅 빼앗았다. 그 결과 모든 주민이 굶주리게 되었다. 이때 갑훈이 콩을 빼앗은 상대가 을훈이었다. 각자가 특정 개인에게 큰 해악을 입혔다는 사실에 죄책감을 느낀 산적들은 두 번째 약탈에서는 방법을 바꾸기로 하였다. 갑훈을 포함한 산적 100명은 이번에는 각자가 을훈을 포함한 모든 주민 100명에게서 각각 콩 한 알씩만 빼앗기로 했다. 콩 한 알의 손실은 미미한 해악에 지나지 않으므로 이번에는 어떤 산적도 특정 주민에게 큰 고통을 준 것은 아니었다. 결과적으로 모든 주민은 이번에도 굶주리게 되었지만, 산적들은 별로 죄책감을 느끼지 않았다.

하지만 이른바 '공범 원리'를 받아들이는 사람들은, 타인의 악행에 가담한 경우 결과에 얼마나 영향을 주었는지와 무관하게 도덕적 책임이 있다고 주장한다. 냉각제의 집단적 사용에서 한 사람의 가담 여부가 특정 개인에게 단지 미미한 해악만을 보탠 것이라서 별로 죄책감이 느껴지지 않는다고 하더라도, 그 사람은 단지 그 해악의 공범이라는 이유만으로 그에 따른 도덕적 책임을 져야 한다는 것이다. 그러므로 '공범 원리'에 따른다면, ▢▢▢▢▢▢▢▢▢▢

① 갑훈은 두 번째 저지른 약탈 행위에 대해서 더 큰 죄책감을 느껴야 한다.

② 전체 해악의 크기가 커질수록 해악에 가담한 사람들의 도덕적 책임도 커진다.

③ 첫 번째 약탈과 두 번째 약탈에서 갑훈이 을훈에게 입힌 해악에는 차이가 없다.

④ 갑훈에게 도덕적 책임이 있다는 점에서 첫 번째 약탈과 두 번째 약탈은 차이가 없다.

⑤ 두 차례 약탈에서 갑훈이 빼앗은 전체 콩알의 수가 같기 때문에 갑훈이 져야 할 도덕적 책임에는 차이가 없다.

## 05 ○△✕

다음 글에서 알 수 있는 것은?

> 갑: 사전연명의료의향서를 제출하여 연명의료 거부 의사를 표명한 사람에 대해서 병원이 연명의료를 실행하지 않는다는 제도가 2018년 2월부터 도입되었습니다. 이 제도 도입 후에 실제로 사전연명의료의향서를 내는 사람이 날로 늘어나고, 민원을 제기하는 사람도 많아지는 것 같습니다. 어떤 민원들이 들어오고 있습니까?
>
> 을: 자신이 사는 곳에 사전연명의료의향서를 접수하는 곳이 없어 불편하다는 민원이 많았습니다. 연명의료 전문 상담사의 수가 적어 접수 현장에서 너무 오래 기다렸다고 불만을 표시하는 사람도 많습니다. 이러한 민원에 대응해 2020년 1월 1일부터 전화로 상담을 예약할 수 있는 시스템을 도입해 지금까지 원활하게 운영하고 있으며, 2020년 4월 1일부터 전국 모든 보건소에서 사전연명의료의향서를 받도록 조치했습니다. 더 말씀드리자면, 어떤 사람은 연명의료 전문 상담사로부터 상담을 받지 않아도 사전연명의료의향서를 낼 수 있게 해달라고 요청했습니다.
>
> 갑: 연명의료를 거부하는 것은 중대한 사안이니 신중히 사전연명의료의향서를 작성하게 해야 합니다. 지금까지 한 것처럼 연명의료 전문 상담사의 상담을 받게 하는 조치를 유지해 주시기 바랍니다. 한 가지 더 확인하고자 합니다. 전국 모든 보건소에서 사전연명의료의향서를 받기로 했지만, 연명의료 전문 상담사를 모든 보건소에 배치할 수 있는 것은 아니라고 합니다. 혹시 그에 대한 대책을 마련했습니까?
>
> 을: 연명의료 전문 상담사 배치가 어려운 보건소의 직원들을 대상으로 연명의료 관련 기본 필수교육을 실시하고, 그 교육을 이수한 직원이 민원인에게 연명의료에 대해 간단히 설명하게 할 방침입니다. 민원인들이 보건소 직원으로부터 설명을 들은 후 그 자리에서 전화로 연명의료 전문 상담사로부터 구체적인 내용을 상담 받을 수 있도록 하겠습니다.

① 2018년 2월부터 전국 모든 보건소에서 연명의료 전문 상담사가 사전연명의료의향서를 접수하기 시작했다.

② 2020년 4월부터 연명의료를 실행하지 않고자 하는 병원은 보건소에 사전연명의료의향서를 제출해야 한다.

③ 연명의료를 받고자 하는 사람은 주소지 관할 보건소가 지정한 연명의료 전문 상담사로부터 기본 필수교육을 받아야 한다.

④ 사전연명의료의향서 접수기관이 있는 곳의 거주자 중 연명의료 전문 상담사의 상담을 받으려는 사람은 전화 예약 시스템을 이용해야 한다.

⑤ 연명의료 거부 의사가 있는 사람이 연명의료 전문 상담사의 상담을 받지 않은 상태에서 작성한 사전연명의료의향서는 받아들여지지 않는다.

## 06 ○△✕

다음 대화의 빈칸에 들어갈 내용으로 가장 적절한 것은?

> 갑: 아시는 바와 같이 코로나19로 인한 위기 상황 속에서 어려움을 겪는 국민의 생계를 지원하기 위해 정부가 지난 5월에 전 국민을 대상으로 긴급재난지원금을 지급했습니다. 그런데 정부는 코로나19로 영업이 어려워진 소상공인 및 자영업자, 생계가 어려운 가구 등을 대상으로 지원금을 다시금 지급하기로 8월에 결정했습니다. 이 소식을 듣고 지원금 수령 가능 여부를 문의하는 민원인들이 많습니다. 문구점을 운영하는 A씨는 소상공인 및 자영업자에게 주는 지원금을 신청할 수 있는지 문의했습니다.
>
> 을: 이번에는 소상공인 및 자영업자의 일부, 생계 위기 가구 등에 지원금을 주게 되어 있습니다. 사회적 거리두기 2단계의 실시로 출입이 금지된 집합금지 및 집합제한 업종의 자영업자는 특별한 증빙서류 없이 소상공인 및 자영업자 대상 지원금을 받을 수 있습니다. 또 사회적 거리두기 2.5단계부터 운영이 제한된 수도권의 카페나 음식점 등도 집합제한업종에 해당하여 지원금을 받을 수 있습니다. 집합금지 및 집합제한업종에 속하지 않더라도 연 매출 4억 원 이하라는 사실을 증명할 수 있는 자료와 함께 코로나19 확산으로 매출이 감소했음을 증빙하는 자료를 제출하면 지원금을 받을 수도 있습니다. A씨가 운영하는 가게가 집합금지 및 집합제한업종에 해당하는지 확인하셨습니까?
>
> 갑: 네, A씨가 운영하는 문구점은 집합금지 및 집합제한업종에 해당하지 않는 것으로 확인되었습니다.
>
> 을: 그렇다면 제가 말씀드린 내용을 바탕으로 A씨에게 적절한 답변을 해주시기 바랍니다.
>
> 갑: 잘 알겠습니다. 민원인 A씨에게 [          ]고 말씀 드리겠습니다.

① 문구점은 일반 업종에 해당하지 않으므로 긴급재난지원금을 신청할 수 없다.

② 지난 5월에 긴급재난지원금을 받았다는 사실을 증명하는 서류를 제출해야 한다.

③ 문구점은 집합금지 및 집합제한업종에 해당하지 않는 것으로 확인되었기 때문에 지원금을 받을 수 없다.

④ 사회적 거리두기 2.5단계부터 운영이 제한되거나 금지된 업종이 아니면 긴급재난지원금을 받을 수 없다.

⑤ 연 매출 4억 원에 미치지 못하고 코로나19로 매출이 감소한 자영업자라면 증빙서류를 갖추어 신청할 수 있다.

## 07 ○△×

다음 대화의 ㉠에 따라 〈계획안〉을 수정한 것으로 적절하지 않은 것은?

갑: 지금부터 회의를 시작하겠습니다. 이 자리는 '보고서 작성법 특강'의 개최계획 검토를 위한 자리입니다. 특강을 성공적으로 개최하기 위해서 어떻게 해야 하는지 각자의 의견을 자유롭게 말씀해 주시기 바랍니다.

을: 특강 참석 대상을 명확하게 정하고 그에 따라 개최 일시가 조정되었으면 좋겠습니다. 주중에 계속 근무하는 현직 공무원인 경우, 아무래도 주말에는 특강 참석률이 저조합니다. 특강을 평일에 개최하되 참석 시간을 근무 시간으로 인정해 준다면 참석률이 높아질 것 같습니다.

병: 공무원이 되기 위해 준비하고 있는 예비공무원들에게는 서울이 더 낫겠지만, 중앙부처 소속 공무원에게는 세종시가 접근성이 더 좋습니다. 특강 참석 대상이 누구인가에 따라 장소를 조정할 필요가 있습니다.

정: 주제가 너무 막연하게 표현되어 있습니다. 보고서의 형식이나 내용은 누구에게 보고하느냐에 따라 크게 달라집니다. 보고 대상이 명시적으로 드러날 수 있도록 주제를 더 구체적으로 표현하면 좋겠습니다.

무: 특강과 관련된 정보가 부족합니다. 강의에 관심이 있는 사람이라면 별도 비용이 있는지, 있다면 구체적으로 금액은 어떠한지 등이 궁금할 겁니다.

갑: 얼마 전에 비슷한 특강이 서울에서 개최되었으니 이번 특강은 현직 중앙부처 소속 공무원을 대상으로 진행하도록 하겠습니다. 참고로 특강 수강비용은 무료입니다. ㉠ 오늘 회의에서 논의된 내용을 반영하여 특강 계획을 수정하도록 하겠습니다. 감사합니다.

─── 〈계획안〉 ───

보고서 작성법 특강
• 주제 : 보고서 작성 기법
• 일시 : 2021.11.6.(토) 10:00~12:00
• 장소 : 정부서울청사 본관 5층 대회의실
• 대상 : 현직 공무원 및 공무원을 꿈꾸는 누구나

① 주제를 '효율적 정보 제시를 위한 보고서 작성 기법'으로 변경한다.
② 일시를 '2021.11.10.(수) 10:00~12:00(특강 참여 시 근무 시간으로 인정)'으로 변경한다.
③ 장소를 '정부세종청사 6동 대회의실'로 변경한다.
④ 대상을 '보고서 작성 능력을 키우고 싶은 현직 중앙부처 공무원'으로 변경한다.
⑤ 특강을 듣기 위한 별도 부담 비용이 없다고 안내하는 항목을 추가한다.

## 08 ○△×

다음 글의 〈표〉에 대한 판단으로 옳은 것만을 〈보기〉에서 모두 고르면?

우리 몸에는 세 종류의 중요한 근육이 있는데 이것들은 서로 다른 두 기준에 따라 각각 두 종류로 분류될 수 있다. 두 기준은 근육을 구성하는 근섬유에 줄무늬가 있는지의 여부와 근육의 움직임을 우리가 의식적으로 통제할 수 있는지의 여부이다.

세 종류의 중요한 근육 중 뼈대근육은 우리가 의식적으로 통제하여 사용할 수 있기 때문에 수의근이라고 하며 뼈에 부착되어 있다. 이 근육에 있는 근섬유에는 줄무늬가 있어서 줄무늬근으로 분류된다. 뼈대근육은 달리기, 들어올리기와 같은 신체적 동작을 일으킨다. 우리가 신체적 운동을 통해 발달시키고자 하는 근육이 바로 뼈대근육이다.

뼈대근육과 다른 종류로서 내장근육이 있는데, 이 근육은 소화기관, 혈관, 기도에 있는 근육으로서 의식적인 통제하에 있는 것이 아니다. 내장근육에 있는 근섬유에는 줄무늬가 없어서 민무늬근으로 분류된다. 위나 다른 소화기관에 있는 근육은 꿈틀 운동을 일으킨다. 혈관에 있는 근육은 혈관의 직경을 변화시켜서 피의 흐름을 촉진시킨다. 기도에 있는 근육은 기도의 직경을 변화시켜서 공기의 움직임을 촉진시킨다.

심장근육은 심장에서만 발견되는데 심장근육에 있는 근섬유에는 줄무늬가 있다. 심장근육은 심장벽을 구성하고 있고 심장을 수축시키는 역할을 하는데, 이 근육은 우리가 의식적으로 통제할 수 있는 것이 아니기 때문에 불수의근으로 분류된다.

지금까지 기술한 내용을 정리하면 다음과 같다.

〈표〉 근육의 종류와 특징

| 기준＼종류 | 뼈대근육 | 내장근육 | 심장근육 |
|---|---|---|---|
| A | ㉠ | ㉡ | ㉢ |
| B | ㉣ | ㉤ | ㉥ |

─── 〈보 기〉 ───

ㄱ. ㉡과 ㉢이 같은 특징이라면, A에는 근섬유에 줄무늬가 있는지를 따지는 기준이 들어간다.
ㄴ. ㉣과 ㉥이 다른 특징이라면, B에는 근육의 움직임을 의식적으로 통제할 수 있는지를 따지는 기준이 들어간다.
ㄷ. ㉠에 '수의근'이 들어간다면, ㉤에는 '민무늬근'이 들어가야 한다.

① ㄱ
② ㄷ
③ ㄱ, ㄴ
④ ㄴ, ㄷ
⑤ ㄱ, ㄴ, ㄷ

## 09 ○△✕

**다음 글의 ㉠~㉤에 대한 설명으로 가장 적절한 것은?**

세균은 산소에 대한 요구성과 내성에 따라 구분된다. '절대 호기성 세균'은 산소에 대한 내성이 있고 대사 과정에서 산소 호흡을 하기 때문에 산소의 농도가 높은 곳에서 잘 자랄 수 있다. 반면에 '미세 호기성 세균'은 산소 호흡을 하지만 산소에 대한 내성이 '절대 호기성 세균'보다 낮아서 '절대 호기성 세균'이 살아가는 환경의 산소 농도보다 낮은 농도의 산소에서만 살 수 있다. 두 종류의 세균은 모두 산소를 이용하는 호흡이 필수적이므로 산소가 없거나 너무 낮은 농도에서는 살 수 없다. '통성 세균'은 산소에 대한 내성이 있고, 산소가 있는 곳에서는 산소 호흡을 하고 산소가 없거나 너무 낮은 농도에서는 산소 호흡 대신 발효 과정을 통해 에너지를 만들어 낼 수 있기 때문에 산소가 있는 환경과 없는 환경 모두에서 자랄 수 있다. 그러나 산소 호흡이 발효 과정보다 많은 에너지를 만들어 내기 때문에 산소 농도가 높은 환경에서 더 잘 자란다. '혐기성 세균'은 산소 호흡을 할 수 없는 세균으로 발효 과정만을 통해 에너지를 만들어 낸다. '혐기성 세균'은 산소에 대한 내성을 가지고 있어 산소가 있어도 자랄 수 있는 '내기 혐기성 세균'과 산소에 대한 내성이 없어 일정 농도 이상의 산소에 노출되면 사멸하는 '절대 혐기성 세균'으로 나뉜다. '내기 혐기성 세균'의 생장은 산소 농도와는 무관하다.

티오글리콜레이트 배양액을 담고 있는 시험관에서 배양액의 위쪽은 공기와 접하고 있어 산소가 충분하다. 시험관 배양액의 산소 농도는 시험관 아래쪽으로 갈수록 감소하며, 시험관의 맨 아래쪽에는 산소가 거의 없다. 아래 그림은 티오글리콜레이트 배양액을 담고 있는 5개의 시험관(㉠~㉤)에 '절대 호기성 세균', '미세 호기성 세균', '통성 세균', '내기 혐기성 세균', '절대 혐기성 세균' 중 하나를 배양한 결과를 나타내며, 각 시험관에는 서로 다른 세균이 배양되었다. 그림에서 검은색 점 각각은 살아 있는 하나의 세균을 나타낸다.

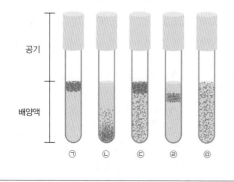

① ㉠은 '통성 세균'이 자란 시험관이다.
② ㉡에서 자란 세균은 발효 과정으로 에너지를 만들어 낸다.
③ ㉢에서 자란 세균은 산소에 대한 내성이 없다.
④ ㉣에서 자란 세균은 산소 호흡을 할 수 없다.
⑤ ㉣과 ㉤은 모두 '혐기성 세균'이 자란 시험관이다.

## 10 ○△✕

**다음 글의 ㉠과 ㉡에 들어갈 진술로 가장 적절한 것은?**

A학파의 가장 큰 특징은 토지 문제를 토지 시장에 국한시키지 않고 경제 전체의 흐름과 밀접하게 연결해서 파악한다는 점이다. A학파의 주장에 따르면, 토지 문제는 이용의 효율에만 관련되는 단순한 문제가 아니라 경제 성장, 실업, 물가 등의 거시경제적 변수를 함께 고려해야만 하는 복잡한 문제이다. 그런 점에서 A학파는 토지 문제가 경기 변동과 직결될 뿐만 아니라 사회 정의와도 관련되는 것이라고 주장한다.

이와 달리 B학파는 다른 모든 종류의 상품과 마찬가지로 토지 문제 역시 수요·공급의 법칙에 따라 시장이 자율적으로 조정하도록 맡겨 두면 된다고 주장한다. B학파의 관점에 따르면, [ ㉠ ] 토지는 귀금속, 주식, 채권, 은행 예금만큼이나 좋은 투자 대상이다. 부동산의 자본 이득이 충분히 클 경우, 좋은 투자 대상이 되어 막대한 자금이 금융권으로부터 부동산 시장으로 흘러 들어간다. 반대로 자본 이득이 떨어지면 부동산에 투입되었던 자금이 금융권을 통해 회수되어 다른 시장으로 흘러 들어간다. 이와 같이 부동산의 자본 이득은 부동산 시장과 금융권 사이의 연결고리 역할을 한다.

A학파는 B학파와 달리 상품 투자와 토지 투자를 엄격히 구분한다. 상품 투자는 해당 상품의 가격을 상승시켜 상품 공급을 증가시킨다. 공급 증가는 다시 상품 투자의 억제 요인으로 작용하기 때문에 상품 투자에는 내재적 한계가 있기 마련이다. 그러나 [ ㉡ ] 그러므로 토지 투자의 경우에는 지가 상승이 투자를 조장하고 투자는 지가 상승을 더욱 부채질하는 악순환이 반복된다. A학파는 이런 악순환의 결과로 토지를 포함한 부동산 가격에 거품이 잔뜩 끼게 된다고 주장한다.

① ㉠: 토지에 대한 투자는 상품 투자의 일종으로 이해된다.
　㉡: 토지 공급은 한정되어 있으므로 토지 투자는 상품 투자의 경우와는 달리 제어장치가 없다.
② ㉠: 토지에 대한 투자는 상품 투자의 일종으로 이해된다.
　㉡: 토지 투자는 다른 상품의 생산 비용을 상승시켜 상품의 가격 상승으로 이어진다.
③ ㉠: 토지에 대한 투자는 상품 생산의 수단으로 활용된다.
　㉡: 토지 공급은 한정되어 있으므로 토지 투자는 상품 투자의 경우와는 달리 제어장치가 없다.
④ ㉠: 토지 투자와 상품 투자는 거시경제적인 관점에서 상호보완적 역할을 수행한다.
　㉡: 토지 투자는 다른 상품의 생산 비용을 상승시켜 상품의 가격 상승으로 이어진다.
⑤ ㉠: 토지 투자와 상품 투자는 거시경제적인 관점에서 상호보완적 역할을 수행한다.
　㉡: 토지 공급은 한정되어 있으므로 토지 투자는 상품 투자의 경우와는 달리 제어장치가 없다.

**11** ○△✕

다음 글로부터 추론할 수 있는 것은?

사람의 혈액은 적혈구, 백혈구, 혈소판처럼 혈액 내에 존재하는 세포인 혈구 성분과 이러한 혈구 성분을 제외한 나머지 액상 성분인 혈장으로 나뉜다. 사람의 혈액을 구별하는 대표적인 방법은 혈액의 성분을 기준으로 삼는 ABO형 방법이다. 이에 따르면, 혈액은 적혈구의 표면에 붙어 있는 응집원과 혈장에 들어 있는 응집소의 유무 또는 종류를 기준으로 다음 표와 같이 구분할 수 있다.

| 혈액형 | 응집원 | 응집소 |
|---|---|---|
| A | A형 응집원 | 응집소 β |
| B | B형 응집원 | 응집소 α |
| AB | A형 응집원 및 B형 응집원 | 없음 |
| O | 없음 | 응집소 α 및 응집소 β |

이때, A형 응집원이 응집소 α와 결합하거나 B형 응집원이 응집소 β와 결합하면, 응집 반응이 일어난다. 이 반응은 혈액의 응고를 일으키는데, 혈액이 응고되면 혈액의 정상적인 흐름이 방해되어 심각한 문제가 발생할 수 있다. 혈액의 이러한 특성을 활용하면 수혈도를 작성할 수 있다.

① A형 응집원만을 선택적으로 제거한 A형 적혈구를 B형인 사람에게 수혈해도 응집 반응이 일어나지 않는다.

② B형 응집원만을 선택적으로 제거한 AB형 적혈구를 A형인 사람에게 수혈하면 응집 반응이 일어난다.

③ 응집소 β를 선택적으로 제거한 O형 혈장을 A형인 사람에게 수혈해도 응집 반응이 일어나지 않는다.

④ AB형인 사람은 어떤 혈액을 수혈 받아도 응집 반응이 일어나지 않는다.

⑤ O형인 사람은 어떤 적혈구를 수혈 받아도 응집 반응이 일어나지 않는다.

**12** ○△✕

다음 글의 ㉠을 이끌어내기 위해 추가해야 할 전제로 가장 적절한 것은?

A국에서는 교육 제도 개선을 추진하고 있다. 이와 관련하여 현재 거론되고 있는 방안 중 다음 네 조건을 모두 충족시키는 방안이 있다면, 정부는 그 방안을 추진해야 한다. 첫째, 공정한 기회 균등과 교육의 수월성을 함께 이룩할 수 있는 방안이어야 한다. 둘째, 신뢰할 수 있는 설문 조사에서 가장 많은 국민이 선호하는 방안으로 선택한 것이어야 한다. 셋째, 정부의 기존 교육 재정만으로 실행될 수 있는 방안이어야 한다. 넷째, 가계의 교육 부담을 줄일 수 있는 방안이어야 한다.

현재 거론되고 있는 방안들 중 선호하는 것에 대하여 국민 2,000명을 대상으로 한 설문 조사 결과, 300명이 대학교 평준화 도입을 꼽았고, 400명이 고등학교 자체 평가 확대를 꼽았으며, 600명이 대입 정시 확대와 수시 축소를 꼽았고, 700명이 고교 평준화 강화를 꼽았다. 이 설문 조사는 표본을 치우치지 않게 잡아 신뢰할 수 있다.

현재 거론된 방안들 가운데 정부의 기존 교육 재정만으로 실행될 수 없는 것은 대학교 평준화 도입 방안뿐이다. 대입 정시 확대와 수시 축소 방안은 가계의 교육 부담을 감소시키지 못하지만 다른 방안들은 그렇지 않다. 고교 평준화 강화 방안은 공정한 기회 균등을 이룰 수 있는 방안임이 분명하다. 따라서 ㉠ 정부는 고교 평준화 강화 방안을 추진해야 한다.

① 고교 평준화 강화는 가장 많은 국민이 선호하는 방안이다.

② 고교 평준화 강화는 교육의 수월성을 이룩할 수 있는 방안이다.

③ 고교 평준화 강화는 가계의 교육 부담을 줄일 수 있는 방안이다.

④ 고교 평준화 강화는 정부의 기존 교육 재정만으로도 실행될 수 있는 방안이다.

⑤ 정부가 고교 평준화 강화 방안을 추진하지 않아도 된다면, 그 방안은 공정한 기회 균등과 교육의 수월성을 함께 이룩할 수 없는 방안이다.

※ 다음 글을 읽고 물음에 답하시오. [13~14]

개정 근로기준법이 적용되면서 일명 '52시간 근무제'에 사람들이 큰 관심을 보였다. 하지만 개정 근로기준법에는 1주 최대 근로시간을 52시간으로 규정하는 조문이 명시적으로 추가된 것이 아니다. 다만, 기존 근로기준법에 "1주"란 휴일을 포함한 7일을 말한다.'는 문장 하나가 추가되었을 뿐이다. 이 문장이 말하는 바는 상식처럼 보이는데, 이를 추가해서 어떻게 52시간 근무제를 확보할 수 있었을까?

월요일에서 금요일까지 1일 8시간씩 소정근로시간 동안 일하는 근로자를 생각해보자. 여기서 '소정근로시간'이란 근로자가 사용자와 합의하여 정한 근로시간을 말한다. 사실 기존 근로기준법에서도 최대 근로시간은 52시간으로 규정되어 있는 것처럼 보인다. 1일의 최대 소정근로시간이 8시간, 1주의 최대 소정근로시간이 40시간이고, 연장근로는 1주에 12시간까지만 허용되어 있으므로, 이를 단순 합산하면 총 52시간이 되기 때문이다. 그러나 기존 근로기준법에서는 최대 근로시간이 68시간이었다. 이는 휴일근로의 성격을 무엇으로 보느냐에 달려 있다. 기존 근로기준법에서 휴일근로는 소정근로도 아니고 연장근로도 아닌 것으로 간주되었다. 그래서 소정근로 40시간과 연장근로 12시간을 시키고 나서 추가로 휴일근로를 시키더라도 법 위반이 아니었다.

그런데 일요일은 휴일이지만, 토요일은 휴일이 아니라 근로의무가 없는 휴무일이기에 특별한 규정이 없는 한 근로를 시킬 수가 없다. 따라서 기존 근로기준법하에서 더 근로를 시키고 싶던 기업들은 단체협약 등으로 '토요일을 휴일로 한다.'는 특별규정을 두는 일종의 꼼수를 쓰는 경우가 많았다. 이렇게 되면 토요일과 일요일, 2일 간 휴일근로를 추가로 시킬 수 있기에 최대 근로시간이 늘어나게 된다. 이것이 기존 판례의 입장이었다.

개정 근로기준법과 달리 왜 기존 판례는 □□□□□□□□ 그 이유는 연장근로를 소정근로의 연장으로 보았고, 1주의 최대 소정근로시간을 정할 때 기준이 되는 1주를 5일에 입각하여 보았기 때문이다. 즉, 1주 중 소정근로일을 월요일부터 금요일까지의 5일로 보았기에 이 기간에 하는 근로만이 근로기준법상 소정근로시간의 한도에 포함된다고 본 것이다. 다만 이 입장에 따르더라도, 연장근로가 아닌 한 1일의 근로시간은 8시간을 초과할 수 없다고 기존 근로기준법에 규정되어 있기 때문에, 이미 52시간을 근로한 근로자에게 휴일에 1일 8시간을 넘는 근로를 시킬 수 없다. 그 결과 휴일근로로 가능한 시간은 16시간이 되어, 1주 68시간이 최대 근로시간이 된 것이다.

## 13 ○△✕

### 위 글의 빈칸에 들어갈 내용으로 가장 적절한 것은?

① 휴일근로가 연장근로가 아니라고 보았을까?
② 토요일에 연장근로를 할 수 있다고 보았을까?
③ 1주의 최대 소정근로시간을 40시간으로 인정하였을까?
④ 1일의 최대 소정근로시간은 8시간을 초과할 수 없다고 보았을까?
⑤ 휴일에는 근로자의 합의가 없는 한 연장근로를 할 수 없다고 보았을까?

## 14 ○△✕

### 위 글의 내용을 바르게 적용한 사람만을 〈보기〉에서 모두 고르면?

─ 〈보 기〉 ─

갑 : 개정 근로기준법에 의하면, 1주 중 3일 동안 하루 15시간씩 일한 사람의 경우, 총 근로시간이 45시간으로 52시간보다 적으니 법에 어긋나지 않아.
을 : 개정 근로기준법에 의하면, 월요일부터 목요일까지 매일 10시간씩 일한 사람의 경우, 금요일에 허용되는 최대 근로시간은 12시간이야.
병 : 기존 근로기준법에 의하면, 일요일 12시간을 일했으면 12시간 전부가 휴일근로시간이지, 연장근로시간이 아니야.

① 갑
② 을
③ 갑, 병
④ 을, 병
⑤ 갑, 을, 병

## 15 ☐△✕

**다음 글의 내용이 참일 때, 반드시 참인 것은?**

갑돌과 정순은 매일 커피를 마시는 흡연자이다. 을순과 병돌은 매년 치석을 없앤다. 그리고 치아의 색깔에 관한 다음의 사실이 알려져 있다.

- 치석을 매년 없애지 않고 매일 커피를 마시는 사람의 경우, 그의 이가 노랄 확률은 60% 이상이다.
- 치석을 매년 없애지 않는 흡연자의 경우, 그의 이가 노랄 확률은 80% 이상이다.
- 치석을 매년 없애지 않고 매일 커피를 마시는 흡연자의 경우, 그의 이가 노랄 확률은 90% 이상이다.
- 치석을 매년 없애는 사람의 경우, 그의 이가 노랄 확률은 그의 커피 섭취 및 흡연 여부와 무관하게 20% 미만이다.

① 갑돌의 이가 노랄 확률은 80% 이상이다.
② 을순의 이가 노랗지 않을 확률은 80% 미만이다.
③ 병돌이 흡연자라면, 그의 이가 노랄 확률은 20% 이상이다.
④ 병돌이 매일 커피를 마신다면, 그의 이가 노랄 확률은 20% 이상이다.
⑤ 정순이 치석을 매년 없애지 않는다면, 그의 이가 노랄 확률은 90% 이상이다.

## 16 ☐△✕

**다음 글의 내용이 참일 때, 반드시 참인 것만을 〈보기〉에서 모두 고르면?**

인접한 지방자치단체인 ○○군을 △△시에 통합하는 안건은 △△시의 5개 구인 A, B, C, D, E 중 3개 구 이상의 찬성으로 승인된다. 안건에 관한 입장은 찬성하거나 찬성하지 않거나 둘 중 하나이다. 각 구의 입장은 다음과 같다.

- A가 찬성한다면 B와 C도 찬성한다.
- C는 찬성하지 않는다.
- D가 찬성한다면 A와 E 중 한 개 이상의 구는 찬성한다.

〈보 기〉

ㄱ. B가 찬성하지 않는다면, 안건은 승인되지 않는다.
ㄴ. B가 찬성하는 경우 E도 찬성한다면, 안건은 승인된다.
ㄷ. E가 찬성하지 않는다면, D도 찬성하지 않는다.

① ㄱ
② ㄴ
③ ㄱ, ㄷ
④ ㄴ, ㄷ
⑤ ㄱ, ㄴ, ㄷ

## 17 ☐△✕

**다음 글의 내용이 참일 때, 반드시 참인 것만을 〈보기〉에서 모두 고르면?**

일반행정 직렬 주무관으로 새로 채용된 갑진, 을현, 병천은 행정안전부, 고용노동부, 보건복지부에 한 명씩 배치되는 것으로 정해졌다. 가인, 나운, 다은, 라연은 배치 결과를 궁금해 하며 다음과 같이 예측했는데, 이 중 한 명의 예측만 틀렸음이 밝혀졌다.

가인 : 을현은 행정안전부에, 병천은 보건복지부에 배치될 거야.
나운 : 을현이 행정안전부에 배치되면, 갑진은 고용노동부에 배치될 거야.
다은 : 을현이 행정안전부에 배치되지 않으면, 병천이 행정안전부에 배치될 거야.
라연 : 갑진은 고용노동부에, 병천은 행정안전부에 배치될 거야.

〈보 기〉

ㄱ. 갑진은 고용노동부에 배치된다.
ㄴ. 을현은 행정안전부에 배치된다.
ㄷ. 라연의 예측은 틀렸다.

① ㄱ
② ㄴ
③ ㄱ, ㄷ
④ ㄴ, ㄷ
⑤ ㄱ, ㄴ, ㄷ

## 18 ㅇ△☒

다음 글의 ㉠에 대한 판단으로 적절한 것만을 〈보기〉에서 모두 고르면?

어떤 회사가 소비자들을 A부터 H까지 8개의 동질적인 집단으로 나누어, 이들을 대상으로 마케팅 활동의 효과를 살펴보는 실험을 하였다. 마케팅 활동은 구매 전 활동과 구매 후 활동으로 구성되는데, 구매 전 활동에는 광고와 할인 두 가지가 있고 구매 후 활동은 사후 서비스 한 가지뿐이다. 구매 전 활동이 끝난 뒤 구매율을 평가하고, 구매 후 활동까지 모두 마친 뒤 구매 전과 구매 후의 마케팅 활동을 종합하여 마케팅 만족도를 평가하였다. 구매율과 마케팅 만족도는 모두 a, b, c, d로 평가하였는데, a가 가장 높고 d로 갈수록 낮다. 이 회사가 수행한 ㉠ 실험의 결과는 다음과 같다.

- A와 B를 대상으로는 구매 전 활동을 실시하지 않았는데 구매율은 d였다. 이 중 A에 대해서는 사후 서비스를 하였고 B에 대해서는 하지 않았는데, 마케팅 만족도는 각각 c와 d였다.
- C와 D를 대상으로 구매 전 활동 중 광고만 하였더니 구매율은 c였다. 이 중 C에 대해서는 사후 서비스를 하였고 D에 대해서는 하지 않았는데, 마케팅 만족도는 각각 b와 c였다.
- E와 F를 대상으로 구매 전 활동 중 할인 기회만 제공하였더니 구매율은 b였다. 이 중 E에 대해서는 사후 서비스를 하였고 F에 대해서는 하지 않았는데, 마케팅 만족도는 모두 b였다.
- G와 H를 대상으로 구매 전 활동으로 광고와 함께 할인 기회를 제공하였더니 구매율은 b였다. 이 중 G에 대해서는 사후 서비스를 하였고 H에 대해서는 하지 않았는데, 마케팅 만족도는 각각 a와 b였다.

〈보 기〉

ㄱ. 할인 기회를 제공한 경우가 제공하지 않은 경우보다 구매율이 높다.
ㄴ. 광고를 할 때, 사후 서비스를 한 경우가 하지 않은 경우보다 마케팅 만족도가 낮지 않다.
ㄷ. 사후 서비스를 하지 않을 때, 광고를 한 경우가 하지 않은 경우보다 마케팅 만족도가 높다.

① ㄱ
② ㄷ
③ ㄱ, ㄴ
④ ㄴ, ㄷ
⑤ ㄱ, ㄴ, ㄷ

## 19 ㅇ△☒

다음 글의 갑~병의 견해에 대한 분석으로 적절한 것만을 〈보기〉에서 모두 고르면?

우리는 'A라는 성질을 가진 대상이 모두 B라는 성질을 가진다.'고 주장할 때 'A는 모두 B이다.'라는 형식의 진술 U를 사용한다. A라는 성질을 가진 대상이 존재할 때, U가 언제 참이고 언제 거짓인지에 대한 어떤 의견 차이도 없다. 즉 A라는 성질을 가진 대상이 존재할 때, 그 대상들이 모두 B라는 성질을 가진다면 U는 참이고, 그 대상들 중 B라는 성질을 가지지 않는 대상이 있다면 U는 거짓이다. 하지만 A라는 성질을 가진 대상이 존재하지 않을 때, U가 언제 참이고 언제 거짓인지를 둘러싸고 여러 견해가 있다.

- 갑 : U는 'A이면서 B가 아닌 대상은 하나도 없다.'는 주장으로 이해해야 한다. 만약 A인 대상이 존재하지 않는다면, A이면서 B가 아닌 대상은 당연히 존재하지 않는다. 따라서 A인 대상이 존재하지 않는 경우, U는 참이다.
- 을 : U에는 'A이면서 B가 아닌 대상은 하나도 없다.'는 주장과 더불어 'A인 대상이 존재한다.'는 주장까지 담겨 있다. 그러므로 A인 대상이 존재하지 않는다면, 후자의 주장이 거짓이 되므로 U 역시 거짓이다.
- 병 : A인 대상이 존재하지 않는다는 사실만 갖고 U가 참이라거나 거짓이라고 말해서는 안 된다. 오히려 A인 대상이 존재해야 한다는 것은 U를 참이나 거짓으로 판단하기 위해 먼저 성립해야 할 조건이다. 그러므로 A인 대상이 존재하지 않는다면, 이 조건을 충족하지 못한 것이므로 U는 참도 거짓도 아니다.

〈보 기〉

ㄱ. 갑과 을은 'A인 대상이 존재하지만 B인 대상이 존재하지 않는다면, U는 거짓이다.'라는 것에 동의한다.
ㄴ. 을과 병은 'U가 참이라면, A인 대상이 존재한다.'는 것에 동의한다.
ㄷ. 갑과 병은 'U가 거짓이라면, A인 대상이 존재한다.'는 것에 동의한다.

① ㄱ
② ㄷ
③ ㄱ, ㄴ
④ ㄴ, ㄷ
⑤ ㄱ, ㄴ, ㄷ

## 20 ○△☓
다음 글의 내용을 적용한 것으로 가장 적절한 것은?

연역논증은 전제를 통해 결론이 참이라는 사실을 100% 보장하려는 논증인데, 이 가운데 결론의 참을 100% 보장하는 논증을 '타당한 논증'이라 한다. 반면 귀납논증은 전제를 통해 결론을 개연적으로 뒷받침하려는 논증이다. 귀납논증 중에는 뒷받침하는 정도가 강한 것도 있고 약한 것도 있다. 귀납논증은 형식의 측면에서도 여러 가지로 분류될 수 있는데, 이 중 우리가 자주 쓰는 귀납논증은 다음과 같은 것이다.

- 보편적 일반화 : 유형 I에 속하는 n개의 개체를 조사해보니 이들 모두에서 속성 P를 발견하였다. 따라서 유형 I에 속하는 모든 개체들은 속성 P를 가질 것이다.
- 통계적 일반화 : 유형 I에 속하는 n개의 개체를 조사해 보니 이들 가운데 m개에서 속성 P를 발견하였다. 따라서 유형 I에 속하는 모든 개체 중 m/n이 속성 P를 가질 것이다. 단, m/n은 0보다 크고 1보다 작다.
- 통계적 삼단논법 : 유형 I에 속하는 개체 중 m/n에서 속성 P를 발견하였다. 개체 α는 유형 I에 속한다. 따라서 개체 α는 속성 P를 가질 것이다. 단, m/n은 0보다 크고 1보다 작다.
- 유비추론 : 유형 I에 속하는 개체 α가 속성 P1, P2, P3을 갖고, 유형 II에 속하는 개체 β도 똑같이 속성 P1, P2, P3을 갖는다. 개체 α가 속성 P4를 가진다는 사실이 발견되었다. 따라서 개체 β는 속성 P4를 가질 것이다.

① '우리나라 공무원 중 여행과 음악을 모두 좋아하는 이들의 비율은 전체의 80%를 넘지 않는다. 따라서 우리나라 공무원 중 여행을 좋아하는 이들의 비율은 전체의 80%를 넘지 않을 것이다.'는 타당한 논증으로 분류된다.
② '우리나라 전체 공무원 중 100명을 조사해 보니 이들은 업무의 70% 이상을 효과적으로 수행하고 있다. 따라서 우리나라 전체 공무원들은 업무의 70% 이상을 효과적으로 수행하고 있을 것이다.'는 보편적 일반화로 분류된다.
③ '우리나라 공무원 중 30%가 운동을 좋아한다. 따라서 우리나라 20대 공무원 중 30%는 운동을 좋아할 것이다.'는 통계적 일반화로 분류된다.
④ '해외연수를 다녀온 공무원의 95%가 정부 정책을 지지한다. 공무원 갑은 정부 정책을 지지하고 있다. 따라서 갑은 해외연수를 다녀왔을 것이다.'는 통계적 삼단논법으로 분류된다.
⑤ '임신과 출산으로 태어난 을과 그를 복제하여 만든 병은 유전자와 신경 구조가 똑같다. 따라서 을과 병은 둘 다 80세 이상 살 것이다.'는 유비추론으로 분류된다.

## 21 ○△☓
다음 글의 실험 결과가 강화하는 것만을 〈보기〉에서 모두 고르면?

한 연구진은 자극 X가 뇌에 미치는 영향을 밝히기 위한 실험을 수행하였다. 그들은 자극 X가 있는 환경에서 성장한 동물과 자극 X가 없는 환경에서 성장한 동물을 비교했을 때 뇌에 차이가 있을 것이라고 추측했다.

실험을 위해 동일한 조건의 연구용 쥐 100마리를 절반씩 나누어 각각 A와 B 그룹으로 배정하였다. A 그룹의 쥐는 자극 X에 노출된 반면, B 그룹의 쥐는 자극 X에 노출되지 않았다. 자극 X를 제외한 다른 조건은 두 그룹에서 동일하였다. 일정 기간이 지나고 두 그룹 쥐의 뇌에 대해서 부위별로 무게 측정과 화학 분석이 이루어졌다. 그 결과 A 그룹의 쥐는 B 그룹의 쥐와 다른 점을 보여주었다.

두 그룹에서 나타난 가장 두드러진 차이점은 전체 뇌 무게에 대한 대뇌피질의 무게 비율이었다. 대뇌피질은 경험에 반응하고 운동, 기억, 학습, 감각적 입력을 관장하는 뇌의 한 부위이다. A 그룹 쥐의 대뇌피질은 B 그룹 쥐의 대뇌피질보다 더 무겁고 더 치밀했지만, 뇌의 나머지 부위의 무게에는 차이가 없었다.

또한 B 그룹 쥐의 뇌보다 A 그룹 쥐의 뇌에서는 크기가 큰 신경세포뿐만 아니라 신경교세포도 더 많이 발견되었다. 신경교세포는 뇌의 신경세포를 성장시켜 크기를 키우는 역할을 하는 세포이다. 세포의 DNA에 대한 RNA의 비율은 세포가 성장하지 않을 때보다 세포가 성장하여 크기가 커질 때 높아진다. 두 그룹 쥐의 뇌를 분석한 결과, DNA에 대한 RNA의 비율이 높아진 뇌 신경세포가 B 그룹보다 A 그룹에 더 많이 있다는 사실이 확인되었다. A 그룹의 쥐의 뇌에서는 신경전달물질 α가 더 많이 분비되었는데, 신경전달물질의 양은 A 그룹 쥐의 뇌보다 B 그룹 쥐의 뇌에서 약 30% 이상 더 적은 것으로 확인되었다.

〈 보 기 〉
ㄱ. 자극 X가 있으면 없을 때보다 신경교세포의 수와 신경전달물질 α의 분비량이 많아진다.
ㄴ. 자극 X가 있으면 없을 때보다 전체 뇌 무게에 대한 대뇌피질의 무게 비율이 높아지고 대뇌피질이 촘촘해진다.
ㄷ. 자극 X가 없으면 있을 때보다 뇌 신경세포의 크기와 수가 늘어난다.

① ㄱ
② ㄷ
③ ㄱ, ㄴ
④ ㄴ, ㄷ
⑤ ㄱ, ㄴ, ㄷ

## 22 ○△✕

다음 글의 ㉠을 강화하는 것만을 〈보기〉에서 모두 고르면?

1977년 캐나다의 실험에서 연구진은 인공 조미료 사카린이 인간에게 암을 일으킬 수 있는지를 밝히려고 약 200마리의 쥐를 사용해 실험했다. 실험 결과가 발표되자 그 활용의 타당성에 관해 비판이 제기되었다. 투여된 사카린의 양이 쥐가 먹는 음식의 5%로 너무 많다는 것이었다. 인간에게 그 양은 음료수 800병에 함유된 사카린 양인데, 누가 하루에 음료수를 800병이나 마시겠느냐는 비판이었다.

일리가 없는 말은 아니지만 ㉠ 이것은 합당한 비판이 아니다. 물론 인간에게 적용할 실험 결과를 얻으려면 인간이 사카린에 노출되는 상황을 그대로 재현하여 실험하는 것이 바람직하다. 그러나 일상적인 환경에서 대개의 발암물질은 유효성이 아주 낮아서 수천 명 중 한 명 정도의 비율로만 그 효과를 확인할 수 있다. 발암물질의 유효성은 몸에 해당 물질을 받아들인 개체들 가운데 암에 걸리는 개체의 비율에 의존하는데, 이 비율이 낮을수록 발암물질의 유효성이 낮아진다. 물론 발암물질의 유효성이 낮아도 그 피해는 클 수 있다. 예를 들어 유효성이 매우 낮은 경우라도, 관련 모집단이 수천만 명이라면 그로 인해 암에 걸리는 사람은 수만 명에 이를 수 있다. 이런 상황에서 발암물질의 효과를 확인하려는 동물 실험은 최소한 수만 마리의 쥐를 이용한 실험을 해야 유의미한 결과를 얻을 수 있다. 하지만 그렇게 많은 쥐를 이용해서 실험하는 것은 불가능하다.

이럴 때 택하는 전형적인 전략은 실험 대상의 수를 줄이고 발암물질의 투여량을 늘리는 것이다. 예를 들어 어떤 발암물질을 통상적인 수준에서 투여한다면 200마리의 쥐 가운데 암이 발생한 것은 거의 없을 것이다. 하지만 그 발암물질을 전체 음식의 5%로 늘리게 되면 200마리의 쥐 가운데에서도 암이 발생한 쥐의 수는 제법 늘어나게 될 것이다. 이렇게 발암물질의 투여량을 늘리면 실험 대상의 수를 줄이더라도 유의미한 실험 결과를 확보할 수 있는 것이다. 결국 사카린과 암 사이의 인과관계를 밝히려 한 1977년 실험과 그 활용의 타당성에 근본적인 잘못이 있다고 할 수 없다.

〈보 기〉

ㄱ. 인간이든 쥐든 암이 발생하는 사례의 수는 발암물질의 섭취량에 비례한다.

ㄴ. 쥐에게 다량 투입하였을 때 암을 일으킨 물질 중에는 인간에게 발암물질이 아닌 것이 있다.

ㄷ. 발암물질의 유효성이 클수록 더 많은 수의 실험 대상을 확보해야 유의미한 실험 결과를 얻을 수 있다.

① ㄱ
② ㄷ
③ ㄱ, ㄴ
④ ㄴ, ㄷ
⑤ ㄱ, ㄴ, ㄷ

## 23 ○△✕

다음 논쟁을 분석한 것으로 적절한 것만을 〈보기〉에서 모두 고르면?

A : 종 차별주의란 인간 종이 다른 생물 종과 생김새가 다르다는 이유만으로 특별한 대우를 받아야 한다는 주장이다. 이런 종 차별주의가 옳지 않다는 주장은 모든 종을 동등하게 대우해야 한다는 종 평등주의가 옳다는 말과 같다. 하지만 종 평등주의는 너무나 비상식적인 견해이다.

B : 종 차별주의를 거부하는 것과 종 평등주의를 받아들이는 것은 별개다. 모든 생명체를 동등하게 대우해야 한다는 종 평등주의는 이웃 사람을 죽이는 것이 그른 만큼 양배추를 뽑아 버리는 것도 그르다는 것을 암시한다. 그러나 양배추는 신경계와 뇌가 없으므로 어떠한 경험을 할 수도 어떠한 의식을 가질 수도 없다. 그런 양배추를 뽑아 버리는 것이, 의식을 가지고 높은 수준의 경험을 누리는 이웃 사람을 죽이는 행위와 같을 수 없다. 종 차별주의에 대한 거부는 생김새가 아닌 의식에 의한 차별적 대우를 부정하지 않는다.

C : 의식에 의한 차별이 정당하다는 주장이 옳다면, 각 인간이 가진 가치도 달라야 한다. 왜냐하면 인간마다 의식적 경험의 정도가 다르기 때문이다. 그러나 모든 인간이 동일한 존엄성과 무한한 생명 가치를 가진다는 것은 거부할 수 없는 윤리의 대전제이다. 따라서 의식을 이용하여 종 사이의 차별을 정당화한다면 이런 윤리의 대전제를 부정할 수밖에 없다.

〈보 기〉

ㄱ. A는 종 차별주의와 종 평등주의가 서로 모순된다고 보지만 B는 그렇지 않다.

ㄴ. B와 C는 모든 인간이 동일한 존엄성과 무한한 생명 가치를 가진다는 견해에 동의한다.

ㄷ. C는 인간과 인간이 아닌 것 사이의 차별적 대우를 정당화하는 근거가 있다는 것에 동의하지만, A는 그렇지 않다.

① ㄱ
② ㄴ
③ ㄱ, ㄷ
④ ㄴ, ㄷ
⑤ ㄱ, ㄴ, ㄷ

## 24 ☐△✕

**다음 글의 ⊙의 내용으로 가장 적절한 것은?**

2020년 7월 2일이 출산 예정일이었던 갑은 2020년 6월 28일 아이를 출산하여, 2020년 7월 10일에 ○○구 건강관리센터 산모·신생아 건강관리 서비스를 신청하였다. 2020년 1월 1일에 ○○구에 주민등록이 된 이후 갑은 주민등록지를 변경하지 않았으며, 실제로 ○○구에 거주하였다. 갑의 신청을 검토한 ○○구는 ○○구 산모·신생아 건강관리 지원에 관한 조례(이하 "조례"라 한다)와 ○○구 건강관리센터 운영규정(이하 "운영규정"이라 한다)이 불일치한다는 문제를 발견하였다. 이에 ⊙ 운영규정과 조례 중 무엇도 위반하지 않고 갑이 30만 원 이하의 본인 부담금만으로 해당 서비스를 이용할 수 있도록 조례 또는 운영규정을 일부 개정하였다.

---

**「○○구 산모·신생아 건강관리 지원에 관한 조례」**

제8조(산모·신생아 건강관리 지원) ① 구청장은 출산 예정일 또는 출산일을 기준으로 6개월 전부터 계속하여 ○○구에 주민등록을 두고 있는 산모와 출산 예정일 또는 출산일을 기준으로 1년 전부터 계속하여 ○○구를 국내 체류지로 하여 외국인 등록을 하고 ○○구에 체류하는 외국인 산모에게 산모·신생아 건강관리 서비스를 제공할 수 있다.

② 구청장은 제1항에 따른 서비스의 본인 부담금을 이용금액 기준에 따라 30만 원 한도 내에서 서비스 수급자에게 부과할 수 있다.

---

**「○○구 건강관리센터 운영규정」**

제21조(산모·신생아 건강관리 지원) ① 다음 각 호의 어느 하나에 해당하는 사람은 산모·신생아 건강관리 서비스를 이용할 수 있다.

1. 출산일을 기준으로 6개월 전부터 계속하여 ○○구에 주민등록을 두고 실제로 ○○구에 거주하고 있는 산모
2. 출산일을 기준으로 6개월 전부터 ○○구를 국내 체류지로 하여 외국인 등록을 하고 실제로 ○○구에 체류하고 있는 외국인 산모

② 제1항에 따른 서비스를 이용하는 경우 서비스 수급자에게 본인 부담금이 부과될 수 있다. 그 산정은 「○○구 산모·신생아 건강관리 지원에 관한 조례」의 기준에 따른다.

---

① 운영규정 제21조 제3항과 조례 제8조 제3항으로 '신청일은 출산일 기준 10일을 경과할 수 없다.'를 신설한다.

② 운영규정 제21조 제1항의 '실제로 ○○구에 거주하고'와 '실제로 ○○구에 체류하고'를 삭제한다.

③ 운영규정 제21조 제2항의 '본인 부담금'을 '30만 원 이하의 본인 부담금'으로 개정한다.

④ 운영규정 제21조 제1항의 '출산일'을 모두 '출산 예정일 또는 출산일'로 개정한다.

⑤ 조례 제8조 제1항의 '1년'을 '6개월'로 개정한다.

## 25 ☐△✕

**다음 글의 〈논쟁〉에 대한 분석으로 적절한 것만을 〈보기〉에서 모두 고르면?**

갑과 을은 M국의 손해사정을 업으로 하는 법인 A, B의 「보험업법」 위반 여부에 대해 논쟁하고 있다. 이 논쟁은 「보험업법」의 일부 규정 속 손해사정사가 상근인지 여부, 그리고 각 법인의 손해사정사가 상근인지 여부가 불분명함에서 비롯되었다. 해당 법의 일부 조항은 다음과 같다.

---

**「보험업법」**

제00조(손해사정업의 영업기준) ① 손해사정을 업으로 하려는 법인은 2명 이상의 상근 손해사정사를 두어야 한다. 이 경우 총리령으로 정하는 손해사정사의 구분에 따라 수행할 업무의 종류별로 1명 이상의 상근 손해사정사를 두어야 한다.

② 제1항에 따른 법인이 지점 또는 사무소를 설치하려는 경우에는 각 지점 또는 사무소별로 총리령으로 정하는 손해사정사의 구분에 따라 수행할 업무의 종류별로 1명 이상의 손해사정사를 두어야 한다.

---

**〈논 쟁〉**

- 쟁점 1 : 법인 A는 총리령으로 정하는 손해사정사의 구분에 따른 업무의 종류가 4개이고 각 종류마다 2명의 손해사정사를 두고 있는데, 갑은 법인 A가 「보험업법」 제00조 제1항을 어기고 있다고 주장하지만 을은 그렇지 않다고 주장한다.
- 쟁점 2 : 법인 B의 지점 및 사무소 각각은 총리령으로 정하는 손해사정사의 구분에 따른 업무의 종류가 2개씩이고 각 종류마다 1명의 손해사정사를 두고 있는데, 갑은 법인 B가 「보험업법」 제00조 제2항을 어기고 있다고 주장하지만 을은 그렇지 않다고 주장한다.

---

**〈보 기〉**

ㄱ. 쟁점 1과 관련하여, 법인 A에는 비상근 손해사정사가 2명 근무하고 있지만 이들이 수행하는 업무의 종류가 다르다는 사실이 밝혀진다면 갑의 주장은 옳지만 을의 주장은 옳지 않다.

ㄴ. 쟁점 2와 관련하여, 법인 B의 지점에 근무하는 손해사정사가 비상근일 경우에, 갑은 제00조 제2항의 '손해사정사가 반드시 상근이어야 한다고 생각하지만 을은 비상근이어도 무방하다고 생각한다는 사실은 법인 B에 대한 갑과 을 사이의 주장 불일치를 설명할 수 있다.

ㄷ. 법인 A 및 그 지점 또는 사무소에 근무하는 손해사정사와 법인 B 및 그 지점 또는 사무소에 근무하는 손해사정사가 모두 상근이라면, 을의 주장은 쟁점 1과 쟁점 2 모두에서 옳지 않다.

① ㄱ

② ㄴ

③ ㄱ, ㄷ

④ ㄴ, ㄷ

⑤ ㄱ, ㄴ, ㄷ

# CHAPTER 05

# 2020년 7급 PSAT 모의평가 자료해석

## 01 ○△✕

다음 〈보고서〉는 2019년 '갑'시의 5대 축제(A~E)에 관한 조사 결과이다. 이에 부합하지 <u>않는</u> 자료는?

─── 〈보고서〉 ───

'갑'시의 5대 축제를 분석·평가한 결과, 우수축제로 선정된 A축제는 관람객 수, 인지도, 콘텐츠 영역에서 B축제보다 높은 점수를 받았으나 경제적 효과 영역에서는 B축제보다 낮은 점수를 받았다. 한편, 5대 축제의 관람객 만족도를 보면, 먹거리 만족도가 매년 떨어지고 있고 2019년에는 살거리 만족도도 2018년보다 낮아져 대책 마련이 시급하다는 평가도 있다.

설문조사에 따르면 축제 관련 정보 획득 매체는 연령대별로 차이를 보였다. 20대 이하와 30~40대는 각각 인터넷을 통해 정보를 획득한 관람객 수가 가장 많았다. 반면, 50대 이상은 현수막을 통해 정보를 획득한 관람객 수가 가장 많아 관람객의 연령대별 맞춤형 홍보 전략이 필요하다는 것을 보여준다.

축제로 인한 경제적 효과도 중요한 분석 대상이다. D축제의 경우 취업자 수와 고용인 수 모두 가장 적지만, 고용인 1인당 취업자 수는 가장 많았다. 관람객 1인당 총 지출액에서 숙박비의 비중이 가장 높은 축제는 C축제이고 먹거리 비용의 비중이 가장 높은 축제는 E축제이다.

① 5대 축제별 취업자 수와 고용인 수

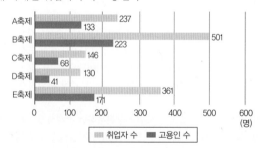

② 5대 축제의 관람객 만족도

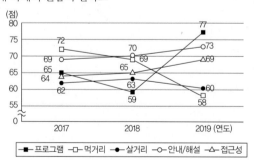

③ 5대 축제별 관람객 1인당 지출액

(단위 : 원)

| 구분＼축제 | A | B | C | D | E |
|---|---|---|---|---|---|
| 숙박비 | 22,514 | 9,100 | 27,462 | 3,240 | 4,953 |
| 먹거리 비용 | 18,241 | 19,697 | 15,303 | 8,882 | 20,716 |
| 왕복교통비 | 846 | 1,651 | 9,807 | 1,448 | 810 |
| 상품구입비 | 17,659 | 4,094 | 6,340 | 3,340 | 411 |
| 기타 | 9 | 48 | 102 | 255 | 1,117 |
| 총지출액 | 59,269 | 34,590 | 59,014 | 17,165 | 28,007 |

④ A, B 축제의 영역별 평가점수

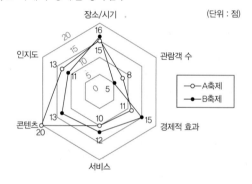

⑤ 관람객의 연령대별 5대 축제 관련 정보 획득 매체

(단위 : %)

| 연령대＼매체 | TV | 인터넷 | 신문 | 현수막 | 기타 |
|---|---|---|---|---|---|
| 20대 이하 | 22.0 | 58.6 | 10.8 | 17.5 | 11.5 |
| 30~40대 | 25.4 | 35.0 | 16.5 | 18.0 | 9.0 |
| 50대 이상 | 35.0 | 20.2 | 21.0 | 29.5 | 8.0 |
| 전체 | 26.0 | 41.5 | 15.1 | 20.1 | 9.8 |

※ 중복응답 가능함

## 02 ▢△✕

다음 〈표〉는 2019년 10월 첫 주 '갑' 편의점의 간편식 A~F의 판매량에 관한 자료이다. 〈표〉와 〈조건〉을 이용하여 간편식 B, E의 판매량을 바르게 나열한 것은?

〈표〉 간편식 A~F의 판매량

(단위 : 개)

| 간편식 | A | B | C | D | E | F | 평균 |
|---|---|---|---|---|---|---|---|
| 판매량 | 95 | ( ) | ( ) | ( ) | ( ) | 43 | 70 |

─── 〈조 건〉 ───
- A와 C의 판매량은 같다.
- B와 D의 판매량은 같다.
- E의 판매량은 D보다 23개 적다.

　　B　　　E
① 70　　　47
② 70　　　57
③ 83　　　47
④ 83　　　60
⑤ 85　　　62

## 03 ▢△✕

다음 〈표〉는 2015~2019년 '갑'국의 가스사고 현황에 관한 자료이다. 이에 대한 〈보기〉의 설명 중 옳은 것만을 모두 고르면?

〈표 1〉 원인별 사고건수

(단위 : 건)

| 원인＼연도 | 2015 | 2016 | 2017 | 2018 | 2019 |
|---|---|---|---|---|---|
| 사용자 취급부주의 | 41 | 41 | 41 | 38 | 31 |
| 공급자 취급부주의 | 23 | 16 | 22 | 26 | 29 |
| 제품노후 | 4 | 12 | 19 | 12 | 18 |
| 고의사고 | 21 | 16 | 16 | 12 | 9 |
| 타공사 | 2 | 6 | 4 | 8 | 7 |
| 자연재해 | 12 | 9 | 5 | 3 | 3 |
| 시설미비 | 18 | 20 | 11 | 23 | 24 |
| 전체 | 121 | 120 | 118 | 122 | 121 |

〈표 2〉 사용처별 사고건수

(단위 : 건)

| 사용처＼연도 | 2015 | 2016 | 2017 | 2018 | 2019 |
|---|---|---|---|---|---|
| 주택 | 48 | 50 | 39 | 42 | 47 |
| 식품접객업소 | 21 | 10 | 27 | 14 | 20 |
| 특수허가업소 | 14 | 14 | 16 | 16 | 12 |
| 공급시설 | 3 | 7 | 5 | 5 | 6 |
| 차량 | 4 | 5 | 4 | 5 | 6 |
| 제1종 보호시설 | 3 | 8 | 6 | 8 | 5 |
| 공장 | 9 | 6 | 7 | 6 | 4 |
| 다중이용시설 | 0 | 0 | 0 | 0 | 1 |
| 야외 | 19 | 20 | 14 | 26 | 20 |
| 전체 | 121 | 120 | 118 | 122 | 121 |

─── 〈보 기〉 ───
ㄱ. 2015년 대비 2019년 사고건수의 증가율은 '공급자 취급부주의'가 '시설미비'보다 작다.
ㄴ. 주택'과 '차량'의 연도별 사고건수 증감방향은 같다.
ㄷ. 2016년에는 사고건수 기준 상위 2가지 원인에 의한 사고건수의 합이 나머지 원인에 의한 사고건수의 합보다 적다.
ㄹ. 전체 사고건수에서 '주택'이 차지하는 비중은 매년 35% 이상이다.

① ㄱ, ㄴ
② ㄱ, ㄹ
③ ㄴ, ㄷ
④ ㄱ, ㄷ, ㄹ
⑤ ㄴ, ㄷ, ㄹ

**04** ○△✕

다음 〈표〉는 2015~2019년 A~D 지역의 해양수질, 해조류 군집 및 해양 저서동물 출현종수에 관한 자료이다. 이에 대한 설명으로 옳지 <u>않은</u> 것은?

〈표 1〉 A~D 지역의 해양수질

(단위 : mg/L)

| 측정항목 | 지역\연도 | 2015 | 2016 | 2017 | 2018 | 2019 |
|---|---|---|---|---|---|---|
| 용존<br>산소량<br>(DO) | A | 8.22 | 8.13 | 7.95 | 8.40 | 7.60 |
| | B | 8.18 | 8.23 | 8.12 | 8.60 | 8.10 |
| | C | 10.20 | 8.06 | 8.73 | 8.10 | 8.50 |
| | D | 7.51 | 6.97 | 7.39 | 8.43 | 8.35 |
| 화학적<br>산소<br>요구량<br>(COD) | A | 1.73 | 1.38 | 1.19 | 1.54 | 1.34 |
| | B | 1.38 | 1.40 | 1.26 | 1.47 | 1.54 |
| | C | 2.35 | 2.29 | 1.71 | 1.59 | 1.69 |
| | D | 0.96 | 0.82 | 0.70 | 1.30 | 1.59 |
| 총질소<br>(Total-N) | A | 0.16 | 0.14 | 0.16 | 0.15 | 0.12 |
| | B | 0.16 | 0.13 | 0.20 | 0.15 | 0.12 |
| | C | 0.45 | 0.51 | 0.68 | 0.11 | 0.08 |
| | D | 0.20 | 0.06 | 0.05 | 0.57 | 0.07 |

※ 해양수질 등급은 아래 기준으로 판정함.
- 1등급은 DO가 7.50mg/L 이상이고 COD는 1.00mg/L 이하이며 Total-N이 0.30mg/L 이하인 경우임.
- 2등급은 1등급에 해당하지 않으면서 DO가 2.00mg/L 이상이고 COD는 2.00mg/L 이하이며 Total-N이 0.60mg/L 이하인 경우임.
- 등급 외는 1, 2등급에 해당하지 않는 경우임.

〈표 2〉 A~D 지역의 해조류 군집 및 해양 저서동물 출현종수

(단위 : 개)

| 항목 | 지역\연도 | 2015 | 2016 | 2017 | 2018 | 2019 |
|---|---|---|---|---|---|---|
| 해조류<br>군집<br>출현<br>종수 | A | 108 | 77 | 46 | 48 | 48 |
| | B | 102 | 77 | 49 | 49 | 52 |
| | C | 26 | 27 | 28 | 29 | 27 |
| | D | 102 | 136 | 199 | 86 | 87 |
| 해양<br>저서동물<br>출현종수 | A | 147 | 79 | 126 | 134 | 153 |
| | B | 90 | 73 | 128 | 142 | 141 |
| | C | 112 | 34 | 58 | 85 | 102 |
| | D | 175 | 351 | 343 | 303 | 304 |

① 2015~2019년 A와 B 지역의 총질소(Total-N)의 연간 증감방향은 매년 동일하다.

② 2016년 B 지역은 해조류 군집 출현종수의 전년 대비 증감률이 해양 저서동물 출현종수의 전년대비 증감률보다 크다.

③ 2019년에는 해양 저서동물 출현종수가 가장 많은 지역이 총질소(Total-N)가 가장 낮다.

④ 2015년에 해양수질이 1등급인 지역은 D가 유일하다.

⑤ A와 C 지역의 해양수질은 2015년부터 2017년까지 2등급으로 일정하다.

**05** ○△✕

다음 〈그림〉과 〈표〉는 2018~2019년 '갑'국의 월별 최대전력수요와 전력 수급현황에 관한 자료이다. 이에 대한 설명으로 옳은 것은?

〈그림〉'갑'국의 월별 최대전력수요

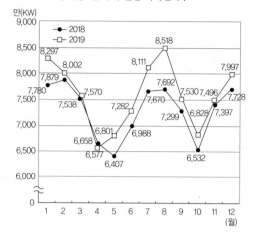

〈표〉'갑'국의 전력수급현황

(단위 : 만 kW)

| 구분 | 시기 | 2018년 2월 | 2019년 8월 |
|---|---|---|---|
| 최대전력수요 | | 7,879 | 8,518 |
| 전력공급능력 | | 8,793 | 9,240 |

※ 1) 공급예비력=전력공급능력-최대전력수요
2) 공급예비율(%)= $\frac{공급예비력}{최대전력수요} \times 100$

① 공급예비력은 2018년 2월이 2019년 8월보다 작다.

② 공급예비율은 2018년 2월이 2019년 8월보다 낮다.

③ 2019년 1~12월 동안 최대전력수요의 월별 증감방향은 2018년과 동일하다.

④ 해당 연도 1~12월 중 최대전력수요가 가장 큰 달과 가장 작은 달의 최대전력수요 차이는 2018년이 2019년보다 작다.

⑤ 2019년 최대전력수요의 전년동월 대비 증가율이 가장 높은 달은 1월이다.

## 06 ○△✕

다음 〈표〉는 2018년 '갑'국 A~E 지역의 산사태 위험인자 현황에 관한 자료이다. 〈평가 방법〉에 근거하여 산사태 위험점수가 가장 높은 지역과 가장 낮은 지역을 바르게 나열한 것은?

〈표〉 A~E 지역의 산사태 위험인자 현황

| 위험인자＼지역 | A | B | C | D | E |
|---|---|---|---|---|---|
| 경사길이(m) | 180 | 220 | 150 | 80 | 40 |
| 모암 | 화성암 | 퇴적암 | 변성암 (편마암) | 변성암 (천매암) | 변성암 (편마암) |
| 경사위치 | 중하부 | 중상부 | 중하부 | 상부 | 중상부 |
| 사면형 | 상승사면 | 복합사면 | 하강사면 | 복합사면 | 평형사면 |
| 토심(cm) | 160 | 120 | 70 | 110 | 80 |
| 경사도(°) | 30 | 20 | 25 | 35 | 55 |

─── 〈평가 방법〉 ───

• 산사태 위험인자의 평가점수는 다음과 같다.

| 위험인자＼평가점수 | 0점 | 10점 | 20점 | 30점 |
|---|---|---|---|---|
| 경사길이(m) | 50 미만 | 50 이상 100 미만 | 100 이상 200 미만 | 200 이상 |
| 모암 | 퇴적암 | 화성암 | 변성암 (천매암) | 변성암 (편마암) |
| 경사위치 | 하부 | 중하부 | 중상부 | 상부 |
| 사면형 | 상승사면 | 평형사면 | 하강사면 | 복합사면 |
| 토심(cm) | 20 미만 | 20 이상 100 미만 | 100 이상 150 미만 | 150 이상 |
| 경사도(°) | 40 이상 | 30 이상 40 미만 | 25 이상 30 미만 | 25 미만 |

• 개별 지역의 산사태 위험점수는 6개 위험인자에 대한 평가점수의 합임

| | 가장 높은 지역 | 가장 낮은 지역 |
|---|---|---|
| ① | B | A |
| ② | B | E |
| ③ | D | A |
| ④ | D | C |
| ⑤ | D | E |

## 07 ○△✕

다음 〈표〉는 '갑'시에서 주최한 10km 마라톤 대회에 참가한 선수 A~D의 구간별 기록이다. 이에 대한 〈보기〉의 설명 중 옳은 것만을 모두 고르면?

〈표〉 선수 A~D의 10km 마라톤 대회 구간별 기록

| 구간＼선수 | A | B | C | D |
|---|---|---|---|---|
| 0~1km | 5분 24초 | 5분 44초 | 6분 40초 | 6분 15초 |
| 1~2km | 5분 06초 | 5분 42초 | 5분 27초 | 6분 19초 |
| 2~3km | 5분 03초 | 5분 50초 | 5분 18초 | 6분 00초 |
| 3~4km | 5분 00초 | 6분 18초 | 5분 15초 | 5분 54초 |
| 4~5km | 4분 57초 | 6분 14초 | 5분 24초 | 5분 35초 |
| 5~6km | 5분 10초 | 6분 03초 | 5분 03초 | 5분 27초 |
| 6~7km | 5분 25초 | 5분 48초 | 5분 14초 | 6분 03초 |
| 7~8km | 5분 18초 | 5분 39초 | 5분 29초 | 5분 24초 |
| 8~9km | 5분 10초 | 5분 33초 | 5분 26초 | 5분 11초 |
| 9~10km | 5분 19초 | 5분 03초 | 5분 36초 | 5분 15초 |
| 계 | 51분 52초 | ( ) | 54분 52초 | 57분 23초 |

※ 1) A~D는 출발점에서 동시에 출발하여 휴식 없이 완주함
2) A~D는 각 구간 내에서 일정한 속도로 달림

─── 〈보 기〉 ───

ㄱ. 출발 후 6km 지점을 먼저 통과한 선수부터 나열하면 A, C, D, B 순이다.
ㄴ. B의 10km 완주기록은 60분 이상이다.
ㄷ. 3~4km 구간에서 B는 C에게 추월당한다.
ㄹ. A가 10km 지점을 통과한 순간, D는 7~8km 구간을 달리고 있다.

① ㄱ, ㄴ
② ㄱ, ㄷ
③ ㄱ, ㄹ
④ ㄴ, ㄷ
⑤ ㄷ, ㄹ

## 08 ○△✕

다음 〈표〉는 '갑' 회사 구내식당의 월별 이용자 수 및 매출액에 관한 자료이고, 〈보고서〉는 '갑' 회사 구내식당 가격인상에 관한 내부검토 자료이다. '2019년 1월의 이용자 수 예측'에 대한 그래프로 〈표〉와 〈보고서〉의 내용에 부합하는 것은?

〈표〉 2018년 '갑' 회사 구내식당의 월별 이용자 수 및 매출액

(단위 : 명, 천 원)

| 월 | 특선식 | | 일반식 | | 총매출액 |
| --- | --- | --- | --- | --- | --- |
| | 이용자 수 | 매출액 | 이용자 수 | 매출액 | |
| 7 | 901 | 5,406 | 1,292 | 5,168 | 10,574 |
| 8 | 885 | 5,310 | 1,324 | 5,296 | 10,606 |
| 9 | 914 | 5,484 | 1,284 | 5,136 | 10,620 |
| 10 | 979 | 5,874 | 1,244 | 4,976 | 10,850 |
| 11 | 974 | 5,844 | 1,196 | 4,784 | 10,628 |
| 12 | 952 | 5,712 | 1,210 | 4,840 | 10,552 |

※ 총매출액은 특선식 매출액과 일반식 매출액의 합임

〈보고서〉

2018년 12월 현재 회사 구내식당은 특선식(6,000원)과 일반식(4,000원)의 두 가지 메뉴를 판매하고 있다. 2018년 11월부터 구내식당 총매출액이 감소하고 있어 지난 2년 동안 동결되었던 특선식과 일반식 중 한 가지 메뉴의 가격을 2019년 1월부터 1,000원 인상할지를 검토하였다.

메뉴 가격에 변동이 없을 경우, 일반식 이용자와 특선식 이용자의 수가 모두 2018년 12월에 비해 감소하여 2019년 1월의 총매출액은 2018년 12월보다 감소할 것으로 예측된다.

특선식 가격만을 1,000원 인상하여 7,000원으로 할 경우, 특선식 이용자 수는 2018년 7월 이후 최저치 이하로 감소하지만, 가격 인상의 영향 등으로 총매출액은 2018년 10월 이상으로 증가할 것으로 예측된다.

일반식 가격만을 1,000원 인상하여 5,000원으로 할 경우, 일반식 이용자 수는 2018년 12월 대비 10 % 이상 감소하며, 특선식 이용자 수는 2018년 10월보다 증가하지는 않으리라 예측된다.

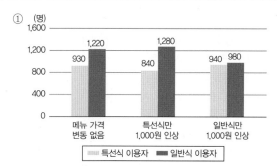

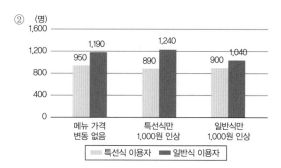

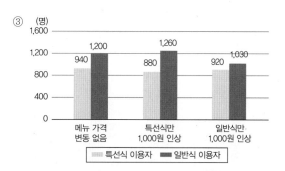

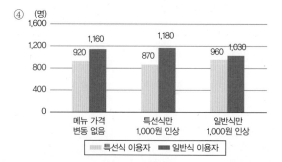

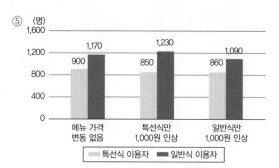

## 09 ◻△✕

다음 〈그림〉은 OECD 회원국 중 5개국의 2018년 가정용, 산업용 전기요금 지수를 나타낸 것이다. 이에 대한 〈보기〉의 설명 중 옳은 것만을 모두 고르면?

〈그림〉 OECD 회원국 중 5개국의 가정용, 산업용 전기요금 지수

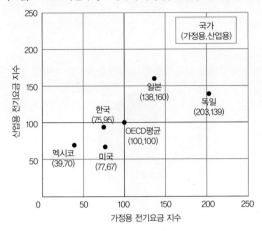

※ 1) OECD 각 국가의 전기요금은 100 kWh당 평균 금액($)임

2) 가정용(산업용) 전기요금 지수 = $\dfrac{\text{해당 국가의 가정용(산업용) 전기요금}}{\text{OECD 평균 가정용(산업용) 전기요금}} \times 100$

3) 2018년 한국의 가정용, 산업용 전기요금은 100 kWh당 각각 $120, $95임

─── 〈보 기〉 ───

ㄱ. 산업용 전기요금은 일본이 가장 비싸고 가정용 전기요금은 독일이 가장 비싸다.

ㄴ. OECD 평균 전기요금은 가정용이 산업용의 1.5배 이상이다.

ㄷ. 가정용 전기요금이 한국보다 비싼 국가는 산업용 전기요금도 한국보다 비싸다.

ㄹ. 일본은 산업용 전기요금이 가정용 전기요금보다 비싸다.

① ㄱ, ㄴ
② ㄱ, ㄷ
③ ㄴ, ㄹ
④ ㄷ, ㄹ
⑤ ㄱ, ㄴ, ㄹ

## 10 ◻△✕

다음 〈표〉는 2019년 기관 A~D 소속 퇴직예정공직자의 재취업을 위한 직무관련성 심사결과에 대한 자료이다. 〈표〉와 〈조건〉을 근거로 A~D에 해당하는 기관을 바르게 나열한 것은?

〈표〉 직무관련성 심사결과

(단위 : 건)

| 구분<br>기관 | 관련있음 | 관련없음 | 각하 | 전체 |
| --- | --- | --- | --- | --- |
| A | 8 | 33 | 4 | 45 |
| B | 17 | 77 | 3 | 97 |
| C | 99 | 350 | 59 | 508 |
| D | 0 | 9 | 0 | 9 |

─── 〈조 건〉 ───

• 우주청의 전체 심사결과 중 '관련없음'의 비중은 혁신청의 전체 심사결과 중 '관련없음'의 비중보다 작다.

• 기관별 전체 심사결과 중 '관련없음'의 비중은 문화청이 가장 크다.

• '각하' 건수는 과학청이 혁신청보다 많다.

• '관련없음' 대비 '관련있음' 건수의 비는 과학청이 우주청보다 높다.

| | A | B | C | D |
| --- | --- | --- | --- | --- |
| ① | 과학청 | 문화청 | 혁신청 | 우주청 |
| ② | 과학청 | 혁신청 | 우주청 | 문화청 |
| ③ | 문화청 | 혁신청 | 우주청 | 과학청 |
| ④ | 우주청 | 혁신청 | 과학청 | 문화청 |
| ⑤ | 혁신청 | 우주청 | 과학청 | 문화청 |

## 11 ○△×

다음 〈표〉는 2014~2018년 공공기관 신규채용 합격자 현황에 관한 자료이다. 이를 이용하여 작성한 그래프로 옳지 않은 것은?

〈표 1〉 공공기관 신규채용 합격자 현황

(단위 : 명)

| 연도<br>합격자 | 2014 | 2015 | 2016 | 2017 | 2018 |
|---|---|---|---|---|---|
| 전체 | 17,601 | 19,322 | 20,982 | 22,547 | 33,832 |
| 여성 | 7,502 | 7,664 | 8,720 | 9,918 | 15,530 |

〈표 2〉 공공기관 유형별 신규채용 합격자 현황

(단위 : 명)

| 유형 | 연도<br>합격자 | 2014 | 2015 | 2016 | 2017 | 2018 |
|---|---|---|---|---|---|---|
| 공기업 | 전체 | 4,937 | 5,823 | 5,991 | 6,805 | 9,070 |
| | 여성 | 1,068 | 1,180 | 1,190 | 1,646 | 2,087 |
| 준<br>정부기관 | 전체 | 5,055 | 4,892 | 6,084 | 6,781 | 9,847 |
| | 여성 | 2,507 | 2,206 | 2,868 | 3,434 | 4,947 |
| 기타<br>공공기관 | 전체 | 7,609 | 8,607 | 8,907 | 8,961 | 14,915 |
| | 여성 | 3,927 | 4,278 | 4,662 | 4,838 | 8,496 |

※ 공공기관은 공기업, 준정부기관, 기타공공기관으로만 구성됨

① 공공기관 유형별 신규채용 합격자 현황

② 2016년 공공기관 유형별 신규채용 남성 합격자 현황

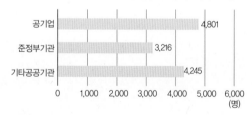

③ 공공기관 유형별 신규채용 합격자 중 여성 비중

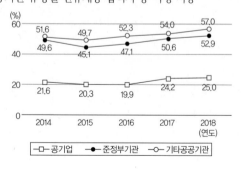

④ 공공기관 신규채용 합격자의 전년대비 증가율

⑤ 2018년 공공기관 신규채용 합격자의 공공기관 유형별 구성비

## 12 ☐△✕

다음 〈그림〉은 가구 A~L의 2020년 1월 주거비와 식비, 필수생활비에 관한 자료이다. 이에 대한 설명으로 옳은 것은?

〈그림 1〉 가구 A~L의 주거비와 식비

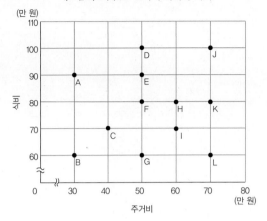

〈그림 2〉 가구 A~L의 식비와 필수생활비

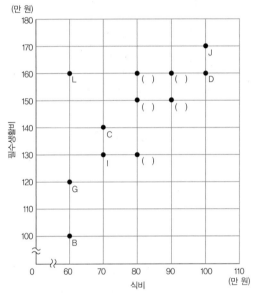

※ 필수생활비 = 주거비 + 식비 + 의복비

① 의복비는 가구 A가 가구 B보다 작다.
② 의복비가 0원인 가구는 1곳이다.
③ 주거비가 40만 원 이하인 가구의 의복비는 각각 10만 원 이상이다.
④ 식비 하위 3개 가구 의복비의 합은 60만 원 이상이다.
⑤ 식비가 80만 원이면서 필수생활비가 130만 원인 가구는 K이다.

## 13 ☐△✕

다음 〈그림〉은 추락사고가 발생한 항공기 200대의 사고 발생 시점과 사고 원인을 정리한 자료이다. 이에 대한 〈보기〉의 설명 중 옳은 것만을 모두 고르면?

〈그림〉 항공기 추락사고의 사고 발생시점과 사고 원인

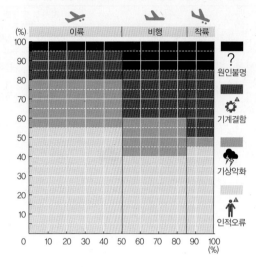

※ 사고 발생시점은 이륙, 비행, 착륙 중 하나이며, 사고 원인은 인적오류, 기상악화, 기계결함, 원인불명 중 하나임

〈보 기〉

ㄱ. 이륙 중에 인적오류로 추락한 항공기 수는 착륙 중에 원인불명으로 추락한 항공기 수의 12배 이상이다.
ㄴ. 비행 중에 원인불명으로 추락한 항공기 수는 착륙 중에 기계결함으로 추락한 항공기 수보다 많다.
ㄷ. 비행 중에 인적오류로 추락한 항공기 수는 이륙 중에 기계결함으로 추락한 항공기 수보다 56대 더 많다.
ㄹ. 기계결함으로 추락한 항공기 수는 추락사고가 발생한 항공기 수의 20% 이상이다.

① ㄱ, ㄴ
② ㄱ, ㄷ
③ ㄱ, ㄹ
④ ㄴ, ㄷ
⑤ ㄷ, ㄹ

## 14 ⬭△✕

다음 〈표〉는 '갑'국의 2020년 3월 1~15일 기상상황과 드론 비행 및 촬영 허가신청 결과에 관한 자료이다. 〈표〉와 〈조건〉에 근거한 〈보기〉의 설명으로 옳은 것만을 모두 고르면?

〈표〉 기상상황과 드론 비행 및 촬영 허가신청 결과

| 구분 날짜 | 기상상황 지자기지수 | 풍속(m/s) | 날씨 | 허가신청 결과 비행 | 촬영 |
|---|---|---|---|---|---|
| 3월 1일 | 1 | 3 | 🌧 | 불허 | 불허 |
| 3월 2일 | 2 | 2 | ☀ | 불허 | 불허 |
| 3월 3일 | 3 | 3 | ☁ | 허가 | 허가 |
| 3월 4일 | 4 | 1 | 🌧 | 허가 | 허가 |
| 3월 5일 | 5 | 7 | ☁ | 허가 | 허가 |
| 3월 6일 | 5 | 12 | ☁ | 허가 | 허가 |
| 3월 7일 | 5 | 5 | ☀ | 허가 | 허가 |
| 3월 8일 | 4 | 3 | ☀ | 허가 | 허가 |
| 3월 9일 | 6 | 6 | ☀ | 허가 | 허가 |
| 3월 10일 | 3 | 4 | ☁ | 허가 | 불허 |
| 3월 11일 | 4 | 3 | ☁ | 허가 | 불허 |
| 3월 12일 | 2 | 2 | ☀ | 허가 | 허가 |
| 3월 13일 | 2 | 13 | ☀ | 허가 | 허가 |
| 3월 14일 | 3 | 5 | 🌧 | 허가 | 허가 |
| 3월 15일 | 1 | 3 | ☀ | 허가 | 허가 |

〈조 건〉

• 기상상황 항목별 드론 비행 및 촬영 기준

| 구분 항목 | 비행 | 촬영 |
|---|---|---|
| 지자기지수 | 5 미만 | 10 미만 |
| 풍속(m/s) | 10 미만 | 5 미만 |
| 날씨 | ☀ 또는 ☁ | ☀ 또는 ☁ |

• 기상상황 항목별 비행 기준을 모두 충족하고 비행 허가신청 결과가 '허가'일 때, 비행에 적합함
• 기상상황 항목별 촬영 기준을 모두 충족하고 촬영 허가신청 결과가 '허가'일 때, 촬영에 적합함
• 기상상황 항목별 비행 및 촬영 기준을 모두 충족하고 비행 및 촬영 허가신청 결과가 모두 '허가'일 때, 항공촬영에 적합함

〈보 기〉

ㄱ. 비행에 적합한 날은 총 6일이다.
ㄴ. 촬영에 적합한 날은 총 5일이다.
ㄷ. 항공촬영에 적합한 날은 총 4일이다.

① ㄱ
② ㄷ
③ ㄱ, ㄴ
④ ㄱ, ㄷ
⑤ ㄴ, ㄷ

## 15 ⬭△✕

다음 〈표〉는 산림경영단지 A~E의 임도 조성 현황에 관한 자료이다. 이 경우 면적이 가장 넓은 산림경영단지는?

〈표〉 산림경영단지 A~E의 임도 조성 현황

(단위 : %, km, km/ha)

| 구분 산림경영단지 | 작업임도 비율 | 간선임도 길이 | 임도 밀도 |
|---|---|---|---|
| A | 30 | 70 | 15 |
| B | 20 | 40 | 10 |
| C | 30 | 35 | 20 |
| D | 50 | 20 | 10 |
| E | 40 | 60 | 20 |

※ 1) 임도 길이(km)=작업임도 길이+간선임도 길이

2) 작업임도 비율(%)= $\frac{작업임도\ 길이}{임도\ 길이} \times 100$

3) 간선임도 비율(%)= $\frac{간선임도\ 길이}{임도\ 길이} \times 100$

4) 임도 밀도(km/ha)= $\frac{임도\ 길이}{산림경영단지\ 면적}$

① A
② B
③ C
④ D
⑤ E

## 16 ○△×

다음 〈표〉는 2019년 '갑'국 국회의원선거의 당선자 수에 관한 자료이다. 이에 대한 〈보기〉의 설명 중 옳은 것만을 모두 고르면?

〈표〉 '갑'국 국회의원선거의 당선자 수

(단위 : 명)

| 정당<br>권역 | A | B | C | D | E | 합 |
|---|---|---|---|---|---|---|
| 가 | 48 | ( ) | 0 | 1 | 7 | 65 |
| 나 | 2 | ( ) | ( ) | 0 | 0 | ( ) |
| 기타 | 55 | 98 | 2 | 1 | 4 | 160 |
| 전체 | 105 | 110 | 25 | 2 | 11 | 253 |

※ '갑'국의 정당은 A~E만 존재함

〈보 기〉

ㄱ. E 정당 전체 당선자 중 '가' 권역 당선자가 차지하는 비중은 60% 이상이다.
ㄴ. 당선자 수의 합은 '가' 권역이 '나' 권역의 3배 이상이다.
ㄷ. C 정당 전체 당선자 중 '나' 권역 당선자가 차지하는 비중은 A 정당 전체 당선자 중 '가' 권역 당선자가 차지하는 비중의 2배 이상이다.
ㄹ. B 정당 당선자 수는 '나' 권역이 '가' 권역보다 많다.

① ㄱ, ㄴ
② ㄱ, ㄷ
③ ㄴ, ㄷ
④ ㄴ, ㄹ
⑤ ㄷ, ㄹ

## 17 ○△×

다음 〈표〉는 소프트웨어 경쟁력 종합점수 산출을 위한 영역별 가중치와 소프트웨어 경쟁력 종합순위 1~10위 국가의 영역별 순위 및 원점수에 관한 자료이다. 이에 대한 설명으로 옳지 않은 것은?

〈표 1〉 소프트웨어 경쟁력 종합점수 산출을 위한 영역별 가중치

| 영역 | 환경 | 인력 | 혁신 | 성과 | 활용 |
|---|---|---|---|---|---|
| 가중치 | 0.15 | 0.20 | 0.25 | 0.15 | 0.25 |

〈표 2〉 소프트웨어 경쟁력 평가대상 국가 중 종합순위 1~10위 국가의 영역별 순위 및 원점수

(단위 : 점)

| 종합<br>순위 | 종합<br>점수 | 국가 | 환경 순위 | 환경 원점수 | 인력 순위 | 인력 원점수 | 혁신 순위 | 혁신 원점수 | 성과 순위 | 성과 원점수 | 활용 순위 | 활용 원점수 |
|---|---|---|---|---|---|---|---|---|---|---|---|---|
| 1 | 72.41 | 미국 | 1 | 67.1 | 1 | 89.6 | 1 | 78.5 | 2 | 54.8 | 2 | 66.3 |
| 2 | 47.04 | 중국 | 28 | 20.9 | 8 | 35.4 | 2 | 66.9 | 18 | 11.3 | 1 | 73.6 |
| 3 | 41.48 | 일본 | 6 | 50.7 | 10 | 34.0 | 3 | 44.8 | 19 | 10.5 | 7 | 57.2 |
| 4 | ( ) | 호주 | 5 | 51.6 | 6 | 37.9 | 7 | 33.1 | 22 | 9.2 | 3 | 62.8 |
| 5 | ( ) | 캐나다 | 17 | 37.7 | 15 | 29.5 | 4 | 42.9 | 16 | 13.3 | 6 | 57.6 |
| 6 | 38.35 | 스웨덴 | 9 | 42.6 | 5 | 38.9 | 8 | 28.1 | 3 | 26.5 | 10 | 52.7 |
| 7 | 38.12 | 영국 | 12 | 40.9 | 4 | 46.3 | 12 | 20.3 | 6 | 23.3 | 8 | 56.6 |
| 8 | ( ) | 프랑스 | 11 | 41.9 | 2 | 53.6 | 11 | 22.5 | 15 | 13.8 | 11 | 49.3 |
| 9 | ( ) | 핀란드 | 10 | 42.5 | 14 | 30.5 | 10 | 22.6 | 4 | 24.9 | 4 | 59.4 |
| 10 | ( ) | 한국 | 2 | 62.9 | 19 | 27.5 | 5 | 41.5 | 25 | 6.7 | 21 | 41.1 |

※ 1) 점수가 높을수록 순위가 높음
2) 영역점수＝영역 원점수×영역 가중치
3) 종합점수는 5개 영역점수의 합임

① 종합순위가 한국보다 낮은 국가 중에 '성과' 영역 원점수가 한국의 8배 이상인 국가가 있다.
② 종합순위 3~10위 국가의 종합점수 합은 320점 이하이다.
③ 소프트웨어 경쟁력 평가대상 국가는 28개국 이상이다.
④ 한국은 5개 영역점수 중 '혁신' 영역점수가 가장 높다.
⑤ 일본의 '활용' 영역 원점수가 중국의 '활용' 영역 원점수로 같아지면 국가별 종합순위는 바뀐다.

## 18 ⃞○△✕

다음 〈표〉는 2019년 주요 7개 지역(A~G)의 재해 피해 현황이다. 이에 대한 설명으로 옳지 않은 것은?

〈표〉 2019년 주요 7개 지역의 재해 피해 현황

| 구분<br>지역 | 피해액<br>(천 원) | 행정면적<br>(km²) | 인구<br>(명) | 1인당 피해액<br>(원) |
|---|---|---|---|---|
| 전국 | 187,282,994 | 100,387 | 51,778,544 | 3,617 |
| A | 2,898,417 | 1,063 | 2,948,542 | 983 |
| B | 2,883,752 | 10,183 | 12,873,895 | 224 |
| C | 3,475,055 | 10,540 | 3,380,404 | 1,028 |
| D | 7,121,830 | 16,875 | 1,510,142 | 4,716 |
| E | 24,482,562 | 8,226 | 2,116,770 | 11,566 |
| F | 86,648,708 | 19,031 | 2,691,706 | 32,191 |
| G | ( ) | 7,407 | 1,604,432 | 36,199 |

※ 피해밀도(원/km²) = $\frac{\text{피해액}}{\text{행정면적}}$

① G 지역의 피해액은 전국 피해액의 35 % 이하이다.
② 주요 7개 지역을 합친 지역의 1인당 피해액은 나머지 전체 지역의 1인당 피해액보다 크다.
③ D 지역과 F 지역을 합친 지역의 1인당 피해액은 전국 1인당 피해액의 5배 이상이다.
④ 피해밀도는 A 지역이 B 지역의 9배 이상이다.
⑤ 주요 7개 지역 중 피해밀도가 가장 낮은 지역은 D 지역이다.

## 19 ⃞○△✕

다음 〈표〉는 A 사에서 실시한 철근강도 평가 샘플 수 및 합격률에 관한 자료이다. 이에 대한 설명으로 옳은 것은?

〈표〉 철근강도 평가 샘플 수 및 합격률

(단위 : 개, %)

| 구분 | 종류 | SD400 | SD500 | SD600 | 전체 |
|---|---|---|---|---|---|
| 샘플 수 | | 35 | ( ) | 25 | ( ) |
| 평가항목별<br>합격률 | 항복강도 | 100.0 | 95.0 | 92.0 | 96.0 |
| | 인장강도 | 100.0 | 100.0 | 88.0 | ( ) |
| 최종 합격률 | | 100.0 | ( ) | 84.0 | ( ) |

※ 1) 평가한 철근 종류는 SD400, SD500, SD600뿐임
2) 항복강도와 인장강도 평가에서 모두 합격한 샘플만 최종 합격임
3) 합격률(%) = $\frac{\text{합격한 샘플 수}}{\text{샘플 수}} \times 100$
4) 평가 결과는 합격 또는 불합격임

① SD500 샘플 수는 50개 이상이다.
② 인장강도 평가에서 합격한 SD600 샘플은 항복강도 평가에서도 모두 합격하였다.
③ 항복강도 평가에서 불합격한 SD500 샘플 수는 4개이다.
④ 최종 불합격한 전체 샘플 수는 5개 이하이다.
⑤ 항복강도 평가에서 불합격한 SD600 샘플 수는 최종 불합격한 SD500 샘플 수와 같다.

## 20 ⃞○△✕

다음 〈표〉는 2015년 와인 생산량 및 소비량 상위 8개국 현황에 관한 자료이다. 이에 대한 〈보기〉의 설명 중 옳은 것만을 모두 고르면?

〈표 1〉 2015년 와인 생산량 상위 8개국 현황

(단위 : 천 L, %)

| 구분<br>국가 | 2015년<br>생산량 | 구성비 | 2013년 생산량<br>대비 증가율 |
|---|---|---|---|
| 이탈리아 | 4,950 | 17.4 | −8.3 |
| 프랑스 | 4,750 | 16.7 | 12.8 |
| 스페인 | 3,720 | 13.1 | −18.0 |
| 미국 | 2,975 | 10.4 | −4.5 |
| 아르헨티나 | 1,340 | 4.7 | −10.7 |
| 칠레 | 1,290 | 4.5 | 0.8 |
| 호주 | 1,190 | 4.2 | −3.3 |
| 남아프리카공화국 | 1,120 | 3.9 | 22.4 |
| 계 | 21,335 | 74.9 | −3.8 |

〈표 2〉 2015년 와인 소비량 상위 8개국 현황

(단위 : 천 L, %)

| 구분<br>국가 | 2015년<br>소비량 | 구성비 | 2013년 소비량<br>대비 증가율 |
|---|---|---|---|
| 미국 | 3,320 | 13.3 | 6.5 |
| 프랑스 | 2,720 | 10.9 | −3.5 |
| 이탈리아 | 2,050 | 8.2 | −5.9 |
| 독일 | 2,050 | 8.2 | 1.0 |
| 중국 | 1,600 | 6.4 | −8.4 |
| 영국 | 1,290 | 5.2 | 1.6 |
| 아르헨티나 | 1,030 | 4.1 | −0.4 |
| 스페인 | 1,000 | 4.0 | 2.0 |
| 계 | 15,060 | 60.2 | −0.8 |

※ 1) 구성비는 세계 와인 생산(소비)량에서 각 국가 생산(소비)량이 차지하는 비율임
2) 구성비와 증가율은 소수 둘째 자리에서 반올림한 값임

─── 〈보 기〉 ───

ㄱ. 2015년 와인 생산량 상위 8개국 중 와인 소비량이 생산량보다 많은 국가는 1개이다.
ㄴ. 2015년 와인 생산량 상위 8개국만 와인 생산량이 각각 10%씩 증가했다면, 2015년 세계 와인 생산량은 30,000천 L 이상이었을 것이다.
ㄷ. 2015년 중국 와인 소비량은 같은 해 세계 와인 생산량의 6% 미만이다.
ㄹ. 2013년 스페인 와인 생산량은 같은 해 영국 와인 소비량의 3배 미만이다.

① ㄱ, ㄷ
② ㄴ, ㄹ
③ ㄷ, ㄹ
④ ㄱ, ㄴ, ㄷ
⑤ ㄱ, ㄴ, ㄹ

## 21 ○△✕

다음 〈표〉는 제품 A~E의 회수 시점의 평가 항목별 품질 상태를 나타낸 자료이다. 〈정보〉에 근거하여 재사용 또는 폐기까지의 측정 및 가공 작업에 소요되는 비용이 가장 적은 제품과 가장 많은 제품을 바르게 나열한 것은?

〈표〉 제품 A~E의 회수 시점의 평가 항목별 품질 상태

| 평가 항목\제품 | 오염도 | 강도 | 치수 |
|---|---|---|---|
| A | 12 | 11 | 12 |
| B | 6 | 8 | 8 |
| C | 5 | 11 | 7 |
| D | 5 | 3 | 8 |
| E | 10 | 9 | 12 |

─── 〈정 보〉 ───

• 제품 품질 측정 및 가공 작업 공정

• 단위작업별 내용 및 1회당 비용

(단위 : 천 원)

| 단위작업 | 내용 | 비용 |
|---|---|---|
| 측정 작업 | 오염도 측정 | 5 |
| | 강도 측정 | 10 |
| | 치수 측정 | 2 |
| 가공 작업 | 세척 | 5 |
| | 열가공 | 50 |
| | 기계가공 치수 확대 | 20 |
| | 기계가공 치수 축소 | 10 |

※ 세척 1회 시 오염도 1 감소, 열가공 1회시 강도 1 증가, 기계가공 1회 시 치수 1만큼 확대 또는 축소됨

| | 소요 비용이 가장 적은 제품 | 소요 비용이 가장 많은 제품 |
|---|---|---|
| ① | A | B |
| ② | A | C |
| ③ | C | E |
| ④ | D | B |
| ⑤ | D | C |

## 22 ○△✕

다음 〈표〉는 2017년 부산항 해운항만산업 사업실적에 관한 자료이다. 이에 대한 〈보고서〉의 내용 중 업종 A~D에 해당하는 사업체 수의 합은?

〈표〉 2017년 부산항 해운항만산업 사업실적

(단위 : 억 원, 개)

| 구분\업종 | 매출액 | 영업비용 | 영업이익 | 사업체 수 |
|---|---|---|---|---|
| 여객운송업 | 957 | 901 | 56 | 18 |
| 화물운송업 | 58,279 | 56,839 | 1,440 | 359 |
| 대리중개업 | 62,276 | 59,618 | 2,658 | 1,689 |
| 창고업 | 14,480 | 13,574 | 906 | 166 |
| 하역업 | 15,298 | 12,856 | 2,442 | 65 |
| 항만부대업 | 14,225 | 13,251 | 974 | 323 |
| 선용품공급업 | 58,329 | 54,858 | 3,471 | 1,413 |
| 수리업 | 8,275 | 7,493 | 782 | 478 |
| 전체 | 232,119 | 219,390 | 12,729 | 4,511 |

※ 영업이익률(%) = $\frac{영업이익}{매출액} \times 100$

─── 〈보고서〉 ───

2017년 부산항 해운항만산업 전체 매출액은 232,119억 원이다. 업종별로 보면, 매출액은 대리중개업이 가장 많고, 영업이익은 ▢ A ▢ 이 가장 많다.

2017년 부산항 해운항만산업 전체의 영업이익률은 약 5.5%이다. ▢ B ▢ 을 제외한 모든 업종이 10% 이하의 영업이익률을 기록하여 해운항만산업 고도화를 통한 부가가치 증대의 필요성을 보여 준다.

2017년 부산항 해운항만산업 전체의 사업체당 매출액은 51억 원 이상이다. ▢ C ▢ 은 사업체당 매출액이 부산항 해운항만산업 전체의 사업체당 매출액보다 적지만, 사업체당 영업이익이 3억 원을 초과한다. 반면, ▢ D ▢ 은 부산항 해운항만산업 업종 중 사업체당 영업비용과 사업체당 매출액이 모두 가장 적다.

① 1,032
② 1,967
③ 2,232
④ 2,279
⑤ 3,333

**23** ◯△✕

다음 〈그림〉은 '갑'국의 2003~2019년 교통사고 현황에 관한 자료이다. 이를 근거로 2003년 인구와 2019년 인구 1만 명당 교통사고 건수를 바르게 나열한 것은?

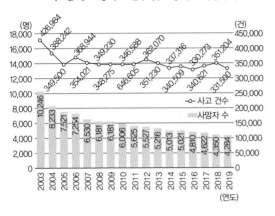

〈그림 1〉 교통사고 건수 및 교통사고 사망자 수

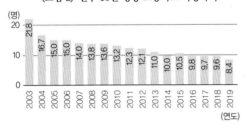

〈그림 2〉 인구 10만 명당 교통사고 사망자 수

| | 2003년 인구(백만 명) | 2019년 인구 1만 명당 교통사고 건수(건) |
|---|---|---|
| ① | 44 | 65 |
| ② | 44 | 650 |
| ③ | 47 | 65 |
| ④ | 47 | 650 |
| ⑤ | 49 | 65 |

※ 다음 〈그림〉과 〈표〉는 세계 및 국내 조선업 현황에 대한 자료이다. 다음 물음에 답하시오. [24~25]

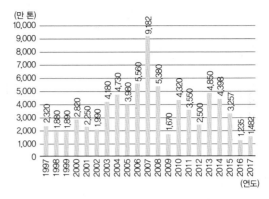

〈그림〉 세계 조선업 수주량 추이

〈표 1〉 2014~2017년 국내 조선업 수주량 및 수주잔량

(단위 : 만 톤, %)

| 구분 / 연도 | 수주량 | 전년대비 증가율 | 수주잔량 | 전년대비 증가율 |
|---|---|---|---|---|
| 2014 | 1,286 | −30.1 | 3,302 | −1.6 |
| 2015 | 1,066 | ( ) | 3,164 | −4.2 |
| 2016 | 221 | ( ) | 2,043 | ( ) |
| 2017 | 619 | ( ) | 1,761 | −13.8 |

※ 해당 연도 수주잔량=전년도 수주잔량+해당 연도 수주량−해당 연도 건조량

〈표 2〉 2014~2016년 국내 조선기자재업체 기업규모별 업체 수 및 이자보상배율이 1 미만인 업체 비율

(단위 : 개, %)

| 기업규모 | 업체 수 | 2014 | 2015 | 2016 |
|---|---|---|---|---|
| 대형 | 20 | 15.0 | 20.0 | 25.0 |
| 중형 | 35 | 25.7 | 17.1 | 34.3 |
| 소형 | 96 | 19.8 | 28.1 | 38.5 |
| 전체 | 151 | 20.5 | 24.5 | 35.8 |

※ 1) 2014년 이후 기업규모별 업체 수는 변화 없음
　 2) 비율은 소수 둘째 자리에서 반올림한 값임

## 24 ⊙△☓

제시된 〈그림〉과 〈표〉 이외에 〈보고서〉를 작성하기 위해 추가로 필요한 자료만을 〈보기〉에서 모두 고르면?

─── 〈보고서〉 ───

세계 조선업 경기는 최악의 부진에서 벗어나는 모습이다. 2016년 세계 조선업의 수주량은 1997년 이후 최저치였다. 2017년 한국은 중국을 밀어내고 수주량 1위를 차지했는데, 이는 2012년 중국에 1위 자리를 내어준 이후 6년 만이다. 3대 조선강국으로 분류되는 일본은 자국 발주 확대에도 불구하고 세계 수주량의 5.8%까지 비중이 하락하였다.

2016년 국내 조선업은 전년대비 79.3% 감소한 수주량을 기록하면서 유례없는 수주절벽을 경험하였다. 그리고 수주량 급감의 영향으로 2016년 수주잔량은 2,043만 톤까지 줄어든 것으로 조사되었다. 2014~2016년 3년간 국내 조선업 평균 건조량이 약 1,295만 톤이었음을 고려하면 수주잔량은 2년 치 미만 일감에 불과한 것으로 나타나 우려는 더욱 커졌다.

2017년 국내 대형 조선사는 해양플랜트 수주량 증가에 힘입어 실적이 개선되고 있다. 그러나 국내 중소형 조선사는 여전히 부진에서 벗어나지 못하고 있으며 국내 조선기자재업체의 실적 회복도 어려울 것으로 전망된다.

─── 〈보 기〉 ───

ㄱ. 2010~2017년 세계 조선업 수주량의 국가별 점유율
ㄴ. 2014~2016년 국내 조선업 건조량
ㄷ. 2014~2016년 중국 조선기자재업체 실적
ㄹ. 2010~2017년 국내 조선사 규모별 해양플랜트 수주량

① ㄱ, ㄴ
② ㄱ, ㄷ
③ ㄱ, ㄹ
④ ㄴ, ㄷ
⑤ ㄴ, ㄹ

## 25 ⊙△☓

위 〈표〉에 근거한 〈보기〉의 설명 중 옳은 것만을 모두 고르면?

─── 〈보 기〉 ───

ㄱ. 2014~2016년 중 국내 조선업 건조량이 가장 적은 해는 2016년이다.
ㄴ. 2014년 이후 국내 조선업 수주량의 전년대비 증감률이 가장 큰 해는 2017년이다.
ㄷ. 2014년 이자보상배율이 1 미만인 국내 조선기자재업체 수는 중형이 대형의 3배이다.
ㄹ. 이자보상배율이 1 미만인 국내 조선기자재업체 수의 2015년 대비 2016년 증감폭이 가장 큰 기업규모는 중형이다.

① ㄱ, ㄴ
② ㄴ, ㄷ
③ ㄴ, ㄹ
④ ㄷ, ㄹ
⑤ ㄱ, ㄷ, ㄹ

# CHAPTER 06
# 2020년 7급 PSAT 모의평가 상황판단

## 01 ☐△✕

다음 글과 〈상황〉을 근거로 판단할 때 옳은 것은?

제00조(적용범위) 이 규정은 중앙행정기관, 광역자치단체(광역자치단체와 기초자치단체 공동주관 포함)가 국제행사를 개최하기 위하여 10억 원 이상의 국고지원을 요청하는 경우에 적용한다.

제00조(정의) "국제행사"라 함은 5개국 이상의 국가에서 외국인이 참여하고, 총 참여자 중 외국인 비율이 5% 이상(총 참여자 200만 명 이상은 3% 이상)인 국제회의·체육행사·박람회·전시회·문화행사·관광행사 등을 말한다.

제00조(국고지원의 제외) 국제행사 중 다음 각 호에 해당하는 행사는 국고지원의 대상에서 제외된다. 이 경우 제외되는 시기는 다음 각 호 이후 최초 개최되는 행사의 해당 연도부터로 한다.

1. 매년 1회 정기적으로 개최하는 국제행사로서 국고지원을 7회 받은 경우

2. 그 밖의 주기로 개최하는 국제행사로서 국고지원을 3회 받은 경우

제00조(타당성조사, 전문위원회 검토의 대상 등) ① 국고지원의 타당성조사 대상은 국제행사의 개최에 소요되는 총 사업비가 50억 원 이상인 국제행사로 한다.

② 국고지원의 전문위원회 검토 대상은 국제행사의 개최에 소요되는 총 사업비가 50억 원 미만인 국제행사로 한다.

③ 제1항에도 불구하고 국고지원 비율이 총 사업비의 20% 이내인 경우 타당성조사를 전문위원회 검토로 대체할 수 있다.

〈상 황〉

甲광역자치단체는 2021년에 제6회 A박람회를 국고지원을 받아 개최할 예정이다. A박람회는 매년 1회 총 250만 명이 참여하는 행사로서 20여 개국에서 8만 명 이상의 외국인들이 참여해 왔다. 2021년에도 동일한 규모의 행사가 예정되어 있다. 한편 2020년에 5번째로 국고지원을 받은 A박람회의 총 사업비는 40억 원이었으며, 이 중 국고지원 비율은 25%였다.

① 2021년에 총 250만 명의 참여자 중 외국인 참여자가 감소하여 6만 명이 되더라도 A박람회는 국제행사에 해당된다.

② 2021년에 A박람회가 예정대로 개최된다면, A박람회는 2022년에 국고지원의 대상에서 제외된다.

③ 2021년 총 사업비가 52억 원으로 증가하고 국고지원은 8억 원을 요청한다면, A박람회는 타당성조사 대상이다.

④ 2021년 총 사업비가 60억 원으로 증가하고 국고지원은 전년과 동일한 금액을 요청한다면, A박람회는 전문위원회 검토를 받을 수 있다.

⑤ 2021년 甲광역자치단체와 乙기초자치단체가 공동주관하여 전년과 동일한 총 사업비로 A박람회를 개최한다면, A박람회는 타당성조사 대상이다.

## 02 ☐△✕

다음 글을 근거로 판단할 때 옳은 것은?

제○○조(진흥기금의 징수) ① 영화위원회(이하 "위원회"라 한다)는 영화의 발전 및 영화·비디오물산업의 진흥을 위하여 영화상영관에 입장하는 관람객에 대하여 입장권 가액의 100분의 5의 진흥기금을 징수한다. 다만, 직전 연도에 제△△조 제1호에 해당하는 영화를 연간 상영일수의 100분의 60 이상 상영한 영화상영관에 입장하는 관람객에 대해서는 그러하지 아니하다.

② 영화상영관 경영자는 관람객으로부터 제1항의 규정에 따른 진흥기금을 매월 말일까지 징수하여 해당 금액을 다음 달 20일까지 위원회에 납부하여야 한다.

③ 위원회는 영화상영관 경영자가 제2항에 따라 관람객으로부터 수납한 진흥기금을 납부기한까지 납부하지 아니하였을 때에는 체납된 금액의 100분의 3에 해당하는 금액을 가산금으로 부과한다.

④ 위원회는 제2항에 따른 진흥기금 수납에 대한 위탁 수수료를 영화상영관 경영자에게 지급한다. 이 경우 수수료는 제1항에 따른 진흥기금 징수액의 100분의 3을 초과할 수 없다.

제△△조(전용상영관에 대한 지원) 위원회는 청소년 관객의 보호와 영화예술의 확산 등을 위하여 다음 각 호의 어느 하나에 해당하는 영화를 연간 상영일수의 100분의 60 이상 상영하는 영화상영관을 지원할 수 있다.

1. 애니메이션영화·단편영화·예술영화·독립영화

2. 제1호에 해당하지 않는 청소년관람가영화

3. 제1호 및 제2호에 해당하지 않는 국내영화

① 영화상영관 A에서 직전 연도에 연간 상영일수의 100분의 60 이상 청소년관람가 애니메이션영화를 상영한 경우 진흥기금을 징수한다.

② 영화상영관 경영자 B가 8월분 진흥기금 60만 원을 같은 해 9월 18일에 납부하는 경우, 가산금을 포함하여 총 61만 8천 원을 납부하여야 한다.

③ 관람객 C가 입장권 가액과 그 진흥기금을 합하여 영화상영관에 지불하는 금액이 12,000원이라고 할 때, 지불 금액 중 진흥기금은 600원이다.

④ 연간 상영일수가 매년 200일인 영화상영관 D에서 직전 연도에 단편영화를 40일, 독립영화를 60일 상영했다면 진흥기금을 징수하지 않는다.

⑤ 영화상영관 경영자 E가 7월분 진흥기금과 그 가산금을 합한 금액인 103만 원을 같은 해 8월 30일에 납부한 경우, 위원회는 E에게 최대 3만 원의 수수료를 지급할 수 있다.

## 03 ○△×

**다음 글과 〈상황〉을 근거로 판단할 때 옳은 것은?**

민사소송의 1심을 담당하는 법원으로는 지방법원과 지방법원지원(이하 "그 지원"이라 한다)이 있다. 지방법원과 그 지원이 재판을 담당하는 관할구역은 지역별로 정해져 있는데, 피고의 주소지를 관할하는 지방법원 또는 그 지원이 재판을 담당한다. 다만 금전지급청구소송은 원고의 주소지를 관할하는 지방법원 또는 그 지원도 재판할 수 있다.

한편, 지방법원이나 그 지원의 재판사무의 일부를 처리하기 위해서 그 관할구역 안에 시법원 또는 군법원(이하 "시·군법원"이라 한다)이 설치되어 있는 경우가 있다. 시·군법원은 지방법원 또는 그 지원이 재판하는 사건 중에서 소송물가액이 3,000만 원 이하인 금전지급청구소송을 전담하여 재판한다. 즉, 이러한 소송의 경우 원고 또는 피고의 주소지를 관할하는 시·군법원이 있으면 지방법원과 그 지원은 재판할 수 없고 시·군법원만이 재판한다.

※ 소송물가액: 원고가 승소하면 얻게 될 경제적 이익을 화폐 단위로 평가한 것

─── 〈상 황〉 ───

- 甲은 乙에게 빌려준 돈을 돌려받기 위해 소송물가액 3,000만 원의 금전지급청구의 소(이하 "A청구"라 한다)와 乙에게서 구입한 소송물가액 1억 원의 고려청자 인도청구의 소(이하 "B청구"라 한다)를 각각 1심 법원에 제기하려고 한다.
- 甲의 주소지는 김포시이고 乙의 주소지는 양산시이다. 이들 주소지와 관련된 법원명과 그 관할구역은 다음과 같다.

| 법원명 | 관할구역 |
|---|---|
| 인천지방법원 | 인천광역시 |
| 인천지방법원 부천지원 | 부천시, 김포시 |
| 김포시법원 | 김포시 |
| 울산지방법원 | 울산광역시, 양산시 |
| 양산시법원 | 양산시 |

① 인천지방법원 부천지원은 A청구를 재판할 수 있다.
② 인천지방법원은 A청구를 재판할 수 있다.
③ 양산시법원은 B청구를 재판할 수 있다.
④ 김포시법원은 B청구를 재판할 수 있다.
⑤ 울산지방법원은 B청구를 재판할 수 있다.

## 04 ○△×

**다음 글과 〈상황〉을 근거로 판단할 때 옳은 것은?**

발명에 대해 특허권이 부여되기 위해서는 다음의 두 가지 요건 모두를 충족해야 한다.

첫째, 발명은 지금까지 세상에 없는 새로운 것, 즉 신규성이 있는 발명이어야 한다. 이미 누구나 알고 있는 발명에 대해서 독점권인 특허권을 부여하는 것은 부당하기 때문이다. 이때 발명이 신규인지 여부는 특허청에의 특허출원 시점을 기준으로 판단한다. 따라서 신규의 발명이라도 그에 대한 특허출원 전에 발명 내용이 널리 알려진 경우라든지, 반포된 간행물에 게재된 경우 특허출원 시점에는 신규성이 상실되었기 때문에 특허권이 부여되지 않는다. 그러나 발명자가 자발적으로 위와 같은 신규성을 상실시키는 행위를 하고 그날로부터 12개월 이내에 특허를 출원하면 신규성이 상실되지 않은 것으로 취급된다. 이를 '신규성의 간주'라고 하는데, 신규성을 상실시킨 행위를 한 발명자가 특허출원한 경우에만 신규성이 있는 것으로 간주된다.

둘째, 여러 명의 발명자가 독자적인 연구를 하던 중 우연히 동일한 발명을 완성하였다면, 발명의 완성 시기에 관계없이 가장 먼저 특허청에 특허출원한 발명자에게만 특허권이 부여된다. 이처럼 가장 먼저 출원한 발명자에게만 특허권이 부여되는 것을 '선출원주의'라고 한다. 따라서 특허청에 선출원된 어떤 발명이 신규성 상실로 특허권이 부여되지 못한 경우, 동일한 발명에 대한 후출원은 선출원주의로 인해 특허권이 부여되지 않는다.

─── 〈상 황〉 ───

- 발명자 甲, 乙, 丙은 각각 독자적인 연구개발을 수행하여 동일한 A발명을 완성하였다.
- 甲은 2020. 3. 1. A발명을 완성하였지만 그 발명 내용을 비밀로 유지하다가 2020. 9. 2. 특허출원을 하였다.
- 乙은 2020. 4. 1. A발명을 완성하자 2020. 6. 1. 간행되어 반포된 학술지에 그 발명 내용을 논문으로 게재한 후, 2020. 8. 1. 특허출원을 하였다.
- 丙은 2020. 7. 1. A발명을 완성하자마자 바로 당일에 특허출원을 하였다.

① 甲이 특허권을 부여받는다.
② 乙이 특허권을 부여받는다.
③ 丙이 특허권을 부여받는다.
④ 甲, 乙, 丙이 모두 특허권을 부여받는다.
⑤ 甲, 乙, 丙 중 어느 누구도 특허권을 부여받지 못한다.

## 05 ○△×

다음 글과 〈상황〉을 근거로 판단할 때, 〈보기〉에서 옳은 것만을 모두 고르면?

제00조 ① "주택담보노후연금보증"이란 주택소유자가 주택에 저당권을 설정하고 금융기관으로부터 제2항에서 정하는 연금 방식으로 노후생활자금을 대출(이하 "주택담보노후연금대출"이라 한다)받음으로써 부담하는 금전채무를 주택금융공사가 보증하는 행위를 말한다. 이 경우 주택소유자 또는 주택소유자의 배우자는 60세 이상이어야 한다.
② 제1항의 연금 방식이란 다음 각 호의 어느 하나에 해당하는 방식을 말한다.
1. 주택소유자가 생존해 있는 동안 노후생활자금을 매월 지급받는 방식
2. 주택소유자가 선택하는 일정한 기간 동안 노후생활자금을 매월 지급받는 방식
3. 제1호 또는 제2호의 어느 하나의 방식과, 주택소유자가 다음 각 목의 어느 하나의 용도로 사용하기 위하여 일정한 금액(단, 주택담보노후연금대출 한도의 100분의 50 이내의 금액으로 한다)을 지급받는 방식을 결합한 방식
   가. 해당 주택을 담보로 대출받은 금액 중 잔액을 상환하는 용도
   나. 해당 주택의 임차인에게 임대차보증금을 반환하는 용도

─── 〈상 황〉 ───

A주택의 소유자 甲(61세)은 A주택에 저당권을 설정하여 주택담보노후연금보증을 통해 노후생활자금을 대출받고자 한다. 甲의 A주택에 대한 주택담보노후연금대출 한도액은 3억 원이다.

─── 〈보 기〉 ───

ㄱ. 甲은 A주택의 임차인에게 임대차보증금을 반환하는 용도로 1억 원을 지급받고, 생존해 있는 동안 노후생활자금을 매월 지급받을 수 있다.
ㄴ. 甲의 배우자의 연령이 60세 이상이어야 주택담보노후연금보증을 통해 노후생활자금을 대출받을 수 있다.
ㄷ. 甲은 A주택을 담보로 대출받은 금액 중 잔액을 상환하는 용도로 1억 5천만 원을 지급받고, 향후 10년간 노후생활자금을 매월 지급받을 수 있다.

① ㄱ
② ㄴ
③ ㄱ, ㄷ
④ ㄴ, ㄷ
⑤ ㄱ, ㄴ, ㄷ

## 06 ○△×

다음 글과 〈상황〉을 근거로 판단할 때 옳은 것은?

제00조(지역개발 신청 동의 등) ① 지역개발 신청을 하기 위해서는 지역개발을 하고자 하는 지역의 총 토지면적의 3분의 2 이상에 해당하는 토지의 소유자의 동의 및 지역개발을 하고자 하는 지역의 토지의 소유자 총수의 2분의 1 이상의 동의를 받아야 한다.
② 지역개발 신청을 하기 위해서 필요한 동의자의 수는 다음 각 호의 기준에 따라 산정한다.
1. 토지는 지적도 상 1필의 토지를 1개의 토지로 한다.
2. 1개의 토지를 여러 명이 공동소유하는 경우에는 다른 공동소유자들을 대표하는 대표 공동소유자 1인만을 해당 토지의 소유자로 본다.
3. 1인이 여러 개의 토지를 소유하고 있는 경우에는 소유하는 토지의 수와 무관하게 1인으로 본다.
4. 지역개발을 하고자 하는 지역에 국유지가 있는 경우 국유지도 포함하여 토지면적을 산정하고, 그 토지의 재산관리청을 토지 소유자로 본다.

─── 〈상 황〉 ───

• X지역은 100개의 토지로 이루어져 있고, 토지면적 합계가 총 6km² 이다.
• 동의자 수 산정 기준에 따라 산정된 X지역 토지의 소유자는 모두 82인(이하 "동의대상자"라 한다)이고, 이 중에는 국유지 재산관리청 2인이 포함되어 있다.
• 甲은 X지역에 토지 2개를 소유하고 있고, 해당 토지면적 합계는 X지역 총 토지면적의 4분의 1이다.
• 乙은 X지역에 토지 10개를 소유하고 있고, 해당 토지면적 합계는 총 2km²이다.
• 丙, 丁, 戊, 己는 X지역에 토지 1개를 공동소유하고 있고, 해당 토지면적은 1km²이다.

① 乙이 동의대상자 31인의 동의를 얻으면 지역개발 신청을 위한 X지역 토지의 소유자 총수의 2분의 1 이상의 동의 조건은 갖추게 된다.
② X지역에 대한 지역개발 신청에 甲~己 모두 동의한 경우, 나머지 동의대상자 중 38인의 동의를 얻으면 신청할 수 있다.
③ X지역에 토지 2개 이상을 소유하는 자는 甲, 乙뿐이다.
④ X지역의 1필의 토지면적은 0.06km²로 모두 동일하다.
⑤ X지역 안에 있는 국유지의 면적은 1.5km²이다.

## 07 ▢○△✕

다음 글과 〈상황〉을 근거로 판단할 때, 甲~丁 가운데 근무계획이 승인될 수 있는 사람만을 모두 고르면?

---

〈유연근무제〉

■ 개념
• 주 40시간을 근무하되, 근무시간을 유연하게 관리하여 1주일에 5일 이하로 근무하는 제도

■ 복무관리
• 점심 및 저녁시간 운영
  – 근무 시작과 종료 시각에 관계없이 점심시간은 12：00~13：00, 저녁시간은 18：00~19：00의 각 1시간으로 하고 근무시간으로는 산정하지 않음
• 근무시간 제약
  – 근무일의 경우, 1일 최대 근무시간은 12시간으로 하고 최소 근무시간은 4시간으로 함
  – 하루 중 근무시간으로 인정하는 시간대는 06：00~24：00로 한정함

---

───── 〈상 황〉 ─────

다음은 甲~丁이 제출한 근무계획을 정리한 것이며 위의 〈유연근무제〉에 부합하는 근무계획만 승인된다.

| 요일<br>직원 | 월 | 화 | 수 | 목 | 금 |
|---|---|---|---|---|---|
| 甲 | 08：00<br>~<br>18：00 | 08：00<br>~<br>18：00 | 09：00<br>~<br>13：00 | 08：00<br>~<br>18：00 | 08：00<br>~<br>18：00 |
| 乙 | 08：00<br>~<br>22：00 | 08：00<br>~<br>22：00 | — | 08：00<br>~<br>22：00 | 08：00<br>~<br>12：00 |
| 丙 | 08：00<br>~<br>24：00 | 08：00<br>~<br>24：00 | — | 08：00<br>~<br>22：00 | — |
| 丁 | 06：00<br>~<br>16：00 | 08：00<br>~<br>22：00 | — | 09：00<br>~<br>21：00 | 09：00<br>~<br>18：00 |

① 乙
② 甲, 丙
③ 甲, 丁
④ 乙, 丙
⑤ 乙, 丁

## 08 ▢○△✕

다음 글을 근거로 판단할 때, ㉠과 ㉡에 들어갈 수를 옳게 짝지은 것은?

---

올림픽은 원칙적으로 4년에 한 번씩 개최되는 세계 최대 규모의 스포츠 대회이다. 제1회 하계 올림픽은 1896년 그리스 아테네에서, 제1회 동계 올림픽은 1924년 프랑스 샤모니에서 개최되었다. 그런데 두 대회의 차수(次數)를 계산하는 방식은 서로 다르다.

올림픽 사이의 기간인 4년을 올림피아드(Olympiad)라 부르는데, 하계 올림픽의 차수는 올림피아드를 기준으로 계산한다. 이전 대회부터 하나의 올림피아드만큼 시간이 흐르면 올림픽 대회 차수가 하나씩 올라가게 된다. 대회가 개최되지 못해도 올림피아드가 사라지는 것은 아니기 때문에 대회 차수에는 영향을 미치지 않는다. 실제로 하계 올림픽은 제1·2차 세계대전으로 세 차례(1916년, 1940년, 1944년) 개최되지 못하였는데, 1912년 제5회 스톡홀름 올림픽 다음으로 1920년에 벨기에 안트베르펜에서 개최된 올림픽은 제7회 대회였다. 마찬가지로 1936년 제11회 베를린 올림픽 다음으로 개최된 1948년 런던 올림픽은 제( ㉠ )회 대회였다. 반면에 동계 올림픽의 차수는 실제로 열린 대회만으로 정해진다. 동계 올림픽은 제2차 세계대전으로 두 차례(1940년, 1944년) 열리지 못하였는데, 1936년 제4회 동계 올림픽 다음 대회인 1948년 동계 올림픽은 제5회 대회였다. 이후 2020년 전까지 올림픽이 개최되지 않은 적은 없다.

1992년까지 동계·하계 올림픽은 같은 해 치러졌으나 그 이후로는 IOC 결정에 따라 분리되어 2년 격차로 개최되었다. 1994년 노르웨이 릴레함메르에서 열린 동계 올림픽 대회는 이 결정에 따라 처음으로 하계 올림픽에 2년 앞서 치러진 대회였다. 이를 기점으로 동계 올림픽은 지금까지 4년 주기로 빠짐없이 개최되고 있다.

대한민국은 1948년 런던 하계 올림픽에 처음 출전하여, 1976년 제21회 몬트리올 하계 올림픽과 1992년 제( ㉡ )회 알베르빌 동계 올림픽에서 각각 최초로 금메달을 획득하였다.

---

| | ㉠ | ㉡ |
|---|---|---|
| ① | 12 | 16 |
| ② | 12 | 21 |
| ③ | 14 | 16 |
| ④ | 14 | 19 |
| ⑤ | 14 | 21 |

## 09 ⊙△✕

**다음 글을 근거로 판단할 때, 〈보기〉에서 옳은 것만을 모두 고르면?**

기상예보는 일기예보와 기상특보로 구분할 수 있다. 일기예보는 단기예보, 중기예보, 장기예보 등 시간에 따른 것이고, 기상특보는 주의보, 경보 등 기상현상의 정도에 따른 것이다.

일기예보 중 가장 짧은 기간을 예보하는 단기예보는 3시간 예보와 일일예보로 나뉜다. 3시간 예보는 오늘과 내일의 날씨를 예보하며, 매일 0시 발표부터 시작하여 3시간 간격으로 1일 8회 발표한다. 일일예보는 오늘과 내일, 모레의 날씨를 1일 단위(0시~24시)로 예보하며 매일 5시, 11시, 17시, 23시에 발표한다. 다음으로 중기예보에는 주간예보와 1개월 예보가 있다. 주간예보는 일일예보를 포함하여 일일예보가 예보한 기간의 다음 날부터 5일간의 날씨를 추가로 예보하며 매일 발표한다. 1개월 예보는 앞으로 한 달간의 기상전망을 발표한다. 마지막으로 장기예보는 계절예보로서 봄, 여름, 가을, 겨울의 각 계절별 기상전망을 발표한다.

기상특보는 주의보와 경보로 나뉜다. 주의보는 재해가 일어날 가능성이 있는 경우에, 경보는 중대한 재해가 예상될 때 발표하는 것이다. 주의보가 발표된 후 기상현상의 경과가 악화된다면 경보로 승격 발표되기도 한다. 또한 기상특보의 기준은 지역마다 다를 수도 있다. 대설주의보의 예보 기준은 24시간 신(新)적설량이 대도시일 때 5cm 이상, 일반지역일 때 10cm 이상, 울릉도일 때 20cm 이상이다. 대설경보의 예보 기준은 24시간 신적설량이 대도시일 때 20cm 이상, 일반지역일 때 30cm 이상, 울릉도일 때 50cm 이상이다.

〈보 기〉

ㄱ. 월요일에 발표되는 주간예보에는 그다음 주 월요일의 날씨가 포함된다.

ㄴ. 일일예보의 발표 시각과 3시간 예보의 발표 시각은 겹치지 않는다.

ㄷ. 오늘 23시에 발표된 일일예보는 오늘 5시에 발표된 일일예보보다 18시간 더 먼 미래의 날씨까지 예보한다.

ㄹ. 대도시 A의 대설경보 예보 기준은 울릉도의 대설주의보 예보 기준과 같다.

① ㄱ, ㄴ
② ㄱ, ㄷ
③ ㄷ, ㄹ
④ ㄱ, ㄴ, ㄹ
⑤ ㄴ, ㄷ, ㄹ

## 10 ⊙△✕

**다음 글과 〈사무용품 배분방법〉을 근거로 판단할 때, 11월 1일 현재 甲기관의 직원 수는?**

甲기관은 사무용품 절약을 위해 〈사무용품 배분방법〉으로 한 달 동안 사용할 네 종류(A, B, C, D)의 사무용품을 매월 1일에 배분한다. 이에 따라 11월 1일에 네 종류의 사무용품을 모든 직원에게 배분하였다. 甲기관이 배분한 사무용품의 개수는 총 1,050개였다.

〈사무용품 배분방법〉

• A는 1인당 1개씩 배분한다.
• B는 2인당 1개씩 배분한다.
• C는 4인당 1개씩 배분한다.
• D는 8인당 1개씩 배분한다.

① 320명
② 400명
③ 480명
④ 560명
⑤ 640명

## 11 ⊙△✕

**다음 글을 근거로 판단할 때, 예약할 펜션과 워크숍 비용을 옳게 짝지은 것은?**

甲은 팀 워크숍을 추진하기 위해 펜션을 예약하려 한다. 팀원은 총 8명으로 한 대의 렌터카로 모두 같이 이동하여 워크숍에 참석한다. 워크숍 기간은 1박 2일이며, 甲은 워크숍 비용을 최소화하고자 한다.

• 워크숍 비용은 아래와 같다.
　워크숍 비용＝왕복 교통비＋숙박요금
• 교통비는 렌터카 비용을 의미하며, 렌터카 비용은 거리 10km당 1,500원이다.
• 甲은 다음 펜션 중 한 곳을 1박 예약한다.

| 구분 | A 펜션 | B 펜션 | C 펜션 |
|---|---|---|---|
| 펜션까지 거리(km) | 100 | 150 | 200 |
| 1박당 숙박요금(원) | 100,000 | 150,000 | 120,000 |
| 숙박기준인원(인) | 4 | 6 | 8 |

• 숙박인원이 숙박기준인원을 초과할 경우, A~C 펜션 모두 초과 인원 1인당 1박 기준 10,000원씩 요금이 추가된다.

| | 예약할 펜션 | 워크숍 비용 |
|---|---|---|
| ① | A | 155,000원 |
| ② | A | 170,000원 |
| ③ | B | 215,000원 |
| ④ | C | 150,000원 |
| ⑤ | C | 180,000원 |

## 12 ⊙△×

**다음 글을 근거로 판단할 때, 〈보기〉에서 옳은 것만을 모두 고르면?**

- 甲국은 매년 X를 100톤 수입한다. 甲국이 X를 수입할 수 있는 국가는 A국, B국, C국 3개국이며, 甲국은 이 중 한 국가로부터 X를 전량 수입한다.

| 국가 | 1톤당 단가 | 관세율 | 1톤당 물류비 |
|------|-----------|--------|-------------|
| A국 | 12달러 | 0% | 3달러 |
| B국 | 10달러 | 50% | 5달러 |
| C국 | 20달러 | 20% | 1달러 |

- 1톤당 수입비용은 다음과 같다.
  1톤당 수입비용=1톤당 단가+(1톤당 단가×관세율)+1톤당 물류비
- 특정 국가와 FTA를 체결하면 그 국가에서 수입하는 X에 대한 관세율이 0%가 된다.
- 甲국은 지금까지 FTA를 체결한 A국으로부터만 X를 수입했다. 그러나 최근 A국으로부터 X의 수입이 일시 중단되었다.

―――――〈보 기〉―――――

ㄱ. 甲국이 B국과도 FTA를 체결한다면, 기존에 A국에서 수입하던 것과 동일한 비용으로 X를 수입할 수 있다.

ㄴ. C국이 A국과 동일한 1톤당 단가를 제시하였다면, 甲국은 기존에 A국에서 수입하던 것보다 저렴한 비용으로 C국으로부터 X를 수입할 수 있다.

ㄷ. A국으로부터 X의 수입이 다시 가능해졌으나 1톤당 6달러의 보험료가 A국으로부터의 수입비용에 추가된다면, 甲국은 A국보다 B국에서 X를 수입하는 것이 수입비용 측면에서 더 유리하다.

① ㄱ
② ㄴ
③ ㄷ
④ ㄱ, ㄴ
⑤ ㄱ, ㄷ

## 13 ⊙△×

**다음 글을 근거로 판단할 때, 올바른 우편번호의 첫자리와 끝자리 숫자의 합은?**

다섯 자리 자연수로 된 우편번호가 있다. 甲과 乙은 실수로 '올바른 우편번호'에 숫자 2를 하나 추가하여 여섯 자리로 표기하였다. 甲은 올바른 우편번호의 끝자리 뒤에 2를 추가하였고, 乙은 올바른 우편번호의 첫자리 앞에 2를 추가하였다. 그 결과 甲이 잘못 표기한 우편번호 여섯 자리 수는 乙이 잘못 표기한 우편번호 여섯 자리 수의 3배가 되었다. 올바른 우편번호와 甲과 乙이 잘못 표기한 우편번호는 아래와 같다.

- 올바른 우편번호: □□□□□
- 甲이 잘못 표기한 우편번호: □□□□□②
- 乙이 잘못 표기한 우편번호: ②□□□□□

① 11
② 12
③ 13
④ 14
⑤ 15

## 14 ⊙△×

**다음 글을 근거로 판단할 때, 甲의 승패 결과는?**

甲과 乙이 10회 실시한 가위바위보에 대해 다음과 같은 사실이 알려져 있다.
- 甲은 가위 6회, 바위 1회, 보 3회를 냈다.
- 乙은 가위 4회, 바위 3회, 보 3회를 냈다.
- 甲과 乙이 서로 같은 것을 낸 적은 10회 동안 한 번도 없었다.

① 7승 3패
② 6승 4패
③ 5승 5패
④ 4승 6패
⑤ 3승 7패

## 15 ○△×

**다음 글을 근거로 판단할 때, 甲과 인사교류를 할 수 있는 사람만을 모두 고르면?**

- 甲은 인사교류를 통해 ○○기관에서 타 기관으로 전출하고자 한다. 인사교류란 동일 직급간 신청자끼리 1 : 1로 교류하는 제도로서, 각 신청자가 속한 두 기관의 교류 승인 조건을 모두 충족해야 한다.
- 기관별로 교류를 승인하는 조건은 다음과 같다.
  ○○기관 : 신청자간 현직급임용년월은 3년 이상 차이 나지 않고, 연령은 7세 이상 차이나지 않는 경우
  □□기관 : 신청자간 최초임용년월은 5년 이상 차이 나지 않고, 연령은 3세 이상 차이나지 않는 경우
  △△기관 : 신청자간 최초임용년월은 2년 이상 차이 나지 않고, 연령은 5세 이상 차이나지 않는 경우
- 甲(32세)의 최초임용년월과 현직급임용년월은 2015년 9월로 동일하다.
- 甲과 동일 직급인 인사교류 신청자(A~E)의 인사 정보는 다음과 같다.

| 신청자 | 연령(세) | 현 소속 기관 | 최초임용년월 | 현직급임용년월 |
|---|---|---|---|---|
| A | 30 | □□ | 2016년 5월 | 2019년 5월 |
| B | 37 | □□ | 2009년 12월 | 2017년 3월 |
| C | 32 | □□ | 2015년 12월 | 2015년 12월 |
| D | 31 | △△ | 2014년 1월 | 2014년 1월 |
| E | 35 | △△ | 2017년 10월 | 2017년 10월 |

① A, B
② B, E
③ C, D
④ A, B, D
⑤ C, D, E

## 16 ○△×

**다음 글을 근거로 판단할 때 옳지 않은 것은?**

1에서부터 5까지 적힌 카드가 각 2장씩 10장이 있다. 5가 적힌 카드 중 하나를 맨 왼쪽에 놓고, 나머지 9장의 카드를 일렬로 배열하려고 한다. 카드는 왼쪽부터 1장씩 놓는데, 각 카드에 적혀 있는 수는 바로 왼쪽 카드에 적혀 있는 수보다 작거나, 같거나, 1만큼 커야 한다. 이 규칙에 따라 카드를 다음과 같이 배열하였다.

| 5 | 1 | 2 | 3 | A | 3 | B | C | D | E |
|---|---|---|---|---|---|---|---|---|---|

① A로 가능한 수는 2가지이다.
② B는 4이다.
③ C는 5가 아니다.
④ D가 2라면 A, B, C, E를 모두 알 수 있다.
⑤ E는 1이나 2이다.

## 17 ○△×

**다음 글과 〈상황〉을 근거로 판단할 때, 2021년 포획·채취 금지 고시의 대상이 되는 수산자원은?**

매년 A~H 지역에서 포획·채취 금지가 고시되는 수산자원은 아래 〈기준〉에 따른다.

〈기 준〉

| 수산자원 | 금지기간 | 금지지역 |
|---|---|---|
| 대구 | 5월 1일 ~ 7월 31일 | A, B |
| 전어 | 9월 1일 ~ 12월 31일 | E, F, G |
| 꽃게 | 6월 1일 ~ 7월 31일 | A, B, C |
| 소라 | 3월 1일 ~ 5월 31일 | E, F |
| | 5월 1일 ~ 6월 30일 | D, G |
| 새조개 | 3월 1일 ~ 3월 31일 | H |

— 〈상 황〉 —

정부는 경제상황을 고려해서 2021년에 한하여 다음 중 어느 하나에 해당하는 경우, 〈기준〉에 따른 포획·채취 금지 고시의 대상에서 제외한다.
- 소비장려 수산자원 : 전어
- 소비촉진 기간 : 4월 1일~7월 31일
- 지역경제활성화 지역 : C, D, E, F

① 대구
② 전어
③ 꽃게
④ 소라
⑤ 새조개

## 18 ◯△✕

다음 글과 〈상황〉을 근거로 판단할 때, A~C 자동차 구매 시 지불 금액을 비교한 것으로 옳은 것은?

- 甲국은 전기차 및 하이브리드 자동차 보급을 장려하기 위해 다음과 같이 보조금과 세제 혜택을 제공한다.
  - 정부는 차종을 고려하여 자동차 1대당 보조금을 정액 지급한다. 중형 전기차에 대해서는 1,500만 원, 소형 전기차에 대해서는 1,000만 원, 하이브리드차에 대해서는 500만 원을 지급한다.
  - 정부는 차종을 고려하여 아래 〈기준〉에 따라 세제 혜택을 제공한다. 자동차 구입 시 발생하는 세금은 개별소비세, 교육세, 취득세뿐이며, 개별소비세는 자동차 가격의 10%, 교육세는 2%, 취득세는 5%의 금액이 책정된다.

〈기 준〉

- 자동차 구매 시 지불 금액은 다음과 같다.

지불 금액＝자동차 가격－보조금＋세금

| 구분 | 개별소비세 | 교육세 | 취득세 |
|---|---|---|---|
| 중형 전기차 | 비감면 | 전액감면 | 전액감면 |
| 소형 전기차 | 전액감면 | | 전액감면 |
| 하이브리드차 | 전액감면 | | 비감면 |

〈상 황〉

(단위 : 만 원)

| 자동차 | 차종 | 자동차 가격 |
|---|---|---|
| A | 중형 전기차 | 4,000 |
| B | 소형 전기차 | 3,500 |
| C | 하이브리드차 | 3,500 |

① A＜B＜C
② B＜A＜C
③ B＜C＜A
④ C＜A＜B
⑤ C＜B＜A

## 19 ◯△✕

다음 글을 근거로 판단할 때, △△부가 2021년에 국가인증 농가로 선정할 곳만을 모두 고르면?

- △△부에서는 2021년 고품질·안전 농식품 생산을 선도하는 국가인증 농가를 3곳 선정하려고 한다. 선정 기준은 다음과 같다.
  - 친환경인증을 받으면 30점, 전통식품인증을 받으면 40점을 부여한다. 단, 두 인증을 모두 받은 경우 전통식품인증 점수만을 인정한다.
  - (나)와 (다) 지역 농가에는 친환경인증 또는 전통식품인증 유무에 의한 점수와 도농교류 활성화 점수 합의 10%를 가산점으로 부여한다.
  - 친환경인증 또는 전통식품인증 유무에 의한 점수, 도농교류 활성화 점수, 가산점을 합산하여 점수가 높은 순으로 선정한다.
  - 도농교류 활성화 점수가 50점 미만인 농가는 선정하지 않는다.
  - 동일 지역의 농가를 2곳 이상 선정할 수 없다.
- 2021년 선정후보 농가(A~F) 현황은 다음과 같다.

| 농가 | 친환경 인증 유무 | 전통식품 인증 유무 | 도농교류 활성화 점수 | 지역 |
|---|---|---|---|---|
| A | ◯ | ◯ | 80 | (가) |
| B | ✕ | ◯ | 60 | (가) |
| C | ✕ | ◯ | 55 | (나) |
| D | ◯ | ◯ | 40 | (다) |
| E | ◯ | ✕ | 75 | (라) |
| F | ◯ | ◯ | 70 | (라) |

① A, C, F
② A, D, E
③ A, E, F
④ B, C, E
⑤ B, D, F

## 20 ○△✕

**다음 글을 근거로 판단할 때, 〈보기〉에서 옳은 것만을 모두 고르면?**

- 甲주무관은 A법률 개정안으로 (가), (나), (다) 총 세 가지를 준비하고 있다.
- 이해관계자, 관계부처, 입법부의 수용가능성 및 국정과제 관련도의 4개 평가항목에 따라 평가점수를 부여하고 평가점수 총합이 가장 높은 개정안을 채택한다. 단, 다음의 사항을 고려한다.
  - 평가점수 총합이 동일한 경우, 국정과제 관련도 점수가 가장 높은 개정안을 채택한다.
  - 개정안의 개별 평가항목 점수 중 어느 하나라도 2점 미만인 경우, 해당 개정안은 채택하지 않는다.
- 수용가능성 평가점수를 높일 수 있는 추가 절차는 아래와 같다. 단, 각 절차는 개정안마다 최대 2회 진행할 수 있다.
  - 이해관계자 수용가능성: 관계자간담회 1회당 1점 추가
  - 관계부처 수용가능성: 부처간회의 1회당 2점 추가
  - 입법부 수용가능성: 국회설명회 1회당 0.5점 추가
- 수용가능성 평가항목별 점수를 높일 수 있는 추가 절차를 진행하지 않은 상태에서 개정안별 평가점수는 아래와 같다.

〈A법률 개정안 평가점수〉

| 개정안 | 수용가능성 | | | 국정과제 관련도 | 총합 |
|---|---|---|---|---|---|
| | 이해관계자 | 관계부처 | 입법부 | | |
| (가) | 5 | 3 | 1 | 4 | 13 |
| (나) | 3 | 4 | 3 | 3 | 13 |
| (다) | 4 | 3 | 3 | 2 | 12 |

─── 〈보 기〉 ───
ㄱ. 추가 절차를 진행하지 않는 경우, (나)가 채택된다.
ㄴ. 3개 개정안 모두를 대상으로 입법부 수용가능성을 높이는 절차를 최대한 진행하는 경우, (가)가 채택된다.
ㄷ. (나)에 대한 부처간회의를 1회 진행하고 (다)에 대한 관계자간담회를 2회 진행하는 경우, (다)가 채택된다.

① ㄱ
② ㄷ
③ ㄱ, ㄴ
④ ㄴ, ㄷ
⑤ ㄱ, ㄴ, ㄷ

## 21 ○△✕

**다음 글을 근거로 판단할 때, 〈보기〉에서 옳은 것만을 모두 고르면?**

- △△부는 적극행정 UCC 공모전에 참가한 甲~戊의 영상을 심사한다.
- 총 점수는 UCC 조회수 등급에 따른 점수와 심사위원 평가점수의 합이고, 총 점수가 높은 순위에 따라 3위까지 수상한다.
- UCC 조회수 등급에 따른 점수는 조회수에 따라 5등급(A, B, C, D, E)으로 나누어 부여된다. 최상위 A를 10점으로 하며 인접 등급 간의 점수 차이는 0.3점이다.
- 심사위원 평가점수는 심사위원 (가)~(마)가 각각 부여한 점수(1~10의 자연수)에서 최고점 및 최저점을 제외한 3개 점수의 평균으로 계산한다. 이때 최고점이 복수인 경우에는 그 중 한 점수만 제외하여 계산한다. 최저점이 복수인 경우에도 이와 동일하다.
- 심사 결과는 다음과 같다.

| 참가자 | 조회수 등급 | 심사위원별 평가점수 | | | | |
|---|---|---|---|---|---|---|
| | | (가) | (나) | (다) | (라) | (마) |
| 甲 | B | 9 | ( ㉠ ) | 7 | 8 | 7 |
| 乙 | B | 9 | 8 | 7 | 7 | 7 |
| 丙 | A | 8 | 7 | ( ㉡ ) | 10 | 5 |
| 丁 | B | 5 | 6 | 7 | 7 | 7 |
| 戊 | C | 6 | 10 | 10 | 7 | 7 |

─── 〈보 기〉 ───
ㄱ. ㉠이 5점이라면 乙의 총 점수가 甲의 총 점수보다 높다.
ㄴ. 丁은 ㉠과 ㉡에 상관없이 수상하지 못한다.
ㄷ. 戊는 조회수 등급을 D로 받았더라도 수상한다.
ㄹ. ㉠>㉡이면 甲의 총 점수가 丙의 총 점수보다 높다.

① ㄱ, ㄴ
② ㄱ, ㄷ
③ ㄴ, ㄷ
④ ㄴ, ㄹ
⑤ ㄷ, ㄹ

## ※ 다음 글을 읽고 물음에 답하시오. [22~23]

독립운동가 김우전 선생은 일제강점기 광복군으로 활약한 인물로, 광복군의 무전통신을 위한 한글 암호를 만든 것으로 유명하다. 1922년 평안북도 정주 태생인 선생은 일본에서 대학에 다니던 중 재일학생 민족운동 비밀결사단체인 '조선민족 고유문화유지계몽단'에 가입했다. 1944년 1월 일본군에 징병돼 중국으로 파병됐지만 같은 해 5월 말 부대를 탈출해 광복군에 들어갔다.

1945년 3월 미 육군 전략정보처는 일본이 머지않아 패망할 것으로 보아 한반도 진공작전을 계획하고 중국에서 광복군과 함께 특수훈련을 하고 있었다. 이 시기에 선생은 한글 암호인 W-K(우전킴) 암호를 만들었다. W-K 암호는 한글의 자음과 모음, 받침을 구분하여 만들어진 암호체계이다. 자음과 모음을 각각 두 자리 숫자로, 받침은 자음을 나타내는 두 자리 숫자의 앞에 '00'을 붙여 네 자리로 표시한다.

W-K 암호체계에서 자음은 '11~29'에, 모음은 '30~50'에 순서대로 대응된다. 받침은 자음 중 ㄱ~ㅎ을 이용하여 '0011'부터 '0024'에 순서대로 대응된다. 예를 들어 '김'은 W-K 암호로 변환하면 'ㄱ'은 11, 'ㅣ'는 39, 받침 'ㅁ'은 0015이므로 '11390015'가 된다. 같은 방식으로 '1334001114390016'은 '독립'으로, '134024300012133400111439001615300012174 2'는 '대한독립만세'로 해독된다. 모든 숫자를 붙여 쓰기 때문에 상당히 길지만 네 자리씩 끊어 읽으면 된다.

하지만 어렵사리 만든 W-K 암호는 결국 쓰이지 못했다. 작전 준비가 한창이던 1945년 8월 일본이 갑자기 항복했기 때문이다. 이 암호에 대한 기록은 비밀에 부쳐져 미국 국가기록원에 소장되었다가 1988년 비밀이 해제되어 세상에 알려졌다.

※ W-K 암호체계에서 자음의 순서는 ㄱ, ㄴ, ㄷ, ㄹ, ㅁ, ㅂ, ㅅ, ㅇ, ㅈ, ㅊ, ㅋ, ㅌ, ㅍ, ㅎ, ㄲ, ㄸ, ㅃ, ㅆ, ㅉ 이고, 모음의 순서는 ㅏ, ㅑ, ㅓ, ㅕ, ㅗ, ㅛ, ㅜ, ㅠ, ㅡ, ㅣ, ㅐ, ㅒ, ㅔ, ㅖ, ㅘ, ㅙ, ㅚ, ㅝ, ㅞ, ㅟ, ㅢ 이다.

## 22 ○△×

**윗글을 근거로 판단할 때, 〈보기〉에서 옳은 것만을 모두 고르면?**

───── 〈보 기〉 ─────

ㄱ. 김우전 선생은 일본군에 징병되었을 때 무전통신을 위해 W-K 암호를 만들었다.

ㄴ. W-K 암호체계에서 한글 단어를 변환한 암호문의 자릿수는 4의 배수이다.

ㄷ. W-K 암호체계에서 '183000152400'은 한글 단어로 해독될 수 없다.

ㄹ. W-K 암호체계에서 한글 '궤'는 '11363239'로 변환된다.

① ㄱ, ㄴ      ② ㄴ, ㄷ

③ ㄷ, ㄹ      ④ ㄱ, ㄴ, ㄹ

⑤ ㄱ, ㄷ, ㄹ

## 23 ○△×

**윗글과 다음 〈조건〉을 근거로 판단할 때, '3 · 1운동!'을 옳게 변환한 것은?**

───── 〈조 건〉 ─────

숫자와 기호를 표현하기 위하여 W-K 암호체계에 다음의 규칙이 추가되었다.

• 1~9의 숫자는 차례대로 '51~59', 0은 '60'으로 변환하고, 끝에 '00'을 붙여 네 자리로 표시한다.

• 온점(.)은 '70', 가운뎃점( · )은 '80', 느낌표(!)는 '66', 물음표(?)는 '77'로 변환하고, 끝에 '00'을 붙여 네 자리로 표시한다.

① 5300800051001836001213340018 6600

② 5300800051001836001213350018 6600

③ 5300700051001836001213340018 7700

④ 5370005118360012133400176600

⑤ 5380005118360012133500177700

## 24 ○△×

다음 글과 〈상황〉을 근거로 판단할 때, 〈보기〉에서 옳은 것만을 모두 고르면?

甲국에서는 4개 기관(A~D)에 대해 전기, 후기 두 번의 평가를 실시하고 있다. 전기평가에서 낮은 점수를 받은 기관이 후기평가를 포기하는 것을 막기 위해 다음과 같은 최종평가점수 산정 방식을 사용하고 있다.

최종평가점수＝Max[0.5×전기평가점수＋0.5×후기평가점수, 0.2×전기평가점수＋0.8×후기평가점수]

여기서 사용한 Max[X, Y]는 X와 Y 중 큰 값을 의미한다. 즉, 전기평가점수와 후기평가점수의 가중치를 50 : 50으로 하여 산정한 점수와 20 : 80으로 하여 산정한 점수 중 더 높은 것이 해당 기관의 최종평가점수이다.

─── 〈상 황〉 ───

4개 기관의 전기평가점수(100점 만점)는 다음과 같다.

| 기관 | A | B | C | D |
|---|---|---|---|---|
| 전기평가점수 | 60 | 70 | 90 | 80 |

4개 기관의 후기평가점수(100점 만점)는 모두 자연수이고, C기관의 후기평가점수는 70점이다. 최종평가점수를 통해 확인된 기관 순위는 1등부터 4등까지 A-B-D-C 순이며 동점인 기관은 없다.

─── 〈보 기〉 ───

ㄱ. A기관의 후기평가점수는 B기관의 후기평가점수보다 최소 3점 높다.
ㄴ. B기관의 후기평가점수는 83점일 수 있다.
ㄷ. A기관과 D기관의 후기평가점수 차이는 5점일 수 있다.

① ㄱ
② ㄴ
③ ㄱ, ㄴ
④ ㄱ, ㄷ
⑤ ㄴ, ㄷ

## 25 ○△×

다음 글과 〈대화〉를 근거로 판단할 때, 乙~丁의 소속 과와 과 총원을 옳게 짝지은 것은?

• A부서는 제1과부터 제4과까지 4개 과, 총 35명으로 구성되어 있다.
• A부서 각 과 총원은 과장 1명을 포함하여 7명 이상이며, 그 수가 모두 다르다.
• A부서에 '부여'된 내선번호는 7001번부터 7045번이다.
• 제1과~제4과 순서대로 연속된 오름차순의 내선번호가 부여되는데, 각 과에는 해당 과 총원 이상의 내선번호가 부여된다.
• 모든 직원은 소속 과의 내선번호 중 서로 다른 번호 하나를 각자 '배정'받는다.
• 각 과 과장에게 배정된 내선번호는 해당 과에 부여된 내선번호 중에 제일 앞선다.
• 甲~丁은 모두 A부서의 서로 다른 과 소속이다.

─── 〈대 화〉 ───

甲 : 홈페이지에 내선번호 알림을 새로 해야겠네요. 저희 과는 9명이고, 부여된 내선번호는 7016~7024번입니다.
乙 : 甲주무관님 과는 총원과 내선번호 개수가 같네요. 저희 과 총원이 제일 많은데, 내선번호는 그보다 4개 더 있어요.
丙 : 저희 과는 총원보다 내선번호가 3개 더 많아요. 아, 丁주무관님! 제 내선번호는 7034번이고, 저희 과장님 내선번호는 7025번이에요.
丁 : 저희 과장님 내선번호 끝자리와 丙주무관님 과의 과장님 내선번호 끝자리가 동일하네요.

| | 직원 | 소속과 | 과총원 |
|---|---|---|---|
| ① | 乙 | 제1과 | 10명 |
| ② | 乙 | 제4과 | 11명 |
| ③ | 丙 | 제3과 | 8명 |
| ④ | 丁 | 제1과 | 7명 |
| ⑤ | 丁 | 제4과 | 8명 |

PSAT

Public Service Aptitude Test

# 기출문제 및 모의평가 해설편

# CHAPTER 01 2021년 7급 PSAT 기출문제 언어논리

| 01 | 02 | 03 | 04 | 05 | 06 | 07 | 08 | 09 | 10 |
|----|----|----|----|----|----|----|----|----|----|
| ④ | ① | ① | ④ | ⑤ | ① | ③ | ④ | ③ | ② |
| 11 | 12 | 13 | 14 | 15 | 16 | 17 | 18 | 19 | 20 |
| ③ | ④ | ⑤ | ② | ④ | ⑤ | ③ | ③ | ③ | ① |
| 21 | 22 | 23 | 24 | 25 | | | | | |
| ① | ② | ⑤ | ④ | ③ | | | | | |

## 01 정답 ④

난도 중

**정답해설**

④ 알 수 있다. 1문단에 따르면 오늘날 태극기의 우측 하단에 위치한 괘는 땅을 상징하는 곤괘이다. 3문단에 따르면 고종이 조선 국기로 채택한 기의 우측 하단에 위치한 괘는 '조선의 기'의 좌측 하단에 있는 괘이며, 2문단에 따르면 '조선의 기'의 좌측 하단에 있는 괘는 곤괘임을 알 수 있다.

**오답해설**

① 알 수 없다. 2문단에 따르면 『해상 국가들의 깃발들』이 만들어진 시기는 1882년 6월이다. 3문단에 따르면 통리교섭사무아문이 각국 공사관에 국기를 배포한 것은 1883년 이후이다. 그러므로 미국 해군부가 『해상 국가들의 깃발들』을 만들면서 배포된 국기를 수록하는 것은 가능하지 않다고 할 수 있다.

② 알 수 없다. 2문단에 따르면 태극 문양을 그린 기는 개항 이전에도 여러 개가 있었고 태극 문양과 4괘만 사용한 기는 개항 후에 처음 나타났다는 사실이 제시되어 있다. 동 문단에 따르면 이응준이 만든 기는 1882년 5월에 만들어졌고 태극문양과 4괘로 이루어져 있다고 짐작되고 있다. 그러므로 이응준이 기를 만든 시기는 개항 이후라고 짐작할 수 있고, 개항 이전이라고 하더라도 최초로 태극 무늬를 사용한 기라고 할 수는 없다.

③ 알 수 없다. 3문단에 따르면 통리교섭사무아문이 배포한 기의 우측 상단에 있는 괘는 '조선의 기' 좌측 상단에 있는 괘이다. 동 문단에 따르면 '조선의 기' 좌측 하단에 있는 괘는 조선 국기의 우측 하단에 있다. 그러므로 통리교섭사무아문이 배포한 조선 국기의 우측 상단에 있는 괘와 '조선의 기' 좌측 하단에 있는 괘가 상징하는 것은 같지 않다.

⑤ 알 수 없다. 2, 3문단에 따르면 박영효가 그린 기의 좌측 상단에 있는 괘는 건괘이고, 이응준이 그린 기의 좌측 상단에 있는 괘는 감괘이다. 1문단에 따르면 건괘는 하늘을 감괘는 물을 상징한다. 그러므로 박영효가 그린 기의 좌측 상단에 있는 괘는 하늘을 상징하고 이응준이 그린 기의 좌측 상단에 있는 괘는 물을 상징한다.

**합격생 가이드**

시기별로 상이한 태극기 3개가 주어진 한편 각각의 4괘의 배치가 장치로서 주어져 있다는 점에 주목할 필요가 있다. 오답 선지는 서로 다른 태극기 간의 내용을 교차시켜 구성될 것이라는 점에 착안하여 독해 과정에서 미리 정리해두며 접근하는 한편, 각 괘의 경우 미리 정리하기보다는 글의 내용과 선지의 내용을 오가면서 확인하는 것이 더 신속한 문제해결에 도움이 된다고 할 수 있다.

## 02 정답 ①

난도 하

**정답해설**

① 적절하다. 갑의 세 번째 발언에 따르면 조례를 제정하도록 위임한 사항 10건 중 7건은 조례 제정, 2건은 입법 예고 중이라는 것을 알 수 있다. 을의 세 번째 발언에 따르면 모든 조례는 입법 예고를 거친 뒤 시의회에서 제정된다는 정보가 제시되어 있다. 그러므로 입법 예고가 필요한 사항이 1건 존재한다는 사실을 알 수 있다.

**오답해설**

② 적절하지 않다. 갑의 첫 번째 및 두 번째 발언에 따르면 조례 제정 비율이란 1월 1일부터 12월 31일까지 법률에서 조례를 제정하도록 위임한 사항 대비 12월 31일까지 조례로 제정된 사항의 비율이다. 갑의 세 번째 발언에 따르면 대화의 시점은 7월 10일이라는 것을 알 수 있다. 그러므로 12월 31일까지 법률에 의해 추가적으로 조례를 제정하도록 위임될 사항의 수를 알 수 없으므로 '올 한 해'의 조례 제정 비율을 알 수 없다.

③ 적절하지 않다. 갑의 세 번째 발언에 따르면 대화의 시점은 7월 10일이라는 것을 알 수 있다. 갑의 네 번째 발언에 따르면 입법 예고 중인 2건의 제정 가능성에 대해 단정하기 어렵다. 그러므로 입법 예고 중인 2건의 제정 가능성 및 '올해' 12월 31일까지 법률에 의해 추가적으로 조례를 제정하도록 위임될 사항의 수를 알 수 없으므로 올 한 해 총 조례 제정 건 수를 알 수 없다.

④ 적절하지 않다. 갑의 첫 번째 및 두 번째 발언에 따르면 조례 제정 비율이란 1월 1일부터 12월 31일까지 법률에서 조례를 제정하도록 위임한 사항 대비 12월 31일까지 조례로 제정된 사항의 비율이다. 갑의 세 번째 발언에 따르면 조례를 제정하도록 위임한 사항은 10건, 조례로 제정된 건수는 7건이다.

그러므로 현재 시점을 기준으로 조례 제정 비율은 70%($= \frac{7}{10} \times 100$)라고 할 수 있다.

⑤ 적절하지 않다. 갑의 세 번째 발언에 따르면 대화의 시점은 7월 10일이라는 것을 알 수 있다. 7월 10일부터 12월 31일까지 5건 미만의 사항이 추가적으로 위임 받을 것이라는 사실을 알 수 없다. 그러므로 올 한 해 법률에서 조례를 제정하도록 위임 받은 사항이 작년보다 줄어들 것이라고 할 수 없다.

**합격생 가이드**

각 선지의 정오판단이 쉽게끔 구성된 만큼 실수하지 않도록 핵심 조건들을 잘 확인하는 것이 중요하다. 갑의 세 번째 발언 상 '7월 10일 현재까지' 및 을의 세 번째 발언 상 '모든 조례는 ~' 등이 이에 해당한다고 할 수 있다.

## 03 정답 ①

난도 하

**정답해설**

① 적절하다. 표에 따르면 외부 참여 가능성이 높은 모형은 C이다. 4문단에 따르면 C는 관료제의 영향력이 작고 통제가 약한 분야에서 주로 작동한다.

**오답해설**

② 적절하지 않다. 표에 따르면 상호 의존성이 보통인 모형은 B이다. 2문단에 따르면 배타성이 매우 강해 다른 이익집단의 참여를 철저하게 배제하는 것이 특징인 모형은 A이다.

③ 적절하지 않다. 표에 따르면 합의 효율성이 높은 모형은 A이다. 3문단에 따르면 B는 A보다 정책 목표를 더 효과적으로 달성할 수 있다. 그러므로 A가 가장 효과적으로 정책 목표를 달성할 수 있다고 할 수 없다.

④ 적절하지 않다. 2, 3문단에 따르면 각 모형 상 이익집단의 정책 결정 영향력에 대한 모형 간 비교에 대한 정보가 제시되어 있지 않다.

⑤ 적절하지 않다. 4문단에 따르면 C에서는 참여자가 수시로 변경되며 참여자 수가 많아 정부 등에 따른 의견 조정이 나타난다는 사실이 제시되어 있다. 그러나 참여자 수와 네트워크의 지속성 간 상관관계에 대한 정보가 제시되어 있지 않다.

**합격생 가이드**

표와 문단 구성이 매우 친절하게 제시되어 있어 지문을 읽지 않고 선지를 먼저 보더라도 쉽게 해결할 수 있는 문제이다. ①, ②의 경우 모형 간 특성을 헷갈리지 않도록, ③~⑤의 경우 없는 정보를 있다고 판단하지 않도록 주의가 필요하다.

## 04 정답 ④

난도 하

**정답해설**

ㄴ. 추론할 수 있다. 4문단에 따르면 FD 방식은 입자가 구별되지 않고 하나의 양자 상태에는 하나의 입자만 있을 수 있다. 그러므로 두 개의 입자는 항상 다른 양자 상태에 있고, 그 경우의 수는 양자 상태의 수 $n$에 대하여 $\frac{n(n-1)}{2}$이다. 그러므로 양자 상태가 1개 이상이면 양자 상태의 가짓수가 많아짐에 따라 경우의 수는 커진다.

ㄷ. 추론할 수 있다. 2문단에 따르면 MB 방식은 입자의 구별이 가능하고 하나의 양자 상태에 여러 개의 입자가 있을 수 있다. 3문단에 따르면 BE 방식은 입자의 구별이 가능하지 않고 하나의 양자 상태에 여러 개의 입자가 있을 수 있다. 그러므로 양자 상태가 2가지 이상이면 MB 방식의 경우의 수는 $n^2$, BE 방식의 경우의 수는 $n(n-1)$이다.

**오답해설**

ㄱ. 추론할 수 없다. aa, a a, aa 이상 경우의 수는 3이다.

**합격생 가이드**

세 가지 해석 방식에 대한 비교가 이루어지고 있는데 주어진 조건들을 바탕으로 경우의 수가 'MB〉BE〉FD' 순으로 나타날 것이라고 추론할 수 있다. 이를 바탕으로 각 선지를 판단한다면 비교적 쉽게 문제를 해결할 수 있다.

## 05 정답 ⑤

난도 중

**정답해설**

⑤ 추론할 수 있다. 3문단에 따르면 학습된 공포 반응을 일으키는 경우 학습 전에 비해 측핵으로 전달되는 신호의 강도가 강화된다. 4문단에 따르면 학습된 안정 반응을 일으키는 경우 학습 전에 비해 측핵으로 전달되는 신호의 강도가 약화된다. 그러므로 두 경우 모두 측핵으로 전달되는 신호의 세기가 달라졌다고 할 수 있다.

**오답해설**

① 추론할 수 없다. 4문단에 따르면 학습된 안정 반응은 중핵이 아닌 선조체에서 반응이 세게 나타나며 일어난다.

② 추론할 수 없다. 3문단에 따르면 학습된 공포 반응은 청각시상과 측핵, 중핵 등에 의해 나타나는 반응이고 선조체와 관련된 정보는 제시되어 있지 않다. 또한 학습된 공포 반응을 일으키지 않는 소리 자극에 대한 정보는 제시되어 있지 않다.

③ 추론할 수 없다. 1, 3문단에 따르면 학습된 공포 반응은 청각시상으로 전달된 소리 자극 신호가 측핵으로 강화되어 전달되며 나타난다. 4문단에 따르면 청각시상으로부터 측핵으로의 자극 신호가 억제되는 것은 학습된 안정 반응과 관련된 내용이다.

④ 추론할 수 없다. 3, 4문단에 따르면 각 소리 신호가 학습 전과 비교하여 강화, 약화되었는지에 대한 정보만이 제시되어 있다. 그러나 K가 각 실험에서 제시한 소리 자극이 같았는지 여부와 실험 간 소리 자극 신호 강도의 비교에 관한 정보는 제시되어 있지 않다.

**합격생 가이드**

실험을 소재로 하는 문제의 경우 실험의 구조를 파악하는 것이 중요하다. 1문단과 같이 소리 자극의 반응 경로 등 제시되는 제반 내용을 바탕으로 이후 내용을 해석한다는 식의 독해 방식을 취하는 것이 문제 해결에 유리하다. 해당 문제의 경우 선지 구성이 쉽게 이루어져 그냥 읽더라도 해결이 가능해 보이나 조금 더 복잡한 실험 내용에 대비하여 미리 준비하는 것이 좋다.

## 06 정답 ①

난도 중

**정답해설**

① 적절하다. 2문단에 따라 A가 참가하는 것이 성립하기 위해서는 빈칸에는 갑이나 을이 수석대표를 맡는다는 사실을 뒷받침할 내용이 필요하다. 갑이 고전음악 지휘자이며 전체 세대를 아우를 수 있다면 1문단에 따라 갑은 수석대표를 맡는다. 따라서 갑이나 을이 수석대표를 맡는다는 것은 참이다. 그러므로 2문단 세 번째 문장에 따라 A가 공연예술단에 참가하게 된다.

**오답해설**

② 적절하지 않다. 2문단에 따라 A가 참가하는 것이 성립하기 위해서는 빈칸에는 갑이나 을이 수석대표를 맡는다는 사실을 뒷받침할 내용이 필요하다. 1문단에 따르면 갑이나 을이 수석대표를 맡기 위해서는 전체 세대를 아우를 수 있는 사람이어야 한다. 그러나 갑이나 을이 대중음악 제작자 또는 고전음악 지휘자라는 명제만으로는 갑이나 을이 전체 세대를 아우를 수 있는 사람인지 알 수 없다.

③ 적절하지 않다. 2문단에 따라 A가 참가하는 것이 성립하기 위해서는 빈칸에는 갑이나 을이 수석대표를 맡는다는 사실을 뒷받침할 내용이 필요하다. 1문단에 따르면 정부 관료 가운데 고전음악 지휘자나 대중음악 제작자는 없다. 그러나 이는 정부 관료가 아니라면 고전음악 지휘자이거나 대중음악 제작자라는 의미하지 않고, 오직 고전음악 지휘자이거나 대중음악 제작자라면 정부 관료가 아니라는 것만을 의미한다.

④ 적절하지 않다. 2문단에 따라 A가 참가하는 것이 성립하기 위해서는 빈칸에는 갑이나 을이 수석대표를 맡는다는 사실을 뒷받침할 내용이 필요하다. 선지의 을이 수석대표를 맡기 위해서는 을이 전체 세대를 아우를 수 있다는 정보가 추가로 제시되어야 한다.

⑤ 적절하지 않다. 2문단에 따라 A가 참가하는 것이 성립하기 위해서는 빈칸에는 갑이나 을이 수석대표를 맡는다는 사실을 뒷받침할 내용이 필요하다. 선지의 내용은 갑이나 을에 대한 아무런 정보도 제시하고 있지 않다.

### 합격생 가이드

2문단의 '갑이나 을이 수석대표' → 'A 참가', 'A 참가'가 타당하기 위해서는 빈칸에 '갑이나 을이 수석대표'를 도출할 수 있는 내용이 필요하다는 것을 확인한 후 선지의 내용에 접근한다면 문제해결이 신속히 이루어지지만 이를 명확하게 정리하지 못하고 선지 해결을 시도하는 경우 시간을 많이 소모하거나 틀릴 가능성이 충분한 만큼 빈칸 주변의 내용 및 주요 내용의 기호화에 유의할 필요가 있다.

---

## 07 정답 ③

난도 상

**정답해설**

ㄱ. 참이다. 바다와 은경의 말이 모두 참이라고 가정하자. 바다와 은경의 첫 번째 발언이 참이라면 경아의 첫 번째 발언은 거짓이다. 그러므로 경아의 말은 모두 거짓이다. 한 명만이 범인이라는 조건에 따라 은경이 범인이라고 할 수 있다. 나아가 바다의 첫 번째 발언에 따라 다은의 첫 번째 발언 역시 참이게 된다. 그러므로 바다, 다은, 은경이 참인 발언만 하고 경아가 거짓인 발언만 하는 경우가 주어진 조건과 모순 없이 성립한다.

ㄷ. 참이다. 각 발언자의 첫 번째 발언에 비추어 단 한 사람이 거짓말한 경우는 경아가 거짓말만 하는 경우뿐이다. 이때 각 발언자들의 두 번째 발언에 따라 다은, 경아, 바다는 범인이 아니다. 2문단의 범인이 한 명이라는 조건에 따라 은경이 범인이다.

**오답해설**

ㄴ. 참이 아니다. 다은과 은경의 말이 모두 참이라고 가정하자. 다은와 은경의 첫 번째 발언이 참이라면 경아의 첫 번째 발언은 거짓이다. 그러므로 경아의 말은 모두 거짓이다. 한 명만 범인이라는 조건에 따라 은경이 범인이라고 할 수 있다. 이는 바다의 두 번째 발언과 양립 가능하다. 나아가 학술대회에서 발표된 상용화 아이디어가 하나라는 경우를 상정한다면 바다의 첫 번째 발언 역시 참인 경우를 상상할 수 있다. 그러므로 바다, 다은, 은경이 참인 발언만 하고 경아가 거짓인 발언만 하는 경우가 가정 하에서 주어진 조건과 모순 없이 성립한다. 따라서 다은과 은경의 말이 모두 참인 것은 가능하다.

### 합격생 가이드

경아의 첫 번째 주장이 나머지 세 명의 첫 번째 주장과 양립하는 것이 불가능하다는 점에 주목할 필요가 있다. 2문단의 조건들과 결합한다면 가능한 경우의 수는 경아만 참만을 말하고 나머지가 모두 거짓만을 말하거나 경아가 거짓만을 말한 경우로 나눌 수 있는데 이때 바다와 은경의 두 번째 발언을 바탕으로 경아는 다른 사람과 관계없이 거짓만을 얘기하고 있다고 접근할 수 있다. 이를 바탕으로 선지의 내용을 판단한다면 조금 더 좁은 범위 내에서 정오 판단을 할 수 있어 유리하다고 생각한다.

---

## 08 정답 ④

난도 중

**정답해설**

제시문을 기호화하면 다음과 같다.

- 조건 1. 개인건강정보 → 보건정보
- 조건 2. 팀 재편 → 개인건강정보∧보건정보
- 조건 3. 개인건강정보∧최팀장이 총괄 → 손공정이 프레젠테이션
- 조건 4. 보건정보 → 팀 재편∨보도자료 수정
- 조건 5. ~(최팀장이 총괄 → 손공정이 프레젠테이션)

ㄴ. 참이다. 조건 5에 따라 최팀장이 총괄하고 손공정이 프레젠테이션을 맡지 않는다. 조건 3에 따라 개인건강정보 관리 방식 변경에 관한 가안은 포함되지 않는다. 조건 2에 따라 국민건강 2025 팀은 재편되지 않는다.

ㄷ. 참이다. 보건정보의 공적 관리에 관한 가안이 정책제안에 포함된다면 조건 4에 따라 국민건강 2025 팀이 재편되거나 보도자료가 대폭 수정된다. 조건 2, 3, 5에 따라 국민건강 2025 팀은 재편되지 않는다. 그러므로 선언삼단논법에 따라 보도자료가 대폭 수정될 것이다.

**오답해설**

ㄱ. 참이 아니다. 조건 2, 3에 따라 개인건강정보 관리 방식 변경에 관한 가안이 정책제안에 포함되지 않는다. 그러나 보건정보의 공적 관리에 관한 가안의 포함 여부는 알 수 없다.

### 합격생 가이드

조건 5에 대한 해석이 문제해결에 핵심이라고 할 수 있다. 'A이면 B이다.' 형식의 조건언이 거짓이 되는 경우는 A가 참인 동시에 B가 거짓인 경우뿐이라는 사실에 비추어, 최팀장이 정책 브리핑을 총괄하고 손공정이 프레젠테이션을 맡지 않는다는 정보를 이끌어 낸다면 문제가 쉽게 해결된다.

---

## 09 정답 ③

난도 중

**정답해설**

③ 참이다. 정보 1에 따라 참석한 이들은 각각 하나의 해석만을 받아들인다. 정보 2, 3, 4에 따라 상태 오그라듦 가설을 받아들이는 것과 코펜하겐 해석이나 보른 해석을 받아들이는 것은 필요충분관계에 있고 참석자 8명 중 5명이 코펜하겐 해석이나 보른 해석을 받아들인다. 정보 5, 6에 따라 A, B, C, D는 코펜하겐 해석이나 보른 해석을 받아들이고 이들을 제외한 참석자 중 한 명 또한 코펜하겐 해석이나 보른 해석을 받아들인다. A와 D가 받아들이는 해석이 다르다고 가정하자. 그러한 경우 한 명은 코펜하겐 해석을, 다른 한 명은 보른 해석을 받아들인다고 할 수 있다. 정보 5에 따라 B는 코펜하겐 해석을 받아들인다. 그러므로 A와 D 중 한 명과 B, 적어도 두 명은 코펜하겐 해석을 받아들인다고 할 수 있다.

**오답해설**

① 참이 아니다. 정보 1에 따라 아인슈타인 해석, 많은 세계 해석, 코펜하겐 해석, 보른 해석 외 다른 해석들이 존재하고 각 참석자는 각자 하나의 해석만을 받아들인다. 정보 2, 3, 4에 따라 참석자 8명 중 5명은 코펜하겐 해석이나 보른 해석을 받아들인다. 정보 8에 따라 5명에 해당하지 않는 3명의 참석자는 코펜하겐 해석이나 보른 해석을 받아들이지 않는 한편 아인슈타인 해석을 받아들이는 이가 있다. 그러나 많은 세계 해석을 받아들이는 이가 있다는 정보는 주어지지 않았다.

② 참이 아니다. 보른 해석을 받아들이는 이가 두 명이라고 가정하자. 정보 5에 따라 두 명 중 한 명은 C이다. 정보 6에 따라 A와 D, 그리고 앞서 언급된 A~D를 제외한 참석자 중 한 명 등 총 3명 중 1명이 보른 해석을 받아들인다. 그러나 만약 A~D를 제외한 참석자 중 한 명이 보른 해석을 받아들인다면 A와 D가 받아들이는 해석은 코펜하겐 해석으로 같다. 이러한 경우는 다른 정보와 모순 없이 존재할 수 있다.

④ 참이 아니다. 정보 1에 따라 아인슈타인 해석, 많은 세계 해석, 코펜하겐 해석, 보른 해석 외 다른 해석들이 존재하고 각 참석자는 각자 하나의 해석만을 받아들인다. 정보 2, 3, 4에 따라 참석자 8명 중 5명은 코펜하겐 해석이나 보른 해석을 받아들인다. 정보 8에 따라 5명에 해당하지 않는 3명의 참석자는 코펜하겐 해석이나 보른 해석을 받아들이지 않는 한편 아인슈타인 해석을 받아들이는 이가 있다. 오직 한 명만이 많은 세계 해석을 받아들인다고 가정하자. 그렇다면 8명 중 5명은 코펜하겐 해석이나 보른 해석을, 1명은 많은 세계 해석을, 1명은 아인슈타인 해석을 받아들인다. 그러나 나머지 한 명은 아인슈타인 해석뿐만 아니라 그 외 다른 해석을 받아들이는 경우도 상상할 수 있고, 다른 정보와 모순 없이 존재할 수 있다.

⑤ 참이 아니다. 코펜하겐 해석을 받아들이는 이가 세 명이라고 가정하자. 정보 5에 따라 코펜하겐 해석을 받아들이는 B를 제외하고 2명의 참석자가 코펜하겐 해석을 받아들인다. 그러므로 A와 D 그리고 A~D를 제외한 참석자 중 한 명 등 총 3명 중 2명이 코펜하겐 해석을 받아들인다. 그러나 A와 D 모두가 코펜하겐 해석을 받아들이고 A~D를 제외한 참석자가 보른 해석을 받아들이는 경우가 다른 정보와 모순 없이 존재할 수 있다.

> **합격생 가이드**
>
> 정보들을 활용하여 포함관계를 명확하게 정리해 두지 않는다면 문제풀이 상 어려움을 겪을 수 있다. 각종 해석의 이름이나 가설의 이름에 매몰되지 않도록 편한 대로 기호화를 해서 파악하는 것도 하나의 좋은 방법이라고 생각한다.

## 10

정답 ②

**난도** 중

**정답해설**

② 추론할 수 있다. 1문단에 따르면 실험군1의 쥐에게는 학습 위주 경험을 하도록 하였고, 실험군2의 쥐에게는 운동 위주 경험을 하도록 훈련시켰다. 실험군3의 쥐는 통제군이다. 실험 결과 1에 따르면 실험군1의 쥐에서 뇌의 신경세포당 시냅스의 수 증가가 관측됐다. 실험 결과 2에 따르면 실험군2의 쥐에서 뇌의 신경세포당 모세혈관의 수 증가가 관측됐다. 그러므로 학습 위주 경험은 뇌의 신경세포당 시냅스의 수를 증가시키고, 운동 위주 경험은 뇌의 신경세포당 모세혈관의 수를 증가시킨다고 할 수 있다.

**오답해설**

① 추론할 수 없다. 실험 결과 3에 따르면 실험군1의 쥐에서는 대뇌 피질의 지각 영역에서 구조 변화가, 실험군2의 쥐에서는 대뇌 피질의 운동 영역에서 구조 변화가 나타났다. 그러나 어느 구조 변화가 더 크게 나타난 것인지에 대한 정보는 제시되어 있지 않다.

③ 추론할 수 없다. 실험 결과 3에 따르면 실험군1과 2의 쥐에서 대뇌 등의 구조 변화가 관측됐다. 그러나 신경세포의 수 증가에 대한 정보는 제시되어 있지 않다.

④ 추론할 수 없다. 각 실험군별 구조 변화와 신경세포 등의 변화 간 인과관계에 대한 정보는 제시되어 있지 않다.

⑤ 추론할 수 없다. 뇌의 구조 상 이유나 경험 등과 관련된 인과관계에 대한 정보는 제시되어 있지 않다.

> **합격생 가이드**
>
> 추론형 문제의 정답 선지 역시 명확한 근거가 제시되어 있어야 하기 때문에 지나치게 확장해서 사고할 필요가 없다고 생각한다. 위 문제의 정답 선지는 실험 결과의 해석을 통해, 오답 선지는 모두 정보 없음을 이유로 추론할 수 없다는 식으로 구성되어 있다는 점에 유념하여 문제에 접근한다면 더 편한 해결이 가능하다고 할 수 있다.

## 11

정답 ③

**난도** 상

**정답해설**

ㄱ. 적절하다. 1문단에 따르면 박쥐 X는 개구리의 울음소리를 이용하는 '음탐지' 방법과 울음주머니의 움직임을 이용하는 '초음파탐지' 방법을 사용해 수컷 개구리의 위치를 찾는다. 〈실험〉에 따르면 로봇개구리 A는 울음소리와 울음주머니의 움직임이 있는 로봇, B는 울음소리만 있는 로봇이며, 방1은 방해 요인이 없는 환경, 방2는 음탐지 방해가 있는 환경이라고 할 수 있다. 방1과 2의 〈실험 결과〉에 따르면 방해 요인이 없는 경우 초음파탐지 가능성 여부와 무관하게 공격까지의 시간에 유의미한 차이가 없었지만 음탐지 방해요인이 있는 경우 초음파탐지가 가능한 A의 경우 공격했지만, 가능하지 않은 B의 경우 공격하지 않았다. 그러므로 음탐지 방법이 방해를 받는 환경에서 초음파탐지 방법을 사용한다고 할 수 있다.

ㄴ. 적절하다. 〈실험〉에 따르면 A는 울음소리와 울음주머니의 움직임이 있는 로봇, B는 울음소리만 있는 로봇이며, 방2는 로봇개구리 울음소리와 같은 소리의 음탐지 방해가 있는 환경, 방3은 로봇개구리 울음소리와 다른 소리의 음탐지 방해가 있는 환경이라고 할 수 있다. 방2와 3의 〈실험 결과〉에 따르면 같은 소리의 음탐지 방해가 있는 환경에서는 공격까지 시간이 지연되거나 공격하지 않는 반면, 다른 소리의 음탐지 방해가 있는 경우 방해가 없는 환경과 유사한 공격 속도를 보였다. 그러므로 X는 소리의 종류를 구별할 수 있다고 할 수 있다.

**오답해설**

ㄷ. 적절하지 않다. 〈실험〉에 따르면 A는 울음소리와 울음주머니의 움직임이 있는 로봇, B는 울음소리만 있는 로봇이며, 방1은 방해 요인이 없는 환경, 방3은 울음소리와 다른 소리의 음탐지 방해가 있는 환경이라고 할 수 있다. 방1과 방3의 〈실험 결과〉에 따르면 환경 및 로봇의 종류와 상관없이 공격 시간의 유의미한 차이가 없었다. 그러므로 방1과 방3의 〈실험 결과〉로부터 유의미한 결론 내지 특정 가설에 대한 강화 또는 약화를 이끌어 낼 수 없다고 할 수 있다.

> **합격생 가이드**
>
> 주어진 실험에서 주된 장치는 로봇과 각 방이라고 할 수 있다. 그러므로 주어진 방의 조합에 따라 어떤 변수가 통제되고 어떤 변수가 비교되고 있는지를 정확히 파악하는 게 문제해결의 핵심이라고 생각한다.

## 12 정답 ④

난도 중

정답해설

ㄴ. 적절하다. 주어진 〈논증〉에서 (6)은 (4)와 (5)로부터 도출되며, (4)는 (2)와 (3)으로부터 도출된다. 만약 (2)의 내용이 "전통적 인식론은 첫째 목표를 달성할 수 없거나 둘째 목표를 달성할 수 없다."로 바뀐다고 가정하자. 이에 따라 첫째와 둘째 목표 모두 달성할 수 없는 기존의 경우 외에 첫째 목표만 달성할 수 없는 경우와 둘째 목표만 달성할 수 없는 경우가 추가된다. 그러나 어떤 경우에도 "두 가지 목표 중 어느 하나라도 달성할 수가 없다면"이란 (3)의 전건은 충족된다. 그러므로 (2)의 내용이 바뀌더라도 여전히 (6)이 도출된다고 할 수 있다.

ㄷ. 적절하다. (4)는 (2)와 (3)의 결론일 뿐만 아니라 (6)의 전제라고 할 수 있다.

오답해설

ㄱ. 적절하지 않다. (1)은 (2) 등에서 나타나는 목표의 내용을 담고 있으나 〈논증〉 내 지지관계에 영향을 끼치지 않는다. 그러므로 (1)에 '두 가지 목표' 외에 "세계에 관한 믿음이 형성되는 과정을 규명하는 것"이 추가된다고 하더라도 (6)의 도출 과정에 영향을 끼치지 않는다.

합격생 가이드

논증이 순서대로 주어져 있는 만큼 정확한 지지 관계만 파악한다면 쉽게 해결할 수 있는 문제라고 생각한다. ㄴ과 같이 연언 관계인지 선언 관계인지 여부와 관계없이 결론 도출이 가능한 경우도 있지만, 가능하지 않을 수도 있으므로 유사한 유형에 있어 연언, 선언의 구별 등에 유념하는 것이 문제 해결에 중요하다고 생각한다.

## 13 정답 ⑤

난도 하

정답해설

ㄱ. 적절하다. 2문단에 따르면 'A이거나 B'의 형식을 가진 (1)을 거짓이라고 가정할 때 추가 조건에 따라 10만 원을 돌려주는 동시에 ㉠과 같이 'A가 거짓'인 10만 원을 돌려주지 않는다고 한다. 그러므로 ㉠의 추론 과정에서 'A이거나 B'의 형식을 가진 문장이 거짓이면 A도 B도 모두 반드시 거짓이라는 원리가 사용되었다고 할 수 있다.

ㄴ. 적절하다. 2문단에 따르면 (1)을 거짓이라고 가정할 때 추가 조건에 따라 10만 원을 돌려주는 동시에 ㉡과 같이 10만 원을 돌려주지 않는다고 한다. 동 문단에 따르면 10만 원을 돌려준다는 것과 돌려주지 않는다는 것이 모두 성립하는 것은 가능하지 않다. 그러므로 ㉡의 추론 과정에서 어떤 가정 하에서 같은 문장의 긍정과 부정이 모두 성립하는 경우 그 가정의 부정은 반드시 참이라는 원리가 사용되었다고 할 수 있다.

ㄷ. 적절하다. 2문단에 따르면 'A이거나 B'의 형식을 가진 (1)은 반드시 참이다. 1문단에 따라 (1)이 참이면 10만 원을 돌려주지 않고 호화 여행을 제공한다. 이때 (1)의 'A'인 10만 원을 돌려준다는 추가 조건에 위배되므로 'B'인 당신은 10억 원을 지불한다는 ㉢이 도출된다. 그러므로 'A이거나 B'라는 형식의 참인 문장에서 A가 거짓인 경우 B는 반드시 참이라는 원리가 사용되었다고 할 수 있다.

합격생 가이드

논리 퀴즈 등에서 자주 사용되는 주요 원리들을 선지 형태로 구성한 문제라고 할 수 있다. 구성이 단순하고 원리들도 논리 퀴즈를 풀어본 입장에서 친숙하다고 할 수 있는 만큼 제시문을 오독해서 틀리지 않도록 주의가 필요하다고 생각한다.

## 14 정답 ②

난도 중

정답해설

ㄴ. 적절하다. 1문단에 따르면 철학은 지적 작업에 포함된다. 2문단에 따르면 귀추법은 귀납적 방법의 하나이다. 3문단에 따르면 포퍼는 귀납적 방법의 정당화를 부정하는 등 지적 작업에서 귀납적 방법이 필요 없다는 주장을 취하고 있다. 그러므로 철학의 일부 논증에서 귀추법의 사용이 불가피하다는 주장은 ㉡을 반박한다고 할 수 있다.

오답해설

ㄱ. 적절하지 않다. 2문단에 따르면 ㉠은 철학이라는 지적 작업에 대한 논의라고 할 수 있다. 1, 3문단에 따르면 과학은 철학이라는 지적 작업과 구별된다고 할 수 있다. 그러므로 과학의 탐구가 귀납적 방법에 의해 진행된다는 주장은 ㉠을 반박한다고 할 수 없다.

ㄷ. 적절하지 않다. 2문단에 따르면 ㉠은 철학이라는 지적 작업에서 귀납적 방법의 필요성에 대한 부정이라고 할 수 있다. 3문단에 따르면 ㉡은 모든 지적 작업에서 귀납적 방법의 필요성에 대한 부정이라고 할 수 있다. 연역 논리와 경험적 가설 모두에 의존하는 지적 작업이 있다고 가정하자. ㉡은 가정에 의해 반박된다고 할 수 있다. 그러나 ㉠은 해당 지적 작업이 철학이 아닌 이상 반박된다고 할 수 없다. 그러므로 특정 지적 작업에 대한 주장이 ㉠과 ㉡을 모두 반박한다고 할 수 없다.

합격생 가이드

철학과 지적 작업 사이 포함 관계를 활용한 문제라고 할 수 있다. 더 큰 범주인 지적 작업에 대하여 지지하는 주장의 집합이 철학에 대한 주장을 지지하는 집합보다는 크다고 할 수 있겠지만 반대로 반박하는 주장의 집합 또는 각 주장 지지 근거의 여집합은 철학의 경우가 더 크다는 점을 유념하고 문제 풀이에 들어갈 필요가 있다고 생각한다.

## 15 정답 ④

난도 중

정답해설

ㄴ. 적절하다. 선지의 전제는 "모든 적색 블록은 구멍이 난 블록이다. 모든 적색 블록은 삼각 블록이다."이며 결론은 "모든 구멍이 난 블록은 삼각 블록이다."이다. 결론이 타당하기 위해서는 "모든 구멍이 난 블록은 적색 블록이다."가 필요하다고 할 수 있다. 갑에 따르면 사람들은 '모든 A는 B이다'를 '모든 B는 A이다'로 바꾸는 경향이 있다. 을에 따르면 사람들은 '모든 A는 B이다'를 'A와 B가 동일하다'로 인식하는 경향이 있다. 그러므로 사람들이 첫 번째 전제를 "모든 구멍이 난 블록은 적색 블록이다"로 인식하는 경향이 있다면 선지의 결론이 설명된다고 할 수 있다.

ㄷ. 적절하다. 선지의 전제는 "모든 물리학자는 과학자이다. 어떤 컴퓨터 프로그래머는 과학자이다."이며 결론은 "어떤 컴퓨터 프로그래머는 물리학자이다."이다. 전제에 '어떤'을 사용하는 형태의 명제가 제시되어 있고, 결론 역시 '어떤'을 사용하는 형태의 명제가 제시되어 있다. 그러므로 병에 의해 설명된다고 할 수 있다.

오답해설

ㄱ. 적절하지 않다. 선지의 전제는 "어떤 과학자는 운동선수이다. 어떤 철학자도 과학자가 아니다."이며 결론은 "어떤 철학자도 운동선수가 아니다."이다. 둘째 전제는 "모든 철학자는 과학자가 아니다."와 동치이다. 갑에 의하면 사람들은 둘째 전제를 "모든 과학자는 철학자가 아니다."라고 바꾸는 경향이 있다. 그러나 그러한 경우에도 결론이 타당하게 도출되지 않는다. 그러므로 선지의 심리 실험 결과는 갑에 의해 설명된다고 할 수 없다.

사례를 주어진 견해를 바탕으로 포섭하는 유형은 각 견해 간 비교를 통해 구체적인 포섭 가능성을 파악하는 것이 중요하다고 생각한다. 예컨대 갑과 을의 견해는 유사해 보이고 논리적 결론이 같게 보일 수도 있지만, '모든 A는 B이다'와 '모든 B는 A이다'가 동치라고 파악하는 경향과 '모든 A는 B이다'와 'A와 B는 동일하다'가 동치라고 파악하는 경향이 단계상 차이를 보이는 점 등이 있다. 또한 다른 견해에 의해서 사례가 설명된다고 하더라도 선지에서 제시하는 견해에 의해서도 설명될 수 있는 만큼 제시된 견해를 중심으로 문제 풀이에 들어가는 것이 좋다고 생각한다.

## 16

정답 ⑤

난도 중

**정답해설**

⑤ 적절하지 않다. 병의 두 번째 발언에 따르면 시 홈페이지를 통한 신청 방식에 대한 안내를 유지한 채 공식 어플리케이션을 활용한 신청 방법 역시 안내해야 한다. 〈계획안〉에 따르면 시 홈페이지를 통한 신청 방식이 제시되어 있다. 그러나 선지의 "A시 공식 어플리케이션을 통한 A시 공공 건축 교육 과정 간편 신청"으로 내용을 바꾸는 경우 홈페이지를 통한 신청방법이 안내되지 않는다. 그러므로 바꾸기보다 기존 내용에 선지의 내용을 추가하는 것이 적절하다고 할 수 있다.

**오답해설**

① 적절하다. 병의 첫 번째 발언에 따르면 일반 시민을 대상으로 한 교육은 공무원 대상 교육과 분리하여 교양 교육 과정으로 운영한다. 을의 두 번째 발언에 따르면 교육 과정은 시민을 대상으로 한 과정만 진행하고 그 내용은 A시의 유명 공공 건축물을 활용해서 A시를 홍보하고 관심을 끌 수 있는 주제로 이루어진다. 그러므로 〈계획안〉의 주제인 '공공 건축의 미래 / A시의 조경'과 더불어 선지의 "건축가협회 선정 A시의 유명 공공 건축물 TOP3"가 추가되는 것이 적절하다고 할 수 있다.

② 적절하다. 을의 첫 번째 발언에 따르면 온라인 강의는 편안한 시간에 접속하여 수강하게 하고, 수강 가능한 기간을 명시해야 한다. 〈계획안〉에 따르면 수강 가능한 기간이 아닌 특정 일시만을 정하고 있다. 그러므로 선지의 "・기간 : 7. 12.(월) 06:00∼7. 16.(금) 24:00"으로 바꾸는 것이 적절하다고 할 수 있다.

③ 적절하다. 을의 첫 번째 발언에 따르면 교육 과정은 코로나19 상황을 고려해 온라인 교육 및 온라인 강의로 진행된다. 〈계획안〉에 따르면 A시 청사 본관 5층 대회의실이라는 장소가 제시되어 있는바 대면 교육이라고 할 수 있다. 그러므로 선지의 "・교육방식 : 코로나19 확산 방지를 위해 온라인 교육으로 진행"으로 바꾸는 것이 적절하다고 할 수 있다.

④ 적절하다. 을의 첫 번째 발언에 따르면 교육 방식을 온라인으로 전환함에 따라 A시 시민만이 아닌 모든 희망자로 교육 대상이 확대될 수 있다. 〈계획안〉에 따르면 기존 교육안은 대상을 A시 시민으로 한정하고 있다. 그러므로 선지의 "A시 공공 건축에 관심 있는 사람 누구나"로 바꾸는 것이 적절하다고 할 수 있다.

새로운 유형 중 하나로 오답 또는 정답 선지에 활용될 장치가 아직 다 알려지지 않았다. 따라서 신중한 접근이 필요하다. 각 선지에 '바꾼다'와 '추가한다'라는 두 가지 유형이 제시되고 있는 만큼 제시문의 내용에 비추어 선지 해석에 유의해야 한다. 모의평가에서는 활용되지 않은 장치인 만큼 향후 대비과정에서 이러한 장치 활용에 유의할 필요가 있다.

## 17

정답 ③

난도 하

**정답해설**

③ 적절하다. 2문단에 따르면 개선 이후 채용 절차는 '채용 공고 → 원서 접수 → 필기시험 → 서류 심사 → 면접시험 → 합격자 발표' 순이다. 따라서 ⓒ에 해당하는 절차는 서류 심사이다. 동 문단에 따르면 기존 채용 절차에서 필기시험과 서류 심사의 순서가 바뀌었다. 따라서 기존 채용 절차는 '채용 공고 → 원서 접수 → 서류 심사 → 필기시험 → 면접시험 → 합격자 발표' 순이라고 할 수 있고 이때 ⓒ에 해당하는 절차는 서류 심사이다. 그러므로 ⓒ과 ⓒ에는 같은 채용 절차가 들어간다.

**오답해설**

① 적절하지 않다. 1문단에 따르면 ⊙에 해당하는 기관은 ○○도 산하 공공 기관들이다. 동 문단에 따르면 개선 이후 ○○도가 채용 과정에 참여한다. 2문단에 따르면 ○○도는 채용 공고, 원서 접수, 필기시험을 주관하고, ○○도 산하 공공 기관들은 서류 심사, 면접 시험, 합격자 발표를 주관한다. 그러나 개선 이후 ○○도 산하 공공 기관들의 업무의 양이 이전과 동일하다는 정보는 제시되어 있지 않다. 그러므로 개선 이후 ⊙에 해당하는 기관이 주관하는 채용 업무의 양은 이전과 동일할 것이라고 할 수 없다.

② 적절하지 않다. 1문단에 따르면 ⊙에 해당하는 기관은 ○○도 산하 공공 기관들이다. 동 문단에 따르면 개선 이후 ○○도가 채용 과정에 참여한다. 2문단에 따르면 ○○도는 채용 공고, 원서 접수, 필기시험을 주관하고, ○○도 산하 공공 기관들은 서류 심사, 면접시험, 합격자 발표를 주관한다. 그러므로 ⊙과 같은 주관 기관이 들어가는 것은 ⊞이 아니라 ⊟이다.

④ 적절하지 않다. 2문단에 따르면 ⓒ과 Ⓐ에 해당하는 채용 절차는 필기시험이다. 동 문단에 따르면 ○○도는 기존의 필기시험 과목인 영어・한국사・일반 상식을 국가직무능력표준 기반 평가로 바꾸었다. 그러므로 ⓒ과 Ⓐ에서 지원자들이 평가받는 능력은 같다고 할 수 없다.

⑤ 적절하지 않다. 1문단에 따르면 ⊙에 해당하는 기관은 ○○도 산하 공공 기관들이다. 동 문단에 따르면 개선 이후 ○○도가 채용 과정에 참여한다. 2문단에 따르면 ○○도는 채용 공고, 원서 접수, 필기시험을 주관하고, ○○도 산하 공공 기관들은 서류 심사, 면접시험, 합격자 발표를 주관한다. 2문단에 따르면 ⓔ과 Ⓚ에 해당하는 채용 절차는 면접시험이다. 그러므로 ⓔ을 주관하는 기관과 Ⓚ을 주관하는 기관은 모두 ○○도 산하 공공 기관들이므로 다르다고 할 수 없다.

문제에서 활용하고 있는 정보량이 많지 않은 만큼 도표와 대응하며 글의 내용을 정리하면서 독해한다면 수월하게 해결할 수 있다고 생각한다. 각 빈칸의 대입에만 매몰되어 ④와 같이 절차의 내용에 관한 장치에 낚이지 않도록 주의가 필요하다.

## 18 정답 ③

[난도] 중

[정답해설]

ㄱ. 적절하다. 2문단에 따르면 조례안 ㈎의 입법 예고를 미완료됐으며, 조례안 ㈐의 입법 예고도 미완료됐다. 그러므로 A가 유사 사례의 유무라면 B는 입법 예고 완료 여부인 바, ⓔ과 ⓗ은 모두 '미완료'로 같다고 할 수 있다.

ㄴ. 적절하다. 1문단에 따르면 보고는 유사 사례가 존재하지 않는 경우에만 이루어진다. 따라서 만약 B에 따라 을에 대한 갑의 보고 여부가 결정된다면, B는 유사 사례의 유무이며 A는 입법 예고 완료 여부이다. 2문단에 따르면 조례안 ㈎의 입법 예고를 미완료 됐으며, 조례안 ㈐의 입법 예고도 미완료 됐다. 그러므로 ⑤과 ⓒ은 '미완료'로 같다고 할 수 있다.

[오답해설]

ㄷ. 적절하지 않다. 2문단에 따르면 조례안 ㈎는 '미완료'에 '유사성 있음'이며, 조례안 ㈏는 '완료'에 '유사성 있음'이다. 만약 ⓔ과 ⓗ이 같다면 둘은 '유사성 있음'이며 B는 유사 사례의 유무이고, 이에 따라 A는 '입법 예고 완료 여부'이다. 그러나 조례안 ㈎와 ㈏는 입법 예고 완료 여부의 상태가 서로 다르다. 그러므로 ⓔ과 ⓗ이 같으면, ⑤과 ⓒ이 같다고 할 수 없다.

[합격생 가이드]

이 문제는 모의평가 8번 문제와 동일한 유형으로 기준에 따라 경우의 수가 여럿이라는 게 핵심이라고 할 수 있다. 두 문제를 바탕으로 가장 손쉬운 접근방법은 각 대상별 기준에 따른 내용을 제시된 표에 적으면서 독해하는 것이다. 정답 내지 오답을 결정하는 핵심은 어떤 내용이 같고 어떤 내용이 다르냐의 구별인만큼 각 대상별 내용만 잘 정리해둔다면 손쉽게 해결할 수 있다고 생각한다.

## 19 정답 ③

[난도] 하

[정답해설]

ㄱ. 적절하다. 을의 발언에 따르면 '장애인 스포츠강좌 지원사업' 가맹 시설은 10개소이며 '일반 스포츠강좌 지원사업' 가맹 시설은 300개소이다. 동 발언에 따르면 인구수 대비 가맹 시설 수 부족으로 인해 장애인 대상 바우처 실적이 저조할 수 있다는 지적이 제시된다. 그러므로 장애인 및 비장애인 각각의 인구 대비 '스포츠강좌 지원사업' 가맹 시설 수는 이러한 지적을 확인하기 위해 필요한 자료라고 할 수 있다.

ㄴ. 적절하다. 병의 발언에 따르면 낮은 장애인 대상 사업 실적의 배경으로 비장애인 대비 높은 자기 부담금이 있을 수 있다는 지적이 제시된다. 그러므로 장애인과 비장애인 각각 '스포츠강좌 지원사업'에 참여하기 위해 본인이 부담해야 하는 금액은 이러한 지적을 확인하기 위해 필요한 자료라고 할 수 있다.

[오답해설]

ㄷ. 적절하지 않다. 정의 발언에 따르면 장애인 인구의 고령자 인구 비율이 비장애인 인구에 비해 높다. 동 발언에 따르면 낮은 장애인 대상 실적의 배경에는 협소한 대상 연령이 있다는 지적이 제시되어 있다. 따라서 현재 대상 연령에서 대상 연령을 확대했을 때의 실적 개선 예측을 보여주는 자료가 필요하다고 할 수 있다. 그러나 장애인 인구 고령자와 비장애인 인구 고령자 사이 수요 차이에 대한 내용은 제시되어 있지 않다. 그러므로 만 50세에서 만 64세까지의 장애인 중 스포츠강좌 수강을 희망하는 인구와 만 50세에서 만 64세까지의 비장애인 중 스포츠강좌 수강을 희망하는 인구는 지적을 확인하기 위해 필요한 자료라고 할 수 없다.

[합격생 가이드]

자료해석 영역에서 흔히 볼 수 있었던 유형이 언어논리에 나타났다고 할 수 있다. 기존 자료해석 영역에서 해결하던 방식과 유사하게 자료나 제시문 자체의 내용보다는 〈보기〉 등에서 제시되고 있는 자료를 각 주장의 근거로 대입했을 때 타당한지 여부를 검토하는 것이 좀 더 빠른 풀이법이라고 생각한다.

## 20 정답 ①

[난도] 중

[정답해설]

ㄱ. 추론할 수 있다. 갑의 첫 번째 발언에 따르면 조출생률은 인구 1천 명당 출생아 수를 의미한다. 갑의 세 번째 발언에 따르면 조출생률은 성비 및 연령 구조에 따른 출산 수준의 차이를 표준화할 수 없다. 그러므로 조출생률을 계산할 때는 전체 인구 대비 여성의 비율을 고려하지 않는다고 할 수 있다.

[오답해설]

ㄴ. 추론할 수 없다. 갑의 두 번째 발언에 따르면 합계 출산율이란 여성 한 명이 평생 동안 낳을 것으로 예상되는 출생아 수를 의미하며 각 연령대별 출생아 수를 연령대 내 여성의 수로 나눈 수치인 출산율을 모두 합산하여 도출한다. 갑의 세 번째 발언에 따르면 전체 인구 대비 젊은 여성의 비율 차이에 따라 조출생율이 비슷해도 합계 출산율이 차이가 날 수 있다. 그러므로 두 나라가 인구수와 조출생률에 차이가 없다면 각 나라의 합계 출산율에는 차이가 없다고 할 수 없다.

ㄷ. 추론할 수 없다. 갑의 두 번째 발언에 따르면 합계 출산율이란 여성 한 명이 평생 동안 낳을 것으로 예상되는 출생아 수를 의미하며 각 연령대별 출생아 수를 연령대 내 여성의 수로 나눈 수치인 출산율을 모두 합산하여 도출한다. 그러므로 한 명의 여성이 일생 동안 출산한 출생아의 수를 집계한 자료를 바탕으로 산출된다고 할 수 없다.

[합격생 가이드]

제시문 상 이스라엘과 남아프리카공화국의 예시와 같이 비교가 주된 소재인 제시문에서 예시가 주어진 경우, 예시를 바탕으로 제시문 및 선지를 이해한다면 더 효과적인 문제 풀이가 가능하다고 생각한다. 많은 경우 예시가 주어진 것은 제시문의 핵심을 이해하는 데 도움이 되거나 직관적이지 않기 때문이다. 따라서 예시에 대한 이해가 이루어진다면 제시문의 핵심에 더욱 빨리 접근할 수 있다. 위 문제에서도 예시에 대한 이해가 이루어진다면 ㄱ, ㄴ은 문제 없이 해결이 가능하다고 생각한다.

## 21 정답 ①

난도 하

정답해설

① (가) : 저지르지 않은, (나) : 고위험군, (다) : 저지른, (라) : 저위험군

• 1문단에 따르면 X는 재범 확률을 추정하고 그를 바탕으로 위험도를 예측하는 프로그램이다.

• 2문단에 따르면 A는 X가 흑인과 백인을 차별한다고 주장했는데 각 빈칸과 관련 있는 논거는 예측의 오류이다.

• 따라서 각 빈칸에는 X 프로그램이 예측한 재범 확률이나 위험도 등의 예측 상 오차를 나타내도록 채워져야 하고 그 결과가 흑인에게 백인보다 불리해야 한다. 예측 상 오차 측면에서 각각 '재범을 저지르지 않는 고위험군 분류자'와 '재범을 저지른 저위험군 분류자'가 적절하다고 할 수 있다. 이때 (나) 이후에는 흑인 비율이 더 높고, (라) 이후에는 백인 비율이 더 높다. 그러므로 '재범을 저지르지 않는 고위험군 분류자'에 대한 내용이 (가)와 (나)에, '재범을 저지른 저위험군 분류자'에 대한 내용이 (다)와 (라)에 들어가는 것이 적절하다고 할 수 있다.

합격생 가이드

오지선다라는 특성상 5개의 선택지가 주어지나 당연히 답이 될 수 없는 선택지를 우선적으로 지우는 자세가 오답률을 낮추는 데 유리하다. 이 문제의 경우 적어도 문맥을 바탕으로 '재범을 저지르지 않는 고위험군 분류자'와 '재범을 저지른 저위험군 분류자'의 내용을 담고 있지 않은 ②, ③, ④ 중 하나를 고르는 실수는 없어야 한다. 구체적인 내용 해석이 필요한 선지의 개수를 최소화하는 것은 문제풀이 시간 측면에서도 유의미하다고 생각한다.

## 22 정답 ②

난도 상

정답해설

ㄷ. 적절하다. 4문단에 따르면 ⓒ은 인종별 기저재범률을 바탕으로 한 X는 흑인 범죄자에 대한 형량 등을 양적으로 가속화시켜 인종차별을 고착화한다는 내용이다. 그러나 범죄 유형에 따른 재범률에 대한 정보는 제시되어 있지 않다. 그러므로 X가 특정 범죄자의 재범률을 평가할 때 사용하는 기저재범률이 동종 범죄를 저지른 사람들로부터 얻은 것이라면, ⓒ은 강화되지 않는다고 할 수 있다.

오답해설

ㄱ. 적절하지 않다. 2문단에 따르면 ⊙의 근거가 된 대상 집단은 플로리다 주 법정에서 선고받았던 7천여 명의 초범들이다. 이를 바탕으로 A는 백인은 위험지수 1부터 10까지 그 비율이 차츰 감소한 데 비하여, 흑인의 위험지수는 1부터 10까지 고르게 분포했다며 X가 흑인과 백인을 차별한다고 주장했다. 그러나 강력 범죄자에 대한 X의 예측 또는 A의 견해에 대한 정보는 제시되어 있지 않다. 또한 A가 주장하는 근거 집단 내로 강력 범죄자를 받아들인다고 하더라도 A의 주장에 따르면 위험지수가 10으로 평가된 사람의 비율은 흑인이 백인보다 많아야 하므로 오히려 약화하는 근거라고 할 수 있다. 그러므로 강력 범죄자 중 위험지수가 10으로 평가된 사람의 비율이 흑인과 백인 사이에 차이가 없다면, ⊙은 강화되지 않는다.

ㄴ. 적절하지 않다. 3문단에 따르면 ⓛ은 X의 목적은 재범 가능성에 대한 예측의 정확성을 높이는 것이며 X가 인종 간 유의미한 정확성 차이를 보이지 않는 등 정확하다는 것을 내용으로 한다. 동 문단에 따르면 흑인과 백인 간 기저재범률의 차이로 인해 X의 위험도 평가 차이가 발생한다. 만약 흑인의 기저재범률이 높을수록 흑인에 대한 X의 재범 가능성 예측이 더 정확해진다면, 흑인과 백인 간 기저재범률의 차이 등에 비추어 흑인에 대한 X 예측의 정확성이 더욱 높다고 할 수 있다. 그러므로 ⓛ이 약화된다고 할 수 없다.

합격생 가이드

각 선지와 문단이 1대1로 대응되는 만큼 강화, 약화 여부를 판단하기 위한 정보를 찾지 못하는 실수를 방지해야 한다. 〈보기〉의 각 선지가 가지는 핵심어를 바탕으로 제시문 내 각 문단에서 필요한 정보의 주소를 정확히 찾아 내용을 대조해보아야 한다.

## 23 정답 ⑤

난도 상

정답해설

⑤ 적절하다. 을의 첫 번째 발언에 따르면 공직자가 부정 청탁을 받았을 때는 명확히 거절 의사를 표현해야 하고, 그랬는데도 상대방이 이후에 다시 동일한 부정 청탁을 해 온다면 소속 기관의 장에게 신고해야 한다. 갑의 네 번째 발언에 따르면 갑은 C가 X 회사 공장 부지의 용도 변경에 힘써 달라며 200만 원을 주려고 해 거절했다. 만약 C가 같은 청탁을 다시 한다면 거절 이후 동일 상대방이 다시 동일한 부정 청탁을 한 경우라고 할 수 있다. 그러므로 갑은 현재는 「청탁금지법」상 C의 청탁을 신고할 의무가 생기지 않지만, C가 같은 청탁을 다시 한다면 신고해야 한다고 할 수 있다.

오답해설

① 적절하지 않다. 을의 세 번째 발언에 따르면 출처가 같거나, 행위 간 계속성 내지 시간적·공간적 근접성이 있는 경우 동일인으로부터 받은 청탁이라고 해석할 수 있다. 갑의 네 번째 발언에 따르면 X 회사 사장인 A, Y 회사 임원인 B, 고교 동창인 C로부터 청탁을 받은 사실이 있다. 동 발언에 따르면 A의 경우 대가성 및 직무 관련성이 없다는 것이 확정되었다는 정보도 제시되어 있다. 그러나 이들이 동일한 내용의 청탁을 하였거나, 자금의 출처가 같거나, 시간적·공간적 근접성을 가진다는 정보는 제시되어 있지 않다. 그러므로 갑이 X 회사로부터 받은 접대를 받았다고 할 수 없고, 「청탁금지법」 위반 여부에 대한 시간적·공간적 근접성을 판단할 수 없다고 할 수 있다.

② 적절하지 않다. 을의 두 번째 발언에 따르면 '금품등'에는 접대와 같은 향응도 포함된다. 그러나 금품과 향응 사이 구별 기준에 대한 정보는 제시되어 있지 않다. 그러므로 Y 회사로부터 받은 제안의 내용이 금품인지, 향응인지에 대해 판단할 수 있다고 할 수 없다.

③ 적절하지 않다. 을의 세 번째 발언에 따르면 여러 행위가 계속성 또는 시간적·공간적 근접성이 있다고 판단되면 합쳐서 1회의 청탁으로 간주될 수 있다. 갑의 네 번째 발언에 따르면 X와 관련하여 연초 지역 축제 당시 X 회사 사장인 A의 축제 후원금이 제공된 적이 있으며, 어제 고교 동창인 C를 통해 X 회사와 관련된 현금을 제공된 적이 있다. 동 발언에 따르면 A의 경우 대가성 및 직무 관련성이 없다는 것이 확정되었다는 정보도 제시되어 있다. 그러나 두 행위가 계속성 또는 시간적·공간적 근접성이 있다고 판단된다는 정보는 제시되어 있지 않다. 그러므로 「청탁금지법」상 A와 C는 동일인으로서 부정 청탁을 한 것이 된다고 할 수 없다.

④ 적절하지 않다. 을의 두 번째 발언에 공직자는 동일인으로부터 명목에 상관 없이 1회 100만 원 혹은 매 회계연도에 300만 원을 초과하는 금품이나 접대를 받을 수 없다. 갑의 네 번째 발언에 따르면 B로부터는 100만 원을, C로부터는 200만 원을 제시받았다. 그러므로 B의 100만 원은 「청탁금지법」상 허용 한도 내라고 할 수 있지만, C의 200만 원은 1회 허용 한도인 100만 원을 초과하는 바, 「청탁금지법」 허용 한도를 벗어난다고 할 수 있다.

갑의 상황에 제시문의 내용을 적용해서 풀이해야 하는 만큼, 사례에서 적용되는 요건을 정확히 짚어내는 것이 문제해결의 핵심이라고 할 수 있다. 나아가 서둘러 푸는 과정에서 A와 C에 있어서도 X 회사라는 언급이 겹칠 뿐 동일성 요건을 충족시키는 내용이 제시되어 있지 않은 점에서 섣불리 동일인 등을 유추해 적용하지 않도록 주의가 필요하다.

새롭게 등장한 유형이라고 할 수 있는데, 모의평가 24번과 함께 볼 때, 개정의 배경이 되는 문제 상황을 주어진 조문에 맞추어 해석하는 것이 핵심이라고 할 수 있다. 위 문제의 경우 주차 구획 수에 따라 설치대상에 해당하지 않는 것이 문제인 것처럼 '사례' - '조문' - '해결방향' 3가지 측면에서 구조화시켜 접근한다면 효과적인 문제 풀이가 가능하다고 할 수 있다.

## 24 정답 ④

난도 중

정답해설

④ 적절하다. 조례 제9조 제1항에 따르면 전기자동차 충전시설 설치 의무 시설은 각 호에 해당하는 시설 중 주차단위구획 100개 이상을 갖춘 곳이다. 동조 제2항에 따르면 지원금의 대상은 제1항의 설치대상이며, 동조 제3항에 따르면 시장은 제1항의 설치대상에 해당하지 않는 사업장에 대하여도 충전시설의 설치를 권고할 수 있으나 이 경우 지원금 규정은 두고 있지 않다. 1문단에 따르면 B 카페는 주차단위구획이 50여 개인 키즈 카페로 조례 제9조 제1항의 충전시설 설치대상이 되지 않는다. 만약 조례 제3항의 권고를 받아들이는 사업장에 대한 지원 규정을 신설한다고 가정하자. 이 경우 B 카페가 시장으로부터 충전시설 설치의 권고를 받고, 이를 받아들여 설치하게 된다면 지원금 대상이 된다. 그러므로 선지의 내용을 신설하면 B 카페가 지원 대상이 된다고 할 수 있다.

오답해설

① 적절하지 않다. 조례 제9조 제1항에 따르면 전기자동차 충전시설 설치 의무 시설은 각 호에 해당하는 시설 중 주차단위구획 100개 이상을 갖춘 곳이다. 동조 제2항에 따르면 시장은 제1항의 설치대상에 대해 설치비용의 반액을 지원하여야 한다. 그러나 1문단에 따르면 B카페의 주차 구획은 50여 개다. 나아가 선지의 다중이용시설에 키즈 카페가 포함되는지에 대한 정보가 제시되어 있지 않다. 그러므로 제1항 제3호로 선지의 내용을 신설하더라도 B 카페의 주차단위구획 부족으로 지원금 대상이 되지 않는다고 할 수 있다.

② 적절하지 않다. 조례 제9조 제1항에 따르면 전기자동차 충전시설 설치 의무 시설은 각 호에 해당하는 시설 중 주차단위구획 100개 이상을 갖춘 곳이다. 동조 제2항에 따르면 시장은 제1항의 설치대상에 대해 설치비용의 반액을 지원하여야 한다. 그러나 1문단에 따르면 B 카페의 주차 구획은 50여 개다. 그러므로 제1항 제3호로 선지의 내용을 신설하더라도 B 카페의 주차단위구획 부족으로 지원금 대상이 되지 않는다고 할 수 있다.

③ 적절하지 않다. 조례 제9조 제2항에 따르면 시장은 동조 제1항의 설치대상에 대하여는 설치비용의 반액을 지원하여야 한다. 1문단에 따르면 B 카페는 지원의 대상에 해당하지 않는다. 선지의 내용이 제4항으로 추가되더라도 지원 순위상 변화가 있을 수 있을 뿐, 지원 대상에 대한 내용은 변함이 없다고 할 수 있다. 그러므로 선지의 내용을 추가한다고 하더라도 B 카페는 여전히 제1항에 따른 충전시설 설치대상이 아닌바, 지원 대상이 된다고 할 수 없다.

⑤ 적절하지 않다. 조례 제9조 제2항에 따르면 시장은 동조 제1항의 설치대상에 대하여는 설치비용의 반액을 지원하여야 한다. 1문단에 따르면 B 카페는 지원의 대상에 해당하지 않는다. 그러므로 선지의 내용을 추가한다고 하더라도 B 카페는 여전히 제1항에 따른 충전시설 설치대상이 아닌바, 지원 대상이 된다고 할 수 없다.

## 25 정답 ③

난도 중

정답해설

ㄱ. 적절하다. 규정 제8조 제2항에 따르면 위원장과 위원은 한 차례만 연임할 수 있다. 〈논쟁〉 쟁점 1에 따르면 A는 위원을 한 차례 연임하던 중이라는 정보가 제시되어 있다. 따라서 제2항에 따르면 A는 위원으로서 다시 연임할 수 없다고 할 수 있다. 그러나 동 쟁점에 따르면 A는 위원장으로 선출되어 2년에 걸쳐 위원장으로 활동하고 있다는 정보가 제시되어 있다. 선지와 같이 갑과 을의 의견을 받아들인다고 가정하자. 갑의 의견에 따르면 A는 위원으로서 다시 연임할 수 없으므로 위원의 임기 밖으로 위원장으로서 자격이 없어 활동할 수 없을 것이다. 반면 을의 의견에 따르면 A는 여전히 위원장으로서 연임 등을 할 수 있는바 위원장으로서 활동하는 데 규정상 문제가 없다고 할 수 있다. 그러므로 선지의 각 의견에 따르면 갑은 A가 규정을 어기고 있다고, 을은 그렇지 않다고 주장하게 되는바, 주장 불일치를 설명할 수 있다.

ㄴ. 적절하다. 규정 제8조 제2항에 따르면 위원장과 위원은 한 차례만 연임할 수 있다. 〈논쟁〉의 쟁점 2에 따르면 B는 위원장을 한 차례 연임하여 활동하던 중이다. 따라서 제2항에 따르면 B는 위원장으로서 다시 연임할 수 없다. 그러나 동 쟁점에 따르면 위원장 직위 해제 이후 보선에 B가 출마하였는데 이때 당선되는 경우가 제2항의 연임 제한에 해당하는지가 문제 된다. 선지의 견해에 따르면 갑은 B가 최초 위원장 선출 이후 연임 과정에서 적법하지 않게 당선된 것 역시 연임인바, 제8조 제2항에 따라 연임을 한 상태라고 보고 B가 보선에서 선출된다면 연임을 2회 하여 규정을 어긴다고 주장할 것이다. 을은 B가 적법하지 않게 선출된 기존 연임된 위원장 임기는 연임 횟수에 포함되지 않는바, 보선에서 B가 선출된다고 하더라도 1회 연임에 그치는 것으로 규정 위반이 없다고 주장할 것이다. 그러므로 선지의 각 주장은 갑이 B의 규정 위반, 을의 규정 위반 없음에 관한 주장 불일치를 설명할 수 있다.

오답해설

ㄷ. 적절하지 않다. 규정 제8조 제2항에 따르면 위원장과 위원은 한 차례만 연임할 수 있다. 〈논쟁〉의 쟁점 3에 따르면 C는 위원장을 한 차례 연임하였고, 위원장 직위에서 내려온 이후 위원장 보선에 참여하였다. 선지의 내용에 따라 '단절되는 일 없이 세 차례 연속하여 위원장이 되는 것만을 막는다'는 것으로 확정된다고 가정하자. 이때 C는 임기의 단절 이후 세 번째 위원장 직위를 맡게 된다. 따라서 위원장 연임 제한에 위반되지 않는다고 할 수 있다. 그러므로 〈논쟁〉의 쟁점 3의 갑의 주장은 그르고, 을의 주장은 옳게 되는 바 갑의 주장이 옳고 을의 주장이 그르다고 할 수 없다.

법조문의 해석과 관련하여 새롭게 등장한 유형이다. 위 문제와 모의평가 25번에 비추어 봤을 때, 제시문 상 〈논쟁〉에서는 쟁점별 구체적인 주장은 드러나지 않고 있는바, 〈보기〉 등 선지의 내용을 먼저 보고 그를 바탕으로 〈논쟁〉을 해석하는 것이 정방향의 독해보다 더 효과적일 것이라고 생각한다.

## CHAPTER
## 02
# 2021년 7급 PSAT 기출문제 자료해석

| 01 | 02 | 03 | 04 | 05 | 06 | 07 | 08 | 09 | 10 |
|----|----|----|----|----|----|----|----|----|----|
| ② | ⑤ | ② | ① | ④ | ③ | ④ | ⑤ | ⑤ | ② |
| 11 | 12 | 13 | 14 | 15 | 16 | 17 | 18 | 19 | 20 |
| ③ | ③ | ④ | ① | ③ | ① | ④ | ③ | ③ | ④ |
| 21 | 22 | 23 | 24 | 25 | | | | | |
| ② | ② | ⑤ | ① | ⑤ | | | | | |

## 01
정답 ②

난도 하

**정답해설**

〈표〉에는 전국 안전체험관 규모별 현황에 관한 자료만 존재한다.

ㄱ. 옳다. 〈보고서〉 두 번째 문단의 두 번째 문장은 전국 교통사고 사망자 수 (2015~2018년)에 대한 내용이 있다. 따라서 이를 작성하기 위해서는 'ㄱ. 전국 교통사고 사망자 수'가 필요하다.

ㄷ. 옳다. 〈보고서〉 두 번째 문단의 첫 번째 문장은 전국 안전사고 사망자 수 (2015~2018년)에 대한 내용이 있다. 따라서 이를 작성하기 위해서는 ㄷ. 연도별 전국 안전사고 사망자 수가 필요하다.

**오답해설**

ㄴ. 옳지 않다. 〈보고서〉 세 번째 문단은 2019년 분야별 지역안전지수 1등급에 대한 내용이다. 하지만, ㄴ은 2015~2018년 분야별 지역안전지수에 관한 자료이므로 이를 이용해서는 보고서를 작성할 수 없다.

ㄹ. 옳지 않다. 〈보고서〉 첫 번째 문단 첫 번째 문장은 〈표〉의 내용이다. 하지만, 첫 번째 문단 두 번째 문장은 2019년 지역 및 규모별 안전체험관에 관한 자료이므로 ㄹ은 이에 부합하지 않는다.

**합격생 가이드**

기존 5급 PSAT에서 나오는 보고서 문제이다. 표와 보고서에는 안전체험관의 규모별 현황이 제시되어 있으나, 보기 ㄹ의 경우 '2018년 지역별 안전체험관 수'인데 보기의 내용은 단순 지역별 현황만 제시되어 있으며, 규모별 현황이 없음을 유의하면서 풀어야 한다. 특히 이번 문제와 같은 〈보고서〉를 작성하기 위해서 추가로 이용한 자료를 고르는 유형은 무조건 맞춰야 한다.

## 02
정답 ⑤

난도 하

**정답해설**

ⓜ 옳지 않다. 2007년 10월 기준 평화유지활동을 수행 중이었던 임무단은 '수단 임무단', '소말리아 임무단', '코모로 치안지원 임무단', '다르푸르 지역 임무단'으로 총 4개이므로 옳지 않다.

**오답해설**

㉠ 옳다. '소말리아 임무단'은 2007년 1월부터 2021년 5월까지 14년을 초과하여 활동하고 있으므로 가장 오랜기간 동안 활동하고 있다.

㉡ 옳다. '코모로 선거감시 지원 임무단'은 4개월만을 활동했으므로 가장 짧게 활동했다.

㉢ 옳다. 임무단의 평화유지활동에 파견된 규모는 3,128+300+462+6,000+350+6,000+3,350+1,450+5,961=27,001명으로 25,000명보다 많으므로 옳다.

㉣ 옳다. '수단'에서는 '수단 임무단'과 '다르푸르 지역 임무단'이 활동했고 '코모로'에서는 '코모로 선거감시 지원 임무단'과 '코모로 치안지원 임무단'이 활동했으므로 옳다.

**합격생 가이드**

매우 단순한 보고서 유형이며, 2번 문제이므로 빠른 시간내에 풀어야 한다. 이 문제에서 주의할 점은 임무단의 이름과 파견지의 이름이 유사하다는 점이다. 이를 주의 깊게 보면서 푼다면 손쉽게 풀 수 있을 것이다.

## 03
정답 ②

난도 중

**정답해설**

ㄱ. 옳다. 2020년 국가채무는 1,741×36.0%=626.76(조 원)이고 2014년 국가채무는 1,323×29.7%≒392.93(조 원)이다. 2014년 국가채무의 1.5배는 약 589.40(조 원)이므로 옳다.

ㄷ. 옳다. 2018년의 적자성채무는 1,563×18.3%≒286.03(조 원)이며, 2019년 적자성 채무는 1,658×20.0%=331.6(조 원), 2020년 적자성채무는 1,741×20.7%≒360.39(조 원)이다. 따라서 적자성채무는 2019년부터 300조 원 이상이다.

**오답해설**

ㄴ. 옳지 않다. GDP 대비 금융성채무는 GDP 대비 국가채무에서 GDP 대비 적자성채무를 빼줌으로써 구할 수 있다. 이를 표로 정리하면 다음과 같다.

| 2014년 | 2015년 | 2016년 | 2017년 | 2018년 | 2019년 | 2020년 |
|--------|--------|--------|--------|--------|--------|--------|
| 15.1 | 15.4 | 15.5 | 15.7 | 15.8 | 15.7 | 15.3 |

2019년 및 2020년은 전년 대비 GDP 대비 금융성채무가 감소하므로 옳지 않은 보기이다.

ㄹ. 옳지 않다. ㄴ에서 구한 GDP 대비 금융성채무를 활용할 수 있다. 2017년 금융성채무가 국가채무에서 차지하는 비율은 $\frac{15.7}{32.6}×100\%≒48.2\%$이므로 매년 국가채무의 50% 이상을 차지하지 않는다.

**합격생 가이드**

보기 ㄱ이 가장 어려운 문제이다. 이런 경우 보기를 ㄱ을 패스하고 ㄴ을 먼저 보아도 된다. ㄴ을 먼저 풀게 되면 자연스럽게 선지는 ②와 ④만 남게 되므로, ㄹ만 확인하면 정답이 도출된다.

## 04

정답 ①

**난도** 하

**정답해설**

우선 〈표〉를 완성시킨다.

| 이사 후 ＼ 이사 전 | 소형 | 중형 | 대형 | 합 |
|---|---|---|---|---|
| 소형 | 15 | 10 | 5 | 30 |
| 중형 | 0 | 30 | 10 | 40 |
| 대형 | 5 | 10 | 15 | 30 |
| 계 | 20 | 50 | 30 | 100 |

ㄱ. 옳다. 주택규모가 이사 전 '소형'에서 이사 후 '중형'으로 달라진 가구는 0개이므로 옳다.

ㄴ. 옳다. 이러한 보기는 반대해석을 이용하는 것이 빠른 해결에 유리하다. 즉 이사 전후 주택규모가 달라진 가구 수를 모두 더하는 것보다는 이사 전후 주택규모가 동일한 가구 수를 파악하는 것이다. 제시된 보기에서 이사 전후 주택규모가 달라진 가구 수는 전체 가구 수의 50% 이하라고 했으므로, 이사 전후 주택규모가 동일한 가구 수가 50% 이상인지만 파악하면 된다. 이사 전후 주택규모가 동일한 가구 수는 제시된 〈표〉에서 우하향 대각선에 있는 값만 보면 되므로, 15+30+15=60개가 도출된다. 이 값이 50% 이상에 해당하므로, 반대 값인 이사 전후 주택규모가 달라진 가구 수는 50% 이하이다.

**오답해설**

ㄷ. 옳지 않다. 주택규모가 '대형'인 가구 수는 이사 전 30가구이며, 이사 후에도 30가구이다.

ㄹ. 옳지 않다. 이사 후 주택규모가 커진 가구 수는 소형 → 중형, 소형 → 대형, 중형 → 대형이므로 총 10+5=15가구이다. 반면, 이사 후 주택규모가 작아진 가구 수는 대형 → 중형, 대형 → 소형, 중형 → 소형으로 총 10+5+15=25가구이다.

**합격생 가이드**

단순 빈칸 문제이다. 숫자가 깔끔한 유형의 빈칸 문제는 빠르게 빈칸을 채워 놓는 것이 중요하다. 빈칸을 우선 채운다면 50% 이상은 완료했다고 볼 수 있다. 그 후 마지막으로 표의 좌상단을 꼼꼼하게 확인해서 이사 전과 이사 후가 어떻게 변화하는지 확인한다면 쉽게 풀 수 있다.

## 05

정답 ④

**난도** 하

**정답해설**

'혼합'공정에 투입된 후 '폐기처리'공정에 전달되어 투입되어야 한다. 폐기처리에 도달하는 경우를 나누면 다음과 같다.

〈경우 1〉 : 혼합 → 성형 → 재작업 → 폐기처리

〈경우 2〉 : 혼합 → 성형 → 재작업 → 조립 → 검사 → 폐기처리

〈경우 3〉 : 혼합 → 성형 → 조립 → 검사 → 폐기처리

각각의 경우에 대해서 계산해 보면 다음과 같다.

〈경우 1〉 : 1,000×0.1×0.5=50(kg)

〈경우 2〉 : 1,000×1.0×0.1×0.5×1.0×0.2=10(kg)

〈경우 3〉 : 1,000×1.0×0.9×1.0×0.2=180(kg)

따라서 이 3가지 경우를 모두 합친 재료 총량은 240kg이다.

**합격생 가이드**

문제를 풀기 위해서 각주의 내용을 정확하게 이해하는 것이 우선이고 그다음으로 빼먹는 것이 있어서는 안 된다. 따라서 계산되는 모든 숫자를 차분하게 〈그림〉에서 따라 적으면서 풀면 틀리지 않을 것이다.

## 06

정답 ③

**난도** 중

**정답해설**

〈조건〉에 따라서 문제를 해결한다.

• 첫 번째 조건에서 '연강수량'이 세계평균의 2배 이상인 국가는 'B'와 'G'이다. (일본 or 뉴질랜드)=(B or G)이다.

• 두 번째 조건에서 '연강수량'이 세계평균보다 많은 국가 중 '1인당 이용가능한 연수자원총량'이 가장 적은 국가는 대한민국으로 A이다.

• 세 번째 조건에서 '1인당 연강수량'이 세계평균의 5배 이상인 국가를 '연강수량'이 많은 국가부터 나열하면 'G', 'E', 'F'이다. 따라서 뉴질랜드가 G, 캐나다가 E, 호주가 F이며, 첫 번째 조건에 따라 일본이 B가 된다.

• 네 번째 조건에서 '1인당 이용가능한 연수자원총량'이 영국보다 적은 국가 중 '1인당 연강수총량'이 세계평균의 25% 이상인 국가는 중국으로 C이다.

• 다섯 번째 조건에서 '1인당 이용가능한 연수자원총량'이 6번째로 많은 국가는 프랑스로 H이다.

따라서 국가명을 알 수 없는 것은 D이다.

**합격생 가이드**

매칭형의 기본적인 문제이다. 매칭형 문제의 경우 조건 한 개당 한 개를 각각 매칭할 수 있다고 생각하면 용이하게 풀 수 있다. 또한 그림의 단어들이 1인당 이용가능한 연수자원총량과 1인당 연강수총량으로 헷갈릴 수 있으므로 이를 염두에 두고 풀어야 한다.

## 07

정답 ④

**난도** 상

**정답해설**

ㄱ. 옳다. 국어 평균점수는 $\frac{(90+85+60+95+75)}{5}$=81이므로 80점 이상이다.

ㄷ. 옳다. 국어, 영어, 수학점수에 각각 0.4, 0.2, 0.4의 가중치를 곱한 점수의 합은 갑 : 84, 을 : 79, 병 : 78, 정 : 91, 무 : 90이다. 따라서 정의 점수가 가장 크다.

ㄹ. 옳다. 병의 성별이 남학생일 때와 여학생일 때로 나눠서 확인한다.

1) '병'이 남학생일 때 성별 평균점수

여자 : 을, 정 → $\frac{70+100}{2}$=85, 남자 : 갑, 병, 무 → $\frac{75+85+100}{3}$=86.67

이므로 남학생의 수학 평균점수가 여학생의 수학 평균점수보다 높다.

2) '병'이 여학생일 때 성별 평균점수

여자 : 을, 병, 정 → $\frac{70+85+100}{3}$=85, 남자 : 갑, 정 → $\frac{75+100}{2}$=87.5

이므로 남학생의 수학 평균점수가 여학생의 수학 평균점수보다 높다.

따라서, '갑'~'무'의 성별 수학 평균 점수는 남학생이 여학생보다 높다.

**오답해설**

ㄴ. 옳지 않다. 3개 과목 평균 점수가 가장 높은 학생은 '무'로 $\frac{75+100+100}{3}$=91.67이다.

3개 과목 평균 점수가 가장 낮은 학생은 '을'로 $\frac{85+85+70}{3}=80$이다. 따라서, 평균 점수 차이는 10점 이상이다.

> **합격생 가이드**
>
> 이 문제는 약간의 난도가 있는 문제이다. 이 문제가 난도가 있는 이유는 보기 ㄹ의 존재때문이다. 시험장에서 보기 ㄹ을 보고 우왕좌왕하면 시간을 상당히 뺏길 확률이 있으므로 보기 ㄹ을 풀 때 '병'의 성별을 여자와 남자로 크게 구별해놓고 계산한다면 생각보다는 난도가 쉽게 느껴질 수도 있다.

## 08
정답 ⑤

**난도** 상

**정답해설**

ㄱ. 옳다. 2023년 인공지능반도체 비중은 $\frac{325}{2,686}\times100≒12.1\%$이다.

따라서 2021년부터 인공지능반도체 비중은 매년 증가함을 확인할 수 있다.

ㄴ. 옳다. 2027년 시스템반도체 시장규모는 인공지능반도체 시장규모와 비중을 통해 구할 수 있다. 시스템반도체 시장규모 $=\frac{\text{인공지능반도체 시장규모}}{\text{비중}}=$

$\frac{1,179}{31.3\%}≒3,766.78$억 달러이다. 이는 2021년 시장규모인 2,500억 달러보다 1,000억 달러 이상 크다.

ㄷ. 옳다. 2025년 시스템반도체의 시장규모는 $\frac{657}{19.9\%}=3,301.5$(억 달러)

시스템반도체의 2022년 대비 2025년의 시장규모 증가율은 $\frac{3,301.5-2,310}{2,310}$
$\times100=42.92\%$, 인공지능반도체의 2022년 대비 2025년의 시장규모 증가율은 $\frac{657-185}{185}\times100=255.1\%$이다. $42.92\%\times5=214.6\%$이므로 인공지능반도체가 시스템반도체의 5배 이상이다.

> **합격생 가이드**
>
> 빈칸형 문제로 계산의 연속이다. 그러나 5급 공채에 비해서는 계산 난도가 낮고 눈대중으로도 계산이 가능하므로 용기를 갖고 계산에 접근하면 된다.

## 09
정답 ⑤

**난도** 중

**정답해설**

ㄱ. 옳다. 도착 화물보다 출발 화물이 많은 지역은 A, B, D 총 3개이다.

ㄷ. 옳다. 지역 내 이동화물을 제외할 때, 출발 화물과 도착 화물의 합이 가장 작은 지역은 C지역으로 717건이다. 또한, 출발 화물과 도착 화물의 차이가 가장 작은 지역 역시 C로 15건이다. 따라서 옳다.

ㄹ. 옳다. 도착 화물이 가장 많은 지역은 G이다. G의 출발 화물 중 지역 내 이동의 비중은 $\frac{359}{1,294}\times100≒27.74\%$이다. F의 출발 화물 중 지역 내 이동의 비중은 $\frac{188}{729}\times100≒25.79\%$이고 나머지 지역의 출발 화물 중 지역 내 이동의 비중은 20%가 안 되므로 G의 출발 화물 중 지역 내 이동 화물의 비중도 가장 크다.

**오답해설**

ㄴ. 옳지 않다. 지역 내 이동 화물이 가장 적은 지역은 C이다. 도착 화물이 가장 적은 지역은 D이므로 옳지 않다.

> **합격생 가이드**
>
> 보기 ㄷ을 단순하게 생각했을 때는 어려울 것 같다. 하지만 지역 내 이동화물을 제외하는 것은 출발 화물과 도착 화물의 차이에는 영향을 주지 않는 것을 생각하면 된다. 또한 지역 내 이동화물을 제외하지 않더라도 그 합에는 큰 영향을 미치지 않는 점을 고려하면 생각보다는 쉽게 확인할 수 있다. 이를 시험장에서 생각할 수 있었다면 빠른 시간 내에 정답을 고를 수 있었을 것이다.

## 10
정답 ②

**난도** 상

**정답해설**

자가격리자가 전일 기준 자가격리자보다 늘어나기 위해서는 해제 인원이 신규 인원보다 적어야 한다. (전체 신규 인원－전체 해제 인원)은 A : ＋386명, B : －106명, C : ＋23명, D : ＋210명이다. 따라서 첫 번째 을의 대답에서 세종이 B임을 알 수 있다.

두 번째 을의 대답에서 모니터링 요원 대비 자가격리자의 비율이 1.8 이상인 지역이 대전, 세종, 충북이라고 했으므로

A : $\frac{9,778+7,796}{10,142}≒1.73$,

C : $\frac{1,147+141}{196}≒6.57$,

D : $\frac{9,263+7,626}{8,898}≒1.900$이다. 따라서 충남이 A임을 알 수 있다.

갑의 세 번째 말에서 자가격리자 중 외국인이 차지하는 비중을 구하면, C : $\frac{141}{1,147+141}\times100≒10.95\%$, D : $\frac{7,626}{9,263+7,626}\times100≒45.15\%$이다. 따라서 D의 비중이 더 높으므로 D가 대전, C가 충북임을 알 수 있다. 정답은 ②이다.

> **합격생 가이드**
>
> 매칭형 문제이다. 이 문제의 경우 빠른 확인 방법은 없으며 정도로 문제를 해결하는 것이 최선의 방법이다.

## 11
정답 ③

**난도** 중

**정답해설**

각 개인의 월간 출근 교통비를 차례대로 계산하여 비교한다. 갑과 병은 저소득층 추가 마일리지를 받으며, 을의 마일리지 적용거리는 1,000m로 최대 800m까지 인정된다.

갑 : $\left\{3,200-(450+200)\times\left(\frac{800}{800}\right)\right\}\times15=38,250$원

을 : $\left\{2,300-(350)\times\left(\frac{800}{800}\right)\right\}\times22=42,900$원

병 : $\left\{1,800-(250+100)\times\left(\frac{600}{800}\right)\right\}\times22=33,825$원

따라서 월간 교통비를 많이 지출하는 직장인 순은 을, 갑, 병이므로 답은 ③이다.

조건이 주어진 문제를 해결할 때는 직접 그 값을 계산하는 것도 좋은 방법이지만 비교의 문제이기 때문에 을과 병은 22가 곱해진 상태이므로 1,950×22, 1,537.5×220이며 갑을 2,550×15≒1,750×22로 바꿔준다면 살짝이나마 답을 선택함에 있어서 더 빠를 수 있다.

## 12

정답 ③

**난도** 중

**정답해설**

ㄱ. 옳다. 국민총소득 대비 공적개발원조액 비율이 UN 권고 비율보다 큰 국가는 룩셈부르크, 노르웨이, 스페인, 덴마크, 영국이다. 이들의 공적개발원조액 합은 수치가 제시되지 않은 룩셈부르크를 제외하고도 43억 달러+27억 달러+25억 달러+194억 달러=289억 달러이므로 250억 달러 이상이다.

ㄴ. 옳다. 공적개발원조액 상위 5개국의 공적개발원조액 합은 1,002억 달러이다. 개발원조위원회 29개 회원국의 공적개발원조액 합은 최대 1,375억 달러+25×14(=350)억 달러=1,725억 달러이다. 따라서 공적개발원조액 상위 5개국의 공적개발원조액 합은 개발원조위원회 29개 회원국 공적개발원조액 합의 50% 이상이다.

**오답해설**

ㄷ. 옳지 않다. 독일의 공적개발원조액은 현재 241억 달러이다. 따라서 현재 국민총소득이 일정하다고 할 때 30억 달러를 증액한다면 국민총소득 대비 공적개발원조액 비율이 $\frac{30}{241}$배 더 커질 것이다. $\frac{30}{241}$은 약 $\frac{1}{8}$이므로 0.61×$\left(1+\frac{1}{8}\right)$≒0.6860이므로 UN 권고비율 0.70%보다 여전히 더 낮다.

이런 단순확인 및 계산문제는 정확하게 푸는 것이 중요하다. 따라서 정확하게 풀기 위해서는 특히 문제의 단위 등을 주목하면서 풀어야 한다.

## 13

정답 ④

**난도** 상

**정답해설**

ㄱ. 옳다. 2021년 오리 생산액 전망치는 2020년 오리 생산액×(1+전년 대비 생산액 변화율 전망치)이다. 13.27×(1−0.0558)=12.52.9534십억 원이다. 따라서 1.2조 원 이상이다.

ㄷ. 옳다. '축산업' 중 전년 대비 생산액 변화율 전망치가 2022년보다 2023년이 낮은 세부항목은 '우유', '오리'로 2개이다.

ㄹ. 옳다. '재배업'의 2020년 생산액 대비 2022년 생산액 전망치의 증감폭은 30,270×(1+0.015)×(1−0.0042)−1≒30,270×(0.015−0.0042)=326,916십억 원이다.
'축산업'의 2020년 생산액 대비 2022년 생산액 전망치의 증감폭은 19,782×(1−0.0034)×(1+0.007)−1≒19,782×(−0.0034+0.007)≒71.215십억 원이다. 따라서 '재배업'의 2020년 생산액 대비 2022년 생산액 전망치의 증감폭은 '축산업'의 2020년 생산액 대비 2022년 생산액 전망치의 증감폭보다 크다.

**오답해설**

ㄴ. 옳지 않다. 2021년 돼지 생산액 전망치는 'ㄱ'에서 푼 것과 같은 방식으로 구하면 7,119×(1−0.0391)≒6,840십억 원이며, 같은 해 농업 생산액 전망치는 50,052×(1+0.0077)=50,437십억 원이다. 따라서, 농업 생산액 전망치의 15%는 약 7,565십억 원이므로 돼지 생산액 전망치는 15% 이하이다.

A와 B가 작은 숫자일 때 (1+A)×(1+B)≒1+A+B 임을 안다면, 어렵지 않게 접근할 수 있는 문제이다. 위의 계산방법을 이용한 문제들은 5급 기출에서 많이 나온 바 5급 기출을 접해보았다면 틀리지 않을 문제이다.

## 14

정답 ①

**난도** 중

**정답해설**

① 옳지 않다. 장기저축급여 가입 회원 수는 744,733명이다. 전체 가입 회원 수는 85.2만 명이다. 따라서 $\frac{744,733}{852,000}$×100≒87%이므로, 85% 이상이다.

**오답해설**

② 옳다. 공제제도의 총자산 규모는 공제제도별 자산 규모 구성비를 통해 계산할 수 있다.
$\frac{27.3조 원}{64.5\%}$≒42.3조 원이므로 40조 원 이상이다.

③ 옳다. 자산 규모 상위 4개 공제제도 중 2개의 공제제도에 가입한 회원은 주요 공제제도별 가입 현황에서 중복 가입을 통해 계산할 수 있다.
744,733+40,344+55,090+32,411−852,000=20,578명이다. 따라서 2만 명 이상이다.

④ 옳다. 충청의 장기저축급여 가입 회원 수는 61,850명으로 15개 지역 평균 장기저축급여 가입 회원 수인 $\frac{744,733}{15}$≒49,648명보다 많다.

⑤ 옳다. 장기저축급여의 1인당 구좌 수는 $\frac{449,579,295}{744,733}$≒603개이고, 분할급여의 1인당 구좌 수는 $\frac{2,829,332}{32,411}$≒87개이다. 따라서 분할급여의 1인당 구좌 수의 5배를 하더라도 435개이므로 공제제도별 1인당 구좌 수는 장기저축급여가 분할급여의 5배 이상이다.

많은 숫자가 작은 공간 안에 있어서 상당히 복잡하게 느껴질 수 있다. 이러한 문제를 풀기 위해서는 어림산을 잘 활용하여야 한다. 어림산을 활용하는 방법은 수험생 개개인이 느끼기에 익숙한 방법을 사용하는 것이 좋다.

## 15

정답 ③

**난도** 상

**정답해설**

③ 옳지 않다. 〈보도자료〉의 세 번째 동그라미 세 번째 −의 내용과 부합한지 확인한다. 간접광고 취급액은 1,270억 원으로 전년 대비 약 14.6% 증가했다.
하지만 지상파TV와 케이블TV 간 비중의 격차는 75억 원으로 $\frac{75}{1,270}$×100≒5.9%p로 5%p 이상이므로 옳지 않다.

**오답해설**

① 옳다. 〈보도자료〉의 세 번째 동그라미에서 광고사업체 취급액 현황이 나와 있으며 선지와 일치한다.

② 옳다. 〈보도자료〉의 세 번째 동그라미 두 번째 –에서 나와 있다. 특히 2018년의 3조 8,804억 원은 2017년의 3조 6,406억 원에 비해 약 2,400억 원이 증가했고 이는 약 6.5% 증가했음을 알 수 있다. 또한 모바일 취급액은 14,735억 원에서 17,796억 원으로 약 3,000억 원 증가했고 이는 20% 이상 증가했음을 알 수 있다.

④ 옳다. 〈보도자료〉의 두 번째 동그라미의 내용과 부합한지 확인한다. 광고산업 규모는 17조 2,119억 원으로 전년 16조 4,133억 원보다 4.5% 이상 증가했다. 또한 광고사업체당 취급액을 표로 정리하면 다음과 같다.

| | | |
|---|---|---|
| 광고대행업 | 33.53 | 35.10 |
| 광고제작업 | 14.63 | 14.72 |
| 광고전문서비스업 | 20.24 | 21.42 |
| 인쇄업 | 8.01 | 8.75 |
| 온라인광고대행업 | 35.04 | 35.50 |
| 옥외광고업 | 19.88 | 20.05 |

따라서 광고사업체당 취급액이 모두 증가했음을 알 수 있다. 또한 광고대행업은 6조 6,239억 원으로 약 38.5%를 차지하고 있으며, 취급액의 전년 대비 증가율은 다음 표와 같다.

| 광고<br>대행업 | 광고<br>제작업 | 광고전문<br>서비스업 | 인쇄업 | 온라인광고<br>대행업 | 옥외<br>광고업 |
|---|---|---|---|---|---|
| 3.41% | 1.65% | 5.49% | 9.26% | 16.89% | −11.41% |

⑤ 옳다. 매체별 광고사업체 취급액은 세 번째 동그라미 첫 번째 –에서 설명하고 있다. 매체 광고비 중 방송매체 취급액은 4조 266억 원으로 가장 큰 비중을 보이고 있으며 그다음으로 인터넷매체, 옥외광고매체, 인쇄매체 순이므로 〈보도자료〉와 부합한다.

> **합격생 가이드**
>
> 2021년 7급 PSAT에서 가장 어려운 문제라고 볼 수 있다. 보도자료의 내용에서 확인할 것이 상당히 많으며 앞 문장이 맞더라도 뒷 문장이 틀릴 경우 그 선지는 틀리기 때문이다. 따라서 실전에서는 넘어간 후 나중에 시간이 남았을 때 문제를 푸는 것을 추천한다.

## 16 정답 ①

**난도** 중

**정답해설**

ㄱ. 옳다. 월별 교통사고 사상자가 가장 적은 달은 1월로 492명이다. 월별 교통사고 사상자가 가장 많은 달은 8월로 841명이다. 841×60%=504.6명이므로 월별 교통사고 사상자는 가장 적은 달이 가장 많은 달의 60% 이하이다.

ㄴ. 옳다. 2020년 교통사고 건당 사상자 수는 전체 사상자 수를 전체 교통사고 건수로 나누는 방법과 각 달의 사상자 수를 건수로 나눈 후 매달 교통사고 건당 사상자 수가 1.9보다 큰지를 알아보는 방법이 있다. 〈그림1〉과 〈그림2〉에서 교통사고 건당 사상자 수는 매달 2보다 크므로 2020년 전체 교통사고 건당 사상자 수는 2보다 큰 것을 알 수 있다.

**오답해설**

ㄷ. 옳지 않다. '안전거리 미확보'가 사고원인인 교통사고 건 수는 22.9%를 차지하며, '중앙선 침범'이 사고원인인 교통사고 건 수는 3.4%를 차지한다. 따라서, $\frac{22.9}{3.4}≒6.7$이므로 7배 이하이다.

ㄹ. 옳지 않다. 사고원인이 '안전운전의무 불이행'인 교통사고 건 수는 "2020년 전체 교통사고 건 수×65.3%"이다. 2020년 전체 교통사고 건수는 3,218건 이므로 약 2,101건이 '안전운전의무 불이행'이 사고원인이다. 따라서 옳지 않다.

> **합격생 가이드**
>
> ㄴ의 경우 전체 교통사고 건수 및 전체 사상자를 구하는 것이 아니라 각 월별로 1.9가 넘는지를 확인한다면 시간을 단축할 수 있다. 물론 ㄹ을 풀기 위해서 전체 교통사고 건수를 구해야 하나 마지막에 필요할 때 계산하는 습관을 들이는 것이 중요하기 때문이다.

## 17 정답 ④

**난도** 중

**정답해설**

첫 번째 정보에서 (가)의 범위는 58.5~65.7임을 알 수 있다. 따라서 ⑤가 답에서 제외된다. 두 번째 정보에서 (나)의 범위는 0~20.7임을 알 수 있다. 따라서 ①이 답에서 제외된다. 세 번째 정보에서 (다)의 범위는 114.0~119.2임을 알 수 있다. 따라서 ②가 답에서 제외된다. 네 번째 정보에서 (라)의 범위는 92.5보다 큰 것을 알 수 있다. 따라서 ③이 답에서 제외되므로 가능한 정답은 ④이다.

> **합격생 가이드**
>
> 〈정보〉의 내용을 충실하게 따르면서 정보 1개당 선지를 1개씩 제외한다면 답을 찾는 데는 큰 어려움을 갖지 않을 것이다.

## 18 정답 ③

**난도** 중

**정답해설**

ㄱ. 옳다. 2019년 대비 2020년 대학유형별 기숙사 수용률은 국공립대학이 0.1%p 증가했으며, 사립대학이 0.2%p 증가했고 비수도권대학은 동일한 반면, 수도권 대학은 증가하였음을 알 수 있다.

ㄹ. 옳다. 카드납부가 가능한 공공기숙사는 0개이고 현금분할납부가 가능한 공공기숙사도 사립대학 9개밖에 없음을 알 수 있다.

**오답해설**

ㄴ. 옳지 않다. 국공립대학은 전년대비 800명 이상 감소했으므로 틀린 보기이다.

ㄷ. 옳지 않다. 전체 대학 중 기숙사비 카드납부가 가능한 대학은 $\frac{47}{196}≒24\%$이다. 따라서 37.9%가 아니다.

> **합격생 가이드**
>
> 〈표〉가 갖고 있는 내용을 정확하게 살펴보아야 한다. 특히 ㄱ과 같은 경우 이를 직접 계산을 해야 하는지 아닌지를 확인해야 한다. 또한 보고서의 내용이 뭐를 묻는지를 정확하게 파악한다면 쉽게 풀 수 있다.

## 19
정답 ③

난도 상

**정답해설**

S등급은 A등급의 2배를 성과급으로 받고, B등급의 4배를 성과급으로 받는다.

| | 2018년 | 2019년 | 2020년 |
|---|---|---|---|
| 갑 | S | A | B |
| 을 | B | S | B |
| 병 | A | B | A |
| 정 | (A/B) | (A/B) | (S/A) |
| 무 | B | B | B |
| 기 | (B/A) | (B/A) | (A/S) |

위의 표는 2018년에 정이 A일 때 기는 B를 받았거나 정이 B를 받았을 때 기가 A를 받았음을 의미한다.

따라서 2020년 전체 직원의 기본 연봉은 다음과 같다.

- 갑 : $3.0 \times 20 (= \frac{100}{5}) = 60$

- 을 : $5.0 \times 20 (= \frac{100}{10}) = 100$

- 병 : $6.0 \times 10 (= \frac{100}{5}) = 60$

- 무 : $4.5 \times 20 (= \frac{100}{5}) = 90$

- 정+기 $= 12.0 \times (10+5) (= \frac{100}{10} + \frac{100}{20}) = 180$

전체 직원의 기본 연봉은 $60+100+60+90+180 = 490$백만 원이다.

**합격생 가이드**

성과등급별 지급비율 및 인원 수가 어떻게 분포되어 있는지 그 구조를 정확하게 파악하는 것이 최우선적인 작업이 될 것이다. 그다음으로 정과 기의 등급을 나누는 것이 아닌 합을 통해서 계산한다면 계산이 용이할 것이다.

## 20
정답 ④

난도 하

**정답해설**

ㄱ. 옳다. 방류수의 생물학적 산소요구량 기준이 '5mg/L 이하'인 곳은 1일 하수처리용량이 500m³ 이상(L)이면서 지역등급이 Ⅰ, Ⅱ인 곳이다. 이는 5곳으로 옳다.

ㄷ. 옳다. Ⅱ등급 지역에서 방류수의 총인 기준이 '0.3mg/L 이하'인 하수처리장은 L이면서 Ⅱ인 곳이므로 총 2군데 있다. 따라서, 하수처리장의 1일 하수처리용량 합은 최소 1,000m³이다.

ㄹ. 옳다. 방류수의 총질소 기준이 '20mg/L 이하'인 하수처리장 수는 S등급을 제외한 M등급과 L등급을 의미한다. 따라서 26개가 있다. 또한, 방류수의 화학적 산소요구량 기준이 '20mg/L 이하'인 하수처리장 수는 'ㄱ'에서 구한 것과 같은 지역을 의미하므로 5개이다. 따라서 5배 이상이 된다.

**오답해설**

ㄴ. 옳지 않다. 1일 하수처리용량 500m³ 이상(L)인 하수처리장 수는 14개이다. 1일 하수처리용량 50m³ 미만(S)인 하수처리장 수는 10개이므로 1.5배 이하이다.

**합격생 가이드**

그림이 복잡하게 생겨서 집중력을 갖고 풀어야 한다. 또한 항목이 여러 가지이나 그 계산되는 구조를 파악한다면 개수를 세는 데 있어서 좀 더 용이할 것이다. 이 문제의 경우 천천히 개수를 정확하게 세는 것이 정답률에 영향을 미칠 것이다.

## 21
정답 ②

난도 상

**정답해설**

ㄱ. 옳다. '을'에 대한 종합점수가 구해져 있다. 이를 계산하기 위해서는 가장 높은 점수와 가장 낮은 점수를 제외한다. 이때 E의 점수가 빈칸이므로 E의 점수의 범위에 따라서 3가지 경우가 가능하다. E의 점수가 최고점으로 제외되는 경우, 중간점수로서 제외되지 않는 경우, 최저점으로 제외되는 경우이다.

1) E의 점수가 최고점으로 제외되는 경우에는 B의 점수가 최저점이므로 제외된다. 이때의 을의 종합점수는 $\frac{89+90+88}{3} = 89$이다.

2) E의 점수가 중간점수로서 제외되지 않는 경우에는 B의 점수가 최저점, C의 점수가 최고점으로 제외된다. 이때 을의 종합점수는 $\frac{89+88+?}{3} = 89$이어야 한다. 이를 만족하기 위해서는 ?가 90점이어야 하나 각주 2)에 따라서 C와 같은 점수를 받을 수 없으므로 불가능한 경우이다.

3) E의 점수가 최저점으로 제외되는 경우에는 C의 점수가 최고점이므로 제외된다. 이때 을의 종합점수는 $\frac{89+86+88}{3} = 87.60$이므로 주어진 표의 종합점수를 만족하지 못한다.

1), 2), 3)을 모두 종합한 결과 E의 점수는 최고점이다.

ㄹ. 옳다. 갑의 경우 평가자 E와 C가 제외된다. 을의 경우 평가자 B와 E가 제외된다. 정의 경우 E의 점수가 85점 이상이어야지만 종합점수가 77점이 나온다. 따라서 정의 경우 평가자 E와 A의 점수가 제외된다. 무의 경우 E의 점수가 83점이어야지 종합점수가 78점이 나온다. 따라서 무의 경우 평가자 A와 D의 점수가 제외된다. 따라서 '갑'~'무'의 종합점수 산출시, 부여한 직무평가 점수가 한 번도 제외되지 않은 평가자는 없다.

**오답해설**

ㄴ. 옳지 않다. '병'의 종합점수는 C의 점수에 따라 달라진다. 종합점수로 가능한 최댓값은 C가 100점을 줬을 때이며 $\frac{76+74+78}{3} = 76$점이다. 종합점수로 가능한 최솟값은 C가 1점을 줬을 때이며 $\frac{68+74+76}{3} = 72.67$이다. 따라서 최댓값과 최솟값의 차이는 5점 이하이다.

ㄷ. 옳지 않다. 평가자 C의 '갑'에 대한 직무평가 점수가 '갑'의 종합점수보다 낮다고 가정한다. 즉, 89점 미만이라고 가정한다. 이때 제외되는 평가자는 최고점인 E이며, 88점인 경우 B가 최저점으로 제외되며 86점 이하인 경우 C의 점수가 제외된다.

1) 88점인 경우 '갑'의 종합점수는 $\frac{91+88+89}{3} = 89.33$이므로 틀리다.

2) 86점 이하인 경우 '갑'의 종합점수는 $\frac{91+87+89}{3} = 89$이다.

따라서 평가자 C의 '갑'에 대한 직무평가 점수는 86점 이하로 '갑'의 종합점수보다 낮다.

종합점수를 산출하는 방법을 정확하게 이해해야 한다. 그 후 빈칸의 숫자 범위를 어떻게 설정해야 할지 등을 생각해야 한다. 특히 병의 경우에는 종합점수가 나와 있지 않기 때문에 C가 부여한 직무평가 점수가 다양하게 나올 수 있음을 살펴야 하는 것이 중요하다.

## 22 정답 ②

**난도** 하

**정답해설**

ㄴ. 옳다. 2월의 '월평균 지상 10m 기온'이 영하인 지역은 A, C, D, E이며 '월평균 지표면 온도'가 영상인 도시는 C와 E이다. A와 D는 2월의 '월평균 지표면 온도'가 영하이기 때문이다.

ㄷ. 옳다. 1월의 '월평균 지표면 온도'가 A~E 도시 중 가장 낮은 도시는 D이며, D의 설계적설하중은 0.8이다. 5개 도시 평균 설계적설하중은 $\frac{0.5+0.5+0.7+0.8+2.0}{5}$ =0.90이므로 D의 설계적설하중이 더 작다.

**오답해설**

ㄱ. 옳지 않다. 각 도시별 '월평균 지상 10m 기온'이 가장 높은 달은 7월, 8월, 8월, 7월, 8월이다. 각 도시별 '월평균 지표면 온도'가 가장 높은 달은 8월, 8월, 8월, 8월, 8월이다. 따라서 양자가 다른 도시는 A와 D이다.

ㄹ. 옳지 않다. 설계기본풍속이 두 번째로 큰 도시는 E이다. E의 8월의 '월평균 지상 10m 기온'은 25.0°C로, B와 A에 이어 세 번째로 높다.

단순 확인 문제로 무조건 맞춰야 한다. 하지만 22번 문항에 존재하므로 시간적 압박이 있을 수 있으므로 천천히 확인해야 한다.

## 23 정답 ⑤

**난도** 중

**정답해설**

단계 1은 모든 도×시에 적용된다.
단계 2는 A, D, E에 적용된다.
단계 3은 B와 E에 적용된다.
이를 종합한 후 단계 4를 적용한다.
우선 단계 1~3까지 계산한다.

- A : 0.5×150%×140%=1.05
- B : 0.5×150%×80%=0.6
- C : 0.7×150%=1.05
- D : 0.8×150%140%=1.68
- E : 2.0×150%×140%×80%=3.36

따라서 단계 4가 적용되는 도시는 B이며, B의 수정된 설계적설하중은 1.00이다. 이때 증가폭은 다음과 같다. A : 0.55, B : 0.5, C : 0.35, D : 0.88, E : 1.36이므로 증가폭이 두 번째로 큰 도시는 D이고 가장 작은 도시는 C이다.

이런 문제의 경우 단계 1~3을 한 번에 적용한 후 계산을 해야 한다. 즉, 단계 1을 적용하여 계산을 끝내고 단계 2를 다시 적용하는 방식으로 계산을 해서는 시간이 오래 걸리기 때문이다. 따라서 이런 문제의 경우 모든 단계를 최대한 한 번에 적용하려 한 다음 계산하는 방안을 생각해야 한다.

## 24 정답 ①

**난도** 상

**정답해설**

① 옳지 않다. 2017년 피해유형별 항공사의 피해구제 접수 건수는 〈표 3〉의 2018년 피해구제 접수 건수 합계에서 전년 대비 증가건수를 뺀 후 〈표 2〉의 피해구제 접수 건수 비율을 곱해서 계산한다. 따라서 피해유형별 외국적 항공사의 피해구제 접수 건수 대비 국적항공사의 피해구제 접수 건수 비는 〈표 2〉의 비율을 그대로 나누는 것이 아니다. 이를 바탕으로 취소환불 위약금의 비를 구한다면 $\frac{602×57.14\%}{479×49.06\%}$≒1.460이다. 따라서 선지의 1.16과 다르므로 옳지 않다.

**오답해설**

② 옳다. 2017년 국적항공사별 피해구제 전체 접수 건수는 602건이다. 또한 국적항공사의 2017년 운행건수는 태양항공 : 140건, 무지개항공 : 108건, 알파항공 : 29건, 에어세종 : 37건, 청렴항공 : 41건, 독도항공 : 133건, 참에어 : 51건 및 동해항공 : 63건이다. 따라서 각 비중은 태양항공 : $\frac{140}{602}$×100≒23.3%, 무지개항공 : $\frac{108}{602}$×100≒17.9%, 알파항공 : $\frac{29}{602}$×100≒4.8%, 에어세종 : $\frac{37}{602}$×100≒6.1%, 청렴항공 : $\frac{41}{602}$×100≒6.8%, 독도항공 : $\frac{133}{602}$×100≒22.1%, 참에어 : $\frac{51}{602}$×100≒8.5%, 동해항공 : $\frac{63}{602}$×100≒10.5%이다.

③ 옳다. 1번 선지를 푸는 방법과 동일하다. 즉, 602건에 〈표 2〉의 비중을 곱해서 계산해 줘야 한다.
- 취소환불 위약금 : 602×57.14%≒344건.
- 지연결항 : 602×22.76%≒137건.
- 정보제공 미흡 : 602×5.32%≒32건.
- 수화물 지연 파손 : 602×6.81%≒41건.
- 초과 판매 : 602×0.33%≒2건.
- 기타 : 602×7.64%≒46건으로 옳다.

④ 옳다. 운송실적은 국내선과 국제선의 합을 통해서 구한다.

| | 알파항공 | 에어세종 | 청렴항공 | 독도항공 | 참에어 | 동해항공 |
|---|---|---|---|---|---|---|
| 2017년 | 7,110 | 821 | 5,521 | 10,467 | 8,597 | 6,213 |
| 2018년 | 8,067 | 1,717 | 5,904 | 11,942 | 8,890 | 7,001 |

따라서 2017년 대비 2018년 저비용 국적항공사의 전체 노선 운송실적 증가율은 선지와 같이 나타난다.

⑤ 옳다. 태양항공의 2017년 운송실적은 26,914(천 명)이며, 2018년 운송실적은 27,009(천 명)이다. 무지개항공의 2017년 운송실적은 19,335(천 명)이며, 2018년 운송실적은 19,856(천 명)이다. 2017년 피해구제 접수 건수는 태양항공이 140건, 무지개항공이 108건이고 2018년 피해구제 접수 건수는 태양항공이 153건, 무지개항공이 106건이다.
따라서 대형 국적항공사의 전체 노선 운송실적 대비 피해구제 접수건수 비는
2017년 태양항공 : $\frac{140}{26,914}$×1,000=5.2, 무지개항공 : $\frac{108}{19,335}$×1,000=5.6, 2018년 태양항공 : $\frac{153}{27,009}$×1,000=5.7, 무지개항공 : $\frac{106}{19,856}$×1,000=5.3이다.

가장 어려운 문제 중 하나였다. 이 문제의 경우 피해구제 접수 건수를 어떻게 계산할 것인지 생각을 해야 한다. 또한 1번 문제의 경우 그대로 나눈다면 틀리게 문제가 설정되어 있는 만큼 집중하면서 풀어야 한다. 24번 문제의 경우 마지막 부분에 있는 문제이므로 시간이 넉넉한 경우에만 푸는 것을 추천한다.

## 25                                                              정답 ⑤

난도 중

정답해설

ㄱ. 옳다. 2011~2020년 연평균 산불 건수는 $\frac{4,737}{10}=473.7$건이다. 따라서 500

건 이하이다.

ㄴ. 옳다. 산불 건수가 가장 많은 연도는 2017년이며, 이때의 검거율은 $\frac{305}{692}\times$

100=44.08%이다. 산불 건수가 가장 적은 연도는 2012년이며, 이때의 검거

율은 $\frac{73}{197}\times100≒37.06$%이다. 따라서 산불 건수가 가장 많은 연도의 검거

율은 산불 건수가 가장 적은 연도의 검거율보다 높다.

ㄹ. 옳다. 2020년 전체 산불 건수는 620건이며, 입산자 실화 건수는 217건이다.

따라서 620×0.35=217이므로 옳다.

오답해설

ㄷ. 옳지 않다. 2020년 성묘객 실화의 검거율은 약 66.7%이다. 반면, 논밭두렁 소각

의 검거율은 $\frac{45}{49}\times100≒91.8$%이다. 따라서 기타를 제외하고 산불 건수가 적

은 산불원인일수록 검거율이 높지 않다.

합격생 가이드

전체에 빈칸이 있는 경우 이는 계산을 하는 것이 필요하다. 따라서 이런 빈
칸은 빠르게 채워놓고 문제를 시작하는 것이 시간 단축에 좋다. 그 후 문제
의 연도 등에서 실수하지만 않는다면 맞출 수 있는 문제이다.

# CHAPTER 03 2021년 7급 PSAT 기출문제 상황판단

| 01 | 02 | 03 | 04 | 05 | 06 | 07 | 08 | 09 | 10 |
|----|----|----|----|----|----|----|----|----|----|
| ④ | ① | ⑤ | ④ | ④ | ① | ① | ③ | ② | ③ |
| 11 | 12 | 13 | 14 | 15 | 16 | 17 | 18 | 19 | 20 |
| ② | ⑤ | ③ | ④ | ③ | ④ | ③ | ④ | ⑤ | ⑤ |
| 21 | 22 | 23 | 24 | 25 |
| ② | ⑤ | ① | ② | ② |

## 01
정답 ④

난도 중

**정답해설**

④ 옳다. 제4항에 따르면 제3항의 번호변경 통지를 받은 신청인은 운전면허증 등에 기재된 번호의 변경을 위해서는 그 번호의 변경을 신청해야 한다. 그러므로 甲의 주민등록번호가 변경된 경우, 甲이 운전면허증에 기재된 주민등록번호를 변경하기 위해서는 변경신청을 해야 한다.

**오답해설**

① 옳지 않다. 제1항에 따라 유출된 번호로 인하여 재산에 피해를 입었고 주민등록번호 변경을 신청하고자 하는 사람은 주민등록지의 광역시장 등을 제외한 시장, 군수 또는 구청장에게 신청해야 한다. 제2항에 따라 제1항의 신청을 받은 주민등록지의 시장 등은 주민등록변경위원회에 번호 변경 여부에 관한 결정을 청구해야 한다. 〈상황〉에 따르면 주민등록번호 유출로 인해 재산상 피해를 입은 甲의 주민등록지는 A광역시 B구이다. 따라서 甲은 변경신청을 A광역시장이 아닌 B구청장에게 해야 하고, B구청장이 주민등록번호변경위원회에 관련 청구를 해야 한다.

② 옳지 않다. 제3항에 따르면 변경위원회로부터 번호변경 인용결정이 통보된 경우 주민등록지의 시장 등은 신청인의 번호를 변경한다. 따라서 주민등록번호 변경의 주체는 시장 등이다. 그러므로 주민등록번호변경위원회는 번호변경 인용결정을 하면서 甲의 주민등록번호를 다른 번호로 변경할 수 없다.

③ 옳지 않다. 제3항 각 호에 따르면 주민등록번호 변경시 번호 앞 6자리 및 뒤 7자리 중 첫째 자리는 변경할 수 없다. 〈상황〉에 따르면 甲의 기존 주민등록번호는 980101 – 23456ㅁ 이다. 따라서 '980101 – 2'까지는 변경된 번호도 동일해야한다. 그러므로 甲의 주민등록번호는 980101 – 45678ㅁㅁ 으로 변경될 수 없다.

⑤ 옳지 않다. 제5항에 따르면 변경위원회로부터 번호변경 기각결정이 있는 경우 신청인은 통지를 받은 날로부터 30일 이내에 시장 등에게 이의신청을 할 수 있다. 〈상황〉에 따르면 甲의 주민등록지는 A광역시 B구이다. 따라서 甲은 이의신청을 B구청장에게 할 수 있다.

**합격생 가이드**

다양한 사무 주체가 등장하는 법조문의 경우, 각 조항별 사무가 어디에 귀속되는 지 명확하게 파악할 필요가 있다. 예컨대 제시된 법조문의 경우 번호 변경 결정 청구 및 번호 변경, 통지, 이의신청 접수는 시장 등에게 귀속되고, 번호 변경의 결정은 변경위원회로 귀속되고 있다는 점을 제시문 독해 과정에서 미리 정리해두는 것이 좋다.

## 02
정답 ①

난도 중

**정답해설**

① 옳다. 네 번째 조문 제2항에 따르면 물품출납공무원은 동조 제1항의 물품관리관에 따른 명령이 없으면 물품을 출납할 수 없다. 그러므로 물품출납공무원은 물품관리관의 명령이 없으면 자신의 재량으로 물품을 출납할 수 없다고 할 수 있다.

**오답해설**

② 옳지 않다. 첫 번째 조문 제1항에 따르면 각 중앙관서의 장은 그 소관 물품관리에 관한 사무를 소속 공무원에게 위임할 수 있고, 필요하면 다른 중앙관서의 소속 공무원에게 위임할 수 있다. 그러므로 A중앙관서의 장이 그 소관 물품관리에 관한 사무를 위임하고자 할 경우, B중앙관서의 소속 공무원에게 위임할 수 있다.

③ 옳지 않다. 세 번째 조문 단서에 따르면 물품관리관이 물품을 국가의 시설에 보관하는 것이 물품의 사용이나 처분에 부적당하다고 인정하는 경우 국가 외의 자의 시설에 보관할 수 있다. 그러나 계약담당공무원이 인정하는 경우에 대한 정보는 제시되어 있지 않다.

④ 옳지 않다. 두 번째 조문 제1항에 따르면 물품관리관은 물품수급관리계획 밖의 물품에 대하여 필요할 때마다 계약담당공무원에게 물품의 취득에 관한 필요한 조치를 할 것을 청구하여야 한다. 그러나 물품출납공무원에게 필요한 조치를 청구해야 한다는 정보는 제시되어 있지 않다.

⑤ 옳지 않다. 다섯 번째 조문에 따르면 물품출납공무원은 보관 중인 물품 중 수선이 필요한 물품이 인정되는 경우 물품관리관에게 보고하여야 하고, 해당 보고를 받은 물품관리관은 계약담당공무원 등에게 필요한 조치를 할 것을 청구하여야 한다. 그러나 물품출납공무원이 동일한 경우 계약담당공무원에게 청구할 수 있는지에 대한 정보는 제시되어 있지 않다.

**합격생 가이드**

물품관리과, 계약담당공무원, 물품출납공무원 등 다양한 주체가 법조문에 등장하는 만큼 각각 주체를 표기 등을 활용해 명확히 구별 후 선지 해결에 들어가는 것이 정확한 문제풀이를 위해 좋다고 생각한다.

## 03

정답 ⑤

난도 하

**정답해설**

⑤ 옳다. 제ㅇㅇ조 제1항에 따르면 누구든지 법률에 의하지 아니하고는 우편물의 검열 등을 하지 못한다. 동조 제2항 제1호에 따르면 제1항에 위반하여 우편물의 검열 등을 한 자는 1년 이상 10년 이하의 징역과 5년 이하의 자격정지에 처한다. 그러므로 甲이 乙과 丙 사이의 우편물을 불법으로 검열한 경우, 법정형의 범위 내인 2년의 징역과 3년의 자격정지에 처해질 수 있다.

**오답해설**

① 옳지 않다. 제ㅇㅇ조 제1항에 따르면 누구든지 법률에 의하지 아니하고는 우편물의 검열 등을 하지 못한다. 제ㅁㅁ조에 따르면 제ㅇㅇ조에 위반하여 불법검열에 의하여 취득한 우편물 등은 징계 절차에서 증거로 사용할 수 없다.

② 옳지 않다. 제ㅇㅇ조 제1항에 따르면 누구든지 법률에 의하지 아니하고는 타인 상호간의 대화를 녹음 또는 청취하지 못한다. 그러나 본인과 타인 간의 대화에 대한 정보는 제시되지 않았다. 그러므로 甲이 乙과 정책용역을 수행하면서 乙과의 대화를 녹음한 내용은 재판에서 증거로 사용할 수 없다고 할 수 없다.

③ 옳지 않다. 제ㅇㅇ조 제2항 및 제2항 제2호에 따르면 타인 상호간의 대화를 녹음하여 공개한 자는 1년 이상 10년 이하의 징역과 5년 이하의 자격정지에 처한다. 그러나 동일한 내용에 대하여 벌금에 처해질 수 있다는 정보는 제시되어 있지 않다.

④ 옳지 않다. 제ㅇㅇ조 제3항 단서에 따르면 이동통신사업자 등이 개통처리 등을 위한 경우 단말기기 고유번호를 제공할 수 있다.

**합격생 가이드**

놓치기 쉬운 조건 중 하나인 제ㅇㅇ조 제1항의 '타인 상호 간' 등에 조심해서 선지에 접근한다면 큰 어려움없이 해결할 수 있는 문제라고 생각한다. 또한 징역, 자격정지 등 법정형 범위를 잘 확인해서 선지 정오 판단시 헷갈리지 않도록 주의가 필요하다.

## 04

정답 ④

난도 중

**정답해설**

④ 주어진 조건에 따라 지원 순위와 지원금을 나타내면 다음과 같다. 이때 첫 번째 조건에 따라 2020년도 총매출이 500억 원 이상인 A, B는 제외되며, 세 번째 조건에 따라 지원 1순위인 G는 소요 광고비의 2분의 1인 2억 원을 받는다.

| 기업 | 2020 총매출 | 광고비 | 총매출 ×광고비 | 우선 지원대상 | 순위 | 지원금 |
|------|-----------|-------|-------------|------------|------|-------|
| A | 600 | 1 | – | – | – | – |
| B | 500 | 2 | – | – | – | – |
| C | 400 | 3 | 1200 | X | 5 | 0 |
| D | 300 | 4 | 1200 | ○ | 3 | 1억 2천 |
| E | 200 | 5 | 1000 | ○ | 2 | 1억 2천 |
| F | 100 | 6 | 600 | X | 4 | 1억 6천 |
| G | 30 | 4 | 120 | ○ | 1 | 2억 |

**합격생 가이드**

이처럼 지원금을 나누는 과정에서 조건을 적용하는 문제를 풀 때, 답 도출 이후 사용되지 않은 조건이 없는지 확인하는 것이 중요하다. 대다수의 기출문제들이 조건 적용 유형에 있어서 제시한 모든 조건을 활용한다는 점에서 구체적인 검산 대신 모든 조건을 활용했는지 점검하는 것이 더 효율적인 확인 방법이 될 수 있다.

## 05

정답 ④

난도 중

**정답해설**

5명으로 구성된 소조직이 a개, 6명으로 구성된 소조직이 b개 있다고 가정하자. 이때 조건에 따라 7명으로 구성된 소조직은 $10-a-b$개이다. 이를 바탕으로 전 직원으로 구성되는 혁신조직의 수에 대한 조합을 나타내면 다음과 같다.

$5a+6b+7(10-a-b)=57$

$\Leftrightarrow 2a+b=13$

$\therefore (a, b)=(4, 5), (5, 3), (6, 1)$ (where $a+b<10$)

따라서 5명으로 구성되는 소조직은 최소 4개, 최대 6개가 가능하다.

**합격생 가이드**

더 빠른 풀이를 위해 주어진 선지의 숫자를 직접 대입해서 해결하는 것이 좋다고 할 수 있다. 그러나 그 과정에서 문제의 주요 조건들이 빠짐없이 반영되도록 주의가 필요하다.

## 06

정답 ①

난도 중

**정답해설**

① 업무역량 값에 대한 해결을 위해 계산식에 따라 각 재능에 4를 곱한 값은 다음과 같다. 이때 최대값인 추진력과 통합력 사이의 차이는 200이며, 그에 따라 甲의 통합력의 업무역량 값이 다른 어떤 부문의 값보다 크게 만들고자 한다면 적어도 (통합력 노력×3)의 값이 200을 초과해야 한다. 이를 만족시키는 노력의 최솟값은 67이다. (67×3=201)

| 기획력 | 창의력 | 추진력 | 통합력 |
|-------|-------|-------|-------|
| 360 | 400 | 440 | 240 |

통합력 노력의 최솟값 67이 투입되는 경우 잔여하고 있는 노력의 값 33을 적절히 분배하여 통합력을 최대로 만들 수 있는지 확인이 필요하다. 앞서와 마찬가지 방식으로 각 기획력과 추진력의, 그리고 창의력과 추진력의 (재능×3) 값 차이는 각각 80과 400이라는 점을 알 수 있으며 그 합 120을 3으로 나눈 경우 40이 도출되는데 이는 잔여하고 있는 노력의 값 33보다 크다. 그러므로 통합력에 투입해야 하는 노력의 최솟값이 67이라는 점을 확인할 수 있다.

**합격생 가이드**

업무역량 값이 최대가 되기 위해서는 두 번째로 큰 업무역량 값을 가진 영역보다 단 1이라도 크기만 하면 된다. 그러한 점에 착안하여 제일 커 보이는 추진력의 값보다 1이라도 크게 만들기 위해 필요한 값을 구하면 답을 도출할 수 있을 것이다.

## 07 정답 ①

난도 중

정답해설

① 시작점을 기준으로 각 위치의 떡을 1~6까지 숫자로 매긴다면 먹는 순서는 다음과 같다. 이에 따라 4번 위치의 떡이 가장 마지막으로 먹히는 바, 이를 기준으로 주어진 순서에 따라 송편이 마지막에 먹히도록 4번 위치에 배치할 수 있다.

| 떡의 위치 | 먹히는 순서 | 조건에 맞는 배치 |
| --- | --- | --- |
| 1 | 2 | 호박떡 |
| 2 | 4 | 쑥떡 |
| 3 | 3 | 인절미 |
| 4 | 6 | 송편(마지막 먹힘) |
| 5 | 5 | 무지개떡 |
| 6 | 1 | 팥떡 |

합격생 가이드

경우의 수가 한정되는 만큼 최적의 문제 풀이 방법보다 그림을 그리든 나머지를 활용하든 떠오르는 방식대로 직접 도출해보는 게 신속한 해결에 도움이 되는 문제라고 볼 수 있다.

## 08 정답 ③

난도 중

정답해설

③ A, B, C, D의 무게를 각각 a, b, c, d(kg)라고 하자. 제시문의 조건에 따라 a+b는 54kg, a+c는 50kg이 성립한다는 것을 알 수 있다. 마찬가지로 c+d는 35kg, b+d는 39kg일 것이다. 이에 따라 b와 c의 차이는 4kg이라는 사실을 알 수 있다. 나아가 차이가 짝수라는 점에서 b와 c의 합 역시 짝수라는 것을 알 수 있다. 그러므로 b와 c의 합은 44kg이다. 이를 바탕으로 b, c를 다음과 같이 도출할 수 있다.

b=c+4
b+c=44
∴ (b, c)=(24, 20)

합격생 가이드

차이가 4kg, 합이 44kg이라는 정보 중 적어도 하나만 찾더라도 이를 바탕으로 일부 선지를 삭제할 수 있다. 예컨대 차이가 4kg이라는 정보를 찾았다면 ①, ②를 지울 수 있고 반대로 합이 44kg이라는 정보를 찾았다면 ④, ⑤를 지울 수 있다. 이처럼 활용할 수 있는 정보를 바탕으로 선지를 지워나가면 더 정답률을 높일 수 있다.

## 09 정답 ②

난도 중

정답해설

② 제시문에 따르면 6시 정각을 알리기 위한 마지막 6번째 종을 치는 시각은 6시 6초이다. 이때 첫 종은 정각에 치기 시작하므로 일정한 간격으로 5번 종을 치기까지 걸리는 시간이 6초라는 점을 알 수 있다. 11시 정각을 알리기 위해 종을 치는 횟수는 11회이다. 마찬가지로 첫 종은 정각에 치기 시작함으로 이후 일정한 간격으로 10번 종을 추가로 쳐야 하고 그 시간은 6초의 2배인 12초가 걸린다. 그러므로 11시 정각을 알리기 위한 마지막 종을 치는 시각은 11시 12초이다.

합격생 가이드

종을 치는 시각을 정확히 계산하는 데 필요한 것은 종을 치는 횟수보다 종 간 시간 간격의 횟수에 의존한다는 사실을 파악하는 것이다. 종 횟수에 매몰된다면 쉬운 문제임에도 '6시=6초' 등의 함정에 빠져 오답을 고르게 될 우려가 있다.

## 10 정답 ③

난도 중

정답해설

③ A부서 주무관들이 오늘 해야 하는 일의 양을 1, 현재까지 한 일을 각각 a, b, c, d, e라고 가정하자. 제시문에 따라 일한 양을 정리하면 다음과 같다.

| 주무관 | 甲 | 乙 | 丙 | 丁 | 戊 |
| --- | --- | --- | --- | --- | --- |
| 현재까지 한 일 | a | b | c | d | e |
| 조건 | $a=\frac{1}{2}(1-c)$ | $b=2(1-d)$ | $1-c=\frac{1}{2}c$ | $d=1-a$ | $e=\frac{1}{2}(1-b)$ |
| 1 | | | $c=\frac{2}{3}$ | | |
| 2 | $a=\frac{1}{6}$ | | | | |
| 3 | | | | $d=\frac{5}{6}$ | |
| 4 | | $b=\frac{1}{3}$ | | | |
| 5 | | | | | $e=\frac{1}{3}$ |
| 결론 | $a=\frac{1}{6}$ | $b=\frac{1}{3}$ | $c=\frac{2}{3}$ | $d=\frac{5}{6}$ | $e=\frac{1}{3}$ |

합격생 가이드

丙에 대한 조건만이 한 일의 상대적인 크기를 직접 도출할 수 있다는 점에 주목해서 문제풀이를 시작할 필요가 있다. 이를 바탕으로 나머지 주무관들이 한 일의 상대적 크기에 대해서도 도출한다면 쉽게 문제에서 요구하는 정답을 도출할 수 있다.

## 11
정답 ②

난도 중

**정답해설**

주어진 〈대화〉의 조건들에 따라 성과점수의 크기는 乙>甲>丙>丁 순이다. 나아가 丁의 점수는 4점이며, 네 번째 조건에 따라 성과점수는 모두 다른 자연수인바, 성과점수를 모두에게 최소한으로 배정하면 다음과 같다.

| 乙 | 甲 | 丙 | 丁 | 합계 |
|---|---|---|---|---|
| 7 | 6 | 5 | 4 | 22 |

이때 잔여 점수 8에 대해서 甲, 乙, 丙에게 조건에 따라 배분할 경우 丙이 받을 수 있는 추가 점수는 최대 2점이다. 대소관계를 지키기 위해 丙에게 추가 점수를 배분하는 경우 적어도 같은 점수만큼은 甲과 乙에게 배정해야 되기 때문이다. 그러므로 丙에게 최대 성과점수를 배분하는 경우는 다음과 같다.

| 乙 | 甲 | 丙 | 丁 | 합계 |
|---|---|---|---|---|
| 10 | 9 | 7 | 4 | 30 |
| 11 | 8 | 7 | 4 | 30 |

따라서 丙이 받을 수 있는 최대 성과점수는 7점이다.

**합격생 가이드**

대소관계가 명확히 제시되어 있다는 점에서 성과점수만 적절히 대입한다면 큰 어려움 없이 해결할 수 있는 문제이다. 丙이 최대 점수를 배분받는 경우가 2가지 나오는데, 하나로 확정되지 않더라도 조건과 모순이 없다면 도출 후 빠르게 넘어가는 판단이 시험 전반을 운영하는 데 있어 중요하다고 할 수 있다.

## 12
정답 ⑤

난도 중

**정답해설**

주어진 조건에 따라 각 아기돼지의 집 종류별 비용은 다음과 같다.

(단위 : 만 원)

| 집의 종류 | 첫째(6m²) | 둘째(3m²) | 셋째(2m²) |
|---|---|---|---|
| 벽돌집 | 54 | 27 | 18 |
| 나무집 | 56 | 38 | 32 |
| 지푸라기집 | 23 | 14 | 11 |

따라서 조건에 따라 둘째 돼지 집을 짓는 재료 비용이 가장 많이 든 경우는 첫째가 지푸라기집, 둘째가 나무집, 셋째가 벽돌집을 짓는 경우뿐이다.

**합격생 가이드**

첫째가 나무집이나 벽돌집을 짓는 경우가 정답 선지에서 제외된다는 점을 직관적으로 파악하는 것이 중요하다. 또한 나무집 지지대 20만 원이 여타 재료 비용들과 비교했을 때 상당히 큰 값이므로 셋째가 나무집을 짓는 경우 역시 둘째보다 클 수 있다는 사실을 유념해 문제에 접근한다면 더 정확한 문제풀이에 도움이 된다고 생각한다.

## 13
정답 ③

난도 중

**정답해설**

③ 〈상황〉에 따라 甲과 乙이 지급 받는 보수 총액은 다음과 같다. 이때 세 번째 조건의 단서에 따라 乙의 착수금은 140만 원으로 한다.

(단위 : 원)

| 세부항목 | 금액 | 甲 | 乙 |
|---|---|---|---|
| 기본료 | 1,200,000 | 1,200,000 | 1,200,000 |
| 독립항 1개 초과분 (1개당) | 100,000 | – | 400,000 |
| 종속항(1개당) | 35,000 | 70,000 | 560,000 |
| 명세서 20면 초과분 (1면당) | 9,000 | – | 270,000 |
| 도면(1도당) | 15,000 | 45,000 | 180,000 |
| 착수금 총액 | | 1,315,000 | 1,400,000 |
| 사례금 | – | 1,315,000 | 0 |
| 총액 | | 2,630,000 | 1,400,000 |

**합격생 가이드**

만 원 단위에 주목한다면 갑의 착수금만을 계산한 후 구할 수 있다. 乙의 착수금 산정 기준에 따른 착수금이 140만 원을 초과한다는 것을 독립항 초과분 계산 이후 알 수 있는바, 둘 사이 보수 총액의 차이의 만 원 단위는 3만 원이라는 것을 알 수 있다. 그러므로 답이 될 수 있는 선지는 ③뿐이다.

## 14
정답 ④

난도 중

**정답해설**

ㄴ. 옳다. B의 ㉾ 항목 점수가 19점이라고 가정하자. B의 기본심사 점수는 76점이며 감점점수는 15.5점이므로, 최종심사 점수는 60.5점이다. 조건에 따라 각 기본심사 항목 점수는 자연수이므로 ㉾ 항목 점수가 19점보다 낮다면 B의 최종심사 결과는 '허가 취소'이다. 그러므로 B의 허가가 취소되지 않으려면 B의 ㉾ 항목 점수가 19점 이상이어야 한다고 할 수 있다.

ㄷ. 옳다. 〈상황〉에 따른 C의 기본심사 점수는 78점, 감점점수는 14점으로 최종심사 점수는 64점 심사결과는 '허가정지'이다. C의 과태료 부과횟수가 0이라고 가정하자. 이 경우 C의 감점점수는 6점으로 감소한다. 따라서 최종심사 점수는 72점 심사결과는 '재허가'이다. 그러므로 C가 2020년에 과태료를 부과받은 적이 없다면 판정 결과가 달라진다고 할 수 있다.

**오답해설**

ㄱ. 옳지 않다. ㉾ 항목 점수가 15점이라면 A의 기본심사 점수는 75점이며 감점점수는 9점이므로, 최종심사 점수는 66점이다. 따라서 A의 심사 결과는 '허가 정지'로 재허가를 받을 수 있다고 할 수 없다.

ㄹ. 옳지 않다. 조건에 따라 기본심사 점수와 최종심사 점수 간의 차이는 감점점수이다. 각 사업자의 감점점수는 A 9점, B 15.5점, C 14점으로 B가 제일 높다. 그러므로 기본심사 점수와 최종심사 점수 간의 차이가 가장 큰 사업자는 C가 아닌 B이다.

계산이 다소 복잡하다고 느껴질 수도 있는 만큼 풀이 과정에서 감점 사항은 표에 각 가중치를 표기해서 접근한다면 계산 실수를 줄일 수 있다고 생각한다. 또한 ㄹ과 같은 상대적 크기 비교를 요하는 선지는 점수 계산 대신 차이값만 계산하는 것이 더 빠른 풀이법이라고 할 수 있다. 예컨대 B와 C의 감점 사항의 비교는 B가 C보다 과태료 부과 횟수 1회, 주의 1회, 권고 2회가 더 많고 반면에 C는 B보다 경고 1회가 더 많다.

## 15 정답 ③

난도 중

**오답해설**

ㄴ. 제ㅇㅇ조 제2항에 따르면 질산성 질소에 대한 수질기준은 10mg/L 이하이다. 〈상황〉에 따르면 정수장 B에서의 질산성 질소 검사 결과는 11mg/L이므로, 정수장 B는 수질기준을 충족하지 못했다.

ㄷ. 제ㅇㅇ조 제1항 제1호 나목에 따르면 일반세균에 대한 수질검사빈도는 매주 1회 이상이다. 검사빈도를 매월 1회 이상으로 할 수 있는 단서 규정의 경우 대상 항목에서 일반세균과 대장균을 제외하고 있다. 〈상황〉에 의하면 정수장 C는 일반세균을 매월 1회 검사한 것으로 제시하고 있으므로, 수질검사빈도를 충족하지 못했다.

조건이 법조문 형태로 주어진 만큼 항목별로 정확한 적용 조문을 찾는 것이 중요하다고 할 수 있다. 또한 〈상황〉에 따라 보다 쉽게 확인할 수 있는 게 수질기준인 만큼, 수질기준을 우선적으로 확인한 후 정수장 B를 제외하는 것 역시 빠른 해결을 위한 접근법이라고 생각한다.

## 16 정답 ④

난도 하

**정답해설**

④ 옳다. 다섯 번째 항목에 따르면 민원 처리결과의 통지는 문서로 함이 원칙이나 접수된 민원이 기타 민원인 경우 구술 또는 전화로 통지할 수 있다. 첫 번째 항목에 따르면 법정민원, 질의민원, 건의민원에 해당하지 않으며 상담·설명 요구, 불편 해결을 요구하는 민원을 기타민원이라고 한다. 〈상황〉에 따르면 甲은 인근 공사장 소음으로 인한 불편 해결을 요구하는 민원을 제기한바 기타민원이다. 그러므로 A시는 甲이 신청한 민원에 대한 처리결과를 전화로 통지할 수 있다.

**오답해설**

① 옳지 않다. 첫 번째 항목에 따르면 법정민원, 질의민원, 건의민원에 해당하지 않으며 상담·설명 요구, 불편 해결을 요구하는 민원을 기타민원이라고 한다. 두 번째 항목에 따르면 민원의 신청은 문서로 해야 하나, 기타 민원은 구술 또는 전화로 가능하다. 〈상황〉에 따르면 甲은 인근 공사장 소음으로 인한 불편 해결을 요구하는 민원을 제기한바 기타민원이다. 그러므로 甲은 구술 또는 전화로 민원을 신청할 수 있다.

② 옳지 않다. 두 번째 항목에 따르면 민원의 신청은 기타 민원을 제외하고 문서로 해야 하며 전자문서로 하는 것 역시 가능하다. 그러므로 乙은 전자문서로 민원을 신청할 수 있다.

③ 옳지 않다. 네 번째 항목에 따르면 접수한 민원이 다른 행정기관의 소관인 경우, 접수된 민원문서를 지체 없이 소관 기관에 이송하여야 한다. 그러므로 甲이 신청한 민원이 다른 행정기관 소관 사항인 경우 A시는 해당 민원을 이송 없이 처리할 수 없다.

⑤ 옳지 않다. 여섯 번째 항목에 따르면 동일한 내용의 민원이 정당한 사유 없이 반복 제출된 경우에 따라 규정을 두고 있으나, 그 대상에서 법정민원은 제외된다. 첫 번째 항목에 따르면 인가·허가 등을 신청하거나 사실·법률관계에 관한 확인 또는 증명을 신청하는 민원을 법정민원이라고 한다. 〈상황〉에 따르면 乙은 자신의 영업허가를 신청하는 민원을 A시에 제기한바 법정민원이다. 그러므로 乙의 민원은 여섯 번째 항목 상 반복 및 중복 민원의 처리에 관한 규정이 적용되지 않는바, A시는 해당 민원을 바로 종결 처리할 수 없다.

법조문과 선지가 매우 쉽게 구성되어 있는 만큼 〈상황〉에 따라 민원 종류를 정확히 판단할 수 있도록 주의가 필요하다. 이처럼 법조문이 조항 형태로 주어지지 않은 경우 오히려 문제 접근하기 더 쉽다는 점에서 당황하지 않는 자세 역시 중요하다고 할 수 있다.

## 17 정답 ③

난도 중

**정답해설**

③ 옳지 않다. 두 번째 제ㅇㅇ조 제3항에 따르면 주민의견 청취 후 건축위원회의 심의를 거쳐 건축허가를 받은 건축물의 착공을 제한할 수 있는 주체는 ㅇㅇ부 장관이나 시·도지사이다. 그러므로 ㅇㅇ부 장관이나 시·도지사가 아닌 B구청장은 주민의견을 청취한 후 건축위원회의 심의를 거쳐 건축허가를 받은 乙의 건축물 착공을 제한할 수 없다.

**오답해설**

① 옳다. 첫 번째 제ㅇㅇ조 제1항에 따르면 건축물을 건축하려는 자는 특별자치시장·특별자치도지사 또는 시장·군수·구청장의 허가를 받아야 하나, 21층 이상의 건축물이나 연면적 합계 10만 제곱미터 이상이면 단서 조항이 적용된다. 〈상황〉에 따르면 甲이 지으려는 건축물은 A광역시 B구에 위치하며 20층의 연면적 합계 5만 제곱미터이다. 그러므로 甲은 B구청장에게 건축허가를 받아야 한다.

② 옳다. 두 번째 제ㅇㅇ조 제2항에 따르면 시·도지사는 지역계획이나 도시·군계획에 특히 필요하다고 인정하면 시장·군수·구청장의 건축허가나 허가를 받은 건축물의 착공을 제한할 수 있다. 〈상황〉에 따르면 甲이 건축하려는 건축물은 A광역시 B구에 있어 건축허가권자는 B구청장이다. 그러므로 A광역시장은 지역계획에 특히 필요하다고 인정하면 일정한 절차를 거쳐 甲의 건축물 착공을 제한할 수 있다고 할 수 있다.

④ 옳다. 첫 번째 제ㅇㅇ조 제1항 단서에 따르면 21층 이상의 건축물이나 연면적 합계 10만 제곱미터 이상인 건축물을 특별시나 광역시에 건축하려면 특별시장이나 광역시장의 허가를 받아야 한다. 〈상황〉에 따르면 乙은 연면적 합계 15만 제곱미터인 건축물을 A광역시 B구에 신축하려고 한다. 따라서 乙의 건축물에 대한 허가권자는 A광역시장이다. 첫 번째 제ㅇㅇ조 제2항 및 그 제1호에 따르면 1항에 따른 허가를 받은 자가 허가를 받은 날부터 2년 이내에 공상에 착수하지 아니한 경우 허가를 취소하여야 한다. 그러므로 乙이 건축허가를 받은 날로부터 2년 이내에 정당한 사유 없이 공사에 착수하지 않은 경우, 乙의 건축물에 대한 허가권자인 A광역시장은 건축허가를 취소하여야 한다.

⑤ 옳다. 두 번째 제○○조 제1항에 따르면 ○○부 장관은 주무부장관이 문화재 보존을 위하여 특히 필요하다고 인정하여 요청하면 허가권자의 건축허가나 허가를 받은 건축물의 착공을 제한할 수 있다. 동조 제4항에 따르면 착공 제한 조치의 제한기간은 2년 이내로 하나, 1회에 한하여 1년 이내의 범위에서 제한기간을 연장할 수 있다. 그러므로 주무부장관이 문화재보존을 위하여 특히 필요하다고 인정하여 요청하는 경우, ○○부 장관은 건축허가를 받은 乙의 건축물에 대해 최대 3년간 착공을 제한할 수 있다.

## 18
정답 ④

난도 중

정답해설

④ 옳지 않다. 제4항에 따르면 회의는 위원장을 포함한 재적위원 3분의 2 이상의 출석으로 개의하고 출석위원 3분의 2 이상의 찬성으로 의결한다. 정보공개심의회가 8명의 위원으로 구성됐다고 가정하자. 개의를 위한 최소 출석위원 수는 6명이다. 6명 출석 시 의결되기 위한 찬성 위원 수는 4명이다. 그러므로 정보공개심의회가 8명의 위원으로 구성되면 의결을 위해 최소 위원 4명의 찬성이 필요하기 때문에 3명의 찬성으로 의결되는 경우는 없다.

오답해설

① 옳다. 제3항에 따르면 외부 위원의 임기는 2년으로 하되 2회에 한하여 연임할 수 있다. 그러므로 연임 2회를 포함하여 총 3회의 임기를 지내게 되는 경우 외부 위원의 임기는 최대로 6년이다.

② 옳다. 제1항에 따르면 정보공개심의회는 10인 이내의 위원으로 구성되며 내부 위원은 4인이고, 외부 위원은 총 위원수의 3분의 1 이상 위촉한다. 외부 위원 수를 $x$라고 가정하자. 내부 위원 수와 외부 인원 수를 합친 $4+x$의 3분의 1보다 $x$가 커야 한다. 그러므로 외부 위원은 적어도 2명이 위촉되는 바, 정보공개심의회는 최소 6명의 위원으로 구성된다.

$$\frac{1}{3}(4+x) \leq x \Leftrightarrow 2 \leq x$$

③ 옳다. 제1항에 따르면 내부 위원은 4명이고 외부 위원은 2명 이상 6명 이하이다. 제2항에 따르면 위원은 특정 성별이 다른 성별의 2분의 1 이하가 되지 않도록 구성해야 한다. 그러므로 남자인 위원이 적어도 3명 이상 있어야 하므로 남자인 외부 위원 3명을 포함하여 7명의 위원으로 정보공개심의회가 구성될 수 있다.

⑤ 옳다. 제4항에 따르면 회의는 위원장을 포함한 재적위원 3분의 2 이상의 출석으로 개의하고 출석위원 3분의 2 이상의 찬성으로 의결한다. 제5항에 따르면 서면으로 의견을 제출한 위원의 경우 심의회에 출석한 것으로 본다. 위원장 포함하여 5명이 직접 출석하고 위원 2명이 부득이한 이유로 서면으로 의견을 제출했다고 하자. 총 위원 수는 알 수 없지만 7명의 위원이 심의회에 출석한바 제1항에 따른 최대 인원수인 10명인 경우라도 재적위원 3분의 2 이상이 출석했다고 할 수 있다. 또한 적어도 5명이 찬성함에 따라 출석위원의 3분의 2 이상의 찬성이 있다고 할 수 있다. 그러므로 선지 I 의 조건에 따른 안건은 찬성으로 의결된다.

## 19
정답 ⑤

난도 중

정답해설

ㄴ. 옳다. 평가점수가 90점 이상인 영어강의에 대한 분반 허용 기준은 직전 2년 수강인원의 평균이 27명 이상이거나, 그 2년 중 1년의 수강인원이 45명 이상이다. 영어강의 B의 2019년과 2020년의 수강인원은 각각 10명과 45명으로 2년 평균은 27.5명이고, 2020년 수강인원은 45명 이상으로 분반 허용 기준을 만족한다. 그러나 B에 대한 분반이 허용되지 않았다. 그러므로 B의 2020년 강의만족도 평가점수는 90점 미만이었을 것이다.

ㄷ. 옳다. 평가점수가 90점 이상인 실습강의에 대한 분반 허용 기준은 직전 2년 수강인원의 평균이 18명 이상이다. 평가점수가 92점인 실습강의 C의 2019년 수강인원이 20명이고 C의 분반이 허용되지 않는다면, 2019년과 2020년 수강인원의 평균이 18명 미만이어야 한다. 이는 2019년과 2020년 수강인원의 합이 36명 미만인 경우와 같다. 그러므로 2019년과 2020년 수강인원의 합은 35명을 넘지 않았을 것이며, 2020년 강의의 수강인원은 15명을 넘지 않았을 것이다.

오답해설

ㄱ. 옳지 않다. 평가점수가 90점 미만인 일반강의의 분반 허용 기준은 직전 2년 수강인원의 평균이 100명 이상이거나 2년 중 1년의 수강인원이 120명 이상이다. 평가점수가 85점인 일반강의 A의 2019년과 2020년 수강인원이 각각 100명과 80명이다. A의 직전 2년 수강인원 평균은 90명이고 2개년 모두 120명 이내의 수강인원을 기록한바, A에 대한 분반은 허용되지 않는다.

## 20
정답 ⑤

난도 하

**정답해설**

④ 부합한다. 〈상황〉 두 번째 내용에 따르면 '관련 정부사업과의 연계가능성' 평가비중이 확대되어야 한다. ④ 이하의 관련 정부사업과의 연계가능성의 배점에 따르면 현행 5점에서 10점으로 확대되었다. 그러므로 '관계부처 협의 결과'에 부합한다고 할 수 있다.

④ 부합한다. 〈상황〉 세 번째 내용에 따르면 시범사업 조기 활성화와 관련된 '대학 내 주체 간 합의 정도'에 대한 지표를 이동하여 계속 평가하여야 한다. ④ 이하의 대학 내 주체 간 합의 정도 항목은 현행에는 존재하지 않으나 수정안에서 배점 5점으로 추가되었다. 그러므로 '관계부처 협의 결과'에 부합한다고 할 수 있다.

⑩ 부합한다. 〈상황〉 세 번째 내용에 따르면 시범사업 조기 활성화와 관련된 평가지표를 삭제하되 '대학 내 주체 간합의 정도'는 타 지표로 이동하여 계속 평가해야 한다. ⑩ 및 그 이하의 하위 지표에 따르면 ⑩ 지표는 삭제되며 '대학 내 주체 간 합의 정도'는 'Ⅱ. 대학의 사업 추진 역량과 의지' 이하로 이동되어 계속 평가하고, '부지 조기 확보 가능성'는 삭제된다. 그러므로 '관계부처 협의 결과'에 부합한다고 할 수 있다.

**오답해설**

㉮ 부합하지 않는다. 〈상황〉 첫 번째 내용에 따르면 신청 사업 부지 안에 건축물이 포함되어 있어도 신청을 허용해야 한다. 그러나 ㉮의 단서에서는 건축물이 없어야 한다고 정하고 있다. 그러므로 '관계부처 협의 결과'에 부합한다고 할 수 없다.

㉭ 부합하지 않는다. 〈상황〉 네 번째 내용에 따르면 논의된 내용 이외의 하위 지표의 항목과 배점은 사업의 안정성을 위해 현행 유지해야 한다. 그러나 ㉭ 이하의 '기업의 참여 가능성', '참여 기업의 재무건전성'의 배점은 현행에서 각각 수정됐다. 그러므로 '관계부처 협의 결과'에 부합한다고 할 수 없다.

**합격생 가이드**

각 상황에 따라 확인해야 할 지표들이 1대1 대응에 가깝게 제시되어 있어 쉽게 풀 수 있는 문제라고 할 수 있다. 세 번째 내용에 대한 수정사항이 다수 등장하고 있는 만큼 풀이 과정에서 유의한다면 오답의 가능성을 상당히 낮출 수 있다고 생각한다.

## 21
정답 ②

난도 중

**정답해설**

② 옳다. 甲의 발언에 따르면 甲은 乙보다 늦게 다녀왔다. 乙의 발언에 따르면 乙은 저녁에 다녀왔고, 丙은 점심에 다녀왔다. 丙의 발언에 따르면 丙은 월요일에 다녀오지 않았다. 이에 따라 가능한 조합은 다음과 같다. (甲, 乙, 丙) = (화저, 월저, 화점), (수점, 월저, 화점), (수저, 월저, 화점), (수점, 화저, 화점), (수저, 화저, 화점), (화저, 월저, 수점), (화점, 월저, 수점), (수저, 월저, 수점), (수저, 화저, 수점) (총 9가지). 선지의 조건에 따라 甲이 점심에 다녀왔고, 丙보다 먼저 다녀왔다고 가정하자. 그때 가능한 조합은 (甲, 乙, 丙)=(화점, 월저, 수점)뿐이다.

**오답해설**

① 옳지 않다. 주어진 조건에 따르면 (甲, 乙, 丙)=(화저, 월저, 화점), (수점, 월저, 화점), (수저, 월저, 화점), (수점, 화저, 화점), (수저, 화저, 화점), (화저, 월저, 수점), (화점, 월저, 수점), (수저, 월저, 수점), (수저, 화저, 수점) 총 9가지 경우가 가능하다. 선지의 조건을 줬을 때 가능한 경우는 (화저, 월지, 화점), (수점, 월저, 화점), (수저, 월저, 화점), (수저, 화저, 수점) 4가지이다.

③ 옳지 않다. 주어진 조건에 따르면 (甲, 乙, 丙)=(화저, 월저, 화점), (수점, 월저, 화점), (수저, 월저, 화점), (수점, 화저, 화점), (수저, 화저, 화점), (화저, 월저, 수점), (화점, 월저, 수점), (수저, 월저, 수점), (수저, 화저, 수점) 총 9가지 경우가 가능하다. 선지의 조건을 줬을 때 가능한 경우는 (화저, 월저, 화점), (수점, 월저, 화점), (수저, 월저, 화점), (수점, 화저, 화점), (수저, 화저, 화점), (수저, 월저, 수점), (수저, 화저, 수점) 7가지이다.

④ 옳지 않다. 주어진 조건에 따르면 (甲, 乙, 丙)=(화저, 월저, 화점), (수점, 월저, 화점), (수저, 월저, 화점), (수점, 화저, 화점), (수저, 화저, 화점), (화저, 월저, 수점), (화점, 월저, 수점), (수저, 월저, 수점), (수저, 화저, 수점) 총 9가지 경우가 가능하다. 선지의 조건을 줬을 때 가능한 경우는 (수점, 화저, 화점), (수저, 화저, 화점), (수저, 화저, 수점) 3가지이다.

⑤ 옳지 않다. 주어진 조건에 따르면 (甲, 乙, 丙)=(화저, 월저, 화점), (수점, 월저, 화점), (수저, 월저, 화점), (수점, 화저, 화점), (수저, 화저, 화점), (화저, 월저, 수점), (화점, 월저, 수점), (수저, 월저, 수점), (수저, 화저, 수점) 총 9가지 경우가 가능하다. 선지의 조건을 줬을 때 가능한 경우는 (화저, 월저, 수점), (화점, 월저, 수점) 2가지이다.

**합격생 가이드**

제시된 조건만으로 가능한 경우의 수가 많을 때는 가장 정답일 가능성이 높은 선지부터 골라내는 것이 빠른 해결을 위해 중요하다고 생각한다. 정답일 가능성이 높은 선지를 찾기 위해서 가장 경우의 수가 적은 대상부터 공략하는 것이 효과적이라고 생각한다. 예컨대 위 문제의 경우 조건에 따라 가장 경우의 수가 많은 것은 甲인 반면, 乙은 월요일 저녁과 화요일 저녁, 丙은 화요일 점심과 수요일 점심 각 2가지 경우만이 가능하다. 따라서 ㉠에 들어갈 내용이 이 둘 중 하나라도 확정시킬 수 있다면 답이 될 가능성이 가장 크다고 판단할 수 있다. 정답이 되는 ②는 丙의 가능성을 하나로 줄이는 것은 물론 甲의 위치까지 확정시킨다. 이러한 접근법을 다른 비슷한 문제에도 적용을 통해 숙달시킨다면 훨씬 더 쉽게 해당 유형을 해결할 수 있다고 생각한다.

| | 월 | 화 | 수 |
|---|---|---|---|
| 점심 | | | 丙 |
| 저녁 | 乙 | | |

## 22 정답 ⑤

난도 상

**정답해설**

⑤ 〈상황〉에 따르면 3일 연속 일치한 경험을 한 잠재 사용자는 날씨 예보 앱을 설치한다. '사전테스트전략'에 따르면 날씨 일치 여부와 관계 없이 잠재 사용자 집단의 절반에게는 "비가 온다"로 다른 절반에게는 "비가 오지 않는다"로 메시지를 보낸다. 따라서 개별 사용자가 예보와 날씨가 일치하는 경험을 할 확률은 $\frac{1}{2}$ 이라고 할 수 있다. 이에 따라 설치하게 되는 경우는

1) 첫째 날부터 셋째 날까지 일치한 경우
2) 첫째 날 불일치 이후 둘째 날부터 넷째 날까지 일치한 경우
3) 첫째 날 일치 후 둘째 날 불일치, 셋째 날부터 다섯째 날까지 일치한 경우
4) 첫째 날, 둘째 날 불일치, 셋째 날부터 다섯째 날까지 일치한 경우 총 4가지뿐이다.

그러므로 〈상황〉에 따른 실험 결과는 다음과 같이 도출될 수 있다.

(설치한 사용자 수)$=200{,}000 \times ((\frac{1}{2})^3 + (\frac{1}{2})^4 + (\frac{1}{2})^5 + (\frac{1}{2})^5) = 200{,}000 \times (\frac{1}{2})^2$

$= 50{,}000$

**합격생 가이드**

제시문이 길게 제시되어 있어 상황이 이해가 가지 않아 틀릴 위험이 있는 문제라고 생각한다. 이해가 안되는 경우 오히려 도식화를 하는 것이 가장 빠른 방법이 될 수 있다고 생각한다.

## 23 정답 ①

난도 하

**정답해설**

① 옳다. 세 번째 내용에 따르면 ㅁㅁ부 장관은 지방자치단체 간 통합권고안에 관하여 해당 지방의회의 의견을 들어야 하나, ㅁㅁ부 장관이 필요하다고 인정하여 해당 지방자치단체의 장에게 주민투표를 요구하여 실시한 경우에는 그렇지 않다. 그러므로 ㅁㅁ부 장관이 요구하여 지방자치단체의 통합과 관련한 주민투표가 실시된 경우에는 통합권고안에 대해 지방의회의 의견을 청취하지 않아도 된다고 할 수 있다.

**오답해설**

② 옳지 않다. 두 번째 내용에 따르면 지방의회 또는 주민은 위원회에 통합을 건의할 때 통합대상 지방자치단체를 관할하는 특별시장·광역시장 또는 도지사('시·도지사')를 경유해야 한다.

③ 옳지 않다. 두 번째 내용에 따르면 주민이 인근 지방자치단체와의 통합을 위원회에 건의하는 경우 해당 지방자치단체의 주민투표권자 총수의 50분의 1 이상의 연서(連書)가 있어야 한다. 따라서 주민투표권자 총수가 10만 명인 지방자치단체의 주민들이 통합을 건의하고자 할 때, 그 50분의 1인 2,000명 이상의 연서가 있어야 한다.

④ 옳지 않다. 다섯 번째 내용에 따르면/통합추진공동위원회의 위원은 관계지방자치단체의 장 및 그 지방의회가 추천하는 자로 한다. 그러나 ㅁㅁ부 장관의 추천에 대한 정보는 제시되어 있지 않다.

⑤ 옳지 않다. 두 번째 내용에 따르면 지방자치단체의 장, 지방의회 또는 주민은 위원회에 통합을 건의할 때 통합대상 지방자치단체를 관할하는 특별시장·광역시장 또는 도지사(이하 '시·도지사')를 경유해야 한다. 그러나 지방의회의 의결을 거쳐야 한다는 정보는 제시되어 있지 않으므로, 지방자치단체의 장은 해당 지방자치단체의 통합을 △△위원회에 건의할 때, 지방의회의 의결을 거쳐야 한다고 할 수 없다.

**합격생 가이드**

제시문이 길지만 단순한 정보확인 유형인 만큼, 발췌독을 통해 신속히 해결할 수 있다. 이제 출제 빈도가 상당히 낮아졌지만 상황판단에서의 정보확인 유형은 언어논리의 일치부합에 비해 훨씬 간단한 만큼 빠르게 풀고 넘어가는 것이 좋다고 생각한다.

## 24 정답 ②

난도 중

**정답해설**

② 여섯 번째 내용에 따르면 통합추진공동위원회의 위원 수는 관계지방자치단체 위원 수에 관계지방자치단체 수를 곱하여 도출한다. 다섯 번째 내용에 따르면 관계지방자치단체 위원 수는 다음과 같이 도출한다. 관계지방자치단체 위원 수=[(통합대상 지방자치단체 수)×6+(통합대상 지방자치단체를 관할하는 특별시·광역시 또는 도의 수)×2+1]÷(관계지방자치단체 수). 〈상황〉에 따르면 관계지방자치단체 수는 甲도, A군, B군, 乙도, C군, 丙도, D군 등 7개이다. 따라서 관계지방자치단체 위원 수는 5명이다.

(관계자치단체위원 수)=[4×6+3×2+1]÷7=4.42857…≈5

그러므로 통합추진공동위원회의 위원 수는 관계지방자치단체 위원 수에 관계지방자치단체 수를 곱한 35명이다.

**합격생 가이드**

제시문을 바탕으로 상황에 적용하는 간단한 문제라고 할 수 있다. 관계지방자치단체 수를 정확히 셀 수만 있다면 틀리기 어려운 만큼, 제시문에서 관계지방자치단체가 무엇을 의미하는 지 파악하는 한편, ④와 같이 식에 따라 답이 될 가능성이 전혀 없는 선지들을 미리 지우는 것이 틀릴 가능성을 낮추는 데 좋다고 생각한다.

## 25

난도 상

정답해설

② 옳다. 주어진 조건에 따라 B구의 행정구역분류코드를 해석한다면 다음과 같다.

| 분류<br>코드 | 1 | 0 | 0 | 3 | ? |
|---|---|---|---|---|---|
| 의미 | 광역자치단체 | | 기초자치단체 | | 기타 |
| ㉠ | ○○시 | | B구(자치구) | | 0 |
| ㉡ | 임의의 광역 | | ○○시 | | B구<br>(임의의 수) |

이에 따라 ㉠의 경우 A구의 행정구역분류코드는 '처음 두 자리'가 10으로 같고 '그다음 두 자리'는 03과 달라야 하며, '마지막 자리'는 00이어야 한다. ㉡의 경우 A구의 행정구역분류코드는 '처음 두 자리'와 '그다음 두 자리'가 B와 같고 '마지막 자리'만 00이 아닌 B와 다른 숫자여야 한다. 그러므로 ㉠ : 10020, ㉡ : 10033은 해석된 조건을 만족시킨다고 할 수 있다.

오답해설

① 옳지 않다. 조건에 따르면 ㉡의 경우 A구의 행정구역분류코드는 '처음 두 자리'와 '그다음 두 자리'가 B와 같고 '마지막 자리'만 00이 아닌 B와 다른 숫자여야 한다. 그러나 ㉡ : 10021의 경우 '그다음 두 자리'가 B의 행정구역분류코드와 다르다.

③ 옳지 않다. 조건에 따르면 ㉠의 경우 A구의 행정구역분류코드는 '처음 두 자리'가 10으로 같고 '그 다음 두 자리'는 03과 달라야 하며, '마지막 자리'는 0이어야 한다. ㉡의 경우 A구의 행정구역분류코드는 '처음 두 자리'와 '그다음 두 자리'가 B와 같고 '마지막 자리'만 00이 아닌 B와 다른 숫자여야 한다. 그러나 ㉠ : 10033의 '마지막 자리'는 00이 아니며, '그다음 두 자리'는 B와 같다.

④ 옳지 않다. 조건에 따르면 ㉡의 경우 A구의 행정구역분류코드는 '처음 두 자리'와 '그다음 두 자리'가 B와 같고 '마지막 자리'만 00이 아닌 B와 다른 숫자여야 한다. 그러나 ㉡ : 10027의 경우 '그다음 두 자리'가 B의 행정구역분류코드와 다르다.

⑤ 옳지 않다. 조건에 따르면 ㉠의 경우 A구의 행정구역분류코드는 '처음 두 자리'가 10으로 같고 '그다음 두 자리'는 03과 달라야 하며, '마지막 자리'는 0이어야 한다. ㉡의 경우 A구의 행정구역분류코드는 '처음 두 자리'와 '그다음 두 자리'가 B와 같고 '마지막 자리'만 00이 아닌 B와 다른 숫자여야 한다. 그러나 ㉠ : 20030의 경우 B와 '처음 두 자리'가 다르다.

합격생 가이드

〈상황〉에서 명확하게 경우의 수를 둘로 나눠주고 있는 만큼, 제시문의 조건을 독해하는 과정에서 둘로 분류해서 접근하는 것이 좋다. '시'가 중의적일 수 있다는 점을 주요 장치로써 활용하고 있다는 점에서 조건 해석에 더욱 유의가 필요해 보인다.

# 2020년 7급 PSAT 모의평가 언어논리

| 01 | 02 | 03 | 04 | 05 | 06 | 07 | 08 | 09 | 10 |
|----|----|----|----|----|----|----|----|----|----|
| ⑤ | ③ | ④ | ④ | ⑤ | ⑤ | ① | ④ | ② | ① |
| 11 | 12 | 13 | 14 | 15 | 16 | 17 | 18 | 19 | 20 |
| ① | ② | ① | ② | ⑤ | ③ | ① | ③ | ⑤ | ② |
| 21 | 22 | 23 | 24 | 25 |  |  |  |  |  |
| ③ | ① | ① | ④ | ② |  |  |  |  |  |

## 01
정답 ⑤

난도 중

**정답해설**

⑤ 첫 문단의 '3·1운동 직후 상하이에 모여든 독립운동가들은 임시정부를 만들기 위한 첫걸음으로 조소앙이 기초한 대한민국임시헌장을 채택했다~대한민국임시헌장 제1조에 "대한민국은 민주공화제로 함."이라는 문구가 담기게 된 것이다.'를 통해 '대한민국 임시정부를 만드는 데 참여한 독립운동가들은 민주공화제를 받아들이는 데 합의했다.'는 옳은 지문임을 알 수 있다.

**오답해설**

① 대한민국임시헌장은 대한민국 임시정부가 건국강령을 통해 공포한 것이 아니라 3·1운동 직후 상하이에 모여든 독립운동가들이 임시정부를 만들기 위한 첫걸음으로 채택하였다.

② 첫 문단에서 대한민국 임시정부가 만들어진 것은 3·1운동 이후임을 알 수 있고 두 번째 문단에서 '조소앙은 3·1운동이 일어나기 전, 대한제국 황제가 국민의 동의 없이 마음대로 국권을 일제에 넘겼다고 말하면서 국민은 국권을 포기한 적이 없다고 밝힌 대동단결선언을 발표한 적이 있다.'고 하고 있다. 따라서 '조소앙은 대한민국 임시정부의 요청을 받아들여 대동단결선언을 만들었다.'는 지문은 틀린 지문이다.

③ 첫 문단의 '대한민국임시헌장을 기초할 때 조소앙은 국호를 '대한민국'으로 하고 정부 명칭도 '대한민국 임시정부'로 하자고 했다.'에서 틀린 지문을 알 수 있다.

④ '제헌국회는 제헌헌법을 만들었는데, 이 헌법에 우리나라의 명칭을 '대한민국'이라고 한 내용이 있다.'에서 제헌국회는 대한제국을 계승한 것이 아님을 알 수 있다.

## 02
정답 ③

난도 중

**정답해설**

③ '척화론을 주장한 김상헌은 청에 항복하는 것은 있을 수 없는 일이라며 끝까지 저항하자고 했다. 그는 중화인 명을 버리고 오랑캐와 화의를 맺는 일은 군신의 의리를 버리는 것이라고 말했다.'에서 '김상헌은 명에 대한 군신의 의리를 지켜야 한다고 주장하면서 주화론에 맞섰다.'는 옳은 지문임을 알 수 있다.

**오답해설**

① '최명길은 "나아가 싸워 이길 수도 없고 물러나 지킬 수도 없으면 타협하는 수밖에 없다."라고 했다. 그는 명을 섬겨야 한다는 김상헌의 주장에는 동의하지만, 그보다 나라를 보존하는 것이 우선이라고 말했다. 나라가 없어지면 명을 섬기는 것도 불가능하므로 일단 항복한 후 후일을 기약하자는 것이었다.'에서 최명길은 중화 중심의 세계관에서 벗어나야 한다는 생각에서 주화론을 주장한 것이 아님을 알 수 있다.

② 청에 항복한 것은 인조 때의 일이다. 인조의 뒤를 이은 효종은 청에 복수하겠다는 북벌론을 내세우고, 예전에 척화론을 주장했던 자들을 중용하였다.

④ '인조 때에는 척화론을 주장했던 사람들이 정국을 주도하지 못했기 때문에 주화론을 내세웠던 사람들이 정계에서 쫓겨 나가는 일은 벌어지지 않았다.'를 통해 틀린 지문임을 알 수 있다.

⑤ '송시열 사후에 나타난 노론 세력은 최명길의 주장에 동조했던 사람들의 후손이 요직에 오르지 못하게 막았다.'에서 노론 세력은 척화론자임을 알 수 있다.

## 03
정답 ④

난도 중

**정답해설**

④ 논지를 찾는 문제는 글의 세부적, 부수적인 내용(정보)을 파악하는 것이 아니라 글 전체에서 담고 있는 저자의 주장을 찾는 것이다. 윗글은 크게 보아 '어떤 질병의 성격을 파악할 때 질병의 발생이 개인적 요인뿐만 아니라 계층이나 직업 등의 요인과도 관련될 수 있음을 고려해야 한다. → 질병에 대처할 때도 사회적 요인을 고려해야 한다. → 질병의 치료가 개인적 영역을 넘어서서 사회적 영역과 관련될 수밖에 없다는 것은 질병의 대처 과정에서 사회적 요인을 반드시 고려해야 한다.'로 요약될 수 있다. 따라서 '질병의 성격을 파악하고 질병에 대처하기 위해서는 사회적인 측면을 고려해야 한다.'가 제시문의 논지라고 할 수 있다.

## 04 정답 ④

난도 중

**정답해설**

④ '공범 원리'를 받아들이는 사람들은, 타인의 악행에 가담한 경우 결과에 얼마나 영향을 주었는지와 무관하게 '도덕적 책임'이 있다고 주장하므로 '갑훈에게 도덕적 책임이 있다는 점에서 첫 번째 약탈과 두 번째 약탈은 차이가 없다.'는 결론이 도출된다.

**오답해설**

①, ② '공범 원리'를 받아들이는 사람들에 따르면 결과에 미친 영향이 크든, 작든 '도덕적 책임'은 동일하므로 죄책감의 크기도 다르지 않다.

③ 갑훈이 을훈에게 미친 해악 차제는 두 번째가 더 작다.

⑤ '공범 원리'를 받아들이는 사람들은, 결과와 무관하게 '도덕적 책임'은 동일하다고 여기므로 '갑훈이 빼앗은 전체 콩알의 수가 같기 때문에 갑훈이 져야 할 도덕적 책임에는 차이가 없다.'고 할 수 없다.

## 05 정답 ⑤

난도 중

**정답해설**

⑤ 갑의 두 번째 발언 중 '연명의료를 거부하는 것은 중대한 사안이니 신중히 사전연명의료의향서를 작성하게 해야 합니다. 지금까지 한 것처럼 연명의료 전문 상담사의 상담을 받게 하는 조치를 유지해 주시기 바랍니다.'로 보아 '연명의료 거부 의사가 있는 사람이 연명의료 전문 상담사의 상담을 받지 않은 상태에서 작성한 사전연명의료의향서는 받아들여지지 않는다.'는 옳은 진술임을 알 수 있다.

**오답해설**

① 2018년 2월부터 사전연명의료의향서를 제출하여 연명의료 거부 의사를 표명한 사람에 대해서 병원이 연명의료를 실행하지 않는다는 제도가 도입되었을 뿐 전국 모든 보건소에서 연명의료 전문 상담사가 사전연명의료의향서를 접수하기 시작한 것은 아니다.

② 2020년 4월 1일부터 전국 모든 보건소에서 사전연명의료의향서를 받도록 조치했다.

③ 연명의료 관련 기본 필수교육은 연명의료 전문 상담사 배치가 어려운 보건소의 직원들을 대상으로 실시한다.

④ 사전연명의료의향서 접수기관 중 연명의료 전문 상담사가 있는 경우는 전화 예약 시스템을 사용하지 않아도 된다.

## 06 정답 ⑤

난도 중

**정답해설**

⑤ 집합금지 및 집합제한업종에 속하지 않더라도 연 매출 4억 원 이하라는 사실을 증명할 수 있는 자료와 함께 코로나19 확산으로 매출이 감소했음을 증빙하는 자료를 제출하면 지원금을 받을 수 있다. A가 운영하는 문구점은 집합금지 및 집합제한업종에 해당하지 않는다고 했으므로 갑은 A씨에게 '연 매출 4억 원에 미치지 못하고 코로나19로 매출이 감소한 자영업자라면 증빙서류를 갖추어 신청할 수 있다.'고 설명하면 된다.

## 07 정답 ①

난도 하

**정답해설**

① 정의 '보고서의 형식이나 내용은 누구에게 보고하느냐에 따라 크게 달라집니다. 보고 대상이 명시적으로 드러날 수 있도록 주제를 더 구체적으로 표현하면 좋겠습니다.'를 통해 '보고 대상자에 따른 보고서 작성 기법'으로 주제가 변경되어야 함을 알 수 있다.

**오답해설**

② 을의 '특강을 평일에 개최하되 참석 시간을 근무시간으로 인정해 준다면 참석률이 높아질 것 같습니다.'에서 알 수 있다.

③, ④ 병의 '중앙부처 소속 공무원에게는 세종시가 접근성이 더 좋습니다. 특강 참석 대상이 누구인가에 따라 장소를 조정할 필요가 있습니다.'와 갑의 '이번 특강은 현직 중앙부처 소속 공무원을 대상으로 진행하도록 하겠습니다.'를 통해 알 수 있다.

⑤ 무의 '강의에 관심이 있는 사람이라면 별도 비용이 있는지, 있다면 구체적으로 금액은 어떠한지 등이 궁금할 겁니다.'와 갑의 '참고로 특강 수강비용은 무료입니다.'를 통해 알 수 있다.

## 08 정답 ④

난도 중

**정답해설**

④ ㄱ. (×) ⓛ 내장근육은 (불수의근, 민무늬근)이고, ⓒ 심장근육은 (불수의근, 줄무늬근)이므로 'ⓛ, ⓒ이 같은 성질을 갖는다.'함은 '불수의근'이라는 점이다. 따라서 A에는 '근육의 움직임을 우리가 의식적으로 통제할 수 있는지의 여부'가 들어가야 한다.

| 기준＼종류 | 뼈대근육 | 내장근육 | 심장근육 |
|---|---|---|---|
| A (불수의근) | ㉠ × | ㉡ ○ | ㉢ ○ |
| B (수의근) | ㉣ ○ | ㉤ × | ㉥ × |

ㄴ. (○) ㉣ 뼈대근육은 (수의근, 줄무늬근)이고 ㉥ 심장근육은 (불수의근, 줄무늬근)이므로 '수의근'인지 여부가 다르다. 따라서 B에는 근육의 움직임을 의식적으로 통제할 수 있는지를 따지는 기준이 들어간다.

ㄷ. (○) 우선 ㉠에 수의근이 들어가면 대립되는 기준인 B에는 '불수의근'이 들어가야 한다.

| 기준＼종류 | 뼈대근육 | 내장근육 | 심장근육 |
|---|---|---|---|
| A (수의근) | ㉠ ○ | ㉡ × | ㉢ × |
| B (불수의근) | ㉣ × | ㉤ ○ | ㉥ ○ |

이 기준에 민무늬근, 줄무늬근의 조건을 대입해 보면 (제3의 조건을 포함하여 분류한 표)

| 기준 \ 종류 | 뼈대근육 | 내장근육 | 심장근육 |
|---|---|---|---|
| A (수의근) | ㉠ ○ 줄무늬근 | ㉡ × | ㉢ × 줄무늬근 |
| B (불수의근) | ㉣ × | ㉤ ○ 민무늬근 | ㉥ ○ |

따라서 ㉤에는 '민무늬근'이 들어간다.

## 09
정답 ②

[난도] 중

**[정답해설]**

㉠은 공기와 접하고 있는 가장 위쪽 부분에만 세균이 살고 있으므로 '절대 호기성 세균'이다.

㉡은 공기가 맞닿은 부분에는 세균이 전혀 없고 아래쪽으로 갈수록 세균이 많아지므로 '절대 혐기성 세균'이다.

㉢은 산소농도가 높은 쪽에 더 많은 세균이 있으므로 '통성 세균'이다.

㉣은 '절대 호기성 세균'이 살아가는 환경의 산소 농도보다 낮은 농도의 산소에서만 살 수 있는 '미세 호기성' 세균이다.

㉤은 산소 농도와 무관하게 생존 가능한 '내기 혐기성' 세균이다.

② ㉡은 산소 호흡을 할 수 없는 절대 혐기성 세균으로 발효 과정만을 통해 에너지를 만들어 낸다.

**[오답해설]**

① ㉠은 '절대 호기성' 세균이다.

③ ㉢은 '통성 세균'이며 산소에 대한 내성이 있다.

④ ㉣은 '미세 호기성' 세균으로 산소 호흡을 할 수 있다.

⑤ ㉤만 혐기성 세균이다.

## 10
정답 ①

[난도] 하

**[정답해설]**

① ㉠ B학파는 다른 모든 종류의 상품과 마찬가지로 토지 문제 역시 수요·공급의 법칙에 따라 시장이 자율적으로 조정하도록 맡겨 두면 된다고 주장하므로 토지에 대한 투자는 상품 투자의 일종으로 본다고 할 수 있다.

㉡ A학파는 B학파와 달리 상품 투자와 토지 투자를 엄격히 구분하며 상품 투자는 상품 공급을 증가시키고 공급 증가는 다시 상품 투자의 억제 요인으로 작용하기 때문에 상품 투자에는 내재적 한계가 있는 반면 토지의 경우 토지 공급은 한정되어 있으므로 토지 투자는 상품 투자의 경우와는 달리 제어장치가 없다고 보았다.

## 11
정답 ①

[난도] 하

**[정답해설]**

① A형 응집원만을 선택적으로 제거한 적혈구를 B형인 사람에게 수혈하는 경우 B형 혈장 속의 응집소 α와 반응할 A형 응집원이 없으므로 응집 반응이 일어나지 않는다.

**[오답해설]**

② B형 응집원만을 선택적으로 제거한 AB형 적혈구에는 A형 응집원만 남아 있으므로 이를 A형인 사람에게 수혈해도 A형 혈장에는 응집소 β만 있으므로 응집 반응이 일어나지 않는다.

③ 응집소 β를 선택적으로 제거한 O형 혈장에는 응집소 α가 있으므로 이를 A형에게 수혈하면 응집 반응이 일어난다.

④ AB형인 사람은 A형 응집원 및 B형 응집원이 둘 다 있으므로 A, B, O형 혈액을 수혈 받는 경우는 응집 반응이 일어나고 AB형 혈액을 수혈 받는 경우에만 응집반응이 일어나지 않는다.

⑤ O형인 사람은 응집소 α 및 응집소 β가 있으므로 A, B, AB형 적혈구를 수혈 받으면 응집 반응이 일어난다.

## 12
정답 ②

[난도] 중

**[정답해설]**

주어진 지문을 대상으로 조건을 〈표〉로 구현해 보면 다음과 같다.

| 구분 | 대학 평준화 | 고교 자체평가확대 | 대입 정시 확대, 수시 축소 | 고교 평준화 강화 |
|---|---|---|---|---|
| 기회 균등/ 교육의 수월성 | | | | |
| 국민 선호도 | 300명 | 400명 | 600명 | 700명 |
| 기존 교육 재정 | × | ○ | ○ | ○ |
| 가계의 교육 부담 감소 | ○ | ○ | × | ○ |

〈표〉의 좌측 4가지 항목을 모두 만족시키는 것이 선택되므로 제시문에 나타나지 않은 '기회 균등/ 교육의 수월성' 항목에서 '고교 평준화 강화'가 선정된다면 최종 안건으로 선정 가능함을 알 수 있다.

## 13
정답 ①

[난도] 중

**[정답해설]**

① 빈칸 바로 전에 휴일근로를 연장근로가 아니라고 보는 이유가 나오므로 빈칸에는 '휴일근로가 연장근로가 아니라고 보았을까?'가 와야 한다. 즉 종전에는 연장근로를 소정근로의 연장으로 보았고, 1주의 최대 소정근로시간을 정할 때 기준이 되는 1주를 5일에 입각하여 보았고 1주 중 소정근로일을 월요일부터 금요일까지의 5일로 보았기에 이 기간에 하는 근로만이 근로기준법상 소정근로시간의 한도에 포함된다고 해석하였다.

## 14
정답 ②

**난도** 중

**정답해설**

- 을 (o) : 개정 근로기준법에 의하면, 월요일부터 목요일까지 매일 10시간씩 일한 사람의 경우는 하루 소정근로시간 8시간에 매일 2시간씩 연장근로를 한 경우이고 월요일~목요일까지 총 8시간을 연장근로했다. 따라서 월요일부터 목요일까지 총 40시간을 근로했고 주당 근로가능한 시간은 총 52시간이므로 남은 시간은 12시간이므로 금요일에 허용되는 최대근로시간은 12시간이다.

**오답해설**

- 갑 (×) : 개정 근로기준법에 의하면 연장근로는 1주일에 총 12시간을 넘을 수 없으므로 만일 1주 중 3일 동안 하루 15시간씩 일한 경우는 1일 소정근로시간 8시간을 제외하면 연장근로는 7시간이며 3일을 연속 연장근로 7시간씩 했으므로 총 21시간 연장근로가 되어 1주일에 12시간의 연장근로시간을 초과하게 된다.
- 병 (×) : 기존 근로기준법에서도 연장근로가 아닌 한 1일의 근로시간은 8시간을 초과할 수 없다고 법에 규정되어 있기 때문에, 이미 52시간을 근로한 근로자에게 휴일에 1일 8시간을 넘는 근로를 시킬 수 없다. 따라서 만일 근로자가 일요일에 12시간을 일한 경우 그 근로자의 종전 1주일 연장근로가 12시간을 넘기지 않은 경우라면 일요일 근무한 12시간 중 8시간을 초과한 4시간은 연장근로시간이 된다.

## 15
정답 ⑤

**난도** 중

**정답해설**

주어진 참 조건을 〈표〉로 정리하면 다음과 같다.

| 구분 | 갑돌 | 을순 | 병돌 | 정순 |
|---|---|---|---|---|
| 치석 제거 (매년) | 20% 미만 | 20% 미만 | 20% 미만 | 20% 미만 |
| 치석 제거 × | • 60% 커피<br>• 80% 흡연<br>• 90% 커피, 흡연 | – | – | • 60% 커피<br>• 80% 흡연<br>• 90% 커피, 흡연 |
| 커피/흡연 | ○ | 무관 | 무관 | ○ |

⑤ 매일 커피와 흡연을 하는 갑돌, 정순이 치석을 제거하지 않는 경우 그의 이가 노랄 확률은 90% 이상이다.

**오답해설**

① 갑돌이 매년 치석을 제거하는 경우 이가 노랄 확률은 20% 미만이다.
② 을순은 매년 치석을 제거하므로 이가 노랄 확률은 20% 미만이고 이가 노랗지 않을 확률은 반대 해석상 80% 이상이다.
③ 병돌이 흡연자라 해도 매년 치석을 제거하므로 이가 노랄 확률은 20% 미만이다.
④ 병돌이 매일 커피를 마신다 해도 매년 치석을 제거하므로 이가 노랄 확률은 20% 미만이다.

## 16
정답 ③

**난도** 중

**정답해설**

세 진술을 순서대로 ①, ②, ③이라 하자.

> ① A가 찬성하면 B, C도 찬성한다. (A → B∩C)
> ② C는 반대한다. (~C)
> ③ D가 찬성한다면 A와 E 중 한 개 이상은 찬성한다. (D → A∪E)

②에서 C는 반대하므로 ①에서 A도 반대임을 알 수 있다. (∵'A가 찬성하면 B, C도 찬성한다.'고 했으므로)

ㄱ. (o) A, C가 반대이므로 B, D, E 모두 찬성해야 안건이 승인된다. 따라서 'B가 찬성하지 않는다면, 안건은 승인되지 않는다.'는 옳은 지문이다.
ㄴ. (×) C가 반대이므로 A도 반대이며 남은 B, D, E 중 B, E가 찬성하는 경우와 D가 반대하는 경우('D가 찬성한다면 A와 E 중 한 개 이상의 구는 찬성한다.'에서 E는 찬성해도 D는 반대하는 경우를 생각할 수 있다)도 있으므로 언제나 B, D, E가 찬성이라 할 수는 없다. 따라서 'B가 찬성하는 경우 E도 찬성한다면, 안건은 승인된다.'는 틀린 지문이다.
ㄷ. (o) 'D가 찬성한다면 A와 E 중 한 개 이상의 구는 찬성한다.'가 참이므로 대우명제인 A가 찬성하지 않고 E가 찬성하지 않는 경우 D도 찬성하지 않는다는 참이다.

## 17
정답 ①

**난도** 중

**정답해설**

아래 4개의 전제 중 3개는 맞고 1개만 틀리므로

> 가인 : 을현은 행정안전부에, 병천은 보건복지부에 배치될 거야.
> 나운 : 을현이 행정안전부에 배치되면, 갑진은 고용노동부에 배치될 거야.
> 다은 : 을현이 행정안전부에 배치되지 않으면, 병천이 행정안전부에 배치될 거야.
> 라연 : 갑진은 고용노동부에, 병천은 행정안전부에 배치될 거야.

에서 '가'와 '라'는 서로 병이 보건복지부, 행정안전부에 배치된다고 하므로 모순 관계에 있다. 따라서 '가'와 '라'는 동시에 참일 수 없고 둘 중 하나의 진술은 틀린 진술이다.

case ①>만일 '가'가 틀린 진술이라면 자동적으로 '라'는 옳은 진술이므로 진술을 토대로 배치도를 작성하면

| 갑 | 고용노동부 |
|---|---|
| 을 | 보건복지부 |
| 병 | 행정안전부 |

case ②>만일 '라'가 틀린 진술이라면 자동적으로 '가'는 옳은 진술이므로 진술을 토대로 배치도를 작성하면

| 갑 | 고용노동부 |
|---|---|
| 을 | 행정안전부 |
| 병 | 보건복지부 |

이를 근거로 판단할 때

ㄱ. (o) case ①, ②에서 '갑진은 고용노동부에 배치된다.'는 언제나 참임을 알 수 있다.
ㄴ. (×) case ①에서 '을현은 행정안전부에 배치된다.'는 거짓임을 알 수 있다.
ㄷ. (×) '가' 또는 '라'의 예측이 틀린 경우이므로 '라연의 예측은 틀렸다.'는 거짓임을 알 수 있다.

## 18
**정답 ③**

**난도** 중

**정답해설**

ㄱ. (ㅇ) 할인 기회를 제공한 경우는 [E, F]와 [G, H]의 경우이며 각각 구매율은 b로 할인 기회를 제공하지 않은 경우의 구매율(c, d)보다 높다.

ㄴ. (ㅇ) 광고를 할 때 사후서비스를 한 경우와 안 한 경우를 비교한 집단은 [C, D]와 [G, H]인데 각각 사후서비스를 한 경우의 만족도는 안 한 경우보다 높았다.

| 광고를 한 경우 | 원 구매율 | 사후서비스 추가 | 사후서비스 없음 |
| --- | --- | --- | --- |
| C | c → | b | |
| D | c → | | c |

| 광고/할인 기회<br>부여 한 경우 | 원 구매율 | 사후서비스 추가 | 사후서비스 없음 |
| --- | --- | --- | --- |
| G | b → | a | |
| H | b → | | b |

**오답해설**

ㄷ. (×) [C, D]의 경우 광고를 했음에도 사후서비스를 안 한 경우 만족도는 c였고 [E, F]의 경우 광고를 안 한 경우로 사후서비스도 안했을 때 만족도는 b였으므로 사후서비스를 하지 않을 때, 광고를 한 경우가 하지 않은 경우보다 마케팅 만족도가 높다고 볼 수 없다.

## 19
**정답 ⑤**

**난도** 중

**정답해설**

ㄱ. (ㅇ) A라는 성질을 가진 대상이 존재할 때, 그 대상들 중 B라는 성질을 가지지 않는 대상이 있다면 U는 거짓이 되는 것에 대해 갑과 을은 모두 이견이 없으므로 "갑과 을은 'A인 대상이 존재하지만 B인 대상이 존재하지 않는다면, U는 거짓이다.'라는 것에 동의한다."는 옳은 진술이다.

ㄴ. (ㅇ) 을은 U에 A의 존재가 전제되었다고 보며 병은 A의 존재가 전제되어야 U의 참 또는 거짓을 판정할 수 있다고 보므로 "을과 병은 만일 'U가 참이라면, A인 대상이 존재한다.'는 것에 동의한다."는 옳은 진술이다.

ㄷ. (ㅇ) 갑은 U를 'A이면서 B가 아닌 대상은 하나도 없다'로 이해한다. 따라서 U가 거짓이라면 'A이면서 B가 아닌 대상이 있다.'가 되며 병은 A의 존재가 전제되어야 U의 참 또는 거짓을 판정할 수 있다고 보므로 "갑과 병은 'U가 거짓이라면, A인 대상이 존재한다.'는 것에 동의한다."는 옳은 진술이다.

## 20
**정답 ②**

**난도** 중

**정답해설**

② 보편적 일반화는 '유형 I에 속하는 n개의 개체를 조사해 보니 이들 모두에서 속성 P를 발견하였다. 따라서 유형 I에 속하는 모든 개체들은 속성 P를 가질 것이다.'라고 보는 것으로 유형에 속하는 일부 구성원을 조사한 후 이들에게서 발견되는 성질을 전체 구성원의 보편성으로 치환하는 경우이다. 따라서 우리나라 전체 공무원 중 100명을 대상으로 조사한 내용을 가지고 전체 공무원의 공통된 성향으로 보는 것은 '보편적 일반화'에 해당한다.

**오답해설**

① '타당한 논증'이란 연역논증 가운데 결론의 참을 100% 보장하는 논증을 말한다. '우리나라 공무원 중 여행과 음악을 모두 좋아하는 이들의 비율은 전체의 80%를 넘지 않는다.'는 전제를 통해 연역적으로 '우리나라 공무원 중 여행을 좋아하는 이들의 비율은 전체의 80%를 넘지 않을 것이다.'라는 결론이 100% 참이 되는 것은 아니므로 이 논증은 '타당한 논증'이라 볼 수 없다.

③ 통계적 일반화는 '유형 I에 속하는 n개의 개체를 조사해보니 이들 가운데 m개에서 속성 P를 발견하였다. 따라서 유형 I에 속하는 모든 개체 중 m/n이 속성 P를 가질 것이다.'라는 것이므로 '우리나라 공무원 중 30%가 운동을 좋아한다. 따라서 우리나라 20대 공무원 중 30%는 운동을 좋아할 것이다.'는 논증에서 '20대 공무원 중 30%'라는 것은 '전체의 m/n'의 속성을 말하는 통계적 일반화의 예가 아니다.

④ 통계적 삼단논법은 '유형 I에 속하는 개체 중 m/n에서 속성 P를 발견하였다. 개체 α는 유형 I에 속한다. 따라서 개체 α는 속성 P를 가질 것이다.'라는 것으로 '해외연수를 다녀온 공무원의 95%가 정부 정책을 지지한다. 공무원 갑은 정부 정책을 지지하고 있다. 따라서 갑은 해외연수를 다녀왔을 것이다.'에서 유형 I는 '해외연수를 다녀온 공무원'이고 m/n은 95%이며 속성 P는 '정부 정책을 지지한다'로 볼 수 있다. 이 경우 통계적 삼단논법에서는 '개체 α는 유형 I에 속한다. 따라서 개체 α는 속성 P를 가질 것이다.'라고 보므로 공무원 갑이 해외연수를 다녀왔다는 것이 먼저 전제되어야 하며 그 결론으로 갑은 정부 정책을 지지하고 있다고 해야 하는데 지문은 순서가 바뀌었다.

⑤ 유비추론은 '유형 I에 속하는 개체 α가 속성 P1, P2, P3을 갖고, 유형 II에 속하는 개체 β도 똑같이 속성 P1, P2, P3을 갖는다. 개체 α가 속성 P4를 가진다는 사실이 발견되었다. 따라서 개체 β는 속성 P4를 가질 것이다.'이다. '임신과 출산으로 태어난 을과 그를 복제하여 만든 병은 유전자와 신경 구조가 똑같다. 따라서 을과 병은 둘 다 80세 이상 살 것이다.'에서 유비추론이 되려면 을은 80세까지 살았다는 사실이 발견돼야 하고 이를 전제로 그러면 병도 80세까지 살 것이라는 논증이 돼야하는데 지문은 동시에 '을과 병은 둘 다 80세 이상 살 것이다.'라고 했으므로 유비추론으로 볼 수 없다.

## 21
**정답 ③**

**난도** 중

**정답해설**

ㄱ. (ㅇ) 'B 그룹 쥐의 뇌보다 A 그룹 쥐(자극 X에 노출)의 뇌에서는 크기가 큰 신경세포뿐만 아니라 신경교세포도 더 많이 발견되었다.'와 'A 그룹의 쥐의 뇌에서는 신경전달물질 α가 더 많이 분비되었는데'를 통해 '자극 X가 있으면 없을 때보다 신경교세포의 수와 신경전달물질 α의 분비량이 많아진다.'는 옳은 진술임을 알 수 있다.

ㄴ. (ㅇ) 'A 그룹 쥐(자극 X에 노출)의 대뇌피질은 B 그룹 쥐의 대뇌피질보다 더 무겁고 더 치밀했지만, 뇌의 나머지 부위의 무게에는 차이가 없었다.'를 통해 '자극 X가 있으면 없을 때보다 전체 뇌 무게에 대한 대뇌피질의 무게 비율이 높아지고 대뇌피질이 촘촘해진다.'는 옳은 진술임을 알 수 있다.

**오답해설**

ㄷ. (×) 'B 그룹 쥐의 뇌보다 A 그룹(자극 X에 노출) 쥐의 뇌에서는 크기가 큰 신경세포뿐만 아니라 신경교세포도 더 많이 발견되었다.'에서 '자극 X가 없으면 있을 때보다 뇌 신경세포의 크기와 수가 늘어난다.'가 틀린 진술임을 알 수 있다.

## 22

정답 ①

난도 중

정답해설

ㄱ. (ㅇ) 1977년 캐나다 실험에 대한 비판은 투여된 사카린의 양이 쥐가 먹는 음식의 5%로 너무 많다는 것이며, ⓒ은 이러한 비판이 옳지 않다고 하고 있다. 그 논거로 '발암물질의 효과를 확인하려는 동물 실험은 최소한 수만 마리의 쥐를 이용한 실험을 해야 유의미한 결과를 얻을 수 있다. 하지만 그렇게 많은 쥐를 이용해서 실험하는 것은 불가능하다. 이럴 때 택하는 전형적인 전략은 실험 대상의 수를 줄이고 발암물질의 투여량을 늘리는 것이다.'라고 하고 있으므로 이는 발암물질 투여량이 많을수록 적은 수의 실험 대상으로도 암 유발물질의 유효성을 판별할 수 있다는 것이다. 따라서 '인간이든 쥐든 암이 발생하는 사례의 수는 발암물질의 섭취량에 비례한다.'는 ⓒ의 논지를 강화한다.

오답해설

ㄴ. (×) 사례의 논지는 '실험 대상인 쥐의 숫자를 줄이고도 다량의 발암물질을 투입하는 경우에는 발암물질의 유효성을 효과적으로 알 수 있다.'는 내용이므로 쥐에게 투입된 암 유발물질도 인간에게 발암물질이 아닌 것이 있다는 것은 이러한 논지를 약화한다.

ㄷ. (×) '발암물질의 투여량을 늘리면 실험 대상의 수를 줄이더라도 유의미한 실험 결과를 확보할 수 있는 것이다.'고 하므로 '발암물질의 유효성이 클수록 더 많은 수의 실험 대상을 확보해야 유의미한 실험 결과를 얻을 수 있다.'는 논지를 약화한다.

## 23

정답 ①

난도 하

정답해설

ㄱ. (ㅇ) A는 '종 차별주의가 옳지 않다는 주장은 모든 종을 동등하게 대우해야 한다는 종 평등주의가 옳다는 말과 같다.'고 하므로 종 차별주의를 인정하면 당연히 종 평등주의를 부정하게 되며 반대의 경우도 마찬가지이므로 양자가 동시에 인정될 수 없는 모순관계에 있다고 본다. B는 '종 차별주의를 거부하는 것과 종 평등주의를 받아들이는 것은 별개다.'라고 하므로 양자를 양립불가의 모순관계로 보지 않는다.

오답해설

ㄴ. (×) C는 '의식에 의한 차별이 정당하다는 주장이 옳다면, 각 인간이 가진 가치도 달라야 한다. 왜냐하면 인간마다 의식적 경험의 정도가 다르기 때문이다.'라고 하므로 모든 인간을 동일한 존엄성과 무한한 생명 가치를 가진다는 견해에 동의하지 않는다.

ㄷ. (×) C는 '모든 인간이 동일한 존엄성과 무한한 생명 가치를 가진다는 것은 거부할 수 없는 윤리의 대전제이다.'라고 하므로 인간과 인간이 아닌 것 사이의 차별적 대우를 정당화하는 근거가 있다는 것에 동의한다. 다만 그 차별이 '의식'일 순 없다는 것이다. A 역시 종 차별주의자로 '인간 종이 다른 생물 종과 생김새가 다르다는 이유만으로 특별한 대우를 받아야 한다는 주장'을 하므로 인간과 인간이 아닌 것 사이의 차별적 대우를 정당화하는 근거가 있다는 것에 동의한다.

## 24

정답 ④

난도 하

정답해설

④ 「ㅇㅇ구 건강관리센터 운영규정」은 '출산일을 기준으로 6개월 전부터 계속하여 ㅇㅇ구에 주민등록을 두고 실제로 ㅇㅇ구에 거주하고 있는 산모'에 한해 산모·신생아 건강관리 서비스를 이용할 수 있다. 따라서 사례의 갑은 2020년 6월 28일 아이를 출산했으므로 6개월 전인 2019년 12월 28일 이전에 ㅇㅇ구에 주민등록이 되고 실제 거주해야 한다. 따라서 변경 전 규정에 의하면 갑은 2020년 1월 1일에 ㅇㅇ구에 주민등록이 되었으므로 산모·신생아 건강관리 서비스를 이용할 수 없다. 만약 「ㅇㅇ구 건강관리센터 운영규정」의 '출산일'을 모두 '출산 예정일 또는 출산일'로 개정한다면 갑은 출산 예정일인 2020년 7월 2일을 기준으로 6개월 전인 2020년 1월 2일 이전인 2020년 1월 1일에 ㅇㅇ구에 주민등록을 했고 실거주했으므로 해당 서비스를 이용할 수 있다.

## 25

정답 ②

난도 중

정답해설

ㄴ. (ㅇ) 쟁점 2는 '법인 B의 지점 및 사무소 각각은 총리령으로 정하는 손해사정사의 구분에 따른 업무의 종류가 2개씩이고 각 종류마다 1명의 손해사정사를 두고 있다.'이고 제ㅇㅇ조 제2항은 '제1항에 따른 법인이 지점 또는 사무소를 설치하려는 경우에는 각 지점 또는 사무소별로 총리령으로 정하는 손해사정사의 구분에 따라 수행할 업무의 종류별로 1명 이상의 손해사정사를 두어야 한다.'이다. 이 경우 '지점에 두어야 하는 손해사정사가 비상근이어도 무방하다.'고 생각하는 을에 의하면 법인 B의 지점은 제ㅇㅇ조 제2항을 어긴 것이 아니고 반대로 '지점에 두어야 하는 손해사정사는 상근이어야 한다.'고 생각하는 갑에 의하면 법인 B의 지점은 제ㅇㅇ조 제2항을 어긴 것이 된다. 따라서 옳은 진술이다.

오답해설

ㄱ. (×) 쟁점 1에서 법인 A는 총리령상 구분되는 업무 종류가 4개이고 각 종류마다 2명의 손해사정사를 두었다고 하므로 총 8명의 손해사정사가 있다. 법 제ㅇㅇ조 제1항은 '손해사정을 하는 법인은 2명 이상의 상근 손해사정사를 두어야 하고 총리령이 정하는 종별로 1명 이상의 상근 손해사정사를 두어야 한다.'고 규정하는데 ㄱ에서 비상근 손해사정사 2명이 각각 다른 종류의 업무를 담당한다면 2개 종류에서 (비상근, 상근) 손해사정사가 업무를 담당하게 되어 이는 결과적으로 한 종류에서 한 명 이상의 상근손해사정사를 둔 경우이므로 법 제ㅇㅇ조 제1항을 위반하는 것이 아니다. 쟁점 1에서 '갑은 법인 A가 「보험업법」 제ㅇㅇ조 제1항을 어기고 있다고 주장하지만 을은 그렇지 않다고 주장한다.'고 하고 ㄱ은 갑의 주장이 옳고 을은 틀리다고 하고 있으나 실은 갑의 주장은 틀리고 을의 주장이 맞으므로 ㄱ은 틀린 진술이다.

ㄷ. (×) 법인과 그 지점에서 근무하는 손해사정사가 모두 상근이라면 쟁점 1과 쟁점 2의 을의 진술은 모두 옳다.

# CHAPTER 05

# 2020년 7급 PSAT 모의평가 자료해석

| 01 | 02 | 03 | 04 | 05 | 06 | 07 | 08 | 09 | 10 |
|----|----|----|----|----|----|----|----|----|----|
| ⑤ | ① | ① | ⑤ | ④ | ② | ② | ③ | ① | ④ |
| 11 | 12 | 13 | 14 | 15 | 16 | 17 | 18 | 19 | 20 |
| ③ | ③ | ③ | ④ | ① | ② | ⑤ | ⑤ | ⑤ | ④ |
| 21 | 22 | 23 | 24 | 25 | | | | | |
| ① | ④ | ③ | ④ | ② | | | | | |

## 01

정답 ⑤

난도 하

**정답해설**

⑤ 보고서에서는 '축제 관련 정보 획득 매체는 연령대별로 차이를 보였다. 20대 이하와 30~40대는 각각 인터넷을 통해 정보를 획득한 관람객 수가 가장 많았다. 반면, 50대 이상은 현수막을 통해 정보를 획득한 관람객 수가 가장 많아 관람객의 연령대별 맞춤형 홍보 전략이 필요하다는 것을 보여준다.'에서 50대 이상은 현수막을 통해 정보를 획득한 관람객 수가 가장 많았다고 기술하였으나 ⑤의 경우 50대 이상이 TV를 통해 가장 많은 정보를 취득한다고 되어있으므로 설문조사에 부합하지 않는다.

〈관람객의 연령대별 5대 축제 관련 정보 획득 매체〉

(단위 : %)

| 매체 \ 연령대 | TV | 인터넷 | 신문 | 현수막 | 기타 |
|----|----|----|----|----|----|
| 20대 이하 | 22.0 | 58.6 | 10.8 | 17.5 | 11.5 |
| 30~40대 | 25.4 | 35.0 | 16.5 | 18.0 | 9.0 |
| 50대 이상 | 35.0 | 20.2 | 21.0 | 29.5 | 8.0 |
| 전체 | 26.0 | 41.5 | 15.1 | 20.1 | 9.8 |

## 02

정답 ①

난도 하

**정답해설**

조건을 반영하여 B의 판매량을 기준으로 〈표〉를 정리해 보면

| 간편식 | A | B | C | D | E | F | 평균 |
|----|----|----|----|----|----|----|----|
| 판매량 | 95 | $b$ | 95 | $b$ | $b-23$ | 43 | 70 |

평균을 통해 $b$ 값을 간단히 구할 수 있다.

$$\frac{95+b+95+b+b-23+43}{6}=70$$

$$210+3b=420$$

$$3b=210$$

$$b=70$$

따라서 B는 70개, E는 47개이다.

## 03

정답 ①

난도 하

**정답해설**

ㄱ. (○) 사고건수 증가율은 $\frac{(2019년\ 사고건수 - 2015년\ 사고건수)}{2015년\ 사고건수} \times 100$으로 구한다.

공급자 취급부주의의 경우 2019년과 2015년의 발생건수 차이는 6건이며, 시설미비의 경우도 2019년과 2015년의 발생건수 차이는 6건으로 동일하다. 이 경우 분자값이 같으므로 증가율은 분모값이 작을수록 더 크므로 개별 계산 없이도 분모값이 작은 시설미비의 경우가 증가율이 더 큼을 알 수 있다.

ㄴ. (○) '주택'의 연도별 사고건수 증감방향은 '증가 → 감소 → 증가 → 증가'이고 '차량'의 연도별 사고건수 증감방향도 '증가 → 감소 → 증가 → 증가'이다.

**오답해설**

ㄷ. (×) 2016년 사고건수 상위 2가지는 사용자 취급부주의(41건)와 시설미비 (20)건이며 전체발생건수는 120건이므로 상위 두가지 사고건수의 합(61건)은 나머지 발생건수의 합보다 크다.

ㄹ. (×) 전체 사고건수에서 '주택'이 차지하는 비중이 35% 이상인지를 판단하려면 '전체사고건수×0.35<주택 사고건수'인지를 판별하면 된다. 계산해 보면

| 구분 | 2015 | 2016 | 2017 | 2018 | 2019 |
|----|----|----|----|----|----|
| 전체사고건수 | 121 | 120 | 118 | 122 | 121 |
| 전체×0.35 | 42.35 | 42 | 41.3 | 42.7 | 42.35 |
| 주택 | 48 | 50 | 39 | 42 | 47 |

따라서 2017, 2018년은 35% 미만이므로 틀린 지문이다.

**합격생 가이드**

■ **빠른계산 Tip**

전체의 10%를 먼저 구하고 그 절반인 5%를 구한다.

예를 들어 2017년의 전체 사고건수는 118건이고 10%는 11.8, 5%는 5.9이다. 118의 35%는 10%×3+5%이고 이는 11.8의 3배는 12×3−0.2×3 식으로 계산하면 암산이 쉽다. 따라서 11.8×3=12×3−0.2×3=36−0.6=35.4, 35.4+5.9=41.3 식으로 보다 쉽게 구해진다.

## 04

난도 중

정답해설

⑤ A, C 지역의 수질이 2015년부터 2017년까지 2등급 이상인지를 판단하려면 어느 한 해도 2등급 미만의 기준에 해당하는지를 살펴보면 된다. 2등급의 기준은 1등급에 해당하지 않으면서 DO가 2.00mg/L 이상이고 COD는 2.00mg/L 이하이며 Total-N이 0.60mg/L 이하인 경우이므로 C의 경우 2017년 Total-N이 0.68로 등급외에 해당한다. 따라서 틀린 지문이다.

오답해설

① '감소 → 증가 → 감소 → 감소'로 동일하다.

② 2016년 B지역의 전년 대비 해조류 군집 출현종수의 증감율

$$= \frac{102-77}{102} \times 100 = \frac{25}{102} \times 100 ≒ 25\%$$이고

2016년 B지역의 전년 대비 해양 저서동물 출현종수의 증감율

$$= \frac{90-73}{90} \times 100 = \frac{17}{90} \times 100 ≒ 18.8\%$$

따라서 해조류 군집 출현종수의 전년대비 증감률이 해양 저서동물 출현종수의 전년 대비 증감률보다 크다.

③ 2019년에는 해양 저서동물 출현종수가 가장 많은 지역은 D지역이며 D지역의 2019년 총질소(Total-N)는 0.07로 가장 낮다.

④ 해양수질이 1등급이기 위해서는 1등급은 DO가 7.50mg/L 이상이고 COD는 1.00 mg/L 이하이며 Total-N이 0.30mg/L 이하여야 한다. 2015년 COD 부분에서 1등급 기준인 1.00mg/L 이하인 것은 D밖에 없다. 따라서 2015년 해양수질이 1등급인 지역은 D가 유일하다.

합격생 가이드

**〈분수의 크기 비교〉 빠르게 하는 법**

① 비교하는 두 분수의 분모와 분자의 증감을 비교한다.

예 $\frac{17}{90}$ 에서 $\frac{25}{102}$ 로 분수가 변화했다고 보자.

② 분모의 증감율(이전 분수 기준)과 분자의 증감율(이전 분수 기준)을 비교하여 분모의 증감율이 크면 숫자(변화한 분수)는 작게 변화한 것이다. (반대도 동일)

예 위에서 분모가 12 증가할 때 분자는 8 증가했다. 90 대비 12는 약 10.x% 이상 증가한 것이고 17 대비 8은 약 40% 넘게 증가한 것이다. 분모의 증감율이 더 작으므로 숫자(변화한 분수)는 크게 변화한 것이고 따라서 $\frac{25}{102}$ 가 더 크다.

## 05

난도 중

정답해설

④ 2018년 최대전력수요는 2월로 7,879이고 최소전력수요는 5월로 6,407이다. 2019년 최대전력수요는 8월 8,518이고 최소전력수요는 4월로 6,577이다. 최대수요와 최소수요의 차이는 2018년이 1,472이고 2019년이 1,941이다. 따라서 2018년이 2019년보다 작다(구체적으로 계산하지 않아도 그래프의 상한과 하한의 거리차이를 보면 쉽게 알 수 있다).

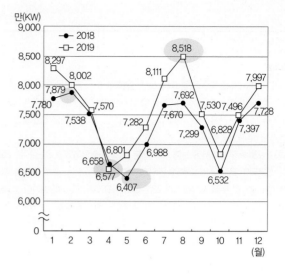

오답해설

① 공급예비력은 '전력공급능력 – 최대전력수요'이다. 따라서 2018년은 8,793 – 7,879＝914이고, 2019년은 9,240 – 8,518＝722이다. 따라서 2018년이 더 크다. 따라서 틀린 지문이다.

② 공급예비율은 $\frac{공급예비력}{최대전력수요} \times 100$이므로 2018년은 $\frac{914}{7,879} \times 100$이고, 2019년은 $\frac{722}{8,518} \times 100$이다. 대략적인 크기비교를 하면 2018년은 분자(91,400)가 분모(7,879)보다 10배 초과이고 2019년 분자(72,200)가 분모(8,518)보다 10배 미만이다. 따라서 2018년이 더 큼을 쉽게 알 수 있다. 따라서 틀린 지문이다.

③ 2019년과 2018년 1월에서 2월 사이만 비교해 봐도 2019년은 감소방향이나 2018년은 증가방향이므로 틀린 지문이다.

⑤ 전년동월대비 증가율이 가장 높은 달은 해당월의 두 연도별 그래프 사이의 폭이 가장 큰 달이다. 따라서 8월이 가장 증가율이 크다고 볼 수 있다.

## 06

난도 하

정답해설

A~E 지역의 산사태 위험인자 현황(괄호 안은 점수)

| 위험인자 \ 지역 | A | B | C | D | E |
|---|---|---|---|---|---|
| 경사길이(m) | 180<br>(20) | 220<br>(30) | 150<br>(20) | 80<br>(10) | 40<br>(0) |
| 모암 | 화성암<br>(10) | 퇴적암<br>(0) | 변성암<br>(편마암)<br>(30) | 변성암<br>(천매암)<br>(20) | 변성암<br>(편마암)<br>(30) |
| 경사위치 | 중하부<br>(10) | 중상부<br>(20) | 중하부<br>(10) | 상부<br>(30) | 중상부<br>(20) |
| 사면형 | 상승사면<br>(0) | 복합사면<br>(30) | 하강사면<br>(20) | 복합사면<br>(30) | 평형사면<br>(10) |
| 토심(cm) | 160<br>(30) | 120<br>(20) | 70<br>(10) | 110<br>(20) | 80<br>(10) |
| 경사도(°) | 30<br>(10) | 20<br>(30) | 25<br>(20) | 35<br>(10) | 55<br>(0) |
| 합계 점수 | 80 | 130 | 110 | 120 | 70 |

따라서 합계 점수가 가장 높은 지역은 B이고 가장 낮은 지역은 E이다.

## 07
정답 ②

난도 중

정답해설

ㄱ. (O) 0~6km의 소요 시간을 더해 보면 출발 후 6km 지점을 먼저 통과한 선수는 A, C, D, B 순임을 쉽게 알 수 있다(계산하는 구간에서 5분 단위대와 6분 단위대가 구간에서 몇 개씩 있는지를 비교한 후 초단위를 합산하면 계산하기 편하다).

ㄷ. (O) 0~3km 구간까지 오는데 B는 17분 16초가 소요되었고 C는 17분 25초가 소요되어 B가 3km 지점에 먼저 도착했다. 하지만 3~4km 구간을 지나 4km에 도달한 누적 시간은 B가 23분 34초이고 C가 22분 40초이다. 따라서 4km 지점에는 C가 먼저 도착했다. 따라서 C는 3km 지점에서는 B보다 늦게 도착했지만 4km 지점에는 B보다 먼저 도착했으므로 3~4km 구간에서 C가 B를 추월했음을 알 수 있다.

오답해설

ㄴ. (X) B의 10km 완주기록은 57분 54초이다(1km 구간마다 6분에 주파하면 총 10km를 60분 걸린다. B는 6분 이상인 구간이 3~4, 4~5, 5~6km 3개 구간이었고 나머지 7개 구간은 5분대였으므로 전체가 60분이 넘지 않음을 쉽게 파악할 수 있다).

ㄹ. (X) A가 10km 지점을 통과한 순간은 51분 52초이며 D가 7km 지점을 지나는 시간은 D가 10km를 완주한 시간에서 7~10km 통과시간(5분 24초+5분 11초+5분 15초=15분 50초)을 빼면 57분 23초-15분 50초이며 대략 16분을 뺀 값에 10초를 더해서 계산하면 빠르다. 값은 41분 33초이다. 이 시간에 D는 7km를 통과하므로 따라서 'A가 10km 지점을 통과한 순간, D는 7~8km 구간을 달리고 있다.'는 틀린 지문이다.

## 08
정답 ③

난도 중

정답해설

〈보고서〉상의 3가지 조건을 모두 만족하는 그래프를 찾는 문제이다. 우선 첫 번째 조건에서,

① '메뉴 가격에 변동이 없는 경우 일반식 이용자와 특선식 이용자의 수가 모두 2018년 12월에 비해 감소'한다고 했는데 ①은 일반식이 1,220으로 1,210보다 증가했으므로 틀린 그래프이다.

② '특선식 가격만을 1,000원 인상하여 7,000원으로 할 경우, 특선식 이용자 수는 2018년 7월 이후 최저치 이하로 감소하지만, 가격 인상의 영향 등으로 총매출액은 2018년 10월 이상으로 증가할 것으로 예측된다.'고 했으므로 2018년 7월 이후 최저치는 8월이며 885명 이하여야 한다. 따라서 ②는 특선식만 1,000원 인상한 경우 890명이므로 제외된다.

⑤ 마지막 조건에서 '일반식 가격만을 1,000원 인상하여 5,000원으로 할 경우, 일반식 이용자 수는 2018년 12월 대비 10% 이상 감소하며, 특선식 이용자 수는 2018년 10월보다 증가하지는 않으리라 예측'된다고 했으므로 2018년 12월 대비 10% 감소한 인원은 1,210-121=1,089명 이하여야 한다. 따라서 ⑤는 제외된다. 또 특선식 이용자가 2018년 10월인 979명보다 증가하지 않아야 하므로 따라서 남은 것은 ③, ④이다.

두 번째 조건에서 '특선식 가격만을 1,000원 인상하여 7,000원으로 할 경우, 특선식 이용자 수는 2018년 7월 이후 최저치 이하로 감소하지만, 가격 인상의 영향 등으로 총매출액은 2018년 10월 이상으로 증가할 것으로 예측된다. 총매출액이 2018년 10월 매출액인 '10,850'보다 증가한다고 했으므로 ③, ④ 중 하나가 답이다.

굳이 계산하지 않아도 ③은 특식 이용인원과 일반식 이용인원이 ④에 비해 각각 많으므로 당연히 매출 증가는 ③이 ④보다 크다. ③, ④ 중 매출이 큰 것이 답이므로(객관식 답은 1개이므로) 굳이 세부적 계산을 하지 않아도 ③이 조건을 만족하는 답임을 쉽게 알 수 있다.

이하 세부 계산으로 검증해 본다.

계산해 보면

③의 경우

특별식 이용자: 880×7,000=6,160,000

일반식 이용자: 1,260×4,000=5,040,000

합계=11,200,000 따라서 2018년 10월 총매출액인 10,850,000보다 크므로 조건에 부합하고

④의 경우

특별식 이용자: 870×7,000=6,090,000

일반식 이용자: 1,180×4,000=4,720,000

합계=10,810,000 따라서 2018년 10월 총매출액인 10,850,000보다 작으므로 ④는 제외된다.

## 09
정답 ①

난도 중

정답해설

ㄱ. (O) 산업용 전기요금은 일본이 160으로 가장 높고 가정용 전기요금은 독일이 203으로 가장 높다.

ㄴ. (O) 한국의 경우 가정용, 산업용 전기요금 지수는 (75, 95)이다. 2018년 한국의 가정용, 산업용 전기요금은 100kw 당 각각 $120, $95이므로 공식에 대입하여 가정용, 산업용 OECD 평균 전기요금을 구할 수 있다. OECD 평균 가정용 전기요금을 $x$, OECD 산업용 전기요금을 $y$라고 하면

$$\frac{120}{x} \times 100 = 75$$

$$75x = 12,000$$

$$x = \frac{12,000}{75} = 1600 \text{이고,}$$

$$\frac{95}{y} \times 100 = 95$$

$$y = 100$$

$x$는 $y$보다 1.5배 이상이므로, 'OECD 평균 전기요금은 가정용이 산업용의 1.5배 이상이다.'는 옳은 진술이다.

오답해설

ㄷ. (X) 가정용 전기요금이 한국보다 비싼 미국의 경우 산업용 전기요금지수는 한국보다 싸다. 따라서 틀린 진술이다.

ㄹ. (X) 일본은 산업용 전기요금이 가정용 전기요금보다 비싸다. 일본의 가정용, 산업용 전기요금지수는 138과 160이다. 이를 공식에 대입하여 일본의 가정용 전기요금과 산업용 전기요금을 구해 보자. 가정용 전기요금을 $x$라 하고 산업용 전기요금을 $y$라고 하면,

$$\frac{x}{160} \times 100 = 138$$

$$x = \frac{138 \times 160}{100} = 220.8$$

$$\frac{y}{100} \times 100 = 160$$

$$y = 160$$

따라서 가정용 전기요금이 산업용 전기요금보다 비싸다.

## 10 정답 ④

난도 중

정답해설

| 기관＼구분 | 관련<br>있음 | 관련<br>없음 | 관련없음<br>대비 관련<br>있음 건수비 | 관련없음<br>비중 | 각하 | 전체 |
|---|---|---|---|---|---|---|
| A | 8 | 33 | 24% | 73% | 4 | 45 |
| B | 17 | 77 | 22% | 79% | 3 | 97 |
| C | 99 | 350 | 28% | 68% | 59 | 508 |
| D | 0 | 9 | | 100% | 0 | 9 |

[조건1] 우주청의 전체 심사결과 중 '관련없음'의 비중은 혁신청의 전체 심사결과 중 '관련없음'의 비중보다 작다. [우주청＜혁신청] [A＜B] [C＜B] [C＜A]

[조건2] 기관별 전체 심사결과 중 '관련없음'의 비중은 문화청이 가장 크다. [D]

[조건3] '각하' 건수는 과학청이 혁신청보다 많다. [과학청＞혁신청] [A＞B] [C＞A] [C＞B]

[조건4] '관련없음' 대비 '관련있음' 건수의 비는 과학청이 우주청 보다 높다. [과학청＞우주청] [A＞B] [C＞B] [C＞A]

[조건2]에서 D는 문화청이다. [조건1]에서 전체에서 관련없음이 차지하는 비중이 우주청＞혁신청인 경우는 A＞B, C＞B, C＞A의 3가지 경우이다. 만일 A가 우주청이고 B가 혁신청이라고 가정하면 남은 C는 과학청이다. 이 전제가 조건3, 4를 만족하는지를 검토해보면,

[조건3] 각하건수는 과학청(C, 59건)이 혁신청(B, 3건)보다 많다.

[조건4] '관련없음' 대비 '관련있음' 건수의 비는 과학청(C, 28%)이 우주청(A, 24%) 보다 높다. 따라서 A는 우주청, B는 혁신청, C는 과학청일 때 [조건 1, 3, 4]를 충족함을 알 수 있다.

## 11 정답 ③

난도 중

정답해설

해석할 자료의 범위를 확정하고 먼저 제거될 수 있는 선지가 있는지를 분별하는 것이 시간을 줄이는 방법이다. 우선 ①의 그래프는 공공기관 유형별 신규채용 합격자 현황이므로 주어진 〈표2〉의 데이터를 그대로 활용하면 진위를 알 수 있고 별도의 계산이 필요 없다. 검토결과 이상 없고 옳은 그래프이다. ②의 그래프의 경우 2016년 공공기관 유형별 신규채용 남성 합격자 현황이므로 〈표2〉에서 2016년 공공기관 신규채용 합격자 인원에서 여성 인원을 뺀 인원수를 구하면 되고 총 3번만 계산하면 된다. 검토결과 공기업은 5,991－1,190＝4,801, 준정부기관은 6,084－2,868＝3,216, 기타공공기관은 8,907－4,662＝4,245로 옳다. ③의 경우 공공기관 유형별 신규채용 합격자 중 여성 비중을 구하려면 각 연도별 공공기관별 여성 합격자수를 전체 합격자 수로 나눈 %값을 찾아야 하며 가장 계산을 많이 해야 하므로 일단 넘겨 두자.

④의 경우 공공기관 신규채용 합격자의 전년대비 증가율은 〈표1〉을 활용해서 구할 수 있고 총 4번의 계산으로 정확하게 찾을 수 있다. 우선 2014년 전체 합격자는 17,601명이었고 2015년은 19,322명이었다. 어림산해 보면 17,601명의 10%는 1,760명인데 17,601＋1,760＝19,361명이므로 증가율은 10%가 조금 안됨을 알 수 있다. 같은 방식으로 계산해 보면 ④도 옳음을 알 수 있다.

⑤의 경우는 2018년 공공기관 신규채용 합격자의 공공기관 유형별 구성비이므로 2018년 전체 합격자 중 공공기관별 합격자 비중을 보면 알 수 있고 검토할 데이터는 3개이다. 비교적 간단하므로 살펴보면 일단 2018년 공기업 신규합격자는 9,070명이고 준정부기관 신규합격자는 9,847명이므로 양자의 비율은 준정부기관이 살짝 많다. 기타공공기관은 14,915명이므로 나머지 두 개 기관에 비해 두 배는 아니지만 두 배 가까이 많다. 이를 볼 때 ⑤의 그래프에서 기타공

공기관은 44.1%, 공기업은 26.8%, 준정부기관은 29.1%이므로 비율 배분이 어림산한 추세와 같다.

이 문제는 어느 그래프를 계산해야 할지를 판별하는 것이 관건이다. 비교적 간단하게 계산되는 것들을 우선 추리고 나머지를 가지고 판단하는 것이 그나마 시간을 줄이는 길이다. 남아 있는 ③의 그래프를 해석해 보면 2018년도 여성 합격자의 비중이 잘못 계산되어 있음을 알 수 있다(검산할 때는 소수점 부분이 없는 값을 우선적으로 찾아 역산하는 것이 가장 빠르다).

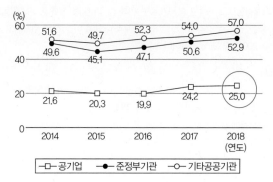

2018년 공기업 여성 합격자 수는 2,087명인데 해당자료는 전체의 25%라고 되어있으므로 2018년 전체 공기업 합격자 수인 9,070명의 25%를 계산해 보면 2267.5명이므로 해당 내용이 틀림을 알 수 있다.

이 문제는 ①, ②, ④, ⑤를 제거하고 남아 있는 선지를 답으로 고르는 것이 시간을 줄이는 판단이다. 자료해석은 주어진 자료의 의미를 해석하는 영역이지 정확한 계산을 요구하는 영역이 아니다. 이러한 측면에서 자료의 편차를 너무 조금 주어 결국 정확한 계산을 요구하는 유형의 문제가 된 것 같아 별로 좋은 유형의 문제가 아닌 것 같다.

## 12 정답 ③

난도 하

정답해설

③ 필수생활비＝주거비＋식비＋의복비이다. 주거비가 40만 원 이하인 가구는 A, B, C이며

A : 주거비＝30, 식비＝90, 필수생활비＝?

B : 주거비＝30, 식비＝60, 필수생활비＝100, 따라서 의복비＝10

C : 주거비＝40, 식비＝70, 필수생활비＝140, 따라서 의복비＝30

A는 〈그림 2〉의 5개 ( ) 구간 중 하나이며 그중 필수생활비가 가장 적은 것은 130만 원이다.

따라서 A의 필수생활비를 130만 원이라 하더라도 그때 의복비는 10만 원이므로 필수생활비가 올라가면 주거비와 식비는 고정되어 있으므로 의복비가 올라간다. 따라서 주거비가 40만 원 이하인 가구의 의복비는 각각 10만 원 이상이다.

오답해설

① A가구의 의복비가 10만 원일 때(최소치) 같고 나머지 경우는 A가구의 의복비가 더 많다.

② J는 주거비 70, 식비 100, 필수생활비 170, 따라서 의복비 0이며, I는 주거비 60, 식비 70, 필수 생활비 130이므로 의복비 0이다. 따라서 의복비가 0원인 가구는 1곳이 아니다.

④ 식비 하위 3개인 가구는 B, G, L이며, 의복비는 각각 10, 10, 30이다. 따라서 의복비의 합은 50이다.

⑤ 식비가 80인 가구는 F, H, K이며 이때 K는 식비 80, 주거비 70이므로 의복비를 제외한 합이 150만 원이므로 K의 필수생활비가 130만 원이라는 것은 틀린 지문이다.

## 13
정답 ③

난도 중

정답해설

ㄱ. (○) 이륙 중에 인적오류로 추락한 항공기 수는 55대이고(1블록을 비행기 1
대로 계산한다) 착륙 중에 원인불명으로 추락한 항공기 수는 4.5대이므로
12배(54대) 이상이다.

ㄹ. (○) 기계결함으로 추락한 항공기 수는 이륙 중, 비행 중, 착륙 중 기계결함으
로 추락한 경우로 각각 3×5+5×5+3=43대이며 이는 전체 추락사고 발
생건수 200대 중 20% 이상이다.

오답해설

ㄴ. (×) 비행 중에 원인불명으로 추락한 항공기 수는 10.5대이고, 착륙 중에 기
계결함으로 추락한 항공기 수 10.5대와 같다.

ㄷ. (×) 비행 중에 인적오류로 추락한 항공기 수는 8×3+4=28대이므로 이륙
중에 기계결함으로 추락한 항공기 수는 5×3=15대보다 13대 많다.

## 14
정답 ④

난도 중

정답해설

ㄱ. (○) 비행에 적합한 날은 총 6일이다(하단 그림의 날짜 참조).

〈표〉 기상상황과 드론 비행 및 촬영 허가신청 결과

| 구분<br>항목<br>날짜 | 기상상황 | | | 허가신청 결과 | |
|---|---|---|---|---|---|
| | 지자기지수 | 풍속(m/s) | 날씨 | 비행 | 촬영 |
| 3월 1일 | 1 | 3 | ☁ | 불허 | 불허 |
| 3월 2일 | 2 | 2 | ☀ | 불허 | 불허 |
| 3월 3일 | 3 | 3 | ☁ | 허가 | 허가 |
| 3월 4일 | 4 | 1 | ☁ | 허가 | 허가 |
| 3월 5일 | 5 | 7 | ☁ | 허가 | 허가 |
| 3월 6일 | 5 | 12 | ☁ | 허가 | 허가 |
| 3월 7일 | 5 | 5 | ☀ | 허가 | 허가 |
| 3월 8일 | 4 | 3 | ☀ | 허가 | 허가 |
| 3월 9일 | 6 | 6 | ☀ | 허가 | 허가 |
| 3월 10일 | 3 | 4 | ☁ | 허가 | 불허 |
| 3월 11일 | 4 | 3 | ☁ | 허가 | 불허 |
| 3월 12일 | 2 | 2 | ☀ | 허가 | 허가 |
| 3월 13일 | 2 | 13 | ☀ | 허가 | 허가 |
| 3월 14일 | 3 | 5 | ☁ | 허가 | 허가 |
| 3월 15일 | 1 | 3 | ☀ | 허가 | 허가 |

ㄷ. (○) 항공촬영에 적합한 기준은 비행 및 촬영 허가 기준을 모두 충족하고 허
가신청결과가 모두 허가인 때이다. 기상상황 항목별 드론 비행 및 촬영 기준
을 동시에 만족하려면 지자기지수는 5 미만이어야 하고 풍속은 5 미만이어

야 한다. 해당 기준을 만족시키는 경우를 살펴보면 다음과 같다(하단 그림의
날짜 참조).

〈표〉 기상상황과 드론 비행 및 촬영 허가신청 결과

| 구분<br>항목<br>날짜 | 기상상황 | | | 허가신청 결과 | |
|---|---|---|---|---|---|
| | 지자기지수 | 풍속(m/s) | 날씨 | 비행 | 촬영 |
| 3월 1일 | 1 | 3 | ☁ | 불허 | 불허 |
| 3월 2일 | 2 | 2 | ☀ | 불허 | 불허 |
| 3월 3일 | 3 | 3 | ☁ | 허가 | 허가 |
| 3월 4일 | 4 | 1 | ☁ | 허가 | 허가 |
| 3월 5일 | 5 | 7 | ☁ | 허가 | 허가 |
| 3월 6일 | 5 | 12 | ☁ | 허가 | 허가 |
| 3월 7일 | 5 | 5 | ☀ | 허가 | 허가 |
| 3월 8일 | 4 | 3 | ☀ | 허가 | 허가 |
| 3월 9일 | 6 | 6 | ☀ | 허가 | 허가 |
| 3월 10일 | 3 | 4 | ☁ | 허가 | 불허 |
| 3월 11일 | 4 | 3 | ☁ | 허가 | 불허 |
| 3월 12일 | 2 | 2 | ☀ | 허가 | 허가 |
| 3월 13일 | 2 | 13 | ☀ | 허가 | 허가 |
| 3월 14일 | 3 | 5 | ☁ | 허가 | 허가 |
| 3월 15일 | 1 | 3 | ☀ | 허가 | 허가 |

오답해설

ㄴ. (×) 촬영에 적합한 날은 총 4일이다(하단 그림의 날짜 참조).

〈표〉 기상상황과 드론 비행 및 촬영 허가신청 결과

| 구분<br>항목<br>날짜 | 기상상황 | | | 허가신청 결과 | |
|---|---|---|---|---|---|
| | 지자기지수 | 풍속(m/s) | 날씨 | 비행 | 촬영 |
| 3월 1일 | 1 | 3 | ☁ | 불허 | 불허 |
| 3월 2일 | 2 | 2 | ☀ | 불허 | 불허 |
| 3월 3일 | 3 | 3 | ☁ | 허가 | 허가 |
| 3월 4일 | 4 | 1 | ☁ | 허가 | 허가 |
| 3월 5일 | 5 | 7 | ☁ | 허가 | 허가 |
| 3월 6일 | 5 | 12 | ☁ | 허가 | 허가 |
| 3월 7일 | 5 | 5 | ☀ | 허가 | 허가 |
| 3월 8일 | 4 | 3 | ☀ | 허가 | 허가 |
| 3월 9일 | 6 | 6 | ☀ | 허가 | 허가 |
| 3월 10일 | 3 | 4 | ☁ | 허가 | 불허 |

| 3월 11일 | 4 | 3 | ☁ | 허가 | 불허 |
| 3월 12일 | 2 | 2 | ☀ | 허가 | 허가 |
| 3월 13일 | 2 | 13 | ☀ | 허가 | 허가 |
| 3월 14일 | 3 | 5 | 🌧 | 허가 | 허가 |
| 3월 15일 | 1 | 3 | ☀ | 허가 | 허가 |

## 15 　　　　　　　　　　　　　　　　　정답 ①

[난도] 중

[정답해설]

④ 임도 밀도 = $\dfrac{\text{임도 길이}}{\text{산림경영단지 면적}}$ 이므로, 산림경영단지 면적 = $\dfrac{\text{임도 길이}}{\text{임도 밀도}}$ 이다.

| 구분<br>산림경영단지 | 작업임도비율 | 간선임도길이 | 임도 밀도 $(a)$ | 임도 길이 $(b)$ | 산림 경영단지 면적 $\left(\dfrac{b}{a}\right)$ |
|---|---|---|---|---|---|
| A | 30 | 70 | 15 | 100 | 약 6.6 |
| B | 20 | 40 | 10 | 50 | 5 |
| C | 30 | 35 | 20 | 50 | 2.5 |
| D | 50 | 20 | 10 | 40 | 4 |
| E | 40 | 60 | 20 | 100 | 5 |

조건식을 정리하면, 다음과 같다.
- 임도 길이=작업임도 길이+간선임도 길이
- 작업임도 길이=임도 길이−간선임도 길이
- 산림경영단지 면적= $\dfrac{\text{임도 길이}}{\text{임도 밀도}}$

임도 길이를 $x$라고 할 때 A의 작업임도 비율은 $30=\dfrac{(x-70)}{x}\times1000$이므로

$30x=(x-70)\times100$

$30x=100x-7000$

$70x=7000$

$x=100$

따라서 A의 임도 길이는 100이다. 같은 방식으로 B, C, D의 임도 길이를 구하면 B의 임도 길이는

$20=\dfrac{(x-40)}{x}\times100$

$20x=100x-4000$

$80x=4000$

$x=50$

C의 임도 길이는

$30=\dfrac{(x-35)}{x}\times100$

$30x=100x-3500$

$70x=3500$

$x=50$

D의 임도 길이는

$50=\dfrac{(x-20)}{x}\times100$

$50x=100x-2000$

$50x=2000$

$x=40$

E의 임도 길이는

$40=\dfrac{(x-60)}{x}\times100$

$40x=100x-6000$

$60x=6000$

$x=100$

따라서 가장 넓은 산림경영단지는 A다.

## 16 　　　　　　　　　　　　　　　　　정답 ②

[난도] 하

[정답해설]

괄호 안을 채워 보면 다음과 같다.

### 〈표〉 '갑'국 국회의원선거의 당선자 수
(단위 : 명)

| 정당<br>권역 | A | B | C | D | E | 합 |
|---|---|---|---|---|---|---|
| 가 | 48 | ( 9 ) | 0 | 1 | 7 | 65 |
| 나 | 2 | ( 3 ) | ( 23 ) | 0 | 0 | ( 28 ) |
| 기타 | 55 | 98 | 2 | 1 | 4 | 160 |
| 전체 | 105 | 110 | 25 | 2 | 11 | 253 |

※ '갑'국의 정당은 A~E만 존재함.

ㄱ. (ㅇ) E 정당 전체 당선자 중 '가' 권역 당선자가 차지하는 비중은 60% 이상이다. E 정당은 전체 11명이 당선되었고 그중 '가' 권역에서는 7명이 당선되었으므로 $\dfrac{7}{11}\times100\fallingdotseq63.6\%$, 따라서 60% 이상이다.

ㄷ. (ㅇ) C 정당 전체 당선자 중 '나' 권역 당선자가 차지하는 비중은 $\dfrac{23}{25}\times100=$ 92이고 A정당 전체 당선자 중 '가' 권역 당선자가 차지하는 비중은 $\dfrac{48}{105}\times$ 100$\fallingdotseq$45.7이므로 2배 이상이다.
cf. 45.7보다 큰 46의 2배가 92이므로 46보다 작은 45.7의 두 배는 92보다 작다.

[오답해설]

ㄴ. (×) '가' 권역의 당선자 수의 합은 65이고 '나' 권역의 당선자 수의 합은 28이므로 당선자 수의 합은 '가' 권역이 '나' 권역의 3배 미만이다.

ㄹ. (×) B 정당의 당선자 수 중 '나' 권역은 3명이고 '가' 권역은 9명이므로 '가' 권역이 더 많다.

## 17 정답 ⑤

난도 중

정답해설

이런 유형의 문제는 전부 순서대로 풀다 보면 시간만 소요된다. 따라서 가장 간단하게 확인할 수 있는 지문부터 파악하는 연습을 해야 한다. ①, ②, ④는 여러 변수를 계산해야 하므로 좀 더 쉽게 풀릴 수 있는 ③, ⑤부터 검토한다. ③은 한눈에 확인이 가능(영역별 국가 순위가 28이 가장 큰 수이다)하며 옳은 지문이다. ⑤는 두 번만 계산하면 되고 틀린 지문임을 알 수 있다. 나머지 보기는 시간만 소모되므로 풀지 않는 것이 원칙이다. 이하에서는 풀이상 전부 계산을 해놓았지만 실제 시험에서 이런 식으로 일일이 계산하다가는 모든 문제를 풀 수 없다.

⑤ 일본의 '활용' 영역 원점수는 57.2(가중치 반영점수는 14.3)이고 중국의 '활용' 영역 원점수인 73.6(가중치 반영 점수는 18.4)으로 변경되는 경우 가중치 반영 총점은 4.1점 높아져 45.58점이 되며 종전 1위, 2위의 점수보다는 낮고 종전 3위인 점수보다는 높으므로 일본의 국가별 종합수위는 종전과 같다.

오답해설

① 한국의 종합순위는 10위이며 '성과' 영역 원점수는 6.70이고 이것의 8배는 53.60이다. '성과' 영역 2위인 미국의 '성과' 영역 원점수는 54.80이므로 '성과' 영역 1위는 종합순위 10위안에 없다. 따라서 "종합순위가 한국보다 낮은 국가 중에 '성과' 영역 원점수가 한국의 8배 이상인 국가가 있다."는 옳은 진술이다.

② 계산해 보면 다음과 같다.

| 순위 | 4 | 5 | 8 | 9 | 10 |
|------|------|------|------|------|------|
| 국가 | 호주 | 캐나다 | 프랑스 | 핀란드 | 한국 |
| 종합점수 | 40.68 | 38.68 | 37.03 | 36.71 | 36.59 |

③ 각 영역별 순위가 가장 낮은 국가의 순위는 28위이므로 소프트웨어 경쟁력 평가대상 국가는 28개국 이상이다.

④ 한국의 '혁신' 영역점수는 41.5×0.25=10.375, '환경' 영역점수는 62.9×0.15=9.435, '인력' 영역점수는 27.5×0.20=5.5, '성과' 영역점수는 6.7×0.15=1.005, '활용' 영역점수는 41.1×0.25=10.2750이다. 따라서 혁신 영역 점수가 가장 높다.

## 18 정답 ⑤

난도 중

정답해설

⑤ 피해밀도는 $\frac{\text{피해액}}{\text{행정면적}}$ 이다. G의 피해액은 1인당 피해액×인구 수=36,199× 1,604,432=58,078,833,968 (정확히 계산하지 말고 어림산하면 36,000× 1,600,000=57,600,000,0000이다.)

| 구분\지역 | 피해액 (천 원) A | 행정면적 (km²) B | 피해밀도 ($\frac{A}{B}$) | 인구 (명) | 1인당 피해액(원) |
|------|------|------|------|------|------|
| 전국 | 187,282,994 | 100,387 | 1,870 | 51,778,544 | 3,617 |
| A | 2,898,417 | 1,063 | 2,898 | 2,948,542 | 983 |
| B | 2,883,752 | 10,183 | 288 | 12,873,895 | 224 |
| C | 3,475,055 | 10,540 | 347 | 3,380,404 | 1,028 |
| D | 7,121,830 | 16,875 | 7,121 | 1,510,142 | 4,716 |
| E | 24,482,562 | 8,226 | 3,000 | 2,116,770 | 11,566 |
| F | 86,648,708 | 19,031 | 4,520 | 2,691,706 | 32,191 |
| G | (58,078,833,968) | 7,407 | 7,800 | 1,604,432 | 36,199 |

피해밀도가 가장 낮은 것은 B이다. 정확하게 계산하려면 시간이 많이 걸리므로 어림산한다.

예 A지역 피해액은 원래 2,898,417인데 이를 2,898,000으로 보고 행정면적은 1,063인데 이를 1,000으로 보면 피해밀도= $\frac{A}{B}$ =2.8980이다. 이런 식으로 어림산 해야 한다(이하 동일).

오답해설

① '피해액=인구×1인당 피해액'다. 따라서 G 지역의 피해액은 1,604,432×36,199=58,078,833,968원이며 전국 피해액이 187,282,994천 원이므로, G 지역의 피해액은 전국 피해액의 $\frac{58,079}{187,283}$ ×100≒31.01%이므로 35% 이하이다.

② 주요 7개 지역을 합친 지역의 인구는 27,125,891명, 피해액은 185,589,158(천 원)이므로 1인당 피해액은 약 6,842원이며 나머지 전체 지역의 인구는 51,778,544-27,125,891=24,652,653명이고 피해액은 187,282,994-185,589,158=1,693,836(천 원)이므로, 1인당 피해액은 68원이다. 따라서 '주요 7개 지역을 합친 지역의 1인당 피해액은 나머지 전체 지역의 1인당 피해액보다 크다.'는 옳다.

③ D 지역과 F 지역을 합친 지역의 인구 수는 1,510,142+2,691,706=4,201,848명이고, 피해액은 7,121,830+86,648,708=93,770,538(천 원)이므로 1인당 피해액은 22,316원이다. 따라서 전국 1인당 피해액의 5배는 3,617×5=18,085원이므로, 옳다.

④ 피해밀도는 A 지역이 $\frac{2,898,417}{1,603}$ ≒2.7270이고, B 지역이 $\frac{2,883,752}{10,183}$ ≒2830이다. B 지역의 9배는 2,5470이므로 옳은 지문이다.

합격생 가이드

이런 유형의 문제는 시간을 줄이기 위해 가장 계산량이 적은 것을 먼저 판별해보고 우선 찾아 풀이하는 게 관건이다. ②의 경우가 계산이 많으므로 가장 나중에 검토하자. ④, ⑤는 결국 피해밀도를 구해야 진위판별이 가능하므로 동시에 해결할 수 있다. G 지역의 피해밀도를 구하려면 결국 G 지역의 피해액을 구해야 함을 알 수 있다. 전반적으로 세부적인 계산(어림산 포함)을 해야 답을 맞힐 수 있는 문제로 제한된 시간에 정답을 찾는 것이 곤란한 유형이다.

## 19 정답 ⑤

난도 하

정답해설

〈표〉 철근강도 평가 샘플 수 및 합격률 (단위 : 개, %)

| 구분\종류 | | SD400 | SD500 | SD600 | 전체 |
|------|------|------|------|------|------|
| 샘플 수 | | 35 | ($x$) 40개 | 25 | ( ) |
| 평가항목별 합격률 | 항복강도 | 100.0 (35)개 | 95.0($y$) 38개 | 92.0 (23)개 | 96.0 |
| | 인장강도 | 100.0 (35)개 | 100.0 ($x$) | 88.0 (22)개 | ( ) |
| 최종 합격률 | | 100.0 | (95) 38개 | 84.0 (21)개 | ( ) |

SD500의 샘플수를 $x$라고 하고 SD500 중 항복강도에 합격한 샘플 수를 $y$라고 하면

SD500의 항복강도는 95= $\frac{y}{x}$ ×100이며 따라서 $y$=0.95$x$이다.

전체 항복강도는 $\dfrac{(35+y+23)}{(35+x+25)}$ 이므로,

$(58+y)=0.96(60+x)$

$y=0.96\times60+0.96x-58$

$0.95x=0.96x+0.96\times60-58$

$0.01x=58-57.6=0.4$

$x=40$

따라서 $y$는 38이다.

⑤ $x$, $y$값이 결정되면 SD500의 최종합격률을 구할 수 있다. 최종합격률은 둘 다 합격한 경우여야 하므로 95%(23개)이다. 따라서 최종불합격한 샘플 수는 2개이며 '항복강도 평가에서 불합격한 SD600 샘플 수는 2개이고 이는 최종 불합격한 SD500 샘플 수와 같다.'는 옳은 지문이다.

오답해설

① SD500 샘플 수는 40개이다. (상기설명 참고)

② 인장강도에서 합격한 샘플은 22개이고 항복강도에서 합격한 샘플은 23개이다. 인장강도에서 합격한 샘플 모두가 항복강도에서 합격했다고 볼 수 없다.

③ 항복강도 평가에서 합격한 SD500 샘플 수는 38개이므로 불합격한 샘플 수는 2개이다. (상기설명 참고)

④ 최종 불합격한 샘플 수는 SD500은 2개, SD600은 4개로 총 6개이다.

# 20 정답 ④

난도 하

정답해설

ㄱ. (ㅇ) 2015년 와인 생산량 상위 8개국 중 와인 소비량이 생산량보다 많은 국가는 미국 1개이다.

ㄴ. (ㅇ) 2015년 전체 생산량이 21,335이므로(단위 생략) 그 10%인 2,133을 더하면 23,468이다. 30,000의 75%는 22,500이다. 따라서 74.9%는 22,500보다는 작다. 2015년 8개국의 생산량이 10% 증가했다면 증가된 생산량은 23,468이며 이는 22,500보다는 크므로 '2015년 와인 생산량 상위 8개국만 와인 생산량이 각각 10%씩 증가했다면, 전체 생산량은 30,000 이상이다.'가 옳은 지문임을 알 수 있다.

ㄷ. (ㅇ) 2015년 중국 와인 소비량은 1,600이다. 2015년 미국의 와인 생산량은 2,975였고 이는 전체 생산량의 10.4%이다. 따라서 약 297이 전체 생산량의 1% 정도이다. 1,600을 297으로 나눈 값은 5.x이므로 1,600은 전체 생산량의 약 5.x%이므로 6% 미만이다.

오답해설

ㄹ. (×) 2013년 스페인 와인 생산량 $x$라고 하면,

2015년 스페인 와인 생산량은

$3,720=x-0.18x$

$0.82x=3,720$

$x=4,536$이고,

2013년 영국 와인 소비량을 $y$라고 하면,

2015년 영국 와인 소비량은

$1,290=y+0.016y$

$1.016y=1,290$

$y=1,269$이다.

1,269의 3배는 3,807이며, 따라서 2013년 스페인 와인 생산량은 같은 해 영국 와인 소비량의 3배보다 많다.

# 21 정답 ①

난도 중

정답해설

이 문제는 각 단계별 소요비용을 일일이 계산하다가는 시간만 소모하게 된다. 따라서 소거법으로 푸는 것이 원칙이다. 일단 가장 짧은 루틴을 가지는 경우가 처리비용이 가장 적다. 사안에서 A와 E의 경우는 모두 오염도가 10 이상이므로 처리단계가 1번씩이며 최소비용 5가 든다. 따라서 비용이 가장 적은 제품은 A 또는 E인데 이를 만족하는 선지는 ①, ②이다. 따라서 B와 C의 비용만 비교하면 해결된다. B, C의 처리비용 역시 많은 단계를 거치는 쪽만 판단하면 되고 일일이 계산하지 않아도 어느 쪽이 큰지 알 수 있다.

B는 오염(2), 강도(3), 치수(3), 세척(1), 열가공(2), 치수확대기계가공(2)이고,

C는 오염(1), 강도(1), 치수(4), 치수확대기계가공(3)이다.

양자 중 중복요소를 제거해 보면,

B는 오염(1), 강도(2), 세척(1), 열가공(2)=5+20+5+100이다.

C는 치수(1), 치수확대기계가공(1)=2+20=22이다.

따라서 B가 압도적으로 크다.

합격생 가이드

A의 측정 및 가공공정을 보면

A는 오염도 120이므로 오염도 한 번 체크 후 폐기된다. 따라서 비용은 5이다.

B는 오염도 60이므로 [오염도 체크]5 → [세척1회, 오염5]5 → [오염도측정]5 → [강도측정]10 → [열가공1회, 강도 9]50 → [강도측정]10 → [열가공1회, 강도10]50 → [강도측정]10 → [치수측정]2 → [기계가공1, 9]20 → [치수측정]2 → [기계가공 1회, 10]20 → [치수측정]2=191이다.

C는 오염도 50이므로 [오염도측정]5 → [강도측정]10 → [치수측정]2 → [기계가공확대, 8]20 → [치수측정]2 → [기계가공확대, 9]20 → [치수측정]2 → [기계가공확대, 10]20 → [치수측정]2 → 재사용

따라서 83이다.

D는 오염도가 50이므로 [오염도측정]5 → [강도측정, 강도3]10 → 폐기, 따라서 15이다.

E는 오염도가 100이므로

[오염도 측정]5 → [세척]5 → [오염도측정]5 → [세척]5 → [오염도 측정]5 → [세척]5 → [오염도측정]5 → [세척]5 → [오염도측정]5 → [세척]5 → [오염도측정]5 → [강도측정]10 → [열가공]50 → [강도측정]10 → [치수측정]2 → [기계가공(치수축소)]10 → [치수측정]2 → [기계가공(치수축소)]10 → [치수측정]2 → [재사용]

총 151이다.

## 22

난도 중

정답해설

A : 영업이익은 〈표〉에서 '선용품공급업'이 3,471억 원으로 가장 많음을 알 수 있다.

B : 영업이익율을 공식에 따라 구하면 '하역업'의 영업이익률은 $\frac{2,442}{15,298} \times 100$ 이므로 10% 이상임을 쉽게 알 수 있다.

〈표〉 2017년 부산항 해운항만산업 사업실적

(단위 : 억 원, 개)

| 구분\업종 | 매출액 | 영업비용 | 영업이익 | 사업체 수 |
|---|---|---|---|---|
| 여객운송업 | 957 | 901 | 56 | 18 |
| 화물운송업 | 58,279 | 56,839 | 1,440 | 359 |
| 대리중개업 | 62,276 | 59,618 | 2,658 | 1,689 |
| 창고업 | 14,480 | 13,574 | 906 | 166 |
| 하역업 | 15,298 | 12,856 | 2,442 | 65 |
| 항만부대업 | 14,225 | 13,251 | 974 | 323 |
| 선용품공급업 | 58,329 | 54,858 | 3,471 | 1,413 |
| 수리업 | 8,275 | 7,493 | 782 | 478 |
| 전체 | 232,119 | 219,390 | 12,729 | 4,511 |

※ 영업이익률(%) = $\frac{영업이익}{매출액} \times 100$

C : 사업체당 매출액이 부산항 해운항만산업 전체의 사업체당 매출액보다 적다고 했으므로 51억 원보다 매출액이 적어야 한다. 또 사업체당 영업이익은 3억원을 초과해야 한다.

| 구분\업종 | 매출액 (A) | 영업이익 (B) | 사업체당 영업이익 $\left(\frac{B}{C}\right)$ 3 초과 | 사업체당 매출액 $\left(\frac{A}{C}\right)$ 51보다 작은 것 | 사업체 수 (C) |
|---|---|---|---|---|---|
| 여객운송업 | 957 | 56 | 3.x | 53.x | 18 |
| 화물운송업 | 58,279 | 1,440 | 3.x | 162.x | 359 |
| 대리중개업 | 62,276 | 2,658 | 1.x | | 1,689 |
| 창고업 | 14,480 | 906 | 5.x | | 166 |
| 하역업 | 15,298 | 2,442 | 30배 이상 | | 65 |
| 항만부대업 | 14,225 | 974 | 3.x | 44.x | 323 |
| 선용품공급업 | 58,329 | 3,471 | 2.x | | 1,413 |
| 수리업 | 8,275 | 782 | 1.x | | 478 |
| 전체 | 232,119 | 12,729 | | | 4,511 |

따라서 C에 들어갈 것은 '항만부대업'이다.

D : 사업체당 영업비용과 매출액이 가장 작은 것으로 '수리업'에 해당한다.

따라서 A는 선용품공급업(1,413), B는 하역업(65), C는 항만부대업(323), D는 수리업(478)이며 총합은 2,279이다.

〈보고서〉

2017년 부산항 해운항만산업 전체 매출액은 232,119억 원이다. 업종별로 보면, 매출액은 대리중개업이 가장 많고, 영업이익은 A : 선용품공급업 이 가장 많다.

2017년 부산항 해운항만산업 전체의 영업이익률은 약 5.5%이다. B : 하역업 을 제외한 모든 업종이 10% 이하의 영업이익률을 기록하여 해운항만산업 고도화를 통한 부가가치 증대의 필요성을 보여준다.

2017년 부산항 해운항만산업 전체의 사업체당 매출액은 51억 원 이상이다. C : 항만부대업 은 사업체당 매출액이 부산항 해운항만산업 전체의 사업체당 매출액보다 적지만, 사업체당 영업이익이 3억 원을 초과한다. 반면, D : 수리업 은 부산항 해운항만산업 업종 중 사업체당 영업비용과 사업체당 매출액이 모두 가장 적다.

## 23

난도 하

정답해설

③ 2003년 교통사고 건수는 426,984건이고 교통사고 사망자 수는 10,246명이다. 인구 10만 명당 교통사고 사망자 수는 21.80이다. 이 자료를 바탕으로 2003년 인구 수를 구해 보면,

$\frac{교통사고 사망자 수}{전체인구 수(x)} \times 100,000 = 21.8$

$x = \frac{10,246 \times 1,000,000}{218} = 47 \times 1,000,000 = 47,000,000$

2003년 전체인구 수는 4천 700만 명이다.

2019년 교통사고 건수는 331,500건이다. 인구 10만명 당 사망자 수는 8.4명이고 교통사고 사망자 수는 4,284명이다. 위의 방법으로 2019년 전체인구 수를 구하면,

$x = \frac{4,284 \times 100,000}{8.4} = \frac{4,284 \times 1,000,000}{84} = 51 \times 1,000,000 = 51,000,000$

2019년 전체인구는 5천 100만 명이다.

인구 만 명 당 교통사고 건수는

$\frac{331,500건}{5,100만 명} = 65건수/만 명$

따라서 인구 만 명당 65건이다.

## 24 정답 ③

난도 하

**정답해설**

ㄱ. (○) '2017년 한국은 중국을 밀어내고 수주량 1위를 차지했는데, 이는 2012년 중국에 1위 자리를 내어준 후 6년 만이다.'에서 '2010~2017년 세계 조선업 수주량의 국가별 점유율'이 추가로 필요함을 알 수 있다.

ㄹ. (○) '2017년 국내 대형 조선사는 해양플랜트 수주량 증가에 힘입어 실적이 개선되고 있다. 그러나 국내 중소형 조선사는 여전히 부진에서 벗어나지 못하고 있으며 국내 조선기자재업체의 실적 회복도 어려울 것으로 전망된다.'에서 '2010~2017년 국내 조선사 규모별 해양플랜트 수주량'에 대한 정보가 추가로 필요함을 알 수 있다.

**오답해설**

ㄴ. (×) '2014~2016년 국내 조선업 건조량'은 〈표1〉을 통해 계산할 수 있다.

ㄷ. (×) '2014~2016년 중국 조선기자재업체 실적'은 〈보고서〉에 언급되지 않고 있다.

## 25 정답 ②

난도 중

**정답해설**

ㄴ. (○) 2014년 대비 2015년은 220만 톤 감소했으므로 −20% 정도 되고 2015년 대비 2016년은 840만 톤 감소하여 약 80% 감소했으며, 2016년 대비 2017년은 약 400만 톤 증가했고 이는 약 200% 증가한 것이므로 2014년 이후 국내 조선업 수주량의 전년대비 증감률이 가장 큰 해는 2017년이다.

ㄷ. (○) 2014년 이자보상배율이 1 미만인 중형업체 수는 전체 35개 중 25.7%이고 9개 업체이다(소수 둘째 자리 반올림). 이 시기 대형업체는 3개이므로 2014년 이자보상배율이 1 미만인 국내 조선기자재업체 수는 중형이 대형의 3배이다.

**오답해설**

ㄱ. (×) '해당연도 국내 조선업 건조량＝전년도 수주잔량＋해당연도 수주량−해당연도 수주잔량'이므로

| 연도＼구분 | 수주량 | 수주잔량 | 건조량 |
|---|---|---|---|
| 2014 | 1,286 | 3,302 | ① |
| 2015 | 1,066 | 3,164 | ② |
| 2016 | 221 | 2,043 | ③ |
| 2017 | 619 | 1,761 | ④ |

① 2013 수주잔량＋1,286−3,302＝?

② 3,302＋1,066−3,164＝1,204

③ 3,164＋221−2,043＝1,342

④ 2,043＋619−1,761＝901

2016년 건조량은 1,342로, 2015년 건조량 1,204나 2017년 건조량 901보다 크기 때문에 2014년 건조량을 구하지 않더라도 '2014~2016년 중 국내 조선업 건조량이 가장 적은 해는 2016년이다.'는 틀린 진술임을 알 수 있다.

ㄹ. (×) 이자보상배율이 1 미만인 국내 조선기자재업체 개수의 크기를 비교하는 것임에 주의해야 한다. 비율의 증감폭을 비교하는 것은 〈표2〉를 통해 바로 알 수 있지만 '증감 업체의 수'를 비교해야 하므로 계산해보면(계산을 정확하게 할 필요는 없으므로 소수 이하 단수를 정리하고 대략적인 계산을 한다)

대형업체의 경우 2015년 전체 20개 업체 중 20%에서 2016년 25%로 증가했고 20개의 20%는 4개이며 25%는 5개이므로 1개 업체가 증가했다.

중형업체의 경우 35개의 17.1%는 35×0.17＝5.95, 35개의 34.3%는 35×0.34＝11.9, 약 6개 증가했다.

소형업체의 경우 96개의 19.8%는 96×0.2＝19.2, 96개의 38.5%는 96×0.38＝36.4로 약 16개 증가했다.

따라서 이자보상배율이 1 미만인 국내 조선기자재업체 수의 2015년 대비 2016년 증감폭이 가장 큰 기업규모는 소형이다.

# CHAPTER 06

# 2020년 7급 PSAT 모의평가 상황판단

| 01 | 02 | 03 | 04 | 05 | 06 | 07 | 08 | 09 | 10 |
|----|----|----|----|----|----|----|----|----|----|
| ④ | ⑤ | ⑤ | ⑤ | ③ | ② | ① | ③ | ④ | ④ |
| 11 | 12 | 13 | 14 | 15 | 16 | 17 | 18 | 19 | 20 |
| ② | ⑤ | ② | ④ | ③ | ③ | ⑤ | ② | ① | ③ |
| 21 | 22 | 23 | 24 | 25 |  |  |  |  |  |
| ③ | ② | ① | ① | ⑤ |  |  |  |  |  |

## 01
정답 ④

**난도** 하

**정답해설**

④ 2021년 60억 원의 총사업비에 대해 전년과 동일한 국고지원인 25%를 요구하는 경우 12억 원이다. 따라서 제00조(타당성조사, 전문위원회 검토의 대상 등) 제3항에 의해 국고지원 비율이 총 사업비의 20%(12억 원) 이내인 경우라면 타당성 조사를 전문위원회의 검토로 대체할 수 있다.

**오답해설**

① 제00조(정의)에 의하면 "국제행사"라 함은 5개국 이상의 국가에서 외국인이 참여하고, 총 참여자 중 외국인 비율이 5% 이상(총 참여자 200만 명 이상은 3% 이상)인 행사를 말한다. 따라서 〈상황〉에서 총 250만 명의 3%는 7만 5천 명이므로 2021년에 총 250만 명의 참여자 중 외국인 참여자가 감소하여 6만 명이 된 경우라면 A박람회는 국제행사가 아니다.

② 2021년에 A박람회가 개최된다면 제6회이고 2022년에는 제7회가 된다. 제00조(국고지원의 제외) 제1항에 의해 매년 1회 정기적으로 개최하는 국제행사로서 국고지원을 7회 받은 경우 2023년 8회부터는 국고지원대상에서 제외된다.

③ 2021년 총사업비가 52억 원이라면 타당성 조사의 대상이며 국고지원비율이 20% 이내(10.4억 원인 경우)라면 타당성조사를 전문위원회의 검토로 대체할 수 있다.

⑤ 국고지원의 타당성 조사 대상은 국제행사의 개최에 소요되는 총 사업비 50억 이상인 국제행사이므로 2021년 甲광역자치단체와 乙기초자치단체가 공동주관하여 전년과 동일한 총 사업비(40억 원)로 A박람회를 개최할 경우 A박람회는 타당성 조사의 대상이 아니다.

## 02
정답 ⑤

**난도** 하

**정답해설**

⑤ '영화상영관 경영자는 관람객으로부터 규정에 따른 진흥기금을 매월 말일까지 징수하여 해당금액을 다음 달 20일까지 위원회에 납부해야 하며 관람객으로부터 수납한 진흥기금을 납부기한까지 납부하지 않은 경우 체납된 금액의 3%를 가산금으로 부과한다. 위원회는 진흥기금 수납에 대한 위탁수수료를 영화상영관 경영자에게 지급하며 수수료는 진흥기금 징수액의 100분의

3을 초과할 수 없다.'고 규정한다. 따라서 1,000만 원의 진흥기금과 3만 원의 가산금을 합한 금액을 납부한 영화상영관 경영자가 받을 수 있는 위탁수수료 상한은 3만 원이다.

**오답해설**

① 직전 연도에 제△△조 제1호(애니메이션영화 · 단편영화 · 예술영화 · 독립영화)에 해당하는 영화를 연간 상영일수의 100분의 60 이상 상영한 영화상영관에 입장하는 관람객에 대해서는 진흥기금을 징수하지 않는다.

② 8월분 진흥기금 60만 원은 다음 달인 9월 20일까지 납부하면 가산금을 부과받지 않는다.

③ 진흥기금은 입장권의 5%이다. 따라서 입장권가액에는 진흥기금이 포함되어 있다.

④ 청소년관객의 보호와 영화예술의 확산 등을 위해 직전연도에 애니메이션 영화, 단편영화, 예술영화, 독립영화를 연간 상영일수의 100분의 60 이상 상영하는 경우 진흥기금을 따로 징수하지 않는다. 따라서 연간 상영일수 200일인 경우 직전연도에 120일 이상 앞의 영화들을 상연한 경우에 면제되는 것이므로 직전연도에 단편영화를 40일, 독립영화를 60일 상영했다하여 진흥기금을 징수하지 않는 것은 아니다.

## 03
정답 ⑤

**난도** 하

**정답해설**

⑤ B청구는 소송물가액이 1억 원이고 원고는 甲 피고는 乙이다. 피고 乙은 양산시를 주소로 하고 있으며 양산시를 관할 구역으로 하는 것은 양산시법원과 울산지방법원이다. 시 · 군법원은 지방법원 또는 그 지원이 재판하는 사건 중에서 소송물가액이 3,000만 원 이하인 금전지급청구소송을 전담하여 재판하므로 B청구처럼 물건인도청구는 그 대상이 아니다. 또한 B사건은 금전지급청구소송이 아니므로 원고의 주소지를 관할하는 법원은 재판을 할 수 없다. 따라서 B사건은 울산지방법원에서 관할한다.

**오답해설**

①, ② A청구는 금전지급청구이며 소송물가액이 3,000만 원 이하이므로 원고, 피고의 시 · 군법원이 전담한다. 원고 甲은 주소가 김포이고 피고 乙은 주소가 양산이므로 김포시법원, 양산시 법원에 관할권이 있다.

③, ④ B청구는 소송물가액이 1억 원이므로 시 · 군법원 관할 사건이 아니다.

## 04
정답 ⑤

난도 하

**정답해설**

⑤ 甲, 乙, 丙 중 가장 빨리 특허신청을 한 丙이 특허권을 취득하는가가 관건이다. 우선 丙은 2020년 7월 1일에 발명을 완수했고 그날 특허신청을 했으나 2020년 6월 1일 乙이 학술지에 丙이 발명한 내용을 먼저 논문게재했으므로 丙의 발명은 신규성을 인정받을 수 없고 따라서 丙은 특허권을 취득하지 못한다. 乙은 신규성을 훼손한 당사자이며 1년 이내에 등록하는 경우 신규성의 간주를 받을 수 있는가를 검토해 보면 이 경우도 丙이 먼저 특허를 제출했기에 '특허청에 선출원된 어떤 발명이 신규성 상실로 특허권이 부여되지 못한 경우, 동일한 발명에 대한 후출원은 선출원주의로 인해 특허권이 부여되지 않는다.'는 요건에 따라서 甲의 출원도 특허를 얻지 못하므로 결과적으로 甲, 乙, 丙 모두 특허를 얻지 못한다.

## 05
정답 ③

난도 중

**정답해설**

가장 먼저 해결될 수 있는 지문부터 해결하고 소거법을 최대한 활용하는 것이 시간을 단축하는 방법이다. 우선 주택담보노후연금을 이용할 수 있는 자격은 주택소유자 또는 주택소유자의 배우자 즉 둘 중 하나가 60세 이상이면 된다. 따라서 ㄴ은 틀린 지문이며, ②, ④, ⑤은 제외되고 남은 ㄱ, ㄷ의 진위만 검토하면 해결된다. ㄱ은 ①, ③에 공통이므로 ㄷ의 진위만 검토하면 된다.

ㄱ. (ㅇ) 甲은 제00조 제2항 제3호 나목에 따라 총 한도액 3억 원 중 50%인 1억 5천만 원 범위 내에서 '해당 주택의 임차인에게 임대차보증금을 반환하는 용도'와 동조 동항 1호의 방식을 결합한 방식을 선택할 수 있다.

ㄷ. (ㅇ) 甲은 제00조 제2항 제3호 가목에 따라 총 한도액 3억 원 중 50%인 1억 5천만 원 범위 내에서 '해당 주택을 담보로 대출받은 금액 중 잔액을 상환하는 용도'와 동조 동항 제2호의 방식을 결합한 방식을 선택할 수 있다.

**오답해설**

ㄴ. (×) 甲 또는 배우자의 연령이 60세 이상이면 주택담보노후연금보증을 통해 노후생활자금을 대출받을 수 있다.

## 06
정답 ②

난도 중

**정답해설**

② 지역개발 신청 동의를 받기 위해서는 개발하고자 하는 지역의 총 토지면적의 3분의 2 이상에 해당하는 토지 소유자의 동의 및 지역개발을 하고자 하는 지역 토지의 소유자 총수의 2분의 1 이상의 동의를 얻어야 한다. X지역은 100개의 토지로 이뤄져 있고 면적합계가 총 6km²이므로 4km² 이상의 토지 소유자의 동의와 82인의 2분의 1인 41인 이상의 동의를 얻어야 한다.

갑이 소유한 면적은 X지역 전체면적의 4분의 1이므로 6×0.25=1.5km², 을은 2km², 병, 정, 무, 기는 공동소유하며 소유면적은 1km²이므로 갑~기의 소유면적은 1.5+2+1=4.5km²이며 이는 전체의 3분의 2인 4km² 이상이다.

갑이 두 개의 토지를 소유해도 동의를 필요로 하는 소유자 수 산정에는 1인으로 평가되므로 갑과 을은 모두 1명으로 평가되고 토지의 공동소유자 간에는 대표 공동소유자 1인만이 소유자로 평가되므로 갑, 을, [병~기_1인]는 총 3인에 해당하는 평가를 받으며 38명의 동의를 추가로 얻으면 동의를 얻은 수가 41명이므로 전체 소유자 82의 2분의 1에 해당한다.

**오답해설**

① 乙이 10개의 토지를 갖고 있어도 '1인이 여러 개의 토지를 소유하는 경우 소유하는 토지의 수와 무관하게 1인으로 보므로' 틀리다.

③, ④, ⑤ 주어진 조건으로 단정 지을 수 없다.

## 07
정답 ①

난도 중

**정답해설**

乙 (ㅇ) 월요일 12시간, 화요일 12시간, 목요일 12시간, 금요일 4시간으로 총 40시간을 근무했으며 조건에 부합한다.

**오답해설**

甲 (×) 1일 최소 근무시간은 4시간이므로 갑의 수요일 근무는 09~13시까지로 4시간이나 12~13시까지는 점심시간이므로 인정 근무는 3시간으로 총 근무시간은 39시간이다. 따라서 근무계획은 승인될 수 없다.

丙 (×) 월요일 08~24시까지 시간은 16시간이며 점심과 저녁시간 2시간을 제외한 인정근무 시간은 14시간이나 1일 근무시간은 12시간을 넘을 수 없으므로 근무계획은 승인될 수 없다.

丁 (×) 월요일 9시간, 화요일 12시간, 목요일 10시간, 금요일 8시간으로 총 39시간이므로 40시간을 근무하지 않아 근로계획은 승인될 수 없다.

## 08
정답 ③

난도 하

**정답해설**

③ ㉠ 1936년 제11회 베를린 올림픽 이후로 1940년, 1944년 두 번은 올림픽이 개최되지 못했으나 개최 차수에는 들어가므로 1948년은 제14회 대회가 된다. ㉡ 1948년은 제5회 동계 대회이고 1992년까지는 총 44년이 흘렀으므로 총 11회의 동계 올림픽이 개최되었음을 알 수 있다. 따라서 1992년 대회는 제16회가 된다.

## 09
정답 ④

난도 중

**정답해설**

ㄱ. (ㅇ) 월요일에 발표되는 주간예보는 일일예보를 포함하여 일일예보가 예보한 기간(월요일에 발표된 일일예보는 월요일 당일, 화요일, 수요일까지 예보한다)인 수요일 다음 날(목요일)부터 5일간을 예보하므로 예보의 종점은 다음 주 월요일이다. 따라서 '월요일에 발표되는 주간예보에는 그다음 주 월요일의 날씨가 포함된다.'는 옳은 지문이다.

ㄴ. (ㅇ) 3시간 예보는 매일 0시부터 시작하여 3시간 간격으로 8회 발표하므로 0, 3, 6, 9, 12, 15, 18, 21, 24시 정각에 발표하며 일일예보는 매일 5, 11, 17, 23시에 발표하므로 양자가 겹치지 않는다.

ㄹ. (ㅇ) 대도시 A의 대설경보 예보기준은 24시간 신적설량이 대도시일 때 20cm 이상이며 대설주의보의 예보기준은 24시간 신적설량이 울릉도일 때 20cm 이상으로 서로 같다.

**오답해설**

ㄷ. (×) 일일예보는 매일 5시, 11시, 17시, 23시에 발표하며 1일 단위로 예보한다. 따라서 23시에 발표하는 예보 역시 5시에 발표하는 예보와 같은 내용이며 새로운 내용의 예보는 다음 날 5시에 새롭게 발표된다.

## 10

정답 ④

난도 하

정답해설

④ 일차방정식으로 해결할 수 있는 문제이다.

甲기관에서 일하는 전체인원을 $x$라고 하고 A, B, C, D가 배분하는 물건의 개수를 각각 a, b, c, d라고 하면

$a=x$, $b=\dfrac{x}{2}$, $c=\dfrac{x}{4}$, $d=\dfrac{x}{8}$ 이며

$a+b+c+d=\dfrac{(8+4+2+1)x}{8}=1050$

$15x=1050\times8$

$x=\dfrac{1050}{15}\times8$

$x=70\times8$

$x=560$

甲기관에서 일하는 직원은 560명이다.

## 11

정답 ②

난도 하

정답해설

1인당 워크숍 비용을 구해 보면 렌터카 비용은 10km당 1,500원이므로 1km는 150원이다.

A＝100×150＝15,000원이고 편도이므로 왕복은 30,000원.

B＝150×150＝22,500원, 왕복 45,000원.

C＝200×150＝30,000원, 왕복 60,000원이다.

| 구분 | A펜션 | B펜션 | C펜션 |
|---|---|---|---|
| 펜션까지의 거리<br>(km) | 100 | 150 | 200 |
| 1박당 숙박요금<br>(원) | 100,000 | 150,000 | 120,000 |
| 1인당 워크숍<br>비용 | 3만 원+10만 원<br>=13만 원 | 4만 5천 원<br>+15만 원<br>=19만 5천 원 | 6만 원+12만 원<br>=18만 원 |
| 숙박기준인원(인) | 4 | 6 | 8 |
| 추가인원<br>(인당 1만 원/1일) | 4 | 2 | 0 |
| 총 비용 | 17만 원 | 21만 5천 원 | 18만 원 |

따라서 총 워크숍 비용이 가장 적게 드는 것은 A펜션이다.

## 12

정답 ⑤

난도 중

정답해설

ㄱ. (○) 甲국이 B국과 FTA를 체결하는 경우

A국에서 수입하는 1톤당 비용＝12+12×0+3＝15달러,

B국에서 수입하는 1톤당 비용＝10+10×0+5＝15달러로 동일하다.

따라서 甲국이 B국과도 FTA를 체결한다면, 기존에 A국에서 수입하던 것과 동일한 비용으로 X를 수입할 수 있다.

ㄷ. (○)

A국에서 수입하는 1톤당 비용＝12+12×0+3+6＝21달러,

B국에서 수입하는 1톤당 비용＝10+10×0.5+5＝20달러

따라서 'A국으로부터 X의 수입이 다시 가능해졌으나 1톤당 6달러의 보험료가 A국으로부터의 수입비용에 추가된다면, 甲국은 A국보다 B국에서 X를 수입하는 것이 수입비용 측면에서 더 유리하다.'는 옳은 지문이다.

오답해설

ㄴ. (×) 'C국이 A국과 동일한 1톤당 단가를 제시하였다면, C국에서 수입하는 1톤당 비용＝12+12×0.2+1＝15.4달러인데 A국에서 수입하는 1톤당 비용＝12+12×0+3＝15달러이므로 甲국은 기존에 A국에서 수입하던 것보다 저렴한 비용으로 C국으로부터 X를 수입할 수 있다.'는 틀린 지문이다.

## 13

정답 ②

난도 중

정답해설

올바른 다섯 자리의 우편번호를 $X$라고 가정하면,

甲이 잘못 표기한 우편번호는 10×$X$+2이고,

乙이 잘못 표기한 우편번호는 200,000+$X$이다.

제시문에서 '甲이 잘못 표기한 우편번호 여섯 자리 수는 乙이 잘못 표기한 우편번호 여섯 자리 수의 3배가 되었다.'고 했으므로

$3(200,000+X)=10\times X+2$

$600,000-2=7X$

$7X=599,998$

$X=85,714$

따라서 올바른 우편번호의 첫 자리와 끝자리 숫자의 합은 12이다.

## 14

**난도** 하

**정답해설**

갑이 가위를 6번 내는 경우 을은 같은 것을 낼 수 없으므로 바위나 보를 내었다.

| 갑 | 가위 | 가위 | 가위 | 가위 | 가위 | 가위 |
|---|---|---|---|---|---|---|
| 을 | 바위 | 바위 | 바위 | 보 | 보 | 보 |

6번의 게임 결과 갑은 3승 3패이다.

이번에는 갑이 바위를 내는 경우 을은 이미 보 3번을 썼고 갑과 동일한 바위를 낼 수는 없으므로 가위만 낼 수 있다.

| 갑 | 바위 |
|---|---|
| 을 | 가위 |

7번째 게임 결과는 갑 1승이며 총 4승 3패이다.

마지막으로 갑은 보 3번을 내었고 을도 남은 가위 3번을 내었다.

| 갑 | 보 | 보 | 보 |
|---|---|---|---|
| 을 | 가위 | 가위 | 가위 |

8~10번째 게임은 모두 을의 승리이다.

이상을 정리하면 갑은 4승 6패를 했음을 알 수 있다.

## 15

**난도** 중

**정답해설**

C (○) ㅁㅁ기관과 ○○기관은 각각 3세, 7세 이상 나이 차이가 나면 안 되며 甲과 C는 동갑이므로 나이 조건은 무관하다. 최초 임용연월과 현직급 임용연월 모두 3개월 차이로 조건에 위배되지 않아 교류이동이 가능하다.

D (○) △△기관과 ○○기관의 이동조건인 나이 면에서 각각 5세, 7세가 기준인데 甲과 D는 1세 차이이므로 조건에 위반되지 않는다. 최초 임용연월은 甲이 2015년 9월이고 D가 2014년 1월이므로 1년 8개월 차이이며 甲이 ㅁㅁ기관으로 이동할 수 있으려면 최초 임용연월이 5년 이내여야 하는데 조건을 충족하고, D의 현직급 임용연월은 2014년 1월이고 甲은 2015년 9월로 1년 8개월 차이가 나고 D가 ○○기관으로 이동하려면 현직급 임용연월이 3년 이내여야 하며 이 조건을 충족하므로 甲과 D는 서로 교류 이동할 수 있다.

**오답해설**

A (×) 30세이므로 ㅁㅁ기관과 ○○기관은 각각 나이가 3세 이상, 7세 이상 차이 나면 교류가 안되는데 甲과 A는 32세, 30세로 나이의 제한은 없다. A의 최초 임용연월은 2016년 5월로 甲과는 8개월 차이이므로 甲이 ㅁㅁ조직으로 이동하는 데 제한은 없으나 A의 현직급 임용연월은 2019년 5월로 甲의 현직급 임용연월인 2015년 9월과는 3년 8개월 차이가 나므로 A는 ○○기관으로 이동할 수 없다.

B (×) 甲이 ㅁㅁ기관으로 이동하려면 B와의 나이 차이가 3세 미만이어야 하는데 5세 차이가 나므로 이동할 수 없다.

E (×) △△기관과 ○○기관의 이동조건인 나이 면에서 각각 5세, 7세가 기준인데 甲과 E는 3세 차이이므로 조건에 위반되지 않는다. 최초 임용연월은 甲이 2015년 9월이고 E가 2017년 10월이므로 2년 1개월 차이이며 △△기관으로 이동하려면 최초 임용연월이 2년 이상 차이 나지 않아야 하는데 이 조건에 위반되어 둘은 서로 교류이동할 수 없다.

## 16

**난도** 중

**정답해설**

| 5 | 1 | 2 | 3 | A | 3 | B | C | D | E |
|---|---|---|---|---|---|---|---|---|---|

① A에는 3보다 작거나 4가 온다. 3이 이미 두 번 사용되었으므로 따라서 후보군 수는 [1, 2, 4]이며, A에 1이 오면 그다음 수가 3이 올 수 없으므로 A에 올 수 있는 경우의 수는 [2, 4]이다.

② B에는 [1, 2, 4] 중 하나가 올 수 있는데 A에 2가 오는 경우 [1, 4]를 고려할 수 있지만 B에 1이 온다면 C에는 2가 와야 하므로 이 경우 2가 총 3번 사용되어 B에는 1이 올 수 없다. B에 4가 오는 경우는 C에 [1, 2]가 올 수 있으므로 조건을 충족한다.

만일 A에 4가 오는 경우 B에는 [1, 2, 4]를 생각해볼 수 있는데 이 경우 B에 1이 오면 C에는 2가 올 수 있으나 D에 3 또는 1이 올 수 없으므로(두 번씩 사용) 결과적으로 B에 1이 못 온다. B에 2가 오는 경우 역시 C에 1이 올 수 있으나 D에 2가 올 수 없으므로(두 번씩 이미 사용) 결과적으로 B에 2도 못 오며 B에 올 수 있는 수는 4이다.

| 5 | 1 | 2 | 3 | A 2 | 3 | B<br>1(×)<br>2(×)<br>4(○) | C<br>(2 ×)<br>1보다<br>작은<br>수× | D | E |
|---|---|---|---|---|---|---|---|---|---|

| 5 | 1 | 2 | 3 | A 4 | 3 | B<br>1(○)<br>2<br>4(○) | C<br>(2 ○)<br>1 | D<br>3(×)<br>(×) | E |
|---|---|---|---|---|---|---|---|---|---|

③ 위 결과를 정리하면 가능한 수의 조합은

〈case ①〉

| 5 | 1 | 2 | 3 | A 2 | 3 | B 4 | C | D | E |
|---|---|---|---|---|---|---|---|---|---|

〈case ②〉

| 5 | 1 | 2 | 3 | A 4 | 3 | B 4 | C | D | E |
|---|---|---|---|---|---|---|---|---|---|

case ①에서 C에 5가 오는 경우 D 4, E 1이 가능하다. 따라서 'C는 5가 아니다.'라는 진술은 틀리다.

| 5 | 1 | 2 | 3 | A 2 | 3 | B 4 | C 5 | D 4 | E 1 |
|---|---|---|---|---|---|---|---|---|---|

④

| 5 | 1 | 2 | 3 | A 2 | 3 | B 4 | C | D | E |
|---|---|---|---|---|---|---|---|---|---|

에서 만일 D가 2라면

| 5 | 1 | 2 | 3 | A 2 | 3 | B 4 | C | D 2 | E |
|---|---|---|---|---|---|---|---|---|---|

C에는 [1, 5] 중 5가 가능하고 E는 1이다.

⑤ E가 1인 경우는 ④에서 보았고 만일 E가 2라고 한다면

| 5 | 1 | 2 | 3 | A 2 | 3 | B 4 | C | D | E 2 |
|---|---|---|---|---|---|---|---|---|---|

D에는 [1, 5]가 가능하고 이 경우 C에 5가 오면 조건 충족한다. 따라서 'E는 1 또는 2이다.'는 옳은 진술이다.

| 5 | 1 | 2 | 3 | A 4 | 3 | B 4 | C 5 | D 1 | E 2 |
|---|---|---|---|---|---|---|---|---|---|

## 17

정답 ⑤

난도 하

**정답해설**

〈기준〉에 따른 포획·채취금지 고시의 대상에서 제외되는 경우를 〈표〉에서 음영으로 표시해 보면

① '전어'는 제외되며

② '4월 1일~7월 31일'은 제외되고(대구, 전어, 꽃게, 소라의 금지기간과 소비촉진기간 중 일부가 중첩된다)

③ 지역경제활성화 지역인 C, D, E, F가 제외된다.

〈기준〉

| 수산자원 | 금지기간 | 금지지역 |
|---|---|---|
| 대구 | 5월 1일 ~ 7월 31일 | A, B |
| 전어 | 9월 1일 ~ 12월 31일 | E, F, G |
| 꽃게 | 6월 1일 ~ 7월 31일 | A, B, C |
| 소라 | 3월 1일 ~ 5월 31일 | E, F |
| 소라 | 5월 1일 ~ 6월 30일 | D, G |
| 새조개 | 3월 1일 ~ 3월 31일 | H |

따라서 아무런 제외 사유가 없는 것은 '새조개'이다.

## 18

정답 ②

난도 하

**정답해설**

| 자동차 | 자동차 가격 | 보조금 | 개별소비세 | 교육세 | 취득세 |
|---|---|---|---|---|---|
| A | 4,000만 원 | 1,500만 원 | 비감면 (차값의 10%) 400만 원 | 전액감면 | 전액감면 |
| B | 3,500만 원 | 1,000만 원 | 전액감면 | | 전액감면 |
| C | 3,500만 원 | 500만 원 | 전액감면 | | 비감면 (차값의 5% 175만 원) |

지불 금액

A = 4,000 − 1,500 + 400 = 2,900만 원

B = 3,500 − 1,000 = 2,500만 원

C = 3,500 − 500 + 175만 원 = 3,175만 원

따라서 B < A < C 순으로 크다.

## 19

정답 ①

난도 하

**정답해설**

| 농가 | 친환경 인증 유무 (30점) | 전통식품 인증 유무 (40점) | 도농교류 활성화 점수 | 지역 | 총점 |
|---|---|---|---|---|---|
| A | ○ | ○ | 80 | (가) | 40+80= 120 |
| B | × | ○ | 60 | (가) | 40+60= 100 |
| C | × | ○ | 55 | (나) | 40+55+ 9.5=104.5 |
| D | ○ | ○ | 40 | (다) | 40+40+8 =88 |
| E | ○ | × | 75 | (라) | 30+75= 105 |
| F | ○ | ○ | 70 | (라) | 40+70= 110 |

도농교류 활성화 점수가 50점 미만인 농가는 선정하지 않으므로 D는 제외된다. 제외대상을 고려해서 높은 점수부터 나열하면 A(120점), F(110점), E(105점), C(104.5점), B(100점), D(88점)이며 E와 F는 동일한 (라)지역이므로 F만이 선정되고 그다음 최고점수인 C가 선정되어 상위 3개 농가는 A, C, F이다.

## 20

정답 ③

난도 하

**정답해설**

〈A법률 개정안 평가점수〉

| 개정안 | 수용가능성 | | | 국정과제 관련도 | 총합 |
|---|---|---|---|---|---|
| | 이해관계자 | 관계부처 | 입법부 | | |
| (가) | 5 | 3 | 1 | 4 | 13 |
| (나) | 3 | 4 | 3 | 3 | 13 |
| (다) | 4 | 3 | 3 | 2 | 12 |

ㄱ. (ㅇ) (나)의 점수는 13점으로 (가)와 동점이나 (가)는 입법부 항목의 점수가 1점이므로 '개정안의 개별 평가항목 점수 중 어느 하나라도 2점 미만인 경우, 해당 개정안은 채택하지 않는다.'는 규칙에 따라 채택될 수 없다. 따라서 추가 절차를 진행하지 않는 경우 (나)가 채택된다.

ㄴ. (ㅇ) 3개 개정안 모두를 대상으로 입법부 수용가능성을 높이는 절차를 최대한 진행하는 경우 입법부 수용가능성은 최대 2회 진행할 수 있고 이 경우 총 1점의 가점을 받게 된다. 3개의 개정안에 대해 입법부 수용가능성 절차를 최대로 진행하면,

| 개정안 | 수용가능성 | | | 국정과제 관련도 | 총합 |
|---|---|---|---|---|---|
| | 이해관계자 | 관계부처 | 입법부 | | |
| (가) | 5 | 3 | 1+1 | 4 | 14 |
| (나) | 3 | 4 | 3+1 | 3 | 14 |
| (다) | 4 | 3 | 3+1 | 2 | 13 |

(가)와 (나)가 총 14점으로 동점이나 국정과제 관련도가 높은 (가)가 선택된다.

ㄷ. (×) (나)에 대한 부처 간 회의를 1회 진행하고 (다)에 대한 관계자간담회를 2회 진행하는 경우, (나)가 채택된다.

| 개정안 | 수용가능성 | | | 국정과제 관련도 | 총합 |
|---|---|---|---|---|---|
| | 이해관계자 | 관계부처 | 입법부 | | |
| (가) | 5 | 3 | 1 | 4 | 13 |
| (나) | 3 | 4+2 | 3 | 3 | 15 |
| (다) | 4+2 | 3 | 3 | 2 | 14 |

## 21 정답 ③

난도 하

정답해설

ㄴ. (○)

| 참가자 | 조회수 등급 | 심사위원별 평가점수 | | | | | |
|---|---|---|---|---|---|---|---|
| | | (가) | (나) | (다) | (라) | (마) | 평균 |
| 甲 | B | 9 | (㉠) | 7 | 8 | 7 | |
| 乙 | B | 9 | 8 | 7 | 7 | 7 | $\frac{22}{3}≒7.3$ |
| 丙 | A | 8 | 7 | (㉡) | 10 | 5 | |
| 丁 | B | 5 | 6 | 7 | 7 | 7 | $\frac{20}{3}≒6.6$ |
| 戊 | C | 6 | 10 | 10 | 7 | 7 | $\frac{24}{3}=8$ |

㉠, ㉡을 제외하고 이미 주어진 자료를 바탕으로 〈총 점수〉를 구하면 우선

| 甲 | |
|---|---|
| 乙 | ≒7.3+B |
| 丙 | |
| 丁 | ≒6.6+B |
| 戊 | ≒8+B |

이므로 戊>乙>丁이며 甲이 ㉠에서 최댓값(10점)을 받는 경우 또는 ㉠이 최솟값을 갖는 경우에도 평가점수평균은 $\frac{9+8+7}{3}=\frac{24}{3}=8$이며, 최댓값, 최솟값이 아닌 경우에도 평균을 구하는 분모는 24보다 크므로 결과적으로 甲의 총점은 ㉠과 무관하게 丁보다는 크다.

| 甲 | 8+B |
|---|---|
| 乙 | ≒7.3+B |
| 丙 | |
| 丁 | ≒6.6+B |
| 戊 | 8+B |

마찬가지로 丙이 ㉡에서 최댓값, 최솟값을 갖는 경우는 모두 평균산정시 ㉡이 제외되는 경우이며, 남은 10, 8, 7 즉 $\frac{10+8+7}{3}=\frac{25}{3}$이고 조회수 등급도 A이므로 결과적으로 丙>甲이다.

따라서 丁보다 큰 점수를 갖는 경우가 상위 3개 이상이므로 정은 ㉠, ㉡에 상관없이 수상하지 못한다.

ㄷ. (○) 戊가 조회수 등급을 D로 받았더라도 점수를 모두 알 수 있는 乙과 丁보다 점수가 더 높으므로 수상하게 된다.

오답해설

ㄱ. (×) ㉠이 5점이라면 갑의 총 점수는 $\frac{7+8+7}{3}=\frac{22}{3}≒6.6+B(9.7)≒16.3$이고 을의 점수는 $\frac{7+8+7}{3}=\frac{22}{3}≒6.6+B(9.7)≒16.3$이므로 서로 같다(결과값을 구하지 않아도 구성 요소가 같으므로 같다는 것을 알 수 있다).

ㄹ. (×) ㉠>㉡이면 甲의 총 점수가 丙의 총 점수보다 높다.

만일 甲과 戊의 심사위원별 평가점수(최댓값과 최솟값을 제외한 3개 값의 평균)가 같은 경우라면 甲은 B등급이고 戊는 A등급이므로 甲<戊이다. 이런 경우를 만족하는 ㉠>㉡인 경우가 있는지를 살펴보자. 예를 들어 ㉠이 100이고 ㉡이 9인 경우 ㉠>㉡이나 총 점수는 甲<戊이다.

| 참가자 | 조회 수 등급 | 심사위원별 평가점수 | | | | | |
|---|---|---|---|---|---|---|---|
| | | (가) | (나) | (다) | (라) | (마) | 총 점수 |
| 甲 | B 9.7 | 9 | ( 10 ) | 7 | 8 | 7 | $\frac{9+8+7}{3}=\frac{24}{3}=8$, 총 점수=8+B |
| 丙 | A 10 | 8 | 7 | ( 9 ) | 10 | 5 | $\frac{9+8+7}{3}=8$, 총 점수=8+A |

## 22 정답 ②

난도 하

정답해설

ㄴ. (○) '모든 숫자를 붙여 쓰기 때문에 상당히 길지만 네 자리씩 끊어 읽으면 된다.'를 통해 W-K 암호체계에서 한글 단어를 변환한 암호문의 자릿수는 4의 배수라는 것을 알 수 있다.

ㄷ. (○) 1830/0015/2400에서

| 18〈자음〉 | 30〈모음〉 | 0015〈받침〉 | 24〈자음〉 | 00〈모음〉 |
|---|---|---|---|---|
| ㅇ | ㅏ | ㅁ | ㅎ | 대응어 없음 |

모음은 '30~50'에 순서대로 대응하며 '24' 뒤에는 모음이 와야 하는데 '00'이 왔으므로 한글 단어로 대응되지 않는다. 따라서 W-K 암호체계에서 '183000152400'은 한글 단어로 해독될 수 없다.

오답해설

ㄱ. (×) 선생은 1944년 1월 일본군에 징병돼 중국으로 파병됐지만 같은 해 5월 말 부대를 탈출해 광복군에 들어갔고 1945년 3월 중국에서 광복군과 함께 특수훈련을 하고 있었으며 이 시기에 선생은 한글 암호인 W-K(우전킴) 암호를 만들었다.

ㄹ. (×) W-K 암호체계에서 한글 '궤'는 '11363239'이 아니라 '1148'이다.

| 11〈자음〉 | 48〈모음〉 | 3239 |
|---|---|---|
| ㄱ | ㅞ | × |

## 23 정답 ①

난도 하

정답해설

① 우선 '3·1운동!' 중 마지막 부호는 느낌표이고 〈조건〉에서 느낌표는 '6600'이라고 했으므로 보기 중 6600으로 끝나는 경우는 ①, ②, ④이다. '3·1'에서 가운뎃점은 80000이므로 ①, ②가 후보가 된다. 따라서 ①, ②만 검토하면 된다. 두 수를 비교할 때 차이가 나는 부분(음영부분) '동'의 모음부분인 'ㅗ'이다. 'ㅗ'는 '34'이므로 ①이 옳다.

보기 ① 5300/8000/5100/1836/0012/1334/0018/6600
보기 ② 5300/8000/5100/1836/0012/1335/0018/6600

특징적인 부분만 먼저 비교하고 소거법으로 해결하는 것이 빠르고 정확하게 찾는 방법임을 주의하자.

## 24 정답 ①

난도 중

정답해설

주어진 조건에 따르면 전기평가점수가 후기평가점수보다 높은 경우에는 가중치를 50:50으로 산정한 경우(X)가 최댓값이 되고, 후기평가점수가 더 높은 경우에는 가중치를 20:80으로 산정한 경우의 점수(Y)가 최댓값이 된다.

ㄱ. (o) A기관과 B기관이 2점 차이 난다고 가정할 때, A기관의 후기평가점수가 $X+2$, B기관의 후기평가점수가 $X$라고 한다면, C기관의 최종평가점수인(전기 90점, 후기 70점을 대입한 최종값은 80이다) 80점보다 A기관과 B기관의 최종평가점수가 더 높기 위해서는 A, B 두 기관의 전기점수가 C기관보다 각각 20점, 10점이 낮음에도 최종값은 A, B가 C보다 크다는 것은 전기보다는 후기에 점수를 잘 받았다는 의미임을 생각할 때 A기관과 B기관 모두 전기평가점수보다 후기평가점수가 더 높아야 한다.

A와 B의 최종값이 2점 차이라는 전제에서 Y값에 해당하는 20:80의 비율로 최종값을 구해 보면

$$A = \frac{20 \times 60 + 80 \times (X+2)}{100} = \frac{1,360 + 80X}{100}$$

$$B = \frac{20 \times 70 + 80 \times X}{10} = \frac{1,400 + 80X}{100}$$

인데, 이는 B의 최종평가점수가 더 높으므로 A=B+2라는 즉 A>B라는 전제와 모순된다. 따라서 A는 B보다 최소 3점 많음을 알 수 있다(아래 같은 방식으로 검산해 보면 알 수 있다).

$$A = \frac{20 \times 60 + 80 \times (X+3)}{100} = \frac{1,440 + 80X}{100}$$

$$B = \frac{20 \times 70 + 80 \times X}{10} = \frac{1,400 + 80X}{100}$$

A>B의 전제를 충족한다.

따라서 'A기관의 후기평가점수는 B기관의 후기평가점수보다 최소 3점 높다.'는 옳은 진술이다.

ㄴ. (×) ㄱ에서 A, B, D기관의 최종평가점수 모두가 C기관의 최종점수인 80점을 초과하기 위해서는 후기평가점수가 전기평가점수보다 높아야 함을 알 수 있다. 따라서 Max[X, Y]는 Y식으로 값을 구할 수 있으며 이는 최종평가점수를 산정하는 가중치는 20:80임을 의미한다.

A와 B의 값이 전기평가점수가 10점 차이 나는 경우이며 최종평가점수는 최소 3점 차이 남을 ㄱ에서 확인했으므로 D가 주어진 순위를 만족하는 가장 낮은 점수인 81점을 맞더라도, B기관의 후기평가점수는 최소 84점이라는 것을 알 수 있다.

ㄷ. (×) ㄱ을 통해 A, B, D 각 기관의 최종평가점수가 C기관의 최종점수인 80점을 초과하기 위해서는 후기평가점수가 전기평가점수보다 높아야 한다. ㄴ에서 20:80의 가중치로 계산할 때는 전기평가점수가 10점 차이 나는 경우에 주어진 순위를 만족하기 위해 후기평가점수의 차이가 최소 3점 이상이다. B기관은 D기관 보다 후기평가점수가 최소 3점 높고, A기관은 B기관보다 후기평가점수가 최소 3점 높으므로 A기관과 D기관의 후기평가점수 차이는 최소 6점이며 따라서 'A기관과 D기관의 후기평가점수 차이는 5점일 수 있다.'는 틀린 지문이다.

## 25 정답 ⑤

난도 중

정답해설

⑤ 甲이 소속된 과는 총 9명이고 내선번호는 7016~7024번이다. 내선번호는 7001~7045까지 이므로 甲이 소속된 과보다 앞선 번호는 7001~7015이다. 따라서 甲과는 제1과는 아니다.

각 과는 최소 7명 이상이므로 내선번호도 7개 이상의 연번을 갖는다. 또 甲이 제1과가 아니므로 甲 앞에 乙, 丙, 丁 중 하나가 제1과로 온다. 이에 경우를 나눠 살펴보면,

乙이 제1과인 경우, 乙은 정원보다 4개의 내선번호를 더 가지고 총원이 가장 많다고 했으므로 甲의 9보다 많은 수이어야 하며 4개 여유분을 뺀 최대 11명을 가질 수 있다. 이 경우를 염두에 두고 계산해 보자.

乙 : 7001~7015(乙이 소속된 과의 정원은 11명+4개의 여유분 번호)

甲 : 7016~7024(정원 9명, 정원과 내선번호의 개수는 같다)

丙 : 7025~7034(번호 10개, 정원은 번호보다 3개 적으므로 정원은 7명)

丁 : 丙이 소속된 과의 과장 내선번호는 5이며 동일한 다음 수는 7035이므로 丁이 소속된 과의 과장은 7035번이며 7035~7045의 숫자가 배정된다.

이상의 정보를 종합하면 우선 정원 면에서 총원은 35명이고,

乙(11명), 甲(9명), 丙(7명) 따라서 丁은 8명이다.

앞 번호부터 제1~제4과이므로 乙(제1과) → 甲(제2과) → 丙(제3과) → 丁(제4과)이다.

이상을 표로 정리하면

| 구분 | 소속 | 내선번호 | 정원 |
|------|------|----------|------|
| 乙 | 제1과 | 7001~7015 | 11 |
| 甲 | 제2과 | 7016~7024 | 9 |
| 丙 | 제3과 | 7025~7034 | 7 |
| 丁 | 제4과 | 7035~7045 | 8 |

기 출 로  풀 어 보 는  7 급  P S A T  모 의 고 사

# 7급
# PSAT
# 모의고사편

# PSAT
Public Service Aptitude Test

언어논리

# PART 1

# 언어논리

# CHAPTER
# 01
# 제1회 언어논리 모의고사

## 01 ◯△✕

**다음 글의 내용과 부합하는 것은?**

12년 행시(인) 9번

역사 속에서 유대인들은 엄청난 대가를 치르면서도, 그들의 동질성을 유지하고 정체성을 지켜온 것으로 유명하다. 따라서 유대인이 자신들의 언어를 소중하게 지켜왔으리라고 여기는 일은 자연스럽다. 그러나 이는 사실과 크게 다르다. 유대인들은 별다른 고민이나 갈등 없이 자신들의 언어를 여러 번 바꾸었다.

기원전 6세기경 팔레스타인에 살던 유대인들은 바빌로니아에 종속되었고 이어 페르시아의 지배를 받았다. 그 이후 유대인들은 전통적 언어인 히브리어 대신 바빌로니아 상인들의 국제어였고 페르시아 제국의 공용어였던 아람어를 점점 더 많이 사용하게 되었다. 기원전 2세기경 유대인들은 마침내 아람어를 일상어로 쓰기 시작했고 히브리어는 지식인 계층만 사용하는 언어가 되었다. 성서의 『느헤미야』는 기원전 3세기 전반에 편집되었다. 이는 히브리어가 살아있는 언어였을 때 만들어진 마지막 책이다. 대부분의 유대인들이 히브리어를 잊었으므로 그들을 위한 아람어 성서가 나왔다. 이 성서는 번역을 뜻하는 아람어 '탈굼'으로 불렸는데, 구전으로는 기원전 6세기 말엽부터 그리고 기록된 것은 기원후 1세기부터 나오기 시작했다.

알렉산더 대왕의 정복 후 팔레스타인은 프톨레마이오스왕조가 집권한 이집트에 종속되었다. 알렉산드리아를 중심으로 하는 이집트의 유대인들은 아람어를 버리고 그리스어를 쓰게 되었다. 자연히 히브리어도 아람어도 모르는 유대인들을 위해 그리스어로 번역된 성서가 필요해졌다. 그래서 기원전 3세기에서 2세기에 걸쳐 알렉산드리아의 학술원에서 번역판을 냈다. 이 성서가 바로 이후 기독교도들의 경전이 된 '칠십인역'이다.

로마 제국이 득세했을 때 유대인들은 로마에 대항했다가 참담한 피해를 입고 뿔뿔이 흩어졌다. 이제 유대인들은 아람어나 그리스어를 버리고 그들이 이민 가서 정착한 곳의 언어를 쓰거나 이디시어, 라디노어와 같은 혼성어를 공용어로 썼다. 히브리어는 유대교 학자들에 의해 명맥이 이어지는 학자들의 언어가 되었다.

그 동안에도 히브리어를 되살리려는 노력은 꾸준히 이어졌다. 그런 노력은 근세에 특히 활발하여 히브리어를 글로 쓰일 뿐 아니라 말해지기도 하는 언어로 만들려는 움직임까지 나왔다. 1948년에 이스라엘이 세워지면서 그런 노력은 성공했다. 세계 곳곳에서 모여들어 여러 언어를 쓰는 사람들이, 일부 지식층의 주도 하에 그리고 순전히 정치적인 이유만으로, 2천 년 이상 오직 학자들의 언어에 불과했던 언어를 공용어로 채택했던 것이다. 히브리어의 부활은 언어의 끈질긴 생명력을 드러내는 사건인 것처럼 보이지만, 역설적으로 사람들이 쉽게 언어를 버리고 채택한다는 것을 보여준다.

① 히브리어 성서가 보존될 수 있었던 것은 이 책이 유럽 기독교도들의 경전이 되었기 때문이다.

② 그리스어로 된 칠십인역 성서는 유대인들의 일상어가 바뀌었음을 보여주는 역사적 증거이다.

③ 아람어 성서 탈굼은 유대인의 성서가 바빌로니아인과 페르시아인에게도 널리 읽혔다는 역사적 증거이다.

④ 다양한 지역의 유대인들에게 지속적으로 사용되었기 때문에 히브리어가 현대 이스라엘의 공용어가 될 수 있었다.

⑤ 알렉산더 대왕의 정복은 전통적 언어였던 히브리어를 유대인 중 특정 계층만이 사용하는 언어로 만든 역사적 계기였다.

## 02 ◯△✕

**다음 글의 내용과 부합하지 <u>않는</u> 것은?**

06년 행시 24번

컴퓨터의 주메모리는 일정한 크기의 기억 장소인 메모리 셀(cell)들로 이루어져 있다. 또 각각의 셀에는 순서대로 주소가 지정되어 있어, 주소를 가지고 해당 셀에 접근할 수 있다. 메모리에 주어진 자료들을 저장하고 특정 자료의 값을 읽어오거나 수정, 삭제하려면 자료의 일정한 구조가 요구되는데 이를 '자료구조'라고 한다. 프로그래머는 자료의 크기, 용도에 따라 자신의 프로그램 내에서 적당한 자료구조를 선택할 수 있다.

많이 쓰이는 자료구조로는 '배열'(array)과 '연결 리스트'(linked list)가 있다. 자료구조가 배열인 경우 프로그램이 처음 실행될 때 저장할 수 있는 자료들의 최대 개수(N)와 자료 하나 당 소요되는 메모리 셀의 개수(M)를 미리 정한다. 프로그램은 주메모리 상의 빈 공간에 N×M개의 연속된 메모리 셀을 미리 확보하여 최대 N개의 자료를 차례로 저장할 수 있게 된다. 특정 자료에 접근하려면 그 자료가 위치한 메모리 셀의 주소가 필요하다. 배열의 경우 그 주소는 다음과 같이 쉽게 계산될 수 있다. k번째 자료의 주소는 맨 처음 자료의 첫째 셀 주소에 (k-1)×M을 더하면 된다.

연결 리스트의 경우, 자료의 추가가 필요할 때에만 노드 하나 크기만큼의 메모리 공간을 할당받아 새로운 자료를 추가한다. 노드 하나는 자료 하나를 저장할 자료셀과 메모리 주소 하나를 저장할 주소셀로 이루어진다. 예를 들어 저장될 자료가 정수로 구성되어 있고 메모리 주소를 저장하는 데 셀 두 개를 사용한다면, 하나의 노드는 정수 하나를 저장할 자료셀 하나와 주소셀 둘을 합하여 총 세 개의 셀로 이루어진다. 연결 리스트에서 새로운 자료는 다음과 같이 추가된다. 먼저 이 노드를 추가하려고 하는 프로그램의 실행 단계에서 주메모리의 비어 있는 곳에 노드 하나에 필요한 셀 크기만큼 메모리 셀을 새로 확보하고, 자료를 이 새로운 노드의 자료셀에 추가한다. 그리고 그 전 노드의 주소셀에는 이 노드의 자료셀 주소가 저장된다. 다시 말하면 연결 리스트 내의 (k-1)번째 자료의 주소셀에는 k번째 자료를 찾아갈 수 있도록 해주는 주소값이 저장되어 있다. 결국 연결 리스트에서는 처음 노드에서 시작하여 각 노드의 주소셀에 저장된 주소값을 따라 다음 노드를 찾아감으로써 저장된 모든 자료에 접근할 수 있다. 어떤 자료가 필요하지 않게 되면 그 자료가 속한 노드를 삭제하고 앞뒤 노드의 주소를 연결하면 된다. 이 과정에서 얻어진 빈 메모리 셀은 다른 자료의 저장 공간으로 재활용될 수 있다.

① 전체 자료의 개수를 미리 알 수 없을 경우에는 연결 리스트가 유리하다.

② 연결 리스트는 자료를 추가할 때마다 메모리 공간을 추가로 할당받아야 한다.

③ 한 연결 리스트를 이루는 모든 노드들은 연속된 메모리 위치에 인접하여 저장되어야 한다.

④ 일정한 개수의 같은 크기의 자료들을 저장하는 경우에 배열이 연결 리스트보다 메모리 공간을 적게 사용한다.

⑤ 주어진 연결 리스트에 포함된 어떤 자료를 찾아서 읽어오는 데 걸리는 시간은 자료구조에서 그 자료가 몇 번째에 위치하는가에 따라 달라진다.

---

## 03 ⃝△✕

14년 행시(A) 10번

**다음 글의 논지로 가장 적절한 것은?**

아! 이 책은 붕당의 분쟁에 관한 논설을 실었다. 어째서 '황극(皇極)'으로 이름을 삼았는가? 오직 황극만이 붕당에 대한 옛설을 혁파할 수 있기에 이로써 이름 붙인 것이다.

내가 생각하기에 옛날에는 붕당을 혁파하는 것이 불가능했다. 왜 그러한가? 그때는 군자는 군자와 더불어 진붕(眞朋)을 이루고 소인은 소인끼리 무리지어 위붕(僞朋)을 이루었다. 만약 현부(賢否), 충사(忠邪)를 살피지 않고 오직 붕당을 제거하기에 힘쓴다면 교활한 소인의 당이 뜻을 펴기 쉽고 정도(正道)로 처신하는 군자의 당은 오히려 해를 입기 마련이었다. 이에 구양수는 『붕당론』을 지어 신하들이 붕당을 이루는 것을 싫어하는 임금의 마음을 경계하였고, 주자는 사류(士類)를 고르게 보합하자는 범순인의 주장을 비판하였다. 이들은 붕당이란 것은 어느 시대에나 있는 것이니, 붕당이 있는 것을 염려할 것이 아니라 임금이 군자당과 소인당을 가려내는 안목을 지니는 것이 관건이라고 하였다. 군자당의 성세를 유지시킨다면 정치는 저절로 바르게 되기 때문이다. 이것이 옛날에는 붕당을 없앨 수 없었던 이유이다.

그러나 지금 붕당을 만드는 것은 군자나 소인이 아니다. 의논이 갈리고 의견을 달리하여 저편이 저쪽의 시비를 드러내면 이편 또한 이쪽의 시비로 대응한다. 저편에 군자와 소인이 있으면 이편에도 군자와 소인이 있다. 따라서 붕당을 그대로 둔다면 군자를 모을 수 없고 소인을 교화시킬 수 없다. 이제는 붕당이 아닌 재능에 따라 인재를 등용하는 정책을 널리 펴야 한다. 그런 까닭에 영조대왕은 황극을 세워 탕평정책을 편 것을 50년 재위 기간의 가장 큰 치적으로 삼았다.

① 군자들만으로 이루어진 붕당을 만들어야 한다.

② 붕당을 혁파하고 유능한 인재를 등용하여야 한다.

③ 옛날의 붕당과 현재의 붕당 사이의 조화를 도모해야 한다.

④ 강력한 왕권을 확립하여 붕당 간의 대립을 조정해야 한다.

⑤ 붕당마다 군자와 소인이 존재하므로 한쪽 붕당만을 등용하거나 배격하는 것은 옳지 않다.

---

## 04 ⃝△✕

12년 행시(인) 23번

**다음 글의 문맥상 ㉮와 ㉯에 들어가기에 가장 적절한 것을 〈보기〉에서 골라 알맞게 짝지은 것은?**

우리는 도시의 세계에 살고 있다. 2010년에 인류 역사상 처음으로 세계 전체에서 도시 인구수가 농촌 인구수를 넘어섰다. 이제 우리는 도시가 없는 세계를 상상하기 힘들며, 세계 최초의 도시들을 탄생시킨 근본적인 변화가 무엇이었는지를 상상하는 것도 쉽지 않다.

인류는 약 1만 년 전부터 5천 년 전까지 도시가 아닌 작은 농촌 마을에서 살았다. 이 시기 농촌 마을의 인구는 대부분 약 2천 명 정도였다. 약 5천 년 전부터 이라크 남부, 이집트, 파키스탄, 인도 북서부에서 1만 명 정도의 사람이 모여 사는 도시가 출현하였다. 이런 세계 최초의 도시들을 탄생시킨 원인은 무엇인가? 이 질문에 대해서 몇몇 사람들은 약 1만 년 전부터 5천 년 전 사이에 일어난 농업의 발전에 의해서 농촌의 인구가 점차적으로 증가해 도시가 되었다고 말한다. 과연 농촌의 인구는 점차적으로 증가했는가? 고고학적 연구는 그렇지 않다고 말해주는 듯하다. ( ㉮ ) 그러나, 2천 명이 넘는 인구를 수용한 마을은 거의 발견되지 않았다. 이 점은 약 5천 년 전 즈음 마을의 거주 인구가 비약적으로 증가했다는 것을 보여준다.

무엇 때문에 이런 거주 인구의 비약적인 변화가 가능했는가? 이 질문에 대한 답은 사회적 제도의 발명에서 찾을 수 있다. ( ㉯ ) 따라서 거주 인구가 비약적으로 증가하기 위해서는 사람들을 조직하고, 이웃들 간의 분쟁을 해소하는 것과 같은 문제들을 해결하는 사회적 제도의 발명이 필수적이다. 이런 이유에서 도시의 발생은 사회적 제도의 발명에 영향을 받았다고 생각할 수 있다. 그리고 이런 사회적 제도의 출현은 이후 인류 역사의 모습을 형성하는 데 결정적인 역할을 한 사건이었다.

---

〈 보 기 〉

ㄱ. 농업 기술의 발전에 의해서 마을이 점차적으로 거대화 되었다면, 거주 인구가 2천 명과 1만 명 사이인 마을들이 빈번하게 발견되어야 한다.

ㄴ. 거주 인구가 2천 명이 넘지 않는 마을은 도시라고 할 수 없다.

ㄷ. 농업 기술의 발전에 의해서 마을이 점차적으로 거대화 되었다면, 약 1만 년 전 농촌 마을의 거주 인구는 2천 명 정도여야 한다.

ㄹ. 행정조직, 정치제도, 계급과 같은 사회적 제도 없이 사람들이 함께 모여 살 수 있는 인구 규모의 최대치는 2천 명 정도밖에 되지 않는다.

ㅁ. 2천 명 정도의 인구를 가진 농촌 마을도 행정조직과 같은 사회적 제도를 가지고 있었다.

ㅂ. 도시인의 삶이 정치제도, 계급과 같은 사회적 제도에 의해 제한되었다는 사실은 수많은 역사적 자료에 의해 검증된다.

| | ㉮ | ㉯ |
|---|---|---|
| ① | ㄱ | ㄹ |
| ② | ㄱ | ㅁ |
| ③ | ㄴ | ㅁ |
| ④ | ㄷ | ㄹ |
| ⑤ | ㄷ | ㅂ |

**05** ▢△✕                18년 행시(나) 23번

**다음 글에서 알 수 있는 것은?**

'인간'이란 말의 의미는 '호모 속(屬)에 속하는 동물'이고, 호모 속에는 사피엔스 외에도 여타의 종(種)이 존재했다. 불을 가졌던 사피엔스는 선조들에 비해 치아와 턱이 작았고 뇌의 크기는 우리와 비슷한 수준이었다. 사피엔스는 7만 년 전 아라비아 반도로 퍼져나갔고, 이후 다른 지역으로 급속히 퍼져나가 번성했다. 기술과 사회성이 뛰어난 사피엔스는 이미 그 지역에 정착해 있었던 다른 종의 인간들을 멸종시키기 시작하였다.

사피엔스의 확산은 인지혁명 덕분이었다. 이 혁명은 약 7만 년 전부터 3만 년 전 사이에 출현한 사고방식의 변화와 의사소통 방식의 변화를 가리킨다. 이와 같은 변화의 중심에는 그들의 언어가 있었다. 그렇다면, 사피엔스의 언어에 어떤 특별한 점이 있었기에 그들이 세계를 정복할 수 있었을까?

사피엔스는 제한된 개수의 소리와 기호를 연결해 각기 다른 의미를 지닌 무한한 개수의 문장을 만들 수 있었다. 곧 그들의 언어는 유연성을 지녔다. 이로써 그들은 자기 주변 환경에 대한 막대한 양의 정보를 공유할 수 있었다. 사피엔스가 다른 종의 인간들을 내몰 수 있었던 까닭이 공유된 정보의 양 때문이었다는 이론이 널리 알려져 있기는 하다. 그러나 공유된 정보의 양이 성공의 직접적 원인은 아니라는 이론 또한 존재한다. 이에 따르면 사피엔스가 세계를 정복할 수 있었던 원인은 오히려 그들의 언어가 사회적 협력을 다른 언어보다 더 원활하게 해주었다는 데 있다. 사피엔스는 주변 환경에 대한 담화를 할 수 있었을 뿐 아니라 다른 사회 구성원에 대한 담화도 할 수 있었다. 그런 담화는 상호 간의 관계를 더욱 긴밀하게 했고 협력을 증진시켰다. 작은 무리의 사피엔스는 이렇게 더욱 긴밀한 협력 관계를 유지할 수 있었다.

위의 두 이론, 곧 유연성 이론과 담화 이론은 사피엔스의 정복을 부분적으로는 설명해 줄 수 있을 것이다. 하지만 그 직접적 원인은 그들이 사용한 언어만이 존재하지도 않는 것에 대한 정보를 공유할 수 있게끔 해주었다는 데 있다. 직접 보거나 만지거나 냄새 맡지 못한 것에 대해 이야기할 수 있었던 존재는 사피엔스뿐이었다. 그들이 지닌 언어의 이와 같은 특성 때문에 사피엔스는 개인적인 상상을 집단적으로 공유할 수 있게 되었으며 공통의 신화들을 짜낼 수 있었다. 그 덕분에 그들의 사회는 서로 모르는 구성원들 사이에서도 협력 관계를 유지하고 복잡한 거대 사회로 발전될 수 있었다.

① 사피엔스의 뇌 크기는 인지혁명 이후에야 현재 인류의 그것과 비슷해졌다.

② 유연성 이론과 담화 이론에 따르면 공유한 정보의 양이 사피엔스 성공의 직접적 원인이었다.

③ 사피엔스가 다른 인간 종을 몰아내기 시작한 것은 그들이 이주를 시도한 때부터 약 4만 년 후였다.

④ 담화 이론에 따르면, 자기 주변 환경에 대한 정보가 사회 구성원들에 대한 정보보다 사피엔스에게 더 중요하였다.

⑤ 사피엔스가 다른 인간 종을 멸종시킬 수 있었던 원인은 상상이나 신화와 같은 허구를 사회적으로 공유할 수 있는 능력에 있었다.

**06** ▢△✕                16년 행시(5) 18번

**다음 글의 ㉠~㉢에 들어갈 말을 바르게 나열한 것은?**

다음 세대에 유전자를 남기기 위해서는 반드시 암수가 만나 번식을 해야 한다. 그런데 왜 이성이 아니라 동성에게 성적으로 끌리는 사람들이 낮은 빈도로나마 꾸준히 존재하는 것일까? 진화심리학자들은 이 질문에 대해서 여러 가지 가설로 동성애 성향이 유전자를 통해 다음 세대로 전달된다고 설명한다. 그중 캄페리오-치아니는 동성애 유전자가 X염색체에 위치하고, 동성애 유전자가 남성에게 있으면 자식을 낳아 유전자를 남기는 번식이 감소하지만, 동성애 유전자가 여성에게 있으면 여타 조건이 동일한 상황에서 자식을 많이 낳아 유전자를 많이 남기기 때문에 동성애 유전자가 계속 유지된다고 주장하였다. 인간은 23쌍의 염색체를 갖는데, 그중 한 쌍이 성염색체로 남성은 XY염색체를 가지며 여성은 XX염색체를 가진다. 한 쌍의 성염색체는 아버지와 어머니로부터 각각 하나씩 받아서 쌍을 이룬다. 즉 남성 성염색체 XY의 경우 X염색체는 어머니로부터 Y염색체는 아버지로부터 물려받고, 여성 성염색체 XX는 아버지와 어머니로부터 각각 한 개씩의 X염색체를 물려받는다. 만약에 동성애 남성이라면 동성애 유전자가 X염색체에 있고 그 유전자는 어머니로부터 물려받은 것이다. 따라서 캄페리오-치아니의 가설이 맞다면 확률적으로 동성애 남성의  ㉠  한 명이 낳은 자식의 수가 이성애 남성의  ㉡  한 명이 낳은 자식의 수보다  ㉢ .

| | ㉠ | ㉡ | ㉢ |
|---|---|---|---|
| ① | 이모 | 이모 | 많다 |
| ② | 고모 | 고모 | 많다 |
| ③ | 이모 | 고모 | 적다 |
| ④ | 고모 | 고모 | 적다 |
| ⑤ | 이모 | 이모 | 적다 |

## 07 ◻◻◻ 다음 글의 핵심 논지로 가장 적절한 것은?

인문학의 중요성을 강조하는 사람들은 흔히 인간이란 정신적 존재이기 때문에 참다운 인간적 삶을 위해서는 물질적 욕구의 충족을 넘어서서 정신적 풍요로움을 누려야 하며 이 때문에 인문학은 필수적이라고 주장한다. 뿐만 아니라 인문학은 인간의 삶에 필수적인 건전한 가치관의 형성에도 중요한 역할을 한다고 주장한다. 그러나 과연 현대 인문학은 이러한 상식적인 주장들을 감당할 수 있을까?

분명 인간은 의식주라는 생물학적 욕구와 물질적 가치의 추구 외에 정신적 가치들을 추구하며 사는 존재이다. 그렇다고 이것이 그대로 인문학의 가치를 증언하는 것은 아니다. 그 이유는 무엇보다 인문적 활동 자체와 그것에 대한 지식 혹은 인식을 추구하는 인문학은 구별되기 때문이다. 춤을 추고 노래를 부르거나 이야기를 하는 등의 제반 인간적 활동에 대한 연구와 논의를 하는 이차적 활동인 인문학, 특히 현대의 인문학처럼 고도로 추상화된 이론적 논의들이 과연 인간적 삶을 풍요롭게 해주느냐가 문제이다.

현대 인문학은 대부분 과거의 인문적 활동의 산물을 대상으로 한 역사적 연구에 치중하고 있다. 전통적인 인문학도 역시 과거의 전통과 유산, 특히 고전을 중시하여 그것을 가르치고 연구하는 데 역점을 두었으나 그 교육방법과 태도는 현대의 역사적 연구와는 근본적으로 달랐다. 현대의 역사적 연구는 무엇보다도 연구 대상과의 시간적, 문화적 거리감을 전제로 하여 그것을 명확하게 의식하는 가운데서 이루어진다. 현대의 역사주의는 종교나 철학사상 혹은 문학 등 동서고금의 모든 문화적 현상들을 현재 우리와는 전혀 다른 시대에 산출된 이질적인 것으로 의식하면서 그것들을 우리들의 주관적 편견을 제거한 객관적인 역사적 연구 대상으로 삼는다.

인문학이 자연과학처럼 객관적 지식을 추구하는 학문이 되면서, 인문학은 인격을 변화시키고 삶의 의미를 제공해주던 전통적 기능이 상실되고 그 존재 가치를 의심받게 되었다. 학문과 개인적 삶이 확연히 구분되고 인문학자는 더 이상 인문주의자가 될 필요가 없어졌다. 그는 단지 하나의 전문 직업인이 되었다.

① 현대 인문학자는 인문주의자로서만이 아니라 전문 직업인으로서의 위상 또한 가져야 한다.
② 현대 인문학은 자연과학의 접근방식을 수용함으로써 학문의 엄밀성을 확보해야 한다.
③ 현대 인문학은 인문적 삶과 활동에 대한 이차적 반성이라는 점에서 자연과학적 지식과 변별된다.
④ 현대 인문학의 위기는 생물학적 욕구와 물질적 가치가 정신적 가치보다 중시됨으로써 초래된 것이다.
⑤ 현대 인문학은 객관적 지식을 추구하는 학문이 되면서 인간의 삶을 풍요롭게 만드는 본연의 역할을 하지 못한다.

## 08 ◻◻◻ 다음 글에 대한 분석으로 적절한 것만을 〈보기〉에서 모두 고르면?

"1 더하기 1은 2이다."와 "대한민국의 수도는 서울이다."는 둘 다 참인 명제이다. 이 중 앞의 명제는 수학 영역에 속하는 반면에 뒤의 명제는 사회적 규약 영역에 속한다. 그리고 위 두 명제 모두 진리 표현 '~는 참이다'를 부가하여, "1 더하기 1은 2라는 것은 참이다.", "대한민국의 수도는 서울이라는 것은 참이다."와 같이 바꿔 말할 수 있다. 이 '~는 참이다'라는 진리 표현에 대한 이론들 중에는 진리 다원주의와 진리 최소주의가 있다.

진리 다원주의에 의하면 ㉠ 수학과 사회적 규약이라는 서로 다른 영역에 속한 위 두 명제들의 진리 표현은 서로 다른 진리를 나타낸다. 한편, ㉡ 진리 표현은 명제가 속한 영역에 따라서 다른 진리를 나타낸다는 주장은 진리가 진정한 속성일 때에만 성립한다. 만약 진리가 진정한 속성이 아니라면 영역의 차이에 따라 진리를 구별하는 것은 무의미할 것이기 때문이다. 그러므로 진리 다원주의는 ㉢ 진리가 진정한 속성이라는 것을 받아들여야 한다. 한편, ㉣ 언어 사용을 통해 어떤 속성에 대한 모든 것을 알 수 있다면, 그것은 진정한 속성이 아니다. 진리가 진정한 속성이라면 언어 사용을 통해 진리에 관한 모든 것을 알 수 있는 것은 아니다. 진리 최소주의자들은 ㉤ 우리는 언어 사용을 통해 진리에 관한 모든 것을 알 수 있다고 주장한다. 그러므로 만약 진리 최소주의가 옳다면 어떤 결론이 따라 나오는지는 명확하다.

〈 보 기 〉

ㄱ. ㉠과 ㉡은 함께 ㉢을 지지한다.
ㄴ. ㉣과 ㉤은 함께 ㉢을 반박한다.
ㄷ. ㉠, ㉡, ㉣은 함께 ㉤을 반박한다.

① ㄱ
② ㄷ
③ ㄱ, ㄴ
④ ㄴ, ㄷ
⑤ ㄱ, ㄴ, ㄷ

**09** ⃞⃞⃝△✕                                11년 행시(수) 9번

**다음 글의 물음에 대하여 아래 〈조건〉에 따라 옳게 답한 것은?**

슈미트라는 수학자가 수학의 불완전성을 증명했지만 그는 이 증명을 발표하기 전에 죽었다. 그런데 그의 동료 수학자 쿠르트가 이 증명을 마치 자신의 성과인 양 세상에 발표했다. 그러나 이러한 역사적 진실은 알려지지 않았다.

이제 우리는 쿠르트에 대해 이야기할 때 '수학의 불완전성 정리를 증명한 사람'이라고 말할 것이다. 분명 '수학의 불완전성 정리를 증명한 사람'은 세계의 무수한 사물들 중에서 어느 한 사람을 가리킬 것이다. 그런데 이 표현이 가리키는 사람이 쿠르트인지 슈미트인지 판단하기 어렵다.

다음과 같은 물음을 생각해보자. 어제 상규는 "쿠르트는 수학의 불완전성 정리를 증명한 수학자이다."라고 주장했다. 오늘 상규는 "쿠르트는 수학의 불완전성 정리를 증명한 수학자가 아니다."라고 주장했다. 상규가 어제 말한 '쿠르트'와 오늘 말한 '쿠르트'는 각각 쿠르트와 슈미트 중 누구를 가리킬까?

〈조 건〉

• 주장은 역사적 진실과 일치하면 참이고 일치하지 않으면 거짓이다.
• '쿠르트'가 가리키는 대상은 쿠르트나 슈미트 중 한 명이다.

① 상규의 어제 주장과 오늘 주장이 둘 다 참이라고 가정하면, 상규의 두 '쿠르트'는 모두 쿠르트를 가리킬 것이다.
② 상규의 어제 주장은 거짓이고 오늘 주장이 참이라고 가정하면, 상규의 두 '쿠르트'는 모두 쿠르트를 가리킬 것이다.
③ 상규의 어제 주장은 거짓이고 오늘 주장이 참이라고 가정하면, 상규의 두 '쿠르트'는 모두 슈미트를 가리킬 것이다.
④ 상규의 어제 주장은 참이고 오늘 주장이 거짓이라고 가정하면, 상규의 어제 '쿠르트'는 슈미트를 가리키고, 오늘 '쿠르트'는 쿠르트를 가리킬 것이다.
⑤ 상규의 어제 주장은 참이고 오늘 주장이 거짓이라고 가정하면, 상규의 어제 '쿠르트'는 쿠르트를 가리키고, 오늘 '쿠르트'는 슈미트를 가리킬 것이다.

**10** ⃞⃞⃝△✕                                09년 행시(경) 17번

**다음 글에 나타난 논증을 타당하게 만들기 위해 빈칸에 들어가야 할 것은?**

한 존재가 가질 수 있는 욕망과 그 존재가 가졌다고 할 수 있는 권리 사이에는 모종의 개념적 관계가 있는 것 같다. 권리는 침해될 수 있는 것이며, 어떤 것에 대한 개인의 권리를 침해하는 것은 그것과 관련된 욕망을 좌절시키는 것이다. 예를 들어서 당신이 차를 가지고 있다고 가정해 보자. 그럴 때 나는 우선 그것을 당신으로부터 빼앗지 말아야 한다는 의무를 가진다. 그러나 그 의무는 무조건적인 것이 아니다. 이는 부분적으로 당신이 그것과 관련된 욕망을 가지고 있는지 여부에 달려 있다. 만약 당신이 차를 빼앗기든지 말든지 관여치 않는다면, 내가 당신의 차를 빼앗는다고 해서 당신의 권리를 침해하는 것은 아닐 수 있다.

물론 권리와 욕망 간의 관계를 정확히 설명하는 것은 어렵다. 이는 졸고 있는 경우나 일시적으로 의식을 잃은 경우와 같은 특수한 상황 때문인데, 그러한 상황에서도 졸고 있는 사람이나 의식을 잃은 사람에게 권리가 없다고 말하는 것은 옳지 않을 것이다. 그러나 이와 같이 권리의 소유가 실제적인 욕망 자체와 연결되지는 않는다고 하더라도, 권리를 소유하려면 어떤 방식으로든 관련된 욕망을 가지는 능력이 있어야 한다. 어떤 권리를 소유할 수 있으려면 최소한 그 권리와 관련된 욕망을 가질 수 있어야 한다는 것이다.

이러한 관점을 생명에 대한 권리라는 경우에 적용해 보자. 생명에 대한 권리는 개별적인 존재의 생존을 지속시킬 권리이고, 이를 소유하는 데 관련되는 욕망은 개별존재로서 생존을 지속시키고자 하는 욕망이다. 따라서 자신을 일정한 시기에 걸쳐 존재하는 개별존재로서 파악할 수 있는 존재만이 생명에 대한 권리를 가질 수 있다. 왜냐하면,
_____

① 생명에 대한 권리를 가질 수 있는 존재만이 개별존재로서 생존을 지속시키고자 하는 욕망을 가질 수 있기 때문이다.
② 자신을 일정한 시기에 걸쳐 존재하는 개별존재로서 파악할 수 있는 존재는 다른 존재자의 생명을 빼앗지 말아야 한다는 의무를 지니기 때문이다.
③ 자신을 일정한 시기에 걸쳐 존재하는 개별존재로서 파악할 수 있는 존재만이 개별존재로서 생존을 지속시키고자 하는 욕망을 가질 수 있기 때문이다.
④ 개별존재로서 생존을 지속시키고자 하는 욕망을 가질 수 있는 존재만이 자신을 일정한 시기에 걸쳐 존재하는 개별존재로서 파악할 수 있기 때문이다.
⑤ 자신을 일정한 시기에 걸쳐 존재하는 개별존재로서 파악할 수 있는 존재는 어떤 실제적인 욕망을 가지지 않는다고 하여도 욕망을 가질 수 있는 능력이 있다고 파악되기 때문이다.

## 11 ○△✕

**다음 글에서 추론할 수 있는 것만을 〈보기〉에서 모두 고르면?**

예술과 도덕의 관계, 더 구체적으로는 예술작품의 미적 가치와 도덕적 가치의 관계는 동서양을 막론하고 사상사의 중요한 주제들 중 하나이다. 그 관계에 대한 입장들로는 '극단적 도덕주의', '온건한 도덕주의', '자율성주의'가 있다. 이 입장들은 예술작품이 도덕적 가치 판단의 대상이 될 수 있느냐는 물음에 각기 다른 대답을 한다.

극단적 도덕주의 입장은 모든 예술작품을 도덕적 가치판단의 대상으로 본다. 이 입장은 도덕적 가치를 가장 우선적인 가치이자 가장 포괄적인 가치로 본다. 따라서 모든 예술 작품은 도덕적 가치에 의해서 긍정적으로 또는 부정적으로 평가된다. 또한 도덕적 가치는 미적 가치를 비롯한 다른 가치들보다 우선한다. 이러한 입장을 대표하는 사람이 바로 톨스토이이다. 그는 인간의 형제애에 관한 정서를 전달함으로써 인류의 심적 통합을 이루는 것이 예술의 핵심적 가치라고 보았다.

온건한 도덕주의는 오직 일부 예술작품만이 도덕적 판단의 대상이 된다고 보는 입장이다. 따라서 일부의 예술작품들에 대해서만 긍정적인 또는 부정적인 도덕적 가치판단이 가능하다고 본다. 이 입장에 따르면, 도덕적 판단의 대상이 되는 예술작품의 도덕적 가치와 미적 가치는 서로 독립적으로 성립하는 것이 아니다. 그것들은 서로 내적으로 연결되어 있기 때문에 어떤 예술작품이 가지는 도덕적 장점이 그 예술작품의 미적 장점이 된다. 또한 어떤 예술작품의 도덕적 결함은 그 예술작품의 미적 결함이 된다.

자율성주의는 어떠한 예술작품도 도덕적 가치판단의 대상이 될 수 없다고 보는 입장이다. 이 입장에 따르면, 도덕적 가치와 미적 가치는 서로 자율성을 유지한다. 즉, 도덕적 가치와 미적 가치는 각각 독립적인 영역에서 구현되고 서로 다른 기준에 의해 평가된다는 것이다. 결국 자율성주의는 예술작품에 대한 도덕적 가치 판단을 범주착오에 해당하는 것으로 본다.

〈보 기〉

ㄱ. 자율성주의는 극단적 도덕주의와 온건한 도덕주의가 모두 범주착오를 범하고 있다고 볼 것이다.

ㄴ. 극단적 도덕주의는 모든 도덕적 가치가 예술작품을 통해 구현된다고 보지만 자율성주의는 그렇지 않을 것이다.

ㄷ. 온건한 도덕주의에서 도덕적 판단의 대상이 되는 예술작품들은 모두 극단적 도덕주의에서도 도덕적 판단의 대상이 될 것이다.

① ㄱ
② ㄴ
③ ㄱ, ㄷ
④ ㄴ, ㄷ
⑤ ㄱ, ㄴ, ㄷ

## 12 ○△✕

**다음 글의 논지로 가장 적절한 것은?**

물리학의 근본 법칙들은 실재 세계의 사실들을 정확하게 기술하는가? 이 질문에 확신을 가지고 그렇다고 대답할 사람은 많지 않을 것이다. 사실 다양한 물리 현상들을 설명하는 데 사용되는 물리학의 근본 법칙들은 모두 이상적인 상황만을 다루고 있는 것 같다. 정말로 물리학의 근본 법칙들이 이상적인 상황만을 다루고 있다면 이 법칙들이 실재 세계의 사실들을 정확히 기술한다는 생각에는 문제가 있는 듯하다.

가령 중력의 법칙을 생각해 보자. 중력의 법칙은 "두 개의 물체가 그들 사이의 거리의 제곱에 반비례하고 그 둘의 질량의 곱에 비례하는 힘으로 서로 당긴다."는 것이다. 이 법칙은 두 물체의 운동을 정확하게 설명할 수 있는가? 그렇지 않다는 것은 분명하다. 만약 어떤 물체가 질량뿐만이 아니라 전하를 가지고 있다면 그 물체들 사이에 작용하는 힘은 중력의 법칙만으로 계산된 것과 다를 것이다. 즉 위의 중력의 법칙은 전하를 가지고 있는 물체의 운동을 설명하지 못한다.

물론 사실을 정확하게 기술하는 형태로 중력의 법칙을 제시할 수 있다. 가령, 중력의 법칙은 "중력 이외의 다른 어떤 힘도 없다면, 두 개의 물체가 그들 사이의 거리의 제곱에 반비례하고 그 둘의 질량의 곱에 비례하는 힘으로 서로 당긴다."로 수정될 수 있다. 여기서 '중력 이외의 다른 어떤 힘도 없다면'이라는 구절이 추가된 것에 주목하자. 일단, 이렇게 바뀐 중력의 법칙이 참된 사실을 표현한다는 것은 분명해 보인다. 그러나 이렇게 바꾸면 한 가지 중요한 문제가 발생한다.

어떤 물리 법칙이 유용한 것은 물체에 작용하는 힘들을 통해 다양하고 복잡한 현상을 설명할 수 있기 때문이다. 물리 법칙은 어떤 특정한 방식으로 단순한 현상만을 설명하는 것을 목표로 하지 않는다. 중력의 법칙 역시 마찬가지다. 그것이 우리가 사는 세계를 지배하는 근본적인 법칙이라면 중력이 작용하는 다양한 현상들을 설명할 수 있어야 한다. 하지만 '중력 이외의 다른 어떤 힘도 없다면'이라는 구절이 삽입되었을 때, 중력의 법칙이 설명할 수 있는 영역은 무척 협소해진다. 즉 그것은 오로지 중력만이 작용하는 아주 특수한 상황만을 설명할 수 있을 뿐이다. 결과적으로 참된 사실들을 진술하기 위해 삽입된 구절은 설명력을 현저히 감소시킨다. 이 문제는 거의 모든 물리학의 근본 법칙들이 가지고 있다.

① 물리학의 근본 법칙은 그 영역을 점점 확대하는 방식으로 발전해 왔다.

② 물리적 자연 현상이 점점 복잡하고 다양해짐에 따라 물리학의 근본 법칙도 점점 복잡해진다.

③ 더 많은 실재 세계의 사실들을 기술하는 물리학의 법칙이 그렇지 않은 법칙보다 뛰어난 설명력을 가진다.

④ 물리학의 근본 법칙들은 이상적인 상황을 다루고 있어 실재 세계의 사실들을 정확하게 기술하는 데 어려움이 없다.

⑤ 참된 사실을 정확하게 기술하려고 물리 법칙에 조건을 추가하면 설명 범위가 줄어 다양한 물리 현상을 설명하기 어려워진다.

## 13 ☐△✕

**다음 글의 ㉠에 근거한 추론으로 옳은 것만을 〈보기〉에서 모두 고르면?**

우리는 믿음과 관련하여 여러 종류의 태도를 가질 수 있다. 예를 들어, 우리는 내일 비가 온다는 명제가 참이라고 믿을 수도 있고, 거짓이라고 믿을 수도 있다. 또한 그 명제가 참이라고 믿지도 않고 거짓이라고 믿지도 않을 수 있다. 이렇게 거칠게 세 가지 종류로만 구분된 믿음 태도는 '거친 믿음 태도'라고 불린다.

한편, 우리의 믿음 태도는 아주 섬세하게 구분될 수도 있다. 우리는 내일 비가 온다는 명제가 참이라는 것을 0.2의 확률로 믿을 수도 있고 0.5의 확률로 믿을 수도 있고 0.8의 확률로 믿을 수도 있다. 말하자면, 그 명제가 참일 확률에 따라 우리의 믿음 태도는 섬세하게 구분될 수도 있다는 것이다. 이렇게 확률에 따라 구분된 믿음 태도는 '섬세한 믿음 태도'라고 불린다.

이 두 종류의 믿음 태도는 ㉠'믿음의 문턱'이라는 개념을 이용한 규정을 통해 서로 연결될 수 있다. 그 규정은 이렇다. '어떤 명제를 참이라고 믿기 위한 필요충분조건은 그 명제가 참이라는 것을 특정 확률 값 k보다 크게 믿는 것이다. 그리고 어떤 명제를 거짓이라고 믿기 위한 필요충분조건은 그 명제가 거짓이라는 것을 그 확률 값 k보다 크게 믿는 것이다. 단, k의 값은 0.5보다 작지 않다.' 이때 확률 값 k를 믿음의 문턱이라고 부른다.

이제 이러한 규정을 적용해 보기 위해 일단 당신의 믿음의 문턱이 0.8이라고 해보자. 그리고 당신은 내일 비가 온다는 명제가 참이라는 것을 0.9의 확률로 믿고 있다고 하자. 이 경우 우리는 '당신은 내일 비가 온다는 명제를 참이라고 믿고 있다.'고 말할 수 있다. 이번에는 당신이 내일 비가 온다는 명제가 거짓이라는 것을 0.9의 확률로 믿고 있다고 해 보자. 그럼 우리는 당신의 믿음의 문턱이 0.8이라는 점을 고려하여 '당신은 내일 비가 온다는 명제가 거짓이라고 믿고 있다.'고 말할 수 있다.

그럼, 당신이 내일 비가 온다는 명제가 참이라는 것도 0.5의 확률로 믿고 있고, 그 명제가 거짓이라는 것도 0.5의 확률로 믿고 있는 경우는 어떨까? 이 경우 우리는 당신의 믿음의 문턱이 0.8이라는 점을 고려하여 '당신은 내일 비가 온다는 명제를 참이라고 믿지도 않고 거짓이라고 믿지도 않는다.'고 말할 수 있다.

〈보 기〉

ㄱ. 철수의 믿음의 문턱이 0.5인 경우, 철수는 모든 명제를 참이라고 믿지도 않고 거짓이라고 믿지도 않는다.

ㄴ. 영희의 믿음의 문턱이 고정되어 있을 경우, 내일 비가 온다는 명제에 대한 영희의 섬세한 믿음 태도가 변한다고 하더라도 그 명제에 대한 영희의 거친 믿음 태도는 변하지 않는 경우도 있다.

ㄷ. 철수와 영희가 동일한 수치의 믿음의 문턱을 가지고 있을 경우, 두 사람 모두 내일 비가 온다는 명제를 참이라고 믿고 있지 않다면 두 사람 모두 내일 비가 온다는 명제를 거짓이라고 믿고 있다.

① ㄱ  
② ㄴ  
③ ㄱ, ㄷ  
④ ㄴ, ㄷ  
⑤ ㄱ, ㄴ, ㄷ

## 14 ☐△✕

**㉠과 ㉡에 해당하는 사례를 〈보기〉에서 모두 고르면?**

명제들 사이에는 일정한 논리적 관계가 있다. 예를 들어 어떤 명제들의 쌍은 ㉠ 하나의 명제(Ⅰ)가 참이면 다른 명제(Ⅱ)도 반드시 참이 된다. 또 어떤 명제들의 쌍은 ㉡ 하나의 명제(Ⅰ)가 참이면 다른 명제(Ⅱ)는 반드시 거짓이 되고, 한 명제(Ⅰ)가 거짓이면 다른 명제(Ⅱ)는 반드시 참이 된다.

〈보 기〉

ㄱ. (Ⅰ) 폐암 환자들 중에는 본인은 물론 그의 가족 중 누구도 담배를 피우지 않은 경우가 있다.  
(Ⅱ) 상당수의 폐암 환자들은 담배를 피운 경험이 있는 사람들이며 그 중에는 30년이 넘게 담배를 피워 온 사람들도 있다.

ㄴ. (Ⅰ) 태양계 밖의 외계 행성계인 게자리 55의 바깥 궤도를 돌고 있는 행성 A의 공전궤도는 행성 B의 공전에 영향을 미친다.  
(Ⅱ) 행성 A는 '항성이 되려다 실패한 행성'이라 불릴 정도로 큰 부피와 질량을 가지고 있다.

ㄷ. (Ⅰ) 모든 고양이는 육식성이며 혀에는 가시돌기가 돋아 있다.  
(Ⅱ) 페르시안 고양이 중 혀에 가시돌기가 없는 개체가 발견된 적은 없다.

ㄹ. (Ⅰ) 방탄조끼 m9는 모든 소총의 탄환으로부터 신체를 보호할 수 있도록 설계되었다.  
(Ⅱ) 특수부대에서 사용하는 저격용 소총인 SSG67은 어떤 방탄조끼도 뚫을 수 있다.

ㅁ. (Ⅰ) 루비듐이란 광물은 알콜램프로 가열할 경우 진한 붉은 색을 띠는 성질을 지녔다.  
(Ⅱ) 루비듐 중에는 알콜램프로 가열할 때 진한 붉은 색을 띠지 않는 것도 있다.

|  | ㉠ | ㉡ |
|---|---|---|
| ① | ㄱ | ㄹ |
| ② | ㄱ | ㅁ |
| ③ | ㄴ | ㅁ |
| ④ | ㄷ | ㄹ |
| ⑤ | ㄷ | ㅁ |

## 15 ☐△✕

**다음 진술들이 참일 때, 반드시 참인 것은?**

- 범인의 머리카락이 갈색이거나 키가 크다.
- 만약 범인의 머리카락이 갈색이라면, 그는 안경을 쓴다.
- 범인은 안경을 쓰거나 왼손잡이다.
- 만약 범인의 머리카락이 갈색이라면, 그는 안경을 쓰지 않는다.
- 만약 범인이 안경을 쓰지 않는다면, 그는 키가 크지 않다.

① 범인은 왼손잡이고 키가 크다.  
② 범인은 키가 크고 안경을 쓴다.  
③ 범인은 안경을 쓰고 왼손잡이다.  
④ 범인의 머리카락이 갈색인지는 확실히 알 수 없지만 키는 크다.  
⑤ 범인이 왼손잡이인지도 확실히 알 수 없고 키가 큰지도 확실히 알 수 없다.

## 16 ◻△✕

**다음 글에서 추론할 수 있는 것은?**

비자발적인 행위는 강제나 무지에서 비롯된 행위이다. 반면에 자발적인 행위는 그것의 단초가 행위자 자신 안에 있다. 행위자 자신 안에 행위의 단초가 있는 경우에는 행위를 할 것인지 말 것인지가 행위자 자신에게 달려 있다.

욕망이나 분노에서 비롯된 행위들을 모두 비자발적이라고 할 수는 없다. 그것들이 모두 비자발적이라면 인간 아닌 동물 중 어떤 것도 자발적으로 행위하는 게 아닐 것이며, 아이들조차 그럴 것이기 때문이다. 우리가 욕망하는 것들 중에는 마땅히 욕망해야 할 것이 있는데, 그러한 욕망에 따른 행위는 비자발적이라고 할 수 없다. 실제로 우리는 어떤 것들에 대해서는 마땅히 화를 내야 하며, 건강이나 배움과 같은 것은 마땅히 욕망해야 한다. 따라서 욕망이나 분노에서 비롯된 행위를 모두 비자발적인 것으로 보아서는 안 된다.

합리적 선택에 따르는 행위는 모두 자발적인 행위지만 자발적인 행위의 범위는 더 넓다. 왜냐하면 아이들이나 동물들도 자발적으로 행위하긴 하지만 합리적 선택에 따라 행위하지는 못하기 때문이다. 또한 욕망이나 분노에서 비롯된 행위는 어떤 것도 합리적 선택을 따르는 행위가 아니다. 이성이 없는 존재는 욕망이나 분노에 따라 행위할 수 있지만, 합리적 선택에 따라 행위할 수는 없기 때문이다. 또 자제력이 없는 사람은 욕망 때문에 행위하지만 합리적 선택에 따라 행위하지는 않는다. 반대로 자제력이 있는 사람은 합리적 선택에 따라 행위하지, 욕망 때문에 행위하지는 않는다.

① 욕망에 따른 행위는 모두 자발적인 것이다.
② 자제력이 있는 사람은 자발적으로 행위한다.
③ 자제력이 없는 사람은 비자발적으로 행위한다.
④ 자발적인 행위는 모두 합리적 선택에 따른 것이다.
⑤ 마땅히 욕망해야 할 것을 하는 행위는 모두 합리적 선택에 따른 것이다.

## 17 ◻△✕

**다음 글의 (가)와 (나)에 들어갈 진술을 〈보기〉에서 골라 알맞게 짝지은 것은?**

자동차 회사인 ○○사는 신차를 개발할 것이다. 그 개발은 ○○사의 연구개발팀들 중 하나인 A팀이 담당한다.

그런데 [ (가) ] 그리고 A팀에서는 독신이거나 여성인 사원은 모두 다른 팀으로 파견을 나간 경력이 없다. 또한 다른 팀으로 파견을 나간 경력이 없거나 자동차 관련 박사학위를 지닌 A팀원은 모두 여성이다. 그러므로 A팀에는 독신이면서 여성인 사원이 한 명 이상 있다.

그런데 ○○사 내의 또 다른 경쟁 연구개발팀인 B팀에는 남성이면서 독신인 사원이 여럿 있다. 그리고 ○○사의 모든 독신 사원들은 어떤 이유에서인지는 몰라도 사내의 이성과 연인이 되기를 갈망한다. 그러므로 [ (나) ] 그래서 B팀의 누군가는 A팀의 신차 개발 프로젝트로 파견을 나가고 싶어할지도 모르겠다고 많은 사원들이 추측하고 있는 것도 그다지 이상한 일은 아니다.

〈보 기〉

ㄱ. A팀에는 독신인 사원이 한 명 이상 있다.
ㄴ. 독신인 A팀원은 누구도 다른 팀으로 파견을 나간 경력이 없다.
ㄷ. B팀에는 사내의 이성과 연인이 되기를 갈망하는 남성 사원이 한 명 이상 있다.
ㄹ. B팀에서 사내의 이성과 연인이 되기를 갈망하지 않는 남성 사원은 모두 독신이다.

|     | (가) | (나) |
| --- | --- | --- |
| ① | ㄱ | ㄷ |
| ② | ㄱ | ㄹ |
| ③ | ㄴ | ㄷ |
| ④ | ㄴ | ㄹ |
| ⑤ | ㄷ | ㄴ |

## 18 ◇△✕                                              17년 행시(가) 27번

**다음 ⑤의 사례로 적절한 것만을 〈보기〉에서 모두 고르면?**

적혈구는 일정한 수명을 가지고 있어서 그 수와 관계 없이 총 적혈구의 약 0.8% 정도는 매일 몸 안에서 파괴된다. 파괴된 적혈구로부터 빌리루빈이라는 물질이 유리되고, 이 빌리루빈은 여러 생화학적 대사 과정을 통해 간과 소장에서 다른 물질로 변환된 후에 대변과 소변을 통해 배설된다.

적혈구로부터 유리된 빌리루빈은 강한 지용성 물질이어서 혈액의 주요 구성물질인 물에 녹지 않는다. 이런 빌리루빈을 비결합 빌리루빈이라고 하며, 혈액 내에서 비결합 빌리루빈은 알부민이라는 혈액 단백질에 부착된 상태로 혈류를 따라 간으로 이동한다. 간에서 이 비결합 빌리루빈은 담즙을 만드는 간세포에 흡수되고 글루쿠론산과 결합하여 물에 잘 녹는 수용성 물질인 결합 빌리루빈으로 바뀌게 된다. 결합 빌리루빈의 대부분은 간세포에서 만들어져 담관을 통해 분비되는 담즙에 포함되어 소장으로 배출되지만 일부는 다시 혈액으로 되돌려 보내져 혈액 내에서 알부민과 결합하지 않고 혈류를 따라 순환한다.

간세포에서 분비된 담즙을 통해 소장으로 들어온 결합 빌리루빈의 절반은 장세균의 작용에 의해 소장에서 흡수되어 혈액으로 이동하는 유로빌리노젠으로 전환된다. 나머지 절반의 결합 빌리루빈은 소장에서 흡수되지 않고 대변에 포함되어 배설된다. 혈액으로 이동한 유로빌리노젠의 일부분은 혈액이 신장을 통과할 때 혈액으로부터 여과되어 신장으로 이동한 후 소변으로 배설된다. 하지만 대부분의 혈액 내 유로빌리노젠은 간으로 이동하여 간세포에서 만든 담즙을 통해 소장으로 배출되어 대변을 통해 배설된다.

빌리루빈의 대사와 배설에 장애가 있을 때 여러 임상 증상이 나타날 수 있다. 따라서 빌리루빈이나 빌리루빈 대사물의 양을 측정한 후, 그 값을 정상치와 비교하면 임상 증상을 일으키는 원인이 되는 질병이나 문제를 ⑤ <u>추측</u>할 수 있다.

〈 보 기 〉

ㄱ. 소변 내 유로빌리노젠의 양이 정상치보다 높으면, 혈액의 적혈구 파괴 비율이 증가하는 용혈성 질병이 있을 수 있다.

ㄴ. 혈액 내 비결합 빌리루빈의 양이 정상치보다 높으면, 담즙을 만드는 간세포의 기능이 망가진 간경화가 있을 수 있다.

ㄷ. 대변 내 결합 빌리루빈이 발견되지 않으면, 담석에 의해 담관이 막혀 담즙이 배출되지 않은 담관폐쇄증이 있을 수 있다.

① ㄱ                           ② ㄴ
③ ㄱ, ㄷ                       ④ ㄴ, ㄷ
⑤ ㄱ, ㄴ, ㄷ

## 19 ◇△✕                                              08년 행시(꿈) 3번

**두 과학자 진영 A와 B의 진술 내용과 부합하지 <u>않는</u> 것은?**

우리 은하와 비교적 멀리 떨어져 있는 은하들이 모두 우리 은하로부터 점점 더 멀어지고 있다는 사실이 확인되었다. 이 사실을 두고 우주의 기원과 구조에 대해 서로 다른 견해를 가진 두 진영이 다음과 같이 논쟁하였다.

A진영 : 우주는 시간적으로 무한히 오래되었다. 우주가 팽창하는 것은 사실이다. 그렇다고 우리 견해가 틀렸다고 볼 필요는 없다. 우주는 팽창하지만 전체적으로 항상성을 유지한다. 은하와 은하가 멀어질 때 그 사이에서 물질이 연속적으로 생성되어 새로운 은하들이 계속 형성되기 때문이다. 비록 우주는 약간씩 변화가 있겠지만, 우주 전체의 평균 밀도는 일정하게 유지된다. 만일 은하 사이에서 새로 생성되는 은하를 관측한다면, 우리의 가설을 입증할 수 있다. 반면 우주가 자그마한 씨앗으로부터 대폭발에 의해 생겨났다는 주장은 터무니없다. 이처럼 방대한 우주의 물질과 구조가 어떻게 그토록 작은 점에 모여 있을 수 있겠는가?

B진영 : A의 주장은 터무니없다. 은하 사이에서 새로운 은하가 생겨난다면 도대체 그 물질은 어디서 온 것이라는 말인가? 은하들이 우리 은하로부터 점점 더 멀어지고 있다는 사실은 오히려 우리 견해가 옳다는 것을 입증할 뿐이다. 팽창하는 우주를 거꾸로 돌린다면 우주가 시공간적으로 한 점에서 시작되었다는 결론을 얻을 수 있다. 만일 우주 안의 모든 물질과 구조가 한 점에 있었다면 초기 우주는 현재와 크게 달랐을 것이다. 대폭발 이후 우주의 물질들은 계속 멀어지고 있으며 우주의 밀도는 계속 낮아지고 있다. 대폭발 이후 방대한 전자기파가 방출되었는데, 만일 우리가 이를 관측한다면, 우리의 견해가 입증될 것이다.

① A에 따르면 물질의 총 질량이 보존되지 않는다.

② A에 따르면 우주는 시작이 없고, B에 따르면 우주는 시작이 있다.

③ A에 따르면 우주는 국소적인 변화는 있으나 전체적으로는 변화가 없다.

④ A와 B는 인접한 은하들 사이의 평균 거리가 커진다는 것을 받아들인다.

⑤ A와 B 모두 자신의 주장을 경험적으로 입증하기 위한 방법을 제안하고 있다.

## 20 ○△✕

**다음 글에 나타난 견해들 간의 관계를 바르게 서술한 것은?**

고대 그리스의 원자론자 데모크리토스는 자연의 모든 변화를 원자들의 운동으로 설명했다. 모든 자연현상의 근거는, 원자들, 빈 공간 속에서의 원자들의 움직임, 그리고 그에 따른 원자들의 배열과 조합의 변화라는 것이다.

한편 데카르트에 따르면 연장, 즉 퍼져있음이 공간의 본성을 구성한다. 그런데 연장은 물질만이 가지는 속성이기 때문에 물질 없는 연장은 불가능하다. 다시 말해 아무 물질도 없는 빈 공간이란 원리적으로 불가능하다. 데카르트에게 운동은 물속에서 헤엄치는 물고기의 움직임과 같다. 꽉 찬 물질 속에서 물질이 자리바꿈을 하는 것이다.

뉴턴에게 3차원 공간은 해체할 수 없는 튼튼한 집 같은 것이었다. 이 집은 사물들이 들어올 자리를 마련해주기 위해 비어 있다. 사물이 존재한다는 것은 어딘가에 존재한다는 것인데 그 '어딘가'가 바로 뉴턴의 절대 공간이다. 비어 있으면서 튼튼한 구조물인 절대공간은 그 자체로 하나의 실체는 아니지만 '실체 비슷한 것'으로서, 객관적인 것, 영원히 변하지 않는 것이었다.

라이프니츠는 빈 공간을 부정한다는 점에서 데카르트와 의견을 같이했다. 그러나 데카르트가 뉴턴과 마찬가지로 공간을 정신과 독립된 객관적 실재로 보았던 반면, 라이프니츠는 공간을 정신과 독립된 실재라고 보지 않았다. 그가 보기에는 '동일한 장소'라는 관념으로부터 '하나의 장소'라는 관념을 거쳐 모든 장소들의 집합체로서의 '공간'이라는 관념이 나오는데, '동일한 장소'라는 관념은 정신의 창안물이다. 결국 '공간'은 하나의 거대한 관념적 상황을 표현하고 있을 뿐이다.

① 만일 공간의 본성에 관한 뉴턴의 견해가 옳다면, 라이프니츠의 견해도 옳다.
② 만일 공간의 본성에 관한 데카르트의 견해가 옳다면, 데모크리토스의 견해도 옳다.
③ 만일 공간의 본성에 관한 라이프니츠의 견해가 옳다면, 데카르트의 견해는 옳지 않다.
④ 만일 빈 공간의 존재에 관한 데카르트의 견해가 옳다면, 뉴턴의 견해도 옳다.
⑤ 만일 빈 공간의 존재에 관한 데모크리토스의 견해가 옳다면, 뉴턴의 견해는 옳지 않다.

## 21 ○△✕

**다음 글의 ㉠에 대한 두 비판을 평가한 것으로 적절한 것만을 〈보기〉에서 모두 고르면?**

경제 불평등은 어떻게 해결할 수 있을까? '㉠ <u>로빈후드 각본</u>'이라고 불리는 방법은 막대한 부를 소유한 사람에게 세금을 통해 돈을 걷어 가난한 사람에게 나눠주는 것을 말한다. 가령 수조 원대의 자산가에게 10억 원을 받아 형편이 어려운 100명에게 천만 원씩 나눠준다고 가정해보자. 그 자산가에게 10억 원이라는 돈은 크게 아쉽지 않지만, 형편이 어려운 사람들에게 천만 원이라는 돈은 무척 소중하다. 따라서 이런 재분배 방식을 통해 사회 전체의 공리는 상승하여 최대화될 것이다.

이런 로빈후드 각본은 두 가지 방식으로 비판받을 수 있다. 첫 번째는 자산가들에게 많은 세금을 부과해 재분배하는 방식이 자산가의 일과 투자에 대한 의욕을 꺾어 생산성의 감소로 이어질 수 있다는 것이다. 이렇게 생산성이 감소한다면, 사회 전체의 경제 이익이 줄어 전체 공리도 감소할 것이다. 따라서 로빈후드 각본은 사회 전체의 공리를 최대화 하는 데 적합하지 않다. 두 번째는 부자에게 세금을 부과해 가난한 사람들을 돕는 행위가 기본권을 침해할 수 있다는 것이다. 자산가가 동의하지 않은 상태에서 그의 돈을 가져가는 행위는 자산가의 자유를 침해하는 강압 행위이다. 자유는 조금도 침해될 수 없는 절대적 가치이며 다수를 위해 소수의 희생을 강요하는 것은 절대 불가하다. 따라서 로빈후드 각본에 의한 부의 재분배는 인간의 기본권을 훼손하는 것이다.

〈보 기〉

ㄱ. 세금을 통한 재분배 방식이 생산성을 감소시킬 뿐만 아니라 빈부 격차를 심화시킨다면, 첫 번째 비판은 강화된다.
ㄴ. 부의 재분배가 기본권의 침해보다 투자 의욕 감소에 더 큰 영향을 준다면, 두 번째 비판은 약화된다.
ㄷ. 행복한 삶을 추구할 수 있는 권리를 보호하기 위한 부의 재분배가 사회 갈등을 해소시켜 생산성이 증가한다면, 첫 번째 비판은 약화되지만 두 번째 비판은 약화되지 않는다.

① ㄱ
② ㄴ
③ ㄱ, ㄷ
④ ㄴ, ㄷ
⑤ ㄱ, ㄴ, ㄷ

**22** ◻△✕                                     19년 행시(가) 18번

**다음 글의 ㉠을 약화하지 <u>않는</u> 것은?**

> 쾌락주의자들은 우리가 쾌락을 욕구하고, 이것이 우리 행동의 원인이 된다고 주장한다. 하지만 반쾌락주의자들은 쾌락을 느끼기 위한 우리 행동의 원인은 음식과 같은 외적 대상에 대한 욕구이지 다른 것이 아니라고 말한다. 이에, 외적 대상에 대한 욕구 이외의 것, 가령, 쾌락에 대한 욕구는 우리 행동의 원인이 될 수 없다. 그럼 반쾌락주의자들이 말하는 욕구에서 행동, 그리고 쾌락으로 이어지는 인과적 연쇄는 다음과 같을 것이다.
>
> 음식에 대한 욕구 → 먹는 행동 → 쾌락
>
> 이런 인과적 연쇄를 보았을 때 쾌락이 우리 행동의 원인이 아니라는 것은 분명하다. 왜냐하면 쾌락은 행동 이후 생겨났고, 나중에 일어난 것이 이전에 일어난 것의 원인일 수 없기 때문이다.
> 그러나 이런 반쾌락주의자들의 주장은 두 개의 욕구, 즉 음식에 대한 욕구와 쾌락에 대한 욕구 사이의 관계를 고려하지 않고 있다. 즉 무엇이 음식에 대한 욕구의 원인인지를 고려하지 않은 것이다. 하지만 ㉠쾌락주의자들의 주장에 따르면 위의 인과적 연쇄에 음식에 대한 욕구의 원인인 쾌락에 대한 욕구를 추가해야 한다.
> 사람들이 음식을 원하는 이유는 그들이 쾌락을 욕구하기 때문이다. 반쾌락주의자들의 주장이 범하고 있는 실수는 두 개의 사뭇 다른 사항들, 즉 욕구가 만족되어 경험하는 쾌락과 쾌락에 대한 욕구를 혼동하는 데에서 기인한다. 쾌락의 발생이 행위자가 쾌락 이외의 어떤 것을 원했기 때문이더라도, 쾌락에 대한 욕구는 다른 어떤 것에 대한 욕구를 발생시키는 원인이다.

① 어떤 욕구도 또 다른 욕구의 원인일 수 없다.
② 사람들은 쾌락에 대한 욕구가 없더라도 음식을 먹는 행동을 하기도 한다.
③ 음식에 대한 욕구로 인해 쾌락에 대한 욕구가 생겨야만 행동으로 이어진다.
④ 외적 대상에 대한 욕구는 다른 것에 의해서 야기되지 않고 그저 주어진 것일 뿐이다.
⑤ 맛없는 음식보다 맛있는 음식을 욕구하는 것은 맛있는 음식을 먹어 얻게 될 쾌락에 대한 욕구가 맛없는 음식을 먹어 얻게 될 쾌락에 대한 욕구보다 강하기 때문이다.

**23** ◻△✕                                     14년 행시(A) 3번

**다음 글에서 추론할 수 <u>없는</u> 것은?**

> 악기에서 나오는 복합음은 부분음이 여러 개 중첩된 형태이다. 이 부분음 중에서 가장 낮은 음을 '기음'이라고 부르며 다른 부분음은 이 기음이 가지고 있는 진동수의 정수배 값인 진동수를 갖는다. 헬름홀츠는 공명기라는 독특한 장치를 사용하여 부분음이 물리적으로 존재한다는 것을 입증하였다.
> 헬름홀츠는 이 공명기를 이용하여 복합음 속에서 특정한 부분음만을 선택하여 들을 수 있었다. 이는 공명기의 내부에 존재하는 공기의 양에 따라 특정한 진동수를 갖는 부분음에 대해서만 공명이 일어나고 다른 진동수의 음에 대해서는 공명이 일어나지 않기 때문이었다. 그는 이 특정한 공명 진동수를 공명기의 '고유 진동수'라고 불렀다. 공명기의 이러한 특성은 추후에 음향학 연구에서 널리 활용되었다.
> 헬름홀츠는 공명기를 활용하여 악기에서 이러한 부분음이 어떻게 발생하는지를 탐구하였다. 헬름홀츠가 우선적으로 선택한 악음은 다양한 현에서 나오는 음이었다. 현은 일정한 장력으로 양단이 고정되었을 때 일정한 음을 내는데, 현이 진동할 때 진폭이 0이 되어 진동이 일어나지 않는 곳을 '마디'라 하고 진폭이 가장 큰 곳을 '배'라 한다. 현은 하나의 배를 갖는 진동부터 여러 개의 배를 갖는 진동이 모두 가능하다. 가령, 현의 중앙을 가볍게 뚱기면 그 위치가 배가 되고 현의 양단이 마디가 되는 1배 진동을 하게 된다. 1배 진동에서는 기음이 발생한다. 그렇지만 현의 중앙을 뚱길 때 현은 1배 진동만 하는 것이 아니라 뚱긴 위치를 배로 하는, 배가 3개인 진동, 5개인 진동, 7개인 진동도 동시에 일어난다. 이와 함께 기음의 진동수의 3배, 5배, 7배 등의 진동수를 갖는 부분음도 발생하게 된다. 3배 진동의 경우, 현의 길이가 L이면 한쪽 끝에서 거리가 $0, \frac{1}{3}L, \frac{2}{3}L, L$인 위치에 마디가 생기고 한쪽 끝에서 거리가 $\frac{1}{6}L, \frac{3}{6}L, \frac{5}{6}L$인 위치에 배가 형성된다.
> 이렇게 현을 뚱기면 여러 배의 진동이 동시에 형성되면서 현에 형성된 파형은 여러 배의 진동이 중첩되어 나타나는 복잡한 형태를 띠게 된다. 이러한 현으로부터 나오는 음도 현의 파형처럼 복잡한 형태를 띠게 된다.

① 양단이 고정된 현의 양단은 항상 마디이다.
② 진동하는 현의 배의 수가 증가하면 그 현의 기음이 갖는 진동수도 커진다.
③ 양단이 고정된 현의 중앙을 뚱겼을 때 발생하는 배의 수는 마디의 수보다 항상 작다.
④ 현을 진동시킬 때 나오는 복합음은 기음을 포함한 여러 개의 부분음이 중첩되어 나온 것이다.
⑤ 헬름홀츠의 공명기에 의해 분석할 수 있는 특정한 부분음의 진동수는 공명기 내에 있는 공기의 양에 따라 다르다.

※ 다음 글을 읽고 물음에 답하시오. [24~25]

인과 관계를 나타내는 인과 진술 '사건 X는 사건 Y의 원인이다'를 우리는 어떻게 이해해야 할까? '사건 X는 사건 Y의 원인이다'라는 진술은 곧 '사건 X는 사건 Y보다 먼저 일어났고, X로부터 Y를 예측할 수 있다'를 뜻한다. 여기서 'X로부터 Y를 예측할 수 있다'는 것은 '관련된 자료와 법칙을 모두 동원하여 X로부터 Y를 논리적으로 도출할 수 있다'를 뜻한다.

하지만 관련 자료와 법칙을 우리가 어떻게 모두 알 수 있겠는가? 만일 우리가 그 자료나 법칙을 알 수 없다면, 진술 'X는 Y의 원인이다'를 입증하지도 반증하지도 못하는 것이 아닐까? 경험주의자들이 이미 주장했듯이, 입증하거나 반증하는 증거를 원리상 찾을 수 없는 진술은 무의미하다. 예컨대 '역사는 절대 정신의 발현 과정이다'라는 진술은 입증 증거도 반증 증거도 아예 찾을 수 없고 이 때문에 이 진술은 무의미하다. 그렇다면 만일 관련 자료와 법칙을 모두 알아낼 수 없거나 거짓 자료나 틀린 법칙을 갖고 있다면, 우리가 'X는 Y의 원인이다'를 유의미하게 진술할 방법이 없는 것처럼 보인다.

하지만 꼭 그렇다고 말할 수는 없다. 다음과 같은 상황을 생각해 보자. 오늘날 우리는 관련된 참된 법칙과 자료를 써서 A로부터 B를 논리적으로 도출함으로써 A가 B의 원인이라는 것을 입증했다. 하지만 1600년에 살았던 갑은 지금은 틀린 것으로 밝혀진 법칙을 써서 A로부터 B를 논리적으로 도출함으로써 '사건 A는 사건 B의 원인이다'를 주장했다. 이 경우 갑의 진술이 무의미하다고 주장할 필요가 없다. 왜냐하면 갑의 진술 'A는 B의 원인이다'는 오늘날 참이고 1600년에도 참이었기 때문이다.

따라서 우리는 갑의 진술 'A는 B의 원인이다'가 1600년 당시에 무의미했다고 말해서는 안 되고, 입증할 수 있는 진술을 그 당시에 갑이 입증하지는 못했다고 말하는 것이 옳다. 갑이 거짓 법칙을 써서라도 A로부터 B를 도출할 수 있다면, 그의 진술은 입증할 수 있는 진술이고, 이 점에서 그의 진술은 유의미하다. 이처럼 우리가 관련 법칙과 자료를 모르거나 틀린 법칙을 썼다고 해서, 우리의 인과 진술이 무의미하다고 주장해서는 안 된다. 우리가 관련 법칙과 자료를 지금 모두 알 수 없다 하더라도 우리는 여전히 유의미하게 인과 관계를 주장할 수 있다.

'A는 B의 원인이다'의 참 또는 거짓 여부가 오늘 결정될 수 없다는 이유에서 그 진술이 무의미하다고 주장해서는 안 된다. 미래의 어느 시점에 그 진술을 입증 또는 반증하는 증거가 나타날 여지가 있다면 그 진술은 유의미하다. 이 진술이 단지 유의미한 진술을 넘어서 참된 진술로 입증되려면, 지금이 아니더라도 언젠가 참인 법칙과 자료로부터 논리적으로 도출할 수 있어야 하겠지만 말이다.

## 24 ◯△✕  18년 행시(나) 19번

**윗글로부터 알 수 있는 것은?**

① 관련 법칙을 명시할 수 없다면 인과 진술은 무의미하다.

② 반증할 수 있는 인과 진술은 입증할 수 있는 인과 진술과 마찬가지로 유의미한 진술이다.

③ 논리적 도출을 통해 입증된 인과 진술들 가운데 나중에 일어난 사건이 원인이 되는 경우가 있다.

④ 가까운 미래에는 입증될 수 없는 진술 '지구와 가장 가까운 항성계에도 지적 생명체가 산다'는 무의미하다.

⑤ 관련된 자료들이 현재 알려지지 않아서 앞선 사건으로부터 나중 사건을 논리적으로 도출할 수 없다면, 두 사건 사이에는 인과 관계가 있을 수 없다.

## 25 ◯△✕  18년 행시(나) 20번

**다음 〈사례〉에 대한 평가로 옳은 것만을 〈보기〉에서 모두 고르면?**

〈사 례〉

과학자 병호는 사건 A로부터 사건 B를 예측한 다음 'A는 B의 원인이다'라고 주장했다. 반면에 과학자 정호는 사건 C로부터 사건 D를 예측한 다음 'C는 D의 원인이다'라고 주장했다. 그런데 병호가 A로부터 B를 논리적으로 도출하기 위해 사용한 법칙과 자료는 거짓인 반면 정호가 C로부터 D를 논리적으로 도출하기 위해 사용한 법칙과 자료는 참이다.

〈보 기〉

ㄱ. 'A는 B의 원인이다'와 'C는 D의 원인이다'는 둘 다 유의미하다.

ㄴ. 'A는 B의 원인이다'는 거짓이다.

ㄷ. 'C는 D의 원인이다'는 참이다.

① ㄱ

② ㄴ

③ ㄱ, ㄷ

④ ㄴ, ㄷ

⑤ ㄱ, ㄴ, ㄷ

# CHAPTER 02 제2회 언어논리 모의고사

## 01 ○△✕  10년 행시(수) 25번

**다음 글에 나타난 대한민국정부와 일본정부의 주장으로 적절하지 <u>않은</u> 것은?**

대한민국정부와 일본정부는 독도 문제와 관련해서 수많은 논쟁을 해왔다. 그동안 대한민국정부는 독도 영유권에 관한 일본정부의 견해를 신중히 검토하였다. 그러나 일본정부가 역사적 사실로서 각종 문헌과 사적을 이용한 것은 다 부정확하고, 또 독도소유에 대한 국제법상의 여러 조건을 충족시켰다는 일본정부의 주장도 역시 전혀 근거가 없다. 우선 울릉도나 독도를 가리키는 '우산국, 우산, 울릉'에 대한 오해와 왜곡이 풀려야 한다. 따라서 대한민국정부는 아래의 증거를 들어 일본정부가 제시한 의견이 독단적인 억측에 기초하고 있다는 것을 말하고자 한다.

우산도와 울릉도가 두 개의 섬이라는 것을 구구하게 설명할 필요가 없다. 그러나 다시 한 번 오해가 없도록 명확하게 하기 위해 이제 『세종실록지리지(世宗實錄地理志)』와 『신증동국여지승람(新增東國輿地勝覽)』에 수록된 다음의 기사를 인용하고자 한다. "우산과 울릉의 두 섬이 울진현의 정동쪽 바다 가운데 위치하고 또 이 두 섬이 거리가 그리 멀지 않기 때문에 일기가 청명한 때는 이 두 섬 서로가 바라볼 수 있다." 여기에서 인용된 우산도와 울릉도 두 섬은 울진현의 정동쪽 바다에 위치한 별개의 섬이다. 이 두 섬은 떨어져 있으나 과히 멀지 않기 때문에 일기가 청명한 때는 서로 바라볼 수 있다고 기록되어 있다.

일본정부는 이와 같이 명확히 인정된 사실을 솔직하게 인정하지 않고 도리어 이 사실을 부인할 속셈으로 위 책의 본문에 기록되어 있는 다음 구절만을 맹목적으로 인용하고 있다. 즉 『세종실록지리지』에 기록되어 있는 "신라 때 칭하기를 우산국을 일러 울릉도"라고 한 대목과 『신증동국여지승람』에 기록되어 있는 "일설(一說)에 우산과 울릉은 본디 하나의 섬"이라고 한 대목이 그것이다. 그러나 『세종실록지리지』의 기사는 울릉도와 그 부속 도서를 포함하는 신라 시대의 우산국을 의미하는 것이지 우산도를 말하는 것이 아니다. 그리고 『신증동국여지승람』에서 말한 것은 막연한 일설에 지나지 않는다. 따라서 이 인용문들은 『세종실록지리지』와 『신증동국여지승람』이 편찬되었던 당시 두 섬이 두 개의 명칭으로 확인된 사실에 결코 영향을 미치지 못한다.

① 대한민국정부 : 우산도와 독도는 별개의 섬이다.
② 대한민국정부 : 울릉도와 우산도는 별개의 섬이다.
③ 일본정부 : 우산국과 우산도는 같은 섬이다.
④ 일본정부 : 우산국과 울릉도는 같은 섬이다.
⑤ 일본정부 : 울릉도와 우산도는 같은 섬이다.

## 02 ○△✕  18년 행시(나) 21번

**다음 글에서 알 수 있는 것은?**

조선시대에는 변경의 급보를 전할 때 봉수를 이용하는 경우가 많았다. 봉수의 '봉'은 횃불을 의미하며, '수'는 연기라는 뜻을 지닌다. 봉수란 밤에는 횃불, 낮에는 연기를 사용해 릴레이식으로 신호를 보내는 것이다.

봉수 제도는 삼국시대부터 있었다. 그러나 그것이 체계적으로 정비된 것은 조선시대 세종 때의 일이다. 세종은 병조 아래에 무비사(武備司)라는 기구를 두어 봉수를 관할하도록 하는 한편, 각 지방에 봉수대를 설치하였다. 봉수대는 연변봉수대, 내지봉수대, 경봉수대로 나뉘어져 있었다. 연변봉수대에서는 외적이 접근할 때 곧바로 연기나 불을 올려 급보를 전했다. 그러면 그 소식이 여러 곳의 봉수대를 거쳐 한양으로 전해지도록 되어 있었다.

봉수로는 다섯 개 노선으로 나뉘어져 있었다. 제1로는 함경도 경흥에서 출발하여 각지의 봉수대를 거친 다음 한양의 경봉수대로 이어졌다. 제2로는 동래에서 출발하는 노선이었고, 제3로와 제4로는 평안도 강계와 의주에서 각각 출발하는 노선이었다. 제5로도 순천에서 시작하여 경봉수대까지 연결되어 있었다. 봉수대에서는 봉수를 다섯 개까지 올릴 수 있었다. 평상시에는 봉수를 1개만 올렸고, 적이 멀리서 접근하는 것이 보이면 2개를 올렸다. 적이 국경에 거의 다가왔을 때에는 3개, 국경을 침범하면 4개를 올렸다. 또 조선군이 외적과 전투를 시작할 때 5개를 올려 이를 알려야 했다.

연변봉수대가 외적의 접근을 알리는 봉수를 올리면 그 소식이 하루 안에 한양으로 전달되었다고 한다. 그러나 아무리 봉수를 올려도 어떤 내지봉수대에서는 앞 봉수대의 신호가 잘 보이지 않는 경우가 있었다. 날씨 때문에 앞 봉수대에서 봉수가 몇 개 올라갔는지 분간하기 어려울 수 있었던 것이다. 그때에는 봉수군이 직접 그 봉수대까지 달려가서 확인해야 했다.

봉수대를 지키는 봉수군에게는 매일 올리는 봉수를 꺼지지 않도록 할 의무가 있었다. 그러나 그 일이 너무 고되었기 때문에 의무를 다하지 않고 도망가 버리는 경우가 적지 않았다. 이 때문에 을묘왜변 때에는 연변봉수대의 신호가 내지봉수대들에게 제대로 전달되지 못했다. 선조는 선왕이 을묘왜변 당시 발생한 이 문제를 시정하지 못했다는 점을 인지하고, 봉수가 원활하게 전달되지 않을 때를 대비하여 파발 제도를 운영하였다.

① 선조는 내지봉수대가 제 기능을 하지 않자 을묘왜변 때 봉수 제도를 폐지하고 파발을 운영하였다.
② 햇빛이 강한 날에는 정해진 규칙에 따라 봉수를 올리지 않고 봉수군이 다음 봉수대로 달려가 소식을 전했다.
③ 연변봉수대는 군사적으로 긴급한 상황이 발생할 때 낮에 횃불을 올리고 밤에는 연기를 올려 경봉수대에 알려야 했다.
④ 연변봉수대는 평상시에 1개의 봉수를 올렸지만, 외적이 국경을 넘으면 바로 2개의 봉수를 올려 위급한 상황을 알렸다.
⑤ 조선군이 국경을 넘은 외적과 싸우기 시작할 때 연변봉수대는 5개의 봉수를 올려 이 사실을 내지봉수대로 전해야 했다.

## 03 ☐△✕

**다음 글의 실험 결과를 가장 잘 설명하는 가설은?**

오래 전에 미생물학자들은 여러 세균에 필요한 영양 조건을 알아내어 실험실에서 세균을 키울 수 있는 배양액을 개발하였다. 정상 세균은 최소배양액에 있는 단순한 성분을 사용하여 생장과 생식에 필요한 모든 필수 분자를 합성할 수 있음을 알았다. 최소배양액은 탄소원, 질소, 비타민, 그리고 그 밖의 이온과 영양물질만을 포함하는 것이다. 하지만 특정한 필수 분자를 합성하는 유전자가 있는데 이 유전자에 변형이 일어나 그 특정한 필수 분자를 합성하지 못하는 돌연변이 세균은 최소배양액에 그 특정한 필수 분자가 추가되어 만들어진 완전배양액에서만 생장과 생식을 할 수 있음을 알았다.

20세기 중반에 과학자들은 다양한 돌연변이 세균을 이용하여 다음과 같은 실험을 하였다. 첫 번째 연구에서는, 필수 분자 A를 합성하는 유전자에 돌연변이가 일어나 A를 합성하지 못하는 세균과 필수 분자 B를 합성하는 유전자에 돌연변이가 생겨 B를 합성하지 못하는 세균을 최소배양액 내에서 함께 섞었다. 그 후, 일정 시간이 지났더니 최소배양액 내에서 생장과 생식을 하는 정상 세균이 발견되었다.

두 번째 연구에서는 최소배양액으로 채워진 U자 형태의 시험관의 중간에 필터가 있어, 필터의 한 쪽에는 필수 분자 A를 합성하지 못하는 돌연변이 세균을 넣었고 다른 한 쪽에는 필수 분자 B를 합성하지 못하는 돌연변이 세균을 넣었다. 중간에 있는 필터의 구멍 크기는 세균의 크기보다 작아서 필터를 통해 배양액 내에 있는 이온과 영양물질의 이동은 가능하였지만 세균의 이동은 가능하지 않았다. 이 상태에서 오랫동안 세균을 배양하였지만 생장하는 세균을 발견하지 못했다.

① 정상 세균의 생식과 생장을 위해서는 완전배양액에 필수 분자가 필요하지 않다.
② 돌연변이 세균의 생식과 생장을 위해서는 정상 세균의 유전자 변형이 필요하다.
③ 특정 유전자에 돌연변이가 생긴 세균은 완전배양액에서만 생식과 생장을 할 수 있다.
④ 세균의 생식과 생장을 위해서는 완전배양액과 최소배양액 사이에 지속적인 흐름이 필요하다.
⑤ 돌연변이 세균이 정상 세균으로 변이하기 위해서는 서로 다른 유형의 세균들 간의 직접적인 접촉이 필요하다.

## 04 ☐△✕

**다음 빈칸에 들어갈 말로 가장 적절한 것은?**

어느 시대든 사람들은 원인이 무엇인지 알고 있다고 믿었다. 사람들은 그런 앎을 어디서 얻는가? 원인을 안다고 믿는 사람들의 믿음은 어디서 생기는 것일까?

새로운 것, 체험되지 않은 것, 낯선 것은 원인이 될 수 없다. 알려지지 않은 것에서는 위험, 불안정, 걱정, 공포감이 뒤따라 나오기 때문이다. 우리 마음의 불안한 상태를 없애고자 한다면, 우리는 알려지지 않은 것을 알려진 것으로 환원해야 한다. 이러한 환원은 우리 마음을 편하게 해주고 안심시키며 만족하게 하고 힘을 느끼게 한다. 이 때문에 우리는 이미 알려진 것, 체험된 것, 기억에 각인된 것을 원인으로 설정하게 된다. '왜?'라는 물음의 답으로 나온 것은 그것이 진짜 원인이기 때문에 우리에게 떠오른 것이 아니다. 그것이 우리에게 떠오른 것은 그것이 우리를 안정시켜주고 성가신 것을 없애주며 무겁고 불편한 마음을 가볍게 해주기 때문이다. 따라서 원인을 찾으려는 우리의 본능은 위험, 불안정, 걱정, 공포감 등에 의해 촉발되고 자극받는다.

우리는 '설명이 없는 것보다 설명이 있는 것이 언제나 더 낫다'고 믿는다. 우리는 특별한 유형의 원인만을 써서 설명을 만들어 낸다. _____ 그래서 특정 유형의 설명만이 점점 더 우세해지고, 그러한 설명들이 하나의 체계로 모아져 결국 그런 설명이 우리의 사고방식을 지배하게 된다. 기업인은 즉시 이윤을 생각하고, 기독교인은 즉시 원죄를 생각하며, 소녀는 즉시 사랑을 생각한다.

① 이것은 우리의 호기심과 모험심을 자극한다.
② 이것은 인과관계에 대한 우리의 지식을 확장시킨다.
③ 이것은 우리가 왜 불안한 심리 상태에 있는지를 설명해준다.
④ 이것은 낯설고 체험하지 않았다는 느낌을 가장 빠르고 가장 쉽게 제거해 버린다.
⑤ 이것은 새롭고 낯선 것에서 원인을 발견하려는 우리의 본래 태도를 점차 약화시키고 오히려 그 반대의 태도를 우리의 습관으로 굳어지게 한다.

## 05 ☐△✕

**다음 글에 부합하는 것은?**

세상에는 혐오스러운 소리가 수없이 많다. 도자기 접시를 포크로 긁는 소리라든가 칠판에 분필이 잘못 긁히는 소리에 대해서는 대부분의 사람들이 혐오스럽다고 생각한다. 왜 이런 소리들이 혐오감을 유발할까? 최근까지 혐오감을 일으키는 원인은 소리의 고주파라고 생각해왔다. 고주파에 오래 노출될 경우 청각이 손상될 수 있어서 경계심이 발동되기 때문이다.

1986년 랜돌프 블레이크와 제임스 힐렌브랜드는 소음에서 고주파를 걸러내더라도 여전히 소리가 혐오스럽다는 점을 밝혀냈다. 사실 3~6 kHz의 중간 주파수 대역까지는 낮은 주파수가 오히려 사람을 견딜 수 없게 하는 것처럼 보인다. 이들은 세 갈래로 갈라진 갈퀴가 긁히는 소리와 같은 소음이 사람에게 원초적인 경고음 또는 맹수의 소리 같은 것을 상기시키기 때문에 이러한 소리를 혐오하는 것은 선천적이라는 이론을 세웠다. 그러나 이러한 이론은 2004년 메사추세츠 공과대학에서 수행된 솜머리비단원숭이를 대상으로 한 연구에서 입증되지 못했다. 피실험자인 원숭이들은 석판에 긁히는 소리를 전혀 소음으로 느끼지 않았다. 블레이크는 오늘날까지 이 이론을 지지하지만 힐렌브랜드는 더 이상 이 이론에 동의하지 않는다. 그는 소리보다는 시각이 어떤 혐오감을 불러일으킨다고 주장한다.

심리학 전공자인 필립 호지슨이 행한 실험은 힐렌브랜드의 손을 들어준다. 호지슨은 선천적으로 귀머거리인 피실험자들에게 칠판을 손톱으로 긁는 모습을 보여주며 이것이 혐오감을 주는지 물었다. 응답자의 83%가 그렇다고 답했다.

① 솜머리비단원숭이들은 고주파보다 저주파를 더 혐오한다.
② 블레이크는 소음이 혐오감을 주는 이유를 소리의 고주파에서 찾았다.
③ 솜머리비단원숭이들에게 석판 긁는 소리는 맹수의 소리와 유사하게 들린다.
④ 선천적으로 귀머거리인 사람들을 피실험자로 사용한 이유는 그들이 가장 시각에 민감하기 때문이다.
⑤ 힐렌브랜드는 청각을 손상시킬 수 있는 위험 때문에 소음이 혐오스럽다는 생각에 동의하지 않는다.

## 06 ☐△✕

**빈칸에 들어갈 내용으로 가장 적절한 것은?**

민주주의의 목적은 다수가 폭군이나 소수의 자의적인 권력 행사를 통제하는 데 있다. 민주주의의 이상은 모든 자의적인 권력을 억제하는 것으로 이해되었는데 이것이 오늘날에는 자의적 권력을 정당화하기 위한 장치로 변화되었다. 이렇게 변화된 민주주의는 민주주의 그 자체를 목적으로 만들려는 이념이다. 이것은 법의 원천과 국가권력의 원천이 주권자 다수의 의지에 있기 때문에 국민의 참여와 표결 절차를 통하여 다수가 결정한 법과 정부의 활동이라면 그 자체로 정당성을 갖는다는 것이다. 즉, 유권자 다수가 원하는 것이면 무엇이든 실현할 수 있다는 말이다.

이런 민주주의는 '무제한적 민주주의'이다. 어떤 제약도 없는 민주주의라는 의미이다. 이런 민주주의는 자유주의와 부합할 수가 없다. 그것은 다수의 독재이고 이런 점에서 전체주의와 유사하다. 폭군의 권력이든, 다수의 권력이든, 군주의 권력이든, 위험한 것은 권력 행사의 무제한성이다. 중요한 것은 이러한 권력을 제한하는 일이다.

민주주의 그 자체를 수단이 아니라 목적으로 여기고 다수의 의지를 중시한다면, 그것은 다수의 독재를 초래하고, 그것은 전체주의만큼이나 위험하다. 민주주의 존재 그 자체가 언제나 개인의 자유에 대한 전망을 밝게 해 준다는 보장은 없다. 개인의 자유와 권리를 보장하지 못하는 민주주의는 본래의 민주주의가 아니다. 본래의 민주주의는

☐

① 다수의 의견을 수렴하여 이를 그대로 정책에 반영해야 한다.
② 서로 다른 목적의 충돌로 인한 사회적 불안을 해소할 수 있어야 한다.
③ 다수 의견보다는 소수 의견을 채택하면서 진정한 자유주의의 실현에 기여해야 한다.
④ 무제한적 민주주의를 과도기적으로 거치며 개인의 자유와 권리 보장에 기여해야 한다.
⑤ 민주적 절차 준수에 그치지 않고 과도한 권력을 실질적으로 견제할 수 있어야 한다.

## 07 ⬜△✕

**다음 글에 제시된 초파리 실험의 결과를 가장 잘 설명할 수 있는 가설은?**

초파리는 물리적 자극에 의해 위로 올라가는 성질이 있다. 그런데 파킨슨병에 걸린 초파리는 운동성이 결여되어 물리적 자극을 주어도 위로 올라가지 않는다. 이번 실험은 파킨슨씨병에 관련이 있다고 추정되는 유전자 A와 약물 B를 이용하였다. 먼저 정상 초파리와 유전자 A가 돌연변이가 된 초파리를 준비하여 각각 약물 B가 들어 있는 배양기와 들어 있지 않은 배양기에 일정 시간 동안 두었다. 이후 물리적 자극을 주어 이들의 운동성을 테스트한 결과, 약물 B가 들어 있는 배양기의 정상 초파리와 약물 B가 들어 있지 않은 배양기의 정상 초파리 모두 위로 올라가는 성질을 보였다. 반면, 유전자 A가 돌연변이가 된 초파리는 약물 B를 넣은 배양기에서 위로 올라가지 못하고, 약물 B를 넣지 않은 배양기에서는 위로 올라가는 것을 관찰할 수 있었다.

① 약물 B를 섭취한 초파리의 유전자 A는 돌연변이가 된다.
② 유전자 A가 돌연변이가 된 초파리는 약물 B를 섭취하면 파킨슨씨병에 걸린다.
③ 유전자 A가 돌연변이가 된 초파리는 약물 B를 섭취하지 않으면 운동성이 결여된다.
④ 물리적 자극에 대한 운동성이 정상인 초파리는 약물 B를 섭취하면 운동성이 결여된다.
⑤ 물리적 자극에 대한 운동성이 비정상인 초파리는 약물 B를 섭취하면 파킨슨씨병에 걸린다.

## 08 ⬜△✕

**다음 글의 전체 흐름과 맞지 않는 한 곳을 ㉠~㉤에서 찾아 수정하려고 한다. 알맞게 수정한 것은?**

노예들이 저항의 깃발을 들고 일어설 때는 그들의 굴종과 인내가 한계에 이르렀을 때이다. 개인의 분노와 원한이 폭발할 때에도 그것이 개인의 행위로 그칠 때에는 개인적 복수극에 그치고 만다. 저항의 본질은 억압하는 자에 대한 분노와 원한이 확산되어 가치를 공유하게 되는 데 있다. 스파르타쿠스가 저항의 깃발을 들어 올렸을 때, 수십만 명의 노예와 농민들이 그 깃발 아래 모여든 원동력은 바로 ㉠ 이러한 공통의 분노, 공통의 원한, 공통의 가치에 있었다.

프로메테우스의 신화에서도 저항의 본질을 엿볼 수 있다. 프로메테우스는 제우스가 인간에게 불을 보내주지 않자, ㉡ 인간의 고통에 공감하여 '하늘의 바퀴'에서 불을 훔쳐 지상으로 내려가서 인간에게 주었다. 프로메테우스의 저항에 격노한 제우스는 인간과 프로메테우스에게 벌을 내렸다. 인간에게는 불행의 씨앗이 들어 있는 '판도라의 상자'를 보냈고 프로메테우스에게는 쇠줄로 코카서스 산 위에 묶인 채 독수리에게 간을 쪼아 먹히는 벌을 내린 것이다.

저항에 나선 사람들이 느끼는 굴종과 인내의 한계는 ㉢ 시대와 그들이 처한 상황에 따라 다르게 나타난다. 그리스도교의 정신과 의식을 원용하여 권력의 신성화에 성공한 중세의 지배체제는 너무도 견고하여 농민들의 눈물과 원한이 저항의 형태로 폭발하지 못했다. 산업사회의 시민이나 노동자들은 평균적인 안락한 생활이 위협받을 때에만 '저항의 광장'으로 나가는 모험을 감행한다. 그들이 바라고 지키려는 것은 ㉣ 가족, 주택, 자동차, 휴가 따위이다.

저항이 폭발하여 기존의 지배체제를 무너뜨리고 새로운 왕조나 국가를 세우고 나면 그 저항의 힘은 시들어 버린다. 원한에 사무친 민중들의 함성이야말로 저항의 원동력이기 때문이다. 저항의 형태를 취하고 있으면서도 권력 쟁탈을 목적으로 한 쿠데타와 같은 적대 행위는, 그 본질에 있어서 지배와 피지배의 관계에서 발생하는 저항과는 다르다. 권력의 성채 속에서 벌어지는 음모, 암살, 배신은 ㉤ 이들 민중의 원한과 분노에서 시작된다.

① ㉠ – 이러한 극도의 개인적 분노와 원한에 있었다.
② ㉡ – 독단적 결단에 따라 '하늘의 바퀴'에서 불을 훔쳐
③ ㉢ – 시대와 그들이 처한 상황 속에서도 일관성 있게 나타난다.
④ ㉣ – 상류층과 동등한 삶의 질이다.
⑤ ㉤ – 이들 민중의 원한과 분노에서 비롯된 것이 아니다.

**09** ○△✕            17년 행시(가) 29번

**다음 글에 비추어 볼 때, 구들에 의한 영향으로 볼 수 있는 사례만을 〈보기〉에서 모두 고르면?**

우리 민족은 고유한 주거문화로 바닥 난방 기술인 구들을 발전시켜 왔는데, 구들은 우리 민족에 다양한 영향을 주었다. 우선 오랜 구들 생활은 우리 민족의 인체에 적지 않은 변화를 초래하였다. 태어나면서부터 따뜻한 구들에서 누워자는 것이 습관이 된 우리 아이들은 사지의 활동량이 적고 발육이 늦어졌다. 구들에서 자란 우리 아이들은 다른 어떤 민족의 아이들보다 따뜻한 곳에서 안정감을 느꼈으며, 우리 민족은 아이들에게 따뜻함을 느낄 수 있는 환경을 만들어주기 위해 여러 가지를 고안하여 발전시켰다.

구들은 농경을 주업으로 하는 우리 민족의 생산도구의 제작과 사용에 많은 영향을 주었다. 구들에 앉아 오랫동안 활동하는 습관은 하반신보다 상반신의 작업량을 증가시켰고 상반신의 움직임이 상대적으로 정교하게 되었다. 구들 생활에 익숙해진 우리 민족은 방 안에서의 작업뿐만 아니라 농사를 비롯한 야외의 많은 작업에서도 앉아서 하는 습관을 갖게 되었는데 이는 큰 농기구를 이용하여 서서 작업을 하는 서양과는 완전히 다른 방식이었다.

구들에서의 생활은 우리의 음식문화에도 많은 영향을 미쳤다. 구들에 앉거나 누우면 엉덩이나 등은 따뜻하게 되지만 상대적으로 소화계통이 있는 배는 고루 덥혀지지 않게 된다. 이 때문에 소화과정에 불균형이 발생하는데 우리 민족은 자극적인 음식을 발전시켜 이를 해결하였다. 구들 생활에 맞추어 식생활에 쓰이는 도구들의 크기도 앉아서 팔을 들어 사용하기 편리하게끔 만들어졌다. 밥솥의 크기는 아낙네들이 팔을 휘 두르면 어디나 닿을 수 있게 만들어졌으며 맷돌도 구들에 앉아 혼자서 돌리기에 맞게 만들어졌다.

───── 〈보 기〉 ─────

ㄱ. 우리 민족은 아주 다양한 찌개 음식을 발전시켰는데, 찌개 음식은 맵거나 짠 경우가 대부분이다.

ㄴ. 호미, 낫 등 우리 민족의 농경도구들은 대부분 팔의 길이보다 짧아 앉아서 사용하기에 편리하다.

ㄷ. 우리 민족의 남자아이들은 연날리기나 팽이치기 등의 놀이를 즐겨했고, 여자아이들은 공기놀이나 널뛰기 등의 놀이를 즐겼다.

① ㄱ            ② ㄴ
③ ㄱ, ㄴ          ④ ㄱ, ㄷ
⑤ ㄱ, ㄴ, ㄷ

**10** ○△✕            08년 행시(꿈) 2번

**다음 괄호에 들어갈 내용을 〈보기〉에서 찾아 순서대로 나열한 것은?**

실학을 과연 근대정신이라 부를 수 있는 것인가? 현재와 동일한 생활 및 시대 형태를 가진 시대를 근대라 한다면, ( ). 실학은 그 비판적인 입장에서 봉건사회의 본질을 해부하고, 노동하지 않는 계급을 비방하였을 뿐만 아니라, 신분 세습과 대토지 사유화를 비판·부인하였다. 그러나 그 비판의 기조는 당우(唐虞) 삼대※에 속하는 것이었으며, ( ). 이에 반해 서양의 문예부흥은 고대 희랍에서 확립되었던 시민의 자유를 이상으로 하고, 또 강제·숙명·신비·인습 등의 봉건적 가치를 완전히 척결하였다. 이것은 실학과 좋은 대조를 이룬다. 실학은 봉건사회의 제 현상에 대한 회의와 반항이기는 하였다. 그러나 ( ). 또 사실상 보수적 행동으로 이를 따랐던 것이다. 다만 ( ). 실학은 근대정신의 내재적인 태반(胎盤)의 역할을 담당하였던 것이다.

※ 당우(唐虞) 삼대 : 유교에서 말하는 중국 고대의 이상적인 태평시대

───── 〈보 기〉 ─────

ㄱ. 비판의 입장도 역사적 한계를 넘어설 만큼 질적으로 다르지 않았다

ㄴ. 실학은 이러한 정체된 봉건사회를 극복하고, '근대'라는 별개의 역사와의 접촉을 준비하는 한 시기의 사상이었다

ㄷ. 실학은 여전히 유교를 근저로 하는 봉건사회의 규범 안에서 생겨난 산물이었다

ㄹ. 실학은 결코 근대의 의식도 근대의 정신도 아니다

① ㄱ, ㄴ, ㄹ, ㄷ
② ㄷ, ㄱ, ㄴ, ㄹ
③ ㄷ, ㄴ, ㄱ, ㄹ
④ ㄹ, ㄱ, ㄷ, ㄴ
⑤ ㄹ, ㄷ, ㄱ, ㄴ

## 11 ☐△✕

**다음 글의 두 경우에 관한 〈보기〉의 대화에서 추론할 수 있는 것은?**

다음과 같은 두 경우를 생각해 보자. 첫째 경우, 임신 중인 한 여성이 간단한 치료로 완치될 수 있지만 그냥 놔두면 태아가 위태롭게 되는 어떤 질병에 걸렸다. 둘째 경우는 이와 비슷하지만 중요한 차이점이 있다. 결혼 직후 한 아이만을 임신할 계획을 갖고 있는 한 여성이 어떤 질병에 걸렸다. 이 상태에서 치료를 미루고 임신을 한다면 태어날 아이는 기형아가 될 가능성이 높다. 만일 이 여성이 임신하려는 계획을 반년 정도 미루고 치료를 받는다면 이 질병 역시 완치될 수 있다. 첫째 경우라면 우리는 통상적으로 임신 중인 여성은 치료를 받아야 한다고 생각한다. 왜냐하면 그 선택이 태아의 보다 나은 삶을 보장하기 때문이다. 하지만 둘째 경우는 이와 동일한 이유로 치료를 받아야 한다고 주장할 수 없다.

〈보 기〉

갑 : 두 경우 모두 질병을 치료하는 시점이 임신부의 건강에는 아무런 영향을 주지 않는다는 것이 암묵적으로 전제되어 있군.

을 : 맞아. 그렇다면 질병을 언제 치료하는가의 문제는 임신된 아이든 계획대로라면 태어날 아이든 간에 아이의 삶을 보장하는 방식으로 결정해야겠군.

갑 : 그래. 그렇지만 반 년을 미루어 아이를 갖는다 하더라도 원래 가지려 했던 아이가 달라졌다고는 볼 수 없어.

을 : 이 문제는 '계획대로라면 태어날 아이'의 관점에서 보아야 해. 이 관점에서 보자면, 건강하지 않더라도 태어나는 것이 태어나지 않은 것보다는 더 나아. 태어나지 않는다면 보장받을 삶도 없는 셈이니까.

갑 : 그럴까? 언제 출산을 하든 '첫째 아이'라는 점에서 동일하다고 해야 하지 않을까?

을 : 특정한 시점에 특정한 정자와 난자가 결합한다는 점을 생각해 봐. 시점이 다르다면 같은 사람이라고 할 수 없지.

① 갑은 첫째 경우의 여성이 치료를 미뤄야 한다고 주장할 것이다.
② 을은 첫째 경우의 여성이 치료를 미뤄야 한다고 주장할 것이다.
③ 갑은 둘째 경우의 여성이 계획대로 임신을 하는 것이 옳다고 주장할 것이다.
④ 을은 둘째 경우의 여성이 계획대로 임신을 하는 것이 옳다고 주장할 것이다.
⑤ 갑과 을은 두 경우 모두 태아의 건강을 우선시하여 치료 시기가 결정되어야 한다고 주장할 것이다.

## 12 ☐△✕

**(가)와 (나)가 공통으로 받아들이고 있는 전제로 가장 적절한 것은?**

(가) 한갓 오랑캐의 풍속으로써 중국의 아름다운 문화를 변화시키고, 사람을 금수로 타락시키면서도 이를 잘하는 일이라고 여기며 개화(開化)라는 이름을 붙입니다. 그러니 이 개화라는 말은 너무도 쉽게 나라를 망치고 집안을 뒤엎는 글자입니다. 간혹 자주(自主)라는 이름을 붙이기도 하는데 실상은 나라를 왜놈에게 주고서 모든 정사와 법령에 대해 반드시 자문을 구합니다. 또 예의를 무너뜨리고 오랑캐로 타락하면서 억지로 문명이라고 부릅니다. 지금 비록 하나하나 따질 수는 없지만 특히 의복 제도를 변경하는 일은 도리를 매우 심하게 해치고 있으므로 시급하게 먼저 복구하지 않을 수 없습니다. 물론 우리나라의 의복 제도가 옛 법에 완전히 부합하지는 않지만 여기에는 중국의 문물(文物)이 내재되어 있습니다. 중국이 비록 외국이라도 중국의 문물은 선왕들께서 일찍이 강론하여 밝혀 준수해 온 것이며, 천하의 모든 나라들이 일찍이 우러러 사모하며 찬탄한 것입니다. 이러한데도 버린다면 요·순·문·무(堯舜文武)를 통해 전승해 온 문화의 한줄기를 찾을 수가 없게 되고, 기자(箕子) 및 선대의 우리 임금들이 중국의 아름다운 문화를 가져오신 훌륭한 덕과 큰 공로를 후세에 밝힐 수 없게 될 것입니다. 어찌 차마 이렇게 할 수 있겠습니까.

(나) 지금 조선이 이렇게 약하고 가난하며 백성은 어리석고 관원이 변변치 못한 이유는, 다름이 아니라 다 학문이 없기 때문이다. 조선이 강하고 부유해지며 관민이 외국 사람들에게 대접을 받기 위해서는 배워서 구습을 버리고 개화한 자주독립국 백성과 같이 되어야 한다. 그렇게 하면 나라의 문화는 활짝 꽃 필 것이다. 사람들이 정부에서 정치도 의논하게 되며, 각종의 물화(物貨)를 제조하게 되며, 외국 물건을 수입하거나 내국 물건을 수출하게 되며, 세계 각국에 조선 국기를 단 상선과 군함을 바다마다 띄우게 될 것이다. 또 백성들은 무명옷을 입지 않고 모직과 비단을 입게 되며, 김치와 밥을 버리고 우육(牛肉)과 브레드를 먹게 되며, 남에게 붙잡히기 쉬운 상투를 없애어 세계 각국의 인민들처럼 우선 머리가 자유롭게 될 것이다. 또 나라 안에 법률과 규칙이 바로 서서 애매한 사람이 형벌당하는 일이 없어지고, 약하고 무식한 백성들이 강하고 유식한 사람들에게 무리하게 욕보일 일도 없어지며, 정부 관원들이 법률을 두렵게 여김으로써 협잡이 없어지며, 인민이 정부를 사랑하여 국내에서 동학(東學)과 의병이 다시 일어나지 않을 것이다.

① 개화의 목적은 백성들의 물질적 풍요에 있다.
② 민족의 독립은 자주적인 정부를 통해 실현된다.
③ 외래문명의 추구와 민족의 자존(自尊)은 상충한다.
④ 자주독립국이 되기 위해서는 제도가 개선되어야 한다.
⑤ 외국문물의 수용과 자국문화의 발전은 별개의 문제가 아니다.

## 13 ◯△✕

**다음 ㉠과 ㉡에 들어갈 말을 가장 적절하게 나열한 것은?**

사람들은 모국어의 '음소'가 아닌 소리를 들으면, 그 소리를 변별적으로 인식하지 못한다. 가령, 물리적으로 다르지만 유사하게 들리는 음성 [x]와 [y]가 있다고 가정해 보자. 이때 우리는 [x]와 [y]가 서로 다르다고 인식할 수도 있고 다르다는 것을 인식하지 못할 수도 있다. [x]와 [y]가 다르다고 인식할 때 우리는 두 소리가 서로 변별적이라고 하고, [x]와 [y]가 다르다는 것을 인식하지 못할 때 두 소리가 서로 비변별적이라고 한다. 변별적으로 인식하는 소리를 음소라고 하고, 변별적으로 인식하지 못하는 소리를 이음 또는 변이음이라고 한다. 우리가 [x]와 [y]를 변별적으로 인식한다면, [x]와 [y]는 둘 다 음소로서의 지위를 갖는다. 반면 [x]와 [y] 가운데 하나는 음소이고 다른 하나가 음소가 아니라면, [x]와 [y]를 서로 변별적으로 인식하지 못한다. 다시 말해 _____㉠_____.

여기서 변별적이라는 것은 달리 말하면 대립을 한다는 것을 뜻한다. 어떤 소리가 대립을 한다는 말은 그 소리가 단어의 뜻을 갈라내는 기능을 한다는 것을 의미한다. 비변별적이라는 것은 대립을 하지 못한다는 것을 뜻한다. 그러므로 대립을 하는 소리는 당연히 변별적이고, 대립을 하지 못하는 소리는 비변별적이다.

인간이 발성 기관을 통해 낼 수 있는 소리의 목록은 비록 언어가 다르더라도 동일하다고 가정하지만, 변별적으로 인식하는 소리 즉, 음소의 수와 종류는 언어마다 다르다. 언어가 문화적 산물이라는 사실을 이해하면, 이는 당연한 일이다. 나라마다 문화가 다르듯이 언어 역시 문화적 산물이므로 차이가 나는 것은 당연하고, 언어를 구성하는 가장 작은 단위인 음소의 수와 종류에도 차이가 나는 것은 당연하다. 우리가 다른 문화권의 사람이라는 것을 인지하는 가장 기본적인 요소 중의 하나가 언어라면, 언어가 다르다고 인지하는 가장 핵심적인 요소 중의 하나가 바로 음소 목록의 차이이다. 그렇기 때문에 모국어의 음소 목록에 포함되어 있지 않은 소리를 들었다면, _____㉡_____.

① ㉠ : [x]를 들어도 [y]로 인식한다면 [x]는 음소이다.
　 ㉡ : 소리는 들리지만 그 소리가 무슨 소리인지 알 수 없다.
② ㉠ : [y]를 들어도 [x]로 인식한다면 [y]는 음소이다.
　 ㉡ : 그 소리를 모국어에 존재하는 음소 중의 하나로 인식하게 된다.
③ ㉠ : [x]를 들어도 [y]로 인식한다면 [x]는 [y]의 변이음이다.
　 ㉡ : 그 소리를 모국어에 존재하는 음소 중의 하나로 인식하게 된다.
④ ㉠ : [x]를 들어도 [y]로 인식한다면 [x]는 [y]의 변이음이다.
　 ㉡ : 그 소리를 듣고 모국어에 존재하는 유사한 음소들의 중간음으로 인식하게 된다.
⑤ ㉠ : [y]를 들어도 [x]로 인식한다면 [x]는 [y]의 변이음이다.
　 ㉡ : 그 소리를 듣고 모국어에 존재하는 유사한 음소들의 중간음으로 인식하게 된다.

## 14 ◯△✕

**다음 ㉠의 사례로 가장 적절한 것은?**

보통 '관용'은 도덕적으로 바람직한 것으로 간주된다. 관용은 특정 믿음이나 행동, 관습 등을 잘못된 것이라고 여김에도 불구하고 용인하거나 불간섭하는 태도를 의미한다. 여기서 관용이란 개념의 본질적인 두 요소를 발견할 수 있다. 첫째 요소는 관용을 실천하는 사람이 관용의 대상이 되는 믿음이나 관습을 거짓이거나 잘못된 것으로 여긴다는 점이다. 이런 요소가 없다면, 우리는 '관용'을 말하고 있는 것이 아니라 '무관심'이나 '승인'을 말하는 셈이다. 둘째 요소는 관용을 실천하는 사람이 관용의 대상을 용인하거나 최소한 불간섭해야 한다는 점이다. 하지만 관용을 이렇게 이해하면 역설이 발생할 수 있다.

자국 문화를 제외한 다른 문화는 모두 미개하다고 생각하는 사람을 고려해보자. 그는 모든 문화가 우열 없이 동등하다는 생각이 틀렸다고 확신하고 있다. 하지만 그는 그런 자신의 믿음에도 불구하고 전략적인 이유로, 예를 들어 동료들의 비난을 피하기 위해 자신이 열등하다고 판단하는 문화를 폄하하려는 욕구를 억누르고 있다고 하자. 다른 문화를 폄하하고 싶은 그의 욕구가 크면 클수록, 그리고 그가 자신의 이런 욕구를 성공적으로 자제하면 할수록, 우리는 그가 더 관용적이라고 말해야 할 것 같다. 하지만 이는 받아들이기 어려운 역설적 결론이다.

이번에는 자신이 잘못이라고 믿는 수많은 믿음을 모두 용인하는 사람을 생각해 보자. 이 경우 이 사람이 용인하는 믿음이 많으면 많을수록 우리는 그가 더 관용적이라고 말해야 할 것 같다. 그런데 그럴 경우 우리는 인종차별주의처럼 우리가 일반적으로 잘못인 것으로 판단하는 믿음까지 용인하는 경우에도 그 사람이 더 관용적이라고 말해야 한다. 하지만 도덕적으로 잘못된 것을 용인하는 것은 그 자체가 도덕적으로 잘못이라고 보는 것이 마땅하다. 결국 우리는 관용적일수록 도덕적으로 잘못을 저지르게 될 가능성이 높아지게 되는데 이는 역설적이다.

이상의 논의를 고려하면 종교에 대한 관용처럼 비교적 단순해 보이는 사안에 대해서조차 ㉠ 역설이 발생한다. 이로부터 우리는 관용의 맥락에서, 용인하는 믿음이나 관습의 내용에 일정한 한계가 있어야 함을 알 수 있다.

① 종교적 문제에 대해 별다른 의견이 없는 사람을 관용적이라고 평가하게 된다.
② 모든 종교적 믿음은 거짓이라고 생각하고 배척하는 사람을 관용적이라고 평가하게 된다.
③ 자신의 종교가 주는 가르침만이 유일한 진리라고 믿는 사람일수록 덜 관용적이라고 평가하게 된다.
④ 보편적 도덕 원칙에 어긋나는 가르침을 주장하는 종교까지 용인하는 사람을 더 관용적이라고 평가하게 된다.
⑤ 자신이 유일하게 참으로 믿는 종교 이외의 다른 종교적 믿음에 대해서도 용인하는 사람일수록 더 관용적이라고 평가하게 된다.

## 15 ◯△✕

12년 행시(인) 10번

다음 글을 읽고 반드시 참인 것을 〈보기〉에서 모두 고르면?

시험관 X에 어떤 물질이 들어 있는지 검사하기 위해 아래와 같은 네 가지 검사방법을 사용하고자 한다. 이 시험관에 물질 D가 들어 있지 않다는 것은 이미 알려져 있다. 검사 방법의 사용 순서에 따라 양성과 음성이 뒤바뀔 가능성도 있다.

• 알파 방법 : 시험관에 물질 A와 C가 둘 다 들어있을 때 양성이 나온다. 그렇지 않을 때 음성이 나온다.
• 베타 방법 : 시험관에 물질 C는 들어 있지만 B는 들어있지 않을 때 양성이 나온다. 그렇지 않을 때 음성이 나온다.
• 감마 방법 : 베타 방법을 아직 쓰지 않았으며 시험관에 물질 B도 D도 들어 있지 않을 때 음성이 나온다. 그렇지 않을 때 양성이 나온다.
• 델타 방법 : 감마 방법을 이미 썼으며 시험관에 물질 D와 E 둘 가운데 적어도 하나가 들어 있을 때 양성이 나온다. 그렇지 않을 때 음성이 나온다.

이 시험관 X에 알파, 베타, 감마, 델타 방법을 한 번씩 사용한 결과 모두 양성이 나왔다. 하지만 어떤 순서로 이 방법들을 사용했는지는 기록해두지 않았다.

―― 〈보 기〉 ――

ㄱ. 시험관 X에 물질 E가 들어 있다.
ㄴ. 시험관 X에 적어도 3가지 물질이 들어 있다.
ㄷ. 시험관 X에 가장 마지막으로 사용한 방법은 베타 방법이 아니다.

① ㄱ
② ㄷ
③ ㄱ, ㄴ
④ ㄴ, ㄷ
⑤ ㄱ, ㄴ, ㄷ

## 16 ◯△✕

14년 행시(A) 12번

다음 정보가 모두 참일 때, 대한민국이 반드시 선택해야 하는 정책은?

• 대한민국은 국무회의에서 주변국들과 합동 군사훈련을 실시하기로 확정 의결하였다.
• 대한민국은 A국 또는 B국과 상호방위조약을 갱신하여야 하지만, 그 두 국가 모두와 갱신할 수는 없다.
• 대한민국이 A국과 상호방위조약을 갱신하지 않는 한, 주변국과 합동 군사훈련을 실시할 수 없거나 또는 유엔에 동북아 안보 관련 안건을 상정할 수 없다.
• 대한민국은 어떠한 경우에도 B국과 상호방위조약을 갱신해야 한다.
• 대한민국이 유엔에 동북아 안보 관련 안건을 상정할 수 없다면, 6자 회담을 올해 내로 성사시켜야 한다.

① A국과 상호방위조약을 갱신한다.
② 6자 회담을 올해 내로 성사시킨다.
③ 유엔에 동북아 안보 관련 안건을 상정한다.
④ 유엔에 동북아 안보 관련 안건을 상정하지 않는다면, 6자 회담을 내년 이후로 연기한다.
⑤ A국과 상호방위조약을 갱신하지 않는다면, 유엔에 동북아 안보 관련 안건을 상정한다.

## 17 ◯△✕

08년 행시(꿈) 14번

네 개의 상자 A, B, C, D 중의 어느 하나에 두 개의 진짜 열쇠가 들어 있고, 다른 어느 한 상자에 두 개의 가짜 열쇠가 들어 있다. 또한 각 상자에는 다음과 같이 두 개의 안내문이 쓰여 있는데, 각 상자의 안내문 중 적어도 하나는 참이다. 다음 중 진위를 알 수 없는 것은?

• A상자 : 1) 어떤 진짜 열쇠도 순금으로 되어 있지 않다.
　　　　 2) C 상자에 진짜 열쇠가 들어 있다.
• B상자 : 1) 가짜 열쇠는 이 상자에 들어 있지 않다.
　　　　 2) A 상자에는 진짜 열쇠가 들어 있다.
• C상자 : 1) 이 상자에 진짜 열쇠가 들어 있다.
　　　　 2) 어떤 가짜 열쇠도 구리로 되어 있지 않다.
• D상자 : 1) 이 상자에 진짜 열쇠가 들어 있고, 모든 진짜 열쇠는 순금으로 되어 있다.
　　　　 2) 가짜 열쇠 중 어떤 것은 구리로 되어 있다.

① B상자에 가짜 열쇠가 들어 있지 않다.
② C상자에 진짜 열쇠가 들어 있지 않다.
③ D상자의 안내문 1)은 거짓이다.
④ 가짜 열쇠 중 어떤 것은 구리로 되어 있다.
⑤ 어떤 진짜 열쇠도 순금으로 되어 있지 않다.

**18** ⊙△✕                                                      19년 행시(가) 9번

다음 글의 ㉠에 해당하는 사례만을 〈보기〉에서 모두 고르면?

'부재 인과', 즉 사건의 부재가 다른 사건의 원인이라는 주장은 일상 속에서도 쉽게 찾아볼 수 있다. 인과 관계가 원인과 결과 간에 성립하는 일종의 의존 관계로 분석될 수 있다면 부재 인과는 인과 관계의 한 유형을 표현한다. 예를 들어, 경수가 물을 주었더라면 화초가 말라죽지 않았을 것이므로 '경수가 물을 줌'이라는 사건이 부재하는 것과 '화초가 말라죽음'이라는 사건이 발생하는 것 사이에는 의존 관계가 성립한다. 인과 관계를 이런 의존 관계로 이해할 경우 화초가 말라죽은 것의 원인은 경수가 물을 주지 않은 것이며 이는 상식적 판단과 일치한다. 하지만 화초가 말라죽은 것은 단지 경수가 물을 주지 않은 것에만 의존하지 않는다. 의존 관계로 인과 관계를 이해하려는 견해에 따르면, 경수의 화초와 아무 상관없는 영희가 그 화초에 물을 주었더라도 경수의 화초는 말라죽지 않았을 것이므로 영희가 물을 주지 않은 것 역시 그 화초가 말라죽은 사건의 원인이라고 해야 할 것이다. 그러나 상식적으로 경수가 물을 주지 않은 것은 그가 키우던 화초가 말라죽은 사건의 원인이지만, 영희가 물을 주지 않은 것은 그 화초가 말라죽은 사건의 원인이 아니다. 인과 관계를 의존 관계로 파악해 부재 인과를 인과의 한 유형으로 받아들이면, 원인이 아닌 수많은 부재마저도 원인으로 받아들여야 하는 ㉠ 문제가 생겨난다.

〈보 기〉

ㄱ. 어제 영지는 늘 타고 다니던 기차가 고장이 나는 바람에 지각을 했다. 그 기차가 고장이 나지 않았다면 영지는 지각하지 않았을 것이다. 하지만 영지가 새벽 3시에 일어나 직장에 걸어갔더라면 지각하지 않았을 것이다. 그러므로 어제 영지가 새벽 3시에 일어나 직장에 걸어가지 않은 것이 그가 지각한 원인이라고 보아야 한다.

ㄴ. 영수가 야구공을 던져서 유리창이 깨졌다. 영수가 야구공을 던지지 않았더라면 그 유리창이 깨지지 않았을 것이다. 하지만 그 유리창을 향해 야구공을 던지지 않은 사람들은 많다. 그러므로 그 많은 사람 각각이 야구공을 던지지 않은 것을 유리창이 깨어진 사건의 원인이라고 보아야 한다.

ㄷ. 햇빛을 차단하자 화분의 식물이 시들어 죽었다. 하지만 햇빛을 과다하게 쪼이거나 지속적으로 쪼였다면 화분의 식물은 역시 시들어 죽었을 것이다. 그러므로 햇빛을 쪼이는 것은 식물의 성장 원인이 아니라고 보아야 한다.

① ㄱ
② ㄴ
③ ㄱ, ㄷ
④ ㄴ, ㄷ
⑤ ㄱ, ㄴ, ㄷ

**19** ⊙△✕                                                      06년 행시 25번

다음 두 사람의 대화를 통해 알 수 있는 내용은?

A : 현대 의학의 틀을 만들어낸 지난 한 세기 동안 의학의 발전상은 괄목할 만한 것이었습니다. 특히 페니실린 발견 이후 다양한 항생제가 개발되면서 여러 질병들을 치료할 수 있게 되었습니다.

B : 물론 현대 의학이 여러 질병들로부터 인간을 '해방'시킨 것은 사실입니다. 그러나 여기에는 현대 의학에 대한 하나의 '신화'가 자리 잡고 있다는 점도 간과해서는 안 될 것입니다. 현대 의학의 본질에 대한 좀 더 정밀한 검토가 필요합니다. 현대 의학이 엄청나게 발전한 것은 사실이지만, 아직 질병은 정복되지 않았습니다.

A : 그렇습니다. 암 문제만 하더라도 아직 획기적인 치료제를 개발해 내지 못한 것이 사실입니다. 그러나 최근 연구 성과에 비춰 볼 때, 그리 멀지 않은 시간 내에 정복될 수 있을 것이라 믿습니다.

B : 제가 강조하고 싶은 것은 우리가 지금까지 현대 의학의 힘을 과대평가해 왔다는 점입니다. 단적인 예로 항생제만 하더라도 그렇습니다. 항생제에 내성을 지닌 세균들이 지속적으로 발생하고 있다는 점은 현대 의학의 문제점을 적나라하게 보여줍니다.

A : 물론 백 퍼센트 만족스러울 수는 없습니다. 하지만 인간의 평균 수명이 최근까지 큰 폭으로 증가해 온 것 하나만으로도 현대 의학의 공을 높이 평가할 수 있을 것입니다.

B : 하지만 평균 수명의 증가를 또 다른 관점에서 설명하는 의견에도 귀를 기울일 필요가 있습니다. 예컨대 건강 증진을 생활 조건의 향상이라는 측면에서 바라보는 맥퀸이나, 19세기 말에서 20세기 초에 걸쳐 영국에서의 사망률 감소가 노동자들의 실질 임금 증가와 노동 조건 개선에 힘입은 바 크다고 밝힌 블레인의 지적에 관심을 기울일 필요가 있습니다. 특히 고르에 따르면, 프랑스에서 개인당 약품 구매량은 1959년에서 1972년까지 13년 동안 2.7배로 늘어났음에도 불구하고 이 시기를 전후하여 사람들의 평균 수명은 거의 증가하지 않았습니다. 또 일리치의 말처럼, 의사의 개입이 병을 낫게 하기보다는 오히려 약의 부작용이나 잘못된 수술 후유증과 같은 병원성 질환을 초래할 가능성도 있습니다.

① B는 인간의 평균 수명 증가에 미친 의학 외적 요인의 중요성을 고려해야 한다고 지적한다.
② B는 지금까지 정복하지 못했던 난치병 역시 현대 의학의 발전으로 곧 치료 가능할 것이라는 사실에 동의한다.
③ A와 B 두 사람은 모두 현대 의학의 발전이 인간의 복지를 실질적이고 보편적으로 향상시킬 것이라는 점에 동의한다.
④ B는 약품 사용 증가와 그에 따른 부작용이 가까운 시일 내에 평균 수명의 증가에 심각한 악영향을 미칠 것이라고 주장한다.
⑤ B는 현대 의학의 발전이 질병으로부터 인간을 해방시키는 것에 그쳐서는 안 되고, 질병을 완전히 정복하는 수준까지 도달해야 한다고 주장한다.

## 20 ⃞ ○△✕

**다음 네 사람의 논증에 대한 평가로 옳지 않은 것은?**

갑 : 내가 죽기 직전에 나의 두뇌정보를 인조인간의 두뇌에 이식함으로써, 나는 내가 그 인조인간으로 지속적인 삶을 살 수 있다고 기대한다. 이렇게 이식한 두뇌정보가 새로운 몸으로 번갈아가며 계속하여 이식될 수 있다면, 나는 영생을 성취할 수 있을 것이다. 이런 나의 생각은 다음과 같은 논증에 의존하고 있다. 즉, (i) A의 두뇌정보를 이식받은 사람은 A와 동일한 사람이고, (ii) B는 A의 두뇌정보를 이식받았다면, (iii) B는 A이다.

을 : 그러나 당신의 두뇌정보가 B와 C에게 동시에 이식되었다고 하자. 둘 중에 누가 당신인가? 당신의 주장대로라면 당신의 두뇌정보를 이식받은 B도 당신이고 C도 당신이 될 터인데, B와 C는 서로 다른 인조인간이다. 따라서 당신의 두뇌정보를 이식받은 B도 당신이 아니고 당신의 두뇌정보를 이식받은 C도 당신이 아니다.

병 : 나의 두뇌정보를 한 명에게만 이식한다는 조건을 붙이면 그런 문제는 발생하지 않을 것이다. 나의 두뇌정보를 단 한 명에게만 이식하고 이 원칙이 영원히 지켜지도록 하면 된다. 이렇게 되면 동일한 시각에 나라는 존재는 언제나 유일하다. 나는 이것을 '유일성 조건'이라고 부르겠다.

정 : 그렇다 하더라도 나는 갑이나 병이 말하는 방식으로 영생할 수 있을 지에 대해 회의적이다. 만약 당신이 죽는 순간에 당신의 두뇌정보를 인조인간 Ⅰ에게 이식하고 그 인조인간 Ⅰ이 수명을 다할 때, 그 인조인간의 두뇌정보를 새로운 인조인간 Ⅱ의 두뇌에 이식하면 어떻게 되는가? 그때 인조인간 Ⅱ는 당신과 유사한 두뇌정보를 가지겠지만 바로 당신이라고 할 수는 없다. 왜냐하면 인조인간 Ⅱ에 이식한 인조인간 Ⅰ의 두뇌정보는 당신의 두뇌정보에 인조인간 Ⅰ의 경험이나 사고 등이 덧붙어 있는 변형된 정보이기 때문이다.

① 동시에 존재하는 두 인간은 동일인일 수 없다고 전제하면 을의 논증이 성립한다.

② 을에 따르면 두 사람이 동일한 두뇌정보를 이식받았다고 해도 서로 동일인이 되지는 않는다.

③ 병의 유일성 조건은 을의 비판에 대해 갑의 입장을 옹호할 수 있는 전략을 제시한 것이다.

④ 정의 논증에 따르면 인조인간 Ⅰ에게 두뇌정보를 이식한 사람과 인조인간 Ⅱ가 동일인이 아닌 이유는 병의 유일성 조건을 충족시키지 못했다는 데 있다.

⑤ 정의 논증에 따르면 인조인간 Ⅰ이 나의 삶을 이어가고 인조인간 Ⅱ가 인조인간 Ⅰ의 삶을 이어간다 하더라도 인조인간 Ⅱ는 나와 동일인이라고 할 수 없다.

## 21 ⃞ ○△✕

**다음 글의 내용에 대한 평가로 가장 적절한 것은?**

우리나라는 눈부신 경제 성장을 이룩하였고 일 인당 국민 소득도 빠른 속도로 증가해왔다. 소득이 증가하면 더 행복해질 것이라는 믿음과는 달리, 한국사회 구성원들의 전반적인 행복감은 높지 않은 실정이다. 전반적인 물질적 풍요에도 불구하고 왜 한국 사람들의 행복감은 그만큼 높아지지 않았을까? 이 물음에 대한 다음과 같은 두 가지 답변이 있다.

(가) 일반적으로 소득이 일정한 수준에 도달한 이후에는 소득의 증가가 반드시 행복의 증가로 이어지지는 않는다. 인간이 살아가기 위해서는 물질재와 지위재가 필요하다. 물질재는 기본적인 의식주의 욕구를 충족시키는 데 필요한 재화이며, 경제 성장에 따라 공급이 늘어난다. 지위재는 대체재의 존재 여부나 다른 사람들의 요구에 따라 가치가 결정되는 비교적 희소한 재화나 서비스이며, 그 효용은 상대적이다. 경제 성장의 초기 단계에서는 물질재의 공급을 늘리면 사람들의 만족감이 커지지만, 경제가 일정 수준 이상으로 성장하면 점차 지위재가 중요해지고 물질재의 공급을 늘려서는 해소되지 않는 불만이 쌓이게 되는 이른바 '풍요의 역설'이 발생한다. 따라서 한국 사람들이 경제 수준이 높아진 만큼 행복하지 않은 이유는 소득 증가에 따른 자연스러운 현상이다.

(나) 한국 사회의 행복 수준은 단순히 풍요의 역설로 설명할 수 없다. 행복에 대한 심리학적 연구에 따르면 타인과 비교하는 성향이 강한 사람일수록 행복감이 낮아지게 된다. 비교 성향이 강한 사람은 사회적 관계에서 자신보다 우월한 사람들을 준거집단으로 삼아 비교하기 쉽고 이로 인해 상대적 박탈감이 커질 수 있기 때문이다. 한국과 같은 경쟁 사회에서는 진학이나 구직 등에서 과열 경쟁이 벌어지고 등수에 의해 승자와 패자가 구분된다. 이 과정에서 비교 우위를 차지하지 못한 사람들은 좌절을 경험하기 쉬운데, 비교 성향이 강할수록 좌절감은 더 크다. 따라서 한국 사회의 행복감이 낮은 이유는 한국 사람들이 다른 사람들과 비교하는 성향이 매우 높은 데에서 찾을 수 있다.

① 지위재에 대한 경쟁이 치열한 국가일수록 전반적인 행복감이 높다는 사실은 (가)를 강화한다.

② 경제적 수준이 비슷한 나라들과 비교하여 한국의 지위재가 상대적으로 풍부하다는 사실은 (가)를 강화한다.

③ 한국 사회는 일 인당 소득 수준이 비슷한 다른 나라들과 비교하더라도 행복감의 수준이 상당히 낮다는 조사 결과는 (가)를 강화한다.

④ 한국보다 소득 수준이 높고 대학 입학을 위한 입시 경쟁이 매우 치열한 나라가 있다는 사실은 (나)를 약화한다.

⑤ 자신보다 우월한 사람들을 준거집단으로 삼는 경향이 한국보다 강함에도 불구하고 행복감이 더 높은 나라가 있다는 사실은 (나)를 약화한다.

## 22 ○△✕                                                11년 행시(수) 37번

다음 글의 논지를 강화하기 위해 아래 〈사례〉를 활용하고자 할 때, 가장 적절한 방안은?

> 과학지식이 인공물에 응용되면 기술이 생긴다는 것이 일반적인 생각이다. 이 '응용과학 테제'에 따르면 과학은 지식이자 정신노동의 산물이고, 기술은 물건이자 육체노동의 산물이다. 기술을 과학의 응용으로 간주했던 사람은 과학을 발전시키면 자동적으로 기술도 발전한다고 생각했다. 하지만 과학과 기술의 상호작용은 지식과 지식 사이의 상호침투이다. 기술지식은 실용성, 효용, 디자인을 더 강조하고, 과학지식은 추상적 이론, 지식을 위한 지식, 본질에 대한 이해를 더 강조할 뿐이다. 과학과 기술은 지식과 지식응용의 차이가 아니라 오히려 지향하는 가치의 차이이다. 기술의 역사를 살펴보면, 기술은 역사적으로 과학에 앞서며, 실제로 과학의 기능을 수행했다.

---〈사 례〉---

> ㄱ. 웨지우드는 진흙을 가열하면 부피가 줄어든다는 사실을 발견했고, 이를 바탕으로 매우 높은 온도를 재는 고온계를 발명했다. 하지만 이 사실을 발견한 것은 기술자로서 그의 경험 덕분이었다. 그는 화학계에 입성하기 이전에 도공 기술자로서 이미 큰 성공을 거두었다.
> ㄴ. 와트는 응축기를 고안하여 뉴커먼 증기기관의 효율성을 획기적으로 향상시켰다. 와트 증기기관의 작동은 블랙의 숨은열 이론으로 설명될 수 있는데, 이 점은 증기기관이 상용화된 지 한참 후에야 밝혀졌다.
> ㄷ. 미 국방부는 1945년부터 총 100억 달러 연구비 중 25억 달러를 순수과학에 할애했다. 국방부는 1945년 이후 연구 개발된 20개의 핵심무기 기술을 조사했는데, 중간보고서에 따르면 그 중 91%가 기술 연구개발에 기인했고 9%만이 과학연구에 기인한 것으로 밝혀졌다.

① 세 사례를 기술과 과학이 독립적으로 발전해 왔다는 근거로 삼아 기술과 과학의 차이점을 강조한다.

② ㄱ과 ㄴ을 기술이 과학의 응용으로서 발전한 것은 아니라는 근거로 삼고 ㄷ을 과학이 기술에 끼치는 영향이 제한적이라는 근거로 삼아, 기술이 과학의 응용이라는 주장을 반박한다.

③ ㄱ과 ㄴ을 기술과 과학의 구분이 명확하지 않았다는 근거로 삼고 ㄷ을 과학이 기술 발전에 큰 기여를 하지 못했다는 근거로 삼아, 기술은 과학과 독립적으로 발전했다고 주장한다.

④ ㄱ과 ㄴ을 기술도 지식이라는 점을 보여주는 근거로 삼고 ㄷ을 기술 분야에 연구개발비를 투자하는 것이 효율적이라는 점을 뒷받침하는 근거로 삼아, 기술에 더 많이 투자할 때 과학이 발전한다고 주장한다.

⑤ ㄱ을 기술이 과학과 독립적으로 발전해 왔다는 근거로 삼고 ㄴ을 기술 발전이 과학을 선도했다는 점을 뒷받침하는 근거로 삼고 ㄷ을 과학이 기술에 끼치는 영향이 제한적이라는 근거로 삼아, 과학과 기술의 상호작용이 복잡하다고 주장한다.

## 23 ○△✕                                                18년 행시(나) 11번

다음 글에서 알 수 있는 것만을 〈보기〉에서 모두 고르면?

> 손익이 동일해도 상황에 따라 그 손익에 대한 효용은 달라질 수 있다. 손익이 양수이면 수익을 얻고 손익이 음수이면 손실을 입는다. 효용이 양수이면 만족감을 느끼고 효용이 음수이면 상실감을 느낀다. 효용의 차이는 다음과 같은 세 가지 특징을 통해 설명할 수 있다.
> 첫 번째 특징은 준거점 의존성이다. 사람들은 기대손익을 준거점으로 삼는다. 기대손익이 다르면 실제 손익이 같다 하더라도 그에 따른 만족감이나 상실감이 달라진다. 철수의 기대수익이 200만 원이었을 때 실제 수익이 300만 원이라면 그는 100만큼의 만족감을 느낀다. 하지만 그의 실제 수익이 300만 원으로 같아도 기대수익이 1,000만 원이었다면 그는 700만큼의 상실감을 느낀다. 두 번째 특징은 민감성 반응이다. 재산의 상황에 따라 민감성 반응도 달라진다. 재산이 양수이면 자산을 갖고 재산이 음수이면 부채를 갖는다. 사람들은 자산이 많을수록 동일한 수익에 대해 둔감하게 반응한다. 마찬가지로 부채가 많을수록 동일한 손실에 대해 둔감하게 반응한다. 예를 들어 100만 원의 손실을 입을 경우, 부채가 200만 원일 때 발생하는 상실감보다 부채가 1,000만 원일 때 발생하는 상실감이 더 작다. 세 번째 특징은 손실 회피성이다. 이는 심리적으로 수익보다 손실에 더 큰 가중치를 두는 것을 말한다. 기대손익과 재산이 고정되어 있는 경우, 한 사람이 100만 원의 수익을 얻었을 때 느끼는 만족감보다 100만 원의 손실을 입었을 때 느끼는 상실감이 더 크다. 연구에 따르면, 이 경우 상실감은 만족감의 2배로 나타났다.

---〈보 기〉---

> ㄱ. 손실을 입은 사람은 상실감을 느낀다.
> ㄴ. 동일한 수익을 얻은 경우라도 자산이 $x$였을 때 자산이 $y$였을 때보다 더 큰 만족감을 느꼈다면, $x$는 $y$보다 작다.
> ㄷ. 갑이 $x$의 손실을 입고 을이 $x$의 수익을 얻은 경우, 갑이 느끼는 상실감은 을이 느끼는 만족감의 2배이다.

① ㄱ
② ㄴ
③ ㄱ, ㄷ
④ ㄴ, ㄷ
⑤ ㄱ, ㄴ, ㄷ

※ 다음 글을 읽고 물음에 답하시오. [24~25]

양자역학은 이론과 인간 경험 사이의 간극을 잘 보여준다. 입자 하나가 가상의 선을 기준으로 오른쪽에 있거나 왼쪽에 있다고 하자. 오른쪽에 있는 입자를 관측하면 우리는 그 위치를 '오른쪽'이라고 하고, 왼쪽에 있는 입자를 관측하면 그 위치를 '왼쪽'이라고 할 것이다. 반면 양자역학에 따르면 입자는 오른쪽과 왼쪽의 '중첩' 상태에 놓일 수 있다. 하지만 우리는 결코 이 중첩 상태를 경험하지 못하며, 언제나 '오른쪽' 또는 '왼쪽'이라고 관측한다. 입자의 위치를 측정하고 나면, 우리는 '오른쪽'과 '왼쪽' 가운데 오직 하나를 경험하며, 다른 경험은 결코 하지 못한다.

양자역학과 우리의 경험을 조화시키기 위해 양자역학에 대한 여러 해석이 제안되었다. 시간이 지남에 따라 우주가 여러 가지로 쪼개진다고 상상하고 여러 가지로 쪼개진 각각을 '가지'라고 하자. 이제 양자역학의 해석으로 다음 두 해석만 있다고 가정한다. 하나는 가지 치는 것을 허용하지 않는 ST 해석이고, 다른 하나는 이를 허용하는 MW 해석이다. 오직 두 해석만 있기 때문에 한 해석이 참이면 다른 해석은 거짓이다. 우리의 경험은 두 해석 중 무엇을 확증하는가?

알려졌듯이, 입자의 위치를 관측할 때 '오른쪽'이 관측될 확률과 '왼쪽'이 관측될 확률은 1/2로 동일하다. 이는 다음과 같이 표현될 수 있다.

|  | 가지1 | 가지2 |
|---|---|---|
| ST | '오른쪽' 또는 '왼쪽'이 관측되지만, 둘 다 동시에 관측될 수는 없다. | |
| MW | '오른쪽'이 관측된다. | '왼쪽'이 관측된다. |

입자를 관측한 결과 '오른쪽'이 관측되었다고 가정하자. 이는 다음과 같은 증거 R이 주어졌음을 뜻한다.

R : 관측된 입자의 위치가 '오른쪽'인 가지가 존재한다.

이제 다음 정의를 받아들이자. '증거 E가 가설 H를 확증한다'는 것은 '가설 H가 참인 조건에서 증거 E가 참일 확률이 가설 H가 거짓인 조건에서 증거 E가 참일 확률보다 더 크다'는 것을 의미한다.

ST 해석과 MW 해석을 가설로 간주할 때 증거 R이 이들 가설을 각각 확증하는지 따져보자. ST가 참인 조건에서 R이 참일 확률은 1/2이다. 왜냐하면 ST가 참인 조건에서는 가지가 하나밖에 없고, 가지가 하나밖에 없는 우주에서 '오른쪽'이 관측될 확률은 1/2이기 때문이다. 반면 ST가 거짓인 조건, 즉 MW가 참인 조건에서 R이 참일 확률은 1이다. 왜냐하면 MW가 참이라는 조건에서는 두 개의 가지가 있고 이 중 하나에서는 반드시 '오른쪽'이 관측되기 때문이다. 비슷한 방식으로 우리는 MW가 거짓인 조건에서 R이 참일 확률이 얼마인지도 알아낼 수 있다. 따라서 [                    ]

이제 '왼쪽'이 관측되었다면 어떻게 될까? 이는 다음과 같은 증거 L이 주어졌음을 뜻한다.

L : 관측된 입자의 위치가 '왼쪽'인 가지가 존재한다.

ST가 참인 조건에서 증거 L이 참일 확률은 1/2이다. 왜냐하면 ST가 참인 조건에서는 가지가 하나밖에 없고, 가지가 하나밖에 없는 우주에서 '왼쪽'이 관측될 확률은 1/2이기 때문이다. 반면 ST가 거짓인 조건, 즉 MW가 참인 조건에서 L이 참일 확률은 1이다. 왜냐하면 MW가 참인 조건에서는 가지가 두 개가 있고, 두 가지 가운데 하나에서는 반드시 '왼쪽'이 관측되기 때문이다.

지금까지의 논의를 종합할 때 우리는 ㉠ 흥미로운 결론에 도달한다.

**24** ⬡◯△✕                        17년 행시(가) 39번

윗글의 빈칸에 들어갈 진술로 가장 적절한 것은?

① R은 ST와 MW를 모두 확증한다.
② R은 ST와 MW 중 어느 것도 확증하지 못한다.
③ R은 ST를 확증하지 못하지만 MW는 확증한다.
④ R은 ST를 확증하지만 MW는 확증하지 못한다.
⑤ R이 ST와 MW 중 하나를 확증하지만 어느 것인지는 알 수 없다.

**25** ◯△✕                        17년 행시(가) 40번

윗글의 ㉠으로 가장 적절한 것은?

① 양자역학의 한 해석이 확증되면 다른 해석도 확증된다.
② 우리의 모든 경험이 확증하는 양자역학의 해석은 없다.
③ 우리의 경험이 다르면 그 경험이 확증하는 양자역학의 해석도 다르다.
④ 특정한 경험은 양자역학의 두 해석을 모두 확증하거나 모두 확증하지 못한다.
⑤ 어떤 경험을 하든지 우리의 경험은 양자역학의 특정한 해석 하나만을 확증한다.

# 제3회 언어논리 모의고사

**01** ○△✕      14년 행시(A) 22번

다음 글의 내용과 부합하는 것만을 〈보기〉에서 모두 고르면?

　지역 주민들로 이루어진 작은 집단에 국한된 고대 종교에서는 성찬을 계기로 신자들이 함께 모일 수 있었다. 그중에서도 특히 고대 셈족에게 성찬은 신의 식탁에 공동으로 참석해서 형제의 관계를 맺음을 의미했다. 사람들은 실제로 자신의 몫만을 배타적으로 먹고 마심에도 불구하고, 같은 것을 먹고 마신다는 생각을 통해서 공동의 피와 살을 만든다는 원시적인 표상이 만들어진다. 빵을 예수의 몸과 동일시한 기독교의 성찬식에 이르러서 신화의 토대 위에 비로소 '공동 식사'라는 것의 새로운 의미가 형성되고 이를 통해서 참가자들 사이에 고유한 연결 방식이 창출되었다. 이러한 공동 식사 중에는 모든 참가자가 각기 자기만의 부분을 차지하는 것이 아니라, 전체를 분할하지 않고 누구나 함께 공유한다는 생각을 함으로써 식사 자체의 이기주의적 배타성이 극복된다.

　공동 식사는 흔히 행해지는 원초적 행위를 사회적 상호 작용의 영역과 초개인적 의미의 영역으로 고양시킨다는 이유 때문에 과거 여러 시기에서 막대한 사회적 가치를 획득했다. 식탁 공동체의 금지 조항들이 이를 명백히 보여 준다. 이를테면 11세기의 케임브리지 길드는 길드 구성원을 살해한 자와 함께 먹고 마시는 사람에게 무거운 형벌을 가했다. 또한 강한 반유대적 성향 때문에 1267년의 비엔나 공의회는 기독교인들은 유대인들과 같이 식사를 할 수 없다고 규정했다. 그리고 인도에서는 낮은 카스트에 속하는 사람과 함께 식사를 함으로써 자신과 자신의 카스트를 더럽히는 사람은 때로 죽임을 당하기까지 했다. 서구 중세의 모든 길드에서는 공동으로 먹고 마시는 일이 오늘날 우리가 상상할 수 없을 정도로 중요하였다. 아마도 중세 사람들은 존재의 불확실성 가운데서 유일하게 눈에 보이는 확고함을 같이 모여서 먹고 마시는 데에서 찾았을 것이다. 당시의 공동 식사는 중세 사람들이 언제나 공동체에 소속되어 있다는 확신을 얻을 수 있는 상징이었던 것이다.

〈보 기〉

ㄱ. 개별 집단에서 각기 이루어지는 공동 식사는 집단 간의 배타적인 경계를 강화시켜 주는 역할을 한다.

ㄴ. 일반적으로 공동 식사는 성스러운 음식을 공유함으로써 새로운 종교가 창출되는 계기로 작용했다.

ㄷ. 공동 식사는 식사가 본질적으로 이타적인 행위임을 잘 보여 주는 사례이다.

① ㄱ
② ㄷ
③ ㄱ, ㄴ
④ ㄴ, ㄷ
⑤ ㄱ, ㄴ, ㄷ

**02** ○△✕      19년 행시(가) 22번

다음 글에서 알 수 있는 것은?

　조선 시대에는 농지에서 생산된 곡물의 일정량을 조세로 징수했는데, 건국 초에는 면적 단위 1결마다 거두도록 규정된 조세량이 일정했다. 하지만 이에 불만을 품은 사람들이 많았다. 생산성이 좋은 농지를 가진 자는 정해진 액수만 내면 남은 양에 상관없이 그 모두를 가질 수 있었던 반면, 생산성이 낮은 농지를 가진 자는 수확량이 적어 정해진 세액도 못 낼 수 있기 때문이었다. 이는 모든 농지를 결이라는 동일한 크기의 면적으로 나누고 결마다 같은 액수의 조세를 받기 때문에 생긴 문제였다. 조선 왕조는 이런 문제점을 완화하고자 작황을 살핀 후 적당히 세액을 깎아주는 '답험손실법'이라는 제도를 시행하였다.

　답험손실법에 따라 작황을 살펴보는 행위를 '답험'이라고 불렀다. 답험 실행 주체는 농지의 성격에 따라 달랐다. 국가에 조세를 내야 하는 땅은 그 농지가 위치한 곳의 지방관이 답험을 했다. 또 과전법의 적용을 받아 국가 대신 조세를 받는 사람이 지정된 땅의 경우에는 권리 수급자가 직접 답험을 했다. 그런데 답험 과정에서 지방관이 납세 의무자로부터 뇌물을 받거나 제대로 답험을 하지 않는 문제가 자주 일어났다.

　세종은 이러한 문제점을 없애고자 조세 개혁에 관한 초안을 만들었다. 이 초안에는 이전에 했던 방식대로 결당 세액을 고정하는 대신, 중앙 관청이 모든 토지의 작황을 일괄적으로 답험하겠다는 내용이 담겼다. 세종은 이 초안에 대해 백성들이 어떻게 생각하는지 알아보았다. 그 결과 함경도 농민들은 1결마다 부과할 세액을 고정하는 데 반대하지만, 전라도 농민들은 환영한다는 것을 알게 되었다. 전라도 농민들은 생산성이 높은 농지가 많았기 때문에 찬성한 것이고, 함경도 농민들은 생산성이 낮은 농지가 많았기 때문에 반대한 것이다. 이처럼 찬반이 엇갈리자 세종은 1결당 세액을 동일한 액수로 고정하되, 전국의 농지를 비옥도에 따라 6개의 등급으로 나누고 등급에 따라 결의 면적을 달리 하였다. 6등전과 1등전의 절대 면적을 기준으로 비교할 때, 6등전 1결의 절대 면적이 1이라면 1등전 1결은 0.4였다. 한편 세종은 도 관찰사로 하여금 관할 도 안에 있는 모든 농지의 작황을 매년 조사한 후 그에 따라 결당 세액을 군현별로 조정하는 정책을 시행하였다. 이와 같이 세종 때 농지의 생산성과 연도별 작황을 감안해 세액과 결을 조정한 제도를 '공법'이라고 부른다.

① 공법에 따르면 같은 군현 안에 있고 농지 절대 면적의 총합이 동일한 마을들 중 1등전만 있는 마을 주민들이 내는 조세의 총액이 2등전만 있는 마을의 조세 납부 총액보다 많아진다.

② 공법 시행 후에 같은 등급에 속한 농지들은 1결의 크기가 같아지므로 지역에 상관없이 매년 같은 액수의 조세를 냈다.

③ 절대 면적이 동일한 경우라도 공법 시행 후에는 1등전만 있는 마을이 2등전만 있는 마을보다 결의 수가 더 적어졌다.

④ 과전법에 의해 조세를 국가 대신 받는 개인은 공법 시행으로 매년 그 땅의 작황을 조사해 중앙 관청에 보고해야 했다.

⑤ 세종의 초안대로라면 함경도 주민들이 내는 조세의 총액은 전라도 주민들이 내는 조세의 총액보다 많아진다.

## 03 ▢○△✕

**다음 글의 핵심 주장으로 가장 적합한 것은?**

2004년 2월에 발생한 A 씨의 '위안부 누드' 사건을 영화 「원초적 본능」의 감독 폴 버호벤의 후속작 「쇼걸」을 통해 살펴보자. 한 마디로 말해 「쇼걸」은 그 제목답게 많은 여성들이 벗었지만, 기대와 달리 흥행에 실패했다. 이 예상치 못한 결과는 성차별 사회에서 포르노 및 누드 산업이 생산하는 에로틱한 쾌락의 작동 양상을 분명하게 보여준다. 「쇼걸」은 쇼걸들의 벗은 몸을 보여주었지만, 이 영화의 주제는 여성의 벗은 몸을 보여주어 남성 관객의 시선을 만족시키는 데 있지 않았다. 오히려 쇼걸들의 연대와 자매애를 강조했기 때문에, 돈벌이에 성공할 수 없었다. 남성 사회의 관객들은 여성들의 단결을 좋아하지 않기 때문이다.

모든 재현은 현실을 구성하는 담론의 일부이며 실천이고, 그것은 현실의 권력 관계를 반영한다. 현실에서 권력과 자원이 있는 집단은 포르노그래피의 대상으로 구성되지 않는다. 구성된다 하더라도 이러한 재현물은 흥행에 실패한다. 현실세계에서 인간성을 박탈당하고 열등한 자로 낙인찍힌 사람이 화면에서 고문당하는 경우와 권력 있고 존경받는 사람이 고문당할 때, 관객의 반응은 완전히 다르다. 전자의 경우 쾌락을 느낀다면 후자의 경우는 심한 불쾌감으로 다가온다.

A 씨의 '위안부 누드'는 제작사의 주장대로 "식민의 역사적 아픔을 상기하기 위해서" 제작된 것이 아니라 화면에서 재현되는 남성과 여성의 성별 권력 차이를 극대화하기 위해 만들어졌으며, 이는 누드 산업의 당연한 귀결이라고 할 수 있다. 남성과 여성의 권력 격차가 최대치일 때, 남성 관객의 권력도 최대한 보장될 것이다. 가장 자극적인 소재는 바로 이 권력 관계가 극단화되었을 경우이다. 일반 포르노 화면에서 남성의 사회적 지위가 더 높은 경우도 있지만, 대개는 남자와 여자라는 성별 권력 차이 그 자체가 주요 쾌락 코드이다. 이번에 논란이 된 '위안부 누드'는 남성과 여성이라는 성별 권력 차이에다가 남성은 일본, 제국주의, 군인, 성폭력 가해자이고 여성은 한국인, 순진하고 겁먹은 처녀, 피해자라는 코드가 더해져 남성 권력을 극대화했다. 그만큼 재미있으며 더 팔릴 수 있는 상품이 되었던 것이다.

그러므로 '위안부 누드'의 제작은 황당한 일이 아니라, 남성의 이윤과 쾌락을 보장하려는 자연스러운 발상이었다. '위안부' 누드여서 문제인가, 위안부 '누드'여서 문제인가? 누드의 소재가 위안부였기 때문에 분노한 것이라면, 일반 누드와 포르노그래피는 별 문제가 없다는 것일까. 여성에 대한 남성의 지배와 폭력이 이처럼 성애화될 때, 남성 권력은 보이지 않게 되고 여성 억압은 생물학적 질서로 비정치화된다. 한국 사회에서 여성 누드나 포르노그래피는 쾌락이나 표현의 자유의 실천이 아니라 오히려 정치적인 사건이며 권력 관계의 문제이다. 포르노에서 남성 관객 혹은 남성화된 관객이 느끼는 쾌락은 권력 행동의 결과이다.

이러한 포르노의 쾌락은 여성이 벗었기 때문이 아니라 여성이 응시의 대상, 폭력의 대상으로 재현되어 남성 소비자가 자신에게 권력이 있다는 느낌과 의식이 충족될 때 발생한다.

따라서 이 사건에 대한 가장 중요한 질문은 왜 인간의 감성이 평등이나 정의보다 지배와 폭력을 에로틱하게 느끼는지를 묻는 것이다. 만일 우리가 평등을 에로틱한 것으로 느낀다면, '위안부 누드'는 제작되지 않았을 것이다. "일반 누드는 되지만 위안부 누드는 안 된다"라는 사람들에게 들려주고 싶은 이야기다.

① '위안부 누드' 사건은 권력 관계의 문제를 드러낸다.
② '위안부 누드' 사건은 위안부라는 소재가 결정적이다.
③ '위안부 누드' 사건은 강조점에 따라 해석이 달라진다.
④ '위안부 누드' 사건을 정치적 관점에서 해석하면 그 의미가 왜곡된다.
⑤ '위안부 누드' 사건은 평등을 에로틱하게 여겨야 하는 이유를 알려준다.

## 04 ▢○△✕

**다음 글의 (가)와 (나)에 들어갈 진술을 〈보기〉에서 골라 알맞게 짝지은 것은?**

사실 진술로부터 당위 진술을 도출할 수 없다는 것을 명시적으로 주장한 최초의 인물은 영국의 철학자 데이비드 흄이었다. 그의 주장은 논리적으로 타당하다고 할 수 있다. 그 이유를 이해하기 위해 일단 명제 P와 Q가 있는데 Q는 P로부터 도출될 수 있는 것이라 가정해 보자. 즉, P가 Q를 논리적으로 함축하는 경우를 생각해보자. 가령, "비가 오고 구름이 끼어 있다."는 "비가 온다."를 논리적으로 함축한다. 이제 이 두 문장이 다음과 같이 결합되는 경우를 생각해 보자.

"비가 오고 구름이 끼어 있지만, 비가 오지 않는다."

이 명제는 분명히 자기모순적인 명제이다. 왜냐하면 "비가 오고 비가 오지 않는다."라는 자기모순적인 명제를 포함하고 있기 때문이다. 이러한 결과를 바탕으로, 우리는 이제 다음과 같이 결론지을 수 있다.

> (가)

우리는 이러한 결론을 이용하여, 사실 진술로부터 당위 진술을 도출할 수 없다고 하는 흄의 주장을 이해해 볼 수 있다. 예를 들어, 명제 A를 "타인을 돕는 행동은 행복을 최대화한다."라고 해보자. 이것은 사실 진술로 이루어진 명제이다. 명제 B를 "우리는 타인을 도와야 한다."라고 해보자. 이것은 당위 진술로 이루어진 명제이다. 물론 "B가 아니다."는 "우리는 타인을 돕지 않아도 된다."가 될 것이다. 이제 우리는 이러한 명제들에 대해 앞의 논리를 그대로 적용시켜 볼 수 있다. 즉, "A이지만 B가 아니다."는 자기모순적인 명제가 아니라는 것이다. 따라서 B는 A로부터 도출되지 않는다. 이 점을 일반화시켜 말하자면 다음과 같다.

> (나)

**〈보 기〉**

ㄱ. Q가 P로부터 도출될 수 있다면, "P이지만 Q는 아니다."라는 명제는 자기모순적인 명제이다.

ㄴ. Q가 P로부터 도출될 수 없다면, "P이지만 Q는 아니다."라는 명제는 자기모순적인 명제가 아니다.

ㄷ. 어떤 행동이 행복을 최대화한다는 것으로부터 그 행동을 행하여야만 한다는 것을 도출할 수 없다.

ㄹ. 어떤 행동을 행하여야만 한다는 것으로부터 그 행동이 행복을 최대화한다는 것을 도출할 수 없다.

ㅁ. "어떤 행동이 행복을 최대화한다."라는 명제와 "그 행동을 행하여야만 한다."라는 명제는 둘 다 참일 수 있다.

| | (가) | (나) |
|---|---|---|
| ① | ㄱ | ㄷ |
| ② | ㄱ | ㅁ |
| ③ | ㄴ | ㄷ |
| ④ | ㄴ | ㄹ |
| ⑤ | ㄴ | ㅁ |

**05** ⬜△✕  07년 행시(외) 4번

다음 글의 내용과 부합하는 것은?

중국의 '영원한 철학'은 유기체적 유물론이었다. 기계론적 세계관은 중국인의 사고 속에서 결코 발전하지 못했으며, 각각의 현상이 계층적 질서에 의해 모든 다른 현상과 연결되었다는 유기체적 관점이 중국의 사상가들 사이에서는 보편적이었다. 그럼에도 불구하고 이것이 지진계와 같은 위대한 과학 발명품의 출현을 방해하지는 않았다. 어떤 면으로는 자연에 관한 이 같은 철학이 그것들의 출현을 도왔을 수도 있다. 만일 사람들이 우주에 유기체적인 유형이 존재한다고 확신한다면, 천연자석이 지구의 극을 가리킨다는 사실은 그렇게 이상하거나 놀라운 사실이 아닌 것이다. 유럽인들이 극성(極性)에 관해서 알게 되기도 전에 중국인들은 자석의 편차에 대해 걱정하고 있었는데, 그것은 아마도 작용이 일어나기 위해서는 하나의 물체가 다른 별개의 물체에 충격을 주는 것이 필요하다는 기계론적 생각에 물들지 않았기 때문일 것이다. 3세기 문헌에서 이미 '분리된 것들 사이의 작용'이 아무런 물리적 접촉 없이 공간 상의 방대한 거리를 건너서 일어난다는 놀라운 언급을 발견할 수 있다.

또한, 중국의 수학적 사고와 활동은 기하학적이 아니라 변함없이 대수적이었다. 유클리드식의 기하학은 그들 사이에서 자생적으로 발전하지 않았다. 유클리드 기하학이 중국에 전해진 것은 원(元)대로 추정되지만 예수회 신부들의 도래 이전에는 뿌리를 내리지 못했다. 이는 중국인들이 광학에서 이루었을 수도 있는 발전을 저해했을 가능성도 있다. 그러나 이 모든 것이 위대한 기술적인 발명들의 성공적인 실현을 막지는 못했다. 그러한 발명의 예를 들자면, 하나는 편심 연결축과 피스톤축을 이용해서 회전운동과 직선운동을 상호 변환시키는 유용한 방법이며, 다른 하나는 기계적 시계의 가장 오래된 형태를 성공적으로 만들어낸 것이었다. 후자에는 조속(調速)장치의 발명이 포함되었는데, 이것은 톱니바퀴 장치들의 회전을 감속시켜서 인류 최초로 시계가 눈에 보이는 하늘의 일주운동과 서로 시간을 맞출 수 있게 하는 기계장치였다. 또한 중국에는 유클리드가 없었지만, 그 사실이 천문학적 좌표 체계를 발전시키고 그것을 일관되게 사용하는 것이나 적도의(赤道儀)를 정교히 발전시키는 것을 막지는 않았다.

다음으로는, 파동과 입자의 대조가 있다. 중국 사람들은 진·한 이후 파동이론에 계속 몰두해 왔고, 이 이론은 두 가지 근본적인 자연원리인 음과 양의 영원한 상승과 하강에 연결되어 있었다. 2세기 이래로 원자론적 이론은 인도를 통해 중국에 여러 번 도입되었으나 이는 중국의 과학문화 속에 어떤 뿌리도 내리지 못했다. 서구의 입자론과 같은 이론이 없었음에도 불구하고 중국인들은 유럽보다 수 세기 앞서 눈 결정이 육각형이라는 사실을 발견했다. 또한 당·송·원 시기의 몇몇 연금술 저술에서 보이는 화학적 친화력의 개념도 입자론적 이론의 도움 없이 형성된 것이다. 유럽에서도 입자론적 이론들이 근대화학의 출현에 매우 중요하게 된 것은 결국 르네상스 이후 시기였던 것이다.

① 입자론은 화학이 발전하는 데 필수적이다.
② 유기체적 관점에서 보면 원격 작용의 개념은 성립하지 않는다.
③ 중국에서 천문학이 발전하지 못한 것은 기하학의 부재 때문이다.
④ 중국인들이 눈 결정의 형태를 발견한 데에는 원자론의 기여가 컸다.
⑤ 중국인의 대수 중심의 수학적 사고는 그들의 과학적 발명 활동을 저해하지 않았다.

**06** ⬜△✕  14년 행시(A) 26번

다음 글의 문맥상 (가)와 (나)에 들어가기에 가장 적절한 것을 〈보기〉에서 골라 알맞게 짝지은 것은?

자연발생설이란 적당한 유기물과 충분한 공기가 있는 환경이라면 생명이 없는 물질로부터 생명체가 생겨날 수 있다는 학설을 말한다. 17세기 이후 자연발생설에 대한 비판은 주로 실험을 통해서 진행되었다. 18세기 생물학자 스팔란차니는 우유나 나물죽과 같은 유기 물질을 충분히 끓이면 그 속에 있는 미생물들이 모두 파괴될 것이라고 가정했다. 그리고 끓인 유기 물질을 담은 플라스크를 금속으로 용접하여 밀폐한 뒤 유기 물질이 부패하는지 관찰하였다. 실험 결과 유기 물질의 부패를 관찰할 수 없었던 스팔란차니는 미생물이 없는 유기 물질에서는 새로운 미생물이 발생할 수 없다고 결론 내렸다. 하지만 이 결과가 자연발생설 지지자들의 주장을 결정적으로 논박한 것은 아니었다. 왜냐하면 자연발생설 지지자들은 ☐ (가) ☐고 할 수 있었기 때문이다.

이 문제에 직면한 몇몇 19세기 생물학자들은 새로운 실험을 진행하였다. 그들은 우선 스팔란차니의 가정을 받아들였다. 즉 당시 자연발생설 지지자들이나 비판자들 모두 유기 물질을 끓이면 그 속의 미생물은 모두 파괴된다는 것을 받아들였다. 따라서 스팔란차니의 실험과 마찬가지로 유기 물질을 담은 플라스크를 가열하여 유기 물질을 끓였다. 이때 플라스크 안의 공기는 전부 밖으로 빠져나가도록 장치하였다. 그리고 수은을 이용해 정화된 공기를 플라스크에 충분히 주입하였다. 그 뒤 플라스크에 미생물이 발생하는지 관찰하였다. 그러나 이런 실험들의 결과는 엇갈렸다. 어떤 실험에서는 미생물이 발견되기도 하였고, 어떤 실험에서는 미생물이 발견되지 않기도 하였던 것이다. 이런 실험 결과에 대해서 자연발생설의 지지자들과 비판자들은 자신들에게 유리한 방향으로 각각의 실험 결과들을 해석하였다. 가령, 미생물이 발견되지 않은 실험에 대해서 자연발생설의 지지자들은 ☐ (나) ☐고 결론 내렸으며, 미생물이 발견된 실험에 대해서 자연발생설의 비판자들은 공기를 정화하는 데 사용된 수은이 미생물에 오염되어 있었다고 결론 내렸다.

〈보 기〉

ㄱ. 유기 물질을 부패하게 만들지 않는 미생물도 존재한다.
ㄴ. 플라스크 속에는 생명체의 발생에 필요한 만큼의 공기가 없었다.
ㄷ. 유기 물질을 끓일 때 유기물 중 미생물의 발생에 필요한 성분도 파괴되었다.
ㄹ. 유기 물질을 끓인다고 하더라도 그 속에 있던 미생물은 사멸하지 않았다.

| | (가) | (나) |
|---|---|---|
| ① | ㄱ | ㄷ |
| ② | ㄱ | ㄹ |
| ③ | ㄴ | ㄱ |
| ④ | ㄴ | ㄷ |
| ⑤ | ㄹ | ㄴ |

**07** ◻◯△✕  07년 행시(외) 11번

**다음 글에서 러셀의 추리가 성립하기 위하여 꼭 필요한 가정은?**

버트런드 러셀의 '트리스트럼 샌디의 문제'는 무한한 개수의 원소를 가진 집합에 관한 것이다. 러셀은 이렇게 쓰고 있다. "트리스트럼 샌디는 그의 생애의 처음 이틀간의 이야기를 쓰는 데 무려 2년을 보내고서, 이런 속도라면 자기가 엮어낼 수 있는 것보다 이야깃거리가 너무 빨리 쌓여서 영원히 살더라도 결코 이야기를 끝낼 수 없을 것이라고 한탄하였다. 그러나 만일 그가 영원히 살고 이야기 쓰는 일을 싫증 내지 않는다면, 그의 전기의 어떤 부분도 영원히 쓰이지 않은 채로 남아 있는 일은 없을 것이라고 나는 주장하는 바이다.

러셀의 추리는 이렇다. 예를 들어 샌디가 1700년 1월 1일에 태어났고, 1720년 1월 1일부터 전기를 쓰기 시작했다고 하자. 글을 쓰는 첫 해, 1720년은 그가 태어난 첫날, 즉 1700년 1월 1일의 이야기를 기록할 것이다. 또한 1721년은 1700년 1월 2일의 이야기를 기록할 것이다. 두 무한 계열은 이런 식으로 계속 진행될 것이다.

결국 태어난 후 모든 날에 대응하는 해가 있고, 쓰기 시작한 후의 모든 해에 대응하는 날이 있게 된다. 샌디가 1988년인 오늘날까지 쓰고 있다면 그는 1700년 9월의 사건들까지 쓰고 있을 것이다. 그렇다면 불멸의 샌디가 오늘의 사건을 기록하는 때는 대략 106840년이 될 것이다. 어떤 미래의 사건도 그것이 언제 기록될지를 계산할 수 있다. 그래서 러셀은 '그의 전기의 어떤 부분도 영원히 쓰이지 않은 채로 남아 있는 일은 없을 것'이라고 말했던 것이다.

① 셀 수 있는 두 무한 집합의 원소들 사이에 일대일 대응이 성립한다.
② 두 무한 집합의 경우, 한 집합이 다른 집합의 부분일 수 있다.
③ 무한 계열을 이루는 원소들로 이루어진 두 무한 집합의 크기를 비교할 수 없다.
④ 두 무한 집합의 원소가 무한 집합일 경우, 두 무한 집합 사이에 대응은 성립하지 않는다.
⑤ 규칙적으로 진행하는 두 무한 집합의 크기에 차이가 있다면 사건과 기록의 시간 간격은 갈수록 커질 수밖에 없다.

**08** ◻◯△✕  07년 행시(외) 24번

**다음 글의 내용 전개상 가장 적절한 문단 배열은?**

2003년 7조 규모였던 인터넷쇼핑 시장이 2010년에는 19조에 이를 것으로 전망되고 있다. 이는 전체 소매유통의 8%에 육박하는 것으로, 인터넷 기술이 발달하고 인터넷 이용인구가 증가할수록 인터넷쇼핑 시장은 점점 확대될 것으로 예상된다.

가. 역선택(adverse selection)이란 품질이 좋은 상품이 시장에서 사라져 품질이 나쁜 상품만 거래할 수밖에 없게 된 상황을 말한다. 이를 최초로 제기한 애커로프(Akerlof)는, 역선택은 경제적 거래 이전에 소비자의 불비정보(不備情報)로 인해 발생한 것이므로 생산자는 광고를 통한 신호와 평판을 통해 상품의 유형을 정확히 소비자에게 알려 역선택으로 인한 사회 후생의 감소를 막아야 한다고 말했다. 합리적인 경제주체는 불비정보상황에 처할 경우 역선택을 염두에 두므로, 더 많은 정보의 획득을 통해 상품의 숨겨진 정보를 파악하고, 가격보다는 '정보'라는 비가격요소에 의해 물건의 구매를 결정짓게 되는 것이다.

나. 인터넷쇼핑 시장은 위와 같은 급격한 성장과 더불어 또 하나 흥미로운 점을 보이고 있다. 그것은 동일한 물품에 대해 수 천여 개 업체에서 가격 경쟁을 하고 있음에도 불구하고, 막상 매출 상위 업체를 살펴보면 물품단가가 낮지 않은 대기업체들의 시장점유율이 높다는 것이다. 상품의 품질이 동일한 경우 가격이 낮을수록 수요가 증가한다는 경제학의 기본 이론이 왜 인터넷쇼핑 시장에서는 통하지 않는 것일까?

다. 역선택은 '악화(惡貨)가 양화(良貨)를 구축(驅逐)한다'는 그레샴의 법칙과 유사하다. 불비정보 하의 역선택 상황이 발생하면, 시장에 고품질 상품은 사라지고 저품질 상품만 남게 되며, 그 시장은 소비자에게 외면당할 수밖에 없을 것이다. 정보보유자(생산자) 스스로 상품에 대한 적극적인 신호전략만이 불비정보게임 하에서 생존할 수 있는 유일한 방법임을 주지하고, 인터넷쇼핑몰 내에서 정보 교환의 활성화를 통해 소비자와 생산자의 윈윈(win-win)을 이끌어내야 할 것이다.

라. 앞에서 말한 인터넷쇼핑 매출 상위 업체를 보면 제품상세정보, 상품 Q&A 메뉴를 운영하여 소비자에게 더 많은 정보를 제공하고 있다. 이렇게 생산자·소비자간 정보피드백, 광고, 평판을 전략적으로 이용할 때 온라인마켓에서의 성공이 가능한 것임에도 불구하고, 아직 많은 인터넷쇼핑몰이 가격인하 정책만을 고수하는 것을 목격할 수 있다. 완전정보게임이라면 가격과 수요가 반비례하는 수요의 법칙이 100% 통하겠지만 이는 교과서에나 나오는 모델일 뿐이다. 현실 경제의 대부분은 불비정보상황이거나 불완전정보게임임으로 소비자와 생산자 모두 역선택과 도덕적 해이의 문제에 노출되어 있다는 것을 인식할 필요가 있다.

마. 이것은 온라인마켓과 오프라인마켓의 차이점에 기인한다. 온라인마켓의 경우 소비자가 직접 물건을 보고 만질 수 없으므로, 소비자는 자신이 알지 못하는 상품의 숨겨진 유형으로 인한 비대칭정보상황 속에 놓이게 된다. 이에 역선택을 하지 않기 위해서 가격이 아닌 다른 신호에 반응하는 것이다.

① 가 - 다 - 나 - 마 - 라
② 가 - 라 - 나 - 마 - 다
③ 나 - 가 - 다 - 마 - 라
④ 나 - 마 - 가 - 라 - 다
⑤ 나 - 마 - 라 - 가 - 다

**09** ▢△☓  12년 행시(인) 24번

**다음 글의 ⊙의 부정적 측면을 해소하기 위한 방안으로 적절한 것은?**

> 1960년대 말 조나단 콜의 연구는 엘리트 과학자 집단의 활동을 조망할 수 있게 해주었다. 당시 미국에서는 가장 많이 인용되는 논문을 발표하는 물리학자들의 분포가 최상위 아홉 개 물리학과에 집중되는 경향이 있었고, 동시에 이 물리학자들은 국립과학아카데미의 회원인 경우가 많았다. 이런 상황은 일종의 '후광 효과'로 이어진다. 그것은 엘리트 과학자의 손길이 닿은 흔적만으로도 연구논문이 빛나 보이는 현상이다. 문제는 이것이 연구의 공헌도에 대한 사회적 인정을 잘못 배당하는 결과를 낳기도 한다는 점이다. 이미 명성을 얻은 과학자는 덜 알려진 젊은 과학자를 희생시켜서 특정 아이디어에 대한 공로를 인정받는 경향이 있다. 그런 희생을 의도하지 않더라도 마찬가지다. 이런 현상은 공동연구 프로젝트에서 특히 두드러진다. 무명의 과학자와 노벨상을 받은 그의 지도교수가 공동으로 논문을 게재한 경우, 실질적인 공헌과는 무관하게 대개 노벨상 수상자에게 그 공로가 돌아간다. 이런 현상을 과학사회학자 머튼은 "있는 자는 받아 넉넉하게 되되 없는 자는 그 있는 것도 빼앗기리라."라는 마태복음의 구절을 인용하며 ⊙'마태 효과'라고 불렀다.
>
> 게재 논문의 수가 급증하는 상황에서, 소수 엘리트 연구자의 논문에 전문가들의 관심을 집중시키는 편이 효율적일 것이다. 이것은 마태 효과의 긍정적 측면이다. 하지만 마태 효과가 연구 프로젝트 선정이나 논문 심사 단계부터 나타날 경우 부정적 측면이 생기게 된다. 엘리트 과학자들의 명성을 우상화한 나머지 그들의 제안서나 투고 논문의 질은 따지지 않고 높이 평가하는 반면, 신진 과학자의 것은 상대적으로 과소평가될 것이다. 더욱이 연구비의 수혜자나 심사위원도 대개 엘리트 집단에 속한 사람들이고, 이번 연구비 수혜자는 다음번 심사의 심사위원이 될 확률이 높다. 이는 보편적이고도 객관적인 지식을 추구해야 할 과학의 진보를 왜곡할 위험이 있다.

① 소수 엘리트 과학자로 심사 위원을 구성하여 심사 절차를 간소화한다.

② 우수 게재 논문에 대한 포상금 제도를 신설하여 신진 과학자의 투고율을 높인다.

③ 신진 연구자의 투고 논문에 대한 심사 절차를 까다롭게 하여 학술지의 하향 평준화를 막는다.

④ 엘리트 과학자가 참여한 논문의 경우 연구의 공헌이 뚜렷하더라도 저자 명단에 포함시키지 않는다.

⑤ 심사의 공정성을 확보하기 위해 연구 프로젝트나 논문의 심사가 완료되기까지 심사자와 피심사자의 익명성을 유지한다.

**10** ▢△☓  07년 행시(외) 10번

**다음 〈논증〉의 빈칸 A, B에 들어갈 진술로 가장 적합한 것은?**

〈 논 증 〉

| 1. | [전제] | 근대 국가들은 인구에 있어서나 지역에 있어서나 고대 희랍의 폴리스에 비하여 수백, 수천 배 이상의 규모를 가지고 있었다. |
|----|--------|----|
| 2. | [전제] | 직접 민주주의의 시행이 어려운 경우, 대의제가 발달한다. |
| 3. | [전제] | A |
| 4. | [중간 결론] | 그러므로 서구에서 근대 민주주의는 대의제 형태로 발전할 수밖에 없었다. |
| 5. | [전제] | 정보 사회의 도래로 인류는 공간적인 한계를 점차 극복해가고 있다. |
| 6. | [전제] | 인터넷과 네트워크 기술의 발달은 대규모의 의견 처리를 가능하게 하고 있다. |
| 7. | [전제] | 공간적 한계를 극복하고 대규모 의견 처리가 가능하면, 직접 민주주의를 시행할 수 있다. |
| 8. | [전제] | 실현시킬 수만 있다면 직접 민주주의는 대의제보다 더 나은 제도이다. |
| 9. | [전제] | B |
| 10. | [결론] | 머지않은 장래에 직접 민주주의가 다시 도래할 것이다. |

① A : 인구와 지역 규모는 정치 제도와 연관되어 있다.
   B : 직접 민주주의는 실현될 수 있는 제도이다.

② A : 인구와 지역 규모가 매우 큰 경우 직접 민주주의는 실현되기 어렵다.
   B : 인류는 더 나은 제도를 선택한다.

③ A : 인구와 지역 규모가 큰 경우 대의제를 통해 민주 체제를 실현할 수 있다.
   B : 인터넷과 네트워크 기술이 발전하면 직접 민주주의는 실현될 수 있다.

④ A : 인구와 지역 규모가 큰 경우에만 대의제가 실현될 수 있다.
   B : 더 나은 제도는 반드시 선택되어야 한다.

⑤ A : 인구 규모가 작은 경우 직접 민주주의가 실현될 수 있다.
   B : 대규모 의견 처리가 가능하면 직접 민주주의는 실현될 수 있다.

## 11 ◻◻◻◻

**다음 글로부터 추론할 수 있는 것은?**

물리계 중에는 예측 불가능한 물리계가 있다. 이와 같은 물리계가 예측 불가능한 이유는 초기 조건의 민감성 때문이지, 물리 현상이 물리학의 인과법칙을 따르지 않기 때문은 아니다. 지구의 대기에서 나비한 마리가 날갯짓을 한 경우와 하지 않은 경우를 비교하면, 그로부터 3주 뒤 두 경우의 결과는 판이하게 달라질 수 있다. 따라서 몇 주일 뒤의 기상이 어떻게 전개될지 정확히 예측하려면 초기 데이터와 수많은 변수들을 아주 정밀하게 처리해야만 가능하다. 그러나 아무리 성능이 뛰어난 컴퓨터라고 해도 이를 제대로 처리하기 어렵다. 초기 상태가 완전히 파악되지 못한 물리계의 경우, 초기 데이터의 불완전성은 이 물리계의 미래 상태에 대한 예측의 정밀도를 훼손할 것이다. 그리하여 예측은 시간이 흐를수록 점차 부정확해지지만, 부정확성이 증가하는 양상은 물리계마다 다르다. 부정확성은 어떤 물리계에서는 느리게, 어떤 물리계에서는 빠르게 증가한다.

부정확성이 천천히 증가하는 물리계의 경우, 기술 발전에 따라 정밀하게 변화를 예측하는 데 필요한 시간은 점점 더 줄어들 것이다. 그러나 부정확성이 빠르게 증가하는 물리계의 경우, 예측에 필요한 계산 시간은 그다지 크게 단축되지 않을 것이다. 흔히 앞의 유형을 '비카오스계'라고 부르고 뒤의 유형을 '카오스계'라고 부른다. 카오스계는 예측 가능성이 지극히 제한적이라는 것이 그 특징이다. 지구의 대기 같은 아주 복잡한 물리계는 카오스계의 대표적인 사례이다. 그러나 연결된 한 쌍의 진자처럼 몇 안 되는 변수들만으로 기술할 수 있고 단순한 결정론적 방정식을 따르는 물리계라 하더라도, 초기 조건에 민감하며 아주 복잡한 운동을 보인다는 점은 놀라운 일이다.

카오스 이론은 과학의 한계를 보여주었다고 단언하는 사람들이 적지 않지만, 자연 속에는 비카오스계가 더 많다. 그리고 카오스계를 연구하는 과학자들은 자신들이 막다른 골목에 봉착했다고 생각하지 않는다. 카오스 이론은 앞으로 연구가 이루어져야 할 드넓은 영역을 열어주었고, 수많은 새로운 연구 대상들을 제시한다.

① 연결된 두 진자로만 구성된 물리계는 카오스계가 아니다.
② 이해가 아닌 예측이 자신의 주요 임무라고 생각하는 과학자에게 카오스계의 존재는 부담이 될 것이다.
③ 슈퍼컴퓨터의 성능이 충분히 향상된다면, 기상청은 날씨 변화를 행성의 위치만큼이나 정확하게 예측할 것이다.
④ 부정확성이 빠르게 증가하는 물리계에 동일한 물리법칙이 적용되는 경우 변화를 예측하는 데 필요한 시간은 감소한다.
⑤ 카오스 현상은 결정론적 법칙을 따르지 않는 물리계가 나비의 날갯짓처럼 사소한 요인에 의해 교란되기 때문에 생기는 현상이다.

## 12 ◻◻◻◻

**다음 글에서 직접적으로 표현되지는 않았지만 글의 결론을 성립시키는 데 필요한 전제로 가장 적절한 것은?**

조사 결과, 클래식 음악의 곡 전개에서는 음의 변화폭이 별로 크지 않았다. 대체로 뒤의 음은 앞의 음의 높이 근처에서 더 낮은 음이나 높은 음으로 진행했고, 큰 음폭으로 변하는 경우는 상대적으로 드물었다. 주목할 만한 것은 그런 변화의 빈도가 두 음 간의 진동수 차이에 반비례한다는 점이었다. 다시 말해 음정의 변화폭이 클수록 한 곡에서 그런 멜로디가 등장하는 횟수는 줄어드는 양상이 나타난다. 이런 규칙에 따르는 음악을 '1/f 음악'이라고 부른다. (여기서 f는 인접한 두 소리의 '진동수 차이'를 가리킨다고 보면 되겠다.) 흥미로운 것은 대중에게 호감을 주는 곡일수록 이런 규칙이 정확히 들어맞는다는 사실이었다.

그런데 최근에 과학자들은 음향학적 분석을 토대로 해서 음악뿐 아니라 갖가지 새들의 울음소리나 시냇물 소리, 그리고 심장 박동 소리 같은 자연 생태계 속의 소리들이 대부분 1/f의 패턴을 따른다는 사실을 밝혀냈다. 결론적으로, 우리는 대중에게 호감을 주는 음악이 대개 1/f 음악인 이유가, 그런 음악과 자연의 소리 사이에 놓인 구조적 유사성 때문이라는 것을 알게 된다. 인기곡을 분석한 평론에 '멜로디의 진행이 자연스럽다'는 표현이 들어 있다면 이때의 '자연스럽다'라는 말은 글자 그대로 '자연을 닮았다'는 의미로 해석해도 좋을 것이다.

① 1/f 음악은 대중적 인기를 끌 만한 특성을 지닌다.
② 사람들은 1/f의 패턴을 지닌 자연의 소리에 호감을 느낀다.
③ 사람들에게 안도감을 주는 소리는 적절한 진동수 범위 안에 있다.
④ 작곡가들은 대중에게 인기 있는 곡을 작곡하려는 의도를 가지고 있다.
⑤ 창작된 음악과 자연의 음향 사이에는 항상 어느 정도의 구조적 동질성이 존재한다.

**13** ◇△✕　　　　　　　　　　　　　

**다음 글의 문맥상 빈 칸에 들어갈 진술로 가장 적절한 것은?**

　　오늘날 프랑스 영토의 윤곽은 9세기 샤를마뉴 황제가 유럽 전역을 평정한 후, 그의 후손들 사이에 벌어진 영토 분쟁의 결과로 만들어졌다. 제국 분할을 둘러싸고 그의 후손들 사이에 빚어진 갈등은 제국을 독차지하려던 로타르의 군대와, 루이와 샤를의 동맹군 사이의 전쟁으로 확대되었다. 결국 동맹군의 승리로 전쟁이 끝나면서 왕자들 사이에 제국의 영토를 분할하는 원칙을 명시한 베르됭 조약이 체결되었다. 영토 분할을 위임받은 로마 교회는 조세 수입이나 영토 면적보다는 '세속어'를 그 경계의 기준으로 삼는 것이 더 공정하다는 결론을 내렸다. 그래서 게르만어를 사용하는 지역과 로망어를 사용하는 지역을 각각 루이와 샤를에게 할당했다. 그리고 힘없는 로타르에게는 이들 두 국가를 가르는 완충지대로서, 이탈리아 북부 롬바르디아 지역으로부터 프랑스의 프로방스 지방, 스위스, 스트라스부르, 북해로 이어지는 긴 복도 모양의 영토가 주어졌다.

　　루이와 샤를은 베르됭 조약 체결에 앞서 스트라스부르에서 서로의 동맹을 다지는 서약 문서를 상대방이 분할 받은 영토의 세속어로 작성하여 교환하고, 곧이어 각자 자신의 군사들로부터 자신이 분할 받은 영토의 세속어로 충성 맹세를 받았다. 학자들은 두 사람이 서로의 동맹에 충실할 것을 상대측 영토의 세속어로 서약했다는 점에 주목한다. 또한 역사적 자료에 의해 ＿＿＿＿＿＿＿＿＿＿ 그러므로 루이와 샤를 중 적어도 한 명은 서약 문서를 자신의 모어로 작성한 것이 아니다. 게다가 그들의 군대는 필요에 따라 여기저기서 수시로 징집된 다양한 언어권의 병사들로 구성되어 있었으므로 세속어의 사용이 군사들의 이해를 목적으로 한다는 설명도 설득력이 없다. 결국 학자들은 상대측 영토의 세속어 사용이 상대 국민의 정체성과 그에 따른 권력의 합법성을 상호 인정하기 위한 상징행위로서 의미를 갖는다고 결론을 내렸다.

① 게르만어와 로망어는 세속어가 아니었다는 사실이 알려져 있다.
② 루이와 샤를 모두 게르만어를 모어로 사용하였다는 사실이 알려져 있다.
③ 스트라스부르의 세속어는 루이와 샤를의 모어와 달랐다는 사실이 알려져 있다.
④ 루이와 샤를의 모어는 각각 상대방이 분할 받은 영토의 세속어와 일치하였다는 사실이 알려져 있다.
⑤ 각자 자신의 모어로 서약 문서를 작성하는 것은 서로의 동맹에 충실하겠다는 상징행위라는 사실이 알려져 있다.

**14** ◇△✕　　　　　　　　　　　　　

**다음 ⊙의 사례로 적절한 것만을 〈보기〉에서 모두 고르면?**

　　적혈구는 일정한 수명을 가지고 있어서 그 수와 관계 없이 총 적혈구의 약 0.8% 정도는 매일 몸 안에서 파괴된다. 파괴된 적혈구로부터 빌리루빈이라는 물질이 유리되고, 이 빌리루빈은 여러 생화학적 대사 과정을 통해 간과 소장에서 다른 물질로 변환된 후에 대변과 소변을 통해 배설된다.

　　적혈구로부터 유리된 빌리루빈은 강한 지용성 물질이어서 혈액의 주요 구성물질인 물에 녹지 않는다. 이런 빌리루빈을 비결합 빌리루빈이라고 하며, 혈액 내에서 비결합 빌리루빈은 알부민이라는 혈액 단백질에 부착된 상태로 혈류를 따라 간으로 이동한다. 간에서 이 비결합 빌리루빈은 담즙을 만드는 간세포에 흡수되고 글루쿠론산과 결합하여 물에 잘 녹는 수용성 물질인 결합 빌리루빈으로 바뀌게 된다. 결합 빌리루빈의 대부분은 간세포에서 만들어져 담관을 통해 분비되는 담즙에 포함되어 소장으로 배출되지만 일부는 다시 혈액으로 되돌려 보내져 혈액 내에서 알부민과 결합하지 않고 혈류를 따라 순환한다.

　　간세포에서 분비된 담즙을 통해 소장으로 들어온 결합 빌리루빈의 절반은 장세균의 작용에 의해 소장에서 흡수되어 혈액으로 이동하는 유로빌리노젠으로 전환된다. 나머지 절반의 결합 빌리루빈은 소장에서 흡수되지 않고 대변에 포함되어 배설된다. 혈액으로 이동한 유로빌리노젠의 일부분은 혈액이 신장을 통과할 때 혈액으로부터 여과되어 신장으로 이동한 후 소변으로 배설된다. 하지만 대부분의 혈액 내 유로빌리노젠은 간으로 이동하여 간세포에서 만든 담즙을 통해 소장으로 배출되어 대변을 통해 배설된다.

　　빌리루빈의 대사와 배설에 장애가 있을 때 여러 임상 증상이 나타날 수 있다. 따라서 빌리루빈이나 빌리루빈 대사물의 양을 측정한 후, 그 값을 정상치와 비교하면 임상 증상을 일으키는 원인이 되는 질병이나 문제를 ⊙ 추측할 수 있다.

〈보 기〉

ㄱ. 소변 내 유로빌리노젠의 양이 정상치보다 높으면, 혈액의 적혈구 파괴 비율이 증가하는 용혈성 질병이 있을 수 있다.
ㄴ. 혈액 내 비결합 빌리루빈의 양이 정상치보다 높으면, 담즙을 만드는 간세포의 기능이 망가진 간경화가 있을 수 있다.
ㄷ. 대변 내 결합 빌리루빈이 발견되지 않으면, 담석에 의해 담관이 막혀 담즙이 배출되지 않은 담관폐쇄증이 있을 수 있다.

① ㄱ　　　　　　　　　　　② ㄴ
③ ㄱ, ㄷ　　　　　　　　　④ ㄴ, ㄷ
⑤ ㄱ, ㄴ, ㄷ

## 15 ⃝△✕

수덕, 원태, 광수는 임의의 순서로 빨간색·파란색·노란색 지붕을 가진 집에 나란히 이웃하여 살고, 개·고양이·원숭이라는 서로 다른 애완동물을 기르며, 광부·농부·의사라는 서로 다른 직업을 갖는다. 알려진 정보가 아래와 같을 때 반드시 참이라고 할 수 <u>없는</u> 것을 〈보기〉에서 모두 고른 것은?

> 가. 광수는 광부이다.
> 나. 가운데 집에 사는 사람은 개를 키우지 않는다.
> 다. 농부와 의사의 집은 서로 이웃해 있지 않다.
> 라. 노란 지붕 집은 의사의 집과 이웃해 있다.
> 마. 파란 지붕 집에 사는 사람은 고양이를 키운다.
> 바. 원태는 빨간 지붕 집에 산다.

〈보 기〉

> ㄱ. 수덕은 빨간 지붕 집에 살지 않고, 원태는 개를 키우지 않는다.
> ㄴ. 노란 지붕 집에 사는 사람은 원숭이를 키우지 않는다.
> ㄷ. 수덕은 파란 지붕 집에 살거나, 원태는 고양이를 키운다.
> ㄹ. 수덕은 개를 키우지 않는다.
> ㅁ. 원태는 농부다.

① ㄱ, ㄴ
② ㄴ, ㄷ
③ ㄷ, ㄹ
④ ㄱ, ㄴ, ㅁ
⑤ ㄱ, ㄷ, ㅁ

## 16 ⃝△✕

다음 글의 내용이 참일 때, 반드시 참인 것만을 〈보기〉에서 모두 고르면?

> 이번에 우리 공장에서 발생한 화재사건에 대해 조사해 보았습니다. 화재의 최초 발생 장소는 A지역으로 추정됩니다. 화재의 원인에 대해서는 여러 가지 의견이 존재합니다.
> 첫째, 화재의 원인을 새로 도입한 기계 M의 오작동으로 보는 견해가 존재합니다. 만약 기계 M의 오작동이 화재의 원인이라면 기존에 같은 기계를 도입했던 X공장과 Y공장에서 이미 화재가 났을 것입니다. 확인 결과 이미 X공장에서 화재가 났었다는 것을 파악할 수 있었습니다.
> 둘째, 방화로 인한 화재의 가능성이 존재합니다. 만약 화재의 원인이 방화일 경우 감시카메라에 수상한 사람이 찍히고 방범용 비상벨이 작동했을 것입니다. 또한 방범용 비상벨이 작동했다면 당시 근무 중이던 경비원 갑이 B지역과 C지역 어느 곳으로도 화재가 확대되지 않도록 막았을 것입니다. B지역으로 화재가 확대되지는 않았고, 감시카메라에서 수상한 사람을 포착하여 조사 중에 있습니다.
> 셋째, 화재의 원인이 시설 노후화로 인한 누전일 가능성도 제기되고 있습니다. 화재의 원인이 누전이라면 기기관리자 을 또는 시설관리자 병에게 화재의 책임이 있을 것입니다. 만약 을에게 책임이 있다면 정에게는 책임이 없습니다.

〈보 기〉

> ㄱ. 이번 화재 전에 Y공장에서 화재가 발생했어도 기계 M의 오작동이 화재의 원인은 아닐 수 있다.
> ㄴ. 병에게 책임이 없다면, 정에게도 책임이 없다.
> ㄷ. C지역으로 화재가 확대되었다면, 방화는 이번 화재의 원인이 아니다.
> ㄹ. 정에게 이번 화재의 책임이 있다면, 시설 노후화로 인한 누전이 이번 화재의 원인이다.

① ㄱ, ㄷ
② ㄱ, ㄹ
③ ㄴ, ㄹ
④ ㄱ, ㄴ, ㄷ
⑤ ㄴ, ㄷ, ㄹ

## 17 ⃝△✕

다음 글의 내용이 모두 참일 때 반드시 참인 것만을 〈보기〉에서 모두 고르면?

> 대한민국의 모든 사무관은 세종, 과천, 서울 청사 중 하나의 청사에서만 근무하며, 세 청사의 사무관 수는 다르다. 단, 세종 청사의 사무관 수가 서울 청사의 사무관 수보다 많다. 세 청사 중 사무관 수가 두 번째로 많은 청사의 사무관은 모두 일자리 창출 업무를 겸임한다. 세 청사의 사무관들 중 갑~정에 관하여 다음과 같은 사실이 알려져 있다.
> • 갑과 병 중 적어도 한 명은 세종 청사에서 근무하고, 정은 서울 청사에서 근무한다.
> • 일자리 창출 업무를 겸임하지 않는 사람은 이들 중 을뿐이다.
> • 과천 청사에서 근무하는 사무관은 이들 중 2명이다.
> • 을이 근무하는 청사는 사무관 수가 가장 적은 청사가 아니다.

〈보 기〉

> ㄱ. 갑, 을, 병, 정 중 사무관 수가 가장 적은 청사에서 일하는 사무관은 일자리 창출 업무를 겸임하지 않는다.
> ㄴ. 을이 세종 청사에서 근무하거나 병이 서울 청사에서 근무한다.
> ㄷ. 정이 근무하는 청사의 사무관 수가 가장 적다.

① ㄱ
② ㄷ
③ ㄱ, ㄴ
④ ㄴ, ㄷ
⑤ ㄱ, ㄴ, ㄷ

**18** ⊙△☒     

㉠~㉤의 예로서 옳게 연결하지 못한 것은?

> 옛날이나 지금이나 치세와 난세가 없을 수 없소. 치세에는 왕도정치와 패도정치가 있소. 군주의 재능과 지혜가 출중하여 뛰어난 영재들을 잘 임용하거나, 비록 군주의 재능과 지혜가 모자라더라도 현자를 임용하여, 인의의 도를 실천하고 백성을 교화하는 것은 ㉠ 왕도(王道)정치입니다. 군주의 지혜와 재능이 출중하더라도 자신의 총명만을 믿고 신하를 불신하며, 인의의 이름만 빌려 권모술수의 정치를 행하여 백성들로 하여금 자신의 사익만 챙기고 도덕적 교화를 이루게 하지 못하는 것은 ㉡ 패도(覇道)정치라오.
>
> 나아가 난세에는 세 가지 경우가 있소. 속으로는 욕심 때문에 마음이 흔들리고 밖으로는 유혹에 빠져서 백성들의 힘을 모두 박탈하여 자기 일신만을 받들고 신하의 진실한 충고를 배척하면서 자기만 성스러운 체하다가 자멸하는 자는 ㉢ 폭군(暴君)의 경우이지요. 정치를 잘해 보려는 뜻은 가지고 있으나 간사한 이를 분별하지 못하고 등용한 관리들이 재주가 없어 나라를 망치는 자는 ㉣ 혼군(昏君)의 경우이지요. 심지가 나약하여 뜻이 굳지 못하고 우유부단하며 구습만 고식적으로 따르다가 나날이 쇠퇴하고 미약해지는 자는 ㉤ 용군(庸君)의 경우이지요.

① ㉠ - 상(商)의 태갑(太甲)과 주(周)의 성왕(成王)은 자질이 오제, 삼황에 미치지 못했지요. 만약 성스러운 신하의 도움이 없었다면 법률과 제도가 전복된다 한들 누가 구제할 수 있었겠소. 필시 참소하는 사람들이 서로 난을 일으켰을 것이오. 그러나 태갑은 이윤(伊尹)에게 정사를 맡겨 백성을 교화하고 성왕은 주공에게 정사를 맡김으로써 인의의 도를 기르고 닦아 결국 대업을 계승했지요.

② ㉡ - 진(晉) 문공(文公)과 한(漢) 고조(高祖)는 황제의 대업을 성취하여 나라를 부강하게 하고 백성을 부유하게 하였소. 다만 아쉬운 점은 인의의 도를 체득하지 못하고 권모술수에 능하였을 뿐, 백성을 교화시키지 못했다는 것이오.

③ ㉢ - 당의 덕종(德宗)은 현명하지 못해 인자와 현자들을 알아보지 못했소. 자신의 총명에 한계가 있음을 깨닫지 못하여 때때로 유능한 관리의 충언을 들었으나 곧 그들을 멀리했기에 간사한 소인배들이 그 틈을 타 아첨할 경우 쉽게 빠져들었소.

④ ㉣ - 송의 신종(神宗)은 유위(有爲)정치의 뜻을 크게 발하여 왕도정치를 회복하고자 했소. 그러나 왕안석(王安石)에게 빠져서 그의 말이라면 모두 따르고 그의 정책이라면 모두 채택하여 재리(財利)를 인의(仁義)로 알고, 형법전서를 시경(詩經), 서경(書經)으로 알았지요. 사악한 이들이 뜻을 이뤄 날뛰는 반면 현자들은 자취를 감춰 백성들에게 그 해독이 미쳤고 전란의 조짐까지 야기했소.

⑤ ㉤ - 주의 난왕(赧王), 당의 희종(僖宗), 송의 영종(寧宗) 등은 무기력하고 나태하여 구습만을 답습하면서 한 가지 폐정도 개혁하지 못하고, 한 가지 선책도 제출하지 못한 채 묵묵히 앉아서 나라가 망하기를 기다리고 있던 자들이오.

**19** ⊙△☒     

다음 글에 나타난 견해들의 관계에 대한 진술로 적절하지 않은 것은?

> 엘베시우스는 말했다. "사람은 누구나 똑같이 태어난다고 가정하자. 하지만 어떤 환경에서 자라고 어떤 교육을 받느냐에 따라서 누구는 영재가 되고, 누구는 평범한 사람, 심지어는 바보가 된다. 환경과 교육이 똑같은 재능을 갖고 태어난 사람들을 영재나 바보로 만든다." 자녀 교육에 관심 많은 사람이 금과옥조로 여길만한 말이다. 그렇다면 어떤 아이라 하더라도 좋은 환경에서 키우면 모두 영재로 키울 수 있을까?
>
> 예로부터 교육계에는 영재를 바라보는 두 가지 대립적인 관점이 존재했다. 루소는 재미난 비유를 했다. "한 어미에서 태어난 강아지가 같은 곳에서 같은 교육을 받아도 그 결과는 천차만별이다. 어떤 강아지는 똑똑하고 기민한데 비해 또 다른 강아지는 멍청하고 둔한데, 이런 차이는 타고난 능력이 서로 다르기 때문이다. 특별한 교육을 받아도 멍청한 강아지가 똑똑한 강아지가 되지는 않는다." 반면에 페스탈로치는 다른 관점의 우화를 내놓았다. "타고난 능력이 같은 쌍둥이 망아지 두 마리가 각각 어리석고 가난한 사람과 현명한 부자에게 보내져 자랐다. 가난한 사람에게 보내진 망아지는 어릴 때부터 돈벌이에 이용돼 결국 보잘 것 없는 말이 되었다. 하지만 현명한 부자에게 보내진 망아지는 주인의 정성어린 보살핌으로 명마가 되었다."
>
> 두 우화는 영재에 관한 서로 다른 관점을 잘 보여준다. 학계에서는 루소의 관점에 동의하는 사람이 많은 편이다. 자신의 독특한 조기 교육으로 자식을 영재로 키운 비테는 다음과 같은 교육론을 피력했다. "아이들은 서로 다른 재능을 타고 태어난다. 편의상 좋은 재능을 100, 바보가 될 재능을 10 이하, 평범한 재능을 50이라고 하자. 이 경우 모든 아이들이 똑같이 교육받으면 재능에 따라서 운명이 달라질 것이다. 하지만 실제 교육 현실 속에서 많은 아이들은 타고난 재능의 절반도 발휘하지 못한다. 따라서 아이들의 잠재력을 개발할 수 있는 교육을 실시하여 재능의 90%까지 발휘하게 하면 50의 재능을 타고난 평범한 아이도 80의 재능을 타고난 아이보다 더 뛰어날 수 있다고 결론 내릴 수 있다."

① 루소는 비테의 결론에 동의하지 않을 것이다.

② 엘베시우스는 페스탈로치의 주장에 동의할 것이다.

③ 비테는 엘베시우스의 가정에 동의하지 않을 것이다.

④ 페스탈로치의 주장과 루소의 주장은 양립 가능하지 않다.

⑤ 페스탈로치의 주장과 비테의 주장은 양립 가능하지 않다.

## 20 ▢△✕      08년 행시(꿈) 4번

**다음 A, B, C, D의 견해에 대한 평가로 부적절한 것은?**

서구 열강이 동아시아에 영향력을 확대시키고 있던 19세기 후반, 동아시아 지식인들은 당시의 시대 상황을 전환의 시대로 인식하고 이러한 상황을 극복하기 위해 여러 방안을 강구했다. 조선 지식인들 역시 당시 상황을 위기로 인식하면서 다양한 해결책을 제시하고자 했지만, 서양 제국주의의 실체를 정확하게 파악할 수 없었다. 그들에게는 서양 문명의 본질에 대해 치밀하게 분석하고 종합적으로 고찰할 지적 배경이나 사회적 여건이 조성되지 못했기 때문이다. 그들은 자신들의 세계관에 근거하여 서양 문명을 판단할 수밖에 없었다. 당시 지식인들에게 비친 서양 문명의 모습은 대단히 혼란스러웠다. 과학기술 수준은 높지만 정신문화 수준은 낮고, 개인의 권리와 자유가 무한히 보장되어 있지만 사회적 품위는 저급한 것으로 인식되었다. 그래서 그들은 서양 자본주의 문화의 원리와 구조를 정확히 인식하지 못해 빈부격차의 심화, 독점자본의 폐해, 금융질서의 혼란에 대처할 능력이 없었다. 이뿐만 아니라 겉으로는 보편적 인권과 민주주의를 표방하면서도 실제로는 제국주의적 야욕을 드러내는 서구 열강의 이중성을 깊게 인식할 수 없었다.

당시 조선 지식인들은 근대 서양 문화에 대한 이러한 인식에 기초하여 전통과 근대성, 동양과 서양의 문화에 대해 다양한 관점을 드러냈다. A는 전통 유가 이데올로기와 조선의 주체성을 중시하며 서양 문화 전반을 배척하는 관점을 드러내었다. B는 전통 문화를 비판하고 근대화와 개화를 중시하며, 개인적 자유의 확립과 부강한 근대적 국민국가의 건설을 위해 서양 문화 전반에 대한 적극적인 수용을 주창했다. C는 일본과 서양 문화를 비롯한 외세의 침략에 저항하고, 민중의 생존권을 확보하고 만민평등권을 쟁취하기 위해 전통사상과 제도를 타파하고자 했다. D는 동양 문화와 서양 문화가 대립적인 것이 아니라 상호보완적인 것이라고 생각하고, 동양 문화의 장점과 서양 문화의 장점을 융합하고자 하였다. 그래서 유교적 가치를 바탕으로 서양의 과학기술뿐 아니라, 근대 민주주의, 시장경제 등 사회 분야에서도 서양 제도의 수용이 필요하다고 주장했다. 특히 D는 이전의 상당수 성리학자들이 부국강병의 문제를 소홀하게 취급했던 것을 비판했다. 그는 서양의 발전이 경제의 발전에 있다고 판단하고, 부국강병의 원천이 국가 경제 발전에 있다고 보았다.

① A와 C는 군왕제에 대해 서로 다른 입장을 보일 것이다.

② A는 D의 경제사상에 대해 반대할 것이다.

③ B와 C는 과학기술에 대해 같은 입장을 취할 것이다.

④ B는 D의 정치사상은 받아들일 수 있지만 유가윤리는 거부할 것이다.

⑤ C와 D는 신분제에 대해 부정적 태도를 취할 것이다.

## 21 ▢△✕      16년 행시(5) 16번

**다음 글의 논지를 약화하는 것만을 〈보기〉에서 모두 고르면?**

M이 내린 인가처분은 학교법인 B가 법학전문대학원 설치 인가를 받기 위해 제출한 입학전형 계획을 그대로 인정함으로써 청구인 A의 헌법상의 기본권인 직업선택의 자유를 제한하는 것처럼 보인다. 그러나 학교법인 B는 헌법 제31조 제4항에 서술된 헌법상의 기본권인 '대학의 자율성'의 주체이다. 이 사건처럼 두 기본권이 충돌하는 경우, 헌법의 통일성을 유지한다는 취지에서, 상충하는 기본권이 모두 최대한 그 기능과 효력을 발휘할 수 있도록 하는 조화로운 방법이 모색되어야 한다. 따라서 해당 인가처분이 청구인 A의 직업선택의 자유를 제한하는 정도와 대학의 자율성을 보호하는 정도 사이에 적정한 비례를 유지하고 있는지를 살펴본다.

청구인 A는 해당 인가처분으로 인하여 청구인이 전체 법학전문대학원중 B대학교 법학전문대학원 정원인 100명만큼 지원할 수 없게 되어 법학전문대학원에 진학할 기회가 줄어든다고 주장하고 있다. 그러나 여자대학이 아닌 법학전문대학원의 경우에도 여학생의 비율이 평균 40%에 달하고 있는 점으로 미루어, B대학교 법학전문대학원이 여성과 남성을 차별 없이 모집하였을 경우를 상정하더라도 청구인 A가 이 인가처분으로 인해 받는 직업선택의 자유의 제한 정도가 어느 정도인지 산술적으로 명확하게 계산하기는 어렵지만 청구인이 주장하는 2,000분의 100에는 미치지 못할 것으로 보인다. 반면 청구인 A는 B대학교 이외에 입학정원 총 1,900명의 전국 24개 여타 법학전문대학원에 지원할 수 있고 입학하여 소정의 교육을 마친 후 변호사시험을 통해 법조인이 될 수 있는 충분한 가능성이 있으므로, 이 인가처분으로 청구인이 받는 불이익이 과도하게 크다고 보기 어렵다. 따라서 이 인가처분은 청구인 A의 직업선택의 자유와 B대학교의 대학의 자율성 사이에서 적정한 비례 관계를 유지하고 있다 할 것이다.

학생의 선발, 입학의 전형도 사립대학의 자율성의 범위에 속한다는 점, 여성 고등교육 기관이라는 B대학교의 정체성에 비추어 여자대학교라는 정책의 유지 여부는 대학 자율성의 본질적인 부분에 속한다는 점, 이 사건 인가처분으로 인하여 청구인 A가 받는 불이익이 크지 않다는 점 등을 고려하면, 이 사건 인가처분은 청구인의 직업선택의 자유와 대학의 자율성이라는 두 기본권을 합리적으로 조화시킨 것이며 양 기본권의 제한에 있어 적정한 비례를 유지한 것이라고 할 것이다. 따라서 이 사건 인가처분은 청구인 A의 직업선택의 자유를 침해하지 않고, 그러므로 헌법에 위반된다고 할 수 없다.

〈 보 기 〉

ㄱ. 청구인의 불이익은 사실상의 불이익에 불과하고 기본권의 침해에 해당하지 않는다.

ㄴ. 권리를 향유할 주체가 구체적 자연인인 경우의 기본권은 그 주체가 무형의 법인인 경우보다 우선하여 고려되어야 한다.

ㄷ. 상이한 기본권의 제한 간에 적정한 비례관계가 성립하는지를 평가하기 위해서는 비교되는 두 항을 계량할 공통의 기준이 먼저 제시되어야 한다.

① ㄱ

② ㄷ

③ ㄱ, ㄴ

④ ㄴ, ㄷ

⑤ ㄱ, ㄴ, ㄷ

## 22 ◯△✕

**다음 글의 핵심 주장을 논리적으로 반박하는 글을 쓸 때 선택할 수 있는 알맞은 전략을 〈보기〉에서 모두 고르면?**

우리는 자유주의 사상의 자기중심성과 "닫혀 있음"을 극복하기 위하여 "환대"라는 개념을 활용할 수 있다. 여기서 말하는 환대는 칸트가 주장한 환대가 아니라 데리다와 레비나스가 주장한 환대를 가리킨다. 칸트의 환대 개념은 원래 "이방인을 자기 땅에 맞아들이는 자의 의무인 동시에 누구든 낯선 땅에서 적대적으로 대우받지 않을 권리"를 의미하는데, 이것은 근본적으로 "내가 손님이 될 때를 염두에 둔 대칭적 상호성 원리"에 기반을 두고 있다. 따라서 이러한 환대는 "충돌과 갈등을 자기 관점에서 조정하고자 하는 하나의 허울"에 불과하다. 왜냐하면, 그것은 "타자와 공동체 내부의 차별성"을 전제하면서 단지 "배척되지 않을 소극적 권리"만을 부여하기 때문이다. 이러한 이유로 칸트의 환대 개념은 자유주의 사상의 자기중심성과 "닫혀 있음"을 벗어날 수 없다.

자유주의의 그러한 한계를 극복하기 위해서 우리는 칸트의 환대 개념으로부터 데리다와 레비나스의 환대 개념으로 나아가야 한다. 데리다와 레비나스가 제시하는 환대 개념은 상호적 권리로서의 환대가 아니라 "무조건적이고 유보 없는 환대"를 의미한다. 그것은 "어떠한 상호적 방식의 제약도 부과하지 않는 비대칭성"에 기반을 두고 있다. 따라서 그 개념은 나와 공통된 것만을 받아들이고 타자를 자기화하려는 동일화의 지배 논리를 넘어서며, 이 점에서 자유주의의 문제를 극복할 수 있다. 결국 우리는 권리 체계 이전에 타자가 있음을 보여주는 레비나스의 타자성의 철학에 기반을 둘 때, 권리를 출발점으로 삼는 자유주의에서 벗어날 수 있다. 이렇게 자기 자리를 내어주는 타자에 대한 비대칭적 수용으로서의 환대야말로 자본주의적 교환 관계와 자유주의적 이념의 문제를 해결할 수 있거나 그게 아니라면 최소한 비판할 수 있는 새로운 유토피아의 원리의 토대를 제공할 수 있다.

"나는 약자인 타자에게 나의 자리를 내주며 타자를 대접한다. 그럼으로써 나는 타자를 돕는 것이지만, 그 타자는 내가 그러한 행위를 통해 나의 경계를 넘어설 수 있도록 해줌으로써 나를 나의 경계 밖으로 이끌어 준다. 나보다 더 부족한 존재인 타자가 오히려 나를 돕는 것이다." 이러한 환대 개념은 봉사자가 도움이 필요한 사람을 일방적으로 돕기만 하는 것이 아니라 봉사를 통해 봉사자 스스로가 행복을 얻고 변화할 수 있다는 점에서 진정한 사회봉사의 이념이 될 수 있다. 헤겔의 "주인과 종의 변증법"이라는 개념을 빌어 말하면, 우리는 그것을 "주인과 이방인의 변증법", 또는 "봉사자와 도움 수요자의 변증법"이라고 표현할 수 있다.

〈보 기〉

ㄱ. 데리다와 레비나스의 환대 개념 역시 자기중심성을 가질 수 있다는 점에서 칸트의 개념과 큰 차이가 없음을 밝힌다.

ㄴ. 상호적 방식의 제약이 완전히 제거된 비대칭성에 근거한 환대는 현실적으로 실현 불가능한 개념임을 밝힌다.

ㄷ. 헤겔이 주장한 "주인과 종의 변증법" 개념은 레비나스와 데리다의 환대 개념과 직접적 관계가 없음을 밝힌다.

ㄹ. 진정한 사회봉사 이념에 반드시 비대칭성이 요구되는 것은 아님을 밝힌다.

ㅁ. 대칭적 상호성 원리에 기반을 둔 환대 개념은 자유주의의 적극적 자유를 보장할 수 없음을 밝힌다.

① ㄱ, ㄴ
② ㄴ, ㄹ
③ ㄷ, ㅁ
④ ㄱ, ㄴ, ㄹ
⑤ ㄷ, ㄹ, ㅁ

## 23 ◯△✕

**다음 글에서 추론할 수 있는 것만을 〈보기〉에서 모두 고르면?**

가상의 동전 게임을 하나 생각해 보자. 이 게임의 규칙은 동전을 던져서 제일 높은 점수를 얻는 사람이 이기는 것이다. 게임 참여자는 A, B 두 그룹으로 구분된다. 두 그룹의 인원수는 100명으로 같지만, 각 참여자에게 같은 수의 동전을 주지 않는다. A 그룹에는 한 사람당 동전을 10개씩 주고, B 그룹에는 한 사람당 100개씩 준다. 모든 동전은 1개당 한 번씩 던지는 것으로 한다.

〈게임 1〉에서는 앞면이 나온 동전 1개당 1점씩 점수를 준다고 하자. 이때 게임의 승자는 B 그룹에서 나올 가능성이 매우 높다. B 그룹 사람들 중 상당수는 50점쯤 얻을 텐데, 그것은 A 그룹 사람들 중에서 누구도 이길 수 없는 점수이다. A 그룹 인원을 아무리 늘리더라도 최고 점수는 10점일 것이기 때문이다.

〈게임 2〉에서는 〈게임 1〉과 달리 앞면이 나오는 동전의 개수가 아니라 앞면이 나온 비율로 점수를 매겨 가장 높은 점수를 받은 사람이 이긴다고 하자. A 그룹 중에서 한 명쯤은 동전 10개 중 앞면이 8개 나올 것이다. 이 경우 그는 80점을 얻는다. B 그룹은 어떨까? B 그룹 사람 100명 중에서 누구도 80점을 받기는 어려울 것이다. 물론 그런 일이 물리적으로 불가능하지는 않겠지만, 현실에서는 거의 벌어지지 않을 것이다. 동전을 더 많이 던질수록 앞면과 뒷면의 비율은 50대 50에 더 가깝게 수렴되기 때문이다. B 그룹에서 80점을 받는 사람이 한 명쯤 나오려면, B 그룹 인원수는 100명이 아니라 그보다 훨씬 더 커야 한다. 이처럼 동전 개수가 증가했을 때 80점을 받는 사람이 한 명쯤 나오려면 그 동전 개수의 증가에 맞춰 그룹 인원수도 크게 증가해야 한다.

〈보 기〉

ㄱ. 〈게임 1〉에서 A 그룹 참가자와 B 그룹 참가자의 동전 개수를 각각 절반으로 줄일 경우, 게임의 승자가 나올 그룹은 바뀔 것이다.

ㄴ. 〈게임 2〉에서 B 그룹만 인원을 늘릴 경우, 그 수를 아무리 늘리더라도 90점을 받는 사람은 A 그룹에서만 나올 것이다.

ㄷ. 〈게임 2〉에서 A 그룹만 참가자 각각의 동전 개수를 1,000개로 늘릴 경우, A 그룹에서 80점을 받는 사람이 한 명쯤 나오기 위해 필요한 A 그룹 인원수는 80점을 받는 사람이 한 명쯤 나오기 위해 필요한 B 그룹 인원수보다 훨씬 더 커야 할 것이다.

① ㄱ
② ㄷ
③ ㄱ, ㄴ
④ ㄴ, ㄷ
⑤ ㄱ, ㄴ, ㄷ

## ※ 다음 글을 읽고 물음에 답하시오. [24~25]

윤지는 여행길에서 처음 만난 송 씨 아저씨와 가족 이야기를 나누었다. 아저씨는 다음과 같은 물음을 던졌다.

• 물음1 : 저에겐 아이가 둘 있습니다. 이 가운데 적어도 하나는 딸입니다. 제 아이 둘 다가 딸일 확률은 얼마일까요?

윤지는 다음과 같은 풀이를 따라 그 답이 1/3이어야 한다고 생각한다.

• 풀이1 : 두 아이를 성별과 나이 순으로 나열할 때, 있을 수 있는 경우는 (딸, 딸), (딸, 아들), (아들, 딸), (아들, 아들), 이렇게 네 가지이다. 이 네 가지 가운데 하나가 이루어질 각각의 확률은 똑같다고 보아야 한다. 아저씨는 두 아이 가운데 적어도 하나가 딸이라고 말했다. 그렇다면 네 가지 가운데 (아들, 아들)의 경우는 배제해야 한다. 그래서 아저씨의 두 아이는 (딸, 딸)이거나 (딸, 아들)이거나 (아들, 딸)인 것이 분명하다. 이들 세 가지 가운데 하나가 이루어질 각각의 확률은 여전히 똑같다고 보아야 한다. 따라서 아저씨의 두 아이가 (딸, 딸)일 확률은 1/3이고, (딸, 아들)일 확률은 1/3이고, (아들, 딸)일 확률은 1/3이다. 결국 아저씨의 두 아이 모두가 딸일 확률은 1/3이다.

윤지가 첫째 물음에 1/3이라고 답하자, 아저씨는 다른 물음을 던졌다. 첫째 물음에 한 문장이 덧붙여졌을 뿐이다.

• 물음2 : 저에겐 아이가 둘 있습니다. 이 가운데 적어도 하나는 딸입니다. (지갑에서 사진을 꺼내 보여 주며) 이 아이가 제 딸입니다. 제 아이 둘 다가 딸일 확률은 얼마일까요?

윤지는 다음과 같은 풀이를 따라 그 답이 1/2이어야 한다고 생각한다.

• 풀이2 : 사진에서 내가 보았던 아이는 아저씨의 딸이었다. 나는 아저씨의 다른 아이의 얼굴을 모르고 그가 딸인지 아들인지 모른다. 사진으로도 보지 못한 바로 그 아이가 딸일 확률은 아저씨의 두 아이 모두가 딸일 확률과 같다. 사진으로도 보지 못한 바로 그 아이는 딸이거나 아들이다. 그 아이가 딸일 확률과 아들일 확률은 같다. 따라서 사진으로도 보지 못한 바로 그 아이가 딸일 확률은 1/2이다. 결국 아저씨의 두 아이 모두가 딸일 확률은 1/2이다.

위의 물음들에 대해 왜 서로 다른 답변이 나오는가 하는 문제를 '두 딸의 수수께끼'라고 한다. 송 씨가 윤지에게 지갑에서 사진을 꺼내 보여주면서 "이 아이가 제 딸입니다."라고 말할 때 윤지가 받은 정보를 A라고 하자. 정보 A는 송 씨의 두 아이가 모두 딸일 확률을 바꿀 만한 정보일까?

송 씨는 아까 본 딸의 사진을 고려하지 말라고 하면서 셋째 물음을 던졌다. 이 물음도 첫째 물음에 한 문장이 덧붙여졌을 뿐이다.

• 물음3 : 저에겐 아이가 둘 있습니다. 이 가운데 적어도 하나는 딸입니다. 제 딸의 이름은 서현입니다. 제 아이 둘 다가 딸일 확률은 얼마일까요?

송 씨는 이 물음에 대해 다음과 같은 풀이를 제안했다.

• 풀이3 : 물음3의 답변을 구하기 위해 다음과 같은 표본 조사를 해보자. 우선 아이가 둘 있는 부부들을 무작위로 고른다. 이들 가운데 두 아이가 모두 아들인 부부들은 제외한다. 나머지 부부들 가운데서 딸아이의 이름이 '서현'인 경우를 찾는다. 표본조사 결과 다음과 같은 통계값들을 얻었다. 두 아이를 둔 부부 100만 쌍 중에서 딸아이를 적어도 한 명 둔 부부는 750,117쌍이었다. 750,117쌍 중에서 '서현'이란 이름의 딸아이가 있는 부부는 101쌍이었고, '서현'이란 이름의 딸아이가 있는 부부 중 두 아이가 모두 딸인 부부는 49쌍이었다. '서현'이라는 이름을 가진 딸을 둔 부부들 가운데서 두 아이가 모두 딸인 부부가 차지하는 비율은 거의 1/2이다. 물음3의 답변은 1/2이다.

## 24 ◯△✕ 　　16년 행시(5) 19번

**윗글의 정보 A에 대한 판단으로 적절한 것은?**

① 정보 A가 송 씨의 두 아이가 모두 딸일 확률을 바꿀 만한 정보라면, 물음2의 답변은 1/2이 아니다.

② 정보 A가 송 씨의 두 아이가 모두 딸일 확률을 바꿀 만한 정보라면, 풀이1은 물음1의 올바른 답변이 아니거나 풀이2는 물음2의 올바른 답변이 아니다.

③ 정보 A가 송 씨의 두 아이가 모두 딸일 확률을 바꿀 만한 정보가 아니라면, 물음1과 물음2의 답변은 둘 다 똑같이 1/2이다.

④ 풀이1과 풀이2가 각각 물음1과 물음2의 올바른 답변이라면, 정보 A는 송 씨의 두 아이가 모두 딸일 확률을 바꿀 만한 정보이다.

⑤ 풀이1은 물음1의 올바른 답변이 아니지만 풀이2는 물음2의 올바른 답변이라면, 정보 A는 송 씨의 두 아이가 모두 딸일 확률을 바꿀 만한 정보이다.

## 25 ◯△✕ 　　16년 행시(5) 20번

**다음 두 전제가 모두 참이라고 할 때, 윗글에서 추론할 수 있는 것은?**

> 전제 1 : 만일 물음3의 올바른 답변이 1/2이라면, 물음2의 올바른 답변도 1/2이어야 한다.
> 전제 2 : 풀이3은 물음3에 대한 올바른 답변이다.

① 물음1의 답변과 물음2의 답변은 같아야 한다.

② 물음1의 답변과 물음2의 답변을 모두 수정해야 한다.

③ 물음1의 답변을 유지하는 대신에 물음2의 답변을 수정해야 한다.

④ 물음2의 답변을 유지하는 대신에 물음1의 답변을 수정해야 한다.

⑤ 이름을 알려주는 것이 확률을 바꾸는 정보를 주는 것이 아니라면, 물음1의 답변을 수정해야 한다.

# PSAT

## Public Service Aptitude Test

# 자료해석

# PART 2

# 자료해석

## CHAPTER
# 01 제1회 자료해석 모의고사

**01** ◻◻◻                                                    05년 행시(5) 6번

다음 〈표〉는 어느 미독립 분단국가의 국민들을 상대로 독립과 통일에 관한 견해를 설문조사한 결과이다. 이 〈표〉에 대한 해석 중 옳은 것을 〈보기〉에서 모두 고르면?

〈표〉 독립과 통일에 관한 견해

(단위: %)

| 구분 | | 통일에 대한 견해 | | | |
|---|---|---|---|---|---|
| | | 무조건 찬성 | 조건부 찬성 | 반대 | 계 |
| 독립에 대한 견해 | 무조건 찬성 | 2.7 | 9.0 | 15.7 | 27.4 |
| | 조건부 찬성 | 9.3 | 25.4 | 11.3 | 46.0 |
| | 반대 | 8.5 | 13.6 | 4.5 | 26.6 |
| | 계 | 20.5 | 48.0 | 31.5 | 100.0 |

※ 찬성은 무조건 찬성과 조건부 찬성을 모두 포함함

─── 〈보 기〉 ───

ㄱ. 독립에 무조건 찬성하는 사람의 비율이 통일에 무조건 찬성하는 사람의 비율보다 높다.
ㄴ. 독립에 찬성하거나 통일에 찬성하는 사람의 비율은 46.4%이다.
ㄷ. 통일에 찬성하는 사람들 중에서, 독립에 찬성하는 사람의 비율이 독립에 반대하는 사람의 비율보다 높다.
ㄹ. 독립에는 찬성하지 않지만 통일에는 찬성하는 사람의 비율은 22.1%이다.

① ㄱ, ㄹ
② ㄴ, ㄷ
③ ㄱ, ㄴ, ㄷ
④ ㄱ, ㄷ, ㄹ
⑤ ㄴ, ㄷ, ㄹ

**02** ◻◻◻                                                    17년 행시(가) 32번

다음 〈표〉와 〈그림〉은 2011~2015년 국가공무원 및 지방자치단체공무원 현황에 관한 자료이다. 이에 대한 설명으로 옳지 않은 것은?

〈표〉 국가공무원 및 지방자치단체공무원 현황

(단위 : 명)

| 구분 \ 연도 | 2011 | 2012 | 2013 | 2014 | 2015 |
|---|---|---|---|---|---|
| 국가공무원 | 621,313 | 622,424 | 621,823 | 634,051 | 637,654 |
| 지방자치단체 공무원 | 280,958 | 284,273 | 287,220 | 289,837 | 296,193 |

〈그림〉 국가공무원 및 지방자치단체공무원 중 여성 비율

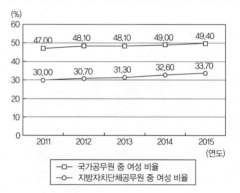

① 매년 국가공무원 중 여성 수는 지방자치단체공무원 중 여성 수의 3배 이상이다.
② 지방자치단체공무원 중 여성 수는 매년 증가하였다.
③ 매년 국가공무원 중 여성 수는 지방자치단체공무원 수보다 많다.
④ 국가공무원 중 남성 수는 2013년이 2012년보다 적다.
⑤ 국가공무원 중 여성 비율과 지방자치단체공무원 중 여성 비율의 차이는 매년 감소한다.

## 03 ㅇ△✕

다음 〈표〉는 2013~2015년 A국의 13대 수출 주력 품목에 관한 자료이다. 이에 대한 〈보기〉의 설명 중 옳은 것만을 모두 고르면?

〈표 1〉 전체 수출액 대비 13대 수출 주력 품목의 수출액 비중

(단위 : %)

| 품목 \ 연도 | 2013 | 2014 | 2015 |
|---|---|---|---|
| 가전 | 1.83 | 2.35 | 2.12 |
| 무선통신기기 | 6.49 | 6.42 | 7.28 |
| 반도체 | 8.31 | 10.04 | 11.01 |
| 석유제품 | 9.31 | 8.88 | 6.09 |
| 석유화학 | 8.15 | 8.35 | 7.11 |
| 선박류 | 10.29 | 7.09 | 7.75 |
| 섬유류 | 2.86 | 2.81 | 2.74 |
| 일반기계 | 8.31 | 8.49 | 8.89 |
| 자동차 | 8.16 | 8.54 | 8.69 |
| 자동차부품 | 4.09 | 4.50 | 4.68 |
| 철강제품 | 6.94 | 6.22 | 5.74 |
| 컴퓨터 | 2.25 | 2.12 | 2.28 |
| 평판디스플레이 | 5.22 | 4.59 | 4.24 |
| 계 | 82.21 | 80.40 | 78.62 |

〈표 2〉 13대 수출 주력 품목별 세계수출시장 점유율

(단위 : %)

| 품목 \ 연도 | 2013 | 2014 | 2015 |
|---|---|---|---|
| 가전 | 2.95 | 3.63 | 2.94 |
| 무선통신기기 | 6.77 | 5.68 | 5.82 |
| 반도체 | 8.33 | 9.39 | 8.84 |
| 석유제품 | 5.60 | 5.20 | 5.18 |
| 석유화학 | 8.63 | 9.12 | 8.42 |
| 선박류 | 24.55 | 22.45 | 21.21 |
| 섬유류 | 2.12 | 1.96 | 1.89 |
| 일반기계 | 3.19 | 3.25 | 3.27 |
| 자동차 | 5.34 | 5.21 | 4.82 |
| 자동차부품 | 5.55 | 5.75 | 5.50 |
| 철강제품 | 5.47 | 5.44 | 5.33 |
| 컴퓨터 | 2.23 | 2.11 | 2.25 |
| 평판디스플레이 | 23.23 | 21.49 | 18.50 |

─── 〈보 기〉 ───

ㄱ. 13대 수출 주력 품목 중 2014년 수출액이 큰 품목부터 차례대로 나열하면 반도체, 석유제품, 자동차, 일반기계, 석유화학, 선박류 등의 순이다.

ㄴ. 13대 수출 주력 품목 중 2013년에 비해 2015년에 전체 수출액 대비 수출액 비중이 상승한 품목은 총 7개이다.

ㄷ. 13대 수출 주력 품목 중 세계수출시장 점유율 상위 5개 품목의 순위는 2013년과 2014년이 동일하다.

① ㄱ      ② ㄴ
③ ㄱ, ㄴ      ④ ㄴ, ㄷ
⑤ ㄱ, ㄴ, ㄷ

## 04 ㅇ△✕

다음 〈표〉는 수면제 A~D를 사용한 불면증 환자 '갑'~'무'의 숙면시간을 측정한 결과이다. 이에 대한 〈보기〉의 설명 중 옳은 것만을 모두 고르면?

〈표〉 수면제별 숙면시간

(단위 : 시간)

| 수면제 \ 환자 | 갑 | 을 | 병 | 정 | 무 | 평균 |
|---|---|---|---|---|---|---|
| A | 5.0 | 4.0 | 6.0 | 5.0 | 5.0 | 5.0 |
| B | 4.0 | 4.0 | 5.0 | 5.0 | 6.0 | 4.8 |
| C | 6.0 | 5.0 | 4.0 | 7.0 | ( ) | 5.6 |
| D | 6.0 | 4.0 | 5.0 | 5.0 | 6.0 | ( ) |

─── 〈보 기〉 ───

ㄱ. 평균 숙면시간이 긴 수면제부터 순서대로 나열하면 C, D, A, B 순이다.

ㄴ. 환자 '을'과 환자 '무'의 숙면시간 차이는 수면제 C가 수면제 B보다 크다.

ㄷ. 수면제 B와 수면제 D의 숙면시간 차이가 가장 큰 환자는 '갑'이다.

ㄹ. 수면제 C의 평균 숙면시간보다 수면제 C의 숙면시간이 긴 환자는 2명이다.

① ㄱ, ㄴ
② ㄱ, ㄷ
③ ㄴ, ㄹ
④ ㄱ, ㄴ, ㄷ
⑤ ㄴ, ㄷ, ㄹ

## 05 ◯△✕

다음 〈그림〉은 2010년과 2011년의 갑 회사 5개 품목(A~E)별 매출액, 시장점유율 및 이익률을 나타내는 그래프이다. 이에 대한 〈보기〉의 설명 중 옳은 것을 모두 고르면?

〈그림 1〉 2010년 A~E의 매출액, 시장점유율, 이익률

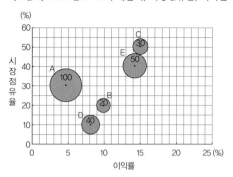

〈그림 2〉 2011년 A~E의 매출액, 시장점유율, 이익률

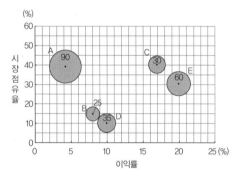

※ 1) 원의 중심좌표는 각각 이익률과 시장점유율을 나타내고, 원 내부 값은 매출액(억 원)을 의미하며, 원의 면적은 매출액에 비례함

2) 이익률(%) = $\dfrac{이익}{매출액}$ × 100

3) 시장점유율(%) = $\dfrac{매출액}{시장규모}$ × 100

─── 〈보 기〉 ───

ㄱ. 2010년보다 2011년 매출액, 이익률, 시장점유율 3개 항목이 모두 큰 품목은 없다.

ㄴ. 2010년보다 2011년 이익이 큰 품목은 3개이다.

ㄷ. 2011년 A품목의 시장규모는 2010년보다 크다.

ㄹ. 2011년 시장규모가 가장 큰 품목은 전년보다 이익이 작다.

① ㄱ, ㄴ

② ㄱ, ㄷ

③ ㄴ, ㄹ

④ ㄷ, ㄹ

⑤ ㄱ, ㄴ, ㄷ

## 06 ◯△✕

다음 〈그림〉과 〈표〉는 '갑'국의 재생에너지 생산 현황에 관한 자료이다. 이에 대한 〈보기〉의 설명 중 옳은 것만을 모두 고르면?

〈그림〉 2011~2018년 재생에너지 생산량

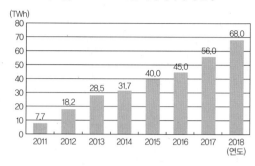

〈표〉 2016~2018년 에너지원별 재생에너지 생산량 비율

(단위 : %)

| 에너지원 \ 연도 | 2016 | 2017 | 2018 |
|---|---|---|---|
| 폐기물 | 61.1 | 60.4 | 55.0 |
| 바이오 | 16.6 | 17.3 | 17.5 |
| 수력 | 10.3 | 11.3 | 15.1 |
| 태양광 | 10.9 | 9.8 | 8.8 |
| 풍력 | 1.1 | 1.2 | 3.6 |
| 계 | 100.0 | 100.0 | 100.0 |

─── 〈보 기〉 ───

ㄱ. 2012~2018년 재생에너지 생산량은 매년 전년대비 10% 이상 증가하였다.

ㄴ. 2016~2018년 에너지원별 재생에너지 생산량 비율의 순위는 매년 동일하다.

ㄷ. 2016~2018년 태양광을 에너지원으로 하는 재생에너지 생산량은 매년 증가하였다.

ㄹ. 수력을 에너지원으로 하는 재생에너지 생산량은 2018년이 2016년의 3배 이상이다.

① ㄱ, ㄴ

② ㄱ, ㄷ

③ ㄱ, ㄹ

④ ㄴ, ㄷ

⑤ ㄴ, ㄹ

## 07 ○△✕

다음 〈표〉는 2016년과 2017년 추석교통대책기간 중 고속도로 교통현황에 관한 자료이다. 이에 대한 〈보고서〉의 내용 중 옳은 것만을 모두 고르면?

〈표 1〉 일자별 고속도로 이동인원 및 교통량

(단위 : 만 명, 만 대)

| 연도<br>일자 \ 구분 | 2016 | | 2017 | |
|---|---|---|---|---|
| | 이동인원 | 교통량 | 이동인원 | 교통량 |
| D−5 | − | − | 525 | 470 |
| D−4 | − | − | 520 | 439 |
| D−3 | − | − | 465 | 367 |
| D−2 | 590 | 459 | 531 | 425 |
| D−1 | 618 | 422 | 608 | 447 |
| 추석 당일 | 775 | 535 | 809 | 588 |
| D+1 | 629 | 433 | 742 | 548 |
| D+2 | 483 | 346 | 560 | 433 |
| D+3 | 445 | 311 | 557 | 440 |
| D+4 | − | − | 442 | 388 |
| D+5 | − | − | 401 | 369 |
| 계 | 3,540 | 2,506 | 6,160 | 4,914 |

※ 2016년, 2017년 추석교통대책기간은 각각 6일(D−2~D+3), 11일(D−5~D+5)임

〈표 2〉 고속도로 구간별 최대 소요시간 현황

| 연도 | 서울−대전 | | 서울−부산 | | 서울−광주 | | 서서울−목포 | | 서울−강릉 | |
|---|---|---|---|---|---|---|---|---|---|---|
| | 귀성 | 귀경 | 귀성 | 귀경 | 귀성 | 귀경 | 귀성 | 귀경 | 귀성 | 귀경 |
| 2016 | 4:15 | 3:30 | 7:15 | 7:20 | 7:30 | 5:30 | 8:50 | 6:10 | 5:00 | 3:40 |
| 2017 | 4:00 | 4:20 | 7:50 | 9:40 | 7:00 | 7:50 | 7:00 | 9:50 | 4:50 | 5:10 |

※ 'A:B'에서 A는 시간, B는 분을 의미함. 예를 들어, 4:15는 4시간 15분을 의미함

〈보고서〉

ⓞ 2017년 추석교통대책기간 중 총 고속도로 이동인원은 6,160만 명으로 전년대비 70% 이상 증가하였으나, ⓛ 1일 평균 이동인원은 560만 명으로 전년대비 10% 이상 감소하였다. 2017년 추석 당일 고속도로 이동인원은 사상 최대인 809만 명으로 전년대비 약 4.4% 증가하였다. 2017년 추석연휴기간의 증가로 나들이 차량 등이 늘어 추석교통대책기간 중 1일 평균 고속도로 교통량은 약 447만 대로 전년대비 6% 이상 증가하였다. 특히 ⓒ 추석 당일 고속도로 교통량은 588만 대로 전년대비 9% 이상 증가하였다. ⓡ 2017년 고속도로 최대 소요시간은 귀성의 경우, 제시된 구간에서 전년보다 모두 감소하였으며, 특히 서서울−목포 7시간, 서울−광주 7시간이 걸려 전년대비 각각 1시간 50분, 30분 감소하였다. 반면 귀경의 경우, 서서울−목포 9시간 50분, 서울−부산 9시간 40분으로 전년대비 각각 3시간 40분, 2시간 20분 증가하였다.

① ㄱ, ㄴ
② ㄱ, ㄷ
③ ㄴ, ㄷ
④ ㄴ, ㄹ
⑤ ㄷ, ㄹ

## 08 ○△✕

다음 〈표〉는 1996~2015년 생명공학기술의 기술분야별 특허건수와 점유율에 관한 자료이다. 〈표〉와 〈조건〉에 근거하여 A~D에 해당하는 기술분야를 바르게 나열한 것은?

〈표〉 1996~2015년 생명공학기술의 기술분야별 특허건수와 점유율

(단위 : 건, %)

| 기술분야 \ 구분 | 전세계<br>특허건수 | 미국<br>점유율 | 한국<br>특허건수 | 한국<br>점유율 |
|---|---|---|---|---|
| 생물공정기술 | 75,823 | 36.8 | 4,701 | 6.2 |
| A | 27,252 | 47.6 | 1,880 | ( ) |
| 생물자원탐색기술 | 39,215 | 26.1 | 6,274 | 16.0 |
| B | 170,855 | 45.6 | 7,518 | ( ) |
| 생물농약개발기술 | 8,122 | 42.8 | 560 | 6.9 |
| C | 20,849 | 8.1 | 4,295 | ( ) |
| 단백질체기술 | 68,342 | 35.1 | 3,622 | 5.3 |
| D | 26,495 | 16.8 | 7,127 | ( ) |

※ 해당국의 점유율(%) = $\dfrac{\text{해당국의 특허건수}}{\text{전세계 특허건수}} \times 100$

〈조건〉

• '발효식품개발기술'과 '환경생물공학기술'은 미국보다 한국의 점유율이 높다.
• '동식물세포배양기술'에 대한 미국 점유율은 '생물농약개발기술'에 대한 미국 점유율보다 높다.
• '유전체기술'에 대한 한국 점유율과 미국 점유율의 차이는 41%p 이상이다.
• '환경생물공학기술'에 대한 한국의 점유율은 25% 이상이다.

| | A | B | C | D |
|---|---|---|---|---|
| ① | 동식물세포배양기술 | 유전체기술 | 발효식품개발기술 | 환경생물공학기술 |
| ② | 동식물세포배양기술 | 유전체기술 | 환경생물공학기술 | 발효식품개발기술 |
| ③ | 발효식품개발기술 | 유전체기술 | 동식물세포배양기술 | 환경생물공학기술 |
| ④ | 유전체기술 | 동식물세포배양기술 | 발효식품개발기술 | 환경생물공학기술 |
| ⑤ | 유전체기술 | 동식물세포배양기술 | 환경생물공학기술 | 발효식품개발기술 |

## 09 ○△× 13년 행시(인) 31번

다음 〈표〉는 블로그 이용자와 트위터 이용자를 대상으로 설문조사한 결과이다. 이를 정리한 〈보기〉의 그림 중 옳은 것을 모두 고르면?

〈표〉 블로그 이용자와 트위터 이용자 대상 설문조사 결과

(단위 : %)

| 구분 | | 블로그 이용자 | 트위터 이용자 |
|---|---|---|---|
| 성 | 남자 | 53.4 | 53.2 |
| | 여자 | 46.6 | 46.8 |
| 연령 | 15~19세 | 11.6 | 13.1 |
| | 20~29세 | 23.3 | 47.9 |
| | 30~39세 | 27.4 | 29.5 |
| | 40~49세 | 25.0 | 8.4 |
| | 50~59세 | 12.7 | 1.1 |
| 교육수준 | 중졸 이하 | 2.0 | 1.6 |
| | 고졸 | 23.4 | 14.7 |
| | 대졸 | 66.1 | 74.4 |
| | 대학원 이상 | 8.5 | 9.3 |
| 소득수준 | 상 | 5.5 | 3.6 |
| | 중 | 74.2 | 75.0 |
| | 하 | 20.3 | 21.4 |

※ 15세 이상 60세 미만의 1,000명의 블로그 이용자와 2,000명의 트위터 이용자를 대상으로 하여 동일시점에 각각 독립적으로 조사하였으며 무응답과 응답자의 중복은 없음

─── 〈보 기〉 ───

ㄱ. 트위터와 블로그의 성별 이용자 수

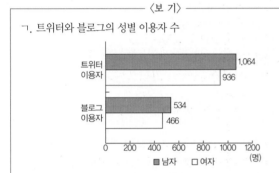

ㄴ. 교육수준별 트위터 이용자 수 대비 블로그 이용자 수

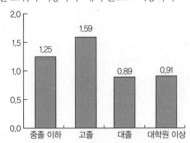

ㄷ. 블로그 이용자와 트위터 이용자의 소득수준별 구성비

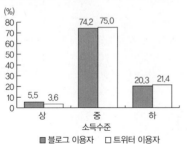

ㄹ. 연령별 블로그 이용자와 트위터 이용자의 구성비

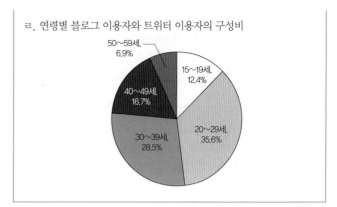

① ㄱ, ㄴ  
② ㄱ, ㄷ  
③ ㄴ, ㄷ  
④ ㄴ, ㄹ  
⑤ ㄷ, ㄹ

## 10 ○△× 14년 행시(A) 30번

다음 〈그림〉은 2000~2009년 A국의 수출입액 현황을 나타낸 자료이다. 이에 대한 설명으로 옳지 <u>않은</u> 것은?

〈그림〉 A국의 수출입액 현황(2000~2009년)

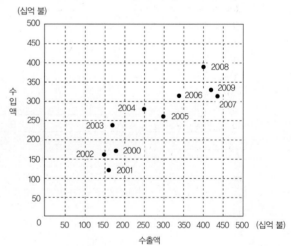

※ 1) 무역규모＝수출액＋수입액  
2) 무역수지＝수출액－수입액

① 무역규모가 가장 큰 해는 2008년이고, 가장 작은 해는 2001년이다.

② 수출액 대비 수입액의 비율이 가장 높은 해는 2003년이다.

③ 무역수지 적자폭이 가장 큰 해는 2003년이며, 흑자폭이 가장 큰 해는 2007년이다.

④ 2001년 이후 전년대비 무역규모가 감소한 해는 수출액도 감소하였다.

⑤ 수출액이 가장 큰 해는 2007년이고, 수입액이 가장 큰 해는 2008년이다.

## 11 ☐△☒

다음 〈그림〉과 〈표〉는 H 공기업의 부채 및 통행료 수입 등에 관한 자료이다. 〈보기〉의 내용 중 옳은 것을 모두 고르면?

〈그림〉 연도말 부채잔액 및 연간 차입 규모

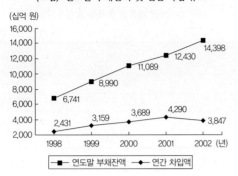

〈표〉 연간 부채 지급이자, 통행료 수입 및 유료도로 길이

(단위 : 십억 원, km)

| 연도<br>구분 | 1998 | 1999 | 2000 | 2001 | 2002 |
|---|---|---|---|---|---|
| 연간 부채<br>지급이자 | 603 | 748 | 932 | 926 | 953 |
| 통행료 수입 | 1,264 | 1,443 | 1,687 | 1,826 | 2,200 |
| 유료도로 길이 | 1,893 | 1,898 | 1,996 | 2,041 | 2,600 |

※ 1) 통행료는 H 공기업의 유일한 수입원이라고 가정함
2) 부채의 당해년도 원금상환액＝전년도말 부채잔액－당해년도말 부채잔액＋당해년도 연간 차입액

─── 〈 보 기 〉 ───

ㄱ. 1999년도부터 2002년도까지 유료도로 1km당 통행료 수입은 매년 증가하고 있다.

ㄴ. 2002년도 연도말 부채잔액 대비 당해년도 지급이자 비율은 전년도에 비하여 낮아졌다.

ㄷ. 통행료 수입의 전년대비 증가율은 2000년도에 가장 높다.

ㄹ. 2002년도 부채 원리금상환액(부채 원금상환액＋부채 지급이자)은 당해년도 통행료 수입을 초과한다.

① ㄱ, ㄴ

② ㄱ, ㄷ

③ ㄴ, ㄷ

④ ㄴ, ㄹ

⑤ ㄷ, ㄹ

## 12 ☐△☒

다음 〈표〉는 A국의 2008년과 2012년 의원 유형별, 정당별 전체 의원 및 여성 의원에 관한 자료이다. 이에 대한 〈보기〉의 설명 중 옳은 것만을 모두 고르면?

〈표 1〉 2008년 의원 유형별, 정당별 전체 의원 및 여성 의원

(단위 : 명)

| 의원<br>유형 | 정당<br>구분 | 가 | 나 | 다 | 라 | 기타 | 전체 |
|---|---|---|---|---|---|---|---|
| 비례대표<br>의원 | 전체 의원 수 | 44 | 38 | 16 | 20 | 70 | 188 |
| | 여성 의원 수 | 21 | 18 | 6 | 10 | 25 | 80 |
| 지역구<br>의원 | 전체 의원 수 | 230 | 209 | 50 | 51 | 362 | 902 |
| | 여성 의원 수 | 16 | 21 | 2 | 7 | 17 | 63 |

〈표 2〉 2012년 의원 유형별, 정당별 전체 의원 및 여성 의원

(단위 : 명, %)

| 의원<br>유형 | 정당<br>구분 | 가 | 나 | 다 | 라 | 기타 | 전체 |
|---|---|---|---|---|---|---|---|
| 비례대표<br>의원 | 전체 의원 수 | 34 | 42 | 18 | 17 | 74 | 185 |
| | 여성 의원 비율 | 41.2 | 54.8 | 27.8 | 35.3 | 40.5 | 42.2 |
| 지역구<br>의원 | 전체 의원 수 | 222 | 242 | 60 | 58 | 344 | 926 |
| | 여성 의원 비율 | 7.2 | 12.4 | 10.0 | 13.8 | 4.1 | 8.0 |

※ 1) 의원 유형은 비례대표의원과 지역구의원으로만 구성됨
2) 비율은 소수점 둘째 자리에서 반올림한 값임

─── 〈 보 기 〉 ───

ㄱ. 2012년 A국 전체 의원 중 여성 의원의 비율은 15% 이하이다.

ㄴ. 2008년 정당별 지역구의원 중 여성 의원 비율은 '기타'를 제외하고 '라' 정당이 가장 높다.

ㄷ. 2008년 대비 2012년의 '가' 정당 여성 의원 비율은 비례대표의원 유형과 지역구의원 유형에서 모두 감소하였다.

ㄹ. 2008년 대비 2012년에 여성 지역구의원 수는 '가'～'라' 정당에서 모두 증가하였다.

① ㄱ, ㄴ

② ㄱ, ㄷ

③ ㄴ, ㄷ

④ ㄴ, ㄹ

⑤ ㄱ, ㄴ, ㄹ

## 13 ⊙△☒

한 학생의 종합능력은 서로 다른 시험 과목 A, B, C에 대하여 원점수의 총점 $Q_1$ 또는 표준점수의 총점 $Q_2$로 측정된다. 표준점수는 해당 학생의 해당 과목에서의 상대적인 능력을 나타낸다. 3학년 1반 학생에 대한 아래의 〈표〉를 토대로 한 〈보기〉의 설명 중 옳은 것을 모두 고른 것은?

〈표 1〉 3학년 1반 전체 원점수의 평균 및 표준편차

| 과목 | 평균 | 표준편차 |
|---|---|---|
| 과목 A | 15 | 4 |
| 과목 B | 30 | 8 |
| 과목 C | 10 | 4 |

〈표 2〉 3학년 1반 세 학생의 원점수 및 표준점수

| 과목 | 원점수 | | | 표준점수 | | |
|---|---|---|---|---|---|---|
| | 영희 | 철수 | 종미 | 영희 | 철수 | 종미 |
| 과목 A | 19 | 19 | 11 | +1.0 | +1.0 | ( ) |
| 과목 B | 34 | 26 | 38 | +0.5 | −0.5 | +1.0 |
| 과목 C | 6 | ( ) | ( ) | −1.0 | +1.5 | +1.0 |

※ 표준점수 = $\dfrac{원점수 - 평균}{표준편차}$

── 〈보 기〉 ──

ㄱ. $Q_1$은 종미가 철수보다 더 높다.

ㄴ. 학생별로 각 과목에서의 상대적 능력을 평가할 때, 철수와 영희는 세 과목 중에서 과목 B를 가장 잘했고, 종미는 과목 A를 가장 못했다.

ㄷ. $Q_2$는 철수가 가장 높고, 그다음은 종미, 영희의 순이다.

① ㄱ
② ㄴ
③ ㄱ, ㄴ
④ ㄱ, ㄷ
⑤ ㄴ, ㄷ

## 14 ⊙△☒

다음 〈표〉는 스마트폰 기종별 출고가 및 공시지원금에 대한 자료이다. 〈조건〉과 〈정보〉를 근거로 A~D에 해당하는 스마트폰 기종 '갑'~'정'을 바르게 나열한 것은?

〈표〉 스마트폰 기종별 출고가 및 공시지원금

(단위 : 원)

| 기종 \ 구분 | 출고가 | 공시지원금 |
|---|---|---|
| A | 858,000 | 210,000 |
| B | 900,000 | 230,000 |
| C | 780,000 | 150,000 |
| D | 990,000 | 190,000 |

── 〈조 건〉 ──

• 모든 소비자는 스마트폰을 구입할 때 '요금할인' 또는 '공시지원금' 중 하나를 선택한다.

• 사용요금은 월정액 51,000원이다.

• '요금할인'을 선택하는 경우의 월 납부액은 사용요금의 80%에 출고가를 24(개월)로 나눈 월 기기값을 합한 금액이다.

• '공시지원금'을 선택하는 경우의 월 납부액은 출고가에서 공시지원금과 대리점보조금(공시지원금의 10%)을 뺀 금액을 24(개월)로 나눈 월 기기값에 사용요금을 합한 금액이다.

• 월 기기값, 사용요금 이외의 비용은 없고, 10원 단위 이하 금액은 절사한다.

• 구입한 스마트폰의 사용기간은 24개월이고, 사용기간 연장이나 중도해지는 없다.

── 〈정 보〉 ──

• 출고가 대비 공시지원금의 비율이 20% 이하인 스마트폰 기종은 '병'과 '정'이다.

• '공시지원금'을 선택하는 경우의 월 납부액보다 '요금할인'을 선택하는 경우의 월 납부액이 더 큰 스마트폰 기종은 '갑' 뿐이다.

• '공시지원금'을 선택하는 경우 월 기기값이 가장 작은 스마트폰 기종은 '정'이다.

| | A | B | C | D |
|---|---|---|---|---|
| ① | 갑 | 을 | 정 | 병 |
| ② | 을 | 갑 | 병 | 정 |
| ③ | 을 | 갑 | 정 | 병 |
| ④ | 병 | 을 | 정 | 갑 |
| ⑤ | 정 | 병 | 갑 | 을 |

## 15 ◯△✕

다음 〈그림〉은 2004~2017년 '갑'국의 엥겔계수와 엔젤계수를 나타낸 자료이다. 이에 대한 설명으로 옳은 것은?

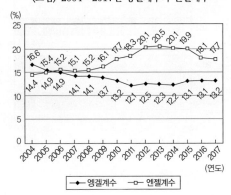

〈그림〉 2004~2017년 엥겔계수와 엔젤계수

※ 1) 엥겔계수(%) = $\frac{식료품비}{가계지출액}$ × 100

※ 2) 엔젤계수(%) = $\frac{18세\ 미만\ 자녀에\ 대한\ 보육·교육비}{가계지출액}$ × 100

※ 3) 보육·교육비에는 식료품비가 포함되지 않음

① 2008~2013년 동안 엔젤계수의 연간 상승폭은 매년 증가한다.

② 2004년 대비 2014년 엥겔계수 하락폭은 엔젤계수 상승폭보다 크다.

③ 2006년 이후 매년 18세 미만 자녀에 대한 보육·교육비는 식료품비를 초과한다.

④ 2008~2012년 동안 매년 18세 미만 자녀에 대한 보육·교육비 대비 식료품비의 비율은 증가한다.

⑤ 엔젤계수는 가장 높은 해가 가장 낮은 해에 비해 7.0%p 이상 크다.

## 16 ◯△✕

다음 〈표〉는 2006~2010년 국내 버스운송업의 업체 현황에 관한 자료이다. 〈표〉와 〈보기〉를 근거로 A, B, D에 해당하는 유형을 바르게 나열한 것은?

〈표〉 국내 버스운송업의 유형별 업체수, 보유대수, 종사자수

(단위 : 개, 대, 명)

| 유형 | 구분 | 2006 | 2007 | 2008 | 2009 | 2010 |
|---|---|---|---|---|---|---|
| A | 업체수 | 10 | 10 | 8 | 8 | 8 |
| | 보유대수 | 2,282 | 2,159 | 2,042 | 2,014 | 1,947 |
| | 종사자수 | 5,944 | 5,382 | 4,558 | 4,381 | 4,191 |
| B | 업체수 | 99 | 98 | 96 | 92 | 90 |
| | 보유대수 | 2,041 | 1,910 | 1,830 | 1,730 | 1,650 |
| | 종사자수 | 3,327 | 3,338 | 3,341 | 3,353 | 3,400 |
| C | 업체수 | 105 | 95 | 91 | 87 | 84 |
| | 보유대수 | 7,907 | 7,529 | 7,897 | 7,837 | 7,901 |
| | 종사자수 | 15,570 | 14,270 | 14,191 | 14,184 | 14,171 |
| D | 업체수 | 325 | 339 | 334 | 336 | 347 |
| | 보유대수 | 29,239 | 30,036 | 30,538 | 30,732 | 32,457 |
| | 종사자수 | 66,191 | 70,253 | 70,404 | 71,126 | 74,427 |

〈보 기〉

• 시내버스와 농어촌버스의 종사자수는 각각 매년 증가한 반면, 시외일반버스와 시외고속버스 종사자수는 각각 매년 감소하였다.

• 2010년 업체당 종사자수가 2006년에 비해 감소한 유형은 시외고속버스이다.

• 농어촌버스의 업체당 보유대수는 매년 감소하였다.

|   | A | B | D |
|---|---|---|---|
| ① | 농어촌버스 | 시외고속버스 | 시내버스 |
| ② | 농어촌버스 | 시내버스 | 시외고속버스 |
| ③ | 시외일반버스 | 농어촌버스 | 시내버스 |
| ④ | 시외고속버스 | 시내버스 | 농어촌버스 |
| ⑤ | 시외고속버스 | 농어촌버스 | 시내버스 |

## 17 ○△×

18년 행시(나) 26번

다음 〈보고서〉는 2015년 A국의 노인학대 현황에 관한 것이다. 〈보고서〉의 내용과 부합하는 자료만을 〈보기〉에서 모두 고르면?

〈보고서〉

2015년 1월 1일부터 12월 31일까지 한 해 동안 전국 29개 지역의 노인보호전문기관에 신고된 전체 11,905건의 노인학대 의심사례 중에 학대 인정사례는 3,818건으로 나타났다. 이는 전년대비 학대 인정사례 건수가 8% 이상 증가한 것이다.

학대 인정사례 3,818건을 신고자 유형별로 살펴보면 신고의무자에 의해 신고된 학대 인정사례는 707건, 비신고의무자에 의해 신고된 학대 인정사례는 3,111건이었다. 신고의무자에 의해 신고된 학대 인정사례 중 사회복지전담 공무원의 신고에 의한 학대 인정사례가 40% 이상으로 나타났다. 비신고의무자에 의해 신고된 학대 인정사례 중에서는 관련기관 종사자의 신고에 의한 학대 인정사례가 48% 이상으로 가장 높았고, 학대 행위자 본인의 신고에 의한 학대 인정사례의 비율이 가장 낮았다.

또한 3,818건의 학대 인정사례를 발생장소별로 살펴보면 기타를 제외하고 가정 내 학대가 85.8%로 가장 높게 나타났으며, 다음으로 생활시설 5.4%, 병원 2.3%, 공공장소 2.1%의 순으로 나타났다. 학대 인정사례 중 병원에서의 학대 인정사례 비율은 2012~2015년 동안 매년 감소한 것으로 나타났다.

한편, 학대 인정사례를 가구형태별로 살펴보면 2012~2015년 동안 매년 학대 인정사례 건수가 가장 많은 가구형태는 노인단독가구였다.

〈보 기〉

ㄱ. 2015년 신고자 유형별 노인학대 인정사례 건수

(단위 : 건)

| 신고자 유형 | 건수 |
| --- | --- |
| 신고의무자 | 707 |
| 의료인 | 44 |
| 노인복지시설 종사자 | 178 |
| 장애노인시설 종사자 | 16 |
| 가정폭력 관련 종사자 | 101 |
| 사회복지전담 공무원 | 290 |
| 노숙인 보호시설 종사자 | 31 |
| 구급대원 | 9 |
| 재가장기요양기관 종사자 | 38 |
| 비신고의무자 | 3,111 |
| 학대피해노인 본인 | 722 |
| 학대행위자 본인 | 8 |
| 친족 | 567 |
| 타인 | 320 |
| 관련기관 종사자 | 1,494 |

ㄴ. 2014년과 2015년 노인보호전문기관에 신고된 노인 학대 의심사례 신고 건수와 구성비

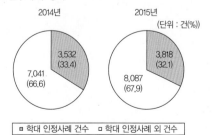

2014년

2015년
(단위 : 건(%))

3,532
(33.4)
7,041
(66.6)

3,818
(32.1)
8,087
(67.9)

■ 학대 인정사례 건수　■ 학대 인정사례 외 건수

※ 구성비는 소수점 아래 둘째 자리에서 반올림한 값임

ㄷ. 발생장소별 노인학대 인정사례 건수와 구성비

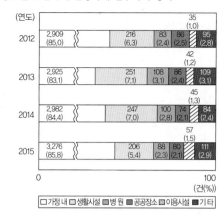

(연도)

| 2012 | 2,909 (85.0) | 216 (6.3) | 83 (2.4) | 86 (2.5) | 95 (2.8) | 35 (1.0) |
| 2013 | 2,925 (83.1) | 251 (7.1) | 108 (3.1) | 86 (2.4) | 109 (3.1) | 42 (1.2) |
| 2014 | 2,982 (84.4) | 247 (7.0) | 100 (2.8) | 74 (2.1) | 84 (2.4) | 45 (1.3) |
| 2015 | 3,276 (85.8) | 206 (5.4) | 88 (2.3) | 80 (2.1) | 111 (2.9) | 57 (1.5) |

0 ～ 100
(건(%))

□가정 내　□생활시설　■병원　■공공장소　■이용시설　■기타

※ 구성비는 소수점 아래 둘째 자리에서 반올림한 값임

ㄹ. 가구형태별 노인학대 인정사례 건수

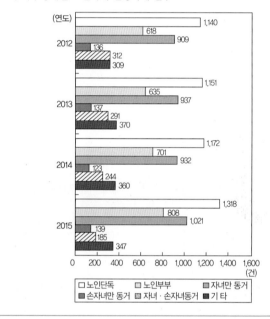

(연도)

2012
1,140
618
909
136
312
309

2013
1,151
635
937
137
291
370

2014
1,172
701
932
123
244
360

2015
1,318
808
1,021
139
185
347

0　200　400　600　800　1,000　1,200　1,400　1,600
(건)

□노인단독　□노인부부　■자녀만 동거
■손자녀만 동거　◪자녀·손자녀동거　■기타

① ㄱ, ㄹ
② ㄴ, ㄷ
③ ㄱ, ㄴ, ㄷ
④ ㄱ, ㄴ, ㄹ
⑤ ㄴ, ㄷ, ㄹ

**18** ▢△✕ 　　　　　　　　　　　17년 행시(가) 28번

다음 〈표〉는 세조 재위기간 중 지역별 흉년 현황을 나타낸 것이다. 이에 대한 설명으로 옳지 않은 것은?

〈표〉 세조 재위기간 중 지역별 흉년 현황

| 지역<br>재위년 | 경기 | 황해 | 평안 | 함경 | 강원 | 충청 | 경상 | 전라 | 흉년<br>지역 수 |
|---|---|---|---|---|---|---|---|---|---|
| 세조1 | ✕ | ✕ | ✕ | ✕ | ✕ | ○ | ✕ | ✕ | 1 |
| 세조2 | ○ | ✕ | ✕ | ✕ | ✕ | ○ | ○ | ✕ | 3 |
| 세조3 | ○ | ✕ | ✕ | ✕ | ○ | ○ | ○ | ○ | 4 |
| 세조4 | ○ | ( ) | ( ) | ( ) | ✕ | ( ) | ✕ | ( ) | 4 |
| 세조5 | ○ | ( ) | ○ | ○ | ○ | ✕ | ✕ | ✕ | ( ) |
| 세조8 | ✕ | ✕ | ✕ | ○ | ○ | ✕ | ✕ | ✕ | 1 |
| 세조9 | ✕ | ○ | ✕ | ( ) | ✕ | ✕ | ✕ | ✕ | 2 |
| 세조10 | ○ | ✕ | ✕ | ○ | ○ | ○ | ○ | ✕ | 4 |
| 세조12 | ○ | ○ | ○ | ✕ | ○ | ○ | ○ | ✕ | 5 |
| 세조13 | ○ | ✕ | ( ) | ✕ | ○ | ✕ | ✕ | ( ) | 3 |
| 세조14 | ○ | ○ | ✕ | ✕ | ○ | ( ) | ( ) | ✕ | 4 |
| 흉년 빈도 | 8 | 5 | ( ) | 2 | 7 | 6 | ( ) | 1 | |

※ 1) ○(✕) : 해당 재위년 해당 지역이 흉년임(흉년이 아님)을 의미함
　 2) 〈표〉에 제시되지 않은 재위년에는 흉년인 지역이 없음

① 흉년 빈도가 네 번째로 높은 지역은 평안이다.
② 흉년 지역 수는 세조5년이 세조4년보다 많다.
③ 경기, 황해, 강원 3개 지역의 흉년 빈도 합은 흉년 빈도 총합의 55% 이상이다.
④ 충청의 흉년 빈도는 경상의 2배이다.
⑤ 흉년 지역 수가 5인 재위년의 횟수는 총 2번이다.

**19** ▢△✕ 　　　　　　　　　　　18년 행시(나) 39번

다음 〈그림〉은 '갑' 노선(A~E역)의 무궁화호 운행 다이어그램이고, 〈정보〉는 무궁화호, 새마을호, 고속열차의 운행에 관련된 자료이다. 이에 대한 〈보기〉의 설명 중 옳은 것만을 모두 고르면?

〈그림〉 '갑' 노선의 무궁화호 운행 다이어그램

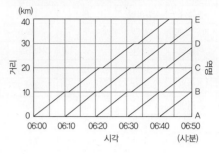

―――〈정 보〉―――

• 무궁화호, 새마을호, 고속열차는 시발역인 A역을 출발한 후 모든 역에 정차하며, 각 역에서 정차 시간은 1분이다.
• 새마을호의 역간 속력은 120km/시간이고 고속열차의 역간 속력은 240km/시간이다. 각 열차의 역간 속력은 일정하다.
• A역에서 06시 00분에 첫 무궁화호가 출발하고, 06시 05분에 첫 새마을호와 첫 고속열차가 출발한다.
• 무궁화호, 새마을호, 고속열차는 동일노선의 각각 다른 선로와 플랫폼을 이용하며 역간 운행 거리는 동일하다.
• 열차의 길이는 무시한다.

―――〈보 기〉―――

ㄱ. 첫 무궁화호가 C역에 도착하기 6분 전에 첫 고속열차는 D역에 정차해 있다.
ㄴ. 첫 새마을호의 D역 출발 시각과 06시 10분에 A역을 출발한 무궁화호의 C역 도착 시각은 같다.
ㄷ. 고속열차가 C역을 출발하여 E역에 도착하는 데 6분이 소요된다.

① ㄱ
② ㄴ
③ ㄷ
④ ㄱ, ㄷ
⑤ ㄱ, ㄴ, ㄷ

**20** ⊙△✕                                          15년 행시(인) 2번

다음 〈표〉는 18세기 부여 지역의 토지 소유 및 벼 추수 기록을 나타낸 자료이다. 이에 대한 〈보기〉의 설명 중 옳은 것만을 모두 고르면?

〈표〉 18세기 부여 지역의 토지 소유 및 벼 추수 기록

| 위치 | 소유주 | 작인 | 면적(두락) | 계약량 | 수취량 |
|---|---|---|---|---|---|
| 도장동 | 송득매 | 주서방 | 8 | 4석 | 4석 |
| 도장동 | 자근노음 | 검금 | 7 | 4석 | 4석 |
| 불근보 | 이풍덕 | 막산 | 5 | 2석 5두 | 1석 3두 |
| 소삼 | 이풍덕 | 동이 | 12 | 7석 10두 | 6석 |
| 율포 | 송치선 | 주적 | 7 | 4석 | 1석 10두 |
| 부야 | 홍서방 | 주적 | 6 | 3석 5두 | 2석 10두 |
| 잠방평 | 쾌득 | 명이 | 7 | 4석 | 2석 1두 |
| 석을고지 | 양서방 | 수양 | 10 | 7석 | 4석 10두 |
| 계 | | | 62 | 36석 5두 | 26석 4두 |

※ 작인 : 실제로 토지를 경작한 사람

─────〈보 기〉─────

ㄱ. '석'을 '두'로 환산하면 1석은 15두이다.

ㄴ. 계약량 대비 수취량의 비율이 가장 높은 토지의 위치는 '도장동', 가장 낮은 토지의 위치는 '불근보'이다.

ㄷ. 작인이 '동이', '명이', '수양'인 토지 중 두락당 계약량이 가장 큰 토지의 작인은 '수양'이고, 가장 작은 토지의 작인은 '동이'이다.

① ㄱ
② ㄴ
③ ㄱ, ㄷ
④ ㄴ, ㄷ
⑤ ㄱ, ㄴ, ㄷ

**21** ⊙△✕                                          16년 행시(5) 3번

다음 〈보고서〉는 2005~2013년 신고 접수된 노(老)-노(老)학대 현황에 관한 자료이다. 〈보고서〉의 내용과 부합하지 <u>않는</u> 것은?

─────〈보고서〉─────

노(老)-노(老)학대란 노인인 학대행위자가 노인을 학대하는 것을 의미한다. 노(老)-노(老)학대는 주로 고령 부부 간의 배우자 학대, 고령 자녀 및 며느리에 의한 부모 학대, 그리고 노인이 본인 스스로를 돌보지 않는 자기방임 유형의 학대로 나타난다.

신고 접수된 노(老)-노(老)학대행위 건수는 2005~2013년 동안 매년 증가하였다. 2013년에 신고 접수된 노(老)-노(老)학대행위 건수는 총 1,374건으로, 이 건수는 학대행위자 수와 동일하였다. 또한 2013년 신고 접수된 노(老)-노(老)학대 행위 건수는 2005년 신고 접수된 노(老)-노(老)학대행위 건수의 300% 이상 증가하였다.

2013년 신고 접수된 노(老)-노(老)학대행위의 가구형태별 비율을 살펴보면, '노인단독' 가구형태가 36.3%로 가장 높고, '노인부부' 가구형태가 33.0%, '자녀동거' 가구형태가 17.4%의 비율을 나타내고 있다. 노(老)-노(老)학대의 가구형태 중에는 '자녀, 손자녀 동거', '손자녀 동거'와 같이 손자녀가 포함된 가구도 있다.

2013년 노(老)-노(老)학대의 학대행위자 유형별 학대행위 건수를 살펴보면, '아들'에 의한 학대가 '딸'에 의한 학대의 3배 이상이고 '며느리'에 의한 학대가 '사위'에 의한 학대의 4배 이상이다. '손자녀'에 의한 학대는 한 건도 없다.

2013년 노(老)-노(老)학대의 학대행위자 직업 유형을 살펴보면 '무직'이 70.0% 이상으로 가장 많은 비율을 차지하고 있다. '공무원', '전문직', '사무종사자' 합은 '무직'을 제외한 직업 유형에 속한 학대행위자의 10.0% 미만이다.

2013년 노(老)-노(老)학대를 신고한 신고자 유형을 살펴보면, 비신고의무자의 신고 건수가 전체 신고 건수의 75.0% 이상이다. 비신고의무자의 세부유형을 신고 건수가 많은 것부터 순서대로 나열하면 '관련기관', '학대피해노인 본인', '친족', '친족 외 타인', '학대행위자 본인' 순이다.

① 2005~2013년 노(老)-노(老)학대행위 건수

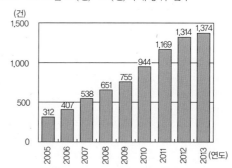

② 2013년 노(老)-노(老)학대행위의 가구형태별 비율

(단위 : %)

| 가구형태 | 노인단독 | 노인부부 | 자녀동거 | 자녀, 손자녀 동거 | 손자녀 동거 | 기타 | 계 |
|---|---|---|---|---|---|---|---|
| 비율 | 36.3 | 33.0 | 17.4 | 3.9 | 2.2 | 7.2 | 100.0 |

③ 2013년 노(老)-노(老)학대의 학대행위자 유형별 학대행위 건수

(단위 : 건)

| 학대행위자 유형 | 피해자 본인 | 친족 | | | | | | | 친족 외 타인 | 기관 | 계 |
|---|---|---|---|---|---|---|---|---|---|---|---|
| | | 배우자 | 아들 | 며느리 | 딸 | 사위 | 손자녀 | 친척 | 소계 | | |
| 건수 | 370 | 530 | 198 | 29 | 53 | 6 | 0 | 34 | 850 | 122 | 32 | 1,374 |

④ 2013년 노(老)-노(老)학대의 학대행위자 직업 유형

(단위 : 명)

| 직업 유형 | 인원수 |
|---|---|
| 공무원 | 5 |
| 전문직 | 30 |
| 기술공 | 9 |
| 사무종사자 | 9 |
| 판매종사자 | 36 |
| 농·어·축산업 종사자 | 99 |
| 기능종사자 | 11 |
| 기계조작원 | 2 |
| 노무종사자 | 79 |
| 자영업자 | 72 |
| 기타 | 7 |
| 무직 | 1,015 |
| 계 | 1,374 |

⑤ 2013년 노(老)-노(老)학대의 신고자 유형별 신고 건수

(단위 : 건)

| 신고자 유형 | 세부유형 | 건수 |
|---|---|---|
| 신고의무자 | 의료인 | 15 |
| | 노인 복지시설 종사자 | 70 |
| | 장애인 복지시설 종사자 | 0 |
| | 가정폭력관련 종사자 | 41 |
| | 사회복지전담 공무원 | 122 |
| | 사회복지관, 부랑인 및 노숙인 보호시설 관련 종사자 | 11 |
| | 구급대원 | 4 |
| | 재가 장기요양기관 종사자 | 13 |
| | 건강가정지원센터 종사자 | 0 |
| | 소계 | 276 |
| 비신고의무자 | 학대피해노인 본인 | 327 |
| | 학대행위자 본인 | 5 |
| | 친족 | 180 |
| | 친족 외 타인 | 113 |
| | 관련기관 | 473 |
| | 소계 | 1,098 |
| 합계 | | 1,374 |

## 22 ○△✕

14년 행시(A) 40번

다음 〈표〉는 A국 5개 산(가~마) 시작고도의 일 최저기온과 해당 산의 고도에 관한 자료이다. 〈규칙〉에 따라 단풍 절정기 시작날짜를 정할 때, 〈표 1〉의 날짜 중 단풍 절정기 시작날짜가 가장 늦은 산은?

〈표 1〉 A국 5개 산 시작고도의 일 최저기온

(단위 : ℃)

| 날짜 \ 산 | 가 | 나 | 다 | 라 | 마 |
|---|---|---|---|---|---|
| 10월 11일 | 8.5 | 8.7 | 10.9 | 10.1 | 10.1 |
| 10월 12일 | 8.7 | 9.2 | 9.7 | 9.1 | 9.5 |
| 10월 13일 | 7.5 | 8.5 | 8.5 | 9.5 | 8.4 |
| 10월 14일 | 7.1 | 7.2 | 7.7 | 8.7 | 7.9 |
| 10월 15일 | 8.1 | 7.9 | 7.5 | 7.6 | 7.5 |
| 10월 16일 | 8.9 | 8.5 | 9.7 | 10.1 | 9.7 |
| 10월 17일 | 7.1 | 7.5 | 9.5 | 10.1 | 9.0 |
| 10월 18일 | 6.5 | 7.0 | 8.7 | 9.0 | 7.7 |
| 10월 19일 | 6.0 | 6.9 | 8.7 | 8.9 | 7.4 |
| 10월 20일 | 5.4 | 6.4 | 7.3 | 7.9 | 8.4 |
| 10월 21일 | 4.5 | 6.3 | 7.5 | 7.1 | 7.3 |
| 10월 22일 | 5.7 | 6.1 | 8.1 | 6.5 | 7.1 |
| 10월 23일 | 6.4 | 5.7 | 7.2 | 6.4 | 6.9 |
| 10월 24일 | 4.5 | 5.7 | 6.9 | 6.2 | 6.5 |
| 10월 25일 | 3.2 | 4.5 | 6.3 | 5.8 | 6.8 |
| 10월 26일 | 2.8 | 3.1 | 6.5 | 5.6 | 5.3 |
| 10월 27일 | 2.1 | 2.4 | 5.9 | 5.5 | 4.5 |
| 10월 28일 | 1.4 | 1.5 | 4.1 | 5.2 | 3.7 |
| 10월 29일 | 0.7 | 0.8 | 3.2 | 4.7 | 4.0 |

※ 각 산의 동일한 고도에서는 기온이 동일하다고 가정함

〈표 2〉 A국 5개 산의 고도

(단위 : m)

| 산 \ 고도 | 시작고도(S) | 정상고도(T) |
|---|---|---|
| 가 | 500 | 1,600 |
| 나 | 400 | 1,400 |
| 다 | 200 | 900 |
| 라 | 100 | 700 |
| 마 | 300 | 1,800 |

───── 〈규 칙〉 ─────

• 특정 고도의 일 최저기온이 최초로 5℃ 이하로 내려가면 해당 고도에서 단풍이 들기 시작한다.
• 각 산의 단풍 절정기 시작날짜는 해당 산의 고도 H(=0.8S+0.2T)에서 단풍이 들기 시작하는 날짜이다.
• 고도가 10m 높아질 때마다 기온이 0.07℃씩 하강한다.

① 가
② 나
③ 다
④ 라
⑤ 마

## 23 ⃞○⃞△⃞✕

12년 행시(인) 14번

다음 〈표〉는 농구대회의 중간 성적에 대한 자료이다. 이에 대한 설명 중 옳지 <u>않은</u> 것은?

〈표〉 농구대회 중간 성적(2012년 2월 25일 현재)

| 순위 | 팀 | 남은 경기수 | 전체 | | 남은 홈 경기수 | 홈경기 | | 최근 10경기 | | 최근 연승연패 |
|---|---|---|---|---|---|---|---|---|---|---|
| | | | 승수 | 패수 | | 승수 | 패수 | 승수 | 패수 | |
| 1 | A | 6 | 55 | 23 | 2 | 33 | 7 | 9 | 1 | 1패 |
| 2 | B | 6 | 51 | 27 | 4 | 32 | 6 | 6 | 4 | 3승 |
| 3 | C | 6 | 51 | 27 | 3 | 30 | 9 | 9 | 1 | 1승 |
| 4 | D | 6 | 51 | 27 | 3 | 16 | 23 | 5 | 5 | 1승 |
| 5 | E | 5 | 51 | 28 | 2 | 32 | 8 | 7 | 3 | 1패 |
| 6 | F | 6 | 47 | 31 | 3 | 28 | 11 | 7 | 3 | 1패 |
| 7 | G | 6 | 47 | 31 | 4 | 20 | 18 | 8 | 2 | 2승 |
| 8 | H | 6 | 46 | 32 | 3 | 23 | 16 | 6 | 4 | 2패 |
| 9 | I | 6 | 40 | 38 | 3 | 22 | 17 | 4 | 6 | 2승 |
| 10 | J | 6 | 39 | 39 | 2 | 17 | 23 | 3 | 7 | 3패 |
| 11 | K | 5 | 35 | 44 | 3 | 16 | 23 | 2 | 8 | 4패 |
| 12 | L | 6 | 27 | 51 | 3 | 9 | 30 | 2 | 8 | 6패 |
| 13 | M | 6 | 24 | 54 | 3 | 7 | 32 | 1 | 9 | 8패 |
| 14 | N | 6 | 17 | 61 | 3 | 7 | 32 | 5 | 5 | 1승 |
| 15 | O | 6 | 5 | 73 | 3 | 1 | 38 | 1 | 9 | 3패 |

※ '최근 연승 연패'는 최근 경기까지 몇 연승(연속으로 이김), 몇 연패(연속으로 짐)를 했는지를 뜻함. 단, 연승 또는 연패하지 않은 경우 최근 1경기의 결과만을 기록함

※ 각 팀은 홈과 원정 경기를 각각 42경기씩 총 84경기를 하며, 무승부는 없음

※ 순위는 전체 경기 승률이 높은 팀부터 1위에서 15위까지 차례로 결정되며, 전체 경기 승률이 같은 경우 홈 경기 승률이 낮은 팀이 해당 순위보다 하나 더 낮은 순위로 결정됨

※ 전체(홈 경기) 승률 = $\dfrac{\text{전체(홈 경기) 승수}}{\text{전체(홈 경기) 승수 + 전체(홈 경기) 패수}}$

① A팀은 최근에 치른 1경기만 지고 그 이전에 치른 9경기를 모두 이겼다.

② I팀의 최종 순위는 남은 경기 결과에 따라 8위가 될 수 있다.

③ L팀과 M팀은 각 팀이 치른 최근 5경기에서 서로 경기를 치르지 않았다.

④ 남은 경기 결과에 따라 1위 팀은 변경될 수 있다.

⑤ 2012년 2월 25일 현재 순위 1~3위인 팀의 홈 경기 승률은 각각 0.8 이상이다.

※ 다음 〈표〉는 2001~2006년 한·중·일 3국간 무역관계를 나타낸 것이고 〈그림〉은 2006년 한·중·일 3국의 상호간 무역관계를 나타낸 것이다(단, 〈표〉와 〈그림〉에 나타나지 않은 타국과의 무역관계는 고려하지 않는다). [24~25]

〈표〉 한·중·일 3국간 무역관계

(단위 : 억 불)

| 구분 연도 | 한국 | | 중국 | | 일본 | |
|---|---|---|---|---|---|---|
| | 수출 | 수입 | 수출 | 수입 | 수출 | 수입 |
| 2001 | 797 | 812 | 965 | 1,473 | 1,307 | 784 |
| 2002 | 759 | 786 | 959 | 1,457 | 1,379 | 854 |
| 2003 | 814 | ( A ) | 1,021 | 1,557 | 1,421 | 897 |
| 2004 | 867 | 890 | 1,215 | 1,705 | 1,456 | 943 |
| 2005 | 845 | 865 | 1,164 | 1,633 | 1,478 | 989 |
| 2006 | 858 | 870 | ( ) | 1,423 | ( B ) | ( ) |

※ 무역수지는 수출에서 수입을 뺀 값으로, 이 값이 양(+)이면 흑자, 음(−)이면 적자임

〈그림〉 2006년 한·중·일 3국의 상호간 무역관계

(단위 : 억 불)

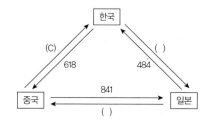

※ 화살표는 수출이 이루어지는 방향을 의미함

## 24 ⃞○⃞△⃞✕

10년 행시(인) 7번

〈표〉와 〈그림〉의 A, B, C에 들어갈 숫자로서 옳은 것을 고르면?

| | A | B | C |
|---|---|---|---|
| ① | 802 | 1,289 | 386 |
| ② | 802 | 1,489 | 386 |
| ③ | 802 | 1,281 | 492 |
| ④ | 826 | 1,281 | 492 |
| ⑤ | 826 | 1,289 | 386 |

## 25 ⊙△✕ 10년 행시(인) 8번

〈표〉와 〈그림〉을 보고 〈보기〉에서 옳지 <u>않은</u> 것을 모두 고르면?

───── 〈보 기〉 ─────

ㄱ. 2001~2006년 사이 한국의 무역수지 적자가 가장 큰 해는 2003
   년이다.

ㄴ. 중국은 2001~2006년 사이 매년 무역수지 적자를 기록하였다.

ㄷ. 2006년 한 · 중 · 일 3국의 수출액의 합은 수입액의 합보다 크다.

ㄹ. 2006년 일본은 한국 및 중국과의 교역 모두에서 무역수지 흑자를
   보이고 있으며, 한국과의 교역에서 발생한 흑자 규모가 중국과의
   교역에서 발생한 흑자 규모보다 크다.

① ㄱ, ㄴ

② ㄱ, ㄷ

③ ㄴ, ㄹ

④ ㄱ, ㄷ, ㄹ

⑤ ㄴ, ㄷ, ㄹ

## CHAPTER 02 제2회 자료해석 모의고사

**01** ⊙△×  11년 행시(인) 29번

다음 〈표〉는 특정 기업 47개를 대상으로 제품전략, 기술개발 종류 및 기업형태별 기업수에 관해 조사한 결과이다. 조사대상 기업에 대한 다음 설명 중 옳은 것은?

〈표〉 제품전략, 기술개발 종류 및 기업형태별 기업수

(단위 : 개)

| 제품전략 | 기술개발 종류 | 기업형태 | |
|---|---|---|---|
| | | 벤처기업 | 대기업 |
| 시장견인 | 존속성기술 | 3 | 9 |
| | 와해성기술 | 7 | 8 |
| 기술추동 | 존속성기술 | 5 | 7 |
| | 와해성기술 | 5 | 3 |

※ 각 기업은 한 가지 제품전략을 취하고 한 가지 종류의 기술을 개발함

① 와해성기술을 개발하는 기업 중에는 벤처기업의 비율이 대기업의 비율보다 낮다.

② 기술추동전략을 취하는 기업 중에는 존속성기술을 개발하는 비율이 와해성기술을 개발하는 비율보다 낮다.

③ 존속성기술을 개발하는 기업의 비율이 와해성기술을 개발하는 기업의 비율보다 높다.

④ 벤처기업 중에는 기술추동전략을 취하는 비율이 시장견인전략을 취하는 비율보다 높다.

⑤ 대기업 중에는 시장견인전략을 취하는 비율이 기술추동전략을 취하는 비율보다 낮다.

**02** ⊙△×  16년 행시(5) 21번

다음 〈표〉와 〈그림〉은 조선시대 A군의 조사시기별 가구 수 및 인구 수와 가구 구성비에 대한 자료이다. 이에 대한 〈보기〉의 설명 중 옳은 것만을 모두 고르면?

〈표〉 A군의 조사시기별 가구 수 및 인구 수

(단위 : 호, 명)

| 조사시기 | 가구 수 | 인구 수 |
|---|---|---|
| 1729년 | 1,480 | 11,790 |
| 1765년 | 7,210 | 57,330 |
| 1804년 | 8,670 | 68,930 |
| 1867년 | 27,360 | 144,140 |

〈그림〉 A군의 조사시기별 가구 구성비

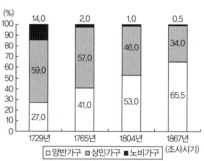

〈보 기〉

ㄱ. 1804년 대비 1867년의 가구당 인구 수는 증가하였다.

ㄴ. 1765년 상민가구 수는 1804년 양반가구 수보다 적다.

ㄷ. 노비가구 수는 1804년이 1765년보다는 적고 1867년보다는 많다.

ㄹ. 1729년 대비 1765년에 상민가구 구성비는 감소하였고 상민가구 수는 증가하였다.

① ㄱ, ㄴ

② ㄱ, ㄷ

③ ㄴ, ㄹ

④ ㄱ, ㄷ, ㄹ

⑤ ㄴ, ㄷ, ㄹ

## 03 ○△✕

16년 행시(5) 12번

다음 〈표〉는 2008~2012년 한국을 포함한 OECD 주요국의 공공복지예산에 관한 자료이다. 이에 대한 〈보기〉의 설명 중 옳은 것만을 모두 고르면?

〈표 1〉 2008~2012년 한국의 공공복지예산과 분야별 GDP 대비 공공복지예산 비율

(단위 : 십억 원, %)

| 구분\n연도 | 공공복지\n예산 | 분야별 GDP 대비 공공복지예산 비율 | | | | | |
|---|---|---|---|---|---|---|---|
| | | 노령 | 보건 | 가족 | 실업 | 기타 | 합 |
| 2008 | 84,466 | 1.79 | 3.28 | 0.68 | 0.26 | 1.64 | 7.65 |
| 2009 | 99,856 | 1.91 | 3.64 | 0.74 | 0.36 | 2.02 | 8.67 |
| 2010 | 105,248 | 1.93 | 3.74 | 0.73 | 0.29 | 1.63 | 8.32 |
| 2011 | 111,090 | 1.95 | 3.73 | 0.87 | 0.27 | 1.52 | 8.34 |
| 2012 | 124,824 | 2.21 | 3.76 | 1.08 | 0.27 | 1.74 | 9.06 |

〈표 2〉 2008~2012년 OECD 주요국의 GDP 대비 공공복지예산 비율

(단위 : %)

| 국가\연도 | 2008 | 2009 | 2010 | 2011 | 2012 |
|---|---|---|---|---|---|
| 한국 | 7.65 | 8.67 | 8.32 | 8.34 | 9.06 |
| 호주 | 17.80 | 17.80 | 17.90 | 18.20 | 18.80 |
| 미국 | 17.00 | 19.20 | 19.80 | 19.60 | 19.70 |
| 체코 | 18.10 | 20.70 | 20.80 | 20.80 | 21.00 |
| 영국 | 21.80 | 24.10 | 23.80 | 23.60 | 23.90 |
| 독일 | 25.20 | 27.80 | 27.10 | 25.90 | 25.90 |
| 핀란드 | 25.30 | 29.40 | 29.60 | 29.20 | 30.00 |
| 스웨덴 | 27.50 | 29.80 | 28.30 | 27.60 | 28.10 |
| 프랑스 | 29.80 | 32.10 | 32.40 | 32.00 | 32.50 |

─── 〈보 기〉 ───

ㄱ. 2011년 한국의 실업 분야 공공복지예산은 4조 원 이상이다.

ㄴ. 한국의 공공복지예산 중 보건 분야 예산이 차지하는 비중은 2011년과 2012년에 전년대비 감소한다.

ㄷ. 매년 한국의 노령 분야 공공복지예산은 가족 분야 공공복지예산의 2배 이상이다.

ㄹ. 2009~2012년 동안 OECD 주요국 중 GDP 대비 공공복지예산 비율이 가장 높은 국가와 가장 낮은 국가 간의 비율 차이는 전년대비 매년 증가한다.

① ㄱ, ㄹ
② ㄴ, ㄷ
③ ㄴ, ㄹ
④ ㄱ, ㄴ, ㄷ
⑤ ㄱ, ㄷ, ㄹ

## 04 ○△✕

13년 행시(인) 5번

어느 기업에서 3명의 지원자(종현, 유호, 은진)에게 5명의 면접위원(A, B, C, D, E)이 평가점수와 순위를 부여하였다. 비율점수법과 순위점수법을 적용한 결과가 〈표〉와 같을 때, 이에 대한 설명으로 옳은 것은?

〈표 1〉 비율점수법 적용 결과

(단위 : 점)

| 면접위원\지원자 | A | B | C | D | E | 전체합 | 중앙3합 |
|---|---|---|---|---|---|---|---|
| 종현 | 7 | 8 | 6 | 6 | 1 | 28 | 19 |
| 유호 | 9 | 7 | 6 | 3 | 8 | ( ) | ( ) |
| 은진 | 5 | 8 | 7 | 2 | 6 | ( ) | ( ) |

※ 중앙3합은 5명의 면접위원이 부여한 점수 중 최곳값과 최젓값을 제외한 3명의 점수를 합한 값임

〈표 2〉 순위점수법 적용 결과

(단위 : 순위, 점)

| 면접위원\지원자 | A | B | C | D | E | 순위점수합 |
|---|---|---|---|---|---|---|
| 종현 | 2 | 1 | 2 | 1 | 3 | 11 |
| 유호 | 1 | 3 | 3 | 2 | 1 | ( ) |
| 은진 | 3 | 2 | 1 | 3 | 2 | ( ) |

※ 순위점수는 1순위에 3점, 2순위에 2점, 3순위에 1점을 부여함

① 순위점수합이 가장 큰 지원자는 '종현'이다.
② 비율점수법 중 중앙3합이 가장 큰 지원자는 순위점수합도 가장 크다.
③ 비율점수법 적용 결과에서 평가점수의 전체합과 중앙3합이 큰 값부터 등수를 정하면 지원자의 등수는 각각 같다.
④ 비율점수법 적용 결과에서 평가점수의 전체합이 가장 큰 지원자는 '은진'이다.
⑤ 비율점수법 적용 결과에서 중앙3합이 높은 값부터 등수를 정하면 2등은 '유호'이다.

**05** ○△✕          2008년 행시(열) 9번

다음 〈그림〉은 음주운전 관련 자료이다. 이에 대한 〈보기〉의 설명 중 옳지 않은 것을 모두 고르면?

〈그림 1〉 연령대별 음주운전 교통사고 현황

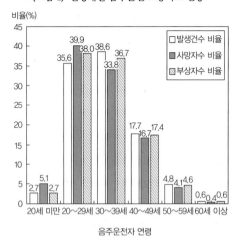

〈그림 2〉 혈중 알코올 농도별 음주운전 교통사고 현황

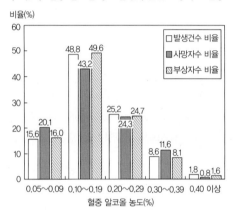

─── 〈보 기〉 ───

ㄱ. 전체 음주운전 교통사고의 2/3 이상은 20대와 30대 운전자에 의해 발생한다.

ㄴ. 60세 이상의 운전자들은 음주운전을 하여도 사고를 유발할 확률이 1% 미만이다.

ㄷ. 전체 음주운전 교통사고 발생건수 중에서 운전자의 혈중 알코올 농도가 0.30% 이상인 경우는 11% 미만이다.

ㄹ. 20대나 30대의 운전자가 혈중 알코올 농도 0.10~0.19%에서 운전할 경우에 음주운전 교통사고의 발생가능성이 가장 높다.

ㅁ. 각 연령대의 음주운전 교통사고 발생건수 대비 사망자수 비율이 가장 높은 연령대는 20세 미만이다.

ㅂ. 음주운전자 중에는 혈중 알코올 농도 0.10~0.19%에서 운전을 한 경우가 가장 많다.

① ㄱ, ㄴ, ㄷ
② ㄴ, ㄷ, ㄹ
③ ㄴ, ㄹ, ㅂ
④ ㄷ, ㄹ, ㅁ
⑤ ㄹ, ㅁ, ㅂ

**06** ○△✕          06년 행시(용) 14번

정부는 낙도(落島) 보조항로를 지정하여 그 항로를 운행하는 사업자에 대하여 보조금을 지급하고 있다. 다음 〈표〉와 〈그림〉은 낙도 보조항로를 운행하는 선박에 대한 통계 자료이다. 이 자료에 대한 〈보기〉의 설명 중 옳은 것을 모두 고르면?

〈표〉 2004년도 지역별 낙도 보조항로 현황

| 구분<br>지역 | 선박수<br>(척) | 총선박톤수<br>(톤) | 총취항거리<br>(마일) | 수송인원<br>일인당<br>보조금액(원) | 수송인원<br>(명) |
|---|---|---|---|---|---|
| 인천 | 3 | 221 | 80 | 161 | 41,489 |
| 대산 | 4 | 182 | 25 | 139 | 49,766 |
| 군산 | 4 | 438 | 80 | 160 | 70,136 |
| 목포 | 12 | 1,271 | 500 | 266 | 109,369 |
| 여수 | 1 | 51 | 20 | 250 | 678 |
| 마산 | 4 | 218 | 80 | 73 | 70,923 |
| 제주 | 1 | 36 | 10 | 51 | 31,524 |
| 전국 합계 | 29 | 2,417 | 795 | – | 373,885 |

〈그림〉 연도별 낙도 보조항로 총수송인원 변화추이

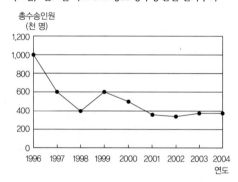

─── 〈보 기〉 ───

ㄱ. 낙도 보조항로를 운행하는 선박 중에서 인천 지역 선박들의 평균 선박톤수는 대산 지역이나 마산 지역보다 크지만 전국 평균보다는 작다.

ㄴ. 수송인원 일인당 보조금액이 가장 적은 지역은 수송인원 일인당 취항거리도 가장 짧다.

ㄷ. 전년대비 가장 큰 비율로 총수송인원이 변한 때는 1997년이다.

ㄹ. 1999년 각 지역별 수송인원의 비율이 2004년과 동일했다면 1999년 마산 지역 수송인원은 10만 명 이상이었을 것이다.

① ㄱ, ㄴ
② ㄷ, ㄹ
③ ㄱ, ㄴ, ㄷ
④ ㄱ, ㄴ, ㄹ
⑤ ㄴ, ㄷ, ㄹ

## 07 ○△× 18년 행시(나) 9번

다음 〈표〉는 서울시 10개구의 대기 중 오염물질 농도 및 오염물질별 대기환경지수 계산식에 관한 것이다. 이에 대한 〈보기〉의 설명 중 옳은 것만을 모두 고르면?

〈표 1〉 대기 중 오염물질 농도

| 오염물질<br>지역 | 미세먼지<br>($\mu g/m^3$) | 초미세먼지<br>($\mu g/m^3$) | 이산화질소<br>(ppm) |
|---|---|---|---|
| 종로구 | 46 | 36 | 0.018 |
| 중구 | 44 | 31 | 0.019 |
| 용산구 | 49 | 35 | 0.034 |
| 성동구 | 67 | 23 | 0.029 |
| 광진구 | 46 | 10 | 0.051 |
| 동대문구 | 57 | 25 | 0.037 |
| 중랑구 | 48 | 22 | 0.041 |
| 성북구 | 56 | 21 | 0.037 |
| 강북구 | 44 | 23 | 0.042 |
| 도봉구 | 53 | 14 | 0.022 |
| 평균 | 51 | 24 | 0.033 |

〈표 2〉 오염물질별 대기환경지수 계산식

| 계산식<br>오염물질 | 조건 | 계산식 |
|---|---|---|
| 미세먼지<br>($\mu g/m^3$) | 농도가 51 이하일 때 | 0.9×농도 |
| | 농도가 51 초과일 때 | 1.0×농도 |
| 초미세먼지<br>($\mu g/m^3$) | 농도가 25 이하일 때 | 2.0×농도 |
| | 농도가 25 초과일 때 | 1.5×(농도−25)+51 |
| 이산화질소<br>(ppm) | 농도가 0.04 이하일 때 | 1,200×농도 |
| | 농도가 0.04 초과일 때 | 800×(농도−0.04)+51 |

※ 통합대기환경지수는 오염물질별 대기환경지수 중 최댓값임

〈보 기〉

ㄱ. 용산구의 통합대기환경지수는 성동구의 통합대기환경지수보다 작다.

ㄴ. 강북구의 미세먼지 농도와 초미세먼지 농도는 각각의 평균보다 낮고, 이산화질소 농도는 평균보다 높다.

ㄷ. 중랑구의 통합대기환경지수는 미세먼지의 대기환경지수와 같다.

ㄹ. 세 가지 오염물질 농도가 각각의 평균보다 모두 높은 구는 2개 이상이다.

① ㄱ, ㄴ
② ㄱ, ㄷ
③ ㄷ, ㄹ
④ ㄱ, ㄴ, ㄹ
⑤ ㄴ, ㄷ, ㄹ

## 08 ○△× 19년 행시(가) 32번

다음 〈표〉는 2016~2018년 '갑'국 매체 A~D의 종사자 현황 자료이다. 이와 〈조건〉을 근거로 2018년 전체 종사자가 많은 것부터 순서대로 나열하면?

〈표〉 매체 A~D의 종사자 현황

(단위 : 명)

| 연도 | 구분<br>매체 | 정규직 여성 | 정규직 남성 | 정규직 소계 | 비정규직 여성 | 비정규직 남성 | 비정규직 소계 |
|---|---|---|---|---|---|---|---|
| 2016 | A | 6,530 | 15,824 | 22,354 | 743 | 1,560 | 2,303 |
| | B | 3,944 | 12,811 | 16,755 | 1,483 | 1,472 | 2,955 |
| | C | 3,947 | 7,194 | 11,141 | 900 | 1,650 | 2,550 |
| | D | 407 | 1,226 | 1,633 | 31 | 57 | 88 |
| 2017 | A | 5,957 | 14,110 | 20,067 | 1,017 | 2,439 | 3,456 |
| | B | 2,726 | 11,280 | 14,006 | 1,532 | 1,307 | 2,839 |
| | C | 3,905 | 6,338 | 10,243 | 1,059 | 2,158 | 3,217 |
| | D | 370 | 1,103 | 1,473 | 41 | 165 | 206 |
| 2018 | A | 6,962 | 17,279 | 24,241 | 966 | 2,459 | 3,425 |
| | B | 4,334 | 13,002 | 17,336 | 1,500 | 1,176 | 2,676 |
| | C | 6,848 | 10,000 | 16,848 | 1,701 | 2,891 | 4,592 |
| | D | 548 | 1,585 | 2,133 | 32 | 593 | 625 |

〈조 건〉

• 2017년과 2018년 '통신'의 비정규직 종사자는 전년대비 매년 증가하였다.

• 2017년 여성 종사자가 가장 많은 매체는 '종이신문'이다.

• 2018년 '방송'의 정규직 종사자 수 대비 비정규직 종사자수의 비율은 20% 미만이다.

• 2016년에 비해 2017년에 남성 종사자가 감소했고 여성 종사자가 증가한 매체는 '인터넷신문'이다.

① 종이신문−방송−인터넷신문−통신
② 종이신문−인터넷신문−방송−통신
③ 통신−종이신문−인터넷신문−방송
④ 통신−인터넷신문−종이신문−방송
⑤ 인터넷신문−방송−종이신문−통신

## 09 ○△×

**다음은 외국인 노동자와 국제결혼에 관한 〈보고서〉이다. 아래 〈보고서〉에 제시된 내용과 부합하지 않는 것은?**

— 〈보고서〉 —

유럽의 국가들이 이삼백년에 걸쳐 산업화가 진행되었던 반면, 우리나라는 반세기라는 비교적 짧은 시간동안 산업화를 이룩하면서 빠른 성장을 거듭해 왔다. 이러한 빠른 경제성장 가운데 생활수준 역시 빠른 속도로 향상되었으며, 더불어 내국인 노동자의 인건비 역시 상승하였다. 결국 부가가치가 낮은 산업에서의 내국인 노동자의 인건비는 그 경쟁력을 잃어버리는 추세에 있으며, 기업들은 상대적으로 인건비가 낮은 외국인 노동자들을 선호하게 되었다.

이러한 까닭으로 우리나라에도 외국인 노동자의 유입이 증가하고 있는 실정이다. 2005년부터 2008년까지의 지역별 외국인등록인구를 보면, 경기도를 제외하고는 매년 전년대비 증가하고 있으며, 경기도 역시 2006년부터 2008년까지 전년대비 증가하는 추세를 보이고 있다. 한국국적을 신규로 취득한 전체 외국인수 역시 2007년에 비하여 2008년에 증가하였으며, 그중에서 동북아시아 출신 외국인수는 900명 이상 증가하였다.

2008년 국제결혼 이주자수의 경우에는 아시아 지역이 90% 이상을 차지하고 있으며, 그중에서도 특히 동북아시아 지역이 아시아 지역의 80% 이상을 차지하고 있다. 국제결혼이 증가함에 따라 국제결혼가정의 자녀수 역시 2007년에 비해 2008년에 두 배 이상이 되었다. 2008년 국제결혼가정 자녀의 연령층별 구성을 보면, 연령층이 높아질수록 그 수가 감소하였다.

① 2008년 국제결혼가정 부모의 출신지역별 자녀의 연령분포

(단위 : 명)

| 출신지역 / 연령층 | 동북아시아 | 동남아시아 | 남부아시아 | 중앙아시아 | 미국 | 유럽 | 기타 | 합 |
|---|---|---|---|---|---|---|---|---|
| 6세 이하 | 18,210 | 8,301 | 281 | 532 | 880 | 171 | 714 | 29,089 |
| 7~12세 | 10,922 | 4,011 | 130 | 121 | 829 | 87 | 491 | 16,591 |
| 13~15세 | 4,207 | 2,506 | 30 | 28 | 391 | 24 | 132 | 7,318 |
| 16세 이상 | 3,070 | 1,494 | 13 | 26 | 306 | 21 | 79 | 5,009 |

② 출신지역별 한국국적 신규취득 외국인수

(단위 : 명)

| 출신지역 / 연도 | 동북아시아 | 동남아시아 | 남부아시아 | 중앙아시아 | 미국 | 유럽 | 기타 | 합 |
|---|---|---|---|---|---|---|---|---|
| 2007 | 18,412 | 14,411 | 9,307 | 4,097 | 23,137 | 3,919 | 31,059 | 104,342 |
| 2008 | 19,374 | 12,737 | 8,906 | 5,283 | 24,428 | 4,468 | 29,448 | 104,644 |

③ 출신지역별 국제결혼가정 자녀수

(단위 : 명)

| 출신지역 / 연도 | 동북아시아 | 동남아시아 | 남부아시아 | 중앙아시아 | 미국 | 유럽 | 기타 | 합 |
|---|---|---|---|---|---|---|---|---|
| 2007 | 17,477 | 8,224 | 288 | 550 | 852 | 263 | 652 | 28,306 |
| 2008 | 36,409 | 16,312 | 454 | 707 | 2,406 | 303 | 1,416 | 58,007 |

④ 2008년 출신지역별 국제결혼 이주자수

(단위 : 명)

| 출신지역 | 동북아시아 | 동남아시아 | 남부아시아 | 중앙아시아 | 미국 | 유럽 | 기타 | 합 |
|---|---|---|---|---|---|---|---|---|
| 이주자수 | 65,139 | 17,805 | 1,179 | 1,173 | 1,794 | 835 | 2,564 | 90,489 |

⑤ 연도별 지역별 외국인등록인구

(단위 : 명)

| 지역 \ 연도 | 2004 | 2005 | 2006 | 2007 | 2008 |
|---|---|---|---|---|---|
| 경기도 | 165,922 | 155,942 | 200,798 | 234,030 | 256,827 |
| 강원도 | 7,265 | 7,989 | 10,252 | 11,994 | 12,892 |
| 충청북도 | 11,665 | 12,871 | 17,326 | 20,731 | 22,700 |
| 충청남도 | 19,147 | 19,849 | 26,411 | 30,553 | 35,254 |
| 전라북도 | 8,932 | 10,165 | 13,475 | 16,151 | 18,749 |
| 전라남도 | 7,819 | 9,260 | 11,903 | 15,126 | 19,690 |
| 경상북도 | 22,696 | 23,409 | 29,721 | 33,721 | 35,731 |
| 경상남도 | 24,920 | 26,679 | 35,953 | 42,389 | 51,707 |
| 제주도 | 1,873 | 2,178 | 3,199 | 4,130 | 4,902 |

## 10 ○△×

**다음 〈표〉는 2016년 10월, 2017년 10월 순위 기준 상위 11개국의 축구 국가대표팀 순위 변동에 관한 자료이다. 이에 대한 설명으로 옳은 것은?**

〈표〉 축구 국가대표팀 순위 변동

| 구분 / 순위 | 2016년 10월 | | | 2017년 10월 | | |
|---|---|---|---|---|---|---|
| | 국가 | 점수 | 등락 | 국가 | 점수 | 등락 |
| 1 | 아르헨티나 | 1,621 | – | 독일 | 1,606 | ↑1 |
| 2 | 독일 | 1,465 | ↑1 | 브라질 | 1,590 | ↓1 |
| 3 | 브라질 | 1,410 | ↑1 | 포르투갈 | 1,386 | ↑3 |
| 4 | 벨기에 | 1,382 | ↓2 | 아르헨티나 | 1,325 | ↓1 |
| 5 | 콜롬비아 | 1,361 | – | 벨기에 | 1,265 | ↑4 |
| 6 | 칠레 | 1,273 | – | 폴란드 | 1,250 | ↓1 |
| 7 | 프랑스 | 1,271 | ↑1 | 스위스 | 1,210 | ↓3 |
| 8 | 포르투갈 | 1,231 | ↓1 | 프랑스 | 1,208 | ↑2 |
| 9 | 우루과이 | 1,175 | – | 칠레 | 1,195 | ↓2 |
| 10 | 스페인 | 1,168 | ↑1 | 콜롬비아 | 1,191 | ↓2 |
| 11 | 웨일스 | 1,113 | ↑1 | 스페인 | 1,184 | – |

※ 1) 축구 국가대표팀 순위는 매월 발표됨
2) 등락에서 ↑, ↓, –는 전월 순위보다 각각 상승, 하락, 변동없음을 의미하고, 옆의 숫자는 전월대비 순위의 상승폭 혹은 하락폭을 의미함

① 2016년 10월과 2017년 10월에 순위가 모두 상위 10위 이내인 국가 수는 9개이다.

② 2017년 10월 상위 10개 국가 중, 2017년 9월 순위가 2016년 10월 순위보다 낮은 국가는 높은 국가보다 많다.

③ 2017년 10월 상위 5개 국가의 점수 평균이 2016년 10월 상위 5개 국가의 점수 평균보다 높다.

④ 2017년 10월 상위 11개 국가 중 전년 동월 대비 점수가 상승한 국가는 전년 동월 대비 순위도 상승하였다.

⑤ 2017년 10월 상위 11개 국가 중 2017년 10월 순위가 전월 대비 상승한 국가는 전년 동월 대비 상승한 국가보다 많다.

**11** ⊡△✕ 07년 행시(인) 39번

다음 〈표〉와 〈그림〉은 주요 국가의 특허등록현황에 관한 자료이다. 이에 대한 설명으로 옳지 <u>않은</u> 것은?

〈표〉 주요 국가의 특허등록현황

| 해외특허등록 | | | | 국내특허 등록건(B) | 해외특허등록 비율(A/B) |
|---|---|---|---|---|---|
| 순위 | 국가 | 건(A) | 점유율(%) | | |
| 1 | 미국 | 106,353 | 26.7 | 85,071 | 1.3 |
| 2 | 일본 | 79,563 | 20.0 | 111,269 | 0.7 |
| 3 | 독일 | 59,858 | 15.0 | 16,901 | 3.5 |
| 4 | 프랑스 | 25,467 | 6.4 | 10,303 | 2.5 |
| 5 | 영국 | 20,269 | 5.1 | 4,170 | 4.9 |
| 6 | 스위스 | 13,929 | 3.5 | 1,345 | 10.4 |
| 7 | 이탈리아 | 11,415 | 2.9 | 4,726 | 2.4 |
| 8 | 네덜란드 | 11,100 | 2.8 | 2,820 | 3.9 |
| 9 | 스웨덴 | 8,847 | 2.2 | 2,082 | 4.2 |
| 10 | 캐나다 | 7,753 | 1.9 | 1,117 | 6.9 |
| … | … | … | … | … | … |
| 14 | 한국 | 7,117 | 1.8 | 22,943 | 0.3 |
| … | … | … | … | … | … |
| | 전체 | 398,220 | 100.0 | 316,685 | 1.3 |

〈그림〉 한국과 해외특허등록 상위 5개국의 관계

(단위 : 건)

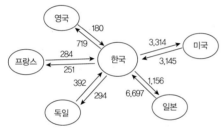

※ Ⓐ → Ⓑ : A국에서 B국으로의 해외특허등록을 의미함

① 해외특허등록 상위 5개국의 해외특허등록건수의 합은 전체 해외특허등록건수의 70% 이상이다.

② 해외특허등록 상위 10개국 중 국내특허등록건수와 해외특허등록건수의 차이가 가장 큰 나라는 독일이다.

③ 한국과 해외특허등록 상위 5개국의 관계에서 한국과 각 국가간 해외특허등록건수의 차이가 가장 큰 나라는 일본이다.

④ 한국의 해외특허등록건수의 80% 이상이 미국, 일본, 영국, 독일, 프랑스에 집중되어 있다.

⑤ 각 국의 국내특허등록건수는 일본이 1위이고, 미국이 2위, 독일이 3위를 차지하고 있다.

**12** ⊡△✕ 16년 행시(5) 35번

다음 〈표〉는 학생 6명의 A~E과목 시험 성적 자료의 일부이다. 이에 대한 〈보기〉의 설명 중 옳은 것만을 모두 고르면?

〈표〉 학생 6명의 A~E과목 시험 성적

(단위 : 점)

| 과목／학생 | A | B | C | D | E | 평균 |
|---|---|---|---|---|---|---|
| 영희 | ( ) | 14 | 13 | 15 | ( ) | ( ) |
| 민수 | 12 | 14 | ( ) | 10 | 14 | 13.0 |
| 수민 | 10 | 12 | 9 | ( ) | 18 | 11.8 |
| 은경 | 14 | 14 | ( ) | 17 | ( ) | ( ) |
| 철민 | ( ) | 20 | 19 | 17 | 19 | 18.6 |
| 상욱 | 10 | ( ) | 16 | ( ) | 16 | ( ) |
| 계 | 80 | ( ) | ( ) | 84 | ( ) | ( ) |
| 평균 | ( ) | 14.5 | 14.5 | ( ) | ( ) | ( ) |

※ 1) 과목별 시험 점수 범위는 0~20점이고, 모든 과목 시험에서 결시자는 없음

2) 학생의 성취도수준은 5개 과목 시험 점수의 산술평균으로 결정함
  – 시험 점수 평균이 18점 이상 20점 이하 : 수월수준
  – 시험 점수 평균이 15점 이상 18점 미만 : 우수수준
  – 시험 점수 평균이 12점 이상 15점 미만 : 보통수준
  – 시험 점수 평균이 12점 미만 : 기초수준

─〈보 기〉─

ㄱ. 영희의 성취도수준은 E과목 시험 점수가 17점 이상이면 '우수수준'이 될 수 있다.

ㄴ. 은경의 성취도수준은 E과목 시험 점수에 따라 '기초수준'이 될 수 있다.

ㄷ. 상욱의 시험 점수는 B과목은 13점, D과목은 15점이므로, 상욱의 성취도수준은 '보통수준'이다.

ㄹ. 민수의 C과목 시험 점수는 철민의 A과목 시험 점수보다 높다.

① ㄱ, ㄴ

② ㄱ, ㄷ

③ ㄱ, ㄹ

④ ㄴ, ㄷ

⑤ ㄴ, ㄹ

**13** ◻△✕　　　　　　　　　　　　　14년 행시(A) 35번

다음 〈표〉는 조선시대 부산항의 1881~1890년 무역현황에 대한 자료이다. 이에 대한 설명으로 옳지 <u>않은</u> 것은?

〈표 1〉 부산항의 연도별 무역규모

(단위 : 천 원)

| 연도 | 수출액(A) | 수입액(B) | 무역규모(A+B) |
|---|---|---|---|
| 1881 | 1,158 | 1,100 | 2,258 |
| 1882 | 1,151 | 784 | 1,935 |
| 1883 | 784 | 731 | 1,515 |
| 1884 | 253 | 338 | 591 |
| 1885 | 184 | 333 | 517 |
| 1886 | 205 | 433 | 638 |
| 1887 | 394 | 659 | 1,053 |
| 1888 | 412 | 650 | 1,062 |
| 1889 | 627 | 797 | 1,424 |
| 1890 | 1,908 | 1,433 | 3,341 |

〈표 2〉 부산항의 연도별 수출액 비중 상위(1~3위) 상품 변화 추이

(단위 : %)

| 연도 | 1위 | 2위 | 3위 |
|---|---|---|---|
| 1881 | 쌀(32.8) | 우피(15.1) | 대두(14.3) |
| 1882 | 대두(25.1) | 우피(16.4) | 면포(9.0) |
| 1883 | 대두(24.6) | 우피(21.2) | 금(7.7) |
| 1884 | 우피(31.9) | 금(23.7) | 대두(17.9) |
| 1885 | 우피(54.0) | 대두(12.4) | 해조(8.5) |
| 1886 | 우피(52.9) | 대두(23.4) | 쌀(5.8) |
| 1887 | 대두(44.2) | 우피(28.5) | 쌀(15.5) |
| 1888 | 대두(44.2) | 우피(23.3) | 생선(7.3) |
| 1889 | 대두(45.3) | 우피(14.4) | 쌀(8.1) |
| 1890 | 쌀(61.7) | 대두(20.8) | 생선(3.0) |

※ (　) 안의 수치는 해당년도의 부산항 전체 수출액에서 상품별 수출액이 차지하는 비중을 나타냄

〈표 3〉 부산항의 연도별 수입액 비중 상위(1~3위) 상품 변화 추이

(단위 : %)

| 연도 | 1위 | 2위 | 3위 |
|---|---|---|---|
| 1881 | 금건(44.7) | 한냉사(30.3) | 구리(6.9) |
| 1882 | 금건(65.6) | 한냉사(26.8) | 염료(5.7) |
| 1883 | 금건(33.3) | 한냉사(24.3) | 구리(12.2) |
| 1884 | 금건(34.0) | 한냉사(9.9) | 쌀(7.5) |
| 1885 | 금건(58.6) | 한냉사(8.1) | 염료(3.2) |
| 1886 | 금건(53.4) | 쌀(15.0) | 한냉사(5.3) |
| 1887 | 금건(55.4) | 면려(10.1) | 소금(5.0) |
| 1888 | 금건(36.1) | 면려(24.1) | 쌀(5.1) |
| 1889 | 금건(43.3) | 면려(9.5) | 쌀(6.7) |
| 1890 | 금건(38.0) | 면려(16.5) | 가마니(3.7) |

※ (　) 안의 수치는 해당년도의 부산항 전체 수입액에서 상품별 수입액이 차지하는 비중을 나타냄

① 각 연도의 무역규모에서 수입액이 차지하는 비중이 50% 이상인 연도의 횟수는 총 6번이다.
② 1884년의 우피 수출액은 1887년 쌀의 수출액보다 적다.
③ 수출액 비중 상위(1~3위) 내에 포함된 횟수가 가장 많은 상품은 대두이다.
④ 1882년 이후 수출액의 전년대비 증감방향과 무역규모의 전년대비 증감방향은 매년 동일하다.
⑤ 무역규모 중 한냉사 수입액이 차지하는 비중은 1887년에 1884년보다 감소하였다.

**14** ◻△✕　　　　　　　　　　　　　14년 행시(A) 3번

다음 〈표〉는 2010~2012년 농림수산식품 수출액 순위 상위 10개 품목에 대한 자료이다. 다음 〈조건〉을 근거로 하여 A~E에 들어갈 5개 품목(궐련, 김, 라면, 면화, 사과)을 바르게 나열한 것은?

〈표〉 농림수산식품 수출액 순위 상위 10개 품목

(단위 : 천 톤, 백만 불)

| 순위 | 2010년 | | 2011년 | | 2012년 | |
|---|---|---|---|---|---|---|
| | 품목 | 수출물량 | 수출액 | 품목 | 수출물량 | 수출액 | 품목 | 수출물량 | 수출액 |
| 1 | 배 | 10.5 | 24.3 | 인삼 | 0.7 | 37.8 | 인삼 | 0.5 | 22.3 |
| 2 | 인삼 | 0.4 | 23.6 | 배 | 7.7 | 19.2 | 배 | 6.5 | 20.5 |
| 3 | (A) | 7.3 | 15.2 | 유자차 | 5.7 | 12.6 | (C) | 1.6 | 18.4 |
| 4 | 김치 | 37.5 | 15.0 | (C) | 0.6 | 8.1 | 유자차 | 7.0 | 14.6 |
| 5 | 유자차 | 4.8 | 9.7 | 비스킷 | 1.8 | 7.9 | 비스킷 | 2.4 | 8.8 |
| 6 | 비스킷 | 1.8 | 7.2 | (B) | 3.5 | 7.4 | (E) | 0.5 | 8.7 |
| 7 | (B) | 5.4 | 6.9 | (A) | 2.1 | 6.2 | 고등어 | 4.7 | 7.0 |
| 8 | (C) | 0.4 | 5.7 | (D) | 2.0 | 6.0 | (B) | 4.9 | 6.7 |
| 9 | (D) | 1.8 | 5.2 | (E) | 0.4 | 5.9 | (D) | 1.8 | 5.3 |
| 10 | (E) | 0.4 | 4.8 | 펄프 | 8.4 | 5.4 | (A) | 1.0 | 3.7 |

─〈조건〉─

• 궐련과 김은 매년 수출액이 증가하였다.
• 2011년 면화의 수출물량은 전년보다 감소하였으나 수출액은 전년보다 증가하였다.
• 사과의 수출액은 매년 감소하였다.
• 2010년에는 김이 라면보다 수출액이 적었으나, 2012년에는 김이 라면보다 수출액이 많았다.

|  | A | B | C | D | E |
|---|---|---|---|---|---|
| ① | 라면 | 궐련 | 면화 | 사과 | 김 |
| ② | 라면 | 사과 | 면화 | 김 | 궐련 |
| ③ | 사과 | 라면 | 궐련 | 면화 | 김 |
| ④ | 사과 | 면화 | 김 | 라면 | 궐련 |
| ⑤ | 사과 | 면화 | 궐련 | 라면 | 김 |

**15** ⊙△✕　　　　　　　　　　　　　　　　10년 행시(인) 4번

다음 〈그림〉은 '갑'제품의 제조사별 매출액에 대한 자료이다. '갑'제품의 제조사는 A, B, C만 존재한다고 할 때, 〈보기〉 중 옳은 것을 모두 고르면?

〈그림〉 제조사별 매출액

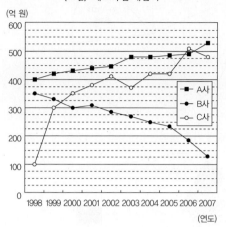

※ 시장규모와 시장점유율은 매출액 기준으로 산정함

─── 〈보 기〉 ───

ㄱ. 1999~2007년 사이 '갑'제품의 시장규모는 매년 증가하였다.

ㄴ. 2004~2007년 사이 B사의 시장점유율은 매년 하락하였다.

ㄷ. 2003년 A사의 시장점유율은 2002년에 비해 상승하였다.

ㄹ. C사의 시장점유율은 1999~2002년 사이 매년 상승하였으나 2003년에는 하락하였다.

① ㄱ, ㄴ

② ㄴ, ㄷ

③ ㄷ, ㄹ

④ ㄱ, ㄴ, ㄹ

⑤ ㄴ, ㄷ, ㄹ

**16** ⊙△✕　　　　　　　　　　　　　　　14년 행시(A) 32번

다음 〈표〉는 어느 해 12월말 기준 '가' 지역의 개설 및 등록 의료기관 수에 대한 자료이다. 〈표〉와 〈조건〉을 근거로 하여 A~D에 해당하는 의료기관을 바르게 나열한 것은?

〈표〉 '가' 지역의 개설 및 등록 의료기관 수

(단위 : 개소)

| 의료기관 | 개설 의료기관 수 | 등록 의료기관 수 |
|---|---|---|
| A | 2,784 | 872 |
| B | ( ) | 141 |
| C | 1,028 | 305 |
| D | ( ) | 360 |

※ 등록률(%) = $\dfrac{\text{등록 의료기관 수}}{\text{개설 의료기관 수}} \times 100$

─── 〈조 건〉 ───

• 등록률이 30% 이상인 의료기관은 '종합병원'과 '치과'이다.

• '종합병원' 등록 의료기관 수는 '안과' 등록 의료기관 수의 2.5배 이상이다.

• '치과' 등록 의료기관 수는 '한방병원' 등록 의료기관 수보다 작다.

| | A | B | C | D |
|---|---|---|---|---|
| ① | 한방병원 | 종합병원 | 안과 | 치과 |
| ② | 한방병원 | 종합병원 | 치과 | 안과 |
| ③ | 종합병원 | 치과 | 안과 | 한방병원 |
| ④ | 종합병원 | 치과 | 한방병원 | 안과 |
| ⑤ | 종합병원 | 안과 | 한방병원 | 치과 |

## 17 ⊙△✕

15년 행시(인) 11번

다음 〈표〉는 25~54세 기혼 비취업여성 현황과 기혼여성의 경력단절 사유에 관한 자료이다. 이를 이용하여 작성한 그래프로 옳지 **않은** 것은?

〈표 1〉 연령대별 기혼 비취업여성 현황

(단위 : 천 명)

| 연령대 | 기혼여성 | 기혼 비취업여성 | 실업자 | 비경제활동 인구 |
|---|---|---|---|---|
| 25~29세 | 570 | 306 | 11 | 295 |
| 30~34세 | 1,403 | 763 | 20 | 743 |
| 35~39세 | 1,818 | 862 | 23 | 839 |
| 40~44세 | 1,989 | 687 | 28 | 659 |
| 45~49세 | 2,010 | 673 | 25 | 648 |
| 50~54세 | 1,983 | 727 | 20 | 707 |
| 계 | 9,773 | 4,018 | 127 | 3,891 |

※ 기혼여성은 취업여성과 비취업여성으로 분류됨

〈표 2〉 기혼 경력단절여성의 경력단절 사유 분포

(단위 : 천 명)

| 연령대 | 개인·가족 관련 이유 | | | | 육아 | 가사 | 합 |
|---|---|---|---|---|---|---|---|
| | 결혼 | 임신·출산 | 자녀교육 | 기타 | | | |
| 25~29세 | 179 | 85 | 68 | 1 | 25 | 58 | 9 | 246 |
| 30~34세 | 430 | 220 | 137 | 10 | 63 | 189 | 21 | 640 |
| 35~39세 | 457 | 224 | 107 | 29 | 97 | 168 | 55 | 680 |
| 40~44세 | 339 | 149 | 38 | 24 | 128 | 71 | 74 | 484 |
| 45~49세 | 322 | 113 | 14 | 12 | 183 | 32 | 80 | 434 |
| 50~54세 | 323 | 88 | 10 | 7 | 218 | 20 | 78 | 421 |
| 계 | 2,050 | 879 | 374 | 83 | 714 | 538 | 317 | 2,905 |

※ 1) 기혼 경력단절여성은 기혼 비취업여성 중에서 개인·가족 관련 이유, 육아, 가사 등의 이유로 인해 직장을 그만둔 상태에 있는 여성임
    2) 경력단절 사유에 복수로 응답한 경우는 없음

① 연령대별 기혼여성 중 경제활동인구

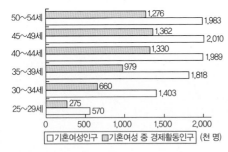

※ 경제활동인구＝취업자＋실업자

② 연령대별 기혼여성 중 비취업여성과 경력단절여성

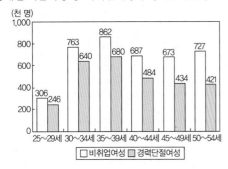

③ 25~54세 기혼 취업여성의 연령대 구성비

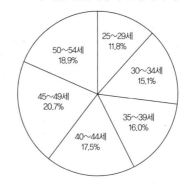

④ 30~39세 기혼 경력단절여성의 경력단절 사유 분포

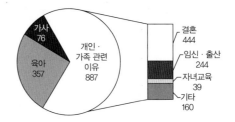

⑤ 25~54세 기혼 경력단절여성의 연령대 구성비

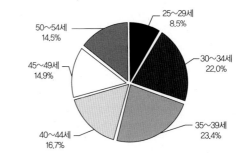

**18** ⊙△✕  10년 행시(인) 9번

다음 〈표〉는 조선 후기 출발지에서 목적지로 항해하는 선박이 일본으로 표류한 횟수를 나타낸 자료이다. 이에 대한 〈보기〉의 설명 중 옳은 것을 모두 고르면?

〈표〉 항해 중 일본으로 표류한 횟수

| 출발지＼목적지 | A | B | C | D | E | F | G | 합 |
|---|---|---|---|---|---|---|---|---|
| A | 5 | ( ) | 5 | 58 | 2 | 1 | 0 | 136 |
| B | ( ) | 65 | 22 | 16 | 2 | 0 | 1 | ( ) |
| C | 22 | 30 | ( ) | 1 | 13 | 9 | 1 | ( ) |
| D | 6 | 24 | 0 | 7 | 2 | 0 | 0 | 39 |
| E | 11 | 6 | 11 | 2 | 7 | 2 | 3 | 42 |
| F | 0 | 0 | 4 | 0 | 2 | 0 | 7 | 13 |
| G | 0 | 2 | 1 | 1 | 9 | 4 | 1 | 18 |
| 계 | 71 | 192 | 136 | ( ) | 37 | 16 | 13 | ( ) |

※ 일본과의 지리적 거리 : A<B<C<D<E<F<G

─── 〈보 기〉 ───

ㄱ. 출발지를 기준으로 할 때, 출발지가 F인 선박이 일본으로 표류한 횟수의 합이 가장 적다.

ㄴ. 선박의 출발지가 일본과 지리적으로 가까울수록 일본으로 표류한 횟수의 합이 많다.

ㄷ. 목적지를 기준으로 할 때, 일본으로 표류한 횟수의 합이 5번째로 많은 곳은 D이다.

ㄹ. 출발지를 기준으로 할 때, 일본으로 표류한 횟수의 합이 가장 많은 곳은 C이다.

ㅁ. 출발지와 목적지가 같은 선박이 일본으로 표류한 횟수를 모두 합하면, 출발지가 B인 선박이 일본으로 표류한 횟수의 합보다 많다.

① ㄱ, ㅁ

② ㄱ, ㄷ, ㄹ

③ ㄱ, ㄹ, ㅁ

④ ㄴ, ㄷ, ㄹ

⑤ ㄴ, ㄷ, ㅁ

**19** ⊙△✕  17년 행시(가) 33번

'갑'은 2017년 1월 전액 현금으로만 다음 〈표〉와 같이 지출하였다. 만약 '갑'이 2017년 1월에 A~C신용카드 중 하나만을 발급받아 할인 전 금액이 〈표〉와 동일하도록 그 카드로만 지출하였다면, 〈신용카드별 할인혜택〉에 근거한 할인 후 예상청구액이 가장 적은 카드부터 순서대로 나열한 것은?

〈표〉 2017년 1월 지출내역

(단위 : 만 원)

| 분류 | 세부항목 | | 금액 | 합 |
|---|---|---|---|---|
| 교통비 | 버스·지하철 요금 | | 8 | 20 |
| | 택시 요금 | | 2 | |
| | KTX 요금 | | 10 | |
| 식비 | 외식비 | 평일 | 10 | 30 |
| | | 주말 | 5 | |
| | 카페 지출액 | | 5 | |
| | 식료품 구입비 | 대형마트 | 5 | |
| | | 재래시장 | 5 | |
| 의류구입비 | 온라인 | | 15 | 30 |
| | 오프라인 | | 15 | |
| 여가 및 자기계발비 | 영화관람표(1만 원/회×2회) | | 2 | 30 |
| | 도서구입비<br>(2만 원/권×1권, 1만 5천 원/권×2권, 1만 원/권×3권) | | 8 | |
| | 학원수강료 | | 20 | |

─── 〈신용카드별 할인혜택〉 ───

• A신용카드
  – 버스·지하철, KTX 요금 20% 할인(단, 할인액의 한도는 월 2만 원)
  – 외식비 주말 결제액 5% 할인
  – 학원 수강료 15% 할인
  – 최대 총 할인한도액은 없음
  – 연회비 1만 5천 원이 발급 시 부과되어 합산됨

• B신용카드
  – 버스·지하철, KTX 요금 10% 할인(단, 할인액의 한도는 월 1만 원)
  – 온라인 의류구입비 10% 할인
  – 도서구입비 권당 3천 원 할인(단, 권당 가격이 1만 2천 원 이상인 경우에만 적용)
  – 최대 총 할인한도액은 월 3만 원
  – 연회비 없음

• C신용카드
  – 버스·지하철, 택시 요금 10% 할인(단, 할인액의 한도는 월 1만 원)
  – 카페 지출액 10% 할인
  – 재래시장 식료품 구입비 10% 할인
  – 영화관람료 회당 2천 원 할인(월 최대 2회)
  – 최대 총 할인한도액은 월 4만 원
  – 연회비 없음

※ 1) 할부나 부분청구는 없음
2) A~C신용카드는 매달 1일부터 말일까지의 사용분에 대하여 익월 청구됨

① A － B － C

② A － C － B

③ B － A － C

④ B － C － A

⑤ C － A － B

**20** ◎△✕　　　　　　　　　　　　　　16년 행시(5) 32번

다음 〈표〉는 A지역 공무원 150명을 대상으로 설문조사를 실시한 뒤, 제출된 설문지의 문항별 응답 결과를 정리한 것이다. 〈표〉와 〈조건〉을 적용한 〈보기〉의 설명 중 옳은 것만을 모두 고르면?

〈표〉 설문지 문항별 응답 결과

(단위 : 명)

| 문항 | 응답 결과 | | 문항 | 응답 결과 | |
|---|---|---|---|---|---|
| | 응답속성 | 응답수 | | 응답속성 | 응답수 |
| 성 | 남자 | 63 | 소속기관 | 고용센터 | 71 |
| | 여자 | 63 | | 시청 | 3 |
| 연령 | 29세 이하 | 13 | | 고용노동청 | 41 |
| | 30~39세 | 54 | 직급 | 5급 이상 | 4 |
| | 40~49세 | 43 | | 6~7급 | 28 |
| | 50세 이상 | 15 | | 8~9급 | 44 |
| 학력 | 고졸 이하 | 6 | 직무유형 | 취업지원 | 34 |
| | 대졸 | 100 | | 고용지원 | 28 |
| | 대학원 재학 이상 | 18 | | 기업지원 | 27 |
| 근무기간 | 2년 미만 | 19 | | 실업급여 상담 | 14 |
| | 2년 이상 5년 미만 | 24 | | 외국인 채용 | 8 |
| | 5년 이상 10년 미만 | 21 | | 기획 총괄 | 5 |
| | 10년 이상 | 23 | | 기타 | 8 |

───── 〈조 건〉 ─────

• 설문조사는 동일 시점에 조사 대상자별로 독립적으로 이루어졌다.
• 설문조사 대상자 1인당 1부의 동일한 설문지를 배포하였다.
• 설문조사 문항별로 응답 거부는 허용된 반면 복수 응답은 허용되지 않았다.
• 배포된 150부의 설문지 중 제출된 130부로 문항별 응답 결과를 정리하였다.

───── 〈보 기〉 ─────

ㄱ. 배포된 설문지 중 제출된 설문지 비율은 85% 이상이다.
ㄴ. 전체 설문조사 대상자의 학력 분포에서 '고졸 이하'의 비율이 가장 낮다.
ㄷ. 제출된 설문지의 문항별 응답률은 '직무유형'이 '소속기관'보다 높다.
ㄹ. '직급' 문항 응답자 중 '8~9급' 비율은 '근무기간' 문항 응답자 중 5년 이상이라고 응답한 비율보다 높다.

① ㄱ, ㄴ
② ㄱ, ㄹ
③ ㄴ, ㄷ
④ ㄱ, ㄷ, ㄹ
⑤ ㄴ, ㄷ, ㄹ

**21** ◎△✕　　　　　　　　　　　　　　16년 행시(5) 6번

다음 〈보고서〉는 국내 스마트폰 이용 행태를 조사한 자료이다. 〈보고서〉의 내용과 부합하지 <u>않는</u> 것은?

───── 〈보고서〉 ─────

전체 응답자 중 스마트폰 이용자는 3,701명, 스마트폰 비이용자는 2,740명이었다. 각 응답자는 모든 문항에 응답하였다.

스마트폰 이용자의 연령대별 비율을 살펴본 결과, 가장 높은 비율을 차지하는 연령대의 비율과 가장 낮은 비율을 차지하는 연령대의 비율 차이는 25.5%p이다. 그리고 스마트폰 비이용자 중 40대 이상의 비율이 84.0%이다.

스마트폰 이용자와 비이용자의 TV 시청빈도를 살펴본 결과, 스마트폰 이용자 중 매일 TV를 시청하는 사람은 2,000명 이상이다. TV를 시청하지 않는 스마트폰 비이용자가 TV를 시청하지 않는 스마트폰 이용자보다 적다.

스마트폰 선택 시 고려하는 요소를 응답 비율이 높은 것부터 순서대로 나열하면 '단말기 브랜드', '이동통신사', '가격', '디자인', '운영체제' 순이다. '단말기 브랜드'와 '이동통신사'를 모두 고려한다는 응답 비율은 전체 응답의 55.9%이다.

스마트폰 이용자의 콘텐츠별 이용 상황 비율을 살펴본 결과, 'TV 프로그램', '라디오 프로그램', '영화', '기타' 각각에서 '이동 중' 이용의 비율이 가장 높다. 그리고 '영화' 콘텐츠를 '이동 중'에만 이용하는 사람의 비율은 최소 20.8%, 최대 51.5%이다.

한편, 스마트폰 비이용자의 스마트폰 비이용 이유를 살펴본 결과, '불필요해서'를 선택한 사람과 '이용요금이 비싸서'를 선택한 사람의 합은 1,800명 이상이다. 또한 '관심이 없어서'라고 응답한 사람의 비율은 15.7%이다.

① 연령대별 스마트폰 이용자와 비이용자

(단위 : %)

| 연령대 | 비율 | 스마트폰 이용자 | 스마트폰 비이용자 |
|---|---|---|---|
| 10대 이하 | 11.6 | 15.3 | 6.5 |
| 20대 | 15.3 | 24.9 | 2.3 |
| 30대 | 18.9 | 27.6 | 7.2 |
| 40대 | 19.8 | 21.4 | 17.8 |
| 50대 | 15.9 | 8.7 | 25.7 |
| 60대 이상 | 18.5 | 2.1 | 40.5 |
| 계 | 100.0 | 100.0 | 100.0 |

② 스마트폰 이용자와 비이용자의 TV 시청 빈도별 비율

(단위 : %)

| 구분 ＼ TV시청 빈도 | 매일 | 1주일에 5~6일 | 1주일에 3~4일 | 1주일에 1~2일 | 시청 안 함 | 합 |
|---|---|---|---|---|---|---|
| 스마트폰 이용자 | 61.1 | 14.3 | 9.4 | 8.7 | 6.5 | 100.0 |
| 스마트폰 비이용자 | 82.0 | 7.4 | 3.9 | 3.4 | 3.3 | 100.0 |

③ 스마트폰 선택 시 고려 요소

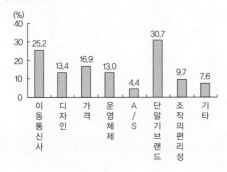

※ 복수응답 가능

④ 스마트폰 이용자의 콘텐츠별 이용 상황

(단위 : %)

| 이용 상황<br>콘텐츠 | 이동 중 | 약속<br>대기 중 | 집에서 | 회사 및 학<br>교에서 | 기타 |
|---|---|---|---|---|---|
| TV 프로그램 | 50.3 | 32.2 | 26.4 | 16.8 | 2.8 |
| 라디오<br>프로그램 | 57.9 | 32.7 | 22.6 | 15.9 | 3.4 |
| 영화 | 51.5 | 34.3 | 30.0 | 11.1 | 3.8 |
| 기타 | 42.3 | 32.0 | 37.3 | 20.4 | 5.2 |

※ 복수응답 가능

⑤ 스마트폰 비이용자의 스마트폰 비이용 이유

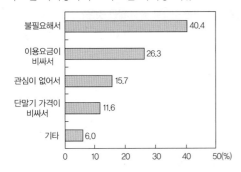

※ 복수응답 없음

---

**22** ☐△✕　　　　　　　　13년 행시(인) 11번

다음 〈표〉와 〈조건〉은 A시 버스회사 보조금 지급에 관한 자료이다. 이에 대한 〈보기〉의 설명 중 옳은 것을 모두 고르면?

〈표〉 대당 운송수입금별 버스회사 수

(단위 : 개)

| 대당 운송수입금 | 버스회사 수 |
|---|---|
| 600천 원 이상 | 24 |
| 575천 원 이상 600천 원 미만 | 6 |
| 550천 원 이상 575천 원 미만 | 12 |
| 525천 원 이상 550천 원 미만 | 9 |
| 500천 원 이상 525천 원 미만 | 6 |
| 475천 원 이상 500천 원 미만 | 7 |
| 450천 원 이상 475천 원 미만 | 10 |
| 425천 원 이상 450천 원 미만 | 5 |
| 400천 원 이상 425천 원 미만 | 11 |
| 375천 원 이상 400천 원 미만 | 4 |
| 350천 원 이상 375천 원 미만 | 13 |
| 325천 원 이상 350천 원 미만 | 15 |
| 300천 원 이상 325천 원 미만 | 9 |
| 275천 원 이상 300천 원 미만 | 4 |
| 250천 원 이상 275천 원 미만 | 4 |
| 250천 원 미만 | 11 |
| 계 | 150 |

〈조 건〉

- 버스의 표준운송원가는 대당 500천 원이다.
- 대당 운송수입금이 표준운송원가의 80% 미만인 버스회사를 보조금 지급대상으로 한다.
- 대당 운송수입금이 표준운송원가의 50% 이상 80% 미만인 버스회사에는 표준운송원가와 대당 운송수입금의 차액의 50%를 대당 보조금으로 지급한다.
- 대당 운송수입금이 표준운송원가의 50% 미만인 버스회사에는 표준운송원가의 25%를 대당 보조금으로 지급한다.

〈보 기〉

ㄱ. 보조금 지급대상 버스회사 수는 60개이다.

ㄴ. 표준운송원가를 625천 원으로 인상한다면, 보조금 지급대상 버스회사 수는 93개가 된다.

ㄷ. 버스를 30대 보유한 버스회사의 대당 운송수입금이 200천 원이면, 해당 버스회사가 받게 되는 총 보조금은 3,750천 원이다.

ㄹ. 대당 운송수입금이 각각 230천 원인 버스회사와 380천 원인 버스회사가 받게 되는 대당 보조금의 차이는 75천 원이다.

① ㄱ, ㄴ　　　　　　　　② ㄴ, ㄷ

③ ㄷ, ㄹ　　　　　　　　④ ㄱ, ㄴ, ㄷ

⑤ ㄱ, ㄷ, ㄹ

**23** ☐△✗    14년 행시(A) 18번

다음 〈표〉는 2006~2007년 제조업의 1992년 각 동일 분기 대비 노동시간, 산출, 인건비의 비율에 대한 자료이다. 이에 대한 〈보기〉의 설명 중 옳은 것만을 모두 고르면?

〈표〉 1992년 각 동일 분기 대비 제조업의 노동시간, 산출, 인건비의 비율

(단위 : %)

| 연도 | 분기 | 노동시간 비율 | 노동시간당 산출 비율 | 노동시간당 인건비 비율 | 1인당 인건비 비율 |
|---|---|---|---|---|---|
| 2006 | 1 | 85.3 | 172.4 | 170.7 | 99.0 |
| | 2 | 85.4 | 172.6 | 169.5 | 98.2 |
| | 3 | 84.8 | 174.5 | 170.3 | 97.6 |
| | 4 | 84.0 | 175.4 | 174.6 | 98.3 |
| 2007 | 1 | 83.5 | 177.0 | 176.9 | 100.0 |
| | 2 | 83.7 | 178.7 | 176.4 | 98.7 |
| | 3 | 83.7 | 180.6 | 176.4 | 97.6 |
| | 4 | 82.8 | 182.5 | 179.7 | 98.5 |

〈보 기〉

ㄱ. 1992년 노동시간당 산출은 매 분기 증가하였다.
ㄴ. 2007년 2분기의 1인당 인건비는 2007년 1분기에 비해 감소하였다.
ㄷ. 2007년 각 분기별 노동시간당 산출은 2006년 동기에 비해 모두 증가하였다.
ㄹ. 2007년 3분기의 노동시간당 인건비는 2006년 동기에 비해 6.1% 증가하였다.

① ㄱ
② ㄷ
③ ㄱ, ㄴ
④ ㄴ, ㄹ
⑤ ㄷ, ㄹ

※ 다음 〈표〉는 가계 금융자산에 관한 국가별 비교 자료이다. 아래의 물음에 답하시오. [24~25]

〈표 1〉 각국의 연도별 가계 금융자산 비율

| 연도\국가 | 1998 | 1999 | 2000 | 2001 | 2002 | 2003 |
|---|---|---|---|---|---|---|
| A | 0.24 | 0.22 | 0.21 | 0.19 | 0.17 | 0.16 |
| B | 0.44 | 0.45 | 0.48 | 0.41 | 0.40 | 0.45 |
| C | 0.39 | 0.36 | 0.34 | 0.29 | 0.28 | 0.25 |
| D | 0.25 | 0.28 | 0.26 | 0.25 | 0.22 | 0.21 |

※ 가계 총자산은 가계 금융자산과 가계 비금융자산으로 이루어지며, 가계 금융자산 비율은 가계 총자산 대비 가계 금융자산이 차지하는 비율임

〈표 2〉 2003년 각국의 가계 금융자산 구성비

| 가계금융자산\국가 | 예금 | 보험 | 채권 | 주식 | 투자신탁 | 기타 |
|---|---|---|---|---|---|---|
| A | 0.62 | 0.18 | 0.10 | 0.07 | 0.02 | 0.01 |
| B | 0.15 | 0.30 | 0.10 | 0.31 | 0.12 | 0.02 |
| C | 0.35 | 0.27 | 0.11 | 0.09 | 0.14 | 0.04 |
| D | 0.56 | 0.29 | 0.03 | 0.06 | 0.02 | 0.04 |

**24** ☐△✗    07년 행시(인) 3번

위 자료에 근거하여 정리한 것으로 옳지 않은 것은?

① 연도별 B국과 C국 가계 비금융자산 비율

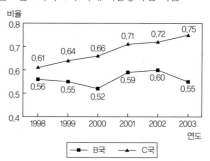

② 2000년 각국의 가계 총자산 구성비

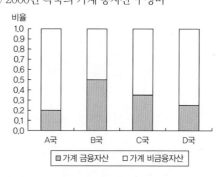

③ 2003년 C국의 가계 금융자산 구성비

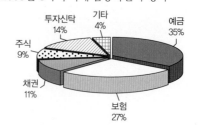

④ 2003년 A국과 D국의 가계 금융자산 대비 보험, 채권, 주식 구성비

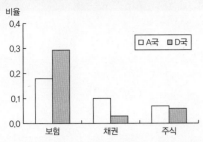

⑤ 2003년 각국의 가계 총자산 대비 예금 구성비

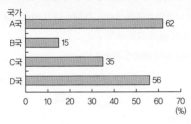

## 25 ◻△✕                                    07년 행시(인) 4번

**위 자료에 대한 〈보기〉의 설명 중 옳은 것을 모두 고르면?**

──── 〈보 기〉 ────

ㄱ. A국과 C국의 가계 금융자산 비율은 1998~2003년 동안 매년 감소하였고 B국과 D국의 가계 금융자산 비율은 2001~2003년 동안 매년 감소하였다.

ㄴ. 1998~2003년 동안 가계 비금융자산 비율은 매년 A국이 가장 높고 B국이 가장 낮다.

ㄷ. 2003년 가계 총자산 대비 투자신탁 비율은 B국이 C국보다 더 높다.

ㄹ. 2003년 가계 금융자산을 구성비가 높은 순서대로 배열하면 A국과 D국은 그 순서가 동일하다.

① ㄱ, ㄴ

② ㄱ, ㄹ

③ ㄴ, ㄷ

④ ㄴ, ㄹ

⑤ ㄷ, ㄹ

# CHAPTER 03 제3회 자료해석 모의고사

## 01 ○△×
08년 행시(열) 2번

다음 〈그림〉은 외환위기 전후 한국의 경제상황을 나타낸 자료이다. 이에 대한 설명 중 옳은 것은?

〈그림〉 외환위기 전후 한국의 경제상황지수

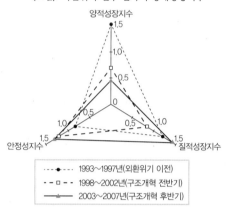

① 1993년 이후 양적성장지수가 감소함에 따라 안정성지수 또한 감소하였다.
② 외환위기 이전에 비해 구조개혁 전반기에는 양적성장지수와 질적성장지수 모두 50% 이상 감소하였다.
③ 세 지수 모두에서 구조개혁 전반기의 직전기간 대비 증감폭보다 구조개혁 후반기의 직전기간 대비 증감폭이 크다.
④ 구조개혁 전반기와 후반기 모두에서 양적성장지수의 직전기간 대비 증감폭보다 안정성지수의 직전기간 대비 증감폭이 크다.
⑤ 안정성지수는 구조개혁 전반기와 구조개혁 후반기에 직전기간 대비 모두 증가하였으나, 구조개혁 후반기의 직전기간 대비 증가율은 구조개혁 전반기의 직전기간 대비 증가율보다 낮다.

## 02 ○△×
12년 행시(인) 27번

다음 〈그림〉과 〈표〉는 어느 나라의 이동통신시장 추이에 대한 자료이다. 이에 대한 〈보기〉의 설명 중 옳지 않은 것을 모두 고르면?

〈그림〉 이동통신 서비스 유형별 매출액

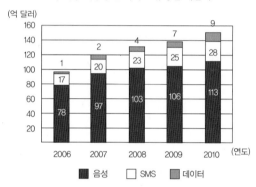

〈표 1〉 4대 이동통신사업자 매출액

(단위 : 백만 달러)

| 구분 | A사 | B사 | C사 | D사 | 합계 |
|---|---|---|---|---|---|
| 2008년 | 3,701 | 3,645 | 2,547 | 2,958 | 12,851 |
| 2009년 | 3,969 | 3,876 | 2,603 | 3,134 | 13,582 |
| 2010년 | 3,875 | 4,084 | 2,681 | 3,223 | 13,863 |
| 2011년 1~9월 | 2,709 | 3,134 | 1,956 | 2,154 | 9,953 |

〈표 2〉 이동전화 가입대수 및 보급률

(단위 : 백만 대, %)

| 구분 | 2006년 | 2007년 | 2008년 | 2009년 | 2010년 |
|---|---|---|---|---|---|
| 가입대수 | 52.9 | 65.9 | 70.1 | 73.8 | 76.9 |
| 보급률 | 88.8 | 109.4 | 115.5 | 121.0 | 125.3 |

※ 보급률(%) = $\dfrac{\text{이동전화 가입대수}}{\text{전체 인구}} \times 100$

─── 〈보 기〉 ───

ㄱ. 2007~2010년 동안 이동통신 서비스 유형 중 데이터 매출액의 전년대비 증가율은 매년 50% 이상이다.
ㄴ. 2010년 이동전화 보급률은 가입대수의 증가와 전체 인구의 감소에 따라 125.3%에 달한다.
ㄷ. 2007~2010년 동안 이동전화 가입대수의 전년대비 증가율은 매년 감소한다.
ㄹ. 2011년 10~12월 동안 4대 이동통신사업자의 월별 매출액이 당해년도 1~9월까지의 월평균 매출액을 유지한다면 2011년 매출액 합계는 전년도보다 감소할 것이다.

① ㄱ, ㄴ      ② ㄱ, ㄷ
③ ㄱ, ㄹ      ④ ㄴ, ㄹ
⑤ ㄷ, ㄹ

## 03 ⊙△✕

다음 〈표〉는 수자원 현황에 대한 자료이다. 이를 바탕으로 작성한 〈보고서〉의 내용 중 옳은 것만을 모두 고르면?

〈표 1〉 지구상 존재하는 물의 구성

| 구분 | | 부피(백만km³) | 비율(%) |
|---|---|---|---|
| 총량 | | 1,386.1 | 100.000 |
| 해수(바닷물) | | 1,351.0 | 97.468 |
| 담수 | 빙설(빙하, 만년설 등) | 24.0 | 1.731 |
| | 지하수 | 11.0 | 0.794 |
| | 지표수(호수, 하천 등) | 0.1 | 0.007 |

〈표 2〉 세계 각국의 강수량

| 구분 | 한국 | 일본 | 미국 | 영국 | 중국 | 캐나다 | 세계평균 |
|---|---|---|---|---|---|---|---|
| 연평균 강수량 (mm) | 1,245 | 1,718 | 736 | 1,220 | 627 | 537 | 880 |
| 1인당 강수량 (m³/년) | 2,591 | 5,107 | 25,022 | 4,969 | 4,693 | 174,016 | 19,635 |

〈표 3〉 주요 국가별 1인당 물사용량

| 국가 | 독일 | 덴마크 | 프랑스 | 영국 | 일본 | 이탈리아 | 한국 | 호주 |
|---|---|---|---|---|---|---|---|---|
| 1인당 물 사용량 (ℓ/일) | 132 | 246 | 281 | 323 | 357 | 383 | 395 | 480 |

─── 〈보고서〉 ───

급격한 인구증가와 지구온난화로 인하여 인류가 사용할 수 있는 물의 양이 줄어들면서 물 부족 문제가 심화되고 있다. ㉠ 지구상에 존재하는 물의 97% 이상이 해수이고, 나머지는 담수의 형태로 존재한다. ㉡ 담수의 3분의 2 이상은 빙하, 만년설 등의 빙설이고, 나머지도 대부분 땅속에 있어 손쉽게 이용 가능한 지표수는 매우 적다.

최근 들어 강수량 및 확보 가능한 수자원이 감소되고 있는 실정이다. UN 조사에 따르면 이러한 상황이 지속될 경우 20년 후 세계 인구의 3분의 2는 물 스트레스 속에서 살게 될 것으로 전망된다. ㉢ 한국의 경우, 연평균 강수량은 세계평균의 1.4배 이상이지만, 1인당 강수량은 세계평균의 12% 미만이다. 또한 연강수량의 3분의 2가 여름철에 집중되어 수자원의 계절별, 지역별 편중이 심하다.

이와 같이 수자원 확보의 어려움에 직면하고 있으나 ㉣ 한국의 1인당 물사용량은 독일의 2.5배 이상이며, 프랑스의 1.4배 이상으로 오히려 다른 나라에 비해 높은 편이다.

① ㄱ, ㄴ      ② ㄱ, ㄷ
③ ㄷ, ㄹ      ④ ㄱ, ㄴ, ㄹ
⑤ ㄴ, ㄷ, ㄹ

## 04 ⊙△✕

다음 〈표〉는 연령집단별 인구구성비 변화에 대한 자료이다. 이에 대한 〈보기〉의 설명 중 옳은 것을 모두 고르면?

〈표〉 연령집단별 인구구성비 변화

(단위 : %)

| 연령집단 | 연도 | | | | | | | |
|---|---|---|---|---|---|---|---|---|
| | 1960 | 1970 | 1980 | 1985 | 1990 | 1995 | 2000 | 2005 |
| 15세 미만 | 42.9 | 42.1 | ( ) | ( ) | 25.7 | 23.0 | 21.0 | 19.1 |
| 15~65세 미만 | 53.8 | 54.6 | 62.3 | 65.8 | ( ) | ( ) | ( ) | ( ) |
| 65세 이상 | ( ) | ( ) | 3.9 | 4.3 | 5.0 | 5.9 | 7.3 | 9.3 |
| 계 | 100.0 | 100.0 | 100.0 | 100.0 | 100.0 | 100.0 | 100.0 | 100.0 |

─── 〈보 기〉 ───

ㄱ. 1990, 1995, 2000, 2005년 해당년도 전체 인구에서 15~65세 미만 인구 비율은 각각 70% 이상이다.

ㄴ. 2000년 15세 미만 인구 100명당 65세 이상 인구는 30명 이상이다.

ㄷ. 2005년 65세 이상 인구는 1985년 65세 이상 인구의 2배 이상이다.

ㄹ. 1980년 이후 조사년도마다 전체 인구에서 15세 미만 인구의 비율은 감소하고 전체 인구에서 65세 이상 인구의 비율은 증가한다.

① ㄱ, ㄴ
② ㄱ, ㄷ
③ ㄴ, ㄷ
④ ㄴ, ㄹ
⑤ ㄷ, ㄹ

## 05 ○△✕

다음 〈그림〉은 중앙정부 신뢰도를 조사하여 응답자의 최종 학력 및 지방정부 신뢰 수준에 따라 정리한 것이다. 〈보기〉의 해석 중 옳은 것을 모두 고르면?

〈그림〉 응답자의 최종 학력 및 지방정부 신뢰 수준별 중앙정부 신뢰도

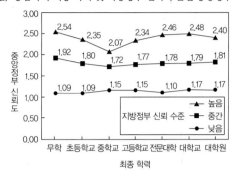

※ 1) 최종 학력은 '무학', '초등학교', '중학교', '고등학교', '전문대학', '대학교', '대학원'으로 구분함

2) 지방정부 신뢰 수준은 '높음', '중간', '낮음' 집단으로 구분함

3) 중앙정부에 대한 신뢰도는 '신뢰 안함'을 1점, '다소 신뢰'를 2점, '매우 신뢰'를 3점으로 하여 측정함

─── 〈보 기〉 ───

ㄱ. 지방정부 신뢰 수준이 높은 집단일수록 중앙정부에 대해서도 신뢰도가 높다.

ㄴ. 최종 학력이 중학교인 응답자 집단은 다른 최종 학력을 가진 응답자 집단에 비해 지방정부 신뢰 수준과 중앙정부 신뢰도의 차이가 작다.

ㄷ. 최종 학력이 중학교인 집단과 고등학교인 집단은 중앙정부에 대해 동일한 신뢰도를 보인다.

ㄹ. 최종 학력이 중학교 이상인 집단의 경우, 모든 지방정부 신뢰수준에서 학력이 높을수록 중앙정부에 대한 신뢰도가 높다.

① ㄱ

② ㄱ, ㄴ

③ ㄱ, ㄹ

④ ㄱ, ㄷ, ㄹ

⑤ ㄴ, ㄷ, ㄹ

## 06 ○△✕

다음 〈그림〉과 〈표〉는 2001~2006년 생활체육 참여 현황에 대한 자료이다. 이에 대한 설명 중 옳은 것은?

〈그림〉 생활체육 참여율

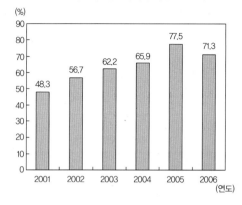

※ 1) 전국 만 18세 이상 남녀 1,000명을 대상으로 매년 12월 31일 조사함

2) 생활체육 참여율(%)= $\dfrac{\text{해당연도 생활체육 참여자수}}{\text{해당연도 전체 조사대상자수}} \times 100$

3) 해당연도 생활체육 참여자 : 해당연도에 월평균 2~3회 이상 생활체육에 참여한 사람

〈표 1〉 생활체육 참여자의 참여빈도 유형별 비중

(단위 : %)

| 참여빈도 유형 / 연도 | 주6~7회 | 주4~5회 | 주2~3회 | 주1회 | 월2~3회 |
|---|---|---|---|---|---|
| 2001 | 20.9 | 18.5 | 27.5 | 20.0 | 13.1 |
| 2002 | 30.5 | 7.9 | 27.9 | 19.8 | 13.9 |
| 2003 | 19.4 | 15.1 | 27.8 | 21.6 | 16.1 |
| 2004 | 14.5 | 10.8 | 25.3 | 24.0 | 25.4 |
| 2005 | 14.6 | 11.0 | 25.7 | 25.2 | 23.5 |
| 2006 | 11.4 | 16.8 | 33.6 | 19.5 | 18.7 |

〈표 2〉 참여종목 선호도

| 순위 / 연도 | 1순위 | 2순위 | 3순위 | 4순위 | 5순위 | 6순위 |
|---|---|---|---|---|---|---|
| 2001 | 줄넘기 | 축구 | 조깅 | 등산 | 농구 | 배드민턴 |
| 2002 | 조깅 | 줄넘기 | 등산 | 볼링 | 농구 | 테니스 |
| 2003 | 등산 | 농구 | 줄넘기 | 배드민턴 | 수영 | 볼링 |
| 2004 | 등산 | 줄넘기 | 농구 | 축구 | 보디빌딩 | 수영 |
| 2005 | 조깅 | 등산 | 보디빌딩 | 줄넘기 | 수영 | 축구 |
| 2006 | 등산 | 축구 | 조깅 | 배드민턴 | 보디빌딩 | 줄넘기 |

① 전년에 비해 2006년의 보디빌딩 참여자 수는 감소하였다.

② 2001년 이후 줄넘기, 테니스의 선호도 순위는 매년 하락하였다.

③ 2001년 이후 등산, 배드민턴, 축구의 선호도 순위는 매년 상승하였다.

④ 2002~2006년 사이 생활체육 참여율이 전년보다 증가한 해는 주2~3회 참여자 집단의 비중도 증가하였다.

⑤ 2006년의 생활체육 참여자의 '참여빈도 유형' 중 비중의 전년대비 증가율이 가장 높은 집단은 주4~5회 참여자이다.

## 07 ☐△✗             16년 행시(5) 33번

다음 〈표〉는 A국 전체 근로자의 회사 규모 및 근로자 직급별 출퇴근 소요 시간 분포와 유연근무제도 유형별 활용률에 관한 자료이다. 이에 대한 설명으로 옳은 것은?

〈표 1〉 회사 규모 및 근로자 직급별 출퇴근 소요시간 분포

(단위 : %)

| 규모 및 직급 | 출퇴근 소요시간 | 30분 이하 | 30분 초과 60분 이하 | 60분 초과 90분 이하 | 90분 초과 120분 이하 | 120분 초과 150분 이하 | 150분 초과 180분 이하 | 180분 초과 | 전체 |
|---|---|---|---|---|---|---|---|---|---|
| 규모 | 중소기업 | 12.2 | 34.6 | 16.2 | 17.4 | 8.4 | 8.5 | 2.7 | 100.0 |
| | 중견기업 | 22.8 | 35.7 | 16.8 | 16.3 | 3.1 | 3.4 | 1.9 | 100.0 |
| | 대기업 | 21.0 | 37.7 | 15.3 | 15.6 | 4.7 | 4.3 | 1.4 | 100.0 |
| 직급 | 대리급 이하 | 20.5 | 37.3 | 15.4 | 13.8 | 5.0 | 5.3 | 2.6 | 100.0 |
| | 과장급 | 16.9 | 31.6 | 16.7 | 19.9 | 5.6 | 7.7 | 1.7 | 100.0 |
| | 차장급 이상 | 12.6 | 36.3 | 18.3 | 19.3 | 7.3 | 4.2 | 1.9 | 100.0 |

〈표 2〉 회사 규모 및 근로자 직급별 유연근무제도 유형별 활용률

(단위 : %)

| 규모 및 직급 | 유연근무제도 유형 | 재택 근무제 | 원격 근무제 | 탄력 근무제 | 시차 출퇴근제 |
|---|---|---|---|---|---|
| 규모 | 중소기업 | 10.4 | 54.4 | 15.6 | 41.7 |
| | 중견기업 | 29.8 | 11.5 | 39.5 | 32.0 |
| | 대기업 | 8.6 | 23.5 | 19.9 | 27.0 |
| 직급 | 대리급 이하 | 0.7 | 32.0 | 23.6 | 29.0 |
| | 과장급 | 30.2 | 16.3 | 27.7 | 28.7 |
| | 차장급 이상 | 14.2 | 26.4 | 25.1 | 33.2 |

① 출퇴근 소요시간이 60분 이하인 근로자 수는 출퇴근 소요 시간이 60분 초과인 근로자 수보다 모든 직급에서 많다.
② 출퇴근 소요시간이 90분 초과인 대리급 이하 근로자 비율은 탄력 근무제를 활용하는 대리급 이하 근로자 비율보다 낮다.
③ 출퇴근 소요시간이 120분 이하인 과장급 근로자 중에는 원격근무제를 활용하는 근로자가 있다.
④ 원격근무제를 활용하는 중소기업 근로자 수는 탄력근무제와 시차 출퇴근제 중 하나 이상을 활용하는 중소기업 근로자 수보다 적다.
⑤ 출퇴근 소요시간이 60분 이하인 차장급 이상 근로자 수는 원격근무제와 탄력근무제 중 하나 이상을 활용하는 차장급 이상 근로자 수보다 적다.

## 08 ☐△✗             16년 행시(5) 22번

다음 〈표〉는 2010~2012년 남아공, 멕시코, 브라질, 사우디, 캐나다, 한국의 이산화탄소 배출량에 대한 자료이다. 다음 〈조건〉을 근거로 하여 A~D에 해당하는 국가를 바르게 나열한 것은?

〈표〉 2010~2012년 국가별 이산화탄소 배출량

(단위 : 천만 톤, 톤/인)

| 국가 | 구분 | 2010 | 2011 | 2012 |
|---|---|---|---|---|
| 한국 | 총배출량 | 56.45 | 58.99 | 59.29 |
| | 1인당 배출량 | 11.42 | 11.85 | 11.86 |
| 멕시코 | 총배출량 | 41.79 | 43.25 | 43.58 |
| | 1인당 배출량 | 3.66 | 3.74 | 3.75 |
| A | 총배출량 | 37.63 | 36.15 | 37.61 |
| | 1인당 배출량 | 7.39 | 7.01 | 7.20 |
| B | 총배출량 | 41.49 | 42.98 | 45.88 |
| | 1인당 배출량 | 15.22 | 15.48 | 16.22 |
| C | 총배출량 | 53.14 | 53.67 | 53.37 |
| | 1인당 배출량 | 15.57 | 15.56 | 15.30 |
| D | 총배출량 | 38.85 | 40.80 | 44.02 |
| | 1인당 배출량 | 1.99 | 2.07 | 2.22 |

※ 1인당 배출량(톤/인) = $\dfrac{총배출량}{인구}$

〈조 건〉

• 1인당 이산화탄소 배출량이 2011년과 2012년 모두 전년대비 증가한 국가는 멕시코, 브라질, 사우디, 한국이다.
• 2010~2012년 동안 매년 인구가 1억 명 이상인 국가는 멕시코와 브라질이다.
• 2012년 인구는 남아공이 한국보다 많다.

| | A | B | C | D |
|---|---|---|---|---|
| ① | 남아공 | 사우디 | 캐나다 | 브라질 |
| ② | 남아공 | 브라질 | 캐나다 | 사우디 |
| ③ | 캐나다 | 사우디 | 남아공 | 브라질 |
| ④ | 캐나다 | 브라질 | 남아공 | 사우디 |
| ⑤ | 캐나다 | 남아공 | 사우디 | 브라질 |

## 09 ⊙△✕

다음 〈표〉는 2002년부터 2006년까지 우리나라가 미국, 호주와 유럽에 투자한 금융자산과 환율을 나타낸 자료이다. 〈표〉를 정리한 것 중 옳지 <u>않은</u> 것은?

〈표 1〉 지역별 금융자산 투자규모

| 연도\지역 | 미국(억 US$) | 호주(억 AU$) | 유럽(억 €) |
|---|---|---|---|
| 2002 | 80 | 70 | 70 |
| 2003 | 100 | 65 | 75 |
| 2004 | 105 | 60 | 85 |
| 2005 | 120 | 80 | 90 |
| 2006 | 110 | 85 | 100 |

〈표 2〉 외국 통화에 대한 환율

| 연도\환율 | ₩/US$ | ₩/AU$ | ₩/€ |
|---|---|---|---|
| 2002 | 1,000 | 900 | 800 |
| 2003 | 950 | 950 | 850 |
| 2004 | 900 | 1,000 | 900 |
| 2005 | 850 | 950 | 1,100 |
| 2006 | 900 | 1,000 | 1,000 |

※ ₩/US$는 1미국달러당 원화, ₩/AU$는 1호주달러당 원화, ₩/€는 1유로당 원화

① AU$/US$의 변화 추이

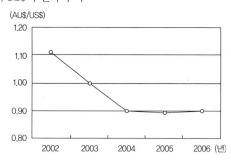

② 원화로 환산한 대호주 금융자산 투자규모 추이

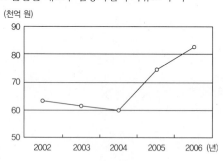

③ 원화로 환산한 2006년 각 지역별 금융자산 투자비중

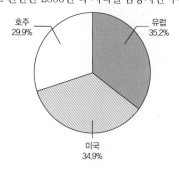

④ 원화로 환산한 대미 금융자산 투자규모 추이

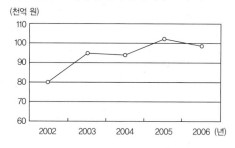

⑤ €/AU$의 변화 추이

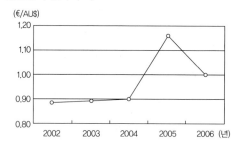

**10** ☐△☒    12년 행시(인) 13번

다음 〈그림 1〉은 1인당 실질부가가치와 취업자 수 증가율에 따른 국가 유형 구분을 나타낸 것이다. 〈그림 2〉는 〈그림 1〉을 주요 국가의 통신업과 금융업에 적용하여 작성된 자료이다. 이에 대한 〈보기〉의 설명 중 옳은 것을 모두 고르면?

〈그림 1〉 1인당 실질부가가치와 취업자 수 증가율에 따른
국가 유형 구분

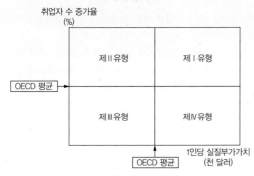

※ OECD 평균은 해당 업종의 OECD 회원국 평균을 나타냄

〈그림 2〉 주요 국가의 통신업 및 금융업의
1인당 실질부가가치와 취업자 수 증가율

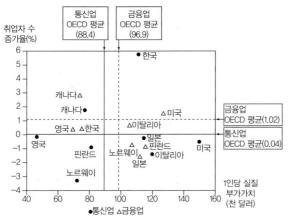

───────── 〈보 기〉 ─────────

ㄱ. 한국과 일본의 통신업의 경우, 1인당 실질부가가치는 통신업의 OECD 평균보다 각각 높다.

ㄴ. 한국의 경우 통신업의 1인당 실질부가가치와 취업자 수 증가율은 각각 금융업의 1인당 실질부가가치와 취업자 수 증가율보다 크다.

ㄷ. 통신업의 제Ⅲ유형에 속한 국가의 수와 금융업의 제Ⅳ유형에 속한 국가의 수는 같다.

ㄹ. 국가 유형에 따라 구분한 결과 통신업 유형과 금융업 유형이 동일한 국가의 수는 4개이다.

ㅁ. 금융업에서 미국의 1인당 실질부가가치는 캐나다의 1인당 실질부가가치에 비하여 2배 이상이다.

① ㄱ, ㄴ, ㄹ
② ㄱ, ㄴ, ㅁ
③ ㄱ, ㄷ, ㄹ
④ ㄴ, ㄷ, ㅁ
⑤ ㄷ, ㄹ, ㅁ

**11** ☐△☒    13년 행시(인) 13번

다음 〈표〉는 2012년 ○○방송 A개그프로그램의 코너별 시청률과 시청률 순위에 관한 자료이다. 이에 대한 설명으로 옳은 것은?

〈표 1〉 코너별 시청률 및 시청률 순위(7월 마지막 주)

| 코너명 | 시청률(%) | | 시청률 순위 | |
|---|---|---|---|---|
| | 금주 | 전주 | 금주 | 전주 |
| 체포왕자 | 27.6 | – | 1 | – |
| 세가지 | 27.5 | 22.2 | 2 | 13 |
| 멘붕학교 | 27.2 | 23.2 | 3 | 10 |
| 생활의 문제 | 26.9 | 30.7 | 4 | 1 |
| 비겁한 녀석들 | 26.5 | 26.3 | 5 | 4 |
| 아이들 | 26.4 | 30.4 | 6 | 2 |
| 편한 진실 | 25.8 | 25.5 | 7 | 6 |
| 비극배우들 | 25.7 | 24.5 | 8 | 7 |
| 엄마와 딸 | 25.6 | 23.9 | 9 | 8 |
| 김여사 | 24.7 | 23.6 | 10 | 9 |
| 예술성 | 19.2 | 27.8 | 11 | 3 |
| 어색한 친구 | 17.7 | – | 12 | – |
| 좋지 아니한가 | 16.7 | 22.7 | 13 | 11 |
| 합기도 | 14.6 | 18.8 | 14 | 14 |

〈표 2〉 코너별 시청률 및 시청률 순위(10월 첫째 주)

| 코너명 | 시청률(%) | | 시청률 순위 | |
|---|---|---|---|---|
| | 금주 | 전주 | 금주 | 전주 |
| 험담자 | 27.4 | – | 1 | – |
| 생활의 문제 | 27.0 | 19.6 | 2 | 7 |
| 김여사 | 24.9 | 21.9 | 3 | 3 |
| 엄마와 딸 | 24.5 | 20.4 | 4 | 5 |
| 돼지의 품격 | 23.4 | 23.2 | 5 | 1 |
| 비극배우들 | 22.7 | 22.5 | 6 | 2 |
| 편한 진실 | 21.6 | 21.1 | 7 | 4 |
| 체포왕자 | 21.4 | 16.5 | 8 | 12 |
| 멘붕학교 | 21.4 | 19.6 | 8 | 7 |
| 비겁한 녀석들 | 21.1 | 19.1 | 10 | 9 |
| 어색한 친구 | 20.7 | 19.0 | 11 | 10 |
| 세가지 | 19.8 | 19.9 | 12 | 6 |
| 아이들 | 18.2 | 17.8 | 13 | 11 |
| 합기도 | 15.1 | 12.6 | 14 | 14 |

※ 1) A개그프로그램은 매주 14개의 코너로 구성됨
   2) '–'가 있는 코너는 금주에 신설된 코너를 의미함

① 7월 마지막 주~10월 첫째 주 동안 신설된 코너는 3개이다.

② 신설 코너를 제외하고, 10월 첫째 주에는 전주보다 시청률이 낮은 코너가 없다.

③ 7월 마지막 주와 10월 첫째 주 시청률이 모두 20% 미만인 코너는 '합기도' 뿐이다.

④ 신설된 코너와 폐지된 코너를 제외하고, 7월 마지막 주와 10월 첫째 주의 전주 대비 시청률 상승폭이 가장 큰 코너는 동일하다.

⑤ 시청률 순위 상위 5개 코너의 시청률 산술평균은 10월 첫째 주가 7월 마지막 주보다 높다.

## 12 ⊡△☒

다음 〈표〉와 〈그림〉은 '가' 국의 수출입액 현황에 관한 자료이다. 이에 대한 〈보기〉의 설명 중 옳지 <u>않은</u> 것을 모두 고르면?

〈표〉 '가' 국의 대상 지역별 수출입액 현황(2010~2011년)

(단위 : 억 원, %)

| 구분 | 2010년 | | | 2011년 | | | 2011년 수출입액의 전년대비 증감률 |
|---|---|---|---|---|---|---|---|
| | 수출액 | 수입액 | 수출입액 | 수출액 | 수입액 | 수출입액 | |
| 아시아 | 939,383 | 2,320,247 | 3,259,630 (88.4) | 900,206 | 2,096,471 | 2,996,677 (89.8) | -8.1 |
| 유럽 | 67,648 | 89,629 | 157,277 (4.3) | 60,911 | 92,966 | 153,877 (4.6) | -2.2 |
| 미주 | 83,969 | 153,112 | 237,081 (6.4) | 60,531 | 103,832 | 164,363 (4.9) | -30.7 |
| 아프리카 | 12,533 | 19,131 | 31,664 (0.9) | 13,266 | 7,269 | 20,535 (0.7) | -35.1 |
| 전체 | 1,103,533 | 2,582,119 | 3,685,652 (100.0) | 1,034,914 | 2,300,538 | 3,335,452 (100.0) | -9.5 |

※ 수출입액＝수출액＋수입액

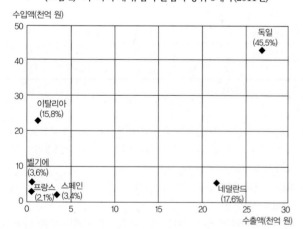

〈그림 1〉 '가' 국의 대 유럽 수출입액 상위 6개(2010년)

〈그림 2〉 '가' 국의 대 유럽 수출입액 상위 6개국(2011년)

※ '가' 국의 유럽에 대한 전체 수출입액 중 해당국이 차지하는 수출입액의 비중이 큰 순서에 따라 상위 6개국을 선정함

※ (      ) 안의 수치는 '가' 국의 유럽에 대한 전체 수출입액 중 해당국이 차지하는 수출입액의 비중을 나타냄

─〈보 기〉─

ㄱ. 2011년 '가' 국의 아시아에 대한 수출입액은 전년대비 1.4%p 증가하여 2011년 전체 수출입액의 89.8%를 차지하였다.

ㄴ. 2011년 '가' 국의 아시아, 유럽, 미주, 아프리카에 대한 수출입액은 각각 전년대비 감소하였다.

ㄷ. 2011년 '가' 국의 유럽에 대한 수출입액은 전년대비 2.2% 감소하였고, 수출액은 전년대비 5.9% 감소하였으나, 수입액은 전년대비 3.7% 증가하였다.

ㄹ. 2011년 '가' 국의 유럽에 대한 전체 수출입액 중 수출입액 상위 5개국이 차지하는 수출입액은 85.0% 이상이었다.

ㅁ. 2011년 '가' 국의 네덜란드에 대한 수입액 대비 수출액 비율은 전년에 비해 감소하였고, 네덜란드에 대한 수출입액은 유럽에 대한 전체 수출입액의 17.6%를 차지하였다.

① ㄱ, ㄴ, ㄹ

② ㄱ, ㄷ, ㄹ

③ ㄱ, ㄷ, ㅁ

④ ㄴ, ㄷ, ㅁ

⑤ ㄴ, ㄹ, ㅁ

**13** ⊙△☒　　　　　　　　　　　　　　11년 행시(인) 33번

다음은 어느 부처의 2009년 인사부문 업무평가현황과 〈지표별 달성목표〉이다. 이에 대한 설명으로 옳지 <u>않은</u> 것은?

〈표 1〉 부서별 탄력근무제 활용현황

(단위 : 명, %)

| 구분<br>부서 | 대상자<br>(a) | 실시인원<br>(b) | 탄력근무제<br>활용지표<br>(b/a×100) |
|---|---|---|---|
| 운영지원과 | 17 | 2 | 11.8 |
| 감사팀 | 14 | 1 | 7.1 |
| 총무과 | 12 | 2 | 16.7 |
| 인사과 | 15 | 1 | 6.7 |
| 전략팀 | 19 | 2 | 10.5 |
| 심사1팀 | 46 | 8 | 17.4 |
| 심사2팀 | 35 | 1 | 2.9 |
| 심사3팀 | 27 | 6 | ( ) |
| 정보관리팀 | 15 | 2 | 13.3 |

〈표 2〉 부서별 연가사용현황

(단위 : 일, %)

| 구분<br>부서 | 연가가능일수 (a) | 연가사용일수<br>(b) | 연가사용지표<br>(b/a×100) |
|---|---|---|---|
| 운영지원과 | 192 | 105 | 54.7 |
| 감사팀 | 185 | 107 | ( ) |
| 총무과 | 249 | 137 | 55.0 |
| 인사과 | 249 | 161 | 64.7 |
| 전략팀 | 173 | 94 | 54.3 |
| 심사1팀 | 624 | 265 | ( ) |
| 심사2팀 | 684 | 359 | 52.5 |
| 심사3팀 | 458 | 235 | 51.3 |
| 정보관리팀 | 178 | 104 | 58.4 |

〈표 3〉 부서별 초과근무 사전승인현황

(단위 : 건, %)

| 구분<br>부서 | 총승인건수<br>(a) | 사전승인건수<br>(b) | 초과근무<br>사전승인지표<br>(b/a×100) |
|---|---|---|---|
| 운영지원과 | 550 | 335 | 60.9 |
| 감사팀 | 369 | 327 | ( ) |
| 총무과 | 321 | 169 | 52.6 |
| 인사과 | 409 | 382 | ( ) |
| 전략팀 | 1,326 | 1,147 | 86.5 |
| 심사1팀 | 2,733 | 2,549 | 93.3 |
| 심사2팀 | 1,676 | 1,486 | 88.7 |
| 심사3팀 | 1,405 | 1,390 | ( ) |
| 정보관리팀 | 106 | 93 | 87.7 |

─〈지표별 달성목표〉─

• 탄력근무제 활용지표 : 7% 이상
• 연가사용지표 : 50% 이상
• 초과근무 사전승인지표 : 80% 이상

※ 각각의 지표는 개별적으로 평가함

① 감사팀은 모든 지표에서 목표를 달성하였다.
② 목표를 달성하지 못한 지표가 있는 부서는 총 5개이다.
③ 초과근무 사전승인지표가 가장 높은 부서는 심사3팀이다.
④ 목표를 달성하지 못한 지표가 두 개 이상인 부서가 있다.
⑤ 탄력근무제 활용지표가 두 번째로 높은 부서는 연가사용지표가 목표미달이다.

**14** ⊙△☒　　　　　　　　　　　　　　10년 행시(인) 31번

다음 〈보고서〉에 언급된 A, B, C국과 〈표〉의 '가', '나', '다'국을 가장 바르게 짝지은 것은?

─〈보고서〉─

• A국의 2006년 4분기 소매판매 증가율과 수출 증가율은 3분기보다 감소하여 경제성장이 둔화되는 모습을 보이고 있다. A국 중앙은행은 정책기준금리를 두 차례 연속 동결하였다. 이는 에너지가격 상승세 둔화, 인플레이션 기대심리 진정, 금리인상 효과에 따라 인플레이션 압력이 점차 완화될 것으로 예상되기 때문이다.
• B국의 2006년 4분기 산업생산 증가율은 3분기보다 감소하였다. B국의 수출 증가율은 2005년에는 2분기 이후 매분기 감소하였으나 2006년에는 매분기 증가하였다.
• C국의 2006년 4분기 산업생산 증가율과 소매판매 증가율은 수출 확대와 2006년 3분기 지표 부진에 대한 반등효과로 인해 증가하였다. 하지만 시장에서는 성장을 중시하는 새 총리의 취임으로 추가 금리 인상이 순조롭지는 않을 것으로 전망하고 있다.

〈표〉 2005~2006년 '가', '나', '다'국 경제동향

(단위 : %)

| 구분 | 연도<br>분기 | 2005년 | | | | 2006년 | | | |
|---|---|---|---|---|---|---|---|---|---|
| | | 1/4 | 2/4 | 3/4 | 4/4 | 1/4 | 2/4 | 3/4 | 4/4 |
| '가'국 | 실질GDP | 2.6 | 1.1 | 0.5 | 1.0 | 0.8 | 0.2 | — | — |
| | 산업생산 | 1.1 | 0.0 | −0.5 | 2.7 | 0.6 | 0.9 | −0.9 | 1.9 |
| | 소매판매 | 1.1 | 0.5 | 1.5 | 0.1 | 1.8 | 0.4 | −1.6 | 2.0 |
| | 수출 | 7.3 | 4.3 | 7.4 | 13.4 | 17.6 | 14.7 | 14.2 | 17.7 |
| '나'국 | 실질GDP | 3.2 | 3.3 | 4.1 | 1.7 | 5.6 | 2.6 | — | — |
| | 산업생산 | 3.3 | 1.6 | 1.4 | 5.3 | 5.1 | 6.6 | 0.4 | −0.1 |
| | 소매판매 | 7.2 | 2.4 | 1.9 | 0.5 | 3.2 | 0.8 | 1.4 | 0.2 |
| | 수출 | 3.1 | 2.9 | 3.3 | 3.1 | 2.8 | 3.0 | 2.5 | 1.6 |
| '다'국 | 실질GDP | 10.2 | 10.1 | 9.8 | 9.9 | 10.3 | 11.3 | — | — |
| | 산업생산 | 7.2 | 3.1 | 4.2 | 2.1 | 2.8 | 3.4 | 0.6 | 0.5 |
| | 소매판매 | 16.4 | 16.5 | 16.2 | 16.4 | 15.9 | 18.0 | 16.7 | 15.7 |
| | 수출 | 15.0 | 14.2 | 13.1 | 12.9 | 13.8 | 14.3 | 15.2 | 17.1 |

※ 표 안의 수치는 전분기 대비 증가율임.

|  | '가'국 | '나'국 | '다'국 |
|---|---|---|---|
| ① | B | A | C |
| ② | C | A | B |
| ③ | A | B | C |
| ④ | C | B | A |
| ⑤ | A | C | B |

**15** ○△×         17년 행시(가) 4번

다음 〈표〉는 중학생의 주당 운동시간 현황을 조사한 자료이다. 이에 대한 〈보기〉의 설명 중 옳은 것만을 모두 고르면?

〈표〉 중학생의 주당 운동시간 현황

(단위 : %, 명)

| 구분 | | 남학생 | | | 여학생 | | |
|---|---|---|---|---|---|---|---|
| | | 1학년 | 2학년 | 3학년 | 1학년 | 2학년 | 3학년 |
| 1시간 미만 | 비율 | 10.0 | 5.7 | 7.6 | 18.8 | 19.2 | 25.1 |
| | 인원수 | 118 | 66 | 87 | 221 | 217 | 281 |
| 1시간 이상 2시간 미만 | 비율 | 22.2 | 20.4 | 19.7 | 26.6 | 31.3 | 29.3 |
| | 인원수 | 261 | 235 | 224 | 312 | 353 | 328 |
| 2시간 이상 3시간 미만 | 비율 | 21.8 | 20.9 | 24.1 | 20.7 | 18.0 | 21.6 |
| | 인원수 | 256 | 241 | 274 | 243 | 203 | 242 |
| 3시간 이상 4시간 미만 | 비율 | 34.8 | 34.0 | 23.4 | 30.0 | 27.3 | 14.0 |
| | 인원수 | 409 | 392 | 266 | 353 | 308 | 157 |
| 4시간 이상 | 비율 | 11.2 | 19.0 | 25.2 | 3.9 | 4.2 | 10.0 |
| | 인원수 | 132 | 219 | 287 | 46 | 47 | 112 |
| 합계 | 비율 | 100.0 | 100.0 | 100.0 | 100.0 | 100.0 | 100.0 |
| | 인원수 | 1,176 | 1,153 | 1,138 | 1,175 | 1,128 | 1,120 |

─── 〈보 기〉 ───

ㄱ. '1시간 미만' 운동하는 3학년 남학생 수는 '4시간 이상' 운동하는 1학년 여학생 수보다 많다.

ㄴ. 동일 학년의 남학생과 여학생을 비교하면, 남학생 중 '1시간 미만' 운동하는 남학생의 비율이 여학생 중 '1시간 미만' 운동하는 여학생의 비율보다 각 학년에서 모두 낮다.

ㄷ. 남학생과 여학생 각각, 학년이 높아질수록 3시간 이상 운동하는 학생의 비율이 낮아진다.

ㄹ. 모든 학년별 남학생과 여학생 각각에서, '3시간 이상 4시간 미만' 운동하는 학생의 비율이 '4시간 이상' 운동하는 학생의 비율보다 높다.

① ㄱ, ㄴ          ② ㄱ, ㄹ
③ ㄴ, ㄷ          ④ ㄷ, ㄹ
⑤ ㄱ, ㄴ, ㄷ

**16** ○△×         11년 행시(인) 10번

다음 〈표〉와 〈그림〉은 조선총독부자료와 박은식의 『한국독립운동지혈사』에서 발췌한 3·1 운동 관련 자료이다. 이에 대해 〈조건〉을 적용할 때, 각 지역에 대한 설명으로 옳은 것은?

〈표〉 지역별 3·1 운동 현황(조선총독부자료)

(단위 : 회, 명)

| 지역 | 횟수 | 3·1 운동 참여자 중 사상자 | | 3·1 운동 관련 일제관헌 사상자 | |
|---|---|---|---|---|---|
| | | 사망 | 부상 | 사망 | 부상 |
| 가 | 225 | 72 | 240 | 2 | 22 |
| 나 | 26 | 14 | 17 | 0 | 0 |
| 다 | 102 | 67 | 171 | 0 | 28 |
| 라 | 134 | 231 | 515 | 6 | 26 |
| 마 | 131 | 79 | 205 | 0 | 31 |

〈그림〉 지역별 3·1 운동 참여자 및 사망자 현황
(박은식, 『한국독립운동지혈사』)

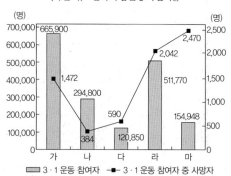

─── 〈조 건〉 ───

• 『한국독립운동지혈사』에 따르면 경기도의 3·1 운동 참여자 수는 충청도의 5배 이상이다.
• 『한국독립운동지혈사』에 따르면 '3·1 운동 참여자' 수 대비 '3·1 운동 참여자 중 사망자' 수의 비율은 경상도가 평안도보다 크다.
• 조선총독부자료의 '3·1 운동 참여자 중 사상자' 수와 『한국독립운동지혈사』의 '3·1 운동 참여자 중 사망자' 수의 차이는 경상도가 전라도보다 크다.
• 조선총독부자료에 따르면 3·1 운동 관련 일제관헌 사망자가 발생한 곳은 경기도와 평안도이다.

① 조선총독부자료에 따르면 가장 많은 횟수의 3·1 운동이 일어난 지역은 경상도이다.
② 『한국독립운동지혈사』에 따르면 3·1 운동 참여자 수가 두 번째로 적은 지역은 전라도이다.
③ 조선총독부자료에 따르면 일제관헌 부상자가 가장 많이 발생한 지역은 경기도이다.
④ 조선총독부자료에 따르면 일제관헌 사상자 수가 가장 많은 지역은 평안도이다.
⑤ 『한국독립운동지혈사』에 따르면 충청도의 3·1 운동 참여자 수 대비 사망자 수의 비율은 0.5%를 초과한다.

**17** ☐△✕            14년 행시(A) 27번

다음 〈표〉는 '갑'국 국회의원의 SNS(소셜네트워크서비스) 이용자 수 현황에 대한 자료이다. 이를 이용하여 작성한 그래프로 옳지 <u>않은</u> 것은?

〈표〉 '갑'국 국회의원의 SNS 이용자 수 현황

(단위 : 명)

| 구분 | 정당 | 당선 횟수별 | | | | 당선 유형별 | | 성별 | |
|------|------|------|------|------|------------|------|----------|------|------|
| | | 초선 | 2선 | 3선 | 4선 이상 | 지역구 | 비례대표 | 남자 | 여자 |
| 여당 | A | 82 | 29 | 22 | 12 | 126 | 19 | 123 | 22 |
| 야당 | B | 29 | 25 | 13 | 6 | 59 | 14 | 59 | 14 |
| | C | 7 | 3 | 1 | 1 | 7 | 5 | 10 | 2 |
| 합계 | | 118 | 57 | 36 | 19 | 192 | 38 | 192 | 38 |

① 국회의원의 여야별 SNS 이용자 수

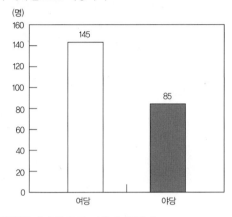

② 남녀 국회의원의 여야별 SNS 이용자 구성비

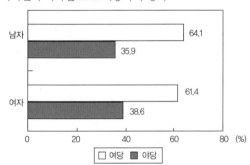

※ 소수점 아래 둘째 자리에서 반올림함

③ 여당 국회의원의 당선 유형별 SNS 이용자 구성비

※ 소수점 아래 둘째 자리에서 반올림함

④ 야당 국회의원의 당선 횟수별 SNS 이용자 구성비

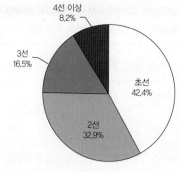

※ 소수점 아래 둘째 자리에서 반올림함

⑤ 2선 이상 국회의원의 정당별 SNS 이용자 수

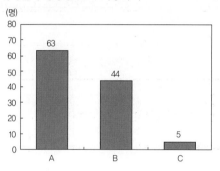

**18** ☐△✕            09년 행시(기) 17번

다음 〈표〉는 ○○시의 시장선거에서 응답자의 종교별 후보지지 설문조사 결과이다. 〈표〉에 대한 〈보기〉의 설명 중 옳은 것을 모두 고르면?

〈표〉 응답자의 종교별 후보지지 현황

(단위 : 명)

| 응답자의 종교 / 후보 | 불교 | 개신교 | 가톨릭 | 기타 | 합 |
|------|------|------|------|------|------|
| A | 130 | (가) | 60 | 300 | ( ) |
| B | 260 | ( ) | 30 | 350 | 740 |
| C | ( ) | (나) | 45 | 300 | ( ) |
| D | 65 | 40 | 15 | ( ) | ( ) |
| 계 | 650 | 400 | 150 | 1,000 | 2,200 |

※ 1) (가)와 (나)의 응답자 수는 같음
   2) 후보는 4명이며, 복수응답 및 무응답은 없음

─── 〈보 기〉 ───

ㄱ. A후보 지지율이 C후보 지지율보다 높다.

ㄴ. C후보 지지율과 D후보 지지율의 합은 B후보 지지율보다 높다.

ㄷ. A후보 지지자 중에는 개신교 신자가 불교 신자보다 많다.

ㄹ. 개신교 신자의 A후보 지지율은 가톨릭 신자의 C후보 지지율보다 높다.

① ㄱ, ㄴ

② ㄱ, ㄷ

③ ㄴ, ㄷ

④ ㄴ, ㄹ

⑤ ㄷ, ㄹ

## 19 ▢△☓

다음 〈표〉는 2014년 정부3.0 우수사례 경진대회에 참가한 총 5개 부처에 대한 심사결과 자료이다. 〈조건〉을 적용하여 최종심사점수를 계산할 때 다음 설명 중 옳은 것은?

〈표〉 부처별 정부3.0 우수사례 경진대회 심사결과

| 구분 ＼ 부처 | A | B | C | D | E |
|---|---|---|---|---|---|
| 서면심사 점수(점) | 73 | 79 | 83 | 67 | 70 |
| 현장평가단 득표수(표) | 176 | 182 | 172 | 145 | 137 |
| 최종심사 점수(점) | ( ) | ( ) | 90 | ( ) | 55 |

※ 현장평가단 총 인원수는 200명임

〈조 건〉

- 최종심사점수 = (서면심사 최종반영점수) + (현장평가단 최종반영점수)
- 서면심사 최종반영점수

| 점수순위 | 1위 | 2위 | 3위 | 4위 | 5위 |
|---|---|---|---|---|---|
| 최종반영 점수(점) | 50 | 45 | 40 | 35 | 30 |

※ 점수순위는 서면심사점수가 높은 순서임

- 현장평가단 최종반영점수

| 득표율 | 90% 이상 | 80% 이상 90% 미만 | 70% 이상 80% 미만 | 60% 이상 70% 미만 | 60% 미만 |
|---|---|---|---|---|---|
| 최종반영 점수(점) | 50 | 40 | 30 | 20 | 10 |

※ 득표율(%) = $\dfrac{\text{현장평가단 득표수}}{\text{현장평가단 총 인원수}} \times 100$

① 현장평가단 최종반영점수에서 30점을 받은 부처는 E이다.
② E만 현장평가단으로부터 3표를 더 받는다면 최종심사점수의 순위가 바뀌게 된다.
③ A만 서면심사점수를 5점 더 받는다면 최종심사점수의 순위가 바뀌게 된다.
④ 서면심사점수가 가장 낮은 부처는 최종심사점수도 가장 낮다.
⑤ 서면심사 최종반영점수와 현장평가단 최종반영점수 간의 차이가 가장 큰 부처는 C이다.

## 20 ▢△☓

다음 〈표〉는 A 자치구가 관리하는 전체 13개 문화재 보수공사 추진현황을 정리한 자료이다. 이에 대한 설명 중 옳은 것은?

〈표〉 A 자치구 문화재 보수공사 추진현황

(단위 : 백만 원)

| 문화재 번호 | 공사내용 | 사업비 | | | | 공사기간 | 공정 |
|---|---|---|---|---|---|---|---|
| | | 국비 | 시비 | 구비 | 합 | | |
| 1 | 정전 동문보수 | 700 | 300 | 0 | 1,000 | 2008. 1. 3 ～2008. 2.15 | 공사 완료 |
| 2 | 본당 구조보강 | 0 | 1,106 | 445 | 1,551 | 2006.12.16 ～2008.10.31 | 공사 완료 |
| 3 | 별당 해체보수 | 0 | 256 | 110 | 366 | 2007.12.28 ～2008.11.26 | 공사 중 |
| 4 | 마감공사 | 0 | 281 | 49 | 330 | 2008. 3. 4 ～2008.11.28 | 공사 중 |
| 5 | 담장보수 | 0 | 100 | 0 | 100 | 2008. 8.11 ～2008.12.18 | 공사 중 |
| 6 | 관리실 신축 | 0 | 82 | 0 | 82 | 계획중 | |
| 7 | 대문 및 내부담장 공사 | 17 | 8 | 0 | 25 | 2008.11.17 ～2008.12.27 | 공사 중 |
| 8 | 행랑채 해체보수 | 45 | 45 | 0 | 90 | 2008.11.21 ～2009. 6.19 | 공사 중 |
| 9 | 벽면보수 | 0 | 230 | 0 | 230 | 2008.11.10 ～2009. 9. 6 | 공사 중 |
| 10 | 방염공사 | 9 | 9 | 0 | 18 | 2008.11.23 ～2008.12.24 | 공사 중 |
| 11 | 소방· 전기공사 | 0 | 170 | 30 | 200 | 계획중 | |
| 12 | 경관조명 설치 | 44 | 44 | 0 | 88 | 계획중 | |
| 13 | 단청보수 | 67 | 29 | 0 | 96 | 계획중 | |

※ 공사는 제시된 공사기간에 맞추어 완료하는 것으로 가정함

① 이 표가 작성된 시점은 2008년 11월 10일 이전이다.
② 전체 사업비 중 시비와 구비의 합은 전체 사업비의 절반 이하이다.
③ 사업비의 80% 이상을 시비로 충당하는 문화재 수는 전체의 50% 이상이다.
④ 공사중인 문화재 사업비 합은 공사완료된 문화재 사업비 합의 50% 이상이다.
⑤ 국비를 지원받지 못하는 문화재 수는 구비를 지원받지 못하는 문화재 수보다 적다.

## 21 ◯△✕

다음 〈보고서〉는 2017년과 2018년 청소년활동 참여 실태에 관한 자료이다. 〈보고서〉의 내용과 부합하는 자료만을 〈보기〉에서 모두 고르면?

〈보고서〉

2018년 청소년활동 9개 영역 중 '건강·보건활동'의 참여경험(93.6%)이 가장 높게 나타났고, 다음으로 '문화예술활동'(85.2%), '모험개척활동'(57.8%) 순으로 높게 나타났다. 반면, 2017년과 2018년 모두 '교류활동'의 참여경험 비율이 가장 낮게 나타났다. 이와 더불어 2018년 향후 가장 참여를 희망하는 청소년활동으로는 '문화예술활동'(22.5%), '진로탐색·직업체험활동'(21.5%)의 순으로 높게 조사되었다.

2018년 청소년활동 참여형태에 대한 9개 항목 중 '학교에서 단체로 참여'라는 응답(46.0%)이 가장 높게 나타났으며, 다음으로 '교내 동아리활동으로 참여', '개인적으로 참여'의 순으로 높게 나타났다. 2018년 청소년활동을 가장 희망하는 시간대는 '학교 수업시간 중'(43.7%)으로 조사되었고, '기타'를 제외하고는 '방과 후'가 가장 낮은 비율로 조사되었다.

2018년 청소년활동에 대한 '전반적 만족도'는 3.37점으로 2017년보다 상승한 것으로 확인되었고, '지도자 만족도'가 '활동내용 만족도'보다 더 높은 것으로 나타났다. 또한, 2018년 청소년활동 정책 인지도 점수는 최소 1.15점에서 최대 1.42점으로 나타났다.

〈보 기〉

ㄱ. 청소년활동 영역별 참여경험 및 향후 참여희망 비율(2017~2018년)

(단위 : %)

| 구분 \ 연도 | 영역 | 건강·보건활동 | 과학정보활동 | 교류활동 | 모험개척활동 | 문화예술활동 | 봉사활동 | 진로탐색·직업체험활동 | 환경보존활동 | 자기계발활동 |
|---|---|---|---|---|---|---|---|---|---|---|
| 참여경험 | 2017 | 93.7 | 53.6 | 26.5 | 55.7 | 79.7 | 55.4 | 63.8 | 42.4 | 41.3 |
| | 2018 | 93.6 | 61.2 | 33.9 | 57.8 | 85.2 | 62.9 | 72.5 | 48.8 | 50.8 |
| 향후참여희망 | 2017 | 9.7 | 11.6 | 3.6 | 16.4 | 21.1 | 5.0 | 21.0 | 1.7 | 4.7 |
| | 2018 | 8.2 | 11.1 | 3.0 | 17.0 | 22.5 | 5.4 | 21.5 | 1.8 | 3.5 |

ㄴ. 청소년활동 희망시간대(2018년)

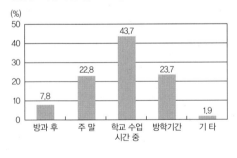

ㄷ. 청소년활동 참여형태(2017~2018년)

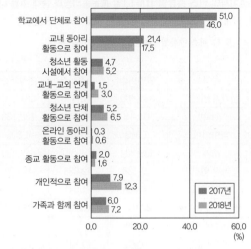

| 학교에서 단체로 참여 | 51.0 / 46.0 |
| 교내 동아리 활동으로 참여 | 21.4 / 17.5 |
| 청소년 활동 시설에서 참여 | 4.7 / 5.2 |
| 교내-교외 연계 활동으로 참여 | 1.5 / 3.0 |
| 청소년 단체 활동으로 참여 | 5.2 / 6.5 |
| 온라인 동아리 활동으로 참여 | 0.3 / 0.6 |
| 종교 활동으로 참여 | 2.0 / 1.6 |
| 개인적으로 참여 | 7.9 / 12.3 |
| 가족과 함께 참여 | 6.0 / 7.2 |

■ 2017년  ■ 2018년

ㄹ. 청소년활동 정책 인지도 점수(2017~2018년)

(단위 : 점)

| 항목 \ 연도 | 2017 | 2018 |
|---|---|---|
| 청소년수련활동인증제 | 1.24 | 1.27 |
| 국제청소년성취포상제 | 1.14 | 1.15 |
| 청소년어울림마당 | 1.40 | 1.42 |
| 청소년특별회의 | 1.28 | 1.30 |
| 청소년참여위원회 | 1.35 | 1.37 |
| 청소년운영위원회 | 1.41 | 1.44 |
| 청소년활동정보서비스 | 1.31 | 1.32 |
| 대한민국청소년박람회 | 1.29 | 1.28 |
| 청소년수련활동신고제 | 1.18 | 1.20 |

※점수가 높을수록 인지도가 높음

① ㄴ, ㄷ
② ㄴ, ㄹ
③ ㄷ, ㄹ
④ ㄱ, ㄴ, ㄷ
⑤ ㄱ, ㄷ, ㄹ

## 22 ⊙△✕

다음 〈표〉는 A회사의 버스 종류별 1대당 1일 총운송비용과 승객 수를 나타낸 자료이다. 이에 대한 〈보기〉의 설명 중 옳은 것을 모두 고르면?

〈표 1〉 버스 종류별 1대당 1일 총운송비용 내역

(단위 : 원)

| 부문 | 항목 | 일반버스 | 굴절버스 | 저상버스 |
|---|---|---|---|---|
| 가동비 | 운전직 인건비 | 331,400 | 331,400 | 331,400 |
| | 연료비 | 104,649 | 160,709 | 133,133 |
| | 타이어비 | 3,313 | 8,282 | 4,306 |
| | 소계 | 439,362 | 500,391 | 468,839 |
| 보유비 | 관리직 인건비 | 42,638 | 42,638 | 42,638 |
| | 차량보험료 | 16,066 | 21,641 | 16,066 |
| | 차량 감가상각비 | 23,944 | 104,106 | 24,057 |
| | 차고지비 | 3,029 | 4,544 | 3,029 |
| | 기타관리비 | 40,941 | 40,941 | 40,941 |
| | 정비비 | 9,097 | 45,484 | 13,645 |
| | 소계 | 135,715 | 259,354 | 140,376 |
| 총운송비용 | | 575,077 | 759,745 | 609,215 |

〈표 2〉 버스 종류별 1대당 1일 승객

(단위 : 명)

| 버스 종류 | 일반버스 | 굴절버스 | 저상버스 |
|---|---|---|---|
| 승객 수 | 800 | 1,000 | 900 |

※ 버스 1대당 1일 순이익=버스 1대당 1일 승객 요금합−버스 1대당 1일 총운송비용
※ 버스 1대당 1일 승객 요금합=버스 1대당 1일 승객 수×승객당 버스요금
※ 승객당 버스요금은 900원임
※ A회사는 일반버스, 굴절버스, 저상버스 각 1대씩만 보유·운행함

───── 〈보 기〉 ─────

ㄱ. 일반버스와 굴절버스 간의 운송비용 항목 중 비용 차이가 가장 큰 항목은 차량 감가상각비이다.
ㄴ. 버스 종류별로 1대당 1일 순이익이 30만 원이 안될 경우, 그 차액을 정부가 보전해 주는 정책을 시행한다면 A회사에서 가장 많은 보조금을 받는 버스 종류는 굴절버스이다.
ㄷ. 굴절버스는 다른 버스 종류에 비해 총운송비용에서 가동비가 차지하는 비중이 낮다.
ㄹ. 모든 버스 종류별로 정비비가 각각 10%씩 절감된다면, 총운송비용의 감소 비율이 가장 큰 버스 종류는 저상버스이다.

① ㄱ, ㄴ
② ㄴ, ㄹ
③ ㄱ, ㄴ, ㄷ
④ ㄱ, ㄷ, ㄹ
⑤ ㄴ, ㄷ, ㄹ

## 23 ⊙△✕

다음 〈표〉는 A국 제조업체의 이익수준과 적자보고율에 대한 자료이다. 이에 대한 〈보기〉의 설명 중 옳은 것을 모두 고르면?

〈표〉 연도별 이익수준과 적자보고율

| 연도 | 조사 대상 기업수 (개) | 이익수준 | | | | | 적자 보고율 |
|---|---|---|---|---|---|---|---|
| | | 전체 | | 구간 | | | |
| | | 평균 | 표준 편차 | 하위 평균 | 중위 평균 | 상위 평균 | |
| 2002 | 520 | 0.0373 | 0.0907 | 0.0101 | 0.0411 | 0.0769 | 0.17 |
| 2003 | 540 | 0.0374 | 0.0923 | 0.0107 | 0.0364 | 0.0754 | 0.15 |
| 2004 | 580 | 0.0395 | 0.0986 | 0.0107 | 0.0445 | 0.0818 | 0.17 |
| 2005 | 620 | 0.0420 | 0.0975 | 0.0140 | 0.0473 | 0.0788 | 0.15 |
| 2006 | 530 | 0.0329 | 0.1056 | 0.0119 | 0.0407 | 0.0792 | 0.18 |
| 2007 | 570 | 0.0387 | 0.0929 | 0.0123 | 0.0414 | 0.0787 | 0.17 |

※ 1) 적자보고율 = $\dfrac{\text{적자로 보고한 기업수}}{\text{조사대상기업수}}$

2) 이익수준 = $\dfrac{\text{이익}}{\text{총자산}}$

───── 〈보 기〉 ─────

ㄱ. 조사대상 기업 중에서 적자로 보고한 기업수는 2005년에 최대, 2003년에 최소이다.
ㄴ. 이익수준의 전체 평균 대비 하위 평균의 비율이 가장 큰 해와 이익수준의 전체 표준편차가 가장 큰 해는 동일하다.
ㄷ. 이익수준의 상위 평균이 가장 높은 해는 전체 평균이 가장 높은 2004년이다.
ㄹ. 2003년부터 2007년까지 적자보고율과 이익수준 상위 평균의 전년대비 증감 방향은 매년 일치한다.

① ㄱ, ㄷ
② ㄴ, ㄹ
③ ㄱ, ㄴ, ㄷ
④ ㄱ, ㄷ, ㄹ
⑤ ㄴ, ㄷ, ㄹ

※ 다음 〈표〉는 2003년부터 2005년까지 OECD 25개국의 실업률을 기록한 것이다. 다음의 물음에 답하시오. [24~25]

〈표〉 2003~2005년 OECD 국가의 실업률

(단위 : %)

| 지역 | 국가 | 2003 | 2004 | 2005 |
|------|------|------|------|------|
| 서유럽 지역 | 오스트리아 | 4.3 | 4.9 | 5.2 |
| | 벨기에 | 8.2 | 8.4 | 8.4 |
| | 덴마크 | 5.4 | 5.5 | 4.8 |
| | 프랑스 | 9.5 | 9.6 | 9.9 |
| | 독일 | 9.1 | 9.5 | 9.4 |
| | 아일랜드 | 4.7 | 4.5 | 4.4 |
| | 이탈리아 | 8.4 | 8.0 | 7.7 |
| | 룩셈부르크 | 3.7 | 5.1 | 4.5 |
| | 네덜란드 | 3.7 | 4.6 | 4.7 |
| | 포르투갈 | 6.2 | 6.7 | 7.6 |
| | 스페인 | 11.1 | 10.6 | 9.2 |
| | 스위스 | 4.2 | 4.4 | 4.5 |
| | 영국 | 4.9 | 4.7 | 4.8 |
| 북유럽 지역 | 핀란드 | 9.0 | 8.9 | 8.4 |
| | 노르웨이 | 4.5 | 4.4 | 4.6 |
| | 스웨덴 | 5.6 | 6.4 | 6.5 |
| 동유럽 지역 | 체코 | 7.8 | 8.3 | 7.9 |
| | 헝가리 | 5.9 | 6.1 | 7.2 |
| | 폴란드 | 19.6 | 19.0 | 17.7 |
| 기타 지역 | 미국 | 6.0 | 5.5 | 5.1 |
| | 호주 | 6.1 | 5.5 | 5.1 |
| | 캐나다 | 7.6 | 7.2 | 6.8 |
| | 일본 | 5.3 | 4.7 | 4.4 |
| | 한국 | 3.6 | 3.7 | 3.7 |
| | 뉴질랜드 | 4.6 | 3.9 | 3.7 |
| OECD 전체 평균 | | 7.1 | 6.9 | 6.6 |
| EU-15 평균 | | 8.0 | 8.1 | 7.9 |

※1) EU-15는 조사 당시 OECD 회원국인 EU 15개국을 가리킴

2) 실업률 = $\dfrac{\text{실업자수}}{\text{경제활동인구}} \times 100$

**24** ☐△✗

11년 행시(인) 17번

위의 〈표〉에 대한 〈보기〉의 설명 중 옳은 것을 모두 고르면?

─── 〈보 기〉 ───

ㄱ. 2005년에 지역별로 실업률이 가장 높은 국가들의 경우, 서유럽 지역을 제외하고는 2004년과 2005년의 실업률이 전년대비 매년 감소했다.

ㄴ. 2003년에 한국의 경제활동인구가 3,000만 명, 2005년에 3,500만 명이라고 할 경우 2003년부터 2005년까지 한국의 실업자 수는 30만 명 이상 증가하였다.

ㄷ. 2004년과 2005년 서유럽지역의 경우, 실업률이 전년대비 매년 증가한 국가 수가 전년대비 매년 감소한 국가 수보다 크다.

ㄹ. 2003년 서유럽 지역에서 실업률이 가장 높은 국가의 실업률은 같은 해 동유럽 지역에서 실업률이 가장 높은 국가의 실업률보다 낮다.

ㅁ. 2005년 프랑스와 영국의 경제활동인구가 각각 4,000만 명이라고 할 경우, 프랑스 실업자 수와 영국 실업자 수의 차이는 200만 명 이하이다.

① ㄱ, ㄷ, ㄹ
② ㄱ, ㄷ, ㅁ
③ ㄱ, ㄹ, ㅁ
④ ㄴ, ㄷ, ㄹ
⑤ ㄴ, ㄹ, ㅁ

**25** ☐△✗

11년 행시(인) 18번

위의 〈표〉에서 2003년부터 2004년까지의 기간, 그리고 2004년부터 2005년까지의 기간 각각의 실업률 증감 방향이 OECD 전체 및 EU-15 실업률 평균값의 증감 방향과 동일하게 나타난 국가들을 바르게 짝지은 것은?

| | OECD 전체 평균 | EU-15 평균 |
|---|---|---|
| ① | 호주, 노르웨이 | 오스트리아, 프랑스 |
| ② | 미국, 스웨덴 | 독일, 룩셈부르크 |
| ③ | 일본, 헝가리 | 핀란드, 캐나다 |
| ④ | 스페인, 폴란드 | 포르투갈, 영국 |
| ⑤ | 이탈리아, 뉴질랜드 | 체코, 덴마크 |

# PSAT
Public Service Aptitude Test

# PART
# 3
# 상황판단

# CHAPTER 01 제1회 상황판단 모의고사

## 01 ⃝△✕

다음 글과 〈조건〉을 근거로 판단할 때, A 매립지에서 8월에 쓰레기를 매립할 셀은?

A 매립지는 셀 방식으로 쓰레기를 매립하고 있다. 셀 방식은 전체 매립부지를 일정한 넓이의 셀로 나누어서 각 셀마다 쓰레기를 매립한다. 이 방식에 따르면 쓰레기를 매립할 셀을 지정해서 개방한 후, 해당 셀이 포화되면 순차적으로 다른 셀을 개방한다. 이는 쓰레기를 무차별적으로 매립하는 것을 방지하고 매립과정을 쉽게 감시하기 위한 것이다.

〈조 건〉

• A 매립지는 4×4 셀로 구성되어 있다.
• 각 행에는 1, 2, 3, 4 중 서로 다른 숫자 1개가 각 셀에 지정된다.
• A 매립지는 효율적인 관리를 위해 한 개 이상의 셀로 이루어진 구획을 설정하고, 조감도에 두꺼운 테두리로 표현한다.
• 두 개 이상의 셀로 구성되는 구획에는 각 구획을 구성하는 셀에 지정된 숫자들을 모두 곱한 값이 다음 예와 같이 표현되어 있다.

예

| (24*) | | |
|---|---|---|

'(24*)'는 구획을 구성하는 셀에 지정된 숫자를 모두 곱하면 24가 된다는 의미이다. 1, 2, 3, 4 중 서로 다른 숫자를 곱하여 24가 되는 3개의 숫자는 2, 3, 4밖에 없으므로 위의 셀 안에는 2, 3, 4가 각각 하나씩 들어가야 한다.

• A 매립지는 하나의 셀이 한 달마다 포화되고, 개방되는 셀은 행의 순서와 셀에 지정된 숫자에 의해 결정된다. 즉 1월에는 1행의 1이 쓰인 셀, 2월에는 2행의 1이 쓰인 셀, 3월에는 3행의 1이 쓰인 셀, 4월에는 4행의 1이 쓰인 셀에 매립이 이루어진다. 5월에는 1행의 2가 쓰인 셀, 6월에는 2행의 2가 쓰인 셀에 쓰레기가 매립되며, 이와 같은 방식으로 12월까지 매립이 이루어지게 된다.

〈A 매립지 조감도〉

| (24*) | 3 | ⓜ | (3*)  1 |
|---|---|---|---|
| (4*)  ⓔ | 1 | (12*)  4 | 3 |
| 1 | ⓒ | 3 | (8*)  4 |
| 3 | (4*)  4 | ⓛ | ⓐ |

① ⓐ
② ⓛ
③ ⓒ
④ ⓔ
⑤ ⓜ

## 02 ⃝△✕

다음 글과 〈상황〉을 근거로 판단할 때 옳은 것은?

제00조 ① 증인신문은 증인을 신청한 당사자가 먼저하고, 다음에 다른 당사자가 한다.
② 재판장은 제1항의 신문이 끝난 뒤에 신문할 수 있다.
③ 재판장은 제1항과 제2항의 규정에 불구하고 언제든지 신문할 수 있다.
④ 재판장은 당사자의 의견을 들어 제1항과 제2항의 규정에 따른 신문의 순서를 바꿀 수 있다.
⑤ 당사자의 신문이 중복되거나 쟁점과 관계가 없는 때, 그 밖에 필요한 사정이 있는 때에 재판장은 당사자의 신문을 제한할 수 있다.
⑥ 합의부원은 재판장에게 알리고 신문할 수 있다.
제00조 ① 증인은 따로따로 신문하여야 한다.
② 신문하지 않은 증인이 법정 안에 있을 때에는 법정에서 나가도록 명하여야 한다. 다만 필요하다고 인정한 때에는 신문할 증인을 법정 안에 머무르게 할 수 있다.
제00조 재판장은 필요하다고 인정한 때에는 증인 서로의 대질을 명할 수 있다.
제00조 증인은 서류에 의하여 진술하지 못한다. 다만 재판장이 허가하면 그러하지 아니하다.

※ 당사자 : 원고, 피고를 가리킨다.

〈상 황〉

원고 甲은 피고 乙을 상대로 대여금반환청구의 소를 제기하였다. 이후 절차에서 甲은 丙을, 乙은 丁을 각각 증인으로 신청하였으며 해당 재판부(재판장 A, 합의부원 B와 C)는 丙과 丁을 모두 증인으로 채택하였다.

① 丙을 신문할 때 A는 乙보다 먼저 신문할 수 없다.
② 甲의 丙에 대한 신문이 쟁점과 관계가 없는 때, A는 甲의 신문을 제한할 수 있다.
③ A가 丁에 대한 신문을 乙보다 甲이 먼저 하게 하려면, B와 C의 의견을 들어야 한다.
④ 丙과 丁을 따로따로 신문해야 하는 것이 원칙이지만, B는 필요하다고 인정한 때 丙과 丁의 대질을 명할 수 있다.
⑤ 丙이 질병으로 인해 서류에 의해 진술하려는 경우 A의 허가를 요하지 않는다.

## 03 ⊙△✕

**다음 글을 근거로 판단할 때 옳지 않은 것은?**

유엔 식량농업기구(FAO)에 따르면 곤충의 종류는 2,013종인데, 그 중 일부가 현재 식재료로 사용되고 있다. 곤충은 병균을 옮기는 더러운 것으로 알려져 있지만 깨끗한 환경에서 사육된 곤충은 식용에 문제가 없다.

식용으로 귀뚜라미를 사육할 경우 전통적인 육류 단백질 공급원보다 생산에 필요한 자원을 절감할 수 있다. 귀뚜라미가 다른 전통적인 단백질 공급원보다 뛰어난 점은 다음과 같다. 첫째, 쇠고기 0.45kg을 생산하기 위해 필요한 자원으로 식용 귀뚜라미 11.33kg을 생산할 수 있다. 이것이 가능한 가장 큰 이유는 귀뚜라미가 냉혈동물이라 돼지나 소와 같이 체내 온도 유지를 위해 먹이를 많이 소비하지 않기 때문이다. 둘째, 식용 귀뚜라미 0.45kg을 생산하는 데 필요한 물은 감자나 당근을 생산하는 데 필요한 수준인 3.8ℓ 이지만, 닭고기 0.45kg을 생산하려면 1,900ℓ의 물이 필요하며, 쇠고기는 닭고기의 경우보다 4배 이상의 물이 필요하다. 셋째, 귀뚜라미를 사육할 때 발생하는 온실가스의 양은 가축을 사육할 때 발생하는 온실가스 양의 20%에 불과하다.

현재 곤충 사육은 많은 지역에서 이루어지고 있지만, 식용 곤충의 공급이 제한적이고 사람들에게 곤충도 식량이 될 수 있다는 점을 이해시키는 데 어려움이 있다. 따라서 새로운 식용 곤충 생산과 공급방법을 확충하고 곤충 섭취에 대한 사람들의 거부감을 줄이는 방안이 필요하다.

현재 식용 귀뚜라미는 주로 분말 형태로 100g당 10달러에 판매된다. 이는 같은 양의 닭고기나 쇠고기의 가격과 큰 차이가 없다. 그러나 인구가 현재보다 20억 명 더 늘어날 것으로 예상되는 2050년에는 귀뚜라미 등 곤충이 저렴하게 저녁식사 재료로 공급될 것이다.

① 쇠고기 생산보다 식용 귀뚜라미 생산에 자원이 덜 드는 이유 중 하나는 귀뚜라미가 냉혈동물이라는 점이다.

② 현재 곤충 사육은 많은 지역에서 이루어지고 있지만, 식용으로 사용되는 곤충의 종류는 일부에 불과하다.

③ 식용 귀뚜라미와 동일한 양의 쇠고기를 생산하려면, 귀뚜라미 생산에 필요한 물보다 500배의 물이 필요하다.

④ 식용 귀뚜라미 생산에는 쇠고기 생산보다 자원이 적게 들지만, 현재 이 둘의 100g당 판매 가격은 큰 차이가 없다.

⑤ 가축을 사육할 때 발생하는 온실가스의 양은 귀뚜라미를 사육할 때의 5배이다.

## 04 ⊙△✕

**다음 글과 〈설립위치 선정 기준〉을 근거로 판단할 때, A사가 서비스센터를 설립하는 방식과 위치로 옳은 것은?**

- 휴대폰 제조사 A는 B국에 고객서비스를 제공하기 위해 1개의 서비스센터 설립을 추진하려고 한다.
- 설립방식에는 (가)방식과 (나)방식이 있다.
- A사는 {(고객만족도 효과의 현재가치)−(비용의 현재가치)}의 값이 큰 방식을 선택한다.
- 비용에는 규제비용과 로열티비용이 있다.

| 구분 | | (가)방식 | (나)방식 |
|---|---|---|---|
| 고객만족도 효과의 현재가치 | | 5억 원 | 4.5억 원 |
| 비용의 현재 가치 | 규제 비용 | 3억 원(설립 당해년도만 발생) | 없음 |
| | 로열티 비용 | 없음 | − 3년간 로열티비용을 지불함<br>− 로열티비용의 현재가치 환산액 : 설립 당해년도는 2억 원, 그 다음 해부터는 직전년도 로열티비용의 1/2씩 감액한 금액 |

※ 고객만족도 효과의 현재가치는 설립 당해년도를 기준으로 산정된 결과이다.

―― 〈설립위치 선정 기준〉 ――

- 설립위치로 B국의 甲, 乙, 丙 3곳을 검토 중이며, 각 위치의 특성은 다음과 같다.

| 위치 | 유동인구(만 명) | 20~30대 비율(%) | 교통혼잡성 |
|---|---|---|---|
| 甲 | 80 | 75 | 3 |
| 乙 | 100 | 50 | 1 |
| 丙 | 75 | 60 | 2 |

- A사는 {(유동인구)×(20~30대 비율)/(교통혼잡성)} 값이 큰 곳을 선정한다. 다만 A사는 제품의 특성을 고려하여 20~30대 비율이 50% 이하인 지역은 선정대상에서 제외한다.

| | 설립방식 | 설립위치 |
|---|---|---|
| ① | (가) | 甲 |
| ② | (가) | 丙 |
| ③ | (나) | 甲 |
| ④ | (나) | 乙 |
| ⑤ | (나) | 丙 |

**05** ⬜△✕  14년 행시(A) 14번

다음 글과 〈조건〉을 근거로 판단할 때, 처리공정 1회 가동 후 바로 생산된 물에는 A균과 B균이 리터(L)당 각각 몇 마리인가?(단, 다른 조건은 고려하지 않는다)

보란이와 예슬이는 주스를 제조하는 공장을 운영하고 있으며, 甲회사의 물과 乙회사의 물을 정화한 후 섞어서 사용한다. 甲회사의 물에는 A균이, 乙회사의 물에는 B균이 리터(L)당 1,000마리씩 균일하게 존재한다. A균은 70℃ 이상에서 10분간 가열하면 90%가 죽지만, B균은 40℃ 이상이 되면 즉시 10% 증식한다. 필터를 이용해 10분간 거르면 A균은 30%, B균은 80%가 걸러진다. 또한 자외선을 이용해 물을 10분간 살균하면 A균은 90%, B균은 80%가 죽는다.

〈물 처리공정〉

공정 (1)  甲회사의 물과 乙회사의 물을 각각 자외선을 이용하여 10분간 살균한다.
공정 (2-1) 甲회사의 물을 100℃ 이상에서 10분간 가열한다.
공정 (2-2) 乙회사의 물을 10분간 필터로 거른다.
공정 (3)  甲회사의 물과 乙회사의 물을 1:1의 비율로 배합한다.

───── 〈조 건〉 ─────

• 물 처리공정 1회 가동 시 (1)~(3)의 공정이 20분 동안 연속으로 이루어진다.
• 각각의 공정은 독립적이며, 서로 영향을 미치지 않는다.
• 공정 (2-1)과 공정 (2-2)는 동시에 이루어진다.
• 공정 (3)을 거친 물의 온도는 60℃이다.
• 모든 공정에서 물의 양은 줄어들지 않는다.
• 모든 공정에 소요되는 시간은 물의 양과는 상관관계가 없다.

|     | A균 | B균 |
| --- | --- | --- |
| ① | 10 | 44 |
| ② | 10 | 40 |
| ③ | 5 | 44 |
| ④ | 5 | 22 |
| ⑤ | 5 | 20 |

**06** ⬜△✕  18년 행시(나) 17번

다음 글을 근거로 판단할 때, 〈보기〉에서 옳은 것만을 모두 고르면?

• 甲회사는 A기차역에 도착한 전체 관객을 B공연장까지 버스로 수송해야 한다.
• 이때 甲회사는 아래 표와 같이 콘서트 시작 4시간 전부터 1시간 단위로 전체 관객 대비 A기차역에 도착하는 관객의 비율을 예측하여 버스를 운행하고자 한다. 단, 콘서트 시작 시간까지 관객을 모두 수송해야 한다.

| 시각 | 전체 관객 대비 비율(%) |
| --- | --- |
| 콘서트 시작 4시간 전 | a |
| 콘서트 시작 3시간 전 | b |
| 콘서트 시작 2시간 전 | c |
| 콘서트 시작 1시간 전 | d |
| 계 | 100 |

• 전체 관객 수는 40,000명이다.
• 버스는 한 번에 대당 최대 40명의 관객을 수송한다.
• 버스가 A기차역과 B공연장 사이를 왕복하는 데 걸리는 시간은 6분이다.

※ 관객의 버스 승 · 하차 및 공연장 입 · 퇴장에 소요되는 시간은 고려하지 않는다.

───── 〈보 기〉 ─────

ㄱ. a=b=c=d=25라면, 甲회사가 전체 관객을 A기차역에서 B공연장으로 수송하는 데 필요한 버스는 최소 20대이다.
ㄴ. a=10, b=20, c=30, d=40이라면, 甲회사가 전체 관객을 A기차역에서 B공연장으로 수송하는 데 필요한 버스는 최소 40대이다.
ㄷ. 만일 콘서트가 끝난 후 2시간 이내에 전체 관객을 B공연장에서 A기차역까지 버스로 수송해야 한다면, 이때 甲회사에게 필요한 버스는 최소 50대이다.

① ㄱ
② ㄴ
③ ㄱ, ㄴ
④ ㄱ, ㄷ
⑤ ㄴ, ㄷ

## 07 ☐○△×           11년 행시(발) 35번

다음 〈경기 규칙〉에 따라 다섯 사람이 경기를 한 결과, 여섯 번째 순서인 甲이 벌칙을 받았다. 그런데 경기 기록지가 손상되어 〈기록지〉의 검정색으로 칠해진 곳은 알 수 없다. 〈보기〉에서 옳은 것을 모두 고르면?

─── 〈경기 규칙〉 ───

- 경기를 시작하면 첫 번째 사람은 손가락으로 1~5까지의 숫자 중 하나를 표현하고, 동시에 입으로도 1~5까지의 숫자 중 하나를 말한다. 단, 손가락으로 표현하는 숫자와 입으로 말하는 숫자는 달라야 한다.
- 두 번째 사람부터는 바로 전의 사람이 입으로 말한 숫자를 손가락으로 표현하고, 동시에 입으로는 손가락으로 표현하지 않은 숫자 중 하나를 골라 말해야 한다. 그 이후로도 같은 방법으로 진행한다.
- 위에서 말한 경기 규칙을 어기는 사람이 생기면 그 사람이 벌칙을 받는 것으로 경기가 종료된다.
- 경기는 甲 → 乙 → 丙 → 丁 → 戊 → 甲 → …의 순서로 진행된다.

─── 〈기록지〉 ───

| 순번 | 1번 | 2번 | 3번 | 4번 | 5번 | 6번 |
|------|-----|-----|-----|-----|-----|-----|
| 사람 | 甲 | 乙 | 丙 | 丁 | 戊 | 甲 |
| 입 |  | 넷 |  |  | 둘 | 둘 |
| 손가락 | ✌ | ✌ |  |  | ✋ | ✌ |

─── 〈보 기〉 ───

ㄱ. 여섯 번째 순서인 甲이 한 것처럼, 바로 앞의 사람이 입으로 말한 숫자와 같은 숫자를 입으로 말하면 예외 없이 벌칙을 받는다.

ㄴ. 경기를 시작하고 甲이 처음으로 입으로 말한 숫자와 丙이 손가락으로 표현한 숫자를 합하면 6이다.

ㄷ. 丙이 입으로 말한 숫자는 '다섯'이다.

ㄹ. 丙이 입으로 말한 숫자가 '셋'이라면, 손가락으로 표현한 '1'은 이 경기에서 한 번도 나오지 않았다.

① ㄱ, ㄴ, ㄷ

② ㄱ, ㄴ, ㄹ

③ ㄱ, ㄷ, ㄹ

④ ㄴ, ㄷ, ㄹ

⑤ ㄱ, ㄴ, ㄷ, ㄹ

## 08 ☐○△×           15년 행시(인) 34번

다음 글과 〈조건〉을 근거로 판단할 때, A부에서 3인 4각 선수로 참가해야 하는 사람만을 모두 고르면?

甲사에서는 부서 대항 체육대회를 개최한다. 甲사의 A부는 종목별로 아래 인원이 참가하기로 했다.

| 오래달리기 | 팔씨름 | 3인 4각 | 공굴리기 |
|-----------|--------|---------|----------|
| 1명 | 4명 | 3명 | 4명 |

A부는 종목별 선수 명단을 확정하려고 한다. 선수 후보는 가영, 나리, 다솜, 라임, 마야, 바다, 사랑이며, 개인별 참가 가능 종목은 아래와 같다.

| 선수 후보 / 종목 | 가영 | 나리 | 다솜 | 라임 | 마야 | 바다 | 사랑 |
|------------------|------|------|------|------|------|------|------|
| 오래달리기 | ○ | × | ○ | × | × | × | × |
| 팔씨름 | ○ | × | ○ | ○ | ○ | × | × |
| 3인 4각 | × | ○ | ○ | ○ | ○ | × | ○ |
| 공굴리기 | ○ | × | ○ | × | ○ | ○ | ○ |

※ ○ : 참가 가능, × : 참가 불가능
※ 어떤 종목도 동시에 진행되지 않는다.

─── 〈조 건〉 ───

- 한 사람이 두 종목까지 참가할 수 있다.
- 모든 사람이 한 종목 이상 참가해야 한다.

① 가영, 나리, 바다

② 나리, 다솜, 마야

③ 나리, 다솜, 사랑

④ 나리, 라임, 사랑

⑤ 다솜, 마야, 사랑

**09** ○△✕　14년 행시(A) 2번

다음 글을 근거로 추론할 때, 〈보기〉에서 옳지 <u>않은</u> 것만을 모두 고르면?

봉수대 위에서 생활하면서 근무하는 요원으로 봉군(烽軍)과 오장(伍長)이 있었다. 봉군은 주야(晝夜)로 후망(堠望)을 게을리 해서는 안 되는 고역을 직접 담당하였고, 오장은 대상(臺上)에서 근무하면서 봉군을 감시하는 임무를 맡았다.

경봉수는 전국의 모든 봉수가 집결하는 중앙봉수로서 서울에 위치하였고, 연변봉수는 해륙변경(海陸邊境)의 제1선에 설치한 것으로 그 임무수행이 가장 힘들었다. 내지봉수는 연변봉수와 경봉수를 연결하는 중간봉수로 수적으로 대다수였다.

『경국대전』에 따르면 연변봉수와 내지봉수의 봉군 정원은 매소(每所) 6인이었다. 오장의 정원은 연변봉수 · 내지봉수 · 경봉수 모두 매소 2인이었다. 봉군은 신량역천(身良役賤), 즉 신분상으로는 양인(良人)이나 국역담당에 있어서는 천인(賤人)이었다.

『대동지지』에 수록된 파발(擺撥)의 조직망을 보면, 서발은 의주에서 한성까지 1,050리의 직로(直路)에 기마통신(騎馬通信)인 기발로 41참(站)을 두었고, 북발은 경흥에서 한성까지 2,300리의 직로에 도보통신인 보발로 64참을 설치하였다. 남발은 동래에서 한성까지 920리의 직로에 보발로 31참을 설치하였다. 발군(撥軍)은 양인(良人)인 기보병(騎步兵)으로만 편성되었다. 파발은 긴급을 요하기 때문에 주야로 달렸다. 기발의 속도가 1주야(24시간)에 약 300리 정도로 중국의 400~500리보다 늦은 것은 산악이 많은 지형 때문이었다.

봉수는 경비가 덜 들고 신속하게 전달할 수 있는 장점이 있으나 적의 동태를 오직 봉수의 개수로만 전하기 때문에 그 내용을 자세히 전달할 수 없고 또한 비와 구름 · 안개로 인하여 판단이 곤란하고 중도에 단절되는 결점이 있었다. 반면에 파발은 경비가 많이 소요되고 봉수보다는 전달속도가 늦은 결점이 있으나 문서로 전달되기 때문에 보안유지는 물론 적의 병력수 · 장비 · 이동상황 그리고 아군의 피해상황 등을 상세하게 전달할 수 있는 장점이 있었다.

〈보 기〉

ㄱ. 『경국대전』에 따를 때 연변봉수의 근무자 정원은 총 6명이었을 것이다.

ㄴ. 발군의 신분은 봉군의 신분보다 낮았을 것이다.

ㄷ. 파발을 위한 모든 직로에 설치된 참과 참 사이의 거리는 동일했을 것이다.

ㄹ. 의주에서 한성까지 기발로 문서를 전달하는 데 통상 2주야가 걸렸을 것이다.

① ㄱ
② ㄴ, ㄷ
③ ㄱ, ㄴ, ㄹ
④ ㄴ, ㄷ, ㄹ
⑤ ㄱ, ㄴ, ㄷ, ㄹ

**10** ○△✕　19년 행시(가) 13번

다음 글을 근거로 판단할 때, 〈보기〉에서 철수가 구매한 과일바구니를 확실히 맞힐 수 있는 사람만을 모두 고르면?

- 철수는 아래 과일바구니(A~E) 중 하나를 구매하였다.
- 甲, 乙, 丙, 丁은 각자 철수에게 두 가지 질문을 하여 대답을 듣고 철수가 구매한 과일바구니를 맞히려 한다.
- 모든 사람은 〈과일바구니 종류〉와 〈과일의 무게 및 색깔〉을 정확히 알고 있으며, 철수는 거짓말을 하지 않는다.

〈과일바구니 종류〉

| 종류 | 바구니 색깔 | 바구니 구성 |
|---|---|---|
| A | 빨강 | 사과 1개, 참외 2개, 메론 1개 |
| B | 노랑 | 사과 1개, 참외 1개, 귤 2개, 오렌지 1개 |
| C | 초록 | 사과 2개, 참외 2개, 귤 1개 |
| D | 주황 | 참외 1개, 귤 2개 |
| E | 보라 | 사과 1개, 참외 1개, 귤 1개, 오렌지 1개 |

〈과일의 무게 및 색깔〉

| 구분 | 사과 | 참외 | 메론 | 귤 | 오렌지 |
|---|---|---|---|---|---|
| 무게 | 200g | 300g | 1,000g | 100g | 150g |
| 색깔 | 빨강 | 노랑 | 초록 | 주황 | 주황 |

〈보 기〉

甲 : 바구니에 들어 있는 과일이 모두 몇 개니? 바구니에 들어 있는 과일의 무게를 모두 합치면 1kg 이상이니?

乙 : 바구니의 색깔과 같은 색깔의 과일이 포함되어 있니? 바구니에 들어 있는 과일이 모두 몇 개니?

丙 : 바구니에 들어 있는 과일이 모두 몇 개니? 바구니에 들어 있는 과일의 종류가 모두 다르니?

丁 : 바구니에 들어 있는 과일의 종류가 모두 다르니? 바구니에 들어 있는 과일의 무게를 모두 합치면 1kg 이상이니?

① 甲, 乙
② 甲, 丁
③ 乙, 丙
④ 甲, 乙, 丁
⑤ 乙, 丙, 丁

시대에듀(www.sdedu.co.kr)

## 11 ◯△✕

다음 글을 근거로 판단할 때, 〈보기〉에서 옳은 것만을 모두 고르면?

- 정부□□청사 신축 시 〈화장실 위생기구 설치기준〉에 따라 위생기구(대변기 또는 소변기)를 설치하고자 한다.
- 남자 화장실에는 위생기구 수가 짝수인 경우 대변기와 소변기를 절반씩 나누어 설치하고, 홀수인 경우 대변기를 한 개 더 많게 설치한다. 여자 화장실에는 모두 대변기를 설치한다.

**〈화장실 위생기구 설치기준〉**

| 기준 | 각 성별 사람 수(명) | 위생기구 수(개) |
|------|------|------|
| A | 1~9 | 1 |
| | 10~35 | 2 |
| | 36~55 | 3 |
| | 56~80 | 4 |
| | 81~110 | 5 |
| | 111~150 | 6 |
| B | 1~15 | 1 |
| | 16~40 | 2 |
| | 41~75 | 3 |
| | 76~150 | 4 |
| C | 1~50 | 2 |
| | 51~100 | 3 |
| | 101~150 | 4 |

─────〈보기〉─────

ㄱ. 남자 30명과 여자 30명이 근무할 경우, A기준과 B기준에 따라 설치할 위생기구 수는 같다.

ㄴ. 남자 50명과 여자 40명이 근무할 경우, B기준에 따라 설치할 남자 화장실과 여자 화장실의 대변기 수는 같다.

ㄷ. 남자 80명과 여자 80명이 근무할 경우, A기준에 따라 설치할 소변기는 총 4개이다.

ㄹ. 남자 150명과 여자 100명이 근무할 경우, C기준에 따라 설치할 대변기는 총 5개이다.

① ㄱ, ㄴ

② ㄴ, ㄷ

③ ㄷ, ㄹ

④ ㄱ, ㄴ, ㄹ

⑤ ㄱ, ㄷ, ㄹ

## 12 ◯△✕

甲과 乙이 가위바위보 경기를 했다. 다음 〈규칙〉과 〈상황〉을 근거로 판단할 때, 〈보기〉에서 옳은 것만을 모두 고르면?

─────〈규 칙〉─────

- A규칙은 일반적인 가위바위보 규칙과 같다.
- B규칙은 가위, 바위, 보를 숫자에 대응시켜 더 큰 숫자 쪽이 이기며, 숫자가 같으면 비긴다. 이때 가위는 2, 바위는 0, 보는 5를 나타낸다.
- C규칙은 가위, 바위, 보를 숫자에 대응시켜 더 작은 숫자 쪽이 이기며, 숫자가 같으면 비긴다. 이때 가위는 2, 바위는 0, 보는 5를 나타낸다.

─────〈상 황〉─────

- 甲과 乙은 총 3번 경기를 하였고, 3번의 경기가 모두 끝날 때까지는 각 경기에 어떤 규칙이 적용되었는지 알 수 없었다.
- 모든 경기가 종료된 후에 각 규칙이 한 번씩 적용되었음을 알 수 있었다.
- 甲은 보를 3번 냈으며, 乙은 가위-바위-보를 순서대로 냈다.

─────〈보 기〉─────

ㄱ. 甲이 1승 1무 1패를 한 경우, 첫 번째 경기에 A규칙 또는 C규칙이 적용되었다.

ㄴ. 甲이 2승 1무를 한 경우, 두 번째 경기에 A규칙이 적용되었다.

ㄷ. 甲은 3번의 경기 중 최소한 1승은 할 수 있다.

ㄹ. 만약 乙이 세 번째 경기에서 보가 아닌 가위나 바위를 낸다고 해도 甲은 3승을 할 수 없다.

① ㄱ, ㄷ

② ㄴ, ㄷ

③ ㄴ, ㄹ

④ ㄱ, ㄴ, ㄹ

⑤ ㄱ, ㄷ, ㄹ

## 13 ⊙△✕

다음 글과 〈선정 방식〉을 근거로 판단할 때, 〈보기〉에서 옳은 것만을 모두 고르면?

> △△기업은 3개 신문사(甲~丙)를 대상으로 광고비를 지급하기 위해 3가지 선정 방식을 논의 중이다. 3개 신문사의 정보는 다음과 같다.
>
> | 신문사 | 발행부수(부) | 유료부수(부) | 발행기간(년) |
> |------|-----------|-----------|-----------|
> | 甲 | 30,000 | 9,000 | 5 |
> | 乙 | 30,000 | 11,500 | 10 |
> | 丙 | 20,000 | 12,000 | 12 |

※ 발행부수＝유료부수＋무료부수

〈선정 방식〉

- 방식 1 : 항목별 점수를 합산하여 고득점 순으로 500만 원, 300만 원, 200만 원을 광고비로 지급하되, 80점 미만인 신문사에는 지급하지 않는다.

| 평가항목 | 항목별 점수 | | | |
|--------|---------|---------|---------|---------|
| 발행부수 (부) | 20,000 이상 | 15,000~ 19,999 | 10,000~ 14,999 | 10,000 미만 |
| | 50점 | 40점 | 30점 | 20점 |
| 유료부수 (부) | 15,000 이상 | 10,000~ 14,999 | 5,000~ 9,999 | 5,000 미만 |
| | 30점 | 25점 | 20점 | 15점 |
| 발행기간 (년) | 15 이상 | 12~14 | 9~11 | 6~8 |
| | 20점 | 15점 | 10점 | 5점 |

※ 항목별 점수에 해당하지 않을 경우 해당 항목을 0점으로 처리한다.

- 방식 2 : A등급에 400만 원, B등급에 200만 원, C등급에 100만 원을 광고비로 지급하되, 등급별 조건을 모두 충족하는 경우에만 해당 등급을 부여한다.

| 등급 | 발행부수(부) | 유료부수(부) | 발행기간(년) |
|----|-----------|-----------|-----------|
| A | 20,000 이상 | 10,000 이상 | 10 이상 |
| B | 10,000 이상 | 5,000 이상 | 5 이상 |
| C | 5,000 이상 | 2,000 이상 | 2 이상 |

※ 하나의 신문사가 복수의 등급에 해당할 경우, 그 신문사에게 가장 유리한 등급을 부여한다.

- 방식 3 : 1,000만 원을 발행부수 비율에 따라 각 신문사에 광고비로 지급한다.

〈보 기〉

ㄱ. 乙은 방식 3이 가장 유리하다.
ㄴ. 丙은 방식 1이 가장 유리하다.
ㄷ. 방식 1로 선정할 경우, 甲은 200만 원의 광고비를 지급받는다.
ㄹ. 방식 2로 선정할 경우, 丙은 甲보다 두 배의 광고비를 지급받는다.

① ㄱ, ㄴ
② ㄱ, ㄷ
③ ㄴ, ㄷ
④ ㄴ, ㄹ
⑤ ㄷ, ㄹ

## 14 ⊙△✕

다음 글을 근거로 판단할 때, 〈보기〉에서 옳은 것만을 모두 고르면?

- 甲국의 1일 통관 물량은 1,000건이며, 모조품은 1일 통관 물량 중 1%의 확률로 존재한다.
- 검수율은 전체 통관 물량 중 검수대상을 무작위로 선정해 실제로 조사하는 비율을 뜻하는데, 현재 검수율은 10%로 전문 조사 인력은 매일 10명을 투입한다.
- 검수율을 추가로 10%p 상승시킬 때마다 전문 조사인력은 1일당 20명이 추가로 필요하다.
- 인건비는 1인당 1일 기준 30만 원이다.
- 모조품 적발 시 부과되는 벌금은 건당 1,000만 원이며, 이 중 인건비를 차감한 나머지를 세관의 '수입'으로 한다.

※ 검수대상에 포함된 모조품은 모두 적발되고, 부과된 벌금은 모두 징수된다.

〈보 기〉

ㄱ. 1일 평균 수입은 700만 원이다.
ㄴ. 모든 통관 물량에 대해 전수조사를 한다면 수입보다 인건비가 더 클 것이다.
ㄷ. 검수율이 40%면 1일 평균 수입은 현재의 4배 이상일 것이다.
ㄹ. 검수율을 30%로 하는 방안과 검수율을 10%로 유지한 채 벌금을 2배로 인상하는 방안을 비교하면 벌금을 인상하는 방안의 1일 평균 수입이 더 많을 것이다.

① ㄱ, ㄴ
② ㄴ, ㄷ
③ ㄱ, ㄴ, ㄹ
④ ㄱ, ㄷ, ㄹ
⑤ ㄴ, ㄷ, ㄹ

## 15 ⬚ㅇ△✕

**다음 글을 근거로 판단할 때, 〈보기〉에서 옳은 것만을 모두 고르면?**

보다 많은 고객을 끌어들일 수 있는 이상적인 점포 입지를 결정하기 위한 상권분석이론에는 'X가설'과 'Y가설'이 있다. X가설에 의하면, 소비자는 유사한 제품을 판매하는 점포들 중 한 점포를 선택할 때 가장 가까운 점포를 선택한다. 그러나 이동거리가 점포 선택에 큰 영향을 미치기는 하지만, 소비자가 항상 가장 가까운 점포를 찾는다는 X가설이 적용되기 어려운 상황들이 있다. 가령, 소비자들은 먼 거리에 위치한 점포가 보다 나은 구매기회를 제공함으로써 이동에 따른 추가 노력을 보상한다면 기꺼이 먼 곳까지 찾아간다.

한편 Y가설은 다른 조건이 동일하다면 두 도시 사이에 위치하는 어떤 지역에 대한 각 도시의 상거래 흡인력은 각 도시의 인구에 비례하고, 각 도시로부터의 거리 제곱에 반비례한다고 본다. 즉, 인구가 많은 도시일수록 더 많은 구매기회를 제공할 가능성이 높으므로 소비자를 끌어당기는 힘이 크다고 본 것이다.

예를 들어, 일직선상에 A, B, C 세 도시가 있고, C시는 A시와 B시 사이에 위치하며, C시는 A시로부터 5km, B시로부터 10km 떨어져 있다. 그리고 A시 인구는 50만 명, B시의 인구는 400만 명, C시의 인구는 9만 명이다. 만약 A시와 B시가 서로 영향을 주지 않고, C시의 모든 인구가 A시와 B시에서만 구매한다고 가정하면, Y가설에 따라 A시와 B시로 구매활동에 유인되는 C시의 인구 규모를 계산할 수 있다. A시의 흡인력은 20,000(=50만÷25), B시의 흡인력은 40,000(=400만÷100)이다. 따라서 9만 명인 C시의 인구 중 1/3인 3만 명은 A시로, 2/3인 6만 명은 B시로 흡인된다.

〈보 기〉

ㄱ. X가설에 따르면, 소비자가 유사한 제품을 판매하는 점포들 중 한 점포를 선택할 때 소비자는 더 싼 가격의 상품을 구매하기 위해 더 먼 거리에 있는 점포에 간다.

ㄴ. Y가설에 따르면, 인구 및 다른 조건이 동일할 때 거리가 가까운 도시일수록 이상적인 점포 입지가 된다.

ㄷ. Y가설에 따르면, C시로부터 A시와 B시가 떨어진 거리가 5km로 같다고 가정할 때 C시의 인구 중 8만 명이 B시로 흡인된다.

① ㄱ
② ㄴ
③ ㄱ, ㄷ
④ ㄴ, ㄷ
⑤ ㄱ, ㄴ, ㄷ

## 16 ⬚ㅇ△✕

**다음 〈감독의 말〉과 〈상황〉을 근거로 판단할 때, 甲~戊 중 드라마에 캐스팅되는 배우는?**

〈감독의 말〉

안녕하세요 여러분. '열혈 군의관, 조선시대로 가다!' 드라마 오디션에 지원해 주셔서 감사합니다. 잠시 후 오디션을 시작할 텐데요. 이번 오디션에서 캐스팅하려는 역은 20대 후반의 군의관입니다. 오디션 실시 후 오디션 점수를 기본 점수로 하고, 다음 채점 기준의 해당 점수를 기본 점수에 가감하여 최종 점수를 산출하며, 이 최종 점수가 가장 높은 사람을 캐스팅합니다.

첫째, 28세를 기준으로 나이가 많거나 적은 사람은 1세 차이당 2점씩 감점하겠습니다. 둘째, 이전에 군의관 역할을 연기해 본 경험이 있는 사람은 5점을 감점하겠습니다. 시청자들이 식상해 할 수 있을 것 같아서요. 셋째, 저희 드라마가 퓨전 사극이기 때문에, 사극에 출연해 본 경험이 있는 사람에게는 10점의 가점을 드리겠습니다. 넷째, 최종 점수가 가장 높은 사람이 여럿인 경우, 그중 기본 점수가 가장 높은 한 사람을 캐스팅하도록 하겠습니다.

〈상 황〉

• 오디션 지원자는 총 5명이다.
• 오디션 점수는 甲이 76점, 乙이 78점, 丙이 80점, 丁이 82점, 戊가 85점이다.
• 각 배우의 오디션 점수에 각자의 나이를 더한 값은 모두 같다.
• 오디션 점수가 세 번째로 높은 사람만 군의관 역할을 연기해 본 경험이 있다.
• 나이가 가장 많은 배우만 사극에 출연한 경험이 있다.
• 나이가 가장 적은 배우는 23세이다.

① 甲
② 乙
③ 丙
④ 丁
⑤ 戊

## 17 ☐△✕

다음 글을 근거로 판단할 때, 평가대상기관(A~D) 중 최종순위 최상위기관과 최하위기관을 고르면?

〈공공시설물 내진보강대책 추진실적 평가기준〉

• 평가요소 및 점수부여

 − 내진성능평가지수 = $\dfrac{\text{내진보강공사실적건수}}{\text{내진보강대상건수}} \times 100$

 − 내진보강공사지수 = $\dfrac{\text{내진성능평가실적건수}}{\text{내진보강대상건수}} \times 100$

 − 산출된 지수 값에 따른 점수는 아래 표와 같이 부여한다.

| 구분 | 지수 값 최상위 1개 기관 | 지수 값 중위 2개 기관 | 지수 값 최하위 1개 기관 |
|---|---|---|---|
| 내진성능 평가점수 | 5점 | 3점 | 1점 |
| 내진보강 공사점수 | 5점 | 3점 | 1점 |

• 최종순위 결정

 − 내진성능평가점수와 내진보강공사점수의 합이 큰 기관에 높은 순위를 부여한다.

 − 합산 점수가 동점인 경우에는 내진보강대상건수가 많은 기관을 높은 순위로 한다.

〈평가대상기관의 실적〉

(단위 : 건)

| 구분 | A | B | C | D |
|---|---|---|---|---|
| 내진성능 평가실적 | 82 | 72 | 72 | 83 |
| 내진보강 공사실적 | 91 | 76 | 81 | 96 |
| 내진보강 대상 | 100 | 80 | 90 | 100 |

| | 최상위기관 | 최하위기관 |
|---|---|---|
| ① | A | B |
| ② | B | C |
| ③ | B | D |
| ④ | C | D |
| ⑤ | D | C |

## 18 ☐△✕

다음 글을 근거로 판단할 때, 〈보기〉에서 옳은 것만을 모두 고르면?(단, 주어진 조건 외에 다른 조건은 고려하지 않는다)

A회사의 모든 직원이 매일 아침 회사에서 요일별로 제공되는 빵을 먹었다. 직원 가운데 甲, 乙, 丙, 丁 네 사람은 빵에 포함된 특정 재료로 인해 당일 알레르기 증상이 나타났다. A회사는 요일별로 제공된 빵의 재료와 甲, 乙, 丙, 丁에게 알레르기 증상이 나타난 요일을 아래와 같이 표로 정리했으나, 화요일에 제공된 빵에 포함된 두 가지 재료가 확인되지 않았다. 甲, 乙, 丙, 丁은 각각 한 가지 재료에 대해서만 알레르기 증상을 보였다.

| 구분 | 월 | 화 | 수 | 목 | 금 |
|---|---|---|---|---|---|
| 재료 | 밀가루, 우유 | 밀가루, ?, ? | 옥수수 가루, 아몬드, 달걀 | 밀가루, 우유, 달걀 | 밀가루, 우유, 달걀, 식용유 |
| 알레르기 증상 발생자 | 甲 | 丁 | 乙, 丁 | 甲, 丁 | 甲, 丙, 丁 |

※ 알레르기 증상은 발생한 당일 내에 사라진다.

〈보 기〉

ㄱ. 甲이 알레르기 증상을 보인 것은 밀가루 때문이다.

ㄴ. 甲, 乙, 丙은 서로 다른 재료에 대하여 알레르기 증상을 보였다.

ㄷ. 화요일에 제공된 빵의 확인되지 않은 재료 중 한 가지는 달걀이다.

ㄹ. 만약 화요일에 제공된 빵에 포함된 재료 중 한 가지가 아몬드였다면, 乙의 알레르기 증상은 옥수수가루 때문이다.

① ㄱ, ㄷ

② ㄴ, ㄹ

③ ㄷ, ㄹ

④ ㄱ, ㄴ, ㄹ

⑤ ㄴ, ㄷ, ㄹ

## 19 ◻◯△✕  15년 행시(인) 33번

다음 글과 〈상황〉을 근거로 판단할 때 옳은 것은?

- 춘향이와 몽룡이는 첫 만남을 가졌다.
- 첫 만남 이후 헤어질 당시, 춘향이가 몽룡이에 대해 느끼는 호감도는 70, 몽룡이가 춘향이에 대해 느끼는 호감도는 60이다.
- 헤어진 후 시간이 지날수록 만남의 여운이 옅어져, 헤어진 지 10분 이후부터는 1분이 지날 때마다 서로에 대한 호감도가 1씩 하락한다.
- 헤어진 지 10분 안에 문자메시지를 받게 되면, 참을성이 없어 보여 문자메시지를 먼저 보낸 사람에 대한 호감도가 10 하락한다.
- 문자메시지를 받은 사람은 먼저 문자메시지를 보낸 사람에 대한 호감도가 20 상승한다.
- 문자메시지 내용이 다음 만남을 제안하는 내용이거나, 하트 기호(♡)를 포함할 경우 호감도가 두 사람 모두 10 상승한다.
- 최종 호감도는 문자메시지를 받은 시점을 기준으로 한다.

※ 위의 각 조건은 해당 사항이 있을 경우 중복 적용된다.

〈상 황〉

A : 헤어지고 15분 뒤, "다음 주말에 우리 함께 영화 볼래요?"라는 몽룡이의 문자메시지를 춘향이가 받음
B : 헤어지고 5분 뒤, "오늘 정말 즐거웠어요♡"라는 춘향이의 문자메시지를 몽룡이가 받음
C : 헤어지고 20분 뒤, "몽룡씨는 저와 참 잘 맞는 사람인 것 같아요"라는 춘향이의 문자메시지를 몽룡이가 받음

① 몽룡이가 춘향이에게 느끼는 최종 호감도는 상황 C가 가장 높다.
② 춘향이가 몽룡이에게 느끼는 최종 호감도는 상황 B가 가장 높다.
③ 몽룡이가 춘향이에게 느끼는 최종 호감도는 상황 B가 상황 C보다 15 높다.
④ 몽룡이가 춘향이에게 느끼는 최종 호감도는 상황 C가 상황 A보다 5 높다.
⑤ 상황 B의 경우 몽룡이가 춘향이에게 느끼는 최종 호감도가 춘향이가 몽룡이에게 느끼는 최종 호감도보다 높다.

## 20 ◻◯△✕  09년 행시(극) 15번

다음 제시문을 읽고 〈조건〉에 따라 추론할 때 〈보기〉에서 반드시 옳은 것을 고르면?

부산광역시 행정구역의 하나인 영도구는 2008년 1월 1일부터 신축되는 모든 건물의 주차장에 장애인을 위한 주차구역을 반드시 설치하도록 규정하였다. 또한 부산광역시는 2008년 1월 1일부터 신축되는 모든 건물의 출입구에 장애인을 위한 경사로를 설치할 것을 의무화하였다. 한편 경상남도는 2008년 1월 1일부터 신축되는 모든 건물의 엘리베이터 내에 장애인을 위한 점자 표시를 의무화하였다. 장애인을 위한 이러한 사회적 배려는 법으로 규정되기 이전부터 자율적으로 시행되어 왔다.

〈조 건〉

- 하위 행정구역에는 자신이 속해 있는 상위 행정구역의 규정이 적용된다.
- 건물 A는 출입구에 장애인을 위한 경사로가 설치되어 있다.
- 건물 A는 장애인을 위한 주차구역을 구비하고 있지 않다.
- 건물 A는 엘리베이터 내에 장애인을 위한 점자 표시가 되어 있다.
- 규정을 준수하지 않은 건물은 신축될 수 없다.

〈보 기〉

ㄱ. 만일 건물 A가 2008년 1월이 되기 전에 세워졌다면 그 건물은 영도구 안에 위치해 있다.
ㄴ. 만일 건물 A가 2008년 1월에 신축되었다면 위의 세 행정구역 중 어디에 위치해 있는지 알 수 없다.
ㄷ. 만일 건물 A가 2008년 3월에 신축되었다면 그 건물은 영도구 안에 위치해 있지 않다.
ㄹ. 영도구에 장애인을 위한 경사로가 설치되어 있는 건물은 2008년 1월 1일 이후에 신축된 것이다.
ㅁ. 영도구에서 2008년 1월 1일 이후에 신축된 모든 건물의 엘리베이터 내에는 점자 표시가 되어 있다.

① ㄱ, ㅁ
② ㄴ, ㄷ
③ ㄴ, ㄹ
④ ㄷ, ㄹ
⑤ ㄷ, ㅁ

## 21 ○△✕

**다음 글과 〈결과〉를 근거로 판단할 때, 〈보기〉에서 옳은 것만을 모두 고르면?**

- △△콩쿠르 결선 진출자 7명에게는 결선 순위에 따라 상금이 주어진다. 단, 공동 순위는 없다.
- 특별상은 순위와는 상관없이 결선 진출자 중에서 부문별로 한 명씩만 선정된다. 단, 수상자가 선정되지 않거나 한 명이 여러 부문에 선정될 수 있다.
- 결선 순위별 상금과 특별상 부문별 상금은 다음과 같다.

〈결선 순위별 상금〉
(단위 : 천 원)

| 순위 | 상금 |
|---|---|
| 1위 | 30,000 |
| 2위 | 25,000 |
| 3위 | 20,000 |
| 4위 | 15,000 |
| 5위 | 10,000 |
| 6위 | 7,000 |
| 7위 | 7,000 |

〈특별상 부문별 상금〉
(단위 : 천 원)

| 부문 | 상금 |
|---|---|
| 인기상 | 3,000 |
| 기교상 | 3,000 |
| 감동상 | 5,000 |
| 창의상 | 10,000 |

───── 〈결 과〉 ─────

결선 진출자들의 개인별 총 상금(내림차순)은 다음과 같다. C와 D가 받은 총 상금은 아래 목록에서 누락되었고, 이번 콩쿠르에서 7명의 결선 진출자에게 지급된 총 상금은 132,000천 원이다.

〈결선 진출자별 총 상금〉
(단위 : 천 원)

| 결선 진출자 | 총 상금 |
|---|---|
| A | 35,000 |
| B | 33,000 |
| C | ? |
| D | ? |
| E | 10,000 |
| F | 7,000 |
| G | 7,000 |

───── 〈보 기〉 ─────

ㄱ. B가 기교상을 받았다면, 인기상 수상자는 없다.
ㄴ. 감동상을 받은 사람이 다른 특별상을 중복하여 수상한 경우는 없다.
ㄷ. C가 결선에서 4위를 했을 가능성은 없다.
ㄹ. 결선 2위는 A 또는 C 중에서 결정되었다.

① ㄱ, ㄴ
② ㄱ, ㄹ
③ ㄴ, ㄷ
④ ㄴ, ㄹ
⑤ ㄱ, ㄷ, ㄹ

## 22 ○△✕

**다음 조건에서 2010년 5월 중에 스킨과 로션을 1병씩 살 때, 총 비용이 가장 적게 드는 경우는?(다만 2010년 5월 1일 현재 스킨과 로션은 남아있으며, 다 썼다는 말이 없으면 그 화장품은 남아있다고 가정한다)**

- 화장품 정가는 스킨 1만 원, 로션 2만 원이다.
- 화장품 가게에서는 매달 15일에 전 품목 20% 할인 행사를 한다.
- 화장품 가게에서는 달과 날짜가 같은 날(1월 1일, 2월 2일 등)에 A사 카드를 사용하면 정가의 10%를 할인해 준다.
- 총 비용이란 화장품 구매 가격과 체감 비용(화장품을 다 써서 느끼는 불편)을 합한 것이다.
- 체감 비용은 스킨과 로션 모두 하루에 500원씩이다.
- 체감 비용을 계산할 때, 화장품을 다 쓴 당일은 포함하고 구매한 날은 포함하지 않는다.
- 화장품을 다 쓴 당일에 구매하면 체감 비용은 없으며, 화장품이 남은 상태에서 새 제품을 구입할 때도 체감 비용은 없다.

① 3일에 스킨만 다 써서, 5일에 A사 카드로 스킨과 로션을 살 경우
② 13일에 로션만 다 써서 당일 로션을 사고, 15일에 스킨을 살 경우
③ 10일에 스킨과 로션을 다 써서 15일에 스킨과 로션을 같이 살 경우
④ 3일에 스킨만 다 써서 당일 스킨을 사고, 13일에 로션을 다 써서, 15일에 로션만 살 경우
⑤ 3일에 스킨을 다 써서 5일에 B사 카드로 스킨을 사고, 14일에 로션을 다 써서 이튿날 로션을 살 경우

## 23 ○△✕

**다음 글을 근거로 판단할 때, 〈보기〉에서 옳은 것만을 모두 고르면?**

- 甲과 乙은 책의 쪽 번호를 이용한 점수 게임을 한다.
- 책을 임의로 펼쳐서 왼쪽 면 쪽 번호의 각 자리 숫자를 모두 더하거나 모두 곱해서 나오는 결과와 오른쪽 면 쪽 번호의 각 자리 숫자를 모두 더하거나 모두 곱해서 나오는 결과 중에 가장 큰 수를 본인의 점수로 한다.
- 점수가 더 높은 사람이 승리하고, 같은 점수가 나올 경우 무승부가 된다.
- 甲과 乙이 가진 책의 시작 면은 1쪽이고, 마지막 면은 378쪽이다. 책을 펼쳤을 때 왼쪽 면이 짝수, 오른쪽 면이 홀수 번호이다.
- 시작 면이나 마지막 면이 나오게 책을 펼치지는 않는다.

※ 쪽 번호가 없는 면은 존재하지 않는다.
※ 두 사람은 항상 서로 다른 면을 펼친다.

───── 〈보 기〉 ─────

ㄱ. 甲이 98쪽과 99쪽을 펼치고, 乙은 198쪽과 199쪽을 펼치면 乙이 승리한다.
ㄴ. 甲이 120쪽과 121쪽을 펼치고, 乙은 210쪽과 211쪽을 펼치면 무승부이다.
ㄷ. 甲이 369쪽을 펼치면 반드시 승리한다.
ㄹ. 乙이 100쪽을 펼치면 승리할 수 없다.

① ㄱ, ㄴ
② ㄱ, ㄷ
③ ㄱ, ㄹ
④ ㄴ, ㄷ
⑤ ㄴ, ㄹ

※ 다음 글을 읽고 물음에 답하시오. [24~25]

도지(賭地)란 조선 후기에 도지권을 가진 소작농이 일정한 사용료, 즉 도조(賭租)를 내고 빌려서 경작했던 논밭을 말한다. 지주는 도지를 제공하고 그 대신 도조를 받았다. 도지권을 가진 소작농은 농작물을 수확하여 도조를 치른 후 나머지를 차지하였다. 도지계약은 구두로 하는 것이 보통이고, 문서를 작성하는 경우는 드물었다.

도조를 정하는 방법에는 수확량을 고려하지 않고 미리 일정액을 정하는 방식과 매년 농작물을 수확하기 직전에 지주가 간평인(看坪人)을 보내어 수확량을 조사하고 그 해의 도조를 결정하는 방식이 있었다. 후자의 경우에 수확량에 대한 도조의 비율은 일정하였다. 특히 논밭을 경작하기 전에 도조를 미리 지급하고 경작하는 경우의 도지를 선도지(先賭地)라고 하였다.

도지권을 가진 소작농은 그 도지를 영구히 경작할 수 있었고, 지주의 승낙이 없어도 임의로 도지권을 타인에게 매매, 양도, 임대, 저당, 상속할 수 있었다. 도지권의 매매 가격은 지주의 소유권 가격의 1/2이었으며, 도지의 전체 가격은 소작농의 도지권 가격과 지주의 소유권 가격의 합이었다. 도조는 수확량의 약 1/4에서 1/3 정도에 불과하여 일반적인 소작지의 소작료보다 훨씬 저렴하였기 때문에, 도지권을 가진 소작농은 도지를 다른 소작농에게 빌려주고 그로부터 일반 소작료를 받아 지주에게 납부해야 할 도조를 제외한 다음 그 차액을 가지기도 하였다. 지주가 이러한 사실을 알더라도 그것은 당연한 도지권의 행사이기 때문에 간섭하지 않았다.

지주가 도지권을 소멸시키거나 다른 소작농에게 이작(移作)시키려고 할 때에는 도지권을 가진 소작농의 동의를 구하고 도지권의 가격만큼을 지급하여야 하였다. 다만 도지권을 가진 소작농이 도조를 납부하지 않는 상황에는 지주가 소작농의 동의를 얻은 뒤 도지권을 팔 수 있었다. 이 경우 지주는 연체된 도조를 빼고 나머지는 소작농에게 반환하여야 하였다.

도지권은 일제가 실시한 토지조사사업에 의하여 그 권리가 부정됨으로써 급격히 소멸하게 되었다. 일제의 토지조사사업으로 부분적 소유권으로서의 소작농의 도지권은 부인되었고 대신 소작기간 20년 이상 50년 이하의 소작권이 인정되었다. 이것은 원래의 도지권 성격과는 크게 다른 것이었으므로 도지권을 소유한 소작농들은 도지권 수호운동을 전개하였으나, 일제의 무력탄압으로 모두 좌절되고 말았다.

## 24 ◯△✕

윗글을 근거로 판단할 때, 〈보기〉에서 옳은 것만을 모두 고르면?

〈보 기〉

ㄱ. 지주의 사전 승낙이 없어도 도지권을 매입한 소작농이 있었을 수 있다.
ㄴ. 지주가 간평인을 보내어 도조를 결정하였다면, 해당 도지는 선도지가 아니었을 것이다.
ㄷ. 도지권을 가진 소작농들은 일제의 토지조사사업으로 소작을 할 수 없게 되었다.
ㄹ. 도지권을 가진 소작농이 도지권을 매매하려면, 그 소작농은 지주의 동의를 얻어야 했다.

① ㄱ, ㄴ
② ㄱ, ㄹ
③ ㄴ, ㄷ
④ ㄷ, ㄹ
⑤ ㄱ, ㄴ, ㄷ

## 25 ◯△✕

윗글을 근거로 판단할 때, 〈상황〉의 ㉠~㉣에 들어갈 수의 합은?(단, 쌀 1말의 가치는 5냥이며, 주어진 조건 외에는 고려하지 않는다)

〈상 황〉

甲 소유의 논 A는 1년에 한 번 수확하고 수확량은 매년 쌀 20말이다. 소작농乙은 A 전부를 대상으로 매년 수확량의 1/4을 甲에게 도조로 납부하는 도지계약을 甲과 체결한 상태이다. A의 전체 가격은 甲, 乙의 도지계약 당시부터 올해 말까지 변동 없이 900냥이다.

재작년 乙은 수확 후 甲에게 정해진 도조 액수인 ( ㉠ )냥을 납부하였다.

작년 초부터 큰 병을 얻은 乙은 더 이상 농사를 지을 수 없게 되자, 乙은 매년 ( ㉡ )냥을 받아 도조 납부 후 25냥을 남길 생각으로 丙에게 A를 빌려주었다.

그러나 乙은 약값에 허덕여 작년과 올해분의 도조를 甲에게 납부하지 못했다. 결국 甲은 乙의 동의를 얻어 丁에게 A에 대한 도지권을 올해 말 ( ㉢ )냥에 매매한 후, 乙에게 ( ㉣ )냥을 반환하기로 하였다.

① 575
② 600
③ 625
④ 750
⑤ 925

# 제2회 상황판단 모의고사

## 01 ◯△✕

15년 행시(인) 29번

다음 글과 〈상황〉을 근거로 판단할 때, A국 각 지역에 설치될 것으로 예상되는 풍력발전기 모델명을 바르게 짝지은 것은?

풍력발전기는 회전축의 방향에 따라 수평축 풍력발전기와 수직축 풍력발전기로 구분된다. 수평축 풍력발전기는 구조가 간단하고 설치가 용이하며 에너지 변환효율이 우수하다. 하지만 바람의 방향에 영향을 많이 받기 때문에 바람의 방향이 일정한 지역에만 설치가 가능하다. 수직축 풍력발전기는 바람의 방향에 영향을 받지 않아 바람의 방향이 일정하지 않은 지역에도 설치가 가능하며, 이로 인해 사막이나 평원에도 설치가 가능하다. 하지만 부품이 비싸고 수평축 풍력발전기에 비해 에너지 변환효율이 떨어진다는 단점이 있다.

甲사는 현재 4가지 모델의 풍력발전기를 생산하고 있다. 각 풍력발전기는 정격 풍속에서 최대 발전량에 도달하며, 가동이 시작되면 최소 발전량 이상의 전기를 생산한다. 각 풍력발전기의 특성은 아래 〈표〉와 같다.

| 모델명 | U−50 | U−57 | U−88 | U−93 |
|---|---|---|---|---|
| 시간당 최대 발전량(kW) | 100 | 100 | 750 | 2,000 |
| 시간당 최소 발전량(kW) | 20 | 20 | 150 | 400 |
| 발전기 높이(m) | 50 | 68 | 80 | 84.7 |
| 회전축 방향 | 수직 | 수평 | 수직 | 수평 |

〈상 황〉

A국은 甲사의 풍력발전기를 X, Y, Z지역에 각 1기씩 설치할 계획이다. X지역은 산악지대로 바람의 방향이 일정하며, 최소 150kW 이상의 시간당 발전량이 필요하다. Y지역은 평원지대로 바람의 방향이 일정하지 않으며, 철새 보호를 위해 발전기 높이는 70m 이하가 되어야 한다. Z지역은 사막지대로 바람의 방향이 일정하지 않으며, 주민 편의를 위해 정격 풍속에서 600kW 이상의 시간당 발전량이 필요하다. 복수의 모델이 각 지역의 조건을 충족할 경우, 에너지 변환효율을 높이기 위해 수평축 모델을 설치하기로 한다.

|  | X지역 | Y지역 | Z지역 |
|---|---|---|---|
| ① | U−88 | U−50 | U−88 |
| ② | U−88 | U−57 | U−88 |
| ③ | U−93 | U−50 | U−88 |
| ④ | U−93 | U−50 | U−93 |
| ⑤ | U−93 | U−57 | U−93 |

## 02 ◯△✕

17년 행시(가) 4번

다음 〈A국 사업타당성조사 규정〉을 근거로 판단할 때, 〈보기〉에서 옳은 것만을 모두 고르면?

〈A국 사업타당성조사 규정〉

**제○○조(예비타당성조사 대상사업)** 신규 사업 중 총사업비가 500억 원 이상이면서 국가의 재정지원 규모가 300억 원 이상인 건설사업, 정보화사업, 국가연구개발사업에 대해 예비타당성조사를 실시한다.

**제△△조(타당성조사의 대상사업과 실시)** ① 제○○조에 해당하지 않는 사업으로서, 국가 예산의 지원을 받아 지자체·공기업·준정부기관·기타 공공기관 또는 민간이 시행하는 사업 중 완성에 2년 이상이 소요되는 다음 각 호의 사업을 타당성조사 대상사업으로 한다.

1. 총사업비가 500억 원 이상인 토목사업 및 정보화사업
2. 총사업비가 200억 원 이상인 건설사업

② 제1항의 대상사업 중 다음 각 호의 어느 하나에 해당하는 경우에는 타당성조사를 실시하여야 한다.

1. 사업추진 과정에서 총사업비가 예비타당성조사의 대상 규모로 증가한 사업
2. 사업물량 또는 토지 등의 규모 증가로 인하여 총사업비가 100분의 20 이상 증가한 사업

〈보 기〉

ㄱ. 국가의 재정지원 비율이 50%인 총사업비 550억 원 규모의 신규 건설사업은 예비타당성조사 대상이 된다.
ㄴ. 민간이 시행하는 사업도 타당성조사 대상사업이 될 수 있다.
ㄷ. 지자체가 시행하는 건설사업으로서 사업완성에 2년 이상 소요되며 전액 국가의 재정지원을 받는 총사업비 460억 원 규모의 사업 추진 과정에서, 총사업비가 10% 증가한 경우 타당성조사를 실시하여야 한다.
ㄹ. 총사업비가 500억 원 미만인 모든 사업은 예비타당성조사 및 타당성조사 대상사업에서 제외된다.

① ㄱ, ㄴ
② ㄱ, ㄷ
③ ㄴ, ㄷ
④ ㄴ, ㄹ
⑤ ㄷ, ㄹ

## 03 ▢△✕

**다음 글을 근거로 판단할 때, 〈보기〉에서 옳은 것만을 모두 고르면?**

무릇 오곡이란 백성들이 생존의 양식으로 의존하는 것이기에 군주는 식량 증산에 힘쓰지 않을 수 없고, 재물을 쓰는 데 절약하지 않을 수 없다.

오곡 가운데 한 가지 곡식이 제대로 수확되지 않으면 이것을 근(饉)이라 하고, 두 가지 곡식이 제대로 수확되지 않으면 이것을 한(旱)이라고 한다. 세 가지 곡식이 제대로 수확되지 않으면 이것을 흉(凶)이라고 한다. 또 네 가지 곡식이 제대로 수확되지 않으면 이것을 궤(饋)라고 하고, 다섯 가지 곡식 모두 제대로 수확되지 않으면 이것을 기(饑)라고 한다. 근이 든 해에는 대부(大夫) 이하 벼슬하는 사람들은 모두 봉록의 5분의 1을 감봉한다. 한이 든 해에는 5분의 2를 감봉하고, 흉이 든 해에는 5분의 3을 감봉하고, 궤가 든 해에는 5분의 4를 감봉하며, 기가 든 해에는 아예 봉록을 주지 않고 약간의 식량만을 지급할 뿐이다.

곡식이 제대로 수확되지 않으면 군주는 먹던 요리의 5분의 3을 줄이고, 대부들은 음악을 듣지 않으며, 선비들은 농사에 힘쓸 뿐 배우러 다니지 않는다. 군주는 조회할 때 입는 예복이 낡아도 고쳐 입지 않고, 사방 이웃 나라의 사신들에게도 식사만을 대접할 뿐 성대한 잔치를 베풀지 않는다. 또 군주가 행차할 때 수레를 끄는 말의 수도 반으로 줄여 두 마리만으로 수레를 끌게 한다. 길을 보수하지 않고, 말에게 곡식을 먹이지 않으며, 궁녀들은 비단옷을 입지 않는다. 이것은 식량이 부족함을 백성들에게 인식시키고자 함이다.

〈보 기〉

ㄱ. 대부 이하 벼슬하는 사람이 근(饉)이 들었을 때 받을 수 있는 봉록은 궤(饋)가 들었을 때 받을 수 있는 봉록의 4배일 것이다.

ㄴ. 오곡 모두 제대로 수확되지 않으면 대부 이하 벼슬하는 사람들은 봉록과 식량을 전혀 지급받지 못했을 것이다.

ㄷ. 곡식이 제대로 수확되지 않으면 군주가 행차할 때 탄 수레는 곡식을 먹인 말 두 마리가 끌었을 것이다.

ㄹ. 곡식이 제대로 수확되지 않으면 군주는 먹던 요리를 5분의 4로 줄였을 것이다.

① ㄱ
② ㄷ
③ ㄱ, ㄴ
④ ㄴ, ㄹ
⑤ ㄱ, ㄷ, ㄹ

## 04 ▢△✕

**다음 글을 근거로 판단할 때, A시가 '창의 테마파크'에서 운영할 프로그램은?**

A시는 학생들의 창의력을 증진시키기 위해 '창의 테마파크'를 운영하고자 한다. 이를 위해 다음과 같은 프로그램을 후보로 정했다.

| 분야 | 프로그램명 | 전문가 점수 | 학생 점수 |
|---|---|---|---|
| 미술 | 내 손으로 만드는 동물 | 26 | 32 |
| 인문 | 세상을 바꾼 생각들 | 31 | 18 |
| 무용 | 스스로 창작 | 37 | 25 |
| 인문 | 역사랑 놀자 | 36 | 28 |
| 음악 | 연주하는 교실 | 34 | 34 |
| 연극 | 연출노트 | 32 | 30 |
| 미술 | 창의 예술학교 | 40 | 25 |
| 진로 | 항공체험 캠프 | 30 | 35 |

- 전문가와 학생은 후보로 선정된 프로그램을 각각 40점 만점제로 우선 평가하였다.
- 전문가 점수와 학생 점수의 반영 비율을 3:2로 적용하여 합산한 후, 하나밖에 없는 분야에 속한 프로그램에는 취득점수의 30%를 가산점으로 부여한다.
- A시는 가장 높은 점수를 받은 프로그램을 최종 선정하여 운영한다.

① 연주하는 교실
② 항공체험 캠프
③ 스스로 창작
④ 연출노트
⑤ 창의 예술학교

## 05 ⊙△☓ · 12년 행시(인) 13번

다음 글에 근거할 때, 옳은 것을 〈보기〉에서 모두 고르면?

- 숫자판은 아래와 같이 6개의 전구를 켜거나 끌 수 있게 되어 있다.

〈숫자판〉

| 32 | 16 | 8 | 4 | 2 | 1 |
|---|---|---|---|---|---|
| ○ | ○ | ○ | ○ | ○ | ○ |

- 숫자판은 전구가 켜진 칸에 있는 숫자를 더하여 결과값을 표현한다. 예를 들어 아래의 숫자판은 결과값 '19'를 표현한다.

| 32 | 16 | 8 | 4 | 2 | 1 |
|---|---|---|---|---|---|
| ○ | ☆ | ○ | ○ | ☆ | ☆ |

( ☆ : 불이 켜진 전구, ○ : 불이 꺼진 전구)

- 전구는 6개까지 동시에 켜질 수 있으며, 하나도 켜지지 않을 수도 있다.

─── 〈보 기〉 ───

ㄱ. 이 숫자판을 사용하면 1부터 63까지의 모든 자연수를 결과값으로 표현할 수 있다.

ㄴ. 숫자판에 한 개의 전구를 켜서 표현한 결과값은 두 개 이상의 전구를 켜서도 표현할 수 있다.

ㄷ. 숫자 1의 전구가 고장 나서 안 켜질 때 표현할 수 있는 결과값의 갯수가 숫자 32의 전구가 고장 나서 안 켜질 때 표현할 수 있는 결과값의 갯수보다 많다.

ㄹ. 숫자판에서 하나의 전구가 켜진 경우의 결과값은, 숫자판에서 그 외 다섯 개의 전구가 모두 켜진 경우의 결과값보다 클 수 있다.

① ㄱ, ㄷ
② ㄱ, ㄹ
③ ㄴ, ㄷ
④ ㄱ, ㄴ, ㄹ
⑤ ㄴ, ㄷ, ㄹ

## 06 ⊙△☓ · 14년 행시(A) 13번

A회사는 甲, 乙, 丙 중 총점이 가장 높은 업체를 협력업체로 선정하고자 한다. 〈업체 평가기준〉과 〈지원업체 정보〉를 근거로 판단할 때, 〈보기〉에서 옳은 것만을 모두 고르면?

─── 〈업체 평가기준〉 ───

〈평가항목과 배점비율〉

| 평가항목 | 품질 | 가격 | 직원규모 | 계 |
|---|---|---|---|---|
| 배점비율 | 50% | 40% | 10% | 100% |

〈가격 점수〉

| 가격 (만 원) | 500 미만 | 500~ 549 | 550~ 599 | 600~ 649 | 650~ 699 | 700 이상 |
|---|---|---|---|---|---|---|
| 점 수 | 100 | 98 | 96 | 94 | 92 | 90 |

〈직원규모 점수〉

| 직원 규모(명) | 100 초과 | 100~ 91 | 90~81 | 80~71 | 70~61 | 60 이하 |
|---|---|---|---|---|---|---|
| 점 수 | 100 | 97 | 94 | 91 | 88 | 85 |

〈지원업체 정보〉

| 업체 | 품질 점수 | 가격(만 원) | 직원규모(명) |
|---|---|---|---|
| 甲 | 88 | 575 | 93 |
| 乙 | 85 | 450 | 95 |
| 丙 | 87 | 580 | 85 |

※ 품질 점수의 만점은 100점으로 한다.

─── 〈보 기〉 ───

ㄱ. 총점이 가장 높은 업체는 乙이며 가장 낮은 업체는 丙이다.

ㄴ. 甲이 현재보다 가격을 30만 원 더 낮게 제시한다면, 乙보다 더 높은 총점을 얻을 수 있을 것이다.

ㄷ. 丙이 현재보다 직원규모를 10명 더 늘린다면, 甲보다 더 높은 총점을 얻을 수 있을 것이다.

ㄹ. 丙이 현재보다 가격을 100만 원 더 낮춘다면, A회사는 丙을 협력업체로 선정할 것이다.

① ㄱ, ㄴ
② ㄱ, ㄹ
③ ㄴ, ㄷ
④ ㄷ, ㄹ
⑤ ㄱ, ㄴ, ㄹ

## 07 ⬜△✕ 10년 행시(발) 36번

다음 〈조건〉에 따라 시뮬레이션을 할 때 최초 탈락팀, 최종 승리팀, 최종 승리팀의 승수는?

─── 〈조 건〉 ───
- 대회에는 네 개의 팀(A, B, C, D)이 출전한다.
- 게임은 두 개의 팀이 겨룬다.
- 네 팀의 역대 전적 순위는 다음과 같았다.

  A > B > C > D
- 상대 전적에 따르면, A팀은 C팀에 약했고, B팀은 D팀에 약했다.
- 첫 번째 게임은 A 대 C, B 대 D로 진행한다.
- 두 번째 게임은 승자 대 승자, 패자 대 패자로 진행한다. 이후의 게임도 같은 방식으로 진행한다.
- 게임의 상대자가 없을 경우 부전승을 거둔다.
- 누적해서 두 번 패하면 대회에서 탈락한다.
- 최후에 남은 한 팀을 최종 승리팀으로 한다.

※ 이 시뮬레이션에서는 상대 전적과 역대 전적에 따라 게임의 승패를 결정하되, 상대 전적을 역대 전적보다 우선 적용한다.

※ 최종 승리팀이 결정되면 시뮬레이션을 종료한다.

| | 최초 탈락팀 | 최종 승리팀 | 최종 승리팀의 승수 |
|---|---|---|---|
| ① | A | B | 3 |
| ② | B | C | 3 |
| ③ | B | C | 4 |
| ④ | D | A | 3 |
| ⑤ | D | A | 4 |

## 08 ⬜△✕ 10년 행시(발) 37번

이사무관은 지금까지 담당해 온 업무를 7개의 영역(A, B, C, D, E, F, G)으로 나누어 정리하였다. 7개 영역의 관계가 다음과 같을 때, 〈보기〉에서 옳은 진술만을 모두 고르면?

─── 〈7개 업무영역의 관계〉 ───
- A와 B는 업무내용이 중복되지 않는다.
- A, B, D의 업무내용은 모두 C의 업무내용이다.
- B와 D는 업무내용의 일부가 중복된다.
- C와 F의 업무내용은 중복되지 않는다.
- E의 업무내용은 모두 F의 업무내용이다.
- G의 업무내용 가운데 일부가 A의 업무내용 일부와 중복된다.
- G의 업무내용은 B와 D의 업무내용과 중복되지 않는다.

─── 〈보 기〉 ───
ㄱ. C의 업무내용은 모두 G의 업무내용일 수 있다.
ㄴ. G의 업무내용은 모두 C의 업무내용일 수 있다.
ㄷ. E의 업무내용 모두가 G의 업무내용일 수 있다.
ㄹ. F의 업무내용은 G의 업무내용과 중복될 수 있다.
ㅁ. G의 업무내용 모두가 F의 업무내용일 수 있다.

① ㄱ, ㄴ
② ㄱ, ㅁ
③ ㄴ, ㄷ, ㄹ
④ ㄷ, ㄹ, ㅁ
⑤ ㄴ, ㄷ, ㄹ, ㅁ

## 09 ⬜△✕ 13년 행시(인) 1번

다음 글을 근거로 판단할 때 옳은 것은?

꿀벌은 나무 둥지나 벌통에서 군집생활을 한다. 암컷인 일벌과 여왕벌은 침이 있으나 수컷인 수벌은 침이 없다. 여왕벌과 일벌은 모두 산란하지만 여왕벌의 알만이 수벌의 정자와 수정되어 암벌인 일벌과 여왕벌로 발달하고, 일벌이 낳은 알은 미수정란이므로 수벌이 된다. 여왕벌의 수정란은 3일 만에 부화하여 유충이 되는데 로열젤리를 먹는 기간의 정도에 따라서 일벌과 여왕벌로 성장한다.

꿀벌 집단에서 일어나는 모든 생태 활동은 매우 복잡하기 때문에 이를 이해하는 관점도 다르게 형성되었다. 꿀벌 집단을 하나로 모으는 힘이 일벌을 지배하는 전지적인 여왕벌에서 비롯된다는 믿음은 아리스토텔레스 시대부터 시작되어 오늘에 이르고 있다. 이러한 믿음은 여왕벌이 다수의 수벌을 거느리고 결혼비행을 하며 공중에서 교미를 한 후에 산란을 하는 모습에 연원을 두고 있다. 꿀벌 집단의 노동력을 유지하기 위하여 매일 수천여 개의 알을 낳거나, 다른 여왕벌을 키우지 못하도록 억제하는 것도 이러한 믿음을 강화시켰다. 또한 새로운 여왕벌의 출현으로 여왕벌들의 싸움이 일어나서 여왕벌을 중심으로 한 곳에 있던 벌떼가 다른 곳으로 옮겨가서 새로운 사회를 이루는 과정도 이러한 믿음을 갖게 하였다.

그러나 꿀벌의 모든 생태 활동이 이러한 견해를 뒷받침하는 것은 아니다. 요컨대 벌집의 실질적인 운영은 일벌에 의하여 집단적으로 이루어진다. 일벌은 꽃가루와 꿀 그리고 입에서 나오는 로열젤리를 유충에게 먹여서 키운다. 일벌은 꽃가루를 모으고, 파수병의 역할을 하며, 벌집을 새로 만들거나 청소하는 등 다양한 역할을 수행한다. 일벌은 또한 새로운 여왕벌의 출현을 최대한 억제하는 역할도 수행한다. 여왕벌에서 '여왕 물질'이라는 선분비물이 나오고 여왕벌과 접촉하는 일벌은 이 물질을 더듬이에 묻혀 벌집 곳곳에 퍼뜨린다. 이 물질의 전달을 통해서 여왕벌의 건재함이 알려져서 새로운 여왕벌을 키울 필요가 없다는 사실이 집단에게 알려지는 것이다.

① 사람이 꿀벌에 쏘였다면 그는 일벌이나 수벌에 쏘였을 것이다.
② 일벌은 암컷과 수컷으로 나누어지고 성별에 따라 역할이 나누어진다.
③ 수벌은 꿀벌 집단을 다른 집단으로부터 보호하는 파수병 역할을 한다.
④ 일벌이 낳은 알에서 부화된 유충이 로열젤리를 계속해서 먹으면 여왕벌이 된다.
⑤ 여왕 물질이라는 선분비물을 통하여 새로운 여왕벌의 출현이 억제된다.

**10** ☐△✕  15년 행시(인) 16번

다음 글을 근거로 〈점심식단〉의 빈칸을 채워 넣을 때 옳지 <u>않은</u> 것은?

- 한 끼의 식사는 밥, 국, 김치, 기타 반찬, 후식 각 종류 별로 하나의 음식을 포함하며, 요일마다 다양한 색의 음식으로 이번 주의 점심식단을 짜고자 한다.
- 밥은 4가지, 국은 5가지, 김치는 2가지, 기타 반찬은 5가지, 후식은 4가지가 준비되어 있다.

| 색<br>종류 | 흰색 | 붉은색 | 노란색 | 검은색 |
|---|---|---|---|---|
| 밥 | 백미밥 | – | 잡곡밥 | 흑미밥,<br>짜장덮밥 |
| 국 | 북엇국 | 김칫국,<br>육개장 | 된장국 | 미역국 |
| 김치 | – | 배추김치,<br>깍두기 | – | – |
| 기타 반찬 | – | 김치전 | 계란찜,<br>호박전, 잡채 | 돈육장조림 |
| 후식 | 숭늉, 식혜 | 수정과 | 단호박<br>샐러드 | – |

- 점심식단을 짜는 조건은 아래와 같다.
  - 총 20가지의 음식은 이번 주 점심식단에 적어도 1번씩은 오른다.
  - 붉은색과 흰색 음식은 각각 적어도 1가지씩 매일 식단에 오른다.
  - 하루에 붉은색 음식이 3가지 이상 오를 시에는 흰색 음식 2가지가 함께 나온다.
  - 목요일에만 검은색 음식이 없다.
  - 금요일에는 노란색 음식이 2가지 나온다.
  - 일주일 동안 2번 나오는 후식은 식혜뿐이다.
  - 후식에서 같은 음식이 이틀 연속 나올 수 없다.

〈점심식단〉

| 요일<br>종류 | 월요일 | 화요일 | 수요일 | 목요일 | 금요일 |
|---|---|---|---|---|---|
| 밥 | 잡곡밥 | 백미밥 | | | 짜장덮밥 |
| 국 | | 된장국 | 김칫국 | 육개장 | |
| 김치 | 배추김치 | 배추김치 | 깍두기 | | |
| 기타 반찬 | | | 호박전 | 김치전 | 잡채 |
| 후식 | | 수정과 | | | |

① 월요일의 후식은 숭늉이다.
② 화요일의 기타 반찬은 돈육장조림이다.
③ 수요일의 밥은 흑미밥이다.
④ 목요일의 밥은 백미밥이다.
⑤ 금요일의 국은 북엇국이다.

**11** ☐△✕  11년 행시(발) 9번

다음 규정을 근거로 판단할 때 기간제 근로자로 볼 수 있는 경우를 〈보기〉에서 모두 고르면?(단, 아래의 모든 사업장은 5인 이상의 근로자를 고용하고 있다)

제00조 ① 이 법은 상시 5인 이상의 근로자를 사용하는 모든 사업 또는 사업장에 적용한다. 다만 동거의 친족만을 사용하는 사업 또는 사업장과 가사사용인에 대하여는 적용하지 아니한다. ② 국가 및 지방자치단체의 기관에 대하여는 상시 사용하는 근로자의 수에 관계없이 이 법을 적용한다.

제00조 ① 사용자는 2년을 초과하지 아니하는 범위 안에서(기간제 근로계약의 반복갱신 등의 경우에는 계속 근로한 총 기간이 2년을 초과하지 아니하는 범위 안에서) 기간제 근로자※를 사용할 수 있다. 다만 다음 각 호의 어느 하나에 해당하는 경우에는 2년을 초과하여 기간제 근로자로 사용할 수 있다.
1. 사업의 완료 또는 특정한 업무의 완성에 필요한 기간을 정한 경우
2. 휴직·파견 등으로 결원이 발생하여 당해 근로자가 복귀할 때까지 그 업무를 대신할 필요가 있는 경우
3. 전문적 지식·기술의 활용이 필요한 경우와 박사 학위를 소지하고 해당 분야에 종사하는 경우
② 사용자가 제1항 단서의 사유가 없거나 소멸되었음에도 불구하고 2년을 초과하여 기간제 근로자로 사용하는 경우에는 그 기간제 근로자는 기간의 정함이 없는 근로계약을 체결한 근로자로 본다.

※ 기간제 근로자라 함은 기간의 정함이 있는 근로계약을 체결한 근로자를 말한다.

〈보 기〉

ㄱ. 甲회사가 수습기간 3개월을 포함하여 1년 6개월간 A를 고용하기로 근로계약을 체결한 경우
ㄴ. 乙회사는 근로자 E의 휴직으로 결원이 발생하여 2년간 B를 계약직으로 고용하였는데, E의 복직 후에도 B가 계속해서 현재 3년 이상 근무하고 있는 경우
ㄷ. 丙국책연구소는 관련 분야 박사학위를 취득한 C를 계약직(기간제) 연구원으로 고용하여 C가 현재 丙국책연구소에서 3년간 근무하고 있는 경우
ㄹ. 국가로부터 도급받은 3년간의 건설공사를 완성하기 위해 丁건설회사가 D를 그 기간 동안 고용하기로 근로계약을 체결한 경우

① ㄱ, ㄴ
② ㄴ, ㄷ
③ ㄱ, ㄷ, ㄹ
④ ㄴ, ㄷ, ㄹ
⑤ ㄱ, ㄴ, ㄷ, ㄹ

## 12 ○△×

甲, 乙, 丙이 다음 〈조건〉에 따라 게임을 할 때, 〈보기〉에서 옳은 것만을 모두 고르면?

— 〈조 건〉 —

• 게임은 1부터 7까지의 숫자가 각각 적힌 7장의 카드 3벌(21장)을 섞어서 3명이 7장씩 나누어 가지고 시작한다.
• 게임은 甲부터 시작하여 甲 → 乙 → 丙 → 甲 → 乙 → 丙 → …의 차례로 진행된다.
• 차례에 따라 손에 든 카드를 1장씩 내며, 이때 바로 전 사람이 낸 카드의 숫자와 같거나 더 큰 숫자의 카드만 낼 수 있다.
• 이미 낸 카드는 다시 가져올 수 없다.
• 자신의 차례에 낼 카드가 손에 없으면 게임에서 빠지며, 남은 사람은 계속 이어서 게임을 진행하고, 가장 늦게까지 게임에 남아 있는 사람이 우승자가 된다.
• 甲, 乙, 丙은 우승하기 위해 최선을 다한다.
• 甲이 받은 카드는 ①①③⑤⑥⑥⑦이다.

— 〈보 기〉 —

ㄱ. 누구든 ⑦ 카드를 2장 갖고 있으면 반드시 우승할 수 있다.
ㄴ. 甲이 게임 시작과 동시에 ⑦ 카드를 냈을 때 우승할 확률은 약 33%이다.
ㄷ. 甲이 게임 시작과 동시에 ⑥ 카드를 냈을 때 우승할 확률은 약 33%이다.

① ㄱ
② ㄴ
③ ㄱ, ㄴ
④ ㄴ, ㄷ
⑤ ㄱ, ㄴ, ㄷ

## 13 ○△×

다음 글을 근거로 판단할 때, 〈보기〉에서 인증이 가능한 경우만을 모두 고르면?

○○국 친환경농산물의 종류는 3가지로, 인증기준에 부합하는 재배 방법은 각각 다음과 같다. 1) 유기농산물의 경우 일정 기간(다년생 작물 3년, 그 외 작물 2년) 이상을 농약과 화학비료를 사용하지 않고 재배한다. 2) 무농약농산물의 경우 농약을 사용하지 않고, 화학비료는 권장량의 2분의 1 이하로 사용하여 재배한다. 3) 저농약농산물의 경우 화학 비료는 권장량의 2분의 1 이하로 사용하고, 농약은 살포 시기를 지켜 살포 최대횟수의 2분의 1 이하로 사용하여 재배한다.

〈농산물별 관련 기준〉

| 종류 | 재배기간 내 화학비료 권장량 (kg/ha) | 재배기간 내 농약살포 최대횟수 | 농약 살포시기 |
|---|---|---|---|
| 사과 | 100 | 4 | 수확 30일 전까지 |
| 감귤 | 80 | 3 | 수확 30일 전까지 |
| 감 | 120 | 4 | 수확 14일 전까지 |
| 복숭아 | 50 | 5 | 수확 14일 전까지 |

※ 1ha=10,000㎡, 1t=1,000kg

— 〈보 기〉 —

ㄱ. 甲은 5km²의 면적에서 재배기간 동안 농약을 전혀 사용하지 않고 20t의 화학비료를 사용하여 사과를 재배하였으며, 이 사과를 수확하여 무농약농산물 인증신청을 하였다.
ㄴ. 乙은 3ha의 면적에서 재배기간 동안 농약을 1회 살포하고 50kg의 화학비료를 사용하여 복숭아를 재배하였다. 하지만 수확시기가 다가오면서 병충해 피해가 나타나자 농약을 추가로 1회 살포하였고, 열흘 뒤 수확하여 저농약농산물 인증신청을 하였다.
ㄷ. 丙은 지름이 1km인 원 모양의 농장에서 작년부터 농약을 전혀 사용하지 않고 감귤을 재배하였다. 작년에는 5t의 화학비료를 사용하였으나, 올해는 전혀 사용하지 않고 감귤을 수확하여 유기농산물 인증신청을 하였다.
ㄹ. 丁은 가로와 세로가 각각 100m, 500m인 과수원에서 감을 재배하였다. 재배기간 동안 총 2회(올해 4월 말과 8월 초) 화학비료 100kg씩을 뿌리면서 병충해 방지를 위해 농약도 함께 살포하였다. 丁은 추석을 맞아 9월 말에 감을 수확하여 저농약농산물 인증신청을 하였다.

① ㄱ, ㄹ      ② ㄴ, ㄷ
③ ㄱ, ㄴ, ㄹ      ④ ㄱ, ㄷ, ㄹ
⑤ ㄴ, ㄷ, ㄹ

**14** ☐△✕

다음 글을 근거로 판단할 때, 甲금속회사가 생산한 제품 A, B를 모두 판매하여 얻을 수 있는 최대 금액은?

- 甲금속회사는 특수구리합금 제품 A와 B를 생산 및 판매한다.
- 특수구리합금 제품 A, B는 10kg 단위로만 생산된다.
- 제품 A의 1kg당 가격은 300원이고, 제품 B의 1kg당 가격은 200원이다.
- 甲금속회사는 보유하고 있던 구리 710kg, 철 15kg, 주석 33kg, 아연 155kg, 망간 30kg 중 일부를 활용하여 아래 표의 질량 배합 비율에 따라 제품 A를 300kg 생산한 상태이다(단, 개별 금속의 추가 구입은 불가능하다).
- 합금 제품별 질량 배합 비율은 아래와 같으며 배합비율을 만족하는 경우에만 제품이 될 수 있다.

(단위 : %)

| 구분 | 구리 | 철 | 주석 | 아연 | 망간 |
|---|---|---|---|---|---|
| A | 60 | 5 | 0 | 25 | 10 |
| B | 80 | 0 | 5 | 15 | 0 |

※ 배합된 개별 금속 질량의 합은 생산된 합금 제품의 질량과 같다.

① 195,000원
② 196,000원
③ 197,000원
④ 198,000원
⑤ 199,000원

**15** ☐△✕

다음 글을 근거로 판단할 때, 〈보기〉에서 옳은 것만을 모두 고르면?

A4(210mm×297mm)를 비롯한 국제표준 용지 규격은 독일 물리학자 게오르크 리히텐베르크에 의해 1786년에 처음으로 언급되었다. 이른바 A시리즈 용지들의 면적은 한 등급 올라갈 때마다 두 배로 커진다. 한 등급의 가로는 그 위 등급의 세로의 절반이고, 세로는 그 위 등급의 가로와 같으며, 모든 등급들의 가로 대 세로 비율은 동일하기 때문이다. 용지들의 가로를 W, 세로를 L이라고 하면, 한 등급의 가로 대 세로 비율과 그 위 등급의 가로 대 세로의 비율이 같아야 한다는 것은 등식 W/L=L/2W이 성립해야 한다는 것과 같다. 다시 말해 $L^2=2W^2$이 성립해야 하므로 가로 대 세로 비율은 1대 $\sqrt{2}$가 되어야 한다. 요컨대 세로가 가로의 $\sqrt{2}$배여야 한다. $\sqrt{2}$는 대략 1.4이다.

이 비율 덕분에 우리는 A3 한 장을 축소복사하여 A4 한 장에 꼭 맞게 출력할 수 있다. A3를 A4로 축소할 때의 비율은 복사기의 제어판에 70%로 표시된다. 왜냐하면 그 비율은 길이를 축소하는 비율을 의미하고, $1/\sqrt{2}$은 대략 0.7이기 때문이다. 이 비율로 가로와 세로를 축소하면 면적은 1/2로 줄어든다.

반면 미국과 캐나다에서 쓰이는 미국표준협회 규격용지들은 가로와 세로가 인치 단위로 정해져 있으며, 레터용지(8.5인치×11.0인치), 리걸용지(11인치×17인치), 이그제큐티브용지(17인치×22인치), D레저용지(22인치×34인치), E레저용지(34인치×44인치)가 있다. 미국표준협회 규격 용지의 경우, 한 용지와 그보다 두 등급 위의 용지는 가로 대 세로 비율이 같다.

─── 〈보 기〉 ───

ㄱ. 국제표준 용지 중 A2 용지의 크기는 420mm×594mm이다.
ㄴ. A시리즈 용지의 경우, 가장 높은 등급의 용지를 잘라서 바로 아래 등급의 용지 두 장을 만들 수 있다.
ㄷ. A시리즈 용지의 경우, 한 등급 위의 용지로 확대복사할 때 복사기의 제어판에 표시되는 비율은 130%이다.
ㄹ. 미국표준협회 규격 용지의 경우, 세로를 가로로 나눈 값은 $\sqrt{2}$이다.

① ㄱ
② ㄱ, ㄴ
③ ㄴ, ㄹ
④ ㄱ, ㄴ, ㄷ
⑤ ㄱ, ㄷ, ㄹ

## 16 ◻◯△☒          17년 행시(가) 35번

다음 글과 〈반 편성 기준〉을 근거로 판단할 때, 〈보기〉에서 옳은 것만을 모두 고르면?

- 학생 6명(A~F)의 외국어반 편성을 위해 쓰기, 읽기, 듣기, 말하기 등 4개 영역에 대해 시험을 실시한다.
- 영역별 점수는 시험 결과에 따라 1점 이상 10점 이하로 부여한다.
- 다음 〈반 편성 기준〉에 따라 등수를 매겨 상위 3명은 심화반에, 하위 3명은 기초반에 편성한다.
- 동점자가 발생할 경우, 듣기 점수가 더 높은 학생을 상위 등수로 간주하고, 듣기 점수도 같은 경우에는 말하기 점수, 말하기 점수도 같은 경우에는 읽기 점수, 읽기 점수도 같은 경우에는 쓰기 점수가 더 높은 학생을 상위 등수로 간주한다.
- A~F의 영역별 점수는 다음과 같고, F의 쓰기와 말하기 영역은 채점 중이다.

(단위 : 점)

| 학생 | 쓰기 | 읽기 | 듣기 | 말하기 |
|------|------|------|------|--------|
| A | 10 | 10 | 6 | 3 |
| B | 7 | 8 | 7 | 8 |
| C | 5 | 4 | 4 | 3 |
| D | 5 | 4 | 4 | 6 |
| E | 8 | 7 | 6 | 5 |
| F | ? | 6 | 5 | ? |

─── 〈반 편성 기준〉 ───

아래 두 가지 기준 중 하나를 채택하여 반을 편성한다.
- (기준1) 종합적 외국어능력을 반영하기 위해 4개 영역의 점수를 합산한 총점을 기준으로 편성한다.
- (기준2) 수업 중 원어민 교사와의 원활한 소통을 위해 듣기와 말하기 점수의 합을 기준으로 편성한다.

─── 〈보 기〉 ───

ㄱ. B와 D는 어떤 경우에도 같은 반이 될 수 없다.
ㄴ. 채점 결과 F의 말하기 점수가 5점 이하라면, 어떤 기준에 따라 반을 편성하더라도 F는 기초반에 편성된다.
ㄷ. 채점 결과 F의 말하기 점수가 6점 이상이라면, 어떤 기준에 따라 반을 편성하더라도 C와 D는 같은 반에 편성된다.

① ㄱ
② ㄷ
③ ㄱ, ㄴ
④ ㄱ, ㄷ
⑤ ㄴ, ㄷ

## 17 ◻◯△☒          15년 행시(인) 12번

〈여성권익사업 보조금 지급 기준〉과 〈여성폭력피해자 보호시설 현황〉을 근거로 판단할 때, 지급받을 수 있는 보조금의 총액이 큰 시설부터 작은 시설 순으로 바르게 나열된 것은?(단, 4개 보호시설의 종사자에는 각 1명의 시설장(長)이 포함되어 있다)

─── 〈여성권익사업 보조금 지급 기준〉 ───

1. 여성폭력피해자 보호시설 운영비
   - 종사자 1~2인 시설 : 240백만 원
   - 종사자 3~4인 시설 : 320백만 원
   - 종사자 5인 이상 시설 : 400백만 원
   ※ 단, 평가등급이 1등급인 보호시설에는 해당 지급액의 100%를 지급하지만, 2등급인 보호시설에는 80%, 3등급인 보호시설에는 60%를 지급한다.
2. 여성폭력피해자 보호시설 사업비
   - 종사자 1~3인 시설 : 60백만 원
   - 종사자 4인 이상 시설 : 80백만 원
3. 여성폭력피해자 보호시설 종사자 장려수당
   - 종사자 1인당 50백만 원
   ※ 단, 종사자가 5인 이상인 보호시설의 경우 시설장에게는 장려수당을 지급하지 않는다.
4. 여성폭력피해자 보호시설 입소자 간식비
   - 입소자 1인당 1백만 원

〈여성폭력피해자 보호시설 현황〉

| 보호시설 | 종사자 수(인) | 입소자 수(인) | 평가등급 |
|----------|--------------|--------------|----------|
| A | 4 | 7 | 1 |
| B | 2 | 8 | 1 |
| C | 4 | 10 | 2 |
| D | 5 | 12 | 3 |

① A – C – D – B
② A – D – C – B
③ C – A – B – D
④ D – A – C – B
⑤ D – C – A – B

## 18 ⊙△☒

다음 글과 〈대회 종료 후 대화〉를 근거로 판단할 때, 비긴 카드 게임의 총 수는?

> 다섯 명의 선수(甲~戊)가 카드 게임 대회에 참가했다. 각 선수는 대회에 참가한 다른 모든 선수들과 일대일로 한 번씩 카드 게임을 했다. 각 게임의 승자는 점수 2점을 받고, 비긴 선수는 점수 1점을 받고, 패자는 점수를 받지 못한다.
> 이 카드 게임 대회에서 각 선수가 얻은 점수의 총합이 큰 순으로 매긴 순위는 甲, 乙, 丙, 丁, 戊 순이다. (단, 동점은 존재하지 않는다)

───── 〈대회 종료 후 대화〉 ─────

- 乙 : 난 한 게임도 안 진 유일한 사람이야.
- 戊 : 난 한 게임도 못 이긴 유일한 사람이야.

① 2번
② 3번
③ 4번
④ 5번
⑤ 6번

## 19 ⊙△☒

A부처에서 갑, 을, 병, 정 4명의 직원으로부터 국외연수 신청을 받아 선발 가능성이 가장 높은 한 명을 추천하려는 가운데, 정부가 선발 기준 개정안을 내놓았다. 현행 기준과 개정안 기준을 적용할 때, 각각 선발 가능성이 가장 높은 사람은?

〈선발 기준안 비교〉

| 구분 | 현행 | 개정안 |
|---|---|---|
| 외국어 성적 | 30점 | 50점 |
| 근무 경력 | 40점 | 20점 |
| 근무 성적 | 20점 | 10점 |
| 포상 | 10점 | 20점 |
| 계 | 100점 | 100점 |

※ 근무 경력은 15년 이상이 만점 대비 100%, 10년 이상~15년 미만 70%, 10년 미만 50%이다. 다만 근무경력이 최소 5년 이상인 자만 선발 자격이 있다.
※ 포상은 3회 이상이 만점 대비 100 %, 1~2회 50%, 0회 0%이다.

〈A부처의 국외연수 신청자 현황〉

| 구분 | 갑 | 을 | 병 | 정 |
|---|---|---|---|---|
| 근무 경력 | 30년 | 20년 | 10년 | 3년 |
| 포상 | 2회 | 4회 | 0회 | 5회 |

※ 외국어 성적은 갑과 을이 만점 대비 50%이고, 병이 80%, 정이 100%이다.
※ 근무 성적은 을만 만점이고, 갑 · 병 · 정 셋은 서로 동점이라는 사실만 알려져 있다.

| | 현행 | 개정안 |
|---|---|---|
| ① | 갑 | 을 |
| ② | 갑 | 병 |
| ③ | 을 | 갑 |
| ④ | 을 | 을 |
| ⑤ | 을 | 정 |

## 20 ⊙△☒

다음 〈조건〉에 따라 판단할 때 옳지 않은 것은?

───── 〈조 건〉 ─────

- 프로젝트는 A부터 E까지의 작업만으로 구성되며, 모든 작업은 동일 작업장 내에서 행해진다.
- A작업은 4명의 인원과 9일의 기간이 소요된다.
- B작업은 2명의 인원과 18일의 기간이 소요되며, A작업이 완료된 이후에 시작할 수 있다.
- C작업은 4명의 인원과 50일의 기간이 소요된다.
- D작업과 E작업은 각 작업당 2명의 인원과 18일씩의 기간이 소요되며, D작업이 완료된 이후에 E작업을 시작할 수 있다.
- 각 인력은 A부터 E까지 모든 작업에 동원될 수 있으며, 각 작업에 투입된 인력의 생산성은 동일하다.
- 프로젝트에 소요되는 비용은 1인당 1일 10만 원의 인건비와 하루 50만 원의 작업장 사용료로 구성된다.
- 각 작업의 소요인원은 증원 또는 감원될 수 없다.

① 프로젝트 완료에 소요되는 최소인력은 4명이다.
② 프로젝트 완료에 소요되는 최단기간은 50일이다.
③ 프로젝트 완료에 소요되는 최소비용은 6천만 원 이하이다.
④ 프로젝트의 최단기간 완료에 소요되는 최소인력은 10명이다.
⑤ 프로젝트를 최소인력으로 완료하는 데 소요되는 최단기간은 95일이다.

## 21 ⊙△☒

4명의 참가자(A~D)가 음악경연을 한다. 다음 〈조건〉에 근거할 때, 옳지 않은 것은?

───── 〈조 건〉 ─────

- 탈락자는 〈심사위원 점수〉와 〈국민참여 문자투표 득표수〉를 반영하여 선정된다.
- 심사위원 점수의 합산점수와 국민참여 문자투표의 점유율(%)의 수치를 점수로 간주한 값(환산점수)을 더하여 참가자들 각각의 총점을 산출한다.
- 총점이 가장 낮은 참가자가 탈락되며, 이 때 그 수가 2인 이상인 경우 그들 모두를 탈락자로 한다.
- 甲, 乙, 丙 총 3명의 〈심사위원 점수〉와 10만 명이 문자 투표한 〈국민참여 문자투표 득표수〉는 아래와 같다.

〈심사위원 점수〉

(100점 만점)

| 참가자 / 심사위원 | A | B | C | D |
|---|---|---|---|---|
| 甲 | 90점 | 85점 | 88점 | 89점 |
| 乙 | 88점 | 85점 | 88점 | 86점 |
| 丙 | 85점 | ? | 90점 | 90점 |

〈국민참여 문자투표 득표수〉

| 구분 | A | B | C | D |
|---|---|---|---|---|
| 득표수 | 25,000표 | ? | 17,500표 | ? |
| 환산점수 | 25점 | ? | 17.5점 | ? |

① A는 탈락하지 않을 것이다.

② D가 C보다 국민참여 문자투표를 1,500표 더 받았다면 탈락하지 않는다.

③ D가 국민참여 문자투표에서 42,500표를 받았다면 B가 탈락했을 것이다.

④ B와 D의 국민참여 문자투표 득표수가 같다면 B와 C 중에서 탈락자가 결정된다.

⑤ 공동 탈락자가 생길 수 있다.

---

## 23 ◯△✕

**다음 글을 근거로 판단할 때, 〈보기〉에서 옳은 것만을 모두 고르면?**

- 甲과 乙은 다음 그림과 같이 번호가 매겨진 9개의 구역을 점령하는 게임을 한다.

| 1 | 2 | 3 |
|---|---|---|
| 4 | 5 | 6 |
| 7 | 8 | 9 |

- 게임 시작 전 제비뽑기를 통해 甲은 1구역, 乙은 8구역으로 최초 점령 구역이 정해졌다.
- 甲과 乙은 가위바위보를 해서 이길 때마다, 자신이 이미 점령한 구역에 상하좌우로 변이 접한 구역 중 점령되지 않은 구역 1개를 추가로 점령하여 자신의 구역으로 만든다.
- 만약 가위바위보에서 이겨도 더 이상 자신이 점령할 수 있는 구역이 없으면 이후의 가위바위보는 모두 진 것으로 한다.
- 게임은 모든 구역이 점령될 때까지 계속되며, 더 많은 구역을 점령한 사람이 게임에서 승리한다.
- 甲과 乙은 게임에서 승리하기 위하여 최선의 선택을 한다.

〈보 기〉

ㄱ. 乙이 첫 번째, 두 번째 가위바위보에서 모두 이기면 게임에서 승리한다.

ㄴ. 甲이 첫 번째, 두 번째 가위바위보를 이겨서 2구역과 5구역을 점령하고, 乙이 세 번째 가위바위보를 이겨서 9구역을 점령하면, 네 번째 가위바위보를 이긴 사람이 게임에서 승리한다.

ㄷ. 甲이 첫 번째, 세 번째 가위바위보를 이겨서 2구역과 4구역을 점령하고, 乙이 두 번째 가위바위보를 이겨서 5구역을 점령하면, 게임의 승자를 결정하기 위해서는 최소 2번 이상의 가위바위보를 해야 한다.

① ㄴ

② ㄷ

③ ㄱ, ㄴ

④ ㄱ, ㄷ

⑤ ㄴ, ㄷ

---

## 22 ◯△✕

**사무관은 오후 2시 회의에 참석하기 위해 대중교통을 이용하여 총 10km를 이동해야 한다. 다음 〈조건〉을 고려했을 때, 비용이 두 번째로 적게 드는 방법은?**

〈조 건〉

1) 회의에 지각해서는 안 되며, 오후 1시 40분에 대중교통을 이용하기 시작한다.

2) 회의가 시작되기 전에 먼저 도착하여 대기하는 시간을 비용으로 환산하면 1분당 200원이다.

3) 이용가능한 대중교통은 버스, 지하철, 택시만 있고, 출발지에서 목적지까지는 모두 직선노선이다.

4) 택시의 기본요금은 2,000원이고 2km마다 100원씩 증가하며, 2km를 1분에 간다.

5) 택시의 기본요금으로 갈 수 있는 거리는 2km이다.

6) 지하철은 2km를 2분에 가고 버스는 2km를 3분에 간다. 버스와 지하철은 2km마다 정거장이 있고, 동일노선을 운행한다.

7) 버스와 지하철 요금은 1,000원이며 무료환승이 가능하다.

8) 환승은 버스와 지하철, 버스와 택시 간에만 가능하고, 환승할 경우 소요시간은 2분이며 반드시 버스로 4정거장을 가야만 한다.

9) 환승할 때 느끼는 번거로움 등을 비용으로 환산하면 1분당 450원이다.

① 택시만 이용해서 이동한다.

② 버스만 이용해서 이동한다.

③ 지하철만 이용해서 이동한다.

④ 버스와 택시를 환승하여 이동한다.

⑤ 버스와 지하철을 환승하여 이동한다.

※ 다음 글을 읽고 물음에 답하시오. [24~25]

○○국의 항공기 식별코드는 '(현재상태부호)(특수임무부호)(기본임무부호)(항공기종류부호)-(설계번호)(개량형부호)'와 같이 최대 6개 부분(앞부분 4개, 뒷부분 2개)으로 구성된다.

항공기종류부호는 특수 항공기에만 붙이는 부호로, G는 글라이더, H는 헬리콥터, Q는 무인항공기, S는 우주선, V는 수직단거리이착륙기에 붙인다. 항공기종류부호가 생략된 항공기는 일반 비행기이다.

모든 항공기 식별코드는 기본임무부호나 특수임무부호 중 적어도 하나를 꼭 포함하고 있다. 기본임무부호는 항공기가 기본적으로 수행하는 임무를 나타내는 부호이다. A는 지상공격기, B는 폭격기, C는 수송기, E는 전자전기, F는 전투기, K는 공중급유기, L은 레이저탑재항공기, O는 관측기, P는 해상초계기, R은 정찰기, T는 훈련기, U는 다목적기에 붙인다.

특수임무부호는 항공기가 개량을 거쳐 기본임무와 다른 임무를 수행할 때 붙이는 부호이다. 부호에 사용되는 알파벳과 그 의미는 기본임무부호와 동일하다. 항공기가 기본임무와 특수임무를 모두 수행할 수 있을 때에는 두 부호를 모두 표시하며, 개량으로 인하여 더 이상 기본임무를 수행하지 못하게 된 경우에는 특수임무부호만 표시한다.

현재상태부호는 현재 정상적으로 사용되고 있지 않은 항공기에만 붙이는 부호이다. G는 영구보존처리된 항공기, J와 N은 테스트를 위해 사용되고 있는 항공기에 붙이는 부호이다. J는 테스트 종료 후 정상적으로 사용될 항공기에 붙이는 부호이며, N은 개량을 많이 거쳤기 때문에 이후에도 정상적으로 사용될 계획이 없는 항공기에 붙이는 부호이다.

설계번호는 항공기가 특정그룹 내에서 몇 번째로 설계되었는지를 나타낸다. 1~100번은 일반 비행기, 101~200번은 글라이더 및 헬리콥터, 201~250번은 무인항공기, 251~300번은 우주선 및 수직단거리이착륙기에 붙인다. 예를 들어 107번은 글라이더와 헬리콥터 중 7번째로 설계된 항공기라는 뜻이다.

개량형부호는 한 모델의 항공기가 몇 차례 개량되었는지를 보여주는 부호이다. 개량하지 않은 최초의 모델은 항상 A를 부여받으며, 이후에는 개량될 때마다 알파벳 순서대로 부호가 붙게 된다.

## 24 ⊙△✕                                18년 행시(나) 39번

윗글을 근거로 판단할 때, 〈보기〉에서 항공기 식별코드 중 앞부분 코드로 구성 가능한 것을 모두 고르면?

─── 〈보 기〉 ───

ㄱ. KK
ㄴ. GBCV
ㄷ. CAH
ㄹ. R

① ㄱ
② ㄱ, ㄴ
③ ㄴ, ㄷ
④ ㄷ, ㄹ
⑤ ㄴ, ㄷ, ㄹ

## 25 ⊙△✕                                18년 행시(나) 40번

윗글을 근거로 판단할 때, '현재 정상적으로 사용 중인 개량하지 않은 일반 비행기'의 식별코드 형식으로 옳은 것은?

① (기본임무부호)-(설계번호)
② (기본임무부호)-(개량형부호)
③ (기본임무부호)-(설계번호)(개량형부호)
④ (현재상태부호)(특수임무부호)-(설계번호)(개량형부호)
⑤ (현재상태부호)(특수임무부호)(항공기종류부호)-(설계번호)(개량형부호)

# 제3회 상황판단 모의고사

## 01 ○△✕

다음은 정부가 지원하는 '○○연구과제'를 수행할 연구자 선정 시의 가점 및 감점 기준이다. 고득점자 순으로 2명을 선정할 때 〈보기〉의 연구과제 신청자 중 선정될 자를 고르면?

※ 아래의 각 항목들은 중복 적용이 가능하며, 각자의 사전평가점수에서 가감된다.
1. 가점 부여항목(각 10점)
　가. 최근 2년 이내(이하 선정시점 기준)에 연구과제 최종 결과평가에서 최우수 등급을 받은 자
　나. 최근 3년 이내에 국내외 과학기술논문색인지수(이하 'SCI'라 함) 논문을 게재한 실적이 있는 자
　다. 최근 3년 이내에 기술실시계약을 체결하여 받은 기술료 총액이 2천만 원 이상인 자
2. 감점 부여항목(각 5점)
　가. 최근 2년 이내(이하 선정시점 기준)에 연구과제 최종 결과평가에서 최하위 등급을 받은 자
　나. 최근 3년 이내에, 연구과제 선정 후 협약체결 포기 경력이 있는 자
　다. 최근 3년 이내에, 연구과제의 연구수행 도중 연구를 포기한 경력이 있는 자

〈보 기〉

ㄱ. 사전평가점수는 70점으로, 1년 전에 연구과제 최종 결과평가에서 최우수 등급을 부여받은 후, 2건의 기술실시계약을 체결하여 각각 1천 5백만 원을 받았다.
ㄴ. 사전평가점수는 80점으로, 2년 전에 연구과제를 중도 포기하였으나, 그로부터 1년 후 후속연구를 통해 SCI 논문을 게재하였다.
ㄷ. 사전평가점수는 75점으로, 1년 전에 연구과제 최종 결과평가에서 최우수 등급을 부여받았으나, 바로 그 해에 선정된 신규 연구과제의 협약체결을 포기하였다.
ㄹ. 사전평가점수는 90점으로, 3년 전에 연구과제 최종 결과평가에서 최우수 등급을 부여받았으나, 그로부터 1년 후에는 연구과제에 대한 중간평가에서 최하위 등급을 부여받았다.

※ 각 사례에서 시간은 '○○연구과제' 선정시점을 기준으로 함

① ㄱ, ㄴ
② ㄱ, ㄷ
③ ㄱ, ㄹ
④ ㄴ, ㄷ
⑤ ㄴ, ㄹ

## 02 ○△✕

다음 글을 근거로 판단할 때, 〈보기〉에서 옳은 것만을 모두 고르면?

제00조(행정정보의 공표 등) ① 공공기관은 다음 각 호의 어느 하나에 해당하는 정보에 대해서는 공개의 구체적 범위와 공개의 주기·시기 및 방법 등을 미리 정하여 공표하고, 이에 따라 정기적으로 공개하여야 한다. 다만 제□□조 제1항 각 호의 어느 하나에 해당하는 정보에 대해서는 그러하지 아니하다.
1. 국민생활에 매우 큰 영향을 미치는 정책에 관한 정보
2. 국가의 시책으로 시행하는 공사(工事) 등 대규모 예산이 투입되는 사업에 관한 정보
3. 예산집행의 내용과 사업평가 결과 등 행정감시를 위하여 필요한 정보
② 공공기관은 제1항에 규정된 사항 외에도 국민이 알아야 할 필요가 있는 정보를 국민에게 공개하도록 적극적으로 노력하여야 한다.
제00조(공개대상 정보의 원문공개) 공공기관 중 중앙행정기관은 전자적 형태로 보유·관리하는 정보 중 공개대상으로 분류된 정보를 국민의 정보공개 청구가 없더라도 정보통신망을 활용한 정보공개시스템을 통하여 공개하여야 한다.
제□□조(비공개대상 정보) ① 공공기관이 보유·관리하는 정보는 공개대상이 된다. 다만 다음 각 호의 어느 하나에 해당하는 정보는 공개하지 아니할 수 있다.
1. 다른 법률 또는 법률에서 위임한 명령(국회규칙·대법원규칙·헌법재판소규칙·중앙선거관리위원회규칙·대통령령 및 조례로 한정한다)에 따라 비밀이나 비공개 사항으로 규정된 정보
2. 해당 정보에 포함되어 있는 성명·주민등록번호 등 개인에 관한 사항으로서 공개될 경우 사생활의 비밀 또는 자유를 침해할 우려가 있다고 인정되는 정보. 다만 다음 각 목에 열거한 개인에 관한 정보는 제외한다.
　가. 법령에서 정하는 바에 따라 열람할 수 있는 정보
　나. 공공기관이 공표를 목적으로 작성하거나 취득한 정보로서 사생활의 비밀 또는 자유를 부당하게 침해하지 아니하는 정보
　다. 직무를 수행한 공무원의 성명·직위

〈보 기〉

ㄱ. 국민생활에 매우 큰 영향을 미치는 정책에 관한 정보는 모두 공개하여야 한다.
ㄴ. 헌법재판소규칙에서 비공개 사항으로 규정한 정보는 공개하지 아니할 수 있다.
ㄷ. 국가의 시책으로 시행하는 공사 등 대규모 예산이 투입되는 사업에 관한 직무를 수행한 공무원의 성명·직위는 공개할 수 있다.

① ㄱ
② ㄷ
③ ㄱ, ㄴ
④ ㄴ, ㄷ
⑤ ㄱ, ㄴ, ㄷ

## 03  O△X

**다음 글을 근거로 판단할 때, 〈보기〉에서 옳은 것만을 모두 고르면?**

조선시대 궁녀가 받는 보수에는 의전, 선반, 삭료 세 가지가 있었다. 『실록』에서 "봄, 가을에 궁녀에게 포화(布貨)를 내려주니, 이를 의전이라고 한다."라고 한 것처럼 '의전'은 1년에 두 차례 지급하는 옷값이다. '선반'은 궁중에서 근무하는 사람들에게 제공하는 식사를 의미한다. '삭료'는 매달 주는 봉급으로 곡식과 반찬거리 등의 현물이 지급되었다. 궁녀들에게 삭료 이외에 의전과 선반도 주었다는 것은 월급 이외에도 옷값과 함께 근무 중의 식사까지 제공했다는 것으로, 지금의 개념으로 본다면 일종의 복리후생비까지 지급한 셈이다.

삭료는 쌀, 콩, 북어 세 가지 모두 지급되었는데 그 항목은 공상과 방자로 나뉘어 있었다. 공상은 궁녀들에게 지급되는 월급 가운데 기본급에 해당하는 것이다. 공상은 모든 궁녀에게 지급되었으나 직급과 근무연수에 따라 온공상, 반공상, 반반공상 세 가지로 나뉘어 차등 지급되었다. 공상 중 온공상은 쌀 7두 5승, 콩 6두 5승, 북어 2태 10미였다. 반공상은 쌀 5두 5승, 콩 3두 3승, 북어 1태 5미였고, 반반공상은 쌀 4두, 콩 1두 5승, 북어 13미였다.

방자는 궁녀들의 하녀 격인 무수리를 쓸 수 있는 비용이었으며, 기본급 이외에 별도로 지급되었다. 방자는 모두에게 지급된 것이 아니라 직급이나 직무에 따라 일부에게만 지급되었으므로, 일종의 직급수당 또는 직무수당인 셈이다. 방자는 온방자와 반방자 두 가지만 있었는데, 온방자는 매달 쌀 6두와 북어 1태였고 반방자는 온방자의 절반인 쌀 3두와 북어 10미였다.

――――――――〈보 기〉――――――――

ㄱ. 조선시대 궁녀에게는 현물과 포화가 지급되었다.
ㄴ. 삭료로 지급되는 현물의 양은 온공상이 반공상의 2배, 반공상이 반반공상의 2배였다.
ㄷ. 반공상과 온방자를 삭료로 받는 궁녀가 매달 받는 북어는 45미였다.
ㄹ. 매달 궁녀가 받을 수 있는 가장 적은 삭료는 쌀 4두, 콩 1두 5승, 북어 13미였다.

① ㄱ, ㄴ
② ㄱ, ㄹ
③ ㄴ, ㄷ
④ ㄱ, ㄷ, ㄹ
⑤ ㄴ, ㄷ, ㄹ

## 04 O△X

A시 소재 회사에 근무하는 갑은 B시에서 오후 3시에 개최되는 회의에 참석하고자 한다. 〈표 1〉과 〈표 2〉의 조건이 주어졌을 때, 오전 11시에 회사에서 출발하여 회의시간에 늦지 않게 도착하기 위한 방법 중 최저운임으로 갈 수 있는 방법과 최단시간에 도착할 수 있는 방법은?

**〈표 1〉 교통수단별 소요시간과 운임(도시 내)**

| A시 출발지 | A시 도착지 | 교통수단 | 소요시간(분) | 운임(원) | B시 출발지 | B시 도착지 | 교통수단 | 소요시간(분) | 운임(원) |
|---|---|---|---|---|---|---|---|---|---|
| 회사 | 공항 | a | 40 | 1,500 | 공항 | 회의장 | a | 35 | 1,500 |
| | | b | 30 | 6,000 | | | b | 25 | 5,000 |
| | | c | 30 | 1,500 | | | c | 35 | 2,000 |
| | 고속버스터미널 | a | 25 | 1,000 | 고속버스터미널 | | a | 50 | 2,000 |
| | | b | 15 | 3,000 | | | b | 30 | 6,000 |
| | | c | 20 | 1,000 | | | c | 30 | 1,500 |
| | 역 | a | 30 | 1,000 | 역 | | a | 30 | 1,000 |
| | | b | 20 | 4,000 | | | b | 20 | 4,000 |
| | | c | 15 | 1,000 | | | c | 35 | 2,000 |

**〈표 2〉 교통수단별 소요시간과 운임(도시 간)**

| 구간 | 교통수단 | 소요시간(분) | 운임(원) | 비고 |
|---|---|---|---|---|
| A시 → B시 | 비행기 | 90 | 60,000 | 탑승수속시간 35분 추가 소요 |
| | 고속버스 | 210 | 40,000 | |
| | 기차 | 140 | 50,000 | |

| | 최저운임 도착방법 | 최단시간 도착방법 |
|---|---|---|
| ① | c → 기차 → a | c → 기차 → b |
| ② | a → 고속버스 → c | c → 기차 → b |
| ③ | a → 비행기 → c | b → 비행기 → c |
| ④ | a → 기차 → a | c → 비행기 → b |
| ⑤ | c → 고속버스 → c | b → 비행기 → b |

## 05 ⊙△☒

다음을 근거로 판단할 때 甲이 최종적으로 지불해야 하는 금액은?

> 甲은 프로젝트를 도와준 동료들의 취향에 맞추어 음료를 대접하고자 한다. 동료들의 취향은 다음과 같다.
>
> A : 녹차 큰 잔
> B : 노른자를 추가한 쌍화차 작은 잔
> C : 식혜 작은 잔
> D : 수정과 큰 잔
>
> 〈차림표〉
>
> | | 작은 잔(원) | 큰 잔(원) |
> |---|---|---|
> | 녹차 | 2,500 | 2,800 |
> | 식혜 | 3,500 | 3,800 |
> | 수정과 | 3,800 | 4,200 |
> | 쌍화차 | 3,000 | 3,500 |
> | 유자차 | 3,500 | 3,800 |
>
> | 추가 | 금액(원) |
> |---|---|
> | 꿀 | 500 |
> | 대추와 잣 | 600 |
> | 노른자 | 800 |
>
> ○ 오늘의 차 : 유자차 (균일가 3,000원)
> ○ 찻집 2주년 기념행사 : 총 금액 20,000원 초과 시 5% 할인
>
> ※ 회원특전
> • 10,000원 이상 결제 시 회원카드를 제시하면 총 결제금액에서 1,000원 할인
> • 적립금이 2,000점 이상인 경우, 현금처럼 사용가능 (1점당 1원, 100원 단위로만 사용가능하며, 타 할인혜택 적용 후 최종금액의 5 %까지만 사용가능)
>
> ※ 할인혜택은 중복적용 가능
>
> 甲은 유자차 작은 잔을 마실 예정이며, 자신의 회원카드를 제시하려고 한다.
> 甲의 회원카드 적립금은 3,800점이며, 적립금을 최대한 사용할 예정이다.

① 14,000원
② 14,500원
③ 15,000원
④ 15,500원
⑤ 16,000원

## 06 ⊙△☒

K부서는 승진후보자 3인을 대상으로 한 승진시험의 채점 방식에 대해 고민 중이다. 다음 〈자료〉와 〈채점 방식〉에 근거할 때 옳지 않은 것은?

> ─── 〈자 료〉 ───
>
> • K부서에는 甲, 乙, 丙 세 명의 승진후보자가 있으며 상식은 20문제, 영어는 10문제가 출제되었다.
> • 채점 방식에 따라 점수를 계산한 후 상식과 영어의 점수를 합산하여 고득점 순으로 전체 등수를 결정한다.
> • 각 후보자들이 정답을 맞힌 문항의 개수는 다음과 같고, 그 이외의 문항은 모두 틀린 것이다.
>
> | 구분 | 상식 | 영어 |
> |---|---|---|
> | 甲 | 14 | 7 |
> | 乙 | 10 | 9 |
> | 丙 | 18 | 4 |

> ─── 〈채점 방식〉 ───
>
> • A 방식 : 각 과목을 100점 만점으로 하되 상식은 정답을 맞힌 개수 당 5점을, 영어는 정답을 맞힌 개수 당 10점씩을 부여함
> • B 방식 : 각 과목을 100점 만점으로 하되 상식은 정답을 맞힌 개수 당 5점씩, 틀린 개수 당 −3점씩을 부여하고, 영어의 경우 정답을 맞힌 개수 당 10점씩, 틀린 개수 당 −5점씩을 부여함
> • C 방식 : 모든 과목에 정답을 맞힌 개수 당 10점씩을 부여함

① A 방식으로 채점하면, 甲과 乙은 동점이 된다.
② B 방식으로 채점하면, 乙이 1등을 하게 된다.
③ C 방식으로 채점하면, 丙이 1등을 하게 된다.
④ C 방식은 다른 방식에 비해 상식 과목에 더 큰 가중치를 부여하는 방식이다.
⑤ B 방식에서 상식의 틀린 개수당 점수를 −5, 영어의 틀린 개수당 점수를 −10으로 한다면, 甲과 乙의 등수는 A 방식으로 계산한 것과 동일할 것이다.

## 07 ○△✕

다음 제시문의 〈그림〉에서 문자를 4회 이동한 후의 모습으로 가능하지 않은 것은?

다음 문자의 배치에서 각 문자는 상하좌우에 빈칸이 있는 경우 그곳으로 이동할 수 있다. 문자가 이동하면 그 문자의 이동하기 전 위치가 빈칸이 된다. 예를 들어 B는 아래쪽으로 이동할 수 있고 B가 있던 칸은 빈칸이 된다.(단, 대각선 방향의 이동은 허용되지 않는다)

〈그림〉

| A | B | C |
|---|---|---|
| D |   | E |
| F | G | H |

①

| A | C | B |
|---|---|---|
| D | E | H |
| F | G |   |

②

| A | C | E |
|---|---|---|
| D | B | H |
| F | G |   |

③

|   | A | B |
|---|---|---|
| D | E | C |
| F | G | H |

④

| D | A | C |
|---|---|---|
| B |   | E |
| F | G | H |

⑤

| D | A | C |
|---|---|---|
| F | B | E |
|   | G | H |

## 08 ○△✕

다음 〈상황〉에 근거할 때, 약사 甲이 4명의 환자에게 조제한 약을 옳게 짝지은 것은?

─── 〈상 황〉 ───

오늘 아침 甲의 약국에 희경, 은정, 소미, 정선 4명의 손님이 방문하였다. 甲은 이들로부터 처방전을 받아 A~D 네 봉지의 약을 조제하였는데, 약을 조제한 후 처방전을 분실하여 누구의 약인지 알지 못한다. 다만 甲은 다음과 같은 몇 개의 정보만 기억하고 있다.

• 오늘 아침 방문한 환자들의 병명은 몸살, 배탈, 치통, 피부병이었다.
• 은정의 처방전은 B에 해당하는 것이었고, 그녀는 몸살이나 배탈 환자가 아니었다.
• A는 배탈 환자에 사용되는 약이 아니다.
• D는 연고를 포함하고 있는데, 이 연고는 피부병에만 사용된다.
• 희경은 임산부이고, A와 D에는 임산부가 먹어서는 안 되는 약품이 사용되었다.
• 소미는 몸살 환자가 아니었다.

|   | A | B | C | D |
|---|---|---|---|---|
| ① | 정선 | 은정 | 희경 | 소미 |
| ② | 정선 | 은정 | 소미 | 희경 |
| ③ | 소미 | 은정 | 희경 | 정선 |
| ④ | 희경 | 은정 | 소미 | 정선 |
| ⑤ | 희경 | 은정 | 정선 | 소미 |

## 09 ○△✕

다음 글을 근거로 추론할 때, 〈보기〉에서 옳은 것을 모두 고르면?

물은 공기와 더불어 생명을 유지하는 데 필요한 가장 기본적인 요소로서 성인의 경우 체중의 약 60%를 차지하고 있다. 체내에서 물은 여러 가지 생리기능을 담당하는 용매로서 영양소를 운반하고, 체온조절을 하는 등 여러 기능을 수행한다.

사람은 물이 일정 비율 이상 부족하면 생명을 유지할 수 없다. 사람은 체내에 수분이 2%가 부족하면 심한 갈증을 느끼고, 5%가 부족하면 혼수상태에 빠지며, 12%가 부족하면 사망하게 된다. 따라서 우리의 몸은 항상 일정한 양의 수분을 보유하기 위해 수분배출량과 섭취량이 균형을 이루어야 한다. 성인의 경우, 1일 기준으로 700ml를 호흡으로, 200ml를 땀으로, 1,500ml를 소변으로, 100ml를 대변으로 수분을 배출하므로 우리는 그만큼의 수분을 매일 섭취하여야 한다.

일반적으로 1일 수분섭취량의 약 30%는 음식을 통해 공급받는다. 우리가 매일 섭취하는 음식은 종류에 따라 수분함량이 다르다. 예를 들어 상추는 수분함량이 96%나 되지만 감자는 80%, 쌀밥은 66%, 버터는 20%이며 김은 10%에 불과하다.

※ 단. 물 1,000ml의 무게는 1,000g이다.

─── 〈보 기〉 ───

ㄱ. 60kg 성인의 경우, 체내에서 차지하는 수분의 무게는 약 36kg이다.
ㄴ. 80kg 성인의 경우, 체내에서 약 4,760ml의 수분이 부족하면 사망하게 된다.
ㄷ. 70kg 성인의 경우, 성인 1일 기준 수분배출량만큼의 수분이 부족하면 혼수상태에 빠질 수 있다.
ㄹ. 성인 1일 기준 수분배출량의 30%를 상추와 쌀밥만으로 섭취한다고 할 때, 상추 400g과 쌀밥 300g이면 충분하다.

① ㄱ, ㄴ
② ㄱ, ㄷ
③ ㄴ, ㄷ
④ ㄴ, ㄹ
⑤ ㄱ, ㄷ, ㄹ

## 10 ⊙△✕

7명의 여행자(A~G)가 5인승 승용차 3대에 나눠 타고 여행을 떠난다. 다음 〈여행자 특성〉과 〈원칙〉을 선택적으로 적용할 때 옳지 <u>않은</u> 것은?

〈여행자 특성〉

| 구분 | 나이 | 성별 | 면허보유기간 | 운전기간 | 키 |
|------|------|------|--------------|----------|-----|
| A | 33 | 남 | 4년 | 4년 | 큼 |
| B | 32 | 남 | 7년 | 7년 | 큼 |
| C | 30 | 남 | 5년 | 0년 | 작음 |
| D | 28 | 남 | 3년 | 3년 | 작음 |
| E | 26 | 여 | 5년 | 2년 | 큼 |
| F | 31 | 여 | 8년 | 3년 | 큼 |
| G | 25 | 남 | 1년 | 1년 | 작음 |

〈원 칙〉

ㄱ. 운전자는 운전기간이 긴 사람을 우선으로 선택한다.

ㄴ. 모든 차량의 앞쪽 좌석에는 키 큰 사람이 1명 이상 승차한다.

ㄷ. 다른 성별끼리 같은 차량에 타지 않는다.

ㄹ. 여성이 운전하는 차량이 1대 이상이 되도록 한다.

ㅁ. 운전자는 면허보유기간이 긴 사람을 우선으로 선택한다.

ㅂ. 운전자만 승차하는 차량이 존재한다.

ㅅ. 여성이 탄 차량에는 반드시 남성 두 명이 타도록 한다.

ㅇ. 앞쪽 좌석에는 운전자만 승차한다.

① ㄱ → ㄹ → ㄷ → ㅂ의 순서로 원칙을 적용하는 경우 C, D, G는 같은 차량에 승차한다.

② ㄱ → ㄷ의 순서로 원칙을 적용하는 경우 F가 운전하게 된다.

③ ㄹ → ㅅ → ㅂ의 순서로 원칙을 적용하는 경우 남성 운전자 혼자 타는 차량이 존재한다.

④ ㄷ 원칙을 우선 적용하면, ㄱ과 ㅁ 중 어떤 원칙이 적용되어도 F가 운전하는 차량이 존재한다.

⑤ ㅁ → ㅇ → ㄴ → ㅅ의 순서로 원칙을 적용하는 경우 F의 차량에는 4명이 승차한다.

## 11 ⊙△✕

다음 글과 〈상황〉을 근거로 판단할 때, 〈보기〉에서 옳은 것만을 모두 고르면?

민사분쟁을 해결하는 대표적인 제도는 법원의 재판을 통해 분쟁을 해결하는 민사소송이지만, 그 외에도 다음과 같은 분쟁해결제도가 있다.

• 제소전 화해 : 민사분쟁의 당사자 한 쪽이 지방법원(또는 시·군법원)에 화해신청을 하여 단독판사 주재 하에 행하는 것으로, 화해가 성립하여 화해조서가 작성되면 분쟁이 해결된다. 화해가 성립되지 않으면 당사자는 민사소송을 제기하기 위한 소제기 신청을 할 수 있는데, 이 소제기 신청이 있으면 화해신청을 한 때에 민사소송이 제기된 것으로 본다.

• 중재 : 민사분쟁을 법관이 아닌 중재인의 판단으로 해결한다. 즉 분쟁에 대한 판단을 분쟁당사자의 합의에 의해 중재인에게 맡기고 그의 판단(중재판정)에 의해 분쟁을 해결하는 제도이다.

• 조정 : 법관이나 조정위원회(판사와 민간인 조정위원 2인으로 구성됨)가 민사분쟁의 당사자 사이에 개입하여 화해로 이끄는 절차이다. 분쟁당사자는 지방법원(또는 시·군법원)에 조정을 신청한다. 조정이 성립되어 조정조서가 작성되면 분쟁은 해결된다. 그러나 조정이 성립되지 않고 종결된 때는 조정을 신청한 때에 민사소송이 제기된 것으로 본다.

• 독촉절차 : 금전(金錢)을 지급받을 것을 목적으로 하는 청구와 관련된 제도이다. 채권자가 지방법원(시·군법원)에 신청을 하면, 법원은 채무자를 심문하지 않고 채무자에게 지급명령을 한다. 채무자가 지급명령에 대하여 이의신청을 하지 않으면 채권자는 확정된 지급명령에 의하여 채무자의 재산에 대해 강제집행을 신청할 수 있다.

〈상 황〉

甲은 乙에게 자신의 X주택을 임대하여 주었다. 임대차계약기간이 종료하자 甲은 乙에게 여러 차례 X주택을 비워줄 것을 요구하였지만, 乙은 X주택에서 계속 생활하고 있다.

〈보 기〉

ㄱ. 甲이 중재를 이용하기 위해서는 乙과의 합의가 있어야 한다.

ㄴ. 甲이 제소전 화해나 조정을 신청한 경우, 조정은 조정위원회가 개입할 수 있다는 점에서 법관만이 개입하는 제소전 화해와 차이가 있다.

ㄷ. 甲은 법원에 독촉절차를 신청하여 乙에게 지급명령을 받게 한 후 乙이 이의를 제기하지 않으면, X주택에 대한 강제집행을 신청할 수 있다.

ㄹ. 甲은 乙과의 분쟁을 화해, 조정, 중재로 해결할 수 있는데, 법관이 이 절차를 모두 진행한다.

ㅁ. 甲이 2009년 5월 1일 조정을 신청하였지만, 그 조정이 성립되지 않아 2009년 8월 10일 조정절차가 종료되었다. 이 경우 甲과 乙 사이에 2009년 8월 10일에 민사소송이 제기된 것으로 본다.

① ㄱ, ㄴ

② ㄱ, ㄷ

③ ㄱ, ㄴ, ㅁ

④ ㄴ, ㄷ, ㄹ

⑤ ㄷ, ㄹ, ㅁ

## 12 ▢△✕

다음 〈규칙〉에 근거할 때, 〈보기〉에서 옳은 것을 모두 고르면?

―― 〈규 칙〉 ――

- 9장의 카드에는 1부터 9까지의 숫자 중 각각 다른 하나의 숫자가 적혀 있다.
- 9장의 카드 중 4장을 동시에 사용하여 네 자리 수를 만든다.
- 천의 자리에 있는 숫자와 백의 자리에 있는 숫자를 곱한 값이 십의 자리 숫자와 일의 자리 숫자가 된다. 예를 들어 '7856'은 가능하지만 '7865'는 불가능하다.

―― 〈보 기〉 ――

ㄱ. 만들 수 있는 가장 큰 수에서 가장 작은 수를 뺀 값은 7158이다.
ㄴ. 천의 자리가 5이거나 일의 자리가 5인 네 자리 수는 만들 수 없다.
ㄷ. 천의 자리에 9를 넣을 때 만들 수 있는 네 자리 수의 개수는 천의 자리에 다른 어떤 수를 넣을 때 보다 많다.
ㄹ. 숫자 1이 적힌 카드가 한 장 추가되어도 만들 수 있는 네 자리 수의 총 개수에는 변화가 없다.
ㅁ. 숫자 9가 적힌 카드가 한 장 추가되어도 만들 수 있는 네 자리 수의 총 개수에는 변화가 없다.

① ㄱ, ㄴ, ㄷ
② ㄱ, ㄴ, ㄹ
③ ㄱ, ㄷ, ㅁ
④ ㄱ, ㄹ, ㅁ
⑤ ㄴ, ㄷ, ㅁ

## 13 ▢△✕

甲사무관은 청사이전 공사를 위해 조달청 입찰시스템에 등록하고자 하는 A~E업체 중 하나를 선택하여 계약을 맺으려 한다. 다음을 근거로 판단할 때 옳지 않은 것을 〈보기〉에서 모두 고르면?

―― 〈조 건〉 ――

- 甲사무관은 조달청 입찰시스템에 등록되지 않은 업체와는 계약할 수 없다.
- 甲사무관은 조달청 입찰시스템에 등록하려는 각 업체의 정보(〈표 1〉)는 알 수 있지만 각 업체별 사전평가점수(〈표 2〉)는 모른다.
- 甲사무관은 순편익이 가장 높은 업체를 선택하며, 이 때 순편익은 청사이전 편익에서 공사비용을 뺀 값이다.
- 조달청은 사전평가점수 총점이 60점 이상인 업체만을 입찰시스템에 등록시키고, 평가항목 중 하나에서라도 분류배점의 40% 미만이 나올 경우에는 등록 자체를 허용하지 않는다.
- 공사 착공일은 3월 1일이며, 어떠한 일이 있어도 같은 해 7월 10일까지 공사가 완공되어야 한다.

〈표 1〉 업체의 정보

| 구분 | A업체 | B업체 | C업체 | D업체 | E업체 |
|---|---|---|---|---|---|
| 공사소요기간(일) | 120 | 100 | 140 | 125 | 130 |
| 공사비용(억 원) | 16 | 10 | 18 | 13 | 11 |
| 청사이전 편익 (억 원) | 18 | 12 | 25 | 17 | 16 |
| 안전성 | 上 | 中 | 上 | 中 | 下 |

〈표 2〉 입찰시스템에 등록하려는 업체별 사전평가점수

| 평가항목 | 분류배점 | A업체 | B업체 | C업체 | D업체 | E업체 |
|---|---|---|---|---|---|---|
| 가격 | 30 | 18 | 26 | 17 | 18 | 25 |
| 품질 | 20 | 17 | 16 | 15 | 13 | 12 |
| 수요기관 만족도 | 20 | 14 | 7 | 15 | 13 | 11 |
| 서비스 | 30 | 22 | 27 | 18 | 15 | 27 |
| 총점 | 100 | 71 | 76 | 65 | 59 | 75 |

―― 〈보 기〉 ――

ㄱ. 甲사무관은 E업체와 계약을 맺을 것이다.
ㄴ. 만약 D업체가 친환경인증으로 품질부문에서 가산점 2점을 얻는다면 甲사무관은 D업체만과 계약을 맺을 것이다.
ㄷ. 만약 甲사무관이 순편익은 고려하지 않고 공사완공이 빨리 되는 것만 고려한다면 B업체와 계약을 맺을 것이다.
ㄹ. 만약 안전성이 下인 업체를 제외시킨다면 甲사무관은 A업체와 계약을 맺을 것이다.
ㅁ. 안전성이 上일 경우 2억 원의 청사이전 편익이 추가로 발생한다면 甲사무관은 A업체와 계약을 맺을 것이다.

① ㄱ, ㄴ, ㄷ
② ㄱ, ㄹ, ㅁ
③ ㄴ, ㄷ, ㄹ
④ ㄴ, ㄷ, ㅁ
⑤ ㄷ, ㄹ, ㅁ

## 14 ▢△✕

**다음 글과 〈상황〉을 근거로 판단할 때, A가 지급하여야 하는 총액은?**

중세 초기 아일랜드 법체계에는 자유의 몸인 사람을 모욕할 경우 모욕한 사람이 모욕당한 사람에게 지급해야 하는 배상인 '명예가격'이 존재했고, 액수도 천차만별이었다. 예를 들어 영주의 명예가격은 5쿠말이었다. 이는 주교의 명예가격과 동일했다. 주교를 모욕했을 경우 젖소 10마리나 은 20온스를 지급해야 했다. 부유한 농민의 명예가격은 젖소 2.5마리에 그 사람에게 딸린 하인 한 사람 당 젖소 0.5마리를 더한 것이었다.

명예가격은 사람 목숨에 대한 배상금과 별도로 지급했다. 만일 누군가 사람을 죽였다면, 그 범죄자는 살해에 대한 배상인 10쿠말 외에 명예가격을 따로 얹어 지급해야 했다. 그를 죽임으로써 그의 존엄을 짓밟았기 때문이다. 부상에 대한 배상도 마찬가지였다. 다른 사람에게 어떤 종류이든 상처나 부상을 입히면 그 상해에 대한 가격에 명예가격까지 지급해야 했다. 왕이나 영주 또는 주교에게 상해를 가했을 경우 2쿠말, 부유한 농민의 경우는 젖소 2마리, 소작농이나 다른 남자의 경우는 젖소 1마리, 그리고 여성이나 아이의 경우 은 1온스를 상해에 대한 배상으로 지급해야 했다. 이와 비슷하게 어떤 사람이 다른 사람의 재물을 훔치거나 손해를 끼쳤을 경우, 훔치거나 손해를 끼친 재산가치의 세 배의 배상액에 소유자의 명예가격을 더하여 지급해야 했다.

영주의 보호를 받는 소작농이나 영주의 아내 또는 딸을 다치게 하거나 죽이는 행위는 피해자의 명예를 훼손한 것이 아니라 그 피해자를 보호하는 사람의 명예를 훼손하는 것이었다. 따라서 이러한 살해, 부상 또는 손해 등에 대한 영주의 명예가격도 해당 사안 각각에 따로 청구되었다.

───── 〈상 황〉 ─────

A는 자신이 살고 있는 지역의 주교를 죽이고, 영주의 얼굴에 상처를 입히고, 영주의 아내의 다리를 부러뜨리고, 각각 하인을 10명씩 거느리고 있는 부유한 농민 2명을 죽이는 큰 사고를 냈다.

① 은 209온스
② 은 219온스
③ 은 229온스
④ 은 239온스
⑤ 은 249온스

## 15 ▢△✕

**다음 글에 근거하여 5행(行)－5수(數)－5상(常)－4신(神)을 바르게 짝지은 것은?**

가. 음양오행론(陰陽五行論)은 상생(相生)과 상극(相克)의 두 작용을 통해 생명이 창출된다고 본다. 오행은 5상(常)[인(仁)·의(義)·예(禮)·지(智)·신(信)]과 5수(數)[5·6·7·8·9]로 연결되어 해석된다.

나. 상생은 물(水)이 나무를 낳고, 나무(木)가 불을 낳고, 불(火)이 흙을 낳고, 흙(土)이 금을 낳고, 금(金)이 물을 낳는다는 원리이다. 신라, 고려, 조선의 순서로 왕조가 교체된 것은 상생원리로 해석할 수 있다. 정감록에 따르면 조선 다음에는 불의 기운을 가진 정씨가 새로운 세상을 연다고 한다. 불의 숫자는 7이다.

다. 신라, 고려, 조선은 오행에 대응하는 5수를 선호하여 그에 따른 특징을 가지고 있었다. 그래서 조선은 전국을 8도로 나누었고, 고려는 6구역(5도＋양계)으로 나누었으며, 신라는 9층탑을 세우고 전국을 9주로 나누었다.

라. 5상과 방위를 연결하여 4대문[돈의문(敦義門), 소지문(炤智門), 숭례문(崇禮門), 흥인문(興仁門)]과 중앙에 보신각(普信閣)이 건립되었다. 흥인문과 돈의문, 숭례문과 소지문이 서로 마주 보고 있다. 이는 4신(神: 청룡, 백호, 주작, 현무)과도 연결된다. 고구려 고분벽화의 사신도에는 청룡 맞은편에 백호, 주작 맞은편에 현무가 4방(方)에 각각 위치해 그려져 있다. 이 중 주작은 붉은[火] 봉황을 의미하며, 숭례문과 연결된다. 흥인문은 청룡을 뜻하고 인(仁)은 목(木)과 연결된다.

마. 4대문과 4신의 배치에는 상극의 원리를 적용하여, 물(水)이 불(火)을, 금(金)이 나무(木)를 마주 보게 하였다.

| 5행 | 5수 | 5상 | 4신 |
|---|---|---|---|
| ① 수 | 6 | 지 | 현무 |
| ② 화 | 7 | 의 | 주작 |
| ③ 목 | 9 | 인 | 청룡 |
| ④ 금 | 8 | 예 | 백호 |
| ⑤ 토 | 5 | 신 | 백호 |

## 16 ☐△✕

다음 〈숫자를 만드는 규칙〉과 〈놀이규칙〉에 따라 놀이를 할 때, 〈보기〉에서 가장 높은 점수를 받게 되는 경우부터 순서대로 나열한 것은?

─── 〈숫자를 만드는 규칙〉 ───

• 막대를 활용해 숫자를 만든다.
• 각 숫자를 만들 때는 아래 정해진 형태로만 만들어야 하며 정해진 개수만큼의 막대를 사용해야 한다.

1234567890

• 각 숫자를 만드는 데 필요한 막대의 개수는 아래의 〈표〉와 같다.

| 숫자 | 1 | 2 | 3 | 4 | 5 | 6 | 7 | 8 | 9 | 0 |
|------|---|---|---|---|---|---|---|---|---|---|
| 필요한 막대 개수 | 2 | 5 | 5 | 4 | 5 | 6 | 4 | 7 | 6 | 6 |

─── 〈놀이규칙〉 ───

공식 : ☐☐ − ☐☐ = ?
(두 자리수 빼기 두 자리수의 값)

• 주어진 개수의 막대를 사용하여 ☐ 안에 들어갈 4개의 숫자를 만든다.
• 주어진 개수의 막대를 모두 활용하여야 하며 막대를 남기거나 더 사용하면 안 된다.
• 각 ☐ 안에는 하나의 숫자만 들어가야 하며 각 숫자는 1회만 사용해야 한다.
• 두 자리수를 만들어야 하므로 각 숫자의 앞자리에는 0이 들어갈 수 없다.
• 공식에 의하여 나온 가장 높은 값을 점수로 매긴다.

─── 〈보 기〉 ───

ㄱ. 18개의 막대 사용
ㄴ. 19개의 막대 사용
ㄷ. 20개의 막대 사용
ㄹ. 21개의 막대 사용

① ㄱ > ㄴ > ㄷ > ㄹ
② ㄱ > ㄹ > ㄴ > ㄷ
③ ㄹ > ㄱ > ㄴ > ㄷ
④ ㄹ > ㄱ > ㄷ > ㄴ
⑤ ㄹ > ㄷ > ㄴ > ㄱ

## 17 ☐△✕

녹색성장 추진의 일환으로 자전거 타기가 활성화되면서 자전거의 운동효과를 조사하였다. 다음의 〈조건〉을 근거로 판단할 때 〈보기〉에 제시된 5명의 운전자 중 운동량이 많은 순서대로 나열한 것은?

─── 〈조 건〉 ───

| 자전거 종류 | 바퀴 수 | 보조바퀴 여부 |
|------|------|------|
| 일반 자전거 | 2개 | 없음 |
| 연습용 자전거 | 2개 | 있음 |
| 외발 자전거 | 1개 | 없음 |

• 운동량은 자전거 주행 거리에 비례한다.
• 같은 거리를 주행하여도 자전거에 운전자 외에 한 명이 더 타면 운전자의 운동량은 두 배가 된다.
• 보조바퀴가 달린 자전거를 타면 같은 거리를 주행하여도 운동량이 일반 자전거의 80%밖에 되지 않는다.
• 바퀴가 1개인 자전거를 타면 같은 거리를 주행하여도 운동량이 일반 자전거보다 50% 더 많다.
• 이외의 다른 조건은 모두 같다고 본다.

─── 〈보 기〉 ───

甲 : 1.4km의 거리를 뒷자리에 한 명을 태우고 일반 자전거로 주행하였다.
乙 : 1.2km의 거리를 뒷자리에 한 명을 태우고 연습용 자전거로 주행하였다.
丙 : 2km의 거리를 혼자 외발 자전거로 주행하였다.
丁 : 2km의 거리를 혼자 연습용 자전거로 주행한 후에 이어서 1km의 거리를 혼자 외발 자전거로 주행하였다.
戊 : 0.8km의 거리를 뒷자리에 한 명을 태우고 연습용 자전거로 주행한 후에 이어서 1.2km의 거리를 혼자 일반 자전거로 주행하였다.

① 丙 > 丁 > 甲 > 戊 > 乙
② 丙 > 丁 > 甲 > 乙 > 戊
③ 丁 > 丙 > 戊 > 甲 > 乙
④ 丁 > 甲 > 丙 > 乙 > 戊
⑤ 丁 > 丙 > 甲 > 戊 > 乙

## 18 ⬜△✕

다음 〈상황〉을 근거로 판단할 때, 36개의 로봇 중 가장 빠른 로봇 1, 2위를 선발하기 위해 필요한 최소 경기 수는?

─── 〈상 황〉 ───

• 전국 로봇달리기 대회에 36개의 로봇이 참가한다.
• 경주 레인은 총 6개이고, 경기당 각 레인에 하나의 로봇만 배정할 수 있으나, 한 경기에 모든 레인을 사용할 필요는 없다.
• 배정된 레인 내에서 결승점을 먼저 통과하는 순서대로 순위를 정한다.
• 속력과 시간의 측정은 불가능하고, 오직 경기 결과에 의해서만 순위를 결정한다.
• 로봇별 속력은 모두 다르고 각 로봇의 속력은 항상 일정하다.
• 로봇의 고장과 같은 다른 요인은 경기 결과에 영향을 미치지 않는다.

① 7
② 8
③ 9
④ 10
⑤ 11

## 19 ⬜△✕

가~바 여섯 사람이 〈표〉와 같이 주어진 용량의 눈금 없는 비커 3개를 이용하여 각자의 목표량을 정확하게 계량하는 실험을 하였다. 네 사람은 방식 I, 나머지 두 사람은 방식 II를 사용하였을 때, 동일한 방식을 사용한 사람끼리 바르게 묶은 것은?(단, 각 비커는 최대 4회까지만 사용 가능하고, 주어진 모든 비커를 사용할 필요는 없다)

〈표〉 각 실험자의 비커 용량 및 목표량

(단위 : cc)

| 실험자 | 비커 1 | 비커 2 | 비커 3 | 목표량 |
|---|---|---|---|---|
| 가 | 42 | 254 | 6 | 200 |
| 나 | 29 | 72 | 17 | 12 |
| 다 | 27 | 126 | 18 | 63 |
| 라 | 18 | 43 | 10 | 5 |
| 마 | 35 | 105 | 17 | 18 |
| 바 | 18 | 59 | 5 | 31 |

|   | 방식 I | 방식 II |
|---|---|---|
| ① | 가, 나, 다, 마 | 라, 바 |
| ② | 가, 다, 마, 바 | 나, 라 |
| ③ | 가, 다, 라, 바 | 나, 마 |
| ④ | 나, 다, 라, 마 | 가, 바 |
| ⑤ | 나, 라, 마, 바 | 가, 다 |

## 20 ⬜△✕

아래의 정보만으로 판단할 때 기초생활수급자로 선정할 수 없는 경우는?

가. 기초생활수급자 선정기준
 • 부양의무자가 없거나, 부양의무자가 있어도 부양능력이 없거나 또는 부양을 받을 수 없는 자로서 소득인정액이 최저생계비 이하인 자
   ※ 부양능력 있는 부양의무자가 있어도 부양을 받을 수 없는 경우란, 부양의무자가 교도소 등에 수용되거나 병역법에 의해 징집·소집되어 실질적으로 부양을 할 수 없는 경우와 가족관계 단절 등을 이유로 부양을 거부하거나 기피하는 경우 등을 가리킨다.
나. 매월 소득인정액 기준
 • 소득인정액=소득평가액+재산의 소득환산액
 • 소득평가액=실제소득−가구특성별 지출비용
   1) 실제소득 : 근로소득, 사업소득, 재산소득
   2) 가구특성별 지출비용 : 경로연금, 장애수당, 양육비, 의료비, 중·고교생 입학금 및 수업료
다. 가구별 매월 최저생계비

(단위 : 만 원)

| | 1인 | 2인 | 3인 | 4인 | 5인 | 6인 |
|---|---|---|---|---|---|---|
| | 42 | 70 | 94 | 117 | 135 | 154 |

라. 부양의무자의 범위
 • 수급권자의 배우자, 수급권자의 1촌의 직계혈족 및 그 배우자, 수급권자와 생계를 같이 하는 2촌 이내의 혈족

① 유치원생 아들 둘과 함께 사는 A는 재산의 소득환산액이 12만 원이고, 구멍가게에서 월 100만 원의 수입을 얻고 있으며, 양육비로 월 20만 원씩 지출하고 있다.
② 부양능력이 있는 근로소득 월 60만 원의 조카와 살고 있는 B는 실제소득 없이 재산의 소득환산액이 36만 원이며, 의료비로 월 30만 원을 지출한다.
③ 중학생이 된 두 딸을 혼자 키우고 있는 C는 재산의 소득환산액이 24만 원이며, 근로소득으로 월 80만 원이 있지만, 두 딸의 수업료로 각각 월 11만 원씩 지출하고 있다.
④ 외아들을 잃은 D는 어린 손자 두 명과 부양능력이 있는 며느리와 함께 살고 있다. D는 근로소득이 월 80만 원, 재산의 소득환산액이 48만 원이며, 의료비로 월 15만 원을 지출하고 있다.
⑤ 군대 간 아들 둘과 함께 사는 고등학생 딸을 둔 E는 재산의 소득환산액이 36만 원이며, 월 평균 60만 원의 근로소득을 얻고 있지만, 딸의 수업료로 월 30만 원을 지출하고 있다.

## 21 ○△✕

**다음 글을 읽고 추론한 것으로 옳지 않은 것은?**

甲, 乙, 丙은 같은 과목을 수강하고 있다. 이 과목의 성적은 과제 점수와 기말시험 점수를 합산하여 평가한다. 과제에 대한 평가방법은 다음과 같다. 강의에 참여하는 학생은 5명으로 구성된 팀을 이루어 과제를 발표해야 한다. 교수는 과제 발표의 수준에 따라 팀점수를 정한 후, 이 점수를 과제 수행에 대한 기여도에 따라 참여한 학생들에게 나누어 준다. 이때 5명의 학생에게 모두 서로 다른 점수를 부여하되, 각 학생 간에는 2.5점의 차이를 둔다. 기말시험의 성적은 60점이 만점이고, 과제 점수는 40점이 만점이다.

과제 점수와 기말시험 점수를 합산하여 총점 95점 이상을 받은 학생은 A+등급을 받게 되고, 90점 이상 95점 미만은 A 등급을 받는다. 마이너스(−) 등급은 없으며, 매 5점을 기준으로 등급은 한 단계씩 떨어진다. 예컨대 85점 이상 90점 미만은 B+, 80점 이상 85점 미만은 B 등급이 되는 것이다.

甲, 乙, 丙은 다른 2명의 학생과 함께 팀을 이루어 발표를 했는데, 팀점수로 150점을 받았다. 그리고 기말고사에서 甲은 53점, 乙은 50점, 丙은 46점을 받았다.

① 甲은 최고 B+에서 최저 C+등급까지의 성적을 받을 수 있다.
② 乙은 최고 B에서 최저 C 등급까지의 성적을 받을 수 있다.
③ 丙은 최고 B에서 최저 C 등급까지의 성적을 받을 수 있다.
④ 乙의 기여도가 최상위일 경우 甲과 丙은 같은 등급의 성적을 받을 수 있다.
⑤ 甲의 기여도가 최상위일 경우 乙과 丙은 같은 등급의 성적을 받을 수 있다.

## 22 ○△✕

**다음은 X공기업의 팀별 성과급 지급 기준이다. Y팀의 성과평가결과가 〈보기〉와 같다면 지급되는 성과급의 1년 총액은?**

[성과급 지급 방법]

가. 성과급 지급은 성과평가 결과와 연계함
나. 성과평가는 유용성, 안전성, 서비스 만족도의 총합으로 평가함. 단, 유용성, 안전성, 서비스 만족도의 가중치를 각각 0.4, 0.4, 0.2로 부여함
다. 성과평가 결과를 활용한 성과급 지급 기준

| 성과평가 점수 | 성과평가 등급 | 분기별 성과급 지급액 | 비고 |
|---|---|---|---|
| 9.0 이상 | A | 100만 원 | 성과평가 등급이 A이면 직전 분기 차감액의 50%를 가산하여 지급 |
| 8.0 이상 9.0 미만 | B | 90만 원(10만 원 차감) | |
| 7.0 이상 8.0 미만 | C | 80만 원(20만 원 차감) | |
| 7.0 미만 | D | 40만 원(60만 원 차감) | |

〈보 기〉

| 구분 | 1/4 분기 | 2/4 분기 | 3/4 분기 | 4/4 분기 |
|---|---|---|---|---|
| 유용성 | 8 | 8 | 10 | 8 |
| 안전성 | 8 | 6 | 8 | 8 |
| 서비스 만족도 | 6 | 8 | 10 | 8 |

① 350만 원
② 360만 원
③ 370만 원
④ 380만 원
⑤ 390만 원

## 23 ○△✕

**다음 〈조건〉에 따라 A팀과 B팀이 왼손 팔씨름 시합을 한다. 첫 번째 경기 시작 전에 B팀에서는 A팀이 첫 번째 경기에 장사를 출전시킨다는 확실한 정보를 입수했다고 할 때, 옳은 것을 〈보기〉에서 모두 고르면?**

〈조 건〉

• A팀과 B팀은 각각 장사 1명, 왼손잡이 1명, 오른손잡이 2명(총 4명)으로 구성되어 있다.
• 한 사람당 한 경기에만 출전할 수 있으며, 총 네 번의 경기를 치러 승점의 합이 많은 팀이 우승을 차지한다. 이때 이길 경우 3점, 비길 경우 1점, 질 경우는 0점의 승점이 주어진다.
• 양 팀은 첫 번째 경기 시작 전에 각 경기별 출전선수명단을 심판에게 제출해야 하며, 제출한 선수명단은 바꿀 수 없다.
• 각 팀에 속하는 팀원의 특징은 아래와 같다.
　– 장사 : 왼손잡이, 오른손잡이 모두에게 이긴다.
　– 왼손잡이 : 장사에게는 지고 오른손잡이에게는 이긴다.
　– 오른손잡이 : 장사, 왼손잡이 모두에게 진다.
• 누구든 같은 특징의 상대를 만나면 비긴다.

〈보 기〉

ㄱ. B팀도 첫 번째 경기에 장사를 출전시키면 최대 승점 5점을 얻을 수 있다.
ㄴ. B팀이 첫 번째 경기에 왼손잡이를 출전시키면 최대 승점 4점을 얻을 수 있다.
ㄷ. B팀이 첫 번째 경기에 오른손잡이를 출전시키면 최대 승점 7점을 얻을 수 있다.
ㄹ. A팀이 첫 번째 경기에 장사를 출전시키고 두 번째 경기에 왼손잡이를 출전시킨다는 확실한 정보를 B팀이 입수한다면, B팀은 우승할 수 있으며 이때의 승점은 7점이다.

① ㄱ, ㄷ
② ㄴ, ㄷ
③ ㄴ, ㄹ
④ ㄱ, ㄴ, ㄹ
⑤ ㄱ, ㄷ, ㄹ

※ 다음 글을 읽고 물음에 답하시오. [24~25]

측우기는 1440년을 전후하여 발명되어 1442년(세종 24년)부터 1907년 일제의 조선통감부에 의해 근대적 기상관측이 시작될 때까지 우량(雨量) 관측기구로 사용되었다. 관측된 우량은 『승정원일기(承政院日記)』에 기록되었다. 우량을 정량적으로 측정하여 보고하는 제도는 측우기 도입 이전에도 있었는데, 비가 온 뒤 땅에 비가 스민 깊이를 측정하여 이를 조정에 보고하는 방식이었다. 『세종실록(世宗實錄)』의 기록에 의하면, 왕세자 이향(李珦, 훗날의 문종 임금)은 우량을 정확하게 측정하기 위해 그릇에 빗물을 받아 그 양을 측정하는 방식을 연구하였다. 빗물이 땅에 스민 깊이는 토양의 습도에 따라 달라지므로 기존 방법으로는 빗물의 양을 정확히 측정하기 어렵기 때문이었다.

측우기라는 이름이 사용된 것도 이때부터이다. 일반적으로 측우기는 주철(鑄鐵)로 된 원통형 그릇으로, 표준규격은 깊이 1자 5치, 지름 7치(14.7cm)였다. 이 측우기를 돌로 만든 측우대(測雨臺) 위에 올려놓고 비가 온 뒤 그 안에 고인 빗물의 깊이를 주척(周尺 : 길이를 재는 자의 한 가지)으로 읽는데, 푼(2.1mm) 단위까지 정밀하게 측정할 수 있었다.

세종대(代)에는 이상과 같은 표준에 맞게 제작된 측우기와 주척을 중앙의 천문관서인 서운관(書雲觀)과 전국 팔도의 감영(監營)에 나누어 주고, 그 이하 행정 단위의 관아에서는 자기(磁器) 또는 와기(瓦器)로 측우기를 만들어 설치하도록 하였다. 서운관의 관원과 팔도 감사 및 각 고을의 수령들에게 비가 오면 주척으로 푼 단위까지 측정한 빗물의 수심을 기록하여 조정에 보고하고 훗날에 참고하기 위해 그 기록을 남겨두도록 하였다.

그렇지만 임진왜란과 병자호란의 혼란을 겪으면서, 측우 관련 제도는 더 이상 지속되지 못했다. 측우 제도가 부활한 것은 1770년(영조 46년) 5월이다. 영조는 특히 세종대에 갖추어진 천문과 기상 관측 제도를 부흥시키는 데 깊은 관심을 보였는데, 측우 제도 복원 사업도 그 일환이었다. 영조는 『세종실록』에 기록된 측우기의 규격과 관측 및 보고 제도를 거의 그대로 따랐다. 한 가지 차이가 있다면, 전국의 모든 고을에까지 측우기를 설치했던 세종대와는 달리 영조대에는 서울의 궁궐과 서운관, 팔도감영, 강화와 개성의 유수부(留守府)에만 설치했다는 것이다.

## 24 ◯△✕

**윗글을 근거로 판단할 때, 〈보기〉에서 옳은 것만을 모두 고르면?**

〈보 기〉

ㄱ. 세종대에는 중앙의 천문관서와 지방의 감영에 표준에 맞게 제작된 측우기를 설치하여 전국적으로 우량 관측 및 보고 체계를 갖추었다.

ㄴ. 측우기를 이용한 관측 및 보고 제도는 1907년 일제의 조선통감부에 의해 근대적 기상관측이 도입될 때까지 지속적으로 유지되었다.

ㄷ. 세종대에 서울과 지방에서 우량을 관측했던 측우기는 모두 주철로 제작되었다.

ㄹ. 세종대에는 영조대보다 전국적으로 더 많은 곳에서 측우기를 통해 우량을 측정하여 보고하도록 하였다.

① ㄱ, ㄴ
② ㄱ, ㄹ
③ ㄴ, ㄷ
④ ㄱ, ㄷ, ㄹ
⑤ ㄴ, ㄷ, ㄹ

## 25 ◯△✕

**세종대 甲지역에서 오전 10시부터 오후 1시까지 시간당 51mm의 비가 내렸다고 가정해보자. 측우기를 사용하여 甲지역의 감사가 보고한 우량으로 옳은 것은?(단, 주어진 조건 외에 다른 조건은 고려하지 않는다)**

① 약 7치
② 약 7치 1푼
③ 약 7치 3푼
④ 약 7치 5푼
⑤ 약 7치 7푼

MEMO

MEMO

2023
최신개정판

[해설편]

7급 공채 / 5 · 7급 민간경력자 / NCS 공기업 / 대통령경호처 경호공무원 7급 공채 대비

Public Service Aptitude Test

행시 최종합격생 7인이 쓴    기출로 풀어보는

# 7급 PSAT

행시 최종합격생 7인 편저

전과목

# 모의고사

SD에듀
(주)시대고시기획

# 목차

**책 속의 책**

## 7급 PSAT 모의고사 해설편

# 7급 PSAT
# 모의고사
# 해설편

# PSAT

Public Service Aptitude Test

언어논리

# PART
# 1
# 언어논리

# CHAPTER 01 제1회 언어논리 모의고사 정답 및 해설

| 01 | 02 | 03 | 04 | 05 | 06 | 07 | 08 | 09 | 10 |
|----|----|----|----|----|----|----|----|----|----|
| ② | ③ | ② | ① | ⑤ | ① | ⑤ | ⑤ | ② | ③ |
| 11 | 12 | 13 | 14 | 15 | 16 | 17 | 18 | 19 | 20 |
| ③ | ⑤ | ② | ⑤ | ② | ② | ① | ⑤ | ④ | ③ |
| 21 | 22 | 23 | 24 | 25 | | | | | |
| ③ | ⑤ | ② | ② | ③ | | | | | |

## 01

답 ②

난도 하

**정답해설**

② 옳다. 세 번째 문단에서, '히브리어도 아람어도 모르는 유대인들을 위해 그리스어로 번역된 성서를 낸 것이고 그것이 곧 칠십인역이다'라는 내용을 확인할 수 있으므로, 칠십인역 성서는 유대인들의 일상어가 그리스어로 변화했음을 보여준다.

**오답해설**

① 옳지 않다. 히브리어 성서가 유럽 기독교도들의 경전이 되었는지는 지문을 통해 알 수 없다.

③ 옳지 않다. 탈굼의 등장은 유대인들이 페르시아의 지배에 의해 아람어를 많이 사용하게 되었고 그에 따라 히브리어를 잊게 되었기 때문이지, 지문 내용을 통해 페르시아인과 바빌로니아인이 유대인의 성서를 많이 읽었는지는 알 수 없다.

④ 옳지 않다. 마지막 문단에서 히브리어를 공용어로 채택하게 된 배경에 대해 '2천 년 동안 오직 학자들의 언어에 불과했던 언어를 일부 지식층 주도하에 순전히 정치적 이유로 채택한 것'이라고 하였으므로, 히브리어를 다양한 지역의 유대인들이 지속적으로 사용했다고 보기 어렵다.

⑤ 옳지 않다. 지문을 통해 알렉산더 대왕의 정복으로 이집트 유대인들이 아람어를 버리고 그리스어를 쓰게 되었다는 내용은 알 수 있으나, 이 정복으로 히브리어가 유대인 중 특정 계층만이 사용하는 언어로 변화했는지는 알 수 없다.

> **합격생 가이드**
>
> 첫 번째 문단에서, '역사적 흐름에 따라 유대인들이 자신들의 언어를 손쉽게 바꿔왔다.'는 것이 지문의 핵심 내용임을 알 수 있다. 이를 참고하여 이하의 지문을 읽을 때 역사적 사건과 유대인 언어의 변천사에 집중하면서 읽어야 할 것임을 미리 예상할 수 있어야 한다.

## 02

답 ③

난도 중

**정답해설**

③ 옳지 않다. 노드들이 연속된 메모리 위치에 저장되어 있는지와 관계 없이, 연결 리스트 방식에서는 각 노드의 주소셀에 저장된 주소값을 따라 다음 노드를 찾아갈 수 있다.

**오답해설**

① 옳다. 전체 자료의 개수를 미리 알 수 없는 경우, 저장할 수 있는 자료들의 최대 개수를 미리 확보하는 배열 방식보다 자료의 추가가 필요할 때마다 새로운 메모리 공간을 확보하는 연결 리스트 방식이 유리하다.

② 옳다. 연결 리스트는 자료의 추가가 필요할 때만 노드 하나 크기만큼의 메모리 공간을 할당받는다.

④ 옳다. 일정한 개수의 같은 크기의 자료들을 저장하는 경우, 연결 리스트는 자료 하나를 저장할 자료셀과 메모리 주소를 저장할 주소셀이 필요하나, 배열의 경우 주소셀이 따로 필요하지 않으므로 배열이 메모리 공간을 더 적게 사용한다.

⑤ 옳다. 연결 리스트에서 어떤 자료를 찾기 위해서는 처음 노드에서 시작하여 각 노드의 주소값을 따라 다음 노드를 찾아가는 과정을 거쳐야 하므로, 특정 자료를 찾는 데 걸리는 시간은 그 자료가 위치한 순서에 따라 달라질 수 있다.

## 03

답 ②

난도 하

**정답해설**

② 옳다. 이 글의 논지는 붕당이 아닌 재능에 따라 인재를 등용해야 한다는 것이다. 과거와 달리 붕당을 만드는 것이 군자나 소인이 아니므로, 붕당을 없애야 한다고 말하고 있다.

**오답해설**

①, ③, ④ 옳지 않다. 이 글은 붕당을 없애야 한다고 주장하고 있다.

⑤ 옳지 않다. 이 글에 따르면 과거에는 군자당(진붕)과 소인당(위붕)이 있었다. 따라서 임금은 붕당을 모두 없애서는 안 되고, 군자당과 소인당을 잘 가려야 했다. 반면 오늘날에는 진붕도 위붕도 없이 의견 대립만 있을 뿐이다. 따라서 여러 붕당을 고루 등용하는 것이 아니라, 붕당 자체를 혁파하고 유능한 인재를 등용해야 한다는 것이 이 글의 주장이다.

> **합격생 가이드**
>
> 단순히 글의 논지를 물어보는 문제는 매우 쉽다. 글을 전부 읽을 필요도 없고, 훑으면서 글의 인상만 확인하면 보통 답을 고를 수 있다. 너무 어렵게 생각하지 말자.

## 04

**답** ①

**난도** 하

**정답해설**

㉮ : ㄱ

(㉮) 이전 내용을 보면, 1만 년 전부터 5천 년 전 사이에 일어난 농업 발전에 의해 농촌의 인구가 점차적으로 증가해 도시가 되었다는 주장이 있으나 고고학적 연구에 따라 농촌 인구는 점차적으로 증가하지 않았음이 확인되었다는 것을 알 수 있다. (㉮) 이후에 바로 이어지는 내용은 '2천 명이 넘는 인구를 수용한 마을은 거의 발견되지 않았다'는 것이므로, (㉮)에 들어갈 내용은 농촌 인구가 만약 점차적으로 증가했다면 인구가 2천 명이 넘는 마을도 종종 발견되었어야 한다는 것을 포함해야 한다. 따라서 (㉮)에 들어갈 적절한 내용은 ㄱ이다.

㉯ : ㄹ

(㉯) 이전 내용을 보면, 거주 인구의 비약적 변화가 가능했던 원인은 사회적 제도의 발명에서 찾을 수 있다는 것을 알 수 있다. (㉯) 이후에 바로 이어지는 내용은 '따라서 거주 인구가 비약적으로 증가하기 위해서는 사회적 제도의 발명이 필수적'이라는 것이므로, 이를 통해 (㉯) 안에는 왜 거주 인구의 비약적 변화에 있어 사회적 제도 발명이 필수적인지 그 이유가 들어가야 한다. 따라서 (㉯)에 들어갈 적절한 내용은 ㄹ이다.

**합격생 가이드**

난도가 크게 높지 않은 빈칸 추론 문제이다. 이 문제의 경우, 빈칸 앞뒤에 바로 이어지는 문장들에만 주목하더라도 〈보기〉 중 빈칸에 들어갈 적절한 문장을 쉽게 골라낼 수 있다.

## 05

**답** ⑤

**난도** 하

**정답해설**

⑤ 옳다. 마지막 문단에서 확인 가능한 내용이다.

**오답해설**

① 옳지 않다. 지문을 통해 알 수 없는 내용이다.

② 옳지 않다. 공유한 정보의 양이 아니라, 정보 공유 기능과 사회적으로 긴밀한 협력 기능이 사피엔스 성공의 직접적 원인이었다.

③ 옳지 않다. 사피엔스가 다른 인간 종을 몰아내기 시작한 정확한 시기는 지문으로부터 알 수 없다.

④ 옳지 않다. 주변 환경과 사회 구성원에 대한 정보 중 어떤 것이 더 중요했는지는 알 수 없다.

**합격생 가이드**

지문에서 제시된 정보와 그렇지 않은 정보가 무엇인지 정확히 구별할 수 있어야 한다. 시간을 절약하기 위해 선지의 키워드만 대강 보고 지문에서 제시되지 않은 정보를 알 수 있는 정보로 착각하지 않도록 한다.

## 06

**답** ①

**난도** 하

**정답해설**

지문의 내용에서, 동성애 성향이 유전자를 통해 다음 세대로 전달되며, 동성애 유전자가 X염색체에 위치하고, 동성애 유전자가 남성에게 있으면 자식을 낳아 유전자를 남기는 번식이 감소하지만, 동성애 유전자가 여성에게 있으면 여타 조건이 동일한 상황에서 자식을 많이 낳아 유전자를 많이 남긴다는 것을 알 수 있다.

㉠ 직전의 내용에서, 만약 동성애 남성이라면 동성애 유전자를 어머니로부터 물려받은 것이라는 내용이 있으므로, 이와 관련되는 것은 부계 혈통인 고모가 아닌 모계 혈통인 이모이다. 따라서, ㉠과 ㉡ 모두 이모가 들어가야 한다.

㉢에는 앞선 내용에서 동성애 유전자가 여성에게 있는 경우 자식을 많이 낳는다는 내용이 제시되었으므로, 동성애 남성의 이모 한 명이 낳은 자식 수가 이성애 남성의 이모 한 명이 낳은 자식 수보다 많다는 내용이 들어가야 한다. 따라서 답은 ①이다.

**합격생 가이드**

선지에 제시된 단어들과 빈칸의 위치를 먼저 보면, 문제에서 묻고자 하는 내용이 동성애 유전자와 생산 자녀 수 사이의 관계성과 관련될 것임을 예상할 수 있다. 이와 같이 문제에서 묻고자 하는 내용을 미리 짐작할 수 있는 경우, 지문에서도 해당 내용에만 집중해서 읽으면서 효율적으로 풀이하도록 한다.

## 07

**답** ⑤

**난도** 하

**정답해설**

⑤ 옳다. 인문학 본연의 역할은 인간의 삶을 풍요롭게 만드는 것이다. 그러나 현대 인문학은 자연과학처럼 객관적 지식을 추구하는 학문이 되었고, 전통적 기능을 상실하게 되었다.

**오답해설**

① 옳지 않다. 이 글은 현대 인문학자가 전문 직업인으로 전락한 것을 비판하고 있다.

② 옳지 않다. 이 글은 인문학이 자연과학처럼 객관적 지식을 추구하는 학문이 되어 그 존재가치가 퇴색되었다고 보고 있다.

③ 옳지 않다. 이 글에서 다룬 내용과 전혀 무관하다.

④ 옳지 않다. 현대 인문학의 위기는 생물학적 욕구나 물질적 가치를 중요시해서가 아니라, 과거 인문적 활동을 객관적으로 연구하고자 하면서 초래되었다.

## 08

**답** ⑤

**난도** 중

**정답해설**

ㄱ. 옳다. ㉡은 "진리 표현은 명제가 속한 영역에 따라서 다른 진리를 나타낸다면, 진리가 진정한 속성이다."(A이면 B이다)라고 바꾸어 표현할 수 있다. ㉠은 "서로 다른 영역에 속한 두 명제들의 진리 표현은 서로 다른 진리를 나타낸다."(A이다)로 바꾸어 표현할 수 있다. 따라서 ㉠, ㉡에서 ㉢ "진리가 진정한 속성이다."(B이다)가 도출된다.

ㄴ. 옳다. 언어 사용을 통해 진리에 관한 모든 것을 알 수 있으므로, 진리는 진정한 속성이 아니다. 따라서 ㉣, ㉤은 진리가 진정한 속성이라는 ㉢을 반박한다.

ㄷ. 옳다. ㉠, ㉡에서 진리가 진정한 속성이라는 것이 도출된다.(C이다) 한편 ㉣의 대우명제는 "진정한 속성이라면, 언어 사용을 통해 그 속성에 대한 모든 것을 알 수 없다."가 된다.(C이면 ~D이다) 따라서 ㉠, ㉡, ㉣에서 "언어 사용을 통해 진리에 관한 모든 것을 알 수 없다."(~D이다)가 도출된다. 이는 ㉤과 상충된다.

**합격생 가이드**

다른 부분은 문제를 푸는 데 큰 도움이 되지 않으니 밑줄 친 문장 간 논리적 관계만 보면 된다. 문제가 복잡할수록 해설처럼 기호화하여 푸는 것이 도움이 된다.

## 09

정답 ②

난도 하

정답해설

〈조건〉에서 주장은 역사적 진실과 일치하면 참이고 일치하지 않으면 거짓이라는 사실을, 지문에서 실제로 수학의 불완전성 정리를 증명한 사람은 슈미트라는 사실을 각각 알 수 있다.

② 옳다. 상규의 어제 주장은 거짓이고 오늘 주장이 참이려면, 어제의 '쿠르트'와 오늘의 '쿠르트' 모두 쿠르트여야 한다.

오답해설

① 옳지 않다. 상규의 어제 주장과 오늘 주장이 둘 다 참이려면, 어제의 '쿠르트'는 슈미트를, 오늘의 '쿠르트'는 쿠르트를 가리켜야 한다.

③ 옳지 않다. ②의 해설과 마찬가지로 오늘과 어제의 '쿠르트' 모두 쿠르트여야 한다.

④, ⑤ 옳지 않다. 상규의 어제 주장은 참이고 오늘은 거짓이려면, 오늘과 어제의 '쿠르트'는 모두 슈미트여야 한다.

합격생 가이드

난도가 높은 문제는 아니나, 주어진 조건과 지문의 내용을 정확하게 파악하지 않으면 선지 구성이 모두 유사하기 때문에 헷갈릴 수 있다. 하지만 조건과 지문에서 주어진 사실을 정확히 파악한다면, 오히려 선지 구성이 유사하므로 정답이 아닌 선지를 상대적으로 쉽게 배제할 수 있는 문제이다. 예를 들어, 선지 ②의 옳고 그름 여부를 가리기 위해 선지 내용에 지문과 조건의 내용을 대입하면, 자동적으로 선지 ③이 정답에서 배제되는 형식이므로, 문제 풀이에 소요되는 시간은 길지 않다.

## 10

정답 ③

난도 하

정답해설

지문의 내용에 따르면, 어떤 권리를 소유할 수 있으려면 최소한 그 권리와 관련된 욕망을 가질 수 있어야 한다. 이를 생명에 대한 권리에 적용하면, 자신을 일정한 시기에 걸쳐 존재하는 개별존재로서 파악할 수 있는 존재만이 생명에 대한 권리를 가질 수 있다. 앞선 지문의 내용과 연관지어 추측하면, 자신을 일정한 시기에 걸쳐 존재하는 개별존재로서 파악할 수 있는 존재만이 개별존재로서 생존을 지속시키고자 하는 욕망을 가질 수 있고, 특정 권리와 관련된 욕망을 가질 수 있는 존재만이 그 권리를 소유할 수 있기 때문인 것이다. 따라서 빈칸에 들어갈 내용으로 적절한 것은 ③이다.

## 11

정답 ③

난도 하

정답해설

지문에 제시된 세 가지 입장을 요약하면 다음과 같다.

- 극단적 도덕주의 : 도덕적 가치가 가장 우선, 모든 예술작품은 도덕적 가치판단의 대상
- 온건한 도덕주의 : 도덕적 가치와 미적 가치는 서로 연결, 일부 예술작품만이 도덕적 판단의 대상
- 자율성주의 : 어떤 예술작품도 도덕적 가치판단의 대상이 될 수 없음, 도덕적 가치와 미적 가치는 서로 자율성 유지

ㄱ. 옳다. 자율성주의는 예술작품에 대한 도덕적 가치판단을 범주착오에 속하는 것으로 보기 때문에, 예술작품에 대한 도덕적 가치판단을 긍정하는 극단적 도덕주의와 온건한 도덕주의 모두 범주착오를 범하고 있는 것으로 볼 것이다.

ㄷ. 옳다. 극단적 도덕주의는 모든 예술작품이 도덕적 판단의 대상이 된다고 보므로, 옳은 보기이다.

오답해설

ㄴ. 옳지 않다. 극단적 도덕주의가 모든 도덕적 가치가 예술작품을 통해 구현된다고 보는지는 지문을 통해 알 수 없는 내용이다.

합격생 가이드

첫 문단에서 예술과 도덕의 관계에 대한 세 가지 입장을 소개하고 있으므로, 이 지문의 경우 세 가지 입장의 차이점 비교가 문제 풀이의 핵심이 될 것임을 예상할 수 있다. 부차적인 예시보다 각 입장의 핵심적인 주장이 무엇인지, 다른 입장과 어떠한 차이를 가지는지에 집중하면서 지문을 읽도록 한다.

## 12

정답 ⑤

난도 중

정답해설

⑤ 옳다. 이 글은 물리학 근본 법칙의 설명력에 대해 다루고 있다. 근본 법칙은 이상적인 상황만을 다루고 있고, 따라서 사실을 정확히 기술하지는 못한다. 그러나 근본 법칙이 유용한 것은 다양한 현상들을 설명할 수 있기 때문이며, 이를 위해 일정 부분 정확성을 포기하는 것이다.

오답해설

① 옳지 않다. 이 글에서 물리학의 근본 법칙이 어떻게 발전해 왔는지는 다루고 있지 않다.

② 옳지 않다. 물리학의 근본 법칙이 유용한 것은 다양한 현상들을 설명할 수 있기 때문이다. 자연 현상이 복잡해지더라도 물리학의 근본 법칙은 단순해야 한다.

③ 옳지 않다. 설명력과 사실에 부합하는 정도는 반비례한다. 뛰어난 설명력을 가진 법칙은 실재 세계의 사실들을 정확히 기술하지 못한다.

④ 옳지 않다. 물리학의 근본 법칙들은 이상적인 상황을 다루고 있고, 따라서 실재 세계의 사실들을 정확하게 기술하지 못한다.

## 13

정답 ②

난도 중

정답해설

ㄴ. 옳다. 예를 들어 영희의 믿음의 문턱이 0.5라고 하고, 내일 비가 온다는 명제가 참이라고 영희가 기존에 0.6의 확률로 믿고 있었다면 영희는 내일 비가 온다는 명제가 참이라고 믿는 것이다. 이때 영희의 섬세한 믿음의 태도가 0.7로 변화하더라도 영희는 여전히 내일 비가 온다는 명제를 참이라고 믿는 것이므로, 영희의 거친 믿음 태도는 변하지 않았다.

오답해설

ㄱ. 옳지 않다. 철수의 믿음의 문턱이 0.5인 경우, 철수가 특정 명제를 0.5보다 큰 확률로 참 혹은 거짓이라고 믿기만 한다면 철수가 참 혹은 거짓이라고 믿는 명제가 존재할 수 있다.

ㄷ. 옳지 않다. 철수와 영희가 동일한 수치의 믿음의 문턱을 가지고 있고, 두 사람 모두 내일 비가 온다는 명제를 참이라고 믿고 있지 않다고 해도, 두 사람 모두 내일 비가 온다는 명제를 거짓이라고 믿는지는 알 수 없다. 지문의 내용에 따라 특정 명제를 참이라고 믿지도 않고 거짓이라고 믿지도 않는 경우도 가능하기 때문이다.

## 14 　　　　　　　　　　　　　　　 답 ⑤

난도 중

정답해설

ㄷ. Ⅰ이 참인 경우, 페르시안 고양이 역시 모든 고양이에 포함되므로 페르시안 고양이 중 혀에 가시돌기가 없는 개체가 발견된 적이 없다는 명제는 반드시 참이 된다. 따라서 ㄷ은 ㉠에 해당한다.

ㅁ. Ⅰ이 참인 경우, Ⅱ는 거짓이 될 수밖에 없으며, Ⅰ이 거짓인 경우, 이에 반대되는 내용인 Ⅱ는 자동적으로 참이 된다. 따라서 ㅁ은 ㉡에 해당한다.

오답해설

ㄱ. Ⅰ이 참이더라도 Ⅱ가 참 또는 거짓이라고 확정할 수 없다. 따라서 ㉠, ㉡ 중 어디에도 해당하지 않는다.

ㄴ. ㄱ과 같은 이유로 ㉠, ㉡ 중 어디에도 해당하지 않는다.

ㄹ. Ⅰ이 참인 경우, Ⅱ는 반드시 거짓이 된다. 그러나 Ⅰ이 거짓이라고 해서, Ⅱ가 반드시 참이라고 할 수 없으므로 ㉠, ㉡ 중 어디에도 해당하지 않는다.

### 합격생 가이드

보기 ㄹ의 경우, 관계 ㉡의 정의 중 앞부분은 충족시키기 때문에 정답에 해당하는 것으로 착각할 수 있다. 관계 ㉡의 정의에 포함된 두 가지 조건을 모두 충족시켜야 한다는 데 주의하고, 항상 밑줄을 끝까지 보도록 하자.

## 15 　　　　　　　　　　　　　　　 답 ②

난도 중

정답해설

문제에서 주어진 진술에 1, 2, 3, 4, 5 순서대로 번호를 붙이고, 각 진술을 단순화하면 다음과 같다.

1. 갈색 ∨ 키가 큼
2. 갈색 → 안경 씀
3. 안경 씀 ∨ 왼손잡이
4. 갈색 → ~안경 씀
5. ~안경 → ~키가 큼

진술 2와 진술 4는 서로 모순관계이므로, 이 진술들이 모두 참이기 위해서는 범인의 머리카락이 갈색이 아니어야 한다는 사실을 알 수 있다. 진술 1에 따라, 범인의 머리카락이 갈색이 아니므로 범인은 키가 크다. 진술 5의 대우는 키가 큼 → 안경 씀이므로, 범인은 안경을 쓴다는 것을 알 수 있다. 범인이 왼손잡이인지 여부는 주어진 진술들을 통해 도출할 수 없다.

② 옳다.

오답해설

① 옳지 않다. 왼손잡이인지 여부는 알 수 없다.
③ 옳지 않다. 왼손잡이인지 여부는 알 수 없다.
④ 옳지 않다. 머리카락이 갈색이 아님을 확실히 알 수 있다.
⑤ 옳지 않다. 키가 크다는 사실은 확실히 알 수 있다.

### 합격생 가이드

진술 2, 진술 4와 같이 서로 명확하게 모순관계인 진술들이 제시된 경우, 해당 진술들로부터 문제 풀이를 시작하는 것이 좋다. 명확한 모순관계인 진술들로부터 먼저 정보를 얻고, 획득한 정보를 바탕으로 다른 진술들을 통해 범인의 인상착의에 해당하는 것을 순차적으로 도출해 나가야 한다.

## 16 　　　　　　　　　　　　　　　 답 ②

난도 중

정답해설

지문의 내용을 정리하면, 합리적 선택에 따른 행위는 모두 자발적 행위에 포함되며, 자발적 행위의 범위는 합리적 선택에 따른 행위의 범위보다 더 넓다. 따라서 자발적 행위 중 합리적 선택에 따른 행위가 아닌 것이 있다. 또한, 욕망이나 분노에서 비롯된 행위 중 마땅히 욕망해야 할 것을 하는 행위는 자발적 행위에 포함되며, 그렇지 않은 행위는 비자발적 행위이다.

② 옳다. 자제력이 있는 사람은 합리적 선택에 따라 행위하고, 합리적 선택에 따른 행위는 모두 자발적인 것이므로 옳은 선지이다.

오답해설

① 옳지 않다. 욕망에 따른 행위 중 마땅히 욕망해야 하는 것을 욕망하는 행위만 자발적인 행위에 포함된다.

③ 옳지 않다. 자제력이 없는 사람은 욕망 때문에 행위하나, 욕망에 따른 행위가 모두 비자발적인 것은 아니므로 옳지 않다.

④ 옳지 않다. 합리적 선택에 따른 행위는 모두 자발적인 행위이나, 자발적인 행위의 범위는 그보다 더 넓다는 내용을 통해, 자발적인 행위가 모두 합리적 선택에 따른 행위는 아니라는 것을 알 수 있다.

⑤ 옳지 않다. 마땅히 욕망해야 할 것을 하는 행위는 자발적인 행위에 해당하나, 자발적인 행위의 범위는 합리적 선택에 따른 행위의 범위보다 넓기 때문에 마땅히 욕망해야 할 것을 하는 행위라고 해서 항상 합리적 선택에 따른 행위라고 할 수는 없다.

### 합격생 가이드

지문에서 합리적 선택에 따른 행위와 자발적 행위, 욕망이나 분노에 따른 행위 사이의 관계를 여러 문장으로 복잡하게 제시하고 있어 헷갈릴 수 있다. 이러한 유형의 경우 벤다이어그램과 같은 관계도를 활용하여 행위들 사이의 관계를 정립하면 문제 풀이가 보다 수월해진다.

## 17

**답 ①**

난도 중

**정답해설**

A팀에서 독신인 사원은 모두 파견을 가지 않았고, 파견을 가지 않은 사원은 모두 여성이라는 점에서, 독신이면서 여성인 사원이 존재하기 위해 충족되어야 하는 조건은 독신인 사원이 한 명이라도 존재해야 한다는 것이다. 따라서 (가)에는 ㄱ.이 들어가야 한다.

B팀에는 남성이면서 독신인 사원이 여럿 있고, 모든 독신 사원들은 사내의 이성과 연인이 되기를 갈망하므로, 남성이면서 독신인 사원은 모두 사내의 이성과 연인이 되기를 갈망할 것이다. 따라서, (나)에는 ㄷ.이 들어가야 한다.

> **합격생 가이드**
>
> A팀에서 '박사학위를 지닌 팀원' 조건이나 'B팀에서 A팀으로 파견을 가고 싶어 하는 사람이 있을지도 모른다'는 내용은 정답 도출과 관련이 없다. 논리 문제에서도 문제 풀이에 필요한 조건과 필요하지 않은 내용을 정확하게 분별하여 접근하지 않으면 쓸데없이 시간을 소모하게 되므로, 문제에서 찾아야 하는 것이 무엇인지 파악하고 정답 도출을 위해 필요한 조건이 무엇인지 선별해내야 한다.

## 18

**답 ⑤**

난도 상

**정답해설**

ㄱ. 옳다. 적혈구가 파괴되면서 빌리루빈이라는 물질이 유리되고, 빌리루빈이 여러 과정을 거치면서 결합 빌리루빈으로 변환되고, 소장으로 배출된 뒤 유로빌리노겐으로 전환된 뒤 그 일부가 소변으로 배출되는 과정을 거치는 것이므로, 소변 내 유로빌리노겐의 양이 정상치보다 높다는 것은 빌리루빈의 생성량이 많다는 것을 의미한다. 따라서, 이 경우 혈액의 적혈구 파괴 비율이 증가하여 빌리루빈 생산량이 많아진 것으로 추측할 수 있다.

ㄴ. 옳다. 비결합 빌리루빈은 혈류를 따라 간으로 이동한 후, 담즙을 만드는 간세포에 흡수된 뒤 글루쿠론산과 결합하여 결합 빌리루빈으로 바뀌게 된다. 이때 혈액 내에 비결합 빌리루빈의 양이 정상치보다 높다는 것은 담즙을 만드는 간세포의 기능에 문제가 있어 비결합 빌리루빈이 결합 빌리루빈으로 전환되지 못한 것으로 해석할 수 있으므로, 옳은 선지이다.

ㄷ. 옳다. 간세포에서 분비된 담즙을 통해 소장으로 들어온 결합 빌리루빈의 절반은 대변으로 배출되므로, 대변 내 결합 빌리루빈이 발견되지 않는 것은 결합 빌리루빈이 소장으로 들어오지 못한 것일 수 있다. 이 경우, 담즙의 배출에 문제가 생겨서 결합 빌리루빈이 소장으로 이동하지 못한 것으로 해석할 수 있으므로 옳다.

> **합격생 가이드**
>
> ⑦ 추측의 사례로 적절한 것을 찾기 위해 지문의 전반적인 내용을 이해해야 하는 문제이다. 이 문제와 같이 복잡한 메커니즘을 순차적으로 설명하는 지문이 제시되고, 그 메커니즘에 대한 이해가 문제 풀이의 핵심이 되는 경우 간단한 단어와 화살표 등을 활용하여 내용을 정리하면서 지문을 읽어나가야 문제 풀이 과정에서 지문을 여러 번 읽느라 시간을 낭비하지 않을 수 있다.

## 19

**답 ④**

난도 중

**정답해설**

④ 옳지 않다. B는 은하 사이에 새로운 은하가 생겨나지 않고, 은하들이 서로 점점 멀어지고 있다고 본다. 그러나 A는 은하 사이의 거리가 멀어지면서 새로운 은하가 생성된다고 본다. 이 경우 인접한 은하들 사이의 평균 거리는 일정하게 유지된다.

**오답해설**

① 옳다. A에 따르면 은하와 은하가 멀어질 때 그 사이에서 물질이 연속적으로 생성된다. 따라서 물질의 총 질량은 보존되지 않고, 계속해서 늘어난다.

② 옳다. A는 우주의 시간이 무한히 오래되었다고 본다. 즉, 우주에는 시작이 없다. 반면 B는 우주가 시공간적으로 한 점에서 대폭발로 시작되었다고 본다.

③ 옳다. A에 따르면 우주는 항상성을 유지하고, 우주 전체의 평균 밀도는 일정하게 유지된다. 은하 사이의 거리가 멀어지면서 새로운 은하가 생성되므로 국소적 변화는 있으나 전체적 변화는 없다.

⑤ 옳다. A는 은하 사이에서 새로 생성되는 은하를 관측함으로써, B는 대폭발 이후 방출된 전자기파를 관측함으로써 각각 자신의 주장을 입증할 수 있다고 말한다.

## 20

**답 ③**

난도 중

**정답해설**

③ 옳다. 데카르트와 라이프니츠는 모두 빈 공간을 부정했다. 그러나 데카르트는 공간을 정신과 독립된 객관적 실재로 보았고, 라이프니츠는 공간을 정신과 독립된 실재라고 보지 않았다. 따라서 라이프니츠의 견해가 옳다면, 데카르트의 견해는 옳지 않은 것이 된다.

**오답해설**

① 옳지 않다. 뉴턴은 사물들이 들어올 자리를 마련해 주기 위한 빈 공간이 있다고 보았다. 또한 객관적이고 영원히 변하지 않는 절대공간 개념을 제시했다. 반면 라이프니츠는 빈 공간을 부정하고, 공간을 정신과 독립된 실재라고 보지도 않았다. 따라서 공간의 본성에 관한 뉴턴의 견해가 옳다면, 라이프니츠의 견해는 틀린 것이 된다.

② 옳지 않다. 데카르트는 빈 공간을 부정하고, 운동을 물질이 자리바꿈하는 것이라고 보았다. 반면 데모크리토스는 빈 공간을 인정하고 운동을 원자들이 빈 공간에서 움직이는 것이라고 보았다. 따라서 데카르트의 견해가 옳다면, 데모크리토스의 견해는 틀린 것이 된다.

④ 옳지 않다. 데카르트는 빈 공간이 존재하지 않는다고 보았다. 반면 뉴턴은 빈 공간을 인정했다. 따라서 데카르트의 견해가 옳다면 뉴턴의 견해는 틀린 것이 된다.

⑤ 옳지 않다. 데모크리토스는 빈 공간이 존재한다고 보았다. 뉴턴 또한 빈 공간을 인정했다. 따라서 빈 공간의 존재에 관한 데모크리토스의 견해가 옳다면, 뉴턴의 견해는 옳다.

> **합격생 가이드**
>
> "공간의 본성"은 "빈 공간의 존재"를 포함한다. 너무 어렵게 생각해서 둘을 구별해서 생각할 필요가 없다. "빈 공간의 존재"에 대한 견해가 다르다면, 당연히 "공간의 본성"에 대한 견해가 다른 것이다.

## 21

답 ③

**난도** 하

**정답해설**

로빈후드 각본에 대한 두 가지 비판을 정리하면 다음과 같다.

- 첫 번째 비판 : 재분배는 생산성을 감소시켜 사회전체 공리도 감소한다.
- 두 번째 비판 : 재분배는 절대적 가치인 자유라는 기본권을 훼손한다.

ㄱ. 옳다. 재분배가 생산성을 감소시키고 동시에 빈부격차를 심화시킨다면, 이는 '재분배가 생산성을 감소시킨다'는 첫 번째 비판을 포함하게 되어 첫 번째 비판은 강화된다.

ㄷ. 옳다. 행복추구권을 위한 재분배가 생산성 증대를 초래한다면, 이는 재분배로 인해 생산성이 감소될 것이라는 첫 번째 비판과 상충한다. 따라서 첫 번째 비판은 약화된다. 하지만 이로부터 재분배가 기본권을 훼손한다는 것을 이끌어낼 수는 없으므로, 두 번째 비판과는 상충하지 않아 두 번째 비판은 약화되지 않는다.

**오답해설**

ㄴ. 옳지 않다. 부의 재분배가 기본권 침해보다 투자의욕감소에 더 큰 영향을 준다는 사실로부터, 부의 재분배가 기본권을 침해하지 않는다는 것을 이끌어 낼 수 없으므로 두 번째 비판과 충돌하지 않는다. 따라서 두 번째 비판을 약화하지 않는다.

**합격생 가이드**

어떠한 주장과 무관하거나 양립가능한 진술이 그 주장을 강화하는 진술과 혼합되어 있는 경우에는, 전체 진술이 해당 주장을 결과적으로 강화하게 된다. 약화의 경우에도 마찬가지이다.

## 22

답 ⑤

**난도** 중

**정답해설**

⑤ 약화하지 않는다. 쾌락주의자들은 쾌락에 대한 욕구의 정도를 비교하고 있지 않으므로 선지는 ⊙과 무관하며 약화하지 않는다.

**오답해설**

① 약화한다. 세 번째 문단을 볼 때, 쾌락주의자들은 쾌락에 대한 욕구가 음식에 대한 욕구의 원인이라고 주장하고 있으므로, 어떤 욕구는 또 다른 욕구의 원인일 수 있다고 보고 있다. 따라서 선지는 ⊙을 약화한다.

② 약화한다. 첫 번째 문단에서 볼 때, 쾌락주의자들은 쾌락을 욕구하는 것이 우리 행동의 원인이 된다고 주장하므로 쾌락을 욕구하지 않았지만 행동이 발생했다면 ⊙은 약화된다.

③ 약화한다. 대상에 대한 욕구가 쾌락에 대한 욕구의 원인이라면 쾌락에 대한 욕구가 대상에 대한 욕구의 원인이라는 ⊙과 인과적 연쇄 방향이 달라지게 되어 약화된다.

④ 약화한다. 세 번째 문단을 볼 때, 외적 대상에 대한 욕구는 쾌락에 대한 욕구를 원인으로 하기 때문에 ⊙은 약화된다.

## 23

답 ②

**난도** 중

**정답해설**

② 옳지 않다. 진동하는 현의 배의 수와 그 현의 기음이 갖는 진동수 사이의 관계는 지문에 나와 있지 않으므로 알 수 없다.

**오답해설**

① 옳다. 현이 진동하더라도 양단은 고정되어 있어 진동이 일어나지 않기 때문에, 항상 마디에 해당한다.

③ 옳다. 지문의 내용을 통해, n배 진동의 경우 n+1개의 마디가 생기고, n개의 배가 생긴다는 것을 알 수 있다. 따라서 양단이 고정된 현의 중앙을 뚱겼을 때 발생하는 배의 수는 마디 수보다 항상 작다.

④ 옳다. 지문에서 현을 뚱기는 경우 1배, 3배, 5배, 7배 등을 진동수로 갖는 다양한 진동이 동시에 발생하고, 1배 진동에서 발생하는 기음을 포함한 다양한 진동수의 부분음들이 발생하고 중첩된다는 것을 알 수 있다.

⑤ 옳다. 두 번째 문단에서, '이는 공명기의 내부에 존재하는 공기의 양에 따라 특정한 진동수를 갖는 부분에 대해서만 공명이 일어나고∼'를 통해 알 수 있다.

**합격생 가이드**

지문에서 마디와 배의 위치가 분수와 기호로 제시되어 있어 복잡하게 느껴질 수 있다. 이 경우 진동수에 따른 배, 마디 위치를 대략적인 그림으로 나타내 보면 ①, ③과 같은 선지들의 정오판단을 쉽게 할 수 있다.

## 24

답 ②

**난도** 중

**정답해설**

② 옳다. 5문단에서는 "입증 또는 반증하는 증거가 나타날 여지가 있다면 그 진술은 유의미하다."고 언급하고 있다.

**오답해설**

① 옳지 않다. 4문단에서는 "우리가 관련법칙과 자료를 모르거나 틀린 법칙을 썼다고 해서, 우리의 인과 진술이 무의미하다고 주장해서는 안 된다."고 언급하고 있다.

③ 옳지 않다. 1문단에서는 "'사건 X는 사건 Y의 원인이다'라는 진술은 곧 '사건 X는 사건 Y보다 먼저 일어났고, X로부터 Y를 예측할 수 있다'를 뜻한다."고 언급하고 있다. 따라서 원인이 되는 사건이 결과가 되는 사건보다 먼저 발생할 것을 인과 진술의 요건으로 하고 있음을 알 수 있다.

④ 옳지 않다. 5문단에서는 "미래의 어느 시점에 그 진술을 입증 또는 반증하는 증거가 나타날 여지가 있다면 그 진술은 유의미하다."고 언급하고 있다. 따라서 먼 미래에 입증될 여지가 있다면 무의미하다고 해선 안 된다.

⑤ 옳지 않다. 5문단의 마지막 문장에서는 어떤 진술이 지금이 아니더라도 언젠가 참인 법칙과 자료로부터 논리적으로 도출할 수 있다면 그 진술은 참된 인과 진술로 입증될 수 있음을 언급하고 있다.

## 25 답 ③

난도 중

정답해설

ㄱ. 옳다. 4문단에서는 거짓 법칙을 써서라도 인과 진술을 도출할 수 있다면 그 진술은 유의미하다고 언급하고 있다. 따라서 인과 진술을 논리적으로 도출하기 위해 사용한 법칙과 자료의 참·거짓 여부는, 도출된 진술이 유의미하다는 점에 대해 영향을 미치지 못한다.

ㄷ. 옳다. 1문단에서는 원인≡(먼저 일어남 ∧ 도출) 으로 제시하고 있다. 정호는 C로부터 D를 예측하여 도출하였다. 따라서 C는 D의 원인이다.

오답해설

ㄴ. 옳지 않다. 병호는 거짓인 법칙과 자료를 사용하였기 때문에 해당 인과 진술을 참으로 입증하지 못하였을 뿐이지 거짓이라고 단정할 수는 없다.

합격생 가이드

〈사례〉는 글의 3문단과 그대로 대응되고 있다. 따라서 '오늘날의 우리'에 정호를 대입하고, '갑'에 병호를 대입하여 풀었다면 쉽게 풀 수 있었을 것이다.

# CHAPTER 02 제2회 언어논리 모의고사 정답 및 해설

| 01 | 02 | 03 | 04 | 05 | 06 | 07 | 08 | 09 | 10 |
|----|----|----|----|----|----|----|----|----|----|
| ① | ⑤ | ⑤ | ④ | ⑤ | ⑤ | ② | ⑤ | ③ | ④ |
| 11 | 12 | 13 | 14 | 15 | 16 | 17 | 18 | 19 | 20 |
| ④ | ⑤ | ③ | ④ | ⑤ | ② | ⑤ | ① | ① | ④ |
| 21 | 22 | 23 | 24 | 25 | | | | | |
| ⑤ | ② | ② | ③ | ⑤ | | | | | |

## 01 답 ①

**난도** 하

**정답해설**

① 옳지 않다. 우산도는 현재의 독도를 의미한다.

**오답해설**

② 옳다. '우산도와 울릉도가 두 개의 섬이라는 것을 ~ 필요가 없다'라는 부분을 통해 확인할 수 있다.

③ 옳다. 일본정부는 『세종실록지리지』를 인용하면서 우산국과 우산도는 같은 섬이라는 것을 전제하고 있다.

④ 옳다. 일본정부는 『세종실록지리지』를 인용하며, 우산국과 울릉도가 같은 섬이라고 주장하고 있다.

⑤ 옳다. 일본정부는 우산도와 우산국을 같은 섬으로 보았고, 『세종실록지리지』에 따라 우산도와 울릉도 역시 같은 섬이라고 주장하였다.

**합격생 가이드**

지문에서 대한민국정부의 핵심 주장은 우산도(현재의 독도)와 울릉도는 다른 섬이라는 것이고, 일본정부의 핵심 주장은 두 섬이 같은 섬이라는 것이다. 이러한 주장의 대비와 우산국, 우산도, 울릉도 사이의 관계를 이해해야 정답을 도출할 수 있다.

## 02 답 ⑤

**난도** 중

**정답해설**

⑤ 옳다. 연변봉수대에서 외적의 접근에 따라 급보를 전하면 그 소식이 내지봉수대에 전달되도록 되어 있었고, 조선군이 외적과 전투를 시작하는 경우 5개의 봉수를 올려야 했으므로 옳은 선지이다.

**오답해설**

① 옳지 않다. 선조가 봉수 제도를 폐지했는지는 알 수 없다.

② 옳지 않다. 햇빛이 강한 날에 봉수를 올리지 않았는지는 지문을 통해 확인할 수 없다.

③ 옳지 않다. 봉수란 밤에는 횃불, 낮에는 연기를 사용해 신호를 보내는 것이다.

④ 옳지 않다. 봉수대에서 외적이 국경을 넘는 경우는 봉수를 4개 올려야 했다.

**합격생 가이드**

①과 같이 지문에 제시된 정보와 제시되지 않은 정보가 혼재하는 경우. ⑤와 같이 지문의 내용들을 통해 보충적인 추론이 필요한 경우 정오판단에 어려움을 느낄 수 있다. ①과 같은 경우 지문에 제시되지 않은 정보를 지문에서 알 수 있는 것으로 착각하지 않도록 하고, ⑤와 같은 경우 지문에서 제시된 내용을 종합하여 정오판단을 정확히 할 수 있도록 한다.

## 03 답 ⑤

**난도** 하

**정답해설**

⑤ 옳다. 이 실험은 A를 합성하지 못하는 세균과 B를 합성하지 못하는 세균을 섞으면 정상 세균이 되지만, 직접 접촉하지 못하면 정상 세균이 되지 못한다는 것을 보여준다. 결국 돌연변이 세균이 정상 세균이 되기 위해서는 직접적 접촉이 있어야 한다는 것을 알 수 있다.

**오답해설**

① 옳지 않다. 최소배양액만 있어도 정상 세균의 생식과 생장이 이뤄지는 것은 사실이다. 그러나 이는 글의 실험 결과와는 무관하게 확인된 내용이다.

② 옳지 않다. 정상 세균의 유전자가 변형된 것이 돌연변이 세균이며, 돌연변이 세균이 생식하기 위해 정상 세균의 유전자가 변형되어야 하는 것은 아니다.

③ 옳지 않다. 서로 다른 돌연변이 세균을 접촉시키면 최소배양액 내에서도 생식과 생장이 가능하다.

④ 옳지 않다. 완전배양액 없이도 서로 다른 돌연변이 세균을 접촉시켜 생식과 생장이 이뤄질 수 있다.

**합격생 가이드**

발문은 "실험 결과를 가장 잘 설명하는 가설"을 묻고 있으나, 결국은 글의 결론을 묻는 것과 같다. 옳은 진술이라도 글 전체를 포괄하지 못한다면 답이 될 수 없다는 것에 유의하자.

# 04

답 ④

난도 하

정답해설

빈칸의 앞 문장에서는 '우리는 설명이 있는 것이 낫다고 믿으므로, 특정한 유형의 원인만을 써서 설명을 만들어 낸다.'는 내용이 제시되어 있고, 빈칸의 바로 뒤에서는 '그래서 특정 유형의 설명만이 점점 더 우세해지고, 그런 설명이 우리 사고를 지배하게 된다.'는 내용이 이어지고 있다. 따라서 빈칸 부분에 들어갈 문장은 '우리가 특정한 유형의 원인을 사용하여 설명을 만들어내는 경우, 왜 특정 유형의 설명만이 점점 더 우세해지게 되는지'의 이유를 포함하고 있어야 한다. 지문 내용을 통해 보면, 우리가 익숙한 것을 원인으로 삼는 것은 알려지지 않은 것을 알려진 것으로 치환함으로써 우리 마음의 불안을 제거하기 위한 것이다. 그러므로, 빈칸에는 선지 ④와 같이 이것이 낯설고 체험하지 않았다는 느낌을 가장 빠르고 쉽게 제거해 버리기 때문이라는 원인 설명이 들어가야 한다.

합격생 가이드

지문의 핵심 주제를 파악했다면 어렵지 않게 풀이할 수 있는 문제이다. 정답인 ④ 외의 다른 선지들은 지문 내용과 거의 관련이 없는 내용들이므로, 쉽게 정답 후보에서 배제할 수 있다.

# 05

답 ⑤

난도 하

정답해설

⑤ 옳다. 힐렌브랜드는 원초적 경고음을 상기시키기 때문에 특정 소리가 혐오스럽게 느껴진다는 데 동의하지 않고, 소리보다 시각이 혐오감을 불러일으킨다고 주장하였다. 따라서 청각을 손상시킬 수 있는 위험 때문에 소음이 혐오스럽다는 생각에는 동의하지 않을 것이다.

오답해설

① 옳지 않다. 지문에서 알 수 없는 내용이다.
② 옳지 않다. 블레이크는 소음이 혐오감을 주는 이유를 해당 소음이 사람에게 원초적인 경고음 또는 맹수의 소리 같은 것을 상기시키기 때문이라고 보았다.
③ 옳지 않다. 솜머리비단원숭이들은 석판에 긁히는 소리를 전혀 소음으로 느끼지 않았으므로, 블레이크의 이론에 따르더라도 솜머리비단원숭이들이 석판 긁는 소리를 맹수의 소리와 유사하게 느끼지는 않았을 것임을 알 수 있다.
④ 옳지 않다. 선천적으로 귀가 들리지 않는 사람들을 피실험자로 사용한 이유는 소리보다는 시각이 어떤 혐오감을 불러일으킨다는 것을 확인하기 위함이었다. 선천적으로 소리를 듣지 못하는 사람들마저 칠판을 손톱으로 긁는 행위에 혐오감을 느낀다면, 그것은 소리가 아니라 시각적 요소에 의해 촉발된 혐오감이라고 추정할 수 있기 때문이다.

# 06

답 ⑤

난도 하

정답해설

지문에서는 오늘날의 민주주의가 본래의 민주주의에서 변질되었으며, '무제한적 민주주의'로서 유권자 다수가 원하는 것이면 무엇이든 실현 가능한, 제약 없는 민주주의가 되었다고 비판하고 있다. 지문에서는 무제한적 민주주의의 경우 권력 행사가 무제한적으로 이루어져 개인의 자유와 권리를 제약하는 문제가 발생하므로, 적절한 권력의 제한이 필요하다고 주장하고 있다.
빈칸의 앞에서는 민주주의 자체가 목적이 되어서는 안 되고, 개인의 자유와 권리를 보장하지 못하는 민주주의는 본래의 민주주의가 아니라는 내용이 제시되

었다. 따라서 빈칸에는, 본래의 민주주의는 현재 이같이 변질된 민주주의와는 대립되는 특성을 가지고 있었다는 내용이 들어가야 한다. 따라서 빈칸에 들어갈 내용으로 적절한 것은 ⑤와 같이 과도한 권력을 제한할 수 있었다는 내용이다.

합격생 가이드

지문에서는 전반적으로 변질된 민주주의의 특성에 대해 이야기하고 있다. 빈칸의 바로 앞에서 '본래의 민주주의는'이라는 단서를 통해, 빈칸 내용에는 변질된 민주주의와 대립되는 본래 민주주의의 특성이 포함되어야 할 것임을 짐작할 수 있으므로, 지문에서 제시된 변질된 민주주의의 문제적인 특성의 핵심을 파악하고 그에 반대되는 내용을 선지에서 찾으면 된다.

# 07

답 ②

난도 하

정답해설

정상 초파리는 약물 B 투여 여부와 무관하게 위로 올라가는 성질을 보였다. 반면 유전자 A가 돌연변이 된 초파리는 약물 B를 넣지 않는 경우에만 위로 올라갔다.
② 옳다. 유전자 A가 돌연변이 된 초파리가 약물 B를 섭취한 경우에만 위로 올라가지 못했다. 이는 초파리가 파킨슨씨병에 걸린다는 가설로 설명할 수 있다.

오답해설

① 옳지 않다. 정상 초파리는 약물 B를 섭취하더라도 위로 올라갔다.
③ 옳지 않다. 유전자 A가 돌연변이 된 초파리가 약물 B를 섭취할 경우 운동성이 결여된다.
④ 옳지 않다. 정상 초파리는 약물 B를 섭취하더라도 운동성을 유지한다.
⑤ 옳지 않다. 유전자 A가 돌연변이 된 초파리가 약물 B를 섭취하면 파킨슨씨병에 걸리는 것이다. 물리적 자극에 대한 운동성이 비정상인 것은 파킨슨씨병의 증상이다.

# 08

답 ⑤

난도 중

정답해설

⑤ 옳다. 네 번째 문단은 민중의 저항과 쿠데타와 같은 적대 행위를 대조하고 있다. ⑩은 민중의 저항에 대한 내용이므로, ⑤와 같이 수정해야 한다.

오답해설

이 글은 특정 결론을 논리적으로 도출하기보다는, 각 문단에서 저항에 대해 병렬적으로 이야기하고 있다. 따라서 각 문단별로 중심내용을 찾아 문맥에 맞게 문장을 수정해야 한다.
① 옳지 않다. 첫 번째 문단은 저항의 본질이 분노와 원한이 확산되어 가치를 공유하게 되는 데 있다고 말한다. 따라서 ㉠은 흐름에 맞는 문장이며, 저항을 개인적 분노와 원한에 기인한 것으로 수정하는 것은 타당하지 않다.
② 옳지 않다. 두 번째 문단은 첫 번째 문단과 연결된다. 즉, 저항은 공통의 분노, 공통의 원한, 공통의 가치에 기인한다. 따라서 프로메테우스도 인간의 고통에 공감한다는 내용이 더욱 타당하다.
③ 옳지 않다. 세 번째 문단은 중세와 산업사회의 저항 양상이 서로 다르게 나타났다고 말한다.
④ 옳지 않다. 산업사회의 시민이나 노동자들은 평균적인 안락한 생활이 위협받을 때에만 저항을 한다. 이들이 지키려는 것은 평균적인 안락한 생활이지, 상류층과 동등한 삶이 아니다.

## 09
**답** ③

**난도** 하

**정답해설**

ㄱ. 옳다. 구들에 앉는 경우 배가 고루 덥혀 지지 않아 소화 과정에 불균형이 발생하는 것을 해결하기 위해 자극적인 음식을 발전시켰다는 내용과 부합한다.

ㄴ. 옳다. 구들 생활에 익숙해진 우리 민족은 야외 작업에서도 앉아서 하는 습관을 갖게 되었다는 내용으로부터 추론할 수 있다.

**오답해설**

ㄷ. 옳지 않다. 우리 민족의 남자아이들과 여자아이들이 특정 놀이를 즐겨 하게 된 배경과 구들 사용 간의 관계는 지문을 통해 확인할 수 없다.

> **합격생 가이드**
>
> 어렵지 않은 사례 찾기 문제이다. 지문에서 구들 사용으로 어떠한 영향이 생겼는지 이미 제시되었으므로, 이에 부합하는 것을 〈보기〉에서 찾으면 된다. 〈보기〉 ㄷ의 경우 지문의 내용과 아무런 관계가 없으므로 쉽게 배제할 수 있다.

## 10
**답** ④

**난도** 하

**정답해설**

첫 번째 괄호의 바로 앞 문장을 보면, 실학이 과연 근대정신에 해당하는지 의문을 제기하고 있으므로, 이어지는 내용으로는 실학이 근대정신에 해당하지 않는다는 주장이 들어가는 것이 자연스럽다. 따라서 ㄹ이 들어가야 한다. 두 번째 괄호의 경우, 실학의 비판 기조가 당우의 삼대와 같이 옛것에 근거한 것이었다는 내용 다음에 제시될 내용으로는 실학의 비판에 대한 평가와 관련된 내용인 ㄱ이 들어가는 것이 자연스럽다. 세 번째 괄호는 실학이 봉건사회의 제 현상에 대한 반항이기는 하였으나~사실상 보수적 행동으로 이를 따른 것이었으므로, 실학이 여전히 유교와의 밀접한 관련을 가진 것이었다는 내용인 ㄷ이 들어가야 한다. 마지막 괄호에는, 앞선 내용에도 불구하고 실학은 근대정신의 내재적인 태반의 역할을 했다고 하였으므로, 실학이 근대정신에 대한 가교 역할을 했다는 ㄴ이 들어가는 것이 자연스럽다. 따라서 정답은 ④이다.

> **합격생 가이드**
>
> 이 유형은 요즘 출제되는 밑줄·빈칸 채우기 유형은 아니므로, 이러한 유형에 따로 대비를 할 필요는 없다. 지문의 논리적 구조와 핵심 내용을 파악하는 연습을 하는 목적으로 간단히 풀어 보도록 하자.

## 11
**답** ④

**난도** 하

**정답해설**

〈보기〉의 대화를 통해, 두 경우 모두 질병을 치료하는 시점이 임신부의 건강에는 아무런 영향을 주지 않는다는 것이 전제되어 있으므로 갑과 을 모두 '아이의 삶을 보장하는 방식으로' 질병을 언제 치료할지를 결정해야 한다는 데 동의한다는 것을 알 수 있다. 그러나 갑과 을 의견의 핵심적인 차이는, 갑은 임신 시점이 달라지더라도 첫 번째로 임신하게 될 아이는 '첫째 아이'라는 점에서 동일하다고 보는 반면, 을은 임신 시점이 달라지면 그 아이는 원래 예정된 시점에 '계획대로라면 태어날 아이'였던 아이와 다른 아이가 된다. 임신 시점을 변경하는 것은 원래 태어날 아이가 태어나지 못하게 함으로써 원래 태어날 예정이었던 아이의 삶을 보장하지 않는 것이라고 본다는 데 있다.

④ 옳다. 을은 둘째 경우에서 여성이 임신을 미루는 경우, 미뤄진 임신을 통해 태어날 태아는 '원래 계획대로라면 태어날 아이'였던 태아와 다른 존재이기에 임신을 미루는 행위는 '계획대로 태어날 태아'의 삶을 보장하지 않는 것이 된다고 생각할 것이므로, 여성이 계획대로 임신해야 한다고 주장할 것이다.

**오답해설**

①, ② 옳지 않다. 갑과 을은 모두 첫 번째 경우에서 여성이 치료를 받지 않으면 태아가 위태롭게 되기 때문에, 치료를 미루지 말아야 한다는 것에 동의할 것이라고 추론할 수 있다.

③ 옳지 않다. 갑은 둘째 경우에서 여성이 치료를 미루고 계획대로 임신을 하는 경우 태어날 아이가 기형아가 될 가능성이 높고, 임신을 미룬 후 나중에 태어나게 될 아이 역시 '첫째 아이'라는 점에서 원래 태어날 예정이었던 아이와 동일한 아이이므로, 태아의 삶을 보장하기 위해 여성이 치료를 받고 임신을 미뤄야 한다고 주장할 것이다.

⑤ 옳지 않다. 첫 번째 경우에서는 갑과 을의 견해가 일치하겠지만 두 번째 경우는 갑은 태아의 건강을 우선시하여 치료 시기가 결정되어야 한다고 주장할 것이나, 을은 태아가 기형아로 태어나더라도 태어나지 않는 것보다는 나은 것이므로 치료를 미뤄야 한다고 주장할 것이다.

> **합격생 가이드**
>
> 〈보기〉의 대화를 통해 갑과 을 주장의 공통점과 차이점을 정확히 파악해야 문제를 풀 수 있다. 이러한 유형의 경우 주로 두 주장의 차이점이 문제를 푸는 핵심 열쇠가 될 가능성이 높으므로, 두 가지 입장의 차이점이 무엇인지에 특히 주목하면서 대화를 읽도록 한다.

## 12
**답** ⑤

**난도** 중

**정답해설**

(가)는 개화에 부정적이며, 기존의 아름다운 문화를 지켜야 한다고 본다. 반면 (나)는 개화를 통해 문화가 발전할 것이라고 본다.

⑤ 옳다. (가)는 외국문물 수용이 자국문화에 부정적인 영향을 줄 것으로 본다. 한편 (나)는 외국문물을 수용함으로써 자국문화가 더욱 발전할 것이라고 본다.

**오답해설**

① 옳지 않다. (가)는 개화가 나라를 망칠 것이라고 주장한다. 또한 개화와 백성의 물질적 풍요에 대해서 언급하고 있지도 않다.

② 옳지 않다. (가)는 민족의 독립을 이야기하고 있지도 않고, 기존 중국 문화를 지켜야 한다는 것을 볼 때 자주적인 정부를 지향하는 것도 아니다.

③ 옳지 않다. (나)는 외래문명을 받아들임으로써 민족이 융성해질 수 있다고 주장하고 있다.

④ 옳지 않다. (가)는 기존 체제와 문화를 지키고자 한다. 자주독립국을 지향하거나, 이를 위해 제도를 개선해야 한다고 말하고 있지 않다.

# 13 답 ③

난도 중

정답해설

⊙ : [x]를 들어도 [y]로 인식한다면 [x]는 [y]의 변이음이다.

지문의 내용에 따르면, 변별적으로 인식할 수 있는 소리를 음소, 변별적으로 인식하지 못하는 소리를 이음 또는 변이음이라고 한다. ⊙의 바로 앞 문장에서, [x]와 [y]가운데 하나는 음소이고 다른 하나가 음소가 아니라면, 두 가지를 서로 변별적으로 인식하지 못한다고 하였다. 이때 음소만이 변별적으로 인식될 수 있는 소리이므로, 서로 유사하게 들리는 변이음인 음성과 음소인 음성을 각각 듣게 되면, 두 가지 소리 모두 동일한 음소인 음성으로 인식할 것이라고 예상할 수 있다. 따라서, ⊙에는 '[x]를 들어도 [y]로 인식한다면 [x]는 [y]의 변이음이다.'가 들어가야 한다.

ⓒ : 그 소리를 모국어에 존재하는 음소 중의 하나로 인식하게 된다.

ⓒ의 경우, '모국어의 음소 목록에 포함되어 있지 않은 소리를 들었다면' 이후에 들어갈 내용을 추측해야 한다. 지문의 내용에 따라, 모국어의 음소 목록에 포함되어 있지 않은 소리를 들었다면, 청자는 해당 소리를 변별하지 못할 것이고, 음소만이 변별적으로 인식될 수 있으므로, 그 소리를 자신이 알고 있는 음소 중 하나로 치환하여 듣게 될 것이다. 따라서, ⓒ에는 '그 소리를 모국어에 존재하는 음소 중의 하나로 인식하게 된다.'가 들어가야 한다.

합격생 가이드

변별적으로 인식하는 소리를 음소, 그렇지 못한 소리를 변이음이라고 한다는 핵심 내용만 이해하면 빈칸의 바로 앞 문장만 보고도 쉽게 풀이할 수 있는 문제이다. 또한 '중간음'등의 단어나 개념은 지문에서 전혀 제시되지 않았으므로, 선지 내용상 ④, ⑤는 쉽게 정답에서 배제할 수 있다.

# 14 답 ④

난도 중

정답해설

지문에 제시된 관용의 본질적인 두 요소는 첫째, 관용을 실천하는 사람이 관용의 대상이 되는 믿음이나 관습을 거짓이거나 잘못된 것으로 여겨야 한다는 것이고, 둘째, 관용의 대상을 용인하거나 최소한 불간섭해야 한다는 것이다. 이로부터 발생하는 역설은, 어떤 사람이 특정 의견을 폄하하고자 하는 욕구가 클수록, 그리고 비난을 피해 이런 욕구를 성공적으로 자제할수록 관용적이라고 평가하게 된다는 것이다. 또 다른 역설은, 어떤 사람이 용인하는 믿음의 수가 많을수록 더 관용적이라고 평가할 수 있다면, 도덕적으로 잘못된 것까지 용인하는 사람을 우리는 더 관용적이라고 평가해야 하므로 관용적일수록 도덕적으로 잘못을 저지르게 될 가능성이 높아진다는 것이다.

④ 옳다. 그 내용과 관계없이 단순히 더 많은 믿음들을 용인하는 경우 관용적으로 평가된다면, 그렇지 않은 사람에 비해 도덕적으로 잘못된 가르침을 주장하는 종교까지도 용인하는 사람을 더 관용적이라고 평가하게 될 우려가 있다는 것이 지문에서 나타난 '역설'의 내용이다.

오답해설

① 옳지 않다. 특정 문제에 대해 별다른 의견이 없는 사람에 대한 평가는 지문의 내용과 관계없다.

② 옳지 않다. 지문의 내용에 따르더라도, 모든 종교적 믿음을 배척하는 사람을 관용적이라고 평가하게 된다는 결론은 도출되지 않는다.

③ 옳지 않다. 다른 믿음을 용인하지 않고 자신의 종교가 주는 가르침만이 유일한 진리라고 믿는 사람은 지문의 내용에 따라 관용적이라고 평가되지 않을 것이다.

⑤ 옳지 않다. 다른 종교의 믿음까지도 용인하는 사람일수록 더 관용적이라고 평가될 수 있으나, 이 선지에는 '역설'의 핵심 내용이 포함되어 있지 않다.

합격생 가이드

단순히 지문의 내용에 부합하는 것을 찾는 것이 아니라, 지문에서 제시된 '역설'의 사례에 해당하는 것을 찾는 문제임에 주의해야 한다. 지문의 '역설'의 핵심 내용은, 단순히 더 많은 믿음을 포용하는 것을 더 관용적이라고 평가한다면, 도덕적으로 옳지 않은 믿음까지도 포용하는 사람을 더 관용적이라고 평가하게 될 위험이 있다는 것이다. 이러한 역설의 핵심 내용을 적절히 포함하고 있는 선지를 찾을 수 있어야 한다.

# 15 답 ⑤

난도 중

정답해설

지문을 통해 알아낼 수 있는 정보들을 정리하면 다음과 같다.

- 시험관 X에 D는 포함되어 있지 않음

네 가지 방법에 의한 결과가 모두 양성이라는 사실로부터,

- 시험관 X에 A와 C가 포함되어 있음
- 시험관 X에 B는 포함되어 있지 않음
- 감마 방법보다 베타 방법을 먼저 사용했음(베타 방법이 마지막으로 사용한 방법이 아님)
- 감마 방법을 델타 방법보다 먼저 사용했고, 시험관 X에 D가 포함되지 않았으므로 E가 포함되어 있음

따라서, ㄱ, ㄴ, ㄷ 모두 옳다.

합격생 가이드

네 가지 검사 방법의 내용을 논리적 기호로 치환하여 풀이하면 간단히 풀 수 있는 문제이다. 감마 방법의 경우, 다른 방법과 달리 '~한 조건 하에서 음성이다'라는 형식으로 문장을 제시하여 사소한 변칙적 함정을 만든 듯하다. 실전에서는 이러한 디테일을 놓치기 쉬우므로, 평소 사소한 함정에 빠지지 않기 위해 지문을 꼼꼼하고 정확하게 읽는 연습을 해야 한다.

# 16 답 ②

난도 중

정답해설

지문에서 주어진 정보들을 순서대로 1, 2, 3, 4, 5번 조건이라고 하자. 2, 4번 조건에 의해, 대한민국은 B국과 상호방위조약을 갱신하고, A국과는 갱신하지 않는 것을 알 수 있다. 또한 1, 3번 조건으로부터, A국과 상호방위조약을 갱신하지 않고, 주변국과 합동 군사훈련을 실시한다는 사실이 확정되었으므로 동북아 안보 관련 안건을 상정할 수 없다는 사실을 알 수 있다. 이에 더해 조건 5로부터, 대한민국이 동북아 안보 관련 안건을 상정할 수 없는 경우 6자 회담을 올해 내로 성사시켜야 한다는 사실을 알 수 있으므로, 대한민국은 6자 회담을 올해 내로 성사시켜야 한다.

즉 정리하면, 대한민국이 반드시 선택해야 하는 정책은 B국과의 상호방위조약 갱신, 주변국과 합동 군사훈련을 실시, 올해 내 6자회담 성사이다. 따라서 선지 중 답은 ②이다.

ㄴ. 옳지 않다. 영수가 아닌 다른 사람들이 야구공을 던졌다면 역시 유리창은 깨졌을 것이다. 따라서 이 경우, 많은 사람 각각이 야구공을 던지지 않은 것은 유리창이 깨어진 사건의 원인이라고 볼 수 없다.

ㄷ. 옳지 않다. 햇빛을 과다하게 쪼이거나 지속적으로 쪼였다면 화분의 식물이 역시 시들어 죽었을 것이라는 사실로부터, 햇빛을 쪼이는 것 자체가 식물의 성장 원인이 아니라는 결론은 도출되지 않는다. 또한 이 〈보기〉는 부재 인과를 인과의 하나로 받아들이면 원인이 아닌 수많은 부재들을 원인으로 받아들여야 하는 문제가 생긴다는 지문 내용과도 부합하지 않는다.

## 합격생 가이드

주어진 조건이 여러 가지인 경우, 조건 2, 3, 5와 같이 '만약~라면, ~이다' 형태의 불확정적 조건보다는, 조건 4 혹은 조건 1과 같이 이미 확정되어 있는 정보로부터 문제 풀이를 시작해야 한다. 확정되어 있는 정보를 다른 조건에 대입하여, 논리적으로 도출해 낼 수 있는 정보들을 찾아내는 방식으로 풀이하면 쉽게 풀 수 있는 유형의 문제이다.

## 17 답 ⑤

**난도** 중

**정답해설**

A상자의 안내문 2)와 C상자의 안내문 1)이 동일하고, 이 안내문들은 B상자의 안내문 2)와 D상자의 안내문 1)과 모순된다. 우선 C상자에 진짜 열쇠가 들어 있지 않다고 가정하면, A상자의 안내문 2)와 C상자의 안내문 1)이 거짓이 되므로, 자동으로 A상자의 안내문 1)과 C상자의 안내문 2)가 참이 된다. A상자의 안내문 1)에 따라 D상자의 안내문 1)이 거짓이 되므로, D상자의 안내문 2)가 참이어야 한다. D상자의 안내문 2)가 참이면 C상자의 안내문 2)가 거짓이어야 하는데, 이는 앞서 가정한 것과 모순이다. 따라서, C상자에 진짜 열쇠가 들어 있다는 것을 알 수 있다.

C상자에 진짜 열쇠가 들어 있으므로, A상자의 안내문 2)와 C상자의 안내문 1)이 참이고, B상자의 안내문 2)는 거짓이고 안내문 1)은 참이며, D상자의 안내문 1)은 거짓이고 안내문 2)는 참이라는 것을 알 수 있다. 이때 D상자의 안내문 2)가 참이므로, C상자의 안내문 2)가 거짓이라는 것은 알 수 있지만, 주어진 내용을 통해 A상자의 안내문 1)의 참 거짓 여부는 알 수 없다.

⑤ 옳지 않다. 주어진 내용을 통해 A상자의 안내문 1)의 참 거짓 여부를 알 수 없으므로, 어떤 진짜 열쇠도 순금으로 되어 있지 않다는 문장의 진위 여부를 판별할 수 없다.

**오답해설**

① 옳다. B상자의 안내문 1)이 참이므로 B상자에 가짜 열쇠가 들어 있지 않다는 것을 알 수 있다.

② 옳다. C상자의 안내문 1)이 참이므로, C상자에 진짜 열쇠가 들어 있지 않다는 문장이 거짓임을 확인할 수 있다.

③ 옳다. C상자에 열쇠가 들어있으므로, D상자의 안내문 1)은 거짓임을 확인할 수 있다.

④ 옳다. D상자의 안내문 2)가 참이므로, 가짜 열쇠 중 어떤 것은 구리로 되어있다는 문장이 참임을 알 수 있다.

## 19 답 ①

**난도** 중

**정답해설**

① 옳다. B는 세 번째 발언에서 맥퀸, 블레인 등의 견해를 예로 들어 생활 조건 향상이나 노동 조건 개선 등 의학 외적 요인을 통해 평균 수명이 늘어난 측면을 지적한다.

**오답해설**

② 옳지 않다. B는 첫 번째 발언에서 현대 의학 발전에도 불구하고 질병이 아직 정복되지 않았다고 말한다. 난치병이 현대 의학 발전으로 곧 치료 가능할 것이라는 사실에 동의하는 것은 A이다.

③ 옳지 않다. A는 현대 의학 발전이 인간 복지를 향상시킬 것이라고 생각한다. 그러나 B는 세 번째 발언에서 의사의 개입으로 병원성 질환이 초래될 가능성을 제시하고 있다. 따라서 B는 현대 의학 발전이 인간 복지를 보편적으로 향상시킬 것이라는 점에 동의하지 않을 것이다.

④ 옳지 않다. B는 병원성 질환 등 현대 의학의 부작용 및 한계를 언급하고 있다. 그러나 약품 사용이나 그 부작용으로 평균 수명에 심각한 악영향을 미칠 것이라고 주장하지는 않는다. 이는 B의 발언을 확대해석한 것이다.

⑤ 옳지 않다. B는 현대 의학의 부작용 및 한계를 언급하고 있지, 현대 의학이 나아가야 할 방향성을 제시하고 있는 것은 아니다.

## 18 답 ①

**난도** 상

**정답해설**

ㄱ. 옳다. 기차의 정상 운행이라는 사건의 부재로 인해 영지가 지각하게 된 것을 인과의 한 유형으로 받아들임으로써, 영지가 새벽 3시에 일어나 직장에 걸어가는 것이라는 사건의 부재 역시 영지가 지각하게 된 원인으로 받아들여야 하는 문제가 발생하게 된다는 것이므로, ⓘ 문제에 해당하는 적절한 사례이다.

## 20 답 ④

**난도** 중

**정답해설**

④ 옳지 않다. 정의 논증은 최초로 두뇌정보를 이식한 사람과 인조인간 Ⅱ가 서로 다른 두뇌정보를 가지고 있기에 둘을 동일인으로 볼 수 없다는 것이다. 한편 병의 유일성 조건은 동일한 두뇌정보를 동시에 이식할 수 없도록 하는 것이다. 이는 정의 논증과 전혀 무관하다.

**오답해설**

① 옳다. 동시에 존재하는 두 인간이 동일인일 수 없다면, 을의 논증에서 동일한 두뇌정보를 이식받은 B와 C는 동일인일 수 없고 서로 다른 인조인간이 된다.

② 옳다. 을은 동일한 두뇌정보를 이식받은 B와 C를 서로 다른 인조인간이라고 보고 있다.

③ 옳다. 을은 갑의 논증에 대해 동일한 두뇌정보를 둘에게 동시에 이식하는 경우를 들어 비판하고 있다. 이에 병은 두뇌정보를 한 명에게만 이식한다는 '유일성 조건'을 제시하여 갑의 입장을 옹호하고 있다.

⑤ 옳다. 정에 따르면 나와 인조인간 Ⅱ는 유사하지만 서로 다른 두뇌정보를 가지고 있다. 따라서 둘을 동일인이라고 할 수 없다.

## 21

답 ⑤

난도 하

정답해설

⑤ 옳다. (나)에 따르면, 자신보다 우월한 사람들을 준거집단으로 삼는 경향이 한국보다 강한나라는 상대적 박탈감과 좌절을 더욱 크게 느낄 것이고 그에 따라 한국보다 행복감이 낮아야한다. 따라서 해당 국가의 행복감이 한국보다 높다면 이는 (나)의 입장과 정면으로 배치되어 (나)를 약화한다.

오답해설

① 옳지 않다. (가)에 따를 때, 만약 지위재에 대한 경쟁이 치열하여 지위재 획득이 어려워진다면 국가의 전반적인 행복감이 낮아질 것이다. 따라서 선지는 (가)에 부합하지 않는다.

② 옳지 않다. 지위재로 행복감을 설명하는 (가)의 입장에 따를 때, 경제적 수준이 비슷한 나라들과 비교하여 지위재가 풍부하다면 행복감도 비교적으로 높아야할 것이다. 따라서 한국이 지위재가 풍부하지만 행복감이 낮다면 이는 (가)의 입장을 약화하는 사례가 된다.

③ 옳지 않다. (가)는 지위재로 행복을 설명하고 있으므로 지위재에 대한 정보가 있어야 행복감을 비교할 수 있다. 따라서 일인당 소득 수준이 한국과 비슷한 나라의 지위재가 한국과 비교하여 상대적으로 풍부한지를 알 수 없기 때문에 해당 조사결과는 (가)를 강화하지 않는다.

④ 옳지 않다. 이러한 사실에 대해 (나)는 해당 국가가 한국보다 행복감이 낮을 것이라는 해석을 제시할 수 있기 때문에, 해당 사실은 (나)를 약화시키지 않는다.

합격생 가이드

대략적으로 훑어봤을 때, 우리나라의 행복감이 낮은 현상에 대해 (가)와 (나)가 서로 다른 이유를 제시하고 있음을 알 수 있다. 따라서 각각 그 원인을 어디서 찾고 있는지를 압축적으로 이해할 필요가 있다. (가)는 그 원인을 '지위재'에서 찾고 있으며 (나)는 그 원인을 '비교하는 성향'에서 찾고 있다. 따라서 (가) : 지위재↑ → 행복감↑, (나) : 비교성향↑ → 행복감↓ 이라고 간략히 도식화한 뒤, 그에 따라 선지를 판단하면 쉽게 접근할 수 있다.

## 22

답 ②

난도 중

정답해설

ㄱ, ㄴ은 기술이 과학에 앞선 역사적 사례이며, ㄷ은 과학연구보다 기술연구가 기술발전에 더욱 많이 기여한 것을 보여주는 사례이다.

② 옳다. ㄱ, ㄴ은 기술이 과학에 앞서서 발전했다는 점을 보여주고 ㄷ은 과학이 기술에 끼치는 영향이 적다는 걸 보여주므로 적절한 활용방안이다.

오답해설

① 옳지 않다. 세 사례 모두 기술과 과학의 연관성을 보여주고 있기 때문에 차이점을 강조하는 것은 적절하지 않다.

③ 옳지 않다. 글은 과학이 기술에 앞선다는 통념을 부정하는 것일 뿐, 두 영역이 독립적으로 발전했다고 주장하려는 것은 아니다. 따라서 적절하지 않다.

④ 옳지 않다. 글의 논지는 과학과 기술의 관계가 상호 침투라는 것에 있지 기술에 더 많이 투자할 때 과학이 발전한다고 주장하려는 것은 아니다. 따라서 적절하지 않다.

⑤ 옳지 않다. ㄱ, ㄴ은 기술이 과학에 앞선 역사적 사례를 보여주고 있으므로 ㄱ을 과학과 기술이 독립적으로 발전한 근거로 사용하려는 것은 적절하지 않다.

합격생 가이드

글은 과학적 지식이 기술에 앞선다는 통념을 부정하고 있으며 두 영역은 상호침투라는 것을 주장하고 있다. 또한 역사적으로는 기술이 과학에 앞선다고 주장하고 있다. 이를 통해 '과학과 기술이 독립적'임을 언급하고 있는 선지부터 제거하면 빠르게 풀 수 있다.

## 23

답 ②

난도 중

정답해설

ㄴ. 옳다. 동일한 수익을 얻은 경우, 민감성 반응 특징에 따라 더 많은 자산을 가진 경우 수익에 더 둔감하게 반응할 것이다. 따라서 자산 x였을 때에 y였을 때보다 더 큰 만족감을 느꼈다면, 자산 x가 y보다 더 작을 것이다.

오답해설

ㄱ. 옳지 않다. 지문을 통해 손실을 입은 경우 반드시 상실감을 느끼는지의 여부는 알 수 없다. 예를 들어, 준거점 의존성에 따라 기대손실이 100만 원이었는데 실제로 50만 원 만큼 손실을 봤다면 50만큼의 만족감을 느끼는 경우를 가정할 수 있으므로, 옳지 않은 보기이다.

ㄷ. 옳지 않다. 지문의 내용을 통해서는 동일한 크기의 손실 혹은 수익에 대해 서로 다른 사람 간 비교가 가능한지 알 수 없다.

합격생 가이드

〈보기〉 ㄱ은 지문을 통해 확신할 수 없는 내용이라는 점에 주의해야 한다. 이와 같이 추론 유형에서 지문의 내용과 모순되지 않는 반례를 한 가지라도 찾을 수 있는 경우, 해당 선지 혹은 〈보기〉는 확실하게 알 수 있는 정보가 아니라는 것을 주지하자.

## 24

답 ③

난도 중

정답해설

'증거 E가 가설 H를 확증한다'는 것은 '가설 H가 참인 조건에서 증거 E가 참일 확률이 가설 H가 거짓인 조건에서 증거 E가 참일 확률보다 더 크다'는 것을 의미한다. 증거 R이 두 해석을 확증하는지에 대해 살펴보면 다음과 같다.

- ST가 참인 조건에서 증거 R이 참일 확률 = 1/2
  ST가 거짓인 조건에서 증거 R이 참일 확률 = 1
  ∴ 증거 R은 ST를 확증하지 못한다.
- MW가 참인 조건에서 증거 R이 참일 확률 = 1
  MW가 거짓인 조건에서 증거 R이 참일 확률 = 1/2
  ∴ 증거 R은 MW를 확증한다.

따라서 빈칸에 들어갈 진술은 R은 ST를 확증하지 못하지만 MW를 확증한다는 ③이다.

## 25 답 ⑤

난도 중

정답해설

증거 L이 ST와 MW 중 어떤 것을 확증하는지를 살펴보면 다음과 같다.

- ST가 참인 조건에서 증거 L이 참일 확률=1/2
  ST가 거짓인 조건에서 증거 L이 참일 확률=1

∴ 증거 L은 ST를 확증하지 못한다.

- MW가 참인 조건에서 증거 L이 참일 확률=1
  MW가 거짓인 조건에서 증거 L이 참일 확률=1/2

∴ 증거 L은 MW를 확증한다.

위 논의에 따르면 증거가 R일 때와 L일 때 모두 두 가지 해석 중 MW 하나만을 확증하고 있음을 알 수 있다. 따라서 어떤 경험을 하든지 우리의 경험은 하나의 해석만을 확증한다는 ⑤가 정답이 된다.

# CHAPTER 03 제3회 언어논리 모의고사 정답 및 해설

| 01 | 02 | 03 | 04 | 05 | 06 | 07 | 08 | 09 | 10 |
|----|----|----|----|----|----|----|----|----|----|
| ① | ① | ① | ① | ⑤ | ④ | ① | ④ | ⑤ | ② |
| 11 | 12 | 13 | 14 | 15 | 16 | 17 | 18 | 19 | 20 |
| ② | ② | ② | ⑤ | ④ | ① | ② | ③ | ⑤ | ③ |
| 21 | 22 | 23 | 24 | 25 | | | | | |
| ④ | ④ | ② | ④ | ⑤ | | | | | |

## 01

**답** ①

**난도** 하

**정답해설**

ㄱ. 옳다. 공동 식사를 통해 참가자들이 공동체에 소속되어 있다는 확신을 얻게 되는 반면, 카스트와 유대인, 길드의 예시에 나타난 바와 같이 자신의 집단이 아닌 다른 집단에 대한 경계는 더욱 강화되는 것을 알 수 있다.

**오답해설**

ㄴ. 옳지 않다. 새로운 종교 창출과 공동 식사의 관계는 지문을 통해 알 수 없는 내용이다.

ㄷ. 옳지 않다. '이러한 공동 식사 중에는 ~ 식사 자체의 이기주의적 배타성이 극복된다.'는 내용을 통해 식사가 본질적으로 이타적인 행위가 아님을 알 수 있다.

**합격생 가이드**

어렵지 않은 일치부합 문제이다. 이 문제와 같은 선지 구성의 경우, 보기 ㄱ, ㄴ 지문과의 일치 여부를 옳게 판단했다면 보기 ㄷ을 읽어볼 필요 없이 정답을 찾을 수 있으므로 시간 절약이 가능하다.

## 02

**답** ①

**난도** 중

**정답해설**

① 옳다. 공법의 경우 토지의 비옥 정도에 따라 세금 부과의 기준이 되는 1결의 절대 면적이 달라지고, 1등전에 가까울수록 비옥한 땅이며 비옥한 토지일수록 세금 부과 기준이 되는 1결의 절대 면적이 작아진다. 따라서 공법에 따라 같은 군현에 있는 마을들이라면 같은 세액 정책을 적용받을 것이고, 1등전만 있는 마을이 세금 부과 기준이 되는 1결의 절대 면적이 더 작으므로, 두 마을의 농지 절대 면적의 총합이 동일하다면 1등전만 있는 마을 주민들이 내는 조세 총액이 더 크다.

**오답해설**

② 옳지 않다. 공법의 경우 결당 세액이 군현별로 조정되므로, 같은 등급이라고 하더라도 군현이 다르다면 내야 하는 조세의 액수가 다를 수 있다.

③ 옳지 않다. 절대 면적이 동일하다면, 1등전만 있는 마을이 2등전만 있는 마을보다 세금 부과 기준이 되는 1결의 절대 면적이 작아지므로, 결과적으로 총 결의 수가 더 많아질 것이다.

④ 옳지 않다. 공법 시행에 따라 세종은 도 관찰사로 하여금 매년 그 땅의 작황을 조사해 보고하도록 하였다.

⑤ 옳지 않다. 세종의 초안에 따라 결당 세액을 고정하는 경우 함경도 주민들이 내는 조세 총액이 전라도 주민들이 내는 조세 총액보다 많은지는 지문을 통해 알 수 없다.

**합격생 가이드**

지문에서 토지의 절대 면적과 '결'이라는 세금 부과 기준이 되는 토지단위를 서로 혼동하지 않도록 한다. 공법이 세금 부과 기준이 되는 '결'의 절대적인 크기를 각 토지의 비옥도에 따라 달리 책정해서 기존 조세제도의 문제점을 해소하고자 했다는 것이 지문의 핵심 내용이므로, 같은 1결의 절대 면적이 토지마다 달라질 수 있다는 것을 이해할 수 있어야 한다.

## 03

**답** ①

**난도** 하

**정답해설**

① 옳다. '위안부 누드' 사건은 성별 권력 격차를 보여준다. 일반 누드이든 위안부 누드이든 핵심은 권력 관계이며, 위안부 누드는 이를 극대화하여 보여주는 것이다.

**오답해설**

② 옳지 않다. 핵심은 권력 관계이지 위안부라는 소재가 아니다.

③ 옳지 않다. 강조점에 따라 해석이 달라질 수는 있으나, 이 글에서 주장하는 바가 아니다.

④ 옳지 않다. 이 글에서는 누드를 일종의 정치적 사건이자 권력 관계의 문제라고 본다. 따라서 정치적 관점에서 해석하는 것이 위안부 누드의 의미를 바르게 이해하는 것이다.

⑤ 옳지 않다. 위안부 누드 사건은 불평등이 에로틱하게 여겨지는 현상을 드러낸다. 평등을 에로틱하게 여겨야 하는 이유는 나타나 있지 않다.

**합격생 가이드**

글 자체는 길다. 그러나 논지를 묻는 문제인 만큼 쉽다. 글을 전부 꼼꼼하게 읽을 필요가 없다. 논지 문제에서 중요한 것은 디테일이 아니라 글의 전반적 인상이다.

## 04

답 ①

[난도] 하

[정답해설]

지문 내용으로부터,

P : 비가 오고 구름이 끼어 있다.

Q : 비가 온다.

P이지만 Q는 아니다 : 비가 오고 구름이 끼어 있지만, 비가 오지 않는다.

임을 알 수 있다. 또한 (가) 이전에 '이는 자기모순적인 명제이다'라는 내용으로부터, (가)에는 ㄱ이 들어가야 함을 알 수 있다.

(나) 이전에 '명제 A이지만 명제 B가 아니다'가 자기모순적인 명제가 아니라는 것으로부터, '명제 B는 명제 A로부터 도출되지 않는다.'는 것을 알 수 있다. 이때 명제 A는 '타인을 돕는 행동은 행복을 최대화한다.'이고, 명제 B는 '우리는 타인을 도와야 한다.'이므로, '명제 B는 명제 A로부터 도출되지 않는다.'는 내용을 명제 B와 명제 A의 내용으로 치환한 ㄷ이 (나)에 들어가야 한다.

[합격생 가이드]

주어진 예시 문장을 지문에 제시된 P, Q 등의 기호를 써서 치환하면 빈칸에 들어갈 내용을 쉽게 유추할 수 있는 문제이다.

## 05

답 ⑤

[난도] 하

[정답해설]

⑤ 옳다. 중국의 수학적 사고는 대수적이었고, 이러한 대수 중심적 수학적 사고는 중국인들의 여러 위대한 기술적 발명의 성공적인 실현을 막지 못했다는 것을 통해 확인할 수 있다.

[오답해설]

① 옳지 않다. 입자론적 이론의 도움 없이도 당·송·원 시기의 몇몇 연금술 저서에서 이미 화학적 친화력의 개념이 등장했음을 알 수 있고, 유럽에서도 입자론적 이론들이 근대화학 출현에 매우 중요하게 된 것은 결국 르네상스 이후 시기였다는 부분을 통해 알 수 있다.

② 옳지 않다. 유기체적 관점을 가진 중국의 3세기 문헌에서 이미 '분리된 것들 사이의 작용'이 아무런 물리적 접촉 없이 나타날 수 있다는 언급이 있다는 것을 통해 유기체적 관점에서도 원격 작용의 개념이 성립한다는 것을 알 수 있다.

③ 옳지 않다. 중국에는 유클리드가 없었지만 그것이 천문학적 좌표 체계를 발전시키는 것을 막지는 못했다는 점을 알 수 있다.

④ 옳지 않다. 서구의 입자론이 없었음에도 중국인들은 유럽보다 수 세기 앞서 눈 결정이 육각형이라는 사실을 발견했다.

## 06

답 ④

[난도] 하

[정답해설]

자연발생설 지지자들은 적당한 유기물과 충분한 공기라는 조건이 갖추어진 경우, 생명이 없는 물질로부터 생명체가 생겨날 수 있다고 주장하였다. (가)의 바로 앞부분에서는 스팔란차니의 실험 결과 미생물이 없는 유기 물질에서 새로운 미생물이 발생할 수 없다는 것이 밝혀졌다는 주장이 제시되는데, (가)에는 이에 대해 자연발생설 지지자들이 반박하는 내용이 포함되어야 하므로 '적당한 유기물과 충분한 공기 중 한 가지 조건이 부정되어 미생물이 발생하지 않은 것'이라는 내용이 들어가야 한다. 따라서, (가)에 포함될 내용은 ㄴ이다.

---

(나) 이전에는 스팔란차니 실험의 한계를 보완하기 위해, 19세기 생물학자들이 공기를 주입하여 실험한 결과, 미생물이 발견되지 않는 경우가 있었다는 내용이 제시되어 있다. (나)에는 이에 대해 자연발생설의 지지자들이 반박하는 내용이 포함되어야 하므로, 공기 외의 다른 조건인 적당한 유기물의 존재라는 조건이 부정되었다는 내용이 들어가야 한다. 따라서 (나)에 들어갈 적절한 내용은 ㄷ이다.

[합격생 가이드]

자연발생설 지지자들은 적당한 유기물과, 충분한 공기라는 두 가지 조건이 갖추어진 경우에만 생명체가 생겨날 수 있다고 보았다는 첫 번째 문단의 내용으로부터, 이 두 가지 조건이 부정되는 경우 자연발생설에 따르더라도 생명체가 생겨날 수 없으므로 이것이 자연발생설 지지자들의 핵심적 반박 논거가 될 것임을 예상할 수 있다. 빈칸의 내용은 문상 각각의 실험 결과 생명체가 관찰되지 않은 이유에 대한 자연발생설 지지자들의 반박이 포함되어야 하므로, 위의 사실을 염두에 둔다면 보기 중 쉽게 정답을 도출할 수 있다.

## 07

답 ①

[난도] 하

[정답해설]

① 옳다. 러셀에 따르면 샌디가 태어난 후 모든 날에 대응하는 해가 있고, 쓰기 시작한 후의 모든 해에 대응하는 날이 있다. 따라서 샌디가 무한히 생존하여 기록한다면 어떤 미래의 사건도 그것이 언제 기록될지를 계산할 수 있다. 결국 "샌디가 태어난 후 모든 날"이라는 하나의 무한 집합과, "샌디가 쓰기 시작한 후의 모든 날"이라는 무한 집합의 원소들 사이에는 일대일 대응이 성립한다.

[오답해설]

② 옳지 않다. 러셀이 제시한 두 무한 집합은 포함관계가 아니다.

③, ④ 옳지 않다. 러셀이 제시한 두 무한 집합의 원소들 사이에는 일대일 대응이 성립하며, 두 무한 집합의 크기가 같다.

⑤ 옳지 않다. 사건과 기록의 시간 간격은 계속해서 일정하게 유지될 것이다.

## 08

답 ④

[난도] 중

[정답해설]

서론에서는 인터넷쇼핑 시장이 확대된다는 내용을 제시하고 있으나, 이후 글에서는 역선택에 대해서만 다루고 있다. 따라서 바로 다음 문단으로 역선택에 대한 문제를 제기하는 나 문단이 와야 한다.

다음으로 마 문단을 배열해야 한다. 나 문단 마지막에 물음으로 끝내고 있는데, 마 문단 처음에 "이것은 온라인마켓과 오프라인마켓의 차이점에 기인한다."고 하며 그 답을 제시하고 있기 때문이다.

마 문단 다음으로는 가 문단이 와야 한다. 마 문단에서 역선택이라는 개념이 처음 제시되었으므로, 그 개념에 대한 정의와 설명이 제시되어야 한다.

한편 라 문단에서는 인터넷쇼핑몰의 역선택 문제에 대해 부연설명하고 있고, 다 문단에서는 생산자의 적극적 신호전략을 역선택의 해결책으로 제시하고 있다. 따라서 라-다 순으로 배열해야 한다.

[합격생 가이드]

각 문단에서 특정 단어를 어떻게 표현하는지 잘 살펴보자. 특별한 개념을 제시하면 그에 대한 설명이 반드시 이어져야 한다. 또 대명사가 나왔다면 그 앞에 이에 대한 본래 단어가 나왔어야 한다.

## 09　　　　　　　　　　　　답 ⑤

난도 하

정답해설

⑤ 옳다. 지문에 따르면, 마태 효과가 논문 심사. 연구 프로젝트 선정 단계부터 나타날 경우 논문의 질보다 과학자의 명성에 의해 심사 결과가 좌우되어, 과학적 진보를 왜곡할 수 있다는 것이 핵심적인 부정적 측면이다. 따라서 익명성을 유지하여 심사의 공정성을 확보하는 것이 가장 적절한 해결책이 될 것이다.

오답해설

① 옳지 않다. 마지막 문단에 따르면 심사위원이 대개 엘리트로 구성되기 때문에 마태 효과의 부정적 측면이 발현되는 것이기도 하기 때문이다.

② 옳지 않다. 지문에 따르면 신진 과학자의 투고율이 낮은 것이 마태 효과의 부정적 측면을 발현시키는 핵심 문제가 아니다. 신진 과학자의 투고율이 높더라도 심사 구조를 바꾸지 않으면 마태 효과의 부정적 측면 해소가 어렵다.

③ 옳지 않다. 신진 연구자에 대한 심사가 신진 연구자의 연구 질이나 공로를 평가 절하하는 경향으로 인해 마태 효과의 부정적 측면을 유발하는 것이므로, 신진 연구자에 대한 심사절차를 까다롭게 하는 것은 적절한 해결법이 될 수 없다.

④ 옳지 않다. 엘리트 과학자 역시 자신의 명성이 아니라 논문 자체의 질에 의해 평가받아야 한다는 것이 지문의 핵심 내용이며, 이들의 공헌도를 제대로 평가하지 않으면 오히려 다른 방식으로 과학적 진보를 왜곡할 수 있다.

**합격생 가이드**

지문에서는 마태 효과의 부정적 측면이 나타나게 되는 핵심 이유가 연구 프로젝트나 논문의 심사 과정에서 연구자의 명성 정도가 심사 결과에 영향을 미치게 되는 것이므로, 이를 배제하기 위해서는 연구자의 명성이 심사결과에 미치는 영향을 제거하기 위한 해결방법을 채택해야 한다는 것을 이해해야 한다.

## 10　　　　　　　　　　　　답 ②

난도 하

정답해설

중간 결론의 내용과 전제 1, 2의 내용을 토대로 볼 때. 근대 국가의 인구가 매우 큰 규모였다는 것과, 직접 민주주의의 시행이 어려운 경우 대의제가 발달한다는 전제로부터 서구에서 근대 민주주의가 대의제 형태로 발전할 수밖에 없었다는 결론을 도출하려면, 인구 규모가 일정 규모 이상인 경우 직접 민주주의의 시행이 어려워진다는 전제가 추가되어야 한다. 따라서 A에는 이러한 내용을 포함하는 문장이 들어가야 하므로, 선지 중 적절한 것은 '인구와 지역 규모가 매우 큰 경우 직접 민주주의는 실현되기 어렵다'이다.

중간 결론 이후의 전제들을 보면. 인류는 공간적 한계를 극복하고 있고, 대규모 의견 처리가 가능해지고 있으며 이는 직접 민주주의의 시행을 가능하게 하는 요건이다. 또한 전제 8에 따라 직접 민주주의는 대의제보다 더 나은 제도이다. 이때 머지않은 장래에 직접 민주주의가 도래할 것이라는 결론이 도출되기 위해서는, 인류가 항상 더 나은 제도를 도입하고자 할 것이라는 전제가 추가되어야 한다. 따라서 B에는 '인류는 더 나은 제도를 선택한다.'가 들어가야 한다.

## 11　　　　　　　　　　　　답 ②

난도 하

정답해설

② 옳다. 카오스계는 예측 가능성이 지극히 제한적이므로, 예측이 자신의 주요 임무라고 생각하는 과학자들은 카오스계의 존재를 부담스럽게 느낄 수 있다.

오답해설

① 옳지 않다. 지문에서 명확히 제시되지는 않았으나. 진자처럼 단순한 결정론적 방식을 따르는 물리계라 하더라도 초기 조건에 민감하며 아주 복잡한 운동을 보인다는 내용을 통해 카오스계가 아니라고 단정할 수 없다.

③ 옳지 않다. 아무리 성능이 뛰어난 컴퓨터라고 해도 초기 데이터와 수많은 변수들을 아주 정밀하게 처리하는 것은 어려우므로, 날씨 예측에 있어 부정확성을 완전히 제거하는 것은 불가능할 것이다.

④ 옳지 않다. 물리계의 예측 불가능성은 물리법칙을 따르는지 여부가 아니라 초기 조건의 민감성 때문이므로, 동일한 물리법칙이 적용되더라도 변화 예측에 필요한 시간이 감소하는지는 알 수 없다.

⑤ 옳지 않다. 결정론적 법칙을 따르는지의 여부와 카오스 현상 발생 간의 관계는 지문에서 제시되지 않은 내용이다.

## 12　　　　　　　　　　　　답 ②

난도 중

정답해설

② 옳다. 이 글에 따르면 자연의 소리는 대부분 $1/f$의 패턴을 따른다. 그리고 대중에게 호감을 주는 음악이 대개 $1/f$ 음악인 이유는, 이러한 음악이 자연의 소리와 구조적으로 유사하기 때문이다. 이러한 논증이 성립하기 위해서는 사람들이 자연의 소리에 호감을 느낀다는 전제가 필요하다.

("자연이 $1/f$"＋"사람들이 자연의 소리에 호감을 느낌" → "$1/f$ 음악을 자연스럽다고 생각하며 호감을 느낌")

오답해설

① 옳지 않다. $1/f$ 음악이 대중적으로 인기를 끌 만한 특성을 지닌다는 것은 이 글의 결론이다.

③ 옳지 않다. 우선 사람들에게 안도감을 주는 소리에 대해서 전혀 언급이 없다. 만일 안도감을 호감이라고 해석하더라도, 이는 글에 명시적으로 제시된 내용이다.

④ 옳지 않다. 작곡가의 의도는 글과 전혀 무관하다.

⑤ 옳지 않다. 음악과 자연의 음향이 항상 구조적으로 동질성을 가지는 것은 아니다. 일부 대중적으로 인기 있는 음악이 자연의 음향과 유사한 것이다.

## 13　　　　　　　　　　　　답 ②

난도 중

정답해설

지문 내용에 따라. 루이는 게르만어를 쓰는 지역을, 샤를은 로망어를 쓰는 지역을 할당받았다는 사실을 알 수 있다. 빈칸의 바로 앞 문장에서는 '서로 상대측 영토의 세속어로 서약했다는 점에 주목'했다는 내용이 제시되고, 빈칸 바로 뒤에서는 '그러므로 루이와 샤를 중 적어도 한 명은 서약 문서를 자신의 모어로 작성한 것이 아니다'라는 내용이 제시되어 있다. 따라서 루이는 로망어로, 샤를은 게르만어로 서약에 참여했는데, 주어진 선지 중 이 조건을 충족하면서 둘 중에 한 사람은 자신의 모어로 서약 문서를 작성하지 않았음을 추론해 낼 수 있는 것을 찾아야 한다.

② 옳다. 루이와 샤를 모두 게르만어를 모어로 사용했다면, 적어도 로망어로 서약 문서를 작성한 루이는 자신의 모어가 아닌 언어로 서약 문서를 작성한 것이 되므로 빈칸에 들어가기에 적절한 내용이다.

**오답해설**

① 옳지 않다. 이 경우 샤를과 루이 둘 다 자신의 모어로 서약 문서를 작성하지 않았을 가능성이 발생한다.

③ 옳지 않다. 로타르가 분배받은 스트라스부르의 세속어는 빈칸에 들어갈 내용과 관계가 없다.

④ 옳지 않다. 이 경우 둘 다 자신의 모어로 작성했을 가능성이 생기므로, 적절하지 않은 내용이다.

⑤ 옳지 않다. 역시 각자 자신의 모어로 서약 문서를 작성했을 가능성이 생기므로, 옳지 않다.

**합격생 가이드**

루이는 게르만어를 쓰는 지역을, 샤를은 로망어를 쓰는 지역을 할당받았다는 것과 빈칸 바로 앞뒤의 문장 내용만 파악해도 충분히 답을 찾을 수 있는 문제이다. 빈칸 유형 문제의 경우 정답 도출을 위해 항상 지문 전체를 읽을 필요는 없으므로, 빈칸 바로 앞뒤 내용을 보고도 답이 도출되지 않는 경우가 아니라면 굳이 지문을 끝까지 꼼꼼히 읽으면서 시간을 소모하지 않도록 하자.

# 14

**답** ⑤

**난도** 상

**정답해설**

ㄱ. 옳다. 적혈구가 파괴되면서 빌리루빈이라는 물질이 유리되고, 빌리루빈이 여러 과정을 거치면서 결합 빌리루빈으로 변환되고, 소장으로 배출된 뒤 유로빌리노젠으로 전환된 뒤 그 일부가 소변으로 배출되는 과정을 거치는 것이므로, 소변 내 유로빌리노젠의 양이 정상치보다 높다는 것은 빌리루빈의 생성량이 많다는 것을 의미한다. 따라서, 이 경우 혈액의 적혈구 파괴 비율이 증가하여 빌리루빈 생산량이 많아진 것으로 추측할 수 있다.

ㄴ. 옳다. 비결합 빌리루빈은 혈류를 따라 간으로 이동한 후, 담즙을 만드는 간세포에 흡수된 뒤 글루쿠론산과 결합하여 결합 빌리루빈으로 바뀌게 된다. 이때 혈액 내에 비결합 빌리루빈의 양이 정상치보다 높다는 것은 담즙을 만드는 간세포의 기능에 문제가 있어 비결합 빌리루빈이 결합 빌리루빈으로 전환되지 못한 것으로 해석할 수 있으므로, 옳은 선지이다.

ㄷ. 옳다. 간세포에서 분비된 담즙을 통해 소장으로 들어온 결합 빌리루빈의 절반은 대변으로 배출되므로, 대변 내 결합 빌리루빈이 발견되지 않는 것은 결합 빌리루빈이 소장으로 들어오지 못한 것일 수 있다. 이 경우, 담즙의 배출에 문제가 생겨서 결합 빌리루빈이 소장으로 이동하지 못한 것으로 해석할 수 있으므로 옳다.

**합격생 가이드**

㉠ 추측의 사례로 적절한 것을 찾기 위해 지문의 전반적인 내용을 이해해야 하는 문제이다. 이 문제와 같이 복잡한 메커니즘을 순차적으로 설명하는 지문이 제시되고, 그 메커니즘에 대한 이해가 문제 풀이의 핵심이 되는 경우 간단한 단어와 화살표 등을 활용하여 내용을 정리하면서 지문을 읽어나가야 문제 풀이 과정에서 지문을 여러 번 읽느라 시간을 낭비하지 않을 수 있다.

# 15

**답** ④

**난도** 중

**정답해설**

주어진 정보들을 바탕으로 세 사람의 지붕 색, 애완동물, 직업을 추론하면 다음과 같다. 광수는 광부이고, 농부와 의사의 집은 서로 이웃해 있지 않으므로 광부인 광수가 가운데 집에 살아야 한다. 가운데 집에 사는 사람은 개를 키우지 않으므로, 광수는 개를 키우지 않는다. 의사의 집과 이웃한 집은 가운데 집밖에 없으므로, 광수는 노란 지붕 집에 산다. 원태는 빨간 지붕 집에 살기 때문에, 수덕은 파란 지붕 집에 살면서 고양이를 키운다. 따라서 원태는 개를 키우고, 광수는 원숭이를 키우게 되며, 수덕과 원태의 직업은 확정되지 않는다. 이를 표로 나타내면 다음과 같다.

| 구분 | 수덕 | 원태 | 광수 |
|---|---|---|---|
| 지붕색 | 파랑 | 빨강 | 노랑 |
| 동물 | 고양이 | 개 | 원숭이 |
| 직업 | 농부 or 의사 | 농부 or 의사 | 광부 |

따라서, 〈보기〉 중 반드시 참이라고 할 수 없는 것은 ㄱ, ㄴ, ㅁ이다.

# 16

**답** ①

**난도** 중

**정답해설**

지문에 제시된 조건들을 다음과 같이 단순하게 치환하였다.

- 기계 M의 오작동이 원인 : M
- X공장 또는 Y공장에서 화재 발생 : X, Y
- 방화가 화재의 원인 : 방화
- 감시카메라에 수상한 사람이 찍힘 : 감시
- 방범용 비상벨이 작동 : 방범
- B지역 또는 C지역으로 화재 확대 : B, C
- 시설 노후화로 인한 누전이 화재의 원인 : 누전
- 을, 병, 정에게 책임이 있음 : 을, 병, 정

이를 이용하여, 지문의 내용을 논리식 형태로 정리하면 다음과 같다.

M → X ∧ Y, X

방화 → 감시 ∧ 방범, 방범 → ~B ∧ ~C, ~B, 감시

누전 → 을 ∨ 병, 을 → ~정

ㄱ. 옳다. 주어진 조건으로부터, X, Y공장에서 모두 화재가 발생했다고 해서 기계 M의 오작동이 화재의 원인이라고 단정할 수 없다.

ㄷ. 옳다. 주어진 조건에서 C지역에 화재가 확대되었다면, 방범용 비상벨이 작동하지 않았을 것이고, 방범용 비상벨이 작동하지 않았다면 방화가 이번 화재의 원인이 아님을 알 수 있다.

**오답해설**

ㄴ. 옳지 않다. 병에게 책임이 없다고 해도, 을에게 책임이 있는지 여부는 알 수 없으므로, 정의 책임 여부를 확정할 수 없다.

ㄹ. 옳지 않다. 정에게 이번 화재의 책임이 있다면, 을에게는 이번 화재의 책임이 없지만, 을에게 이번 화재의 책임이 없다는 것만으로는 주어진 조건 하에서 누전이 화재의 원인이라고 단정할 수 없다.

**합격생 가이드**

지문의 내용을 간명한 논리식 형태로 정확하게 치환하는 것이 문제풀이의 핵심이다. 각 〈보기〉의 내용이 주어진 조건 내에서 논리적으로 도출 가능한 정보인지 아닌지를 잘 판단해야 한다.

## 17 답 ②

난도 중

정답해설

ㄷ. 옳다. 정은 서울 청사에 근무하고, 서울 청사의 사무관 수가 가장 적다.

오답해설

알려진 네 가지 사실과 다른 조건을 토대로 할 때, 정은 서울 청사에서 근무하고, 갑과 병 중 한 명이 세종 청사에서 근무하며, 과천 청사에서 근무하는 사무관이 이들 중 2명이므로, 을은 과천 청사에서 근무하는 것을 알 수 있다. 또한 을이 근무하는 청사는 사무관 수가 가장 적은 청사가 아니고, 을이 일자리 창출 업무를 겸임하지 않는다는 것으로부터 과천 청사는 사무관 수가 두 번째로 많은 청사가 아니다. 따라서, 사무관 수가 많은 순서대로 청사를 나열하면, 과천, 세종, 서울 순이다.

ㄱ. 옳지 않다. 을 외에 모든 사무관이 일자리 창출 업무를 겸임하고 있으므로, 서울 청사에서 근무하는 정 역시 일자리 창출 업무를 겸임한다.

ㄴ. 옳지 않다. 을은 과천 청사에서 근무하고, 병은 세종 혹은 과천 청사에서 근무한다.

합격생 가이드

조건을 차근차근 적용해 나가면 답은 어렵지 않게 도출되므로 난도 자체는 높지 않으나, 문제 해결을 위해 고려해야 하는 조건이 많아 시간을 많이 소요할 수 있는 문제 유형이다. 지문의 조건이 많기 때문에 실전에서 당황하면 주어진 조건을 놓쳐서 답이 확정되지 않는 것으로 착각할 수 있으므로, 시간적 여유가 없다면 일단 넘어갔다가 다른 문제를 풀고 돌아와서 차분히 여유를 두고 풀 필요가 있다.

## 18 답 ③

난도 상

정답해설

③ 옳지 않다. 폭군은 자기 일신만을 받들고 신하의 진실한 충고를 배척하고, 자기만 성스러운 체하는 것인데, 덕종은 자신의 일신만을 받들었다고 보기 어렵고 때로 유능한 관리의 충언도 들었으므로, ㉢에 부합하는 예라고 보기 어렵다.

오답해설

① 옳다. 태갑과 성왕의 자질이 뛰어나지 못해도, 이윤과 주공이라는 뛰어난 신하에게 정사를 맡겨 인의의 도를 실천할 수 있었으므로 ㉠에 부합하는 예이다.

② 옳다. 문공과 고조는 나라를 부강하게 하였으나, 권모술수의 정치를 행해 백성의 도덕적 교화를 이루지 못했으므로 ㉡에 부합하는 예이다.

④ 옳다. 신종은 왕도정치를 회복하고자 했으나, 왕안석 등 간사한 이들을 분별하지 못해 나라를 망친 경우이므로 ㉣에 부합하는 예이다.

⑤ 옳다. 난왕, 희종, 영종 등은 무기력하고 나태하여 구습만 따르다 점차 나라가 망해가는 것을 지켜보았으므로, ㉤에 부합하는 예이다.

## 19 답 ⑤

난도 중

정답해설

⑤ 옳지 않다. 페스탈로치는 타고난 능력이 같은 쌍둥이 망아지의 비유를 통해 교육의 중요성을 설명하였다. 한편 비테는 타고난 재능이 적은 아이도 교육에 따라 더 뛰어날 수 있다고 하여 교육의 중요성을 강조하였다. 두 사람의 전제가 다르지만 이 전제가 상충되는 것은 아니다.

오답해설

① 옳다. 루소는 "특별한 교육을 받아도 멍청한 강아지가 똑똑한 강아지가 되지는 않는다."고 하여, 영재는 타고나는 것이라고 보았다. 한편 비테는 교육을 통해 아이를 영재로 키울 수 있다고 보았다. 따라서 루소는 비테의 결론에 동의하지 않을 것이다.

② 옳다. 엘베시우스는 교육의 중요성을 강조하였다. 페스탈로치도 쌍둥이 망아지의 비유를 통해 환경과 교육의 중요성을 강조하였다. 따라서 엘베시우스는 페스탈로치의 주장에 동의할 것이다.

③ 옳다. 비테는 사람들이 서로 다른 재능을 가지고 태어난다는 전제 하에 교육의 중요성을 강조하였다. 한편 엘베시우스는 사람들이 누구나 똑같이 태어난다고 가정하고 교육의 중요성을 강조하였다. 두 사람의 결론은 같지만, 전제가 다르다.

④ 옳다. 페스탈로치는 교육과 환경의 중요성을 강조한 반면, 루소는 타고나는 측면을 강조하였다.

합격생 가이드

하나의 주제에 대해 여러 사람들의 관점이 제시되고 있다. 글을 읽으며 누구의 주장이 어디에 위치해 있는지를 표시해두자. 또 선지의 "양립 가능하지 않다."라는 표현에 주의해야 한다. 이는 "동의하지 않을 것이다."보다 훨씬 강한 표현이다. 서로의 전제 혹은 결론이 모순될 때에만 양립 가능하지 않은 것이다. 서로 완전히 무관한 주제에 대해 이야기하거나, 동시에 참일 수 있다면 양립 가능하다고 보아야 한다.

## 20 답 ③

난도 중

정답해설

③ 옳지 않다. B는 근대화와 개화를 중시하고 근대적 국민국가 건설을 위해 서양 문화 전반을 적극적으로 수용하고자 했다. 반면 C는 외세의 침략에 저항하고 민중의 생명권을 확보하고자 했다. 따라서 B는 외부의 과학기술에 긍정적이었을 것이나, C는 부정적이었을 것이다.

오답해설

① 옳다. A는 전통 유가 이데올로기와 조선의 주체성을 중시했으므로 군왕제에 긍정적일 것이다. 반면 C는 만민평등권을 쟁취하기 위해 전통사상과 제도를 타파하고자 했으므로 군왕제에 부정적일 것이다.

② 옳다. D는 시장경제 등 사회분야에서 서양 제도를 수용하고자 했다. 또 이전의 성리학자들과 달리 국가 경제 발전을 중시했다. A는 서양 문화 전반을 배척하는 입장이므로, D의 경제사상에 대해 반대할 것이다.

④ 옳다. D는 근대 민주주의 등 서양 문화를 받아들이면서도 기존의 유교적 가치를 유지하고자 했다. 반면 B는 전통 문화를 비판하고 근대화와 개화를 중시했다. 따라서 B는 D의 정치사상은 받아들일지라도, 유가윤리는 거부할 것이다.

⑤ 옳다. C는 만민평등권을 쟁취하고자 했으므로 신분제에 부정적일 것이다. D 또한 근대 민주주의를 수용하고자 했으므로 신분제에 부정적일 것이다.

A, B, C, D의 견해는 두 번째 문단에 모두 나와 있다. 이렇게 각 견해가 어디에 위치해 있는지 명확히 드러나는 글은 필요한 부분만 읽으면 시간을 아낄 수 있다. 두 번째 문단을 우선 읽고, 잘 이해가 되지 않는다면 그때 첫 번째 문단을 읽으면 된다.

## 21

답 ④

난도 하

정답해설

ㄴ. 옳다. 무형의 법인의 기본권과 구체적 자연인의 기본권을 비교함에 있어, 구체적 자연인의 기본권을 우선하여 고려한다면 글은 더 이상 '적정한 비례를 유지'한 것이라고 할 수 없어 글의 논지가 약화된다.

ㄷ. 옳다. 글에서는 상이한 기본권 간의 제한을 비교하는 공통의 기준을 제시하고 있지 않고 있으므로 만약 공통의 기준이 없다면 두 기본권을 비교할 수 없다고 주장한다면 글의 논지가 약화된다.

오답해설

ㄱ. 옳지 않다. 글의 마지막 문단에서 '청구인 A의 직업선택의 자유를 침해하지 않고'라고 하였으므로 글의 논지와 일치하여 논지를 약화하지 않는다.

합격생 가이드

'학교법인 B의 대학의 자율성과 청구인 A의 직업선택의 자유는 기본권의 제한에 있어 적정한 비례를 유지하고 있다'는 주장을 펼치기 위하여 '청구인 A가 받는 불이익이 산술적으로 크지 않다는 점', '정책 유지여부는 대학 자율성의 본질적인 부분에 속한다는 점' 등을 근거로 채택하고 있다. 따라서 논지를 약화하는 가장 대표적인 방식은 채택된 근거가 타당하지 않다고 공격하는 것이다.

## 22

답 ④

난도 중

정답해설

ㄱ. 옳다. 글에서는 칸트의 환대 개념은 자기중심성을 가진다고 비판하면서 그 대안으로 데리다와 레비나스의 환대 개념을 제시하고 있다. 따라서 데리다와 레비나스의 환대 개념 역시 자기중심성을 가진다면 글의 논지는 약화된다.

ㄴ. 옳다. 글에서는 상호적 권리로서의 환대를 비판하고 비대칭적 수용으로서의 환대를 옹호하고 있다. 하지만 비대칭성에 근거한 환대가 현실적으로 실현 불가능한 개념이라면 글의 논지는 약화된다.

ㄹ. 옳다. 비대칭적인 환대 개념이 있어야 봉사자 스스로가 행복을 얻고 변화할 수 있다는 점에서 진정한 사회봉사의 이념이 될 수 있다고 주장하고 있다. 따라서 진정한 사회봉사 이념에 비대칭성이 반드시 요구되는 것이 아니라면 글의 논지는 약화된다.

오답해설

ㄷ. 옳지 않다. 글에서는 헤겔의 주장과 레비나스와 데리다의 환대 개념이 직접적인 관계가 있다고 주장하지 않는다. 단지 헤겔의 표현을 빌어 말할 뿐이다.

ㅁ. 옳지 않다. 글에서는 대칭적 상호성 원리에 기반을 둔 칸트의 환대 개념은 자유주의 사상을 벗어날 수 없다고 언급하며, 칸트의 환대 개념을 비판하고 있다. 따라서 다른 근거를 들어 칸트의 환대 개념을 비판한다고 하더라도 글의 주장이 약화되는 것은 아니다.

## 23

답 ②

난도 중

정답해설

ㄷ. 옳다. 동전 개수가 증가했을 때 80점을 받는 사람이 한 명쯤 나오려면 동전 개수의 증가에 맞춰 그룹 인원수도 크게 증가해야 하므로, A 그룹만 참가자 각각의 동전 개수가 1,000개로 증가한 경우 80점을 받는 사람이 한 명 나오기 위해 B 그룹보다 훨씬 많은 인원이 필요할 것이다.

오답해설

ㄱ. 옳지 않다. A 그룹 참가자와 B 그룹 참가자의 동전 개수를 각각 절반으로 줄이는 경우, 각 그룹의 동전 개수는 각각 5개, 50개가 되고, 이 때 B 그룹에서 5점 이상 얻는 사람들이 상당히 있을 것이고, 이는 A 그룹 사람들 중에서 누구도 이길 수 없는 점수이므로, 여전히 승자는 B 그룹에서 나올 가능성이 높다.

ㄴ. 옳지 않다. B 그룹만 인원을 매우 크게 늘린다면, 90점을 받는 사람이 한 명쯤 나올 가능성을 배제할 수 없다.

## 24

답 ④

난도 중

정답해설

④ 옳다. 정보 A가 송 씨의 두 아이가 모두 딸일 확률을 바꿀 만한 정보가 아니라면 풀이1과 풀이2의 확률은 달라선 안 된다. 따라서 상이한 확률이 모두 올바른 답변으로 인정된다면, 이는 정보 A가 송 씨의 두 아이가 모두 딸일 확률을 바꿀 만한 정보이기 때문이다.

오답해설

① 옳지 않다. 정보 A가 송 씨의 두 아이가 모두 딸일 확률을 바꿀 만한 정보라면, 물음2의 답변은 1/3이 아니다.

② 옳지 않다. 정보 A가 송 씨의 두 아이가 모두 딸일 확률을 바꿀 만한 정보라면, 둘 다 올바른 답변일 수 있다.

③ 옳지 않다. 정보 A가 송 씨의 두 아이가 모두 딸일 확률을 바꿀 만한 정보가 아니라면, 물음1과 물음2의 확률은 같아야 한다. 다만, 그 확률이 1/3로 같아도 되기 때문에 반드시 1/2라고 단정할 수는 없다.

⑤ 옳지 않다. 정보 A가 송 씨의 두 아이가 모두 딸일 확률을 바꿀 만한 정보가 아니더라도 풀이1이 올바른 답변이 아니면서 동시에 풀이2가 올바른 답변이 될 수 있다.

합격생 가이드

정보 A가 두 아이가 모두 딸일 확률을 바꿀 만한 정보라는 것은 물음1에 대한 답변과 물음2에 대한 답변이 달라야 함을 의미하며, 확률을 바꿀 만한 정보가 아니라면 물음1에 대한 답변과 물음2에 대한 답변이 같아야 함을 의미한다.

## 25

답 ⑤

난도 중

정답해설

⑤ 옳다. 이름을 알려주는 것이 확률을 바꾸는 정보를 주는 것이 아니라면, 물음 1과 물음3은 사실상 동일한 물음이 되며 그에 따른 답변도 같아야 한다. 따라서 물음1의 답변을 1/3에서 1/2로 수정해야 한다.

오답해설

① 옳지 않다. 물음1과 물음2 사이에는 정보 A가 주어졌는지 여부에 대한 차이가 여전히 존재하므로 두 물음의 답변이 같아야 할 이유가 없다.

② 옳지 않다. 물음2에 대해 1/2라고 답변하고 있으므로 답변을 수정할 필요가 없다.

③ 옳지 않다. 물음2에 대해 1/2라고 답변하고 있으므로 답변을 수정할 필요가 없다.

④ 옳지 않다. 전제1과 전제2는 물음1과 무관하기 때문에 두 전제가 주어졌다고 하더라도 물음1의 답변을 수정할 필요가 없다.

# PSAT

Public Service Aptitude Test

# 자료해석

# PART
# 2

# 자료해석

# CHAPTER
# 01 제1회 자료해석 모의고사 정답 및 해설

| 01 | 02 | 03 | 04 | 05 | 06 | 07 | 08 | 09 | 10 |
|----|----|----|----|----|----|----|----|----|----|
| ④ | ⑤ | ③ | ② | ① | ② | ② | ① | ② | ④ |
| 11 | 12 | 13 | 14 | 15 | 16 | 17 | 18 | 19 | 20 |
| ④ | ① | ④ | ③ | ③ | ⑤ | ④ | ① | ④ | ① |
| 21 | 22 | 23 | 24 | 25 |
| ④ | ③ | ⑤ | ① | ④ |

## 01

답 ④

**난도** 하

**정답해설**

ㄱ. 옳다. 독립에 무조건 찬성하는 사람의 비율은 27.4%로, 통일에 무조건 찬성하는 사람의 비율인 20.5%보다 높다.

ㄷ. 옳다. 통일에 무조건 찬성과 조건부 찬성하는 경우 모두 독립에 찬성하는 사람의 비율이 독립에 반대하는 사람의 비율보다 높다.

ㄹ. 옳다. 독립에는 찬성하지 않지만 통일에는 찬성하는 사람의 비율은 8.5+13.6=22.1%이다.

**오답해설**

ㄴ. 옳지 않다. 찬성은 무조건 찬성과 조건부 찬성을 포함한다. 독립에 찬성하거나 통일에 찬성하는 사람의 비율은 둘 중 하나만 찬성하는 사람도 포함하므로 전체에서 독립과 통일에 모두 반대하는 사람을 빼면 된다. 이 비율은 100−4.5=95.5%이다.

**합격생 가이드**

표에서 행과 열이 의미하는 것이 무엇인지 파악한다면 어렵지 않게 풀 수 있는 무난한 문항이다.

## 02

답 ⑤

**난도** 중

**정답해설**

⑤ 옳지 않다. 2011년 여성공무원 비율 차이는 17.0%p였으나, 2012년 여성 비율 차이는 17.4%p로 증가하였다.

**오답해설**

① 옳다. 매년 국가공무원 수는 지방자치단체공무원 수의 2배 이상이고, 국가공무원 중 여성 비율은 지방자치단체공무원 중 여성 비율의 약 1.5배이다. 따라서 매년 국가공무원 중 여성 수는 지방자치단체공무원 중 여성 수의 3배 이상이다.

② 옳다. 지방자치단체공무원 수는 매년 증가했고, 지방자치단체공무원 중 여성 비율도 매년 증가했다. 따라서 지방자치단체공무원 중 여성 수는 매년 증가했다.

③ 옳다. 매년 국가공무원 중 여성 비율은 50% 정도이다. 국가공무원 수가 지방자치단체 공무원 수보다 2배 이상 많으므로 국가공무원 중 여성 수는 지방자치단체공무원 수보다 많다.

④ 옳다. 2012년과 2013년의 국가공무원 중 여성 비율이 동일하다. 따라서 2012년과 2013년의 국가공무원 중 남성 비율도 동일하다. 한편 국가공무원 수는 2012년에 비해 2013년에 감소하였다. 결국 국가공무원 중 남성 수는 2013년이 2012년보다 적다.

**합격생 가이드**

①의 경우 정확한 값을 도출할 필요가 전혀 없다. 곱셈비교 시에 동일한 수로 나눌 수 있는지 확인해 보자. ⑤에서는 매년 비율 차이를 계산하기보다는, 국가공무원 중 여성 비율과 지방자치단체공무원 중 여성 비율이 각각 얼마나 증가했는지를 비교하는 것이 낫다.

## 03

답 ③

**난도** 하

**정답해설**

ㄱ. 옳다. 주어진 선지의 순서가 맞다고 가정하고 내려가며 더 큰 값이 있는지 확인한다. 반도체가 1등이고 그보다 큰 것이 없다면 다음 순서인 석유제품으로 내려가는 순서로 파악한다. 순서대로 반도체, 석유제품, 자동차, 일반기계, 석유화학, 선박류가 나열된다.

ㄴ. 옳다. 2013년 대비 2015년 수출액 비중이 증가한 것은 가전, 무선통신기기, 반도체, 일반기계, 자동차, 자동차부품, 컴퓨터 7개 품목이다.

**오답해설**

ㄷ. 옳지 않다. 2013년 세계수출시장 점유율은 선박류, 평판 디스플레이, 석유화학, 반도체, 무선통신기기 순서이다. 2014년은 선박류, 평판디스플레이, 반도체, 석유화학, 자동차부품이다. 3위와 4위 순서가 역전되었고 5위가 바뀌었다.

**합격생 가이드**

선지에서 순서를 줄 경우, 일일이 순서를 매기기보다 그것이 맞다고 가정하고 실제로 맞는지 확인하는 것이 더 효율적이다. 즉 1등으로 제시된 것보다 큰 것이 없다면 실제로 그것이 1등이고, 다음에 2등을 검증하는 식으로 진행한다. ㄷ과 같은 순서 찾기 및 변동 찾기의 경우 맨 앞자리 단위, 숫자를 비교하면 빨리 찾을 수 있으며 3위와 4위가 변동된 것을 알았음으로 실전에서 5위를 찾을 필요가 없다.

## 04

정답 ②

난도 하

**정답해설**

ㄱ. 옳다. 수면제 D의 평균 숙면시간은 5.2시간으로 C-D-A-B 순서로 평균 숙면시간이 긴 순서이다.

ㄷ. 옳다. 수면제 B와 수면제 D의 숙면시간 차이가 가장 큰 환자는 2시간의 차이를 보인 환자 '갑'이다.

**오답해설**

ㄴ. 옳지 않다. 환자 '무'의 수면제 C에서의 숙면시간은 6시간이다. 환자 '을'과 환자 '무'의 숙면시간 차이는 수면제 C에서 1시간, 수면제 B에서 2시간이므로 B가 C보다 크다.

ㄹ. 옳지 않다. 수면제 C의 평균 숙면시간보다 수면제 C의 숙면시간이 긴 환자는 '갑', '정', '무'로 총 3명이다.

> **합격생 가이드**
>
> 빈칸도 2개밖에 없고 계산도 아주 간단한 난도 최하 문항이다. 가끔 나오는 이런 쉬운 문제에서 실수하지 않도록 하자.
> 보기 하나하나에 정확성과 확신을 높여 'ㄱ'이 맞고 'ㄴ'이 틀리다는 걸 알았을 때 바로 ②를 체크할 수 있도록 하자. 시간을 절약할 수 있는 가장 간단한 방법이다.

## 05

정답 ①

난도 중

**정답해설**

ㄱ. 옳다. 2010년보다 2011년 매출액, 이익률, 시장점유율 3개 항목이 모두 큰 품목은 없다.

ㄴ. 옳다. 이익은 이익률에 매출액을 곱함으로써 쉽게 비교할 수 있다. 2010년보다 2011년 이익이 큰 품목은 C, D, E로 총 3개이다.

**오답해설**

ㄷ. 옳지 않다. 시장규모를 비교하기 위해서는 매출액을 시장점유율로 나누면 된다. 2011년 A품목의 시장규모는 90억 원÷0.4=225억 원으로, 2010년 A품목의 시장규모인 100억 원÷0.3=333억 원보다 작다.

ㄹ. 옳지 않다. 2011년 시장규모가 가장 큰 품목은 D로, 시장규모는 35억 원÷0.1=350억 원이다. 2011년 D품목의 이익은 35억 원×0.1=3.5억 원으로, 2010년 D품목의 이익인 40억 원×0.08=3.2억 원보다 크다.

> **합격생 가이드**
>
> 이익률과 시장점유율의 분모 분자에 어떤 값이 들어가는지를 파악한 후에, 곱셈과 나눗셈을 통하여 적절하게 가공한다면 수월하게 문제를 풀 수 있을 것이다.

## 06

정답 ②

난도 하

**정답해설**

ㄱ. 옳다. 재생에너지 생산량은 〈그림〉을 통해 확인할 수 있다. 대부분 차이가 크기 때문에 일일이 계산할 필요는 없다. 2014년 정도만 확인해 보면, 28.5×10%=2.85, 28.5+2.85<31.70이므로 전년대비 10% 이상 증가하였다.

ㄷ. 옳다. 2016년 재생에너지 생산량은 45.0이므로, 태양광을 에너지원으로 하는 재생에너지 생산량은 45×10.9%이다. 마찬가지로 2017년은 56×9.8%, 2018년은 68×8.8%이다. 재생에너지 생산량은 매년 20% 넘게 증가하고 있는 반면 태양광의 비율은 10% 정도씩 감소하고 있다. 따라서 정확히 계산하지 않더라도 태양광을 에너지원으로 하는 재생에너지 생산량은 매년 증가하였음을 알 수 있다.

**오답해설**

ㄴ. 옳지 않다. 에너지원별 재생에너지 생산량 비율의 순위는 〈표〉에서 확인할 수 있다. 2017년과 2018년은 폐기물-바이오-수력-태양광-풍력 순이나, 2016년에는 폐기물-바이오-태양광-수력-풍력 순이다.

ㄹ. 옳지 않다. 2016년은 45×10.3, 2018년은 68×15.1이다. 10.3과 15.1을 각각 10과 15로 어림해 보자. 그리고 두 값을 15로 나누어 주면 2016년은 30, 2018년은 68이 된다. 30×3>68이므로 수력을 에너지원으로 하는 재생에너지 생산량은 2018년이 2016년의 3배보다 작다.

> **합격생 가이드**
>
> 〈표〉와 〈그림〉의 제목에서 어떤 자료를 써야 하는지 빠르게 파악해야 한다. 〈그림〉의 경우 시각적 효과를 십분 활용하자. 모든 연도를 계산할 필요는 없으며, 시각적으로 가장 수상한 곳부터 확인하면 된다.

## 07

정답 ②

난도 중

**정답해설**

ㄱ. 옳다. 3,540의 70%는 2,478이다. 이 둘을 더하면 6,018로 6,160보다 작다.

ㄷ. 옳다. 535만의 9%는 약 48만으로 50만이 되지 않는다. 2017년의 교통량은 588만 대이므로 16년과 53만 차이가 난다. 따라서 9% 이상 증가했다.

**오답해설**

ㄴ. 옳지 않다. 2016년 3,540만명을 6으로 나누면 590만명이다. 2017년의 경우 6,160만명을 11로 나누면 560만명이다. 양 자의 차이는 30만명으로 10% 감소하지 않았다.

ㄹ. 옳지 않다. 서울-부산 구간에서 2016년 7:15, 2017년 7:50으로 오히려 최대 소요시간이 증가했다.

> **합격생 가이드**
>
> 해당 문항에서 보고서는 선지의 역할을 한다고 보면 된다. ㄱ의 경우 간단히 3,500의 70%를 계산하고 차이가 크다면 뒷자리는 계산하지 않아도 되며, 실전에서는 이러한 풀이가 적합하다.

## 08 　　　　　 답 ①

난도 하

정답해설

첫 번째 조건에 따르면, 발효식품개발기술과 환경생물공학기술은 미국보다 한국의 점유율이 더 높기 때문에 A와 B는 이 둘이 될 수 없다. A와 B는 미국이 40% 이상 차지하고 있고, 전세계 특허 건수 단위가 매우 커서 한국보다 미국의 특허건수가 더 많기 때문이다. (선지 ③ 소거)

두 번째 조건에 따르면, 동식물세포 배양기술에 대한 미국 점유율은 생물농약개발기술에 대한 미국 점유율보다 높은데 남은 선지 모두 이를 충족한다.

세 번째 조건에 따르면, 유전체기술에 대한 한국의 점유율과 미국 점유율의 차이가 41%p 이상인 바, B가 유전체기술이다. (선지 ④, ⑤ 소거)

네 번째 조건에 따르면, 환경생물공학기술에 대한 한국 점유율이 25% 이상인 바, D가 이에 해당한다. (선지 ② 소거)

따라서 답은 ①이 된다.

합격생 가이드

세 번째 조건을 판단함에 있어 A에서 두 국가의 점유율 차이가 41%p 나기 위해선 한국이 6.6% 이하를 차지해야 하며, B에서 두 국가의 차이가 41%p 차이가 나기 위해선 한국이 4.6% 이하를 차지해야 한다. 170,000의 5%가 8,5000이며 여기서 850을 빼도 한국 특허 건수보다 많다는 걸 고려하면 쉽게 답을 찾을 수 있다.

첫 번째 조건에서 이미 동식물세포 배양기술과 유전체기술이 A 혹은 B임을 알 수 있음으로, 이하 조건을 판단할 때는 이를 생각하여 불필요한 계산을 피하는 것이 중요하다.

## 09 　　　　　 답 ②

난도 중

정답해설

ㄱ. 옳다. 블로그 이용자가 총 1,000명이고 블로그 이용자 중 남자는 53.4%이다. 한편, 트위터 이용자는 총 2,000명이고 트위터 이용자 중 남자는 53.2%이다.

ㄷ. 옳다. 〈표〉에서 그대로 확인할 수 있다.

오답해설

ㄴ. 옳지 않다. 트위터 이용자 수가 블로그 이용자 수의 2배이다. 따라서 교육수준별 트위터 이용자 수 대비 블로그 이용자 수는 제시된 수준의 절반이 되어야 한다.

ㄹ. 옳지 않다. 제시된 구성비는 트위터와 블로그의 연령별 이용자 구성비를 평균한 것이다. 그러나 트위터 이용자 수가 블로그 이용자 수의 2배이므로, 평균이 아닌 가중평균을 해야 한다.

합격생 가이드

종종 발문이나 각주에 문제를 푸는 데 핵심적인 정보가 제시되는 경우가 있다. 이 문제의 경우 각주에 조사 대상자 수가 제시되어 있다. 급하게 문제를 푸느라 발문, 각주를 놓치는 경우 자칫 오답을 고르거나, 문제 풀이시간이 길어질 수 있으니 주의하자.

## 10 　　　　　 답 ④

난도 중

정답해설

④ 옳지 않다. 2009년에는 전년대비 무역규모가 감소했지만, 수출액은 증가하였다.

오답해설

① 옳다. 무역규모＝수출액＋수입액으로, 주어진 그림의 가로축과 세로축을 더한 값이다. 2008년의 무역규모가 약 8,000억 불로 가장 크고, 2001년의 무역규모가 약 2,700억 불로 가장 작다.

② 옳다. 수출액 대비 수입액의 비율은, 가로축 대비 세로축이므로 기울기를 비교해 보면 된다. 원점과 2003년을 잇는 직선의 기울기가 가장 크므로, 2003년의 비율이 가장 높다.

③ 옳다. 무역수지 적자폭은 2003년에 약 700억 불로 가장 크고, 흑자폭은 2007년에 약 1,100억 불로 가장 크다. 기울기가 '1'인 직선으로부터 가장 멀리 떨어진 점을 찾으면 쉽다.

⑤ 옳다. 수출액(가로축)이 가장 큰 해는 2007년이고, 수입액(세로축)이 가장 큰 해는 2008년이다.

합격생 가이드

선지에서 묻는 것을 그래프로 어떻게 치환할 수 있는지를 알면 조금 더 빠르고 쉽게 문제를 풀 수 있다. 단, 이때 가로축과 세로축의 단위가 다를 수 있으므로 조심하여야 한다. 가령, 만약 이 문항에서 세로축의 단위가 '십억 불'이 아니라 '일억 불'이었으면, 완전히 다른 문제가 되었을 것이다.

## 11 　　　　　 답 ④

난도 중

정답해설

ㄴ. 옳다. 연도말 부채잔액 대비 당해년도 지급이자 비율은 2001년 (926/12,430), 2002년 (953/14,398)이다. 분자는 10% 미만으로 증가한 반면 분모는 10% 이상 증가했으므로 비율은 전년도에 비해 낮아졌다.

ㄹ. 옳다. 2002년도 부채 원금상환액은 (2001년도 말 부채잔액－2002년도 말 부채잔액＋2002년도 연간 차입액)으로 계산한다. 이는 1,879이므로, 부채 원금상환액과 부채 지급이자를 더하면 2,832가 되므로 2002년도 통행료 수입인 2,200을 초과한다.

오답해설

ㄱ. 옳지 않다. 유료도로 1km당 통행료 수입은 2001년 약 0.894에서 2002년 약 0.846으로 감소하였다.

ㄷ. 옳지 않다. 2000년도 통행료 수입의 전년대비 증가율은 20% 미만이다. 그러나 2002년도 통행료 수입의 전년대비 증가율은 20%보다 크다.

합격생 가이드

ㄱ에서 가장 의심스러운 연도는 어디일까? 1998년부터 2001년까지는 유료도로 길이 증가분보다 통행료 수입 증가분이 더 많다. 그런데 2002년에는 유료도로 길이 증가분이 더 크다. ㄱ이 옳지 않은 것이 되려면 2002년이 반례가 되어야 하므로, 2002년만 확인해 보면 된다.

ㄷ에서는 2002년이 가장 의심스럽다. 2000년에 전년대비 통행료 수입이 244 증가했으므로, 2000년 이후에 통행료 수입 증가율이 더 높아지려면 통행료 수입 증가량이 244보다 커야 한다.

## 12

답 ①

난도 중

**정답해설**

ㄱ. 옳다. 비례대표에서 여성 의원 비율이 42.2, 지역구에서 8%이다. 비례대표 의석이 185석, 지역구 의석이 926석이므로 지역구 의석이 5배보다 약간 더 많으므로 1:5로 볼 수 있다. 가중평균을 구하면 15보다 작게 나온다.

ㄴ. 옳다. 지역구의원에서 라 정당의 경우 전체 의원 수가 여성 의원수보다 약 7배 많은 반면, 다른 정당들은 그것보다 훨씬 차이가 많이 나므로 라 정당의 지역구의원 내 여성 의원 비율이 가장 높다.

**오답해설**

ㄷ. 옳지 않다. 44의 40%는 17.6이므로 2008년 비례대표의석에서 여성 의원 비율은 41보다 클 것을 유추할 수 있다. 지역구의 경우에는 2012년에 여성 의원 비율이 줄어든 것이 맞다. 반면 230명의 7%는 17.1명으로 2008년 당시 지역구 내 여성 의원 비율은 7%가 되지 않는다. 따라서 2012년에 오히려 가 정당의 지역구 내 여성 의원 비율이 증가했다.

ㄹ. 옳지 않다. 222의 7%는 16이 되지 않고 추가적으로 0.2%를 고려하면 16명일 것을 예상할 수 있다. 이는 가 정당의 2008년 지역구 여성 의원 수와 동일하기 때문에 가 정당의 지역구 여성 의원 수는 증가하지 않았다.

**합격생 가이드**

가중평균은 매우 많이 쓰이는 개념이므로 반드시 알아야 한다. 또한 의석수의 경우 반드시 정수일 것이므로 소수점을 일일이 계산하기보단 가장 근접한 더 큰 정수로 수렴될 것을 예상하면 간단하게 풀 수 있다.

## 13

답 ④

난도 중

**정답해설**

ㄱ. 옳다. 과목 C의 점수는 철수는 16점, 종미는 14점이고, 철수의 $Q_1$은 61점, 종미의 $Q_1$은 63점이다.

ㄷ. 옳다. $Q_2$는 영희가 0.5, 철수가 2.0, 종미가 1.00이다.

**오답해설**

ㄴ. 옳지 않다. 상대적 능력은 표준점수로 측정된다. 상대적으로 영희는 과목 A를, 철수는 과목 C를 잘했고, 종미는 과목 A를 가장 못했다.

## 14

답 ③

난도 하

**정답해설**

첫 번째 정보에 따르면, A와 B는 병과 정이 될 수 없다. (선지 ④, ⑤ 소거)

두 번째 정보에 따르면, B가 갑이 된다. 요금할인은 기종과 상관없이 동일하게 적용되며, 공시지원금 혜택이 요금할인보다 크려면 공시지원금이 커야 하기 때문이다. (선지 ①, ④, ⑤ 소거)

세 번째 정보에 따르면, C가 정이다. (선지 ② 소거)

답은 ③이 된다.

**합격생 가이드**

두 번째 정보를 확인하기 위해 각각의 월별 요금을 구할 필요가 없다. 해설에서 설명했듯이 요금할인은 기종과 상관없이 동일하게 적용되기 때문에 월별요금이 공시지원금일 때 더 적게 나오기 위해선 공시지원금이 커야 하기 때문이다.

세 번째 정보의 경우에도, ②, ③만 비교하면 되는 상황이기 때문에, C와 D에 한정지어서 보면 되며, 공시지원금이 4만 원밖에 차이가 나지 않음에도 불구하고 기종 가격차이가 월등히 많이 나기 때문에 쉽게 답을 찾을 수 있다.

## 15

답 ③

난도 하

**정답해설**

③ 옳다. 2006년 이후 매년 엔젤계수는 엥겔계수보다 높기 때문이다.

**오답해설**

① 옳지 않다. 2010년 엔젤계수의 상승폭은 1.6%p이지만 2011년 엔젤계수의 상승폭은 0.6%p에 그친다.

② 옳지 않다. 2004년 대비 2014년, 엥겔계수 하락폭은 4.4%이고 엔젤계수 상승폭은 5.7%이다. 따라서 엥겔계수 하락폭은 엔젤계수 상승폭보다 작다.

④ 옳지 않다. 엔젤계수 대비 엥겔계수 비율을 비교해보면 된다. 2008~2012년 동안 엔젤계수 대비 엥겔계수 비율은 매년 감소한다.

⑤ 옳지 않다. 엔젤계수가 가장 높은 해는 2013년으로 20.5%, 가장 낮은 해는 2004년으로 14.4%이다. 둘의 차이는 6.1%p로 7.0%p보다 작다.

**합격생 가이드**

엥겔계수와 엔젤계수의 분모는 가계지출액으로 동일하다. 따라서 두 지수의 단순비교만으로 '식료품비'와 '18세 미만 자녀에 대한 보육·교육비'를 비교할 수 있다. 이를 통해 아무런 계산 없이도 선지 ③이 옳다는 것을 알 수 있다.

## 16

답 ⑤

난도 중

**정답해설**

첫 번째 보기에 따르면 A와 C는 시내버스와 농어촌버스가 될 수 없다. 또한 B와 D는 시외일반버스와 시외고속버스가 될 수 없다. (선지 ①, ② 소거)

두 번째 보기에 따르면, A가 시외고속버스이다. (선지 ③ 소거)

세 번째 보기에 따르면, D는 농어촌 버스일 수 없다. (선지 ④ 소거)

답은 ⑤가 된다.

**합격생 가이드**

두 번째 조건의 경우, 시외고속버스는 A와 C에서만 나온다는 것을 고려하면 불필요한 계산을 피할 수 있다.

세 번째 조건의 경우, B와 D 중 업체당 보유대수가 매년 감소하는 것을 찾아야 한다. 이때 계산이 어려울 수 있는데 D를 보면 2008년에 작년보다 분모인 업체 수는 감소했는데 분자인 보유대수는 증가했으므로 업체당 보유대수가 증가한 것을 알 수 있다. 이런 방식이라면 불필요한 계산을 하지 않을 수 있다.

## 17 답 ④

난도 중

**정답해설**

ㄱ. 옳다. 신고의무자에 의해 신고된 학대 인정사례는 707건이고, 그중 사회복지 전담 공무원의 신고에 의한 학대 인정사례는 290건으로 40%(282.8건) 이상 이다. 비신고의무자에 의해 신고된 학대 인정사례는 3,111건이고, 그중 기관 종사자의 신고에 의한 학대 인정사례는 1,494건으로 50%에 약간 미치지 못 한다. 학대행위자 본인의 신고에 의한 학대 인정사례는 8건으로 가장 적다.

ㄴ. 옳다. 학대 인정사례는 2014년 3,532건에서 2015년 3,818건으로 약 8.1% 증가했다.

ㄹ. 옳다. 노인단독가구는 2012~2015년 학대 인정사례 건수가 각각 1,140, 1,151, 1,172, 1,318건으로 가장 많다.

**오답해설**

ㄷ. 옳지 않다. 학대 인정사례 중 병원에서의 학대 인정사례 비율은 2012년 2.4%에서 2013년 3.1%로 증가했다.

> **합격생 가이드**
>
> 선지 구성상 ㄴ이 옳은지 무조건 확인해야 한다. 3,532의 8%를 구해야 하 는데, 이렇게 계산하기 어려운 구체적인 수치를 제시하면 대개 옳은 선지이 다. 시간이 정말 부족할 때, 선지에서 요구하는 계산이 지나치다고 생각되면 옳다고 고르고 넘기자.

## 18 답 ①

난도 하

**정답해설**

① 옳지 않다. 흉년 빈도가 네 번째로 높은 지역은 황해이다.

**오답해설**

② 옳다. 세조5년의 흉년 지역 수는 5로 세조4년보다 많다.

③ 옳다. 흉년 빈도 총합은 36회이고, 경기, 황해, 강원 3개 지역의 흉년 빈도 합 은 20회이다. 55.5%로 55% 이상을 차지한다.

④ 옳다. 경상의 흉년 빈도는 3회로, 충청이 경상의 2배이다.

⑤ 옳다. 흉년 지역 수가 5인 재위년은 세조5년과 세조12년으로 총 2번이다.

> **합격생 가이드**
>
> 차례대로 ○, ×를 넣으며 풀어나가면 어렵지 않게 풀 수 있다. 이때 흉년 빈 도의 총합과 흉년 지역 수의 총합이 같다는 것을 이용하면 더블체크로 검산 이 가능하다.

## 19 답 ④

난도 중

**정답해설**

무궁화호의 경우 10분 동안 10km를 가기 때문에 속력이 60km/h임을 확인할 수 있다. 새마을호는 무궁화호의 2배 속도이므로 역까지 가는 데 5분이 걸리고, 고속열차는 4배 속도이므로 2분 30초가 걸린다. 각 열차는 역에서 모두 1분씩 쉼을 숙지해야한다.

ㄱ. 옳다. 첫 무궁화호가 C역에 도착하는 것은 6:21이다. 고속열차의 경우 6:05 에 출발하여 3역을 가는 데 7분 30초가 걸리고 B, C역에서 1분을 쉬므로 총 9분 30초가 걸려 D역에 6:14분 30초에 도착한다. 그리고 1분간 정차하므 로 6:15분 30초까지 역에 머문다. 6:20의 6분 전인 6:15에는 역에 정차중 이다.

ㄷ. 옳다. 고속열차가 2역을 지나면 주행시간 5분에 정차시간 1분이 걸려 6분이 소모된다.

**오답해설**

ㄴ. 6:05에 출발한 새마을호는 D역에 6:22에 도착한다. 그리고 6:23에 출발한 다. 6:10에 A역을 출발한 무궁화호는 6:30이 넘어서 도착하기 때문에 옳지 않다.

> **합격생 가이드**
>
> 정차 시간을 고려하지 않으면 틀리기 쉽다. 그림을 그려서 접근하는 것도 한 방법이나 이때에도 1분의 시간을 잘 고려해야 한다.

## 20 답 ①

난도 중

**정답해설**

ㄱ. 옳다. 수취량을 모두 더하면 24석 34두인데, 이는 26석 4두와 같다. 즉 34두 =2석 4두이므로 1석은 15두이다.

**오답해설**

ㄴ. 옳지 않다. 계약량 대비 수취량의 비율은 '율포'에서 약 0.42로 가장 낮다.

ㄷ. 옳지 않다. 작인이 '동이', '명이', '수양'인 토지들의 두락당 계약량을 계산해 보면, 순서대로 각각 9.58두/두락, 8.57두/두락, 10.5두/두락이다. 따라서 두 락당 계약량이 가장 큰 토지의 작인은 '수양'이고, 가장 작은 토지의 작인은 '명이'이다.

> **합격생 가이드**
>
> '석', '두'의 단위가 15진법이기 때문에 단위를 통일해 주지 않고는 계산하기 가 어렵다. 이때, 보다 편리한 계산을 위해서는 작은 단위인 '두'로 통일하는 것이 깔끔하다.

# 21    답 ④

난도 하

정답해설

④ 옳지 않다. '무직'을 제외한 직업 유형에 속한 학대행위자는 359명이다. '공무원', '전문직', '사무종사자' 합은 44명이므로, 10.0%보다 크다.

합격생 가이드

전환형 문제 중 〈보고서〉를 그래프나 표로 바꾸는 유형이다. 특히 이 문제는 쉽게 답을 고를 수 있다. 〈보고서〉 내용 전개 순서와 선지 순서가 일치해서 한 문단씩 대응시켜 읽으면 된다. 또 대부분의 선지가 계산을 요하지 않고, 단순 확인만 하면 된다.

이렇게 쉬운 문제의 특징은 정답 선지가 뒤쪽에 배열된다는 것이다. 누구나 쉽게 정답을 구할 수 있기 때문에, 조금이라도 시간을 소비하도록 하는 것이다. 문제를 훑어보고 너무 쉽다면, 뒤에서부터 확인하는 것도 시간을 아끼는 전략이 될 수 있다.

# 22    답 ③

난도 중

정답해설

각 산의 H는 '가'가 720, '나'가 600, '다'가 340, '라'가 220, '마'가 6000이다. '가'는 6.54, '나'는 6.4, '다'는 5.98, '라'는 5.84, '마'는 7.1℃보다 기온이 낮을 때가 단풍 절정기 시작날짜가 된다. 단풍 절정기 시작날짜가 가장 늦은 것은 '다'이다. ③이 답이 된다.

합격생 가이드

H를 구할 때 가중평균을 사용하는 것도 하나의 방법이다.

# 23    답 ⑤

난도 상

정답해설

⑤ 옳지 않다. 현재 순위 1~3위 중 홈 경기 승수가 가장 적은 팀을 살펴보면 된다. 홈 경기 승수가 가장 적은 팀은 C팀으로, 홈 경기 승률을 계산해 보면 $30 \div (30+9) = 0.77$이므로 0.8보다 작다.

오답해설

① 옳다. A팀은 최근 10경기에서 9승 1패를 거두었지만, 가장 최근에는 1패를 기록하였으므로 그 이전에 치른 9경기는 9연승을 거둔 것이다.

② 옳다. H팀이 남은 6경기에서 모두 패배하고 I팀이 남은 6경기에서 모두 승리한다면 두 팀의 전체 승률은 같아진다. 이 경우 홈 경기 승률은 I팀이 H팀보다 높아지는데, 추가조건 3)에 의해 I팀이 8위가 될 수 있다.

③ 옳다. L팀은 최근 6연패중이고, M팀은 최근 8연패 중이다. 최근 5경기에서 서로 경기를 치렀다면 두 팀중 한 팀은 승리를 거뒀을 것이므로 각각 6연패와 8연패를 기록하지 못했을 것이다.

④ 옳다. 남은 경기에서 A는 모두 패배하고 B가 모두 승리한다면 1위 팀은 변경될 수 있다.

합격생 가이드

추가되는 조건도 많고, 데이터 역시 한눈에 들어오지 않기 때문에 난도가 높은 문제이다. 하지만 전체 데이터를 활용하는 것이 아니므로 ①부터 차근차근 해결해 나간다면 의외로 쉽게 문제를 풀 수 있다.

# 24    답 ①

난도 하

정답해설

- A : 2003년도의 각 국가의 수출액 합과 수입액 합이 같아야 한다. 방정식을 세워보면, 814+1,021+1,421=A+1,557+897이고, A값은 802이다.
- B : 2006년 중국의 수입액은 1,423불이므로, 일본에서 중국으로의 수출액은 1,423-618=805불이다. 2006년 일본의 수출액 B는 한국으로의 수출액과 중국으로의 수출액의 합이므로 B=484+805=1,289이다.
- C : 2006년 한국의 수입액은 870억불이다. C+484=870이므로, C값은 386이다.

합격생 가이드

세 국가의 수출액 합계와 수입액 합계가 같을 수밖에 없다는 것만 알면 쉽게 풀 수 있는 문항이다.

# 25    답 ④

난도 하

정답해설

ㄱ. 옳지 않다. 2003년 한국의 수입액 A는 802억 불이므로 해당 연도에 한국의 무역수지는 흑자를 기록하였다. 한국의 무역수지 적자가 가장 큰 해는 2002년으로, 27억 불의 적자를 기록하였다.

ㄷ. 옳지 않다. 2006년 한·중·일 3국 수출액의 합은 수입액의 합과 같을 수밖에 없다. 타국과의 무역관계를 고려하지 않았기 때문이다.

ㄹ. 옳지 않다. 2006년 일본에서 중국으로의 수출액은 805억 불로 중국으로부터의 수입액인 841억 불보다 작다. 즉, 중국과의 무역에서 적자를 기록하였다.

오답해설

ㄴ. 옳다. 2006년 중국의 수출액은 C+841=1,227억 불이다. 중국은 2001~2006년 동안 매년 수출액보다 수입액이 크다. 즉, 매년 적자를 기록하였다.

합격생 가이드

종합 문항임을 고려했을 때 무난한 난이도이다. 특별한 풀이법은 없지만, 무난한 만큼 시간절약을 해야 하는 문항이다.

# CHAPTER 02 제2회 자료해석 모의고사 정답 및 해설

| 01 | 02 | 03 | 04 | 05 | 06 | 07 | 08 | 09 | 10 |
|----|----|----|----|----|----|----|----|----|----|
| ③ | ③ | ② | ① | ③ | ④ | ① | ② | ④ | ② |
| 11 | 12 | 13 | 14 | 15 | 16 | 17 | 18 | 19 | 20 |
| ⑤ | ② | ② | ⑤ | ⑤ | ③ | ③ | ③ | ① | ④ |
| 21 | 22 | 23 | 24 | 25 | | | | | |
| ③ | ④ | ② | ⑤ | ③ | | | | | |

ㄷ. 옳지 않다. 노비가구 수는 1765년 7,210×2.0%, 1804년 8,670×1.0%, 1867년 27,360×0.5%이다. 따라서 1804년이 세 조사시기 중 가장 적다.

**합격생 가이드**

ㄷ에서는 가구 구성비가 0.5, 1.0, 2.0으로 2배씩 차이가 난다. 가구 구성비를 동일하게 맞추기 위해 양변에 2씩 곱해주면 비교가 훨씬 쉽다. 가령 1804년 8,670×1.0%, 1867년 27,360×0.5%를 비교하는 것보다, 8,670×2와 27,360를 비교하는 것이 빠르다.

## 01

**답** ③

**난도** 하

**정답해설**

③ 옳다. 전체 47개 기업 중에서 존속성기술을 개발하는 기업은 24개이므로, 절반 이상을 차지한다. 따라서 와해성기술을 개발하는 기업의 비율보다 높다.

**오답해설**

① 옳지 않다. 와해성기술을 개발하는 기업은 총 23개인데, 벤처기업은 12개, 대기업은 11개이다. 따라서 벤처기업의 비율이 대기업의 비율보다 높다.

② 옳지 않다. 기술추동전략을 취하는 기업은 총 20개인데, 존속성기술을 개발하는 기업은 12개, 와해성기술을 개발하는 기업은 8개이다. 따라서 존속성기술을 개발하는 비율이 더 높다.

④ 옳지 않다. 벤처기업은 총 20개이고, 이 중 기술추동전략을 취하는 기업은 10개, 시장견인전략을 취하는 기업은 10개로 그 비율은 같다.

⑤ 옳지 않다. 대기업은 총 27개인데, 시장견인전략을 취하는 기업은 17개로 과반이다. 따라서 기술추동전략을 취하는 비율보다 높다.

**합격생 가이드**

조건부확률을 구하는 문제와 유사하다. 전체적인 계산도 암산수준으로 간단하기 때문에 빠르게 풀고 넘어갈 수 있도록 하자.

## 02

**답** ③

**난도** 중

**정답해설**

ㄴ. 옳다. 1765년 상민가구 수는 7,210×57.0%, 1804년 양반가구 수는 8,670×53.0%이다. 따라서 1765년 상민가구 수가 1804년 양반가구 수보다 적다.

ㄹ. 옳다. 1729년 대비 1765년에 상민가구 구성비는 59.0%에서 57.0%로 소폭 감소하였다. 한편 전체 가구 수는 1,480호에서 7,210호로 5배 가량 증가하였다. 따라서 상민가구 수는 증가하였다.

**오답해설**

ㄱ. 옳지 않다. 1804년 대비 1867년의 가구 수는 3배 이상 증가했다. 그러나 인구 수는 2배 정도 증가했다. 따라서 가구당 인구수는 감소하였다.

## 03

**답** ②

**난도** 하

**정답해설**

ㄴ. 옳다. 2011년 공공복지예산 중 보건 분야 예산이 차지하는 비중은 전년대비 3.74/8.32에서 3.73/8.34로 감소하였다. 또한 2012년 공공복지예산 중 보건 분야 예산이 차지하는 비중도 전년대비 3.73/8.34에서 3.76/9.06으로 감소하였다. 따라서 2011년과 2012년 모두 공공복지예산 중 보건 분야 예산이 차지하는 비중은 전년대비 감소하였다.

ㄷ. 옳다. GDP 대비 공공복지예산 비율에서 노령이 항상 가족의 2배 이상이다.

**오답해설**

ㄱ. 옳지 않다. 실업 분야 공공복지예산이 GDP에서 차지하는 비율은 0.270이고, 총 공공복지예산이 GDP에서 차지하는 비중은 8.34이다. 이 둘은 약 30배 차이가 난다. 즉 실업 분야가 공공복지예산에서 차지하는 비율이 $\frac{1}{30}$이며, 이를 계산하면 4조가 되지 않는다.

ㄹ. 단위를 보면 가장 작은 국가는 한국, 가장 큰 국가는 프랑스이다. 증감 추세를 빠르게 파악하면 2011년에 프랑스는 비율이 감소하였는데 한국은 증가하여 양자 간의 차이가 줄어든 것을 확인할 수 있다.

**합격생 가이드**

구체적인 계산보다는 주어진 표의 %를 활용하는 것이 필요하다.

## 04

**답** ①

**난도** 하

**정답해설**

• 유호의 전체합은 33점, 중앙3합은 21점이다.
• 은진의 전체합은 28점, 중앙3합은 18점이다.
• 유호의 순위점수합은 10점, 은진의 순위점수합은 9점이다.

① 옳다. 종현의 순위점수합은 11점으로 유호와 은진보다 높다.

② 옳지 않다. 중앙3합이 가장 큰 지원자는 유호이지만, 순위점수합 최고점자는 종현이다.

③ 옳지 않다. 전체합의 등수에서는 종현과 은진이 동점이지만, 중앙3합에서는 종현이 앞선다.

④ 옳지 않다. 전체합이 가장 큰 지원자는 유호이다.

⑤ 옳지 않다. 2등은 종현이다.

## 05 　　　　　　　　　　　　　　 답 ③

난도 중

정답해설

ㄴ. 옳지 않다. 60세 이상 운전자의 음주운전 교통사고 비율이 1% 미만이라는 것이지, 음주운전을 해도 사고를 유발할 확률이 1%라는 것과는 아예 다른 말이다.

ㄹ. 옳지 않다. 음주운전자 연령과 혈중 알코올 농도 사이의 상관관계가 주어지지 않았을 뿐 아니라, 음주운전 발생건수 비율이 음주운전 교통사고의 발생 가능성을 의미하지도 않는다.

ㅂ. 옳지 않다. 일종의 함정 문제라고 보여지는데, 혈중 알코올 농도 0.10~0.19%에서 교통사고 발생건수 비율이 가장 높다고 해서 '음주운전자'가 가장 많다고 볼 수는 없다. 음주운전을 해도 음주운전 사고가 나지 않았다면 이 문항에 주어진 자료에는 포함되지 않기 때문이다.

오답해설

ㄱ. 옳다. 20대와 30대의 발생건수 비율의 합은 74.2%로 전체의 2/3 이상을 차지한다.

ㄷ. 옳다. 전체 음주운전 교통사고 발생건수 중에서 운전자의 혈중 알코올 농도가 0.30% 이상인 경우는 8.6 + 1.8 = 10.4%로 11% 미만이다.

ㅁ. 옳다. 발생건수 대비 사망자수 비율이 가장 높은 연령대는 20세 미만이 가장 크다.

합격생 가이드

〈그림 1〉은 연령에 따른 교통사고 현황이고 〈그림 2〉는 혈중 알코올 농도에 따른 교통사고 현황이다. 보기가 묻는 내용에 따라 어느 그림에서 찾아야 할지 빠르게 파악할 수 있도록 하자.

## 06 　　　　　　　　　　　　　　 답 ④

난도 하

정답해설

ㄱ. 옳다. 인천 지역 선박들의 평균 선박톤수는 70보다는 크지만 80보다는 작다. 대산 지역이나 마산 지역은 70보다 작고, 전국 평균은 80보다 크다.

ㄴ. 옳다. 수송인원 일인당 보조금액이 가장 적은 지역은 제주이다. 제주의 수송인원 일인당 취항거리는 0.00031로 가장 적다.

ㄹ. 옳다. 1999년 총수송인원은 2004년 총수송인원의 1.5배 이상이다. 2004년 마산의 수송인원은 70,923명이므로 수송인원 비율이 동일하다면 1999년 마산 지역 수송인원은 70,923×1.5보다 많다.

오답해설

ㄷ. 옳지 않다. 1997년에는 총수송인원이 1,000에서 600으로 40% 감소하였다. 그러나 1999년에 총수송인원이 400에서 600으로 50% 증가하여, 가장 큰 비율로 변화했다.

합격생 가이드

ㄹ에서 2004년 지역별 수송인원 비율을 구하고 다시 1999년 총수송인구에 곱하면 계산이 너무 복잡해진다. 계산이 복잡하다면 다른 방법은 없는지 항상 고민해 보자.

## 07 　　　　　　　　　　　　　　 답 ①

난도 중

정답해설

ㄱ. 옳다. 통합대기환경지수는 오염물질별 대기환경지수 중 최댓값이므로 용산구, 성동구의 미세먼지, 초미세먼지, 이산화질소의 오염물질 별로 큰 값만 구해 비교하면 된다. 미세먼지의 경우 성동구가 용산구보다 크므로, 이때 대기환경지수는 67이다. 초미세먼지의 경우 용산구가 더 크며 이때 대기환경지수는 66이다. 이산화질소의 경우 용산구가 더 크며 대기환경지수는 40.8이다. 따라서 용산구의 통합대기환경지수가 성동구보다 작다.

ㄴ. 옳다. 평균과 강북구의 각 오염물질 농도 비교시 선지가 맞다.

오답해설

ㄷ. 옳지 않다. 중랑구의 미세먼지 대기환경지수는 43.2, 초미세먼지 대기환경지수는 44이다. 따라서 미세먼지 대기환경지수는 통합대기환경 지수보다 무조건 더 작다.

ㄹ. 옳지 않다. 동대문구 한 곳이다.

합격생 가이드

각주에서 통합대기환경지수의 의미를 파악한다면 쉽게 풀 수 있다. 또한 ㄹ의 경우 하나의 오염물질을 먼저 비교하여 조건에 맞지 않는 것을 소거해 간다면 쉽게 찾을 수 있다.

## 08 　　　　　　　　　　　　　　 답 ②

난도 하

정답해설

2018년 전체 종사자수대로 나열하면 A, C, B, D 순이다.

첫 번째 조건에 따르면, A와 B는 통신이 될 수 없다. (선지 ③, ④ 소거)

두 번째 조건에 따르면, A가 종이신문이다. (선지 ⑤ 소거)

세 번째 조건에 따르면, B가 방송이다. (선지 ① 소거)

네 번째 조건에 따르면, C가 인터넷 신문이 된다. (선지 ①, ③, ⑤ 소거)

따라서 답은 ②이다.

합격생 가이드

실전에서는 세 번째 조건까지만 적용하면 답을 도출할 수 있으며, 네 번째 조건을 적용하는 것은 시간 낭비이다.

두 번째 조건에서 정규직 여성의 숫자가 A가 월등히 많음을 파악하면 빠르게 판단할 수 있다. 세 번째 조건의 경우 비정규직 종사자 수에 5배를 곱하여 비교하면 쉽게 비교 가능하다. 굳이 확인을 한다는 것은 PSAT과 같이 시간을 다투는 시험에서 치명적으로 작용할 수 있다. 다시 검토하는 것보다 한 번 풀 때 정확하게 하는 것이 더 효과적인 전략이다.

다만 해당 문제와 같이 선지의 순서 나열에 특별한 조건이 붙은 경우 알파벳을 나열하고 시작하는 것이 헷갈린다면 먼저 매칭을 하고 이후에 배열하여 답을 찾는 것도 괜찮은 방법이다.

## 09  답 ④

난도 중

정답해설

④ 옳지 않다. 미국, 유럽, 기타 이주자수 합이 전체의 10% 미만인 것은 맞다. 그러나 동남아시아, 남부아시아, 중앙아시아 이주자수의 합은 아시아 지역 이주자수의 20%보다 크다.

오답해설

① 옳다. 자녀의 연령층이 높아질수록 29,089명, 16,591명, 7,318명, 5,009명으로 점차 감소한다.
② 옳다. 한국국적을 신규로 취득한 전체 외국인은 2007년 104,342명에서 2008년 104,644명으로 증가하였다. 동북아시아 출신도 2007년 18,412명에서 2008년 19,374명으로 900명 이상 증가하였다.
③ 옳다. 국제결혼가정 자녀수는 2007년 28,306명에서 2008년 58,007명으로 2배 이상 증가하였다.
⑤ 옳다. 경기도를 제외하고 매년 외국인등록인구가 증가하고 있다. 경기도도 2006~2008년 전년대비 외국인등록인구가 증가하고 있다.

합격생 가이드

각 선지의 옳고 그름을 판단하는 것은 어렵진 않다. 다만 〈보고서〉의 서술 순서와 각 선지 배열이 일치하지 않아 시간이 소요된다. 이런 경우일수록 표의 제목에 유의하자.

## 10  답 ②

난도 중

정답해설

② 옳다. 우선 2017년 9월 순위를 알아보면, 독일 2위, 브라질 1위, 포르투갈 6위, 아르헨티나 3위, 벨기에 9위, 폴란드 5위, 스위스 4위, 프랑스 10위, 칠레 7위, 콜롬비아 8위이다. 이 순위가 2016년 10월 순위보다 낮은 국가는 아르헨티나, 벨기에, 프랑스, 칠레, 콜롬비아 5개이고 높은 국가는 브라질, 포르투갈, 폴란드, 스위스 4개이다.

오답해설

① 옳지 않다. 2016년 10월과 2017년 10월에 순위가 모두 상위 10위 이내인 국가는 아르헨티나, 독일, 브라질, 벨기에, 콜롬비아, 칠레, 프랑스, 포르투갈로 총 8개이다.
③ 옳지 않다. 2017년 10월 상위 5개 국가의 점수 평균은 1434.4점으로 2016년 10월 상위 5개 국가의 점수 평균인 1447.8점보다 낮다.
④ 옳지 않다. 브라질의 경우 2016년 10월 1,410점에서 2017년 10월 1,590점으로 점수는 상승했지만 순위는 하락하였다.
⑤ 옳지 않다. 2017년 10월 순위가 전월 대비 상승한 국가는 독일, 포르투갈, 벨기에, 프랑스 4개이고, 순위가 전년 동월 대비 상승한 국가는 독일, 브라질, 포르투갈, 폴란드, 스위스 5개이다.

합격생 가이드

계산이 많이 필요하지 않은 문항으로, 선지 하나하나에 대해 꼼꼼히 체크만 하면 무난하게 풀 수 있는 문제이다. ③의 경우 5개 국가의 모두에서 2016년의 값이 2017년보다 크기 때문에 평균 계산을 하지 않고서 풀어야 한다.

## 11  답 ⑤

난도 중

정답해설

⑤ 옳지 않다. 〈표〉는 해외특허등록건수 순위에 따라 배열되어 있다. 국내특허등록건수는 독일보다 한국이 더 많으므로, 독일이 3위라고 단언할 수 없다. 마찬가지로, 순위 밖에 제시된 국가 중 일본이나 미국보다 국내특허등록건수가 많은 국가가 존재할 수 있다.

오답해설

① 옳다. 미국, 일본, 독일, 프랑스, 영국의 해외특허등록 점유율을 모두 더하면 73.2%이다.
② 옳다. 독일의 국내특허등록건수와 해외특허등록건수의 차이는 4만 건 이상이다. 미국과 일본은 양자의 차이가 4만 건보다 작으므로 독일에서 그 차이가 가장 크다. 4위 이하 국가들은 해외특허등록건수가 4만 건 이하이므로 고려할 필요가 없다.
③ 옳다. 한국과 일본의 해외특허등록건수 차이는 5,500건 이상이다. 다른 국가들은 특허등록건수가 5,500건 미만이므로 당연히 일본에서 차이가 가장 크다.
④ 옳다. 한국의 해외특허등록건수는 7,117건이다. 미국, 일본, 영국, 독일, 프랑스에 대한 해외특허등록건수는 5,734건이므로, 한국의 해외특허등록건수의 80%를 넘는다.

## 12  답 ②

난도 중

정답해설

ㄱ. 옳다. 철민의 A점수는 18점이고, 영희의 A점수는 16점이다. 영희의 E과목 점수가 17점 이상이면, 평균은 15점 이상이 되므로 '우수수준'이 될 수 있다.
ㄷ. 옳다. 상욱의 D점수를 알기 위해 수민의 D점수를 구하면 10점이다. 상욱의 B점수는 학생 전체 평균을 통해, 상욱의 D점수는 학생 전체 계를 통해 구하면 각각 13점과 15점이고 상욱의 평균은 14점으로 '보통수준'에 해당한다.

오답해설

ㄴ. 옳지 않다. 민수의 C점수는 15점이고, 은경의 C점수는 15점이다. 은경의 E과목 시험 점수가 0점이라 하더라도 평균이 12점으로 '기초수준'이 될 수 없다.
ㄹ. 옳지 않다. 민수의 C점수는 15점이고 철민의 A점수는 18점이다.

## 13  답 ②

난도 중

정답해설

② 옳지 않다. 84년 수출액 중 우피의 비중과 87년 수출액 중 쌀의 비중은 2배 이상 차이난다. 반면 84년 수출액과 87년 수출액은 2배 차이가 나지 않는다. 따라서 84년 우피 수출액이 87년 쌀 수출액보다 크다.

오답해설

① 옳다. 무역규모에서 수입액이 수출액보다 크거나 같은 연도를 찾으면 된다. 1884, 85, 86, 87, 88, 89년으로 총 6번이다.
③ 옳다. 대두는 모든 연도에 포함되어 있다. 따라서 가장 많이 포함되었을 수밖에 없다.
④ 옳다. 실제로 비교해 보면 증감방향이 같다.
⑤ 옳다. 84년 한냉사 수입 비중은 9.9%이고 87년에는 나와 있지 않은 배(3위 이하) 최대 5%이다. 이는 약 두 배 차이인데, 84년과 87년의 수입액은 2배 차이가 나지 않는다. 따라서 84년에 비해 87년에 한냉사 수입액 비중이 감소하였다.

합격생 가이드

두 값을 곱해서 답이 나오는 경우 계산이 어렵다면 증가율을 비교하는 것도 좋은 방법이다. 증감 방향의 경우 각각 표기하는 것보다 하나의 연도를 볼 때 수출액의 증가를 보고 바로 무역규모를 비교한다면 시간을 단축시킬 수 있다.

## 14 답 ⑤

난도 하

정답해설

첫 번째 조건에 따르면, A, B, D는 궐련 또는 김이 될 수 없다. (선지 ①, ② 소거)
두 번째 조건에 따르면, B가 면화이다. (선지 ③ 소거)
세 번째 조건에 따르면, A가 사과이다. (선지 ①, ② 소거)
네 번째 조건에 따르면 김은 E다. (선지 ④ 소거)
답은 ⑤가 된다.

합격생 가이드

세 번째 조건은 이미 두 번째 조건 적용 이후 선지에서 사과가 A로 확정되므로 적용할 필요가 없다.
네 번째 조건은 C와 D 혹은 E와 D만을 비교하여 소거하면 된다.

## 15 답 ⑤

난도 하

정답해설

ㄴ. 옳다. 2004~2007년 B사의 매출액은 매년 큰 폭으로 하락하여 시장점유율 역시 매년 하락하였다.
ㄷ. 옳다. 2002년에 비해 2003년 시장규모는 줄어드는 데 반해, A사의 매출액은 상승하였으므로 시장점유율도 상승하였다.
ㄹ. 옳다. 1999~2002년 C사의 매출액은 큰 폭으로 증가하였으므로 그동안 C사의 시장점유율 역시 상승했다. 하지만 2003년에는 시장규모의 하락폭보다 더 큰 폭으로 매출액이 하락했으므로 시장점유율 역시 하락하였다.

오답해설

ㄱ. 옳지 않다. '갑'제품의 시장규모는 A, B, C사의 매출액을 모두 더함으로써 알 수 있다. 2007년의 시장규모는 2006년보다 하락한다.

합격생 가이드

정확한 계산을 한다면 분명 확실하게 계산할 수 있겠지만, 애초에 그래프로 자료가 주어졌기 때문에 어림값으로 계산하여야 한다. 즉 이런 유형의 문항은 증가와 감소폭을 통해 전체적인 흐름을 파악함으로써 해결할 수 있어야 한다.
만약 해당 업체의 매출액이 떨어져도 전체 시장규모가 더 큰 폭으로 하락한다면 시장점유율은 오히려 상승하는 경우도 있을 수 있지만, 해당 문항에서 그런 점은 없다.

## 16 답 ③

난도 중

정답해설

첫 번째 조건에 따르면 C는 종합병원 또는 치과가 될 수 없다. (선지 ② 소거)
두 번째 조건에 따르면 B와 C는 종합병원이 될 수 없고 A, D는 안과가 될 수 없다. (선지 ①, ②, ④ 소거)
남은 선지를 통해 A가 종합병원임을 알 수 있다.
세 번째 조건에 따르면 남은 것들 중 등록 의료기관 수가 가장 많은 D는 치과가 될 수 없다. (선지 ⑤ 소거)
따라서 답은 ③이 된다.

합격생 가이드

30%를 구할 때는 개설 의료기관수에 3을 곱해서 앞에 두 자리 정도를 등록 의료기관수랑 비교하면 간단히 파악할 수 있다.

## 17 답 ③

난도 중

정답해설

③ 옳지 않다. 기혼 취업여성은 〈표 1〉의 기혼여성에서 기혼 비취업여성 수를 빼서 구해야 한다. 전체 기혼 취업여성은 5,755명이고 25~29세 기혼 취업여성은 264명이므로 약 4.6%에 불과하다.

오답해설

① 옳다. 기혼여성 중 경제활동인구는 취업자와 실업자를 모두 포함하므로, 〈표 1〉의 기혼여성에서 비경제활동인구 수를 빼면 도출할 수 있다.
② 옳다. 〈표 1〉에서 비취업여성 현황을, 〈표 2〉에서 경력단절여성 현황을 확인할 수 있다.
④ 옳다. 〈표 2〉에는 30~34세, 35~39세가 나누어져 있으므로 30~39세 기혼 경력단절여성의 경력단절 사유는 두 항목을 각각 더하여 도출해야 한다.
⑤ 옳다. 〈표 2〉에서 경력단절여성의 수가 연령대별로 나타나 있으므로 이를 통해 구성비를 도출할 수 있다.

합격생 가이드

①에서 경제활동인구 수를 정확하게 계산할 필요는 없다. 전환형을 비롯한 자료해석 문제 대부분 틀린 선지가 매우 명확하다. 1의 자리 숫자만 계산하여 확인하는 것도 한 방법이다.
⑤와 같이 전체 비율을 구해야 하는 경우가 종종 있다. 이럴 때에는 각 항목의 비율을 일일이 계산하기 보다는, 각 항목의 상대적 크기를 비교하는 것이 낫다. 가령, 25~29세와 50~54세의 구성비 합이 35~39세 구성비와 비슷하므로, 〈표 2〉에서도 25~29세와 50~54세 경력단절여성 수가 35~39세 경력단절여성 수와 비슷한지를 확인하면 된다.

## 18 답 ③

난도 하

정답해설

ㄱ. 옳다. 출발지가 F인 경우 일본으로 표류한 횟수가 13회로 가장 낮다.
ㄹ. 옳다. 출발지가 C인 선박의 표류 횟수는 169회로 가장 많다.
ㅁ. 옳다. 출발지와 목적지가 같은 표류 횟수는 178회로, 133회보다 많다.

오답해설

ㄴ. 옳지 않다. F는 G보다 일본에서 가깝지만, 표류 횟수는 더 적다.

ㄷ. 옳지 않다. 목적지가 D인 표류 횟수의 합은 85회로, 표류 횟수가 3번째로 많다.

## 19

답 ①

난도 중

정답해설

A신용카드의 경우, 택시를 제외한 교통비 할인이 가능하며 그 한도는 2만 원이다. KTX요금의 20%만 해도 2만 원이니, A는 교통비에서 2만 원을 할인받는다. 주말 외식비의 경우 2,500원 할인받으며, 학원 수강료를 3만 원 할인받는다. 총 5만 2,500원 할인받으나, 연회비가 1만 5천원 나오므로 총 3만 7,500원 할인을 받는다. 이는 B의 한도보다 높기 때문에 A가 B보다 할인을 많이 받는다. (선지 ③, ④ 소거)

B신용카드의 경우, 교통비에서 한도인 1만 원을 할인받으며, 온라인 의류구입비를 1만 5천 원 할인받는다. 도서구입비 역시 9천 원 할인받을 수 있으나 한도인 3만 원에 걸린다. 총 3만 원 할인받는다.

C신용카드의 경우, 교통비에서 한도인 1만 원을 할인받으며, 카페 지출액에서 5천 원 할인받는다. 재래시장 식료품 구입비에서 5천 원 할인을 받으며, 영화관 람료를 4천 원 할인받는다. 총 2만 4천원 할인받는다. (선지 ②, ⑤ 소거)

정답은 ①이 된다.

### 합격생 가이드

각 카드의 한도와 연회비를 알아야 하며, 실전에서는 A를 보고 C를 본 뒤, B의 할인액이 2만 4천 원이 되는 순간 계산을 멈추고 답을 구하는 것이 효율적이다. 그리고 소비액을 구하기보단 계산이 편한 할인액을 구하는 것이 효율적이다.

## 20

답 ④

난도 중

정답해설

ㄱ. 옳다. 배포된 150부의 설문지 중 130부가 제출되었으므로 그 비율은 약 86.7%이다.

ㄷ. 옳다. '직무유형'에 응답한 사람은 총 124명으로 응답률은 약 95.4%이고, '소속기관'에 응답한 사람은 115명으로 응답률은 약 88.5%이다.

ㄹ. 옳다. '직급' 문항 응답자 중 '8~9급' 비율은 약 58%로 '근무기간' 문항 응답자 중 5년 이상이라고 응답한 비율인 50.6%보다 높다.

오답해설

ㄴ. 옳지 않다. 함정에 빠지지 말자. 설문조사 '응답자'의 학력 분포는 '고졸 이하'의 비율이 가장 낮지만, 설문조사 '대상자' 중 제출하지 않은 사람을 고려한다면 '고졸 이하'의 비율이 가장 낮은지는 알 수 없다.

### 합격생 가이드

〈조건〉이 주어지는 경우 절대로 〈조건〉을 소홀히 해서는 안 된다. ㄱ은 〈조건〉만으로 판별하는 선지였으며, 문항별로 응답 거부가 허용되었다는 것을 파악하지 못하면 문제를 이해하는 데 난항을 겪을 수 있다. 더불어 ㄴ에서와 같이 '대상자'와 '응답자'를 활용한 함정에 빠지지 않도록 주의하자.

## 21

답 ③

난도 하

정답해설

③ 옳지 않다. '단말기 브랜드'와 '이동통신사'를 고려한다는 응답 비율은 각각 30.7%, 25.2%이다. 이 둘을 모두 고려하는 비율은 나타나 있지 않으며, 적어도 25.2% 이하일 것이다.

오답해설

① 옳다. 가장 높은 비율을 차지하는 연령대는 30대로 27.6%이며, 가장 낮은 비율을 차지하는 연령대는 60대 이상으로 2.1%이다. 이 두 집단의 비율 차이는 25.5%p이다. 한편, 스마트폰 비이용자 중 40대 이상은 84.0%(17.8+25.7+40.5)이다.

② 옳다. 스마트폰 이용자는 총 3,701명이므로, 매일 TV를 시청하는 사람은 2,200명 이상이다. 한편 스마트폰 비이용자는 총 2,740명이고 TV를 시청하지 않는 비율은 3.3%인 반면, 스마트폰 이용자는 총 3,701명이고 TV를 시청하지 않는 비율은 6.5%이다. 스마트폰 이용자의 총 수가 더 많고, TV를 시청하지 않는 비율도 높으므로 당연히 TV를 시청하지 않는 스마트폰 비이용자가 TV를 시청하지 않는 스마트폰 이용자보다 적다.

④ 옳다. '이동 중' 비율은 'TV 프로그램', '라디오 프로그램', '영화', '기타' 각각 50.3%, 57.9%, 51.5%, 42.3%로 가장 높다. 한편 '영화' 콘텐츠를 '이동 중'에만 이용하는 사람은 최대 51.5%이고, 최소 20.8%(100-34.3-30.0-11.1-3.8)이다.

⑤ 옳다. 스마트폰 비이용 이유 조사에서는 복수응답이 없으므로, '불필요해서'를 선택한 사람과 '이용요금이 비싸서'를 선택한 사람은 총 66.7%이다. 이는 2,740명의 2/3보다 크므로 1,800명 이상이다.

### 합격생 가이드

④에서 '이동 중'의 비율이 높은지 일일이 비교해 보았는가? 하나의 비율이 50%를 초과한다면, 그 항목은 항상 비중이 가장 높은 것이다. 'TV 프로그램'에서 '이동 중'의 비율이 50.3%인 것만 확인하면 다른 항목은 보지 않아도 된다.

⑤에서 2,740의 2/3을 구하는 것보다, 1,800×1.5와 2,740을 비교하는 것이 빠르다.

## 22

답 ④

난도 중

정답해설

ㄱ. 옳다. 버스의 표준운송원가가 500천 원이므로, 보조금 지급대상은 대당 운송수입금이 400천 원 미만인 버스 회사들이다. 이는 60개이다. (선지 ②, ③ 소거)

ㄴ. 옳다. 표준운송원가를 625천 원으로 인상하면, 보조금 지급대상은 대당 운송수입금이 500천 원 미만인 버스 회사들이다. 앞선 60개에 33개가 추가되어 93개가 된다. (선지 ⑤ 소거)

ㄷ. 옳다. 200천 원은 500천 원의 40%다. 따라서 네 번째 조건에 따라서 대당 125천 원의 보조금을 받으며 30대가 있으므로 3,750천 원을 보조금으로 받게 된다. (선지 ① 소거)

**오답해설**

ㄹ. 옳지 않다. 230천 원인 버스회사는 대당 운수임금이 표준원가의 50% 미만이므로 대당 125천 원을 받는다. 380천 원인 버스회사는 500천 원과의 차액인 120천 원의 50%인 60천 원을 받는다. 그 차이는 65천 원이다.

**합격생 가이드**

세 번째 조건과 네 번째 조건의 차이를 파악해야 한다. 그리고 실전이라면 ㄹ.을 풀 필요가 없다.

## 23

**답** ②

**난도** 상

**정답해설**

ㄷ. 옳다. 2006년과 2007년 모두 1992년의 각 동일 분기 대비 비율을 보여주고 있으므로, 같은 분기의 자료는 크기 비교가 가능하다. 노동시간당 산출 비율을 살펴보면, 2007년의 각 분기에서 2006년 동기에 비해 모두 증가했음을 알 수 있다.

**오답해설**

ㄱ. 옳지 않다. 1992년의 자료는 확인할 길이 없다.

ㄴ. 옳지 않다. 1992년 동기와 비교한 2007년 1인당 인건비 비율은 2분기가 1분기에 비해 감소했지만, 1992년의 1, 2분기의 1인당 인건비가 주어지지 않았기 때문에 절대적인 인건비가 줄었는지는 확인할 수 없다.

ㄹ. 옳지 않다. 비교대상이 같기 때문에 같은 3분기 내에서는 크기, 비율의 비교가 가능하다. 2007년 3분기의 노동시간당 인건비는 2006년 동기에 비해 (176.4−170.3)÷170.3×100=약 3.58% 증가하였다.

**합격생 가이드**

주어진 자료는 1992년 각 동일 분기 대비 비율이라는 것을 명심해야 한다. 1992년의 노동시간, 산출, 인건비가 어땠는지는 전혀 알 수 없기 때문에, 비교 대상이 같은 동일 분기에서만 대소비교가 가능하다.

## 24

**답** ⑤

**난도** 하

**정답해설**

⑤ 옳지 않다. 〈표 2〉를 보면 맞는 것 같지만, 완전히 틀렸다. 〈표 2〉는 가계 '금융자산' 중 예금의 구성비를 보여주지만, ⑤의 경우 가계 '총자산' 대비 예금의 구성비이다. 가계 총자산은 가계 금융자산과 다르므로, 〈표 2〉의 자료를 그대로 기입한 ⑤는 옳지 않다.

**오답해설**

① 옳다. 〈표 1〉을 이용한다. 1− '가계 금융자산 비율'='가계 비금융자산 비율'이다. ①번 선지는 B, C국의 해당 값을 잘 나타내고 있다.

② 옳다. 〈표 1〉만으로 알 수 있다. 가계 총자산=가계 금융자산+가계 비금융자산이므로, 해당 값을 잘 나타내고 있다.

③ 옳다. 〈표 2〉만을 이용한다. C국의 가계 금융자산 구성비를 알맞게 나타내고 있다.

④ 옳다. 〈표 2〉만을 이용한다. A국과 D국의 데이터를 바르게 그래프로 구성하였다.

**합격생 가이드**

그래프 전환형 문제는 꼼꼼한 계산으로 정답을 도출하기보다는 큰 흐름에서 트릭을 찾는 것이 중요하다. ⑤번 선지의 제목과 〈표 2〉의 제목만 유의한다면 아무런 계산 없이도 답을 찾을 수 있는 문항이다.

## 25

**답** ③

**난도** 하

**정답해설**

ㄴ. 옳다. 가계 비금융자산 비율은 1에서 가계 금융자산 비율을 빼면 된다. 바꾸어 말하면, 1998~2003년 동안 가계 금융자산 비율은 매년 A국이 가장 낮고 B국이 가장 높다.

ㄷ. 옳다. 2003년 가계 총자산 대비 투자신탁 비율은 B국의 경우 0.45×0.12=0.054이고 C국의 경우 0.25×0.14=0.035이다. 따라서 B국이 더 높다.

**오답해설**

ㄱ. 옳지 않다. 〈표 1〉에서 B국의 가계 금융자산 비율은 2003년에 증가한다.

ㄹ. 옳지 않다. 2003년 가계 금융자산을 구성비가 높은 순서대로 배열하면, A국은 '예금−보험−채권−주식−투자신탁−기타' 순서이고, D국은 '예금−보험−주식−기타−채권−투자신탁' 순서이다. 즉 동일하지 않다.

**합격생 가이드**

어렵지 않은 일치부합 문제이지만, 그 안에서도 서로간의 비교가 용이하도록 데이터를 가공하면 더 쉽게 문제를 해결할 수 있다.

# CHAPTER 03 제3회 자료해석 모의고사 정답 및 해설

| 01 | 02 | 03 | 04 | 05 | 06 | 07 | 08 | 09 | 10 |
|----|----|----|----|----|----|----|----|----|----|
| ⑤ | ① | ④ | ④ | ① | ⑤ | ③ | ① | ⑤ | ① |
| 11 | 12 | 13 | 14 | 15 | 16 | 17 | 18 | 19 | 20 |
| ③ | ③ | ④ | ② | ① | ④ | ② | ④ | ② | ⑤ |
| 21 | 22 | 23 | 24 | 25 | | | | | |
| ① | ③ | ② | ① | ⑤ | | | | | |

## 01

답 ⑤

**난도** 하

**정답해설**

⑤ 안정성지수는 구조개혁 전반기와 구조개혁 후반기에 직전기간 대비 모두 증가하였으나, 구조개혁 후반기의 직전기간 대비 증가율은 구조개혁 전반기의 직전기간 대비 증가율보다 낮다.

**오답해설**

① 옳지 않다. 1993년 이후 양적성장지수는 감소하였지만, 안정성지수는 증가하였다.

② 옳지 않다. 외환위기 이전에 비해 구조개혁 전반기에 양적성장지수와 질적성장지수 모두 감소하긴 했지만, 질적성장지수의 경우 50%이상 감소하지는 않았다.

③ 옳지 않다. 양적성장지수만 봐도, 구조개혁 전반기의 직전기간 대비 증감폭이 구조개혁 후반기의 직전기간 대비 증감폭보다 크다.

④ 옳지 않다. 구조개혁 전반기 양적성장지수의 직전기간 대비 증감폭은 안정성지수의 진전기간 대비 증감폭보다 크다.

**합격생 가이드**

비율에 대한 선지가 적고 단순히 증감폭 만으로도 문제를 해결할 수 있다. 더불어 계산 없이 눈대중으로도 확실하게 구별이 가능하다. 삼각형 모양의 그림이 다소 생소할 순 있지만 상당히 쉬운 문제에 속한다.

## 02

답 ①

**난도** 중

**정답해설**

ㄱ. 옳지 않다. 데이터 매출액은 2009년까지 매년 50% 이상 증가하지만, 2010년은 전년대비 증가율이 50% 미만이다.

ㄴ. 2010년 이동전화 보급률은 가입대수의 증가(73.8% → 76.9%)와 전체 인구의 증가 $\left\{60.99\%\left(=\frac{73.8}{121}\times100\right)\to61.37\%\left(=\frac{76.9}{125.3}\times100\right)\right\}$에 따라 125.3%에 달한다.

**오답해설**

ㄷ. 2010년까지 이동전화 가입대수의 전년대비 증가율은 매년 약 0.246 $\left(=\frac{65.9-52.9}{52.9}\right)$, $0.064\left(=\frac{70.1-65.9}{65.9}\right)$, $0.053\left(=\frac{73.8-70.1}{70.1}\right)$, $0.042\left(=\frac{76.9-73.8}{73.8}\right)$로 감소한다.

ㄹ. 옳다. 10~12월 동안 4대 이동통신사업자의 월별 매출액이 당해연도 1~9월까지의 월평균 매출액을 유지한다면, 1~9월까지의 매출액에 1/3을 더하여 2011년 매출액 합계를 구할 수 있다. 2011년 1~9월 매출액을 10,000으로 올림하여 구하더라도 13,333으로 2010년 매출액보다 작다. 따라서 2011년 매출액 합계는 전년도보다 감소할 것이다.

## 03

답 ④

**난도** 하

**정답해설**

ㄱ. 옳다. 〈표〉 1의 해수 비율이 97%가 넘는다. 그 외에는 담수이다.

ㄴ. 옳다. 지하수와 지표수의 비율을 합치면 0.80이 약간 넘으며 그 2배는 빙설의 비율인 1.731보다 작다.

ㄹ. 한국의 1인당 물 사용량은 395ℓ로 독일의 1인당 물 사용량 132ℓ의 2.5배인 330ℓ, 프랑스의 1인당 물 사용량 281ℓ의 1.4배인 393.4ℓ 이상으로 사용한다.

**오답해설**

ㄷ. 한국의 연평균 강수량 1,245mm를 880mm로 나누면 약 1.415배가 되어 1.4배 이상이 되므로 옳은 내용이나, 한국의 1인당 강수량 2,591mm를 세계평균 19,635mm로 나누면 약 0.132가 되어 한국의 1인당 강수량이 세계평균의 13% 이상이 된다.

## 04

답 ④

**난도** 하

**정답해설**

ㄴ. 옳다. 2000년 15세 미만의 인구구성비는 21%이고 65세 이상의 인구구성비는 7.3%이다. 즉 65세 이상의 인구구성비는 15세 미만 인구구성비의 1/3 이상이다. (21÷3=7<7.3) 30% 이상이 된다.

ㄹ. 1980년 15세 미만 인구 비율은 33.8%, 1985년 15세 미만 인구 비율은 29.9%로 매년 감소하고 있고, 1960년과 1970년 전체 인구에서 65세 이상 인구의 비율은 3.3%로 매년 감소하지 않고 증가추세에 있다.

**오답해설**

ㄱ. 옳지 않다. 1990년 연령별 인구구성비를 살펴보면 15세 미만과 65세 이상 인구구성비의 합은 30.7%이다. 따라서 15~65세 미만 인구 비율은 70% 이하이다.

ㄷ. 옳지 않다. 해당 데이터로는 인구구성만 알 수 있고 인구 수는 알 수 없다.

## 05

답 ①

**난도** 중

**정답해설**

ㄱ. 옳다. 지방정부 신뢰 수준은 각각 ▲, ■, ●로 주어졌는데, 모든 학력별로 ▲, ■, ● 순서로 중앙정부에 대한 신뢰도가 높다.

**오답해설**

ㄴ. 옳지 않다. 알 수 없다. 오히려 최종 학력이 중학교인 응답자 집단에서 중앙정부 신뢰도가 '매우 신뢰', '신뢰', '신뢰 안함'인 3점, 2점, 1점과 멀리 떨어져 있으므로 지방정부 신뢰 수준과 중앙정부 신뢰도의 차이가 크다.

ㄷ. 옳지 않다. 지방정부 신뢰 수준이 '높음', '중간' 집단에 대해서 중앙정부에 대해 신뢰도가 차이가 난다.

ㄹ. 옳지 않다. 대학교와 대학원 사이에서 ▲값은 오히려 떨어진다.

**합격생 가이드**

오래 전에 출제된 문제로, 다소 생소한 문항일 것으로 파악된다. ㄴ.이 조금 까다로울 수 있지만, 다른 보기가 모두 명확하기 때문에 답을 구하는 것은 어렵지 않다.

## 06

답 ⑤

**난도** 하

**정답해설**

⑤ 옳다. 참여빈도 유형 중 전년대비 비중이 증가한 집단은 주4~5회와 주2~3회 집단이다. 주4~5회 집단은 11.0에서 16.8로 50% 이상 증가한 반면, 주2~3회는 증가율이 50%에 미치지 못한다.

**오답해설**

① 옳지 않다. 특정 참여종목의 참여자 순위는 알 수 있지만, 구체적인 참여자 수는 확인할 수 없다. 2006년의 보디빌딩 참여자 순위는 하락했으나, 작년에 비해 참여자 수가 감소했다고 확신할 수 없다.

② 옳지 않다. 줄넘기는 2003년 3위에서 2004년 2위로 순위가 상승하였다. 테니스도 2001년 7위 이하에서 2002년 6위로 순위가 상승하였다.

③ 옳지 않다. 등산은 2003년과 2004년 모두 1위로 순위가 동일하다. 배드민턴은 2001년 6위에서 2002년 7위 이하로 순위가 하락했다. 축구는 2001년 2위에서 2002년 7위 이하로 순위가 하락했다.

④ 옳지 않다. 2002년부터 2005년까지 생활체육 참여율이 전년보다 증가했다. 그런데 2003년과 2004년에는 주2~3회 참여자 집단의 비중이 감소했다.

## 07

답 ③

**난도** 중

**정답해설**

③ 옳다. 120분 이하 과장급의 비중은 85%이다. 과장급에서 원격근무제를 사용하는 비중은 16.3%이다. 이 둘을 더하면 101.3%이므로 최소 1.3%는 이 둘에 중복 해당된다.

**오답해설**

① 옳지 않다. 30분 이하, 30분 초과 60분 이하 비중의 합이 각 직급에서 50%가 넘는지 확인하면 된다. 과장급과 차장급에서 모두 50%가 되지 않는다.

② 옳지 않다. 90분 초과 대리급 이하 근로자 비율은 26.7%이다. 탄력근무제 활용하는 대리급 이하 근로자 비율은 23.6%이다.

④ 옳지 않다. 정확한 근로자 수는 알 수 없다.

⑤ 옳지 않다. 정확한 근로자 수는 알 수 없다.

**합격생 가이드**

②의 경우 실전에서 덧셈이 필요 없는 탄력근무제 활용 비율을 보고, 이를 기준으로 출퇴근시간을 본다면 90분 초과 비율이 더 큼을 쉽게 알 수 있다. ③의 경우 120분 이하를 구하기보다, 120분 초과를 구하여 100에서 빼는 것이 쉽다.

## 08

답 ①

**난도** 하

**정답해설**

첫 번째 조건에 따르면, A와 C는 브라질과 사우디가 될 수 없다. (선지 ⑤ 소거)
두 번째 조건에 따르면, D가 브라질이다. (선지 ②, ④ 소거)
세 번째 조건에 따르면, A가 남아공이다. (선지 ③ 소거)
따라서 답은 ①이 된다.

**합격생 가이드**

두 번째 조건의 경우 A~D 중 총배출량을 1인당 배출량으로 나눈 값이 가장 큰 국가를 찾으면 그것이 브라질이다. 마찬가지로 남은 A와 C 중에 인구가 더 큰 국가가 남아공이 된다.

## 09

답 ⑤

**난도** 중

**정답해설**

⑤ 옳지 않다. €/AU\$의 변화 추이는 ₩/AU\$를 ₩/€로 나누어 구할 수 있다. 선지의 그래프는 ₩/€를 ₩/AU\$로 나눈 값이다.

**오답해설**

① 옳다. AU\$/US\$는 〈표 2〉에서 ₩/US\$를 ₩/AU\$로 나누어 구할 수 있다.

② 옳다. 원화로 환산한 대호주 금융자산 투자규모 추이는 〈표 1〉의 호주 금융자산 투자규모와 〈표 2〉의 ₩/AU\$를 곱하여 도출할 수 있다.

③ 옳다. 원화로 환산한 지역별 금융자산 투자규모는 〈표 1〉의 지역별 금융자산 투자규모와 〈표 2〉의 외국 통화에 대한 환율을 각각 곱하여 도출할 수 있다. 2006년 지역별 금융자산 투자규모는 미국 99(천억 원), 호주 85(천억 원), 유럽 100(천억 원)이다. 원화로 환산한 2006년 각 지역별 금융자산 투자규모를 원화로 환산한 2006년 전체 금융자산 투자규모인 284(천억 원)로 나누면 원화로 환산한 2006년 각 지역별 금융자산 투자 비중을 구할 수 있다.

④ 옳다. 원화로 환산한 대미 금융자산 투자규모 추이는 〈표 1〉의 미국 금융자산 투자규모와 〈표 2〉의 ₩/US\$를 곱하여 도출할 수 있다.

## 10  답 ①

난도 중

**정답해설**

ㄱ. 옳다. 1인당 실질부가가치는 〈그림 2〉의 가로축에 해당하며, 통신업은 ●으로 표시되어 있다. 〈그림 2〉에서 한국과 일본의 ●은 통신업 OECD 평균인 실선보다 오른쪽에 위치하고 있다.

ㄴ. 옳다. 〈그림 2〉에서 통신업(●)은 가로축과 세로축에서 모두 금융업(△)보다 크다.

ㄹ. 옳다. 국가 유형에 따라 구분한 결과 통신업 유형과 금융업 유형이 동일한 국가는 캐나다, 영국, 이탈리아, 일본 4개이다.

**오답해설**

ㄷ. 옳지 않다. 통신업에서 제Ⅲ유형에 속한 국가는 영국, 핀란드, 노르웨이 3개국이고, 금융업의 제Ⅳ유형에 속한 국가는 이탈리아, 노르웨이, 핀란드, 일본 4개국이다.

ㅁ. 옳지 않다. 금융업에서 미국의 1인당 실질부가가치는 약 125천 달러이고, 캐나다의 1인당 실질부가가치는 약 70천 달러이다. 따라서 2배에 미치지 못한다.

**합격생 가이드**

활용해야 하는 그림이 2개나 주어졌기 때문에, 각각의 보기를 어디에서 추출해야 하는지 파악하여야 한다. 그리고 〈그림 2〉에서 통신업과 금융업을 한 번에 다루기 때문에 ●와 △를 꼼꼼히 구분하여야 하고, OECD 평균값 역시 실선과 점선으로 다르게 주어졌기 때문에 실수하지 않도록 유의하여야 한다.

## 12  답 ③

난도 중

**정답해설**

③ 옳다. 합기도는 7월 마지막 주에 14.6%, 10월 첫째 주에 15.1%로 시청률이 모두 20% 미만이다.

**오답해설**

① 옳지 않다. 매주 코너가 있기 때문에 표가 주어진 기간 외 그 사이의 8주 간에 얼마나 많은 코너가 삭제되고 신설됐는지 알 수 없다.

② 옳지 않다. 세 가지가 전주보다 시청률이 낮아졌다.

④ 옳지 않다. 폐지되거나 신설되지 않은 코너 중 7월 마지막 주의 경우 전주와 시청률 차이가 큰 코너는 5.3%p 변한 세 가지인 반면, 10월 첫째 주는 7.4%p 변화한 생활의 문제이다.

⑤ 옳지 않다. 7월 마지막 주의 경우 상위 다섯 코너가 27%대 3개, 26%대 2개인 반면, 10월 첫째 주의 경우 27%대 2개, 24%대 2개, 23%대 1개로 산술평균 시 7월 마지막 주가 더 크다.

**합격생 가이드**

신설되거나 폐지된 코너에 체크를 해 두면 문제를 보다 쉽게 풀 수 있다. 산술평균의 경우 ⑤의 접근법처럼 직접 평균을 구하지 않아도 그 구성 수치들을 통해 개략적으로 대소 비교가 가능하다. ①과 같이 특정 시점 두 개를 주고 변화 상황을 묻는 문항이 종종 출제되기 때문에 유의 깊게 볼 필요가 있다.

## 11  답 ③

난도 중

**정답해설**

ㄱ. 옳지 않다. '가'국의 아시아에 비해 1.4%p 증가한 것은 전체 수출입액에 대한 아시아 수출입액 비중으로 수출입액 자체는 2011년이 2010년에 비해 감소하였다.

ㄷ. 옳지 않다. '가'국의 유럽에 대한 수출입액이 전년대비 2.2% 감소한 것은 맞다. 그러나 수출액이 전년대비 10% 감소하고 수입액이 전년대비 3.7% 증가하였다.

ㅁ. 옳지 않다. 네덜란드에 대한 수출입액은 유럽 전체 수출입액의 17.6%를 차지한 것은 맞다. 그러나 네덜란드에 대한 수입액 대비 수출액 비율은 2011년이 2010년에 비해 증가하였다.

**오답해설**

ㄴ. 옳다. 〈표〉에서 2011년 수출입액의 전년대비 증감률이 모든 지역에서 음수인 것으로 확인할 수 있다.

ㄹ. 옳다. 〈그림 2〉에서 '가'국의 대 유럽 수출입액 상위 5개국은 독일, 네덜란드, 이탈리아, 벨기에, 스페인이다. 이들의 수출입액 비중 합은 85.9%이다.

## 13  답 ④

난도 중

**정답해설**

④ 옳지 않다. 목표를 달성하지 못한 지표가 두 개 이상인 부서는 없다.

**오답해설**

① 옳다. 감사팀은 모든 지표를 만족한다.

② 옳다. 탄력근무제 활용지표를 달성하지 못한 부서는 인사과와 심사2팀, 연가 사용지표를 달성하지 못한 부서는 심사1팀, 초과근무 사전승인지표를 달성하지 못한 부서는 운영지원과와 총무과로 총 5개이다.

③ 옳다. 심사3팀의 초과근무 사전승인지표는 98.9%로 가장 높다.

⑤ 옳다. 탄력근무제 활용지표가 두 번째로 높은 부서는 심사1팀인데, 심사1팀은 연가사용지표를 달성하지 못했다.

## 14 답 ②

난도 하

정답해설

〈보고서〉 첫 번째에서 A국은 2006년 4분기 소매판매 증가율과 수출 증가율이 3분기보다 감소해야 한다. 따라서 '가', '다'는 A가 될 수 없다. (선지 ③, ④, ⑤ 소거)

〈보고서〉 두 번째에서 B국은 수출이 2005년에 2분기 이후 수출 증가율이 매분기 감소해야하므로 '가'는 B국이 될 수 없다. (선지 ① 소거)

답은 ②가 된다.

합격생 가이드

소거법을 이용한다면 매우 빠르게 답을 낼 수 있는 문제다.

## 15 답 ①

난도 하

정답해설

ㄱ. 옳다. '1시간 미만' 운동하는 3학년 남학생 수는 87명으로, '4시간 이상' 운동하는 1학년 여학생 수인 46명보다 많다.

ㄴ. 옳다. 표에서 '1시간 미만' 행만 확인하면 알 수 있다. '1시간 미만' 운동하는 남학생의 비율은 1~3학년 각각 10.0%, 5.7%, 7.6%으로 여학생 중 '1시간 미만' 운동하는 여학생의 비율인 18.8%, 19.2%, 25.1%보다 각 학년에서 모두 낮다.

오답해설

ㄷ. 옳지 않다. 남학생의 경우 3시간 이상 운동하는 학생의 비율은 1학년 46.0%, 2학년 53.0%, 3학년 48.6%이므로 학년이 높아질수록 비율이 낮아지지 않는다.

ㄹ. 옳지 않다. 3학년 남학생의 경우, '3시간 이상 4시간 미만' 운동하는 학생의 비율은 23.4%으로 '4시간 이상' 운동하는 학생의 비율인 25.2%보다 낮다.

합격생 가이드

비율과 인원수 모두를 제공했기 때문에 어려운 계산 없이 풀 수 있는 문항이다. 이때, 선지에서 묻는 것이 '비율'인지 혹은 '인원수'인지 실수하지 않아야 하며, 3시간 이상은 '3시간 이상 4시간 미만'과 '4시간 이상'을 합해야 하는 것을 잊지 말도록 하자.

## 16 답 ④

난도 중

정답해설

첫 번째 조건에 따르면, '가'가 경기도이며, '다'가 충청도다. 3 · 1 운동 참여자 수에 5배를 곱해 성립하는 관계가 이 둘밖에 없기 때문이다. 남은 조건들을 살펴볼 때 다른 것들은 불확실한 정보 2개를 나열하나, 네 번째 조건은 확실한 정보인 경기도와 불확실한 평안도를 이야기하므로 네 번째 조건을 먼저 푸는 것이 효율적이다.

네 번째 조건에 따르면, 평안도는 '라'이다. 두 번째 조건은 경상도를 찾는 데 영향을 주지 못한다.

세 번째 조건에 따르면, 남은 '나'와 '마' 중 경상도는 '마'가 되며 전라도는 '나'가 된다.

이를 기반으로 선지를 분석하여야 한다.

④ 옳다. 일제관헌 사상자가 가장 많이 발생한 지역은 '라' 평안도이다.

오답해설

① 옳지 않다. 가장 많은 3 · 1 운동이 일어난 곳은 '가' 경기도이다.

② 옳지 않다. 3 · 1 운동 참여자 수가 두 번째로 적은 지역은 '마' 경상도이다.

③ 옳지 않다. 일제관헌 부상자가 가장 많이 발생한 지역은 '다' 충청도이다.

⑤ 옳지 않다. 충청도 3 · 1 운동 참여자 수의 0.5%는 604명이나 사망자 수는 590명이다.

합격생 가이드

해당 문제 역시 전형적인 매칭형과 다르며, 모든 매칭을 완료한 후에 선지를 풀 수 있다는 점에서 까다롭다. 다만 선지 자체는 쉬운 편이므로 난도 자체는 높지 않다.

매칭을 할 때 확실한 정보를 먼저 처리해야 한다. 첫 번째 조건과 같은 유형의 경우 가장 작은 값에 5배를 곱한 것이 얼마나 되는지를 파악해 보는 것으로 간단히 해결 가능하다. 만약 이를 통해 해결되지 않는다면 불가능한 것들만 체크하고 다른 조건으로 넘어가야 한다.

그리고 자료가 두 개이므로 자료를 혼동하지 않도록 주의해야 한다.

## 17 답 ②

난도 중

정답해설

② 옳지 않다. SNS를 이용하는 여자 국회의원 중 여당 의원은 22명으로 57.9%를 차지한다.

오답해설

① 옳다. SNS를 이용하는 여당 국회의원은 남자가 123명, 여자가 22명으로 총 145명이다. 한편 SNS를 이용하는 야당 국회의원은 남자가 69명, 여자가 16명으로 총 85명이다.

③ 옳다. 여당 국회의원 중 지역구 의원은 126명, 비례대표 의원은 19명이므로 지역구 의원의 비율은 86.9%이다.

④ 옳다. 〈표〉에서 B당과 C당 국회의원 수를 각각 더하여 도출할 수 있다.

⑤ 옳다. 〈표〉에서 당선 횟수별 국회의원 수를 구할 수 있다. 이 문제에서는 2선, 3선, 4선 이상 의원 수를 더하는 것이 더 빠르지만, 항목이 더 많다면 전체에서 초선 의원 수를 빼는 것도 고려해 볼 수 있을 것이다.

합격생 가이드

전체 여성 국회의원 38명 중 60%는 22.8명이므로, ②에 제시된 비율이 틀렸다는 것을 확인할 수 있다. 일반적인 비율 비교법으로는 해결하기 어려우므로 이정도 계산은 필요하다.

이 문제는 〈표〉가 하나만 제시되어 있지만 그 안에 정보는 매우 많다. 여당인지 야당인지, 당선 횟수별, 당선 유형별, 성별 등 매우 다양한 관점에서 문제를 만들 수 있다. 이런 경우 방심하지 말고 각 선지에서 무엇을 묻고자 하는지 유의하자.

## 18    답 ④

난도 하

정답해설

ㄴ. 옳다. C후보의 지지자가 670명, D후보 지지자는 170명으로 740명보다 많다.

ㄹ. 옳다. 개신교 신자의 A후보 지지율은 (130/400)×100=32.5%, 가톨릭 신자의 C후보 지지율은 (45/150)×100=30%이다.

오답해설

ㄱ. 옳지 않다. (가)와 (나)는 130으로 같으므로, A후보의 지지자는 620명이고 C후보의 지지자는 670명이다.

ㄷ. 옳지 않다. A후보 지지자 중 개신교 신자와 불교 신자 수는 같다.

합격생 가이드

ㄹ을 판단할 때, 지지자 수나 전체에 대한 지지율이 아니라 종교별 지지율이라는 것에서 함정에 빠지지 않도록 하자.

## 19    답 ②

난도 중

정답해설

② 옳다. 현장평가단의 최종반영점수는 득표율에 따라 달라진다. E의 경우 3표를 더 받으면 10점을 더 받게 된다. 이는 D와 현장평가단 최종반영점수에서 같은 점수를 받게 됨을 의미하는데, 둘의 서면심사점수가 이전에는 5점 차이로, D가 더 높은 순위였음을 고려하면, 둘의 순위가 바뀌게 된다.

오답해설

① E는 서면심사점수로 4위가 되어 35점을 받았고 최종심사점수가 55점이므로 현장평가단 최종반영점수에서 30점이 아닌 20점을 받았으므로 틀린 내용이며 현장평가단 최종반영점수가 30점인 부처는 D이다.

③ 옳지 않다. A는 5점을 더 받아도 서면심사점수 순위가 바뀌지 않아서 최종반영점수에도 영향을 주지 못한다.

④ 옳지 않다. 서면심사점수가 가장 낮은 것은 D인데 여기서 E와 5점차이가 나게 된다. 현장평가단 최종반영점수는 E가 D보다 10점 더 낮다. E가 최종심사점수가 가장 낮다.

⑤ 옳지 않다. C의 경우 두 점수의 차이가 10점이 난다. 반면 E는 15점이 난다. 따라서 C가 두 점수 차이가 가장 많이 나는 부처가 아니다.

합격생 가이드

각 부처의 점수를 구체적으로 구할 필요는 없다. 서면심사점수는 순위별로 5점 차이가 나고, 현장평가단의 최종반영점수는 단계별로 10점 차이가 남을 고려하면, 쉽게 선지들을 지워 정답을 찾을 수 있다. ⑤가 그나마 조금 어려울 수 있는데 이 경우에도 현장평가단 최종반영점수가 점수 간 격차가 큰 것을 생각할 때, 현장평가단 최종반영점수가 낮은 부처를 검토하면 쉽게 풀수 있다.

## 20    답 ⑤

난도 상

정답해설

⑤ 옳다. 국비가 0원인 문화재 수는 7개로 구비가 0원인 문화재 수인 9개보다 작다.

오답해설

① 옳지 않다. 문화재 번호 10번 '방염공사'를 살펴보면 공사기간이 2008.11. 23.~2008.12.24.인데 공사중이므로, 이 표가 작성된 시점은 2008년 11월 10일 이후이다.

② 전체 사업비 중 시비와 구비의 합은 3,294백만 원으로 전체 사업비 4,176백만 원의 절반 이상으로 틀린 내용이다.

③ 옳지 않다. 사업비의 80% 이상을 시비로 충당하는 문화재는 4번, 5번, 6번, 9번, 11번으로 5개이다. 이는 전체의 50% 이하이다.

④ 옳지 않다. 공사완료된 문화재 사업비의 합은 2,551백만 원, 공사중인 문화재 사업비 합은 1,159백만 원이다. 절반에 못미치는 수치이다.

합격생 가이드

사업비뿐 아니라 공사기간과 공정까지 자료로 주어져 다소 복잡해질 수 있는 문항이다. 하지만 만약 계산을 필요로 하지 않는 선지부터 해결해 나갔다면, ⑤가 명확한 답이라는 것을 빠르게 캐치하여 오히려 시간을 단축시킬 수 있는 문항이기도 하다.

## 21    답 ①

난도 하

정답해설

ㄴ. 옳다. 〈보고서〉 두 번째 문단에서 밝힌 것처럼 2018년 청소년활동을 가장 희망하는 시간대가 '학교 수업시간 중'(43.7%)이고, '기타'를 제외하고 '방과 후'가 7.8%로 가장 낮다.

ㄷ. 옳다. 〈보고서〉 두 번째 문단에서 밝힌 것처럼 2018년 청소년활동 참여형태는 '학교에서 단체로 참여'(46.0%), '교내 동아리활동으로 참여'(17.5%), '개인적으로 참여'(12.3%) 순이다.

오답해설

ㄱ. 옳지 않다. 2018년 청소년활동 9개 영역 중 3순위는 72.5%를 차지한 '진로탐색 · 직업체험활동'이다. 〈보고서〉 첫 번째 문단의 내용과 부합하지 않는다.

ㄹ. 옳지 않다. 2018년 청소년활동 정책 인지도 점수는 최대 1.44점이다.

합격생 가이드

〈보고서〉 세 번째 문단에서 '전반적 만족도', '지도자 만족도' 등에 대한 자료는 선지에 나타나 있지 않다. 여기에 현혹되지 말고, 선지에서 묻는 것에만 집중하자.

## 22

답 ③

정답해설

ㄱ. 옳다. 감가상각비의 차이는 약 8만으로 가장 크다. 8만인 점을 고려하면 단위가 십만이 되지 않는 항목들은 볼 필요가 거의 없다는 점을 기억할 경우 시간을 줄일 수 있다. (선지 ②, ⑤ 소거)

ㄴ. 옳다. 일반버스는 순이익이 145,000가 약간 되지 않으며, 굴절버스는 141,000이 약간 되지 않는다. 저상버스는 200,000이 넘는다. 굴절버스가 가장 많은 보조를 받는다. (선지 ④ 소거)

ㄷ. 일반버스의 총운송비용에서 가동비가 차지하는 비중은 약 76.4%, 굴절버스에서는 그 비중이 약 65.9%, 저상버스에서는 약 77%로 굴절버스의 총운송비용에서 가동비가 차지하는 비중이 다른 버스 종류에 비해 낮으므로 옳은 내용이다.

오답해설

ㄹ. 옳지 않다. 정비비는 굴절버스가 가장 높고, 정비비 간 차이에 비해 총운송비용의 차이는 크지 않기 때문에, 결국 정비비 할인으로 총운송비용의 변화 비율이 가장 큰 것은 굴절버스이다.

합격생 가이드

ㄱ과 같이 차이가 가장 큰 것을 물어보면 단위를 먼저 보는 것이 중요하다. 기본적인 단위 값이 크면 차이가 클 가능성이 높기 때문이다.
ㄴ은 저상버스의 경우 승객수는 일반버스보다 100명이나 많은데, 비용 차이는 크지 않기 때문에 굳이 계산할 필요가 없다.
참고로 이런 문제에서 중요한 것은 변화비율이다. 이를 명심하도록 하자.

## 23

답 ②

난도 상

정답해설

ㄴ. 옳다. 이익수준의 전체 표준편차가 가장 큰 해는 2006년이므로, 2006년의 이익수준의 전체 평균 대비 하위 평균의 비율이 가장 큰지를 확인해보면 된다. 2006년의 해당 수치는 약 0.36으로 가장 크다.

ㄹ. 옳다. 2003~2007년 적자보고율과 이익수준 상위 평균의 전년대비 증감 방향은 매년 일치한다.

오답해설

ㄱ. 옳지 않다. 조사대상 기업중에서 적자로 보고한 기업수는 2004년에 580×0.17=98.6개, 2005년에 620×0.15=93개이다. 조사대상 기업 중에서 적자로 보고한 기업수는 2005년에 최대가 아니다.

ㄷ. 옳지 않다. 이익수준의 상위 평균이 가장 높은 해는 2004년이지만, 전체 평균이 가장 높은 해는 2005년이다.

합격생 가이드

ㄴ.에서 전체를 계산하지 않도록 하자. 전체 평균은 낮으면서 하위 평균은 높아야 해당 수치가 높게 나오는데, 2002~2004은 전체 평균은 2006년보다 높으면서 하위 평균은 더 낮으므로 계산할 필요도 없다. 2007년 역시 하위 평균은 거의 비슷한 반면 전체 평균은 상대적으로 큰 차이로 크기 때문에 계산할 필요가 없다. 따라서 2005년과 2006년 두 개 연도만 계산하여 크기 비교를 해줘도 답을 찾을 수 있다.

## 24

답 ①

난도 하

정답해설

ㄱ. 옳다. 서유럽 지역을 제외하고 북유럽 지역에서는 핀란드가, 동유럽 지역에서는 폴란드가, 기타 지역에서는 캐나다가 2004년과 2005년의 실업률이 전년대비 매년 감소했다.

ㄷ. 옳다. 서유럽 지역의 경우, 실업률이 전년대비 매년 증가한 국가는 오스트리아, 프랑스, 네덜란드, 포르투갈, 스위스로 총 5개이고, 매년 감소한 국가는 아일랜드, 이탈리아, 스페인으로 총 3개이다.

ㄹ. 옳다. 2003년 서유럽 지역에서 실업률이 가장 높은 스페인은 실업률이 11.1%인데, 같은 해 동유럽 지역에서 실업률이 가장 높은 폴란드는 실업률이 19.6%에 달한다.

오답해설

ㄴ. 옳지 않다. 2003년의 실업자는 3,000만×3.6÷100=108만 명, 2005년의 실업자는 3,500만×3.7÷100=129.5만 명이다. 실업자 수는 21.5만 명만 증가하였다.

ㅁ. 옳지 않다. 2005년 프랑스와 영국의 경제활동인구가 각각 4,000만 명이라고 하면, 같은 해 프랑스의 실업자 수는 4,000만×9.9÷100=396만 명, 영국의 실업자 수는 4,000만×4.8÷100=192만 명이다. 두 국가의 실업자 수 차이는 204만 명으로 200만 명 이상이다.

합격생 가이드

대부분이 단순 비교만으로 풀 수 있는 문항으로, 계산도 어렵지 않고 함정도 없는 무난한 문항이다. 반드시 잡고 가도록 하자.

## 25

답 ⑤

난도 하

정답해설

OECD 전체의 실업률 증감 방향은 2003~2004년과 2004~2005년 모두 감소이고, EU-15 실업률 평균값의 증감 방향은 2003~2004년은 증가, 2004~2005년은 감소이다.

⑤ 옳다. 4개 국가 모두 증감 방향이 각각 일치한다.

오답해설

① 옳지 않다. 노르웨이와 오스트리아, 프랑스의 증감 방향이 일치하지 않는다.

② 옳지 않다. 스웨덴의 증감 방향이 일치하지 않는다.

③ 옳지 않다. 헝가리와 핀란드, 캐나다의 증감 방향이 일치하지 않는다.

④ 옳지 않다. 포르투갈과 영국의 증감 방향이 일치하지 않는다.

합격생 가이드

계산 없이 숫자 비교만으로 풀 수 있는 문제로, 실수만 하지 않는다면 틀릴 수가 없을 만큼 쉬운 문제이다.

# PSAT
Public Service Aptitude Test

# PART 3

# 상황판단

# CHAPTER
# 01 제1회 상황판단 모의고사 정답 및 해설

| 01 | 02 | 03 | 04 | 05 | 06 | 07 | 08 | 09 | 10 |
|----|----|----|----|----|----|----|----|----|----|
| ① | ② | ③ | ② | ④ | ⑤ | ② | ④ | ⑤ | ① |
| 11 | 12 | 13 | 14 | 15 | 16 | 17 | 18 | 19 | 20 |
| ④ | ③ | ④ | ③ | ④ | ④ | ⑤ | ⑤ | ④ | ② |
| 21 | 22 | 23 | 24 | 25 | | | | | |
| ② | ④ | ⑤ | ① | ③ | | | | | |

## 01
**정답 ①**

**난도** 하

**정답해설**

각 셀을 값을 구하면 다음과 같다.

㉠ : 4×㉠=8이므로 2로 확정된다.

㉡ : 4×㉡=4이므로 1로 확정된다.

㉢ : 3행에는 2가 없으므로 ㉢은 2로 확정된다.

㉣ : 2행에는 2가 없으므로 ㉣은 2로 확정된다.

㉤ : 2와 4 중에서 확정되지 않은 채 남아 있다.

이후에 셀을 채우는 조건을 적용할 경우, 8월에는 4행의 2가 쓰인 셀에 쓰레기 매립이 이뤄짐을 알 수 있다. 따라서 8월에는 ㉠에 쓰레기가 매립된다.

## 02
**정답 ②**

**난도** 하

**정답해설**

② 옳다. 제1조 제5항에 따라 당사자의 신문이 쟁점과 관계가 없는 때, 재판장 A는 당사자의 신문을 제한할 수 있다.

**오답해설**

① 옳지 않다. 제1조 제3항에 따라 재판장 A는 乙보다 먼저 신문할 수 있다.

③ 옳지 않다. 제1조 제4항에 따라 재판장 A는 당사자 甲과 乙의 의견을 들어 순서를 바꿀 수 있다.

④ 옳지 않다. 제3조에 의하여 대질을 명할 수 있는 자는 재판장 A이다.

⑤ 옳지 않다. 제4조의 단서에 따라 丙은 재판장 A의 허가를 받은 경우에 한하여 서류에 의한 진술을 할 수 있다.

## 03
**정답 ③**

**난도** 하

**정답해설**

③ 옳지 않다. 식용 귀뚜라미 0.45kg을 생산하는 데 필요한 물은 3.8ℓ이고, 쇠고기를 0.45kg 생산하는 데 필요한 물은 7,600ℓ 이상이다. 따라서 쇠고기를 생산하는 데에는 동일한 양의 귀뚜라미 생산보다 2000배 이상의 물이 필요하다.

**오답해설**

① 옳다. 귀뚜라미는 냉혈동물이라 소와 같이 체내 온도 유지를 위해 먹이를 많이 소비하지 않기 때문에 쇠고기 생산보다 귀뚜라미 생산에 자원이 덜 든다.

② 옳다. 현재 곤충 사육은 많은 지역에서 이루어지고 있고, 곤충의 종류는 2,013종인데 일부만 식재료로 사용되고 있다.

④ 옳다. 식용 귀뚜라미 생산은 육류 생산보다 자원을 절감할 수 있으나, 식용 귀뚜라미 100g의 가격은 10달러로 같은 양의 쇠고기 가격과 큰 차이가 없다.

⑤ 옳다. 귀뚜라미를 사육할 때 발생하는 온실가스의 양은 가축을 사육할 때 발생하는 온실가스의 양의 1/5(=20%)이므로, 가축 사육에 발생하는 온실가스의 양은 귀뚜라미 사육 시 발생하는 온실가스의 5배이다.

**합격생 가이드**

판단이 간단한 것부터 지워나가 시간을 절약한다. 배수를 판단해야 하는 ③과 ⑤를 제외한 나머지 선지의 정오를 먼저 판단한다. ③을 쉽게 판단하기 위해 식용 귀뚜라미 0.45kg 생산에 필요한 물의 500배가 얼마인지 먼저 계산한다. 그 값은 1900ℓ로 닭고기 생산에 드는 물의 양임을 알 수 있다. 따라서 쇠고기 생산에 필요한 물의 양을 구하지 않아도 ③이 틀렸음을 알 수 있다. 쇠고기 생산에는 닭고기의 경우보다 4배 이상의 물이 필요한 것을 놓치지 않도록 주의한다.

## 04
**정답 ②**

**난도** 하

**정답해설**

(가)방식은 5-3=2억 원, (나)방식은 4.5-(2+1+0.5)=1억 원의 가치가 발생하므로 (가)방식을 선택한다. 한편, 설립위치는 우선 20~30대 비율이 50%인 乙을 제외한다. 甲은 80×0.75÷3=20, 丙은 75×0.6÷2=22.5의 값을 가지므로 丙을 선택한다.

**합격생 가이드**

숫자의 특성을 고려하면 빠른 풀이가 가능하다. 설립 위치의 경우, 甲은 80×0.25, 丙은 75×0.3으로 나타낼 수 있다. 그런데 80과 25, 75와 30은 합이 같으므로 두 숫자의 간격이 더 가까운 75와 30의 곱이 더 큼을 쉽게 판단할 수 있다. 따라서 丙의 값이 더 클 것임을 계산 없이도 도출해 낼 수 있다(합이 같은 두 숫자의 곱셈은 두 숫자 간 차이가 작을수록 더 큼에 주목한다).

## 05

**답 ④**

**난도** 하

**정답해설**

최초에 甲회사의 물과 乙회사의 물에는 A균과 B균이 각각 리터당 1,000마리씩 있다. 공정 (1)을 거치면 A균은 리터당 100마리, B균은 리터당 200마리 남는다. 공정 (2-1)을 거치면 A균은 리터당 10마리 남는다. 공정 (2-2)를 거치면 B균은 리터당 40마리 남는다. 공정 (3)을 거치면 A균과 B균은 리터당 5마리, 20마리 남는다. 공정 (3)을 거친 물의 온도는 60℃이므로 B균은 22마리로 늘어난다.

**합격생 가이드**

'리터당'이라는 장치에 주의해야 한다. 공정 (3)에서 甲회사의 물과 乙회사의 물을 1:1로 배합하므로 물의 양은 2배로 늘어난다. 따라서 2리터당 A균 10마리, B균 40마리가 남은 상태가 되어 절반으로 나눠 주어야 리터당 균의 수를 구할 수 있다.

## 06

**답 ⑤**

**난도** 하

**정답해설**

ㄴ. 옳다. d=400이므로, 한 시간에 16,000명의 승객을 수송할 수 있어야 한다. 16,000÷400=40대가 필요하다.

ㄷ. 옳다. 평균 1시간 동안 20,000명의 승객을 수송해야 하므로 20,000÷400 =50대가 필요하다.

**오답해설**

ㄱ. 옳지 않다. 버스 한 대는 1시간에 총 400명의 승객을 수송할 수 있다. a=b =c=d=25라면 1시간 동안 수송해야 하는 총 승객의 수는 10,000명이므로 10,000÷400=25대가 필요하다.

**합격생 가이드**

버스 1대가 1시간 동안 수송할 수 있는 총 승객의 수를 구하면 이후의 풀이는 간단하다. 특히 ㄴ에서는 1시간 동안 운송해야 하는 승객의 수가 가장 큰 d=40만 고려하면 되고, a, b, c는 고려할 필요가 없다.

## 07

**답 ②**

**난도** 하

**정답해설**

ㄱ. 옳다. 바로 앞의 사람이 입으로 말한 숫자를 손가락으로 표현하는 것이 경기의 규칙이므로, 바로 앞의 사람이 입으로 말한 숫자와 같은 숫자를 입으로 말하면, 손가락으로 표현하는 숫자와 입으로 말하는 숫자가 같아진다.

ㄴ. 옳다. 경기 규칙에 따르면 甲이 처음으로 입으로 말한 숫자는 '둘'이고, 丙이 손가락으로 표현한 숫자는 '4'이므로 이 둘을 합하면 6이 된다.

ㄹ. 옳다. 丙이 입으로 말한 숫자가 '셋'이라면 丁이 손가락으로 표현한 숫자도 '3'이 된다. 기록지의 나머지 부분은 甲이 처음으로 입으로 말한 숫자 '둘', 丙이 손가락으로 표현한 숫자 '4', 丁이 입으로 말한 숫자 '다섯'이므로, 손가락으로 표현한 '1'은 이 경기에서 한 번도 나오지 않았다.

**오답해설**

ㄷ. 옳지 않다. 丁이 입으로 말한 숫자는 '다섯'이므로 戊은 손가락으로 '5'를 표현할 수 없다. 따라서 丙이 입으로 말한 숫자도 '다섯'이 될 수 없다.

**합격생 가이드**

게임의 규칙에 따라 기록지의 나머지 부분을 채우면 다음과 같다.

| 순번 | 1번 | 2번 | 3번 | 4번 | 5번 | 6번 |
|------|-----|-----|-----|-----|-----|-----|
| 사람 | 甲 | 乙 | 丙 | 丁 | 戊 | 甲 |
| 입 | 둘 | 넷 | | 다섯 | 둘 | 둘 |
| 손가락 | 3 | 2 | 4 | | 5 | 2 |

표만 만든다면 어렵지 않게 문제를 해결할 수 있다.

## 08

**답 ④**

**난도** 하

**정답해설**

| | 가영 | 나리 | 다솜 | 라임 | 마야 | 바다 | 사랑 |
|------|------|------|------|------|------|------|------|
| 오래달리기 | × | × | ○ | × | × | × | × |
| 팔씨름 | ○ | × | ○ | ○ | ○ | × | × |
| 3인 4각 | × | ○ | × | ○ | × | × | ○ |
| 공굴리기 | ○ | × | × | × | ○ | ○ | × |

혹은

| | 가영 | 나리 | 다솜 | 라임 | 마야 | 바다 | 사랑 |
|------|------|------|------|------|------|------|------|
| 오래달리기 | ○ | × | × | × | × | × | × |
| 팔씨름 | ○ | × | ○ | ○ | ○ | × | × |
| 3인 4각 | × | ○ | × | ○ | × | × | ○ |
| 공굴리기 | × | × | ○ | × | ○ | ○ | × |

따라서 나리, 라임, 사랑이 A부에서 3인 4각 선수로 참가해야 한다.

**합격생 가이드**

PSAT는 객관식 시험인데다 답이 하나뿐이므로 두 경우의 수가 있다고 해도 결국 동일한 답이 나오도록 설계되어 있다. 따라서 모순이 되지 않는 하나의 조합만 찾으면 다른 조합은 굳이 해보지 않아도 된다.

팔씨름을 하는 사람은 가영, 다솜, 라임, 마야 4명으로 바로 확정된다. 또한 모두 한 종목 이상은 참가해야 하므로 나리는 3인 4각, 바다는 공굴리기에 참가해야 한다. 이제 이러한 정보를 기반으로 두 경우의 수를 따져보면 된다.

## 09

**답 ⑤**

**난도** 하

**정답해설**

ㄱ. 옳지 않다. 연변봉수의 근무자는 봉군과 오장으로 구성되는데, 봉군의 정원은 6명, 오장의 정원은 2명이므로 근무자 정원은 총 8명이었을 것이다.

ㄴ. 옳지 않다. 봉군은 신량역천으로 그 신분은 양인이고, 발군의 신분 역시 양인이다.

ㄷ. 옳지 않다. 참과 참 사이의 거리는 직로 거리를 참의 수로 나누어 구할 수 있다. 서발의 참과 참 사이의 거리는 (1050÷41≒25.6)인 반면, 북발의 참과 참 사이의 거리는 (2300÷64≒35.9)로 서로 다르다.

ㄹ. 옳지 않다. 의주에서 한성까지는 1,050리이고, 기발의 속도는 1주야에 약 300리이다. 따라서 의주에서 한성까지 기발로 문서를 전달하는 데 3주야 이상이 걸렸을 것이다.

**합격생 가이드**

〈보기〉 ㄷ의 정오를 판정할 때, 참과 참 사이의 거리를 직접 나누는 데에는 시간이 소요되기 때문에 비례식으로 푸는 것이 도움이 된다. 예를 들어 서발은 1,050리에 41참을 두었는데, 북발은 2,300리로 그 거리가 서발의 2배 이상인 반면 참의 수는 64참으로 2배 이하이다. 따라서 참과 참 사이의 거리가 동일할 수 없음을 추론할 수 있다.

## 10　답 ①

난도 중

**정답해설**

• 甲 : 옳다. '바구니에 들어 있는 과일이 모두 몇 개니?'라는 질문은 A와 E, B와 C, D를 구분한다. '바구니에 들어 있는 과일의 무게를 모두 합치면 1kg 이상이니?'라는 질문은 A와 C, B와 D와 E를 구분한다. 따라서 A, B, C, D, E를 모두 구분할 수 있다.

• 乙 : 옳다. '바구니의 색깔과 같은 색깔의 과일이 포함되어 있니?'라는 질문은 A와 B와 D, C와 E를 구분한다. '바구니에 들어 있는 과일이 모두 몇 개니?'라는 질문은 A와 E, B와 C, D를 구분한다. 따라서 A, B, C, D, E를 모두 구분할 수 있다.

**오답해설**

• 丙 : 옳지 않다. '바구니에 들어 있는 과일이 모두 몇 개니?'라는 질문은 A와 E, B와 C, D를 구분한다. '바구니에 들어 있는 과일의 종류가 모두 다르니?'라는 질문은 A와 B와 C와 D, E를 구분한다. 따라서 B와 C를 구분할 수 없다.

• 丁 : 옳지 않다. '바구니에 들어 있는 과일의 종류가 모두 다르니?'라는 질문은 A와 B와 C와 D, E를 구분한다. '바구니에 들어 있는 과일의 무게를 모두 합치면 1kg 이상이니?'라는 질문은 A와 C, B와 D와 E를 구분한다. 따라서 A와 C, B와 D를 각각 구분할 수 없다.

**합격생 가이드**

다음과 같은 표를 만들어 풀면 상황이 명확해진다.

| | A | B | C | D | E |
|---|---|---|---|---|---|
| 바구니에 들어 있는 과일이 모두 몇 개니? | 4 | 5 | 5 | 3 | 4 |
| 바구니에 들어 있는 과일의 무게를 모두 합치면 1kg 이상이니? | ○ | × | ○ | × | × |
| 바구니의 색깔과 같은 색깔의 과일이 포함되어 있니? | ○ | ○ | × | ○ | × |
| 바구니에 들어 있는 과일의 종류가 모두 다르니? | × | × | × | × | ○ |

따라서 문항의 핵심은 '바구니에 들어 있는 과일이 모두 몇 개니?'라는 질문이다. 이 질문이 포함되어 있지 않은 선지는 답이 될 수 없다. 다른 질문들은 다섯 개의 바구니를 ○와 ×로만 나누기 때문에 두 질문만으로 모든 바구니를 다르게 분류해 낼 수 없기 때문이다.

## 11　답 ④

난도 중

**정답해설**

ㄱ. 옳다. A기준에 따르면 각 성별 사람 수가 30명일 때 위생기구를 2개씩 설치하여 총 4개를 설치한다. B기준에도 동일하게 2개씩 설치하여 총 4개를 설치한다.

ㄴ. 옳다. B기준에 따르면 남자가 50명일 때 총 3개의 위생기구를 설치해야하며, 위생기구 수가 홀수인 경우에는 대변기를 소변기보다 한 개 더 설치한다. 따라서 2대의 대변기가 설치된다. 또한 여자 40명이 근무할 경우 2대의 대변기를 설치한다.

ㄹ. 옳다. C기준에 따르면 남자가 150명일 때 총 4개의 위생기구가 설치되며 그 중 2개가 대변기이다. 또한 여자가 100명일 때 총 3개의 위생기구가 설치되며 이는 모두 대변기이므로 총 5개의 대변기가 설치된다.

**오답해설**

ㄷ. 옳지 않다. A기준에 따르면 남자가 80명일 때 총 4개의 위생기구가 설치되며 그중 2대가 소변기이다. 여자 화장실에는 모두 대변기를 설치하므로 설치할 소변기는 총 2대이다.

**합격생 가이드**

큰 어려움은 없을 것으로 보이며 시간을 충분히 절약할 수 있는 문항이다. 하지만 실수를 해서 틀리기 쉬운 만큼, 〈화장실 위생기구 설치기준〉을 읽으면서 이해한 내용을 간략히 메모하며 읽거나 향후 선지판단을 할 때 손가락으로 표를 짚어가는 방식 등을 통해 실수를 방지하는 것이 중요하다.

## 12　답 ③

난도 중

**정답해설**

ㄴ. 옳다. 甲이 2승 1무를 하는 경우는 경기에 순서대로 B-A-C 규칙이 적용되는 경우뿐이다.

ㄹ. 옳다. 乙이 세 번째 경기에서 가위나 바위를 냈을 때, 甲이 3승을 하기 위해서는 앞의 두 경기에서 승리했어야 한다. 甲이 앞의 두 경기에서 2승을 하게 하는 규칙 적용 방식은 경기 순서대로 B-A-C이므로 세 번째 경기에 C규칙을 적용한다. 이 경우 乙이 세 번째 경기에서 가위나 바위를 내면 乙이 무조건 승리하므로 甲은 3승을 할 수 없다.

**오답해설**

ㄱ. 옳지 않다. 경기에 순서대로 B-C-A 규칙이 적용되는 경우 甲은 1승 1무 1패를 하게 된다. 따라서 첫 번째 경기에 B규칙이 적용되는 경우가 있다.

ㄷ. 옳지 않다. 경기에 순서대로 A-C-B 규칙이 적용되는 경우 甲은 2패 1무를 하게 된다.

**합격생 가이드**

가능한 경우를 빠뜨리지 않기 위해서는 표를 그려 생각하는 것이 좋다.

| | 경기1 | 경기2 | 경기3 |
|---|---|---|---|
| 甲 | 보(5) | 보(5) | 보(5) |
| 乙 | 가위(2) | 바위(0) | 보(5) |

| | 경기1 | 경기2 | 경기3 |
|---|---|---|---|
| A규칙 적용시 승자 | 乙 | 甲 | 무 |
| B규칙 적용시 승자 | 甲 | 甲 | 무 |
| C규칙 적용시 승자 | 乙 | 乙 | 무 |

이때 가능한 규칙의 조합은 A-B-C, A-C-B, B-A-C, B-C-A, C-A-B, C-B-A로 총 6가지이다. 이후 보기에서 상황이 주어지면, 규칙의 조합과 위의 표를 함께 보며 문제를 해결한다.

## 13

답 ④

난도 중

**정답해설**

각 방식에 따른 광고비는 다음과 같다.

**〈방식 1〉**
甲 : 50점+20점+0점 =70점 → 지급대상×
乙 : 50점+25점+10점=85점 → 300만 원
丙 : 50점+25점+15점=90점 → 500만 원

**〈방식 2〉**
甲 : B등급 → 200만 원
乙 : A등급 → 400만 원
丙 : A등급 → 400만 원

**〈방식 3〉**
甲 : 1000×3/8=375만 원
乙 : 1000×3/8=375만 원
丙 : 1000×2/8=250만 원

ㄴ. 옳다. 丙은 방식 1일 때 가장 유리하다.

ㄹ. 옳다. 방식 2로 선정할 경우, 丙은 甲이 지급받는 200만 원의 두 배인 400만 원을 지급받는다.

**오답해설**

ㄱ. 옳지 않다. 乙은 방식 2가 가장 유리하다.

ㄷ. 옳지 않다. 甲은 방식 1로 선정할 경우, 80점 미만에 해당하여 광고비를 지급받지 못한다.

**합격생 가이드**

방식 1의 '80점 미만인 신문사에는 지급하지 않는다'는 조건은 예외적인 것이므로 이를 표시해두고 정답 도출 후에는 표시해둔 조건을 사용하였는지를 한 번 더 검토하여 실수를 줄일 필요가 있다.

## 14

답 ③

난도 중

**정답해설**

ㄱ. 옳다. 현재 검수율이 10%이므로 1일 평균 벌금은 1,000만 원이고, 1일 인건비는 300만 원이다. 따라서 1일 평균 수입은 1,000−300=700만 원이다.

ㄴ. 옳다. 전수조사를 하는 경우의 평균 벌금은 1,000×10=10,000만 원이고, 인건비는 300+(20×9×30)=5,700만 원이다. 따라서 평균 수입은 4,300만 원이며, 인건비보다 작다.

ㄹ. 옳다. 검수율을 30%로 하는 방안을 선택하면, 1일 평균 벌금은 1,000×3=3,000만 원, 인건비는 300+(20×2×30)=1,500만 원으로 1일 평균 수입은 1,500만 원이다. 벌금을 2배로 인상하는 방안을 선택하면 1일 평균 수입은 700+1,000=1,700만 원이 되어 더 높다.

**오답해설**

ㄷ. 옳지 않다. 검수율이 40%일 때 1일 평균 벌금은 1,000×4=4,000만 원이고, 인건비는 300+(20×3×30)=2,100만 원이므로 평균 수입은 1,900만 원이다. 검수율이 10%일 때의 평균 수입은 700만 원이므로 4배에 달하지 못한다.

**합격생 가이드**

수익구조를 파악해야 한다. 검수율이 10% 증가함에 따라 벌금은 1,000만 원, 인건비는 600만 원 증가하므로 1일 평균 수입은 400만 원 증가하는 구조이다. 따라서 ㄷ은 당연히 옳지 않음을 알 수 있으며, ㄹ은 차이값을 이용하면 600<1,000이므로 옳다는 것을 쉽게 알 수 있다.

## 15

답 ④

난도 중

**정답해설**

ㄴ. 옳다. Y가설에 따르면 흡인력은 각 도시로부터의 거리 제곱에 반비례하므로, 다른 모든 조건이 동일하다면 거리가 가까운 도시일수록 흡인력이 커진다. 흡인력은 소비자를 끌어당기는 힘이므로 흡인력이 클수록 이상적인 점포 입지가 된다.

ㄷ. 옳다. Y가설에 따를 때, C시로부터 B시가 떨어진 거리가 10km에서 5km로 변한다면 B시의 흡인력은 기존 40,000의 4배인 160,000이 된다. 이 때 A시의 흡인력은 20,000이므로 C시 인구의 8/9인 8만 명이 B시로 흡인된다.

**오답해설**

ㄱ. 옳지 않다. X가설에 따르면 소비자는 유사한 제품을 판매하는 점포들 중 한 점포를 선택할 때 항상 가장 가까운 점포를 선택한다. 즉, 선택에 영향을 미치는 유일한 요인은 거리이고 가격은 점포 선택에 영향을 미치지 않는다.

**합격생 가이드**

〈보기〉에서 X가설과 Y가설을 완전히 분리해서 묻고 있으므로 글에서 X가설을 읽은 뒤 바로 ㄱ을 판단하고, Y가설을 읽은 뒤 바로 ㄴ과 ㄷ을 판단하는 것이 시간 절약에 도움이 된다. 이때 글의 예 부분을 최대한 활용하여 계산을 최소화하는 것이 중요하다. 즉, ㄷ을 판단하는 데 있어 C시로부터 B시가 떨어진 거리가 1/2이 되면 흡인력은 4배가 된다는 것을 활용하여 시간을 절약할 수 있다.

## 16

답 ④

난도 중

정답해설

戊의 나이가 23세이므로 甲, 乙, 丙, 丁의 나이는 각각 32세, 30세, 28세, 26세이다. 오디션 점수가 세 번째로 높은 丙만이 군의관 역할을 연기해 본 경험이 있고, 가장 나이가 많은 甲만 사극에 출연한 경험이 있다.

甲은 76−8+10=78점, 乙은 78−4=74점, 丙은 80−5=75점, 丁은 82−4=78점, 戊는 85−10=75점이다. 따라서 甲과 丁 중 기본 점수가 가장 높은 丁이 캐스팅된다.

**합격생 가이드**

나이와 오디션 점수의 합이 모두 동일하다는 점이 핵심이다. 甲에서 戊로 갈수록 오디션 점수가 높아지기 때문에 甲에서 戊로 갈수록 나이는 줄어든다. 이때 사극 경험으로 가점을 10점이나 받는 甲이 78점이므로 이미 기본점수가 78점인 乙은 캐스팅될 수 없다는 점 등 숫자의 특성을 활용하면 좋다.

## 17

답 ⑤

난도 중

정답해설

각 평가대상기관이 받는 점수는
- A : 3+3=6점,
- B : 5+3=8점,
- C : 1+1=2점,
- D : 3+5=8점이다.

B, D는 동점이지만 내진보강대상건수가 더 많은 기관은 D이다. 따라서 최상위 기관은 D, 최하위기관은 C이다.

**합격생 가이드**

내진성능평가지수와 내진보강공사지수를 일일이 계산하지 않는다. 분수 비교를 통해 가장 높은 기관과 가장 낮은 기관만 판단하여 5점과 1점을 부여한 후, 나머지 기관에는 3점을 부여하면 된다. 최고점이나 최하점이 동점으로 나오지 않는다면 주어진 조건을 사용하지 못한 것이므로 실수가 없는지 의심해봐야 한다.

## 18

답 ⑤

난도 중

정답해설

|  | 甲 | 乙 | 丙 | 丁 |
|---|---|---|---|---|
| 밀가루 | × | × | × | × |
| 우유 | ○ | × | × | × |
| 옥수수가루 | × | ? | × | × |
| 아몬드 | × | ? | × | × |
| 달걀 | × | × | × | ○ |
| 식용유 | × | × | ○ | × |

ㄴ. 옳다. 甲은 우유, 乙은 옥수수가루나 아몬드, 丙은 식용유에 대하여 알레르기 증상을 보였다.

ㄷ. 옳다. 화요일에 제공된 빵의 확인되지 않은 재료 중 하나는 달걀이고, 나머지 하나는 옥수수가루, 아몬드 중 乙이 알레르기 증상을 보이지 않은 재료이다.

ㄹ. 옳다. 화요일에 제공된 빵에 포함된 재료 중 한 가지가 아몬드라면 乙의 알레르기 증상은 옥수수가루 때문이고, 재료가 옥수수가루라면 乙의 알레르기 증상은 아몬드 때문이다.

오답해설

ㄱ. 옳지 않다. 甲이 알레르기 증상을 보인 것은 우유 때문이다.

**합격생 가이드**

문항의 핵심은 해당 요일에 알레르기가 일어났다면 그날 제공된 빵에 들어간 재료에 의해 알레르기가 일어났다는 것을 알 수 있다는 점, 그리고 해당 요일에 알레르기가 일어나지 않았다면 그날 제공된 빵에 들어간 재료들은 모두 알레르기를 일으키지 않는다는 것을 알 수 있다는 점 총 두 가지이다. 후자를 놓치지 않도록 유의한다.

## 19

답 ④

난도 중

정답해설

상황 A에서 춘향이 느끼는 최종 호감도는 95, 몽룡이 느끼는 최종 호감도는 65이다. 상황 B에서 춘향이 느끼는 최종 호감도는 80, 몽룡이 느끼는 최종 호감도는 80이다. 상황 C에서 춘향이 느끼는 최종 호감도는 60, 몽룡이 느끼는 최종 호감도는 70이다.

④ 옳다. 몽룡이 춘향이에게 느끼는 최종 호감도는 상황 C가 70, 상황 A가 65로 C가 A보다 5 높다.

오답해설

① 옳지 않다. 몽룡이 춘향이에게 느끼는 최종 호감도는 상황 B가 가장 높다.

② 옳지 않다. 춘향이 몽룡이에게 느끼는 최종 호감도는 상황 A가 가장 높다.

③ 옳지 않다. 몽룡이 춘향이에게 느끼는 최종 호감도는 상황 B가 상황 C보다 10 높다.

⑤ 옳지 않다. 상황 B의 경우 춘향이 느끼는 최종 호감도와 몽룡이 느끼는 최종 호감도는 동일하다.

**합격생 가이드**

실수를 하지 않는 것이 가장 중요하다. 호감도에 변동을 일으키는 조건은 4가지가 있으므로 각 상황마다 호감도의 변동분을 차례대로 반영한다. 첫 만남 이후의 최초 호감도 70, 60은 마지막에 반영하면 된다. ①, ②, ③을 판단하기 위해서는 차이값만 알면 되기 때문이다.

## 20

답 ②

난도 중

정답해설

ㄴ. 옳다. 건물 A가 2008년 1월에 신축되었다면 위의 세 행정구역 중 부산광역시와 경상남도 모두 가능성이 있다. 따라서 어디에 위치해 있는지 알 수 없다.

ㄷ. 옳다. 2008년 1월 이후에 영도구에 세워진 모든 건물은 장애인을 위한 주차
구역을 구비하고 있으므로 해당 구역을 구비하지 않은 건물 A는 영도구 안
에 위치해 있지 않다.

**오답해설**

ㄱ. 옳지 않다. 건물 A의 위치를 특정할 수 없다.

ㄹ. 옳지 않다. 경사로가 설치되어 있다고 하더라도 2008년 1월 이전에 세워진
건물일 수 있다.

ㅁ. 옳지 않다. 영도구는 부산광역시의 하위 행정구역이므로 경상남도의 규정이
적용되지 않는다.

**합격생 가이드**

제시문에서 영도구는 부산광역시의 하위 행정구역임을 주었기 때문에 이를
인지하여 풀었다면 혼동 없이 풀 수 있었을 것으로 보인다. 또한 각 선지의
정오를 판단할 때에는 선지의 반례에 해당하는 경우가 없는지를 생각하며
푸는 것이 바람직하다.

---

## 21  답 ②

**난도** 중

**정답해설**

ㄱ. 옳다. 총 상금이 132,000천 원이고, 결선 순위별 상금의 총합이 114,000천
원이므로 특별상 부문별 상금의 총합은 18,000천 원이다. 따라서 감동상, 창
의상이 시상되었고 인기상과 기교상 중 하나만 시상되었다.

ㄹ. 옳다. A가 2위가 아니라면 A는 1위여야 한다. A가 1위인 경우 B는 3위가 되
어야 하므로 C는 2위가 된다.

**오답해설**

ㄴ. 옳지 않다. B가 3위를 한 경우 감동상과 인기상 혹은 기교상을 함께 시상한
경우가 존재할 수 있다.

ㄷ. 옳지 않다. C와 D의 총 상금이 20,000천 원으로 같은 경우 C는 4위 상금과
감동상 상금을 받을 수 있다.

**합격생 가이드**

A~G의 가능한 순위로는
(1, 3, 2, 4, 5, 6, 7), (2, 1, 3, 4, 5, 6, 7), (2, 1, 4, 3, 5, 6, 7)이 있다. E, F, G는
총 상금에 따라 5, 6, 7위임이 바로 확정된다는 점을 활용하면 쉽게 판단 가
능하다.

---

## 22  답 ④

**난도** 중

**정답해설**

④ 옳다. 10,000×(20,000×0.8)+(500×2)=27,000원

**오답해설**

① 옳지 않다. (10,000+20,000)×0.9+(500×2)=28,000원

② 옳지 않다. 20,000+(10,000×0.8)=28,000원

③ 옳지 않다. (10,000+20,000)×0.8+(500×2×5)=29,000원

⑤ 옳지 않다. 10,000+(20,000×0.8)+(500×2)+500=27,500원

---

**합격생 가이드**

스킨과 로션을 모두 정가로 구매할 경우 드는 돈은 30,000원으로 일정하므
로, 각 선지의 상황별로 할인되는 금액과 체감 비용만 계산하면 더 빠른 풀
이가 가능하다. ④는 20,000×0.2=4,000원이 할인되고 500×2=1,000원
의 체감비용이 발생하므로, 총 3,000원을 아낄 수 있어 총 비용이 가장 적게
든다.

---

## 23  답 ⑤

**난도** 중

**정답해설**

ㄴ. 옳다. 甲이 120쪽과 121쪽을 펼치면 甲의 점수는 4점, 乙이 210쪽과 211쪽
을 펼치면 乙의 점수는 4점으로 무승부이다.

ㄹ. 옳다. 乙이 100쪽을 펼치면 오른쪽 면은 101이 되므로 乙의 점수는 2점이
된다. 따라서 乙이 승리하기 위해서는 甲이 1점이 되어야 한다. 하지만 1점
이 나오는 경우는 존재하지 않으므로 乙이 100쪽을 펼치면 승리할 수 없다.

**오답해설**

ㄱ. 옳지 않다. 甲이 98쪽과 99쪽을 펼치면 甲의 점수는 81점, 乙이 198쪽과
199쪽을 펼치면 乙의 점수는 81점으로 무승부이다.

ㄷ. 옳지 않다. 甲이 369쪽을 펼치면 왼쪽 면은 368쪽이 되므로 甲의 점수는
162점이 된다. 하지만 乙이 299쪽을 펼치는 경우 162점이 되어 무승부가
될 수도 있다.

**합격생 가이드**

〈보기〉의 ㄱ과 ㄴ은 주어진 경우를 풀면 쉽게 정오를 판단할 수 있다. ㄷ과
ㄹ은 甲이 반드시 승리할 수 있는지, 乙이 승리할 수 없는지 주어지지 않은
상대방의 경우를 직접 찾아야 하기 때문에 시간이 소요된다. 따라서 반례를
찾는 방식으로 푸는 것이 좋다. 예를 들어 ㄷ을 풀 때는 乙이 162점 이상이
나오는 경우를 찾아야 한다. 따라서 큰 수끼리 곱해야 하므로 9, 8, 7, …끼
리 곱할 수 있는 경우를 찾는다. 2×9×9의 경우가 가능한데, 이때 乙의 점
수는 162점으로 반례가 되므로 ㄷ을 틀리다고 판단한다.

---

## 24  답 ①

**난도** 하

**정답해설**

ㄱ. 옳다. 도지권을 가진 소작농은 지주의 승낙 없이 임의로 도지권을 타인에게
매매할 수 있었기 때문에, 다른 소작농이 도지권을 가진 소작농으로부터 도
지권을 매입한 경우가 있을 수 있다.

ㄴ. 옳다. 선도지는 경작 이전에 미리 일정액의 도조를 지급하는 경우의 도지이
다. 따라서 수확량을 조사하기 위해 간평인을 보냈다면 선도지일 수 없다.

**오답해설**

ㄷ. 옳지 않다. 일제의 토지조사사업으로 도지권을 가진 소작농들의 도지권은 부
인되었지만, 소작권이 인정되었으므로 소작은 할 수 있었다.

ㄹ. 옳지 않다. 도지권을 가진 소작농은 지주의 승낙 없이 임의로 도지권을 타인
에게 매매할 수 있었다.

**합격생 가이드**

①과 ⑤가 ㄷ 포함 여부로 구분되므로 ㄷ을 우선적으로 판단한다. ㄷ을 옳지
않다고 판단하게 되면 ①, ②만 남으므로 ㄴ이나 ㄹ 중 하나만 판단하면 된다.

## 25

**답 ③**

난도 하

**정답해설**

⊙ 정해진 도조 액수는 수확량인 쌀 20말의 1/4인 5말이 된다. 5말은 냥으로 환산하면 25냥이 된다.

ⓒ 丙에게 A를 빌려주고 소작료를 받아 지주에게 도조인 25냥을 납부하고 그 차액인 25냥이 남는다면 丙에게 받는 소작료는 50냥이 된다.

ⓒ 도지 A의 전체 가격은 도지권 가격과 지주의 소유권 가격의 합이다. 도지권의 매매 가격을 a라고 한다면, 소유권 가격은 도지권 가격의 2배이므로 A의 가격은 3a가 된다. 이때 A의 전체 가격(3a)은 900냥이므로 도지권의 매매 가격은 300냥이 된다.

ⓔ 도지권을 가진 소작농이 도조를 납부하지 않는 경우, 지주는 연체된 도조를 빼고 나머지는 소작농에게 반환하여야 한다. 연체된 도조는 2년분인 50냥이므로, 甲은 乙에게 도지권의 매매 가격인 300냥에서 연체분인 50냥을 빼고 250냥을 반환해야 한다.

따라서 ⊙~ⓔ에 들어갈 수의 합은 25+50+300+250=625이다.

> **합격생 가이드**
>
> 계산을 요하는 문제이므로 글에서 숫자가 나와 있는 문단을 찾아 읽으며, 글에 나타난 정보를 토대로 〈상황〉에 나타난 계산을 해나간다. 종합 유형에서 계산 문제의 경우, 보통 해당 문단을 발췌독하여도 풀이에 문제가 없다. 따라서 글을 읽다가 계산과 관련된 내용이나 수식이 제시된다면 해당하는 계산 문제를 찾아 먼저 해결해도 무방하다. 이런 경우, 문제를 읽고 해당하는 문단을 찾는 시간을 절약할 수 있다.

# CHAPTER 02 제2회 상황판단 모의고사 정답 및 해설

| 01 | 02 | 03 | 04 | 05 | 06 | 07 | 08 | 09 | 10 |
|----|----|----|----|----|----|----|----|----|----|
| ③ | ③ | ① | ① | ② | ⑤ | ② | ③ | ⑤ | ① |
| 11 | 12 | 13 | 14 | 15 | 16 | 17 | 18 | 19 | 20 |
| ③ | ① | ① | ② | ② | ② | ① | ③ | ④ | ④ |
| 21 | 22 | 23 | 24 | 25 | | | | | |
| ③ | ⑤ | ④ | ⑤ | ③ | | | | | |

## 01

**난도** 하

**정답해설**

• X지역 : 바람의 방향이 일정하여 수직축 풍력발전기와 수평축 풍력발전기를 모두 설치할 수 있다. 또한 시간당 최소 발전량이 150k 이상이어야 하므로 설치 가능한 풍력발전기는 U-88과 U-93이다. 복수의 모델이 가능할 경우 수평축 모델을 설치하므로 U-93이 설치될 것이다.

• Y지역 : 바람의 방향이 일정하지 않아 수직축 풍력발전기만 설치 가능하며, 발전기 높이는 70 m 이하여야 한다. 이를 만족하는 풍력발전기는 U-50뿐이다.

• Z지역 : 바람의 방향이 일정하지 않아 수직축 풍력발전기만 설치 가능하다. 시간당 최대 발전량이 600kW 이상이어야 한다. 이를 만족하는 풍력발전기는 U-88뿐이다.

## 02

**난도** 하

**정답해설**

ㄴ. 옳다. 민간이 시행하는 사업이라고 할지라도 제△△조에 의하여 국가 예산의 지원을 받으며 완성에 2년 이상이 소요되고 동조 제1항의 각호에 해당하는 사업이라면 타당성조사의 대상 사업이 될 수 있다.

ㄷ. 옳다. 해당 사업의 총사업비가 10% 증가한 경우, 총사업 및 국가의 재정 지원 규모가 500억 원 이상이 된다. 따라서 제△△조의 제2항 제1호의 사업에 해당하여 타당성조사를 실시하여야 한다.

**오답해설**

ㄱ. 옳지 않다. 국가의 재정지원 비율이 50%인 총사업비 550억 원 규모의 신규 건설사업은 국가의 재정지원 규모가 300억 원 미만인 건설사업으로 제○○조의 예비타당성조사 대상 사업에 해당하지 않는다.

ㄹ. 옳지 않다. 500억 미만이라고 하더라도 제△△조 제1항 제2호의 사업이 동조 제2항에 해당하는 경우에는 타당성조사를 실시하여야 한다.

## 03

**답** ①

**난도** 하

**정답해설**

ㄱ. 옳다. 기본 봉록을 x라고 한다면, 근이 들었을 때는 봉록의 5분의 1을 감봉하므로 봉록은 4x/5가 되고, 궤가 들었을 때는 봉록의 5분의 4를 감봉하므로 봉록은 1x/5가 된다. 따라서 근이 들었을 때 받을 수 있는 봉록은 궤가 들었을 때 받을 수 있는 봉록의 4배가 된다.

**오답해설**

ㄴ. 옳지 않다. 오곡이 모두 제대로 수확되지 않은 것을 기라고 하는데, 기가 든 해에는 봉록은 주지 않지만 약간의 식량은 지급한다.

ㄷ. 옳지 않다. 곡식이 제대로 수확되지 않으면 말에게 곡식을 먹이지 않는다. 따라서 군주가 행차할 때 탄 수레는 곡식을 먹지 않은 말 두 마리가 끌었을 것이다.

ㄹ. 옳지 않다. 곡식이 제대로 수확되지 않으면 군주는 먹던 요리의 5분의 3을 줄인다.

> **합격생 가이드**
>
> 근, 한, 흉, 궤, 기의 용어 적용에 있어 몇 가지 곡식이 제대로 수확되지 않은 경우인지 헷갈리지 않도록 주의한다. 또한 〈보기〉의 ㄱ을 판단할 때 분수로 계산하면 복잡하므로, 기본 봉록을 5로 두고 5분의 n을 감봉하여 자연수로 만든 뒤 계산하는 것이 편리하다. ㄷ을 판단할 때에는 말을 수식하는 '곡식을 먹인'을 놓치지 않도록 주의한다. 문장의 처음과 끝만 읽어 "곡식이 제대로 수확되지 않으면 말 두 마리가 수레를 끈다."는 것만 보고 옳다고 판단하는 실수를 범할 수 있다.

## 04

**답** ①

**난도** 하

**정답해설**

① 옳다. (34×0.6+34×0.4)×1.3=(20.4+13.6)×1.3=44.20이다.

**오답해설**

② 옳지 않다. (30×0.6+35×0.4)×1.3=(18+14)×1.3=41.60이다.

③ 옳지 않다. (37×0.6+25×0.4)×1.3=(22.2+10)×1.3=41.86이다.

④ 옳지 않다. (32×0.6+30×0.4)×1.3+(19.2+12)×1.3=40.560이다.

⑤ 옳지 않다. 40×0.6+25×0.4=24+10=340이다.

**합격생 가이드**

숫자의 특성을 활용한다. 우선, 30~40의 0.3은 9~12로 매우 크므로 가산점을 받을 수 없는 ⑤는 소거하고 시작한다. 나머지 선지들을 비교함에 있어서는 가산점을 고려할 필요가 없으므로 전문가 점수와 학생 점수의 가중평균을 비교한다. 이때, ①은 전문가 점수와 학생 점수가 34점으로 동일하여 그 가중평균 역시 34점이 되므로 다른 선지 판단의 준거로 삼으면 좋다. 3 : 2로 가중평균을 취하게 되므로 ②, ④는 가중평균이 34를 넘을 수 없음이 바로 판단 가능하다. 이제 ③만 판단하면 되는데, 37−25=12이므로 37−4.8이 34보다 작음을 쉽게 판단할 수 있다.

## 05
**답 ②**

**난도** 하

**정답해설**

ㄱ. 옳다. 모든 전구가 켜지면 63이고, 모든 전구가 꺼지면 0이며 그 사이의 값들은 한 자리씩 조정함으로써 표현할 수 있다.

ㄹ. 옳다. 하나의 전구로 나올 수 있는 최대의 결과값은 32이다. 32 이외의 모든 전구가 켜져도 31이므로 32보다 클 수 없다.

**오답해설**

ㄴ. 옳지 않다. 나올 수 있는 수의 가짓수는 $2^6$=64가지인데, 0~63까지의 숫자를 모두 표현할 수 있으므로 특정 결과값은 한 가지의 방법으로만 표현할 수 있다.

ㄷ. 옳지 않다. 어느 전구가 고장나든 표현할 수 있는 수의 가짓수는 $2^5$=32가지로 동일하다.

**합격생 가이드**

이진법 체계가 반영된 문제라는 점을 이해해야 한다. 모든 전구가 켜진 것은 $111111_{(2)}$=63이고, 모든 전구가 꺼진 것은 $000000_{(2)}$=0인 셈이다. 이 점을 포착한다면 ㄱ, ㄴ, ㄷ은 계산해 보지 않아도 알 수 있다.

## 06
**답 ⑤**

**난도** 하

**정답해설**

ㄱ. 옳다. 甲, 乙, 丙의 총점은 각각 92.1, 92.2, 91.3점이다.

ㄴ. 옳다. 甲이 현재보다 가격을 30만 원 더 낮게 제시한다면 가격 점수가 96점에서 98점으로 변경되고, 총점은 2×0.4=0.8점 상승하여 92.9점이 된다.

ㄹ. 옳다. 丙이 현재보다 가격을 100만 원 낮춘다면 丙의 가격 점수가 96점에서 100점으로 변경되고, 총점은 4×0.4=1.6점 상승하여 92.9점이 된다.

**오답해설**

ㄷ. 옳지 않다. 丙이 현재보다 직원규모를 10명 더 늘린다면 직원규모 점수가 94점에서 97점으로 변경되고, 총점은 3×0.1=0.3점 상승하여 91.6점이 된다.

**합격생 가이드**

총점을 계산하기보다는 100점을 기준으로 점수를 얼마나 잃었는지 계산하면 보다 편하게 비교 가능하다.

## 07
**답 ③**

**난도** 하

**정답해설**

〈조건〉에 따라 게임의 결과를 정리하면 다음과 같다.

| | 게임의 결과 | | 승리팀 | 탈락팀 |
|---|---|---|---|---|
| 첫 번째 | A<C | B<D | C, D | |
| 두 번째 | C>D | A>B | A, C | B |
| 세 번째 | A<C | D | C, D | A |
| 네 번째 | C>D | | C(최종) | D |

따라서 최초 탈락팀은 B, 최종 승리팀은 C, 최종 승리팀의 승수는 4회가 된다.

**합격생 가이드**

〈조건〉과 아래의 단서를 잘 파악하여 적용하면 어렵지 않게 문제를 해결할 수 있다. 이런 유형은 조건에 따라 순서대로 결과를 정리해 나가면서 푸는 것이 가장 빠르고 정확하다.

## 08
**답 ③**

**난도** 하

**정답해설**

ㄴ. 옳다. G의 업무내용은 A와 겹치는 부분이 존재하고, B, D와는 겹치는 부분이 존재하지 않는다는 점만 알 수 있으므로, A의 업무내용이 C에 속하는 이상 G의 업무내용도 C에 속할 수 있다.

ㄷ. 옳다. E의 업무내용은 F에 속한다는 점만 알 수 있으므로 E의 업무내용은 G에도 속할 수 있다.

ㄹ. 옳다. F의 업무내용은 G와 겹치지 않는다는 점만 알 수 있으므로 F의 업무내용은 G와는 중복될 수 있다.

**오답해설**

ㄱ. 옳지 않다. B, D의 업무내용은 모두 C의 업무내용에 속하는데, B, D의 업무내용은 G의 업무내용에 속할 수 없다.

ㅁ. 옳지 않다. G의 업무내용은 A와 중복되는 부분이 존재하는데, A의 업무내용은 C에 속하므로 C와 중복될 수 없는 F의 특성상 G의 업무내용 중 일부는 반드시 F의 업무내용일 수 없다.

**합격생 가이드**

다음과 같이 도식화해서 나타내면 편리하게 풀 수 있다.

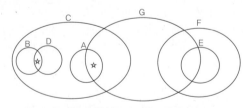

※☆ : 반드시 중복되는 업무내용이 존재함

## 09

답 ⑤

난도 하

정답해설

⑤ 옳다. 일벌이 여왕 물질을 더듬이에 묻혀 벌집 곳곳에 퍼뜨리면 여왕벌의 건재함이 알려져서 새로운 여왕벌의 출현이 억제된다.

오답해설

① 옳지 않다. 수벌은 침이 없다.

② 옳지 않다. 일벌은 암컷이다.

③ 옳지 않다. 일벌이 파수병의 역할을 한다.

④ 옳지 않다. 일벌이 낳은 알은 수벌이 되고, 여왕벌이 낳은 알이 로열젤리를 먹는 기간에 따라 일벌과 여왕벌로 성장한다.

## 10

답 ①

난도 중

정답해설

| | 월요일 | 화요일 | 수요일 | 목요일 | 금요일 |
|---|---|---|---|---|---|
| 밥 | 잡곡밥 | 백미밥 | 흑미밥 | 백미밥 | 짜장덮밥 |
| 국 | 미역국 | 된장국 | 김칫국 | 육개장 | 북엇국 |
| 김치 | 배추김치 | 배추김치 | 깍두기 | ? | ? |
| 기타반찬 | 계란찜 | 돈육장조림 | 호박전 | 김치전 | 잡채 |
| 후식 | 식혜 | 수정과 | ? | ? | 단호박샐러드 |

① 옳지 않다. 월요일의 후식은 식혜이다.

합격생 가이드

경우의 수가 하나뿐인 정보를 우선적으로 적용해나가는 것이 핵심이다. 김치는 모두 붉은색이므로 매일 붉은색 음식이 최소한 하나 있으며, 목요일과 금요일 김치의 종류는 중요하지 않다. 목요일에 붉은색 음식이 3개 있으므로 목요일에는 백미밥이 나온다. 모든 음식이 한 번은 나와야하므로 수요일에는 흑미밥이 나온다. 국은 북엇국과 미역국이 남는데, 노란색 음식이 하나 더 필요하므로 금요일에는 단호박샐러드가 나온다. 후식은 이틀 연속으로 같은 음식이 나올 수 없으므로 월요일에는 식혜가 나온다. 이와 같이 확정적인 정보들을 우선적으로 채워나가면 된다.

## 11

답 ③

난도 중

정답해설

ㄱ. A의 근로기간은 1년 6개월로, 2년을 초과하지 않아 기간제 근로자로 볼 수 있다.

ㄷ. C는 제2조 제1항 제3호에 해당하는 자로서 근로기간이 2년을 초과하였지만 단서에 해당하여 기간제 근로자로 볼 수 있다.

ㄹ. D는 제2조 제1항 제1호에 해당하는 자로서, 근로계약상의 근로기간이 2년을 초과하였지만 단서에 해당하여 기간제 근로자로 볼 수 있다.

오답해설

ㄴ. E의 복직 후에도 계속해서 B가 근무하여 총 고용기간이 3년이라면 제2조 제2항에 의하여 기간의 정함이 없는 근로계약을 체결한 근로자로 본다. 따라서 기간제 근로자로 볼 수 없다.

합격생 가이드

근로기간이 2년이 넘는 근로자인 경우, 제1조 제1항의 단서에 해당하는지를 중점으로 선지를 판단하였다면 빠르게 풀 수 있는 문제이다.

## 12

답 ①

난도 중

정답해설

ㄱ. 옳다. 7카드를 2장 갖고 있는 경우, 7을 내고 남은 사람이 7을 또 내서 우승할 수 있다.

오답해설

ㄴ. 옳지 않다. 甲은 7카드를 한 장 가지고 있으므로, 乙과 丙이 7카드를 가지고 있는 경우로 가능한 것은 ( i ) 乙과 丙이 한 장씩 ( ii ) 乙이 두 장 ( iii ) 丙이 두 장으로 총 세 가지이다. 이 중 어떤 경우에도 甲이 게임 시작과 동시에 7카드를 내면 우승할 수 없다. 따라서 甲이 우승할 확률은 0%이다.

ㄷ. 옳지 않다. 게임에서 우승할 수 있는 조건은 마지막으로 7카드를 내는 사람이 되는 것이다. 따라서 甲이 게임 시작과 동시에 6카드를 내고 우승하려면, 甲이 6을 냈을 때 乙이 7을 내고, 丙이 7을 내는 경우가 유일하다. 즉, 乙이 7카드를 한 장 가지고 있고, 丙이 6카드 한 장, 7카드 한 장을 가지고 있어야 한다. 따라서 이 확률은 33%보다 작다.

합격생 가이드

ㄱ과 ㄴ은 경우의 수가 적어 비교적 판단이 쉽다. 하지만 ㄷ의 경우 경우의 수가 매우 많기 때문에 이를 모두 찾을 수 없다. 즉, 정확한 확률을 직접 계산할 수 없다는 것이다. 따라서 최소한으로 필요한 경우만 생각해 본다. 甲이 6카드를 낸다면 이후에 고려해야 하는 상황은 6카드와 7카드를 가지고 있는 상황뿐이다. 따라서 乙과 丙이 6, 7카드를 각각 어떻게 가지고 있어야 하는지, 이 확률이 33%보다 작은지만 판단한다. 선지 구성상 ㄷ을 판단하지 않더라도 답을 도출할 수 있기 때문에, ㄷ은 풀지 않는 것이 현명한 방법이다.

## 13

답 ①

난도 중

정답해설

ㄱ. 가능하다. 무농약농산물 인증을 받기 위해서는 농약을 사용하지 않고 화학비료는 권장량의 2분의 1 이하로 사용하여야 한다. 5km²은 500ha이므로 사과 재배기간 내 화학비료 권장량은 50t이다. 따라서 25t 이하로 사용한 甲은 무농약농산물 인증을 받을 수 있다.

ㄹ. 가능하다. 저농약농산물 인증을 받기 위해서는 화학비료는 권장량의 2분의 1 이하로 사용하여야하고, 농약은 살포시기를 지켜 최대횟수의 2분의 1 이하로 사용하여야한다. 丁의 재배면적은 5ha로 감 재배기간 내 화학비료의 권장량은 600kg이다. 따라서 총 300kg 이하로 뿌려야한다. 또한, 농약은 수확 14일 전까지 2회 이하로 뿌려야한다. 丁은 8월 초에 마지막으로 농약을 살포하여 9월 말에 수확하였으므로 모든 요건을 충족하여 저농약농산물 인증을 받을 수 있다.

**오답해설**

ㄴ. 가능하지 않다. 저농약농산물 인증을 받기 위해서 농약은 살포 시기를 지켜 살포 최대횟수의 2분의 1 이하로 사용하여야 한다. 복숭아는 수확 14일 전까지만 농약 살포가 허용되므로 수확 10일 전에 농약을 살포한 乙은 저농약 농산물 인증을 받을 수 없다.

ㄷ. 가능하지 않다. 유기농산물 인증을 받기 위해서는 일정기간 이상을 농약과 화학비료를 사용하지 않아야 한다. 丙은 작년에 화학비료를 사용하였으므로 유기농산물 인증을 받을 수 없다.

## 14 답 ②

**난도** 중

**정답해설**

이미 A를 300kg 생산한 상태이므로 남은 합금 제품은 구리 530kg, 철 0kg, 주석 33kg, 아연 80kg, 망간 0kg이다. 철과 망간을 다 써버렸으므로 이제 B만 생산할 수 있다. B의 최대 생산량은 530kg이므로 $300 \times 300 + 200 \times 530 = 196,000$원이 최대 금액이다.

**합격생 가이드**

A를 더 이상 생산할 수 없다는 점을 포착하는 것이 핵심이다. 또한 제품은 10kg 단위로만 생산할 수 있으므로, A를 생산해서 얻은 90,000원에 2,000원의 배수만큼만 더해질 수 있다. 따라서 ①, ③, ⑤는 바로 소거 가능하다.

## 15 답 ②

**난도** 중

**정답해설**

ㄱ. 옳다. A2 용지의 가로는 A4 용지 가로의 2배가 되고, 세로는 A4 용지 세로의 2배가 된다.

ㄴ. 옳다. A 시리즈 용지의 경우, W / L＝L / 2W의 관계가 성립한다. 다시 말해 바로 아래 등급 용지 면적은 그 위 등급 면적의 1/2이 된다는 것을 의미한다.

**오답해설**

ㄷ. 옳지 않다. 확대복사의 경우 복사기의 제어판에 표시되는 비율은 길이를 확대하는 비율을 의미하므로 $\sqrt{2} / 1 ≒ 1.4$ 즉, 140%가 될 것이다.

ㄹ. 옳지 않다. 미국표준협회 규격 용지의 경우, 한 용지와 그보다 두 등급 위의 용지의 가로 대 세로 비율이 같으므로, 한 용지와 바로 위 등급 용지의 세로를 가로로 나눈 값이 $\sqrt{2}$로 일정할 수 없다.

**합격생 가이드**

〈보기〉 ㄴ을 제외한 모든 보기가 계산을 요한다. 따라서 시간을 절약하기 위해서는 선지 구성을 보고 먼저 판단할 〈보기〉를 선택해야 한다. 우선 ㄱ은 선지 4개에 포함되므로 우선 옳다고 가정한 뒤, 최종적으로 정오를 판별해야 문제 해결이 가능한 경우에만 푼다. 우선 ㄴ은 계산이 없으므로 간단하게 옳은 설명임을 확인할 수 있다. 이후 ㄷ이 옳지 않은 것을 확인하고 나면 정답은 ②로 도출된다. 여기서 풀이를 마쳐도 되지만, ㄱ이 옳지 않다면 ③ 역시 답이 될 수 있으므로 확실하게 하기 위해서는 ㄱ이나 ㄹ 중 하나의 정오만을 판정한다. 만일 ㄹ을 판정한다면 미국표준협회 규격 용지 중 아무 것이나 골라 나누어 보면 된다. 예를 들어 22÷17은 약 1.290이므로 ㄹ이 옳지 않음을 알 수 있다.

## 16 답 ②

**난도** 중

**정답해설**

(기준1)을 적용하면 A∼F의 총점은 29, 30, 16, 19, 26, 13∼31점이다. 이때 A, B는 심화반에 편성되고 C, D는 기초반에 편성되며 E, F는 알 수 없다. (기준2)를 적용하면 A∼F의 총점은 9, 15, 7, 10, 11, 6∼15점이다. 이때 B, E는 심화반에 편성되고 A, C는 기초반에 편성되며 D, F는 알 수 없다.

ㄷ. 옳다. (기준1)을 적용하면 F의 점수와 관계없이 C, D는 기초반에 편성된다. (기준2)를 적용하면 F의 총점은 최소 11점이므로 C, D는 기초반에 편성된다.

**오답해설**

ㄱ. 옳지 않다. (기준2)를 적용하면 B와 D는 함께 심화반에 편성된다.

ㄴ. 옳지 않다. (기준1)을 적용하면 F의 총점은 최대 26점으로 E와 같아질 수 있다. 듣기 점수는 E가 더 높으므로 F는 기초반에 편성된다. (기준2)를 적용하면 F의 총점은 최대 10점으로 D와 같아질 수 있다. 듣기 점수는 F가 더 높으므로 F는 심화반에 편성된다.

**합격생 가이드**

점수를 알 수 없는 사람이 F 하나이므로 6명 중 4명은 어느 반에 편성될지 미리 결정할 수 있다. 따라서 F의 점수에 따라 (기준1)에서는 E만, (기준2)에서는 D만 고려해 보면 된다.

## 17 답 ①

**난도** 중

**정답해설**

- A : $320 + 80 + 50 \times 4 + 7 = 607$백만 원
- B : $240 + 60 + 50 \times 2 + 8 = 408$백만 원
- C : $320 \times 0.8 + 80 + 50 \times 4 + 10 = 546$백만 원
- D : $400 \times 0.6 + 80 + 50 \times 4 + 12 = 532$백만 원

A＞C＞D＞B가 성립한다.

**합격생 가이드**

우선 전체적인 보조금 지급 구조를 살펴보면, 입소자 당 지원되는 간식비는 매우 작으므로 종사자 수를 기준으로 차이값을 비교한다. 이때, 종사자 수가 2명밖에 되지 않는 B 시설에 지급되는 보조금이 가장 작을 것임을 알 수 있다. A, C, D 시설에 지급되는 보조금은 차이값을 활용하여 계산하면 편리하게 비교가 가능하다.

## 18  답 ③

난도 | 중

**정답해설**

경기 결과는 다음과 같다.

|   | 甲 | 乙 | 丙 | 丁 | 戊 |
|---|---|---|---|---|---|
| 甲 |   | 乙승 | 甲승 | 甲승 | 甲승 |
| 乙 |   |   | 비김 | 비김 | 비김 |
| 丙 |   |   |   | 丙승 | 비김 |
| 丁 |   |   |   |   | 丁승 |
| 戊 |   |   |   |   |   |

따라서 비긴 카드게임의 총 수는 4회이다.

> **합격생 가이드**
>
> 甲은 반드시 한 번은 져야 한다. 그러므로 甲이 얻을 수 있는 최대 점수는 6점이다. 그런데 총 경기 수가 10회이므로, 甲～戊에게 배분되는 점수의 총점은 20점이다. 6+5+4+3+2=20으로 정확하게 떨어지기 때문에, 甲은 6점(승, 승, 승, 패), 乙은 5점(승, 비김, 비김, 비김), 丁은 3점(승, 비김, 패, 패), 戊는 2점(비김, 비김, 패, 패)가 되어야 함을 알 수 있다. 丙이 4점으로 (승, 승, 패, 패)인지 (승, 비김, 비김, 패)인지 생각해 보아야 하는데, 다른 선수들의 결과와 대조해보면 (승, 비김, 비김, 패)라는 것을 알 수 있다.

## 19  답 ④

난도 | 중

**정답해설**

정은 근무 경력이 3년이므로 선발될 수 없다.

현행 기준을 적용하면 갑, 을, 병의 점수는 각각 60～79점, 85점, 52～71점이다. 개정안 기준을 적용하면 갑, 을, 병의 점수는 각각 55～64점, 75점, 54～63점이다. 따라서 항상 을의 선발가능성이 가장 높다.

> **합격생 가이드**
>
> 정을 우선 배제하고 시작해야 빠른 풀이가 가능하다. ⑤가 소거된다. 값을 다 더하기보다는 얼마나 많이 감점을 당하는지를 기준으로 잡으면 편한 풀이가 가능하다. 갑은 외국어 성적 −50%, 근무 성적 최대 −100%, 포상 −50%이고, 을은 외국어 성적 −50%이다. 따라서 갑은 항상 을보다 점수가 낮다. 따라서 ①, ②, ③이 동시에 제거된다.

## 20  답 ④

난도 | 상

**정답해설**

④ 옳지 않다. 최단기간인 50일 내에 완료하기 위해 필요한 최소인력을 구하기 위해서는 4명의 인력을 필요로 하는 A작업이 C작업을 제외한 다른 작업과 겹치지 않도록 설계하여야 한다. 다음은 가능한 경우의 수 중 하나이다. 따라서 필요한 최소인력은 8명이다.

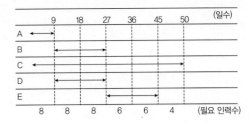

**오답해설**

① 옳다. 가장 많은 인력을 요구하는 작업은 4명이 필요한 C작업이다. 따라서 프로젝트 완료를 위해서 최소 4명 이상 필요하다.

② 옳다. 가장 많은 기간이 소요되는 작업은 50일이 소요되는 C작업이다. 그 기간 내에 다른 작업들을 병행한다면 50일이 프로젝트를 완료하기 위한 최단기간이 된다.

③ 옳다. 최소비용으로 프로젝트를 완료하기 위해서는 최단기간 내에 작업을 완료하여야한다. 각 작업에 필요한 인력과 기간은 주어진 값으로, 그에 따라 인건비는 고정되기 때문이다. 따라서 인건비는 {(4×9)+(2×18)+(4×50)+(2×18)+(2×18)}×10만 원=3440만 원이다. 한편, 작업소요에 필요한 최단기간은 50일이므로 작업장 비용은 2500만 원이다. 따라서 최소비용은 5,940만 원으로 6천만 원 이하이다.

⑤ 옳다. 최소인력인 4명으로 프로젝트를 최단기간 내에 완료하기 위해서는 되도록 4명 모두가 작업에 투입되도록 설계해야한다. 가능한 경우 중 하나를 나타내면 다음과 같다. 이 경우 최단기간은 95일이다.

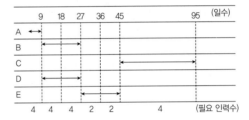

## 21  답 ③

난도 | 중

**정답해설**

③ 옳지 않다. B의 점수는 최소 170+15=185점, 최대 270+15=285점이므로 285점을 받는다면 C가 탈락한다.

**오답해설**

① 옳다. A의 점수는 263+25=288점으로, C의 점수인 266+17.5=283.5점보다 높다.

② 옳다. D의 점수는 265+29.5=294.5점으로, A와 C보다 높아진다.

④ 옳다. B의 점수는 최소 198.75점이고 최대 298.75점, D의 점수는 293.75점이므로 B나 C가 탈락한다.

⑤ 옳다. B의 문자투표 득표수를 조절해서 B의 점수를 283.5점으로 만든다면 B와 C의 공동탈락이 가능하다.

> **합격생 가이드**
>
> B가 탈락자가 되는 반례를 찾기 위해서는 B가 심사위원 丙으로부터 0점을 받는 경우를 생각해 보면 되고, C나 D가 탈락자가 되는 반례를 찾기 위해서는 B가 심사위원 丙으로부터 100점을 받는 경우를 생각해 보면 된다.

## 22

답 ⑤

난도 중

**정답해설**

⑤ 옳다. 12＋2＋2＝16분의 시간이 걸리므로 1,000＋(450×2)＋(4×200)＝2,700원이다.

**오답해설**

① 옳지 않다. 5분의 시간이 걸리므로 비용은 (2,000＋400)＋(15×200)＝5,400원이다.

② 옳지 않다. 15분의 시간이 걸리므로 비용은 1,000＋(5×200)＝2,000원이다.

③ 옳지 않다. 10분의 시간이 걸리므로 비용은 1,000＋(10×200)＝3,000원이다.

④ 옳지 않다. 12＋1＋2＝15분의 시간이 걸리므로 비용은 1,000＋2,000＋(450×2)＋(5×200)＝4,900원이다.

**합격생 가이드**

비용의 계산에 핵심이 되는 것은 시간이다. 대기 시간 1분당 200원의 비용이 발생하는데, 이는 택시의 추가비용인 분당 100원보다도 크다. 따라서 저렴한 교통수단을 타면서도 도착 시간을 최대한 늦춰야 비용을 줄일 수 있다. 따라서 15분이 걸리면서 환승 비용도 발생하지 않는 ②에서 가장 비용이 적을 것임을 유추할 수 있으며, 환승의 번거로움 비용이 발생하지 않지만 시간은 덜 걸리는 ③과 환승의 번거로움 비용은 발생하지만 시간이 더 오래 걸리고 무료환승이 가능한 ⑤를 비교하면 두 번째로 비용이 적게 드는 방법을 쉽게 알아낼 수 있다.

## 23

답 ④

난도 중

**정답해설**

ㄱ. 옳다. 乙은 게임에서 승리하기 위하여 최선의 선택을 하므로 甲의 점령 경로를 최대한 차단하는 방향으로 구역을 점령할 것이다. 따라서 乙이 첫 번째 가위바위보에서 이겨 5구역을 점령하고 두 번째 가위바위보에서 이겨 2구역을 점령하면, 乙은 게임에서 승리한다.

ㄷ. 옳다. 주어진 상황에서 甲이 네 번째 가위바위보를 이겨서 3구역을 점령하고, 또 승리하여 6구역이나 7구역을 점령한다면 게임의 승자가 결정된다. 혹은 乙이 네 번째 가위바위보를 이겨서 6구역을 점령하고, 또 승리하여 3구역이나 7구역을 점령한다면 게임의 승자가 결정된다. 1번의 가위바위보로 게임의 승자가 결정되지는 않는다.

**오답해설**

ㄴ. 옳지 않다. 주어진 상황에서 乙이 네 번째 가위바위보를 이긴다 하더라도 乙이 점령할 수 있는 구역은 7구역이나 6구역 밖에 없고, 이후 가위바위보에서 승리한다 하더라도 4구역이나 3구역 외에는 더 이상 점령할 수 없으므로 乙은 승리할 수 없다.

**합격생 가이드**

甲과 乙이 게임에서 승리하기 위하여 최선의 선택을 한다는 것이 중요한 단서가 된다. 모든 경우의 수를 고려할 필요 없이 자신에게 제일 유리한 경우만 고려하면서 게임을 진행하면 되기 때문이다.

## 24

답 ⑤

난도 하

**정답해설**

ㄴ. 옳다. 특수임무로 폭격을 수행하고, 기본임무로 수송을 수행하는 영구보존처리된 수직단거리이착륙기는 항공기 식별코드를 GBCV로 가질 수 있다.

ㄷ. 옳다. 특수임무로 수송을 수행하고, 기본임무로 지상공격을 수행하는 현재 정상적으로 사용되는 헬리콥터는 항공기 식별코드를 CAH로 가질 수 있다.

ㄹ. 옳다. 현재 정상적으로 사용되는 일반항공기로 기본임무만 수행하는 정찰기는 항공기 식별코드를 R로 가질 수 있다.

**오답해설**

ㄱ. 옳지 않다. 현재상태부호와 항공기종류부호에 해당하는 부호를 포함하고 있지 않으므로 (특수임무부호)(기본임무부호)로 구성되어 있음을 알 수 있다. 이때 특수임무부호는 항공기가 기본임무와 다른 임무를 수행할 때 붙이는 부호이므로 같은 임무를 나타내는 부호를 중복해서 사용할 수 없다.

**합격생 가이드**

종합형 문제가 모두 조건적용형 문제이므로, 문제 유형을 먼저 파악하여 처음부터 글을 꼼꼼하게 읽기보다는 문제에서 글의 해당 부분을 찾아 문제를 해결하는 식으로 접근한다.

앞부분 코드는 최대 (현재상태부호)(특수임무부호)(기본임무부호)(항공기종류부호)로 구성되고, 일반 비행기는 항공기종류부호가 생략될 수 있다. 모든 항공기 식별코드는 기본임무부호나 특수임무부호 중 적어도 하나는 반드시 포함하고 있으며 두 부호를 모두 포함할 수도 있다. 현재상태부호는 정상적으로 사용되는 경우 붙이지 않는다. 앞부분 코드를 물었으므로 다섯 번째 문단까지만 읽고 24번 문제를 해결한다.

현재상태부호로는 G, J, N이 있는데 〈보기〉ㄱ, ㄷ, ㄹ에는 나타나지 않으므로, ㄱ, ㄷ, ㄹ의 앞부분 코드는 최대 (특수임무부호)(기본임무부호)(항공기종류부호)로 이루어져있음을 알 수 있다. ㄴ은 코드를 최대로 포함하고 있으므로 ㄴ의 가능성부터 따져본다. 이후 ③과 ⑤가 ㄹ의 포함 여부를 기준으로 나뉘고 있으므로 ㄹ의 정오를 판단한다. 식별코드가 한 개로 구성되려면, 항공기종류부호는 생략 가능하므로 기본임무부호만 포함하고 있으면 된다. 기본임무부호 중 R이 있으므로 ㄹ은 가능하다.

## 25

답 ③

난도 하

**정답해설**

현재 정상적으로 사용 중인 개량하지 않은 일반 비행기는 앞부분 코드로 특수임무부호와 현재상태부호, 항공기종류번호를 포함하지 않는다. 개량하지 않은 최초의 모델은 항상 A를 개량형부호로 부여받으므로, 뒷부분 코드로는 설계번호와 개량형부호를 포함한다. 따라서 문제에 제시된 항공기 식별코드 형식은 (기본임무부호)-(설계번호)(개량형부호)가 된다.

**합격생 가이드**

앞부분 코드는 24번 문제에서 푼 방식과 유사하므로 쉽게 결정된다. 이때 실수하기 쉬운 부분은 뒷부분 코드를 결정하면서 개량형부호를 생략하는 것이다. 개량형부호는 항공기가 몇 차례 개량되었는지를 보여주는 부호이므로 개량하지 않은 비행기는 개량형부호를 포함하지 않을 것이라고 잘못 생각할 수 있다. 하지만 글을 끝까지 읽어 개량하지 않은 최초의 모델도 개량형부호로 A를 부여받음을 놓쳐서는 안 된다.

## CHAPTER 03 제3회 상황판단 모의고사 정답 및 해설

| 01 | 02 | 03 | 04 | 05 | 06 | 07 | 08 | 09 | 10 |
|----|----|----|----|----|----|----|----|----|----|
| ③ | ④ | ④ | ① | ④ | ② | ① | ① | ② | ⑤ |
| 11 | 12 | 13 | 14 | 15 | 16 | 17 | 18 | 19 | 20 |
| ① | ② | ④ | ② | ① | ④ | ⑤ | ② | ③ | ④ |
| 21 | 22 | 23 | 24 | 25 | | | | | |
| ② | ② | ⑤ | ② | ③ | | | | | |

## 01
답 ③

난도 하

**정답해설**

ㄱ. 1-가와 1-다에 해당하여 20점의 가점을 부여받는다. 따라서 최종 점수는 90점이다.

ㄴ. 2-나와 1-나에 해당하여 5점의 감점과 10점의 가점을 부여받는다. 따라서 최종점수는 85점이다.

ㄷ. 1-가와 2-나에 해당하여 10점의 가점과 5점의 감점을 부여받는다. 따라서 최종점수는 80점이다.

ㄹ. 가점과 감점 부여항목에 해당함이 없다. 따라서 최종점수는 90점이다.

따라서 ㄱ과 ㄹ이 선정된다.

## 02
답 ④

난도 하

**정답해설**

ㄴ. 옳다. 제ㅁㅁ조 제1항 제1호에 의하여 헌법재판소 규칙에 따라 비공개사항으로 규정된 정보는 공개하지 아니할 수 있다.

ㄷ. 옳다. '국가의 시책으로 시행하는 공사 등 대규모 예산이 투입되는 사업에 관한 정보'는 제ㅇㅇ조 제1항 제2호의 정보로서 공개대상 정보이다. 또한, 해당 정보 내에 포함된 '직무를 수행한 공무원의 성명, 직위'는 제ㅁㅁ조 제1항의 단서에 해당하여 공개할 수 있는 정보에 해당한다.

**오답해설**

ㄱ. 옳지 않다. '국민 생활에 매우 큰 영향을 미치는 정책'에 관한 정보는 제ㅇㅇ조 제1항 제1호의 정보로서 공개대상 정보이다. 하지만 단서에 해당할 때는 공개하지 아니할 수 있다.

**합격생 가이드**

ㄱ에서처럼 '반드시', '모두' 등이 나오면 유의하여 접근하여야 한다. 이런 단어가 나온다면 예외사항은 없는지를 검토하여 정오판단을 하도록 한다.

## 03
답 ④

난도 하

**정답해설**

ㄱ. 옳다. 조선시대 궁녀에게는 의전, 선반, 삭료가 제공되었는데, 궁녀에게 내려주는 포화를 의전이라고 하였고, 삭료는 현물로 지급되었다.

ㄷ. 옳다. 반공상으로는 북어 1태 5미를 받고, 온방자로는 북어 1태를 받으므로 총 북어 2태 5미를 받게 된다. 이때 북어 1태는 20미와 같으므로 총 북어는 45미이다.

ㄹ. 옳다. 기본급인 공상은 모든 궁녀에게 지급되나, 방자는 일부에게만 지급되므로 방자를 받지 않는 궁녀가 존재할 수 있다. 따라서 가장 낮은 단계의 공상인 반반공상만을 받는다면 쌀 4두, 콩 1두 5승, 북어 13미를 받게 된다.

**오답해설**

ㄴ. 옳지 않다. 단위인 두와 승의 관계를 알 수 없으므로 현물의 양이 온공상이 반공상의 2배인지, 반공상이 반반공상의 2배인지는 알 수 없다.

**합격생 가이드**

의전, 선반, 삭료, 포화 등의 용어가 생소하므로 정의를 잘 따라가면서 읽어야 한다. 마찬가지로 〈보기〉를 읽을 때, 온공상, 반공상, 반반공상, 온방자, 반방자 중 어디에 해당하는지 실수하지 않는 것이 중요하다. 또한 반방자가 온방자의 절반이라는 단서에서 '1태=20미'임을 알아챌 수 있어야 한다.

## 04
답 ①

난도 하

**정답해설**

고속버스를 이용한다면 최소 15+210+30=255분이 걸려 오후 3시까지 도착할 수 없다. 따라서 비행기와 기차를 이용하는 방법만 비교한다.

최저운임은 비행기를 이용할 경우 1,500+60,000+1,500=63,000원이고, 기차를 이용할 경우 1,000+50,000+1,000=52,000원이므로 c → 기차 → a가 최저운임 도착방법이다.

최단시간은 비행기를 이용할 경우 30+90+35+25=180분이고, 기차를 이용할 경우 15+140+20=175분이므로 c → 기차 → b가 최단시간 도착방법이다.

**합격생 가이드**

4시간 제약이 있으므로 제약이 없는 최단시간 도착방법을 먼저 구한다. 선지를 비교해보면, 기차는 도시 내 소요시간이 비행기보다 20분 빠르므로 도시 간 소요시간을 보상하고도 남는다. 따라서 ①과 ②를 비교하면 된다. 그런데 4시간은 240분이므로 도시 간 소요시간이 210분이나 걸리는 고속버스는 조건을 위반함을 쉽게 알 수 있다.

## 05

답 ④

난도 하

**정답해설**

녹차 큰 잔은 2,800원, 노른자를 추가한 쌍화차 작은 잔은 3,800원, 식혜 작은 잔은 3,500원, 수정과 큰 잔은 4,200원, 유자차 작은 잔은 3,000원이므로 총 17,300원이다. 회원카드를 제시했으므로 1,000원을 할인받아 16,300원이 되고, 16,300원의 5%는 815원이므로 적립금을 800원 사용하면 15,500원이다.

**합격생 가이드**

장치들을 헷갈리지 않고 적용하면 된다. 유자차는 균일가이기 때문에 3,500원이 아니라 3,000원이라는 점, 총 금액이 20,000원을 초과하지 못하기 때문에 회원카드 할인만 적용된다는 점을 읽어내야 한다.
선지를 활용해서 검산해 보면, 만약 음료 금액의 합이 20,000원이라면 할인을 최대한 받아도 16,000원을 넘기기 때문에 20,000원이 되지 않을 것임을 알 수 있다.

## 06

답 ②

난도 하

**정답해설**

② 옳지 않다. B방식으로 채점하면 甲의 점수는 52+55=107점, 乙의 점수는 20+85=105점, 丙의 점수는 84+10=94점이다.

**오답해설**

① 옳다. A방식으로 채점하면 甲의 점수는 70+70=140점, 乙의 점수는 50+90=140점이다.

③ 옳다. C방식으로 채점하면 甲의 점수는 140+70=210점, 乙의 점수는 100+90=190점, 丙의 점수는 180+40=220점이다.

④ 옳다. A방식, B방식은 상식 영역에 5점, 영어 영역에 10점을 배정하지만 C방식은 상식 영역과 영어 영역에 각각 10점을 배정한다.

⑤ 옳다. B방식에서 점수 계산 방식을 바꾸면 甲의 점수는 40+40=80점, 乙의 점수는 0+80=80점, 丙의 점수는 80-20=60점이므로 A방식과 등수가 같다.

**합격생 가이드**

상식 영역은 丙, 甲, 乙 순으로 잘 봤고, 영어 영역은 乙, 甲, 丙 순으로 잘 봤으므로 차이값을 이용하면 쉽게 풀 수 있다.

## 07

답 ①

난도 하

**정답해설**

각 선지에서 문자를 이동시켜 〈그림〉의 배치를 만들 수 있는지 역으로 확인한다.
① H↓>E→>C↓>B← 등으로 〈그림〉의 배치를 만들 수 없다.

**오답해설**

② H↓>E↓>C→>B↑
③ A←>B→>C↑>E→
④ B→>D↓>A→>B↑
⑤ F↓>D↓>A←>B↑

〈그림〉에서 문자를 4회 이동하는 것이나 선지에서 문자를 4회 이동하는 것이나 같다. 따라서 〈그림〉에서 문자를 이동시켜 선지의 배치를 만드는 것이 가능한지 확인하는 것보다, 선지에서 문자를 이동시켜 〈그림〉의 배치를 만드는 것이 가능한지 확인하는 것이 간편하다.

## 08

답 ①

난도 하

**정답해설**

| | 희경 | 은정 | 소미 | 정선 |
|---|---|---|---|---|
| A(몸살) | × | × | × | ○ |
| B(치통) | × | ○ | × | × |
| C(배탈) | ○ | × | × | × |
| D(피부병) | × | × | ○ | × |

**합격생 가이드**

단순한 매칭형 문제로, 경우의 수를 따질 필요가 없기 때문에 겁먹지 않고 접근한다면 쉽게 풀린다. 은정의 처방전이 B에 해당한다는 점을 우선 파악하고, 희경의 처방전은 A와 D가 아니므로 C에 해당한다는 점을 파악하면 그 이후는 위의 매칭표를 단순히 채워나가면 된다.

## 09

답 ②

난도 하

**정답해설**

ㄱ. 옳다. 물은 성인 체중의 약 60%를 차지하므로, 60kg의 60%면 약 36kg가 된다.

ㄷ. 옳다. 70kg 성인의 경우 체내에 수분을 약 42kg 가지고 있는데, 체내 수분의 5%가 부족하면 혼수상태에 빠진다. 42kg의 5%는 2.1kg(2,100ml)이므로 성인 1일 기준 수분배출량인 2,500ml가 부족하면 혼수상태에 빠지게 된다.

**오답해설**

ㄴ. 옳지 않다. 80kg 성인의 체내 수분량은 약 48kg이다. 이때 체내에 수분이 12% 부족하게 되면 사망하게 되는데, 48kg의 12%는 5.76kg으로 약 5,760ml이다.

ㄹ. 옳지 않다. 상추 400g에는 384g의 수분이 포함되어 있고, 쌀밥 300g에는 198g의 수분이 포함되어 있으므로 상추 400g과 쌀밥 300g을 섭취하게 되면 수분 582g을 섭취하게 된다. 성인 1일 기준 수분배출량의 30%는 2,500g×0.3=750g이므로, 상추 400g과 쌀밥 300g으로는 부족하다.

**합격생 가이드**

문제 자체의 난이도는 어렵지 않으나, 모든 보기가 간단한 계산을 요하므로 시간이 소요된다. 우선 계산이 비교적 간단한 ㄱ부터 해결한다. ㄱ을 옳다고 판정하면 ①, ②, ⑤가 남는다. 이때 ②, ⑤가 ㄹ 포함 여부를 기준으로 갈리고 있으므로 ㄷ, ㄹ을 판단한다. ㄹ에서 성인 1일 기준 수분배출량의 30%인 750g은 상추 400g과 쌀밥 300g을 더한 것보다 많으므로 해설처럼 계산할 필요 없이 당연히 옳지 않음을 알 수 있다.

## 10

**目 ⑤**

난도 중

**정답해설**

⑤ 옳지 않다. B, E, F가 각각 차량을 운전하게 되는데, E와 F 차량에 각각 남성 두 명이 추가로 타야하므로 F가 운전하는 차량에는 3명이 승차하게 된다.

**오답해설**

① 옳다. E, F/A/B, C, D, G가 각각 같은 차를 타거나 E, F/A, C, D, G/B가 각각 같은 차를 탄다.

② 옳다. 운전자는 A, B 그리고 D 혹은 F인데, E와 F만 한 차량을 타야하므로 F가 운전자가 된다.

③ 옳다. E, F가 같은 차량을 타는 경우 남성 두 명이 함께 타야 하므로 남은 두 차에는 남성이 각각 두 명, 한 명씩 타게 된다. E와 F가 서로 다른 차량을 타는 경우 각각 남성 두 명이 함께 타야 하므로, 남은 한 차에는 남성이 한 명 타게 된다.

④ 옳다. ㄷ원칙을 우선 적용하면 E와 F만 타는 차량이 반드시 생긴다. F가 E보다 면허보유기간과 운전기간 모두 길기 때문에 ㄱ과 ㅁ 중 어느 원칙을 적용하더라도 F가 운전을 하게 된다.

> **합격생 가이드**
>
> 각 원칙을 순서대로 차근차근 적용해야 한다. 세 차량으로 우선 나눠 두고 차량 별로 인원을 채우는 식으로 풀이하면 실수할 여지가 줄어든다. 또한 총 인원이 7명이라는 점을 염두에 두고 풀면 더 쉽게 풀 수 있다.

## 11

**目 ①**

난도 중

**정답해설**

ㄱ. 옳다. 중재는 분쟁에 대한 판단을 분쟁당사자의 합의에 의해 중재인에게 맡기는 제도이므로 甲이 중재를 이용하기 위해서는 乙과의 합의가 있어야 한다.

ㄴ. 옳다. 제소전 화해는 단독판사 주재 하에 행해지지만 조정은 법관이나 조정위원회가 이끈다는 점에서 차이가 있다.

**오답해설**

ㄷ. 옳지 않다. 독촉절차는 금전을 지급받을 것을 목적으로 하는 청구와 관련된 제도이다. 하지만 甲은 주택을 비워줄 것을 요구하고 있으므로 독촉절차를 활용할 수 없다.

ㄹ. 옳지 않다. 중재의 경우 법관이 아닌 중재인이 개입하며, 조정의 경우에는 조정위원회가 진행할 수도 있다.

ㅁ. 옳지 않다. 조정이 성립하지 않고 종결된 경우 조정을 신청한 때에 민사소송이 제기된 것으로 본다. 따라서 2009년 5월 1일에 민사소송이 제기된 것으로 본다.

## 12

**目 ②**

난도 중

**정답해설**

ㄱ. 옳다. 만들 수 있는 가장 큰 수는 98720이고, 가장 작은 수는 27114이므로 이 둘을 뺀 값은 71580이다.

ㄴ. 옳다. 천의 자리가 5인 수는 홀수랑 곱하면 일의 자리가 또 5가 되어 만들 수 없고, 짝수랑 곱하면 일의 자리가 00이 되어 만들 수 없다.

ㄹ. 옳다. 천의 자리나 백의 자리에 1이 들어가면 십의 자리가 00이 되므로 천의 자리나 백의 자리가 1인 네 자릿수는 만들 수 없다. 따라서 추가된 숫자 1이 적힌 카드는 일의 자리나 십의 자리에 들어가야 하는데, 1이 두 장 필요한 경우는 없다(일의 자리나 십의 자리에 1이 들어가는 경우는 2×6, 2×7, 2×8, 2×9, 3×7의 다섯 가지인데 모두 1이 한 장만 필요하다). 따라서 숫자 1이 적힌 카드가 한 장 추가되어도 만들 수 있는 네 자리 수의 총 개수는 동일하다.

**오답해설**

ㄷ. 옳지 않다. 천의 자리에 9를 넣을 때 만들 수 있는 네 자릿수는 6가지인데, 천의 자리에 7을 넣을 때도 6가지의 네 자릿수를 만들 수 있으므로 만들 수 있는 네 자릿수는 같다.

ㅁ. 옳지 않다. 숫자 9가 적힌 카드가 한 장 추가되면 '9981'이라는 네 자릿수를 만들 수 있으므로 네 자릿수의 총 개수에는 변화가 있다.

> **합격생 가이드**
>
> 〈보기〉의 다섯 가지 상황을 개별적으로 검토해야 해서 시간이 소요된다. 사람마다 편하게 느낄 수 있는 〈보기〉가 다를 수 있으므로 본인이 풀기 쉬운 것부터 풀어 나가는 것이 좋다. 선지를 보면 ㄱ이 선지 4개에 포함되므로 일단 옳다고 가정하고 다른 보기를 우선적으로 검토하는 것이 좋을 것이다. 필자는 〈보기〉 ㅁ의 '9981'이 한눈에 들어와 ㄷ이나 ㄹ 중 하나만 검토하면 되어서 시간을 절약할 수 있었다. ㄷ을 풀 때는 천의 자리에 9를 넣을 때 만들 수 있는 네 자리 수를 직접 구해본 뒤, 반례를 찾을 때는 천의 자리에 다른 홀수를 넣어 시도해 보는 것이 좋다. 짝수를 넣는다면 곱했을 때 1의 자리에 계속 짝수가 나와 만들 수 있는 네 자릿수의 가능성이 낮아져 반례가 될 수 있는 확률이 낮기 때문이다.

## 13

**目 ④**

난도 중

**정답해설**

甲사무관이 계약을 맺을 수 없는 업체를 제거하면 아래와 같다.

총점이 60점 미만인 경우 입찰시스템에 등록될 수 없으므로 해당 업체와 계약할 수 없다. 따라서 총점이 59점인 D업체는 제거된다. 또한 분류배점의 40% 미만이 나올 경우에는 사전평가점수 총점과 관련 없이 등록 자체를 허용하지 않으므로 수요기관 만족도 배점의 40% 미만이 나온 B업체는 제거된다. 마지막으로 7월 10일까지 공사 완공을 반드시 해야 하므로 완공일이 131일을 초과하는 C업체가 제거된다. 따라서 A업체와 E업체만이 계약 가능성이 있는 업체이다.

ㄴ. 옳지 않다. 만약 D업체가 품질부문에서 2점을 추가로 얻는다면 총점이 60점 이상이 되어 입찰시스템에 등록된다. 하지만 순편익이 4억 원이므로, E업체의 순편익보다 낮다. 따라서 甲사무관은 E업체와 계약을 맺을 것이다.

ㄷ. 옳지 않다. B업체의 공사소요기간이 가장 짧으나 수요기관만족도의 점수가 배점의 40% 미만이므로 입찰시스템에 등록되지 못한다. 따라서 甲사무관은 B업체와 계약을 맺지 못한다.

ㅁ. 옳지 않다. A업체의 청사이전 편익이 2억 원 증가한다고 하더라도 순편익은 4억 원으로 여전히 E업체의 순편익인 5억 원보다 낮다. 따라서 甲사무관은 E업체와 계약을 맺을 것이다.

**오답해설**

ㄱ. 옳다. 甲사무관은 조달청 입찰시스템에 등록된 업체 중에서 순편익이 가장 높은 업체를 선택한다. C업체의 순편익이 7억 원으로 가장 높지만 공사가 완공될 수 없어 C업체는 제외된다. 따라서 두 번째로 순편익이 높은 E업체와 계약을 맺을 것이다.

ㄹ. 옳다. 안정성이 下인 업체가 제외된다면 甲사무관은 E업체와 계약할 수 없다. 따라서 A업체만이 계약이 가능하여 A업체와 계약을 맺을 것이다.

## 14

**답** ②

**난도** 중

**정답해설**

주교를 죽이면 젖소 10마리나 은 20온스와 10쿠말을 지급해야 한다. 영주에게 상해를 가하면 5쿠말과 2쿠말을 지급해야 한다. 영주 아내에게 상해를 가하면 5쿠말과 은 1온스를 지급해야 한다. 하인을 10명 거느린 부유한 농민을 죽이면 젖소 2.5+5=7.5마리와 10쿠말을 지급해야 한다.

'1쿠말=젖소 2마리=은 4온스'이므로 A가 지급하여야 하는 총액은 (20+40)+(20+8)+(20+1)+2×(15+40)=219온스이다.

## 16

**답** ④

**난도** 중

**정답해설**

ㄱ. 97-10=87점이 최대 점수이다.

ㄴ. 95-10=85점이 최대 점수이다.

ㄷ. 98-12=86점 혹은 96-10=86점이 최대 점수이다.

ㄹ. 98-10=88점이 최대 점수이다.

따라서 ㄹ>ㄱ>ㄷ>ㄴ이다.

## 15

**답** ①

**난도** 상

**정답해설**

나. 수 → 목 → 화 → 토 → 금 → 수의 순환구조를 도출할 수 있다. 또한 신라 → 고려 → 조선이므로 신라-금, 고려-수, 조선-목을 도출할 수 있다. 화-7임을 알 수 있다.

다. 조선-8, 고려-6, 신라-90이다. 나.의 정보와 조합하여 수-6, 목-8, 금-9를 도출할 수 있다.

라. 주작-화-예, 청룡-목-인을 도출할 수 있다. 흥인문과 돈의문이 마주보고 있고, 청룡과 백호가 마주 보고 있으므로 백호-의를 도출할 수 있다. 숭례문과 소지문이 마주보고 있고, 주작과 현무가 마주 보고 있으므로 현무-지를 도출할 수 있다.

마. 화와 수가 마주 보고, 목과 금이 마주 보고 있으므로 라.의 정보와 조합하여 백호-금-의, 현무-수-지를 도출할 수 있다.

마지막으로 라와 마의 정보를 나와 다에서 도출한 5수와 매칭시키면 5행, 5수, 5상, 4신을 모두 짝지을 수 있다.

## 17

**답** ⑤

**난도** 중

**정답해설**

• 甲의 운동량 : 1.4×2=2.8

• 乙의 운동량 : 1.2×0.8×2=1.92

• 丙의 운동량 : 2×1.5=3

• 丁의 운동량 : 2×0.8+1×1.5=3.1

• 戊의 운동량 : 0.8×0.8×2+1.2=2.48

따라서 丁>丙>甲>戊>乙이 성립한다.

## 18

답 ②

난도 중

정답해설

우선 36개의 로봇을 여섯 그룹으로 나눠 각 그룹에서 1위와 2위를 선발한다. 이후 그룹별 1위를 한 로봇들을 묶어 최종 1위를 선발한다. 다음으로는 1위가 나온 그룹에서 2위를 한 로봇과, 그룹별 1위를 한 로봇 중 2위를 한 로봇을 묶어 최종 2위를 선발한다. 따라서 총 6+1+1=8회의 경기가 필요하다.

합격생 가이드

그룹별 1위를 한 로봇끼리 묶어 최종 1위를 선발한다는 지점까지는 대부분 수월하게 생각해 낸다. 그러나 이후 최종 2위를 선발하기 위한 최소 경기수가 문제가 된다. 최종 2위가 될 수 있는 로봇의 후보는 단 둘뿐인데, 1위가 나온 6개 로봇의 그룹에서 2위를 한 로봇과 1위가 나오지 않은 다른 30개의 로봇 중 가장 빠른 로봇이 그 둘이다. 따라서 둘만 비교하면 최종 2위를 선발할 수 있다.

## 19

답 ③

난도 중

정답해설

실험자 가, 다, 라, 바는 '(비커 2)-(비커 1)-2×(비커 3)' 방식을 사용하고 있다. 반면, 실험자 나, 마는 '(비커 2)-(비커 3)-2×(비커 1)' 방식을 사용하고 있다.

합격생 가이드

PSAT 시험에서 정답은 하나뿐이므로 다양한 경우의 수를 고려할 필요 없이 목표량을 도출하는 하나의 방법만 찾아내면 된다. 우선 실험자 가의 비커 2는 용량이 254cc이고 목표량인 200cc를 초과하므로, 비커 2에서 비커 1과 비커 3만큼을 적절히 빼서 200을 만드는 방법을 생각해 보면 된다. 상대적으로 숫자가 작은 실험자 라에 대해 우선 방법을 생각해 보는 것도 좋은 방안이다.

## 20

답 ④

난도 상

정답해설

④ 할 수 없다. D의 며느리는 1촌인 아들의 배우자로서 부양의무자에 해당한다. 따라서 부양능력이 있는 부양의무자를 둔 D는 기초생활수급자로 선정할 수 없다.

오답해설

① 할 수 있다. 유치원생 아들은 부양의무자이지만 부양능력이 없는 자에 해당한다. A의 월 소득인정액은 (100만 원-20만 원+12만 원)으로 92만 원이다. 이는 3인 가구의 최저 생계비인 94만 원보다 적으므로 A를 기초생활수급자로 선정할 수 있다.

② 할 수 있다. 조카는 부양의무자의 범위에 속하지 않아 B는 부양의무자가 없는 경우에 해당한다. B의 월 소득인정액은 (36만 원-30만 원)으로 6만 원이다. 이는 2인 가구의 최저생계비인 70만 원보다 적으므로 B를 기초생활수급자로 선정할 수 있다.

③ 할 수 있다. 중학생인 딸은 부양의무자이지만 부양능력이 없는 자에 해당한다. C의 월 소득인정액은 (80만 원+24만 원-22만 원)으로 82만 원이다. 이는 3인 가구의 최저생계비인 94만 원보다 적으므로 C를 기초생활수급자로 선정할 수 있다.

⑤ 할 수 있다. E는 부양능력 있는 부양의무자가 있어도 부양을 받을 수 없는 경우에 해당한다. E의 소득인정액은 (60만 원+36만 원-30만 원)으로 66만 원이며 이는 2인 가구의 최저생계비인 70만 원 이하이므로 E를 기초생활수급자로 선정할 수 있다.

합격생 가이드

기초생활수급자가 되기 위해서는 선정기준을 만족하여야한다. 이를 기호로 표현하면 다음과 같다.

[~ 부양의무자 ∨(부양의무자∧~부양능력) ∨(부양의무자∧부양받을 수 없음)]∧ 최저생계비 이하

가에서 규정하고 있는 선정기준은 부양의무자와 관련된 세 가지 요건 중에서 적어도 하나를 충족하면서 동시에 소득인정액이 최저생계비 이하일 것을 요구한다. 이러한 요건규정이 나오면 요건을 모두 충족하여야 하는지, 아니면 요건 중 하나만을 충족해도 되는지를 반드시 검토하여야 한다. 따라서 부양의무자와 관련된 세 가지 요건에 속하지 않는 ④가 정답이 된다.

## 21

답 ②

난도 중

정답해설

팀점수는 25, 27.5, 30, 32.5, 35점을 나눠 갖는다.

① 옳다. 甲은 최소 78점, 최대 88점을 받는다.

② 옳지 않다. 乙은 최소 75점, 최대 85점을 받는다. 따라서 최저 C+, 최대 B+ 등급을 받는다.

③ 옳다. 丙은 최소 71점, 최대 81점을 받는다. 따라서 최저 C, 최대 B등급을 받는다.

④ 옳다. 乙의 기여도가 최상위일 경우 甲의 점수는 최소 78점, 최대 85.5점이고 丙의 점수는 최소 71점, 최대 78.5점이므로 동시에 C+등급을 받는 것이 가능하다.

⑤ 옳다. 甲의 기여도가 최상위일 경우 乙의 점수는 최소 75점, 최대 82.5점이고 丙의 점수는 최소 71점, 최대 78.5점이므로 동시에 C+등급을 받는 것이 가능하다.

합격생 가이드

甲, 乙, 丙의 점수 범위를 구하는 것이 가장 중요하다. 이때 '이상'과 '미만'에 주의해야 한다.

## 22

답②

난도 중

**정답해설**

각 분기별 성과평가 점수는 각각 7.6, 7.2, 9.2, 8이다. 따라서 분기별 성과급 지급액은 80만 원, 80만 원, 100+10=110만 원, 90만 원이 된다. 80+80+110+90=360만 원이다.

**합격생 가이드**

가중평균의 계산이 핵심이 되는 문항이다. 숫자의 구성상 유용성, 안전성, 서비스 만족도는 두 숫자가 같고 하나만 다르게 나오므로 그 중간 값보다 가중평균이 큰지 작은지만 판단하면 된다. 1/4분기는 8에 0.8의 가중치, 6에 0.2의 가중치가 주어졌으므로 그 가중평균은 7보다 크고 8보다 작다. 2/4분기는 8에 0.6의 가중치, 6에 0.4의 가중치가 주어졌으므로 그 가중평균 역시 7보다 크고 8보다 작다. 3/4분기는 10에 0.6의 가중치, 8에 0.4의 가중치가 주어졌으므로 그 가중평균은 9보다 크고 10보다 작다. 4/4분기는 값이 동일하므로 계산할 필요가 없다.

## 23

답⑤

난도 중

**정답해설**

ㄱ. 옳다. B팀도 첫 번째 경기에 장사를 출전시켜 비긴다면, 남은 경기에서 왼손잡이로 A팀 오른손잡이를 이기고, 오른손잡이로 A팀 오른손잡이에게 비기고, 왼손잡이로 A팀 오른손잡이에게 지는 경우가 최대 승점을 얻는 경우이다. 이때의 승점은 5점이다.

ㄷ. 옳다. B팀이 첫 번째 경기에 오른손잡이를 출전시켜 진다면, 남은 경기에서 장사로 A팀 왼손잡이를, 왼손잡이로 A팀 오른손잡이를 이기고, 오른손잡이로 A팀 오른손잡이에게 비기는 경우가 최대 승점을 얻는 경우이다. 이때의 승점은 7점이다.

ㄹ. 옳다. A팀이 첫 번째 경기에 장사를, 두 번째 경기에 왼손잡이를 출전시킨다면 세 번째와 네 번째 경기에는 오른손잡이를 출전시키게 된다. 따라서 B팀이 첫 번째 경기에 오른손잡이를, 두 번째 경기에 장사를, 세 번째와 네 번째 경기에 왼손잡이와 오른손잡이를 출전시키면 B팀은 7점의 승점으로 우승할 수 있다.

**오답해설**

ㄴ. 옳지 않다. B팀이 첫 번째 경기에 왼손잡이를 출전시킬 때, 다음 경기에서 B팀의 장사와 A팀의 왼손잡이가 경기를 치르고, B팀의 오른손잡이 2명이 A팀의 오른손잡이 2명과 남은 경기를 치른다면 최대 승점 5점을 얻을 수 있다.

**합격생 가이드**

〈보기〉 ㄱ~ㄷ이 모두 최대 승점을 묻고 있어 게임의 순서는 중요하지 않으므로, A팀의 출전 순서를 장사, 왼손잡이, 오른손잡이, 오른손잡이로 고정시켜 놓고 B팀의 선수를 대입시켜 최대 승점이 되는 경우를 구한다.

## 24

답②

난도 하

**정답해설**

ㄱ. 옳다. 세종대에는 표준 규격에 맞게 제작된 측우기를 중앙의 천문관서인 서운관과 전국 팔도의 감영에 설치하여 우량을 측정하고 조정에 보고하도록 하였다.

ㄹ. 옳다. 세종대에는 전국 모든 고을에까지 측우기를 설치한 반면, 영조대에는 서울의 궁궐과 서운관, 팔도 감영, 강화와 개성의 유수부에만 설치하였다.

**오답해설**

ㄴ. 옳지 않다. 측우기를 이용한 관측 및 보고 제도는 임진왜란과 병자호란을 겪으면서 지속되지 못하다가 영조대에 부활하였다. 따라서 1907년까지 지속적으로 유지된 것은 아니다.

ㄷ. 옳지 않다. 세종대에 서운관과 팔도 감영 이하 행정 단위의 관아에서는 자기 또는 와기로 측우기를 만들었다.

**합격생 가이드**

〈보기〉 ㄴ에서 등장하는 '지속적으로'라는 표현은 항상 주의하도록 한다. 지속성이 한 번이라도 깨진다면, 그러한 경우는 지속적이라고 할 수 없다. ㄷ에 등장하는 '모두'와 같은 표현도 마찬가지이다. 예외가 하나라도 있다면, '모두'라고 지칭할 수 없다. 예외를 허용하지 않는 이러한 표현들을 주의하도록 하자.

## 25

답③

난도 하

**정답해설**

시간당 51mm의 비가 내렸으므로, 세 시간 동안 153mm의 비가 내렸음을 알 수 있다. 글에 따르면 7치는 147mm이고, 1푼은 2.1mm이다. 153−147=6mm이고 6mm은 3푼에 근사하므로 이를 환산하면 약 7치 3푼이다.

**합격생 가이드**

①~⑤가 모두 7치를 기준으로 하고 있으므로 153mm가 7치에 근사함을 단서로 삼고 이하를 계산한다. 7치는 14.7cm임이 표준규격에 제시되므로 쉽게 답을 찾을 수 있다.

# 국가공무원 7급 공개경쟁채용 필기시험 답안지

## 컴퓨터용 흑색사인펜만 사용

**책 형**

㉮ ㉯ ㉰ ㉱ ㉲

### [필적감정용 기재]
*아래 예시문을 옮겨 적으시오

본인은 ○○○(응시자성명)임을 확인함

**기 재 란**

| 성 명 | 본인 성명 기재 |
|---|---|
| 자필성명 | |
| 시험장소 | |

**응시번호**

**생년월일**

※ **시험감독관 서명**
(성명을 정자로 기재할 것)

적색 볼펜만 사용

## ○○○○영역(1~10번)

| | ① | ② | ③ | ④ | ⑤ |
|---|---|---|---|---|---|
| 1 | ① | ② | ③ | ④ | ⑤ |
| 2 | ① | ② | ③ | ④ | ⑤ |
| 3 | ① | ② | ③ | ④ | ⑤ |
| 4 | ① | ② | ③ | ④ | ⑤ |
| 5 | ① | ② | ③ | ④ | ⑤ |
| 6 | ① | ② | ③ | ④ | ⑤ |
| 7 | ① | ② | ③ | ④ | ⑤ |
| 8 | ① | ② | ③ | ④ | ⑤ |
| 9 | ① | ② | ③ | ④ | ⑤ |
| 10 | ① | ② | ③ | ④ | ⑤ |

## ○○○○영역(11~20번)

| | ① | ② | ③ | ④ | ⑤ |
|---|---|---|---|---|---|
| 1 | ① | ② | ③ | ④ | ⑤ |
| 2 | ① | ② | ③ | ④ | ⑤ |
| 3 | ① | ② | ③ | ④ | ⑤ |
| 4 | ① | ② | ③ | ④ | ⑤ |
| 5 | ① | ② | ③ | ④ | ⑤ |
| 6 | ① | ② | ③ | ④ | ⑤ |
| 7 | ① | ② | ③ | ④ | ⑤ |
| 8 | ① | ② | ③ | ④ | ⑤ |
| 9 | ① | ② | ③ | ④ | ⑤ |
| 10 | ① | ② | ③ | ④ | ⑤ |

## ○○○○영역(21~25번)

| | ① | ② | ③ | ④ | ⑤ |
|---|---|---|---|---|---|
| 1 | ① | ② | ③ | ④ | ⑤ |
| 2 | ① | ② | ③ | ④ | ⑤ |
| 3 | ① | ② | ③ | ④ | ⑤ |
| 4 | ① | ② | ③ | ④ | ⑤ |
| 5 | ① | ② | ③ | ④ | ⑤ |

# 국가공무원 7급 공개경쟁채용 필기시험 답안지

컴퓨터용 흑색사인펜만 사용

## [필적감정용 기재]

* 아래 예시문을 옮겨 적으시오

본인은 ○○○(응시자성명)임을 확인함

기 재 란

| 성 명 | |
|---|---|
| 자필성명 | 본인 성명 기재 |
| 시험장소 | |

책형

- ㉮
- ㉯
- ㉰
- ㉱
- ㉲

응시번호

생년월일

※ 시험감독관 서명
(성명을 정자로 기재할 것)

적색 볼펜만 사용

○○○○영역(1~10번)

| 1 | ① ② ③ ④ ⑤ |
| 2 | ① ② ③ ④ ⑤ |
| 3 | ① ② ③ ④ ⑤ |
| 4 | ① ② ③ ④ ⑤ |
| 5 | ① ② ③ ④ ⑤ |
| 6 | ① ② ③ ④ ⑤ |
| 7 | ① ② ③ ④ ⑤ |
| 8 | ① ② ③ ④ ⑤ |
| 9 | ① ② ③ ④ ⑤ |
| 10 | ① ② ③ ④ ⑤ |

○○○○영역(11~20번)

| 1 | ① ② ③ ④ ⑤ |
| 2 | ① ② ③ ④ ⑤ |
| 3 | ① ② ③ ④ ⑤ |
| 4 | ① ② ③ ④ ⑤ |
| 5 | ① ② ③ ④ ⑤ |
| 6 | ① ② ③ ④ ⑤ |
| 7 | ① ② ③ ④ ⑤ |
| 8 | ① ② ③ ④ ⑤ |
| 9 | ① ② ③ ④ ⑤ |
| 10 | ① ② ③ ④ ⑤ |

○○○○영역(21~25번)

| 1 | ① ② ③ ④ ⑤ |
| 2 | ① ② ③ ④ ⑤ |
| 3 | ① ② ③ ④ ⑤ |
| 4 | ① ② ③ ④ ⑤ |
| 5 | ① ② ③ ④ ⑤ |

# 국가공무원 7급 공개경쟁채용 필기시험 답안지

## 컴퓨터용 흑색사인펜만 사용

**책형**

| 책형 | ㉮ |
|---|---|
| | ㉯ ㉰ ㉱ ㉲ |

**[필적감정용 기재]**

\* 아래 예시문을 옮겨 적으시오

본인은 ○○○(응시자성명)임을 확인함

**기 재 란**

| 성명 | |
|---|---|
| 자필성명 | 본인 성명 기재 |
| 시험장소 | |

**응시번호**

**생년월일**

**※ 시험감독관 서명**
(성명을 정자로 기재할 것)

적색 볼펜만 사용

---

## ○○○○영역(1~10번)

| | ① | ② | ③ | ④ | ⑤ |
|---|---|---|---|---|---|
| 1 | ① | ② | ③ | ④ | ⑤ |
| 2 | ① | ② | ③ | ④ | ⑤ |
| 3 | ① | ② | ③ | ④ | ⑤ |
| 4 | ① | ② | ③ | ④ | ⑤ |
| 5 | ① | ② | ③ | ④ | ⑤ |
| 6 | ① | ② | ③ | ④ | ⑤ |
| 7 | ① | ② | ③ | ④ | ⑤ |
| 8 | ① | ② | ③ | ④ | ⑤ |
| 9 | ① | ② | ③ | ④ | ⑤ |
| 10 | ① | ② | ③ | ④ | ⑤ |

## ○○○○영역(11~20번)

| | ① | ② | ③ | ④ | ⑤ |
|---|---|---|---|---|---|
| 1 | ① | ② | ③ | ④ | ⑤ |
| 2 | ① | ② | ③ | ④ | ⑤ |
| 3 | ① | ② | ③ | ④ | ⑤ |
| 4 | ① | ② | ③ | ④ | ⑤ |
| 5 | ① | ② | ③ | ④ | ⑤ |
| 6 | ① | ② | ③ | ④ | ⑤ |
| 7 | ① | ② | ③ | ④ | ⑤ |
| 8 | ① | ② | ③ | ④ | ⑤ |
| 9 | ① | ② | ③ | ④ | ⑤ |
| 10 | ① | ② | ③ | ④ | ⑤ |

## ○○○○영역(21~25번)

| | ① | ② | ③ | ④ | ⑤ |
|---|---|---|---|---|---|
| 1 | ① | ② | ③ | ④ | ⑤ |
| 2 | ① | ② | ③ | ④ | ⑤ |
| 3 | ① | ② | ③ | ④ | ⑤ |
| 4 | ① | ② | ③ | ④ | ⑤ |
| 5 | ① | ② | ③ | ④ | ⑤ |

# 국가공무원 7급 공개경쟁채용 필기시험 답안지

## 컴퓨터용 흑색사인펜만 사용

**책 형**

㉮ ㉯ ㉰ ㉱ ㉲

**[필적감정용 기재]**

* 아래 예시문을 옮겨 적으시오

본인은 ㅇㅇㅇ(응시자성명)임을 확인함

기 재 란

| 성 명 | |
|---|---|
| 자필성명 | 본인 성명 기재 |
| 시험장소 | |

**응시번호**

| | | | | | | | |
|---|---|---|---|---|---|---|---|
| ⓪ | ⓪ | ⓪ | ⓪ | ⓪ | ⓪ | ⓪ | ⓪ |
| ① | ① | ① | ① | ① | ① | ① | ① |
| ② | ② | ② | ② | ② | ② | ② | ② |
| ③ | ③ | ③ | ③ | ③ | ③ | ③ | ③ |
| ④ | ④ | ④ | ④ | ④ | ④ | ④ | ④ |
| ⑤ | ⑤ | ⑤ | ⑤ | ⑤ | ⑤ | ⑤ | ⑤ |
| ⑥ | ⑥ | ⑥ | ⑥ | ⑥ | ⑥ | ⑥ | ⑥ |
| ⑦ | ⑦ | ⑦ | ⑦ | ⑦ | ⑦ | ⑦ | ⑦ |
| ⑧ | ⑧ | ⑧ | ⑧ | ⑧ | ⑧ | ⑧ | ⑧ |
| ⑨ | ⑨ | ⑨ | ⑨ | ⑨ | ⑨ | ⑨ | ⑨ |

**생년월일**

| | | | | | |
|---|---|---|---|---|---|
| ⓪ | ⓪ | ⓪ | ⓪ | ⓪ | ⓪ |
| ① | ① | ① | ① | ① | ① |
| ② | | | | ② | ② |
| ③ | | | | ③ | ③ |
| ④ | | | | ④ | ④ |
| ⑤ | | | | ⑤ | ⑤ |
| ⑥ | | | | ⑥ | ⑥ |
| ⑦ | | | | ⑦ | ⑦ |
| ⑧ | | | | ⑧ | ⑧ |
| ⑨ | | | | ⑨ | ⑨ |

※ 시험감독관 서명
(성명을 정자로 기재할 것)

책임관 확인 서명

## ㅇㅇㅇㅇ영역(1~10번)

| | | | | | |
|---|---|---|---|---|---|
| 1 | ① | ② | ③ | ④ | ⑤ |
| 2 | ① | ② | ③ | ④ | ⑤ |
| 3 | ① | ② | ③ | ④ | ⑤ |
| 4 | ① | ② | ③ | ④ | ⑤ |
| 5 | ① | ② | ③ | ④ | ⑤ |
| 6 | ① | ② | ③ | ④ | ⑤ |
| 7 | ① | ② | ③ | ④ | ⑤ |
| 8 | ① | ② | ③ | ④ | ⑤ |
| 9 | ① | ② | ③ | ④ | ⑤ |
| 10 | ① | ② | ③ | ④ | ⑤ |

## ㅇㅇㅇㅇ영역(11~20번)

| | | | | | |
|---|---|---|---|---|---|
| 1 | ① | ② | ③ | ④ | ⑤ |
| 2 | ① | ② | ③ | ④ | ⑤ |
| 3 | ① | ② | ③ | ④ | ⑤ |
| 4 | ① | ② | ③ | ④ | ⑤ |
| 5 | ① | ② | ③ | ④ | ⑤ |
| 6 | ① | ② | ③ | ④ | ⑤ |
| 7 | ① | ② | ③ | ④ | ⑤ |
| 8 | ① | ② | ③ | ④ | ⑤ |
| 9 | ① | ② | ③ | ④ | ⑤ |
| 10 | ① | ② | ③ | ④ | ⑤ |

## ㅇㅇㅇㅇ영역(21~25번)

| | | | | | |
|---|---|---|---|---|---|
| 1 | ① | ② | ③ | ④ | ⑤ |
| 2 | ① | ② | ③ | ④ | ⑤ |
| 3 | ① | ② | ③ | ④ | ⑤ |
| 4 | ① | ② | ③ | ④ | ⑤ |
| 5 | ① | ② | ③ | ④ | ⑤ |

# 국가공무원 7급 공개경쟁채용 필기시험 답안지

## 컴퓨터용 흑색사인펜만 사용

**책형**

㉯
㉮
㉰
㉲
㉱

**[필적감정용 기재]**
* 아래 예시문을 옮겨 적으시오
본인은 ○○○(응시자성명)임을 확인함

기 재 란

| 성명 | |
|---|---|
| 자필성명 | 본인 성명 기재 |
| 시험장소 | |

**응시번호**

**생년월일**

### ※ 시험감독관 서명
(성명을 정자로 기재할 것)

적색 볼펜만 사용

---

### ○○○○영역(1~10번)

| | ① | ② | ③ | ④ | ⑤ |
|---|---|---|---|---|---|
| 1 | ① | ② | ③ | ④ | ⑤ |
| 2 | ① | ② | ③ | ④ | ⑤ |
| 3 | ① | ② | ③ | ④ | ⑤ |
| 4 | ① | ② | ③ | ④ | ⑤ |
| 5 | ① | ② | ③ | ④ | ⑤ |
| 6 | ① | ② | ③ | ④ | ⑤ |
| 7 | ① | ② | ③ | ④ | ⑤ |
| 8 | ① | ② | ③ | ④ | ⑤ |
| 9 | ① | ② | ③ | ④ | ⑤ |
| 10 | ① | ② | ③ | ④ | ⑤ |

### ○○○○영역(11~20번)

| | ① | ② | ③ | ④ | ⑤ |
|---|---|---|---|---|---|
| 1 | ① | ② | ③ | ④ | ⑤ |
| 2 | ① | ② | ③ | ④ | ⑤ |
| 3 | ① | ② | ③ | ④ | ⑤ |
| 4 | ① | ② | ③ | ④ | ⑤ |
| 5 | ① | ② | ③ | ④ | ⑤ |
| 6 | ① | ② | ③ | ④ | ⑤ |
| 7 | ① | ② | ③ | ④ | ⑤ |
| 8 | ① | ② | ③ | ④ | ⑤ |
| 9 | ① | ② | ③ | ④ | ⑤ |
| 10 | ① | ② | ③ | ④ | ⑤ |

### ○○○○영역(21~25번)

| | ① | ② | ③ | ④ | ⑤ |
|---|---|---|---|---|---|
| 1 | ① | ② | ③ | ④ | ⑤ |
| 2 | ① | ② | ③ | ④ | ⑤ |
| 3 | ① | ② | ③ | ④ | ⑤ |
| 4 | ① | ② | ③ | ④ | ⑤ |
| 5 | ① | ② | ③ | ④ | ⑤ |

# 국가공무원 7급 공개경쟁채용 필기시험 답안지

## 컴퓨터용 흑색사인펜만 사용

**[필적감정용 기재]**
* 아래 예시문을 옮겨 적으시오

본인은 ○○○(응시자성명)임을 확인함

기 재 란

| 책 형 | |
|---|---|
| | ㉮ ㉯ ㉰ ㉱ ㉲ |

| 성 명 | 본인 성명 기재 |
|---|---|
| 자필성명 | |
| 시험장소 | |

### 응시번호

⓪①②③④⑤⑥⑦⑧⑨
⑤⑥⑦

### 생년월일

⓪①②③④⑤⑥⑦⑧⑨

※ 시험감독관 서명
(성명을 정자로 기재할 것)

책임 출제관 날인

---

### ○○○○영역(1~10번)

| 1 | ① ② ③ ④ ⑤ |
| 2 | ① ② ③ ④ ⑤ |
| 3 | ① ② ③ ④ ⑤ |
| 4 | ① ② ③ ④ ⑤ |
| 5 | ① ② ③ ④ ⑤ |
| 6 | ① ② ③ ④ ⑤ |
| 7 | ① ② ③ ④ ⑤ |
| 8 | ① ② ③ ④ ⑤ |
| 9 | ① ② ③ ④ ⑤ |
| 10 | ① ② ③ ④ ⑤ |

### ○○○○영역(11~20번)

| 1 | ① ② ③ ④ ⑤ |
| 2 | ① ② ③ ④ ⑤ |
| 3 | ① ② ③ ④ ⑤ |
| 4 | ① ② ③ ④ ⑤ |
| 5 | ① ② ③ ④ ⑤ |
| 6 | ① ② ③ ④ ⑤ |
| 7 | ① ② ③ ④ ⑤ |
| 8 | ① ② ③ ④ ⑤ |
| 9 | ① ② ③ ④ ⑤ |
| 10 | ① ② ③ ④ ⑤ |

### ○○○○○영역(21~25번)

| 1 | ① ② ③ ④ ⑤ |
| 2 | ① ② ③ ④ ⑤ |
| 3 | ① ② ③ ④ ⑤ |
| 4 | ① ② ③ ④ ⑤ |
| 5 | ① ② ③ ④ ⑤ |

# 국가공무원 7급 공개경쟁채용 필기시험 답안지

**컴퓨터용 흑색사인펜만 사용**

| 책형 | ㉮ ㉯ ㉰ ㉱ ㉲ |
| --- | --- |

**[필적감정용 기재]**
* 아래 예시문을 옮겨 적으시오
본인은 ○○○(응시자성명)임을 확인함

기 재 란

| 성명 | 본인 성명 기재 |
| --- | --- |
| 자필성명 | |
| 시험장소 | |

응시번호

생년월일

### ※ 시험감독관 서명
(성명을 정자로 기재할 것)

적색 볼펜만 사용

○○○○영역(1~10번)

| | ① | ② | ③ | ④ | ⑤ |
| --- | --- | --- | --- | --- | --- |
| 1 | ① | ② | ③ | ④ | ⑤ |
| 2 | ① | ② | ③ | ④ | ⑤ |
| 3 | ① | ② | ③ | ④ | ⑤ |
| 4 | ① | ② | ③ | ④ | ⑤ |
| 5 | ① | ② | ③ | ④ | ⑤ |
| 6 | ① | ② | ③ | ④ | ⑤ |
| 7 | ① | ② | ③ | ④ | ⑤ |
| 8 | ① | ② | ③ | ④ | ⑤ |
| 9 | ① | ② | ③ | ④ | ⑤ |
| 10 | ① | ② | ③ | ④ | ⑤ |

○○○○영역(11~20번)

| | ① | ② | ③ | ④ | ⑤ |
| --- | --- | --- | --- | --- | --- |
| 1 | ① | ② | ③ | ④ | ⑤ |
| 2 | ① | ② | ③ | ④ | ⑤ |
| 3 | ① | ② | ③ | ④ | ⑤ |
| 4 | ① | ② | ③ | ④ | ⑤ |
| 5 | ① | ② | ③ | ④ | ⑤ |
| 6 | ① | ② | ③ | ④ | ⑤ |
| 7 | ① | ② | ③ | ④ | ⑤ |
| 8 | ① | ② | ③ | ④ | ⑤ |
| 9 | ① | ② | ③ | ④ | ⑤ |
| 10 | ① | ② | ③ | ④ | ⑤ |

○○○○영역(21~25번)

| | ① | ② | ③ | ④ | ⑤ |
| --- | --- | --- | --- | --- | --- |
| 1 | ① | ② | ③ | ④ | ⑤ |
| 2 | ① | ② | ③ | ④ | ⑤ |
| 3 | ① | ② | ③ | ④ | ⑤ |
| 4 | ① | ② | ③ | ④ | ⑤ |
| 5 | ① | ② | ③ | ④ | ⑤ |

# 국가공무원 7급 공개경쟁채용 필기시험 답안지

## 컴퓨터용 흑색사인펜만 사용

**[필적감정용 기재]**
* 아래 예시문을 옮겨 적으시오

본인은 ○○○(응시자성명)임을 확인함

기 재 란

책 형

㉮ ㉯ ㉰ ㉱ ㉲

| 성 명 | 본인 성명 기재 |
|---|---|
| 자필성명 | |
| 시험장소 | |

응시번호

생년월일

※ 시험감독관 서명
(성명을 정자로 기재할 것)

## ○○○○영역(1~10번)

| | ① | ② | ③ | ④ | ⑤ |
|---|---|---|---|---|---|
| 1 | ① | ② | ③ | ④ | ⑤ |
| 2 | ① | ② | ③ | ④ | ⑤ |
| 3 | ① | ② | ③ | ④ | ⑤ |
| 4 | ① | ② | ③ | ④ | ⑤ |
| 5 | ① | ② | ③ | ④ | ⑤ |
| 6 | ① | ② | ③ | ④ | ⑤ |
| 7 | ① | ② | ③ | ④ | ⑤ |
| 8 | ① | ② | ③ | ④ | ⑤ |
| 9 | ① | ② | ③ | ④ | ⑤ |
| 10 | ① | ② | ③ | ④ | ⑤ |

## ○○○○영역(11~20번)

| | ① | ② | ③ | ④ | ⑤ |
|---|---|---|---|---|---|
| 1 | ① | ② | ③ | ④ | ⑤ |
| 2 | ① | ② | ③ | ④ | ⑤ |
| 3 | ① | ② | ③ | ④ | ⑤ |
| 4 | ① | ② | ③ | ④ | ⑤ |
| 5 | ① | ② | ③ | ④ | ⑤ |
| 6 | ① | ② | ③ | ④ | ⑤ |
| 7 | ① | ② | ③ | ④ | ⑤ |
| 8 | ① | ② | ③ | ④ | ⑤ |
| 9 | ① | ② | ③ | ④ | ⑤ |
| 10 | ① | ② | ③ | ④ | ⑤ |

## ○○○○영역(21~25번)

| | ① | ② | ③ | ④ | ⑤ |
|---|---|---|---|---|---|
| 1 | ① | ② | ③ | ④ | ⑤ |
| 2 | ① | ② | ③ | ④ | ⑤ |
| 3 | ① | ② | ③ | ④ | ⑤ |
| 4 | ① | ② | ③ | ④ | ⑤ |
| 5 | ① | ② | ③ | ④ | ⑤ |

# 국가공무원 7급 공개경쟁채용 필기시험 답안지

## 컴퓨터용 흑색사인펜만 사용

책 형

㉮ ㉯ ㉰ ㉱ ㉲

[필적감정용 기재]
*아래 예시문을 옮겨 적으시오
본인은 ○○○(응시자성명)임을 확인함

기 재 란

| 성명 | |
|---|---|
| 자필성명 | 본인 성명 기재 |
| 시험장소 | |

응시번호

생년월일

※ 시험감독관 서명
(성명을 정자로 기재할 것)

적색 볼펜만 사용

### ○○○○영역(1~10번)

| | ① | ② | ③ | ④ | ⑤ |
|---|---|---|---|---|---|
| 1 | ① | ② | ③ | ④ | ⑤ |
| 2 | ① | ② | ③ | ④ | ⑤ |
| 3 | ① | ② | ③ | ④ | ⑤ |
| 4 | ① | ② | ③ | ④ | ⑤ |
| 5 | ① | ② | ③ | ④ | ⑤ |
| 6 | ① | ② | ③ | ④ | ⑤ |
| 7 | ① | ② | ③ | ④ | ⑤ |
| 8 | ① | ② | ③ | ④ | ⑤ |
| 9 | ① | ② | ③ | ④ | ⑤ |
| 10 | ① | ② | ③ | ④ | ⑤ |

### ○○○○영역(11~20번)

| | ① | ② | ③ | ④ | ⑤ |
|---|---|---|---|---|---|
| 1 | ① | ② | ③ | ④ | ⑤ |
| 2 | ① | ② | ③ | ④ | ⑤ |
| 3 | ① | ② | ③ | ④ | ⑤ |
| 4 | ① | ② | ③ | ④ | ⑤ |
| 5 | ① | ② | ③ | ④ | ⑤ |
| 6 | ① | ② | ③ | ④ | ⑤ |
| 7 | ① | ② | ③ | ④ | ⑤ |
| 8 | ① | ② | ③ | ④ | ⑤ |
| 9 | ① | ② | ③ | ④ | ⑤ |
| 10 | ① | ② | ③ | ④ | ⑤ |

### ○○○○영역(21~25번)

| | ① | ② | ③ | ④ | ⑤ |
|---|---|---|---|---|---|
| 1 | ① | ② | ③ | ④ | ⑤ |
| 2 | ① | ② | ③ | ④ | ⑤ |
| 3 | ① | ② | ③ | ④ | ⑤ |
| 4 | ① | ② | ③ | ④ | ⑤ |
| 5 | ① | ② | ③ | ④ | ⑤ |

# 국가공무원 7급 공개경쟁채용 필기시험 답안지

## 컴퓨터용 흑색사인펜만 사용

**책 형**

㉮ ㉯ ㉰ ㉱

**[필적감정용 기재]**
* 아래 예시문을 옮겨 적으시오

본인은 ○○○(응시자성명)임을 확인함

기 재 란

| | |
|---|---|
| 성 명 | |
| 자필성명 | 본인 성명 기재 |
| 시험장소 | |

**응시번호**

**생년월일**

**※ 시험감독관 서명**
(성명을 정자로 기재할 것)

채점 확인란 사용

### ○○○○영역(1~10번)

| | ① | ② | ③ | ④ | ⑤ |
|---|---|---|---|---|---|
| 1 | ① | ② | ③ | ④ | ⑤ |
| 2 | ① | ② | ③ | ④ | ⑤ |
| 3 | ① | ② | ③ | ④ | ⑤ |
| 4 | ① | ② | ③ | ④ | ⑤ |
| 5 | ① | ② | ③ | ④ | ⑤ |
| 6 | ① | ② | ③ | ④ | ⑤ |
| 7 | ① | ② | ③ | ④ | ⑤ |
| 8 | ① | ② | ③ | ④ | ⑤ |
| 9 | ① | ② | ③ | ④ | ⑤ |
| 10 | ① | ② | ③ | ④ | ⑤ |

### ○○○○영역(11~20번)

| | ① | ② | ③ | ④ | ⑤ |
|---|---|---|---|---|---|
| 1 | ① | ② | ③ | ④ | ⑤ |
| 2 | ① | ② | ③ | ④ | ⑤ |
| 3 | ① | ② | ③ | ④ | ⑤ |
| 4 | ① | ② | ③ | ④ | ⑤ |
| 5 | ① | ② | ③ | ④ | ⑤ |
| 6 | ① | ② | ③ | ④ | ⑤ |
| 7 | ① | ② | ③ | ④ | ⑤ |
| 8 | ① | ② | ③ | ④ | ⑤ |
| 9 | ① | ② | ③ | ④ | ⑤ |
| 10 | ① | ② | ③ | ④ | ⑤ |

### ○○○○영역(21~25번)

| | ① | ② | ③ | ④ | ⑤ |
|---|---|---|---|---|---|
| 1 | ① | ② | ③ | ④ | ⑤ |
| 2 | ① | ② | ③ | ④ | ⑤ |
| 3 | ① | ② | ③ | ④ | ⑤ |
| 4 | ① | ② | ③ | ④ | ⑤ |
| 5 | ① | ② | ③ | ④ | ⑤ |

# 국가공무원 7급 공개경쟁채용 필기시험 답안지

## 컴퓨터용 흑색사인펜만 사용

| 책 형 | ㉮ ㉯ ㉰ ㉱ ㉲ |
|---|---|

### [필적감정용 기재]
* 아래 예시문을 옮겨 적으시오
본인은 ○○○(응시자성명)임을 확인함

**기 재 란**

| 성 명 | |
|---|---|
| 자필성명 | 본인 성명 기재 |
| 시험장소 | |

### 응시번호

| | | | | | | | | |
|---|---|---|---|---|---|---|---|---|
| | | ⑤ ⑥ ⑦ | | | | | | |
| ⓪ ① ② ③ ④ ⑤ ⑥ ⑦ ⑧ ⑨ | ⓪ ① ② ③ ④ ⑤ ⑥ ⑦ ⑧ ⑨ | ⓪ ① ② ③ ④ ⑤ ⑥ ⑦ ⑧ ⑨ | ⓪ ① ② ③ ④ ⑤ ⑥ ⑦ ⑧ ⑨ | ⓪ ① ② ③ ④ ⑤ ⑥ ⑦ ⑧ ⑨ | ⓪ ① ② ③ ④ ⑤ ⑥ ⑦ ⑧ ⑨ | ⓪ ① ② ③ ④ ⑤ ⑥ ⑦ ⑧ ⑨ | | |

### 생년월일

| | | | | | | | |
|---|---|---|---|---|---|---|---|
| ⓪ ① ② ③ ④ ⑤ ⑥ ⑦ ⑧ ⑨ | ⓪ ① ② ③ ④ ⑤ ⑥ ⑦ ⑧ ⑨ | ① | ① | ⓪ ① ② ③ ④ ⑤ ⑥ ⑦ ⑧ ⑨ | ⓪ ① ② ③ ④ ⑤ ⑥ ⑦ ⑧ ⑨ | | |

### ※ 시험감독관 서명
(성명을 정자로 기재할 것)

적색 볼펜만 사용

## ○○○○영역(1~10번)

| 번호 | ① | ② | ③ | ④ | ⑤ |
|---|---|---|---|---|---|
| 1 | ① | ② | ③ | ④ | ⑤ |
| 2 | ① | ② | ③ | ④ | ⑤ |
| 3 | ① | ② | ③ | ④ | ⑤ |
| 4 | ① | ② | ③ | ④ | ⑤ |
| 5 | ① | ② | ③ | ④ | ⑤ |
| 6 | ① | ② | ③ | ④ | ⑤ |
| 7 | ① | ② | ③ | ④ | ⑤ |
| 8 | ① | ② | ③ | ④ | ⑤ |
| 9 | ① | ② | ③ | ④ | ⑤ |
| 10 | ① | ② | ③ | ④ | ⑤ |

## ○○○○영역(11~20번)

| 번호 | ① | ② | ③ | ④ | ⑤ |
|---|---|---|---|---|---|
| 1 | ① | ② | ③ | ④ | ⑤ |
| 2 | ① | ② | ③ | ④ | ⑤ |
| 3 | ① | ② | ③ | ④ | ⑤ |
| 4 | ① | ② | ③ | ④ | ⑤ |
| 5 | ① | ② | ③ | ④ | ⑤ |
| 6 | ① | ② | ③ | ④ | ⑤ |
| 7 | ① | ② | ③ | ④ | ⑤ |
| 8 | ① | ② | ③ | ④ | ⑤ |
| 9 | ① | ② | ③ | ④ | ⑤ |
| 10 | ① | ② | ③ | ④ | ⑤ |

## ○○○○영역(21~25번)

| 번호 | ① | ② | ③ | ④ | ⑤ |
|---|---|---|---|---|---|
| 1 | ① | ② | ③ | ④ | ⑤ |
| 2 | ① | ② | ③ | ④ | ⑤ |
| 3 | ① | ② | ③ | ④ | ⑤ |
| 4 | ① | ② | ③ | ④ | ⑤ |
| 5 | ① | ② | ③ | ④ | ⑤ |

# 국가공무원 7급 공개경쟁채용 필기시험 답안지

## 컴퓨터용 흑색사인펜만 사용

책 형

⑦ 가    ㉯ 나    ㉰ 다    ㉴ 라

[필적감정용 기재]
* 아래 예시문을 옮겨 적으시오

본인은 ○○○(응시자성명)임을 확인함

기 재 란

| 성 명 | 본인 성명 기재 |
|---|---|
| 자필성명 | |
| 시험장소 | |

응시번호

생년월일

※ 시험감독관 서명
(성명을 정자로 기재할 것)

적색 볼펜만 사용

○○○○영역(1~10번)

○○○○영역(11~20번)

○○○○영역(21~25번)

# 국가공무원 7급 공개경쟁채용 필기시험 답안지

## 컴퓨터용 흑색사인펜만 사용

### ○○○○영역(1~10번)

| | ① | ② | ③ | ④ | ⑤ |
|---|---|---|---|---|---|
| 1 | ① | ② | ③ | ④ | ⑤ |
| 2 | ① | ② | ③ | ④ | ⑤ |
| 3 | ① | ② | ③ | ④ | ⑤ |
| 4 | ① | ② | ③ | ④ | ⑤ |
| 5 | ① | ② | ③ | ④ | ⑤ |
| 6 | ① | ② | ③ | ④ | ⑤ |
| 7 | ① | ② | ③ | ④ | ⑤ |
| 8 | ① | ② | ③ | ④ | ⑤ |
| 9 | ① | ② | ③ | ④ | ⑤ |
| 10 | ① | ② | ③ | ④ | ⑤ |

### ○○○○영역(11~20번)

| | ① | ② | ③ | ④ | ⑤ |
|---|---|---|---|---|---|
| 1 | ① | ② | ③ | ④ | ⑤ |
| 2 | ① | ② | ③ | ④ | ⑤ |
| 3 | ① | ② | ③ | ④ | ⑤ |
| 4 | ① | ② | ③ | ④ | ⑤ |
| 5 | ① | ② | ③ | ④ | ⑤ |
| 6 | ① | ② | ③ | ④ | ⑤ |
| 7 | ① | ② | ③ | ④ | ⑤ |
| 8 | ① | ② | ③ | ④ | ⑤ |
| 9 | ① | ② | ③ | ④ | ⑤ |
| 10 | ① | ② | ③ | ④ | ⑤ |

### ○○○○영역(21~25번)

| | ① | ② | ③ | ④ | ⑤ |
|---|---|---|---|---|---|
| 1 | ① | ② | ③ | ④ | ⑤ |
| 2 | ① | ② | ③ | ④ | ⑤ |
| 3 | ① | ② | ③ | ④ | ⑤ |
| 4 | ① | ② | ③ | ④ | ⑤ |
| 5 | ① | ② | ③ | ④ | ⑤ |

## 책 형

㉠ ㉮

㉰ ㉯ ㉲

### [필적감정용 기재]
* 아래 예시문을 옮겨 적으시오
본인은 ○○○(응시자성명)임을 확인함

기 재 란

| 성명 | |
|---|---|
| 자필성명 | 본인 성명 기재 |
| 시험장소 | |

### 응시번호

| | | | | | | | | |
|---|---|---|---|---|---|---|---|---|
| | | | | ⑤ | ⑥ | ⑦ | | |
| ⓪ | ① | ② | ③ | ④ | ⑤ | ⑥ | ⑦ | ⑧ | ⑨ |
| ⓪ | ① | ② | ③ | ④ | ⑤ | ⑥ | ⑦ | ⑧ | ⑨ |
| ⓪ | ① | ② | ③ | ④ | ⑤ | ⑥ | ⑦ | ⑧ | ⑨ |
| ⓪ | ① | ② | ③ | ④ | ⑤ | ⑥ | ⑦ | ⑧ | ⑨ |
| ⓪ | ① | ② | ③ | ④ | ⑤ | ⑥ | ⑦ | ⑧ | ⑨ |
| ⓪ | ① | ② | ③ | ④ | ⑤ | ⑥ | ⑦ | ⑧ | ⑨ |
| ⓪ | ① | ② | ③ | ④ | ⑤ | ⑥ | ⑦ | ⑧ | ⑨ |

### 생년월일

| | | | | | | | |
|---|---|---|---|---|---|---|---|
| ⓪ | ① | ② | ③ | ④ | ⑤ | ⑥ | ⑦ | ⑧ | ⑨ |
| ⓪ | ① | ② | ③ | ④ | ⑤ | ⑥ | ⑦ | ⑧ | ⑨ |
| ⓪ | ① | | | | | | |
| ⓪ | ① | | | | | | |
| ⓪ | ① | ② | ③ | ④ | ⑤ | ⑥ | ⑦ | ⑧ | ⑨ |
| ⓪ | ① | ② | ③ | ④ | ⑤ | ⑥ | ⑦ | ⑧ | ⑨ |

## ※ 시험감독관 서명
(성명을 정자로 기재할 것)

적색 볼펜만 사용

# 국가공무원 7급 공개경쟁채용 필기시험 답안지

※ 시험감독관 서명
(응시자 성명을 기재할 것)

성명 확인란 기입

**생년월일**

**응시번호**

| 성 명 | 본인 성명 기재 |
|---|---|
| 자필성명 | |
| 시험장소 | |

**컴퓨터용 흑색사인펜만 사용**

[필적감정용 기재]
* 아래 예시문을 옮겨 적으시오
본인은 ○○○(응시자성명)임을 확인함

기 재 란

**책 형**
㉮ ㉯ ㉰ ㉱

○○○○영역(1~25번)

| 1 | ① ② ③ ④ ⑤ |
| 2 | ① ② ③ ④ ⑤ |
| 3 | ① ② ③ ④ ⑤ |
| 4 | ① ② ③ ④ ⑤ |
| 5 | ① ② ③ ④ ⑤ |

○○○○영역(11~20번)

| 1 | ① ② ③ ④ ⑤ |
| 2 | ① ② ③ ④ ⑤ |
| 3 | ① ② ③ ④ ⑤ |
| 4 | ① ② ③ ④ ⑤ |
| 5 | ① ② ③ ④ ⑤ |
| 6 | ① ② ③ ④ ⑤ |
| 7 | ① ② ③ ④ ⑤ |
| 8 | ① ② ③ ④ ⑤ |
| 9 | ① ② ③ ④ ⑤ |
| 10 | ① ② ③ ④ ⑤ |

○○○○영역(1~10번)

| 1 | ① ② ③ ④ ⑤ |
| 2 | ① ② ③ ④ ⑤ |
| 3 | ① ② ③ ④ ⑤ |
| 4 | ① ② ③ ④ ⑤ |
| 5 | ① ② ③ ④ ⑤ |
| 6 | ① ② ③ ④ ⑤ |
| 7 | ① ② ③ ④ ⑤ |
| 8 | ① ② ③ ④ ⑤ |
| 9 | ① ② ③ ④ ⑤ |
| 10 | ① ② ③ ④ ⑤ |

# 국가공무원 7급 공개경쟁채용 필기시험 답안지

| 책형 | |
|---|---|
| ㉰ ㉯ | ㉮ ㉱ ㉲ ㉳ |

**[필적감정용 기재]**
*아래 예시문을 옮겨 적으시오
본인은 ○○○(응시자성명)임을 확인함

기 재 란

| | |
|---|---|
| 성명 | |
| 자필성명 | 본인 성명 기재 |
| 시험장소 | |

| 응시번호 | 생년월일 |
|---|---|

※ 시험감독관 서명
(성명을 정자로 기재할 것)

적색 볼펜만 사용

## ○○○○영역(1~10번)

| 1 | ① ② ③ ④ ⑤ |
| 2 | ① ② ③ ④ ⑤ |
| 3 | ① ② ③ ④ ⑤ |
| 4 | ① ② ③ ④ ⑤ |
| 5 | ① ② ③ ④ ⑤ |
| 6 | ① ② ③ ④ ⑤ |
| 7 | ① ② ③ ④ ⑤ |
| 8 | ① ② ③ ④ ⑤ |
| 9 | ① ② ③ ④ ⑤ |
| 10 | ① ② ③ ④ ⑤ |

## ○○○○영역(11~20번)

| 1 | ① ② ③ ④ ⑤ |
| 2 | ① ② ③ ④ ⑤ |
| 3 | ① ② ③ ④ ⑤ |
| 4 | ① ② ③ ④ ⑤ |
| 5 | ① ② ③ ④ ⑤ |
| 6 | ① ② ③ ④ ⑤ |
| 7 | ① ② ③ ④ ⑤ |
| 8 | ① ② ③ ④ ⑤ |
| 9 | ① ② ③ ④ ⑤ |
| 10 | ① ② ③ ④ ⑤ |

## ○○○○영역(21~25번)

| 1 | ① ② ③ ④ ⑤ |
| 2 | ① ② ③ ④ ⑤ |
| 3 | ① ② ③ ④ ⑤ |
| 4 | ① ② ③ ④ ⑤ |
| 5 | ① ② ③ ④ ⑤ |

# 국가공무원 7급 공개경쟁채용 필기시험 답안지

**컴퓨터용 흑색사인펜만 사용**

[필적감정용 기재]
* 아래 예시문을 옮겨 적으시오
본인은 ○○○(응시자성명)임을 확인함

기 재 란

| 책 형 | ㉮ ㉯ ㉰ ㉱ |
|---|---|

| 성 명 | |
|---|---|
| 자필성명 | 본인 성명 기재 |
| 시험장소 | |

응시번호

생년월일

※ 시험감독관 서명
(성명을 정자로 기재할 것)

성명 등 필적인 기재

## ○○○○○영역(1~10번)

| | ① | ② | ③ | ④ | ⑤ |
|---|---|---|---|---|---|
| 1 | ① | ② | ③ | ④ | ⑤ |
| 2 | ① | ② | ③ | ④ | ⑤ |
| 3 | ① | ② | ③ | ④ | ⑤ |
| 4 | ① | ② | ③ | ④ | ⑤ |
| 5 | ① | ② | ③ | ④ | ⑤ |
| 6 | ① | ② | ③ | ④ | ⑤ |
| 7 | ① | ② | ③ | ④ | ⑤ |
| 8 | ① | ② | ③ | ④ | ⑤ |
| 9 | ① | ② | ③ | ④ | ⑤ |
| 10 | ① | ② | ③ | ④ | ⑤ |

## ○○○○○영역(11~20번)

| | ① | ② | ③ | ④ | ⑤ |
|---|---|---|---|---|---|
| 1 | ① | ② | ③ | ④ | ⑤ |
| 2 | ① | ② | ③ | ④ | ⑤ |
| 3 | ① | ② | ③ | ④ | ⑤ |
| 4 | ① | ② | ③ | ④ | ⑤ |
| 5 | ① | ② | ③ | ④ | ⑤ |
| 6 | ① | ② | ③ | ④ | ⑤ |
| 7 | ① | ② | ③ | ④ | ⑤ |
| 8 | ① | ② | ③ | ④ | ⑤ |
| 9 | ① | ② | ③ | ④ | ⑤ |
| 10 | ① | ② | ③ | ④ | ⑤ |

## ○○○○○영역(21~25번)

| | ① | ② | ③ | ④ | ⑤ |
|---|---|---|---|---|---|
| 1 | ① | ② | ③ | ④ | ⑤ |
| 2 | ① | ② | ③ | ④ | ⑤ |
| 3 | ① | ② | ③ | ④ | ⑤ |
| 4 | ① | ② | ③ | ④ | ⑤ |
| 5 | ① | ② | ③ | ④ | ⑤ |

# 좋은 책을 만드는 길
# 독자님과 함께하겠습니다.

도서나 동영상에 궁금한 점, 아쉬운 점, 만족스러운 점이
있으시다면 어떤 의견이라도 말씀해 주세요.
SD에듀는 독자님의 의견을 모아 더 좋은 책으로 보답하겠습니다.

## www.sdedu.co.kr

### 2023 행시 최종합격생 7인이 쓴
### 기출로 풀어보는 7급 PSAT 전과목 모의고사

| | |
|---|---|
| 개정2판1쇄 발행 | 2023년 01월 05일 (인쇄 2022년 09월 19일) |
| 초 판 발 행 | 2021년 05월 28일 (인쇄 2021년 04월 27일) |
| 발 행 인 | 박영일 |
| 책 임 편 집 | 이해욱 |
| 편 저 | 행시 최종합격생 7인 |
| 편 집 진 행 | 한성윤 |
| 표지디자인 | 박종우 |
| 편집디자인 | 김예슬 · 곽은슬 |
| 발 행 처 | (주)시대고시기획 |
| 출 판 등 록 | 제 10-1521호 |
| 주 소 | 서울시 마포구 큰우물로 75 [도화동 538 성지 B/D] 9F |
| 전 화 | 1600-3600 |
| 팩 스 | 02-701-8823 |
| 홈 페 이 지 | www.sdedu.co.kr |
| I S B N | 979-11-383-3262-0 (13350) |
| 정 가 | 24,000원 |